फ़ादर कामिल बुल्के

फ़ादर कामिल बुल्के का जन्म 1 सितम्बर, 1909 को बेल्जियम के वेस्ट फ्लैंडर्स प्रान्त के रामस्केपेल गाँव में हुआ था।

प्रारम्भिक शिक्षा अलग-अलग स्थानों पर हुई। फिर उन्होंने ल्यूवेन विश्वविद्यालय से सिविल इंजीनियरिंग की डिग्री प्राप्त की। आगे चलकर वे मिशनरी कार्य के लिए भारत आए और यहीं के नागरिक हो गए। उन्होंने हिन्दी साहित्य सम्मेलन, प्रयाग से विशारद की परीक्षा पास की। कलकत्ता विश्वविद्यालय से संस्कृत में एम.ए. किया फिर इलाहाबाद विश्वविद्यालय से हिन्दी साहित्य में डॉक्टरेट की उपाधि प्राप्त की। उनके शोध का विषय था—रामकथा : उत्पत्ति और विकास। सेंट ज़ेवियर्स कॉलेज में हिन्दी और संस्कृत के विभागाध्यक्ष रहे। भारत सरकार की केन्द्रीय हिन्दी समिति के सदस्य भी रहे।

उनकी प्रमुख कृतियाँ हैं—'रामकथा : उत्पत्ति और विकास', 'मुक्तिदाता', 'नीलपक्षी', 'अंग्रेजी हिन्दी कोश' आदि।

उन्हें भारत सरकार द्वारा सन् 1974 में 'पद्मभूषण' से अलंकृत किया गया।

निधन : 17 अगस्त, 1982

रामकथा

उत्पत्ति और विकास

फ़ादर कामिल बुल्के

एस.जे., एम.ए., डी.फ़िल.

भूतपूर्व अध्यक्ष, हिन्दी विभाग, सेंट ज़ेवियर्स कॉलेज, राँची

हिन्दी परिषद् प्रकाशन

इलाहाबाद विश्वविद्यालय इलाहाबाद

की ओर से वितरक

लोकभारती पेपरबैक्स

पहला पुस्तकालय संस्करण
हिन्दी परिषद् प्रकाशन
इलाहाबाद विश्वविद्यालय, इलाहाबाद
से 1950 में प्रकाशित

पहला पेपरबैक संस्करण : 2023
तीसरा संस्करण : 2025

वितरक
लोकभारती प्रकाशन
पहली मंजिल, दरबारी बिल्डिंग, महात्मा गांधी मार्ग,
प्रयागराज-211 001
वेबसाइट : www.lokbhartiprakashan.com
ईमेल : info@lokbhartiprakashan.com

शाखाएँ : 1-बी, नेताजी सुभाष मार्ग, दरियागंज, नई दिल्ली-110 002
अशोक राजपथ, साइंस कॉलेज के सामने, पटना-800 006
1, अनमोल सोराबजी संतुक लेन, धोबी तलाव, मरीन लाइंस, मुम्बई-400 002

विकास कंप्यूटर्स एंड प्रिंटर्स
ट्रॉनिका सिटी-201 102
द्वारा मुद्रित

मूल्य : ₹699

RAMKATHA : Utpatti Aur Vikas
by Father Camille Bulcke

ISBN : 978-93-93603-60-9

जिनकी प्रतिभा ने रामकथा को भारत तथा निकटवर्ती देशों के साहित्य में एक अत्यन्त महत्त्वपूर्ण स्थान दिलाया और भारतीय संस्कृति का एक उज्ज्वल प्रतीक बना दिया

उन

आदिकवि वाल्मीकि

को रामकथा की दिग्विजय का प्रस्तुत विवरण सश्रद्धा समर्पित है।

त्वदीयं वस्तु वाल्मीके तुभ्यमेव समर्प्यते

विषय-सूची

प्रकाशकीय १५
परिचय १७
निवेदन १९
द्वितीय संस्करण २१
तृतीय संस्करण २३
संकेत-चिह्न २४

प्रथम भाग
प्राचीन रामकथा-साहित्य

अध्याय-१ : वैदिक साहित्य और रामकथा २७
क—वैदिक साहित्य में रामकथा के पात्र २७
इक्ष्वाकु, दशरथ, राम, अश्वपति, जनक
ख—वैदिक साहित्य में सीता ३१
सीता सावित्री, सीता कृषि की अधिष्ठात्री देवी
ग— वैदिक साहित्य में रामकथा का अभाव ४३
अध्याय-२ : वाल्मीकिकृत रामायण ४५
क—वाल्मीकिकृत रामायण के तीन पाठ ४५
ख—रामायण का रचनाकाल ४८
ग— आदिकवि वाल्मीकि ५०
अध्याय-३ : महाभारत की रामकथा ६०
क—महाभारत और रामायण ६०
ख—महाभारत में रामकथा ६१
(१) अरण्यक पर्व की रामकथा, (२) द्रोणपर्व की रामकथा,
(३) शान्ति पर्व की रामकथा, (४) महाभारत में रामावतार
ग— रामोपाख्यान ६३
(१) रामोपाख्यान का आधार,
(२) रामोपाख्यान और रामायण की तुलना

अध्याय-४ : बौद्ध रामकथा ६८

(१) दशरथ-जातक, (२) अनामकं जातकम्,
(३) दशरथकथानकम्, (४) अन्य बौद्ध साहित्य

अध्याय-५ : जैन रामकथा ७३

क—जैन रामकथा की सामान्य विशेषताएँ ७३
ख—विमलसूरि की परम्परा ७४
ग— गुणभद्र की परम्परा ८२

द्वितीय भाग

रामकथा की उत्पत्ति

अध्याय-६ : दशरथ-जातक की समस्या ८७

क—पाली जातकट्ठवण्णना की प्रामाणिकता ८७
ख—दशरथ जातक की गाथाएँ ८८
ग— दशरथ-जातक की रामकथा ९२
(अ) डॉ० वेबर का मत
(आ) दशरथ-जातक की अन्तरंग समीक्षा
घ— पाली त्रिपिटक और रामायण ९८
ङ—रामायण पर बौद्ध प्रभाव १०३

अध्याय-७ : रामकथा का मूल स्त्रोत १०५

क—ए० वेबर का मत १०५
ख—एच० याकोबी का मत १०६
ग— दिनेशचन्द्र सेन का मत १०९
घ— उपसंहार १११
परिशिष्ट (१) रामकथा का ऐतिहासिक आधार ११३
परिशिष्ट (२) वानर और राक्षस ११७
परिशिष्ट (३) रामकथा का भूगोल १२०

अध्याय-८ : प्रचलित वाल्मीकिकृत रामायण के मुख्य प्रक्षेप १२१

क—उत्तरकाण्ड १२१
ख—बालकाण्ड १२२
ग— अवतारवाद १२३
(१) सामग्री का निरूपण, (२) तर्क

अध्याय-९ : रामकथा का प्रारम्भिक विकास १३०

क—रामकथा-सम्बन्धी गाथाएँ और आख्यान-काव्य १३०
ख—आदिरामायण की उत्पत्ति १३१

ग— आदिरामायण का विकास १३४
(१) प्रक्षेप, (२) बालकाण्ड तथा उत्तरकाण्ड, (३) अवतारवाद
घ— रामकथा का व्यापक प्रसार १३९

तृतीय भाग

अर्वाचीन रामकथा-साहित्य का सिंहावलोकन

अध्याय-१० : संस्कृत धार्मिक साहित्य में रामकथा **१४३**
क—रामभक्ति की उत्पत्ति और विकास १४३
ख—पौराणिक साहित्य १४८
(१) हरिवंश, (२) प्रधान महापुराण
(३) गौड़ महापुराण, (४) उपपुराण
ग— साम्प्रदायिक रामायण १५६
(१) योगवासिष्ठ, (२) अध्यात्म रामायण, (३) अद्भुत रामायण, (४) आनन्द रामायण, (५) तत्त्वसंग्रह रामायण, (६) कालनिर्णय रामायण, (७) गौण रामायण
घ— अन्य धार्मिक साहित्य १६५
(१) जैमिनि-भारत, (२) सत्योपाख्यान
(३) धर्मखण्ड, (४) हनुमत्संहिता
(५) बृहत्कोशल खण्ड
परिशिष्ट : 'हिन्दुत्व' में उल्लिखित रामायण १६९
अध्याय-११ : संस्कृत ललित साहित्य में रामकथा **१७३**
क—महाकाव्य १७४
(१) कालिदासकृत रघुवंश, (२) रावणवह (सेतुबन्ध), (३) भट्टिकाव्य अक्षय रावण-वध, (४) जानकीहरण, (५) अभिनन्दकृत रामचरित, (६) रामायणमंजरी तथा दशावतारचरित, (७) उदारराघव, (८) उत्तरकालीन महाकाव्य : रघुनाथ उपाध्यायकृत रामविजय यज्ञकाव्य, चक्रक कवि कृत जानकी परिणय; रामलिंगामृत; राघवोल्लास; रामरहस्य।
ख—नाटक १८२
(१) प्रतिमा नाटक तथा अभिषेक नाटक, (२) महावीरचरित तथा उत्तररामचरित; भवभूतिकृत, (३) उदात्तराघव, (४) कुन्दमाला, (५) मुरारिकृत अनर्घराघव, (६) राजशेखरकृत बालरामायण, (७) महानाटक अथवा

हनुमन्नाटक, (८) शालिभद्रकृत आश्चर्यचूड़ामणि, (९) अप्राप्य प्राचीन नाटक, (१०) जयदेवकृत प्रसन्नराघव, (११) उल्लासराघव, (१२) राम-सम्बन्धी गौण नाटक, (१३) उत्तरकालीन नाटक

ग— स्फुट काव्य १९४

(१) श्लेषकाव्य, (२) नीति-काव्य, (३) विलोम-काव्य, (४) चित्रकाव्य, (५) शृंगारिक खण्डकाव्य, (६) अन्य स्फुट काव्य

घ— कथा-साहित्य १९७

अध्याय-१२ : आधुनिक भारतीय भाषाओं में रामकथा २००

क—द्राविड़ भाषाओं के साहित्य में रामकथा २००

(१) तमिल रामायण, (२) तेलुगु रामायण, (३) मलयालम रामायण, (४) कन्नड़ रामायण, (५) आदिवासी कथाएँ

ख—आर्यभाषाओं के साहित्य में रामकथा २०८

(१) सिंहली रामकथा, (२) काश्मीरी रामायण, (३) असमिया साहित्य में रामकथा, (४) बंगाली साहित्य में रामकथा, (५) उड़िया, (६) हिन्दी साहित्य में रामकथा, (७) मराठी, (८) गुजराती, (९) उर्दू-फ़ारसी रामायण

अध्याय-१३ : विदेश में रामकथा २३०

क—तिब्बत-खोतान २३०

ख—हिन्देशिया २३२

ग— हिन्दचीन, श्याम, ब्रह्मदेश २३८

घ— पाश्चात्य वृत्तान्त २४५

चतुर्थ भाग
रामकथा का विकास

अध्याय-१४ : बालकाण्ड २५१

१— वाल्मीकि रामायण का बालकाण्ड २५१

(क) कथावस्तु

(ख) विश्लेषण : तीनों पाठों में विभिन्नता; बालकाण्ड की उत्पत्ति

२— बालकाण्ड का विकास २५४

(क) दशरथ की वंशावली, (ख) दशरथ के विवाह, (ग) दशरथ की सन्तति, (घ) अहल्या का उद्धार, (ङ) परशुराम, (च) नवीन सामग्री

३— अवतारवाद २७५

(क) दशरथ-यज्ञ, (ख) अवतारवाद का विकास,

(ग) अवतार के कारण :

(अ) वर, (आ) शाप

४— राम का बालचरित २८९

(क) जन्म, (ख) बाललीला, (ग) प्रारम्भिक कृत्य

५— राम-सीता-विवाह २९८

(क) धनुर्भंग, (ख) सीता-स्वयंवर, (ग) विवाहोत्सव,

(घ) पूर्वानुराग, (ङ) एकपत्नीव्रत

६— सीता की जन्म-कथा ३१०

(क) जनकात्मजा, (ख) भूमिजा, (ग) सीता और लंका—

(अ) रावणात्मजा, (आ) पद्मजा' (इ) रक्तजा,

(ई) अग्निजा, (उ) फल अथवा वृक्ष से उत्पन्न

(घ) दशरथात्मजा

अध्याय-१५ : अयोध्याकाण्ड **३२३**

१— वाल्मीकि रामायण का अयोध्याकाण्ड ३२३

(क) कथावस्तु;

(ख) विश्लेषण : तीनों पाठों में विभिन्नता; प्रक्षेप

२— अयोध्याकाण्ड का विकास ३२७

(क) राम की चित्रकूट-यात्रा, (ख) अन्धमुनि-पुत्र-वध,

(ग) भरत की चित्रकूट-यात्रा, (घ) राम का चित्रकूट में निवास

३— राम का निर्वासन ३३४

(क) वनवास के भिन्न-भिन्न कारण, (ख) कैकेयी की वरप्राप्ति, (ग) कैकेयी का दोषनिवारण, (घ) मन्थरा

अध्याय-१६ : अरण्यकाण्ड **३४२**

१— वाल्मीकि रामायण का अरण्यकाण्ड ३४२

(क) कथावस्तु

(ख) विश्लेषण : तीनों पाठों में विभिन्नता; प्रक्षेप

२— अरण्यकाण्ड का विकास ३४४

(क) दण्डकारण्य-प्रवेश, (ख) लक्ष्मण का संयम,

(ग) शूर्पणखा, (घ) जटायु, (ङ) सीता की खोज,

(च) शबरी

३— सीताहरण ३६६

(क) कारण, (ख) मूलरूप, (ग) कनकमृग, (घ) माया सीता

अध्याय-१७ : किष्किन्धाकाण्ड ३८२

१— वाल्मीकि रामायण का किष्किन्धाकाण्ड ३८२

(क) कथावस्तु

(ख) विश्लेषण : तीनों पाठों में विभिन्नता; प्रक्षेप

२— किष्किन्धाकाण्ड का विकास ३८६

(क) हनुमान्-सुग्रीव से भेंट, (ख) बालि-सुग्रीव-चरित, (ग) राम की बल-परीक्षा, (घ) बालिवध, (ङ) राम की वर्षाकालीन साधना, (च) वानरों का प्रेषण

अध्याय-१८ : सुन्दरकाण्ड ४०८

१— वाल्मीकि रामायण का सुन्दरकाण्ड ४०८

(क) कथावस्तु

(ख) विश्लेषण : तीनों पाठों में विभिन्नता; प्रक्षेप

२— सुन्दरकाण्ड का विकास ४११

(क) लंका में हनुमान् का प्रवेश, (ख) सीता-रावण-संवाद, (ग) त्रिजटा-चरित, (घ) सीता-हनुमान्-संवाद, (ङ) लंकादहन, (च) हनुमान् का प्रत्यावर्तन

अध्याय-१९ : युद्धकाण्ड ४३३

१— वाल्मीकि रामायण का युद्धकाण्ड ४३३

(क) कथावस्तु

(ख) विश्लेषण : तीनों पाठों में विभिन्नता; प्रक्षेप

२— युद्धकाण्ड का विकास ४४०

(क) वानर-सेना का अभियान;

(ख) विभीषण चरित:

(1) रावण की लंका, (2) विभीषण की शरणागति;

(ग) सेतुबन्ध, (घ) लंका का अवरोध, (ङ) नागपाश, (च) हनुमान् की हिमालय-यात्रा, (छ) कुम्भकर्ण-वध, (ज) इन्द्रजित्-चरित, (झ) रावण-वध, (ञ) अग्निपरीक्षा, (ट) वापसी यात्रा, (ठ) नवीन सामग्री

अध्याय-२० : उत्तरकाण्ड ४९३

१— वाल्मीकि रामायण का उत्तरकाण्ड ४९३

(क) कथावस्तु;

(ख) विश्लेषण : तीनों पाठों में विभिन्नता; उत्तरकाण्ड की उत्पत्ति

२— उत्तरकाण्ड का विकास ४९६

(क) शत्रुघ्न-चरित, (ख) सौदास की कथा, (ग) शम्बूक-वध, (घ) राम का अश्वमेध, (ङ) नवीन सामग्री : राम की यात्राएँ, राम का विहार;

सीता द्वारा रावण-वध

३— रावण-चरित ५१२

(क) वंशावली, (ख) तपश्चर्या और वरप्राप्ति, (ग) विवाह और सन्तति, (घ) विवाहोत्तर चरित : विजययात्राएँ; शिवभक्ति; शाप; पराजय

४— हनुमच्चरित ५२९

(क) जन्मकथा और बालचरित :

(अ) वायुपुत्र, (आ) आंजनेय, (इ) रुद्रावतार, (ई) राम के पुत्र, (उ) विष्णु के अंशावतार

(ख) चरित्र-चित्रण का विकास :

(अ) पराक्रम, (आ) बुद्धिमत्ता, (इ) चिरंजीवत्व, (ई) ब्रह्मचर्य, (उ) रामभक्ति, (ऊ) देवत्व

५— सीता-त्याग ५५९

(क) सीता-त्याग का अभाव;

(ख) सीता-त्याग के भिन्न-भिन्न कारण :

(अ) लोकापवाद, (आ) धोबी, (इ) रावण का चित्र, (ई) परोक्ष कारण;

(ग) अवास्तविक सीता-त्याग

६— कुश-लव-चरित ५७०

(क) कुश-लव-चरित्र का विकास;

(ख) कुश-लव की जन्मकथा :

(अ) यमल कुश-लव, (आ)वाल्मीकि द्वारा कुश की सृष्टि;

(ग) कुश-लव-युद्ध

७— रामकथा का निर्वहण ५७६

(क) प्राचीन सुखान्त रामकथा;

(ख) दु:खान्त रामकथा;

(ग) अर्वाचीन सुखान्त रामकथा

अध्याय-२१ : उपसंहार **५८३**

१— रामकथा की व्यापकता ५८३

२— विभिन्न रामकथाओं की मौलिक एकता ५८६

३— प्रक्षिप्त सामग्री की सामान्य विशेषताएँ ५८९
४— विविध प्रभाव ५९३
(क) जैनी रामकथाओं का प्रभाव, (ख) शैव प्रभाव;
(ग) शाक्त प्रभाव, (घ) कृष्णकथा का प्रभाव
५— विकास का सिंहावलोकन ५९६

परिशिष्ट

क—रामकथा-साहित्य की तालिका ६०२
ख—सहायक ग्रन्थ ६०८
ग—अनुक्रमणिका (ग्रन्थ, लेखक, विषय) ६११

प्रकाशकीय

हिन्दी-विभाग इलाहाबाद विश्वविद्यालय के गौरव स्वर्गीय फ़ादर कामिल बुल्के की बहुमूल्य शोध कृति रामकथा विगत कई वर्षों से अप्राप्य रही है, जिसके लिए हम क्षमा प्रार्थी हैं।

रामकथा का यह संस्करण प्रकाशित करते हुए हमें सन्तोष का अनुभव हो रहा है। भविष्य में हमारी चेष्टा रहेगी कि रामकथा उसके पाठकों के लिए प्राप्य होती रहे।

इस अवसर पर हम डॉ० कामिल बुल्के शोध-संस्थान राँची के निदेशक आदरणीय विलियम द्वायर के प्रति हार्दिक कृतज्ञता ज्ञापित करते हैं जिनके धैर्य और प्रोत्साहन के फलस्वरूप हम रामकथा का यह संस्करण प्रकाशित कर सके हैं।

विजय दशमी १९९३

—राजेन्द्र कुमार वर्मा
अध्यक्ष : हिन्दी-विभाग
इलाहाबाद विश्वविद्यालय, इलाहाबाद

परिचय

प्राचीन भारत के समान ही आधुनिक यूरोप ज्ञान सम्बन्धी खोज के क्षेत्र में अग्रसर रहा है। यूरोपीय विद्वान् ज्ञान तथा विज्ञान के रहस्यों के उद्‌घाटन में निरन्तर यत्नशील रहे हैं। उनकी इस खोज का क्षेत्र यूरोप तक ही सीमित नहीं रहा बल्कि संसार के समस्त भागों पर उनकी दृष्टि पड़ी। इस महत्त्वपूर्ण ग्रन्थ के लेखक फ़ादर बुल्के को हम इन्हीं विद्याव्यसनी यूरोपीय अन्वेषकों की श्रेणी में रख सकते हैं। भारतीय विचारधारा समझने के लिए इन्होंने संस्कृत तथा हिन्दी भाषा और साहित्य का पूर्ण परिश्रम के साथ अध्ययन किया। प्रयाग विश्वविद्यालय से हिन्दी में एम०ए० की परीक्षा पास करने के उपरान्त आपने डी० फ़िल्० के लिए 'रामकथा का विकास' शीर्षक विषय चुना। प्रस्तुत ग्रन्थ उनका थीसिस ही है जिस पर उन्हें प्रयाग विश्वविद्यालय से डी० फ़िल्० की उपाधि मिली है।

सुयोग्य लेखक ने इस ग्रन्थ की तैयारी में कितना परिश्रम किया है यह पुस्तक के अध्ययन से ही समझ में आ सकता है। रामकथा से सम्बन्ध रखनेवाली किसी भी सामग्री को आपने छोड़ा नहीं है। ग्रन्थ चार भागों में विभक्त है। प्रथम भाग में 'प्राचीन रामकथा साहित्य' का विवेचन है। इसके अन्तर्गत पाँच अध्यायों में वैदिक साहित्य और रामकथा, वाल्मीकिकृत रामायण, महाभारत की रामकथा, बौद्ध रामकथा तथा जैन रामकथा-सम्बन्धी सामग्री की पूर्ण परीक्षा की गयी है। द्वितीय भाग का सम्बन्ध रामकथा की उत्पत्ति से है और इसके चार अध्यायों में दशरथ जातक की समस्या, रामकथा के मूल स्रोत के सम्बन्ध में विद्वानों के मत, प्रचलित वाल्मीकीय रामायण के मुख्य प्रक्षेपों तथा रामकथा के प्रारम्भिक विकास पर विचार किया गया है। ग्रन्थ के तृतीय भाग में 'अर्वाचीन रामकथा साहित्य का सिंहावलोकन' है। इसमें भी चार अध्याय हैं। पहले और दूसरे अध्याय में संस्कृत के धार्मिक तथा ललित साहित्य में पायी जानेवाली रामकथा-सम्बन्धी सामग्री की परीक्षा है। तीसरे अध्याय में आधुनिक भारतीय भाषाओं के रामकथा-सम्बन्धी साहित्य का विवेचन है। इसमें हिन्दी के अतिरिक्त तमिल, तेलुगु, मलयालम, कन्नड़, बंगाली, काश्मीरी, सिंहली आदि समस्त भाषाओं के साहित्य की छानबीन की गयी है। चौथे अध्याय में विदेश में पाये जानेवाले रामकथा के रूप का

सार दिया गया है और इस सम्बन्ध में तिब्बत, खोतान, हिन्देशिया, हिन्दचीन, श्याम, ब्रह्मदेश आदि में उपलब्ध सामग्री का पूर्ण परिचय एक ही स्थान पर मिल जाता है। अन्तिम तथा चतुर्थ भाग में रामकथा-सम्बन्धी एक-एक घटना को लेकर उसका पृथक्-पृथक् विकास दिखलाया गया है। घटनाएँ काण्डक्रम से ली गयी हैं अत: यह भाग सात काण्डों के अनुसार सात अध्यायों में विभक्त है। उपसंहार में रामकथा की व्यापकता, विभिन्न रामकथाओं की मौलिक एकता, प्रक्षिप्त सामग्री की सामान्य विशेषताएँ, विविध प्रभाव तथा विकास का सिंहावलोकन है।

इस संक्षिप्त परिचय से ही स्पष्ट हो गया होगा कि यह ग्रन्थ वास्तव में रामकथा-सम्बन्धी समस्त सामग्री का विश्वकोश कहा जा सकता है। सामग्री की पूर्णता के अतिरिक्त विद्वान् लेखक ने अन्य विद्वानों के मत की यथास्थान परीक्षा की है तथा कथा के विकास के सम्बन्ध में अपना तर्कपूर्ण मत भी दिया है। वास्तव में यह खोजपूर्ण रचना अपने ढंग की पहली ही है और अनूठी भी है। हिन्दी क्या किसी भी यूरोपीय अथवा भारतीय भाषा में इस प्रकार का कोई दूसरा अध्ययन उपलब्ध नहीं है। अत: हिन्दी में इस लोकप्रिय विषय पर ऐसे वैज्ञानिक अन्वेषण के प्रस्तुत करने के लिए विद्वान् लेखक बधाई के पात्र हैं। आशा है कि भविष्य में उनकी लेखनी से इस प्रकार के अन्य खोजपूर्ण ग्रन्थ प्रकाश में आवेंगे। प्रस्तुत अध्ययन का उत्तरार्ध 'रामभक्ति का विकास' तो शीघ्र ही प्रकाशित होना चाहिए। प्रयाग विश्वविद्यालय हिन्दी परिषद् को इस बहुमूल्य कृति के प्रकाशन पर गर्व होना स्वाभाविक है।

नवम्बर, १९५० **—धीरेन्द्र वर्मा**

निवेदन

प्रथम संस्करण

भारत तथा निकटवर्ती देशों के साहित्य में रामकथा की अद्वितीय व्यापकता एशिया के सांस्कृतिक इतिहास का एक अत्यन्त महत्त्वपूर्ण तत्त्व है। इस रामकथा का अध्ययन अनेक दृष्टिकोणों से किया जा सकता है। प्रस्तुत निबन्ध में इसकी उत्पत्ति तथा कथावस्तु के विकास की रूपरेखा अंकित करने का प्रयत्न किया गया है। इस सीमित परिधि के दृष्टिकोण से प्राचीन तथा अर्वाचीन रामकथा-साहित्य का निरूपण और विश्लेषण क्रमश: प्रथम तथा तृतीय भाग में किया गया है।

रामकथा की उत्पत्ति तथा मूलस्रोत के सम्बन्ध में अनेक भ्रामक धारणाएँ विद्वन्मण्डली में प्रचलित हो गयी हैं। इनका निरूपण तथा खण्डन द्वितीय भाग का विषय है। यद्यपि निबन्ध के इस भाग में किसी सर्वथा नवीन निष्कर्ष का प्रतिपादन नहीं है, किन्तु विवेच्य विषय से सम्बन्ध रखनेवाली समस्त प्रकाशित सामग्री का मौलिक रूप से वर्गीकरण तथा स्पष्टीकरण किया गया है।

चतुर्थ भाग में वाल्मीकि रामायण की कथावस्तु के क्रमानुसार रामकथा के विभिन्न कथांग के विकास का अलग-अलग वर्णन किया गया है। इसके लिए प्रथम तथा तृतीय भागों में निरूपित प्राचीन तथा अर्वाचीन रामकथा-साहित्य का तुलनात्मक अध्ययन आवश्यक था। यह साहित्य अत्यन्त विस्तृत है और इस प्रकार का तुलनात्मक अध्ययन प्राय: सर्वथा मौलिक है; अत: इसमें त्रुटियाँ अवश्य रह गयी होंगी। इनके लिए मैं विद्वानों से विनयपूर्वक क्षमा प्रार्थना करता हूँ।

रामभक्ति के पल्लवित होने के साथ-साथ रामकथा का विकास अपनी अन्तिम परिणति पर पहुँच गया था। अत: पन्द्रहवीं शताब्दी के बाद के संस्कृत साहित्य का पूरा निरूपण अनावश्यक था। इसी प्रकार आधुनिक आर्यभाषाओं का रामकथा-साहित्य प्रस्तुत निबन्ध के दृष्टिकोण से अपेक्षाकृत कम महत्त्व रखता है। वास्तव में यह साहित्य प्रधानतया रामकथा न होकर रामभक्ति-साहित्य सिद्ध होता है। इसका (विशेषकर हिन्दी राम-साहित्य का) समुचित अध्ययन

रामभक्ति की उत्पत्ति और विकास के पूरे विश्लेषण के पश्चात् ही सम्भव हो सकेगा। आशा है कि एकाध वर्ष की खोज के बाद मैं 'रामभक्ति' (उत्पत्ति और विकास) नामक ग्रन्थ प्रकाशित कर सकूँगा। तत्पश्चात् हिन्दी साहित्य की रामभक्ति-शाखा की रचनाओं का कथा तथा भक्ति दोनों दृष्टिकोणों से विस्तृत तुलनात्मक अध्ययन करने का मेरा विचार है।

प्रस्तुत निबन्ध प्रयाग विश्वविद्यालय द्वारा डी० फ़िल्० उपाधि के लिए स्वीकृत हुआ है। परीक्षकों के सुझाव के अनुसार मैंने कई स्थलों पर भावों का किंचित् स्पष्टीकरण किया है तथा निरीक्षक के इच्छानुसार 'संहार' नामक अन्तिम अध्याय पुनः लिखकर अधिक विस्तार में प्रस्तुत किया है।

निबन्ध के तृतीय भाग की सामग्री एकत्र करने में बहुत-से भारतीय तथा विदेशी विद्वानों से सहायता मिली है। इसके सम्बन्ध में निम्नलिखित विद्वान्वि शेष रूप से मेरे धन्यवाद के पात्र हैं—डॉ० राजेन्द्र हाजरा (पौराणिक साहित्य); श्री एस० तिरुमलैसामी आयंगर (तमिल); रेवरेण्ड टी० रायण और सी० सत्यनारायण (तेलुगु); डॉ० पी० के० नारायण पिल्लै (मलयालम); श्री एच० लोबो (कन्नड़); श्री प्रह्लाद प्रधान (उड़िया); श्री एन० के० भागवत (मराठी); श्री मनसुखलाल झावेरी (गुजराती); श्री एफ० मार्टिनी और सुश्री एस० कार्पेलेज (हिन्दचीन)।

मैं पूज्य डॉ० धीरेन्द्र वर्मा के प्रति अपनी हार्दिक कृतज्ञता प्रकट करना चाहता हूँ; वे मुझे कई वर्षों से हिन्दी के अध्ययन में प्रोत्साहन देते आ रहे हैं। उनकी प्रेरणा से मैं रामकथा की खोज में प्रवृत्त हुआ था और उनके विद्वत्तापूर्ण परामर्शों के फलस्वरूप निबन्ध को प्रस्तुत रूप दे सका हूँ। अपने निरीक्षक डॉ० माताप्रसाद गुप्त के प्रति अपना आभार प्रदर्शन करना मैं अपना कर्त्तव्य समझता हूँ। उन्होंने मुझे अपना बहुमूल्य समय देने में कभी संकोच नहीं किया और निबन्ध के प्रत्येक अंश को यथासम्भव परिपूर्ण बनाने के लिए समय-समय पर अनेक सुझाव दिये हैं।

डॉ० रघुवंश का भी मैं अत्यन्त आभारी हूँ जिन्होंने समस्त पाण्डुलिपि पढ़ने का कष्ट उठाया है। श्री रामसिंह तोमर ने प्रूफ़ देखने का भार स्वतः लेकर इस पुस्तक के शीघ्र प्रकाशित होने में जो सहयोग दिया है उसके लिए मैं उनका सदा आभारी रहूँगा।

—कामिल बुल्के

राँची

३०-६-१९५०

द्वितीय संस्करण

'रामकथा' के प्रकाशन के बाद बहुत-से पाठकों ने पत्र लिखकर मुझे प्रोत्साहन दिया है और प्रश्न पूछ-पूछकर द्वितीय संस्करण की तैयारी में मेरा पथप्रदर्शन भी किया है। मैं उन सबों के प्रति आभार प्रकट करना अपना प्रथम कर्त्तव्य समझता हूँ।

द्वितीय संस्करण में निम्नलिखित परिवर्द्धन विशेष रूप से उल्लेखनीय हैं। आदिकवि **वाल्मीकि** विषयक समस्त सामग्री का निरूपण किया गया है। **रावण** तथा **हनुमान्** सम्बन्धी सभी वृत्तान्तों का अनुशीलन करने के पश्चात् दोनों के चरित्र का विकास अपेक्षाकृत विस्तारपूर्वक प्रस्तुत किया गया है। परशुराम, शबरी, त्रिजटा, मन्दोदरी, विभीषण, इन्द्रजित्, शत्रुघ्न, आदि पात्रों से सम्बन्ध रखनेवाली सामग्री का भी संकलन किया गया है। रामकथा-साहित्य में **अहल्या** तथा **सौदास** की पौराणिक कथाओं का रामायणीय आधिकारिक कथावस्तु से सम्बन्ध स्थापित किया गया है, अतः मैंने इन दोनों कथाओं के विकास की रूपरेखा अंकित की है। प्रथम संस्करण में जैन रामकथा का समुचित ध्यान नहीं रखा गया था; प्रस्तुत संस्करण में **पउमचरियं** के कथानक के समस्त महत्त्वपूर्ण प्रसंगों का निरूपण दिया गया है। डॉ० दलसुख मालवणिया ने प्रकाशन के पूर्व ही पउमचरियं की अपनी फ़ाइल और डॉ० वी० एम० कुलकर्णी ने बम्बई विश्वविद्यालय द्वारा स्वीकृत अपना अप्रकाशित शोध-प्रबन्ध (दि स्टोरी ऑव राम इन जैन लिटरेचर) मेरे पास भेजा है। इसके लिए मैं इन दोनों विद्वानों का आभारी हूँ। प्रथम संस्करण की अपेक्षा **सेरीराम** तथा **रामकेर्ति** के विभिन्न प्रसंगों का अधिक ध्यान रखा गया है। डॉ० एफ० मारटिनी (पेरिस) विशेष रूप से मेरे धन्यवाद के पात्र हैं—उन्होंने रामकेर्ति के अविकल फ्रेंच अनुवाद की अपनी पाण्डुलिपि मुझे निरीक्षणार्थ प्रदान की है।

द्वितीय संस्करण के लिए पर्याप्त मात्रा में नितान्त नयी सामग्री भी मिल गयी है। डॉ० वी० राघवन् (मद्रास) ने इस दिशा में मेरी सबसे अधिक सहायता की है—**तत्त्वसंग्रह रामायण, उदात्तराघव** तथा अनेक अप्राप्य प्राचीन राम-नाटकों का परिचय उनके सौजन्य से प्राप्त हुआ है। इसके अतिरिक्त निम्नलिखित रचनाओं का प्रथम संस्करण में परिचय नहीं दिया गया था—**धर्मखण्ड,**

बृहत्कोशलखण्ड, उल्लाघराघव, राघवोल्लास, गोविन्द रामायण, रामायण मसीही और **ब्रह्मचक्र**।

वाल्मीकि रामायण से भिन्न विविध कथाओं की व्यापकता दिखलाने के उद्देश्य से क्षेत्रीय भाषाओं की सामग्री का अधिक ध्यान रखा गया है। बिहार राष्ट्रभाषा-परिषद् की अनुवाद-समिति के सदस्य की हैसियत से मैंने **रंगनाथ रामायण** तथा **कम्बरामायण** के हिन्दी अनुवाद का प्रस्ताव रखा था। फलस्वरूप इन दोनों रचनाओं का हिन्दी रूपान्तर तैयार हो सका। मैं डॉ० भुवनेश्वरनाथ मिश्र 'माधव' का आभारी हूँ जिन्होंने प्रकाशन के पूर्व ही कम्बरामायण के हिन्दी अनुवाद के निरीक्षण की मुझे अनुमति दी है। '**विद्यासंग्रहणेषु त्यक्तलज्जः सुखी भवेत्**' के अनुसार मैंने क्षेत्रीय भाषाओं की सामग्री के संकलन की धुन में बहुत-से भद्र लोगों को कष्ट दिया है; इसके लिए मैं यहाँ पर विनयपूर्वक क्षमा-याचना करता हूँ। मैं विशेष रूप से निम्नलिखित विद्वानों के प्रति अपना आभार प्रकट करना चाहता हूँ—श्री एन० वी० राजगोपालन्, एम० ए० (तमिल), रेव० पी० डेटियेन एस० जे० (बंगाली), श्री कृष्णचरण साहु, एम० ए० (उड़िया), श्री गोपालकृष्ण भट्ट, एम० ए० (कन्नड़), सुश्री दुर्गा भागवत (मराठी), डॉ० शैलजा करन्दीकर (मराठी)।

श्री राघवप्रसाद पाण्डेय, एम० ए० ने पाण्डुलिपि पढ़ी है तथा भाषा को सुबोधगम्य बनाने में अमूल्य योगदान दिया है। श्री उमाशंकर शुक्ल (हिन्दी विभाग, प्रयाग विश्वविद्यालय), के प्रति पूरा आभार प्रकट करने में अपने को असमर्थ पा रहा हूँ। आपने मेरे लिए प्रूफ़ देखने की सुविधा का प्रबन्ध किया और स्वयं भी प्रूफ़-रीडिंग का कार्य विशेष सतर्कता से सम्पन्न किया। प्रस्तुत द्वितीय संस्करण के परिष्कृत रूप का समस्त श्रेय उन्हीं को है। पुस्तक की सुन्दर रूप-सज्जा के लिए श्री बालकृष्ण दूबे, एम० ए०, श्री सतीशचन्द्र तथा टेकनिकल प्रेस के अन्य सभी कर्मचारी मेरे धन्यवाद के पात्र हैं।

राँची **—कामिल बुल्के**

१२-९-१९६२

तृतीय संस्करण

पिछले वर्षों में रामकथा-विषयक कई शोध-प्रबन्ध प्रकाशित हुए हैं। पत्रिकाओं में भी इसके विषय में लेख छपते रहे हैं। इस सामग्री के अनुशीलन के फलस्वरूप 'रामकथा' के प्रस्तुत संस्करण में यत्र-तत्र परिवर्द्धन किया गया है। मैंने सहायक पुस्तकों की सूची में तथा पादटिप्पणियों में उपयोगी सामग्री का निर्देश किया है।

मैसूर विश्वविद्यालय द्वारा पी-एच०डी० उपाधि के लिए स्वीकृत डॉ० टी० एस० कृष्णमूर्ति के शोध-प्रबन्ध—**ए डीटेल्ड स्टडी ऑव दि उत्तरकाण्ड ऑव दि वाल्मीकि रामायण**—में मुझे कन्नड़ कवि कुवेम्पु के दो उल्लेखनीय प्रसंग (दे० अनु० ६१० अ तथा ७४१) मिले। डॉ० मूर्ति ने अपना अप्रकाशित शोध-प्रबन्ध मुझे उपलब्ध किया, इसके लिए मैं उनका आभारी हूँ।

राँची
१-९-१९७१

—कामिल बुल्के

संकेत-चिह्न

रा०	वाल्मीकि रामायण (दाक्षिणात्य पाठ)
गौ० रा०	वाल्मीकि रामायण का गौडीय पाठ
दा० रा०	वाल्मीकि रामायण का दाक्षिणात्य पाठ
प० रा०	वाल्मीकि रामायण का पश्चिमोत्तरी पाठ
अ० रा०	अध्यात्म रामायण
आ० रा०	आनन्द रामायण
इं० ए०	इण्डियन एण्टीक्वेरी
इं० हि० क्वा०	इण्डियन हिस्टॉरिकल क्वार्टरली
इन० रि० ए०	इन्साइक्लोपीडिया ऑव रिलिजन एण्ड एथिक्स
ज० अ० ऑ० सो०	जर्नल अमेरिकन ओरियण्टल सोसाइटी
ज० ए० सो० बं०	जर्नल एशिआटिक सोसाइटी ऑव बंगाल
ज० ऑ० इं०	जर्नल ऑव दि ओरियण्टल इंस्टिट्यूट (बड़ौदा)
ज० ऑ० रि०	जर्नल ऑव ओरियण्टल रिसर्च (मद्रास)
ज० रा० ए० सो०	जर्नल रायल एशिआटिक सोसाइटी
ना० प्र० प०	नागरी प्रचारिणी पत्रिका
बी० ई० एफ० ई० ओ०	बुलेटिन एकोल फ्रांसेस एक्सट्रेम ओरियन
हि० इं० लि०	हिस्ट्री ऑव इण्डियन लिटरेचर (विण्टरनित्स)
हि० सं० लि०	हिस्ट्री ऑव संस्कृत लिटरेचर (कीथ)

प्रथम भाग

प्राचीन रामकथा-साहित्य

१. वैदिक साहित्य और रामकथा
२. वाल्मीकिकृत रामायण
३. महाभारत की रामकथा
४. बौद्ध रामकथा
५. जैन रामकथा

अध्याय-१

वैदिक साहित्य और रामकथा

क—वैदिक साहित्य में रामकथा के पात्र

१. वैदिक साहित्य में रामकथा के अनेक पात्रों के नाम मिलते हैं। इसके आधार पर वैदिक काल में रामकथा के प्रचलन का प्रश्न उठाया जा सकता है। इस समस्या का समाधान करने के पहले उन स्थलों का विश्लेषण करना उचित होगा जहाँ उपर्युक्त पात्रों का उल्लेख मिलता है। सीता-सम्बन्धी सामग्री सबसे महत्त्वपूर्ण होने के कारण दूसरे परिच्छेद में अलग संकलित है। प्रस्तुत पहले परिच्छेद में रामायण के अन्य पात्रों के उल्लेख दिये जाते हैं।[१]

इक्ष्वाकु

२. ऋग्वेद में इक्ष्वाकु का एक बार उल्लेख हुआ है (१०, ६०, ४), लेकिन उस सूक्त में इक्ष्वाकु का नाममात्र दिया गया है, इससे इतना ही प्रतीत होता है कि वह कोई राजा थे। **यस्येक्ष्वाकुरुप व्रते रेवान् मराय्येधते** (यस्य इक्ष्वाकुः उप व्रते रेवान् मरायी एधते)—जिसकी सेवा में धनवान् और प्रतापवान् इक्ष्वाकु की वृद्धि होती है।

अथर्ववेद में भी एक बार इक्ष्वाकु का नाम आया है। उस मंत्र में ज्वर से छुटकारा पाने के लिए कुष्ठ पौधे से प्रार्थना की जाती है। इसके अन्तर्गत यह वाक्य मिलता है : **त्वा वेद पूर्व इक्ष्वाको यं** (१९, ३९, ९)—तू, जिसको इक्ष्वाकु पूर्वकाल में जानता था। इससे इतना ही पता चलता है कि इस मंत्र के रचनाकाल में इक्ष्वाकु एक प्राचीन वीर माने जाते थे।

दशरथ

३. वैदिक साहित्य में दशरथ का एक बार उल्लेख हुआ है। **ऋग्वेद** (१, १२६, ४) की एक दानस्तुति में अन्य राजाओं के साथ-साथ दशरथ की भी प्रशंसा की गयी है : **चत्वारिंशद्दशरथस्य शोणाः सहस्रस्याग्रे श्रेणिं नयन्ति**—अर्थात् 'दशरथ के चालीस भूरे रंग के घोड़े, एक हजार घोड़ों के दल का नेतृत्व ले रहे हैं।'

इक्ष्वाकु से सम्बन्ध रखनेवाले स्थलों के समान उपर्युक्त उद्धरण से भी राजा दशरथ का कोई विशेष परिचय नहीं मिलता।

---

१. यहाँ रामायण की आधिकारिक कथावस्तु से सीधा सम्बन्ध रखनेवाले पात्रों का अभिप्राय है। विश्वामित्र, अगस्त्य, वसिष्ठ और भरद्वाज ऋग्वेद के ऋषि हैं, बालकाण्ड और उत्तरकाण्ड की विविध अन्तरकथाओं के पात्रों के नाम वैदिक साहित्य में मिलते हैं। उनका यहाँ पर उल्लेख नहीं होगा।

मध्य एशिया की एक आर्यजाति का नाम मितन्नि था। इनके एक राजा दशरथ का नाम सुरक्षित है, जिसका शासनकाल १४०० ई० पूर्व के लगभग माना जाता है।[१]

राम

४. राम दाशरथि, परशुराम और बलराम, इन तीनों का उल्लेख पहले-पहल **रामायण** और **महाभारत** में हुआ है। फिर भी वैदिक साहित्य से अनेक राम नामक व्यक्तियों का परिचय मिलता है। इनका उल्लेख करने से पहले **तैत्तिरीय आरण्यक** (५, ८, १३) के एक स्थल का उद्धरण देना है। यहाँ 'राम' शब्द का प्रयोग 'पुत्र' के अर्थ में हुआ है। प्रवर्ग्य (सोमयज्ञ के पहले की एक विधि-विशेष) का अनुष्ठान करनेवाले के नियम यों दिये जाते हैं :

संवत्सरं न मांसमश्नीयात्। न रामामुपेयात्। न मृन्मयेन पिबेत्।
नास्य राम उच्छिष्टं पिबेत्।
तेज एव तत्संश्यति॥

'वह एक वर्ष तक मांस का भक्षण न करे। स्त्री[२] का भोग न करे। मिट्टी के बर्तन से पानी न पिये। उसका पुत्र उच्छिष्ट न पिये। इसी तरह उसका (यजमान का) तेज पुंजीभूत होता जाता है।' सायण के अनुसार 'राम' का अर्थ यहाँ 'रमणीय पुत्र' होता है, जो सर्वथा समीचीन प्रतीत होता है। कालक्रम के अनुसार वैदिक साहित्य के विभिन्न रामों का परिचय नीचे दिया जाता है।

(१) राम, ऋग्वेद का एक राजा

ऋग्वेद में 'राम' का एक बार उल्लेख हुआ है। उसका नाम अन्य प्रतापी यजमानों के साथ प्रयुक्त होने के कारण प्रतीत होता है कि वह कोई राजा हुआ होगा :

प्र तद्दुःशीमे पृथवाने वेने प्र रामे वोचमसुरे मघवत्सु।
ये युक्त्वाय पञ्च शतास्मयु पथा विश्राव्येषाम्॥ (१०, ९३, १४)

'मैंने दुःशीम पृथवान्, वैन और राम (असुर[३]) इन यजमानों के लिए यह (सूक्त) गाया है। इन्होंने पाँच सौ (घोड़े अथवा रथ) जुतवाये (जिससे) उनका मुझ पर अनुग्रह चारों ओर फैल गया है।'

(२) राम मार्गवेय, श्यापर्णीय ब्राह्मण

ऐतरेय ब्राह्मण (७, २७-३४) में राम मार्गवेय और जनमेजय के विषय में एक कथा मिलती है, जिससे इतना ही परिचय मिलता है कि श्यापर्ण कुल के ब्राह्मण और जनमेजय समकालीन थे। उनका **रामायण** की कथा से कोई सम्बन्ध नितान्त असम्भव है। सायण,

---

१. दे० दिनेशचन्द्र सेन : दि बंगाली रामायण्स्, पृ० ३९।

२. 'रामा' का अर्थ यहाँ पत्नी हो सकता है। अन्य स्थलों पर वह वेश्या के अर्थ में प्रयुक्त हुआ है (तैत्ति० संहिता ५, ६, ८,३; काठक० सं० २२,७, जैमिनि उपनिषद् ब्राह्मण (४, ११, ५, १०)। अथर्ववेद (१, २, ३, १), तैत्ति० ब्रा० (२,४,४, १) और कौशिक सूत्र (२६, २२-२४) में 'रामा' एक पौधे का नाम भी है, जिस पर सायण की टीका यों है—'भृङ्गराजाख्या ओषधिः'।

३. 'असुर' यहाँ पर राम की उपाधि प्रतीत होता है। यह लुड्विग का मत है। अन्य विद्वानों के अनुसार असुर का अलग उल्लेख होना चाहिए।

'मार्गवेय' की व्युत्पत्ति 'मृगु' से मानते हैं, वेबर इसका सम्बन्ध मार्गव (मनु की एक जाति १०, १६) से जोड़ते हैं।

(३) राम औपतस्विनि

शतपथ ब्राह्मण में 'अंसुग्रह' नामक यज्ञ के तत्त्व पर विचार-विनिमय होने पर अन्य आचार्यों के मतों के साथ-साथ राम औपतस्विनि के मत का भी उल्लेख होता है (४, ६, १, ७)। इससे यह पता चलता है कि वह उपतस्विन् के पुत्र और याज्ञवल्क्य के समकालीन थे।

(४) राम क्रातुजातेय

जैमिनीय उपनिषद् ब्राह्मण के दो स्थलों पर राम क्रातुजातेय वैयाघ्रपद्य का उल्लेख मिलता है। दोनों बार उसका नाम दार्शनिक शिक्षा देनेवालों की एक नामावली में दिया जाता है। दोनों स्थलों पर वह शंग शात्यायनि आत्रेय का शिष्य है और शंख वाभ्रव्य का शिक्षक (जै० उप० ब्रा० ३, ७, ३, २; ४, ९, १, १)।

इन विभिन्न रामों से यह निष्कर्ष निकाला जा सकता है कि प्राचीनतम वैदिक काल से ही राजाओं और ब्राह्मणों दोनों में 'राम' नाम प्रचलित था।

अश्वपति

५. **शतपथ ब्राह्मण** (१०, ६, १, २) और **छान्दोग्य उपनिषद्** (५, ११, ४) में अश्वपति कैकेय का उल्लेख मिलता है। दोनों ग्रन्थों में प्रसंग एक ही है—कई ब्राह्मण आत्मा और ब्रह्म के विषय में दार्शनिक विवेचन कर रहे हैं। 'वैश्वानर' के तत्त्व के सम्बन्ध में वे किसी निश्चय पर नहीं पहुँचते। उनमें से एक यह प्रस्ताव करते हैं, 'अश्वपति कैकेय वैश्वानर तत्त्वत: जानते हैं। उनके यहाँ चलें।' प्रस्ताव स्वीकृत होने पर वे वहाँ जाते हैं और अश्वपति उनको वैश्वानर के तत्त्व के सम्बन्ध में शिक्षा देते हैं।

अश्वपति कैकेय देश के राजा थे और इतने विद्वान् थे कि वह ब्राह्मणों को भी सिखलाते थे, इतना ही परिचय उपर्युक्त स्थलों से मिलता है। इस प्रसंग में **रामायण** के अन्य पात्रों से किसी सम्बन्ध की सूचना नहीं होती। फिर भी **शतपथ ब्राह्मण** और **छान्दोग्य उपनिषद्** में जनक वैदेह का भी उल्लेख हुआ है; इससे सम्भवत: यह निष्कर्ष निकाला जा सकता है कि वे दोनों समकालीन विद्वान् राजा थे।

जनक

६. कालक्रम के अनुसार जनक का पहला परिचय हमें कृष्णयजुर्वेदीय **तैत्तिरीय ब्राह्मण** में प्राप्त होता है। सावित्राग्नि-यज्ञ का फल बतलाने के लिए एक आख्यान दिया जाता है जिसमें जनक वैदेह देवताओं से मिलते हैं। देवता उपर्युक्त यज्ञ के अनेक परिणामों का वर्णन करते हैं (३, १०, ९)।

इससे विस्तृत परिचय नहीं मिलता, लेकिन आगे चलकर **शतपथ ब्राह्मण** में 'जनक वैदेह' का चार भिन्न प्रसंगों में उल्लेख हुआ है। जनक के साथ-साथ याज्ञवल्क्य का भी चारों स्थलों पर उल्लेख हुआ है। जनक इतने विद्वान्, तत्त्वज्ञ के रूप में सामने आते हैं कि वे याज्ञवल्क्य को

भी शिक्षा देते हैं और स्वयं ब्राह्मण बन जाते हैं। बाद के **बृहदारण्यक उपनिषद्** में स्थिति बदल गयी है। उसमें याज्ञवल्क्य ही जनक को शिक्षा देते हैं।

शतपथ ब्राह्मण का पहला प्रसंग (११, ३, १, २-४) **जैमिनि ब्राह्मण** में भी मिलता है (१, १९)। इसमें जनक वैदेह अग्निहोत्र के विषय में याज्ञवल्क्य से प्रश्न पूछते हैं और उचित उत्तर पाने पर उनको १०० गायों का पुरस्कार देते हैं।

दूसरे प्रसंग में (श० ब्रा० ११, ४, ३, २०) मित्रविंद यज्ञ का गोतम राहूगण के पास से जनक वैदेह के पास जाने का उल्लेख है। जनक अनेक वेदांग-विद् ब्राह्मणों में यह यज्ञ न पाकर उसे याज्ञवल्क्य में पाते हैं और उनको एक सहस्र गायों का पुरस्कार देते हैं।

तीसरे प्रसंग में जनक के ब्राह्मण बनने की कथा है (श० ब्रा० ११, ६, २, १-१०)। जनक तीन ब्राह्मणों से मिलते हैं, जिनमें से एक याज्ञवल्क्य हैं। जनक तीनों से अग्निहोत्र की विधि पूछते हैं। तीनों में याज्ञवल्क्य का उत्तर सबसे अच्छा होने पर भी पूरा नहीं है, इसलिए जनक विस्तारपूर्वक अग्निहोत्र रहस्य समझाते हैं। अन्त में याज्ञवल्क्य से एक वर पाकर जनक याज्ञवल्क्य से यथारुचि प्रश्न पूछने का अधिकार चाहते हैं। 'इस समय से लेकर' यही परिच्छेद का अन्तिम वाक्य है, 'जनक ब्राह्मण ही थे।'

चौथा प्रसंग **शतपथ ब्राह्मण** को छोड़कर अन्यत्र भी पाया जाता है (श० ब्रा० ११, ६, ३, १ आदि; **जैमिनि ब्राह्मण** २, ७६-७७; **बृहदारण्यक उप०** ३, १, १-२)। जनक याजकों को बहुत दक्षिणा देकर एक यज्ञ का प्रबन्ध करते हैं और सबसे विद्वान् ब्राह्मण को १००० गायों का पुरस्कार देने की प्रतिज्ञा करते हैं। इस पर शाल्क्य याज्ञवल्क्य से प्रश्न पूछते हैं और अधिक जिज्ञासा प्रकट करने के कारण मर जाते हैं। यह वृत्तान्त किंचित् परिवर्तन सहित **जैमिनि ब्राह्मण** और **बृहदारण्यक उपनिषद्** में भी मिलता है।

इस प्रसंग को छोड़कर **बृहदारण्यक** में जनक और याज्ञवल्क्य के सम्बन्ध में एक और विस्तृत वृत्तान्त मिलता है (बृ० आ० उप० ४, १, १ से ४, ४, ७ तक) जिसमें याज्ञवल्क्य ब्रह्म, परलोक और आत्मा के विषय में जनक को शिक्षा देते हैं। अन्त में जनक याज्ञवल्क्य के प्रति अपने आपको तथा अपनी प्रजा को समर्पित करते हैं।

बृहदारण्यक उपनिषद् में दो अन्य स्थलों पर भी जनक का उल्लेख हुआ है। एक स्थल में जनक गायत्री के विषय में बुडिल आश्वतराश्वि से कुछ कहते हैं (५, १४, ८)। दूसरा स्थल अधिक महत्त्वपूर्ण है। इसमें गार्ग्य बालाकि और अजातशत्रु का वार्त्तालाप दिया जाता है जो **बृहदारण्यक उपनिषद्** (२, १, १) के अतिरिक्त किंचित् परिवर्तित रूप में **कौषीतकी उपनिषद्** (४, १) और **शांखायन आरण्यक** (६, १) में भी मिलता है। गार्ग्य बालाकि अजातशत्रु[१] काशी के राजा के यहाँ जाकर कहते हैं—'क्या मैं ब्रह्म के विषय में कथन करूँ?' अजातशत्रु के उत्तर में जनक से ईर्ष्या आभासित है : "इस वचन के लिए मैं एक सहस्र दूँगा क्योंकि सब-के-सब 'जनक (वैदेह) जनक (पिता, संरक्षक) ही हैं' कहकर उनके यहाँ दौड़कर जाते हैं।"

उपर्युक्त उद्धरणों से स्पष्ट है कि रामायण के अन्य पात्रों की अपेक्षा जनक वैदेह का वैदिक साहित्य में कहीं अधिक उल्लेख होता है। अर्वाचीन रामकथा-साहित्य में वैदिक जनक तथा **रामायण** के जनक अभिन्न माने जाते हैं। वास्तव में दोनों की अभिन्नता सिद्ध करने के लिए प्रमाण नहीं दिये जा सकते हैं। स्वीकार करना पड़ता है कि वैदिक

१. यह अजातशत्रु (काशी के राजा) मगध के राजा (४९१ ई०पू०) से भिन्न है।

साहित्य में कहीं भी इसका उल्लेख नहीं मिलता कि सीता जनक की पुत्री हैं अथवा राम उनके जामाता हैं।

प्रस्तुत प्रश्न एक अन्य कारण से और जटिल बन जाता है। **वाल्मीकि रामायण** में दो भिन्न राजाओं का उल्लेख है जिनका नाम जनक है—एक मिथि का पुत्र है तथा दूसरा ह्रस्वरोमा का पुत्र और सीता का पिता (रा० १, ७१)। जातकों में भी अनेक जनक नामक राजाओं का उल्लेख है (दे० महाजनक जातक ५३९)। महाभारत में सीता जनक की पुत्री तो मानी जाती है लेकिन जहाँ-जहाँ जनक का स्वतंत्र उल्लेख होता है वहाँ रामकथा से किसी सम्बन्ध का निर्देश मात्र भी नहीं मिलता। इसके अतिरिक्त इसमें कई भिन्न जनक नामक राजाओं का उल्लेख होता है—जनक, इन्द्रद्युम्न का पुत्र (३, १३३, ४); जनक देवराति (१२, २९८, ४); जनक धर्मध्वज (१२, ३०८, ४); जनक कराल (१२, २९१, ७)।

वाल्मीकि रामायण, महाभारत तथा पुराणों में 'जनक' मिथिला देश के राजवंश का नाम भी माना जाता है :

> जनकानां कुले जाता राघवानां कुले वधू (गौ० रा० ५, ३६, २०)
> सीतापि सत्कुले जाता जनकानां महात्मनाम् (रा० ७, ४५, ४)
> इदं धनुर्वरं ब्रह्मञ्जनकैरभिपूजितम् (रा० १, ६७, ८)
> तस्य पुत्रो मिथिर्नाम जनको मिथिपुत्रकः।
> प्रथमो जनको राजा जनकादप्युदावसुः॥ (रा० १, ७१, ४)
> भो भो राजन् जनकानां वरिष्ठ (महाभारत ३, १३३, १६)
> वंशो जनकानां (वायुपुराण ८९, २२)

अतः निष्कर्ष यह है कि मिथिला का कोई भी राजा जनक के नाम से पुकारा जा सकता है। वैदिक साहित्य के जनक तथा सीता के पिता, इन दोनों की अभिन्नता असम्भव तो नहीं है, लेकिन उपर्युक्त विश्लेषण पर ध्यान देने से यह अत्यन्त सन्दिग्ध प्रतीत होती है। विष्णुपुराण (४, ५, ३०), वायुपुराण (८९, १५), ब्रह्माण्डपुराण (३, ६४, १५), पद्मपुराण (पातालखण्ड ५७, ५), आदि में सीता के पिता, जनक, का नाम सीरध्वज भी बताया जाता है। जनक के भ्राता कुशध्वज का उल्लेख वाल्मीकि रामायण में किया गया है (दे० १, ७१, १३)।

ख—वैदिक साहित्य में सीता

७. वैदिक साहित्य से दो भिन्न सीताओं की सूचना मिलती है। पहली सीता कृषि की एक अधिष्ठात्री देवी है, जिसका उल्लेख ऋग्वेद से लेकर सारे वैदिक साहित्य में अनेक स्थलों पर होता रहा है। दूसरी सीता का परिचय हमें तैत्तिरीय ब्राह्मण से प्राप्त होता है, जहाँ सीता सावित्री, सूर्य की पुत्री, और सोम राजा का उपाख्यान किंचित् विस्तारपूर्वक दिया गया है। इस सीता का उल्लेख इस स्थान को छोड़कर वैदिक साहित्य में और कहीं नहीं मिलता। पहले इस उपाख्यान का थोड़ा विश्लेषण किया जायेगा और बाद में सीता, कृषि की अधिष्ठात्री देवी, से सम्बन्ध रखनेवाली सामग्री पर विचार किया जायेगा।

इसके अतिरिक्त 'सीता' शब्द (अर्थात् लांगलपद्धति) का वैदिक साहित्य में अनेक बार उल्लेख हुआ है। लेकिन उन स्थलों पर सीता में व्यक्तित्व का आरोप नहीं किया

गया है। अत: प्रस्तुत विषय के दृष्टिकोण से महत्त्वपूर्ण न होने के कारण उन स्थलों का विश्लेषण अनावश्यक है।[१]

सीता सावित्री

८. सीता सावित्री की कथा हमें **कृष्णयजुर्वेद** के **तैत्तिरीय ब्राह्मण** में मिलती है (२, ३, १०)। किसी काम्य प्रयोग का प्रभाव दिखलाने के उद्देश्य से सीता सावित्री और सोम राजा का उपाख्यान उद्धृत किया गया है। इसमें सीता और श्रद्धा दोनों प्रजापति की पुत्रियाँ मानी जाती हैं। सायण के अनुसार प्रजापति यहाँ पर सविता अर्थात् सूर्य का पर्यायवाची शब्द माना जाना चाहिए। प्रस्तुत उपाख्यान में सीता सोम राजा के प्रेम को स्थागर नामक अंगराग के द्वारा प्राप्त करती है, यद्यपि सोम पहले सीता की बहन श्रद्धा से प्रेम करते थे। इस कथा का मूल रूप ऋग्वेद के **सूर्यासूक्त** में विद्यमान है, (१०, ८५) जहाँ सूर्या, सूर्य की पुत्री, का सोम के साथ विवाह वर्णित है। इस सूक्त में सोम से स्पष्टतया चन्द्रमा का अभिप्राय है और अनेक विद्वानों के अनुसार सूर्या से उषा निर्दिष्ट है। **ऋग्वेद** की इस कथा का उल्लेख दोनों ऋग्वेदीय ब्राह्मणों में भी मिलता है—'प्रजापति ने सोम राजा को अपनी पुत्री सूर्या सावित्री को दे दिया' (ऐत० ब्रा० ४, ७; कौ० ब्रा० १८, १)। इसके अतिरिक्त **तैत्तिरीय संहिता** (२, ३, ५) तथा **काठक** (११, ३) और **मैत्रायणी** (२, २, ७) संहिताओं के समानान्तर स्थलों पर प्रजापति की तैंतीस पुत्रियों का सोम राजा के साथ विवाह वर्णित है। इनमें से केवल रोहिणी का नाम दिया गया है। **तैत्तिरीय ब्राह्मण** में इस कथा का परिवर्तित रूप इस प्रकार है :

'प्रजापति ने सोम राजा की और इसके पश्चात् तीनों वेदों की सृष्टि की थी। सोम राजा ने इन (वेदों) को हस्तगत किया।

सीता सावित्री सोम राजा को (पतिस्वरूप) चाहती थी (लेकिन) वह (सोम राजा) श्रद्धा (सीता की बहन) को चाहते थे।

सीता ने अपने पिता प्रजापति के पास जाकर कहा, आपको नमस्कार, मैं आपके पास आयी हूँ और आपकी शरण लेती हूँ॥ १॥ मैं सोम राजा की (पतिस्वरूप) कामना करती हूँ। वह श्रद्धा को चाहते हैं।

प्रजापति ने उसके लिए स्थागर (नामक सुगन्धित द्रव्य को पीसकर) अलंकार (अर्थातअं गराग) तैयार किया। पूर्व दिशा की ओर दशहोतृ (मंत्र पढ़कर), दक्षिण की ओर चतुर्होतृ, पश्चिम की ओर पंचहोतृ, उत्तर की ओर षड्होतृ, और ऊपर की ओर से सप्तहोतृ पढ़कर

---

१. कल्पसूत्रों को छोड़कर निम्नलिखित स्थलों पर 'सीता' शब्द का उल्लेख हुआ है :

(१) ऋग्वेद १, १४०, ४।

(२) अथर्ववेद ११, ३, १२।

(३) यजुर्वेदीय संहिताओं में अश्वमेध के वर्णन के अन्तर्गत जहाँ क्षेत्र तैयार करने के लिए हल द्वारा सीताएँ खींची जाती हैं।

काठक सं० २०, ३।
कपिष्ठल सं० ३२, ५-६।
मैत्रायणी सं० ३, २,४-५।
तैत्तियीय सं० ५, २, ५, ५।

(४) शतपथ ब्राह्मग १३, ८,२, ६-७ (श्राद्ध के वर्णन में सीताएँ खींचने का उल्लेख)।

तथा सम्भार और (देव) पत्नी मंत्रों से (उस अंगराग को अभिमंत्रित करके उन्होंने उससे सीता का) मुख अलंकृत किया॥ २॥

(इसके अनन्तर) वह सोम राजा के पास आयी। सीता को देखकर (और प्रेम के वशीभूत होकर) उन्होंने कहा, मेरे पास आइये। सीता ने कहा, मेरे साथ भोग कीजिये (लेकिन पहले प्रतिज्ञा कीजिये कि) सदा मेरे ही साथ भोग करेंगे और जो (वस्तु) आपके हाथ में है (उसको मुझ दे दीजिये)। सोम राजा ने सीता को तीनों वेद दे दिये। इसी तरह स्त्रियाँ भोग के कारण (पुरुषों को) पराजित करती हैं।

यदि कोई (पुरुष) चाहता हो कि मैं प्रेमिका का प्रिय बन जाऊँ॥ ३॥ अथवा यदि कोई (स्त्री) चाहती हो कि जिससे मैं प्रेम करती हूँ वह मुझसे प्रेम करे (तो वह निम्नलिखित प्रयोग करे)—इस स्थागर अलंकार को तैयार करके पूर्व दिशा की ओर दशहोतृ (मंत्र) पढ़कर, दक्षिण को ओर चतुर्होतृ, पश्चिम की ओर पंचहोतृ, उत्तर की ओर षड्होतृ, ऊपर की ओर से सप्तहोतृ पढ़कर, तथा सम्भार और (देव) पत्नी मंत्रों से (इस अंगराग को अभिमंत्रित करके और इससे) अपने मुख को अलंकृत करके वह प्रियतम के पास जाये। वह अवश्य प्रेम करने लगेगा॥ ४॥

९. सीता सावित्री की इस कथा का **वाल्मीकि रामायण** से कोई प्रत्यक्ष सम्बन्ध नहीं प्रतीत होता है। फिर भी सम्भव है कि अनसूया के अंगराग का वृत्तान्त इस उपाख्यान से प्रभावित हुआ हो। अत्रि की पत्नी सीता को माला, वस्त्र और आभूषणों के अतिरिक्त एक अनश्वर (असंक्लिष्ट) अंगराग भी प्रदान करती हैं, जिससे सीता का शरीर दिव्य सौन्दर्य को प्राप्त होता है। (रा० २, ११८) :

इदं दिव्यं वरं माल्यं वस्त्रमाभरणानि च।
अंगरागं च वैदेहि महार्हमनुलेपनम्॥ १८॥
मया दत्तमिदं सीते तव गात्राणि शोभयेत्।
अनुरूपमसक्लिष्टं नित्यमेव भविष्यति॥ १९॥
अंगरागेण दिव्येन लिप्तांगी जनकात्मजे।
शोभयिष्यसि भर्तारं यथा श्रीर्विष्णुमव्ययम्॥ २०॥

अध्यात्म रामायण में भी इस अंगराग का उल्लेख है (२, ९) :

अंगरागं च सीतायै ददौ दिव्यं शुभानना।
न त्यक्ष्यतेऽङ्गरागेण शोभा त्वां कमलानने॥ ८९॥

रामचरितमानस में इसका उल्लेख नहीं है। गोस्वामी तुलसीदास सम्भवतः **तैत्तिरीय ब्राह्मण** के उपाख्यान से परिचित थे और उसे सीता की मर्यादा के विरुद्ध समझकर उन्होंने इस अंगराग के विषय में जानबूझकर कुछ नहीं कहा। वे लिखते हैं :

दिव्य बसन भूषन पहिराए।
जे नित नूतन अमल सुहाए॥ (३, ४, ३)

१०. सीता सावित्री की कथा के एक दूसरे प्रभाव की कल्पना की जा सकती है।[१] **महाभारत** और **वाल्मीकि रामायण** के समय से लेकर परशुराम और बलराम की कथाएँ भी प्रचलित थीं। इसीलिए **रामायण** के नायक को निर्दिष्ट करने के लिए किसी विशेषण की

---

१. दे० ए० वेबर : आन दि रामायण (पृ० २०, २१)।
एम० मोनियेर विलियम्स : इण्डियन विज़डम (पृ० ३६०) और ब्राह्मनिज्म (पृ० ११० टिप्पणी)। एच० याकोबी : डस रामायण, (पृ० १३७)।

आवश्यकता का अनुभव होने लगा था। पहले **महाभारत** तथा **रामायण** में 'राम दाशरथि' का प्रयोग हुआ। आगे चलकर रामभद्र के अतिरिक्त 'रामचन्द्र' नाम चल पड़ा। भवभूति के **महावीरचरित** ('चन्दमुह रामचन्द' दे० अंक २, २०) तथा **उत्तररामचरित** (७, १८) में इस नाम का सबसे पहला उल्लेख मिलता है। बाद में **पद्मपुराण** आदि रचनाओं में रामचन्द्र सबसे लोकप्रिय नाम बन गया है। राम दाशरथि को चन्द्र की यह उपाधि क्यों मिली है? इस प्रश्न को सुलझाने के लिए डॉक्टर वेबर ने सीता सावित्री के वृत्तान्त का सहारा लिया है। यद्यपि डॉक्टर वेबर की कल्पना को निर्मूल सिद्ध करने का मैं साहस नहीं कर सकता लेकिन 'रामचन्द्र' नाम का कारण **वाल्मीकि रामायण** में ढूँढ़ना अधिक स्वाभाविक प्रतीत होता है।

राम के सौन्दर्य तथा लोकप्रियता की अभिव्यंजना के लिए वाल्मीकि ने बहुत-से स्थलों पर चन्द्रमा से राम की तुलना की है :

(रामं) **चन्द्रमिवोदितम्** (२, ४४, २२)
(राममुखं) **पूर्णचन्द्रमिवोदितम्** (६, ३३, ३२)
(रामः) **पूर्णचन्द्राननः** (२, १, ४४)
(रामः) **सोमवत्प्रियदर्शनः** (१, १, १८)
(रामः) **लोककान्तः शशी यथा** (५, ३४, २८)
(रामवदनं) **उदितपूर्णचन्द्रकान्तम्** (६, ११४, ३५)

ये उद्धरण सुगमता से बढ़ाये जा सकते हैं। अत: रामचन्द्र नाम का आधार **वाल्मीकि रामायण** को छोड़कर किसी अन्य प्राचीन उपाख्यान में ढूँढ़ना अनावश्यक है। आदिकाव्य में राम के सौन्दर्य, लोकप्रियता और सौम्यता की अभिव्यंजना के लिए, उनके कोमल और शान्त स्वभाव के अंकन के लिए जो बार-बार चन्द्र की तुलना मिलती है वह 'रामचन्द्र' नाम की उत्पत्ति समझने के लिए पर्याप्त है। इसके अतिरिक्त 'रामचन्द्र' का वाल्मीकि रामायण में एक ही बार प्रयोग हुआ है। राम-रावण युद्ध के वर्णन में कहा गया है कि 'राम-चन्द्र को रावण-राहु से ग्रस्त देखकर' देवता, वानर आदि घबड़ाते हैं :

रामचन्द्रमसं दृष्ट्वा ग्रस्तं रावणराहुणा (६, १०२, ३२)

यहाँ पर 'रामचन्द्र' तथा 'रावणराहु' स्पष्टतया रूपक मात्र हैं। आगे चलकर 'रामचन्द्र' रूपक न रहकर, साधारण व्यक्तिवाचक संज्ञा के रूप में चल पड़ा और आज तक चला आ रहा है।

यदि प्रारम्भ से ही राम के लिए 'रामचन्द्र' नाम का प्रयोग किया जाता तो हम सम्भवत: और आगे बढ़ सकते और यह कह सकते कि राम के शील और शान्त स्वभाव का कारण यह है कि मूलत: वह चन्द्रमा के देवता ही थे। तब सीता सावित्री और सोम राजा का उपाख्यान रामकथा का बीज माना जा सकता तथा **रामायण** का अंगराग और **तैत्तिरीय ब्राह्मण** का स्थागर अलंकार मूलत: खेत की सीता अर्थात् लांगलपद्धति में पड़ी हुई ओस होता जिसमें चन्द्रमा प्रतिबिम्बित होता है। इसी तरह सीता सावित्री और सीता, कृषि की अधिष्ठात्री देवी, दोनों का उद्गम एक होता। लेकिन प्रोफेसर वेबर, जिन्होंने यह कल्पना की है, स्वयं स्वीकार करते हैं कि यह कल्पना के अतिरिक्त और कुछ नहीं है। यह भी ध्यान देने योग्य बात है कि राम सोमवंशी न होकर सूर्यवंशी ही हैं, अत: उनका सोम से कोई प्राचीन सम्बन्ध बहुत सम्भव नहीं है।

सीता कृषि की अधिष्ठात्री देवी

११. प्रारम्भिक वैदिक काल में जिन देवताओं का उल्लेख है वे अधिकतर प्रकृति के देवता हैं अर्थात् 'प्रभावशाली प्राकृतिक दृश्यों और शक्तियों में देवताओं की कल्पना कर ली गयी है।'[१] कार्यक्षेत्र के अनुसार वे तीन वर्गों में विभक्त हैं—द्युलोक, अन्तरिक्ष और पृथ्वी के देवता। **ऋग्वेद** में इन्द्र (२५० सूक्त), अग्नि (२०० सूक्त) और सोम अर्थात् सोम-लता के मादक रस का देवता (१०० से अधिक सूक्त) सर्वप्रधान हैं। फिर भी सूर्य, द्यौ, वायु, उषा, वरुण, मित्र, पर्जन्य आदि बहुत-से देवताओं का उल्लेख हुआ है। इन सबका कार्यक्षेत्र विस्तृत था और आर्यों का कुशल-क्षेम इन्हीं पर निर्भर माना जाता था।

इनके अतिरिक्त एक दूसरे प्रकार के देवताओं की कल्पना की गयी जिनका कार्यक्षेत्र बहुत सीमित माना जाता था। इनमें क्षेत्रपति, वास्तोष्पति (घर का देवता), सीता और उर्वरा (उपजाऊ भूमि) प्रधान हैं। धार्मिक चेतना में इनका स्थान गौण था, क्योंकि आर्यों का कुशल-क्षेम पहले प्रकार के देवताओं पर निर्भर माना जाता था। सीता, क्षेत्रपति आदि कृषि-सम्बन्धी देवताओं के कम महत्त्व का एक और कारण यह है कि प्रारम्भ में कृषि की अपेक्षा पशु-पालन प्रधान रहा होगा। **ऋग्वेद** के सबसे प्राचीन अंश में (२-७ मण्डल) केवल एक ही सूक्त में कृषि-सम्बन्धी शब्दों का प्रयोग है और यह सूक्त दसवें मण्डल के समय का माना जाता है।[२] वह **ऋग्वेद** का एकमात्र स्थल है जहाँ सीता में व्यक्तित्व और देवत्व का आरोप किया गया है। इस सीता, कृषि की अधिष्ठात्री देवी, और सीता सावित्री का अन्तर यह है कि एक तो इसमें देवत्व का आरोप है और दूसरे इसका उल्लेख आगे चलकर बराबर होता रहा। यद्यपि वैदिक साहित्य में उनसे सम्बन्ध रखनेवाली केवल दो भिन्न प्रार्थनाएँ मिलती हैं, फिर भी इनका प्रयोग कृषि-सम्बन्धी कार्यों के अतिरिक्त अग्निचयन और पितृमेध के अवसरों पर भी होने लगा। **गृह्यसूत्रों** में हमें सीता के प्रति दो नयी प्रार्थनाएँ मिलती हैं। **ऋग्वेद** से लेकर गृह्यसूत्रों तक इन सब स्थलों का यहाँ पर उल्लेख होगा और महत्त्व के अनुसार इन पर न्यूनाधिक विचार किया जायेगा।

(१) ऋग्वेद का सूक्त (४, ५७)

१२. ऋग्वेद के सूक्त प्रायः एक ही देवता से सम्बन्ध रखते हैं। लेकिन जिस सूक्त में सीता का उल्लेख है उसमें कृषि सम्बन्धी अनेक देवताओं से प्रार्थना की जाती है। बहुत सम्भव है कि ये प्रार्थनाएँ अनेक स्वतंत्र मंत्रों के अवशेष हैं जो एक ही सूक्त में संकलित हो जाने पर बाद में चौथे मण्डल के अन्तर्गत रखे गये। पहले तीन छन्दों का देवता क्षेत्रपति है, चौथे छन्द का देवता शुन (एक देवता जिसके द्वारा कार्य सुखपूर्वक सम्पन्न होता है और जो अगले छन्द के शुन से भिन्न है—**शुनाख्यो वाय्विन्द्रयोरन्यतमः सुखकृद्देवः**—सायण);

---

१. दे० बेनीप्रसाद : हिन्दुस्तान की पुरानी सभ्यता, पृ ४१। जिस समय भारत-यूरोपीय जातियाँ साथ थीं, इन देवताओं का रूप कौन-सा था, इस पर यहाँ पर विचार नहीं किया जा सकता है। इतना ही निर्विवाद है कि वैदिक साहित्य में ये देवता अधिकतर प्रकृति के देवता हैं।

२. दे० ऋग्वेद ४,५७। इसमें 'समा' शब्द प्रयुक्त हुआ है जो १० वें मण्डल को छोड़कर ऋग्वेद में और कहीं नहीं मिलता। दे० ज० अ० ऑ० सो० १७, पृ० ८५-६। इसका अभिप्राय यह नहीं है कि सीता आदि देवताओं की कल्पना पुरानी नहीं है। इससे केवल यह सिद्ध होता है कि उनका स्थान अपेक्षाकृत गौण था। आगे दिखलाया जायेगा कि उनका और विशेष करके सीता का महत्त्व धीरे-धीरे उत्तरोत्तर बढ़ता रहा।

पाँचवें और आठवें छन्दों के देवता **शुनासीर** हैं (शौनक के अनुसार ये इन्द्र और वायु हैं लेकिन यास्क के अनुसार वायु और आदित्य समझना चाहिए), छठे और सातवें छन्द की देवी सीता है। सारे सूक्त का भावानुवाद इस प्रकार है :

हितकारी क्षेत्रपति के साथ हम गौ और अश्व के लिए पुष्टकारक (अन्न) प्राप्त करते हैं। वह (क्षेत्रपति) हम लोगों को उक्त प्रकार का (अन्न) प्रदान करे॥ १॥

हे क्षेत्रपति! जिस तरह से धेनु दूध देती है, इसी तरह तू प्रचुर मात्रा में हम लोगों को मधुस्रावी और घृतसदृश जल प्रदान कर। ऋत के स्वामी (उक्त प्रकार के दान से) हम पर कृपा करें॥ २॥

खेत की ओषधियाँ हमारे लिए मधुयुक्त हों। द्युलोक, जल-समूह और अन्तरिक्ष हम लोगों के लिए मधुयुक्त हों। क्षेत्रपति हमारे लिए मधुयुक्त हों। हम लोग (शत्रुओं से) भयरहित होकर (क्षेत्रपति की) शरण लेते रहें॥ ३॥

(बैल आदि) वाहन सुख से रहें। कृषक सुख से रहें। हल सुख से जोतें। (हल की) रस्सियाँ सुख से बाँधी जायें। अंकुश को सुख से ऊपर उठा-उठाकर चलाओ॥ ४॥

हे शुनासीर! तुम दोनों हमारी इस स्तुति से प्रसन्न हो जाओ। जो जल तुम दोनों ने आकाश में बनाया है, उससे इसको (भूमि को) सींचते रहो॥ ५॥

हे सौभाग्यवती! (कृपा-दृष्टि से) हमारी ओर अभिमुख हो। हे सीते! तेरी हम वन्दना करते हैं जिससे तू हमारे लिए सुन्दर धन और फल देनेवाली होवे॥ ६॥

इन्द्र सीता को ग्रहण करे, पूषा (सूर्य) उसका संचालन करे। वह पानी से भरी (सीता) प्रत्येक वर्ष हमें (धान्य) प्रदान करती रहे॥ ७॥[१]

सुन्दर हल सुखपूर्वक हमारे लिए भूमि को जोतें, कृषक वाहनों के पीछे-पीछे सुख से चलें। पर्जन्य मधुर जल द्वारा (पृथ्वी को सिक्त करें)। हे शुनासीर! हम लोगों को सुख प्रदान करो॥ ८॥[२]

प्रस्तुत विषय के दृष्टिकोण से इस सूक्त का महत्त्व यह है कि इसमें सीता के प्रति सबसे प्राचीन प्रार्थना सुरक्षित है। सीता के प्रति जो दूसरी प्रार्थना वैदिक साहित्य में मिलती है उसकी अधिकांश सामग्री इस सूक्त से ली गयी है। तीनों ऋग्वेदीय गृह्यसूत्रों में भी 'कृषिकर्माणि' परिच्छेद के अन्तर्गत इस सूक्त का उल्लेख हुआ है।

(२) सीरा युंजंति

१३. सीता के नाम से जो दूसरी प्रार्थना वैदिक साहित्य में मिलती है वह 'सीरा युंजंति' मंत्र का एक अंश है। यह मंत्र यजुर्वेदीय संहिताओं में भी मिलता है और **अथर्ववेद** में भी।

---

१. अवार्ची सुभगे भव सीते वन्दामहे त्वा।
यथा नः सुभगाससि यथा नः सुफलाससि॥ ६॥
इन्द्रः सीतां निगृह्णातु तां पूषानु यच्छतु।
सा नः पयस्वती दुहामुत्तरामुत्तरां समाम्॥ ७॥
सायण के अनुसार 'इन्द्रः सीतां...' का अर्थ है—'इन्द्रः सीता सीताधारकाष्ठां निगृह्णातु' और 'सा न...' का अर्थ, 'द्यौः पयस्वत्युदकवती', जो चिन्त्य प्रतीत होता है।

२. इस सूक्त के अनुवाद के लिए लुड्विग, ग्रासमैन, विलसन और सायण के अतिरिक्त पं० रामगोविन्द द्विवेदी के हिन्दी भाष्य से सहायता मिली है। (वैदिक पुष्पमाला, १, भागलपुर)।

यजुर्वेद में इसका प्रयोग कृषि को छोड़कर एक दूसरे प्रसंग में हुआ है जो मौलिक नहीं प्रतीत होता। अतः पहले **अथर्ववेद** के प्रसंग का विश्लेषण किया जाता है।

अथर्ववेद के मंत्र जीवन की भिन्न-भिन्न आवश्यकताओं के लिए लिखे गये हैं। उद्‌देश्य के अनुसार वे अनेक वर्गों में विभाजित किये जाते हैं, 'भैषज्यानि' रोग से छुटकारा पाने के लिए, 'आयुष्याणि' स्वास्थ्य और दीर्घ आयु के लिए, 'पौष्टिकानि', व्यापार-कृषि-पशुपालन आदि में सफलता प्राप्त करने के लिए, 'अभिचारिकाणि' शत्रुओं और भूतों के नाश के लिए।

प्रस्तुत 'सीरा युंजंति' मंत्र 'पौष्टिकानि' मंत्रों में से एक है (अथर्ववेद, ३, १७)। इसमें कृषि के विभिन्न कार्यों की सफलता के लिए अनेक देवताओं से प्रार्थना की जाती है। ढाई छन्द को छोड़कर इस मंत्र की सारी सामग्री **ऋग्वेद** के दो सूक्तों से ली गयी है।[१]

सीरा युंजंति कवियो युगा वि तन्वते पृथक्। धीरा देवेषु सुम्नयौ॥ १॥

'देवताओं से अनुग्रह प्राप्त करने की आशा में धीर चतुर (कृषक) हलों को जोड़ते हैं और जुओं को अलग-अलग करके दोनों ओर फैलाते हैं।'

युनक्त सीरा वि युगा तनोत कृते योनौ वपतेह बीजम्॥
विराजः श्नुष्टिः सभरा असन्नो नेदीय इत्सृण्यः पक्वमा यवन्॥ २॥

'हलों को जोड़ो, जुओं को फैलाओ और बने हुए खेत में यहाँ पर बीज बोओ। अन्न की उपज हमारे लिए भरी-पूरी होवे और धान्य हँसुए के लिए उत्तरोत्तर बढ़ता जाय।'

लांगलं पवीरवत्सुशीमं सोमसत्सरु।
उ दिद्वपतु गामविं प्रस्थावद्रथवाहनं पीबरीं च प्रफर्व्यम्॥ ३॥

'अच्छा फालवाला, बहुत सुख देनेवाला चिकना मूठवाला हल, गौ, भेड़, शीघ्रगामी रथ और हृष्ट-पुष्ट सुन्दरी उत्पन्न करे (अर्थात् कृषि के द्वारा हर प्रकार का सुख मिल जाय)।'

इन्द्रः सीतां निगृह्णातु तां पूषाभि रक्षतुः
सा नः पयस्वती दुहामुत्तरामुत्तरां समाम्॥ ४॥

'इन्द्र सीता को ग्रहण करे (दबावे), पूषा (सूर्य) उसकी रखवाली करे। वह पानी से भरी (सीता) प्रत्येक वर्ष हमें (धान्य) प्रदान करती रहे।'

शुनं सुफाला वि तुदन्तु भूमिं शुनं कीनाशा अनु यन्तु वाहान्।
शुनासीरा हविषा तोशमाना सुपिप्पला ओषधीः कर्तमस्मै॥ ५॥

'हे हवि से चूनेवाले शुनासीर! (फाल और हल)[२] इस मनुष्य के लिए सुन्दर फलवाली (जौ आदि) ओषधियाँ उत्पन्न करो।'

शुनं वाहाः शुनं नरः शुनं कृषतु लांगलम्।
शुनं वरत्रा बध्यंतां शुनमष्ट्रामुदिंगय॥ ६॥

---

१. छन्द ३, ९, ५ (उत्तरार्द्ध)—नयी सामग्री।
छन्द १ और २—ऋग्वेद १०, १०१। सूक्त के रचयिता ऋत्विजों को यज्ञ के लिए प्रोत्साहित करते हुए यज्ञ की तुलना कृषि के विभिन्न कार्यों से करते हैं (हल जोतना, बीज बोना, फसल लुनना)। शेष छन्द—ऋग्वेद ४, ५७।

२. यास्क के अनुसार 'शुनासीरौ' से वायु और आदित्य का अभिप्राय है, जैसे आगे ७वें छन्द में। तब अनुवाद इस प्रकार होगा—'हे हवि से उत्तेजित शुना और सीर'।

'वाहन सुख से रहें। कृषक सुख से रहें। हल सुख से जोतें। (हल की) रस्सियाँ सुख से बाँधी जायें। अंकुश को सुख से ऊपर उठा-उठाकर चलाओ।'

शुनासीरेह स्म मे जुषेथाम्।
यद्दिवि चक्रथुः पयस्तेनेमामुप सिंचतम्॥ ७॥

'हे शुनासीर! (वायु और आदित्य) तुम दोनों यहीं पर मेरी विनय स्वीकार करो, जो जल तुम दोनों ने आकाश में बनाया है, उससे इस भूभि को सींचते रहो।'

सीते वन्दामहे त्वार्वाची सुभगे भव।
यथा नः सुमना असो यथा नः सुफला भुवः॥ ८॥

'हे सीता! तेरी हम वन्दना करते हैं, हे सौभाग्यवती! (कृपादृष्टि से) हमारी ओर अभिमुख हो; जिससे तू हमारे लिए हिताकांक्षिणी होवे और जिससे तू हमारे लिए सुन्दर फल देनेवाली होवे।'

घृतेन सीता मधुना समक्ता विश्वैर्देवैरनुमता मरुद्भिः।
सा नः सीते पयसाभ्याववृत्स्वोर्जस्वती घृतवत्पिन्वमाना॥ ९॥

'घी और मधु से सानी हुई सीता विश्वदेवताओं और मरुतों से अनुमोदित (रक्षित) होवे। हे सीता! ओजस्विनी और घी से सींची हुई, तू जल (दूध) के साथ हमारे पास विद्यमान रहे।'[१]

मंत्र के अन्तिम छन्दों से स्पष्ट है कि उच्चारण के साथ-साथ खेत की सीता में घी और मधु का सिंचन किया जाता था। **काठक गृह्यसूत्र** में जहाँ गोयज्ञ के अन्त में इस 'सीरा युंजंति' मंत्र का प्रयोग है, भाष्यकार इस सिंचन का स्पष्ट उल्लेख करते हैं :

कर्मणि समाप्ते घृतेन सीतेति चतुर्गृहीतेनाज्यस्य प्रदानम्।

अर्थात् कार्य समाप्त होने पर 'घृतेन सीता' आदि कहकर चार बार घी डाला जाता है।

१४. यजुर्वेद। यजुर्वेद उन मंत्रों का संग्रह है जिन्हें अध्वर्यु और उसके सहायक विविध यज्ञों में पढ़ते थे। **कृष्ण यजुर्वेद** की चारों संहिताओं में मंत्रों के साथ कुछ गद्य भी मिलाया गया है। **शुक्ल यजुर्वेद** की एकमात्र **वाजसनेयि संहिता** में केवल मंत्र दिये गये हैं और उनसे सम्बन्ध रखनेवाला गद्य **शतपथ ब्राह्मण** में संकलित है। इन सब रचनाओं में 'अग्निचयन' के वर्णन के अन्तर्गत उपर्युक्त 'सीरा युंजंति' मंत्र किंचित् पाठभेद सहित उद्धृत है।

'अग्निचयन' में हमें उन मंत्रों और कर्मों का विस्तृत वर्णन मिलता है जो अग्नि की वेदी के निर्माण के लिए आवश्यक समझे जाते थे। यह प्रसंग यजुर्वेद का सबसे दार्शनिक अंश है। इसमें यज्ञ के तत्त्व और महत्त्व के सम्बन्ध में अनेक सिद्धान्तों का प्रतिपादन किया गया है। वेदी के क्षेत्र को तैयार करने के लिए हल द्वारा विशेष युक्ति के अनुसार सीताएँ खींची जाती थीं। उस समय 'सीता युंजंति' मंत्र पढ़ा जाता था, जिसमें सीता के प्रति निम्नलिखित प्रार्थना मिलती है :

'हे कामधेनु सीता! मित्र, वरुण, इन्द्र, आश्विन, पूषण, प्रजा और ओषधियाँ, (इन सबों) का मनोरथ पूरा कर।

---

१. पं० जयदेव जी शर्मा (अजमेर, आर्य साहित्य मण्डल) का अनुवाद—'हे सीते! (सा) वह तू (ऊर्जस्वन्ती) पुष्टिकारक अन्न देनेहारी और घृतवत् दूध आदि पदार्थों से (पिन्वमाना) सब को तृप्त करती हुई (पयसा) पुष्टिकारक अन्न और जल सहित (नः अमि-आ-ववृत्स्व) हमारे पास विद्यमान रह।' सारे मंत्र के अनुवाद के लिए ह्विटनी और वेबर के अतिरिक्त पं० क्षेमकरणदास द्विवेदी (अथर्ववेदभाष्यम्, लूकरगंज, प्रयाग) की सहायता ली गयी है।

घी और मधु से सानी हुई सीता विश्वदेवताओं और मरुतों से अनुमोदित (रक्षित) होवे। हे सीता! ओजस्विनी और घी से सींची हुई, तू जल (दूध) के साथ हमारे पास विद्यमान रहे।'[१]

आगे चलकर श्रौत सूत्रों में 'अग्निचयन' का वर्णन तो मिलता है, लेकिन एकाध सूत्रों को छोड़कर प्रस्तुत मंत्र का उल्लेख नहीं मिलता।[२]

१५. तैत्तिरीय आरण्यक। **कृष्णयजुर्वेद** के तैत्तिरीय आरण्यक में हमें पहले-पहल उपयुक्त सामग्री का पितृमेध के अवसर पर प्रयोग मिलता है। अन्त्येष्टि के पश्चात् जलायी हुई हड्डियाँ एक घड़े (अस्थिकुम्भ) में रखी जाती थीं और उपयुक्त समय पर गाड़ी भी जाती थीं। इस क्रिया के अनन्तर हल द्वारा उस स्थान पर (जिसे श्मशान कहते थे) अनेक सीताएँ खींची जाती थीं।[३] साथ-साथ 'सीरा युंजंति' मंत्र के छन्द पढ़े जाते थे। इस कार्य की समाप्ति पर सीताओं की ओर देखते हुए पुरोहित कहते थे :

'हे सीता! तेरी हम वन्दना करते हैं, हे सौभाग्यवती! (कृपादृष्टि से) हमारी ओर अभिमुख हो, जिससे तू हमारे लिए सुन्दर धन और फल देनेवाली होवे।'

ऐसा प्रतीत होता है कि आगे चलकर यह प्रयोग सीमित रहा क्योंकि केवल दो गृह्यसूत्रों में पितृमेध के अन्तर्गत इस प्रार्थना का उल्लेख है।

प्रस्तुत विषय समाप्त करने के पहले हम गृह्यसूत्रों की सामग्री पर भी दृष्टि डालेंगे।[४] ये सूत्र श्रुति के अंग तो नहीं हैं, फिर भी इनका वैदिक साहित्य से घनिष्ठ सम्बन्ध है और इनका सूत्रपात वैदिक काल के अन्त में हुआ था।

(३) गृह्यसूत्र

१६. वैदिक साहित्य की अपेक्षा गृह्यसूत्र में सीता से सम्बन्ध रखनेवाली सामग्री कहीं अधिक विस्तृत है।[५] इससे स्पष्ट है कि वैदिक काल के अन्त में कृषि का महत्त्व बढ़ने लगा था। यह सामग्री प्रायः विविध कृषि-कर्मों के वर्णन में मिलती है। इसका विश्लेषण करने के पहले उन स्थलों का उल्लेख करना है जहाँ कृषि को छोड़कर किसी दूसरे प्रसंग में सीता से सम्बन्ध रखनेवाली सामग्री मिलती है।

ऊपर कहा गया है कि **तैत्तिरीय आरण्यक** में पितृमेध के अवसर पर सीता से प्रार्थना की जाती थी। **कृष्णयजुर्वेद** के **अग्निवेश्य** और **बोधायन** गृह्यसूत्रों में भी इसी प्रसंग में, सीता से इस प्रार्थना का उल्लेख है।[६] इन दोनों सूत्रों में इस स्थल को छोड़कर सीता से सम्बन्ध रखनेवाली अन्य सामग्री नहीं मिलती।

---

१. दे० तैत्तिरीय सं० : ४, २, ५, ५-६; काठक सं० : १६, १२; मैत्रायणि सं० : १, ७, १२; कपिष्ठल सं० : २५, ३; शतपथ ब्रा० ७, २, २।

२. दे० कात्यायन श्रौत सू० : १७, २, १० और वैतान सूत्र २८, २९।

३. दे० तैत्तिरीय आर० : ६, ६। शतपथ ब्राह्मण में भी इस क्रिया का वर्णन मिलता है (१३, ८) लेकिन वहाँ किसी मंत्र का उल्लेख नहीं है।

४. धर्म और शुल्वसूत्रों में सीता का उल्लेख नहीं मिलता।

५. निम्नलिखित गृह्यसूत्रों में सीता, कृषि की अधिष्ठात्री देवी, का कोई उल्लेख नहीं है। सामवेद के खदिर और जैमिनि सूत्र और कृष्णयजुर्वेद के आपस्तम्ब, हिरण्यकेशिन्, भारद्वाज, वैखानस और वाराह गृह्यसूत्र। जहाँ 'सीता' अर्थात् लांगलपद्धति का शब्द मात्र आया है उन स्थलों का यहाँ पर उल्लेख नहीं किया गया है।

६. दे० अग्निवेश्य गृ०सू०, ३, ८ (लोष्टचिति) और बोधायन गृ० सू०, पितृमेध सूत्रम् १, १८ (श्मशानकरणम्)।

काठक गृह्यसूत्र में 'सीरा युंजंति' मंत्र का 'गोयज्ञ' के अवसर पर एक नया प्रयोग हुआ है। अन्य सूत्रों में इस गोयज्ञ का और पशुपालन से सम्बन्ध रखनेवाले अनेक कार्यों का वर्णन अवश्य मिलता है। लेकिन अन्यत्र इसी प्रसंग में सीता का उल्लेख नहीं मिलता। गोयज्ञ नयी ब्यायी गायों के स्वास्थ्य आदि के लिए किया जाता है। इसमें **काठक गृह्यसूत्र** के अनुसार दो सीताएँ खींची जाती हैं, 'सीरा युंजंति' मंत्र पढ़ा जाता और अन्त में सीता में घी डाला जाता है।[१]

१७. उक्त स्थलों को छोड़कर सीता का उल्लेख केवल कृषि कार्यों के वर्णन में हुआ है। इन कृषि सम्बन्धी कार्यों में सीता का स्थान समझने के लिए हमें स्मरण रखना चाहिए कि वह कृषि की एकमात्र अधिष्ठात्री देवी नहीं है। इन विविध यज्ञों और कार्यों में सीता के साथ-साथ अन्य देवताओं का भी बराबर उल्लेख होता है। इसके अतिरिक्त 'आग्रयण' (अथवा नवयज्ञ) के अवसर पर केवल इन्द्र, अग्नि, विश्वदेवता और द्यौपृथिवी का उल्लेख हुआ है। फिर भी इसी एक यज्ञ को छोड़कर कृषि के अन्य यज्ञों में सीता से अवश्य प्रार्थना की जाती थी। अत: कृषि की एकमात्र अधिष्ठात्री देवी न होने पर भी सीता का स्थान प्रधान माना जाना उचित है। इन विविध कृषिकर्मों का परिचय नीचे दिया जाता है।

'लांगलयोजनम् का वर्णन चारों वेदों के गृह्यसूत्रों[२] में मिलता है जिनमें से शुक्लयजुर्वेद का पारस्कर गृह्यसूत्र और अथर्ववेद का कौशिक सूत्र सबसे अधिक विस्तार में जाते हैं। खेत ही पर अनेक देवताओं[३] को स्थालीपाक आदि चढ़ाया जाता है। हल द्वारा सीताएँ खींची जाती हैं और साथ-साथ 'सीरा युंजंति' मंत्र पढ़ा जाता है और अन्त में ब्राह्मणों को भोजन दिया जाता है।

'सीतायज्ञ' का उल्लेख तीन सूत्रों[४] में मिलता है। **पारस्कर गृह्यसूत्र** में इसका विस्तृत वर्णन किया गया है। लोग खेत के उत्तर या पूर्व में किसी जोते हुए शुद्ध स्थल पर (या गाँव में) आग जलाते हैं और स्थालीपाक तैयार करते हैं। घृत की आहुति करते समय इन्द्र, सीता और उर्वरा से प्रार्थना की जाती है। इसके अनन्तर सीता, यजा (यज्ञ की देवी), समा (भक्ति की देवी) और भूति (धन की देवी) को स्थालीपाक चढ़ाया जाता है। अन्त में सीता की रक्षा करनेवाले भूतों को (सीतागोप्तृ) भी दर्भ की बलि चढ़ाई जाती है। स्त्रियाँ भी बलि चढ़ाती हैं और कार्य समाप्त होने पर ब्राह्मणों को भोजन दिया जाता है।

---

१. दे० काठक गृह्यसूत्र: ७१,१-६ (दयानन्द महाविद्यालय संस्कृत ग्रन्थमाला ९)

२. दे. ऋग्वेद के शांखायन गृ० सू० : ४, १३; कौषीतक; शांबव्यकृत : ३, १३ और आश्वलायन गृ० सू० : २, १०, ३-४
सामवेद का गोभिल गृ० सू० : ४, ४, २७-२९
शुक्लयजुर्वेद का पारस्कर गृ० सू० : २, १३
कृष्णयजुर्वेद का मानव गृ० सू० : २, १०,७
अथर्ववेद का कौशिक गृ० सू० : २०
मानव गृ० सू० में इस कर्म के दो भिन्न भाग माने जाते हैं, आयोजन (कर्षणसामग्रीकरणम्) और पर्ययन (प्रथमं क्षेत्रगमनम्)।

३. पारस्कर गृ० सू० में ८ देवता, गोभिल गृ० सू० में ९ देवता और मानव गृ० सू० में १२ देवता हैं। इनके नाम प्रत्येक सूत्र में भिन्न हैं, लेकिन इन्द्र और सीता सर्वत्र पाये जाते हैं।

४. दे० पारस्कर गृ० सू० (२, १७), काठक गृ० सू० (७१, ७) और गोभिल गृ० सू० (४, ४, ३०)।

आहुति करते समय सीता से जो प्रार्थना की जाती है, उसका अर्थ यह है :

'इन्द्रपत्नी[1] सीता का मैं आह्वान करता हूँ, जिसके तत्त्व में वैदिक और लौकिक (दोनों प्रकार के) कार्यों की विभूति निहित है। वह (सीता) सब कार्यों में निरन्तर मेरी सहायता किया करे। स्वाहा[2]।'

इसके पश्चात् उर्वरा के प्रति यह प्रार्थना पढ़ते थे—'अति प्रशंसित उर्वरा (उपजाऊ भूमि) का मैं इस यज्ञ में आह्वान करता हूँ, जो अश्व, गाय (आदि सम्पत्ति प्रदान करने)वाली है, जो प्राणियों का नित्य पालन करती है, जिसके चारों ओर खलिहानों की माला (सुशोभित) है। वह स्थिर रहनेवाली (उर्वरा) निरन्तर मेरी सहायता किया करे। स्वाहा।'

काठक गृह्यसूत्र के अनुसार इस यज्ञ में केवल 'सीरा युंजंति' मंत्र की यह प्रार्थना पढ़ी जाती है—'घी और मधु से सानी हुई सीता, विश्वदेवताओं और मरुतों से रक्षित होवे। सीता! ओजस्विनी और घी से सींची हुई तू जल के साथ हमारे पास रह।' भाष्यकार देवपाल लिखते हैं कि कार्तिक शुक्ल की द्वादशी में यह सीतायज्ञ आर्यों में प्रसिद्ध है, **यत्र वीरणादिमयी सीता कुमारी देवता विरच्यते**—'जब खस आदि (सुगन्धित घास) से सीता कुमारी देवी की मूर्ति बनायी जाती है।'

'लांगलयोजनम्' और 'सीतायज्ञ' के अतिरिक्त निम्नलिखित कृषिकर्मों का उल्लेख मात्र मिलता है—बीजवपनीय यज्ञ, प्रलवन (धान्य के लुनने पर), खलयज्ञ, तंत्रीयज्ञ (धान्य के साफ किये जाने पर), पर्ययण (धान्य के घर पहुँचने पर)[3]। इन सब अवसरों पर इन्द्र, सीता आदि अनेक देवताओं को बलि चढ़ाई जाती थी। **मानव गृह्यसूत्र** के अनुसार अन्य सब त्योहारों पर भी (सांवत्सरेषु पर्वसु) उन्हीं देवताओं की पूजा होनी चाहिए।[4] इससे हम अनुमान कर सकते हैं कि इन कृषि के अधिष्ठाता देवताओं का महत्त्व बराबर बढ़ता रहा और कृषकों के धार्मिक जीवन में इनका स्थान उत्तरोत्तर व्यापक होता जा रहा था। इनमें से सीता को प्रधान समझना चाहिए। यह प्रस्तुत विश्लेषण से सम्भवत: स्पष्ट हो जाता है।

१८. उपर्युक्त सामग्री के अतिरिक्त **कौशिक सूत्र** के तेरहवें अध्याय में सीता से जो विस्तृत प्रार्थना की गयी है उसका उद्धरण हमने अन्त तक छोड़ रखा है। **कौशिक सूत्र** के इस अध्याय की सामग्री **सामवेद** के **अद्‌भुत ब्राह्मण** से मिलती-जुलती है। अनेक विलक्षण घटनाओं पर अपशकुन के निवारण आदि के लिए जो कर्मकाण्ड आवश्यक समझा जाता था उसका इस अद्‌भुताध्याय में वर्णन है। सीता-सम्बन्धी सामग्री 'लांगलो: संसर्गे' अर्थात् दो हलों के उलझ जाने के प्रसंग में आ गयी है। ऐसे अवसर पर पुरोडाश तैयार करके पुरोहित को जंगल में पूर्व की ओर एक सीता खींचनी पड़ती थी और उसमें आग जलाकर आहुति करते समय उसे सीता से यह प्रार्थना करनी पड़ती थी :

> **वित्तिरसि पुष्टिरसि प्राजापत्यानां[5] त्वाहं मयि**
> **पुष्टिकामो जुहोमि स्वाहा॥**

---

१. कीथ अनुमान करते हैं कि 'इन्द्रपत्नी' विशेषण का कारण यह है कि ऋग्वेद में (८, २१, ३) इन्द्र को 'उर्वरापति' कहते हैं।

२. दे० पारस्कर गृ० सू० : २, १७, ४—'यस्याभिवे वैदिकलौकिकानां भूतिर्भवति कर्मणाम्। इन्द्रपत्नी मुपह्वये सीतां सा मे त्वनपायिनी भूयात्कर्मणि कर्मणि स्वाहा।'

३. बीजवपनीय के लिए दे० काठक गृ० सू० (७१, ८), गोभिल गृ० सू० (४, ४, ३०) और मानव गृ० सू० (२, १०,७)। शेष यज्ञों का उल्लेख केवल गोभिल (वही) और मानव गृ० सू० (वही) में मिलता है।

४. भाष्यकार देवपाल लिखते हैं कि यह पूजा कृषकों के लिए है—'कृषिवृत्तिजीवनै:'।

५. यह ए० वेबर का पाठ है। दे० अबहैंडलूंगन बर्लिनर एकाडेमी, १८५७, पृ० ३७०-७३। ब्लूमफील्ड के अनुसार 'प्राज्ञापत्यानां' होना चाहिए। (दे० जर्नल अमरीकन ओरियण्टल सोसाइटी, भाग १४)।

कुमुद्वती पुष्करिणी सीता सर्वांगशोभिनी।
कृषिः सहस्त्रप्रकारा प्रत्यष्टा श्रीरियं मयि॥
उर्वी त्वाहुर्मनुष्याः श्रियं त्वा मनवो विदुः।
आशयेऽन्नस्य नो धेह्यनमीवस्य शुष्मिणः॥
पर्जन्यपत्नि[1] हरिष्यभिजितास्यभि नो वेद।
कालनेत्रे हविषा नो जुषस्व तृप्तिं नो धेहि द्विपदे चतुष्पदे॥
याभिर्देवा असुरानकल्पयन्यानून् गन्धर्वान् राक्षसांश्च।
ताभिर्नो अद्य सुमना उपागहि सहस्त्रापोषं सुमगे रराणा॥
हिरण्यस्त्रक् पुष्करिणी श्यामा सर्वांगशोभिनी॥
कृषिर्हिरण्यप्रकारा प्रत्यष्टा श्रीरियं मयि॥
अश्विभ्यां देवि सह संविदाना इन्द्रेण राधेन
सह पुष्ट्या न आगहि॥
विशस्त्वा रासान्तां प्रदिशोऽनु सर्वहोरात्रार्धमासमासा
आर्तवा ऋतुभिः सह॥
भर्त्रीदेवानामुत मार्त्यानां भर्त्री प्रजानामुत मनुष्याणाम्
हस्तभिरित्तरासैः क्षेत्रसाराधिभिः सह॥
हिरण्यैरश्वैरा गोभि प्रत्यष्टा श्रीरियं मयि॥

(हे सीता) तू प्रजापति की सन्तति को धन और पुष्टि (देनेवाली) है, मैं पुष्टि की कामना करके तुझको आहुति देता हूँ। स्वाहा।

हे कुमुदों और पुष्करों[2] से सुसज्जित सर्वांगशोभिनी सीता, इस सहस्त्रप्रकारा कृषि की श्री निरन्तर मेरे साथ रहे।

मनुष्य तुझको उर्वी कहते हैं, बुद्धिमान् तुझको श्री मानते हैं, हमको स्वास्थ्यकर और शक्तिप्रद अन्न प्रचुर मात्रा में दे।

हे विजयिनी हिरण्यमयी पर्जन्यपत्नी! हम पर कृपा कर। हे कालनेत्रे! हवि से प्रसन्न हो जा और द्विपदों तथा चतुष्पदों के लिए हमको तृप्ति दे।

जिन (शक्तियों) से देवतागण असुरों, यातुओं, गन्धर्वों और राक्षसों का नियंत्रण करते हैं, इन (शक्तियों) के साथ आज प्रसन्न होकर हमारे पास आ और हमको सहस्त्रविध पुष्टि प्रदान कर।

हे श्यामा! हिरण्यमयी माला धारण करनेवाली, पुष्करों से सुसज्जित सर्वांगशोभिनी, इस हिरण्यमयी कृषि की श्री निरन्तर मेरे साथ रहे।

हे देवी! तू आश्विनों, इन्द्र, और राध (नक्षत्र) के साथ संघबद्ध है, पुष्टि (कारक अन्न) के साथ हमारे पास आ।

सब दिशाओं में वैश्य तेरी देखरेख करते हैं। दिन, रात, अर्द्धमास, पूर्णमास और ऋतुएँ (सब तेरी देखरेख करती हैं)।

'मनुष्यों और देवताओं, दोनों का तू पालन करती है। विविध आसन से युक्त हाथी, क्षेत्रसारथि, हिरण्य, अश्व, गोधन, यह (सारी) सम्पत्ति निरन्तर मेरे साथ रहे।'

---

१. अथर्ववेद में पृथिवी को पर्जन्यपत्नी कहा गया है (१२, १, ४२)।
२. वेबर के अनुसार इसका अनुवाद है, 'बालियों से सुसज्जित'।

इस प्रार्थना में सर्वांगशोभिनी, हिरण्यमयी माला धारण करनेवाली, कालनेत्रा, श्यामा, हिरण्यमयी पर्जन्यपत्नी सीता का मानवीकरण अत्यन्त स्पष्ट है।

१९. ऋग्वेद से लेकर गृह्यसूत्रों तक उपर्युक्त सीता-सम्बन्धी सामग्री देखकर हम निस्संकोच कह सकते हैं कि इस सीता का व्यक्तित्व शताब्दियों तक कृषि करनेवाले आर्यों की धार्मिक चेतना में जीता रहा। **महाभारत** आदि में भी इसके अनेक प्रमाण मिलते हैं। द्रोणपर्व के जयद्रथवध पर्व के अन्तर्गत ध्वजवर्णन नामक अध्याय में (७, ८०) कृषि की अधिष्ठात्री देवी, सब बीजों को उत्पन्न करनेवाली सीता का उल्लेख हुआ है :

मद्रराजस्य शल्यस्य ध्वजाग्रेऽग्निशिखामिव।
सौवर्णी प्रतिपश्याम सीतामप्रतिमां शुभाम्॥ १८॥
सा सीता[1] भ्राजते तस्य रथमास्याय मारिष।
सर्वबीजविरूढेव यथा सीता श्रिया वृता॥ १९॥

हरिवंश के द्वितीय भाग में दुर्गा की एक लम्बी स्तुति के अन्तर्गत कहा गया है, 'तू कृषकों के लिए सीता है तथा प्राणियों के लिए धरणी' :

कर्षकाणां च सीतेति भूतानां धरणीति च (२, ३, १४)।

बौद्ध अभिधर्म महाविभाषा के चीनी अनुवाद में यों लिखा है :

'यदि कृषक बीज बोने के बाद शरत्काल में प्रचुर शस्य प्राप्त करता है, तब वह कहता है, यह (शस्य) श्री, सीता और समा इन देवियों का वरदान है।'[2]

वाल्मीकि रामायण पर भी सीता, कृषि की अधिष्ठात्री देवी, का प्रभाव पड़ा है। यद्यपि इसका **रामायण** में कोई स्पष्ट उल्लेख नहीं है फिर भी अयोनिजा सीता के जन्म और तिरोधान के जो वृत्तान्त मिलते हैं, वे सम्भवत: इस वैदिक सीता के व्यक्तित्व से प्रभावित हैं। इसका विश्लेषण निबन्ध के चतुर्थ भाग में किया जायेगा।

ग—वैदिक साहित्य में रामकथा का अभाव

२०. विस्तृत वैदिक साहित्य की बहुसंख्यक रचनाओं में जहाँ कहीं रामकथा के पात्रों के नाम मिलते हैं, उन सब स्थलों का उल्लेख और महत्त्वानुसार उनके प्रसंग का वर्णन प्रस्तुत अध्याय के पहले दो परिच्छेदों में किया गया है। सारी सामग्री का सिंहावलोकन करने पर वैदिक साहित्य और रामकथा के सम्बन्ध के विषय में हम किस निष्कर्ष पर पहुँच सकते हैं इसका अन्तिम परिच्छेद में निर्णय करना है।

ऋग्वेद में इक्ष्वाकु, दशरथ और राम, इन तीनों का एक-एक बार उल्लेख हुआ है। वे प्रभावशाली ऐतिहासिक राजा थे, इतना ही परिचय इन स्थलों से मिल सकता है। इनका पारस्परिक सम्बन्ध असम्भव नहीं है, लेकिन इसका कोई निर्देश नहीं मिलता। आगे चलकर इनका वैदिक साहित्य में और कहीं उल्लेख नहीं हुआ है। **ऋग्वेद** में सीता का भी एक बार उल्लेख हुआ है लेकिन इस सीता का **रामायण** के उपर्युक्त अन्य ऐतिहासिक पात्रों से सम्बन्ध

१. सीता का अर्थ यहाँ पर 'लांगल का अग्रभाग' होता है। पद्मपुराण में भी 'सीता' इस अर्थ में प्रयुक्त है (दे० पातालखण्ड, अध्याय ५७)।

२. दे० ज० रा० ए० सो० : १९०७, पृ० १०२। महाविभाषा का रचनाकाल तीसरी शताब्दी ई० पूर्वार्द्ध माना जाता है (दे० कर्न मेन्युअल ऑव बुद्धिज्म, पृ० १२१)।

असम्भव ही है, क्योंकि उसका व्यक्तित्व ऐतिहासिक न होकर सीता अर्थात् लांगलपद्धति के मानवीकरण का परिणाम है।[१] इस सीता का उल्लेख वैदिक काल के प्रारम्भ से लेकर अन्त तक बराबर होता रहा है।

ब्राह्मणों से राम मार्गवेय, राम औपतस्विनी, तथा राम क्रातुजातेय इन तीनों का परिचय मिलता है। इनके ऐतिहासिक होने में कोई सन्देह नहीं किया जा सकता है, लेकिन उनका **रामायण** के राम से कोई भी सम्बन्ध सम्भव प्रतीत नहीं होता।

ब्राह्मणों तथा प्राचीन उपनिषदों में अश्वपति और जनक का पहले-पहल उल्लेख मिलता है। अश्वपति का **रामायण** के पात्रों से कोई सम्बन्ध निर्दिष्ट नहीं हुआ है। इतना ही प्रतीत होता है कि वे एक ऐतिहासिक राजा थे, जो सम्भवत: जनक के समकालीन थे। ब्राह्मणों के जनक और रामायणीय जनक की अभिन्नता की समस्या का निर्णय करना असम्भव प्रतीत होता है। इसका उल्लेख ऊपर हो चुका है।

रामायण का रचयिता सीता के पिता जनक का प्रसिद्ध वैदिक जनक से सम्बन्ध जोड़ता है, यह स्पष्ट है और स्वाभाविक भी है। लेकिन इस अभिन्नता के लिए वैदिक साहित्य से कोई प्रमाण नहीं निकाला जा सकता। जनक के सारे वृत्तान्त में रामकथा का कोई भी संकेत विद्यमान नहीं है।

इस तरह हम देखते हैं कि वैदिक रचनाओं में **रामायण** के एकाध पात्रों के नाम अवश्य मिलते हैं, लेकिन न तो इनके पारस्परिक सम्बन्ध की कोई सूचना दी गयी है और न इनके विषय में **रामायण** की कथावस्तु का किंचित् भी निर्देश किया गया है। जनक और सीता का बार-बार उल्लेख होने पर भी दोनों का पिता-पुत्री-सम्बन्ध कहीं भी निर्दिष्ट नहीं हुआ है।

अत: वैदिक काल में **रामायण** की रचना हुई थी अथवा रामकथा-सम्बन्धी गाथाएँ प्रसिद्ध हो चुकी थीं, इसका निर्देश समस्त विस्तृत वैदिक साहित्य में कहीं भी नहीं पाया जाता। अनेक ऐतिहासिक व्यक्तियों के नाम **रामायण** के पात्रों के नामों से मिलते हैं; इससे इतना ही निष्कर्ष निकाला जा सकता है कि ये नाम प्राचीनकाल में भी प्रचलित थे।

---

१. तैत्तिरीय ब्राह्मण की सीता सावित्री का भी रामायण की कथावस्तु से कोई सम्बन्ध नहीं है। इसका उल्लेख ऊपर हो चुका है।

अध्याय-२

वाल्मीकिकृत रामायण

२१. वाल्मीकिकृत **रामायण** के पूर्व रामकथा-सम्बन्धी आख्यान प्रचलित थे। इसका आभास **महाभारत** के द्रोणपर्व और शान्तिपर्व के संक्षिप्त रामचरित से तथा अन्य निर्देशों से भी मिलता है (दे० नीचे अनु० ४४, ४५, १३०)। ये आख्यान आजकल अप्राप्य हैं और इस प्रकार वाल्मीकिकृत **रामायण** रामकथा की प्राचीनतम विस्तृत रचना सिद्ध होती है। प्रबन्ध के द्वितीय भाग में वाल्मीकि रामायण के मूल स्वरूप पर विचार किया जायेगा तथा चौथे भाग में प्रचलित **रामायण** की कथावस्तु के साथ-साथ प्रत्येक काण्ड का विश्लेषण किया जायेगा। प्रस्तुत अध्याय के प्रथम परिच्छेद में **रामायण** के भिन्न-भिन्न पाठों की समस्या पर प्रकाश डाला गया है। इसके बाद **रामायण** के रचनाकाल पर विचार किया गया है। अन्तिम परिच्छेद में आदिकवि वाल्मीकि से सम्बन्ध रखनेवाली सामग्री एकत्र की गयी है।

क—वाल्मीकिकृत रामायण के तीन पाठ

२२. वाल्मीकिकृत **रामायण** का पाठ एकरूप नहीं है। आजकल इस रचना के तीन पाठ प्रचलित हैं :

(१) दाक्षिणात्य पाठ : गुजराती प्रिंटिंग प्रेस (बम्बई), निर्णय सागर प्रेस (बम्बई) तथा दक्षिण के संस्करण। यह पाठ अपेक्षाकृत अधिक प्रचलित और व्यापक है।

(२) गौडीय पाठ : गोरेसियो (पेरिस) तथा कलकत्ता संस्कृत सीरीज के संस्करण।

(३) पश्चिमोत्तरीय पाठ : दयानन्द महाविद्यालय (लाहौर) का संस्करण, जो आजकल साधु आश्रम होशियारपुर (पंजाब) से प्राप्त है।

प्रत्येक पाठ में बहुत-से श्लोक ऐसे मिलते हैं जो अन्य पाठों में नहीं पाये जाते। दाक्षिणात्य तथा गौडीय पाठों की तुलना करने पर देखा जाता है कि प्रत्येक पाठ में श्लोकों की एक-तिहाई संख्या केवल एक ही पाठ में मिलती है। इसके अतिरिक्त जो श्लोक तीनों पाठों में पाये जाते हैं उनका पाठ भी एक नहीं है और इनका क्रम भी बहुत स्थलों पर भिन्न।[१]

इन पाठान्तरों का कारण यह है कि वाल्मीकिकृत **रामायण** प्रारम्भ में मौखिक रूप से प्रचलित था और बहुत काल के बाद भिन्न-भिन्न परम्पराओं के आधार पर स्थायी लिखित रूप धारण कर सका। फिर भी कथानक के दृष्टिकोणों से तीनों पाठों की तुलना करने पर सिद्ध होता है कि कथावस्तु में जो अन्तर पाये जाते हैं वे गौण हैं। मैंने इस दृष्टिकोण से तीनों पाठों की विस्तृत तुलना की है।[२]

---

१. दे० एच० याकोबी : डस रामायण, पृ० ३।

२. दे० सी० बुल्के : दि जेनेसिस ऑव दि वाल्मीकि रामायण रिसेन्शन्स। ज० ऑ० इं० भाग ५, पृ० ६६-९४।

इस तुलना से स्पष्ट है कि उत्तरकाण्ड की रचना बहुत बाद में हुई थी। इस काण्ड में तीनों पाठों में कोई महत्त्वपूर्ण अन्तर नहीं मिलता। केवल दाक्षिणात्य पाठ में सीतात्याग का कारण यह बताया जाता है कि **भृगु** ने अपनी पत्नी की हत्या के कारण विष्णु को शाप दिया था। यदि उत्तरकाण्ड प्रारम्भ से **रामायण** का एक अंग होता तो अन्य काण्डों की तरह इस काण्ड के तीनों पाठों में भी अन्तर पाये जाते।

उपर्युक्त तीन पाठों की प्राचीनतम हस्तलिखित प्रतियों के आधार पर बड़ौदा विश्वविद्यालय के ओरियण्टल इन्स्टिट्यूट द्वारा रामायण का एक वैज्ञानिक (क्रिटिकल) संस्करण सन् १९६० ई० से प्रकाशित हो रहा है। वह अब तक समाप्त नहीं है। अत: प्रस्तुत प्रबन्ध में रामायण के सन्दर्भ निम्नलिखित संकेताक्षरों द्वारा प्रचलित संस्करणों के अनुसार दिये गये हैं—रा० अथवा दा० रा० अर्थात् दाक्षिणात्य पाठ (गुजराती प्रिंटिंग प्रेस), गौ० रा० अर्थात् गौडीय पाठ (कलकत्ता संस्कृत सीरीज) तथा प० रा० अर्थात् पश्चिमोत्तरीय पाठ (लाहौर संस्करण)।

उदीच्य पाठ

२३. पाठों की तुलना से एक परिणाम यह भी निकलता है कि गौडीय तथा पश्चिमोत्तरीय पाठ अपेक्षाकृत बहुत निकट प्रतीत होते हैं। इन दोनों में दाक्षिणात्य पाठ के बहुत-से आर्ष प्रयोग एक ही तरह से सुधारे गये हैं और बहुत-से अन्य स्थलों पर भी दोनों का पाठ दाक्षिणात्य संस्करण से भिन्न होते हुए भी एक है। अत: जो श्लोक तीनों में पाये जाते हैं वहाँ दाक्षिणात्य पाठ अपेक्षाकृत प्राचीन और मौलिक माना जाना चाहिए। ऐसा प्रतीत होता है कि प्रारम्भ में **आदिरामायण** के दो पाठ धीरे-धीरे भिन्न होने लगे थे—उदीच्य तथा दाक्षिणात्य। जहाँ गौडीय तथा पश्चिमोत्तरीय पाठ दाक्षिणात्य पाठ से भिन्न होते हुए भी आपस में समान हैं वहाँ उदीच्य पाठ मानना अनुचित न होगा। आर्ष प्रयोगों की अपेक्षाकृत कमी के अतिरिक्त, निम्नलिखित विषय उदीच्य पाठ के अपने ही प्रतीत होते हैं (ये केवल गौडीय तथा पश्चिमोत्तरीय पाठों में पाये जाते हैं) :

१. एक तीसरी अनुक्रमणिका, जिसमें सात काण्डों की सामग्री का उल्लेख मिलता है (दे० गौ० रा० १,४ तथा प० रा० १, ३)। दाक्षिणात्य पाठ में केवल दो अनुक्रमणिकाएँ दी गयी हैं।
२. शान्ता दशरथ की पुत्री का स्पष्ट उल्लेख (दे० गौ० रा० १, १० तथा प० रा० १, ९)।
३. भरत तथा शत्रुघ्न की यात्रा तथा राजगृह में निवास दो सर्गों में वर्णित है। (दे० गौ० रा० १, ७९-८० तथा प० रा० २, १-२)। दाक्षिणात्य पाठ में इसका उल्लेख मात्र किया गया है।
४. ब्राह्मण कैकेयी को शाप देता है। (दे० गौ० रा० २, ८, ३३ आदि तथा प० रा० २, ११, ३७ आदि)।
५. सीता जनक तथा मेनका की पुत्री हैं। (दे० गौ० रा० ३, ४ तथा प० रा० ३, २)।
६. सम्पाति का अपने पुत्र सुपार्श्व को बुलाना (दे० गौ० रा० ४, ६२ तथा प० रा० ४, ५५)।
७. केशरी का दिग्गज धवल का वध करना और वरस्वरूप हनुमान् को प्राप्त करना (दे० गौ० रा० ५, ३ तथा प० रा० ४, ५८)।
८. राम के प्रति तारा का शाप। (दे० गौ० रा० ४, २०, १५-१६ प० रा० ४, १६, ३९-४०)।
९. निकषा का विभीषण से अनुरोध करना कि वह रावण को समझावे (दे० गौ० रा० ५, ७६ तथा प० रा० ५, ७५)।

१०. दशरथ तथा सागर की मैत्री (दे० गौ० रा० ५, ९४, २१-२२ तथा प० रा० ५, ९६, ४६-६८)।

११. कुम्भकर्ण रावण से कहता है—'नारद ने मुझसे कहा था कि देवताओं ने विष्णु के एक अवतार द्वारा रावण-वध की आयोजना की थी। (दे० गौ० रा० ६, ४०-४१, प० रा० ६, ४१-४२)।

१२. हनुमान्-कालनेमि का वृत्तान्त तथा हनुमान् का गन्धर्वों से युद्ध करना। (दे० गौ० रा० ६, ८२-८३ तथा प० रा० ६, ८१)।

उदीच्य पाठ जो सम्भवत: पहली शताब्दी ई० से दाक्षिणात्य पाठ से भिन्न होने लगा था, बाद में पुन: दो पाठों में विभक्त होने लगा, अर्थात् गौडीय तथा पश्चिमोत्तरीय। डॉ० लेवि का अनुमान है कि कम-से-कम ५०० ई० से ये दोनों पाठ भिन्न होने लगे थे।[१]

गौडीय पाठ

२४. गौडीय पाठ के निम्नलिखित वृत्तान्त अन्य दो पाठों में नहीं मिलते :

(१) विभीषण रावण से अलग होने के बाद पहले कैलास पर अपने भाई वैश्रवण से मिलता है और बाद में राम की शरण लेता है। (दे० गौ० रा० ५, ८९)।

(२) ओषधि के लिए जाते समय भरत से हनुमान् की भेंट (दे० गौ० रा० ६, ८२, ९० आदि)।

(३) सीताहरण के पूर्व जटायु राम से अपने सम्बन्धियों के यहाँ जाने की आज्ञा लेकर घर जाता है। (दे० गौ० रा० ३, २३, ३-१०)।

पश्चिमोत्तरीय पाठ

२५. पश्चिमोत्तरीय पाठ तथा गौडीय पाठ बहुत निकट हैं, यह उपर्युक्त उदीच्य पाठ के विश्लेषण से स्पष्ट है। फिर भी पर्याप्त सामग्री पश्चिमोत्तरीय तथा दाक्षिणात्य पाठ, दोनों में मिलती है। इसका कारण यह होगा कि बाद में पश्चिमोत्तरीय पाठ को परिपूर्ण बनाने के उद्‌देश्य से प्रचलित तथा व्यापक दाक्षिणात्य पाठ का सहारा लिया गया है। इस तरह वर्षा-ऋतु का एक विस्तृत वर्णन दाक्षिणात्य तथा पश्चिमोत्तरीय दोनों पाठों में मिलता है। (दे० दा० रा० ४, २८, १४-५२, और प० रा० ४, २१); यह वर्णन त्रिष्टुभ में है।

ब्रह्मास्त्र द्वारा द्रुमकुल्य का विनाश भी दाक्षिणात्य तथा पाश्चिमोत्तरीय पाठ में मिलता है (दे० दा० रा० ६, २२, तथा प० रा० ५, ९६)। अनेक वृत्तान्त केवल पश्चिमोत्तरीय पाठ में ही पाये जाते हैं। उदाहरणार्थ :

(१) कैकेयी का एक ब्राह्मण से विद्याबल प्राप्त करना, जिसके द्वारा वह संग्राम में अपने पति की रक्षा करने में समर्थ हुई। (दे० प० रा० २, ११, ४२ आदि)।

(२) हनुमन्मंगल : एक पूरा सर्ग जिसमें वानर हनुमान् की वीरता की प्रशंसा करते हैं। (दे० प० रा० ४, ५९)।

(३) समद्र का राम और लक्ष्मण को एक कवच और अस्त्र प्रदान करना। (दे० प० रा० ५, ९९)।

(४) नागपाश के अवसर पर नारद का आना और राम को उनके नारायणत्व का स्मरण दिलाना। (दे० प० रा० ६, २७)।

---

१. जर्नल एसियाटिक, पेरिस : १९१८, पृ० १ आदि।

(५) मन्दोदरी-केश-ग्रहण : विभीषण के द्वारा पता चलता है कि रावण होम कर रहा है। यदि यह यज्ञ पूर्ण हो सका तो रावण अजेय सिद्ध हो जायेगा। वानर रावण के यज्ञस्थल पर पहुँचकर उसका ध्यान भंग करने में असमर्थ हैं। अन्त में अंगद मन्दोदरी को केशों से खींचकर उसे रावण के पास ले आता है। इस पर रावण उत्तेजित हो जाता है और यज्ञ समाप्त नहीं हो पाता। (दे० प० रा० ६, ८२)।

दाक्षिणात्य पाठ

२६. जो श्लोक तीनों पाठों में मिलते हैं, उनके लिए दाक्षिणात्य पाठ साधारणतया अधिक प्राचीन माना जाना चाहिए। इसका उल्लेख ऊपर हो चुका है। फिर भी इस पाठ में भी बहुत प्रक्षेप पाये जाते हैं। निम्नलिखित वृत्तान्त न तो गौडीय पाठ में मिलते हैं और न पश्चिमोत्तरीय पाठ में :

(१) रामादि की जन्मतिथि (**चैत्रे नावमिके तिथौ**) तथा उसी अवसर पर राशियों के संगम। (दे० दा० रा० १, १८, ८ आदि)।

(२) बालकाण्ड की अनेक पौराणिक कथाएँ : कश्यप की तपस्या जिसके फलस्वरूप वह हरि को वामनावतार में पुत्रस्वरूप प्राप्त कर सका (२९, १०-१७) जह्नु का गंगा को पीना (४३, ३४-४१); विष्णु का मोहिनी रूप धारण कर अमृत ले जाना (४५, ४०-४३); विष्णु का कूर्मावतार वर्णन (४५, २७-३२); इन्द्र का ब्राह्मण के रूप में विश्वामित्र से अन्न माँगना (६५, ३-१०); सगर के जन्म की कथा (७०, २८-३७)।

(३) कैकेयी की माता के अपने पति द्वारा त्यक्त किये जाने की कथा (२, ३५)।

(४) सीता की यमुना से प्रार्थना (२, ५५, १३-२१)।

(५) वाल्मीकि से राम, लक्ष्मण और सीता की भेंट (२, ५६, १६-१७)।

(६) अकम्पन का रावण को जनस्थान की घटनाओं का हाल देना और रावण का मारीच के पास जाना (३, ३१)।

(७) राक्षसी अयोमुख का वृत्तान्त (३, ६९, ११-१८)।

(८) सुग्रीव का लक्ष्मण को शान्त करने के लिए तारा को उनके पास भेजना (४, ३३, २५-६२)।

(९) लंका देवी से हनुमान् का युद्ध (५,३, २०-५१)।

(१०) सुग्रीव-रावण-युद्ध (६,४० तथा ६,४१, १-१०)।

(११) अगस्त्य का राम को सूर्यस्तव देना (६, १०५)।

(१२) तारा तथा अन्य वानर-पत्नियों को अयोध्या ले जाने की राम से सीता की प्रार्थना (६, १२३, २३-३८)।

ख—रामायण का रचनाकाल

२७. एक शताब्दी के पूर्व **रामायण** पहले-पहल पश्चिम में विख्यात होने लगा; उस समय अनेक विद्वानों का मत था कि इसकी रचना अत्यन्त प्राचीनकाल में हुई थी—ए० श्लेगेल के अनुसार ११वीं श० ई०पू० तथा जी० गोरेसियो के अनुसार लगभग

१२वीं श० ई०पू०।[१] इस मत के प्रतीक्रियास्वरूप जी०टी० ह्वीलर तथा डॉ० वेबर ने **रामायण** पर यूनानी तथा बौद्ध प्रभाव मानकर उसकी रचना अपेक्षाकृत अर्वाचीन समझी है।[२] इन दोनों के मत का खण्डन निबन्ध के द्वितीय भाग में किया जायेगा।

आगे चलकर **रामायण** के रचनाकाल के विषय में लिखते हुए विद्वान् प्रायः **आदिरामायण** (वाल्मीकि की प्रामाणिक रचना) तथा प्रचलित **वाल्मीकि रामायण** का अलग-अलग रचनाकाल निर्धारित करते हैं।

रामायण के भिन्न-भिन्न पाठों की तुलना करने पर स्पष्ट है कि उत्तरकाण्ड बाद का लिखा हुआ है। वास्तव में उत्तरकाण्ड तथा बालकाण्ड दोनों वाल्मीकिकृत रचना में विद्यमान नहीं थे, इसके लिए द्वितीय भाग में प्रमाण दिये जायेंगे (दे० ८वाँ अध्याय)। वाल्मीकिकृत **आदिरामायण** (काण्ड २-६) तथा प्रचलित **वाल्मीकि रामायण** में जो अन्तर पाया जाता है, इसके लिए बहुत काल की आवश्यकता है। छोटे-मोटे प्रक्षेपों को छोड़कर प्रस्तुत प्रचलित **वाल्मीकि रामायण** का वर्तमान रूप (१-७ काण्ड) कम-से-कम दूसरी शताब्दी ई० का है यह बहुसंख्यक विद्वानों का मत है।

एम० विंटरनित्स इस प्रश्न का विस्तृत विश्लेषण करने के बाद एच० याकोबी के परिणाम पर पहुँचते हैं। एच० याकोबी पहली अथवा दूसरी शताब्दी ई० को प्रचलित रामायण का काल मानते हैं, एम० विंटरनित्स दूसरी शताब्दी ई० अधिक समीचीन समझते हैं।[३] सी०वी० वैद्य[४] इसका काल दूसरी श० ई०पू० तथा दूसरी शताब्दी ई० के बीच में मानते हैं, यद्यपि वह पहली श० ई०पू० अधिक सम्भव समझते हैं। कालिदास के समय में रामायण ने अपना प्रचलित रूप धारण कर लिया था तथा महाभारत के आरण्यक-पर्व के रचनाकाल में बालकाण्ड तथा उत्तरकाण्ड की कुछ सामग्री प्रचलित हो गयी थी। अतः अधिक सम्भव है कि प्रचलित रामायण का रूप दूसरी श० ई० के बाद का नहीं है।[५] आदिरामायण प्रचलित रामायण से इतना भिन्न है कि इस महत्त्वपूर्ण विकास के लिए कई शताब्दियों की आवश्यकता प्रतीत होती है। अतः वाल्मीकिकृत रचना कम-से-कम तीसरी श० ई०पू० की होगी। कई विद्वान् वाल्मीकि का काल और प्राचीन मानते हैं।

प्रामाणिक वाल्मीकिकृत रामायण में बौद्ध धर्म की ओर निर्देश नहीं मिलता। अतः इसकी रचना बुद्ध के पूर्व ही अथवा पाँचवीं श० ई०पू० में हुई होगी। यह एम० मोनियर विलियम्स तथा सी० वी० वैद्य का प्रधान तर्क प्रतीत होता है।[६] लेकिन प्राचीन बौद्ध साहित्य तथा जातकों की सामग्री के विश्लेषण से स्पष्ट है कि त्रिपिटक के रचनाकाल में रामकथा-सम्बन्धी स्फुट आख्यान-काव्य प्रचलित हो चुका था, लेकिन रामायण की रचना नहीं हो पायी थी (दे० नीचे अनु० ८२)।

---

१. दे० ए०डब्लू० श्लेगेल : जर्मन ओरियण्टल जर्नल, भाग ३, पृ०३७९। जी० गोरेसियो : रामायण भाग १० भूमिका।

२. जी०टी० ह्वीलर : हिस्ट्री ऑव इण्डिया, भाग २ (लन्दन १८६९)। ए. वेबर : आन दि रामायण (बम्बई १८७३)।

३. एच० याकोबी : डस रामायण, पृ० १००। एम० विंटरनित्स : हि० इं० लि० भाग १, पृ० ५००, ५१७।

४. सी० वी० वैद्य : दि रिडिल ऑव दि रामायण, पृ० २० और ५१।

५. किन्तु इसके बाद भी पौराणिक कथाओं तथा अन्य प्रक्षेपों का सम्मिश्रण हुआ होगा। अतः इन अर्वाचीन अंशों के कारण समस्त बालकाण्ड का समय चौथी श० ई० निर्धारित करना तर्कसंगत नहीं है। दे० डब्लू० किर्फल। रामायण बालकाण्ड उण्ड पुराण।

६. एम० एम० विलियम्स : इण्डियन एपिक पोइट्री (लन्दन १८६३) पृ. ३।

डॉ० याकोबी रामायण का रचनाकाल पाँचवीं श० ई० से पूर्व, छठी और आठवीं श० ई०पू० के बीच में मानते हैं।[1] ए०ए० मैकडोनेल ने अपने संस्कृत साहित्य के इतिहास (लन्दन १९०५, पृ० ३०९) में याकोबी के तर्क स्वीकार कर रामायण को बुद्ध के पूर्व माना था। बाद में उन्होंने छन्द:शास्त्र की दृष्टि से पाली गाथाओं तथा रामायण के श्लोकों की तुलना के आधार पर माना है कि वाल्मीकि रामायण की रचना चौथी शताब्दी ई०पू० के मध्य हुई थी। उनके अनुसार रामायण दूसरी श० ई० के अन्त तक अपना वर्तमान रूप धारण कर चुका था। (दे० इन० रि० ए०, भाग १०, पृ० ५७५)। ए.बी० कीथ डॉ० याकोबी के ग्रन्थ के बीस वर्ष बाद उनके तर्कों का विस्तृत विश्लेषण तथा खण्डन करके **आदिरामायण** की रचना चौथी शताब्दी ई० पूर्व में रखते हैं।[2] एम० विंटरनित्स प्राय: ए०बी० कीथ से सहमत हैं लेकिन वे वाल्मीकि को तीसरी शताब्दी ई०पू० का मानते हैं।[3] अत: अधिक सम्भव प्रतीत होता है कि वाल्मीकि ने लगभग ३०० ई०पू० अपनी अमर रचना की सृष्टि की है। इस निर्णय की पुष्टि इससे भी होती है कि **पाणिनि** में रामायण, वाल्मीकि अथवा रामायण के प्रमुख पात्रों दशरथ, राम, लक्ष्मण, भरत, हनुमान्, सुग्रीव, विभीषण आदि का उल्लेख नहीं होता। लेकिन उनके समय में रामकथा प्रचलित हुई होगी क्योंकि **सूत्रों** में कैकेयी (७, ३, २), कौशल्या (५, १, १५५) तथा शूर्पणखा (६, २, १२२) की ओर संकेत मिलते हैं। **गणपाठ** में परिवर्द्धन होता रहा, अत: गणपाठ के उल्लेखों पर तर्क आधारित नहीं किया जा सकता है; इसमें रामकथा के मुख्य पात्रों के नाम (राम, लक्ष्मण, भरत, रावण आदि) आये हैं।

ग—आदिकवि वाल्मीकि

२८. युद्धकाण्ड की फलश्रुति (दे० रा० ६, १२८, १०५) को छोड़कर प्रामाणिक वाल्मीकिकृत रामायण में वाल्मीकि की ओर से कहीं भी संकेत नहीं मिलता। इस फलश्रुति में तथा बालकाण्ड, उत्तरकाण्ड और महाभारत में वाल्मीकि को रामायण का रचयिता माना गया है। इस प्राचीन परम्परा के विरोध में कोई भी युक्तिसंगत तर्क नहीं दिया जा सकता है। किन्तु यह अवश्य मानना पड़ेगा कि इस महान् कवि के जीवनवृत्त के सम्बन्ध में प्रामाणिक सामग्री का नितान्त अभाव है।

(अ) आदिकवि से भिन्न तीन अन्य वाल्मीकि

२९. तैत्तिरीय प्रातिशाख्य में एक वैयाकरण वाल्मीकि[4] का उल्लेख है जो निश्चित रूप से आदिकवि से भिन्न है। यह ए० वेबर[5] तथा एच० याकोबी[6] आदि विशेषज्ञों की राय है। इससे इस बात का पता चलता है कि 'वाल्मीकि' नाम प्राचीनकाल में प्रचलित था। अत: हमें कोई आश्चर्य नहीं होना चाहिए यदि अन्यत्र भी वाल्मीकि नामक व्यक्तियों का उल्लेख मिल जाये।

१. दे० एच० याकोबी : वही, पृ० १०१ आदि।
२. दे० ज० रा० ए० सो० १९१५ (पृ० ३१८-२८), दि एज ऑव दि रामायण।
३. दे० हि० इ० लि० भाग १, पृ० ५१६।
४. मद्रास विश्वविद्यालय द्वारा प्रकाशित तैत्तिरीय प्रातिशाख्य में (सन् १९३०) तीन स्थलों पर वाल्मीकि का उल्लेख है—५, ३६; ९, ४; १८, ६।
५. दे० ऑन दि रामायण, पृ० १७ टिप्पणी।
६. दे० डस रामायण, पृ० ६६ टि०।

महाभारत के उद्योगपर्व में गरुड़वंशी विष्णुभक्त सुपर्ण पक्षियों की सूची में वाल्मीकि का भी नाम आया है। सुपर्ण वंश सम्भवतः सप्तसिन्धु की एक यायावर आर्य जाति थी।[१] महाभारत में इनके सम्बन्ध में कहा गया है कि ये कर्म से क्षत्रिय थे—कर्मणा क्षत्रियाः (दे० ५, ९९, ६)। सुपर्ण वाल्मीकि तथा आदिकवि वाल्मीकि की अभिन्नता के पक्ष में कोई भी प्रमाण नहीं मिलता। अभिन्नता के विरोध में यह तर्क दिया जा सकता है कि सुपर्ण वंश महाभारत में विष्णुभक्त माना गया है (दे० ५, ९९, ८) किन्तु कवि वाल्मीकि के विषय में कहा गया है कि उन्होंने शिव की शरण ली थी (दे० आगे अनु० ३३)। अतः अधिक सम्भव यही प्रतीत होता है कि सुपर्ण वाल्मीकि तथा आदिकवि भिन्न ही हैं।

महाभारत में केवल द्रोणपर्व (११८, ४८) तथा शान्तिपर्व (२००, ४) के अन्तर्गत वाल्मीकि को स्पष्ट शब्दों में कवि माना गया है। इसके अतिरिक्त शान्तिपर्व (५७, ४०) में भार्गव कवि का तथा अनुशासन पर्व (१८, ८-१०) में एक वाल्मीकि का उल्लेख है जिसके विषय में कहा है कि उनका यश श्रेष्ठ होगा। महाभारत के अन्य पर्वों में बहुत-से स्थलों पर महर्षि वाल्मीकि का उल्लेख है; उदाहरणार्थ—आदिपर्व ५०, १४; सभापर्व ७, १४; वनपर्व ८३, १०२; उद्योगपर्व ८१, २७। विशेषज्ञों (हॉप्किन्स, सुकठणकर) के अनुसार द्रोणपर्व का वर्तमान रूप बहुत ही परिवर्द्धित है और शान्तिपर्व तथा अनुशासन पर्व निश्चित रूप से अर्वाचीन हैं। डॉ० एस० के० दे ने पूना संस्करण में द्रोणपर्व की रामकथा को प्रक्षिप्त माना है। अतः बहुत सम्भव है कि महाभारत के व्यासों ने अपेक्षाकृत अर्वाचीन काल में कवि वाल्मीकि का परिचय प्राप्त किया है और ये बहुसंख्यक स्थल आदिकवि वाल्मीकि से भिन्न किसी अन्य वाल्मीकि नामक ऋषि से सम्बन्ध रखते हों। जो कुछ भी हो इन स्थलों पर जीवन-वृत्त विषयक सामग्री नहीं मिलती। इस प्रकार हमें आदिकवि से भिन्न तीन अन्य वाल्मीकियों का पता मिल गया है—वैयाकरण वाल्मीकि, सुपर्ण वाल्मीकि तथा महर्षि वाल्मीकि।

(आ) बालकाण्ड और उत्तरकाण्ड

३०. बालकाण्ड के रचनाकाल के समय तक आदिकवि वाल्मीकि तथा प्राचीन ऋषिवर वाल्मीकि की अभिन्नता सर्वमान्य होने लगी थी तथा वाल्मीकि को रामायण की घटनाओं का समकालीन माना गया था।

बालकाण्ड के प्रारम्भ में रामायण की उत्पत्ति की कथा मिलती है। तपस्वी (सर्ग १, १), मुनि (२, ४), महर्षि (४, ४) वाल्मीकि नारद से रामकथा का सार सुन लेते हैं; अनन्तर वह, श्लोक का आविष्कार करने के बाद, ब्रह्मा के आदेश से रामकथा को श्लोकबद्ध करते हैं और अपनी इस रचना को अपने दो कुशीलव शिष्यों को सिखलाते हैं। ये दोनों सर्वत्र रामायण गाते हैं और एक बार उसे अयोध्या के राजमहल में भी राम और उनके भाइयों को सुनाते हैं। (दे० बालकाण्ड, सर्ग १-४)।

उत्तरकाण्ड के अनुसार लक्ष्मण परित्यक्ता सीता को वाल्मीकि के आश्रम के पास जंगल में छोड़ते समय उनको सान्त्वना देते हुए कहते हैं—वाल्मीकि के यहाँ आश्रय लेना, वे **ब्राह्मण** तथा **दशरथ** के सखा हैं :

राज्ञो दशरथवस्यैव पितुर्मे मुनिपुंगवः॥ १६॥
सखा परमको विप्रो वाल्मीकिः सुमहायशाः॥ (सर्ग ४७)

१. दे० ए० सी० दास, ऋग्वेदिक इण्डिया, पृ० ६५ और १४८।

बाद में सीता वाल्मीकि के आश्रम में लव और कुश को जन्म देती हैं (दे० सर्ग ६६); वे वाल्मीकि से रामायण सीख लेते हैं और उनका आदेश पाकर उसे राम के यज्ञस्थल पर सुनाते हैं (दे० सर्ग ९३-९४)। रामायण सुन लेने के बाद राम, सीता को बुला भेजते हैं और वाल्मीकि सीता को ले आकर सभा के सामने सीता के सतीत्व का साक्ष्य देते हैं। इस अवसर पर वाल्मीकि अपना परिचय देकर कहते हैं कि मैं प्रचेता का दसवाँ पुत्र[1] हूँ। मैंने हजारों वर्ष तक तप किया है :

प्रचेतसोऽहं दशमः पुत्रो राघवनन्दन।
न स्मराम्यनृतं वाक्यमिमौ तु तव पुत्रकौ॥ १८॥
बहुवर्ष सहस्त्राणि तपश्चर्या मया कृता॥ (सर्ग ९६)

इसके अतिरिक्त वह इस बात पर बल देते हैं कि मैंने कभी पाप नहीं किया है :

मनसा कर्मणा वाचा भूतपूर्व न किल्विषम्। (वही, श्लोक २०)

इससे स्पष्ट है कि वाल्मीकि के दस्यु होने की जो कथा बाद में प्रचलित हो गयी है वह उत्तरकाण्ड के रचयिता को मान्य नहीं है।

३१. बालकाण्ड (२,३) के अनुसार **वाल्मीकि का आश्रम** तमसा तथा गंगा के समीप ही स्थित है। तमसा यहाँ पर अयोध्याकाण्ड (सर्ग ४५-४६) की तमसा से भिन्न गंगा की कोई उपनदी है। उत्तरकाण्ड के प्रसंगों से पता चलता है कि वह नदी गंगा के दक्षिण में ही थी, क्योंकि लक्ष्मण और सीता अयोध्या से आकर गंगा पार करने के बाद ही वाल्मीकि के आश्रम के निकट पहुँचते हैं (दे० सर्ग ४७)। शत्रुघ्न के विषय में कहा जाता है कि वाल्मीकि आश्रम से पश्चिम की ओर जाते हुए वह '**यमुनातीरम्**' पर उतरते हैं (सर्ग ६६, १५)। बाद में एक अन्य परम्परा प्रचलित होने लगी, जिसके अनुसार वाल्मीकि का आश्रम गंगा के उत्तर में माना जाता था; रामायण के टीकाकार कतक तथा गोविन्दराज उपर्युक्त '**यमुनातीरम्**' के स्थान पर '**गंगातीरम्**' शुद्ध मानते हैं।

रामायण के दाक्षिणात्य पाठ[2] के एक प्रक्षेप के अनुसार जो अन्य दो पाठों में नहीं मिलता, राम, लक्ष्मण और सीता चित्रकूट के निकट ही वाल्मीकि के आश्रम में पहुँचते हैं :

इति सीता च रामस्य च लक्ष्मणश्च कृतांजलिः।
अभिगम्याश्रमं सर्वे वाल्मीकिमभिवादयन्॥ १६॥ (अयोध्याकाण्ड, सर्ग ५६)

इसके अनुसार **अध्यात्म रामायण** (२, ६), **आनन्द रामायण** (१, ६), **रामचरितमानस** (२, १२४) आदि बहुसंख्यक अर्वाचीन रामकथाओं में वाल्मीकि का आश्रम यमुना के पार चित्रकूट के पास ही स्थित है। आजकल भी यह बाँदा जिले में माना जाता है।

(इ) भार्गव वाल्मीकि

३२. प्रचलित वाल्मीकि रामायण में भार्गव च्यवन का दो प्रसंगों में उल्लेख हुआ है—बालकाण्ड में सगर की कथा के अन्तर्गत (सर्ग ७०,३२) तथा उत्तरकाण्ड में लवणवध के वृत्तान्त में (सर्ग ६०-६४)। इन स्थलों पर भार्गव च्यवन तथा वाल्मीकि के किसी सम्बन्ध

---

१. दाक्षिणात्य रामायण (उत्तरकाण्ड १११, ११) में वाल्मीकि को एक अन्य स्थल पर भी प्रचेता का पुत्र कहा गया है, किन्तु यह उल्लेख अन्य पाठों में नहीं मिलता।

२. केवल पश्चिमोत्तरीय पाठ (दे० २,१०५, १४) में भरत के वाल्मीकि आश्रम होकर चित्रकूट पहुँचने का उल्लेख है।

का संकेत नहीं मिलता, किन्तु फिर भी उत्तरकाण्ड के रचनाकाल के समय तक वाल्मीकि का सम्बन्ध भार्गवों से जोड़ा गया था, क्योंकि वाल्मीकि को प्रचेता का दसवाँ पुत्र माना गया है।[1] बाद में वाल्मीकि को भार्गव की उपाधि मिल गयी है। महाभारत में रामचरित के रचयिता भार्गव का जो उल्लेख है वह वाल्मीकि ही प्रतीत होता है क्योंकि जिस श्लोक का उल्लेख है वह प्रचलित रामायण के दाक्षिणात्य पाठ के एक श्लोक से मिलता-जुलता है :

श्लोकश्चायं पुरा गीतो भार्गवेण महात्मना।
आख्याते रामचरिते नृपतिं प्रति भारत॥ ४०॥
राजानं प्रथमं विन्देत् ततो भार्या ततो धनम्।
राजन्यसति लोकस्य कुतो भार्या कुतो धनम्॥ ४१॥ (शान्तिपर्व ५७)
अराजके धनं नास्ति नास्ति भार्याप्यराजके।
इदमत्याहितं चान्यत्कुतः सत्यमराजके॥ ११॥ (अयोध्याकाण्ड ६७)

परवर्ती रचनाओं में वाल्मीकि को बहुधा भार्गव[2] माना गया है; उदाहरणार्थ **विष्णुपुराण** (३, ३, १८) और **मत्स्यपुराण** (१२, ५१)। ऐसा प्रतीत होता है कि भार्गव च्यवन तथा वाल्मीकि के वृत्तान्तों के सम्मिश्रण से वाल्मीकि को भार्गव की उपाधि मिल गयी हो। 'वाल्मीकि' की व्युत्पत्ति प्रायः 'वल्मीक' से मानी जाती है; अतः यह कथा प्रचलित होने लगी कि वाल्मीकि वास्तव में वल्मीक (दीमकों की बाँबी) से निकला था। अब ध्यान देने योग्य है कि भार्गव च्यवन के विषय में इस प्रकार की कथा व्यापक रूप से प्रचलित थी। महाभारत के आरण्यक पर्व के अनुसार भृगु के पुत्र च्यवन तपस्या करते हुए इतने समय तक निश्चल खड़े रहे कि उनका शरीर वल्मीकि से आच्छादित हो गया था। राजपुत्री सुकन्या ने उनको अन्धा बना दिया और बाद में उससे विवाह भी कर लिया (अध्याय १२२)। यह वृत्तान्त **भागवतपुराण** (९, ३), **स्कन्दपुराण** (आवन्त्य खण्ड, चतुरशीतिलिंग माहात्म्य, अध्याय २० और प्रभास खण्ड, प्रभासक्षेत्र माहात्म्य, अध्याय २८१), **देवीभागवतपुराण** (६, २-३) और **पद्मपुराण** (पातालखण्ड, अध्याय १५) में भी मिलता है।

वाल्मीकि तथा च्यवन दोनों के विषय में माना गया कि वे वल्मीक से निकले थे; इसी कारण दोनों की कथाओं का सम्मिश्रण स्वाभाविक प्रतीत होता है। एक ओर से वाल्मीकि को भार्गव की उपाधि दी गयी है तथा दूसरी ओर च्यवन का सम्बन्ध रामकथा से जोड़ा गया। कृत्तिवास रामायण में तो वाल्मीकि को च्यवन का पुत्र बना दिया गया है। अश्वघोष अपने बुद्धचरित में कहते हैं कि जिस काव्य की रचना करने में च्यवन समर्थ नहीं थे, उसकी वाल्मीकि ने सृष्टि की :

वाल्मीकिरादौ च ससर्ज पद्यं
जग्रन्थ यन्न च्यवनो महर्षिः[3]॥ १, ४३॥

---

१. प्रचेता तथा वरुण एक हैं (दे० कुमारसम्भव २, ११); ऋग्वेद (६,६५ और १०, १६) में भृगु का नाम वारुणि माना गया है तथा शतपथ ब्राह्मण में इसका स्पष्ट उल्लेख है कि भृगु वरुण के पुत्र हैं (दे० ११, ६, १, १) भागवतपुराण में कहा गया है कि वरुण की पत्नी चर्षणी से दो पुत्र, भृगु तथा वाल्मीकि उत्पन्न हुए थे (दे० ६, १८, १)।

२. रामायण के पश्चिमोत्तरीय पाठ के अन्तिम श्लोक में वाल्मीकि को भार्गव की उपाधि दी गयी है (दे० ७, १२२, ३१)।

३. ई० ए० जॉन्स्टन का संस्करण (कलकत्ता १९३५); ई० बी० कावेल के संस्करण में पाठ इस प्रकार है—"वाल्मीकिनादश्च ससर्ज पद्यम्।"

(ई) दस्यु वाल्मीकि

३३. एक परम्परा के अनुसार वाल्मीकि पहले डाकू थे और दीर्घकालीन तपस्या के पश्चात् ही रामायण की रचना करने में समर्थ हुए; इस कथा की प्राचीनता के सम्बन्ध में सन्देह है। **स्कन्दपुराण** में इसका पहले-पहल विकसित रूप मिलता है; इस पुराण की अधिकांश सामग्री आठवीं शताब्दी ई० के बाद की है, और इसमें बहुत-से प्रक्षेप जोड़े गये हैं जिनका रचनाकाल अज्ञात है।[१] फिर भी महाभारत के अनुशासन पर्व में प्रस्तुत कथा का एक प्रकार से प्रथम आभास विद्यमान है। वाल्मीकि युधिष्ठिर से कहते हैं कि किसी विवाद में मुनियों ने मुझको ब्रह्मघ्न कहा था। इस कथन मात्र से मैं पापी बन गया था। मैंने शिव की शरण ली और उन्होंने मुझको पाप से मुक्त करके कहा—"तेरा यश श्रेष्ठ होगा":

> **वाल्मीकिश्चाह भगवान्युधिष्ठिरमिदं वचः।**
> **विवादे साग्निमुनिर्ब्रह्मघ्नो वै भगवानिति॥ ८॥**
> **उक्तः क्षणेन चाविष्टस्तेनाधर्मेण भारत।**
> **सोऽहमीशानमनघममोघं शरणं गतः॥ ९॥**
> **मुक्तश्चास्मि ततः पापैस्ततो दुःखविनाशनः।**
> **आह मां त्रिपुरघ्नो वै यशस्तेऽग्र्यं भविष्यति॥ १०॥** (अध्याय १८)

इस उद्धरण में एक वाल्मीकि की चर्चा है, जिसके बारे में कहा जाता है कि उनका यश श्रेष्ठ होगा; अतः उसे आदिकवि मानना युक्तियुक्त ही है। उनको अग्निहोतृ मुनियों के शाप से ब्रह्महत्या का दोष लगा था; आगे चलकर उनका वास्तव में ब्रह्मघ्न तथा दस्यु माना जाना अनुशासन पर्व के इस प्रसंग का स्वाभाविक विकास प्रतीत होता है।

३४. स्कन्दपुराण में वाल्मीकि के विषय में चार कथाएँ सुरक्षित हैं। **वैष्णव खण्ड** के वैशाखमासमाहात्म्य में एक व्याध का वृत्तान्त मिलता है, जिसका नाम नहीं दिया गया है। वह रामनाम का जप करने के फलस्वरूप यह वरदान प्राप्त कर लेता है कि वह अपने अगले जन्म में वल्मीक नामक ऋषि के कुल में उत्पन्न होगा तथा वाल्मीकि का नाम धारण कर यशस्वी बन जायेगा। कृणु नामक तपस्वी के शरीर के चारों ओर वल्मीक बन गया था जिससे उसका नाम वल्मीक ही पड़ा था। व्याध उसी वल्मीक के पुत्र के रूप में प्रकट हुआ, वाल्मीकि के नाम से विख्यात होने लगा और दिव्य रामकथा की रचना करने में समर्थ हुआ (दे० अध्याय २१)।

प्रस्तुत कथा में वाल्मीकि अपने पूर्वजन्म में ही व्याध थे तथा उनके पिता के शरीर में वल्मीक बन गया था। स्कन्दपुराण की अन्य कथाएँ लोकप्रसिद्ध वृत्तान्त के अधिक निकट हैं, किन्तु उनमें रामनाम-जप का उल्लेख नहीं है। **अवन्तीखण्ड** के आवन्त्य क्षेत्र माहात्म्य (अध्याय २४) में अग्नि शर्मा की कथा वर्णित है। वह डाकू था; किसी दिन सात ऋषियों से उसकी भेंट हुई। वह उनको मार डालना ही चाहता था कि ऋषियों ने उसे उसके परिवार से यह पूछने भेज दिया कि "क्या तुम लोग मेरे पाप-फल के भागी बनने के लिए तैयार हो?" इस पर परिवार ने इनकार किया। अग्नि शर्मा ऋषियों के पास लौटा और उनका परामर्श हृदयंगम कर ध्यान तथा मंत्रजप करने लगा। १३ वर्ष के बाद सात ऋषि फिर उस स्थल पर पहुँचे और उन्होंने उसके शरीर के चारों ओर वल्मीक बना

---

१. दे० आर० सी० हाजरा, पुराणिक रेकाड्‌र्स, पृ० १६५।

हुआ देख लिया। तब उन्होंने उसको निकालकर उसका नाम वाल्मीकि रखा और उसको रामायण लिखने का आदेश दिया।

नागरखण्ड में लोहजंघ नामक **द्विज** की कथा मिलती है (दे० अध्याय १२४)। वह पितृमातृपरायण होने के कारण अकाल के समय अपने परिवार का पालन करने के लिए दस्यु बन जाता है। सप्तर्षियों से भेंट होती है तथा अन्य वृत्तान्तों की भाँति उसका परिवार उसके पाप का भागी बनने से इनकार करता है। वह ऋषियों के पास लौटता है और वे उसको 'जाटघोट' मंत्र पढ़ाकर चले जाते हैं। बाद में सप्तर्षि उस जगह होकर लौटते हैं; वे लोहजंघ को कुमंत्र द्वारा भी संसिद्धि-प्राप्त पाते हैं तथा उसका शरीर वल्मीक से समावृत्त देखकर उसे वाल्मीकि नाम देते हैं।

प्रभासखण्ड के प्रभासक्षेत्रमाहात्म्य (दे० अध्याय २९८) में निम्नलिखित कथा है। शमीमुख नामक ब्राह्मण का पुत्र वैशाख चोरी द्वारा अपने परिवार का पालन-पोषण करता था। सप्तर्षियों से भेंट होने पर वह अपने परिवार से सुन लेता है कि वे उसके दोष के भागी नहीं बनना चाहते हैं। इस पर वह वैरागी बनकर हजारों वर्ष तक तपस्या और जप करता है तथा उसका शरीर वल्मीक से समावृत्त हो जाता है। सप्तर्षि लौटते हैं और उसका नाम वाल्मीकि रखकर भविष्यवाणी करते हैं कि वह रामायण की रचना करेगा :

स्वच्छन्दा भारती देवी जिह्वाग्रे ते भविष्यति।
कृत्वा रामायणं काव्यं ततो मोक्षं गमिष्यसि॥

३५. उपर्युक्त कथाओं का सबसे प्रचलित रूप[1] **अध्यात्म रामायण** के अयोध्याकाण्ड (सर्ग ६, श्लोक ४२-८८) में मिलता है। राम, लक्ष्मण और सीता निर्वासित होकर चित्रकूट के पास पहुँचे, उन्होंने अपना निवास-स्थल निश्चित करने के लिए वाल्मीकि का परामर्श माँगा, वाल्मीकि ने राम की स्तुति करने के पश्चात् रामनाममाहात्म्य दिखलाने के उद्देश्य से अपनी कथा सुनायी :

अहं पुरा किरातेषु किरातैः सह वर्धितः।
जन्ममात्रद्विजत्वं मे शूद्राचाररतः सदा॥ ६५॥

"मैं पहले किरातों के साथ रहा करता था और निरन्तर शूद्रों के आचरण में रत रहने के कारण मेरा ब्राह्मणत्व जन्ममात्र का था। शूद्रा के गर्भ से मेरे बहुत-से पुत्र उत्पन्न हुए। चोरों के कुसंग से मैं भी चोर बन गया था और सदा धनुष-बाण धारण किये रहता था। एक दिन मैंने सात मुनियों को जाते देखा और उनके वस्त्र इत्यादि छीनने के उद्देश्य से उन्हें घोर वन में रोक लिया। मुनियों ने कहा कि जिन कुटुम्बियों के लिए तुम नित्य पाप संचय करते हो उनसे जाकर पूछ लो कि वे तुम्हारे अधर्म के भागी बनने के लिए तैयार हैं कि नहीं। मैंने जाकर पूछा और मुझे उत्तर मिला—"यह पाप तो तुम्हीं को लगेगा; हम केवल धन के ही भोगनेवाले हैं।" यह सुनकर मुझे वैराग्य उत्पन्न हुआ और मैंने उन मुनियों की शरण ली। हे राम! मुनियों ने आपस में परामर्श किया और आपके नामाक्षरों को उलटा करके मुझसे कहा—तुम इसी स्थान पर एकाग्रचित्त होकर निरन्तर 'मरा' का जप करो (**एकाग्रमनसात्रैव मरेति जप सर्वदा**)। मैंने ऐसा ही किया। निश्चल खड़ा रहने के फलस्वरूप मेरे ऊपर वल्मीक बन गया। एक सहस्र युग बीतने पर वे ऋषि लौटे और उन्होंने मुझको निकलने का आदेश देकर कहा—"हे मुनिवर! तुम वाल्मीकि हो। इस समय तुम वल्मीक से निकले हो, अतः तुम्हारा दूसरा जन्म हुआ।"

---

१. मद्रास कैटलॉग (आर ३८१४) में जैमिनी रामायण की पुष्पिका इस प्रकार है—इति जैमिनीरामायणे रामनाममाहात्म्ये व्याधस्य सप्तर्षिदर्शनम्।

रामचरितमानस के कई स्थलों पर उपर्युक्त कथा की ओर संकेत मिलते हैं :

जान आदि कवि नाम प्रतापू।
भयउ सुद्ध करि उलटा जापू॥ ५॥ (बालकाण्ड, दोहा १९)
उलटा नामु जपत जगु जाना।
बालमीकि भए ब्रह्म समाना॥ ८॥ (अयोध्याकाण्ड, दोहा १९४)
गनिका अजामिल व्याध गीध गजादि खल तारे घना (छन्द)
(उत्तरकाण्ड, दोहा १३०)

३६. तत्त्वसंग्रह रामायण में जो दस्यु वाल्मीकि की कथा मिलती है इसमें कई अलौकिक घटनाओं का सन्निवेश किया गया है। जब व्याध अपने परिवार की ओर से निराश होकर सप्तर्षियों के पास पहुँचा, तो वे व्याध को राम की महिमा समझाने लगे। उस समय एक आकाशवाणी सुनायी दी और सप्तर्षियों को आदेश मिला कि वे व्याध को 'म-रा' मंत्र सिखावें। इसके बाद व्याध तपस्या करने लगा और उसके शरीर के चारों ओर वल्मीक बनने लगा। यह देखकर इन्द्र घबराने लगे किन्तु बृहस्पति ने उनको समझाया कि वह तपस्वी महर्षि बनकर रामायण की रचना करनेवाला है। बहुत समय बीत जाने पर जब सप्तर्षि लौटे तब देवता भी आ पहुँचे और विष्णु ने वाल्मीकि को आशीर्वाद दिया कि वह रामायण के रचयिता बन जायेंगे। इस पर वाल्मीकि ने नारायण की स्तुति की तथा वह जाकर तमसा नदी के तट पर रहने लगे। वहीं पर उन्होंने नारद से रामकथा सुनकर रामायण लिखने का निर्णय किया (दे० अयोध्याकाण्ड, अध्याय २२-३०)[१]।

३७. आनन्द रामायण के राज्यकाण्ड (अध्याय १४) में जो विस्तृत कथा मिलती है, इसमें वाल्मीकि के तीन जन्मों का वर्णन किया गया है। पहले जन्म में वह स्तम्भ नामक ब्राह्मण है, द्वितीय जन्म में वह व्याध है; तीसरे जन्म में वह कृणु का पुत्र है और तपस्या करने के पश्चात् वाल्मीकि बन जाता है। इस वृत्तान्त की अधिकांश सामग्री अध्यात्म रामायण तथा स्कन्दपुराण के वैष्णव खण्ड की कथाओं से ली गयी है। आनन्द रामायण के वृत्तान्त का सारांश इस प्रकार है : शाकल नगर का निवासी, श्रीवत्सगोत्र का स्तम्भ नामक ब्राह्मण महापापी था। एक वेश्या में आसक्त होने के कारण वह नित्यक्रिया छोड़कर शूद्रवत् आचार किया करता था। फिर भी किसी दिन उसके यहाँ एक ब्राह्मण का आतिथ्य-सत्कार हुआ और उसी पुण्य के फलस्वरूप उसका उद्धार सम्भव हुआ। स्तम्भ अपनी मृत्यु-शय्या पर उस गणिका का स्मरण करते-करते चल बसा; इसी कारण से उसे व्याध का जन्म मिला और वह वेश्या भिल्लिनी के रूप में प्रकट होकर उसकी पत्नी बन गयी। किसी दिन इस व्याध ने पम्पातीर के पास शंख नामक ब्राह्मण का सर्वस्व लूट लिया। बाद में यह देखकर कि पथरीली जमीन पर चलने में ब्राह्मण को बहुत कष्ट हो रहा है उसने उनको उनके जूते लौटाये। ब्राह्मण ने आशीर्वाद दिया और व्याध को यह भी बतलाया कि पूर्वजन्म में ब्राह्मण के आतिथ्य-सत्कार के पुण्य के फलस्वरूप उसे आज जूते लौटाने की सद्बुद्धि उत्पन्न हो गयी है। इसके बाद ब्राह्मण ने भविष्य का उद्घाटन किया—"कृणु नामक मुनि घोर तपस्या करेंगे; उनके नेत्रों से वीर्य बह जायेगा, जिसे एक साँपिन खाकर गर्भवती होगी। उस सर्पिणी से तुम्हारा जन्म होगा, किरात लोग तुम्हारा पालन करेंगे और तुम भी किरात

---

१. **तत्त्वसंग्रह रामायण** के उत्तरकाण्ड में वाल्मीकि विषयक एक अन्य कथा मिलती है जो सीतात्याग के परोक्ष कारणों से सम्बन्ध रखती है। (दे० चतुर्थ भाग, अनु० ७२९)।

बन जाओगे। तुमने आज जो मेरे उपानह लौटाये, इस पुण्य के प्रभाव से सात मुनियों से तुम्हारी भेंट होगी। उनके आशीर्वाद से तुम वाल्मीकि बनकर रामकथा लिखोगे।" ऐसा ही हुआ; व्याध सर्पिणी के गर्भ से जन्म लेकर किरातों द्वारा पाला गया। यहाँ से लेकर अध्यात्म रामायण की उपर्युक्त समस्त कथा प्राय: एक ही शब्दावली में दुहरायी जाती है। अन्त में रामायण की उत्पत्ति के विषय में कहा गया है कि शम्भु ने ब्रह्मा को रामचरित सुनाया था; नारद ने उसे ब्रह्मा से सुन लिया और बाद में उसे वाल्मीकि को सुनाया। तब क्रौंचवध के अवसर पर श्लोक की उत्पत्ति के पश्चात् वाल्मीकि ने '**शतकोटिविस्तरम्**' रामायण की रचना की।

३८. कृत्तिवासीय रामायण में अध्यात्म रामायण की कथा का किंचित् परिवर्द्धित रूप पाया जाता है। व्याध का नाम **रत्नाकर** है और वह च्यवन का पुत्र माना जाता है—**च्यवन मुनिर पुत्र नाम रत्नाकर**। सात मुनियों के स्थान पर ब्रह्मा और नारद से भेंट होने का वर्णन है। वैराग्य उत्पन्न होने के बाद रत्नाकर ब्रह्मा के कहने पर नदी में नहाने जाता है। नदी पर उसकी दृष्टि पड़ते ही वह सूख जाती है। तब ब्रह्मा रत्नाकर को रामनाम का जप करने का परामर्श देते हैं किन्तु उसका पापी मुँह इस पावन नाम का उच्चारण करने में असमर्थ है। इस पर रत्नाकर को '**म-रा**' जपने का परामर्श दिया जाता है।

तोरवे रामायण (१, २) के अनुसार भरद्वाज ने क्रौंच नामक वन में रहनेवाले व्याध को आशीर्वाद दिया। बाद में उस व्याध ने बहुत समय तक तपस्या की और ब्रह्मा ने परमर्षित्व प्रदान किया। वह वल्मीक (बाँबी) से निकला, जिससे वह वाल्मीकि कहलाने लगा।

एक अन्य कथा के अनुसार शिव और नारद से व्याध की भेंट होती है।[१] डे पोलिये के अनुसार वाल्मीकि दो ऋषियों के कहने पर बारह वर्ष तक तपस्या करके '**भावी रामायण**' लिखने में समर्थ हुए।[२] डब्लू० क्रूक[३] ने इस कथा का एक और रूप पाया था; इसके अनुसार परमेश्वर ने गुरु नानक को वाल्मीकि के पास भेजा था, गुरु नानक के अनुरोध पर वाल्मीकि ने अपनी पत्नी से पूछा—क्या तुम मेरे लिए प्राण देने को तैयार हो? नकारात्मक उत्तर सुनकर वाल्मीकि तपस्वी के रूप में चण्डालगढ़ (चुनार, उ० प्र०) के गदा पहाड़ पर निवास करने लगे। वह स्थान बाद में भंगियों का तीर्थ-स्थान बन गया। बलरामदास के उत्तरकाण्ड में वाल्मीकि की पत्नी का नाम धर्मवती है।

३९. उपर्युक्त कथा में वाल्मीकि तथा भंगियों का जो सम्बन्ध सूचित किया गया है वह कई शताब्दियों से चला आ रहा है। भक्तमाल (कवित्त-७२) में वाल्मीकि को श्वपच कहा गया है तथा गोस्वामी तुलसीदास भी अपनी विनय पत्रिका में लिखते हैं—**स्वपच-खल-भिल्ल-जमनादि हरि लोकगत नामबल** (दे० ४६, ९)। आजकल उत्तर भारत के हिन्दू भंगी अपने को वाल्मीकि के भक्त मानकर उनकी पूजा करते हैं।[४] पंजाब में यह कथा प्रचलित है कि जब तक नागरिक भंगियों की ओर देखने से इनकार करते थे तब तक वाल्मीकि की

---

१. दे० इं० ए० भाग ३१, पृ० ३५।

२. दे० मिथॉलॉजी डेस इंदू, भाग १, पृ० १७८। इस वृत्तान्त में वाल्मीकि को ब्रह्मा का अवतार माना गया है। दे० आगे अनु० ३९।

३. दे० ट्राइब्स एण्ड कास्ट्स, भाग १, पृ० २६२-६३।

४. कलकत्ते में अनुसूचित जातियों द्वारा हर साल आश्विन पूर्णिमा (कार्तिक स्नानारम्भ) के दिन वाल्मीकि की जयन्ती धूमधाम से मनायी जाती है।

लाश प्रतिदिन बनारस में दिखायी पड़ती थी।[1] मुसलमान भंगी अपने को लालबेगी कहकर पुकारते हैं, उर्दू लिपि में वाल्मीकि को आसानी से लालबेग पढ़ा जा सकता है। डॉ० हरदेव बाहरी[2] ने कई कथाओं का संकलन किया है, जिनमें लालबेग की उत्पत्ति वाल्मीकि से जोड़ी जाती है। एक कथा के अनुसार ब्रह्मा ने वाल्मीकि को अपने सिंहासन के सामान झाड़ने का कार्य सौंपा था। एक दिन ब्रह्मा ने वाल्मीकि को एक कपड़ा भेंट दिया था जिसे वाल्मीकि ने घर ले जाकर एक कोने में रख दिया। उसमें से एक बच्चा निकलते देखकर वाल्मीकि ब्रह्मा के पास दौड़े। ब्रह्मा ने समाचार सुनकर कहा—"तुम बूढ़े हो चले हो; तुम्हारे मरने के बाद यह बालक भंगियों का गुरु बन जायेगा।" वाल्मीकि ने उसका पालन किया और वह बाद में लालबेग के नाम से विख्यात हुआ।

ब्रह्मा और वाल्मीकि का सम्बन्ध अपेक्षाकृत प्राचीन है। सारलादास के उड़िया महाभारत[3] के अनुसार वाल्मीकि का जन्म इस प्रकार हुआ था : ब्रह्मा किसी समय गंगातट के मनुमेखला नामक स्थान पर तपस्या करने गये थे। वहाँ आठ देवकन्याओं को स्नान के पश्चात् गंगा से निकलते देखकर ब्रह्मा का वीर्यपात हुआ था। उन्होंने वीर्य का एक अंश मेरु पर्वत पर फेंक दिया जिससे मेरुशूल ऋषि की उत्पत्ति हुई; शेष वीर्य नदी के बालू पर फेंका गया और उससे वाल्मीकि उत्पन्न हुए। उड़िया में बालू को बालि कहते हैं; सम्भव है बालि और वाल्मीकि का सादृश्य इस कथा की कल्पना में सहायक हुआ हो। इस कथा में वाल्मीकि एक तपस्वी के तेज से उत्पन्न होता है। श्री रघुराज सिंह की **रामरसिकावली** में भी ऐसा माना गया है। वाल्मीकि की कथा के अन्तर्गत कहा है कि एक मुनिराज की तपश्चर्या में किसी अप्सरा के विघ्न डालने के फलस्वरूप उस मुनि का वीर्यपात हुआ था। उर्वशी ने वीर्य एक कुम्भ में रख दिया और उससे अगस्त्य और वसिष्ठ का जन्म हुआ। किन्तु तेज का कुछ अंश घास पर गिर गया और उससे एक शिशु उत्पन्न हुआ, जिसे एक किरातिनी ने अपना लिया :

रेत शेष रहिगो कुश माही।
ताते एक शिशु भयो तहाँ ही॥
ताहि किरातिनि लै घर आई।
अपनी विद्या सकल पढ़ाई॥

भंगियों द्वारा जो वाल्मीकि की पूजा होती है, इसकी प्राचीनता तो सन्दिग्ध है; फिर भी इसमें सन्देह नहीं है कि पाँचवीं शताब्दी ई० तक राम की भाँति वाल्मीकि को भी विष्णु का अवतार माना गया है। विष्णु धर्मोत्तर पुराण की रचना पाँचवीं श० ई० में हुई थी; इसके प्रथम खण्ड में लिखा है कि त्रेता युग के अन्त में विष्णु वाल्मीकि के रूप में जन्म लेकर रामायण लिखनेवाले थे (दे० अध्याय ७४, ३८)। इस रचना के तृतीय खण्ड में कई स्थलों पर[4] वाल्मीकि की पूजा का उल्लेख हुआ तथा **प्रतिमालक्षणम्** के अन्तर्गत वाल्मीकि की मूर्ति के विषय में लिखा है :

गौरस्तु कार्यो वाल्मीकिर्जरामण्डलदुर्दशः।
तपस्यभिरतः शान्तो न कृशो न च पीवरः॥६४॥ (खण्ड ३, अध्याय ८५)

---

१. दे० आर० सी० टेम्पल, लेजण्ड्स ऑव दि पंजाब, भाग १, पृ० ४२९ और इं० ए०, भाग २७, पृ० ११२।
२. दे० लालबेग की उत्पत्ति; जनपद (बनारस) भाग १, अंक ३, पृ० १९-२१।
३. दे० सभा पर्व, पृ० २५०। प्रकाशक-राधारमण पुस्तकालय, कटक, १९५२।
४. दे० अध्याय ११८, ८; ११९, ५; १२०, ५। ११८ वें अध्याय में कहा गया है कि "विद्याकामोऽथ वाल्मीकि व्यासं वाप्यथ पूजयेत्।"

बृहद्धर्म पुराण (१३वीं शती) के मध्य खण्ड (अध्याय ११) में सती विष्णु को यह वरदान देती हैं कि वह वाल्मीकि के रूप में महाकाव्य की रचना करें।

इस प्रकार हम देखते हैं कि हिन्दचीन में जो वाल्मीकि मन्दिर में वाल्मीकि की मूर्ति तथा उनके विष्णु-अवतार होने का शिलालेख मिला है वह भारत में प्रचलित विश्वास पर आधारित है (दे० आगे अनु० ३२३)।

(उ) संहार

४०. प्रस्तुत विवेचन का निष्कर्ष यह है कि वैयाकरण वाल्मीकि तथा सुपर्ण वाल्मीकि के अतिरिक्त महाभारत के प्राचीनतम पर्वों में जिन महर्षि वाल्मीकि की चर्चा है वह आदिकवि वाल्मीकि से भिन्न प्रतीत होते हैं।

रामायण के बालकाण्ड से पता चलता है कि लगभग प्रथम शताब्दी ई०पू० से आदिकवि वाल्मीकि तथा महर्षि वाल्मीकि की अभिन्नता सर्वमान्य होने लगी थी तथा वाल्मीकि को रामायण की घटनाओं का समकालीन बना दिया गया था। उत्तरकाण्ड के रचनाकाल में वाल्मीकि का अयोध्या के राजवंश से घनिष्ठ सम्बन्ध स्थापित किया गया था। वाल्मीकि दशरथ के सखा माने गये; उनके आश्रम में सीता के पुत्र उत्पन्न हुए और उनके शिष्य बन गये तथा राम के अश्वमेध के अवसर पर वाल्मीकि ने सीता के सतीत्व का साक्ष्य दिया। उस समय तक उनको ब्राह्मण की उपाधि भी मिल गयी थी और वह प्रचेता के दसवें पुत्र माने जाने लगे। बाद में उनको विष्णु का अवतार भी माना गया है।

वाल्मीकि नाम की व्युत्पत्ति के आधार पर यह प्रसिद्ध होने लगा कि कि तपस्या करते समय उनका समस्त शरीर वल्मीक से समावृत हो गया था। दूसरी ओर महाभारत के अनुसार भार्गव च्यवन के विषय में भी इस प्रकार की कथा प्राचीनकाल से ही प्रचलित थी। इससे सम्भवतः च्यवन और वाल्मीकि के वृत्तान्तों का सम्मिश्रण हुआ और वाल्मीकि को भार्गव की उपाधि मिल गयी।

महाभारत के अनुशासन पर्व में वाल्मीकि को किसी विवाद में एक बार 'ब्रह्मघ्न' कहे जाने का उल्लेख है। क्या वाल्मीकि की इस निन्दा के वृत्तान्त में उनकी नीच जाति प्रतिध्वनित है? क्या इसीलिए रामायण के उत्तरकाण्ड में उनके हजारों वर्ष तक तपस्या करने पर इतना बल दिया गया है? यह कष्ट-कल्पना नहीं कही जा सकती है। बालकाण्ड में इसका स्पष्ट उल्लेख है कि वाल्मीकि के शिष्य **कुशीलव** ही थे और कुशीलवों का समाज में कोई विशेष आदर नहीं था, जैसे कि उनके नाम ही से (कु-शील) प्रतीत होता है।[१] जो कुछ भी हो अनुशासन पर्व के इस प्रसंग से उन कथाओं का विकास हुआ होगा जिनमें तपस्या करने के पूर्व वाल्मीकि के दस्यु होने का वर्णन है। उन कथाओं के मूल रूप में रामनाम का उल्लेख नहीं है; रामभक्ति के पल्लवित होने के पश्चात् ही वाल्मीकि का यह वृत्तान्त रामनाम के गुणगान में परिणत कर दिया गया है।

---

१. अर्थशास्त्र में लिखा है कि शूद्रों का धर्म है—द्विजाति की सेवा, वार्त्त, शिल्प तथा कुशीलव-कर्म (**शूद्रास्य द्विजातिशुश्रुषा वार्त्ता कारु कुशीलवकर्म,** प्रकरण १, पद ३) गणिकाध्यक्ष नामक प्रकरण में इसका उल्लेख है कि आठ वर्ष तक राजा के लिए कुशीलव-कर्म करने से वेश्या पुत्र अपने को मुक्त कर सकता है (प्रकरण ४३, २)। बाद में कुशीलवों ने राम के पुत्रों के नाम **कुश** और **लव** रखकर अपने ही नाम की एक नयी व्युत्पत्ति की कल्पना की है।

अध्याय-३

महाभारत की रामकथा

क—महाभारत और रामायण

४१. रामायण में महाभारत के वीरों का निर्देश भी नहीं मिलता। दूसरी ओर महाभारत में न केवल रामकथा का वरन् वाल्मीकिकृत रामायण का भी उल्लेख पाया जाता है। इससे स्पष्ट है कि रामायण की रचना के पश्चात् ही महाभारत को अपना वर्तमान रूप मिला है। फिर भी बहुत सम्भव है कि भारत (अर्थात् महाभारत का प्राचीनतम रूप) रामायण के पूर्व उत्पन्न हुआ था। **चतुर्विंशतिसाहस्त्री** भारतसंहिता (दे० १, १, ६१) तथा '**शतसहस्त्रम्**' (दे० १, ५६, १३, ३२) महाभारतम्, इन दो सोपानों का महाभारत ही में उल्लेख मिलता है। प्राय: समस्त विद्वानों की सम्मति से रामायण का रचनाकाल भारत तथा महाभारत के बीच में माना जाता है।[1] शांखायन आदि सूत्रों तथा पाणिनि में भारत के विषय में निर्देश मिलते हैं, रामायण के विषय में नहीं। अत: ऐसा प्रतीत होता है कि भारत की रचना रामायण के पूर्व हो चुकी थी। यह निर्विवाद है कि भारत तथा रामायण स्वतंत्र रूप से उत्पन्न हुए—भारत पश्चिम में तथा रामायण पूर्व में। दोनों के सम्पर्क के पश्चात् भारत ने महाभारत का रूप धारण कर लिया है।[2]

महाभारत में रामकथा के जो विभिन्न रूप मिलते हैं उनका निरूपण अगले परिच्छेद में किया जायेगा। यहाँ पर महाभारत में रामायण तथा वाल्मीकि-सम्बन्धी उल्लेखों पर विचार किया जाता है।

आरण्यकपर्व में भीम हनुमान् के विषय में कहते हैं कि वह रामायण में प्रसिद्ध हैं :

भ्राता मम गुणश्लाध्यो बुद्धिसत्त्वबलान्वित:।
रामायणेऽतिविख्यात: शूरो वानरपुंगव:॥ ११॥ (अध्याय १४७)

स्वर्गारोहणपर्व में भी रामायण का स्पष्ट उल्लेख मिलता है :

वेदे रामायणे पुण्ये भारते भारतर्षभ।
आदौ चान्ते च मध्ये च हरि: सर्वत्र गीयते॥ ९३॥ (अध्याय ६)

यह श्लोक हरिवंशपुराण में दुहराया गया है (दे० ३, १३२, ९४)। महाभारत में वाल्मीकि का अनेक स्थलों पर तपस्वी तथा महर्षि के रूप में उल्लेख मिलता है (दे० ऊपर अनु० २९)। इसके अतिरिक्त वाल्मीकि को कवि भी माना गया है। रामचरित्र के रचयिता भार्गव कवि

१. दे० पी० वी० काणे, ऐनल्स ऑव दि भण्डारकर ओरियण्टल रिसर्च इंस्टिट्यूट। भाग ४७, पृ० २० और २९।
२. दे० ई० डब्लू० हॉप्किन्स—दि ग्रेट एपिक ऑव इण्डिया, पृ० ५८ आदि; बी० एम० सुकंठकर : ऐनल्स भण्डारकर इंस्टिट्यूट, भाग १८, पृ० १-७६ : एम० विंटरनित्स : हि० इं० लि० भाग १, पृ० ५०० आदि।

विषयक श्लोक ऊपर उद्धृत हुआ है (दे० अनु० ३२), एक अन्य स्थल पर वाल्मीकि नामक कवि का भी स्पष्ट उल्लेख हुआ है :

अपि चायं पुरा गीतः श्लोको वाल्मीकिना भुवि।
पीडाकरममित्राणां यत्स्यात्कर्तव्यमेव तत्॥ ४८॥ (द्रोणपर्व, अध्याय ११८)

इस श्लोक का उत्तरार्द्ध रामायण के उदीच्य पाठ[१] से उद्धृत है (दे० गौ०रा० ६, ६०, २४ तथा प० रा० ६, ५९, २९)। शान्तिपर्व में गोविन्द की महिमा गानेवालों का जो उल्लेख किया गया है इसमें असित, देवल तथा मार्कण्डेय के साथ-साथ वाल्मीकि का भी नाम लिया गया है (दे० अध्याय २००, ४)। इससे स्पष्ट है कि महाभारत के रचयिता वाल्मीकिकृत रामायण से अभिज्ञ थे। इसके अतिरिक्त रामोपाख्यान वाल्मीकि रामायण पर निर्भर है (दे० आगे अनु० ४८) तथा नलोपाख्यान के अन्तर्गत भी सुदेव का स्वगत भाषण रामायण से उद्धृत किया गया हैं।[२] फिर भी महाभारत के प्राचीनतम पर्व न तो रामायण और न कवि वाल्मीकि का उल्लेख करते हैं। इन पर्वों में केवल रामकथा के पात्रों की ओर निर्देश किया गया है। ऐसा प्रतीत होता है कि **भारत** के कवि रामकथा और उसके प्रधान पात्रों से परिचित थे। बाद में **महाभारत** के रचयिताओं ने वाल्मीकि की रचना से परिचय प्राप्त किया था।

ख—महाभारत में रामकथा

४२. महाभारत में रामकथा का चार स्थलों पर वर्णन किया जाता है। रामोपाख्यान इनमें सबसे विस्तृत और महत्त्वपूर्ण होने के कारण इसका तृतीय परिच्छेद में अलग विश्लेषण किया जायेगा।

इन चार रामकथाओं के अतिरिक्त रामकथा तथा रामकथा के पात्रों का उपमाओं आदि के लिए लगभग पचास स्थलों पर उल्लेख हुआ है।[३] युद्ध-सम्बन्धी पर्वों में द्रोणपर्व सबसे अर्वाचीन है। इसमें रामकथा के १४ उल्लेख मिलते हैं लेकिन अन्य युद्ध-सम्बन्धी पर्वों में (भीष्म, कर्ण तथा शल्य पर्व में) कुल मिलाकर केवल पाँच उल्लेख किये गये हैं। आरण्यक पर्व में रामकथा का दो बार वर्णन हुआ है और इसके अतिरिक्त रामकथा की ओर पन्द्रह संकेत मिलते हैं। यह पर्व अपेक्षाकृत अर्वाचीन है और कथाओं तथा उपाख्यानों का भण्डार है। नलोपाख्यान, रामोपाख्यान, सावित्री की कथा आदि—ये सब आरण्यक पर्व में सम्मिलित किये गये हैं। इस पर्व में राम के अवतार होने का भी उल्लेख मिलता है (दे० अनु० ४६)।

(१) आरण्यक पर्व की रामकथा (३, १४७, २८-३८)

४३. रामोपाख्यान के अतिरिक्त आरण्यक पर्व में एक रामकथा और उद्धृत है। भीम-हनुमान् के संवाद के अन्तर्गत हनुमान् ग्यारह श्लोकों में वनवास और सीताहरण से लेकर अयोध्या के प्रत्यागमन तक सारी रामकथा संक्षेप में कहते हैं। इसमें रामावतार तथा राम का ११००० वर्ष तक राज्य करने का उल्लेख है। बालकाण्ड और उत्तरकाण्ड की सामग्री, लंकादहन तथा सीता की अग्निपरीक्षा का कोई उल्लेख नहीं है।

---

१. दा० रा० में इसका रूप किंचित् भिन्न है (दे० ६, ८१, २८)। तीनों पाठों में इसके पहले—'न हन्तव्याः स्त्रियः...' आता है; यह वाक्यांश महाभारत की बहुत-सी उदीच्य हस्तलिपियों में भी पाया जाता है। पूना संस्करण ने उसे प्रक्षिप्त माना है।

२. दे० बी० एम० सुकंठकर : दि नल एपिसोड एण्ड दि रामायण। ए वॉल्यूम ऑव ईस्टर्न एण्ड इण्डियन स्टडीज़, पृ० २९४-३०३।

३. डब्लू० हॉप्किन्स : जर्नल अमेरिकन ओरियण्टल सोसाइटी, भाग ५० (१९३०), पृ० ८५-१०३।

(२) द्रोणपर्व की रामकथा

४४. द्रोणपर्व तथा शान्तिपर्व की रामकथा षोडशराजोपाख्यान के अन्तर्गत मिलती है। पुत्र के मरण के कारण शोकातुर सृञ्जय को सान्त्वना देने के उद्‌देश्य से नारद ने उनको सोलह राजाओं की कथा सुनायी थी। ये राजा महान् होते हुए भी अपने-अपने समय पर सब-के-सब मर गये थे (**स चेन्ममार सृञ्जय**)। द्रोणपर्व में अभिमन्युवध के कारण शोकसन्तप्त युधिष्ठिर को धैर्य देने के लिए व्यास उनको षोडशराजोपाख्यान सुनाते हैं। द्रोणपर्व का यह षोडशराजकीय वास्तव में शान्तिपर्व पर निर्भर है। पूना के प्रामाणिक संस्करण में उसे क्षेपक मानकर परिशिष्ट में दिया गया है। (दे० परिशिष्ट १, न० ८, पृ० ४३७-४८२ और गोरखपुर संस्करण ७, अध्याय ५९)

इन सोलह राजाओं में से एक राम भी थे। नारद राम की महिमा का वर्णन करते हुए अयोध्याकाण्ड से लेकर युद्धकाण्ड के अन्त तक रामकथा की रूपरेखा खींचते हैं। प्रसंग के अनुसार रामकथा की अपेक्षा रामराज्य की समृद्धि तथा राम की महिमा को अधिक महत्त्व दिया गया है। वनवास से लेकर अयोध्या के प्रत्यागमन तक सारी कथा का वर्णन १० श्लोकों में समाप्त किया जाता है। इसके अनन्तर राम का अभिषेक, राम के गुणों की उत्कृष्टता, रामराज्य में दुष्टों का अभाव, राम का ११००० वर्ष का शासनकाल तथा उनकी मृत्यु (**स चेन्ममार सृञ्जय**)—इन सबका वर्णन २१ श्लोकों में दिया जाता है। इस रामकथा में भी न तो बालकाण्ड तथा उत्तरकाण्ड की सामग्री सम्मिलित है और न सीता की अग्निपरीक्षा का उल्लेख किया गया है। राम सब प्राणियों, ऋषियों, देवताओं तथा मनुष्यों से महान् कहे जाते हैं, फिर भी रामावतार का कहीं भी उल्लेख नहीं मिलता।

(३) शान्तिपर्व की रामकथा (१२, २९, ४६-५५)

४५. प्रसंग द्रोणपर्व के समान है लेकिन यहाँ पर कृष्ण युधिष्ठिर को षोडशराजोपाख्यान सुनाते हैं। द्रोणपर्व तथा शान्तिपर्व की रामकथाओं का अन्तर यह है कि शान्तिपर्व में रामकथा की सामग्री नहीं के बराबर है। केवल रामराज्य तथा राम की महिमा का वर्णन किया गया है। फिर भी चौदह वर्ष के वनवास का उल्लेख किया गया है जिससे स्पष्ट है कि लेखक रामकथा से अनभिज्ञ नहीं था। उसने प्रसंग के अनुसार (महान् होते हुए भी मर जाना—**स चेन्ममार सृञ्जय**, दे० श्लोक ५५) केवल राम तथा उनकी महिमा पर ध्यान दिया है। यहाँ पर भी रामावतार का संकेत नहीं मिलता किन्तु राम के अश्वमेध तथा १०००० वर्ष तक राज्य करने का उल्लेख किया गया है :

दशाश्वमेधाञ्जारूथ्यानाजहार निर्गलान्॥ ५३॥
दश वर्षसहस्राणि रामो राज्यमकारयत्॥ ५४॥

(४) महाभारत में रामावतार

४६. आरण्यकपर्व में तीन स्थलों पर रामावतार का स्पष्ट उल्लेख किया गया है। भीम-हनुमान्-संवाद में हनुमान् यों कहते हैं :

अथ दाशरथिर्वीरो रामोनाम महाबलः।
विष्णुर्मानुष्यरूपेण चचार वसुधामिमाम्॥ २८॥ (३, १४७)

रामोपाख्यान में ब्रह्मा देवताओं से कहते हैं कि 'विष्णु मेरे आदेश के अनुसार अवतार लेकर रावण की हत्या करेंगे' :

तदर्थमवतीर्णोऽसौ मन्नियोगाच्चतुर्भुजः।
विष्णुः प्रहरतां श्रेष्ठः स कर्मैतत्करिष्यति॥ ५॥ (३, २६०)

आरण्यकपर्व के अन्तिम अध्याय में कहा गया है कि विष्णु ने दशरथ के गृह में रहकर रावण का वध किया है :

विष्णुना वसता चापि गृहे दशरथस्य वै।
दशग्रीवो हतश्छन्नं संयुगे भीमकर्मणा॥ १८॥ (३, २९९)

इसके अतिरिक्त दशरथ के विषय में कहा जाता है कि वह **मयस्य जेता नमुचेश्च हन्ता** (३, २६, ९) है। इससे भी राम के अवतार होने का पता चलता है।

उपर्युक्त उद्धरण **महाभारत** के पूना संस्करण में मिलते हैं। बम्बई के निर्णयसागर प्रेस से प्रकाशित महाभारत में इसी आरण्यकपर्व के अन्तर्गत रामावतार के दो और उल्लेख किये गये हैं। (दे० ३, ९९, ३४ और ३, १५१, ७)।

आरण्यकपर्व के अतिरिक्त रामावतार का उल्लेख शान्तिपर्व में दो बार मिलता है। वाल्मीकि के विषय में कहा गया है कि उन्होंने गोविन्द की महिमा का वर्णन किया है :

असितो देवलस्तात वाल्मीकिश्च महातपाः।
मार्कण्डेयश्च गोविन्दे कथयत्यद्भुतं महत्॥ ४॥ (१२, २००)

हरि अपने अवतारों का वर्णन करते हुए कहते हैं :

संधौ तु समनुप्राप्ते त्रेतायां द्वापरस्य च।
रामो दाशरथिर्भूत्वा भविष्यामि जगत्पतिः॥ ७८॥ (१२, ३२६)

प्रचलित स्वर्गारोहणपर्व में जो रामावतार का संकेत किया गया है, वह पूना संस्करण में प्रक्षिप्त माना गया है :

वेदे रामायणे पुण्ये भारते भरतर्षभ।
आदौ चान्ते च मध्ये च हरिः सर्वत्र गीयते॥ २३॥ (१८, ६)

इस प्रकार हम देखते हैं कि **महाभारत** के रचयिता रामावतार से परिचित थे, यह आरण्यकपर्व तथा शान्तिपर्व के प्रामाणिक उद्धरणों से असन्दिग्ध है। साथ-साथ उत्तरकाण्ड का किंचित् परिचय भी मिला होगा क्योंकि रामोपाख्यान में रावण की कथा का वर्णन मिलता है तथा शान्तिपर्व में शम्बूकवध का उल्लेख हुआ है :

श्रूयते शम्बुके शूद्रे हते ब्राह्मणदारकः।
जीवितो धर्ममासद्य रामात्सत्यपराक्रमात्॥ ६२॥ (१२, १४९)

ग—रामोपाख्यान

४७. रामोपाख्यान का प्रसंग इस प्रकार है : द्रौपदी के हरण तथा उसको पुनः प्राप्त करने के पश्चात् युधिष्ठिर अपने दुर्भाग्य पर शोक प्रकट कर इस प्रकार कहते हैं—**अस्ति नूनं मया कश्चिदल्पभाग्यतरो नरः**; क्या मुझसे भी कोई अधिक अभागा है? (३, २५७, १०) इस पर मार्कण्डेय राम का उदाहरण देकर युधिष्ठिर को धैर्य बँधाने का प्रयत्न करते हैं। युधिष्ठिर के रामचरित सुनने की इच्छा प्रकट करने पर मार्कण्डेय रामोपाख्यान सुनाते हैं। पूना के प्रामाणिक संस्करण में इस रामचरित का विस्तार ७०४ श्लोकों का है, जिसमें से पूरे २०० श्लोक युद्ध के वर्णन के लिए प्रयुक्त हुए हैं।

रामोपाख्यान का आधार

४८. इस विस्तृत रामचरित तथा वाल्मीकिकृत **रामायण** का क्या सम्बन्ध है? डॉ० वेबर इस समस्या के सम्बन्ध में किसी निर्णय तक पहुँचने में असमर्थ हैं।[१] इनके अनुसार निम्नलिखित चार सम्भावनाएँ हैं :

१. रामोपाख्यान रामायण का आधार है।
२. रामोपाख्यान एक ऐसे रामायण पर निर्भर है जो प्रचलित रामायण का पूर्व रूप है।
३. रामोपाख्यान वाल्मीकि रामायण का स्वतंत्र संक्षिप्त रूप है।
४. रामोपाख्यान तथा रामायण दोनों किसी एक सामान्य मूलस्रोत के स्वतंत्र विकास माने जा सकते हैं।

ई० डब्लू० हॉप्किन्स तथा ए० लुड् विग का मत है कि रामोपाख्यान रामकथा का एक स्वतंत्र रूप है, जो **रामायण** को छोड़कर किसी अन्य प्राचीन रामचरित पर निर्भर है।[२] रामोपाख्यान तथा **रामायण** में जो अन्तर पाये जाते हैं, वे यह सिद्ध करते हैं कि रामोपाख्यान **रामायण** का संक्षिप्त रूप नहीं हो सकता। यह इस मत का मुख्य तर्क है। डॉ० याकोबी का प्रत्युत्तर यह है कि रामोपाख्यान के रचयिता ने **रामायण** की किसी हस्तलिपि का सहारा नहीं लिया है, लेकिन अपने प्रदेश में प्रचलित **रामायण** उसे कण्ठस्थ रहा होगा। इस कथा का संक्षिप्त वर्णन करने में छोटे-मोटे अन्तर सहज ही आ गये होंगे। अतः डॉ० याकोबी का मत है कि रामोपाख्यान वाल्मीकिकृत **रामायण** के किसी प्राचीन रूप का स्वतंत्र संक्षेप मात्र है। अधिकांश विशेषज्ञ डॉ० याकोबी का पक्ष लेते हैं।[३] **महाभारत** के सम्पादक डॉ० सुकंठकर ८६ स्थल उद्धृत करते हैं जिनमें रामोपाख्यान तथा **रामायण** में शाब्दिक साम्य मिलता है। दूसरी ओर रामोपाख्यान में अनेक प्रसंग (इन्द्रजित् का यज्ञ, काक का वृत्तान्त आदि) रामायण के बिना समझ में नहीं आ सकते हैं, जिससे सिद्ध होता है कि रामोपाख्यान का वृत्तान्त मौलिक नहीं है। इसके अतिरिक्त महाभारत में रामायण तथा कवि वाल्मीकि का उल्लेख हुआ है (दे० ऊपर अनु० ४१)। अतः रामायण को रामोपाख्यान का आधार मानने में कोई आपत्ति नहीं होनी चाहिए।

रामोपाख्यान तथा रामायण की तुलना

४९. दोनों वृत्तान्तों की तुलना सुबोधगम्य रखने के लिए वाल्मीकिकृत **रामायण** के काण्डों के अनुसार सामग्री का विभाजन किया जाता है।

बालकाण्ड। रामोपाख्यान में केवल निम्नलिखित प्रसंगों का उल्लेख हुआ है (दे० अध्याय २५८, २६०, २६१) :

राम तथा उनके भाइयों का जन्म (लेकिन पुत्रेष्टि-यज्ञ तथा पायस का उल्लेख नहीं है)।

सीता, जनक की पुत्री (कहीं भी अयोनिजा का उल्लेख नहीं है)।

---

१. ए० वेबर : ऑन दि रामायण, पृ० ६५।

२. ई० डब्लू० हॉप्किन्स : दि ग्रेट एपिक, पृ० ६३ आदि। ए० लुड् विग : ऊबर डस रामायण, पृ० ३० आदि।

३. एच० याकोबी : डस रामायण, पृ० ७२। एम० विंटरनित्स : हिस्ट्री ऑव इण्डियन लिटरेचर, भाग १, पृ० ३८४। एच० ओल्डेनबर्ग : डस महाभारत, पृ० ५४ आदि। बी० एम० सुकंठकर : रामोपाख्यान एण्ड महाभारत, काणे कामेमोरेशन वॉल्यूम, पृ० ४७२-८८।

ब्रह्मर्षि, देवता आदि रावण से संत्रस्त होकर ब्रह्मा की शरण लेते हैं। ब्रह्मा रामावतार का रहस्य प्रकट करते हैं। ब्रह्मा के आदेश के अनुसार देवता विष्णु की सहायता के लिए रीछों तथा वानरों की स्त्रियों से पुत्र उत्पन्न करते हैं।

चारों भाइयों की शिक्षा तथा विवाह (३ श्लोक), सीता को छोड़कर अन्य पत्नियों के नाम नहीं मिलते।

अयोध्याकाण्ड। इस काण्ड की सारी सामग्री ३४ श्लोकों में संक्षेप में दी गयी है (अध्याय २६१)। गुह तथा अत्रि का उल्लेख नहीं होता। कैकेयी को केवल एक वर मिला था। मन्थरा के विषय में कहा जाता है कि वह एक गन्धर्व दुन्दुभी का अवतार है।

अरण्यकाण्ड। रामोपाख्यान इस काण्ड की सामग्री अपेक्षाकृत अधिक विस्तार से देता है (दे० अध्याय २६१-२६३)। इसमें कोई भी महत्त्वपूर्ण परिवर्तन नहीं हुआ है। विराध, सुतीक्ष, अगस्त्य, अयोमुखी तथा शबरी, इनसे सम्बन्ध रखनेवाली सामग्री का अभाव है।

किष्किन्धाकाण्ड। राम-सुग्रीव की मैत्री, बालिवध तथा वानरों का प्रेषण और उनका पूर्व, पश्चिम तथा उत्तर की दिशा से प्रत्यागमन—अर्थात् किष्किन्धाकाण्ड के प्रथम ४७ सर्गों की सामग्री। इसमें निम्नलिखित परिवर्तन मिलते हैं (दे० अध्याय २६४) :

सुग्रीव के साथ सख्य करने के लिए राम के बल की परीक्षा नहीं होती।

बालि तथा सुग्रीव के केवल एक द्वन्द्वयुद्ध का उल्लेख हुआ है।

सुन्दरकाण्ड। किष्किन्धाकाण्ड के अन्तिम भाग (सर्ग ४८-६७) तथा सुन्दरकाण्ड के प्रथम ६० सर्ग, अर्थात् हनुमान् और उसके साथियों की यात्रा का समस्त वृत्तान्त रामोपाख्यान का रचयिता स्वयं वर्णन नहीं करता। हनुमान् राम के पास लौटकर उसे सुनाते हैं। रामोपाख्यान (अध्याय २६५-२६६) तथा रामायण की इस सामग्री में कोई महत्त्वपूर्ण अन्तर नहीं है। रामोपाख्यान की एक विशेषता यह है कि इसमें अविन्ध्य को अधिक महत्त्व दिया जाता है।

रामायण में सीता हनुमान् से अविन्ध्य का उल्लेख करती हैं और इसके बाद अविन्ध्य के विषय में और कुछ नहीं कहा जाता है।

अविन्ध्यो नाम मेधावी विद्वान्राक्षसपुंगवः।
धृतिमाञ्छीलवान्वृद्धो रावणस्य सुसंमतः॥ १२॥
रामक्षयमनुप्राप्तं रक्षसां प्रत्यचोदयत्।
न च तस्य स दुष्टात्मा शृणोति वचनं हितम्॥ १३॥ (सुन्दरकाण्ड, सर्ग ३७)

रामोपाख्यान में त्रिजटा सीता को सान्त्वना देकर अविन्ध्य का सन्देश सुनाती है—राम, सुग्रीव के साथ मैत्री करके शीघ्र आनेवाले हैं, रावण नलकूबर के शाप के कारण सीता का सतीत्व नष्ट करने में असमर्थ है।

अविन्ध्यो नाम मेधावी वृद्धो राक्षसपुंगवः।
स रामस्य हितान्वेषी........................॥ (अध्याय २६४, ५५ आदि)

इसके अतिरिक्त सीता हनुमान् से अविन्ध्य के इस सन्देश का उल्लेख करती हैं (अध्याय २६६)। इन्द्रजित् के वध के बाद अविन्ध्य रावण को सीता की हत्या करने से रोकता है (अध्याय २७३); रामायण में सुपार्श्व को यह कार्य सौंपा जाता है (युद्धकाण्ड, सर्ग ९२)।

रावण-वध के पश्चात् विभीषण तथा अविन्ध्य सीता को राम के पास ले जाते हैं (अध्याय २७५)।

युद्धकाण्ड। युद्ध की सामग्री ३२३ श्लोकों में समाप्त की गयी है (अध्याय २६७-२७५)। इस सामग्री में अपेक्षाकृत अधिक परिवर्तन किये गये हैं। युद्धकाण्ड की सामग्री की जटिलता को ध्यान में रखकर यह स्वाभाविक कहा जा सकता है। दोनों वृत्तान्तों की तुलनात्मक तालिका इस प्रकार है—

सर्ग १-४० : अध्याय २६७;

रावण की सभा, राम का मायामय सिर, रावण-सुग्रीव युद्ध, इन सबका रामोपाख्यान में अभाव है। सेतुबन्ध के वृत्तान्त में समुद्र राम को स्वप्न में दर्शन देता है और सहायता की प्रतिज्ञा करता है। राम का समुद्र में बाण मारना आदि, इसका रामोपाख्यान में उल्लेख नहीं हुआ है।

सर्ग ४१-४३ : अध्याय २६८;

अंगद का दूतत्व, लंका अवरोध, पहला युद्ध।

सर्ग ४४-५८ :

पहला शरबन्ध, द्वन्द्वयुद्ध। रामोपाख्यान में इस सामग्री का अभाव है।

सर्ग ५९ : अध्याय २६९;

द्वन्द्वयुद्ध। राम-रावण युद्ध।

सर्ग ६०-६८ : अध्याय २७०-२७१;

रामोपाख्यान के अनुसार कुम्भकर्ण का वध लक्ष्मण द्वारा किया जाता है।

सर्ग ६९-७९ :

द्वन्द्वयुद्ध तथा लंकादहन। रामोपाख्यान में इस सामग्री का अभाव है।

सर्ग ८०-९२ : अध्याय २७२-२७३;

रामायण में इन्द्रजित् एक मायासीता की हत्या करता है। रामोपाख्यान में इसका उल्लेख नहीं है। नागपाश का वृत्तान्त रामायण में दो बार मिलता है। रामोपाख्यान में केवल एक बार और इसमें विभीषण राम और लक्ष्मण को प्रज्ञास्त्र से स्वस्थ कर देता है तथा राम को कुबेर का भेजा हुआ जल देता है। इस जल से आँखें धोकर राम अदृश्य प्राणी देख सकते हैं (**अन्तर्हितानां भूतानां दर्शनार्थम्;** दे०२७३,१०)। हनुमान् के ओषधी पर्वत ले आने का रामोपाख्यान में उल्लेख नहीं होता।

सर्ग ९३-९८ :

द्वन्द्वयुद्ध, जिनका उल्लेख रामोपाख्यान में नहीं है।

सर्ग ९९-१११ : अध्याय २७४;

रामोपाख्यान में लक्ष्मण के शक्ति लगने का वृत्तान्त नहीं मिलता। इसमें रावण माया द्वारा राम और लक्ष्मण का रूप धारण किये हुए मायामय राक्षसों को उत्पन्न करता है। राम इनकी हत्या करते हैं और इसके बाद ब्रह्मास्त्र द्वारा रावण को इसी तरह जलाते हैं कि राख भी शेष नहीं रहती (**न च भस्माप्यदृश्यत;** दे० श्लोक ३१)

सर्ग ११२-१२८ : अध्याय २७५;

इस सामग्री में अन्तर यह है कि रामोपाख्यान में सीता की अग्निपरीक्षा नहीं होती।

उत्तरकाण्ड। रामोपाख्यान राम के अयोध्या में प्रत्यागमन तथा उनके अभिषेक पर समाप्त होता है, लेकिन उत्तरकाण्ड की कुछ सामग्री रामोपाख्यान के प्रारम्भ में दी गयी है। रावणवंश, रावण और उनके भाइयों की तपस्या तथा वरप्राप्ति, वैश्रावण की हार, रावण का पुष्पक पर अधिकार प्राप्त करना—इनका संक्षेप में वर्णन किया गया है (अध्याय २५८-२५९)। रामोपाख्यान में विश्रवा की तीन पत्नियों का उल्लेख है—

पुष्पोतकटा—कुम्भकर्ण और रावण की माता।

मालिनी—विभीषण की माता।

राका—खर तथा शूर्पणखा की माता।

रामायण में कैकसी (सुमाली की पुत्री) रावण, कुम्भकर्ण, शूर्पणखा तथा विभीषण की माता मानी जाती है।

अध्याय-४

बौद्ध रामकथा

५०. प्राचीनकाल से बौद्धों ने रामकथा अपनायी है और उसे जातक-साहित्य में स्थान दिया है। जातक एक ऐसी कथा है जिसमें महात्मा बुद्ध अपने असंख्य पूर्वजन्मों में मनुष्य अथवा पशु के रूप में भाग लेते हैं। इस उपाय के द्वारा बौद्ध धर्मोपदेशक प्रचलित कथाओं और लोकप्रिय आख्यानों को अपनाने में समर्थ हुए हैं। प्राचीन बौद्ध साहित्य में रामकथा-सम्बन्धी तीन जातक सुरक्षित हैं, जिनमें से **दशरथ-जातक** सबसे अधिक प्रसिद्ध और महत्त्वपूर्ण है, इस कारण इसका वर्णन पहले किया गया है।

दशरथ-जातक

५१. दशरथ-जातक को लेकर बहुत वाद-विवाद हुआ है, क्योंकि कई विद्वानों का मत यह है कि इसमें रामकथा का मूलरूप सुरक्षित है। निबन्ध के द्वितीय भाग में इस विवादग्रस्त विषय का पूरा विश्लेषण किया जायेगा। यहाँ पर इतना ही कहना पर्याप्त है कि यह जातक जिस **जातकट्ठवण्णना** में पाया जाता है। वह पाँचवीं शताब्दी ई० की एक सिंहली पुस्तक का पाली अनुवाद है। इस सिंहली पुस्तक में जो कथाएँ पायी जाती हैं, वे प्राचीन पाली गाथाओं की टीका के रूप में लिखी गयी हैं।

प्रत्येक जातक में पहले 'वर्तमान कथा' (**पच्चुप्पन्न वत्थु**) दी जाती है जिसमें यह बतलाया जाता है कि किस अवसर पर महात्मा बुद्ध ने इस जातक को कहा है।

इसके बाद 'अतीत कथा' (**अतीतवत्थु**) उद्धृत है, जिसे वास्तविक जातक मानना चाहिए।

अन्त में महात्मा बुद्ध 'जातक का सामंजस्य' (**समोधान**) प्रस्तुत करते हैं जिसमें वह वर्तमान कथा और अतीत कथा के पात्रों की अभिन्नता प्रकट करते हैं।

गाथाएँ प्राय: अतीत कथा ही में मिलती हैं, लेकिन वे कभी वर्तमान कथा और कभी समोधान में भी विद्यमान हैं। इनके लिए एक टीका जोड़ी गयी है जिसमें गाथा के प्रत्येक शब्द का अर्थ दिया गया है।

पाली **जातकट्ठवण्णना**[१] के **दशरथ-जातक** की रामकथा का संक्षेप इस प्रकार है :

वर्तमान कथा : महात्मा बुद्ध ने यह जातक जैतवन में कहा। किसी गृहस्थ का पिता मर गया था। इस पर उसने शोक के वशीभूत होकर अपना सारा कर्तव्य छोड़ दिया। यह जानकर बुद्ध ने उससे कहा कि प्राचीनकाल के पण्डित लोग (**पोराणक पण्डिता**) अपने पिता के मरण पर किंचित् भी शोक नहीं करते थे। इसके अनन्तर दशरथ के मरने पर राम के धैर्य का उदाहरण देने के लिए महात्मा बुद्ध ने **दशरथ-जातक** सुनाया।

१. दे० फॉस्बाल : दि जातक, भाग ४, १२३, नं० ४६१।

अतीत कथा : दशरथ महाराज वाराणसी में धर्मपूर्वक राज्य करते थे। इनकी ज्येष्ठा महिषी के तीन सन्तान थीं : दो पुत्र (राम-पण्डित और लक्खण) और एक पुत्री (सीता देवी)। इस महिषी के मरने के पश्चात् राजा ने एक दूसरी को ज्येष्ठा के पद पर नियुक्त किया (**अग्गमहेसिट्ठाने ठपेसि**)। उसके भी एक पुत्र (भरत कुमार) उत्पन्न हुआ। राजा ने उसी अवसर पर उसको एक वर दिया। जब भरत की अवस्था सात वर्ष की थी, रानी ने अपने पुत्र के लिए राज्य माँगा। राजा ने स्पष्ट इनकार कर दिया। लेकिन जब रानी अन्य दिनों भी पुनः-पुनः इसके लिए अनुरोध करने लगी तब राजा ने उसके षड्यंत्रों के भय से अपने दोनों पुत्रों को बुलाकर कहा—'यहाँ रहने से तुम्हारा अनर्थ होने की सम्भावना है। किसी अन्य राज्य या वन में जाकर रहो और मेरे मरने के बाद लौटकर राज्य पर अधिकार प्राप्त करो।' तब राजा ने ज्योतिषियों को बुलाकर उनसे अपनी मत्यु की अवधि पूछी। बारह वर्ष का उत्तर पाकर उन्होंने कहा—'हे पुत्रो, बारह वर्ष के बाद आकर (राज) छत्र को उठाना।' पिता की वन्दना करके दोनों भाई चले जानेवाले ही थे कि सीता देवी भी पिता से विदा लेकर उनके साथ हो ली। तीनों के साथ-साथ बहुत-से अन्य लोग भी चल दिये। उनको लौटाकर तीनों हिमालय पहुँच गये और वहाँ आश्रम बनाकर रहने लगे।

नौ वर्ष के बाद दशरथ पुत्रशोक के कारण मर जाते हैं। रानी भरत को राजा बनाने में असफल होती है, क्योंकि अमात्य और भरत भी इसका विरोध करते हैं। तब भरत चतुरंगिणी सेना लेकर राम को ले आने के उद्देश्य से वन को चले जाते हैं। आश्रम के पड़ोस में सेना छोड़कर भरत थोड़े अमात्यों के साथ राम के पास जाते हैं। उस समय राम अकेले ही हैं। भरत उनसे पिता के देहान्त का सारा वृत्तान्त कहकर रोने लगते हैं। रामपण्डित न तो शोक करते और न रोते हैं (**रामपण्डितो नेव सोचि न रोदि**)।

सन्ध्या समय लक्खण और सीता लौटते हैं। पिता का देहान्त सुनकर दोनों अत्यन्त शोक करते हैं। इस पर रामपण्डित उनको धैर्य देने के लिए अनित्यता का धर्मोपदेश सुनाते हैं।[१] उसे सुनकर सबों का शोक मिट जाता है (**निस्सोका अहोसि**)।

बाद में भरत के बहुत अनुरोध करने पर भी रामपण्डित यह कहकर वन में रहने का निश्चय प्रकट करते हैं—'मेरे पिता ने मुझे बारह वर्ष की अवधि के अन्त में राज्य करने का आदेश दिया है। अब लौटकर मैं उनकी आज्ञा का पालन न कर सकूँगा। मैं तीन वर्ष के बाद लौट आऊँगा।'

जब भरत भी शासनाधिकार अस्वीकार करते हैं तब रामपण्डित अपनी तृण की पादुकाएँ (**तिणपादुका**) देकर कहते हैं, 'मेरे आने तक ये शासन करेंगी।'

खड़ाउओं को लेकर भरत, लक्ष्मण और सीता अन्य लोगों के साथ वाराणसी लौटते हैं। अमात्य इन पादुकाओं के सामने राजकार्य करते हैं। अन्याय होते ही पादुकाएँ एक-दूसरे पर आघात करती हैं (**परिहण्णन्ति**) और ठीक निर्णय होने पर वे शान्त रहती हैं।

तीन वर्ष व्यतीत होने पर रामपण्डित लौटकर अपनी बहन सीता से विवाह करते हैं। सोलह सहस्र वर्ष तक धर्मपूर्वक राज्य करने के बाद वे स्वर्ग चले जाते हैं।

समोधान : इसमें पहले राम के १६००० वर्ष तक शासन करने के विषय में एक गाथा उद्धृत है और इसके बाद में महात्मा बुद्ध जातक का सामंजस्य यों बैठाते हैं—उस समय महाराज सुद्धोदन महाराज दशरथ में; महामाया (बुद्ध की माता) राम की माता, यशोधरा (राहुल की माता) सीता, आनन्द भरत थे और मैं रामपण्डित था।

---

१. रामपण्डित का सारा उपदेश गाथाओं में है। इसका विश्लेषण निबन्ध के द्वितीय भाग में किया जायेगा (दे० अनु० ६९ आदि)।

अनामकं जातकम्

५२. तीसरी शताब्दी ई० में **अनामकं जातकम्** का कांग-सेंग-हुई द्वारा चीनी भाषा में अनुवाद हुआ था। मूल भारतीय पाठ अप्राप्य है। चीनी अनुवाद **लियेऊ तू त्सी किंग** नामक पुस्तक में सुरक्षित है (दे० चीनी त्रिपिटक का तैशो संस्करण नं० १५२)। इस जातक में किसी भी पात्र के नाम का उल्लेख नहीं हुआ है, लेकिन राम और सीता का वनवास, सीताहरण, जटायु का वृत्तान्त, बालि और सुग्रीव का युद्ध, सेतुबन्ध, सीता की अग्निपरीक्षा, इन सबों के संकेत मिलते हैं। इसमें एक महत्त्वपूर्ण अन्तर यह है कि राम की विमाता के कारण पिता द्वारा वनवास नहीं दिया जाता। वे अपने मामा के आक्रमण की तैयारियाँ सुनकर स्वेच्छा से अपना राज्य छोड़ देते हैं। बालिवध का वृत्तान्त भी बदल गया है—राम के धनुषसन्धान को देखते ही बालि भयभीत होकर भागता है और उसका आगे चलकर कोई उल्लेख नहीं है। यह परिवर्तन स्वाभाविक है। राम ने अर्थात् बोधिसत्त्व ने बालि का वध किया है, इसकी कल्पना बौद्धों के लिए असह्य हुई होगी। **अनामकं जातकम्** का वृत्तान्त इस प्रकार है[१] :

किसी समय बोधिसत्त्व एक महान् राजा था। वह सदैव चार गुणों से (दान, प्रियवचन, न्याय, समदर्शिता) समस्त जीवों की रक्षा करता था। उसका मामा भी राजा हो गया था। वह निर्लज्ज, लोभी, निर्दयी तथा दुष्ट था। बोधिसत्त्व का राज्य छीनने के लिए उसने एक सेना तैयार की।

बोधिसत्त्व के राज्य-संचालकों ने भी सेना एकत्र की। बोधिसत्त्व ने सेना का निरीक्षण करके कहा—'केवल अपने स्वार्थ के लिए मैं असंख्य मनुष्यों का जीवन नष्ट करूँगा। यदि मैं बाहर चला जाऊँ तो समस्त देश की रक्षा हो जायेगी।'

मंत्रियों को राज्यभार सौंपकर वह अपनी रानी के साथ वन चला गया। उसके मामा ने राज्य में प्रवेश कर देश पर अधिकार कर लिया। जनता को इससे बहुत कष्ट हुआ।

बोधिसत्त्व पहाड़ी वन में निवास करता था। समुद्र में दुष्ट नाग रहता था। उसने ऋषि का छद्म-वेष धारण कर लिया। जिस समय राजा फल लेने गया था, नाग रानी का अपहरण कर भाग निकला। समुद्र की ओर उसका पथ दो घाटियों के तंग रास्ते से था। पहाड़ी पर एक विशाल पक्षी रहता था। उसने अपने पंख फैलाकर रास्ता रोक लिया। नाग ने पक्षी को मारा और उसका दाहिना पंख तोड़ डाला। अन्त में वह समुद्र में स्थित अपने द्वीप को लौट गया।

फल तोड़कर राजा लौटा। अपनी रानी को न पाकर वह बहुत दुखी हुआ और धनुष-बाण लेकर रानी की खोज में पर्वतों में इधर-उधर घूमने लगा। एक नदी के स्रोत पर पहुँचकर राजा ने एक बड़े बन्दर को देखा जो उदास और खिन्न था। पूछने पर बन्दर ने कहा, 'मैं राजा था। मेरे चाचा ने मेरा राज्य छीन लिया है। अब मेरा कोई साथी नहीं रहा।' राजा ने भी अपना सब वृत्तान्त कहा। पारस्परिक सहायता के लिए वचनबद्ध होकर दोनों ने मैत्री कर ली। दूसरे दिन बन्दर ने अपने चाचा से युद्ध किया। राजा (बोधिसत्त्व) ने धनुष-बाण सन्धाना जिसे देखते ही बन्दर का चाचा मारे डर के भाग निकला।

बन्दर ने अपने साथियों को बोधिसत्त्व की रानी की खोज लगाने की आज्ञा दी। एक-एक कर वे सभी चल पड़े। बन्दरों ने एक आहत पक्षी देखा। पक्षी ने बताया कि एक नाग ने रानी को चुराया है।

---

१. अंग्रेजी अनुवाद, दे० चीन रामायण : सरस्वती विहार ग्रन्थमाला ८ (१९३८ ई०)। फ्रेंच अनुवाद : दे० बुलेटिन एकाल फ्रांसेस एक्सट्रेम ओरियन : भाग ४ (१९०४), पृ० ६९८-७०१।

कपिराज ने अपनी सेना को समुद्र पार करने में असमर्थ पाया। इन्द्र ने छोटे बन्दर का रूप धारण कर कहा—'प्रत्येक बन्दर को पर्वत का एक-एक टुकड़ा लाने की आज्ञा दो। समुद्र पर इस प्रकार एक मार्ग बन जायेगा और आप द्वीप में पहुँच जायेंगे।'

बन्दरों ने ऐसा करके समुद्र पार किया। सब बन्दरों ने नाग-द्वीप को घेर लिया। नाग ने एक विषैला घना कुहरा उत्पन्न किया जिससे सभी पृथ्वी पर गिर पड़े। छोटे बन्दर (इन्द्र) ने एक दैवी ओषधि सबकी नाकों में लगायी और सब स्वस्थ होकर जाग पड़े।

अब नाग ने आँधी और बादल से सूर्य छिपा लिया। बिजली चमकने लगी। छोटे बन्दर (इन्द्र) ने बतलाया कि बिजली ही नाग है। इस पर राजा ने एक बाण से नाग को मार गिराया।

छोटे बन्दर ने रानी को मुक्त किया। राजा अपने मामा का देहान्त सुनकर अपने देश चला गया। राजा ने रानी से कहा—'पति से अलग, दूसरे के घर निवास करने पर लोग स्त्री के आचरण पर सन्देह करते हैं। तुम्हें स्वीकार करने में परम्परा के अनुसार कहाँ तक औचित्य है?' रानी ने उत्तर दिया—'मैं एक नीच की गुफा में रही, किन्तु फिर भी मैं इसमें पंकज की तरह रही। यदि मुझमें सतीत्व है तो पृथ्वी फट जाय।' पृथ्वी फटी और रानी ने कहा, 'मेरा सतीत्व प्रमाणित हुआ।' राजा और रानी के प्रभाव के कारण सब वर्ण अपने-अपने धर्म का पालन करने लगे। बुद्ध ने भिक्षुओं से कहा, 'तब मैं राजा था, गोपा रानी थी, देवदत्त मामा था और मैत्रेय इन्द्र था।' बोधिसत्त्व के आचरण में शान्ति की पारमिता असीम है।

दशरथकथानकम्

५३. चीनी त्रिपिटक के अन्तर्गत **त्सा-पौ-त्संग-किंग** नामक १२१ अवदानों का संग्रह है।[१] यह संग्रह ४७२ ई० में चीनी भाषा में अनूदित हुआ था। अप्राप्य मूल भारतीय ग्रन्थ की रचना दूसरी शताब्दी ई० के बाद हुई थी, क्योंकि इसमें राजा कनिष्क अनेक कथाओं के प्रधान पात्र माने गये हैं। इसमें एक **दशरथकथानकम्** भी मिलता है, जिसकी विशेषता यह है कि इसमें सीता या किसी भी राजकुमारी का कोई भी उल्लेख नहीं हुआ है। कथावस्तु यों है—

प्राचीनकाल में जबकि मनुष्य की आयु दस सहस्र वर्ष होती थी, जम्बू द्वीप में दशरथ नाम का एक राजा राज्य करता था। उसकी प्रधान महिषी के राम नामक एक पुत्र उत्पन्न हुआ। दूसरी रानी के भी एक पुत्र उत्पन्न हुआ जिसका नाम रामण (लोमन-लक्ष्मण) था। राम में नारायणीय शक्ति थी। तीसरी रानी से भरत और चौथी से शत्रुघ्न उत्पन्न हुए।

तीसरी रानी पर राजा का अत्यधिक प्रेम था। एक दिन राजा ने कहा, 'तुम्हारी किसी भी इच्छा की पूर्ति के लिए मैं अपना सम्पूर्ण धन और कोष देने में संकोच नहीं करूँगा।' रानी ने उत्तर दिया—'मुझे इस समय कोई आवश्यकता नहीं है।' राजा बीमार पड़े। उन्होंने राम का राज्याभिषेक करवाया। राम को राजपद पर आसीन होते देखकर छोटी रानी ने ईर्ष्यावश राजा से कहा—'मैं अब आपके दिये हुए वर की पूर्ति चाहती हूँ। राम गद्दी से उतार दिये जायें और मेरे पुत्र का राज्याभिषेक हो, यही मेरी इच्छा है।' यह सुनकर राजा दुखित हुआ। राजधर्म के अनुसार वह अपने वचन को नहीं तोड़ सकता था। इस समय रामण (लक्ष्मण) ने

१. दे० चीनी त्रिपिटक : तैशो संस्करण, नं० २०३। फ्रेंच अनुवाद : दे० सिल्वान लेवी, एल्वम केर्न, पृ० २९७ आदि। अंग्रेजी अनुवाद : दे० चीन रामायण, सरस्वती विहार ग्रन्थमाला ८। हिन्दी अनुवाद : दे० ना० प्र० प०, वर्ष ५४, पृ० २८६-८९।

राम से अपनी शक्ति और साहस दिखलाने की प्रार्थना की। राम ने कहा—'अपने पिता की आज्ञा भंग कर कोई भी पुत्र पितृ-भक्त नहीं कहला सकता।'

तब दशरथ ने दोनों पुत्रों को वनवास दे दिया और १२ वर्ष के बाद लौटने की आज्ञा दी। भरत उस समय विदेश में थे। दशरथ की मृत्यु के पश्चात् भरत लौटे। उन्हें अपनी माता के कार्यों से घृणा हो गयी। वह सेना के साथ उस पर्वत पर गये, जहाँ राम निवास करते थे। भरत ने राम से कहा—'मैं आपसे राजधानी लौटने और शासन का भार ग्रहण करने की प्रार्थना करता हूँ।' राम ने कहा—'वनवास के लिए पिता की आज्ञा हो चुकी है। उसे तोड़ने पर मैं आज्ञाकारी पुत्र नहीं कहलाया जाऊँगा।'

तब भरत ने राम की चमड़े की खड़ाउएँ माँगीं और अयोध्या लौट गये। खड़ाउओं को राजसिंहासन पर रखकर भरत शासन की देखभाल करने लगे। प्रतिदिन प्रात: और सन्ध्या वह पादुकाओं की पूजा करते थे और उनसे आज्ञा लेते थे।

धीरे-धीरे वनवास की अवधि समाप्त हुई। राम अपने देश को लौट आये। भरत ने राम से राज्यभार ग्रहण करने की प्रार्थना की। पहले राम ने अस्वीकार किया परन्तु भरत के बहुत आग्रह करने पर राम ने राज्यभार स्वीकार किया। सब लोग अपने-अपने धर्म का पालन करने लगे। सर्वत्र शान्ति और समृद्धि का राज्य था।

अन्य बौद्ध साहित्य

५४. ऐसा प्रतीत होता है कि आगे चलकर बौद्धों में रामकथा की लोकप्रियता घटने लगी। **अवदान-शतक** (दूसरी श० ई०), **दिव्यावदान** (चीनी अनुवाद २६५ ई०), आर्यशूर की **जातकमाला, कल्पद्रुम-अवदान, रत्नावदानमाला द्वाविंशति अवदान,** इन सबों में रामकथा-सम्बन्धी सामग्री नहीं मिलती। **लंकावतारसूत्र** के प्रथम अध्याय में लंकापति रावण और महात्मा बुद्ध का धर्म के विषय में वार्त्तालाप दिया गया है, परन्तु इसमें रामकथा का निर्देश भी नहीं पाया जाता है। **खोतानी रामायण** तथा श्याम के **रामजातक** और **ब्रह्मचक्र** में, बुद्ध अपने पूर्वजन्म में राम थे, ऐसा कहा जाता है, लेकिन वास्तव में ये रचनाएँ बौद्ध साहित्य अंग नहीं हैं। इनका उल्लेख निबन्ध के तृतीय भाग में किया जायेगा (दे० अनु० ३१२, ३२७, ३२८)।

अध्याय-५

जैन रामकथा

क—जैन रामकथा की सामान्य विशेषताएँ

५५. बौद्धों की भाँति जैनियों ने भी रामकथा अपनायी है। अन्तर यह है कि जैन कथा-ग्रन्थों में हमें एक अत्यन्त विस्तृत रामकथा साहित्य मिलता है। बौद्ध महात्मा बुद्ध को राम का पुनरवतार मानते हैं। इसी तरह जैनियों ने रामकथा के पात्रों को अपने धर्म में एक महत्त्वपूर्ण स्थान दिया है। राम (या पद्म), लक्ष्मण और रावण न केवल जैन-धर्मावलम्बी माने जाते हैं लेकिन तीनों को जैनियों के त्रिषष्टि महापुरुषों में भी रखा गया है। इन त्रिषष्टि महापुरुषों का वर्णन इस प्रकार है : २४ तीर्थंकर (जैन धर्मोपदेशक), १२ चक्रवर्ती (भारत के ६ खण्डों के सम्राट्) तथा ९ बलदेव, ९ वासुदेव और ९ प्रतिवासुदेव। इनकी जीवनियाँ जैन धर्म में महाभारत, रामायण तथा पुराणों का स्थान लेती हैं।

त्रिषष्टि महापुरुषों का विस्तृत वर्णन सम्भवतः पहले-पहल **त्रिषष्टिलक्षण-महापुराण** में मिलता है। इस रचना के दो भाग हैं, जिनसेनकृत **आदिपुराण** (नवीं श० ई०) तथा गुणभद्रकृत **उत्तरपुराण** (८९७ ई०), लेकिन नवीं शताब्दी से बहुत पहले इन जीवनियों की सामग्री तैयार हो चुकी थी, विशेष करके **तिलोयपण्णति** (पाँचवीं श० ई०) में। **पउमचरियं** (चौथी श० ई०) में कहा गया है कि पद्मचरित अर्थात् रामचरित विमल सूरि के पूर्व 'नामावलियनिबद्ध' (१.८) था।

प्रत्येक कल्प के त्रिषष्टि महापुरुषों में से नौ बलदेव, नौ वासुदेव और नौ प्रतिवासुदेव होते हैं। ये तीनों सदैव समकालीन रहते हैं। राम, लक्ष्मण और रावण क्रमशः आठवें बलदेव, वासुदेव और प्रतिवासुदेव माने जाते हैं।[१] बलदेव (बलभद्र) और वासुदेव (नारायण) किसी राजा की भिन्न-भिन्न रानियों के पुत्र हैं। वासुदेव अपने बड़े भाई बलदेव के साथ प्रतिवासुदेव (प्रतिनारायण) से युद्ध करते हैं और अन्त में प्रतिवासुदेव का वध करते हैं। इसके बाद वह दिग्विजय करके भारत के तीन खण्डों पर अधिकार प्राप्त करते हैं और इस प्रकार अर्द्धचक्रवर्ती बन जाते हैं। मरने पर वासुदेव को प्रतिवासुदेव-वध के कारण नरक जाना पड़ता है। नौ वासुदेवों में लक्ष्मण और कृष्ण विशेष रूप से उल्लेखनीय हैं। बलदेव अपने भाई की मृत्यु के कारण शोकाकुल होकर जैन दीक्षा लेकर मोक्ष प्राप्त करते हैं (जैसे राम और बलराम)। प्रतिवासुदेव सदैव वासुदेव का विरोध करते हैं तथा वासुदेव के चक्र से मारे जाते हैं (जैसे रावण और जरासन्ध)।

---

१. दे० एम० विंटरनित्स : हि० इं० लि०, भाग १, पृ० ४९७। एच वान् ग्लाजनैप : डेर जैनिज़मुस, बर्लिन, १९२५, पृ० २४७। हरिसत्य भट्टाचार्य : नारायण, प्रतिनारायण एण्ड बलभद्र, दि जैन एण्टीक्वेरी, भाग ८, पृ० ३६।

५६. जैन रामकथा की एक दूसरी विशेषता यह है कि इसमें वानर और राक्षस दोनों विद्याधर-वंश की भिन्न-भिन्न शाखाएँ माने जाते हैं।[१] प्राचीन बौद्धगाथाओं (दे० जातक ५१०,४३६) तथा **महाभारत** के कई स्थलों पर विद्याधर का अर्थ है (आकाशगामी तथा कामरूपी) ऐन्द्रजालिक। अलौकिक शक्ति से विभूषित माने जाने के कारण **कथासरित्सागर** (अतः **बृहत्कथा** में भी), **रामायण**[२] तथा **महाभारत** (दे० १, ५१, ९) में विद्याधर देवयोनियों के अन्तर्गत रखे गये हैं। फिर भी **रामायण** तथा **महाभारत** में वे किसी भी कथा में कोई महत्त्वपूर्ण भाग नहीं लेते। **कथासरित्सागर** तथा जैन कथा-साहित्य में इनका बहुत उल्लेख होता है। विद्याधरों की उत्पत्ति जैन-ग्रन्थों के अनुसार इस प्रकार है—श्री ऋषभ (जैन-धर्म-संस्थापक) ने तपस्या करने के उद्देश्य से अपने सौ पुत्रों में से भरत को ही अपना राज्य सौंपा था और दीक्षा ली थी। बाद में नमि और विनमि उनके पास पहुँचे और राज्यलक्ष्मी माँगने लगे। उनको विविध विद्याएँ मिल गयीं तथा वैताढ्य (रविषेण के अनुसार विजया) पर्वत पर, अर्थात् विन्ध्य प्रदेश में अपना राज्य स्थापित करने का परामर्श दिया गया। ये दो राजकुमार विद्याधरों के पूर्वज हैं (दे० पउमचरियं, पर्व ३)। जैनियों के अनुसार विद्याधर मनुष्य ही माने जाते हैं। उन्हें कामरूपत्व, आकाशगामिनी आदि अनेक विद्याएँ सिद्ध होती हैं। इससे उनका नाम विद्याधर पड़ा। वानर-वंशी विद्याधरों की ध्वजाओं, महलों तथा छतों के शिखर पर वानरों के चिह्न विद्यमान थे, अतः वे वानर कहलाये (दे० पउमचरियं ६, ८९)।

५७. जैन रामकथा की एक तीसरी विशेषता यह है कि उसमें प्रारम्भ से ही उन लौकिक ग्रन्थों का उल्लेख मिलता है, जिनमें राम का शिकार करना, रावण आदि का मांसाहारी होना, कुम्भकर्ण की छह महीने की निद्रा, रावण के राक्षस तथा सुग्रीव के वानर होने आदि की असत्य कथाएँ पायी जाती हैं। इससे स्पष्ट है कि जैन रामकथा **वाल्मीकि रामायण** के बाद उत्पन्न हुई है। जैन रामकथा के दो भिन्न रूप प्रचलित हैं। श्वेताम्बर सम्प्रदाय में तो केवल विमलसूरि की रामकथा का प्रचार है, लेकिन दिगम्बर सम्प्रदाय में इसके दो रूप मिलते हैं, अर्थात् विमलसूरि तथा गुणभद्र दोनों की रामकथा प्रचलित हैं, यद्यपि विमलसूरि की परम्परा को अधिक महत्त्व मिला है। इन दो रूपों का अलग-अलग परिचय नीचे दिया जाता है।

ख—विमलसूरि की परम्परा

५८. विमलसूरि ने **पउमचरियं** लिखकर पहले-पहल लोकप्रिय रामकथा को जैन धर्म के साँचे में ढालने का प्रयत्न किया है।[३] कवि का कहना है कि यह पद्मचरित आचार्यों की परम्परा से चला आ रहा था और नामावलीबद्ध था (१, ८)। और साधु-परम्परा (साहु-परम्पराएँ; ११८, १०२) द्वारा लोकप्रसिद्ध हो गया था। इसका अर्थ यह हो सकता है कि रामचरित केवल नामावली के रूप में रहा होगा अर्थात् "उसमें कथा के प्रधान-प्रधान पात्रों, उनके माता-पिताओं, स्थानों और भवान्तरों आदि के नाम ही होंगे। वह पल्लवित कथा के रूप

१. एच लुडर्स : जर्मन ओरियण्टल सोसाइटी जर्नल, भाग ९३ (१९३९), पृ० ८९ आदि। एच० याकोबी : इनसाइक्लोपीडिया ऑव रिलिजन एण्ड एथिक्स : ब्राह्मनिज़्म। ए० चक्रवर्ती : दि जैन गज़ेट, भाग २२ (१९२६), पृ० ११७।

२. निम्नलिखित स्थलों पर विद्याधरों का उल्लेख है : १, १७, ५, २२, २४; २, ९४, १२; ४, ६७, ४५; १, २२, २९, १६९; ५, १२, २०; ५, ५६, ४६, ४८; ६, ६९, ६८; ६, ७१, ६५; ७, २६, ८।

३. पउमचरियं, भवनगर १९१४। एच० याकोबी का संस्करण।

में न होगा और उसी की विमलसूरि ने विस्तृत चरित के रूप में रचना की होगी" (नाथूराम प्रेमी, जैन साहित्य और इतिहास, पृ० २८०)। फिर भी कवि का कहना है कि नारायण तथा बलदेव की कथा पूर्वगत (**पुव्वगए;** ११८, ११८) में वर्णित थी और मैंने वही कथा अपने गुरु से सुनी थी। वह पूर्णगत आजकल अप्राप्य है।

विमलसूरि का काल असन्दिग्ध नहीं है। जैन परम्परा के अनुसार (पउमचरियं ११८, १०३) **पउमचरियं** ७२ ई० की है, लेकिन भाषा के आधार पर डॉ० याकोबी आदि विद्वान् **पउमचरियं** को तीसरी अथवा चौथी शताब्दी ई० की रचना मानते हैं।[१] यह ग्रन्थ शुद्ध जैन महाराष्ट्री में लिखा है। इसका संस्कृत रूपान्तर रविषेणाचार्य ने ६६० ई० में किया है, जो **पद्मचरित**[२] के नाम से प्रसिद्ध है। हिन्दी खड़ीबोली के इतिहास में इस पद्मचरित का महत्त्वपूर्ण स्थान है, क्योंकि सं० १८१८ में दौलतराम ने इसका भाषा में अनुवाद किया था।

रविषेण ने मौलिकता का किंचित् भी प्रदर्शन नहीं किया है। उनकी समस्त रचना **पउमचरियं** का पल्लवित छायानुवाद मात्र प्रतीत होती है। दोनों रचनाओं का कथानक एक ही है। आगे चलकर जैन कवियों ने रविषेण का अनुकरण किया है, उनकी रचनाओं में प्राय: कथानक का कोई भी महत्त्वपूर्ण परिवर्तन दृष्टिगोचर नहीं है। विमलसूरि तथा रविषेण की रामकथा-परम्परा की मुख्य रचनाएँ निम्नलिखित तालिका में दी जाती हैं। इस विस्तृत साहित्य से जैनियों में रामकथा की लोकप्रियता का अनुमान किया जा सकता है। संघदासकृत **वसुदेवहिण्डि** में जो संक्षिप्त रामकथा मिलती है, वह विमलसूरि की अपेक्षा वाल्मीकि के अधिक निकट है, अत: इसका परिचय कथा-साहित्य के अन्तर्गत दिया जायेगा (दे० आगे अनु० २५३)। हस्तिमल्लकृत **मैथिलीकल्याण** तथा **अंजनापवनंजय** नाटक का परिचय संस्कृत ललित साहित्य नामक अध्याय में दिया जायेगा (दे० अनु० २३९)।

५९. (१) प्राकृत—

(१) विमलसूरिकृत **पउमचरियं** (तीसरी-चौथी श० ई०)।

(२) शीलाचार्यकृत चउपन्नमहापुरिसचरिय के अन्तर्गत **रामलक्खणचरियं** (नवीं श० ई०)। यह रामकथा विमलसूरि की परम्परा के अनुसार होते हुए भी वाल्मीकीय कथा से प्रभावित है।

(३) भद्रेश्वरकृत कहावली (११वीं श० ई०) के अन्तर्गत **रामायणम्**।

(४) भुवनतुङ्ग सूरि कृत **सीयाचरियं** तथा **रामलक्खणचरियं**।

(२) संस्कृत—

(१) रविषेणकृत **पद्मचरित** (६७८ ई०)। प्राचीनतम जैन संस्कृत ग्रन्थ।

(२) हेमचन्द्रकृत त्रिषष्टिशलाकापुरुषचरित (१२वीं श० ई०) के अन्तर्गत **जैन रामायण**। कलकत्ता सं० १९३०।

(३) हेमचन्द्रकृत योगशास्त्र की टीका के अन्तर्गत **सीतारावणकथानकम्**।

(४) जिनदासकृत **रामायण** अथवा **रामदेवपुराण** (१५वीं श०) दे० एम० विंटरनित्स; हि० इं० लि०, भाग २, पृ० ४९६।

---

१. एच० याकोबी : इन० रि० ए०, भाग ७ और मॉडर्न रिव्यू १९१४, दिसम्बर। ए० कीथ : हिस्टरी सं० लि०, पृ० ३४। ए० सी० वूलनर : इण्ट्रोडक्शन टु प्राकृत।

२. दे० मानिक चन्द्र जैन ग्रन्थमाला, नं० २९-३१; पद्मचरितम्; बम्बई, वि० सं० १९८५।

(५) पद्मदेवविजयगणिकृत **रामचरित** (१६वीं श० ई०)। दे० राजेन्द्र लाल मित्र : नोरिसस संस्कृत मैन्युस्क्रिप्ट्स, भाग १०, पृ० १३४ और भण्डारकर; रिपोर्ट १८८२-८३, पृ० ८२।
(६) सोमसेनकृत **रामचरित** (१६वीं श० ई०); इसकी हस्तलिपि जैन सिद्धान्त भवन, आरा में सुरक्षित है।
(७) आचार्य सोमप्रभकृत **लघुत्रिषष्टिशलाकापुरुषचरित**।
(८) मेघविजयगणिवरकृत **लघुत्रिषष्टिशलाकापुरुषचरित्र** (१७वीं श० ई०)।

इन रचनाओं के अतिरिक्त जिनरत्नकोष में धर्मकीर्ति, चन्द्रकीर्ति, चन्द्रसागर, श्रीचन्द्र, पद्मनाभ आदि द्वारा रचित विभिन्न **पद्मपुराण** अथवा **रामचरित्र** नामक ग्रन्थों का उल्लेख है। **सीताचरित्र** के तीन रचयिताओं के नाम मिलते हैं—ब्रह्मनेमिदत्त, शान्तिसूरि तथा अमरदास। अधिकांश सामग्री अप्रकाशित है।

दसवीं शताब्दी के हरिषेणकृत **कथाकोष** में **रामायणकथानकम्** (नं० ८४) तथा **सीताकथानकम्** (नं० ८९) पाया जाता है। इस अन्तिम रचना में विमलसूरि के अनुसार सीता की अग्निपरीक्षा वर्णित है, लेकिन **रामायणकथानकम्** (५७ श्लोक) अधिकांश में वाल्मीकीय कथा पर निर्भर है। रामचन्द्र मुमुक्षुकृत **पुण्याश्रवकथाकोष** (१३३१ ई०; हिन्दी अनुवाद, निर्णयसागर प्रेस, १९०७ ई०) में जो लव-कुश की कथा मिलती है, वह भी विमलसूरि की परम्परा पर निर्भर है। हरिभद्रकृत **धूर्त्ताख्यानम्** (८वीं श० ई०) तथा अमितगतिकृत **धर्मपरीक्षा** (११वीं श० ई०) में वाल्मीकि रामायण में वर्णित हनुमान् के समुद्रलंघन जैसी घटनाओं को असम्भव और हास्यास्पद बताया गया है। धनेश्वरकृत **शत्रुंजय माहात्म्य** के नवें सर्ग में रामकथा विमलसूरि के अनुसार है, किन्तु कैकेयी राम और लक्ष्मण दोनों के वनवास का वर माँग लेती है (१४वीं श० ई०)।

(३) अपभ्रंश—

(१) स्वयंभूदेवकृत **पउमचरिउ** अथवा **रामायणपुराण** (८वीं श० ई०)। भारतीय विद्या भवन, बम्बई, सं० २००९।
(२) रइधू अथवा रयधू **पद्मपुराण** अथवा **बलभद्रपुराण** (१५वीं श० ई०)। दे० हरिवंश कोछड़, अपभ्रंश साहित्य, पृ० ११६ तथा रामसिंह तोमर, प्राकृत और अपभ्रंश साहित्य, पृ० १५४।

(४) कन्नड़—

(१) नागचन्द्र (अभिनव पम्प) कृत **पम्परामायण** या **रामचन्द्र-चरितपुराण** (११वीं श० ई०)। यह रचना कन्नड़ भाषा के कई रामचरित-सम्बन्धी ग्रन्थों का आधार है। (दे० इं० हि० क्वा०, भाग २५, पृ० ५७४-९४)।
(२) कुमदेन्दुकृत **रामायण** (१६वीं श० ई०)।
(३) देवप्पकृत **रामविजयचरित** (१६वीं श० ई०)।
(४) देवचन्द्रकृत **रामकथावतार** (१८वीं श० ई०)।
(५) चन्द्रसागर वर्णीकृत **जिनरामायण** (१९वीं श० ई०)।

६०. विमलसूरि की कथा तथा वाल्मीकि रामायण की तुलना करने पर स्पष्ट हो जाता है कि मुख्य कथावस्तु की दृष्टि से दोनों में कोई महत्त्वपूर्ण अन्तर नहीं है। रामकथा के विभिन्न

प्रसंगों में जो अन्तर विमलसूरि की रचना में मिलते हैं, इनका विश्लेषण प्रबन्ध के चतुर्थ भाग में किया जायेगा। विमलसूरि ने राम को पउम (पद्म) कहा और तदनुसार अपनी रचना का नाम पउमचरियं (पद्मचरित) रखा है। जैन साहित्य में कृष्ण के भाई बलराम को भी राम कहा जाता था। सम्भवत: विमलसूरि ने इसलिए राम का नाम बदल दिया। यद्यपि वह उन्हें राम, राहव (राघव), रामदेव आदि भी कहते हैं। पद्म नाम का कारण यह है कि अपराजिता ने '**पउमसरिसमुहं**' (२५,७) पुत्र को उत्पन्न किया और दशरथ ने '**पउमुप्पलदलच्छो**' (पद्मकमल दल नेत्रवाले, २५, ८) पुत्र को देखकर उसका नाम 'पउम' रखा। समस्त कथानक को छह भागों में विभक्त कर पउमचरियं का सार नीचे दिया गया है।

रावण-चरित (पर्व १-२०)

राजा सेणिय (श्रेणिक) किसी दिन महावीर के प्रधान शिष्य गोयम (गौतम) से रामकथा का यथार्थ रूप जानने की इच्छा प्रकट करता है। इस पर गोयम पउमचरियं सुनाता है। प्रारम्भ में विद्याधर लोक, राक्षसवंश तथा वानरवंश का वर्णन दिया जाता है।[१]

रावण-चरित वाल्मीकि के उत्तरकाण्ड से सम्बन्ध रखते हुए भी पर्याप्त मात्रा में भिन्न है। राक्षस-राजा रत्नश्रवा तथा केकसी की चार सन्तान हैं—दशमुख (रावण), भानुकर्ण (कुम्भकर्ण), चन्द्रनखा (शूर्पणखा) और विभीषण। जब रत्नश्रवा ने पहले-पहल अपने पुत्र को देखा था, तब शिशु माला पहने हुए था; इस माला में पिता को बालक के दश सिर दिखायी पड़े और इसीलिए शिशु का नाम दशमुख रखा गया (दे० ७, ९६)। अपने मौसेरे भाई वैश्रमण (वैश्रवण) का विभव देखकर दशमुख अपने भाइयों के साथ तप करने जाता है तथा विभिन्न विद्याएँ प्राप्त कर लेता है। अनन्तर मन्दोदरी तथा अन्य ६००० विद्याधर-कन्याओं के साथ रावण के विवाह का वर्णन किया गया है। बाद में रावण वैश्रमण तथा यम को परास्त करता है और पुष्पक प्राप्त कर लंका में प्रवेश करता है (पर्व ८)।

रावण-बालि संघर्ष का वृत्तान्त इस प्रकार है। रावण बालि के पास दूत भेजकर उसकी बहन श्रीप्रभा को पत्नीस्वरूप माँगता है तथा बालि को आकर प्रणाम करने का आदेश देता है। बालि जिनवरेन्द्र को छोड़कर किसी को प्रणाम करने से इनकार करता है और अपने भाई सुग्रीव को राज्य देकर जैन दीक्षा लेने जाता है (पर्व ९)। सुग्रीव रावण को प्रणाम करता है तथा श्रीप्रभा का रावण के साथ विवाह सम्पन्न हो जाता है। बाद में बालि द्वारा रावण की पराजय के वृत्तान्त को सर्वथा नवीन रूप दिया गया है, जिसमें बालि रामायणीय कथा के शिव का स्थान लेकर रावण द्वारा उठाए हुए पर्वत को अपने पैर के अँगूठे से दबा देता है (दे० आगे अनु० ६५५)।

रावण की बहुत-सी विजय-यात्राओं का वर्णन किया गया है, जिनमें वह सहस्रकिरण, नलकूबर, इन्द्र, वरुण आदि को परास्त करता है (दे० आगे ६५२)। ध्यान देने योग्य है कि यम, इन्द्र, वरुण आदि देवता न होकर साधारण राजा माने जाते हैं। खरदूषण किसी विद्याधर वंश का राजकुमार है, जो रावण की बहन चन्द्रनखा से विवाह करता है। आगे चलकर उनकी पुत्री अनंगकुसुमा तथा उनके पुत्र शम्बूक का उल्लेख होगा।

रावण का चरित्र-चित्रण वाल्मीकि रामायण से बहुत भिन्न है—वह एक धर्मभीरु जैनी है, जो जिन मन्दिरों का जीर्णोद्धार करता है तथा ऐसे यज्ञों पर रोक लगाता है, जिनमें पशुओं को

---

१. ऊपर इसका उल्लेख हो चुका है कि राक्षस तथा वानर, दोनों विद्याधर-वंश की भिन्न-भिन्न शाखाएँ हैं (दे० ऊपर अनु० ५६)।

मारा जाता है (पर्व ११)। वह नलकूबर की पत्नी उपरम्भा का प्रेम प्रस्ताव अस्वीकार करता है (पर्व १२) तथा अनन्तवीर्य का धर्मोपदेश सुनकर व्रत लेता है कि वह विरक्त परनारी के साथ रमण नहीं करेगा (दे० आगे अनु० ५४२)।

हनुमच्चरित का पर्याप्त विस्तार के साथ वर्णन किया गया है। वह पवंजय तथा अंजना सुन्दरी के पुत्र हैं (दे० आगे अनु० ६६९), वरुण के विरुद्ध रावण की सहायता करते हैं तथा चन्द्रनखा की पुत्री अनंगकुसुमा को पत्नी के रूप में प्राप्त कर लेते हैं, इसके अतिरिक्त वे और बहुत-से विवाह करते हैं (दे० आगे अनु० ६९९)।

रावण-चरित के अन्त में जिनवरों, तीर्थंकरों, बलदेवों, वासुदेवों और प्रतिवासुदेवों की नामावलियाँ दी गयी हैं (दे० पर्व २०)।

राम और सीता का जन्म और विवाह (पर्व २१-३२)

रामायण की आधिकारिक कथावस्तु का वर्णन जनक तथा दशरथ की वंशावली से प्रारम्भ होता है (पर्व २१-२२)। दशरथ के अपराजिता तथा सुमित्रा के साथ विवाह के उल्लेख के अनन्तर निम्नलिखित कथा मिलती है। किसी दिन नारद ने दशरथ के पास पहुँचकर समाचार दिया कि विभीषण उनको इसीलिए मारना चाहता है कि एक नैमित्तिक ने कहा है—"सागर के मार्ग से आकर दशरथ का पुत्र जनक की पुत्री सीता के कारण रावण को युद्ध में मारेगा।" इसके बाद नारद ने जनक को भी सावधान किया। दोनों राजा अपना-अपना राज्य छोड़कर पृथ्वी पर भ्रमण करने लगे। मंत्रियों ने दशरथ तथा जनक के प्रतिरूप बनवाकर उन्हें उनके-उनके महल में रखवा दिया। बाद में विभीषण ने दशरथ की मूर्ति का सिर कटवाया (पर्व २३)।[१] परदेश में दशरथ तथा जनक कैकेयी के स्वयंवर में पहुँचे; स्वयंवरा ने दशरथ के गले में माला डाल दी। इस पर अन्य राजाओं के साथ युद्ध हुआ, जिसमें कैकेयी ने बड़े कौशल से दशरथ का रथ हाँका। विवाह सम्पन्न होने के पश्चात् दोनों राजा अपनी-अपनी राजधानी लौटे। घर पहुँचकर दशरथ ने कैकेयी को एक वर दिया किन्तु कैकेयी ने कहा—अवसर आने पर माँग लूँगी। दशरथ की सन्तति इस प्रकार बतायी जाती है—राम अथवा पद्म अपराजिता (कौशल्या) से जन्म लेते हैं, लक्ष्मण सुमित्रा से और भरत तथा शत्रुघ्न, दोनों ही कैकेयी से। [रविषेण के अनुसार शत्रुघ्न सुप्रभा नामक दशरथ की एक चतुर्थ महिषी के पुत्र हैं, जैन लेखक प्राय: रविषेण का अनुसरण करते हैं]।

राजा जनक की विदेहा नामक महारानी के एक पुत्री सीता और एक पुत्र भामण्डल उत्पन्न हुआ। राम म्लेच्छों के विरुद्ध जनक की सहायता करते हैं, जिसके फलस्वरूप राम तथा सीता का वाग्दान हुआ; बाद में सीता-स्वयंवर के अवसर पर राम ने धनुष चढ़ाया और राम-सीता का विवाह सम्पन्न हुआ। इसके बाद दशरथ को वैराग्य हुआ। उस समय कैकेयी ने अपने वर के बल पर भरत के लिए राज्य माँग लिया। यह सुनकर राम, लक्ष्मण और सीता दक्षिण की ओर चले जाते हैं। पश्चात्तापिनी कैकेयी के अनुरोध पर भरत वन में जाकर राम से राज्य को स्वीकार करने का अनुरोध करते हैं। राम के इनकार करने पर वह अयोध्या लौटकर स्वयं राज्य-भार ग्रहण करते हैं, बाद में भरत किसी मुनि के समक्ष यह प्रतिज्ञा करते हैं कि राम के प्रत्यागमन पर मैं दीक्षा ग्रहण करूँगा।

१. रविषेण के अनुसार विभीषण दशरथ तथा जनक, दोनों की मूर्तियों का सिर कटवाता है (दे० पर्व २३, ५६)।

वनभ्रमण (पर्व ३३-४२)

यद्यपि पर्व ३३ के प्रारम्भ में चित्रकूट का उल्लेख है, फिर भी पउमचरियं का यह अंश वाल्मीकीय वृत्तान्त से नितान्त भिन्न है। इसमें राम अथवा लक्ष्मण द्वारा निम्नलिखित राजाओं की पराजय का वर्णन मिलता है—वज्रकर्ण के विरोधी सिंहोदर (पर्व ३३); म्लेच्छों का राजा, जिसने कल्याणमालिनी के पिता को कारावास में रखा था (३४); भरत के विरोधी अतिवीर्य (३७)। कई अवसरों पर लक्ष्मण को कन्याएँ विवाह में दी जाती हैं; वह सबों को स्वीकार कर कहते हैं कि लौटते समय उन्हें ले जाऊँगा। इस प्रकार वज्रकर्ण ८ कन्याओं को तथा सिंहोदर आदि राजा ३०० कन्याओं को प्रदान करते हैं। इनके अतिरिक्त लक्ष्मण वनमाला, रतिमाला तथा जितपद्मा को भी प्राप्त कर लेते हैं।

कपिल नामक ब्राह्मण (पर्व ३५) और देवभूषण तथा पद्मभूषण नामक मुनियों (पर्व ३९) से भी भेंट का वर्णन किया गया है। राम की आज्ञा से राजा सुरप्रभ ने वंश पर्वत पर बहुत-से मन्दिर बनवाये, जिससे इसका नाम रामगिरि रखा गया (पर्व ४०)। **दण्डकारण्य** में प्रवेश करने के पश्चात् एक मुनिवर ने सीता से निवेदन किया कि वह जटायु की रक्षा करें (दे० आगे अनु० ४७२)।

सीताहरण और खोज (पर्व ४३-५३)

सीताहरण का कारण विमलसूरि के अनुसार इस प्रकार है—शम्बूक ने (चन्द्रनखा तथा खरदूषण का पुत्र) सूर्यहास खंग की सिद्धि के लिए १२ वर्ष तक साधना की थी। उसकी साधना सफल हुई और खंग प्रकट हुआ। लक्ष्मण संयोग से वहाँ पहुँचते हैं। खंग को देखकर वह उसे उठाते हैं और पास के बाँस को काटकर शम्बूक का सिर भी काट लेते हैं। चन्द्रनखा अपने मृत पुत्र को देखकर विलाप करते-करते वन में फिरने लगती है। राम और लक्ष्मण के पास पहुँचकर वह उनसे उनकी पत्नी बनने का प्रस्ताव करती है। असफल होकर वह पति के पास लौटकर अपने पुत्र के वध का समाचार सुनाती है। रावण को भी सूचना भेजी जाती है। इतने में लक्ष्मण अकेले ही खरदूषण की सेना को रोक लेते हैं। रावण पहुँचकर और सीता को देखकर उन पर आसक्त हो जाता है। वह अवलोकनी विद्या से जानता है कि लक्ष्मण ने राम को बुलाने के लिए उन्हें सिंहनाद का संकेत बताया है। अत: वह सिंहनाद करके और इस प्रकार राम को लक्ष्मण के पास भेजकर सीता का हरण करने में सफल होता है।

सीताहरण के बाद राम और सुग्रीव के सख्य का वर्णन किया जाता है। सुग्रीव की विपत्ति वाल्मीकीय रामायण के वृत्तान्त से भिन्न है। साहसगति ने सुग्रीव का रूप धारण कर उसकी पत्नी और राज्य को छीन लिया था। राम साहसगति को मारकर सुग्रीव को उसका राज्य लौटाते हैं। सुग्रीव राम के प्रति अपनी १३ कन्याओं को समर्पित करते हैं, किन्तु सीता के वियोग में दु:खित राम को उनकी संगति में सुख नहीं मिलता। सुग्रीव की आज्ञा से विद्याधर सीता की खोज करने जाते हैं। खोजते हुए सुग्रीव रत्नजटी से सुनता है कि रावण ने सीता का हरण किया है। यह सुनकर सब विद्याधर रावण से डरकर युद्ध करने से इनकार करते हैं। तब उनको अनन्तवीर्य का वह कथन स्मरण आता है, जिसमें उसने रावण से कहा था कि जो कोटि-शिला उठा सकेगा, उससे तेरी मृत्यु होगी। अत: विमान पर चढ़कर सब वहाँ जाते हैं और लक्ष्मण कोटि-शिला उठाते हैं। लेकिन विद्याधर अब भी रावण

से डरते हैं और हनुमान् को रावण के पास भेजने की सलाह देते हैं कि वह विभीषण की सहायता से रावण को समझायें। हनुमान् इस यात्रा में अपने नाना महेन्द्र को परास्त करते हैं (क्योंकि महेन्द्र ने उसकी माता अंजना को अपने घर से निकाला था) और दधिमुख नगर के राजा की तीन कन्याओं से भेंट करते हैं, जिनका विवाह साहसगति को मारनेवाले से निश्चित हुआ। लंका के पास पहुँचकर वह विभीषण द्वारा निर्मित प्राचीर पार कर पहले वज्रमुख का वध करते हैं और अनन्तर उसकी कन्या लंकासुन्दरी को परास्त कर उसके साथ रात भर क्रीड़ा करते हैं। तब वह लंका में प्रवेश कर विभीषण तथा सीता से मिलते हैं। बाद में वह लंका में उद्यानों तथा महलों का विध्वंस करने लगते हैं और इन्द्रजित् द्वारा बाँधे जाकर रावण के सामने उपस्थित किये जाते हैं। वह रावण को धमकाकर अपने बन्धनों को तोड़ते हैं और रावण का महल ध्वस्त करके सीता का सन्देश राम के पास ले जाते हैं।

युद्ध (पर्व ५४-७७)

वाल्मीकीय वृत्तान्त को दृष्टि में रखकर युद्धकाण्ड की घटनाओं के वर्णन में निम्नलिखित परिवर्तन उल्लेखनीय हैं—

(१) सेतुबन्ध के स्थान पर समुद्र नामक राजा की कथा दी गयी है—वह वानरों की सेना रोक लेता है तथा नल द्वारा पराजित होकर लक्ष्मण को अपनी चार कन्याओं को समर्पित करता है (पर्व ५४)।

(२) विभीषण के अनुरोध करने पर कि सीता को लौटाया जाय, रावण ने उसे नगर से निकालने का आदेश दिया। इस पर विभीषण ने अपनी समस्त सेना के साथ हंसद्वीप में राम की शरण ली। उसी समय सीता के भाई भामण्डल भी युद्ध में भाग लेने के लिए राम के पास आ पहुँचे (पर्व ५५)।

(३) राम और लक्ष्मण के स्थान पर सुग्रीव और भामण्डल इन्द्रजित् के नागपाश में बाँधे गये तथा गरुड़केतु लक्ष्मण द्वारा मुक्त हुए (पर्व ६०)।

(४) लक्ष्मण को रावण की शक्ति लगने पर द्रोणमेघ की कन्या विशल्या उनकी चिकित्सा करती है और अनन्तर लक्ष्मण तथा विशल्या का विवाह सम्पन्न हो जाता है। दोनों के पूर्व जन्म की कथा भी वर्णित है, जिसके अनुसार वे पहले पुनर्वसु तथा अनंगशरा थे (पर्व ६१-६४)।

(५) रावण सामन्त नामक दूत को भेजकर सन्धि का प्रस्ताव करता है। रावण राम को अपने राज्य का एक अंश तथा ३००० कन्याओं को इस शर्त पर देने को तैयार है कि वह सीता को त्याग दें और कुम्भकर्ण, इन्द्रजित् तथा मेघवाहन को मुक्त कर दें। (पर्व ६५)।

(६) रावण बहुरूपा नामक विद्या को सिद्ध करने के लिए शान्तिनाथ के मन्दिर में साधना करने लगता है। वानर सैनिकों के द्वारा ध्यान भंग किये जाने के निष्फल प्रयत्न के बाद रावण अपनी साधना में सफलता प्राप्त करता है (पर्व ६६-६८)।

(७) बहुरूपा विद्या सिद्ध करने के पश्चात् रावण फिर सीता से मिलने गया तथा उसने धमकी दी कि अब राम का वध करके मैं तुम्हारे साथ अवश्य ही रमण करूँगा। सीता ने उत्तर दिया कि मेरा जीवन राम के जीवन पर अवलम्बित है और वह मूर्च्छा खाकर पृथ्वी पर गिर गयी। राम के प्रति सीता का अटल प्रेम देखकर

रावण पछताने लगा और उसने संग्राम में राम तथा लक्ष्मण को हराकर उन्हें सीता को लौटाने का संकल्प किया (पर्व ६९)।

(८) लक्ष्मण (नारायण) ही रावण (प्रतिनारायण) का वध करते हैं (पर्व ७३)।

(९) कुम्भकर्ण तथा रावण के पुत्र इन्द्रजित् तथा मेघवाहन, जो युद्ध में कैदी हो गये थे, रावण-वध के पश्चात् मुक्त किये जाते हैं। वे विरक्त होकर तपस्या करने जाते हैं। मन्दोदरी, चन्द्रनखा आदि ८००० युवतियाँ भी महल को छोड़कर साधना का जीवन अपनाती हैं (पर्व ७५)।

(१०) लंका में प्रवेश कर राम सर्वप्रथम सीता से मिलने जाते हैं। देवता दोनों का मिलन देखकर पुष्पवृष्टि करते हैं तथा सीता के निर्मल चरित्र का साक्ष्य देते हैं; राम के किसी सन्देह अथवा सीता की अग्निपरीक्षा की ओर संकेत मात्र भी नहीं मिलता है (पर्व ७६)।

(११) राम-लक्ष्मण अब रावण के महल में ठहरते हैं तथा उन कन्याओं को बुला भेजते हैं, जिनके साथ उनकी मँगनी हो चुकी है। लंका में ही उनके साथ विवाह सम्पन्न हो जाता है। इसके बाद राम-लक्ष्मण के छह वर्ष तक लंका में निवास करने का उल्लेख किया गया है (पर्व ७७)।

उत्तरचरित (पर्व ७८-११८)

नारद लंका में राम के पास पहुँचकर पुत्र-वियोग के कारण दुःखित अपराजिता की दशा का वर्णन करते हैं, जिससे राम तथा लक्ष्मण साकेत लौटने का निश्चय करते हैं (पर्व ७८)। उनके आगमन के पश्चात् भरत को वैराग्य हुआ; वे दीक्षा लेकर निर्वाण प्राप्त करते हैं (पर्व ८०-८४)। अनन्तर लक्ष्मण के राज्याभिषेक तथा विद्याधर राजाओं पर विजय का वर्णन किया गया है। लक्ष्मण की १६००० पत्नियाँ (जिनमें से विशल्या आदि ८ पटरानियाँ हैं) तथा राम की ८००० पत्नियाँ बतायी जाती हैं, जिनमें से सीता, प्रभावती, रतिनिभा तथा श्रीदामा प्रधान हैं (पर्व ८५-९१)। सीता-त्याग की कथा वाल्मीकि से बहुत भिन्न नहीं है (दे० आगे अनु० ७१८)। सीता के पुत्रों के नाम लवण (अथवा अनंग-लवण) तथा अंकुश (अथवा मदनांकुश) माने गये हैं (पर्व ९७)। वे नारद के भड़काने पर अयोध्या में राम और लक्ष्मण से युद्ध करने आते हैं (दे० आगे अनु० ७४६)। इस युद्ध के बाद सुग्रीव, हनुमान्, विभीषण आदि के अनुरोध पर राम सीता को बुला भेजते हैं, किन्तु वह सीता से सतीत्व का प्रमाण चाहते हैं। सीता अग्नि-परीक्षा में सफल होकर दीक्षा लेती हैं और स्वर्ग में इन्द्र बन जाती हैं (दे० आगे अनु० ६०१ और ७५३)।

रामकथा का निर्वहण इस प्रकार है—किसी दिन दो देवता बलभद्र (राम) और नारायण (लक्ष्मण) का स्नेह परखने के लिए लक्ष्मण को विश्वास दिलाते हैं कि राम का देहान्त हुआ है। इस पर लक्ष्मण शोकातुर होकर मरते हैं और नरक जाते हैं। लक्ष्मण की अन्त्येष्टि के पश्चात् राम विरक्त होकर दीक्षा लेते हैं और १७००० वर्ष तक साधना करके निर्वाण प्राप्त करते हैं। अन्त में लक्ष्मण, रावण तथा सीता के सम्बन्ध में कहा जाता है कि उनको भी अनेक बार जन्म लेने के बाद मुक्ति मिल जायेगी (पर्व ११०-११८)।

६१. परवर्ती जैन रामकथाओं का सबसे महत्त्वपूर्ण परिवर्तन यह है कि हरिभद्रकृत **उपदेशपद**, भद्रेश्वरकृत **कहावली**, हेमचन्द्रकृत **जैनरामायण** तथा देवविजयगणिकृत

रामचरित में रावण का चित्र सीता के परित्याग का कारण माना गया है (दे० आगे अनु० ७२२)। हेमचन्द्रकृत **सीता-रावण कथानकम्** में कैकेयी अपने एक दूसरे वर के बल पर राम-लक्ष्मण-सीता के लिए १४ वर्ष तक वनवास माँग लेती है। हेमचन्द्र की इस रामकथा में उत्तरचरित का अभाव है।

ग—गुणभद्र की परम्परा

६२. जैन रामकथा का दूसरा रूप हमें पहले-पहल गुणभद्रकृत **उत्तरपुराण** में मिलता है। गुणभद्र जिनसेन के शिष्य तथा कर्नाटक प्रान्त के निवासी थे। इन्होंने अपने गुरु के **आदिपुराण** के अन्तिम १६२० श्लोक रचकर उसे समाप्त कर दिया और इसके बाद **उत्तरपुराण** अर्थात् त्रिषष्टिलक्षणमहापुराण का द्वितीय भाग भी लिखा है। इस उत्तरपुराण के अन्तर्गत आठवें नलदेव, नारायण तथा प्रतिनारायण (अर्थात् राम-लक्ष्मण-रावण) का चरित्र ६७वें तथा ६८वें पर्व में १११७ श्लोकों में वर्णित है (दे० स्याद्वाद ग्रन्थमाला, नं० ८, इन्दौर, सं० १९७५)। यह रामकथा विमलसूरि तथा वाल्मीकि के कथानक से बहुत भिन्न है, इसकी मुख्य विशेषता यह है कि इसमें सीता को रावण तथा मन्दोदरी की औरस पुत्री माना गया है। सीता-जन्म का यह रूप पहले-पहल संघदास के वसुदेवहिण्डि में प्रस्तुत किया गया है (दे० आगे अनु० ४१२)।

गुणभद्र का आधार बहुत कुछ अज्ञात है। किन्तु वह विमलसूरि तथा संघदास की रचनाओं अथवा उनकी परम्परा से अवश्य परिचित थे। जिनसेन अपने आदिपुराण में कवि परमेश्वर की गद्य-कथा का उल्लेख करते हैं और उसे अपनी रचना का आधार मानते हैं। गुणभद्र जिनसेन की रचना पूरी करते हैं। अत: बहुत सम्भव है कि वह भी कवि परमेश्वर की कथा पर निर्भर रहे हों। कवि परमेश्वर की रचना अप्राप्य है लेकिन तिब्बती रामायण तथा अन्य ग्रन्थों में भी सीता मन्दोदरी की पुत्री मानी जाती है। अत: रामकथा का यह रूप सम्भवत: जनसाधारण में प्रचलित हुआ होगा और कवि परमेश्वर या गुणभद्र ने उसे जैनधर्म के ढाँचे में ढालकर अपनी रचना में स्थान दिया होगा। श्री नाथूराम प्रेमी[1] गुणभद्र की रामकथा के आधार के विषय में इस प्रकार लिखते हैं—'हमारा अनुमान है कि गुणभद्र से बहुत पहले विमलसूरि ही के समान किसी अन्य आचार्य ने भी जैनधर्म के अनुकूल सोपपत्तिक और विश्वसनीय स्वतंत्र रूप से रामकथा लिखी होगी और वह गुणभद्राचार्य को गुरु-परम्परा द्वारा मिली होगी।' गुणभद्र की गुरु-परम्परा के दो और नाम कन्नड़ भाषा के कवि चामुण्डराय की रचना में मिलते हैं। चामुण्डराय **त्रिषष्टिलक्षणमहापुराण** के लेखकों की निम्नलिखित सूची देते हैं—कूचि भट्टारक, नन्दिमुनीश्वर, कविपरमेश्वर, जिनसेन, गुणभद्र। गुणभद्र की रामकथा अन्य जैन रचनाओं में भी ज्यों-की-त्यों मिलती है।

६३. संस्कृत— गुणभद्रकृत **उत्तरपुराण** (नवीं श० ई०)[2]
कृष्णदास कविकृत **पुण्यचन्द्रोदयपुराण** (१६वीं श० ई०)
प्राकृत— पुष्पदन्तकृत **महापुराण, सन्धियाँ ६९-७९** (१०वीं श० ई०)
कन्नड़— चामुण्डरायकृत **त्रिषष्टिशलाकापुरुषपुराण** (१०वीं श० ई०)

---

१. दे० नाथूसम प्रेमी : जैन साहित्य और इतिहास, पृ० २८२।

२. भारतीय ज्ञानपीठ काशी का संस्करण (सन् १९५४)। मल्लिषेणकृत महापुराण (११वीं श० ई०) प्रकाशित नहीं है। १३०० ई० कें आशाधरकृत 'त्रिषष्टिस्मृतिशास्त्रम्' (मानिकचन्द जैन ग्रन्थमाला नं० ३६) में जिनसेन तथा गुणभद्र का सार मिलता है। रामकथा ८१ श्लोकों में समाप्त की जाती है।

बन्धुवर्मा का **जीवनसम्बोधन** (१२०० ई०)

नागराजकृत **पुण्याश्रवकथासार** (१३३१ ई०)

पुण्यचन्द्रोदयपुराण छोड़कर उपर्युक्त रचनाओं में रामकथा के अतिरिक्त अन्य ६३ महापुरुषों के चरित भी मिलते हैं। गुणभद्र की रामकथा का संक्षिप्त कथानक इस प्रकार है :

६४. दशरथ (वाराणसी के राजा) के चार पुत्र उत्पन्न होते हैं—राम सुबाला के गर्भ से, लक्ष्मण कैकेयी के गर्भ से और बाद में जब दशरथ अपनी राजधानी को साकेतपुर स्थापित कर चुके हैं तब भरत और शत्रुघ्न, किसी अन्य रानी के गर्भ से, जिसका नाम नहीं दिया जाता है। दशानन विनमि विद्याधर वंश के पुलस्त्य का पुत्र है। किसी दिन वह अमितवेग की पुत्री मणिमती को तपस्या करते देखता है और उस पर आसक्त होकर उसकी साधना में विघ्न डालने का प्रयत्न करता है। मणिमती निदान करती है : 'मैं उसकी पुत्री होकर उसे मारूँगी।' मृत्यु के बाद वह रावण की रानी मन्दोदरी के गर्भ में आती है। उसके जन्म के बाद ज्योतिषी रावण से कहते हैं कि वह आपका नाश करेगी। अत: रावण ने भयभीत होकर मारीचि को आज्ञा दी कि वह उसे कहीं छोड़ दे। कन्या को एक मंजूषा में रखकर मारीचि उसे मिथिला देश में गाड़ आता है। हल की नोक से उलझ जाने के कारण वह मंजूषा दिखलायी पड़ती है और लोगों द्वारा जनक के पास ले जायी जाती है। जनक मंजूषा को खोलकर एक कन्या को देखते हैं और उसका नाम सीता रखकर उसे पुत्री की तरह पालते हैं। बहुत समय के बाद जनक अपने यज्ञ की रक्षा के लिए राम और लक्ष्मण को बुलाते हैं। इस यज्ञ के समाप्त होने पर राम और सीता का विवाह होता है। इसके बाद राम सात अन्य कुमारियों से विवाह करते हैं और लक्ष्मण पृथ्वी देवी आदि १६ राज-कन्याओं से। दोनों दशरथ से आज्ञा लेकर वाराणसी में रहने लगते हैं।

नारद से सीता के सौन्दर्य का वर्णन सुनकर रावण उसे हर लाने का संकल्प करता है। सीता का मन जाँचने के लिए शूर्पणखा भेजी जाती है लेकिन सीता का सतीत्व देखकर वह रावण से यह कहकर लौटती है कि सीता का मन चलायमान करना असम्भव है। जब राम और सीता वाराणसी के निकट चित्रकूट वाटिका में विहार करते हैं तब मारीच स्वर्ण मृग का रूप धारण कर राम को दूर ले जाता है। इतने में रावण राम का रूप धारण कर सीता से कहता है कि मैंने मृग को महल भेजा है और उनको पालकी पर चढ़ने की आज्ञा देता है। यह पालकी वास्तव में पुष्पक है, जो सीता को लंका ले जाता है। रावण सीता का स्पर्श नहीं करता है क्योंकि पतिव्रता के स्पर्श से उसकी आकाशगामिनी विद्या नष्ट हो जायेगी।

दशरथ को एक स्वप्न द्वारा मालूम हुआ कि रावण ने सीता का हरण किया है और वह राम के पास यह समाचार भेजते हैं। इतने में सुग्रीव और हनुमान् बालि के विरुद्ध सहायता माँगने के लिए पहुँचते हैं। हनुमान् लंका जाते हैं और सीता को सान्त्वना देकर लौटते हैं। इसके बाद लक्ष्मण द्वारा बालि का वध होता है और सुग्रीव अपने राज्य पर अधिकार प्राप्त करता है। सेतुबन्ध का प्रसंग छोड़ दिया गया है; वानरों और राम की सेना विमान से लंका पहुँचाई जाती है। युद्ध के अपेक्षाकृत विस्तृत वर्णन के अन्त में लक्ष्मण चक्र से रावण का सिर काटते हैं। राम परीक्षा लिये बिना सीता को स्वीकार करते हैं। इसके बाद लक्ष्मण राम के साथ ४२ वर्ष तक दिग्विजय-यात्रा करते हैं और अर्द्धचक्रवर्ती बनकर अयोध्या लौटते हैं। अनन्तर दोनों का सम्मिलित अभिषेक सम्पन्न हो जाता है। लक्ष्मण की १६००० और राम की ८००० रानियाँ बतायी जाती हैं। कुछ वर्ष बाद राम तथा लक्ष्मण, अपने भाइयों

भरत तथा शत्रुघ्न को राज्य देकर वाराणसी चले आये। सीता के विजयराम आदि आठ पुत्र उत्पन्न होते हैं (सीता-त्याग का उल्लेख नहीं मिलता)। लक्ष्मण एक असाध्य रोग से मरकर रावण-वध के कारण नरक जाते हैं। राम लक्ष्मण के पुत्र पृथ्वीचन्द्र को राज्य-पद पर और सीता के कनिष्ठ पुत्र अजितंजय को युवराज पद पर अभिषिक्त कर सुग्रीव, हनुमान्, विभीषण आदि पाँच सौ राजाओं तथा १८० पुत्रों के साथ साधना करने जाते हैं; ३९५ वर्ष बीत जाने पर राम को केवल ज्ञान उत्पन्न हुआ। सीता भी अनेक रानियों के साथ दीक्षा लेती हैं। अन्त में राम तथा हनुमान् की मोक्ष-प्राप्ति का उल्लेख किया गया है; सीता स्वर्ग में पहुँचती हैं तथा लक्ष्मण के सम्बन्ध में कहा जाता है कि नरक से निकलकर वह भी संयम धारण करेंगे तथा मोक्ष प्राप्त कर सकेंगे।

द्वितीय भाग

रामकथा की उत्पत्ति

६. दशरथ-जातक की समस्या
७. रामकथा का मूल स्त्रोत
८. प्रचलित वाल्मीकिकृत रामायण के मुख्य प्रक्षेप
९. रामकथा का प्रारम्भिक विकास

अध्याय-६

दशरथ-जातक की समस्या

६५. दशरथ-जातक में रामकथा का जो रूप विद्यमान है, उसे अनेक विद्वान् **रामायण** की कथा का मूलरूप समझते हैं। डॉ० वेबर ने पहले-पहल इस मत का प्रतिपादन किया था। यद्यपि डॉ० याकोबी ने इसका खण्डन किया था, फिर भी आधुनिकतम काल तक दिनेशचन्द्र सेन आदि डॉ० वेबर का मत मानते चले आ रहे हैं।[1] प्रस्तुत अध्याय में इस विवादग्रस्त विषय से सम्बन्ध रखनेवाली सामग्री का पूरा विश्लेषण करना अनुचित नहीं होगा।

दशरथ-जातक पाली **जातकट्ठवण्णना** में सुरक्षित है। इस पुस्तक की प्रामाणिकता पर पहले परिच्छेद में प्रकाश डाला गया है और इसके बाद के दो परिच्छेदों में **दशरथ-जातक** की गाथाओं और गद्य का अलग-अलग विश्लेषण किया गया है। अध्याय के अन्त में **रामायण** और **बौद्ध-साहित्य** के पारस्परिक प्रभाव पर विचार किया जायेगा।

क—पाली जातकट्ठवण्णना की प्रामाणिकता

६६. बौद्ध त्रिपिटक (बौद्ध धर्म की श्रुति) तीसरी शताब्दी ई०पू० मगध देश में पाली भाषा में लिपिबद्ध किया गया था। इसके द्वितीय पिटक **(सुत्तपिटक)** के पाँचवें भाग का नाम **खुद्दक-निकाय** है। इसी **खुद्दक-निकाय** के अन्तर्गत जातकों की गाथाएँ दी गयी हैं और तीसरी शताब्दी ई०पू० से ही सुरक्षित हैं।[2] इन गाथाओं के साथ-साथ प्रारम्भ ही

---

१. दे० ए० वेबर : ऑन दि रामायण।
दिनेशचन्द्र सेन : दि बंगाली रामायन्स, पृ० ७ आदि।
ग्रियर्सन : ज० रा० ए० सो०, १९२२, पृ० १३५-३९।
डब्लू० स्टुटरहाइम : राम लेगण्डन एण्ड राम-रेलिफ्स इन इण्डोनेशियन, पृ० १०५।
जे० चिलुस्की: इण्डियन हिस्टॉरिकल क्वार्टर्ली, भाग १५, पृ० २८९।
डी० ए० नरसिंहाचार का मत है कि इस प्रश्न का निर्णय करना असम्भव है। (वही, पृ० ५८०)।
निम्नलिखित विद्वान् एच० याकोबी के अनुसार दशरथ-जातक में रामकथा का विकृत रूप देखते हैं—एम० मोनियेर विलियम्स : इण्डियन विजडम, पृ० ३१६ टि०।
सी०वी० वैद्य : दि रिडिल ऑव दि रामायण, पृ० ७३।
एम० विंटरनित्स : हि० इं० लि०, भाग १, पृ० ५०८।
सी० लैस्सन ने पहले-पहल इस मत का प्रतिपादन किया था। दे० इण्डियन एन्टीक्वेरी; भाग ३ (१८७४), पृ० १०२-०३।

२. दे० टी० डब्लू० रिजडेविड्स : बुद्धिस्ट इण्डिया, पृ० १८३।
एम० विंटरनित्स : हि० इं० लि० भाग २, पृ० ११५।
फिर भी इन गाथाओं में कहीं-कहीं परिवर्द्धन हुआ है। दे० इण्डियन हिस्टॉरिकल क्वार्टर्ली; भाग ४, पृ० ११-१२।

से गद्य की टीका भी प्रचलित हुई होगी, क्योंकि इसके बिना बहुत-सी गाथाएँ अपूर्ण और अबोधगम्य हैं। वर्तमान पाली **जातकट्ठवण्णना** पाँचवीं शताब्दी ई० की एक सिंहली पुस्तक का अनुवाद है। मूल सिंहली पुस्तक, जिसमें केवल गाथाएँ पाली में दी गयी थीं, आजकल अप्राप्य है। इसके अज्ञात लेखक का कहना है कि मैंने अनुराधपुर की परम्परा के आधार पर अपनी रचना की है।[१]

उपर्युक्त परिचय से स्पष्ट है कि गाथाओं की अपेक्षा जातकों का गद्य बहुत कम महत्त्वपूर्ण और प्रामाणिक है। ये कथाएँ पाँचवीं ई० में परम्परा के आधार पर लिपिबद्ध की गयी हैं। शताब्दियों तक अस्थिर रहने के कारण इनमें परिवर्तन और परिवर्द्धन की सम्भावना रही है। इस गद्य को तीसरी श० ई० पू० की अखण्ड परम्परा मानना और इसके आधार पर **रामायण** के मूलरूप के सम्बन्ध में किसी सिद्धान्त का प्रतिपादन करना अवैज्ञानिक है। वास्तव में **जातकट्ठवण्णना** में अनेक स्थलों पर गाथाओं और गद्य में विरोध और असंगति दिखलायी पड़ती है। एक जातक (नं० २५३) **विनयपिटक** और **जातकट्ठवण्णना**, दोनों में मिलता है। गाथा तो एक ही है लेकिन गद्य दोनों ग्रन्थों में भिन्न है, जिससे स्पष्ट है कि जातकों के गद्य की प्रामाणिकता सन्दिग्ध है।[२]

ख—दशरथ-जातक की गाथाएँ

६७. दशरथ-जातक में जो रामकथा मिलती है, वह रामायणीय कथा का विकृत रूप माना जाना चाहिए। इसके प्रमाण तीसरे परिच्छेद में दिये जायेंगे। हमारे तर्कों का एक महत्त्वपूर्ण आधार यह है कि इस **जातक** की सारी कथाएँ गद्य में दी गयी हैं और पुरानी गाथाओं से कोई विशेष सम्बन्ध नहीं रखतीं। प्रस्तुत परिच्छेद में इन गाथाओं का अलग विश्लेषण किया गया है।

ये गाथाएँ स्वाभाविक रूप से तीन भागों में विभक्त की जा सकती हैं अर्थात् जलक्रिया, अनित्यता का उपदेश और राम का राज्य-काल।[३]

६८. जलक्रिया (गाथा १)

एथ लक्खण सीता च उभो ओतरथोदकं।
एवायं भरतो आह राजा दशरथ मतो॥ १॥

'लक्ष्मण और सीता दोनों जल में उतरें, क्योंकि भरत कहते हैं—राजा दशरथ मर गये।'

यह पहली गाथा स्पष्टतया **रामायण** में वर्णित जलक्रिया से सम्बन्ध रखती है। **रामायण** के निम्नलिखित श्लोक प्रस्तुत गाथा से मिलते-जुलते हैं। राम-लक्ष्मण से कहते हैं :

भरतो दुःखमाचष्टे स्वर्गतिं पृथिवीपते॥ १५॥
जलक्रियार्थं तातस्य गमिष्यामि महात्मनः॥ २०॥

१. अनुराधपुर की यह परम्परा आजकल एक अप्राप्य पाली जातकट्ठ-कथा पर निर्भर है; इसका अनुवाद सिंहली में हुआ था।

२. हेर्टेल : जर्मन ओरियण्टल जनरल, भाग ६०, पृ० ३६६ आदि। शार्पेटिये, वही, भाग ६२, पृ० ७२५ आदि। विंटरनित्स : हि० इं० लि०, भाग २, पृ० ११९ टि०।

३. दे० एन० बी० उतगिकर : ज० रा० ए० सो०, सेण्टीनरी सप्लीमेण्ट, पृ० २०३-२१। एच० लूडर्स : जर्नल गैटिंगन लर्नेड सोसाइटी, १८९७, पृ० ४० और जर्मन ओरियण्टल जर्नल, भाग ५८, पृ० ६८७ आदि। इस परिच्छेद में इन दोनों विद्वानों से विशेष सहायता मिली है। पाठ के लिए, दे० फासबाल, दि जातक, भाग ४, नं० ४६१।

सीता पुरस्ताद् व्रजतु त्वमेनामभितो व्रज।
अहं पश्चाद् गमिष्यामि गतिर्ह्येषा सुदारुणा॥ २१॥ (रा० २, १०३)

पाली **जातकट्ठवण्णना** में इस गाथा को एक भिन्न अर्थ देने का प्रयत्न किया गया है। प्रसंग निम्नलिखित है :

लक्ष्मण और सीता की अनुपस्थिति में भरत ने वनवासी राम के पास आकर उनको दशरथ के देहान्त का समाचार सुनाया है। शाम को लक्ष्मण और सीता वन से लौटते हैं। इसके बाद वृत्तान्त का अनुवाद इस प्रकार है—

'रामपण्डित ने सोचा, ये दोनों जवान हैं और मेरे समान बुद्धिमान् नहीं हैं। सहसा पिता का मरण सुनने पर इस (समाचार) का शोक उनके लिए असह्य होगा और न जाने उनका हृदय विदीर्ण हो जाये। किसी उपाय से मैं दोनों को पानी में उतरने के लिए कहूँगा और फिर समाचार सुनाऊँगा। तब सामने का जलाशय दिखलाकर राम ने कहा—तुम दोनों अधिक देर से आये हो। यह तुम्हारा दण्ड है, इस पानी में उतरकर वहाँ खड़े रहो। तब उन्होंने अर्द्धगाथा सुनायी :

'लक्ष्मण और सीता दोनों जल में उतरें'।

राम के इसी शब्द को सुनकर दोनों पानी में उतरकर खड़े रहे। इसके अनन्तर गाथा का उत्तरार्द्ध सुनाकर राम ने उनको समाचार दिया।

'भरत कहते हैं : राजा दशरथ मर गये'।

पिता के देहान्त का समाचार सुनकर दोनों मूर्च्छित होकर गिर पड़े। राम ने उनसे फिर यही कहा और वे पुनः मूर्च्छित होकर गिर गये। जब दोनों तीसरी बार मूर्च्छित होकर गिरे तब अमात्यों ने उनको उठाया और जल से निकाल स्थल पर बिठाया।

इस उद्धरण से स्पष्ट है कि **जातक** का प्रसंग मौलिक नहीं है। लेखक सम्भवतः **रामायण** में उल्लिखित जलक्रिया से अपरिचित था और इसलिए उसने यह कष्ट कल्पना की होगी।

६९. अनित्यता का उपदेश (गाथा २-१२)

केन रामाप्यभावेन सोचितव्यं न सोचसि।
पितरं कालकतं सुत्वा न तं पसहते दुखं॥ २॥

'हे राम! शोक का कारण होते हुए भी आप किस धैर्य के बल पर शोक नहीं करते। पिता का देहान्त सुनने पर भी आप दुःख के वशीभूत नहीं होते।'

यं न सक्का पालेतुं पोसेन लपतं बहुं।
स किस्स विञ्ञु मेधावी अत्तानं उपतापये॥ ३॥

'बहुत विलाप करने पर भी जो रखा नहीं जा सकता, उसके लिए बुद्धिमान् शोक नहीं करता।'

दहरा च हि वृद्धा च ये बाला ये च पण्डिता।
अड्ढा चेव दलिद्दा च सब्बे मच्चुपरायना॥ ४॥

'बालक और वृद्ध, मूर्ख और पण्डित, धनी और दरिद्र सबों का मरण निश्चित है।'

फलानमिव पक्कानं निच्चं पपतना भयं।
एवं जातानं मच्चानं निच्चं मरणतो भयं॥ ५॥

'जिस तरह से पक्के फलों के गिरने का नित्य भय होता है, उसी तरह जन्म लिये हुए मनुष्यों को मरण का भय बना रहता है।'

सायमेके न दिस्संति पातो दिट्ठा बहुज्जना।
पातो एके न दिस्संति सायं दिट्ठा बहुज्जना॥ ६॥

'बहुत-से लोग, जो प्रातःकाल दृष्टिगत होते हैं, इनमें कई सायंकाल नहीं दिखलायी देते हैं और बहुत-से लोग, जो सायंकाल दृष्टिगत होते हैं, इनमें से कई प्रातःकाल नहीं दिखलायी देते हैं।'

परिदेवयमानो चे कंचिदत्थं उदब्बहे।
सम्मूल्हो हिंसमत्तानं कयिर चेनं विचक्खणो॥ ७॥

'अपने आपको दुःख देनेवाले मूर्ख को यदि विलाप करने से कुछ अर्थ प्राप्त होता, तो बुद्धिमान् भी यही करता।'

किसो विवण्णो भवति हिंसमत्तानमत्तनो।
न तेन पेता पालेति निरत्था परिवेदना॥ ८॥

'अपने आपको दुःख देने से वह कृश और विवर्ण हो जाता है। इससे मृत पुनर्जीवित नहीं होते, (अतः) विलाप निरर्थक है।'

यथा सरणमादित्तं वारिना परिनिब्बये।
एवमपि धीरो सुतवा मेधवी पण्डितो नरो।
खिप्पमुप्पतितं सोकं वातो तूलं व धंसये॥ ९॥

'जिस प्रकार जलता हुआ घर पानी के द्वारा बुझाया जाता है, उसी प्रकार धीर, श्रुतिमान्, बुद्धिमान् और पण्डित शीघ्र ही अपने शोक का उसी भाँति उन्मूलन करते हैं, जिस भाँति पवन कपास को छितराता है।'

एको व मच्चो अच्चेति एको व जायते कुले।
सञ्ञोगपरमा त्वेव संभोगा सब्बपाणिनं॥ १०॥

'मनुष्य अकेला मर जाता है और अकेला कुल में जन्म लेता है। सब प्राणियों का सुख एक-दूसरे के सम्बन्ध पर निर्भर रहता है (अथवा सब प्राणियों के सुख का उद्देश्य है, उनका संयोग या मैत्री)।'

तस्सा ही धीरस्स बहुस्सुतस्स
सम्पस्सतो लोकमिमं परं च।
अञ्ञाय धर्म्मं हृदयं मनं च।
सोका महन्तापि न तापयंति॥ ११॥

अतः जो इहलोक और परलोक (का यथार्थ रूप) देखनेवाले और धर्म को जाननेवाले[१] धीर और श्रुतिमान् मनुष्य होते हैं, इनका हृदय और मन महान् शोक से भी सन्तप्त नहीं होता।'

सोहं दस्सं च भोक्खं च भरिस्सामि च नातके।
सेसं सम्पालयिस्सामि किच्चमेवं विजानतो॥ १२॥

'सो मैं (दान) दूँगा और (स्वयं भी धन का) उपभोग करूँगा तथा अपने सम्बन्धियों का भरण-पोषण करूँगा। दूसरों का भी (अथवा जो जीवित हैं, उनका) मैं पालन करूँगा—यही बुद्धिमान् का कर्तव्य है।'

७०. इस उपदेश की प्रथम गाथा में राम से यह प्रश्न किया जाता है कि पिता का मरण सुनकर आप किस धैर्य के बल पर शोक नहीं करते। इसके बाद की गाथाओं में[२] शोक की व्यर्थता पर एक उपदेश उद्धृत किया गया है। जातक के गद्य के अनुसार ये राम के शब्द हैं लेकिन इस

---

१. अथवा—'और इसका (इहलोक और परलोक का) तत्त्व जाननेवाले।'

२. गाथा ११ से उपदेश समाप्त प्रतीत होता है। गाथा १२ का न तो कोई पूर्वापर सम्बन्ध है और न इसमें रामकथा की ओर निर्देश मिलता है। जातक में यह गाथा उपदेश का अंश मानी जाती है।

सारे उपदेश में कहीं भी रामकथा की ओर किंचित् भी निर्देश नहीं मिलता। डॉ० विंटरनित्स का कहना है कि **रामायण** में राम अपने पिता के देहान्त का समाचार सुनकर अत्यन्त शोक करते हैं (रा० २, १०३, १ आदि) और केवल बाद में भरत को सान्त्वना देते हैं (रा०२,१०५, १५-४२)। **जातक** में राम किंचित् भी शोक नहीं करते। इसमें बौद्ध प्रभाव स्पष्ट है। डॉ० विंटरनित्स[1] अनुमान करते हैं कि पुरानी गाथाओं में भी राम अत्यन्त शोकातुर दिखलाये गये थे और बौद्धों ने उन गाथाओं को नया रूप दिया है। राम के शोक से सम्बन्ध रखनेवाली गाथाएँ छोड़ दी गयी हैं, इतना ही हम स्वीकार कर सकते हैं। लेकिन गाथाओं का वर्तमान रूप बौद्धों द्वारा निर्मित है, यह मानने की कोई आवश्यकता नहीं होती। मृत सम्बन्धियों के कारण शोक करना व्यर्थ है, यह कोई विशेष बौद्ध धारणा नहीं है। **महाभारत** के अनेक स्थलों पर 'शोकापनोदनम्' के अन्तर्गत प्रस्तुत गाथाओं से मिलते-जुलते श्लोक पाये जाते हैं। भगवद्गीता में लिखा है :

जातस्य हि ध्रुवो मृत्युर्ध्रुवं जन्म मृतस्य च।
तस्मादपरिहार्येऽर्थे न त्वं शोचितुमर्हसि॥ (२, २७)

इस प्रकार के और बहुत-से उदाहरण दिये जा सकते हैं। अत: **जातक** की गाथाओं की शिक्षा बौद्धों की अपनी नहीं है। जलक्रिया सम्बन्धी गाथा की तरह ये गाथाएँ भी बौद्धों द्वारा ज्यों-की-त्यों अपना ली गयी होंगी। फिर भी उन गाथाओं में से केवल एक ही रामायण में मिलती है :

यथा फलानां पक्वानां नान्यत्र पतनाद् भयम्।
एवं नरस्य जातस्य नान्यत्र मरणाद् भयम्। (रा० २, १०५, १७)

अत: हमें मानना पड़ेगा कि **दशरथ-जातक** की गाथाएँ **वाल्मीकि रामायण** पर निर्भर नहीं हो सकतीं। इनका मूल स्रोत कोई प्राचीन आख्यान रहा होगा।[2]

७१. राम का राज्य-काल (गाथा १३)

दस वस्ससहस्सानि सट्ठि वस्ससतानि च।
कम्बुग्रीव महाबाहु रामो रज्जमकारयि॥१३॥

'कम्बुग्रीव महाबाहु राम ने सोलह सहस्र वर्ष तक राज्य किया।'

वाल्मीकि रामायण, **महाभारत** और **हरिवंश**, तीनों में इस गाथा का संस्कृत रूप पाया जाता है। **रामायण** में :

दशवर्षसहस्राणि दश वर्ष शतानि च।
भ्रातृभिः सहित श्रीमान् रामो राज्यमकारयत्॥
(६, १३१, १०६, दक्षिण संस्करण)

दशवर्षसहस्राणि दशवर्षशतानि च
रामो राज्यमुपासित्व ब्रह्मलोकं प्रयास्यति॥ (१, १, ९७)

महाभारत में—

दशवर्ष सहस्राणि दशवर्षशतानि च।
राज्यं कारितवान् रामस्ततस्तु त्रिदिवं गतः॥ (३, १४७, ३८)
श्यामो युवा लोहिताक्षो मत्तवारणविक्रमः।
दश वर्ष सहस्राणि रामो राज्यमकारयत्॥ (१२, २९, ५४)

---

१. दे० हि० इं० लि० : भाग १, पृ० ५०८।

२. डॉ० लूडर्स (दे० गैटिंगन जर्नल, १८९७ पृ० १३०) के अनुसार यह पाली में था; डॉ० याकोबी मूल रूप को संस्कृत में मानते हैं।

हरिवंश में—

दशवर्ष सहस्राणि दशवर्षशतानि च
अयोध्याधिपतिर्भूत्वा रामो राज्यमकारयत्॥ (१,४१,१५१)

इन उद्धरणों से स्पष्ट है कि पाली गाथा और संस्कृत श्लोक का मूल स्रोत एक ही है। यह पाली गाथा **दशरथ-जातक** के समोधान में दी जाती है। यह समोधान, इस एक गाथा को छोड़कर, गद्य में ही लिखा गया है—इससे डॉ० याकोबी अनुमान करते हैं कि यह गाथा कहीं से उद्धृत की गयी है। इस जातक की वर्तमान कथा में 'पोराणकपण्डिता' का उल्लेख है, अतः प्रस्तुत गाथा का मूल स्रोत कोई प्राचीन काव्य रहा होगा और बहुत सम्भव है कि यह 'वाल्मीकिकृत' **रामायण** ही हो। डॉ० याकोबी का यह अनुमान चिन्त्य अवश्य है। **जातक** की अधिकांश गाथाओं का मूल स्रोत वाल्मीकिकृत **रामायण** नहीं हो सकती; यह ऊपर दिखलाया गया है, अतः इस गाथा के विषय में भी हम निश्चयपूर्वक नहीं कह सकते हैं कि **रामायण** ही इसका मूल स्रोत है। फिर भी इसमें सन्देह नहीं है कि यह किसी प्राचीन राम-सम्बन्धी उपाख्यान या गीत से बौद्धों द्वारा अपनायी गयी है।[1] जातक में जो 'पोराणकपण्डिता' का उल्लेख मिलता है इससे इस निर्णय की पुष्टि होती है।

७२. दशरथ-जातक की गाथाओं का विश्लेषण ऊपर किया जा चुका है। इनमें कहीं भी बौद्धों द्वारा कल्पित सामग्री हो, यह मानने की कोई भी आवश्यकता नहीं है। इसके अतिरिक्त पहली गाथा के प्रसंग-परिवर्तन से स्पष्ट है कि इनका मूल स्रोत बौद्ध साहित्य को छोड़कर ब्राह्मण धर्म के वातावरण में निर्मित पुराने आख्यान-साहित्य में और राम-सम्बन्धी प्राचीन गीतों में ढूँढ़ना चाहिए।

ग—दशरथ-जातक की रामकथा

(अ) डॉ० वेबर का मत

७३. डॉक्टर वेबर[2] के अनुसार **दशरथ-जातक** में रामकथा का पूर्व-रूप रक्षित है। इसके अतिरिक्त वे पाँचवीं शताब्दी ई० की दो अन्य बौद्ध रचनाओं में इस कथा के प्राचीनतम तत्त्व पाते हैं।

धम्मपद की टीका[3] में निम्नलिखित कहानी मिलती है। यह ज्यों-की-त्यों पाली **जातकट्ठवण्णना** में भी उद्धृत है (दे० नं० ६ देवधम्मं जातक)।

वाराणसी के राजा[4] के दो पुत्र थे—महिसास (क) और चन्द। उनकी माता के मरने पर राजा ने फिर विवाह किया। नयी महिषी के सूर्य नामक एक पुत्र उत्पन्न हुआ। इसी अवसर पर राजा से उसको एक वर भी मिला। जब सूर्य युवावस्था को प्राप्त हुआ तब रानी ने वर के बल पर अपने पुत्र के लिए राजसिंहासन का अधिकार माँगा। राजा ने स्पष्ट अस्वीकार किया। लेकिन महिषी के षड्यंत्रों से भयभीत होकर उन्होंने अपने पुत्रों को यह कहकर वनवास दिया—'मेरे मरने के बाद लौटकर राज्य पर अधिकार प्राप्त करना।' सूर्य अपने दोनों भाइयों के साथ स्वेच्छा से चला गया।

---

१. डॉ० लूडर्स का मत है कि मूल पाली में ही था : "दशरथ-जातक की गाथा १३ रामायण आदि के संस्कृत श्लोक का अनुवाद है, इसके लिए कोई प्रमाण नहीं दिया जा सकता है।"

२. दे० ए० वेबर: ऑन दि रामायण।

३. दे० एच० सी० नार्मन : कमेण्टरी ऑन धम्मपद, भाग ३, ७३; बर्लिनगेम, हार्वर्ड ओरियण्टल सीरीज़, भाग २९, पृ० ३०९।

४. देवधम्म जातक में इनका नाम 'ब्रह्मदत्त' भी दिया जाता है।

राजा के मरने के पश्चात् तीनों बनारस लौटते हैं। महिसासक राजा बन जाते हैं, चन्द उपराजा और सूर्य सेनापति।

यही संक्षेप में **धम्मपद टीका** की कथा है। डॉ० वेबर के अनुसार यह **दशरथ-जातक** का प्रथम रूप है। आगे चलकर वह बुद्धघोष की **सुत्तनिपात-टीका**[१] में वर्णित शाक्य तथा कोलिय वंशों की उत्पत्ति की कथा में (२,१३) **दशरथ-जातक** का द्वितीय रूप देखते हैं। इस कथा के चार भाग हैं, जिनमें से पहले दो भाग हमारे विषय से सम्बन्ध रखते हैं।

७४. (१) शाक्यों की उत्पत्ति : वाराणसी की पटरानी की नौ सन्तानें थीं—चार पुत्र और पाँच पुत्रियाँ। उसके मर जाने के बाद अम्बट्ठ राजा ने नया विवाह किया और अपनी युवती पत्नी को पटरानी बनाया **(अग्गमहेसि ट्ठने ठपसि)**। नयी पटरानी के पुत्र उत्पन्न होने पर राजा ने उसको एक वर दिया और उसने अपने पुत्र के लिए राजसिंहासन माँगा। राजा ने पहले अस्वीकार किया फिर भी उसने अपने नौ पुत्र-पुत्रियों को यह कहकर वनवास दिया, 'मेरी मृत्यु के पश्चात् आओ और राज्य पर अधिकार प्राप्त करो।' बहुत-से लोग उनके साथ चल दिये और सबों ने वन में एक नगर बसाया। नगर को 'कपिलवत्थु' नाम दिया गया, क्योंकि उसी स्थान पर कपिल नामक तपस्वी तपस्या करते थे। राजसन्तान से विवाह करने योग्य वन में कोई नहीं था, इसलिए चारों राजकुमार अपनी बहनों से ही विवाह करने के लिए बाध्य हुए। ज्येष्ठा कन्या पिया अविवाहित रहकर सबों की माता मानी जाने लगी। यही शाक्यों की उत्पत्ति की कथा है।

(२) कोलियों की उत्पत्ति : कुछ समय बाद अविवाहित पिया को कुष्ठ रोग हो गया। इस पर वह वन के किसी एकान्त स्थान पर छोड़ दी गयी। इसी वन में राम नामक एक राजा रहते थे। कुष्ठ रोग के कारण राजा राम भी, अपने पुत्र को राज्य देकर, वन में आये थे और ओषधीय पौधों का सेवन कर स्वस्थ हो गये थे। इन्हीं पौधों द्वारा पिया की चिकित्सा करके, राम ने इससे विवाह किया और ३२ पुत्र उत्पन्न किये (१६ यमल)। इसके बाद उसने वन में 'कोलनगर' बसाया और शाक्य राजकुमारियों से अपने पुत्रों का विवाह करवाया। यही कोलिय वंश की उत्पत्ति की कथा है।

(३) शाक्यों और कोलियों का युद्ध : कोलिय-वंश में उत्पन्न भगवन्त बुद्ध ने, शाक्यों और कोलियों में जो युद्ध प्रारम्भ हुआ था, उसे शान्त कर दिया।

(४) शाक्य तथा कोलिय प्रत्येक वंश के २५० राजकुमार भिक्षु बन गये थे। वे अपने वैराग्य में दृढ़ न होकर लौटने की अभिलाषा करते हैं। तब महात्मा बुद्ध उनको **महाकुणाल-जातक** सुनाकर, उनकी संसार में आसक्ति को दूर करते हैं।[२]

७५. डॉ० वेबर के अनुसार रामकथा का विकास इस प्रकार हुआ[३]—**धम्मपद** और **सुत्तनिपात** की टीकाओं में विमाता की ईर्ष्या के कारण राजसन्तति को वनवास दिया जाता है, भाई-बहन का विवाह होता है और राम के नाम का भी उल्लेख होता है।

---

१. दे० इण्डिशा स्टुडियन : भाग ५, पृ० ४१२ आदि। एच० स्मिथ : सुत्त-निपात कमेण्टरी (परमत्थजोतिका) पाली टेक्स्ट सोसाइटी, १९१६।

२. तीसरे और चौथे भाग के लिए दे० कुणाल जातक की वर्तमान कथा, जातक नं० ५३६।

३. रचनाकाल के अनुसार तीनों रचनाओं का क्रम यों है—१. बुद्धघोषकृत सुत्तनिपात टीका (४१०-४३२ ई०), २. जातककट्ठवण्णना, ३. धम्मपद टीका (४५० ई०)। दे० हार्वर्ड ओरियण्टल सीरीज, भाग २८, पृ० ५८।

दशरथ-जातक में विमाता के कारण वनवास और भाई-बहन के विवाह के साथ-साथ दशरथ, लक्ष्मण, भरत और सीता, ये नाम भी मिलते हैं और राम, पराये न होकर, राजकुमारों के ज्येष्ठ भाई बन जाते हैं।

रामायण में राजकुमारों की राजधानी वाराणसी से अयोध्या बन जाती है, वनवास का स्थान हिमालय से दण्डकारण्य में बदल जाता है और राम तथा सीता भाई-बहन न होकर प्रारम्भ ही से विवाहित होते हैं। इन परिवर्तनों के अतिरिक्त सीताहरण और रावण-वध, ये नये वृत्तान्त भी जोड़े गये हैं।

रामायण में सीता के वनवास के अन्त तक कोई सन्तान नहीं होती, डॉ० वेबर के अनुसार यह **दशरथ-जातक** की कथा का प्रभाव है, जिसमें वनवास के बाद ही उनका विवाह होता है। वाराणसी का अयोध्या बनना भी बौद्धकथाओं के कारण हुआ। शाक्य और कोलिय वंशों की राजधानियाँ क्रमशः कपिलवत्थु और कोलनगर थीं; दोनों नगर अयोध्या के पड़ोस में थे। वनवास का स्थान इसलिए बदल गया है कि सीताहरण और रावण-वध का वृत्तान्त जोड़ना था। (अन्तिम विषय का आधार यूनानी कवि होमर की रचना है, दे० आगे अनु० ९२)।

७६. श्री दिनेशचन्द्र सेन भी **दशरथ-जातक** में रामकथा का आधार और पूर्वरूप देखते हैं।[1] वे **दशरथ-जातक** को छठी शताब्दी ई० पू० का मानते हैं, **रामायण** में एकाध पाली गाथाओं का संस्कृत अनुवाद पाते हैं और अन्तरंग प्रमाण भी देते हैं—'**रामायण** और बौद्ध-कथा की तुलना करने पर स्पष्ट है कि विश्वकवि वाल्मीकि ने कितने कौशल से इस अपरिष्कृत बौद्ध-कथा को उत्कर्ष की सीमा तक पहुँचाया है।' इस तर्क का इस तरह प्रत्युत्तर दिया जा सकता है : '**रामायण** तथा बौद्ध-कथा की तुलना करने पर स्पष्ट हैं कि बौद्धों ने **रामायण** के कारुणिक कथानक को शोक की व्यर्थता के एक उपदेश मात्र में बदल दिया है।'

७७. डॉ० वेबर तथा श्री दिनेशचन्द्र सेन जातकों की गाथाओं और गद्य, इन दोनों की प्रामाणिकता में कोई भेद नहीं मानते यद्यपि दोनों के रचनाकाल में शताब्दियों का अन्तर है। यह तर्क **दशरथ-जातक** के विषय में विशेष महत्त्वपूर्ण है क्योंकि इसमें प्रायः समस्त कथा गद्य में ही दी गयी है। पहली गाथा का जो प्रसंग **दशरथ-जातक** में दिया गया है, वह मौलिक नहीं है और अन्य गाथाओं का मूल स्रोत भी कोई पुराना **रामायण** से मिलता-जुलता उपाख्यान रहा होगा, यह सम्भवतः गाथाओं के उपर्युक्त विश्लेषण से स्पष्ट हो गया है।

इसके अतिरिक्त डॉ० वेबर के मत का खण्डन करने के लिए निम्नलिखित तर्क दिये जा सकते हैं :

(१) **दशरथ-जातक** की रामकथा की अन्तरंग समीक्षा करने पर वह **रामायण** की कथा का विकृत रूप मात्र सिद्ध होती है (दे० अगला परिच्छेद)।

(२) डॉ० वेबर का मत इस धारणा पर निर्भर प्रतीत होता है, 'जिस कथा में अपेक्षाकृत कम पात्र, कम घटनाएँ, कम तत्त्व मिलते हैं, वह निस्सन्देह पूर्वकृत होगी।' ऐसी धारणा निर्मूल है। इसका प्रमाण **दशरथ-कथानकम्** में मिलता है। यह कथा एक संग्रह में पायी जाती है, जिसकी रचना दूसरी श० ई० के बाद हुई थी। इस **दशरथ-कथानकम्** में सीता का या किसी राजकुमारी का कोई भी उल्लेख नहीं है।

---

१. दे० दि बंगाली रामायन्स, पृ० ७ आदि।

रामकथा का यह रूप दूसरी श० ई० के बाद भी बौद्ध जगत् के किसी प्रदेश में प्रचलित रहा होगा। अत: डॉ० वेबर के अनुसार रामकथा के विकास के विभिन्न सोपान निर्धारित करने की युक्ति अत्यन्त अनुपयोगी सिद्ध होती है। **दशरथ-कथानकम्** के रचनाकाल में **वाल्मीकि रामायण** भारतवर्ष में प्रसिद्ध हो चुका था। फिर भी डॉ० वेबर की युक्ति के अनुसार **दशरथ-कथानकम्** के वृत्तान्त में इन सब रचनाओं के पहले की रामकथा का रूप विद्यमान है।

(३) रामकथा का विकसित रूप, जो **वाल्मीकि रामायण** में भी पाया जाता है, वह प्राचीनकाल में ही बौद्धों में प्रचलित था। इसके संकेत पाली **जातकट्ठवण्णना** की अन्य गाथाओं से मिलते हैं (दे० नीचे अनु० ८३)। **अनामकं जातकम्** में भी रामकथा का विकसित रूप मिलता है (दे० अनु० ५२)। इस जातक का २५४ ई० में चीनी भाषा में अनुवाद हुआ था।

इसके अतिरिक्त अश्वघोष, **अभिधर्ममहाविभाषा** आदि प्राचीन बौद्ध ग्रन्थों में **वाल्मीकि रामायण** के निर्देश मिलते हैं।

७८. अश्वघोष। बुद्धचरित महाकाव्य से पता चलता है कि अश्वघोष (दूसरी शताब्दी ई० पूर्वार्द्ध) न केवल ब्राह्मण रामकथा से लेकिन वाल्मीकिकृत **रामायण** के पाठ से भी परिचित थे और इससे अपनी सारी रचना में प्रभावित हुए हैं।[१]

राम का आज्ञापालन (९, २५), उनका वन से लौटना[२] (९, ६७), दशरथ का पुत्रवियोग के कारण शोक (८, ७९, ८१)—इन सब में रामकथा के किसी निश्चित रूप की ओर निर्देश नहीं है। लेकिन वनवासी राम से वामदेव की भेंट (९, ९), वाल्मीकि (१, ४८) तथा सारथि सुमंत्र (६, ३६; ८, ८) का उल्लेख—यह रामायणीय रामकथा (विशेष करके अयोध्याकाण्ड)से सम्बन्ध रखता है।[३]

---

१. दे० सी० डब्लू० गर्नर : अश्वघोष एण्ड दि रामायण। जर्नल एण्ड प्रोसीडिंग्स एसियाटिक सोसाइटी, भाग २३, पृ० ३४७-३६७।
ए० बी० कीथ : संस्कृत लिटरेचर, पृ० ५९।
एम० विंटरनित्स : हि० इं० लि०, भाग १, ४९० और भाग २, २६२।
कावेल : दि बुद्धचरित ऑव अश्वघोष, भूमिका, पृ० १२।
ई० एच० जान्स्टन : बुद्धचरित, भूमिका।

२. राम के वन से लौटने का एक अन्य उल्लेख भी मिलता है।
महीं विप्रकृतामनार्यैस्तपोवनादेत्य ररक्ष राम: (९, ५९)।
'पृथ्वी को अनार्यों से पीड़ित देखकर राम ने वन से लौटकर उसकी रक्षा की।'
इसमें दशरथ-जातक तथा रामायण को छोड़कर रामकथा के किसी अन्य रूप की ओर निर्देश है। यह सम्भवत: अनामकं जातकम् हुआ होगा।

३. रामायण (५, ९-११) में रावण की सोती हुई पत्नियों का जो चित्र अंकित किया गया है, इससे अश्वघोष सिद्धार्थ के शयनागार के वर्णन में प्रभावित प्रतीत होते हैं (५, ४८-६२)। गजेन्द्रमृदिता: फुल्ला लता इव महावने। (रा० ५, ९, ४७)
गजभग्ना इव कर्णिकारशाखा। (बु० ५, ५१) इस प्रकार के अनेक उदाहरण मिलते हैं, जिनसे स्पष्ट है कि दोनों वर्णनों का मूल स्रोत एक है। यह वर्णन बुद्धचरित का एक आवश्यक अंश माना जाना चाहिए परन्तु रामायण में यह अनावश्यक लगता है। अत: इस वृत्तान्त का मूल स्रोत बुद्धचरित ही है और यह रामायण में प्रक्षिप्त है—यह कावेल और विंटरनित्स का तर्क है। कीथ मानते हैं कि अश्वघोष इसमें रामायण का अनुकरण करते हैं। यह अन्तिम मत अधिक समीचीन प्रतीत होता है।

इसके अतिरिक्त अश्वघोष के **सौन्दरनन्द** में वाल्मीकि को सीता के दोनों पुत्रों का शिक्षक बताया गया है। इससे यह ध्वनि निकलती है कि अश्वघोष उत्तरकाण्ड की कथावस्तु से अभिज्ञ थे।

बुद्धचरित के अनेक स्थलों पर **रामायण** की कथावस्तु से बहुत कुछ समानता मिलती है। सिद्धार्थ के बिना छन्दक के कपिलवस्तु में लौटने का सारा वर्णन सुमंत्र के प्रत्यागमन से प्रभावित हुआ है। कवि स्वयं दोनों वृत्तान्तों की तुलना करते हैं—

त्वामरण्ये परित्यज्य सुमंत्र इव राघवं। (६, २६)

और

मुमोक्ष वाष्पं पथि नागरो जनः पुरा रथे दाशरथेरिवागते (८, ८)

गौतमी के विलाप में (८, ५१-५८), जो राजमहल और वनवास का विरोध चित्रित किया गया है, वह **रामायण** में दशरथ (२, १२, ९७-१०१; २, ५८, ५-९) और कौशल्या के विलाप (२, ४३, १-२०) का स्मरण दिलाता है। दोनों में वनवासी पुत्र के पैदल जाने, भूमि पर शयन करने आदि का उल्लेख हुआ है।

प्रलम्बबाहुर्मृगराजविक्रमो महर्षभाक्षः कनकोज्ज्वलद्युतिः।
विशालवक्षा घनदुन्दुभिस्वनस्तथाविद्योऽप्याश्रमवासमर्हति॥

(बुद्धचरित ८, ५३)

नागराजगतिर्वीरो महाबाहुर्धनुर्धरः।
वनमाविशते नूनं सभार्यः सलक्ष्मणः॥ (रा० २, ४३, ६)
शुचौ शयित्वा शयने हिरण्यमये प्रबोध्यमानो निशि तूर्यनिस्वनैः।
कथं वत स्वप्स्यति सोऽद्यमे व्रती पटैकदेशान्तरिते महीतलै॥

(बु० ८, ५८)

दुःखस्यानुचितो दुःखं सुमंत्र शयनोचितः।
भूमिपालात्मजो भूमौ शेते कथमनाथवत्॥ (रा० २, ५८, ६)

७९. तीसरी श० ई० उत्तरार्द्ध की **अभिधर्ममहाविभाषा** में **रामायण** का उल्लेख किया गया है। यह रचना चीनी अनुवाद में सुरक्षित है।[१] इसमें लिखा है—'**रामायण** नामक ग्रन्थ में १२००० श्लोक हैं। ये श्लोक केवल दो विषयों से सम्बन्ध रखते हैं, (१) रावण द्वारा सीता का हरण और (२) राम द्वारा सीता की पुनःप्राप्ति तथा (अयोध्या में) प्रत्यागमन। बौद्ध ग्रन्थ इतने सरल नहीं होते। इनमें अपरिमित प्रकार की रचनाएँ मिलती हैं और इनके अर्थ असंख्य होते हैं।'

इसके अतिरिक्त तीन बौद्ध रचनाएँ और मिलती हैं, जिनसे पता चलता है कि **रामायण** का बौद्धों में पर्याप्त प्रचार था।[२] कुमारलातकृत **कल्पनामंडितिका** में (तीसरी श० ई० का अन्त) **महाभारत** और **रामायण** का उल्लेख हुआ है। वसुबन्धु (चौथी श० ई०) की जीवनी में

---

१. दे० केर्न : मेन्युएल ऑव बुद्धिम, पृ० १२१, ज० रा० ए० सो०, १९०७, पृ० ९९-१०३।

२. तीनों रचनाएँ केवल चीनी अनुवाद में सुरक्षित हैं।
दे० एम० विंटरनित्स : हि० इं० लि०, भाग २, पृ० २६९।
ए० बी० कीथ : संस्कृत लिटरेचर, पृ० ८ (भूमिका), ५६।
के० वतानबे : ज० रा० ए० सो०, १९०७, पृ० ९९-१०३।
एस० लेवी : जर्नल अज़ियटिक, १९१८, पृ० १ आदि।

भी यह कहा गया है कि वसुबन्धु **रामायण** की कथा सुना करते थे। **सद्धर्मस्मृत्युपाख्यानसूत्र** में **रामायण** का दिग्वर्णन उद्धृत है। यह रचना पहली शताब्दी ई० की मानी जाती है। इसका छठी शताब्दी में चीनी भाषा में अनुवाद हुआ था।

(आ) दशरथ-जातक की अन्तरंग समीक्षा

८०. रामकथा का जो रूप पाली **दशरथ-जातक** के गद्य में मिलता है, वह या तो **रामायण** ही पर अथवा **रामायण** से मिलती-जुलती किसी अन्य रामकथा पर निर्भर है। यह **दशरथ-जातक** की अन्तरंग परीक्षा से सिद्ध होता है।[1]

रामायण में कैकेयी ने वर के बल पर राम के लिए चौदह वर्ष तक वनवास माँग लिया था, अतः दशरथ के मरने के बाद राम का वन में रहना स्वाभाविक और आवश्यक है। लेकिन **दशरथ-जातक** में इसके लिए कोई समीचीन कारण नहीं मिलता। दशरथ ने राम और लक्ष्मण से कहा था कि वे उनकी मृत्यु के पश्चात् लौटें। तब उन्होंने ज्योतिषियों से अपना अन्तकाल पूछा था। यह समझकर कि मैं बारह वर्ष तक जीता रहूँगा, उन्होंने अपने पुत्रों से इस अवधि के अन्त में आने के लिए कहा था। फिर दोनों पुत्रों को एक ही आदेश मिला था। तब लक्ष्मण क्यों नौ वर्ष के बाद लौटते हैं?

रामायण की कथा में सीता का अपने पति के साथ चले जाना स्वाभाविक है। **दशरथ-जातक** में इसके लिए कोई ऐसा कारण नहीं है। सीता को विमाता के षड्यंत्रों की कोई आशंका नहीं थी। **जातक** में सीता दशरथ के मरने पर लक्ष्मण के साथ राजधानी को लौट आती हैं और राम तथा सीता का तीन वर्षों के वियोग के बाद विवाह होता है। इसमें सम्भवतः **रामायण** के सीताहरण के पश्चात् दोनों का संयोग प्रतिबिम्बित है।

८१. अब प्रश्न यह उठता है कि यदि **दशरथ-जातक** ब्राह्मण रामकथा पर निर्भर है तो दोनों में इतना अन्तर क्यों? इसके तीन मुख्य कारण स्पष्ट हैं। एक तो **दशरथ-जातक** का जो रूप **जातकट्ठवण्णना** में प्रस्तुत है, वह शताब्दियों तक अस्थिर रहने के बाद पाँचवीं शताब्दी ई० में लिपिबद्ध किया गया है। अतः इसमें परिवर्तन की सम्भावना रही है, विशेष करके दूर सिंहलद्वीप में, जहाँ **रामायण** की कथा उस समय कम प्रचलित थी। दूसरे, बौद्ध आदर्श और शैली का प्रभाव भी पड़ना अत्यन्त स्वाभाविक है। तीसरे, **दशरथ-जातक** की वर्तमान कथा के अनुसार महात्मा बुद्ध ने पिता के मरण से शोकातुर पुत्र को धैर्य देने के लिए दशरथ के मरने पर राम के धैर्य का उदाहरण देकर यह जातक कहा था। इस उद्देश्य के लिए सीताहरण का उल्लेख अनावश्यक था। इसके अतिरिक्त इस जातक के अनुसार महात्मा बुद्ध ही अपने पूर्व जन्म में रामपण्डित थे, अतः बौद्ध आदर्श के प्रतीकूल होने के कारण रावण-वध का अभाव स्वाभाविक है।

बौद्ध जातकों की शैली के अनुसार राजधानी, अयोध्या न होकर वाराणसी है। वनवास का स्थान हिमालय है, जो बौद्धकथाओं में अत्यन्त लोकप्रिय है और जिसका उल्लेख जातकों में निरन्तर होता रहता है।

वनवास का कारण विमाता के षड्यंत्रों का भय है, जो अनेक अन्य बौद्धकथाओं में भी मिलता है। राम और सीता, भाई-बहन का विवाह, महत्त्वपूर्ण परिवर्तन कहा जा सकता है लेकिन इसके लिए भी बौद्ध साहित्य में कई उदाहरण प्रस्तुत थे (दे० ऊपर अनु० ७३-७४ और कुणालजातक नं० ५३६)।

१. दे० एच० याकोबी : वही, पृ० ८५। सी० वी० वैद्य : वही, पृ० ७३।

दशरथ के अन्तकाल के विषय में ज्योतिषियों का कथन असत्य सिद्ध होता है। इसमें भी चिन्तामणि वैद्य बौद्ध प्रभाव देखते हैं। बौद्धों की ज्योतिषियों से जो अरुचि थी, यह इस भूल में प्रकट की गयी है।

सारांश यह है कि **दशरथ-जातक** में जो आन्तरिक असंगति मिलती है, वह वाल्मीकीय कथा का इस जातक का आधार होना सिद्ध करती है। दूसरी ओर जातक तथा रामायण में जो अन्तर पाये जाते हैं, वे भी उपर्युक्त कारणों से स्वाभाविक प्रतीत होते हैं।

घ—पाली त्रिपिटक और रामायण

८२. ऊपर के विश्लेषण से सिद्ध होता है कि **दशरथ-जातक** के गद्य में जो वृत्तान्त प्रस्तुत हुआ है, वह तो वाल्मीकीय रामकथा का विकृत रूप है ही और इस जातक की गाथाओं का भी मूल स्रोत बौद्ध नहीं है। फिर भी इनका आधार प्रचलित वाल्मीकिकृत **रामायण** भी नहीं हो सकता। अत: ये गाथाएँ पुराने आख्यानकाव्य पर निर्भर होंगी (दे० अनु० ७२)।

अब प्रश्न यह उठता है कि पाली त्रिपिटक की गाथाओं में जो थोड़ी-सी रामकथा-सम्बन्धी सामग्री सुरक्षित है, क्या वह **रामायण** का आधार माने जाने के लिए पर्याप्त है? इस प्रश्न को सुलझाने से पहले **दशरथ-जातक** को छोड़कर अन्य रामकथा से सम्बन्ध रखनेवाली सामग्री का निरूपण करना है, जो पाली त्रिपिटक में मिलती है।

८३. रामकथा-सम्बन्धी गाथाएँ। दशरथ-जातक की गाथाओं को छोड़कर पाली **जातकट्ठवण्णना** में दो गाथाएँ और मिलती हैं, जिनमें राम और सीता का उल्लेख हुआ है। इनसे पता चलता है कि गाथाओं के कवि वाल्मीकीय रामकथा से परिचित थे।

जयद्दिस-जातक (नं० ५१३) की गाथा १७ के अनुसार राम का वनवास हिमालय प्रदेश में न होकर दण्डकारण्य में है। एक माता अपने पुत्र से कहती है :

यं दण्डकारण्णगतस्स माता
रामस्सका सोत्थानं सुगत्ता
तं ते अहं सोत्थानं करोमि॥

"जिस तरह से दण्डकारण्यवासी राम की सुन्दर माता ने (अपने पुण्य द्वारा पुत्र का) कल्याण किया है, इस तरह मैं तेरा कल्याण (सोत्थानं स्वस्त्ययन) करती हूँ।" लेकिन दशरथ जातक के अनुसार राम के निर्वासन के समय उनकी माता का देहान्त हुआ था। **वेस्सन्तर जातक** (नं० ५४७) में मद्दी, वेस्सन्तर की पत्नी कहती है :

अवरुद्धस्सहं भरिया राजापुतस्स सिरीमतो।
तं चाहं नातिमण्णमि रामनि सीता वनुब्बता॥ (गाथा ५४१)

'मैं एक प्रतापवान् निर्वासित राजकुमार की भार्या हूँ। अनुगामिनी सीता जिस तरह से राम का आदर करती थीं, इस तरह मैं इनका आदर करती हूँ।' इससे यह ध्वनि निकलती है कि वनवास के समय राम और सीता का सम्बन्ध भाई-बहन का न होकर पति-पत्नी का था।

८४. सामजातक। सामजातक (नं० ५४०) का वृत्तान्त[१] **रामायण** की अन्ध-मुनि-पुत्रवध-सम्बन्धी कथा (दे० २, ६३-४) का एक अन्य रूप मात्र है। बौद्ध जगत्में इस **जातक**

---

१. दे० जे० शार्पेटिये : वियेना ओरियण्टल जर्नल, भाग २७, पृ० ९४; भाग २४, पृ० ३९७। एच० ओल्डेनबर्ग : जातक स्टुडियन, जर्नल गेटिंगन सोसाइटी, १९१८, पृ० ४५६ आदि। एम० विंटरनित्स : हि० इं० लि०, भाग १, पृ० ५०६; भाग २, पृ० १४७ आदि। दिनेशचन्द्र सेन : वही, पृ० १५ आदि।

की लोकप्रियता का प्रमाण यह है कि साँची और अमरावती के स्तूपों पर तत्सम्बन्धी चित्र अंकित किये गये हैं। पाली **जातकट्ठवण्णना** के अतिरिक्त यह जातक **महावस्तु** (२, २०९) में **श्यामक जातकम्** के नाम पर और **चरियापिटक** (३, १३) में **सुवण्णसामचरियम** के नाम पर पाया जाता है। लेकिन इन दोनों का वृत्तान्त बहुत संक्षिप्त है और इसका आधार स्पष्टतया **सामजातक** ही है।

दूसरी ओर **रामायण** के अतिरिक्त अन्ध-मुनि-पुत्र के वध की कथा **रघुवंश** (नवाँ सर्ग) आदि में भी मिलती है। परन्तु ये वृत्तान्त **रामायण** की तत्सम्बन्धी कथा पर निर्भर हैं और **सामजातक** से कोई सीधा सम्बन्ध नहीं रखते। अतः यहाँ पर पाली **जातक** और **रामायण** की कथा की तुलना पर्याप्त है। **सामजातक** का संक्षिप्त वृत्तान्त इस प्रकार है—निषादों के कुल में उत्पन्न दुकूलक और पारिका हिमालय प्रदेश के किसी आश्रम में तपोमय जीवन बिताते हैं। विवाहित होकर भी वे ब्रह्मचारी ही रहते हैं। बोधिसत्त्व अलौकिक रीति से पारिका के गर्भ से जन्म लेते हैं और साम कहलाते हैं। साम के १६वें वर्ष में दुकूलक और पारिका दोनों को एक सर्प अन्धा कर देता है। उसी समय से साम अपने माता-पिता की सेवा-शुश्रूषा करने लगते हैं।

एक दिन साम नदी से पानी लेने जाता है। उस स्थल पर वह काशी के राजा (पिलियक) के विषैले बाण से विद्ध होता है। राजा के पहुँचने पर उसे तनिक भी क्रोध नहीं आता किन्तु अपने अन्धे माता-पिता के भाग्य पर वह फूट-फूटकर रोने लगता है। राजा अन्धे माता-पिता के पास आकर उनके पुत्र के वध का समाचार देता है, जिसे सुनकर दुकूलक और पारिका रोने लगते हैं। उनके कहने से राजा दोनों को पुत्र के मृत शरीर के पास ले जाता है। माता-पिता मर्मस्पर्शी विलाप करते हुए शपथ (सच्चक्रिया) करते हैं। पारिका कहती है—यदि मेरा पुत्र माता-पिता का सच्चा भक्त था तो विष लुप्त हो जाय। दुकूलक भी अपने और अपनी पत्नी के नाम पर 'सच्चक्रिया' करता है। वनदेवी भी उसी तरह करती है। साम उठ बैठता है और राजा का स्वागत करता हुआ कहता है—'मैं केवल मूर्च्छित हुआ था। जो माता-पिता की सेवा करते हैं, वे दोनों लोकों में सुख पाते हैं।' इसके बाद साम राजा पिलियक को राजधर्म का उपदेश देता है।

रामायण की कथा में आहत मुनि-पुत्र अधिक उत्तेजित हो जाता है, उसके माता-पिता का विलाप अधिक हृदयस्पर्शी तथा करुणाजनक होता है और अन्त में वह पुनर्जीवित नहीं होता है। फिर भी दोनों वृत्तान्तों का पारस्परिक सम्बन्ध सन्दिग्ध नहीं कहा जा सकता।

कथा के अतिरिक्त शाब्दिक साम्य भी पाया जाता है :

> **अयं एकपदी राज** (गाथा २९)
> **इयमेकपदी राजन्** (रा० २, ६३, ४४)
> **अदूसक पितापुत्ता तयो एकूसूना हता** (गा० ३९)
> **वृद्धौ च मातापितरावहं चैकेषुणा हतः।** (रा० २, ६३, ३२)

वृद्ध पिता के विलाप में एक पूरी गाथा भी **रामायण** के एक श्लोक से बहुत मिलती-जुलती है,

> **को दानि भुंजयिस्ससि वनमूलफलानि च**
> **सामो अयं कालकतो अन्धानं परिचारक॥** (गा० ८५)
> **कन्दमूलफलं हृत्वा यो मां प्रियमिवातिथिम्**
> **भोजायिष्यत्यकर्मण्यमप्रग्रहमनायकम्॥** (रा० २, ६४, ३४)

ऐसा प्रतीत होता है कि **सामजातक** के सरल वृत्तान्त में इस कथा का प्राचीन रूप सुरक्षित है।[१] यह वृत्तान्त रामकथा से स्वतंत्र रूप में प्रचलित था। आगे चलकर **रामायण** की कथा में उसे एक नया काव्यात्मक रूप मिला है।

८५. वेस्सन्तर जातक। यह जातक बौद्ध जगत् में सबसे प्रसिद्ध और लोकप्रिय था। इसकी ७८६ गाथाओं में राजकुमार वेस्सन्तर की दानवीरता का चित्रण हुआ है। कथावस्तु इस प्रकार है[२]—राजकुमार वेस्सन्तर ने प्रतिज्ञा की थी कि मैं कोई भी माँगी हुई वस्तु देने से इनकार नहीं करूँगा। देश की भलाई का ध्यान न रखते हुए उसने एक अलौकिक हाथी दान में दिया। दण्डस्वरूप उसको वनवास दिया गया। उसकी पतिभक्त पत्नी मद्दी और दो पुत्र उसके साथ गये। वह चार घोड़ों के रथ में चले। पथ में एक ब्राह्मण भिखारी ने रथ माँग लिया। वेस्सन्तर ने उसे निस्संकोच दे दिया। अन्त में चारों एक कुटी में पहुँचकर वहीं निवास करने लगे। तब सक (शक्र) एक कुरूप ब्राह्मण के वेश में दिखायी पड़े और उन्होंने वेस्सन्तर के दोनों पुत्रों को दास के रूप में माँगा और प्राप्त किया। तत्पश्चात् ब्राह्मण ने पत्नी को भी माँग लिया। इस पर ब्राह्मण अपना परिचय देता है और कथा आनन्दपूर्वक समाप्त होती है।

इस **जातक** में अनेक स्थलों पर रामकथा से मिलते-जुलते प्रसंग मिलते हैं—राम के समान वेस्सन्तर का वनवास के पहले दान देना, कौशल्या का तथा वेस्सन्तर की माता का विलाप, वन और कुटी का वर्णन। मद्दी और सीता, दोनों अपने पति के साथ वन जाने के लिए अनुरोध करती हैं :

> **अग्गिं निज्जालयित्वान एकजालसमाहितम्।**
> **तत्थ मे मरणं सेय्यो यं चे जीवे तया विना॥** (गाथा ७३)
> **यदि मां दुःखितामेवं वनं नेतुं न चेच्छसि।**
> **विषमग्निं जलं वाहमास्थास्ये मृत्युकारणात्॥** (रा० २, २९, २१)

लेकिन दोनों रचनाओं में कहीं भी अक्षरशः एकरूपता नहीं मिलती। जो समानता मिलती है, वह सम्भवतः आधिकारिक वस्तु के सादृश्य के कारण उत्पन्न हुई है। इस **जातक** तथा **रामायण** के पारस्परिक प्रभाव के प्रमाण नहीं दिये जा सकते हैं। इतना ही असन्दिग्ध है कि **वेस्सन्तर जातक** का रचयिता रामकथा से परिचित था। (दे० ऊपर अनु० ८३ में उद्धत गाथा ४५१), लेकिन वह **रामायण** भी जानता था, इसके लिए **वेस्सन्तर जातक** में कोई आधार नहीं मिलता।

८६. सम्बुला जातक। सम्बुला जातक (नं० ५१९) में पतिभक्त सम्बुला का वृत्तान्त दिया गया है। अपने कुष्ठरोगी पति राजकुमार सोत्थिसेन के साथ वनवासी बनकर वह उसकी सेवा में अपना जीवन बिताती है। किसी दिन एक दानव सम्बुला को वन में देखता है और उसे अपनी पत्नी बनाना चाहता है। सम्बुला अस्वीकार करती है और सक्क (शक्र) द्वारा बचायी जाती है। इस घटना का वृत्तान्त सुनकर सोत्थिसेन अपनी पत्नी के सतीत्व पर

---

१. यही ओल्डेनबर्ग और विंटरनित्स का मत है। शार्पेण्टिये रामायण की कथा पूर्वकृत मानते हैं।

२. दे० जातकट्ठवण्णना का अन्तिम जातक, नं० ५४७। इसका उल्लेख मिलिन्द पान्ह (४, १, ३५; ४, ८, १) और चरिय-पिटक (१, ९) में हुआ है। दे० विंटरनित्स : हि० इं० लि०, भाग २, पृ० १५१-२।

सन्देह करता है। यह देखकर सम्बुला एक 'सच्चकिरियम्' (सच्चक्रिया) द्वारा अपने पति को नीरोग कर देती है।

तथा मं सच्चं पालेतु पालयिस्सति चे ममं
यथानं नाभिजानामि अज्जं पियतरं तया
रतेन सच्चवज्जेन व्याधि ते वूपसम्मति (उपशमति)। (गाथा २७)

इसके बाद दोनों राजधानी लौट जाते हैं। कृतघ्न सोत्थिसेन अन्य स्त्रियों के साथ विलास करके अपनी पत्नी को दुःख देता है। अन्त में अपने पिता के कहने पर वह सम्बुला से क्षमा माँगता है और दोनों का जीवन सुखमय बन जाता है।

सम्बुला और सीता, दोनों वनवासी पति की सेवा करती हैं। सम्बुला की सच्चक्रिया सीता की अग्निपरीक्षा के समय की शपथ का स्मरण दिलाती है। दानव और रावण, दोनों की धमकी में भी शाब्दिक समानता मिलती है : 'यदि तुम मेरी महिषी बनने के लिए सहमत नहीं हुईं तो तुम मेरा प्रातः का भोजन (पातरासाय—प्रातराश) बन जाओगी।'

नो चे तुवं महेसेय्यं सम्बुले कारयिस्ससि।
अलं त्वं पातरासाय मञ्ञे भक्खा भविस्ससि॥ (गाथा १०)
द्वाभ्यामूर्ध्वं तु मासाभ्यां भर्तारं मामनिच्छतीम्।
मम त्वं प्रातराशार्थे सूदाश्छेत्स्यंति खण्डशः॥ (रा० ५, २२, ९)

८७. महासुतसोम जातक। इस जातक (नं० ५३७) में एक गाथा पायी जाती है, जिसमें 'महासत्तो' (बोधिसत्त्व) एक 'पोरिसाद' (पुरुषाद) को भर्त्सना देकर कहते हैं—

पंच पंच नखा भक्खा खत्तियेन पजानता।
अभक्खं राजा भक्खेसि तत्मा अधम्मिको तुव॥ (गाथा ५८)

यह राम के प्रति बालि की उक्ति का स्मरण दिलाता है :

पंच पंचनखा भक्ष्या ब्रह्मक्षत्रेण राघव॥ (रा० ४, १७, ३९; मनु० ५, १७)

८८. आदिच्चुपट्ठान जातक[1]। इस जातक (नं० १७५) में किसी वानर की कथा है। वह ब्राह्मणों को परोसा जानेवाला भोजन पाने के लिए उनके समान सूर्य की उपासना करता है। इस कथा में एक ही गाथा उद्धृत है, जिसका रामायण अथवा महाभारत में कहीं भी रूपान्तर नहीं मिलता। यह गाथा रामकथा से कोई सम्बन्ध रखती हो, इसके लिए कोई भी प्रमाण नहीं दिया जा सकता है। पाली गाथा इस प्रकार है :

सब्बेसु किर भूतेसु सन्ति सीलसमाहिता,
पस्स साखमिगं जम्मं आदिच्चं उपतिट्ठत्ति।

"प्राणियों की प्रत्येक जाति में कोई-न-कोई धार्मिक पाया ही जाता है : इस नीच वानर को देख लो, जो सूर्य की उपासना कर रहा है।"

पतंजलि के महाभाष्य में इस गाथा का संस्कृत रूपान्तर विद्यमान है; इसमें 'वानर-सेना' का भी उल्लेख है, जिससे प्रतीत होता है कि बाद में इस गाथा का सम्बन्ध रामायण से जोड़ा गया है। वास्तव में 'उपस्था' के परस्मैपद तथा आत्मनेपद प्रयोग दिखलाने के लिए इस गाथा को उद्धृत किया गया है :

बहुनामप्यचित्तानामेको भवति चित्तवान्
पश्य वानरसैन्यऽस्मिन्यदर्कमुपतिष्ठते।

---

१. ज० रा० ए० सो०, बम्बई ब्रैंच, १९२८, पृ० १३३।

मैवं मंस्था: सचित्तोऽयमेषोऽपि हि यथा वयम्
एतदप्यस्य कापेयं यदर्कमुपतिष्ठति॥ (उपान्मत्रकरणे १, ३, २५)

८९. उपसंहार। श्री दिनेशचन्द्र सेन[१] का अनुमान है कि जातकों के साहित्य से वाल्मीकि ने अपनी सामग्री प्राप्त की है और इसे अपनी अमर रचना के लिए नये साँचे में ढाला है। यह मत चिन्त्य है। त्रिपिटक की गाथाओं में रामकथा से सीधा सम्बन्ध रखनेवाली सामग्री इस प्रकार है :

'शोकापनोदन' का एक छोटा-सा भाषण,
जलक्रिया के विषय में एक गाथा,
राम के राज्यकाल के विषय में एक गाथा,
राम का दण्डकारण्य में वनवास का उल्लेख, और
सीता का अपने पति के साथ वनगमन का उल्लेख।

इसके अतिरिक्त **वेस्सन्तर जातक** की कथावस्तु **रामायण** के वृत्तान्त से कुछ मिलती-जुलती है। **सम्बुला** तथा **महासुतसोम जातक** में एक-एक गाथा पायी जाती है, जिसका रूपान्तर **रामायण** में भी मिलता है। **सामजातक** का वृत्तान्त सम्भवत: दशरथ द्वारा अन्ध-मुनि-पुत्र-वध की कथा का आधार माना जा सकता है।

इस सामग्री की अल्पता का ध्यान रखकर यह नि:संकोच कहा जा सकता है कि समस्त **रामायण** का आधार पाली गाथाओं में ढूँढ़ना व्यर्थ है। **रामायण** रामकथा-सम्बन्धी आख्यान-काव्य पर निर्भर है और इस आख्यान-काव्य की थोड़ी-सी सामग्री पाली गाथाओं में आ गयी है। इसका अर्थ यह है कि जिस समय पाली त्रिपिटक बनता रहा (चौथी शताब्दी ई०पू०), उस समय रामकथा के विषय में पर्याप्त मात्रा में आख्यान-काव्य की रचना हो चुकी थी। क्या आगे बढ़कर यह भी कहा जा सकता है कि **रामायण** की भी रचना हो चुकी थी?

उपर्युक्त सामग्री से ऐसा प्रतीत नहीं होता। **सामजातक** के अतिरिक्त पाली त्रिपिटक में केवल पाँच गाथाओं में **रामायण** के श्लोकों से शाब्दिक समानता पायी जाती है। यदि **रामायण** जैसे महाकाव्य की रचना हुई होती तो गाथाओं के कवि इससे कहीं अधिक प्रभावित हुए होते। इसके अतिरिक्त **रामायण** की अपेक्षा पाली त्रिपिटक की सामग्री पुराने आख्यान-काव्य की शैली और छन्द से कहीं अधिक निकट है। **सामजातक** के वृत्तान्त में भी सम्भवत: अन्ध-मुनि-पुत्र-वध की कथा का प्राचीन रूप सुरक्षित है।

त्रिपिटक के ५४७ जातकों में यक्ख, दानव, नाग, रक्खस, बन्दर और अन्य असंख्य पशु आदि के विषय में कितनी ही कहानियाँ मिलती हैं परन्तु कहीं भी राक्षस रावण अथवा हनुमान् आदि**रामायण** के अन्य कपियों का उल्लेख नहीं हुआ है।[२]

निष्कर्ष यह है कि त्रिपिटक के रचनाकाल में रामकथा-सम्बन्धी स्फुट आख्यान-काव्य प्रचलित हो चुका था लेकिन **रामायण** की रचना उस समय नहीं हो पायी थी।

---

१. दे० वही, पृ० २२ और एम० विंटरनित्स, वही, भाग १, पृ० ५०८।

२. कई जातकों में मिथिला के जनक नामक राजाओं का उल्लेख पायो जाता है (मखादेव जातक, नं० ९; महाजनक जातक नं. ५३९; निमिजातक नं० ५४१)।
इनका सम्बन्ध वैदिक साहित्य की जनक-सम्बन्धी सामग्री से सन्दिग्ध नहीं है लेकिन इन जातकों में रामकथा का निर्देशमात्र भी नहीं पाया जाता।

ङ—रामायण पर बौद्ध प्रभाव

९०. पिछले परिच्छेद के निर्णय के अनुसार पाली त्रिपिटक की रचना **रामायण** के पहले हुई थी। अतः **रामायण** पर बौद्ध धर्म का प्रभाव पड़ना असम्भव नहीं कहा जा सकता है। कई विद्वान् इस प्रभाव को आवश्यकता से अधिक महत्त्व देते हैं।[1]

दशरथ-जातक में एक प्राचीन बौद्ध-कथा सुरक्षित है, जिसमें बौद्ध आदर्श के अनुसार धैर्यवान् राम शोक पर विजय प्राप्त करते हैं। **रामायण** इस कथा पर निर्भर है और इसी तरह **रामायण** का मूल स्रोत बौद्ध ही है। डॉ० वेबर के इस मत का निरूपण तथा खण्डन प्रस्तुत अध्याय में हो चुका है। यहाँ पर इसका उल्लेख मात्र पर्याप्त है।

श्री दिनेशचन्द्र सेन का अनुमान है कि वाल्मीकि ने एक विशेष उद्देश्य से **दशरथ-जातक** का सरल वृत्तान्त विकसित कर दिया है। बौद्ध तपस्या और भिक्षुपन की प्रतीक्रियास्वरूप आदिकवि ने **रामायण** में हिन्दू गृहस्थ जीवन का आदर्श अपने पाठकों के सामने रखा है।

ह्वीलर[2] भी **रामायण** का उद्देश्य बौद्धों से जोड़ते हैं। इनके अनुसार **रामायण** का समस्त काव्य ब्राह्मण और बौद्ध दोनों धर्मों के संघर्ष का प्रतीक है। राक्षसों से बौद्धों का अभिप्राय है। लंका पर जो आक्रमण का वर्णन किया जाता है, उसमें सिंहलद्वीप के बौद्धों के प्रति वाल्मीकि का विरोध और द्वेष प्रकट हुआ है।

इस मत के विरुद्ध कहना पड़ता है कि एक तो लंका और सिंहलद्वीप की अभिन्नता सन्दिग्ध है (दे० आगे अनु० ११३)। दूसरे, यदि वाल्मीकि ने राक्षसों के वर्णन में बौद्धों का चित्रण करना चाहा तो स्वीकार करना पड़ेगा कि उन्हें अपने अभिप्राय को छिपाने में पूर्णतया सफलता मिली है। राक्षस ब्राह्मणों के विरोधी अवश्य हैं, लेकिन वे स्वयं भी यज्ञ करते हैं और नरभक्षी भी कहे जाते हैं। **रामायण** में जो राक्षसों का चित्रण मिलता है, उसमें उनके बौद्ध होने का कोई भी निर्देश नहीं मिलता।

समस्त **रामायण** में महात्मा बुद्ध का एक बार उल्लेख हुआ है। जाबालि वृत्तान्त के अन्तर्गत, राम बुद्ध को चोर और नास्तिक कहते हैं,

यथा हि चोरः स तथा हि बुद्धस्तथागतं नास्तिकमत्र विधि।

(रा० २, १०९, ३४)

ह्वीलर के अनुसार जाबालि बौद्ध धर्म के प्रतिनिधि हैं और राम उनके विरुद्ध ब्राह्मण धर्म का पक्ष लेते हैं। लेकिन जाबालि बौद्ध धर्म का पक्ष न लेकर लोकायत दर्शन का प्रतिपादन करते हैं और राम इसका खण्डन करते हुए नास्तिकों के प्रसंग में बुद्ध का उल्लेख मात्र करते हैं। इसके अतिरिक्त जाबालि का सारा वृत्तान्त निश्चित रूप से क्षेपक है और जिस अंश में बुद्ध का उल्लेख हुआ, वह इस वृत्तान्त के अन्तर्गत एक नया क्षेपक प्रतीत होता है (दे० आगे अनु० ४३१)। बुद्ध-सम्बन्धी श्लोक न तो गौडीय पाठ में मिलता है और न पश्चिमोत्तरीय पाठ में। अतः **आदिरामायण** में न तो बुद्ध का कोई उल्लेख हुआ था और न बौद्ध धर्म के प्रत्यक्ष प्रभाव का कहीं भी असन्दिग्ध निर्देश मिलता था।

---

१. दे० एच० याकोबी : वही, पृ० ८८।
एम० विंटरनित्स : वही, भाग १, पृ० ५०९।
दिनेशचन्द्र सेन : वही, पृ० २३।

२. दे० जे० टी० ह्वीलर : दि हिस्ट्री ऑव इण्डिया, भाग २, पृ० ७४, (भूमिका) और पृ० २२७ आदि।

रामायण पर बौद्ध धर्म के परोक्ष प्रभाव के प्रश्न के विषय में इतना निश्चयात्मक उत्तर नहीं दिया जा सकता। **रामायण** की अपेक्षा **महाभारत** में कहीं अधिक कटु भाव, उग्र रणोत्सुकता, घोर युद्ध, अदमनीय विद्वेष आदि दिखलायी देते हैं। इसका कारण यह हो सकता है कि **महाभारत** की रचना पश्चिम भारत में हुई थी और **रामायण** की कौशल में, जहाँ सभ्यता तथा संस्कृति का विकास आगे बढ़ चुका था। परन्तु इसके एक अन्य कारण की कल्पना की जा सकती है।

रामायण के रचनाकाल में कोशल में बौद्ध धर्म का पर्याप्त प्रचार हो चुका था, अतः यह असम्भव नहीं है कि वाल्मीकि ब्राह्मण धर्म के वातावरण में रहते हुए भी परोक्ष रूप से बौद्ध आदर्श से प्रभावित हुए थे। सीता का हिंसा के विरुद्ध भाषण (**रौद्रं परप्राणाभिहिंसनम्** आदि, दे० रा० ३, ९), जो बौद्ध अहिंसा का स्मरण दिलाता है, प्रक्षिप्त माना जा सकता है (दे० आगे अनु० ४५७)। लेकिन राम का अत्यन्त शान्त और कोमल स्वभाव, उनकी सौम्यता आदि ध्यान में रखकर स्वीकार करना पड़ता है कि वे मुनि पहले हैं, क्षत्रिय बाद में। अतः इनके चरित्र-चित्रण में किंचित् परोक्ष बौद्ध प्रभाव देखना निर्मूल कल्पना नहीं प्रतीत होती है।

अध्याय-७

रामकथा का मूल स्त्रोत

९१. आदिकवि वाल्मीकि के पूर्व रामकथा-सम्बन्धी आख्यान-काव्य प्रचलित हो चुका था और इसके आधार पर वाल्मीकि ने **रामायण** लिखा है, इसके सम्बन्ध में आजकल बहुत मतभेद नहीं है। लेकिन अनेक विद्वानों की धारणा है कि वाल्मीकि ने पहले-पहल दो अथवा तीन नितान्त स्वतंत्र आख्यान एक ही कथासूत्र में ग्रंथित करके रामकथा की सृष्टि की है। प्रस्तुत अध्याय में इन विद्वानों के मत का निरूपण तथा खण्डन किया गया है।

क—ए० वेबर का मत

९२. डॉ. वेबर के अनुसार रामकथा का मूलरूप बौद्ध **दशरथ-जातक** में सुरक्षित है। इस कथा में सीताहरण तथा रावण से युद्ध का कोई उल्लेख नहीं मिलता। डॉ० वेबर का अनुमान है कि सीताहरण की कथा का मूल स्त्रोत सम्भवतः होमर में वर्णित पेरिस द्वारा हेलेन का हरण है और लंका में जो युद्ध हुआ, उसका आधार सम्भवतः यूनानी सेना द्वारा त्राय का अवरोध है।[१]

इस मत के अनुसार रामकथा के दो प्रधान मूल स्त्रोत होते हैं। **दशरथ-जातक** तथा होमर का काव्य। पिछले अध्याय में **दशरथ-जातक** की समस्या का पूरा विश्लेषण करने पर इस निर्णय पर पहुँचा गया है कि **दशरथ-जातक** की रामकथा वाल्मीकीय रामकथा का विकृत रूप मात्र है। अतः यहाँ पर केवल डॉ० वेबर के दूसरे मूल स्त्रोत पर विचार करना पर्याप्त होगा।

दशरथ-जातक रामकथा का एक आधार है, इससे अब तक कई विद्वान् सहमत हैं लेकिन होमर के काव्य को **रामायण** अथवा रामकथा का एक आधार मानने के लिए डॉ० वेबर को छोड़कर कोई भी तैयार नहीं है।[२] प्रारम्भ से ही प्रायः सब विद्वानों ने इसका विरोध किया है।[३] यवनों, पह्लवों तथा शकों आदि का समस्त प्रामाणिक **रामायण** में कहीं भी उल्लेख नहीं हुआ है। होमर के काव्य में नावों को बहुत महत्त्व दिया गया है। यदि वाल्मीकि इससे परिचित होते तो उन्होंने सेना को समुद्र के पार पहुँचाने के लिए सेतु के स्थान पर नावों का

---

१. ए० वेबर : ऑन दि रामायण, पृ० ११ आदि।

२. दे० के० टी० तेलांग : रामायण कॉपीड फ्रॉम होमर, बम्बई १८७३।
एम० मोनियर विलियम्स : इण्डियन विज़डम, पृ० ३१६ टि० १।
एच० याकोबी : वही, पृ० ९४ आदि।
ए० ए० मैकडॉनल : संस्कृत लिटरेचर, पृ० ३०८।

३. दे० एच० याकोबी : वही, पृ० ८६,१२७ टि०।
ए० ए० मैकडॉनल : वही, पृ० ३११।
ए० बी० कीथ : संस्कृत लिटरेचर, पृ० ४३।

सहारा अवश्य लिया होता। होमर तथा वाल्मीकि की रचना में जो साम्य मिलता है (स्त्री का हरण तथा धनुष-सन्धान), वह इतना सामान्य और साधारण है कि जब तक अन्य विशेषताओं में कोई साम्य नहीं मिलता तब तक पारस्परिक प्रभाव मानने की आवश्यकता नहीं है। डॉ० वेबर ने बौद्ध साहित्य में होमर के अन्य वृत्तान्त भी दिखलाए हैं लेकिन ये उद्धरण पहले-पहल **महावंश** तथा बुद्धघोष की रचना में विद्यमान हैं। ये दोनों ग्रन्थ पाँचवीं श० ई० के हैं, अतः इनकी रचना वाल्मीकि से आठ शताब्दियों के बाद हुई थी। इनसे वाल्मीकि के मूल स्रोत के लिए कोई प्रमाण नहीं मिल सकता।

ख—एच० याकोबी का मत

९३. डॉ. वेबर की भाँति डॉ० याकोबी भी रामकथा के दो प्रधान आधार मानते हैं। उनका कहना है कि **रामायण** की रामकथा स्पष्टतया दो स्वतंत्र भागों के संयोग से उत्पन्न हुई है। प्रथम भाग अयोध्या की घटनाओं से सम्बन्ध रखता है और इसमें दशरथ प्रधान नायक हैं। द्वितीय भाग में दण्डकारण्य तथा रावण-वध-सम्बन्धी कथा मिलती है, इसका मूल स्रोत वेदों की देवता-सम्बन्धी कथाएँ प्रतीत होती हैं। बहुत-से विद्वान् डॉ० याकोबी के इस मत का आजकल भी समर्थन करते हैं।[१]

डॉ० याकोबी **रामायण** का प्रथम भाग, अर्थात् अयोध्या की घटनाएँ, ऐतिहासिक मानते हैं। यह भाग किसी निर्वासित इक्ष्वाकु वंशीय राजकुमार की कथा पर निर्भर है। मूलकथा सम्भवतः इस प्रकार थी—कोई राजकुमार घर से निर्वासित होकर इक्षुमति के तट को छोड़कर सरयू के तटवर्ती कोशलदेश पर अधिकार प्राप्त करता है। बाद में जब इक्षुमति पर उसके निवास का स्मरण न रहा तब अयोध्या से ही निर्वासित माना गया।

रामायण के द्वितीय भाग का आधार निर्धारित करने के लिए डॉ० याकोबी वैदिक साहित्य का सहारा लेते हैं। वैदिक साहित्य में जो रामकथा-सम्बन्धी सामग्री मिलती है, उसका विस्तृत निरूपण तथा विश्लेषण निबन्ध के प्रथम अध्याय में किया गया है। निष्कर्ष यह है कि वैदिक काल में न तो **रामायण** था और न रामकथा-सम्बन्धी गाथाएँ प्रचलित थीं। डॉ० याकोबी इस निर्णय से असहमत नहीं हैं। लेकिन यह स्वीकार करते हुए भी कि सीता, कृषि की अधिष्ठात्री देवी का वैदिक साहित्य में न तो कोई चरित्र-चित्रण मिलता है, न इनके विषय में कोई कथावस्तु ही मिलती है और न इनकी ऐतिहासिकता का ही कोई प्रमाण है; फिर भी वैदिक सीता के व्यक्तित्व से **रामायण** की सीता विकसित हुई और वैदिक साहित्य में रामकथा के द्वितीय भाग का सूत्रपात मिलता है, यही डॉ० याकोबी तथा कुछ अन्य विद्वानों का मत है।[२]

९४. डॉ० याकोबी की धारणा यह है कि **रामायण** के प्रधान पात्रों का प्रतिबिम्ब वैदिक साहित्य के देवताओं में देखा जा सकता है। उनके अनुसार **रामायण** की सीता तथा वैदिक सीता की अभिन्नता असन्दिग्ध है। इसके अतिरिक्त गृह्यसूत्रों में सीता 'पर्जन्यपत्नी' तथा इन्द्रपत्नी कही गयी हैं। इससे स्पष्ट है कि राम इन्द्र का एक अन्य रूप मात्र है। वैदिक काल के पशुपालन करनेवाले आर्यों के देवता 'इन्द्र' बाद के कृषकों के लिए परिवर्तित होकर 'राम' बन गये हैं। पूर्व भारत में वह 'राम दाशरथि' के रूप में तथा पश्चिम में 'बलराम' के

१. चन्द्रभान : वैदिक साहित्य में रामकथा का बीज। नागरीप्रचारिणी पत्रिका, वर्ष ५५, पृ० ३०१-३०५।
२. दे० रमेशचन्द्र दत्त : ए हिस्ट्री ऑव सिविलाइजेशन इन एन्शण्ट इण्डिया, पृ० २११। एस० के० बेलवलकर : उत्तररामचरित, भूमिका, पृ० ५९।

रूप में स्वीकृत किये गये थे। बलराम और इन्द्र दोनों मद्यप हैं। यह विशेषता उनकी मौलिक अभिन्नता की ओर निर्देश करती है। राम दाशरथि और इन्द्र की अभिन्नता को प्रमाणित करने के लिए डॉ० याकोबी इन्द्र के दो प्रसिद्ध कार्यों का प्रतिबिम्ब **रामायण** में देखते हैं।

इन्द्र का सबसे महत्त्वपूर्ण कार्य वृत्रासुर का वध वैदिक साहित्य में प्रसिद्ध है (ऋग्वेद १, ३२)। इन्द्र इस वृत्रासुर को (जो ऋग्वेद में 'अहि' कहा गया है) मारते हैं और पर्वतों में रोका हुआ पानी विमुक्त कर देते हैं। सायण के अनुसार वृत्र का अर्थ मेघ है, जिसमें पानी वृत्र ही के द्वारा रोका जाता है।[१] इन्द्र और वृत्र का यह वृत्तान्त राम और रावण के युद्ध के रूप में प्रतिबिम्बित होता है। अतः रावण और वृत्र का मूल रूप एक है। इसके अन्य लक्षण भी मिलते हैं—रावण के पुत्र मेघनाद की उपाधि इन्द्रजित् है और उसका भाई कुम्भकर्ण एक गुफा में रहकर वृत्र का स्मरण दिलाता है।

इन्द्र का दूसरा कार्य पणियों द्वारा चुरायी हुई गायों की पुनःप्राप्ति है (ऋग्वेद २, १२)। देवशुनी सरमा, रसा नदी को पार करके इन गायों का पता लगाती है (ऋग्वेद १०, १०८)। वैदिक काल के पशुपालन करनेवाले आर्यों के लिए गायों का जो स्थान था, वही कृषकों के लिए खेतों की सीता का था। फलस्वरूप गायों का हरण सीताहरण में बदल गया। जिस तरह से सरमा इन्द्र की सहायता करती है, उसी तरह हनुमान् राम के लिए सीता की खोज करते हैं।

९५. आजकल हनुमान् विशेषकर गाँवों में लोकप्रिय हैं। इनका **रामायण** में जो चरित्र-चित्रण हुआ है, वह इस लोकप्रियता का एकमात्र कारण नहीं हो सकता। अतः डॉ० याकोबी अनुमान करते हैं कि हनुमान् कृषि-सम्बन्धी कोई देवता थे, सम्भवतः वर्षाकाल का अधिष्ठाता देवता। वह तो वायु का पुत्र है[२], बादलों के समान कामरूपी है और आकाश में उड़ता है। वह दक्षिण की ओर से, जहाँ से वर्षा आती है, सीता अर्थात् कृषि के सम्बन्ध में शुभ समाचार लिये राम के पास पहुँचता है। इसके अतिरिक्त इन्द्र का एक नाम 'शिप्रवत्' (ऋग्वेद ६, १७, २) है। निरुक्त में लिखा है—**शिप्रेहनू नासिके वा**, अतः इससे इन्द्र और हनुमान् इन दोनों वर्षा-देवताओं का सम्बन्ध निर्दिष्ट होता है।

लक्ष्मण राम के सहायक मात्र हैं। वे कहीं भी घटनाओं की प्रगति को बदलने की चेष्टा नहीं करते। फिर भी उनका वैदिक देवता मित्र से सम्बन्ध असम्भव नहीं है क्योंकि वे तो सुमित्रा के पुत्र ही हैं।

रामायण के अन्य पात्रों और घटनाओं के विषय में डॉ० याकोबी बहुत ढूँढ़ने पर भी वैदिक साहित्य में कोई समानता न पा सके।

९६. डॉ० याकोबी के इस मत के विरुद्ध हम सामान्य रूप से कह सकते हैं कि इसमें कल्पना प्रधान है, लेकिन इस कल्पना को प्रमाणित करने के लिए तर्क कम दिये जाते हैं।

रामायण की सीता के वृत्तान्त पर हम भी वैदिक सीता के व्यक्तित्व का प्रभाव मानते हैं। लेकिन दोनों में जो भिन्नता है, वह समानता की अपेक्षा कहीं अधिक महत्त्वपूर्ण है।

राम और इन्द्र की अभिन्नता बहुत चिन्त्य है। रावण-वध और वृत्रवध तथा सीताहरण और गायों के चुराये जाने में जो थोड़ी-सी समानता है, वह इस अभिन्नता को प्रमाणित करने के लिए पर्याप्त नहीं है। वैदिक काल के अन्त में सीता अवश्य एक बार पर्जन्यपत्नी और एक बार इन्द्रपत्नी कही गयी है, लेकिन इस कारण इन्द्र और राम का मूल रूप एक मानना

१. एक अन्य मत के लिए दे० विंटरनित्स : वही, भाग १, पृ० ८३।

२. इससे उनका नाम 'मारुति' भी है। यह नाम वृत्र के विरुद्ध इन्द्र तथा मारुतों के संघ का स्मरण दिलाता है।

नितान्त अनावश्यक है।[1] वैदिक साहित्य में बहुत-सी कथाएँ और वृत्तान्त मिलते हैं, जिनसे स्पष्ट है कि साधारण प्रवृत्ति यह है कि जो देवता और पात्र प्रारम्भ में भिन्न थे उनसे सम्बन्ध रखनेवाली घटनाएँ बाद में मिला दी जाती हैं। डॉ० याकोबी हमको विपरीत दिशा में ले जाना चाहते हैं। फिर यदि राम और इन्द्र का मूल रूप एक है, तब यह समझना कठिन हो जाता है कि राम के चित्रण में इन्द्र के अत्यन्त स्पष्ट व्यक्तित्व की असंख्य विशेषताओं का लोप क्यों हो गया है।[2] रावण और वृत्रासुर में वध किये जाने के अतिरिक्त कोई विशेष समानता नहीं है। वृत्र **ऋग्वेद** में कहीं भी इन्द्रजित् के अत्यन्त अनुपयुक्त नाम से विभूषित नहीं किया जाता है। यदि हमको मेघनाद को इन्द्रजित् अर्थात् रामजित् समझना है तो यह नाम भी उचित नहीं है।

हनुमान् के सम्बन्ध में भी डॉ० याकोबी का यह अनुमान ठीक है कि उनकी व्यापक लोकप्रियता का एकमात्र कारण उनका रामायण में चरित्र-चित्रण नहीं हो सकता। इसका कारण यही प्रतीत होता है कि प्राचीन यक्ष-पूजा के साथ हनुमान् का सम्बन्ध स्थापित किया गया है (दे० अनु० ७१०) : वर्षाकाल के किसी अधिष्ठाता देवता अथवा इन्द्र से हनुमान् की अभिन्नता का कहीं भी प्रमाण क्या, संकेत मात्र भी नहीं मिलता।

इन सब आपत्तियों को ध्यान में रखकर हम निस्संकोच कह सकते हैं कि **रामायण** की उत्पत्ति और इसके मूल रूप के सम्बन्ध में डॉ० याकोबी का मत समीचीन नहीं प्रतीत होता।

९७. ई० हॉप्किन्स के अनुसार **महाभारत** के शान्तिपर्व में जो रामकथा मिलती है, इससे डॉ० याकोबी के मत की पुष्टि होती है। इस कथा में जो राम का चरित्र मिलता है वह किसी प्राचीन देवता-सम्बन्धी आख्यान पर निर्भर होगा। बाद में इससे सीता, कृषि की अधिष्ठात्री देवी की कथा जोड़ दी गयी है और अन्त में वाल्मीकि ने रावण, हनुमान्, लंका आदि के वृत्तान्त लेकर उसे और बढ़ाया है।[3]

राम का व्यक्तित्व इन्द्र की कथाओं से विकसित हुआ हो, यह तो शान्तिपर्व के प्रसंग के विरुद्ध है। वहाँ १६ राजाओं के संक्षिप्त वृत्तान्त दिये जाते हैं—सब महान् थे, लेकिन सब-के-सब मर गये। अत: सृन्जय को अपने पुत्र की मृत्यु के कारण शोक नहीं करना चाहिए।

इसके अतिरिक्त शान्तिपर्व के वृत्तान्त में एक वाक्य मिलता है, जिससे स्पष्ट है कि वह विकसित रामकथा पर निर्भर है :

स चतुर्दशवर्षाणि वने प्रोष्य महातपाः।
दशाश्वमेधां जारूथ्यानाजहार निरर्गलान्॥ (म० भा० १२, २९, ५३)

इसमें चौदह वर्ष तक वनवास के बाद अश्वमेधों का स्पष्ट उल्लेख है। ई० हॉप्किन्स के अनुसार वनवास का अभिप्राय यहाँ वानप्रस्थाश्रम से है। लेकिन एक तो चौदह वर्ष रामकथा का स्मरण दिलाता है और दूसरे वनवास के बाद ही अश्वमेध का उल्लेख है। अत: यहाँ राम के वानप्रस्थ बनने का अर्थ असम्भव है।

९८. डॉ० वॉन नेगेलाइन के अनुसार भी रामकथा वैदिक साहित्य की सामग्री से विकसित हुई है। वास्तव में उनका मत कष्टकल्पना के अतिरिक्त और कुछ नहीं है। अत: उसका विस्तृत निरूपण यहाँ अनावश्यक है।[4] सार यह है कि पुरूरवा-उर्वशी (ऋग्वेद १०, ९५) आदि

---

१. दे० एच० ओल्डेनबर्ग : डी रलिगियोन डेस वेद, पृ० ५७ टि०।
२. दे० वॉन नेगेलाइन : वियेना ओरियण्टल जर्नल, भाग १६, पृ० २४८।
३. ई० डब्लू० हॉप्किन्स : ज० अ० ऑ० सो०, भाग ५०, पृ० ८५ आदि।
४. दे० वॉन नेगेलाइन : वियेना ओरियण्टल जर्नल, भाग १६, पृ० २२६। एम० विंटरनित्स : वही, भाग १, पृ० ५१६।

अप्सराओं का मनुष्यों के साथ विवाह रामकथा का बीज है। सीता के सौन्दर्य और उनके अलौकिक जन्म का उल्लेख उनके अप्सरा होने का निर्देश है। सीता पृथिवी के मानवीकरण का परिणाम है। राम और पृथु वैन्य (ऋग्वेद १, ११२, १५ आदि) अभिन्न हैं। पृथु पृथिवी का पुल्लिंग मात्र है। इत्यादि।

९९. राम-हुवास्त्र। डॉ० याकोबी ने अपने उपर्युक्त मत के प्रतिपादन के पश्चात् आगे चलकर अनुमान किया है कि ईरानीय राम-हुवास्त्र तथा भारतीय इन्द्र-राम का मूल स्रोत एक है। लेकिन वह स्वयं स्वीकार करते हैं कि 'अवेस्ता' के देवताओं के अस्पष्ट और धुँधले व्यक्तित्व के कारण इस प्रश्न का निर्णय असम्भव है।[१]

राम-हुवास्त्र (ह्वास्त्र) का उल्लेख 'जेंद अवेस्ता' में प्रायः वायु तथा मिथ्र के साथ होता है।[२] राम का अर्थ है 'शान्ति, विश्राम'; हुवास्त्र का अर्थ है 'चरागाह'; राम-हुवास्त्र का अर्थ है 'चरागाह' में विश्राम।[३] प्रारम्भ में वायु तथा मिथ्र से राम-हुवास्त्र (अर्थात् चरागाह में विश्राम) के लिए प्रार्थना की जाती थी। बाद में राम-हुवास्त्र स्वयं देवता बन गया। वायु दो प्रकार का माना जाने लगा, एक भला और एक बुरा। राम-हुवास्त्र तथा अच्छा वायु अभिन्न है।[४] इस राम-हुवास्त्र के नाम पर एक पूरा यशत जेंद अवेस्ता में मिलता है। इसका रचनाकाल चौथी श० ई० पू० माना जाता है।[५] इस यशत में भी राम-हुवास्त्र का कोई स्पष्ट व्यक्तित्व अंकित नहीं है और इस देवता की उत्पत्ति ध्यान में रखकर हम निस्संकोच कह सकते हैं कि ईरानीय राम-हुवास्त्र तथा भारतीय राम-दाशरथि का कोई सम्बन्ध नहीं होता।

१००. यहाँ एक अन्य राम नामक देवता का उल्लेख असंगत नहीं होगा। एक असिरियन देवता का नाम है रम्मन अथवा रम्मानु, (हीब्रू में इसका नाम रिमोन है तथा सिरियन में हदाद)। रमानु की धातु का अर्थ है मेघगर्जन और वह वज्रपात, आँधी तथा वृष्टि का देवता माना जाता था।[६]

हीब्रू में 'राम' धातु का अर्थ है ऊँचा, श्रेष्ठ। बाइबिल में इस धातु से अनेक नगरों के नाम तथा दो-तीन व्यक्तियों के नाम भी मिलते हैं।[७]

ग—दिनेशचन्द्र सेन का मत

१०१. डॉ० वेबर तथा डॉ० याकोबी की भाँति दिनेशचन्द्र सेन भी रामकथा के दो प्रधान मूल स्रोत मानते हैं।[८] एक तो **दशरथ-जातक** जो उत्तर भारत में प्रचलित था तथा दूसरे रावण-सम्बन्धी आख्यान जो मुख्यतया दक्षिण में प्रचलित थे। इन दोनों के संयोग से रामकथा उत्पन्न हुई है। एक तीसरा लेकिन गौण आधार हनुमान्-सम्बन्धी सामग्री है, जिसमें प्राचीन वानर-पूजा का अवशेष देखा जा सकता है।

---

१. दे० एच० याकोबी : वही, पृ० १३६।
२. दे० सेक्रेड बुक्स ऑफ दि ईस्ट, भाग २३ और ३१।
३. दे० वही, भाग ३१, पृ० ३२३, छन्द १५।
४. दे० डारमेस्ट : एटुड ईरानियेन (भाग २, १९३) और ले जेंद अवेस्ता (भाग २, ३०९)।
५. ई० एम० कांगा : दि एज ऑव यशतस, ए वॉल्यूम ऑव ईस्टर्न एण्ड इण्डियन स्टडीज़, पृ० १३४-४०।
६. दे० ए० उंगनड : वैबीलोनियन-एसिरियन डिक्शनरी।
आर० डुसो : ले देकुवेर्ट दि रास शमरा (पेरिस १९४१) और ले रलिजियो दि वैबिलोनी ए दासिरी (पेरिस १९४५) पृ० ९८।
७. दे० एफ० विगुरु : दिकसियोनेर दि ला बिबल, पेरिस।
८. दे० दिनेशचन्द्र सेन : वही, पृ० ३, ७, २६-४१, ५९।

दशरथ-जातक रामकथा का पूर्व रूप तथा आधार नहीं हो सकता है, इसके प्रमाण पिछले अध्याय में दिये गये हैं। यहाँ दिनेशचन्द्र सेन के दो अन्य आधारों पर विचार किया जायेगा।

रावण-सम्बन्धी स्वतंत्र आख्यान प्रचलित थे, जिनका प्रधान विषय था, रावण की धार्मिकता, तपस्या तथा महत्त्व। इस मत को सिद्ध करने के लिए बौद्ध तथा जैन साहित्य का सहारा लिया जाता है। जैन रामकथा में (दिनेशचन्द्र सेन केवल हेमचन्द्र का उल्लेख करते हैं) राक्षसवंश तथा वारनवंश का जो विस्तृत वर्णन मिलता है, यह इस बात को पुष्ट करता है कि राम की अपेक्षा राक्षस तथा वानर अधिक लोकप्रिय थे। **लंकावतार सूत्र** में रावण तथा बुद्ध का धर्म के विषय में संवाद उद्धृत है और इस ग्रन्थ में कहीं भी रावण-राम युद्ध की ओर निर्देश मात्र भी नहीं मिलता। अत: रावण (लंका का राजा) रामकथा की उत्पत्ति के पहले प्रसिद्ध हो चुका था। धर्मकीर्ति (छठी श० ई०) भी आदर्श बौद्ध राजा रावण को **रामायण** के दोषारोपण से बचाने का प्रयत्न करता है। यही संक्षेप में दिनेशचन्द्र सेन का तर्क है।

१०२. सबसे पहले कहना है कि रावण जैनियों के अनुसार जैन-धर्मावलम्बी था और बौद्धों के अनुसार बौद्ध था। अत: दोनों में से कम-से-कम एक धारणा भ्रामक है।

जैनियों के साहित्य में रावण की कथा स्वतंत्र रूप से नहीं मिलती। रावण का उल्लेख केवल रामकथा में ही किया जाता है और जैन रामकथा स्पष्टतया वाल्मीकीय रामकथा पर निर्भर है (दे० ऊपर अनु० ५७)। अत: जैन साहित्य में रामकथा का मूल स्रोत ढूँढ़ना व्यर्थ है।

बौद्ध **लंकावतार सूत्र** (अथवा **सद्धर्म-लंकावतार सूत्र**) के विषय में दिनेशचन्द्र सेन का तर्क अधिक महत्त्वपूर्ण है। यह रचना दूसरी श० ई० की मानी जाती थी और इसका प्रथम अध्याय (जिसमें लंकापति रावण तथा बुद्ध का संवाद मिलता है) प्रामाणिक माना जाता था। लेकिन आजकल इसके प्रमाण मिलते हैं कि लंकावतार सूत्र चौथी शताब्दी ई० का है और उसका प्रथम अध्याय प्रक्षिप्त है।[१] मूल भारतीय पाठ अप्राप्य है। गुणभद्र ने उसका ४४३ ई० में अनुवाद किया था। इस चीनी अनुवाद में रावण-बुद्ध-संवाद नहीं मिलता और रावण का कोई उल्लेख नहीं है। ५१३ ई० में इस रचना का पुन: चीनी भाषा में अनुवाद किया गया है, और इस छठी शताब्दी के अनुवाद में एक नया प्रथम अध्याय मिलता है, जिसमें रावण धर्म के विषय में बुद्ध से प्रश्न करता है। इस अध्याय के प्रक्षिप्त होने के अन्तरंग प्रमाण भी मिलते हैं। अन्य अध्यायों में गद्य और पद्य का सम्बन्ध ऐसा है कि पद्य गद्य का अर्थ दुहराता है, तथा सारी रचना बुद्ध तथा बोधिसत्त्व महामति के संवाद के रूप में है। उनमें कहीं भी रावण का उल्लेख नहीं मिलता। केवल प्रथम अध्याय में पद्य गद्य का अर्थ नहीं दुहराता और इसमें ऐसी कोई सामग्री नहीं है, जो सूत्र को समझने के लिए आवश्यक हो। डी० टी० सुजुकि का अनुमान है कि रामकथा की लोकप्रियता के कारण **लंकावतार सूत्र** का सम्बन्ध इससे जोड़ा गया है। लंकावतार का अर्थ है बुद्ध का लंका में अवतार। लंका दक्षिण में मानी जाती थी। इसके अतिरिक्त रामकथा-विषयक कोई भी निर्देश नहीं मिलता।

रावण सिंहलद्वीप का राजा हुआ हो, इसके लिए भी वहाँ के प्राचीनतम ग्रन्थों में कोई प्रमाण नहीं पाया जाता। **दीपवंश** (चौथी श० ई०) तथा **महावंश** (पाँचवीं श० ई०) सिंहलद्वीप के सबसे प्राचीन ऐतिहासिक काव्य हैं। इनमें रामकथा का निर्देश मिलता है (दे० महावंश ६४, ४२)। लेकिन सिंहलद्वीप के राजा रावण का कहीं भी उल्लेख नहीं पाया जाता है।

---

१. एम० विंटरनित्स : वही, भाग २, पृ० ३३७।
डी० टी० सुजुकि : स्टडीज़ इन दि लंकावतार सूत्र, लन्दन, १९३०।

१०३. वाल्मीकि के पहले हनुमान् के विषय में आख्यान-काव्य प्रचलित रहा होगा और वाल्मीकि ने उसका प्रयोग अपनी रामकथा के लिए किया होगा, दिनेशचन्द्र की इस धारणा के लिए कोई प्रमाण नहीं मिलता। यह अनुमान मात्र ही है। वैदिक साहित्य में हनुमान् का कहीं भी उल्लेख नहीं हुआ है। बौद्ध त्रिपिटक के जातकों में भी हनुमान् का नाम नहीं आया, अतः उनके विषय में रामकथा के पहले स्वतंत्र आख्यान प्रचलित थे, यह बहुत सन्दिग्ध है। **समुग्ग-जातक** (जातक नं० ४३६) में एक वायुस्स पुत्त[१] नामक विद्याधर का उल्लेख मिलता है, जो ऐन्द्रजालिक था लेकिन इसके सम्बन्ध में न तो हनुमान् का उल्लेख हुआ है और न किसी अन्य वानर का।

'हनुमान्' शब्द सम्भवतः एक द्रविड़ शब्द का संस्कृत रूपान्तर है (आण-नर, मन्दि-कपि) जिसका अर्थ है 'नरकपि'। इसी कारण अनुमान किया गया है कि वृषाकपि तथा हनुमान् दोनों किसी प्राचीन द्रविड़ देवता के नाम के रूपान्तर हैं।[२] इस अनुमान का आधार निर्मूल है। वृषाकपि का अर्थ नरकपि न होकर वाराह अथवा एकशृंग वाराह होता है। महाभारत में वृषाकपि को अनेक आर्य देवताओं (विष्णु, शिव, इन्द्र आदि) से अभिन्न माना गया है।[३] ऋग्वेद (दे० १०, ८६) में जो वृषाकपि का उल्लेख है, वह सम्भवतः एक सूर्य देवता है, जिसका प्रतीक वाराह था।[४] अतः ऋग्वेदीय वृषाकपि का द्रविड़ सभ्यता के साथ कोई भी सम्बन्ध प्रमाणित नहीं होता। यह अवश्य बहुत ही सम्भव है कि 'हनुमान्' नाम एक द्रविड़ शब्द का संस्कृत रूपान्तर है और इसका अर्थ नरकपि है। कारण यह है कि रामायण के अन्य वानरों की तरह हनुमान् भी वानर-गोत्रीय आदिवासी थे (दे० आगे अनु० ११०)। वह एक प्राचीन द्राविड़ देवता थे; इसके लिए संकेत भी नहीं मिलता। रामायण में हनुमान् की शक्ति के वर्णन में अतिशयोक्ति का सहारा तो लिया गया है; फिर भी उनके देवता होने का कहीं भी उल्लेख नहीं हुआ है।[५]

घ—उपसंहार

१०४. उपर्युक्त मतों की सामान्य विशेषता यह है कि रामकथा का मूल स्रोत निर्धारित करने के लिए दो अथवा तीन स्वतंत्र कथाओं की कल्पना की जाती है। दशरथ-जातक के विषय में डॉ० वेबर का मत सम्भवतः इस प्रवृत्ति का मूल कारण है।

पिछले अध्याय से स्पष्ट हो गया होगा कि दशरथ-जातक का वृत्तान्त ब्राह्मण रामकथा का विकृत रूप मात्र है और प्रस्तुत अध्याय के विश्लेषण के आधार पर हम कह सकते हैं कि रामकथा के पूर्व रावण अथवा हनुमान् के विषय में स्वतंत्र आख्यानों का कोई भी प्रमाण नहीं मिलता। ऐसा प्रतीत होता है कि रामकथा के कारण ही दशरथ, रावण, हनुमान् आदि प्रसिद्धि प्राप्त कर सके। आगे चलकर भी इनका उल्लेख प्रायः केवल रामकथा-विषयक सामग्री में मिलता है। यदि कहीं इनका स्वतंत्र उल्लेख होता है तो यह निश्चित रूप से एक अपेक्षाकृत अर्वाचीन रचना अथवा किसी प्रक्षेप में है, जैसे लंकावतार सूत्र में।

१. अन्यत्र भी वायुस्स पुत्त का अर्थ ऐन्द्रजालिक है। दे० जर्मन ओरियण्टल जर्नल : भाग ९३, पृ० ८९।
२. एफ० ई० पार्गीटर : ज० रो० ए० सो०, १९११, पृ० ८०३ और १९१३, पृ० ३९६।
३. जर्नल ओरियण्टल इंस्टिट्यूट (बड़ौदा), भाग ८, पृ० ४१-७१।
४. दे० श्री क्षेत्रेशचन्द्र चट्टोपाध्याय, इलाहाबाद यूनिवर्सिटी स्टडीज़, भाग १, पृ० ९७-१५६।
५. परवर्ती रचनाओं में हनुमान् तथा वृषाकपि का सम्बन्ध अवश्य जोड़ा गया है (दे० ब्रह्मपुराण, ८४, १९)।

रामायण की अन्तरंग समीक्षा करने पर बहुत-से विद्वान् इस परिणाम पर पहुँचते हैं कि अयोध्याकाण्ड की घटनाएँ अत्यन्त स्वाभाविक हैं किन्तु दण्डकारण्य तथा लंका की घटनाएँ अलौकिक और काल्पनिक प्रतीत होती हैं। वास्तव में रामकथा के इन दो भागों में अन्तर अवश्य पाया जाता है, लेकिन इसे समझने के लिए रामकथा के भिन्न-भिन्न आधार मानने की आवश्यकता नहीं है। **रामायण** के इस द्वितीय भाग का प्रधान विषय है स्त्रीहरण और उसके कारण युद्ध। अयोध्या से राम के निर्वासन के समान यह भी एक अत्यन्त साधारण घटना प्रतीत होती है। अतः कथावस्तु के दृष्टिकोण से दो भागों में कोई मौलिक अन्तर नहीं है। लेकिन इन दोनों भागों के वर्णन में अन्तर का आ जाना एक प्रकार से अनिवार्य था। लोकप्रिय नायक को विकट जंगलों में निवास करना पड़ता है, एक क्रूर आदिवासी राजा उसकी पत्नी हर लेता है और नायक असभ्य जातियों की सहायता से युद्ध करके उसे पुनः प्राप्त करता है। इस कथानक के काव्यात्मक वर्णन में अतिशयोक्ति का प्रयोग कितना स्वाभाविक था। प्रतिनायक की क्रूरता, सहायकों की वीरता, युद्ध की तीव्रता आदि अंकित करने के लिए किसी भी देश अथवा भाषा का कवि अनिवार्य रूप से अतिशयोक्ति का सहारा लेता है। कवि मात्र की यह विशेषता ध्यान में रखकर रामकथा के दो सर्वथा भिन्न भाग मानने की कोई आवश्यकता नहीं पड़ती।

परिशिष्ट १

रामकथा का ऐतिहासिक आधार

१०५. डॉ० याकोबी केवल अयोध्याकाण्ड की घटनाओं के लिए ऐतिहासिक आधार मानते हैं। लेकिन अयोध्याकाण्ड तथा **रामायण** के अन्य काण्डों के कथानक में कोई मौलिक अन्तर मानने की आवश्यकता नहीं है। यह सम्भवत: प्रस्तुत अध्याय के विश्लेषण से स्पष्ट हो चुका है। अत: समस्त **रामायण** की प्रधान कथावस्तु के लिए ऐतिहासिक आधार मानने में कोई आपत्ति नहीं होनी चाहिए, यही अनेक विद्वानों का मत है।[1] **वाल्मीकि रामायण** पढ़कर ऐसा प्रतीत होता है कि कवि को अपने कथानक की ऐतिहासिकता के विषय में कोई सन्देह नहीं है। फिर भी डॉ० सुनीतिकुमार चाटुर्ज्या का कहना है कि राम की ऐतिहासिकता प्राचीन भारत के किसी भी गम्भीर विद्यार्थी को स्वीकार्य नहीं है।[2]

१०६. डॉ० वेबर के अनुसार **रामायण** का समस्त काव्य एक रूपक मात्र है, जिसके द्वारा दक्षिण की ओर आर्य सभ्यता और कृषि का प्रचार दिखलाया जाता है।[3] प्रधान पात्र सीता, जिसका हरण और पुन:प्राप्ति काव्य की कथावस्तु है, कोई ऐतिहासिक व्यक्ति न होकर, खेत की सीता (लांगलपद्धति) का मानवीकरण मात्र है, जिसे आर्य कृषि का प्रतीक मानना चाहिए। वैदिक सीता, कृषि की अधिष्ठात्री देवी और **रामायण** की सीता अभिन्न हैं। **रामायण** में सीता के जन्म और तिरोधान सम्बन्धी वृत्तान्त इसकी ओर निर्देश करते हैं। उसकी बहन उर्मिला के नाम का अर्थ लहराता हुआ खेत समझना चाहिए। भवभूति के **उत्तररामचरित** में भी उसके पिता जनक का एक विशेषण 'सीरध्वज' मिलता है, जो कृषि से सम्बन्ध रखता है। (डॉ० बेलवलकर[4] उसके पुत्र का भी उल्लेख करते हैं—कुश एक

---

१. दे० एम० मोनियर विलियम्स : इण्डियन एपिक पोइट्री, पृ० ८।
   एस० के० बेलवलकर : वही, पृ० ४०।
   एम० नारायण शास्त्री : इं० ए० भाग, २९, पृ० ८-२७।
२. दे० ज० ए० सो० बं०, भाग १६ (१९५०), पृ० ७६।
३. दे० ए० वेबर : वही, पृ० १४ आदि और हिस्ट्री ऑव इण्डियन लिटरेचर, पृ० १९२। ए० वेबर का मत अंशत: निम्नलिखित ग्रन्थों में मिलता है।
   रमेशचन्द्र दत्त : वही, पृ० २११।
   ए०बी० कीथ : संस्कृत लिटरेचर, पृ० ४३।
   जे० पिक्फर्ड : महावीर चरित, लन्दन, १८७१, पृ० ८ (भूमिका)।
४. उत्तररामचरित : भूमिका, पृ० ५९।

घास का नाम है और लव लुनने से आता है)। आदिवासियों के आक्रमणों से इस सीता, आर्य कृषि के प्रतीक की रक्षा राम पर निर्भर है। डॉ० वेबर के अनुसार राम दाशरथि और बलराम (हलभृत) का सम्बन्ध स्वयंसिद्ध है। प्रारम्भ में ये एक थे, बाद के विकास में वे दो भिन्न-भिन्न पात्रों के रूप में प्रसिद्ध हो गये। राम का वनवास हेमन्त ऋतु का प्रतीक है, जब प्रकृति और विशेषकर कृषि का कार्य स्थगित होता है।[१] इसके अतिरिक्त **महाभारत** में जहाँ रामराज्य का वर्णन है, वहाँ इस बात का विशेष उल्लेख मिलता है कि कृषि की असाधारण उन्नति हुई थी। वास्तव में महाभारत के द्रोणपर्व और शान्तिपर्व में रामराज्य का वर्णन किया जाता है। इस वर्णन के अनेक श्लोक **रामायण** में मिलते हैं। (दे० रा० ६, १२८)। शान्तिपर्व (अध्याय २९) में कृषि का उल्लेख हुआ है :

कालवर्षाश्च पर्जन्याः सस्यानि रसवन्ति च।
नित्यं सुभिक्षमेवासीद्रामे राज्यं प्रशासति॥ ४८॥
नित्यपुष्पफलाश्चैव पादपा निरुपद्रवाः।
सर्वा द्रोणदुधा गावो रामे राज्यं प्रशासति॥ ५२॥

'पर्जन्य यथासमय जल बरसाकर शस्य उत्पन्न करता था। इससे राम के राज्य-शासन के समय किसी भाँति का दुर्भिक्ष नहीं पड़ता था...वृक्ष सदा फल-फूलों से युक्त रहते थे, गायें घड़े परिमाण दूध देती थीं।'

१०७. डॉ० वेबर का उपर्युक्त मत बहुत समीचीन नहीं प्रतीत होता है। राम-दाशरथि और बलराम की अभिन्नता के लिए वे कोई प्रमाण नहीं दे सके हैं। इस अभिन्नता के विरुद्ध यह कहा जा सकता है कि भारत में ये दोनों भिन्न ही माने जाते हैं। वैदिक साहित्य में अनेक राम नामक व्यक्तियों का उल्लेख हुआ है, जिससे स्पष्ट है कि 'राम' नाम प्रचलित हो चुका था (दे० ऊपर अनु० ४)।

इसके अतिरिक्त राम की दक्षिण की यात्रा के फलस्वरूप रावण और बालि के स्थान पर उनके भाई विभीषण और सुग्रीव तो राजा बनाये जाते हैं, लेकिन दक्षिण की सभ्यता या कृषि में कोई महत्त्वपूर्ण परिवर्तन हुआ हो, यह **रामायण** में कहीं भी नहीं दिखलाया जाता।[२] अतः हमें मानना पड़ेगा कि जिस उद्देश्य की पूर्ति दिखलाने के लिए यह काव्य लिखा गया है, वह पूरा न हो सका। यदि सचमुच कवि के मन में कृषि तथा कृषि-सम्बन्धी देवताओं का विचार सर्वोपरि था तो यह समझ में नहीं आता कि कृषि को इतना कम महत्त्व क्यों दिया गया।[३] वास्तव में रामकथा तथा कृषि का कोई विशेष सम्बन्ध मानने की कोई आवश्यकता नहीं है। यह भी स्मरण रखने योग्य है कि आर्यों के आगमन के पहले ही कृषि भारतवर्ष तथा दक्षिण में विद्यमान थी।

१०८. जे० टी० ह्वीलर मानते हैं कि रामकथा ब्राह्म और बौद्ध धर्म दोनों के संघर्ष का प्रतीक है। दिनेशचन्द्र सेन का भी विश्वास है कि वाल्मीकि ने बौद्ध भिक्षुपन की प्रतीक्रियास्वरूप गृहस्थ जीवन का आदर्श पाठकों के सामने रखने के उद्देश्य से **रामायण** लिखी थी (इन दोनों मतों के खण्डन के लिए दे० ऊपर अनु० ९०)।

---

१. किन्तु भारतवर्ष में ग्रीष्मकाल में कृषि नहीं हो सकती। हेमन्त में अवश्य होती है।

२. ए०ए० मैकडोनल : वही, पृ० ३११। एच० याकोबी : वही, पृ० १२९।

३. ई० डब्लू० हॉप्किन्स : एपिक मिथोलॉजी, पृ० ११-१२

रामायण की परवर्ती प्रतीकवादी व्याख्याएँ सम्भवतः साहित्य में प्रयुक्त रूपकों से विकसित हुई हैं। रामकथा-विषयक रूपकों के कुछ उदाहरण निम्नलिखित हैं :

तीर्त्वा मोहार्णवं हत्वा रागद्वेषांश्च राक्षसान्।
शान्तिसीतासमायुक्त आत्मरामो विराजते ॥ ५० ॥

(शंकराचार्यकृत आत्मबोध)

दशेन्द्रियाननं घोरं यो मनोरजनीचरम्।
विवेकशरजालेन शमं नयति योगिनाम्॥

(सात्वत संहिता, अ० १२, १५१)

दर्पोदग्रदशेन्द्रियाननमनो नक्तंचराधिष्ठिते
देहेऽस्मिन्भवसिन्धुना परिगते दीनान्दशामास्थितः।
अद्यत्वेहनुमत्समेन गुरुणा प्रख्यापितार्थः पुमान्।
लंकारुद्धविदेहराजतनयान्यायेन लालप्यते॥ ७२ ॥

(संकल्पसूर्योदय, अं० १)

आनन्द रामायण के विलाखकाण्ड के **देहरामायण** नामक तृतीय सर्ग में रामकथा की समस्त घटनाओं का प्रतीकात्मक अर्थ प्रतिपादित किया गया है—**मनोदुर्वृत्तिघातश्च ताटिकाया वधोऽत्र सः; मनोवेगस्य यो भंगः स धनुर्भंग उच्यते; अविवेकवधः प्रोक्तश्चात्र बालिवधस्त्वया; अज्ञानतरणोपयः सेतुबन्धो महोदधौ; मदस्य निग्रहस्तत्र कुम्भकर्णवधस्त्वया; तत्राहंकारघातश्च रावणस्य वधस्त्वया; हृदयाकाशगमनम् अयोध्यागमनं पुनः।** तुलसी साहब ने भी अपने **घटरामायन** में रामकथा को शरीर के अन्दर ही अवतरित कर दिया है—"**घट में रावन राम जो लेखा। भरत सत्रगुन दसरथ पेखा**" (घटरामायण, पृ० ११)। बलरामदास की उड़िया **ब्रह्माण्डभूगोल** देहरामायण, घटरामायण आदि की श्रेणी में आता है।

येदातोरे सुब्बराव के अनुसार **रामायण** का अर्थ दार्शनिक है[१], **रामायण** के भौगोलिक स्थान सचमुच योगशास्त्र के चक्र हैं। ई० मूर भी रामकथा में एक दार्शनिक शास्त्र का प्रतिपादन देखते हैं।[२]

इतना ही निश्चित है कि ये कल्पनाएँ आदिकवि के मन से कोसों दूर थीं। इनमें इतना ही तत्त्व है कि ऐतिहासिक घटनाओं के साथ-साथ कवि निश्चित रूप से आज्ञाकारी राम, पतिव्रता सीता, भ्रातृ-भक्त लक्ष्मण आदि का आदर्श अपने पाठकों के सामने रखना चाहता था। इसी तरह राम नैतिकता के प्रतीक बन गये हैं तथा रावण अधर्म का, लेकिन सारी कथा में रूपक अथवा प्रतीक मात्र देखने के लिए कोई समीचीन कारण नहीं है।

१०९. रामकथा का ऐतिहासिक आधार मानते हुए भी एम० वेंकटरत्नम् का विश्वास है कि यह वास्तव में मिस्र देश के रैमसेस नामक राजा का इतिहास है।[३] रैमसेस के विषय में आधुनिकतम खोज के आधार पर जो कुछ ज्ञात हुआ है, उससे स्पष्ट है कि **वाल्मीकि रामायण** से उस राजा का कोई सम्बन्ध नहीं हो सकता। मिस्र देश की

---

१. दे० क्वार्टर्ली जर्नल मिथिक सोसाइटी : भाग २२, पृ० ५१४।

२. दे० ई० मूर : द हिन्दू पन्थेयॉन, पृ० ३२९ टि०।

३. दे० वेंकटरत्नम् : राम दि ग्रेटेस्ट फेरो ऑव इजिप्ट, १९३४।

प्राचीनतम पौराणिक कथाओं के अनुसार नू (आकाश) तथा गेब (पृथ्वी) के संयोग से रा अथवा रे (सूर्य) उत्पन्न हुआ।[1] रैमसेस का अर्थ है—'रा ने उसे जन्माया' (मस धातु का अर्थ है जन्म लेना)।[2] रैमसेस (१२९८-१२३२ ई०पू०) मिस्र देश के महान् सम्राटों में से एक है। अपने शासनकाल के पूर्वार्द्ध में उसको हिटैटसंघ के विरुद्ध युद्ध करना पड़ा। उसकी पहली विजय कादेश (सीरिया) में हुई थी (१२९४ ई०पू०), लेकिन इसके पश्चात् भी १२७८ ई०पू० तक युद्ध होता रहा। अन्त में रैमसेस ने विजय प्राप्त कर एक हिटैट की राजकन्या से विवाह किया और इसके बाद १२३२ ई०पू० तक एक विशाल राज्य का शान्तिपूर्वक शासन किया।[3]

१. जे० वान्डिवे : ला रलिजियाँ एजिपशियेन, पेरिस, १९४४।

२. दे० एटुडस : भाग १७३ (१९२२), पृ० १४७।

३. ए० मोरे : हिस्टवार दि लोरियन, पेरिस, १९३६, भाग २, पृ० ५४७ आदि।

परिशिष्ट २

वानर और राक्षस

११०. रामकथा के वानर, रीछ और राक्षस विन्ध्य प्रदेश तथा मध्य भारत की आदिवासी अनार्य जातियाँ थीं। इसके विषय में प्रायः मतभेद नहीं है। यद्यपि वाल्मीकि रामायण में इन आदिवासियों को वास्तव में वानर, रीछ आदि कहा गया है, फिर भी आदि-काव्य के अनेक स्थलों से पता चलता है कि प्रारम्भ में ये सब मनुष्य ही माने जाते थे।[१] रामायण के वानर मनुष्यों की तरह बुद्धि-सम्पन्न हैं, मानवीय भाषा बोलते हैं, कपड़े पहनते हैं, घरों में निवास करते हैं, विवाह-संस्कार को मान्यता देते हैं और राजा के शासन के अधीन रहते हैं। इससे स्पष्ट है कि कवि की दृष्टि में वे निरे वानर नहीं हैं। उनकी अपनी-अपनी संस्कृति और सामाजिक व्यवस्था है। वास्तव में वे वानर, रीछ आदि जनजातियाँ थे। 'वानर' नाम की उत्पत्ति की समस्या सुलझाने के लिए अनेक अनुमान प्रस्तुत किये गये हैं। सी० वैद्य के अनुसार वानर जाति के लोग सचमुच वानर के समान दिखलाई पड़ते थे और इससे उनका यह नाम पड़ा।[२] अन्य विद्वान् जैन रामायणों के अनुसार मानते हैं कि वानर, रीछ आदि नाम उन जातियों की ध्वजा के कारण उत्पन्न हुए—'जिस जाति की ध्वजा पर बन्दर का चिह्न था, वह वानर जाति कहलाती थी, जिसकी ध्वजा पर रीछ का चिह्न था, वह रीछ कहलाती थी, जैसा आजकल रूसियों की ध्वजा पर रीछ तथा अंग्रेज़ जाति की ध्वजा पर सिंह का चिह्न होने से उन देशों के वीरों को ब्रिटिश लॉयन्स और रसियन बयर्स कहते हैं। जैनों की राम-रावणकथा में वानर चिह्नांकित ध्वजा मुकुटधारी जाति वानरवंशीय कही गयी है।[३] यह मत असम्भव नहीं कहा जा सकता है, फिर भी जैनियों ने अनेक स्थलों पर रामकथा में अनेक चिन्त्य परिवर्तन किये हैं। अतः जैन साहित्य का उपयोग करने में हमें सतर्क रहना चाहिए (दे० ऊपर, पाँचवाँ अध्याय)। सबसे स्वाभाविक अनुमान यह है कि आजकल के आदिवासियों के समान उन जातियों के विभिन्न कुल विभिन्न पशुओं और वनस्पतियों की पूजा करते थे। जिस कुल के लोग जिस पशु या वनस्पति की पूजा करते थे, वे उसी के नाम से पुकारे जाते थे। इस पशु अथवा वनस्पति को आजकल के विद्वान् 'टोटम' कहते हैं। आधुनिक भारत के आदिवासियों में ऐसे 'टोटम' या गोत्र विद्यमान हैं, जिनका उल्लेख रामायण में हुआ है, अर्थात् वानर, रीछ

१. दे० रामायण ६, ६६, ५ और जी० रामदास, दि ऐबॉरिजिनल ट्राइब्स इन दि रामायण, मैन इन इण्डिया, भाग ५, पृ० २८-५५ और ऐबॉरिजिनल नेम्स इन दि रामायण, जर्नल बिहार-उड़ीसा रिसर्च सोसाइटी, भाग ११, पृ० ४१-५३।

२. दे० सी० वी० वैद्य : वही, पृ० १५३।

३. दे० शिवनन्दन सहाय : तुलसीदास, पृ० ४१६।

(जाम्बवान्) और गीध (जटायु, सम्पाति और रावण)। आर० वी० रसेल[१] के अनुसार बन्दर और रीछ तेरह सर्वाधिक प्रचलित टोटमों में सम्मिलित हैं।

छोटानागपुर में रहनेवाली उराँव[२] तथा मुण्डा[३] जातियों में तिग्गा, हलमान, बजरंग और गड़ी नामक गोत्र मिलते हैं; इन सबका अर्थ बन्दर ही है। इसी प्रकार रेद्दी[४], बरई, बसोर, भैना और खंगार[५] जातियों में भी **वानर-द्योतक** गोत्र मिलते हैं। सिंहभूम की भुइया जाति हनुमान् के वंशज होने का दावा करती है; वे अपने को पवनवंश कहकर पुकारते हैं।[६] 'हनुमान्' नाम वास्तव में एक द्राविड़ शब्द 'आणमन्दि' अथवा 'आण-मंति' का संस्कृत रूपान्तर मात्र प्रतीत होता है; अण् का अर्थ है नर, और मन्द का अर्थ है कपि (दे० ऊपर अनु० १०३)।

रीछ-सूचक गोत्र रेद्दी[७], बरई, गदबा, केवत, सुध[८] आदि जातियों में मिलते हैं। इसी प्रकार भैना[९], उराँव[१०] और बिर्होर[११] जातियों में **गिद्ध** या **गिधि** गोत्र प्रचलित है। ध्यान देने योग्य है कि उराँव, असुर तथा खरिया आदि आदिम जातियों की भाषा में 'रावना' का अर्थ गीध ही है।[१२] हाल में मुझे पता चला कि राँची जिले के रयडीह थाने के कटकयाँ गाँव में एक 'रावना' नामक परिवार अब तक विद्यमान है। यह गोत्र कम प्रचलित है; इसके स्थान पर प्रायः 'गिधि' नाम चलता है। निष्कर्ष यह है कि 'हनुमान्' की तरह 'रावण' का नाम भी एक वास्तविक अनार्य नाम का संस्कृत रूपान्तर ही प्रतीत होता है। इसके अतिरिक्त रायपुर जिले में रहनेवाले गोंड अपने को रावण के वंशज मानते हैं।[१३] 'उराँव' भी मानते हैं कि रावण से उनकी जाति की उत्पत्ति हुई थी[१४] और इसीलिए उनको 'उराँव' नाम मिला था।[१५] इन सब बातों को ध्यान में रखकर स्पष्ट है कि आदिवासियों का रामकथा के साथ सम्बन्ध अवश्य ही है तथा यही अधिक सम्भव प्रतीत होता है कि **रामायण** के वानर-रीछ-गीध वास्तव में वानर-रीछ-गीध-गोत्रीय आदिवासी थे।

---

१. दे० दि ट्राइब्स एण्ड कास्ट्स ऑव दि सेंट्रल प्रॉविन्सेस, भाग १, पृ० ९०।
२. दे० शरच्चन्द्र राय : दि उराओंस ऑव छोटानागपुर (राँची, १९१५), पृ० २२।
३. दे० एन्साइक्लोपीडिया मुंडारिका (किलि, गोत्र शब्द के अन्तर्गत)।
४. दे० सी० वॉन फूरर-हाइमेंडार्फ : दि रेद्दीस ऑव दि बाइसन हिल्स, पृ० ३२९।
५. बरई, बसोर, भैना, खंगार के लिए दे० आर० वी० रसेल, वही, क्रमशः भाग २, पृ० १९४; पृ० २१०; पृ० २२८; भाग ३, पृ० ४४१।
६. दे० डॉल्टन : एथनॉलॉजी ऑव बंगाल, पृ० १४०।
७. दे० सी० वॉन फूरर-हाइमेंडार्फ : वही।
८. बरई, गदबा, केवत और सुध के लिए दे० आर० वी० रसेल : वही, क्रमशः भाग २, पृ० १९४; भाग ३, पृ० १०; पृ० ४२४; भाग ४, पृ० ५१५।
९. दे० आर० वी० रसेल : वही, भाग २, पृ० २२८।
१०. दे० पी० डेहों : रेलिजन एण्ड कस्टम्स ऑव दि उराओंस, मेमायर्स ऑव दि एसियाटिक सोसाइटी ऑव बंगाल, भाग १, पृ० १६०।
११. दे० शरच्चन्द्र राय : दि बिर्होर्स, (राँची, १९२५), पृ० ९१।
१२. डब्लू० रूबेन : उबर दि लितेरातूर देर वोरारिशे स्तेम्मे इण्डियंस (बर्लिन, १९५२), पृ० ४४।
१३. दे० आर० वी० रसेल : वही, भाग १, पृ० ४०२।
१४. दे० पी० डेहों : वही, पृ० १२२।
१५. दे० शरच्चन्द्र राय : दि उराओंस, पृ० १४।

१११. वैदिक साहित्य, विशेष करके अथर्ववेद में रक्षस्, राक्षस, पिशाच आदि भूतों का उल्लेख मिलता है। ये मनुष्य के शत्रु हैं, इनके विरुद्ध **अथर्ववेद** में बहुत-से मंत्र दिये गये हैं। इसी तरह राक्षस एक प्रकार से अनिष्ट, अशुभ, हिंसा और पाप का प्रतीक बन गया था और बाद में रावण के क्रूर और हिंसात्मक अनुयायियों को भी यह नाम मिला। **रामायण** में राक्षसों का जो वर्णन किया जाता है, वह **ऋग्वेद** में अनार्य दस्युओं के वर्णन से बहुत कुछ मिलता है। उनके मनुष्य होने का स्पष्ट उल्लेख मिलता है (दे० ६,३७,३३)। कवि वास्तविक नामों से अपरिचित था। अतः जो नाम मिलते हैं, वे सब-के-सब वर्णनात्मक हैं—कुम्भकर्ण, मेघनाद, दशग्रीव, विभीषण, प्रहस्त (लम्बे हाथवाला) इत्यादि।

११२. यह सब होते हुए भी रामायण में कवि ने अद्भुत रस तथा अतिशयोक्ति का बार-बार सहारा लिया है और इस कारण रामकथा को काल्पनिक ठहराने के लिए समालोचकों को आधार अवश्य मिलता है। रावण के दस सिर थे, हनुमान् समुद्र लाँघते हैं और आकाश में उड़कर ओषधि-पर्वत ले आते हैं, इस प्रकार के कथन बहुतायत से पाये जाते हैं। फिर भी रावण का केवल एक सिर था, ऐसा वर्णन भी **रामायण** के कई स्थलों पर मिलता है।[१] दशग्रीव नाम पहले रूपक के रूप में प्रयुक्त हुआ होगा (दशग्रीव अर्थात् जिसकी ग्रीवा दश अन्य साधारण ग्रीवाओं के समान बलवान् हो) और बाद में वस्तुतः दशग्रीव धारण करनेवाले प्राणी के अर्थ में लिया जाने लगा।

अथर्ववेद में एक दशास्य (दशमुख), दशशीर्ष ब्राह्मण का उल्लेख है।[२] इसका प्रभाव भी रावण के स्वरूप की कल्पना पर पड़ा, यह असम्भव नहीं कहा जा सकता है। उद्धरण इस प्रकार है :

ब्राह्मणो जज्ञे प्रथमो दशशीर्षो! दशास्यः।
स सोमं प्रथमः पपौ स चकाराररसं विषम्॥ (अथर्ववेद ४, ६, १)

हनुमान् के समुद्रलंघन की कथा सम्भवतः किसी आश्चर्यजनक लंघन के आधार पर उत्पन्न हुई है। जब स्पेन की सेना को मेक्सिको से हटना पड़ा तब अलवाराडो नामक सिपाही एक अत्यन्त चौड़ा नाला लाँघने में समर्थ हुआ था। यह देखकर मेक्सिको निवासी बोल उठे, 'यह सचमुच सूर्य का पुत्र है।' इसी तरह हनुमान् की कथा भी उत्पन्न हुई होगी, यह सी० वी० वैद्य का अनुमान है।[३] मेरा अपना अनुमान है कि समुद्रलंघन का वर्णन क्षेपक ही है (दे० आगे अनु० ५३१)।

---

१. उदा० ५, सर्ग १०, २२ और ४२, दे० चिन्ताहरण चक्रवर्ती : इं० हि० क्वा०, भाग १, पृ० ७७९ और एस० एन० व्यास, ज० ऑ० इं०, भाग ४, पृ० १।

२. इस उद्धरण के लिए मैं डॉ० वासुदेवशरण अग्रवाल का आभारी हूँ।

३. दे० वही, पृ० १६०।

परिशिष्ट ३

रामकथा का भूगोल

११३. वाल्मीकि दक्षिण तथा मध्य भारत के भूगोल से अपरिचित थे, इसका प्रमाण **रामायण** को पढ़कर मिलता है। अत: **रामायण** के भूगोल के विषय में जो विस्तृत साहित्य प्रकाशित हो चुका है और हो रहा है, वह अधिकांश अनुमान और कल्पना के आधार पर निर्भर है।

सिंहलद्वीप का सबसे प्राचीन नाम 'टप्रोवाने' है, जो यूनानियों में प्रचलित था। अशोक के शिलालेखों में भी यह 'तम्बपम्नि' के नाम से पुकारा जाता है। इसके बाद सिंहल नाम प्रचलित होने लगा। इतना ही निश्चित है कि संस्कृत काव्य में सिंहल तथा लंका भिन्न-भिन्न देश समझे जाते थे। भवभूति, मुरारि, राजशेखर आदि सिंहलदेश को लंका से भिन्न मानते हैं। वाराहमिहिर की **बृहत्-संहिता** में भी दोनों का अलग उल्लेख है। ऐसा प्रतीत होता है कि बौद्ध साहित्य में पहले-पहल सिंहल के लिए **लंका** नाम प्रयुक्त होने लगा था (दे० दीपवंश ९, १) और सम्भवतः दशवीं शताब्दी ई० से इसका प्रयोग व्यापक होने लगा।[१]

अधिकांश आधुनिक लेखक **रामायण** को लंका तथा किष्किन्धा दोनों को मध्य भारत में रखते हैं।[२]

---

१. दे० एच० याकोबी : वही, पृ० ९०-९३।

२. दे० एम० बी० कीवे : इ० हि० क्वा० भाग ४, पृ० ६९३-७०२।
हीरालाल : झा कामेमोरेशन वॉल्यूम, पृ० १५१-६१; कोशोत्सव-स्मारकग्रन्थ, पृ० १५। राय कृष्णदास : राम-वनवास का भूगोल, ना० प्र० प०, वर्ष ५४, अंक १ और ३; ऋष्यमूक-किष्किन्धा की भौगोलिक अवस्थिति, वही, भाग ५२, अंक ४। इस साहित्य के सिंहावलोकन के लिए दे० एपिक एण्ड पुराणिक स्टडीज़। भण्डारकर इंस्टिट्यूट, पृ० १३७-८।

अध्याय-८

प्रचलित वाल्मीकिकृत रामायण के मुख्य प्रक्षेप

११४. रामकथा के प्रारम्भिक विकास की रूपरेखा अंकित करने के पूर्व प्रचलित **वाल्मीकि रामायण** की अन्तरंग समीक्षा करके मुख्य प्रक्षिप्त अंशों का पता लगाना है। यही प्रस्तुत अध्याय का विषय है। चतुर्थ भाग में प्रत्येक काण्ड के विश्लेषण के साथ-साथ गौण प्रक्षेपों का भी उल्लेख किया जायेगा।

क—उत्तरकाण्ड

११५. रामायण के प्रायः समस्त समालोचक उत्तरकाण्ड को प्रक्षिप्त मानते हैं और इसके लिए भिन्न-भिन्न तर्क प्रस्तुत करते हैं।[१] सबसे महत्त्वपूर्ण प्रमाण इस प्रकार हैं :

(१) वाल्मीकिकृत **रामायण** के तीन प्रचलित पाठों की तुलना करने से स्पष्ट होता है कि उत्तरकाण्ड की रचना अन्य काण्डों के पश्चात् हुई थी (दे० ऊपर अनु० २२-२६)।

(२) युद्धकाण्ड के अन्त में जो फलश्रुति मिलती है, उससे यह प्रमाणित होता है कि इसके रचनाकाल तक **रामायण** की परिसमाप्ति यहीं मानी जाती थी (**रामायणमिदं कृत्स्नं**, दे० ६, १२८, ११७)।

(३) बालकाण्ड के प्रथम सर्ग में एक अनुक्रमणिका मिलती है, जिसमें केवल अयोध्याकाण्ड से लेकर युद्धकाण्ड तक के विषयों का उल्लेख किया जाता है। बाद में इस अनुक्रमणिका की अपूर्णता का अनुभव हुआ और फलस्वरूप एक दूसरी अनुक्रमणिका की रचना की गयी, जिसमें बालकाण्ड की सामग्री के साथ-साथ उत्तरकाण्ड का भी निर्देश मिलता है :

स्वराष्ट्ररंजनं चैव वैदेह्याश्च विसर्जनम्॥२८॥
अनागतं च यत्किंचिद्रामस्य वसुधातले।
तच्चकारोत्तरे काव्ये वाल्मीकिर्भगवानृषिः॥२९॥ (बड़ौदा संस्करण, सर्ग ३)

इसके अगले[२] सर्ग में भी उत्तरकाण्ड का उल्लेख है :

प्राप्तराज्यस्य रामस्य वाल्मीकिर्भगवानषिः।
चकार चरितं कृत्स्नं विचित्रपदमात्मवान्॥१॥
कृत्वा तु तन्महाप्राज्ञः सभविष्यं सोत्तरम्। (बड़ौदा सं०, सर्ग ४)।

---

१. दे० एच० याकोबी : डस रामायण, पृ० २८ आदि, ६४।
हृदयनारायण सिंह : क्या उत्तरकाण्ड वाल्मीकि-रचित है?
नागरीप्रचारिणी पत्रिका : १७, पृ० २५९-२८९।
ज० ऑ० रि०; भाग १८, पृ० १५७।

२. जिस श्लोक में रामायण का विस्तार २४००० श्लोक बताया गया था, उसे बड़ौदा के प्रामाणिक संस्करण में प्रक्षिप्त माना गया है।

इन दो उद्धरणों से स्पष्ट है कि बालकाण्ड की इस भूमिका के रचनाकाल में उत्तरकाण्ड की सृष्टि प्रारम्भ हो चुकी थी। फिर भी **सीतात्याग** को छोड़कर किसी अन्य विषय का उल्लेख न होने के कारण ऐसा प्रतीत होता है कि उत्तरकाण्ड उस समय अपना वर्तमान रूप और विस्तार नहीं प्राप्त कर पाया था। इस तर्क की पुष्टि इससे भी होती है कि बाद में **वाल्मीकि रामायण** के उदीच्य पाठ में एक तीसरी अनुक्रमणिका जोड़ी गयी है, जिसमें सात काण्डों की सामग्री का ध्यान रखा जाता है (दे० ऊपर अनु० २३)।

(४) उत्तरकाण्ड की रचना-शैली अन्य प्रामाणिक काण्डों की शैली से सर्वथा भिन्न है। प्रारम्भिक ३३ सर्गों में रावण तथा हनुमान् की कथाओं के बाद ही रामचरित का वर्णन आगे बढ़ा दिया गया है और तब भी असंगत अन्तर्कथाओं के कारण कथानक में कोई प्रवाह नहीं है (दे० नृग, निमि, ययाति, श्वेत, इन्द्र, इल आदि के वृत्तान्त)। शेष सामग्री, जो आधे से भी कम है, रामचरित से सम्बन्ध तो रखती है, लेकिन इसमें भी एकता का अभाव खटकता है। सीतात्याग, शत्रुघ्न-चरित, शम्बूक-वध, राम का अश्वमेध, सीता का तिरोधान आदि में कोई विशेष सम्बन्ध नहीं है। इसके अतिरिक्त उत्तरकाण्ड में वर्णित अवतारवाद की व्यापकता भी इस काण्ड को बाद की रचना सिद्ध करती है।

(५) उत्तरकाण्ड तथा अन्य काण्डों में पारस्परिक विरोधी बातें भी मिलती हैं। उदाहरणार्थ युद्धकाण्ड के अन्तिम सर्ग में सुग्रीव, विभीषण आदि के चले जाने का स्पष्ट उल्लेख हुआ है। फिर भी उत्तरकाण्ड में पुनः इनके प्रस्थान का वर्णन किया जाता है (दे० सर्ग ४०)।

उत्तरकाण्ड में वेदवती का वृत्तान्त दिया जाता है (दे० सर्ग १७)। इसके अनुसार सीता अपने पूर्वजन्म में वेदवती ही थी। यदि यह वृत्तान्त प्रक्षिप्त न होता तो इसका उल्लेख **रामायण** के अन्य काण्डों में, जहाँ सीता-जन्म का प्रसंग आया है, अवश्य किया जाता।

(६) वाल्मीकिकृत **रामायण** के इन अन्तरंग प्रमाणों के अतिरिक्त एक बात और ध्यान देने योग्य है। **महाभारत** का रामोपाख्यान रामायण के किसी प्राचीन रूप पर निर्भर है (दे० ऊपर अनु० ४८)। इसके प्रारम्भ में रावणचरित की कुछ सामग्री अवश्य मिलती है किन्तु वह **आदिरामायण** की तरह रामाभिषेक तथा रामराज्य की स्तुति पर समाप्त होती है। **आदिरामायण** तथा रामोपाख्यान के कारण एक काव्य-परम्परा चल पड़ी और शताब्दियों तक चलती रही, जिसके अनुसार रामचरित का वर्णन उनके अभिषेक पर समाप्त किया जाता है।

उदाहरणार्थ—**रावणवह, भट्टिकाव्य**, कुमारदासकृत **जानकीहरण**, अभिनन्दकृत **रामचरित**, भासकृत **अभिषेक नाटक**, मुरारि का **अनर्घ-राघव**, राजशेखर का **बालरामायण**, कम्बनकृत प्राचीनतम **तमिल रामायण**, तेलुगु **द्विपद रामायण** तथा जावा का **रामायण ककविन**।

ख—बालकाण्ड

११६. उत्तरकाण्ड की भाँति बालकाण्ड भी **आदिरामायण** का अंग नहीं था। डॉ० याकोबी[१] की यह धारणा सिद्ध करने के लिए निम्नलिखित प्रमाण दिये जा सकते हैं :

(१) **रामायण** की पहली अनुक्रमणिका (सर्ग १) में बालकाण्ड की सामग्री का सर्वथा अभाव है। इस अभाव को पूरा करने के उद्देश्य से एक दूसरी अनुक्रमणिका की रचना कर ली गयी है (दे० ऊपर अनु० ११५)। सुन्दरकाण्ड के ३१वें सर्ग में हनुमान् सीता को रामायण का सार सुनाते हैं। उसमें दशरथ तथा राम के परिचय के पश्चात् तुरन्त अयोध्याकाण्ड की

---

१. दे० एच० याकोबी : वही, पृ० ५० आदि।

कथावस्तु प्रारम्भ हो जाती है। रामायण के आमुख के विषय में आगे विचार किया गया है—दे० अनु० १३६।

(२) बालकाण्ड की शैली उत्तरकाण्ड की शैली से बहुत कुछ मिलती-जुलती है। इसका प्राय: आधा भाग रामचरित से सम्बन्ध नहीं रखता। सगर-कथा, समुद्रमंथन, विश्वामित्र की कथा आदि वृत्तान्त पुराणों की शैली पर लिखे गये हैं।[1] **रामायण** के प्रामाणिक काण्डों में कहीं भी ऐसी पौराणिक कथाएँ नहीं मिलतीं।

(३) बालकाण्ड में जो सामग्री रामचरित से सम्बन्ध रखती है इसका आगे चलकर प्रामाणिक काण्डों में कहीं भी उल्लेख नहीं मिलता। यही नहीं, बल्कि इससे विरोधी बातें भी पायी जाती हैं। बालकाण्ड में लक्ष्मण और उर्मिला का विवाह वर्णित है, लेकिन अयोध्याकाण्ड आदि में कहीं भी उर्मिला का उल्लेख नहीं होता (यद्यपि तीनों निर्वासितों का प्रस्थान विस्तार से चित्रित किया गया है), वरन् अरण्यकाण्ड में लक्ष्मण को अविवाहित भी कहा जाता है (**अकृतदार** दे० ३, १८, ६)।

अयोध्याकाण्ड में भरत की अवस्था के विषय में कहा जाता है :

बाल एव तु मातुल्यं भरतो नायितस्त्वया। (२, ८, २८)।

लेकिन बालकाण्ड में युधाजित् मिथिला में पहुँचकर कहते हैं कि कैकय भरत को सस्त्रीक देखना चाहते हैं। इसके बाद चार भाइयों के विवाह का वर्णन किया जाता है, लेकिन मिथिला में युधाजित् का और उल्लेख नहीं होता। बालकाण्ड के अन्तिम सर्ग में दशरथ भरत को युधाजित् के साथ राजगृह भेज देते हैं और इसके बाद बहुत समय बीत जाने का उल्लेख है (**बहूनृतून्** दे० १,७७, २५)। फिर भी रामाभिषेक की तैयारी के समय भरत को बालक कहा गया है।

ग—अवतारवाद

११७. रामकथा के विकास के दृष्टिकोण से प्रचलित वाल्मीकिकृत **रामायण** की सबसे महत्त्वपूर्ण प्रक्षिप्त सामग्री अवतारवाद से सम्बन्ध रखती है। अगले अध्याय में अवतारवाद की उत्पत्ति और रामकथा के विकास में उसके महत्त्व पर विचार किया जायेगा। प्रचलित **रामायण** में इसके विस्तार तथा इसे प्रक्षिप्त मानने के कारण पर विचार करना ही इस परिच्छेद का उद्देश्य है।[2] प्रस्तुत विश्लेषण की विशेषता यह है कि इसमें **रामायण** की अवतारवादी समस्त सामग्री के साथ-साथ उसकी भिन्न-भिन्न पाठों में उपस्थिति अथवा अभाव का उल्लेख भी किया जाता है।

(१) सामग्री का निरूपण

११८. बालकाण्ड। (१) पुत्रेष्टि-यज्ञ (सर्ग १५-१८); इसमें विष्णु का अवतार लेना विस्तार से वर्णित है। ये सर्ग बालकाण्ड के प्रक्षेप हैं (दे० आगे अनु० ३३३)।

---

१. दे० वी० लेस्नी : उबर डस पुराण-आर्टिगे गेप्रेग डस बालकाण्ड; जर्मन ओरियण्टल जर्नल, भाग ६७, पृ० ४९७-५००।

२. दे० एच० याकोबी : वही, पृ० १३८।
ई० डब्लू० हॉप्किन्स : एपिक मिथोलॉजी; पृ० २११।
जे० म्यूर : ओरिजिनल संस्कृत टेक्स्ट्स; (दूसरा संस्करण); भाग ४, पृ० ४४१-९१; और नोट डी।
महाराष्ट्रीय : श्री रामायण समालोचना; दूसरा भाग, पृ० २४५-५०।

(२) परशुराम राम से कहते हैं कि मैं आपको विष्णु मानता हूँ। आपसे पराजय पाना कोई लज्जा की बात नहीं है। ये श्लोक तीनों पाठों में पाये जाते हैं।

अक्षय्यं मधुहन्तारं जानामि त्वां सुरेश्वरम्॥ १७॥
न चेयं तव काकुत्स्थ व्रीडा भवितुमर्हति।
त्वया त्रैलोक्यनाथेन यदहं विमुखीकृतः॥ १९॥ (सर्ग ७६)

यद्यपि बालकाण्ड स्वयं प्रक्षिप्त है, फिर भी इसमें केवल इन दो स्थलों पर राम के अवतार होने का उल्लेख है। दाक्षिणात्य पाठ में राम के दिव्य तेज के विषय में जो वाक्यांश—**दिव्येन स्वेन तेजसा** (१८, ९) मिलता है वह गौडीय पाठ में अपने मूल रूप में **सहजेन च तेजसा** (२२, १०) सुरक्षित है।

मूल बालकाण्ड के रचनाकाल में राम अवतार नहीं माने जाते थे, इसके बालकाण्ड में स्पष्ट प्रमाण मिलते हैं। राम का उत्कर्ष प्रथम सर्ग का वर्ण्य-विषय है, फिर भी इसमें उनके अवतार होने का उल्लेख नहीं है, केवल विष्णु से उनकी तुलना की जाती है (**विष्णुना सदृशो वीर्य्ये**—श्लोक १८) और अन्त में कहा जाता है कि राम अपना राज्य भोगकर ब्रह्मलोक जायेंगे—

रामो राज्यमुपासित्वा ब्रह्मलोकं प्रयास्यति। (श्लोक ९७)

यदि कवि राम को विष्णु का अवतार मानता होता तो उनकी इहलीला समाप्त होने पर उनके ब्रह्मलोक जाने का उल्लेख नहीं करता। इस तर्क की संगति इससे स्पष्ट है कि उदीच्य पाठ में '**ब्रह्मलोकं**' के स्थान पर '**विष्णुलोकं**' रखा गया है (दे० बड़ौदा संस्करण के पाठान्तर)।

विश्वामित्र राम से ताड़का के वध करने का अनुरोध कर विष्णु द्वारा भृगुपत्नी के वध का उदाहरण देते हैं (२५, २१) तथा सिद्धाश्रम के विषय में कहते हैं कि विष्णु ने वहाँ तप किया था।

इह राम महाबाहो विष्णुर्देवनमस्कृतः।
वर्षाणि सुबहूनीह तथा युगशतानि च॥ २॥
तपश्चरणयोगार्थमुवास सुमहातपाः। (सर्ग २९)

इससे स्पष्ट है कि विश्वामित्र राम के अवतार होने से अनभिज्ञ हैं।

११९. अयोध्याकाण्ड। प्रथम सर्ग के ३५ प्रारम्भिक श्लोक प्रक्षिप्त हैं (दे० आगे अनु० ४३१)। इनमें राम के अवतार होने का उल्लेख है :

स हि देवैरुदीर्णस्य रावणस्य वधार्थिभिः।
अर्थितो मानुषे लोके जज्ञे विष्णुः सनातनः॥ (१, ७)

यह श्लोक तीनों पाठों में मिलता है। इसके अतिरिक्त अयोध्याकाण्ड में अन्यत्र रामावतार का निर्देशमात्र भी नहीं मिलता। 'लोकनाथ' (११०, २) राम के लिये प्रयुक्त हुआ है लेकिन यह राजा की भी उपाधि है और जिस सर्ग में यह शब्द प्रयुक्त हुआ है, वह भी प्रक्षिप्त है (दे० आगे अनु० ४३१)।

१२०. अरण्यकाण्ड। (१) राम के पराक्रम का वर्णन करते हुए अकम्पन कहते हैं कि राम समस्त लोकों का नाश कर सबकी पुनः सृष्टि करने में समर्थ हैं—

संहृत्य वा पुनर्लोकान्विक्रमेण महायशाः।
शक्तः श्रेष्ठः स पुरुषः स्रष्टुं पुनरपि प्रजाः॥ २६॥ (सर्ग ३१)

यह प्रसंग दाक्षिणात्य पाठ मात्र में विद्यमान है।

(२) दाक्षिणात्य पाठ में लक्ष्मण राम के दिव्य तथा मानवीय पराक्रम का उल्लेख करते हैं—

दिव्यं च मानुषं चैवमात्मनश्च पराक्रमम् (६६, १९)

लेकिन गौडीय तथा पश्चिमोत्तरीय पाठों में राम के दिव्य तथा मानुषिक अस्त्रों का उल्लेख है—

दिव्यं त्वं मानुषं चास्त्रमात्मनश्च पराक्रमम् (गौ० रा० ३, ७१, १६)

(३) दाक्षिणात्य पाठ में शबरी राम को देववर कहती है—**त्वयि देववरे राम पूजिते पुरुषर्षभ** (दा० रा० ३, ७४,१२)। परन्तु अन्य पाठों में इस श्लोक का सर्वथा अभाव है।

(४) एक अन्य स्थल पर (जो तीनों पाठों में मिलता है) राम सारा जगत् नष्ट करने की धमकी देते हैं (दे० दा० रा० ३, ६४, ७०), लेकिन इसमें उनके अवतार की ओर निर्देश देखना अनावश्यक है। यह तो उनको दिये हुए दिव्य अस्त्रों का प्रभाव माना जा सकता है।

१२१. किष्किन्धाकाण्ड। इस काण्ड में अवतार सम्बन्धी कोई सामग्री नहीं मिलती। सुग्रीव तो लक्ष्मण से राम के विषय में 'तस्य देवस्य' शब्द का प्रयोग करते हैं (३६, ६), लेकिन इसमें अवतारवाद की भावना देखना व्यर्थ है। आदरार्थ इस शब्द का राजाओं, ब्राह्मणों आदि के लिए प्रयोग होता है।

१२२. सुन्दरकाण्ड। (१) दाक्षिणात्य तथा पश्चिमोत्तरीय पाठ के अनुसार हनुमान् अशोक वन में प्रवेश करने के पहले देवताओं की तथा राम-लक्ष्मण और सीता की स्तुति करते हैं—

नमोऽस्तु रामाय सलक्ष्मणाय देव्यै च तस्यै जनकात्मजायै।
नमोऽस्तु रुद्रेन्द्रयमानिलेभ्यो नमोऽस्तु चन्द्राग्निमरुद्गणेभ्यः॥

(दा० रा० ५, १३, ५७)

(१) न केवल इस दीर्घ छन्द का, लेकिन सारे प्रसंग (दा० रा० ५, १३, ५४-६७) का गौडीय पाठ में अभाव है।

(२) हनुमान्-रावण संवाद का एक अंश (दा० रा० ५, ५१, ३९-४५) गौडीय तथा पश्चिमोत्तरीय पाठों में नहीं मिलता। इसमें हनुमान् राम के विषय में कहते हैं कि वह विष्णुतुल्यपराक्रम, सर्वलोकेश्वर, लोकत्रयनाथ आदि हैं।

१२३. युद्धकाण्ड। उत्तरकाण्ड के बाद इसमें अवतारवादी सामग्री सबसे अधिक मिलती है। यह अस्वाभाविक भी नहीं प्रतीत होता है क्योंकि युद्धकाण्ड सबसे अधिक विस्तृत है तथा इसमें अपेक्षाकृत अधिक प्रक्षेप भी जोड़े गये हैं।

(१) रावण से युद्ध न करने का अनुरोध करते हुए मंत्री कहता है—

लंघनं च समुद्रस्य दर्शनं च हनूमतः।
वधं तु रक्षसां युद्धे कः कुर्यान्मानुषो युधि।

(दा० रा० ३४, २२; अन्य पाठों में भी है)

डॉ. याकोबी के अनुसार यह सर्ग एक विस्तृत प्रक्षेप (सर्ग २३-४०) में आया है (दे० आगे अनु० ५६२)।

(२) सुग्रीव विभीषण से कहते हैं कि राम और लक्ष्मण गरुड़ पर अधिष्ठित हैं :

गरुडाधिष्ठितावेतावुभौ राघवलक्ष्मणौ। (दा० रा० ५०, २२)

यह श्लोक अन्य दोनों पाठों में नहीं मिलता।

(३) सर्ग ५९ अनेक कारणों से प्रक्षिप्त माना जाता है (दे० आगे अनु० ५६३)। इसमें दो स्थलों पर कहा गया है कि लक्ष्मण तब संज्ञा प्राप्त करते हैं जब वह अपने विष्णु का अंश होने का स्मरण करते हैं (दे० दा० रा० ६, ५९, ११०, १२० तथा अन्य पाठों के समानान्तर स्थल)।

(४) मन्दोदरी-विलाप तीनों पाठों में मिलता है। दाक्षिणात्य पाठ में इसका विस्तार १२६ श्लोकों का है, गौडीय पाठ में ८२ का तथा पश्चिमोत्तरीय पाठ में केवल ६३ का। तीनों में राम को विष्णु का अवतार कहा गया है, लेकिन दाक्षिणात्य पाठ के जिन श्लोकों में इसका उल्लेख हुआ है, वे अन्य पाठों में नहीं मिलते और अन्य पाठों के अवतार-सम्बन्धी श्लोक दाक्षिणात्य में नहीं पाये जाते हैं। उदाहरणार्थ—

गौडीय पाठ में :

अथवा रामरूपेण विष्णुश्च स्वयमागतः।
तव नाशाय मायाभिः प्रविश्यानुपलक्षितः॥ (९५, ९)

दाक्षिणात्य पाठ में :

अथवा रामरूपेण कृतान्तः स्वयमागतः।
मायां तव विनाशाय विधायाप्रतितर्किताम्॥ (१११, ९)

इससे यह ध्वनि निकलती है कि स्वतंत्र रूप से तीनों पाठों में अवतारवादी सामग्री बाद में आ गयी है।

(५) अग्निपरीक्षा के समय देवता आकर राम की विष्णुरूप में स्तुति करते हैं (दे० दा० रा० सर्ग ११७ तथा अन्य पाठों के समानान्तर स्थल)। इस सर्ग के प्रक्षेप होने में कोई सन्देह नहीं है (दे० आगे अनु० ५६५)। इसमें सीता और लक्ष्मी की अभिन्नता का भी उल्लेख है (दे० श्लोक २७)।

(६) दाक्षिणात्य पाठ में दशरथ राम से कहते हैं कि वह पुरुषोत्तम ही हैं (दे० ११९, १७)—

इदानीं च विजानामि यथा सौम्य सुरेश्वरैः।
वधार्थं रावणस्येह पिहितं पुरुषोत्तमम्॥

गौडीय पाठ में इस श्लोक में अवतार का उल्लेख नहीं है—

इदानीं च विजानामि यथा सौम्य सुरेश्वरैः॥ १८॥
वधार्थं रावणस्येह त्वं वनवासाय दीक्षितः। (सर्ग १०४)

दोनों की तुलना करने से स्पष्ट है कि किसी तरह श्लोक को बदलकर अवतारवादी सामग्री जोड़ी गयी है।

इसके बाद दशरथ लक्ष्मण को भी सम्बोधित करके राम को पुरुषोत्तम, अक्षर ब्रह्म आदि मानते हैं। यह अंश तीनों पाठों में तो मिलता है, लेकिन वह राम-दशरथ-संवाद का अनुकरण मात्र प्रतीत होता है (दे० ११९, २७-३५)।

(७) दाक्षिणात्य तथा पश्चिमोत्तरीय पाठ की फलश्रुति में विष्णु और राम की अभिन्नता मानी जाती है—

प्रीयते सततं रामः स हि विष्णुः सनातनः।
आदिदेवो महाबाहुर्हरिर्नारायणः प्रभुः॥ (दा० रा० १२८, ११७)

गौडीय पाठ में यह श्लोक नहीं मिलता।

(८) उपर्युक्त उद्धरणों के अतिरिक्त कुछ और सामग्री का उल्लेख करना है, जो दाक्षिणात्य पाठ में नहीं मिलती—

पश्चिमोत्तरीय पाठ में, नागपाश के वृत्तान्त में, नारद राम के पास पहुँचकर उनको उनके नारायणत्व का स्मरण दिलाते हैं। (दे० प० रा० ६, २७, ७-४१)।

गौडीय तथा पश्चिमोत्तरीय पाठों में एक सर्ग मिलता है, जिसमें रावण से अनुरोध किया गया है कि वह राम से युद्ध न करे क्योंकि राम मनुष्य नहीं हैं (दे० गौ० रा० सर्ग ३३, प० रा० सर्ग ३५)।

गौडीय तथा पश्चिमोत्तरीय पाठों में कुम्भकर्ण का एक भाषण उद्धृत है, जिसमें वह कहता है कि नारद ने उसे विष्णु के एक अवतार द्वारा रावण-वध का रहस्य बतलाया था (दे० गौ० रा० सर्ग ४०, प० रा० सर्ग ४१)।

१२४. उत्तरकाण्ड। उत्तरकाण्ड में राम के अवतार होने का उल्लेख निम्नलिखित सर्गों में मिलता है—८, १७, २७, ३०, ५१, ७६, ९८, १०४, १०६, ११०, १११, ३७ प्र० २-४, ५९ प्र० २-३।

इसके अतिरिक्त नागरिकों की राम के प्रति दृढ़ भक्ति का उल्लेख किया जाता है (दे० दा० रा० १०७, १६ और ३७ प्र० ३)।

दाक्षिणात्य पाठ के एक प्रक्षिप्त सर्ग (३७ प्र० ३) में जो अन्य पाठों में नहीं मिलता, सीता को भी लक्ष्मी का अवतार कहा गया है।

(२) तर्क

१२५. उपर्युक्त सामग्री के निरूपण से स्पष्ट है कि प्रामाणिक काण्डों की अवतारवादी सामग्री, जो तीनों पाठों में मिलती है, नहीं के बराबर है। और जो सामग्री तीनों पाठों में मिलती है, वह एक ऐसे अंश में पायी जाती है, जो स्पष्टतया प्रक्षिप्त है।

अवतारवाद को बाद की भावना मानने के लिए यही सबसे महत्त्वपूर्ण तर्क प्रतीत होता है। फिर भी इसके अतिरिक्त और प्रमाण दिये जा सकते हैं।

१२६. रामायण के प्रधान पात्र राम के अवतार होने से परिचित नहीं हैं। इस तर्क के विरुद्ध सम्भवतः कहा जा सकता है कि यह आवश्यक नहीं है कि वे राम को अवतार समझें। फिर भी उत्तरकालीन राम-काव्य में प्रायः सब पात्र राम को अवतार मानकर उनसे प्रार्थना करते हैं, जिससे स्पष्ट है कि इस तर्क में कुछ तत्त्व है।

सीता अपने-आपको साधारण स्त्री मानती हैं और अपने इस जन्म के दुःखों का कारण पूर्वजन्म के किये हुए पाप समझती हैं (दे० रा० ५, २५, १८; ६, ११३, ३६-३७, ७, ४८, ३-४)। यही नहीं, राम का अवतार होना भी उनसे छिपा हुआ है। वह राम की तुलना विष्णु से करती हैं (५, २१, २८; ५, ३८, ६५)। राक्षसों के प्रति राम की हिंसात्मक प्रवृत्ति देखकर वह राम के परलोक के विषय में चिन्तित हैं (३, ९, १२) और जब रावण उनसे अनुरोध करता है कि वह राम, साधारण मनुष्य को, छोड़ दें (दे० ३, ४८, १४), तो वह उत्तर नहीं देतीं कि राम साधारण मनुष्य नहीं हैं। युद्ध के समय भी वह राम को अमर नहीं समझतीं।

लक्ष्मण भी राम को सान्त्वना देते हुए कहते हैं :

प्राप्स्यसे त्वं महाप्राज्ञ मैथिलीं जनकात्मजां।
यथा विष्णुर्महाबाहुर्बलिं बद्ध्वा महीमिमां॥ (३, ६१, २४)

हनुमान् राम की तुलना विष्णु से करते हैं (५, ३४, २९; ५, ३७, २४) और राम से कहते हैं कि जिस तरह विष्णु गरुड़ पर आरूढ़ होते हैं, इसी तरह आप मेरी पीठ पर चढ़िए—

मम पृष्ठं समारुह्य राक्षसं शास्तुमर्हसि॥ १२२॥
विष्णुर्यथा गरुत्मन्तमारुह्यामरवैरिणम्॥ (६, ५९)

राम का दूत बनकर हनुमान् रावण से कहते हैं कि मैं विष्णु की ओर से नहीं आया हूँ, बल्कि राम की ओर से—

विष्णुना नास्मि चोदितः ॥ १३ ॥

केनचिद्रामकार्येण आगतोऽस्मि तवान्तिकम् ॥ १९ ॥ (रा० ५, ५०)।

इसी तरह और उदाहरण दिये जा सकते हैं। अगस्त्य राम को विष्णु का धनुष देते हुए राम और विष्णु की अभिन्नता से परिचित नहीं हैं—

इदं दिव्यं महच्चापं हेमवज्रविभूषितम्।

वैष्णवं पुरुषव्याघ्र निर्मितं विश्वकर्मणा ॥ ३२ ॥ (३, १२)

१२७. उपर्युक्त तर्क राम पर भी लागू होता है। राम न केवल नारायण तथा मधुसूदन (दे० २, ६, ३, ७) से प्रार्थना करते हैं, विधाता के विरुद्ध अपराध करने से डरते हैं (दे० २, २२, १४), अधर्म और परलोक के भय से राज्याधिकार नहीं प्राप्त करते (२, ५३, २६), वरन् वह अपने-आपको साधारण मनुष्य समझकर विश्वास करते हैं कि पूर्वजन्म के किये हुए पापों का मुझे इसी जन्म में फल भोगना है :

पूर्व मया नूनमभीप्सितानि पापानि... (३, ६३, ४)

किं मया दुष्कृतं कर्म कृतमन्यत्र जन्मनि। (६, १०१, १८)

रावण-वध के बाद राम सीता से कहते हैं :

या त्वं विरहिता नीता चलचितेन रक्षसा।

दैवसम्पादितो दोषो मानुषेण मया जितः ॥ ५ ॥ (६, ११५)

इसके अतिरिक्त अवतारवाद की भावना की नवीनता ब्रह्मा के प्रति राम की उक्ति से स्पष्ट है—'मैं तो अपने-आपको मनुष्य, दशरथ का पुत्र समझता हूँ। वास्तव में मैं कौन हूँ, कहाँ से आया हूँ, इसे आप मुझसे कहिए :

आत्मानं मानुषं मन्ये रामं दशरथात्मजम्।

सोऽहं यश्च यतश्चाहं भगवांस्तद् ब्रवीतु मे ॥ (६, ११७, ११)

१२८. ऊपर इसका उल्लेख हुआ है कि **रामायण** के अनेक पात्र राम की तुलना विष्णु से करते हैं। इसका अर्थ यह है कि वे राम और विष्णु को भिन्न समझते हैं। अन्य स्थलों पर भी कवि स्वयं इस तुलना का प्रयोग करते हैं (१, ७८, २९; ६, ५९, १२५) अथवा अन्य पात्रों द्वारा करवाते हैं : अनसूया (२, ११८, २०), देवता (३, २३, २९; ३, २४, २२; ३, ३०, ३२), अयोध्या-निवासी (२, २, ४३)। न केवल राम की वरन् अन्य पात्रों की भी तुलना विष्णु से की जाती है। उदाहरणार्थ : रावण (७, २०, ५), अतिकाय (६, ७१, ८), इन्द्रजित् (६, ७३, ७), हनुमान् (६, ५६, ३८)।

दूसरी ओर राम की तुलना अन्य देवताओं से भी की जाती है—इन्द्र; ब्रह्मा (१, १, १३; १, ७८, २५; २, ३०, २७; २, ९९, २८; ३, २३, ४; ४, २६, २ आदि), रुद्र (४, १६, ३८ आदि), बृहस्पति (१, १, ३२; १, १, ३९; २, २, ३० आदि), कुबेर या वैश्रवण (२, १६, ८; १, १, १९; २, १६, ४६ आदि), वरुण (३, ३७, ३ आदि), धर्म (१, १, १९), कामदेव (३, ३४, ६ आदि), अग्नि (५, ३९, ५३), यम (२, १, ३९), पर्जन्य (२, १, ३९; २, ३, २९)।

विष्णु तथा इन्द्र से जो तुलना की गयी है, उससे स्पष्ट है कि **आदिरामायण** में विष्णु की अपेक्षा इन्द्र का स्थान ऊँचा माना गया था। राम की तुलना विष्णु से १८ बार की जाती है, इन्द्र से ७७ बार। कई स्थलों पर राम तथा लक्ष्मण की तुलना क्रमशः इन्द्र तथा विष्णु से

की गयी है, जिससे स्पष्ट है कि विष्णु की अपेक्षा इन्द्र श्रेष्ठ माने जाते हैं (६, ९९, १२; ६, ३३, २८; ३, ६८, २८)। एक उदाहरण पर्याप्त होगा—

ततो राममभिक्रम्य सौमित्रिरभिवाद्य च।
तस्थौ भ्रातृसमीपस्थः शक्रस्येन्द्रानुजो यथा॥ (६, ९१, ४)

इस उद्धरण में वैदिक साहित्य के अनुसार विष्णु इन्द्र के अनुज माने जाते हैं। वैदिक साहित्य के अनुसार भी प्रामाणिक **आदिरामायण** में इन्द्र सर्वश्रेष्ठ देवता थे। राम की विजय इन्द्र की सहायता से होती है (दे० ६, १०२), यह भी इन्द्र की श्रेष्ठता सूचित करता है।

अरण्यकाण्ड में इसका एक ज्वलंत उदाहरण और मिलता है। इन्द्र शरभंग से बातचीत करते हुए और राम को आते देखकर साथ के देवताओं से कहते हैं—'राम इधर आ रहे हैं। उनके यहाँ आने के पूर्व ही हम लोग यहाँ से चले जायें, क्योंकि राम मुझको देखने के योग्य नहीं हैं। जब राम रावण पर विजय प्राप्त करेंगे तब उनकी मुझसे भेंट होगी' (दे० रा० ३, ५, २२)।

गौडीय पाठ इससे अधिक संक्षिप्त है :

यास्याम्यहमयं रामो यावन्मां नाभिभाषते।
कृतार्थमेनमचिराद् द्रष्टास्म्यहमरिन्दमम्॥ (गौ०रा० ३, ९, १७)

इस वृत्तान्त से जो ध्वनि निकलती है, वह विष्णु-नारायण-अक्षर ब्रह्म के अवतार राम (६, ११७) की भावना से कितनी दूर है।

अध्याय-९

रामकथा का प्रारम्भिक विकास

क—रामकथा-सम्बन्धी गाथाएँ और आख्यान-काव्य

१२९. वैदिक साहित्य में आख्यान, इतिहास तथा पुराण मिलते हैं। ये ब्राह्मणों के अर्थवाद के एक आवश्यक अंग समझे जाते थे। प्राचीनकाल से धार्मिक संस्कारों तथा यज्ञों के अवसर पर ऐतिहासिक तथा पौराणिक इन्हें सुनाते थे।[1] अर्वाचीन वैदिक साहित्य में ये पाँचवें वेद कहे जाते हैं—**अथर्वणं चतुर्थम्, इतिहास-पुराणं पंचमम्** (छान्दोग्य उप० ७, १, २)।

आख्यानों के गद्य के साथ जो पद्य दिया जाता था; उसे गाथा कहा गया है। प्रारम्भ से ही दानस्तुति-स्वरूप 'नाराशंसी' गाथाओं का उल्लेख मिलता है (दे० ऋग्वेद १०, ८५, ६) और इसके विषय में कहा जाता है कि ये झूठी हैं ('गाथानृतं नाराशंसी', दे० काठक संहिता १४, ५)। इस नाराशंसी गाथा-साहित्य के रचयिता तथा रक्षक राजदरबारों में रहनेवाले सूत थे। इनके अतिरिक्त कुशीलव जनसाधारण में इन गीतों का प्रचार करते थे।[2]

१३०. वाल्मीकि के पूर्व रामकथा-सम्बन्धी गाथाएँ प्रचलित हो चुकी थीं। इसका प्रमाण हमें बौद्ध त्रिपिटक में मिलता है। एक ओर रामकथा-सम्बन्धी गाथाएँ **रामायण** पर नहीं निर्भर हो सकती हैं और दूसरी ओर बौद्ध गाथाओं में जो रामकथा-सम्बन्धी सामग्री मिलती है, वह **रामायण** के आधार के लिए पर्याप्त नहीं है। अतः रामायण तथा रामकथा-विषयक बौद्ध गाथाएँ दोनों प्राचीन रामकथा-सम्बन्धी आख्यान-काव्य पर निर्भर हैं (दे० ऊपर अनु० ८९)। **दशरथ-जातक** की वर्तमान कथा में जो 'पौराणिक पण्डिता' शब्द आया है, इससे भी इस निर्णय की पुष्टि होती है। इसके अतिरिक्त हरिवंश के एक श्लोक में रामकथा के इस मूल स्रोत का उल्लेख मिलता है। रामकथा के अत्यन्त संक्षिप्त वर्णन के पश्चात् इस प्रकार लिखा है—

गाथा अप्यत्र गायन्ति ये पुराणविदो जनाः।
राम निबद्धतत्त्वार्था माहात्म्यं तस्य धीमतः॥ (१, अध्याय ४१, १४९)

इसमें अवश्य **रामायण** की ओर निर्देश देखा जा सकता है। फिर भी इसमें **रामायण** के पूर्व की प्राचीन गाथाओं का निर्देश देखना अधिक स्वाभाविक प्रतीत होता है। वाल्मीकि के दाक्षिणात्य पाठ में इसका उल्लेख किया गया है कि नारद से कथावस्तु सुनने के बाद वाल्मीकि ने इसका अन्वेषण किया—**व्यक्तमन्वेषते भूयो यद् वृतम्** (१, ३, १)। अन्य पाठों

१. दे० शतपथ ब्राह्मण : १३, ४, ३; शांखायन गृ० सू० : १, २२, ११ आदि।
२. दे० एम० विंटरनित्स : हि० इं० लि० भाग १, पृ० ३१४।

(गौ० रा० १, ३, १ तथा प० रा० १, ४,१) में तत्सम्बन्धी श्लोक अधिक स्पष्ट है और लोक में प्रचलित सामग्री के संकलन की ओर निर्देश करता है—

श्रुत्वा पूर्वं कान्यबीजं देवर्षेर्नारदादृषि:
लोकादन्विष्य भूयश्च चरितं चरितव्रत:।

१३१. इस राम-सम्बन्धी गाथा-साहित्य की उत्पत्ति इक्ष्वाकु वंश में हुई थी। **रामायण** में लिखा है :

इक्ष्वाकूणामिदं तेषां राज्ञां वंशे महात्मनाम्।
महदुत्पन्नमाख्यानं रामायणमिति श्रुतम्। (रा० १, ५, ३)

राम इक्ष्वाकु वंशीय थे। अत: इक्ष्वाकु वंश के सूतों ने इनके विषय में गाथाएँ तथा व्याख्यान सुनाये होंगे। इसी तरह राम का चरित्र लेकर स्फुट आख्यान-काव्य का एक विस्तृत साहित्य बढ़ने लगा।[1] **महाभारत** के द्रोणपर्व तथा शान्तिपर्व में जो संक्षिप्त रामचरित मिलता है, वह इस प्राचीन आख्यान-काव्य पर निर्भर प्रतीत होता है। साथ-साथ **महाभारत** में रामकथा की उपस्थिति इस बात को प्रमाणित करती है कि राम-सम्बन्धी आख्यान-काव्य का प्रचार कोशल प्रदेश तक ही सीमित नहीं था वरन् पश्चिम की ओर भी फैलने लगा था, जहाँ **महाभारत** की रचना हुई थी। पाली त्रिपिटक के रचनाकाल (चौथी शताब्दी ई० पू०) में इस रामकथा-सम्बन्धी आख्यान-काव्य का पर्याप्त प्रचार हो चुका था (दे० ऊपर अनु० ८९)। दूसरी ओर विस्तृत वैदिक साहित्य में रामकथा-सम्बन्धी गाथाओं का कहीं भी निर्देश नहीं मिलता (दे० ऊपर अनु० २०)। अत: वैदिक काल के बाद और चौथी श० ई० पू० के पहले, सम्भवत: छठी श० में इस रामकथा-सम्बन्धी आख्यान-काव्य की उत्पत्ति हुई थी। वास्तव में इसका निश्चित रचनाकाल निर्धारित करने के लिए कोई आधार नहीं मिलता।

ख—आदिरामायण की उत्पत्ति

१३२. जिस दिन किसी कवि ने रामकथा-विषयक स्फुट आख्यान-काव्य का संकलन कर उसे एक ही कथा-सूत्र में ग्रंथित करने का प्रयास किया था, उस दिन रामायण उत्पन्न हुआ। वह कवि कौन था? प्राचीनतम परम्परा वाल्मीकि को आदिकवि मानती है। युद्धकाण्ड की फलश्रुति में लिखा है :

आदिकाव्यमिदं चार्षं पुरा वाल्मीकिना कृतम्॥ १०५॥ (सर्ग १२८)

कालिदास ने भी वाल्मीकि को आद्य कवि की उपाधि प्रदान की है—कवेराद्यस्य शासनात् (रघुवंश १५, ४१)। वाल्मीकि द्वारा श्लोक की सृष्टि की कथा (दे० बालकाण्ड सर्ग २) में इतना ऐतिहासिक सत्य अवश्य ही होगा कि वाल्मीकि ने इस छन्द को परिष्कृत किया है।

वास्तव में वाल्मीकि के पूर्व किसी कवि ने एक आदिरामायण की रचना की है, इसके लिए कोई तर्कसंगत प्रमाण नहीं मिलता। **बुद्धचरित** में रामकथा के प्रसंग में जो च्यवन का उल्लेख हुआ है, इसके विषय में ऊपर विचार किया गया है (दे० अनु० ३२)। पतंजलि के महाभाष्य में जिस प्राचीन गाथा का संस्कृत रूपान्तर मिलता है, इसका मौलिक प्रसंग रामकथा से सम्बन्ध नहीं रखता है और इसमें किसी प्राचीन **रामायण** का अवशेष देखना अनावश्यक है (दे० ऊपर अनु० ८८)।

---

१. ध्यान देने योग्य है कि वाल्मीकि का आदिरामायण सूतों की सम्पत्ति न बनकर काव्योपजीवी कुशीलवों द्वारा पहले जनता में लोकप्रियता प्राप्त करने लगा और बाद में दरबारों में प्रवेश कर सका। ऐसा ही बालकाण्ड के चतुर्थ सर्ग से प्रतीत होता है।

१३३. आदिरामायण के विषय में एक अन्य प्रश्न यह है कि इसमें राम के चरित्र का कितना अंश वर्णित था। पिछले अध्याय से स्पष्ट है कि **आदिरामायण** में न तो उत्तरकाण्ड था, न बालकाण्ड और न अवतारवाद। कई विद्वान् और आगे बढ़कर मानते हैं कि राम, रावण तथा हनुमान् के विषय में पहले स्वतंत्र आख्यान-काव्य प्रचलित थे और इनके संयोग से **रामायण** की उत्पत्ति हुई है। सातवें अध्याय में यह दिखलाने का प्रयत्न किया गया है कि इस मत को सिद्ध करने के लिए कोई समीचीन प्रमाण नहीं दिये जा सकते हैं। अतः **आदिरामायण** के लिखे जाने में जो भिन्न-भिन्न सोपान माने जाते हैं, इनके लिए भी कोई आधार नहीं मिलता।[१] इस मत के अनुसार **रामायण** के विकास के प्रथम सोपान में राम को हिमालय प्रदेश में निर्वासित किया जाता है तथा सीता और लक्ष्मण उनके साथ जाते हैं। द्वितीय सोपान में वनवास का स्थान गोदावरी के तट पर माना जाता है और राम आदिवासियों के आक्रमणों से तपस्वियों की रक्षा करते हैं। तृतीय सोपान में दक्षिण के निवासियों को अधीन करने के आर्यों के प्रारम्भिक प्रयत्नों का वर्णन मिलता है। अन्तिम सोपान सिंहलद्वीप की जानकारी के कारण उत्पन्न हुआ। इसमें राम द्वारा सिंहल की विजययात्रा का वर्णन **रामायण** में जोड़ा गया है। राम के कारण दक्षिण अथवा लंका के निवासी मार्यों के अधीन हो गये थे, इसकी ओर **रामायण** में कोई निर्देश नहीं है। इसके अतिरिक्त लंका तथा सिंहल की अभिन्नता भी अत्यन्त सन्दिग्ध है (दे० ऊपर अनु० ११३)।

इसी तरह **आदिरामायण** के न तो भिन्न-भिन्न मूल स्रोत और न इसके लिखने में उपर्युक्त सोपान मानने की कोई आवश्यकता प्रतीत होती है। अतः **आदिरामायण** राम-सम्बन्धी स्फुट आख्यान-काव्य के आधार पर लिखा गया है और इसमें अयोध्याकाण्ड से लेकर युद्धकाण्ड तक की कथावस्तु विद्यमान थी। इसका अर्थ यह नहीं है कि प्रचलित वाल्मीकिकृत **रामायण** के इन पाँच काण्डों में **आदिरामायण** का मूल रूप सुरक्षित है। इनमें भी बहुत-से प्रक्षेप तथा परस्पर-विरोधी बातें पायी जाती हैं। प्रक्षेप जोड़ने की प्रवृत्ति प्रारम्भ ही से विद्यमान थी, यह **रामायण** के भिन्न-भिन्न काण्डों की तुलना से स्पष्ट है (दे० ऊपर अनु० २२-२६)और शताब्दियों तक बनी रही (यह मध्यकालीन टीकाकारों के साक्ष्य से ज्ञात है)। निबन्ध के चतुर्थ भाग में प्रत्येक काण्ड के विकास और प्रक्षिप्त सामग्री पर विचार किया जायेगा।

आदिरामायण के विस्तार के विषय में **अभिधर्ममहाविभाषा** में कहा जाता है कि **रामायण** में १२००० श्लोक मिलते हैं (दे० ऊपर अनु० ७९)। अतः **आदिरामायण** के विकास में एक ऐसा समय हुआ, जब इसका विस्तार आजकल प्रचलित रामायण का आधा था।

राय कृष्णदास[२] ने रामायण के प्रक्षेपों का अध्ययन करने के बाद रामायण के विकास के ये तीन सोपान निर्धारित किये हैं—(१) ३००० श्लोकोंवाला आदिरामायण अर्थात् वाल्मीकि-रचित रामायण का सर्वप्रथम रूप; (२) ६००० श्लोकोंवाला आर्ष रामायण, जिसमें बालकाण्ड तथा उत्तरकाण्ड की कथाएँ नहीं थीं; (३) काव्य रामायण अर्थात् रामायण का विद्यमान २४००० श्लोकवाला संस्करण। यद्यपि यह वर्गीकरण रामायण के क्रमिक विकास पर आधारित है फिर भी वाल्मीकि द्वारा रचित काव्य की श्लोक-संख्या निर्धारित करना असम्भव-सा प्रतीत होता है। इसमें कोई सन्देह नहीं है कि यह संख्या अपेक्षाकृत कम ही रही होगी।

---

१. दे० सी० लैस्सन : इण्डिशे आलटरतुम्सकुण्डे, १८७४, भाग २, पृ० ५०५।

२. राय कृष्णदास : वाल्मीकिकृत आदिरामायण, भारती (वाराणसी) नं० ६, पृ० १०५-१३१।

१३४. आदिरामायण क्षत्रियों की सम्पत्ति थी। इसमें आदर्श क्षत्रिय सत्यसन्ध राम की महिमा प्रतिपादित की गयी थी। मोक्ष तथा वैराग्य के स्थान पर आदर्श अन्तगति स्वर्ग माना जाता था और इसे प्राप्त करने के लिए ब्राह्मणों की सहायता की आवश्यकता नहीं होती थी। बाद में सारे काव्य को ब्राह्मण ढाँचे में ढालकर सर्वथा नवीन रूप दिया गया है। यह डॉ० रूबेन का मत है।[1] इसके लिए कोई समीचीन प्रमाण नहीं दिया गया है। डॉ० रूबेन के उदाहरण (ऋष्यशृंग तथा विश्वामित्र की कथा, उत्तरकाण्ड के अश्वमेध) स्पष्टतया प्रक्षेप हैं। इनसे इतना ही ज्ञात होता है कि **रामायण** के अर्वाचीन प्रक्षेपों में ब्राह्मणों का प्रभाव स्पष्ट है। इस सामग्री से **आदिरामायण** के रूप के विषय में कोई तर्क नहीं लिया जा सकता है। फिर भी डॉ० रूबेन के इस मत में कुछ तत्त्व है। रामकथा-सम्बन्धी आख्यान-काव्य क्षत्रिय इक्ष्वाकु वंश में उत्पन्न हुआ और इसका बहुत काल तक इन क्षत्रियों के दरबारों तथा जनता में भी (दे० अनु० १३०) प्रचार रहा था।

वाल्मीकि ने उस स्फुट आख्यान-काव्य को एक ही प्रबन्ध-काव्य में संकलित करके लगभग ३०० ई०पू० में **आदिरामायण** की रचना की है। यह रचना बहुत कुछ प्राचीन आख्यान-काव्य से मिलती-जुलती रही होगी। बाद के प्रक्षेपों की भावधारा स्पष्टतया भिन्न है (दे० आगे अनु० १३८)।

१३५. आदिरामायण की भाषा के विषय में भी सन्देह किया गया है। मूल रचना की भाषा प्राकृत रही होगी। बाद में पहली शताब्दी ई० से इसका संस्कृत रूपान्तर चल पड़ा।[2] डॉ० याकोबी ने अकाट्य तर्कों से इस मत का खण्डन किया है। आजकल कोई भी इस मत का प्रतिपादन नहीं करता।[3] डॉ० याकोबी के मुख्य तर्क इस प्रकार हैं :

(अ) भारत में प्राकृत **मूलरामायण** तथा इसके संस्कृत रूपान्तर के विषय में कोई उल्लेख नहीं मिलता।

(आ) यदि केवल पहली श० ई० में **रामायण** का संस्कृत में अनुवाद किया गया था, तो आर्ष प्रयोग कैसे सम्भव होते?

(इ) प्राकृत साहित्य की मुख्य विशेषता है—शृंगार तथा अद्भुत रस का बाहुल्य (दे० कथासरित्सागर)। इसके अतिरिक्त पाली तथा प्राकृत की शैली बहुत अपरिष्कृत है। अत: प्राकृत-साहित्य उपर्युक्त कारणों से संस्कृत काव्य का आधार तथा आदर्श होने के नितान्त अनुपयुक्त सिद्ध होता है।

१३६. आठवें अध्याय में बालकाण्ड को प्रक्षिप्त सिद्ध किया गया है। डॉ. याकोबी[4] के अनुसार **आदिरामायण** का प्रारम्भ बालकाण्ड के निम्नलिखित श्लोकों में सुरक्षित है :

रामायण की स्तुति	सर्ग ५, १-४
कोशल तथा अयोध्या की स्तुति	५, ५-६
दशरथ की स्तुति	५, ९; ६, २-४
दशरथ के पुत्रों का उल्लेख	१८, १६, २१ (उत्तरार्ध, २२)
पुत्रों की स्तुति	१८, २५ (अथवा अयोध्याकाण्ड १, ५)
राम की श्रेष्ठता	१८, २४, २६, १२ (अथवा अयोध्याकाण्ड १, ६-८)

१. डब्लू० रूबेन : स्टुडियन जूर टेक्स्ट गेशिहटे डस रामायण, पृ० ६९।

२. बार्थ : बुलेटिन दे रलिजियण दे लिन्द, पृ० २८८ आदि। ए०बी० कीथ०: इण्डियन इपिक पोइट्री, भाग २३, पृ० ५२ आदि।

३. दे० एच० याकोबी : जर्मन ओरियण्टल जर्नल, भाग ४८, पृ० ४०७-४१७।

४. दे० एच० याकोबी : डस रामायण, पृ० ५० आदि।

इस भूमिका के बाद काव्य की मुख्य कथावस्तु का वर्णन प्रारम्भ होता था (अयोध्याकाण्ड १, ३६)। डॉ. याकोबी का यह अनुमान निराधार नहीं था। पश्चिमोत्तरीय पाठ के चौदहवें सर्ग की कथावस्तु इस प्रकार है—दशरथ तथा उनकी पत्नियों का परिचय; उनके चार पुत्रों का जन्म, शिक्षा तथा वयस्क हो जाने पर विवाह; चारों भाइयों का प्रेम; ननिहाल से बुलावा आने पर भरत का प्रस्थान; राम तथा सीता का बहुत समय तक विहार। सर्ग का अन्तिम श्लोक (३३) बालकाण्ड के अन्तिम श्लोक से मिलता-जुलता है (प० रा० १, ७२, १६)। अत: इसके बाद अयोध्याकाण्ड प्रारम्भ होता है।

यह सर्ग अपने में पूर्ण है। इसका पिछले अथवा अगले सर्गों से कोई सम्बन्ध नहीं है। सर्ग ९ में अश्वमेध तथा सर्ग १०-१३ में पुत्रेष्टि-यज्ञ का वर्णन है। सर्ग १४ में पुन: कथा का प्रारम्भ मिलता है और दशरथ तथा उनकी पत्नियों का परिचय दिया जाता है। सर्ग १५ में वानरों की उत्पत्ति और सर्ग १६ में चारों भाइयों का जन्म वर्णित है।

यह सब ध्यान में रखकर इसमें सन्देह नहीं रह जाता कि यह (सर्ग १४) वाल्मीकि रामायण का कोई प्राचीन आमुख है (दे० राय कृष्णदास, आर्ष रामायण का आमुख, ना० प्र० प०, वर्ष ६७, अंक ३, पृ० १४२)।

ग—आदिरामायण का विकास

१. प्रक्षेप

१३७. आदिरामायण का विकास समझने के लिए उसके प्रचार की रीति को ध्यान में रखना परमावश्यक है। बालकाण्ड (सर्ग ४) तथा उत्तरकाण्ड में लिखा है कि वाल्मीकि ने अपने शिष्यों को **रामायण** सिखलाकर उसे राजाओं, ऋषियों तथा जनसाधारण को सुनाने का आदेश दिया :

कृत्स्नं रामायणं काव्यं गायतां परया मुदा॥ ४॥
ऋषिवाटेषु पुण्येषु ब्राह्मणावसथेषु च।
रथ्यासु राजमार्गेषु पार्थिवानां गृहेषु च॥ ५॥ (उत्तरकाण्ड ९३)

इससे ज्ञात होता है कि रामायण मौखिक रूप से प्रचलित था। कुशीलव सारे देश में उसे गाकर सुनाते थे और इस प्रकार अपनी जीविका चलाते थे। वे काव्योपजीवी ही थे; रामायण उनको कण्ठस्थ था और वे उसे अपने पुत्रों को सिखलाते थे। रामायण का कोई ग्रन्थ प्रचलित नहीं था और प्राचीन फलश्रुति श्रवणफल-स्तुति ही है :

श्रुत्वा रामायणमिदं दीर्घमायुश्च विन्दति। (६, १२८, १०९)

बाद में रामायण के पढ़ने तथा लिखने का भी उल्लेख मिलता है :

रामायणमिदं कृत्स्नं शृण्वतः पठतः सदा॥ ११६॥
भक्त्या रामस्य ये चेमां संहितामृषिणा कृताम्।
ये लिखन्तीह च नरास्तेषां वासस्त्रिविष्टपे॥ १२०॥ (६, १२८)

लेकिन फलश्रुति का यह अन्तिम अंश गौडीय पाठ में नहीं मिलता। टीकाकार कतक ने भी उसे प्रक्षिप्त माना है।

कुशीलव रामायण को गाते-गाते अपने श्रोताओं की रुचि का भी ध्यान रखते होंगे। जिन गायकों में काव्यकौशल था वे इन लोकप्रिय अंशों को बढ़ाते थे और इसी तरह **आदिरामायण** का कलेवर बढ़ने लगा।[१]

---

१. दे० एच० याकोबी : डस रामायण, पृ० ६२-३।

१३८. चतुर्थ भाग में इन प्रक्षेपों का निरूपण किया जायेगा, अतः यहाँ इनकी सामान्य विशेषताओं का उल्लेख पर्याप्त है।

(१) बहुत-से प्रक्षेप पुनरुक्ति मात्र से उत्पन्न हुए हैं। एक ही घटना का वर्णन दुहराया जाता है अथवा मूल घटना के समान अन्य घटनाओं की कल्पना कर ली जाती है। उदाहरणार्थ :
रावण का मारीच के यहाँ जाना (३, सर्ग ३१ और ३५)।
रावण के गुप्तचरों का वृत्तान्त (६, २० और २५-३०)।
सीता की गंगा तथा यमुना से प्रार्थना (२, ५२ और ५५)।
आश्रमों में आगमन। अत्रि, वाल्मीकि, शरभंग, सुतीक्ष्ण, अगत्स्य के आश्रमों का उल्लेख **आदिरामायण** में नहीं मिलता था।
विराध, अयोमुखी आदि राक्षसों का वध।
राम के मायामय सिर का वृत्तान्त (६, ३१) मायामयी सीता-वध के वृत्तान्त (६, ८१) का अनुकरण मात्र है।

(२) अद्‌भुत रस की सामग्री :
लंकादहन, जिसमें हास्य रस का भी समावेश है।
ओषधिपर्वत का ले आना (इसका दो बार वर्णन होता है; दे० अनु० ५६४)।
अग्निपरीक्षा।

(३) करुणात्मक स्थलों की पुनरुक्ति :
विलाप (दे० अरण्यकाण्ड, सर्ग ६०, ६२ और ६३)।
हनुमान् का सीता से विदा लेना (५, ५८-६०)।
हनुमान् द्वारा सीता से भेंट का वर्णन (५, ६६-६८)।

(४) काव्यात्मक तथा अलंकारपूर्ण वर्णन :
गंगा का वर्णन (२, ५०)।
वर्षा ऋतु का वर्णन (४, २८)।
शरद् ऋतु का वर्णन (४, ३०)।

(५) रामायण को ज्ञान का भण्डार बनाने की प्रवृत्ति :
नीति का उपदेश (२, १००)
जाबालि का लोकायत दर्शन प्रस्तुत करना (२, १०८)।
दिग्वर्णन (४, ४०-४३)।

(६) आदर्शवाद का प्रभाव :
राम का बालि-वध को न्यायसंगत सिद्ध करने का प्रयत्न (४, १७-१८)।

(२) बालकाण्ड और उत्तरकाण्ड

१३९. आदिरामायण की कथावस्तु न केवल बीच के प्रक्षेपों के कारण बढ़ने लगी वरन् राम कौन थे, सीता कौन थीं, इनका विवाह कब और कैसे हुआ आदि नितान्त स्वाभाविक प्रश्न थे। जनसाधारण की इस जिज्ञासा को सन्तुष्ट करने के लिए बालकाण्ड की रचना की गयी।

यह बाद की रचना ही है, अतः इसमें एक नवीन वातावरण का आ जाना आश्चर्यजनक नहीं है। इसकी शिथिल शैली पर आदिकवि की छाप नहीं है। राम के बालचरित के अतिरिक्त

उसकी मुख्य नवीन सामग्री पौराणिक कथाएँ (जिनमें ब्राह्मणों का प्रभाव स्पष्ट है) और अवतारवाद की भावना (दे० पुत्रेष्टि-यज्ञ तथा परशुराम का वृत्तान्त) है। आठवें अध्याय में दिखलाया गया है कि अवतारवाद मूल बालकाण्ड का अंश नहीं हो सकता। उत्तरकाण्ड में यह अवतारवाद अत्यन्त व्यापक है। इससे स्पष्ट है कि यह काण्ड बालकाण्ड के बहुत बाद रचा गया है। उत्तरकाण्ड में रामायण के प्रतिनायक रावण का पूर्वचरित संकलित है और इसके बाद राम का उत्तरचरित दिया जाता है—सीता-त्याग और सीता का भूमि-प्रवेश, राम का अश्वमेध तथा स्वर्गारोहण। इस काण्ड में भी बहुत-सी पौराणिक कथाएँ उद्धृत हैं और ब्राह्मणों की श्रेष्ठता बहुत-से स्थलों पर प्रतिपादित है (दे० शम्बूक वध, अश्वमेध)। चतुर्थ भाग में बालकाण्ड और उत्तरकाण्ड, दोनों के विकास की रूपरेखा अंकित करने का प्रयत्न किया जायेगा (दे० आगे अनु० ३३३ और ६१८)।

यहाँ स्मरण दिलाना अनुचित नहीं होगा कि रामकथा के विकास में **आदिरामायण** के प्रक्षेप अर्थात् बालकाण्ड, उत्तरकाण्ड, अवतारवाद मूल **आदिरामायण** के प्रामाणिक अंशों से कम महत्त्वपूर्ण नहीं हैं। द्वितीय अध्याय में दिखलाया गया है कि दूसरी शताब्दी ई० से लेकर **रामायण** अपना प्रचलित रूप धारण कर चुका था और उस समय से लेकर कवियों तथा जनसाधारण ने प्रामाणिक तथा प्रक्षिप्त सामग्री में कोई अन्तर नहीं माना है। इस सामग्री की सबसे महत्त्वपूर्ण भावना अवतारवाद ही है। इसकी उत्पत्ति पर किंचित् प्रकाश डालना अपेक्षित है।

(३) अवतारवाद

१४०. अवतारवाद[१] की भावना हमें पहले-पहल **शतपथ ब्राह्मण** में मिलती है। प्रारम्भ में विष्णु की अपेक्षा प्रजापति को इस सम्बन्ध में अधिक महत्त्व दिया जाता था। **शतपथ ब्राह्मण** के अनुसार प्रजापति ने ही मत्स्य (दे० १, ८, १, १), कूर्म (७, ५, १, ५; १४, १, २, ११) तथा वाराह (१४, १, २, ११) का अवतार लिया था। प्रजापति के **वाराह** का रूप धारण करने की कथा तैत्तिरीय संहिता (७, १, ५, १), तैत्तिरीय ब्राह्मण (१, १, ३, ६), तैत्तिरीय आरण्यक (१०, १, ८) तथा काठक संहिता (८, १) में भी प्रारम्भिक रूप में विद्यमान है। **रामायण** के दाक्षिणात्य पाठ में इसका उल्लेख है :

ततः समभवद् ब्रह्मा स्वयंभूर्दैवतैः सह॥ ३॥
स वराहस्ततो भूत्वा प्रोज्जहार वसुन्धराम्। (अयोध्याकाण्ड, सर्ग ११०)

---

१. दे० एच० याकोबी : इनकारनेशन, इन्साइक्लोपीडिया ऑव रिलीजन एण्ड एथिक्स, भाग ७। काणे : हिस्टरी ऑव धर्मशास्त्र, जिल्द २, भाग २, पृ० ७१७ आदि।
एम० मोनियर विलियम्स : इं० विज़डम, पृ० ३१८ आदि।
एच० राय चौधरी : अर्ली हिस्ट्री ऑव वैष्णव सेक्ट, पृ० ९६।
ज़ेन्द अवेस्ता में भी अवतारवाद की भावना विद्यमान है।
बहराम यश्त (रचनाकाल चौथी श० ई०पू०) में विजय के देवता वरथ्रघ्न के दस अवतारों का वर्णन है (दे० सेक्रेड बुक्स ऑव दि ईस्ट, भाग २३, पृ० २३६)। अधिक सम्भव है कि वरथ्रघ्न (वृत्रघ्न) का सम्बन्ध इन्द्र से है। फ़ारसी में वरथ्रघ्न का नाम बहराम है; इनके दस अवतार सम्भवत: राशिचक्र के नक्षत्रों से सम्बद्ध हैं (दे० जे० सी० कोयाजी; कल्ट्स एण्ड लेजेण्ड्स ऑव एसियण्ट ईरान एण्ड चाइना, बम्बई १९३६, पृ० ४५)। ज़ेन्द अवेस्ता के आठवें यश्त में एक नक्षत्र के अधिष्ठाता देवता का भी उल्लेख है, जो मनुष्य, वृषभ तथा अश्व के रूप में प्रकट हो जाता है और वह अनावृष्टि के अपदेवता को परास्त करता है।

अन्य दो पाठों में इस स्थल पर परवर्ती भावना के अनुसार विष्णु का नाम लिया गया है (दे० गौ० रा० २, ११९ और प० रा० २, ११३)।

शतपथ ब्राह्मण के अतिरिक्त तैत्तिरीय आरण्यक में भी **कूर्म** को प्रजापति का अवतार माना गया है (दे० १, २३, ३)। **महाभारत** में समुद्र-मंथन के प्रसंग में कूर्मराज का उल्लेख तो हुआ है किन्तु इसमें कहीं भी किसी देवता की ओर निर्देश नहीं मिलता। सुरासुर कूर्मराज से निवेदन करते हैं कि वे मन्दराचल के आधार बनने की कृपा करें :

ऊचुश्च कूर्मराजानमकूपारं सुरासुराः।
गिरेरधिष्ठानमस्य भवान्भवितुमर्हति॥ १०॥ (आदिपर्व, अध्याय १६)

रामायण के उदीच्य पाठ में समुद्र-मंथन के वृत्तान्त में **कूर्म** का उल्लेख नहीं है (दे० गौ० रा० १, ४६; प० रा० १,४१) किन्तु दाक्षिणात्य पाठ के एक प्रक्षेप में इस अवसर पर विष्णु के वाराह अवतार लेने की कथा मिलती है (दे० रा० १, ४५, २७-३२)।

मत्स्य अवतार तथा प्रजापति का सम्बन्ध महाभारत में उल्लिखित है :

अहं प्रजापतिर्ब्रह्मा मत्परं नाधिगम्यते।
मत्स्यरूपेण यूयं च मयास्मान्मोक्षिता भयात्॥ ४८॥
(आरण्यक पर्व, अध्याय १८५)

विष्णुपुराण में भी मत्स्य, कूर्म तथा वाराह, तीनों को प्रजापति का अवतार माना गया है :

तोयान्तःस्थां महीं ज्ञात्वा जगत्येकार्णवीकृते।
अनुमानात्तदुद्धारं कर्तुकामः प्रजापतिः॥ ७॥
अकरोत्स्वतनूमन्यां कल्पादिषु यथा पुरा।
मत्स्यकूर्मादिकां तद्वद्वाराहं वपुरास्थिता॥ ८॥ (१, अध्याय ४)

किन्तु विष्णुपुराण में विष्णु तथा ब्रह्मस्वरूप नारायण की अभिन्नता का प्रतिपादन किया जाता है; अतः इसी चतुर्थ अध्याय में विष्णु के रूप में वाराह की स्तुति की गयी है तथा एक अन्य अध्याय में कूर्म को भी विष्णु का ही अवतार माना गया है (दे० १, ९)।

इस प्रकार हम देखते हैं कि मत्स्य, कूर्म तथा वाराह अवतार प्रारम्भ में प्रजापति से सम्बन्ध रखते थे किन्तु बाद में विष्णु का महत्त्व बढ़ जाने के कारण तीनों विष्णु के ही अवतार माने जाने लगे। महाभारत के नारायणीय उपाख्यान (दे० १२, ३२६, ७२ तथा १२, ३३७, ३६) तथा हरिवंशपुराण (दे० १, ४१) में वाराह तथा विष्णु का सम्बन्ध मान लिया गया है। आगे चलकर तीनों का नाम लेकर एक-एक महापुराण की सृष्टि हुई, जिसमें विष्णु से उनकी अभिन्नता प्रतिपादित है (दे० मत्स्य, कूर्म तथा वाराहपुराण)।

१४१. अन्य मुख्य अवतारों के प्राचीनतम उल्लेख इस प्रकार हैं। **वामनावतार** तथा **नृसिंह** अवतार प्रारम्भ से ही विष्णु से ही सम्बन्ध रखते हैं। **वामनावतार** का उल्लेख तैत्तिरीय संहिता (२, १, ३, १), शतपथ ब्राह्मण (१, २, ५, ५), तैत्तिरीय ब्राह्मण (१, ७, १७) और ऐतरेय ब्राह्मण (६,३,७) में हुआ है। यह अवतार ऋग्वेद की एक कथा से विकसित माना जाता है (दे० ऋग्वेद १, २२ और शतपथ ब्राह्मण १, २, ५, १)। नारायणीय उपाख्यान (दे० महाभारत १२, ३२६, ७५) तथा हरिवंश पुराण (दे० १, ४१) में इसका विष्णु के अन्य अवतारों के साथ उल्लेख हुआ है। नृसिंहावतार की कथा पहले-पहल तैत्तिरीय आरण्यक के परिशिष्ट (१०, १, ६) में मिलती है। नारायणीय उपाख्यान (दे० १२, ३२६, ७३ और ३३७, ३६) तथा हरिवंश पुराण (दे० १, ४१) में इसका उल्लेख है तथा विष्णुपुराण में नृसिंह की कथा वर्णित है (दे० १, १६)।

परशुराम-विषयक प्रारम्भिक कथाओं में इनके अवतार होने का निर्देश नहीं मिलता (उदा० दे० महाभारत ३, ११५-११७), किन्तु नारायणीय उपाख्यान (दे० १२, ३२६, ७७), हरिवंशपुराण (१, ४१, ११२-१२०) तथा विष्णुपुराण (१, ९, १४३) में उनको विष्णु का अवतार माना गया है।

१४२. प्रस्तुत सिंहावलोकन का निष्कर्ष यह है कि ब्राह्मणों में तथा अन्य प्राचीन साहित्य में अवतारवाद विद्यमान है किन्तु उन ग्रन्थों के रचनाकाल में न तो अवतारों की विशेष पूजा की जाती थी और न इसमें विष्णु का प्राधान्य था। **कृष्णावतार** के साथ-साथ अवतारवाद के विकास में एक महत्त्वपूर्ण परिवर्तन प्रारम्भ हुआ—उस समय से लेकर अवतारवाद भक्ति-भाव से ओतप्रोत होने लगा।

वासुदेव कृष्ण भागवतों के इष्टदेव थे। प्रारम्भ में उनका तथा विष्णु का कोई भी सम्बन्ध नहीं था। डॉ० हेमचन्द्र राय चौधरी[१] का अनुमान है कि सम्भवतः तीसरी शताब्दी ई०पू० से वासुदेव कृष्ण और विष्णु की अभिन्नता की भावना उत्पन्न हुई थी। अवतारवाद के इस विकास का कारण प्राय: बौद्ध धर्म से जोड़ा जाता है।[२] बौद्ध धर्म तथा भागवत सम्प्रदाय का भक्तिमार्ग, दोनों समान रूप से ब्राह्मण साहित्य के कर्मकाण्ड तथा यज्ञ-प्रधान धर्म की प्रतीक्रिया के रूप में उत्पन्न और विकसित हुए। इसके फलस्वरूप धर्म के क्षेत्र में ब्राह्मणों का एकाधिकार लुप्त हो गया था। बौद्ध धर्म का अधिकाधिक प्रसार देखकर ब्राह्मणों ने भागवतों को अपनी ओर आकर्षित करने के उद्देश्य से भागवतों के इष्टदेव वासुदेव कृष्ण को विष्णु नारायण का अवतार मान लिया है।[३]

इससे अवतारवाद को बहुत प्रोत्साहन मिला। साथ-साथ विष्णु का भी महत्त्व बढ़ने लगा। इस तरह अवतारवाद की सारी भावना धीरे-धीरे विष्णु-नारायण में केन्द्रीभूत होने लगी और वैदिक साहित्य के अन्य अवतारों के कार्य विष्णु में ही आरोपित किये गये।

१४३. एक ओर तो अवतारवाद की भावना फैलती जा रही थी; दूसरी ओर कई शताब्दियों से **राम का आदर्श** चरित्र भारतीय जनता के सामने रहा था। रामायण की लोकप्रियता के साथ-साथ राम का महत्त्व भी बढ़ता रहा। उनकी वीरता के वर्णन में अलौकिकता की मात्रा भी बढ़ने लगी। रावण पाप और दुष्टता का प्रतीक बन गया और राम पुण्य और सदाचरण का। अत: इस विकास की स्वाभाविक परिणति यह हुई कि कृष्ण की भाँति राम भी विष्णु के अवतार माने जाने लगे। राम तथा विष्णु की अभिन्नता की धारणा कब उत्पन्न हुई, इसका ठीक समय निर्धारित करना असम्भव है। फिर भी अवतारवाद उत्तरकाण्ड में इतना व्याप्त है कि इसे उत्तरकाण्ड की अधिकांश सामग्री के पूर्व का मानना चाहिए। अत: बहुत सम्भव है कि पहली शताब्दी ई०पू० से ही रामावतार की भावना प्रचलित होने लगी थी। रामायण के प्रक्षेपों के अतिरिक्त (दे० ऊपर अनु० ११७-१२४), महाभारत (दे० ऊपर अनु० ४६) तथा वायु, ब्रह्माण्ड, विष्णु, मत्स्य, हरिवंश आदि प्राचीनतम पुराणों में अवतारों की तालिका में राम दाशरथि का भी नाम आया है।

---

१. दे० अर्ली हिस्टरी ऑव दि वैष्णव सेक्ट, पृ० ६३।

२. दे० एच० चौधरी, वही, पृ० ६३।
एम० मोनियेर विलियम्स, वही, पृ० ३२८।
सी० वी० वैद्य, वही, पृ० २५।

३. तैत्तिरीय आरण्यक (१०, १, ६) में वासुदेव तथा विष्णु की अभिन्नता के प्राचीनतम उल्लेख मिलता है।

तृतीय भाग

अर्वाचीन रामकथा-साहित्य का सिंहावलोकन

अध्याय-१०

संस्कृत धार्मिक साहित्य में रामकथा

क—रामभक्ति की उत्पत्ति और विकास

१४६. अर्वाचीन रामकथा-साहित्य में अवतारवाद की उत्तरोत्तर बढ़ती हुई व्यापकता के साथ-साथ भक्ति-भावना भी उत्पन्न हुई और धीरे-धीरे विकसित होने लगी। अत: रामभक्ति की उत्पत्ति और विकास पर किंचित् प्रकाश डालना अपेक्षित है।

भारतीय भक्तिमार्ग का सूत्रपात और विकास रामभक्ति के शताब्दियों पूर्व हुआ था। वेदों में इसका बीजारोपण हुआ और भागवत धर्म में वह पल्लवित हुआ। बौद्धधर्म तथा जैनधर्म की भाँति भागवतों का भक्तिमार्ग भी कर्मकाण्ड तथा यज्ञ-प्रधान ब्राह्मण धर्म की प्रतीक्रिया के रूप में उत्पन्न हुआ था। लेकिन इसमें वेदों की निन्दा को स्थान नहीं मिला और इस प्रकार बाद में ब्राह्मण तथा भागवत धर्म के समन्वय से वैष्णव धर्म की उत्पत्ति सम्भव हो सकी। इसमें भागवतों के देवता वासुदेव-कृष्ण प्राचीन वैदिक देवता विष्णु के अवतार माने गये हैं और भक्ति-भावना इन्हीं विष्णु-नारायण-वासुदेव-कृष्ण में केन्द्रीभूत होकर उत्तरोत्तर विकसित होने लगी। विष्णु के अन्य अवतार भी माने जाने लगे, जिनमें से रामावतार भारतीय संस्कृति के दृष्टिकोण से सबसे महत्त्वपूर्ण है (दे० ऊपर अनु० १४३)। फिर भी भक्तिमार्ग के इतिहास में; भागवत-धर्म तथा पांचरात्र के साहित्य में; शांडिल्य-भक्ति सूत्र; नारदीय भक्ति-शास्त्र; रामानुज, निम्बार्क, मध्व तथा वल्लभाचार्य के सम्प्रदायों में कृष्णावतार को प्राय: एकाधिकार मिला है।[१]

१४७. प्राचीन रामकथा-साहित्य के निरूपण से ज्ञात हुआ है कि रामायण के प्रक्षिप्त अंशों में तथा महाभारत के कई स्थलों पर रामावतार का उल्लेख मिलता है। युद्धकाण्ड के एक प्रक्षिप्त सर्ग में सीता को भी लक्ष्मी का अवतार बताया गया है (दे० सर्ग ११७, २७), लेकिन प्राचीन राम-साहित्य में कहीं भी रामभक्ति का निरूपण नहीं मिलता। हरिवंश तथा प्राचीन पुराणों में भी रामभक्ति का उल्लेख नहीं हुआ है। अत: रामावतार की भावना के बहुत काल बाद रामभक्ति तथा रामपूजा का आविर्भाव हुआ है। सर रामगोपाल भण्डारकर का कहना है कि यद्यपि ईसवी सन् के प्रारम्भ से राम विष्णु के अवतार माने गये थे, किन्तु उनकी

---

१. भक्तिमार्ग के विकास के लिए दे०—
इन्साइक्लोपीडिया ऑव रिलीजन एण्ड एथिक्स, 'भक्तिमार्ग'।
हेमचन्द्र राय चौधरी : अर्ली हिस्टरी ऑव वैष्णव सेक्ट।
बलदेव प्रसाद मिश्र : तुलसी दर्शन, पृ० ४१।

विशेष रूप से प्रतिष्ठा ग्यारहवीं शताब्दी के लगभग ही प्रारम्भ हुई थी।[१] डॉ० श्राडर का भी निर्णय यह है कि जिन वैष्णव संहिताओं में राम अथवा राधा की एकान्तिक पूजा प्रतिपादित की गयी है, ये अर्वाचीन हैं और पांचरात्र के प्रामाणिक साहित्य के अनुकरण से उत्पन्न हुई है।[२] फिर भी गुप्तकाल में विष्णु के अन्य अवतारों की भाँति राम की भी पूजा प्रचलित थी। **विष्णुधर्मोत्तर पुराण**[३] तथा वाराह मिहिर की **बृहत्संहिता**[४] में राम-मूर्ति के निर्माण के लिए नियम मिलते हैं। वाकाटक महारानी प्रभावती[५] के विषय में प्रसिद्ध है कि वह भगवत् रामगिरि स्वामी की भक्तिन थी। अधिक सम्भव है कि वह रामगिरि स्वामी राम दाशरथि से अभिन्न हैं। **अग्निपुराण**[६] में भी मत्स्यादिप्रतिमा लक्षण नामक ४९वें अध्याय में राम की मूर्ति का उल्लेख हुआ है।[७] गुप्तकाल के मन्दिरों में रामायण-सम्बन्धी फलक भी मिलते हैं।

ऐसा प्रतीत होता है कि रामभक्ति का पल्लवन दक्षिण भारत में हुआ है। तमिल आल्वारों की रचना, अर्थात् **नालायिर प्रबन्ध** में भगवान् विष्णु तथा उनके अवतारों के प्रति असीम भक्ति तथा आत्मसमर्पण की भावना का हृदयस्पर्शी निरूपण मिलता है।[८] यद्यपि विष्णु के अवतार कृष्ण को अधिक महत्त्व दिया गया है परन्तु प्राचीनतम आल्वारों के स्तोत्रों में राम का उल्लेख है और परवर्ती आल्वारों में निरन्तर मिलता है। (आठवीं श० ई०)।

आल्वार कुलशेखर की रचना में सम्भवत: प्रौढ़ रामभक्ति का प्राचीनतम निरूपण सुरक्षित है (नवीं श० ई० पूर्वार्द्ध)। यद्यपि उनके भी अधिकांश पद कृष्णावतार सम्बन्धी हैं, परन्तु उनकी रचना का पाँचवाँ अंश रामावतार से सम्बन्ध रखता है और इसमें राम के प्रति अत्यन्त कोमल और हृदयस्पर्शी भक्ति अंकित की गयी है।[९]

१४८. रामभक्ति के काव्यात्मक तथा भावात्मक निरूपण के अतिरिक्त वैष्णव संहिताओं तथा उपनिषदों में रामभक्ति तथा रामपूजा का शास्त्रीय प्रतिपादन भी किया गया है। ऐसे ग्रन्थों की रचना पहले-पहल रामानुज सम्प्रदाय में हुई है। रामानुज ने तो स्वयं रामभक्ति पर नहीं लिखा है, परन्तु अपने श्रीभाष्य में उन्होंने विभवों अर्थात् अवतारों में राम तथा कृष्ण का विशेष उल्लेख किया है (श्रीभाष्य २, २, ४२)। उनके सम्प्रदाय में निम्नलिखित राम-सम्बन्धी

---

१. सर भण्डारकर के तर्क अकाट्य प्रतीत होते हैं; दे० 'वैष्णविज़्म शैविज़्म', पृ० ४७ आदि।
२. दे० डॉ० श्राडर : इण्ट्रोडक्शन टु दि पांचरात्र (मद्रास १९१६, पृ० १९)।
३. ३, ८५, ६२; रचनाकाल पाँचवीं श० ई०।
४. दे० ५८, ३०; रचनाकाल छठी श० ई०।
५. इनका जीवनकाल पाँचवीं शताब्दी ई० है। दे० दि क्लासिकल एज, पृ० ४१७ (बम्बई १९५४)।
६. रचनाकाल ८०० ई० के बाद।
७. दे० रत्नचन्द्र अग्रवाल : उत्तर भारत की मूर्तिकला में रामकथा (राजस्थान भारती, बीकानेर, भाग ११, अंक १, पृ० ५१) और राजस्थान के शिलालेखों व मूर्तिकला में रामकथा की अभिव्यक्ति (मैथिलीशरण अभिनन्दन ग्रन्थ, पृ० ८५५)। भास्करनाथ मिश्र : देवगढ़ और इलोरा के रामायण सम्बन्धी दृश्य (मैथिलीशरण अभिनन्दन ग्रन्थ, पृ० ८०६)। मंजुलाल र० मजूमदार : शामला जी मन्दिर में रामायण से सम्बन्धित दृश्य (मैथिलीशरण अभिनन्दन ग्रन्थ, पृ० ८१४)।
८. दे० टी० ए० गोपीनाथ राव : हिस्टरी ऑव दि श्री वैष्णवस। पंचम आल्वार शठकोप की रचना (तिरूवाय् मोलि) का संस्कृत अनुवाद 'सहस्रनीति' बम्बई के वेंकटेश्वर प्रेस द्वारा तथा नवम आल्वार आण्डाल की रचना (तिरुप्पावै) का संस्कृत-हिन्दी-अनुवाद 'गोदा-गीतावली' पटना की बिहार राष्ट्रभाषा-परिषद् द्वारा प्रकाशित है (१९६७)।
९. जर्नल श्री वेंकटेश्वर ओरियण्टल इंस्टिट्यूट, तिरुपति, भाग ३ (१९४२), पृ० १६६।

वैष्णव संहिताओं का उल्लेख मिलता है, जिनमें राम के प्रति दास्य भक्ति का प्रतिपादन किया गया है—**अगत्स्य-संहिता, कलिराघव, बृहद् राघव** और **राघवीय संहिता**[१]। तीन रामभक्ति सम्बन्धी साम्प्रदायिक उपनिषदें सुरक्षित हैं—**रामपूर्वतापनीय, रामोत्तरतापनीय** तथा **रामरहस्योपनिषद्**[२]। तीनों रामोपासना से सम्बन्ध रखती हैं तथा इनमें राम-यंत्र, राम-मंत्र, सीता-मंत्र आदि का उल्लेख है। राम परमपुरुष तथा सीता मूल प्रकृति मानी जाती हैं। **उत्तरतापनीय** (२, १८) तथा **रामरहस्योपनिषद्** (५, १९) में अद्वैत भक्ति भी प्रतिपादित की गयी है :

सदा रामोऽहमस्मीति तत्त्वतः प्रवदन्ति ये।
न ते संसारिणो नूनं राम एव न संशयः॥

रामतापनीय के अनेक स्थलों पर **अध्यात्म रामायण** के रामहृदय तथा रामगीता से साम्य पाया जाता है।[३] इसमें एक संक्षिप्त रामचरित भी दिया गया है (दे० ४, १७-२९), जिसके अनुसार रावण ने मुक्ति प्राप्त करने के उद्देश्य से सीता का हरण किया था (**स्वनिवृत्यर्थम्**); राम और लक्ष्मण सीता की खोज के मिस (**व्याजेन**) पृथ्वी का भ्रमण करते थे तथा सुग्रीव ने सीता को ले आने की आज्ञा दी थी। निम्नलिखित अन्य वैष्णव उपनिषदों में भी राम का उल्लेख हुआ है—**कलिसन्तरण, कृष्ण** (जिसमें राम मुनियों को कृष्णावतार के समय गोपिकाएँ बनने का आश्वासन देते हैं), **गोपालोत्तरतापनीय, तारसार, त्रिपाद-विभति-महानारायण** तथा **मुक्तिकोपनिषद्**। इनमें रामचरित का कोई वर्णन नहीं किया गया है।

इन रचनाओं में प्रायः वेदान्त तथा भक्ति का समन्वय करने का प्रयत्न किया गया है तथा राम को परमब्रह्म से अभिन्न माना गया है। **मुक्तिकोपनिषद्** में हनुमान् परमात्मा के रूप में राम की स्तुति करने के पश्चात् (**राम त्वं परमात्माऽसि सच्चिदानन्द, दे० अध्याय** १, ४) उनसे निवेदन करते हैं कि वह अपने स्वरूप का तात्त्विक निरूपण करें—**त्वद्रू पं ज्ञातुमिच्छामि तत्त्वतो राम मुक्तये** (१, ५)। इस पर राम वेदान्त ज्ञान को सायुज्य मुक्ति का साधन बताते हैं तथा हनुमान् को निर्गुण भक्ति की साधना करने का उपदेश देते हैं—**अनामगोत्रं मम रूपमीदृशं भजस्व** (२, ७३)।

अड्यार लाइब्रेरी बुलेटिन (भाग १९, पृ० ३१३-२६) में एक शाक्त **सीतोपनिषद्** प्रकाशित हुई है, जिसमें सीता को प्रकृति, साक्षात् शक्ति, योगशक्ति, भोगशक्ति, वीरशक्ति आदि के रूप में चित्रित किया गया है। इन सब ग्रन्थों का रचनाकाल निर्धारित करना असम्भव प्रतीत होता है। डॉ० वेबर ने **रामतापनीय** उपनिषद् का प्राचीनतम काल ११वीं शताब्दी माना है। इस समय से लेकर रामभक्ति-विषयक साहित्य का निर्माण होने लगा था। स्तोत्रों के अतिरिक्त रामोपासना के विषय में भी बहुत-सी रचनाओं का उल्लेख मिलता है, जिनमें से एकाध हस्तलिपि के रूप में सुरक्षित हैं; जैसे **रामार्चनसोपान** (राजेन्द्र लाल मित्र, संस्कृत कैटलॉग, भाग ९, पृ० १०२), **सर्वसिद्धान्त** (वही ७, ९९), **रामार्चनपद्धति** (हरप्रसाद शास्त्री, संस्कृत कैटलॉग, भाग १, पृ० ३२३) और **रामपूजापद्धति** (वही)।

भगवद्गीता के अनुकरण पर रचित अनेक **रामगीता** नामक ग्रन्थों का उल्लेख मिलता है, जिनमें वेदान्त के आधार पर राम के परब्रह्मत्व का प्रतिपादन किया गया है। मद्रास में प्रकाशित (सन् १९०२) **श्रीरामगीता** गुरुज्ञानवासिष्ठ तत्त्वसारायण का भाग माना जाता है।

---

१. दे० डॉ० श्राडर : वही, नं० २६, १०१, १३३।
२. दे० वैष्णव उपनिषद् (अड्यार) और दयसन, सेकजिग उपनिषद्स, पृ० ८०२।
३. दे० ए० वेबर : मेम्वायर बर्लिन एकाडेमी, १८६४, पृ० २८३।

गीता की भाँति इसमें भी १८ अध्याय हैं, जो राम-हनुमान्-संवाद के रूप में प्रस्तुत किये गये हैं। सगुण-भक्ति के विषय में कहा है (अध्याय ११) कि सात्त्विक भक्त परम पद प्राप्त करते हैं; राजभक्त सालोक्य मुक्ति के भोगों के पश्चात् ब्राह्मण के रूप में जन्म लेते हैं तथा तामसभक्त, जो आर्थिक लाभ के कारण राम का आश्रय लेते हैं **(वित्तार्थ भजंति माम्)** नरक जाते हैं तथा बाद में कुत्ते आदि के रूप में प्रकट होते हैं **(श्वादिजन्म प्रपद्यन्ते)**। कलकत्ता संस्कृत कॉलेज में एक **रामगीता सटीका** (कैटलॉग भाग ४, नं० २९०) सुरक्षित है, जो स्कन्दपुराण के निर्वाणखण्ड का अंश माना जाता है और जिसके तीन अध्यायों में राम का परब्रह्मत्व प्रतिपादित है। हरप्रसाद शास्त्री के संस्कृत कैटलॉग में भी (भाग १, नं० ३१४) एक **रामगीता टीका** का उल्लेख है, जो उपर्युक्त रामगीता सटीका से भिन्न है।

१४९. इन सब रचनाओं का अब तक विश्लेषण नहीं हुआ है। रामभक्ति के विकास में उनका क्या महत्त्व है, उनका **रामानन्द** की रचनाओं से क्या सम्बन्ध है आदि प्रश्नों पर खोज की अपेक्षा है। इतना ही स्पष्ट है कि दर्शक की दृष्टि से रामानन्द का सम्बन्ध रामानुज सम्प्रदाय से ही रहा है। उनकी प्रामाणिक रचनाओं अर्थात् **वैष्णवमताब्जभास्कर** तथा **श्रीरामार्चनपद्धति** से पता चलता है कि भक्ति के क्षेत्र में उन्होंने (रामानुज के) विष्णु-लक्ष्मी के स्थान पर राम-सीता को अपना आराध्य माना है तथा उनके प्रति दास्य भक्ति का ही प्रचार किया है। भक्तमाल के कथनानुसार रामानन्द के गुरु राघवानन्द ने चारों वर्णों और आश्रमों के लिए भक्ति का द्वार खोल दिया था। रामानन्द के शिष्यों की परम्परागत सूची देखकर यह विश्वास दृढ़ हो जाता है कि रामानन्द भी अत्यधिक उदार थे। उनके हिन्दी पदों की प्रामाणिकता असन्दिग्ध नहीं है किन्तु उनसे प्रेरणा पाकर कई शिष्यों ने रामभक्ति के प्रचार में हिन्दी का उपयोग किया है।[१] रामावत सम्प्रदाय के प्रचार के कारण रामभक्ति जनसाधारण में फैलने लगी; आगे चलकर गोस्वामी तुलसीदास ने इस रामभक्ति को अपने अमर **रामचरितमानस** में एक काव्यात्मक तथा हृदयग्राही रूप दिया है।

रामभक्ति के विकास के साथ-साथ रामकथा को भक्ति के साँचे में ढालने की आवश्यकता का भी अनुभव हुआ; फलस्वरूप बहुत-से साम्प्रदायिक रामायणों की सृष्टि होने लगी, जिनमें **अध्यात्म रामायण, आनन्द रामायण, अद्‌भुत रामायण** प्रमुख हैं (दे० आगे अनु० १७५-१७७)। **अध्यात्म रामायण** का स्पष्ट उद्‌देश्य है शंकराचार्य के सुप्रसिद्ध वेदान्त के आधार पर रामभक्ति का प्रतिपादन करते हुए वाल्मीकीय रामकथा को किंचित् परिवर्तन के साथ प्रस्तुत करना। इसका रचनाकाल सम्भवत: १५वीं शताब्दी ई० है। यद्यपि इसकी रचना रामानन्दी सम्प्रदाय के बाहर हुई होगी, फिर भी **अध्यात्म रामायण** शीघ्र ही इस सम्प्रदाय में प्रतिष्ठा पाने लगा और उसे **रामचरितमानस** का मुख्य आधार-ग्रन्थ बनने का गौरव भी प्राप्त हुआ है।

१५०. भारतीय भक्ति-मार्ग के इतिहास में कृष्ण तथा बाद में कृष्ण और राधा का स्थान निर्विवाद रूप से प्रधान है। अत: रामभक्ति पर कृष्णभक्ति का प्रभाव पड़ जाना स्वाभाविक था। राम के प्रति दास्य-भक्ति के अतिरिक्त माधुर्य भक्ति का भी प्रतिपादन किया गया है और इस माधुर्य भक्ति के आधार पर रसिक सम्प्रदाय का सम्भवत: १५वीं श० ई० में प्रवर्तन हुआ था। डॉक्टर भगवती प्रसाद सिंह ने इस रसिक साधना के विकास की रूपरेखा अंकित की है।[२]

---

१. दे० बदरीनारायण श्रीवास्तव का **रामानन्द-सम्प्रदाय** (प्रयाग, सन् १९५७ ई०)।

२. दे० रामभक्ति में रसिक-सम्प्रदाय, पृ० ७६ आदि।

यहाँ केवल रामकथा पर कृष्णलीला का प्रभाव विचारणीय है। वाल्मीकि रामायण, उत्तररामचरित, जानकीहरण, हनुमन्नाटक आदि में जो राम-सीता के संयोग शृंगार का वर्णन हुआ है, वह न तो कृष्णलीला के अनुकरण पर हुआ है और न माधुर्य-भक्ति-भाव की प्रेरणा से।

अध्यात्म रामायण की बाल-लीला पर कृष्ण की बाल-लीला का प्रभाव सुस्पष्ट है; **आनन्द रामायण, सत्योपाख्यान** आदि में जो राम-सीता की विलास-क्रीड़ाओं का विस्तृत वर्णन किया गया है, वह भी कृष्णलीला से प्रभावित है, किन्तु कृष्णकथा के अनुकरण की चरम सीमा यह है कि **भुशुण्डी रामायण** (दे० आगे अनु० १८०), **महारामायण** (अनु० १८१), **हनुमत्संहिता** (अनु० १९०), **बृहत्कोशल खण्ड** (अनु० १९१), **संगीत-रघुनन्दन** (अनु० २५०) आदि ग्रन्थों में राम की रासलीला की भी कल्पना कर ली गयी है। विवाह के पूर्व तथा विवाह के पश्चात् राम अयोध्या के आसपास रासलीला करते हैं तथा वनवास के समय चित्रकूट में भी। आगे चलकर कृपानिवास, मधुराचार्य आदि रसिक सम्प्रदाय के आचार्यों ने रामकथा में एक और परिवर्तन कर दिया है—"वास्तव में न तो सीता का हरण हुआ और न स्वयं ब्रह्म राम ने एक तुच्छ राक्षस के वध के लिए धनुष-बाण ही धारण किया।"[१] "वनयात्रा के समय राम, लक्ष्मण और सीता सहित चित्रकूट से आगे नहीं गये। वे स्वयं ब्रह्म रूप में अपनी आह्लादिनी शक्ति सीता जी के साथ चित्रकूट में विहार करते रहे। इस विहार-लीला में कैंकर्य और व्यवस्था लक्ष्मण जी करते थे, जो जीव तत्त्व के प्रतिनिधि थे। चित्रकूट से आगे लक्ष्मी, नारायण और शेष उनके वेष में गये थे और परात्पर ब्रह्म की आज्ञा से उन्होंने ही रावण का वध कर सीतारूप लक्ष्मी का उद्धार किया था। चित्रकूट में राम का यह विलास तब तक चलता रहा, जब तक विभीषण को राज्य देकर नारायण, लक्ष्मी और शेष सहित पुनः चित्रकूट नहीं लौट आये। कृपानिवास जी ने स्वरचित रामायण में यह कथा विस्तारपूर्वक लिखी है। मधुराचार्य जी ने राज्याभिषेक के अनन्तर सीता-वनवास की घटना को इसी प्रकार राम की प्रकाशलीला माना है।"[२]

रसिक-सम्प्रदाय में राम के बहुत-से विवाहों का उल्लेख किया गया है (दे० आगे अनु० ४०४)। बाल-लीला के वर्णन में राम द्वारा दैत्यों का मारा जाना भी कृष्णकथा का प्रभाव माना जा सकता है (दे० अनु० ३८०)।

ऐसा प्रतीत होता है कि रामभक्ति की मधुर उपासना प्रधानतया मध्यदेश में विकसित हुई, किन्तु बंगाल में भी इस प्रकार का विकास हुआ है।

जगतराम राय के **अद्भुत रामायण** के एक काण्ड का नाम रामरास ही रखा गया है (दे० आगे अनु० २८७); उसी लेखक के **आत्मबोध** नामक ग्रन्थ के १२वें अध्याय में राम को रसराज कहकर पुकारा गया है। बंगीय सहजिया सम्प्रदाय में यह नाम कृष्ण के लिए प्रयुक्त होता है। बंगीय साहित्य परिषद् पत्रिका में रामरास-विषयक ब्रजबुली के दो पदों का प्रकाशन हुआ है; इनका रचनाकाल अनिश्चित है।[३] आसाम के **गीतिरामायण** में माना गया है कि राम ने चित्रकूट में एक मायामय अयोध्या की सृष्टि करके चैत्रचतुर्दशी का पर्व मनाया था (दे० अनु० ४४०)।

---

१. दे० रामभक्ति में रसिक-सम्प्रदाय, पृ० २८२।

२. दे० वही, पृ० २९७।

३. दे० भाग २, पृ० १२५-२६। बंगीय साहित्य के उपर्युक्त उद्धरणों के लिए मैं श्री देवीपाद भट्टाचार्य (यादवपुर विश्वविद्यालय) का आभारी हूँ।

ख—पौराणिक साहित्य

(१) हरिवंश

१५१. हरिवंश का रचनाकाल ४०० ई० के लगभग माना जाता है।[1] इसमें एक संक्षिप्त रामचरित मिलता है, जिसमें रामावतार के उल्लेख के बाद वनवास से लेकर रावण-वध तक रामकथा की मुख्य घटनाओं का वर्णन दिया गया है। अनन्तर राम-राज्य की प्रशंसा की गयी है। इस वृत्तान्त में दशरथ के यज्ञ का अथवा अयोनिजा सीता का कहीं उल्लेख नहीं हुआ है।[2]

हरिवंश के दो स्थलों पर रामायण का (दे० २, ९३, ६; ३, १३२, ९५) तथा दो स्थलों पर वाल्मीकि के काव्य का निर्देश मिलता है—**गीतं च वाल्मीकिमहर्षिणा** (१, १, ६) और **सरस्वती च वाल्मीके** (२, ३, १८)। अवतारों की चार तालिकाओं में राम का नाम भी दिया गया है (दे० ऊपर अनु० १४४)। इसके अतिरिक्त अन्य स्थलों पर भी राम अथवा रामकथा का उल्लेख किया गया है (उदा०—१, १५, २६; १, ५४, २६; २, ६०, ३५; ३, ७६, २४)।

(२) प्रधान महापुराण

१५२. पौराणिक साहित्य के काल-निर्णय के विषय में प्रस्तुत निबन्ध में डॉ० राजेन्द्र हाजरा की पुस्तक[3] तथा उनके अन्य लेखों का सहारा लिया गया है। उनके अनुसार प्राचीनतम महापुराण कालक्रमानुसार निम्नलिखित हैं—मार्कण्डेय, ब्रह्माण्ड, विष्णु, वायु, मत्स्य, भागवत तथा कूर्मपुराण।

मार्कण्डेय, ब्रह्माण्ड तथा **मत्स्यपुराण** में रामचरित का कहीं वर्णन नहीं किया गया है। अन्य अवतारों के साथ **ब्रह्माण्ड** तथा **मत्स्यपुराण** में राम का नाम भी लिया गया है (दे० मत्स्यपुराण अध्याय ४७; ब्रह्माण्डपुराण ३, अध्याय ७३)। इसके अतिरिक्त **ब्रह्माण्ड** के मैथिल वंश के वर्णन में सीता के अलौकिक जन्म का उल्लेख किया गया है (दे० ३, अध्याय ६४, १५)। इस पुराण का काल चौथी शताब्दी ई० माना जाता है।

१५३. विष्णुपुराण (चौथी शताब्दी ई०) में भी अयोनिजा सीता का उल्लेख मिलता है (४, अध्याय ५) और रामकथा का संक्षिप्त रूप भी उद्धृत किया गया है (४, अध्याय ४)। हरिवंश की रामकथा की अपेक्षा इसमें कुछ अधिक सामग्री मिलती है, विशेषकर ताड़कावध, अयोनिजा सीता तथा राम आदि चार भाइयों के पुत्रों का उल्लेख। एक अन्य स्थान पर लवणासुर-वध का वर्णन किया गया है (१, १२,४)।

१५४. वायुपुराण (पाँचवीं श० ई०) की रामकथा विष्णुपुराण की रामकथा से भिन्न नहीं है (दे० रामचरित, अध्याय ८८, १९१-२०० तथा अयोनिजा सीता का जन्म, अध्याय ८९, २२)।

१५५. भागवतपुराण (छठी अथवा सातवीं श० ई०) के रामचरित में पौराणिक साहित्य में पहले-पहल सीता लक्ष्मी का अवतार मानी गयी हैं; सीता-स्वयंवर के अवसर पर राम धनुष तोड़ते हैं; राम ही शूर्पणखा को विरूपित करते हैं तथा धोबी के कारण सीता-त्याग का वर्णन किया गया है (दे० स्कन्ध ९, अध्याय १०-११)। इस पुराण में एक दूसरी अत्यन्त संक्षिप्त रामकथा (२, ७, २३-२५) मिलती है, जिसमें समुद्र राम को देखकर उन्हें तुरन्त मार्ग देता है (दे० आगे अनु० ५७३)।

---

१. आर० सी० हाजरा : इण्डियन कल्चर, भाग २, पृ० २३७ और न्यू इण्डियन एण्टिक्वेरी, भाग १, पृ० ५२२।

२. दे० १,४१, १२१-५५। हरिवंश के सन्दर्भ गीता प्रेस, गोरखपुर के संस्करण के हैं।

३. आर० सी० हाजरा : पुराणिक रेकाड्र्स ऑन हिन्दू राइट्स एण्ड कस्टम्स, ढाका १९४०।

१५६. कूर्मपुराण (सातवीं श० ई०) में रामकथा-सम्बन्धी निम्नलिखित सामग्री पायी जाती है (वेंकटेश्वर प्रेस संस्करण)—

राक्षस-वंश-वर्णन (पूर्व विभाग, अध्याय १९)।

सूर्यवंश के वर्णन के अन्तर्गत रामचरित का वर्णन, जिसमें सीता को जनकात्मजा माना गया है और रावण-युद्ध के पश्चात् राम द्वारा शिवलिंग की स्थापना का उल्लेख (पूर्व विभाग; अध्याय २१)।

पतिव्रतोपाख्यान में माया-सीता के हरण का वृत्तान्त (उत्तरविभाग, अध्याय ३४)।

(३) गौण महापुराण

१५७. शेष महापुराणों में प्राचीन सामग्री के साथ-साथ बहुत-से प्रक्षेप भी पाये जाते हैं। कई महापुराणों का अनेक बार रूपान्तर भी किया गया है। अन्तिम रूपान्तर का काल डॉ० राजेन्द्र हाजरा के अनुसार दिया गया है।

वाराहपुराण (रचनाकाल लगभग ८०० ई०) में पूरी रामकथा तो मिलती ही नहीं किन्तु एक स्थल पर दुर्जयकृत श्रीरामस्तवन (अध्याय १२) उद्धृत है और एक अन्य स्थल पर इसका उल्लेख किया गया है कि वसिष्ठ के परामर्श से दशरथ ने राम-द्वादशी-व्रत का पालन किया था, जिसके फलस्वरूप उनको रामादि पुत्र प्राप्त हुए (दे० अध्याय ४५)। अध्याय १६३ (रचनाकाल ८००-१००० ई०) में वाराह-मूर्ति की कथा भी मिलती है (दे० आगे अनु० ७८०)।

प्रचलित **अग्निपुराण** की रचना ८०० ई० के पश्चात् हुई है, लेकिन इसकी बहुत कुछ सामग्री और बाद की माननी चाहिए।[1] **अग्निपुराण** की रामकथा **वाल्मीकि रामायण** के सात काण्डों का संक्षेप मात्र है (दे० अग्निपुराण, अध्याय ५-११); इसमें राम का मन्थरा पर अत्याचार करना वनवास का कारण बताया गया है तथा राम द्वारा माल्यवत् पर्वत पर चातुर्मास्य यज्ञ करने का उल्लेख है।

लिंगपुराण (रचनाकाल दशवीं शताब्दी के पूर्व) के इक्ष्वाकु वंश-वर्णन के अन्तर्गत रामचरित का अत्यन्त संक्षिप्त रूप दिया गया है (पूर्वार्द्ध ६६, ३५-३६); अम्बरीष उपाख्यान में राम तथा उनके भाइयों के अवतारत्व का उल्लेख मिलता है (दे० अनु० ३६१)।

अपेक्षाकृत अर्वाचीन **वामनपुराण** (३७, ८-१२) में वेदवती तीर्थ के प्रसंग में रावण द्वारा अपमानित वेदवती की सीता के रूप में उत्पत्ति का उल्लेख है।

भविष्यपुराण का वर्तमान रूप अर्वाचीन है। इसके प्रतिसर्ग पर्व में दशरथ की वंशावली (दे० आगे अनु० ३३६) के अतिरिक्त हनुमान् की जन्मकथा, हनुमान्-रावण-मल्लयुद्ध तथा हनुमान् की रामभक्ति विषयक सामग्री मिलती है (दे० आगे अनु० ६७१, ६६८ और ७०४)।

१५८. प्राचीन **नारदीयपुराण** अप्राप्य है; प्रचलित **नारदीयमहापुराण** दसवीं श० ई० का माना जाता है लेकिन बाद में इसमें बहुत-से प्रक्षेप जोड़ दिये गये हैं।[2] पूर्वखण्ड में एक संक्षिप्त रामचरित के बाद (बालकाण्ड से युद्धकाण्ड तक) राम द्वारा द्रविड़ देश में ब्राह्मणों से बाँधे हुए विभीषण की मुक्ति की कथा दी गयी है (दे० अध्याय ७९) तथा उत्तरकाण्ड में बालकाण्ड से उत्तरकाण्ड तक समस्त **वाल्मीकीय रामायण** की संक्षिप्त रामकथा दी गयी है, जिसमें राम-लक्ष्मणादि नारायण-संकर्षणादि के अवतार बताये गये हैं (दे० अध्याय ७५)।

---

१. आर० सी० हाजरा : इण्डियन हि० क्वा०, भाग १२, पृ० ६८३ आदि।
२. आर० सी० हाजरा : इण्डियन कल्चर, भाग ३, पृ० ४७७।

१५९. ब्रह्मपुराण की अधिकांश सामग्री भिन्न-भिन्न अन्य पुराणों से ली गयी है। २१३वें अध्याय का रामचरित ज्यों-का-त्यों हरिवंश के ४१वें अध्याय से उद्धृत किया गया है। १७६वें अध्याय में रावणचरित के अन्तर्गत रावण की तपस्या के वर्णन के बाद एक संक्षिप्त रामकथा भी पायी जाती है, जिसमें रावण द्वारा अमरावती से चुराई हुई वासुदेवप्रतिमा का वृत्तान्त दिया गया है। रावण-वध के बाद राम ने समुद्र को यह मूर्ति समर्पित कर दी, लेकिन बाद में कृष्ण ने उसे पुरुषोत्तम-क्षेत्र में स्थापित किया। ब्रह्मपुराण की शेष रामकथा-सम्बन्धी सामग्री गौतमी माहात्म्य (अध्याय ७०-१७५) के अन्तर्गत मिलती है। यह माहात्म्य प्रारम्भ में एक स्वतंत्र ग्रन्थ था, जिसकी रचना १०वीं शताब्दी में अथवा इसके बाद हुई थी।[१] इसमें भिन्न-भिन्न तीर्थों का महत्त्व दिखलाने के लिए बहुत-सी कथाओं का संकलन किया गया है। रामतीर्थ-माहात्म्य (अध्याय १२३) में रामकथा का वर्णन मिलता है, जिसकी निम्नलिखित विशेषताएँ हैं : कैकेयी द्वारा देव-दानव-युद्ध में तीन वरों की प्राप्ति; श्रवणकुमार-वध के प्रायश्चित्तस्वरूप दशरथ का अश्वमेध-यज्ञ करना तथा उसमें आकाशवाणी द्वारा उसे पुत्रोत्पत्ति का आश्वासन दिया जाना; वनवास के समय गौतमी-तट पर राम के पिण्डदान द्वारा नरक से दशरथ की मुक्ति।

सहस्र-कुण्ड माहात्म्य (दे० अध्याय १५४) में सीता-त्याग का उल्लेख है और इसके बाद वियोगी राम के गौतमी-तट के सहस्र-कुण्ड पर तपस्या करने का वर्णन किया गया है।

किष्किन्धा-तीर्थ-माहात्म्य (अध्याय १५७) में रावण-वध के बाद अयोध्या की यात्रा करते हुए गौतमी-तट पर राम के पाँच दिन तक निवास तथा शिवलिंग-पूजा का उल्लेख किया गया है।

१६०. गरुड़पुराण का रचनाकाल सम्भवत: दसवीं शताब्दी ई० है, लेकिन इसमें जो **रामायण, महाभारत** तथा **हरिवंश** का वर्णन किया गया है उसे बहुत अर्वाचीन प्रक्षेप मानना चाहिए।[२] गरुड़पुराण की रामकथा की विशेषता यह है कि इसमें राम स्वयं शूर्पणखा को विरूप कर देते हैं तथा अयोध्या लौटने के बाद पितृकर्म के लिए गयाशिर जाते हैं (दे० अध्याय १४३, वेंकटेश्वर संस्करण)।

१६१. स्कन्दपुराण की अधिकांश सामग्री की सृष्टि आठवीं शताब्दी के बाद[३] हुई है, लेकिन इसमें बहुत-से प्रक्षेप मिलते हैं, जिनका रचनाकाल अज्ञात है। वेंकटेश्वर प्रेस के संस्करण में निम्नलिखित रामकथा-विषयक सामग्री पायी जाती है।

(१) माहेश्वरखण्ड

(अ) केदारखण्ड

अध्याय ८—रावणचरित के बाद रामावतार-वर्णन तथा राम द्वारा रावण-वध।

(आ) माहेश्वरखण्ड

अध्याय ६—गौतम-पत्नी की कथा (दे० आगे अनु० ३४५)।

(२) वैष्णवखण्ड

(अ) कार्तिकेयमाहात्म्य

अध्याय २०-२५—अवतारकारण के वर्णन के अन्तर्गत वृन्दा-शाप तथा धर्मदत्त और कलहा की कथा। धर्मदत्त का पुनर्जन्म में दशरथ होना।

---

१. वही, भाग २, पृ० २३५।

२. आर० सी० हाजरा : पुराणिक रेकार्ड्स, पृ० १४४ और एनल्स भं० ओ० रि० इं०, भाग १९, पृ० ६८-७५।

३. दे० आर० सी० हाजरा-पुराणिक रेकार्ड्स, पृ० १६५।

(आ) वैशाखमासमाहात्म्य

अध्याय २१—वाल्मीकि की जन्म-कथा।

(इ) अयोध्यामाहात्म्य

अध्याय ६—राम का स्वधामगमन।

(३) ब्राह्मखण्ड

(अ) सेतुमाहात्म्य

अध्याय २—एक संक्षिप्त रामचरित, जिसमें सेतुबन्ध का विशेष रूप से वर्णन किया गया है।

अध्याय ७—समुद्रबन्धन के पूर्व शिवप्रतिष्ठा का वर्णन।

अध्याय २२—सीता की अग्निपरीक्षा; अग्नि द्वारा सीता के सतीत्व की प्रशंसा।

अध्याय २७—रावण-वध के बाद ब्रह्महत्या के प्रायश्चित्त के लिए राम द्वारा कोटितीर्थ पर शिवलिंग की स्थापना।

अध्याय ३०—विभीषण द्वारा सेतु को तोड़ने के लिए राम से प्रार्थना।

अध्याय ४४-४७—रामोपाख्यान पर आधारित एक संक्षिप्त रामचरित; रावण-वध के प्रायश्चित्तस्वरूप राम द्वारा रामेश्वर-लिंग की स्थापना; हनुमान् का शिवलिंग ले आने के लिए कैलाश भेजा जाना तथा मुहूर्त बीत जाने की आशंका से राम द्वारा सैकत लिंग की स्थापना।

(आ) धर्मारण्यखण्ड

अध्याय ३०-३१—एक संक्षिप्त काल-निर्णय रामायण (दे० आगे अनु० १७९)।

अध्याय ३२-३५—राम द्वारा धर्मारण्य की तीर्थ-यात्रा।

(४) काशीखण्ड

इसमें रामकथा का अभाव है।

(५) अवन्तीखण्ड

(अ) आवन्त्य क्षेत्रमाहात्म्य

अध्याय २१—शिवलिंग ले आने के उद्‌देश्य से हनुमान् की लंका-यात्रा।

अध्याय २४—वाल्मीकि की जन्मकथा।

(आ) चतुरशीतिलिंगमाहात्म्य

अध्याय ७९—हनुमान् का चरित; इसमें हनुमान् को रुद्रावतार माना गया है।

(इ) रेवाखण्ड

अध्याय ८३—ब्रह्महत्यादोष के निवारण के लिए हनुमान् की तपस्या।

अध्याय १३६—अहल्योद्धार की कथा; राम से उद्धार पाने के पश्चात् अहल्या नर्मदा तीर्थ पर शिव की पूजा करने जाती हैं।

अध्याय १६८—रावणादि भाइयों की तपस्या तथा शिव द्वारा वरदान।

(६) नागरखण्ड

अध्याय २०—लक्ष्मण का स्वामिद्रोह तथा तपस्या।

अध्याय ९६-९८—शनि से दशरथ द्वारा वर-प्राप्ति; दशरथ-इन्द्र की मैत्री; दशरथ का कार्तिकेयपुर में पुत्र के लिए तपस्या करना। चार पुत्रों तथा एक पुत्री का जन्म।

अध्याय ९९-१०३—राम का स्वर्गारोहण; विभीषण को राम द्वारा धर्मोपदेश; राम द्वारा सेतुभंग; अनेक तीर्थों में राम द्वारा शिवप्रतिष्ठा।

अध्याय १२४—वाल्मीकि की कथा।

अध्याय २०८—अहल्योद्धार; अहल्या की तीर्थयात्रा तथा शिवपूजा।

(७) प्रभासखण्ड। प्रभासक्षेत्रमाहात्म्य

अध्याय १११-११३—रामेश्वर-तीर्थ में राम-लक्ष्मण द्वारा शिवप्रतिष्ठा।

अध्याय १२३—रावण द्वारा रावणेश्वर-तीर्थ में शिवप्रतिष्ठा।

अध्याय १७१—दशरथेश्वर में दशरथ द्वारा शिवप्रतिष्ठा (पुत्र-प्राप्ति के उद्‌देश्य से)।

अध्याय २७८—वाल्मीकि की कथा।

१६२. पद्मपुराण के खण्डों का अलग-अलग रचनाकाल माना जाता है। पातालखण्ड, जिसमें बहुत-सी रामकथा-सम्बन्धी सामग्री मिलती है, बारहवीं शताब्दी का माना जाता है। उत्तरखण्ड अपना वर्तमान रूप १५०० ई० के लगभग प्राप्त कर सका। इसमें भी रामचरित का पूरा वर्णन किया गया है।[१]

पातालखण्ड का एक गौडीय पाठ सुरक्षित है, जिसमें प्रारम्भ के २८ अध्यायों में कालिदासकृत रघुवंश से बहुत कुछ मिलती-जुलती कथा दी गयी है।[२] आनन्दाश्रम संस्करण के पातालखण्ड में रामाश्वमेध का विस्तृत वर्णन किया गया है (दे० अध्याय १-६८)। इस वर्णन की निम्नलिखित विशेषताएँ उल्लेखनीय हैं :

— रावण की तपश्चर्या तथा वर-प्राप्ति (अध्याय ७)।
— एक रामचरित, जिसमें मुख्य घटनाओं की सब तिथियों का उल्लेख है। यह स्कन्दपुराण से उद्धृत किया गया है[३] (अध्याय ३६, ६-८०)।
— हनुमान् की वीरता का वर्णन (अध्याय ४४)।
— राम तथा शिव के अभेद का प्रतिपादन (अध्याय ४५-४६)।
— धोबी-कथन के फलस्वरूप सीता-त्याग (अध्याय ५५-५८)।
— कुश-लव की उत्पत्ति तथा उनका राम की सेना से युद्ध करना (अध्याय ५९-६६)।
— राम-सीता का सम्मिलन, जिसमें रामकथा सुखान्त बना दी गयी है (अध्याय ६७-६८)।

पातालखण्ड के १००वें अध्याय में राम द्वारा बाँधे हुए विभीषण की मुक्ति की कथा दी गयी है (दे० ऊपर अनु० १५८) तथा ११२वें अध्याय में एक 'पुराकल्पीय रामायण' का विवरण भी दिया गया है। उस रामकथा में दशरथ की चार पत्नियों (कौशल्या, सुमित्रा, सुरूपा तथा सुवेषा) का उल्लेख है; बाल-लीला का किंचित् वर्णन किया गया है; सीता-स्वयंवर में इन्द्र, रावण आदि के असफल प्रयत्न के पश्चात् राम के धनुर्भंग करने का उल्लेख मिलता है; शिव के दिये हुए अजगव धनुष पर वानर-सेना के समुद्र को पार करने

---

१. आर० सी० हाजरा : इण्डियन कल्चर, भाग ४, पृ० ७३ आदि।

२. दे० ढाका विश्वविद्यालय की हस्तलिपि नं० १६२३।

3. दे० महाराष्ट्रीय : श्री रामायण समालोचना, भाग २, पृ० ३६८। राजा आरण्यक ने यह रामचरित लोमश ऋषि से सुना था।

की कथा दी गयी है तथा कुम्भकर्ण-वध रावण-वध के पश्चात् माना गया है। ११३वें अध्याय में राम शिव से शिव-भक्ति का वरदान माँगते हुए दिखलाए गये हैं **(भक्तिरस्तु स्थिरा त्वयि—श्लोक १७९)।**

सृष्टिखण्ड में कोई विस्तृत रामचरित नहीं मिलता है। केवल निम्नलिखित प्रसंगों का वर्णन किया गया है :

अध्याय २८ : राम द्वारा दशरथ का श्राद्ध तथा लक्ष्मण का स्वामिद्रोह (दे० अनु० ४६२)।

अध्याय ३५ : शम्बूक-वध की कथा।

अध्याय ३६-३८ : राम-अगस्त्य-संवाद, जिसमें वाल्मीकीय उत्तरकाण्ड (सर्ग ७९-८३) के पाँच सर्गों की सामग्री उद्धृत की गयी है।

अध्याय ३९ : राम का विभीषण को धर्मोपदेश देना तथा मथुरा में वामन की प्रतिष्ठा करना।

अध्याय ५१ : अहल्या की कथा।

उत्तरखण्ड में वृन्दा-शाप (अध्याय १६ और १०५), रामरक्षास्तोत्र (अध्याय ७४) तथा शम्बूक-वध-कथा (अध्याय २३०) के अतिरिक्त रामचरित का एक पूरा वृत्तान्त भी मिलता है (दे० अध्याय २६९-२७१)।[1] प्रारम्भ में रामावतार-कारण के वर्णन में स्वयंभू मनु की तपस्या का उल्लेख है, जिसके फलस्वरूप वह तीन जन्मों में विष्णु को पुत्र के रूप में प्राप्त कर सके। शेष कथा वाल्मीकि रामायण के सात काण्डों का संक्षिप्त रूप मात्र है। अन्तर यह कि इसमें अवतारवाद अधिक व्यापक है। राम के अपनी माता को अपना विष्णु-रूप दिखलाने का वर्णन किया गया है; राम और सीता विष्णु और लक्ष्मी के पूर्णावतार माने जाते हैं तथा लक्ष्मण, भरत और शत्रुघ्न क्रमानुसार अनन्त, सुदर्शन और पांचजन्य के अंशावतार कहे गये हैं। इस कथा के अनुसार राम ने शूर्पणखा को विरूप किया था।

१६३. ब्रह्मवैवर्तपुराण की रचना सम्भवत: ७०० ई० के पूर्व हुई थी, लेकिन उसका वर्तमान रूप सोलहवीं शताब्दी ई० का है।[2] इसमें वेदवती-वृत्तान्त के वर्णन के बाद सीताहरण की कथा दी गयी है, जिसमें अग्नि द्वारा एक मायामय सीता की सृष्टि करने का उल्लेख किया गया है (दे० प्रकृतिखण्ड, अध्याय १४)। यह कथा **श्रीमद्देवीभागवत** के वृत्तान्त से अभिन्न है (स्कन्ध ९, अध्याय १६)।

कृष्ण-जन्म खण्ड में अहल्योद्धार के वर्णन के प्रसंगवश एक संक्षिप्त रामकथा (अध्याय ६२) मिलती है, जिसमें शूर्पणखा के कुब्जा के रूप में प्रकट होने का वृत्तान्त पाया जाता है तथा हनुमान् को रुद्र का अंशावतार माना गया है। इसी खण्ड (अध्याय ५६) में जय-विजय के तीन जन्मों का भी उल्लेख है।

(४) उपपुराण

१६४. विष्णुधर्मोत्तरपुराण की रचना सम्भवत: पाँचवीं शताब्दी के लगभग काश्मीर में हुई थी।[3] इसमें लवण-वध की कथा के बाद (खण्ड १, अध्याय २००) भरत के गन्धर्वों के विरुद्ध युद्ध का विस्तृत वर्णन किया गया है (अध्याय २०२-२६९)। इसके अन्तर्गत एक

१. उत्तरखण्ड की इस कथा के गौडीय पाठ के लिए दे० जर्नल एसियाटिक सोसाइटी बंगाल, १८४२, पृ० ११२०-२८।

२. दे० आर० सी० हाजरा : पुराणिक रेकाड्‌र्स, पृ० १६६ और एनल्स ओ० इं०, भाग १९, पृ० ७६।

३. दे० आर० सी० हाजरा : स्टडीज इन दि उपपुराण, भाग १, पृ० २१२।

रावणचरित मिलता है, जिसमें राम-लक्ष्मण-भरत-शत्रुघ्न क्रमानुसार नारायण-संकर्षण-प्रद्युम्न-अनिरुद्ध के अवतार बताये गये हैं (दे० अध्याय २१२)।

१६५. नृसिंहपुराण (४००-५०० ई०)[१] में छह अध्याय मिलते हैं; जिनमें **वाल्मीकि रामायण** के प्रथम छह काण्डों की कथा किंचित् परिवर्तन सहित संक्षेप में दी गयी है (अध्याय ४७-५२)। अवतारवाद को अधिक महत्त्व दिये जाने के कारण राम नारायण के पूर्णावतार तथा लक्ष्मण शेष के अवतार बताये गये हैं। अहल्या अपने पति के शाप से 'पाषाणभूता' कही गयी है। सीता के स्वयंवर के बाद अन्य क्षत्रिय राजाओं के राम पर आक्रमण का वर्णन किया गया है। सीताहरण का ऐसा रूप प्रस्तुत किया गया है, जिसमें रावण सीता का स्पर्श नहीं करता (दे० आगे अनु० ५०२)। रावण-वध के पश्चात् राम के यज्ञों का तथा उनके स्वर्गारोहण का उल्लेख किया गया है। सीता-त्याग का कोई भी निर्देश नहीं मिलता है। रावणवंश का वर्णन वृत्तान्त के आरम्भ में दिया गया है (अध्याय ४७)।

१६६. वह्निपुराण की सं० १६४६ की एक हस्तलिपि लन्दन में सुरक्षित है।[२] इसमें एक अत्यन्त विस्तृत रामकथा मिलती है, जिसमें बालकाण्ड से लेकर युद्धकाण्ड तक समस्त रामायण की कथावस्तु का वर्णन दिया गया है। प्रारम्भ में रामावतार और सीताहरण के कारण (भृगु और पृथ्वी का शाप) तथा रावण-कुम्भकर्ण की जन्म-कथा (मधु-कैटभ, हिरण्यकशिपु-हिरण्याक्ष) का उल्लेख किया गया है। 'पाषाणभूता' अहल्या का (पृ० १८२ अ) तथा हनुमान् के मूषिका-रूप में लंका प्रवेश का भी उल्लेख मिलता है। शेष कथा (पृ० २६६ अ) में किसी मौलिकता का नाम भी नहीं है।

१६७. शैव स्कन्दपुराण को छोड़कर उपर्युक्त पुराणों तथा उपपुराणों में जो रामकथा मिलती है, उस पर साम्प्रदायिकता का प्रभाव कम पड़ा है। अन्य शैव तथा शाक्त उपपुराणों में इस साम्प्रदायिकता की गहरी छाप स्पष्ट है। राम शिव अथवा देवी भक्त के रूप में दिखायी पड़ते हैं तथा शिव अथवा देवी के प्रसाद से रावण पर विजय प्राप्त करने में समर्थ माने जाते हैं।

वेंकटेश्वर प्रेस द्वारा प्रकाशित **शिवमहापुराण** की रुद्र संहिता (१४वीं श०)[३] में रामकथा-सम्बन्धी निम्नलिखित सामग्री मिलती है।

सृष्टिखण्ड— नारद-मोह की कथा (अध्याय ३-४)।

सतीखण्ड— सती द्वारा राम की परीक्षा तथा राम का सती से कहना कि शंकर की आज्ञा से मैंने अवतार लिया है (अध्याय २४-२६)।

युद्धखण्ड— वृन्दा-शाप की कथा (अध्याय २३)।

इसके अतिरिक्त **शतरुद्रसंहिता** (१४वीं श० ई०) में शिव के वीर्य से हनुमान् के जन्म की कथा (अध्याय २०) भी दी गयी है तथा **उमासंहिता** में राम द्वारा शिवपूजा तथा उनसे वरप्राप्ति का वर्णन मिलता है (अध्याय ३)।

गणपति कृष्णजी प्रेस के **शिवपुराण** के संस्करण में, धर्मसंहिता के अन्तर्गत एक संक्षिप्त रामकथा उद्धृत की गयी है (अध्याय १३-१४), तथा ज्ञानसंहिता के अन्तर्गत वनवास के समय

---

१. आर० सी० हाजरा : वही, भाग १, पृ० २४२।

२. इण्डिया ऑफिस लाइब्रेरी कैटलॉग, पृ० १२९४। डॉ० हाजरा के अनुसार यह प्रामाणिक आग्नेयपुराण है, जिसका वर्तमान वैष्णव रूप पाँचवीं श० ई० का है। दे० ज० ऑ० इं०, भाग ५, पृ० ४११-१६।

३. दे० ऑवर हेरिटेज (कलकत्ता), भाग १, पृ० ६५। शिवपुराण-सम्बन्धी डॉ० हाजरा का निबन्ध।

सीता द्वारा दशरथ के लिए पिण्डदान का वर्णन किया गया है (अध्याय ३०) और सागर को पार करने के लिए राम द्वारा शिव से सहायता की प्रार्थना का उल्लेख है (अध्याय ५७)।

१६८. श्रीमद्देवीभागवतपुराण[१] के नवरात्रमाहात्म्य की रामकथा के अनुसार राम ने शूर्पणखा को विरूप किया था। शेष कथा रामायणीय कथा से बहुत कुछ मिलती-जुलती है। अन्तर यह है कि सीताहरण के बाद नारद की शिक्षा के अनुसार राम रावण पर विजय प्राप्त करने के उद्देश्य से नवरात्रोपवास करते हैं। इसके अन्त में 'सिंहारूढ़ा देवी भगवती' राम को दर्शन देकर रावण पर विजय का आश्वासन देती हैं। अनन्तर राम विजया-पूजा करके वानर-सेना सहित समुद्र की ओर प्रस्थान करते हैं (दे० स्कन्ध ३, अध्याय २८-३०)। इस पुराण के नवें स्कन्ध में वेदवती-वृत्तान्त तथा छाया-सीता की कथा (अध्याय १६) तथा समस्त रामकथा का संक्षेप (अध्याय २५, १०-२१) भी मिलता है।

१६९. डॉ० राजेन्द्र हाजरा के अनुसार[२] **महाभागवतपुराण** (गुजराती प्रिंटिंग प्रेस, बम्बई १९१३) की रचना दसवीं-ग्यारहवीं शताब्दी के लगभग पूर्व बंगाल अथवा पश्चिम कामरूप में हुई थी। इसमें एक रामोपाख्यान मिलता है (अध्याय ३७-४९), जिसकी कथावस्तु वाल्मीकीय रामकथा से बहुत भिन्न नहीं है। इसकी निम्नलिखित विशेषताएँ हैं। विभीषण धर्मदेव के अवतार हैं। जब देवता रावण-वध करने के लिए विष्णु से अवतार लेने की प्रार्थना करते हैं, विष्णु उनसे कहते हैं कि जब तक देवी लंका में निवास करती हैं, मैं रावण को पराजित नहीं कर सकता। अनन्तर सब मिलकर कैलास पर देवी के पास जाते हैं। देवी सीताहरण के कारण लंका को छोड़ देने की प्रतिज्ञा करती हैं तथा शिव हनुमान् का रूप धारण कर राम की सहायता करने का वचन देते हैं। युद्ध के वर्णन में राम के देवी से प्रार्थना करने का अनेक स्थलों पर उल्लेख है; अन्त में राम देवी से अमोघ शस्त्र ग्रहण कर रावण को मारने में समर्थ होते हैं (दे० अध्याय ४७, ६६)। ब्रह्मा भी राम की विजय के लिए देवी की मृण्मयी मूर्ति बनाकर उनकी पूजा करते हैं। इस वृत्तान्त में सीता मन्दोदरी के गर्भ से उत्पन्न मानी गयी हैं (दे० अध्याय ४२, ६४)। इस पुराण में अन्यत्र मायासीता के हरण तथा नारद-शाप, दोनों का उल्लेख हुआ है (दे० अध्याय ११, १०७-११२)।

१७०. बृहद्धर्मपुराण (१३वीं श० ई०)[३] की रामकथा महाभागवत (देवी) पुराण से बहुत भिन्न नहीं है। इसमें महाभागवतपुराण की उपर्युक्त विशेषताओं के अतिरिक्त सीताहरण का वृत्तान्त नृसिंहपुराण की कथा से मिलता-जुलता है, तथा हनुमान् विडाल का रूप धारण करके लंका में प्रवेश करते हैं (दे० पूर्वखण्ड, अध्याय १८-२२)। रामकथा के वर्णन के पश्चात् रामायणोत्पत्ति का वृत्तान्त दिया गया है, जिसमें श्लोकोत्पत्ति आदि के बाद रामायण के उत्कर्ष-वर्णन के प्रसंग में रामायण के महाभारत तथा पुराणों का बीज होने का उल्लेख किया गया है (दे० पूर्वखण्ड, अध्याय २५-३०)। मध्यखण्ड (अध्याय ११) में वाल्मीकि को विष्णु का अवतार माना गया है।

१७१. सौरपुराण (९५०-१०५० ई०)[४] में पौलत्स्य-सन्तति (अध्याय ३०, १४-१९) तथा सूर्यवंश (अध्याय ३०, ४८-६९) का किंचित् वर्णन किया गया है। इसके अन्तर्गत की रामकथा

---

१. रचनाकाल ११वीं अथवा १२वीं शताब्दी ई०। दे० ज० ऑ०रि०, भाग २१, पृ० ६८।

२. दे० इं० हि० क्वा०, भाग २८ (१९५२), पृ० १७-२८।

३. आर० सी० हाजरा : स्टडीज इन दि उपपुराण्स, भाग २, पृ० ३९६। इस रचना के अनुसार सन्दर्भ दिये गये हैं।

४. आर० सी० हाजरा : न्यू इण्डियन एण्टिक्वेरी, भाग ६, ११२०।

में राम को 'महादेवपरायण' कहा गया है तथा शंकर के प्रसादस्वरूप राम के अपना पद प्राप्त करने का उल्लेख किया गया है। जनक ने गौरी को सन्तुष्ट करके सीता को (जो पार्वती के अंश से उत्पन्न हुई हैं) प्राप्त किया था, ऐसा कथन भी मिलता है।

१७२. कालिकापुराण (दसवीं-ग्यारहवीं श० ई०)। डॉ० हाजरा[१] ने इस पुराण के वेंकटेश्वर संस्करण के आधार पर इसकी कथावस्तु का विश्लेषण किया है। रामकथा-विषयक सामग्री निम्नलिखित है—सीता की जन्मकथा (अध्याय ३८; दे० आगे अनु० ४०९); हनुमान् की एक जन्मकथा से मिलती-जुलती सामग्री (अध्याय ४८-५३; दे० आगे अनु० ६४७); राम की विजय के लिए ब्रह्मा द्वारा दुर्गा की पूजा (अध्याय ६२, २०-३८)।

१७३. दो अपेक्षाकृत अर्वाचीन पुराणों में रामकथा-विषयक किंचित् सामग्री मिलती है। **आदिपुराण**[२] का वर्ण्य-विषय वसुदेव-विवाह से लेकर यमलार्जुन-वृत्तान्त तक कृष्ण-चरित है। 'नन्ददृष्ट स्वप्न वर्णन' नामक १६वें अध्याय में कृष्ण-जन्म के पश्चात् नन्द के एक स्वप्न का विवरण है, जिसमें एक संक्षिप्त रामकथा के अतिरिक्त इसका भी उल्लेख किया गया है कि नन्द ने पूर्व-जन्म में भक्तिपूर्वक भगवान् से प्रार्थना की थी, जिसके फलस्वरूप रामावतार में तथा अब कृष्णावतार में उनको भगवान् के पिता हो जाने का वरदान प्राप्त हुआ था। आदिपुराण का रामचरित वाल्मीकीय रामकथा के अनुरूप है; इसकी एक विशेषता यह है कि कनकमृग को देखकर राम स्वयं कहते हैं कि यह अवश्य ही कोई मायावी राक्षस है।

कल्किपुराण[३] की संक्षिप्त रामकथा (अंश ३, ३, २६-५८) की विशेषता है कि इसमें राम-सीता के पूर्वानुराग की झलक मिलती है (दे० आगे अनु० ४०३)। एक अन्य स्थल पर इसका उल्लेख है कि सीता ने अशोकवन में रुक्मिणीव्रत किया था, जिसके फलस्वरूप वह राम से पुन: मिल सकीं (दे० ३, १७, ४०)।

ग—साम्प्रदायिक रामायण

योगवासिष्ठ

१७४. योगवासिष्ठ रामायण वास्तव में साम्प्रदायिक रामायण नहीं है, लेकिन इसका उल्लेख यहाँ अन्य साम्प्रदायिक रामायणों के साथ अधिक सुविधाजनक है। एम० विंटरनित्स तथा एस० एन० दासगुप्त **योगवासिष्ठ** को आठवीं शताब्दी ई० का मानते हैं[४] लेकिन डॉ० वी० राघवन के अनुसार उसकी रचना ११०० ई० और १२५० ई० के बीच में हुई थी।[५] इस ग्रन्थ का मुख्य विषय वसिष्ठ-रामचन्द्र-संवाद है, जिसमें वसिष्ठ राम को मोक्ष-प्राप्ति पर एक विस्तृत उपदेश देते हैं। वाल्मीकि ने अरिष्टनेमि को यह संवाद सुनाया था तथा योगवासिष्ठ में अगस्त्य सुतीक्ष्ण की शिक्षा के लिए वाल्मीकि-अरिष्टनेमि-संवाद दुहराते हैं।

---

१. स्टडीज इन दि उपपुराण्स्, भाग २, पृ० १९४।

२. बम्बई से सं० १९८६ में प्रकाशित। रचनाकाल १३वीं तथा १६वीं शताब्दी के बीच। दे० हाजरा, स्टडीज इन दि उपपुराण्स्, पृ० २८८।

३. जीवानन्द विद्यासागर, कलकत्ता, १८९०। दे० डॉ० हाजरा (वही, पृ० ३०८) के अनुसार इसकी रचना १७०० ई० के पूर्व हुई थी।

४. दे० क्रमश: हि० इं० लि० भाग ३, पृ० ४४३ और हि० इं० फ़िलॉसफ़ी भाग २, पृ० २३०।

५. दे० जर्नल ऑव ओरियण्टल रिसर्च, भाग १३, पृ० १००-१२८। शिवप्रसाद भट्टाचार्य इसे अभिनन्दन (१०वीं श० ई०) की रचना मानते हैं। दे० इं० हि० क्वा०, भाग २४, पृ० २०१-१२।

इसके प्रारम्भ में रामावतार के चार कारण बताये जाते हैं—सनत्कुमार, भृगु, वृन्दा तथा देवशर्मा ब्राह्मण के शाप (दे० वैराग्य प्रकरण, सर्ग १, ६०)। तब राम के जीवनमुक्त होने, विद्याभ्यास करने तथा उनकी तीर्थ-यात्रा का वर्णन है (सर्ग ३)। अनन्तर राम के सोलह वर्ष की अवस्था में विरक्त हो जाने की कथा दी गयी है (सर्ग ५)। विश्वामित्र के कहने पर वसिष्ठ ने एक विस्तृत उपदेश दिया, जिसके फलस्वरूप राम निर्लिप्त होकर अपने कर्त्तव्य के पालन के लिए तत्पर हुए।

अन्तिम प्रकरण में काकभुशुण्डी के जन्म तथा उसके सुमेरु पर निवास की कथा दी गयी है। इस कथा में राम तथा भुशुण्डी का कोई विशेष सम्बन्ध नहीं सूचित किया गया है (दे० निर्वाण प्रकरण, पूर्वार्ध, सर्ग १४-२४)। आगे चलकर समस्त रामकथा का सिंहावलोकन भी किया गया है। (दे० निर्वाण प्रकरण, पूर्वार्ध, सर्ग १२८,६८-७३)।

अध्यात्म रामायण

१७५. साम्प्रदायिक रामायणों में **अध्यात्म रामायण** निर्विवाद रूप से सबसे महत्त्वपूर्ण है। इसके रचनाकाल तथा रचयिता के विषय में खोज की अपेक्षा है। इस ग्रन्थ की रामानन्द सम्प्रदाय में बहुत प्रतिष्ठा है और इसका प्रभाव आनन्द रामायण, रामचरितमानस तथा एकनाथ के मराठी रामायण आदि पर प्रत्यक्ष है। एकनाथ ने (१६वीं श० ई०) अध्यात्म रामायण को एक आधुनिक रचना कहा है। अत: इसकी प्राचीनता में बहुत सन्देह है।[१] सबसे अधिक सम्भव यह है कि इसकी रचना १४वीं अथवा १५वीं शताब्दी में हुई थी। रामानन्द को भी इसके रचयिता सिद्ध करने का प्रयत्न किया गया है।[२] अध्यात्म रामायण में रामानुज द्वारा प्रतिपादित समुच्चयवाद का स्पष्ट शब्दों में विरोध किया गया है और विशिष्टाद्वैत का कहीं भी समर्थन नहीं हुआ। अत: ऐसा प्रतीत होता है कि इसकी रचना श्री सम्प्रदाय तथा रामावत सम्प्रदाय से अलग रहते हुए किसी स्वतंत्र दार्शनिक कवि द्वारा हुई थी।

रामभक्ति के विकास में इस ग्रन्थ का अधिक महत्त्व है; रामकथा के विकास में इसका स्थान अपेक्षाकृत गौण है। इसका मुख्य उद्देश्य है वेदान्त दर्शन के आधार पर रामभक्ति का प्रतिपादन। प्रस्तुत निबन्ध के दृष्टिकोण से इसकी निम्नलिखित विशेषताएँ उल्लेखनीय हैं—

— समस्त रचना पार्वती-शंकर-संवाद के रूप में दी गयी है। नारद ने ब्रह्मा से इस संवाद को सुना था।

— अवतारवाद की व्यापकता : राम, सीता तथा लक्ष्मण के परब्रह्म, मूल-प्रकृति (योगमाया) तथा शेष के अवतार होने का निरन्तर उल्लेख किया गया है। विश्वामित्र, वसिष्ठ, जनक, कौशल्या, कुम्भकर्ण, रावण आदि रामावतार के रहस्य से परिचित हैं।

— बालकाण्ड में भागवत का अनुकरण (दे० राम का कौशल्या को अपना विष्णु रूप दिखलाना तथा राम की बाल-लीला, सर्ग ३)।

— अहल्योद्धार के अनन्तर केवट का वृत्तान्त, जिसे तुलसीदास ने अयोध्याकाण्ड में रखा है (दे० १, ६)।

---

१. दे० कलकत्ता संस्कृत सीरीज, भाग ११, भूमिका।

२. दे० दि आथरशिप ऑव दि अध्यात्म रामायण, जर्नल गंगानाथ झा रिसर्च इंस्टिट्यूट, भाग १, पृ० २१५-३९।

— युवराज-अभिषेक के पूर्व राम-नारद-संवाद (दे० २, १) तथा मन्थरा में सरस्वती का प्रवेश (दे० २, २)।
— राम-नाम-माहात्म्य दिखलाने के लिए वाल्मीकि का अपनी आत्म-कथा सुनाना (दे० २, ६)।
— मायामयी सीता के हरण का वृत्तान्त (दे० ३, ७)।
— लक्ष्मण का १२ वर्ष तक उपवास करना (दे० ३, ४ तथा ६, ८)।
— राम द्वारा सेतुबन्ध के पूर्व शिवलिंग की स्थापना (६, ४)।
— कालनेमि का वृत्तान्त (६, ६)।
— रावण का शुक्र के परामर्श के अनुसार यज्ञ करना तथा अंगद द्वारा उसका भंग किया जाना (६, १०)।
— रावण के नाभिदेश में स्थित अमृत का उल्लेख (६, ११, ५३)।
— बैकुण्ठ जाने के उद्देश्य से रावण के सीताहरण करने का उल्लेख (७, ४, ९)।

अद्भुत रामायण

१७६. ऐसा प्रतीत होता है कि **अद्भुत रामायण** अथवा अद्भुतोत्तरकाण्ड की रचना अध्यात्म रामायण के कुछ काल बाद हुई।[1] भूमिका में समस्त वृत्तान्त वाल्मीकि-भारद्वाज-संवाद के रूप में प्रस्तुत किया गया है (दे० सर्ग १)। इसकी कथावस्तु तीन भागों में विभाजित की जा सकती है।

(अ) अवतार के कारण (सर्ग २-८)

नारद तथा पर्वत द्वारा विष्णु को दिया हुआ शाप रामावतार का कारण बताया गया है। इस कथा के अनुसार अम्बरीष की पुत्री श्रीमती को भी शाप दिया जाता है। वह जानकी बनकर राक्षस द्वारा चुरायी जायेगी (सर्ग २-४)।

अनन्तर सीता के अवतार के कारण के विषय में एक नयी कथा दी गयी है। इसके अनुसार नारद ने स्वर्ग में अपमानित किये जाने के कारण लक्ष्मी को शाप दिया था, जिसके फलस्वरूप वह मन्दोदरी की पुत्री बन गयी (दे० सर्ग ५-८ तथा आगे अनु० ३७३)।

(आ) वाल्मीकीय रामचरित (सर्ग ९-१६)

इसमें परशुराम के तेजोभंग से लेकर रावण-वध के बाद अयोध्या में प्रत्यागमन तक समस्त रामकथा का संक्षिप्त वर्णन किया गया है। इस रामकथा के अनुसार राम ने परशुराम को तथा सीताहरण के बाद हनुमान् को अपना विष्णुरूप दिखलाया था। इसके अधिकांश सर्गों (११-१५) में राम तथा हनुमान् का भक्ति के विषय में एक विस्तृत संवाद दिया गया है। सेतुबन्ध के प्रसंग में कहा है कि लक्ष्मण ने समुद्र सुखाया तथा राम ने उसे अपने आँसुओं से फिर भर दिया था (दे० आगे अनु० ५७३)

---

१. दे० वी० राघवन : म्युसिक इन दि अद्भुत रामायण, जर्नल म्युसिक एकेडमी, भाग १६, पृ० ६६।
जी० ग्रियर्सन : ऑन दि अद्भुत रामायण, बुलेटिन स्कूल ओरियण्टल स्टडीज भाग ४, पृ० ११।
प्रस्तुत परिचय वेंकटेश्वर प्रेस संस्करण पर निर्भर है।

(इ) सहस्त्रमुखरावण-वध (सर्ग १७-२७)

इस अन्तिम भाग में देवी-माहात्म्य का प्रत्यक्ष अनुकरण किया गया है। देवी का रूप धारण कर सीता द्वारा पुष्कर-निवासी सहस्त्रस्कन्ध रावण का वध इसका वर्ण्य-विषय है। (दे० आगे अनु० ६३९)।

आनन्द रामायण

१७७. आनन्द रामायण[१] की रचना अध्यात्म रामायण के बाद तथा एकनाथ (१६वीं श० ई०) के पूर्व हुई थी। अत: बहुत सम्भव है कि यह १५वीं शताब्दी में लिखा गया हो। इसमें अनेक स्थलों पर अध्यात्म रामायण के उद्धरण[२] मिलते हैं तथा बहुत-सी विचित्र कथाओं को भी स्थान दिया गया है। १२२५२ श्लोकों के इस विस्तृत ग्रन्थ की कथावस्तु का यहाँ अत्यन्त संक्षिप्त निरूपण किया जाता है। इसमें शिव-पार्वती-संवाद का वर्णन है, जिसके अन्तर्गत द्वितीय काण्ड के तृतीय सर्ग से रामदास-विष्णुदास का उपसंवाद मिलता है।

(१) सारकाण्ड (१३ सर्ग)

दशरथ-कौशल्या-विवाह का वृत्तान्त, जिसके अन्तर्गत रावण द्वारा कौशल्याहरण की कथा मिलती है। देव-दानव युद्ध में कैकेयी की वर-प्राप्ति। श्रवण-वध। दशरथ-यज्ञ तथा कैकेयी के पायस का एक काक द्वारा चुराया जाना तथा अंजनीपर्वत पर फेंका जाना (सर्ग १)।

इसके बाद के सर्गों में राम-जन्म से लेकर उत्तरकाण्ड के प्रथम ४० सर्गों तक की समस्त वाल्मीकीय रामकथा का वर्णन। निम्नलिखित वृत्तान्त उल्लेखनीय है :

बाललीला-वर्णन (सर्ग २) तथा अहल्योद्धार के अनन्तर नाविक का वृत्तान्त (सर्ग ३, २४-२८)। दोनों वृत्तान्त अध्यात्म रामायण से लिये गये हैं।

सीता-स्वयंवर में रावण की उपस्थिति (सर्ग ३)।

अग्निजा सीता की जन्म-कथा (सर्ग ३, १८८ आदि)।

वृन्दा-शाप तथा कलहा-धर्मदत्त का कैकेयी-दशरथ के रूप में अवतार (सर्ग ४)।

सीताहरण के बाद सीता का रूप धारण कर उमा का राम की परीक्षा करना (सर्ग ७)।

रावण का शिव से आत्मलिंग तथा पार्वती को प्राप्त करने तथा दोनों को खो बैठने की कथा (सर्ग ९)।

ऐरावण तथा मैरावण का राम-लक्ष्मण को पाताल ले जाना तथा हनुमान् द्वारा उनकी मुक्ति (सर्ग ११)।

सुलोचना की कथा (सर्ग ११, २०५ आदि)।

मुक्ति प्राप्त करने के उद्देश्य से रावण के सीताहरण करने का उल्लेख (सर्ग १३, ११९ आदि)।

(२) यात्राकाण्ड (९ सर्ग)

वाल्मीकि रामायण की उत्पत्ति (दे० १, २-१२ आदि) तथा वाल्मीकि द्वारा शतकोटिश्लोक रामायण की रचना का उल्लेख (सर्ग १-२)।

---

१. दे० गोपाल नारायण (बम्बई) का संस्करण।

२. दे० महाराष्ट्रीय : श्री रामायण समालोचना, भाग २, पृ० ४२५।

इसके बाद आनन्द रामायण की अधिकांश सामग्री नवीन है। इस काण्ड के अन्तर्गत चारों दिशाओं में राम की तीर्थयात्रा का वर्णन मिलता है।

(३) यागकाण्ड (९ सर्ग)

राम के एक अश्वमेध का वर्णन।

(४) विलासकाण्ड (९ सर्ग)

शंकरकृत रघुवीर-स्तव (सर्ग १); सीता का नख-शिख वर्णन, सीतालंकार, जलक्रीड़ा, सीता-राम-दिनचर्या (सर्ग २-६)।

एकपत्नीव्रत रखने के पुरस्कारस्वरूप अगले अवतार में बहुत-सी पत्नियों को प्राप्त करने का राम को आश्वासन (सर्ग ७, १-२८)।

राम का कामपीड़िता देवपत्नियों को कृष्णावतार के समय गोपिकाएँ बनने का आश्वासन देना (सर्ग ७, २९ आदि)।

कृष्णावतार के समय सत्यभामा तथा कुब्जा बन जाने का गुणवती तथा पिंगला को राम द्वारा आश्वासन (सर्ग ८)।

सीता सहित राम की कुरुक्षेत्र-यात्रा (सर्ग ९)।

(५) जन्मकाण्ड (९ सर्ग)

राम द्वारा सीता-त्याग की कथा (सर्ग १-३, दे० आगे अनु० ७३३)।

कुश-जन्म तथा वाल्मीकि द्वारा लव की सृष्टि (सर्ग ४)।

कुश-लव का राम-सेना से युद्ध करना; सीता की शपथ से पृथ्वी देवी का प्रकट होना तथा राम से भयभीत होकर पृथ्वी का सीता को लौटा देना; उर्मिला, माण्डवी तथा श्रुतकीर्ति के दो-दो पुत्र उत्पन्न होना (सर्ग ६-९)।

(६) विवाहकाण्ड (९ सर्ग)

राम-लक्ष्मण आदि के आठ पुत्रों के भिन्न-भिन्न विवाहों का वर्णन।

(७) राज्यकाण्ड (२४ सर्ग)

राम के राज्यशासन के इस विस्तृत वृत्तान्त में कई विजय-यात्राओं का तथा राजनीति का वर्णन किया गया है। इसकी मुख्य विशेषता यह है कि इस पर कृष्णलीला का गहरा प्रभाव पड़ा है। राम को देखकर स्त्रियाँ प्रायः कामातुर हो जाती हैं और राम उनको कृष्णावतार में उनकी लालसा पूरी करने की प्रतिज्ञा करते हैं (दे० शतनारीवर-प्रदान, सर्ग ४; द्विज-कन्याचतुष्ट्य-वरदान, सर्ग ११; षोडश सहस्र स्त्रियों को वरदान, सर्ग १२; राम-दासी को राम का ताम्बूल-रस खाने के पुरस्कारस्वरूप राधा बन जाने का वरदान, (सर्ग २१)। इसके अतिरिक्त कई स्थलों पर कृष्ण तथा रामोपासकों का विरोध आभासित है (दे० सर्ग ३) तथा रामावतार की श्रेष्ठता का प्रतिपादन किया गया है (सर्ग २०)।

शतस्कन्ध रावण द्वारा राम की पराजय तथा सीता द्वारा उसके वध की कथा में (सर्ग ४, ८८ आदि) तथा चण्डी का रूप धारण कर सीता द्वारा मूलकासुर-वध के वृत्तान्त में शाक्त सम्प्रदाय का प्रभाव स्पष्ट है। सर्ग १४ में वाल्मीकि के पूर्वजन्मों की विस्तृत कथा मिलती है।

(८) मनोहरकाण्ड (१८ सर्ग)

इस काण्ड में रामकथा-सम्बन्धी सामग्री नहीं मिलती। इसके वर्ण्य-विषय रामोपासना-विधि, रामनाममाहात्म्य, चैत्रमहिमा, रामकवच आदि हैं।

(९) पूर्णकाण्ड (९ सर्ग)

इस अन्तिम काण्ड में सोमवंशी राजाओं के आक्रमण तथा युद्ध और अनन्तर उनसे सन्धि के वर्णन के अतिरिक्त कुश के अभिषेक तथा रामादि के वैकुण्ठारोहण की कथा दी गयी है।

तत्त्वसंग्रह रामायण

१७८. तत्त्वसंग्रह रामायण की रचना सम्भवतः १७वीं श० ई० में राम ब्रह्मानन्द द्वारा हुई थी। मेरा निवेदन स्वीकार कर डॉ० राघवन ने इस अत्यन्त विस्तृत रामायण की हस्तलिपि का निरीक्षण किया तथा इसकी कथावस्तु का निरूपण एनल्स ऑव ओरियण्टल रिसर्च (मद्रास १९५३) में प्रकाशित किया। रामकथा के अतिरिक्त इस रचना में रामायण के प्रमुख पात्रों के विषय में प्रचलित कथाओं का संग्रह हुआ है तथा रामकथा के **तत्त्व** (अर्थात् राम के परब्रह्मत्व) पर प्रकाश डाला गया है; अतः इसका नाम **तत्त्वसंग्रह रामायण** रखा गया है। राम ब्रह्मानन्द ने एक **रामायण तत्त्वदर्पण** की भी रचना की है। इसका मुख्य उद्देश्य है राम के परब्रह्मत्व का प्रतिपादन। तत्त्वसंग्रह रामायण की भूमिका में राम को विष्णु के अतिरिक्त निम्नलिखित देवताओं का अवतार माना गया है : (१) शिव; (२) ब्रह्मा; (३) हरि-हर; (४) त्रिमूर्ति; (५) परब्रह्म। बाद में रामायण के गायत्रीस्वरूप का भी स्पष्टीकरण हुआ। इसके बाद पार्वती-संवाद के रूप में समस्त रामकथा का वर्णन किया गया है। इस रचना की एक विशेषता यह है कि इसमें राम की दास्य भक्ति के अतिरिक्त अद्वैत रामोपासना का भी उल्लेख हुआ है। अद्वैत उपासना (दे० ऊपर अनु० १४८) का राममंत्र इस प्रकार है—**रामोऽहम्** (दे० बालकाण्ड, अध्याय १९-२२), कई तीर्थों का महत्त्व सिद्ध करने के उद्देश्य से उनका सम्बन्ध राम के साथ जोड़ा गया है; अर्थात् वाराणसी (२, २०), गया (२, २१), गोदावरी (३, १७), धनुष्कोटि (६, ३५); रंगनाथ (७, १२-१४)।

इस रचना के निम्नलिखित प्रसंग धर्मखण्ड (दे० आगे १८९) पर आधारित हैं : सीता-स्वयंवर में शिव की उपस्थिति; कैकेयी का पश्चात्ताप; सीताहरण (हस्तरेखा दिखलाने के लिए सीता लक्ष्मण द्वारा खींची हुई रेखा का उल्लंघन कर रावण के पास जाती हैं); अशोकवन में रावण-सीता-संवाद के समय हनुमान् का प्रकट होना तथा रावण पर प्रहार करना; मृत्यु द्वारा मायासीता का रूप धारण करना।

तत्त्वसंग्रह रामायण के कुछ अन्य प्रसंग उल्लेखनीय हैं [१] :

— वाल्मीकि की कथा का एक किंचित् परिवर्तित रूप तथा गंगातट पर उनकी तपस्या के फलस्वरूप सीता को अपने आश्रम में शरण देने की वर-प्राप्ति (२, २२-३०; ७, ६)।

---

१. सम्भवतः इनमें से अनेक धर्मखण्ड पर आधारित हैं। दुर्भाग्यवश धर्मखण्ड की पूरी प्रतिलिपि मेरे पास नहीं है।

— सुतीक्ष्ण के आश्रम से विदा लेते समय सीता भूमि देवी से रत्नजटित पादुकाओं का एक जोड़ा ग्रहण करती हैं; उन्हें पहनकर राम पाद-पीड़ा तथा भूख से मुक्त होंगे (३, ६)।
— मायासीता का वृत्तान्त, जिसके अनुसार वास्तविक सीता राम के वक्ष:स्थल में छिप जाती हैं (३, १३)।
— रावण तथा जटायु का युद्ध (दे० आगे ४७०)।
— राम का सुग्रीव को अपना विश्वरूप दिखाना (४, ३)।
— हनुमान् की जन्मकथा, जिसके अनुसार पार्वती उनकी माता मानी जाती हैं (४, १२)।
— सीता द्वारा शतानन रावण का वध (७, १-२)।
— जनक के पूर्वजन्म की कथा (७, ३)।

कालनिर्णय रामायण

१७९. रामायणों का एक ऐसा वर्ग मिलता है, जिसकी विशेषता यह है कि इसमें रामकथा की प्रधान घटनाओं की तिथियाँ दी गयी हैं।

स्कन्दपुराण (दे० ब्राह्मखण्ड के अन्तर्गत धर्मारण्यखण्ड, तीसवाँ अध्याय) तथा पद्मपुराण (दे० पातालखण्ड, छत्तीसवाँ अध्याय) में सम्भवत: इस प्रकार की सबसे प्राचीन रामकथा सुरक्षित है। पद्मपुराण में लोमश ऋषि इस रामचरित के वक्ता माने जाते हैं। अग्निवेश के नाम से इस प्रकार का एक अन्य रामायण प्रचलित है, जिसके अनेक संस्करण मिलते हैं, उदाहरणार्थ :

अग्निवेश-रामायण (वेंकटेश्वर प्रेस, विस्तार : १०५ श्लोक)
समयादर्श-रामायण (लक्ष्मीनारायण प्रेस, विस्तार : १०३ श्लोक)
समयनिरूपण-रामायण (वेंकटेश्वर प्रेस, विस्तार : ४५ श्लोक)

राजेन्द्र मित्र के कैटलॉग में अग्निवेशकृत **रामायणसार** (भाग ७, पृ० ५८) तथा **रामायणरहस्य** व **रामहृदयम्** (भाग ८, पृ० १२५) का उल्लेख किया गया है। इस रचना का विस्तार २७७ श्लोक बताया गया है। तंजौर कैटलॉग में अग्निवेशकृत ५०० श्लोकों के विस्तार के **रामजातकम्** का उल्लेख है (दे० नं० ९४८८)। **अग्निवेश रामायण** में कथा के दृष्टिकोण से कोई विशेषता नहीं है। घटनाओं की तिथियों के अतिरिक्त राम तथा सीता की अवस्था का भी ध्यान रखा गया है। विवाह के समय राम तथा सीता की अवस्था क्रमानुसार १५ तथा ६ वर्ष की थी, वनवास के समय २७ और १८ वर्ष की, राज्याभिषेक के समय ४२ और ३३ वर्ष की।

लोमश तथा अग्निवेशकृत रचनाओं के अतिरिक्त निम्नलिखित कालनिर्णय रामायणों का उल्लेख मिलता है :

अब्द-रामायण (दे० कल्याण का रामायणांक, पृ० ३०४)
व्यासकृत **रामायणतात्पर्यदीपिका** (मद्रास कैटलॉग, आर, १५१८)
रामावतारकालनिर्णयसूचिका (मद्रास कैटलॉग, डी, १९०९)
श्रीनिवासराघवकृत **रामायणसंग्रह** (मद्रास कैटलॉग, आर, २२३४ बी)

गौण रामायण

१८०. अर्वाचीन रामकथा-साहित्य में बहुसंख्यक रामायणों के नामों का उल्लेख मिलता है—**रामायणादेव नाना सन्ति रामायणानि हि** (दे० आनन्द रामायण, मनोहरकाण्ड, सर्ग ८, ६२)। ये नाम सम्भवत: अधिकांश कल्पित हैं और यदि उनकी रचना भी हुई हो तो इसमें बहुत सन्देह नहीं है कि ये ग्रन्थ अपेक्षाकृत अर्वाचीन ही हैं।

इनमें से **भुशुण्डीरामायण** का सबसे अधिक उल्लेख किया जाता है। इसके दो अन्य नाम भी प्रचलित हैं, **मूलरामायण**[१] और **आदिरामायण**। अयोध्या के श्रावण कुंज तथा लक्ष्मण किले में और अन्यत्र भी इसकी हस्तलिपि सुरक्षित होने का आश्वासन दिया जाता है। इनमें चार खण्ड (पूर्व, दक्षिण, पश्चिम तथा उत्तर) बताये जाते हैं, जिसके प्रथम खण्ड में अवतार, बाल-चरित, रास-क्रीड़ा, सीता-स्वयंवर का वर्णन किया गया है। प्रस्तुत लेखक इस रचना का अब तक निरीक्षण न कर सका। डॉ० भगवतीप्रसाद सिंह को इसकी पूरी प्रति मिल गयी है। बड़ौदा के ओरियण्टल इंस्टिट्यूट में इसके तीन खण्डों (दक्षिण, पश्चिम, उत्तर) की अर्वाचीन हस्तलिपियाँ विद्यमान हैं। जयपुर में दो रामायण हैं, जिनके वक्ता भुशुण्डी ही हैं; एक **आदिरामायण** (ब्रह्मा-भुशुण्डी-संवाद), जो बड़ौदा के आदिरामायण तथा डॉ. भगवतीप्रसाद सिंह के **भुशुण्डीरामायण** से अभिन्न प्रतीत होता है और दूसरा **ब्रह्मरामायण** (भुशुण्डी-गरुड़-संवाद), जिसमें भी राम-रासलीला का वर्णन है। इण्डिया ऑफिस से जो **चित्रकूट-माहात्म्य** मुझे मिला है, इसमें इसके **आदिरामायण** का एक अंश होने का उल्लेख किया गया है (दे० इण्डिया ऑफिस कैटलॉग नं० ३७०४)। **चित्रकूट-माहात्म्य** की हस्तलिपि में रचना अथवा लिपि-काल का उल्लेख नहीं है, लेकिन यह मैकेंजी महोदय के संग्रह की है अत: कम-से-कम डेढ़ सौ साल पुरानी है। इसमें भरत-अत्रि-संवाद भुशुण्डी द्वारा शाण्डिल्य को सुनाया जाता है। चित्रकूट तथा उसके आसपास के तीर्थों के वर्णन के अतिरिक्त इसके माहात्म्य का रहस्योद्घाटन भी किया गया है। चित्रकूट के सान्तानक वन में एक सरोवर है, जिसके मध्य में एक रम्य मण्डप बना हुआ है, जहाँ एक वेदिका पर सीता और उनकी सखियों के साथ राम नित्य रास-क्रीड़ा करते हैं (दे० अध्याय ४ और ५)। डॉ० भगवतीप्रसाद अपने 'रामभक्ति में रसिक सम्प्रदाय' में **भुशुण्डीरामायण** के कथानक के विषय में लिखते हैं—"रावण द्वारा भेजे गये राक्षस, बाल्यावस्था में ही राम को समाप्त करने का प्रयत्न करते हैं, किन्तु वे स्वयं मारे जाते हैं। उनके डर से दशरथ राम को गुप्त स्थान पर भेज देते हैं। सरयूपार गोपप्रदेश में गोपेन्द्र सुखित और उनकी स्त्री मांगल्या राम का पालन-पोषण करते हैं। विवाह के पूर्व अयोध्या के प्रमोदवन में देवावतार गोपियों और अपनी पराशक्ति सीता के साथ राम रासलीला करते हैं। मिथिला पहुँचकर एक पक्षी द्वारा वे सीता के पास अपना चित्र भेजते हैं। चित्र-दर्शन से सीता उन्हें प्राप्त करने के लिए उत्कण्ठित होती हैं। दशरथ के अश्वमेध यज्ञ में विजित राजाओं की सहस्त्रों कन्याओं को वे स्वीकार करते हैं। चित्रकूट में गोप-गोपिकाओं के साथ रास-क्रीड़ा का आयोजन होता है। इसी प्रकार की अनेक शृंगारी लीलाओं के वर्णन इसमें आये हैं।... सीता के अतिरिक्त '**सहजा**' सखी का राम की पत्नी के रूप में उल्लेख। सहजा जनकवंशी कन्या कही गयी है।...सीता, ज्ञानपरक भक्ति और सहजा, प्रेमाभक्ति की प्रतीक मानी गयी है।" (दे० पृ० ९७)।

---

१. प्रकाशित मूलरामायण वाल्मीकिकृत रामायण का प्रथम सर्ग मात्र है।

१८१. महारामायण का उल्लेख श्री रामदास गौड़ कृत 'हिन्दुत्व' में किया गया है (दे० आगे अनु० १९२)। इसके पाँच अध्याय (४८-५२) अयोध्या में संवत् १९८५ में छपे हैं। इनका वर्ण्य-विषय इस प्रकार है—रामचरणों की ४८ रेखाओं का वर्णन और उनके समस्त सृष्टि के उत्पत्ति-स्थान होने का उल्लेख (अध्याय ४८); रामोपासकों के संस्कारों का वर्णन, जिनमें से एक धनुर्बाण संस्कार माना गया है (अध्याय ४९); राम के निरक्षरातीत ब्रह्म होने का तथा उनकी सखीभाव से उपासना करने का उल्लेख (अध्याय ५०); सीता की तैंतीस शक्तियों की नामावली तथा उनके कार्य-वर्णन (अध्याय ५१); रामनाम के महत्त्व-वर्णन के प्रसंग में रम् धातु से राम नाम की व्युत्पत्ति का प्रतिपादन तथा राम की रास-क्रीड़ा का उल्लेख (अध्याय ५२)। सम्भव है यह महारामायण भुशुण्डीरामायण से अभिन्न हो।

१८२. मंत्ररामायण (वेंकटेश्वर प्रेस) के प्रारम्भ में रामरक्षास्तोत्र उद्धृत किया गया है किन्तु इसका मुख्य उद्देश्य है रामायण के **वेदमूलत्व** का प्रतिपादन। वेदों में ही रामकथा निहित है, यह विश्वास एक प्रसिद्ध श्लोक द्वारा व्यक्त किया जाता है, जिसे रामायण का पाठ करने के पूर्व भक्तगण उच्चरित करते हैं; इसका आशय यह है कि राम के प्रकट होने के साथ-साथ वेद भी रामायण के रूप में प्रकट हुए :

वेदवेद्ये परे पुंसि जाते दशरथात्मजे।
वेदः प्राचेतसादासीत् साक्षाद्रामायणात्मना॥

मंत्ररामायण में नीलकण्ठ ने वैदिक मंत्रों का एक संग्रह प्रस्तुत किया है जिनका परोक्ष अर्थ रामकथा से सम्बन्ध रखता है। इस प्रकार उन्होंने बालकाण्ड से लेकर, उत्तरकाण्ड तक की समस्त कथा वैदिक मंत्रों में देखने का प्रयास किया है। उदाहरणार्थ वह ऋग्वेद के दसवें मण्डल का ९९वें सूक्त, जिसमें इन्द्र की स्तुति की गयी है, रामकथा का सारांश समझते हैं। इस सूक्त के ऋषि वम्र वाल्मीकि का बोध कराते हैं; इन्द्र राम का; रुद्रगण हनुमान् तथा उनके साथियों का, आदि। मंत्ररामायण का रचयिता अपने समालोचकों को लक्ष्य करते हुए लिखता है—"**नैष स्थाणोरपराधो तदेनमन्धो न पश्यति**" (पृ० २६)।

मंत्ररामायण के प्रथम श्लोक में रामायण के गायत्रीस्वरूप का उल्लेख किया गया है। **गायत्रीरामायण**[1], विद्यारण्यकृत **रामायणरहस्य** (श्री शंकर गुरुकुल पत्रिका, भाग २), **तत्त्वसंग्रहरामायण** (बालकाण्ड, सर्ग ५), गोविन्दराज की भूषण नामक टीका[2] आदि में रामायण के गायत्रीस्वरूप का प्रतिपादन किया गया है। तर्क यह है कि रामायण के २४००० श्लोकों में से प्रत्येक सहस्र के प्रथम श्लोक का पहला अक्षर उद्धृत करने से गायत्री मंत्र बन जाता है—**प्रतिश्लोकसहस्रादौ मंत्रवर्णाः समुद्धृताः** (दे० रामायणरहस्य, ६३)। वास्तव में कोई भी गायत्रीरामायण प्रत्येक सहस्र समूह का प्रथम श्लोक उद्धृत नहीं करता। विद्यारण्य ने वाल्मीकि रामायण के प्रथम सर्ग को भी गायत्रीस्वरूप प्रतिपादित किया है (दे० रामायणरहस्य, ४७-५९)।

१८३. वेदान्त रामायण (लहरी प्रेस, बनारस सं० १९६४) में परशुराम के जन्म तथा चरित्र का वर्णन किया गया है। वाल्मीकि ने राम के सन्देह का निवारण करने के लिए इस कथा को सुनाया था। राम ने पूछा था कि परशुराम ने क्यों क्षत्रियों का नाश किया था और क्षत्रियवंश का लोप क्यों नहीं हुआ।

---

१. के० एस० रामस्वामी शास्त्री अपने 'स्टडीज इन दि रामायण' नामक ग्रन्थ में इस गायत्री-रामायण के दो रूप उद्धृत करते हैं (दे० परिशिष्ट ४)।

२. दे० **गायत्र्याश्च स्वरूपं तद्रामायणमनुत्तमम्** (७, १११, १८)।

१८४. उपर्युक्त प्राप्य रचनाओं के अतिरिक्त संस्कृत हस्तलिपि-सूचीपत्रों में और बहुत से ग्रन्थों का उल्लेख किया गया है। ये अधिकांश १७वीं शताब्दी अथवा इसके बाद की रचनाएँ प्रतीत होती हैं। श्री रामदास गौड़ ने अपने **हिन्दुत्व** नामक ग्रन्थ में बस्ती-निवासी पं० धनराज शास्त्री की दी हुई टिप्पणियों के आधार पर उन्नीस रामायणों की कथावस्तु का संक्षिप्त परिचय दिया है (दे० पृ० १३७ आदि)। प्रस्तुत अध्याय के परिशिष्ट में उन रामायणों के नाम उद्धृत किये जायेंगे।

घ—अन्य धार्मिक साहित्य

जैमिनि-भारत

(अ) जैमिनीय अश्वमेध

१८५. ऐसी अनेक रचनाएँ मिलती हैं, जो **जैमिनि-भारत** का अंश मानी जाती हैं। इस ग्रन्थ की रचना **भागवतपुराण** के बाद तथा १३वीं श० ई० के पूर्व हुई थी, क्योंकि **जैमिनीय अश्वमेध**[1] में भागवतपुराण का उल्लेख किया गया है तथा इसका १३वीं शताब्दी में कन्नड़ भाषा में अनुवाद हुआ था।[2] इसका मुख्य विषय युधिष्ठिर के अश्वमेध का वर्णन है। इसमें कुशलवोपाख्यान (अध्याय २५-३६) भी दिया गया है, जिसकी कथावस्तु इस प्रकार है—धोबी के कथन के फलस्वरूप सीता-त्याग, कुश-लव का जन्म तथा यज्ञाश्व के कारण राम-सेना से युद्ध, अनन्तर राम और सीता का सम्मिलन। यह सुखान्त रामकथा **पद्मपुराण** के पातालखण्ड के वृत्तान्त से बहुत कुछ मिलती-जुलती है (दे० अध्याय ५५-६८)।

(आ) मैरावणचरित (मद्रास मैनुस्क्रिप्ट कैटलॉग, डी २०८२) अथवा **हनुमद्विजय** (वही, डी १२२१५)।

१८६. यह एक स्वतंत्र रचना प्रतीत होती है, फिर भी अध्यायों की पुष्पिका में इसे **जैमिनि-भारत** का एक अंश माना गया है। इसमें मैरावण पर रुद्रांश हनुमान् की विजय का वर्णन अगस्त्य द्वारा राम को सुनाया जाता है। मेघनाद-वध के बाद मैरावण राम तथा लक्ष्मण को पाताल ले जाता है और हनुमान् अपने पुत्र मत्स्यराज की सहायता से मैरावण का वध करके दोनों को छुड़ाते हैं।

(इ) सहस्रमुखरावणचरित्रम् (मद्रास कैटलॉग, डी २०९८)

१८७. यह रचना जैमिनि-भारत के आश्रमवासपर्व का एक अंश मानी जाती है। इसकी कथावस्तु उपर्युक्त अद्भुत रामायण के वृत्तान्त से मिलती-जुलती प्रतीत होती है। रावण पर सीता की विजय के विषय में एकाध और हस्तलिपियों का पता मिला है—**सीताविजय** (वही, आर, ९९४ और आर, १४८) जो **वासिष्ठोत्तर रामायण** का एक भाग माना जाता है और जिसमें सीता का शतस्कन्ध रावण पर विजय का वर्णन किया गया है। इस प्रकार की एक और हस्तलिपि का उल्लेख है, जिसका शीर्षक है **शतमुखरावणचरित्रम्** (वही, आर, ६४७ बी)।

---

१. दे० वेंकटेश्वर प्रेस का संस्करण।

२. दे० एम० विंटरनित्स : वही, पृ० ५८४।

सत्योपाख्यान

१८८. सत्योपाख्यान (वेंकटेश्वर प्रेस) में वाल्मीकि-मार्कण्डेय-संवाद वर्णित है। इसकी कथावस्तु से पता चलता है कि इसकी रचना अध्यात्म रामायण के बहुत बाद हुई थी, जब रामकथा तथा रामभक्ति पर कृष्णलीला का गहरा प्रभाव पड़ने लगा था। संक्षेप में इसका वर्ण्य-विषय इस प्रकार है : राम-लक्ष्मण आदि के विष्णु-शेष-सुदर्शन और शंख के अवतार होने के उल्लेख के बाद (अध्याय १-२) मन्थरा-कैकेयी-संवाद दिया गया है, जिसमें दशरथ-कैकेयी के विवाह की कथा मिलती है (अध्याय ३-९); अनन्तर मन्थरा के पूर्वजन्म की कथा का वर्णन किया गया है, जिसके अनुसार वह दैत्य विरोचन की पुत्री थी और विष्णु की आज्ञा से इन्द्र द्वारा वज्र से मारी गयी थी (अध्याय १०-१५)। पूर्वार्द्ध के शेष अध्यायों (१६-४९) में राम की बाल-लीला का विस्तार से वर्णन किया गया है। इसके निम्नलिखित वृत्तान्त उल्लेखनीय हैं :

— देवताओं का अयोध्या में आगमन तथा दशरथ द्वारा उनका स्वागत (अध्याय १७-२३)।

— काकभुशुण्डी का राम की रोटी (शुष्कलि) चुराना, बाद में उनका राम से क्षमा माँगना, राम में निश्चल भक्ति की प्रार्थना करना तथा उनके द्वारा गरुड़ को रामतत्त्व सिखलाने का उल्लेख (अध्याय २६)।

— रत्नालका और उसके पति का वृत्तान्त, अगले जन्म में उनको नन्द और यशोदा बनने का आश्वासन (अध्याय २९-३०)।

— नवमीमाहात्म्य (अध्याय ३१-३५)।

— राम का गुह से मृगया की शिक्षा पाना (अध्याय ४३)।

उत्तरार्द्ध में सीता-स्वयंवर का वर्णन किया गया है, जिसमें प्रहस्त की उपस्थिति का उल्लेख भी है। राम-सीता-विवाह के बाद उनकी तीर्थयात्रा का उल्लेख हुआ है तथा जलविहार, वनविहार, सीता की मानलीला, होलिकोत्सव आदि का शृंगारात्मक वर्णन किया गया है।

धर्म-खण्ड

१८९. धर्मखण्ड की कई हस्तलिपियाँ मद्रास के राजकीय ओरियण्टल पुस्तकालय में सुरक्षित हैं। यह रचना स्कन्दपुराण का एक अंश मानी जाती है तथा तत्त्व-संग्रह रामायण (दे० ऊपर अनु० १७८) के मुख्य आधार ग्रन्थों में से एक है। इसका रचनाकाल १५वीं-१६वीं शताब्दी प्रतीत होता है। यह एक शैव ग्रन्थ है; अत: इसकी रामकथा में शिव को विशेष रूप से महत्त्व दिया गया है। वह पार्वती के साथ सीता-स्वयंवर में उपस्थित होकर राम को धनुष तोड़ने का आदेश देते हैं। इस रचना के कई स्थलों पर शिव और राम की अभिन्नता का भी प्रतिपादन किया गया है। राम के वनवास के लिए प्रस्थान करने के पश्चात् शिव ब्राह्मण का रूप धारण कर उनसे मिलते हैं; संवाद में राम सुस्पष्ट शब्दों में अपने तथा शिव का अभेद व्यक्त करते हैं—"शिवं मां प्रतिजानीहि नावयरोरन्तरं द्विज" (अध्याय ३८)। अन्यत्र कहा गया है कि राम ने हनुमान् को भेजते समय उनसे कहा—'तुम शिव के अवतार हो; मैं स्वयं शिव हूँ' (अध्याय ९८)। धर्मखण्ड की रामकथा की अन्य निम्नलिखित विशेषताएँ उल्लेखनीय हैं :

— कैकेयी का पश्चात्ताप (अध्याय ३८)।

— सीताहरण का वृत्तान्त (अध्याय ८१)।

— अशोकवन में रावण-सीता-संवाद के समय हनुमान् का प्रकट होना तथा रावण को भगा देना (अध्याय १०५)।

— मृत्यु द्वारा मायामयी सीता का रूप धारण करना (अध्याय १३०)।

इन प्रसंगों का निरूपण आवश्यकतानुसार प्रबन्ध के चतुर्थ भाग में किया जायेगा।

हनुमत्संहिता

१९०. हनुमत्संहिता की संवत् १७१५ की एक हस्तलिपि का उल्लेख राजेन्द्रलाल मित्र के कैटलॉग में किया गया है (दे० भाग ७, पृ० २५०)। इस रचना का **महारासोत्सव** के नाम से प्रकाशन भी हुआ है (लखनऊ, सन् १९०४)।

इसमें हनुमान्-अगस्त्य-संवाद के रूप में सरयू-तट पर राम की रासलीला तथा जलविहार का वर्णन किया गया है। विशेषता यह है कि सीता अपने शरीर से १८१०८ नारियों की सृष्टि करती हैं तथा इनके साथ रास करने के लिए राम, कृष्ण की भाँति, इतने ही रूप धारण कर लेते हैं। इसका विस्तार ३६० श्लोक का है।

रामकथा पर कृष्णलीला का यह प्रभाव अपेक्षाकृत अर्वाचीन है। फिर भी, **हनुमत्संहिता** की सं० १७१५ की इस हस्तलिपि से पता चलता है कि गोस्वामी तुलसीदास के जीवनकाल में ही इसका सूत्रपात अवश्य हुआ था।

बृहत्कोशल खण्ड

१९१. राजेन्द्रलाल मित्र ने बृहत्कोशल की एक हस्तलिपि (लिपि-काल सं० १७१४) का विवरण दिया है (दे० वही, भाग ७, पृ० ५२), जिसे उन्होंने बेतिया (चम्पारण) में देखा है और उसका विस्तार ३०७२ श्लोकों का बताया है। सं० २००१ में लाहौर के श्री रोशनलाल अग्रवाल ने हिन्दी टीका सहित इसकी १८० प्रतियाँ छपवायीं। यह हिन्दी 'रसवर्द्धिनी' टीका श्री रामवल्लभाशरण महाराज की लिखी हुई है।

वेदव्यासकृत बृहत्कोशलखण्ड **ब्रह्मरामायण**[१] का अंश माना जाता है और इसके पन्द्रह अध्यायों का कथानक तीन भागों में विभक्त किया जा सकता है :

(१) विवाह के पूर्व राम की लीला (अध्याय १-५)

प्रारम्भ में यज्ञोपवीत-संस्कार तथा विद्याभ्यास के पश्चात् **सखारास** का वर्णन किया गया है। राम के सखा (जिनमें रुद्र भी शामिल हैं) स्त्री का रूप धारण कर राम के साथ रासलीला का आयोजन करते हैं (अध्याय १)। अनन्तर गोपिकाओं, देवकन्याओं तथा राजकन्याओं के साथ रास का वर्णन किया गया है। किसी अवसर पर राम को देखकर गोपियों का मन आकर्षित हुआ और वे उनको पतिस्वरूप प्राप्त करने के उद्देश्य से तप तथा पार्वती की पूजा करने लगीं। पिता की आज्ञा लेकर राम शिकार करने के बहाने यमुना-तट पर पहुँचते हैं। शिव की आज्ञा से निकुम्भ आँधी उत्पन्न करता है, जिससे गोधन भाग जाता है तथा गोप उसका पीछा करते-करते चले जाते हैं। इतने में राम गोपियों के पास पहुँचकर उनके साथ वसन्तोत्सव मनाते हैं तथा रासलीला भी करते हैं। इसमें लक्ष्मी, सरस्वती, उमा आदि मालिन का रूप

१. जयपुरवाले ब्रह्मरामायण में भुशुण्डी-गरुड़-संवाद है। यहाँ पर केवल सूत-शौनक-संवाद का उल्लेख है।

धारण कर भाग लेती हैं। अन्त में गोपियों को विदा कर राम अपने सखाओं को योगनिद्रा से जगाकर अयोध्या लौटते हैं (अध्याय २)। अगले अध्याय में दशरथ राम को दही का कर वसूल करने के लिए गोपों के यहाँ भेज देते हैं, जो राम को अपनी पुत्रियाँ समर्पित करते हैं। राम सबसे विवाह कर उनको अयोध्या ले आते हैं। अनन्तर सान्तानिक वन की लताओं से **देवकन्याएँ** प्रकट होकर राम के साथ विविध विलास करती हैं तथा अन्त में उनकी रासलीला का भी विधान होता है (अध्याय ३)। अब देवता अयोध्या पहुँचकर राम से निवेदन करते हैं कि वह उनकी कन्याओं को भी विवाह में ग्रहण करें। इसके बाद दशरथ राम को शम्बरासुर का वध करने के लिए भेज देते हैं। राम उसका वैजयन्त नामक पुर घेरकर उसके पुत्र का वध करते हैं तथा शम्बरासुर द्वारा हरण की हुई राज, गन्धर्व, किन्नर, यक्ष आदि कन्याओं को मुक्त कर सबको अयोध्या ले आते हैं तथा उनके साथ भी रासक्रीड़ा करते हैं (अध्याय ४-५)।

(२) राम-सीता का विवाह (अध्याय ६-७)

एक तपस्विनी से राम के कार्यों का वर्णन सुनकर अष्टवर्षीय सीता विरह से व्याकुल होने लगती हैं। महेश्वर जनक को स्वप्न में दिखायी पड़ते हैं तथा परामर्श देते हैं कि स्वयंवर का आयोजन किया जाये—जो उनका धनुष चढ़ाने में समर्थ हो, वही सीता का पति बनने योग्य है। बहुत-से राजा असफल होकर जनक से युद्ध करते हैं; किन्तु पराजय के बाद वे अपनी पुत्रियों को जानकी की सखी बनने के लिए मिथिला में ले आते हैं। सीता राम का रूप धारण कर अपनी सखियों के साथ रासलीला करती हैं (अध्याय ६)। नारद राम के पास जाकर सीता के वियोग का वर्णन करते हैं तथा उनके स्वयंवर का समाचार सुनाकर चले जाते हैं। शिव की प्रेरणा से विश्वामित्र राम तथा लक्ष्मण को मिथिला ले जाते हैं, जहाँ राम धनुष तोड़कर सीता तथा कन्यादान प्राप्त करते हैं (भरत, लक्ष्मण तथा शत्रुघ्न का विवाह भी उल्लिखित है)।

(३) विवाह के पश्चात् राम की लीला (अध्याय ८-१५)

विवाह के बाद राम सीता तथा असंख्य कन्याओं के साथ विश्वकर्मा-निर्मित प्रासाद में निवास करते हैं, समय-समय पर विविध उत्सव मनाते हैं और वन में जाकर रासलीला करते हैं। इन सब रासलीलाओं का विवरण यहाँ अनावश्यक है; क्रम इस प्रकार है—गोपकन्या, देवकन्या, गन्धर्वकन्या, किन्नरसुता, विद्याधरकन्या, सिद्धकुमारी, राजकन्या, साध्यसुता, गुह्यक देवकन्या, यक्षकन्या, नागकन्या-रास। राम-रासलीला के वर्णन में कृष्ण की रासलीला का स्पष्ट अनुकरण किया गया है—उदाहरणार्थ, राम का बहुत-से रूप धारण करना, अन्तर्धान हो जाना, सीता की मानलीला आदि। अन्तिम अध्याय में नगर की वधुएँ भी आकर राम के होलिकोत्सव में भाग लेती हैं; दशरथ एक दूती द्वारा समझाते हैं कि पुरांगनाओं के साथ विहार करना अनुचित है और राम उनको उनके घर भेज देते हैं। इस रचना में राम की श्रृंगार-चेष्टाओं का खुला वर्णन किया गया है। अतः इस बात पर बल दिया जाता है कि सबों को यह रामलीला नहीं सुनानी चाहिए—**लीलेयं नहि लोकसंग्रहपरा गुप्तेति** (अध्याय १५, १८९)।

परिशिष्ट

'हिन्दुत्व' में उल्लिखित रामायण[1]

१९२. महारामायण

शंकर-पार्वती संवाद
विस्तार—३,५०,००० श्लोक
विशेषता—कनकभवन-विहारी राम की ९९ रासलीलाओं का वर्णन।

१९३. संवृत रामायण

नारद-कृत
विस्तार—२४,००० श्लोक
विशेषता— स्वायंभुव-शतरूपा की तपस्या तथा दशरथ-कौशल्या के रूप में उनका आविर्भाव।

१९४. लोमश रामायण

लोमश ऋषि-कृत[2]
विस्तार—३२,००० श्लोक
विशेषता— राजा कुमुद और वीरमती के दशरथ और कौशल्या के रूप में जन्म लेने की कथा। जालंधर शाप के फलस्वरूप रामावतार।

---

१. दे० ऊपर अनु० १८४।

२. ध्यान देने योग्य है कि लोमश ऋषि का उल्लेख रामकथा के वक्ता के रूप में अन्यत्र भी मिलता है। महाभारत में जो प्रक्षिप्त परशुराम-तेजोभंग का वर्णन पाया जाता है (दे० आगे अनु० ३५१), उसके वक्ता लोमश ही हैं। पद्मपुराण के पातालखण्ड में आरण्यक का कहना है कि मैंने लोमश से रामकथा सुनी थी (दे० अध्याय ३६)। रामचरितमानस में भी भुशुण्डी कहते हैं कि मुझे यह कथा लोमश ऋषि से मिली थी (दे० उत्तरकाण्ड, ११३)। रसिक सम्प्रदाय में एक **लोमश संहिता** प्रचलित है, जिसमें मुनि पिप्पलाद-लोमश का संवाद है (दे० रामभक्ति साहित्य में मधुर उपासना, १० १४८)। **सत्योपाख्यान** में लोमश द्वारा अयोध्यावासियों को मन्थरा की कथा सुनाने का उल्लेख है (दे० भाग १, अध्याय १०)।

१९५. अगस्त्य रामायण

अगत्स्य-कृत

विस्तार—१६,००० श्लोक।

विशेषता— भानुप्रताप-अरिमर्दन की कथा तथा राजा कुन्तल और सिन्धुमती के **दशरथ** और कौशल्या के रूप में जन्म लेने का वृत्तान्त।

१९६. मंजुल रामायण

सुतीक्ष्ण-कृत

विस्तार—१,२०,००० श्लोक

विशेषता— भानुप्रताप-अरिमर्दन की कथा तथा शबरी के प्रति राम द्वारा नवधा-भक्ति-विवरण।

१९७. सौपद्म रामायण

अत्रि ऋषि-कृत

विस्तार—६२,००० श्लोक

विशेषता—वाटिकाप्रसंग।

१९८. रामायण महामाला

शिव-पार्वती-संवाद

विस्तार—५६,००० श्लोक

विशेषता—भुशुण्डी द्वारा गरुड़-विमोह-निवारण।

१९९. सौहार्द रामायण

शरभंग ऋषि-कृत

विस्तार—४०,००० श्लोक

विशेषता—राम-लक्ष्मण के वानरी भाषा समझने और बोलने का उल्लेख।

२००. रामायण मणिरत्न

वसिष्ठ-अरुन्धती-संवाद

विस्तार—३६,००० श्लोक

विशेषता—मिथिला तथा अयोध्या में राम का वसन्तोत्सव आदि मनाना।

२०१. सौर्य-रामायण

हनुमान्-सूर्य-संवाद

विस्तार—६२,००० श्लोक

विशेषता— शुक-चरित्र तथा शुक का रजक बन जाना और इसके कारण सीता-त्याग होना।

२०२. चान्द्र-रामायण

हनुमान्-चन्द्रमा-संवाद
विस्तार—७५,००० श्लोक
विशेषता—केवट की पूर्व-जन्म-कथा।

२०३. मैन्द-रामायण

मैन्द-कौरव-संवाद
विस्तार—५२,००० श्लोक
विशेषता—वाटिका प्रसंग

२०४. स्वायंभुव-रामायण

ब्रह्मा-नारद-संवाद
विस्तार—१८,००० श्लोक
विशेषता—मन्दोदरी के गर्भ से सीता का जन्म।

२०५. सुब्रह्म-रामायण

विस्तार—३२,००० श्लोक।

२०६. सुवर्चस-रामायण

सुग्रीव-तारा-संवाद
विस्तार—१५,००० श्लोक
विशेषता— सुलोचना की कथा। धोबी-धोबिन का संवाद तथा रावण के चित्र के कारण शान्ता की चुगली। शान्ता के प्रति सीता का शाप तथा उसको पक्षी-योनि की प्राप्ति। महारावण-वध।

२०७. देव-रामायण

इन्द्र-जयन्त-संवाद
विस्तार—१,००,००० श्लोक।

२०८. श्रवण-रामायण

इन्द्र-जनक-संवाद
विस्तार—१,२५,००० श्लोक।
विशेषता— मन्थरा की उत्पत्ति। चित्रकूट में भरत की यात्रा के समय जनक का आगमन।

२०९. दुरंत रामायण

वसिष्ठ-जनक-संवाद

विस्तार—६१,००० श्लोक
विशेषता—भरत की महिमा का वर्णन

२१०. रामायण-चम्पू

शिव-नारद-संवाद
विस्तार—१५,००० श्लोक
विशेषता—शीलनिधि राजा के यहाँ स्वयंवर।

अध्याय-११

संस्कृत ललित साहित्य में रामकथा

२११. प्रचलित वाल्मीकीय रामायण में आदिकाव्य के विषय में कहा गया है कि यह कवियों का आधार सिद्ध होगा (**परं कवीनामाधारम्**, दे० बालकाण्ड, सर्ग ४, श्लोक २७)। **बृहद्धर्मपुराण** में भी **रामायण** समस्त काव्यों, इतिहास, पुराण आदि का मूल स्रोत माना गया है :

रामायणं महाकाव्यमादौ वाल्मीकिना कृतम्।
तन्मूलं सर्वकाव्यानामितिहासपुराणयोः॥ २८॥
संहितानां च सर्वासां मूलं रामायणं मतम्।
तदेवादर्शमाराध्य वेदव्यासो हरे कला॥ २९॥
चक्रे महाभारताख्यातमितिहासं पुरातनम्।

(पूर्वभाग—अध्याय २५)

बृहद्धर्मपुराण के इस अध्याय में रामायणोत्पत्ति का भी विस्तृत वर्णन किया गया है। विधि ने सरस्वती को कविताशक्ति बनने का वरदान दिया था (**भव त्वं कविताशक्तिः कवीनां वदनेषु ह**; दे० श्लोक ४६)। सरस्वती ने क्रौंच के विलाप से शोकाकुल वाल्मीकि को देखकर उनके मुख में प्रवेश किया, जिसके फलस्वरूप वाल्मीकि ने श्लोक की सृष्टि की थी :

कविताशक्तिरूपा च विद्यारूपा सरस्वती।
तस्य शोकापनोदाय महर्षेर्मुखमाययौ॥ (वही, श्लोक ६४)

अनन्तर विधि ने **रामायण** की रचना करने के लिए वाल्मीकि को प्रोत्साहित करते हुए कहा कि अन्य कवि तुम्हारा अनुकरण करेंगे :

कृते त्वया महाकाव्ये भाव्यर्थे रामचेष्टिते।
लोकेष्वनुचरिष्यन्ति कवयोऽन्ये सदुक्तयः॥ (वही, श्लोक ८०)

बृहद्धर्मपुराण के इस कथन की सार्थकता में किसी सन्देह का अवकाश नहीं है। **रामायण** न केवल संस्कृत साहित्य का प्रथम महाकाव्य है, जिसकी शैली से अन्य कवि प्रभावित हुए हैं, वरन् उसकी कथावस्तु भी समस्त साहित्य के भिन्न-भिन्न अंगों में व्यापक हो सकी।[1] कवियों ने स्वयं इस बात का अनुभव किया है। **प्रसन्नराघव** की प्रस्तावना में नट सूत्रधार से पूछता है—'ये सब कवि क्यों रामचन्द्र का पुनः-पुनः वर्णन करते हैं।' इस पर सूत्रधार कहता

१. रामकथा-सम्बन्धी काव्यों के रचनाकाल तथा उनकी साहित्यिक समालोचना के लिए दे० :
एम० विंटरनित्स : हि० इं० लि०, भाग ३।
एस० के० दे : हिस्टरी ऑव संस्कृत काव्य लिटरेचर।
ए० बी० कीथ : हि० सं० लि० और संस्कृत ड्रामा।

है कि यह कवियों का दोष न होकर गुणों का दोष है, जिन्होंने राम ही में अपने लिए एकमात्र आश्रय बनाया है, जिसके फलस्वरूप कवित्वरूपी वृक्ष रामप्रशंसारूपी फल के बिना किसी महत्त्व का नहीं हो पाता है।

नट— कथं पुनरमी कवयः सर्वे रामचन्द्रमेव वर्णयन्ति।

सूत्रधार— नायं कवीनां दोषः। यतः

स्वसूक्तीनां पात्रं रघुतिलकमेकं कलयतां
कवीनां को दोषः स तु गुणगणानामवगुणः।
यदेतैर्निश्शेषैरपरगुणलुब्धैरिव जग—
त्यसावेकश्चक्रे सततसुखसंवासवसतिः॥ १२॥

अपि च। भोः

बीजं यस्य चिरार्जितं सुचरितं प्रज्ञा नवीनोऽङ्कुरः
काण्डः पण्डितमण्डलीपरिचयः काव्यं नवः पल्लवः।
कीर्तिः पुष्पपरम्परा परिणतः सोऽयं कवित्वद्रुमः
किं वन्ध्यः क्रियते विना रघुकुलोत्तंसप्रशंसाफलम्॥ १३॥

क—महाकाव्य

२१२. रामकथा-सम्बन्धी प्राचीन महाकाव्यों में कथानक के दृष्टिकोण से कोई महत्त्वपूर्ण परिवर्तन नहीं मिलता। उनकी एक विशेषता यह है कि उनमें वाल्मीकि की रचना की अपेक्षा शृंगार को अधिक स्थान दिया गया है। पहले यह शृंगारिक वर्णन राक्षसों के विषय में किया गया है (दे० सेतुबन्ध, सर्ग १०; भट्टिकाव्य, सर्ग ११)। लेकिन आगे चलकर कुमारदास ने कुमारसम्भव के अनुकरण पर राम-सीता के सम्भोग शृंगार का वर्णन भी किया है, जो अश्लीलता की सीमा तक पहुँच गया है। अपेक्षाकृत अर्वाचीन राम काव्यों में भी शृंगारात्मक वर्णनों का अभाव नहीं है। उदाहरणार्थ लक्ष्मणाध्वारिकृत **रामविहारकाव्यम्** (१२ सर्ग, १७वीं शताब्दी) के दसवें सर्ग में सीता तथा राम के उद्यानविहार तथा ग्यारहवें सर्ग में उनकी जलक्रीड़ा तथा मधुपान का वर्णन किया गया है। धनञ्जयकृत **राघवपाण्डवीय** के १५वें सर्ग में कपि-सेना के शृंगार तथा जलक्रीड़ा का चित्रण किया गया है।

कालिदासकृत रघुवंश (४०० ई० के लगभग)

२१३. रघुवंश के नवें सर्ग में दशरथ के राज्य के वर्णन के अन्तर्गत मुनिपुत्र-वध का उल्लेख मिलता है (श्लोक ७३-८२)। अनन्तर समस्त रामचरित का छह सर्गों में वर्णन किया गया है (दे० सर्ग १०-१५); कथानक वाल्मीकिकृत रामायण पर निर्भर है। सीतात्याग, लवणवध, कुश-लव-जन्म, शम्बूक-वध, लक्ष्मण-मरण तथा स्वर्गारोहण के उल्लेख से स्पष्ट है कि कालिदास प्रचलित उत्तरकाण्ड की कथावस्तु से परिचित थे (दे० सर्ग १४-१५)। अयोनिजा सीता के अलौकिक जन्म की कथा तो मिलती है लेकिन कहीं भी सीता के लक्ष्मी के अवतार होने की ओर निर्देश नहीं किया गया है। काकजयंत का वृत्तान्त भरत के चित्रकूट से चले जाने के बाद दिया गया है। वाल्मीकि रामायण में इसका उल्लेख भरत के आने के पहले किया गया है। अहल्या के विषय में कहा गया है कि वह वास्तव में शिला बन गयी थी। वाल्मीकि के अनुसार रावण ने ब्रह्मा को अपने शीर्षों को समर्पित कर दिया था। कालिदास के अनुसार उसने शिव को उन्हें समर्पित किया था। शेष कथा वाल्मीकि से भिन्न नहीं है।

रावणवह अथवा सेतुबन्ध (५५०-६०० ई०)

२१४. महाराष्ट्री प्राकृत में लिखित **रावणवह**[1] की रचना राजा प्रवरसेन अथवा उनके दरबार के किसी कवि द्वारा हुई थी। इसका रचनाकाल प्रायः छठीं शताब्दी ई० माना जाता है। डॉ० सुशील कुमार दे उस रचना को पाँचवीं शताब्दी की मानते हैं। इसके रचयिता के विषय में एक भ्रामक धारणा प्रचलित है कि कालिदास ने उसे लिखा था। प्रवरसेन प्रायः काश्मीर के राजा माने जाते हैं। यद्यपि यह असम्भव नहीं कहा जा सकता है कि वाकाटक वंश के प्रवरसेन द्वितीय (शासनकाल ५वीं शताब्दी का मध्य) सेतुबन्ध के रचयिता हैं, किन्तु इसके विरोध में जो तर्क दिये जाते हैं, वे अत्यन्त महत्त्वपूर्ण हैं।[2]

रावणवह के पन्द्रह सर्गों में वाल्मीकिकृत युद्धकाण्ड की कथावस्तु का अलंकृत शैली में वर्णन मिलता है। कथानक में कोई महत्त्वपूर्ण परिवर्तन नहीं किया गया है। समुद्र-बन्धन के वर्णन में मछलियों द्वारा सेतु को नष्ट करने का उल्लेख है। आगे चलकर इस घटना के विषय में अनेक कथाओं की कल्पना कर ली गयी है (दे० अनु० ५७८)। रावणवह की एक अन्य विशेषता यह है कि 'कामिनीकेलि' नामक दसवें सर्ग में राक्षसियों का सम्भोग वर्णन मिलता है। इसका मूल स्रोत सम्भवतः **पउमचरियं** है। बाद में इस वर्णन का अनुकरण **भट्टिकाव्य, जानकीहरण,** अभिनन्दनकृत **रामचरित**, कम्बकृत **तमिल रामायण**, **रामलिंगामृत** तथा जावा के प्राचीनतम **रामायण** आदि में किया गया है (दे० आगे अनु० ६११)।

भट्टिकाव्य अथवा रावण-वध (५००-६५०)

२१५. भट्टिकाव्य की रचना कच्छ में छठी अथवा सातवीं शताब्दी में हुई थी। इसके २२ सर्गों में व्याकरण के नियमों के निरूपण के साथ-साथ वाल्मीकिकृत रामायण के प्रथम छह काण्डों की कथावस्तु का किंचित् परिवर्तन सहित वर्णन किया गया है। इसकी निम्नलिखित विशेषताएँ उल्लेखनीय हैं :

दशरथ के शैव होने का उल्लेख (सर्ग १, ३)।

पुत्रेष्टि-यज्ञ में कोई देवता प्रकट नहीं होते वरन् दशरथ की पत्नियाँ हुतोच्छिष्ट खाती हैं (सर्ग १, १३)।

बला और अतिबला के स्थान पर जया तथा विजया नामक विद्याओं का उल्लेख है (सर्ग २, २१)।

केवल राम तथा सीता के विवाह का उल्लेख किया गया है (सर्ग २, ४३)।

राम तथा लक्ष्मण दोनों खरदूषण तथा १४००० राक्षसों का वध करते हैं (सर्ग ३, ३३)।

लक्ष्मण का सीता को शाप देना (सर्ग ५, ६०)।

सीताहरण के पश्चात् राम पहले-पहल जटायु से मिलते हैं (सर्ग ६, ४१)।

राक्षसियों का सम्भोग-वर्णन (सर्ग ११)।

गौडीय तथा पश्चिमोत्तरीय पाठों के अनुसार विभीषण की माता उससे अनुरोध करती है कि वह रावण को समझावे (सर्ग १२, १); रावण की केवल एक ही सभा का वर्णन है, जिसमें रावण विभीषण पर पाद-प्रहार करता है (सर्ग १२, ७६)।

ब्रह्मा के स्थान पर शिव राम को उनके नारायणत्व का स्मरण दिलाते हैं (सर्ग २३, १६)।

---

१. राजकमल प्रकाशन ने डॉ० रघुवंश का हिन्दी अनुवाद प्रकाशित किया है।

२. दे० दि क्लासिकल एज, पृ० १८२-१८४।

जानकीहरण (८०० ई० के लगभग)

२१६. सम्पूर्ण **जानकीहरण** बहुत समय तक अप्राप्य था। अब वह हिन्दी अनुवाद सहित प्रकाशित हो गया है (मित्र प्रकाशन, इलाहाबाद १९६७)। इस ग्रन्थ की पुष्पिका में कवि का नाम नहीं है। उसके पिता के विषय में कहा है कि उसका नाम मानित था और कि वह लंकानरेश कुमारमणि का सेनानी था। कवि का बचपन से व्याधिग्रस्त और अनाथ था क्योंकि उसका पिता युद्ध में मारा गया था। सिंहलद्वीप की एक अपेक्षाकृत अर्वाचीन दंतकथा के अनुसार कुमारदास छठी शताब्दी ई० में वहाँ के राजा थे। आधुनिक समालोचक इस कथा पर विश्वास न रखकर जानकीहरण के रचयिता को आठवीं शताब्दी के अन्त का और नवीं शताब्दी के प्रारम्भ का कवि मानते हैं। **जानकीहरण** की कथावस्तु वाल्मीकिकृत रामायण के प्रथम छह काण्डों पर निर्भर है। कथानक में अहल्या के शिला (सर्ग ६, १४) बन जाने के अतिरिक्त कोई अन्य परिवर्तन नहीं किया गया है किन्तु अन्ध मुनि-पुत्र का वध प्रथम सर्ग में वर्णित है (दे० आगे अनु० ४३३) यद्यपि केवल राम के विवाह का वर्णन किया गया है, किन्तु अन्य भाइयों के विवाह का भी निर्देश मिलता है (दे० सर्ग ९)। प्रथम सर्ग में दशरथ-राज्यवर्णन के अन्तर्गत उनके हिमालय में मृगया खेलने तथा मुनि-पुत्र का वध करने का किंचित् विस्तार सहित वर्णन किया गया है (दे० सर्ग १, ४५-९०)। इस रचना की सबसे बड़ी विशेषता यह है कि इसके २० सर्गों में शृंगारात्मक वर्णनों को पर्याप्त स्थान दिया गया है। उदाहरणार्थ : दशरथ और उनकी पत्नियों के विहार, जलक्रीड़ा आदि का वर्णन (सर्ग ३); राम तथा सीता के पूर्वानुराग का वर्णन (सर्ग ७, १-३४); मिथिला में विवाह के पश्चात् राम तथा सीता का सम्भोग-वर्णन, जिसमें कुमारसम्भव का प्रभाव स्पष्ट है (समस्त सर्ग ८); सेतुबन्ध के अनुकरण पर युद्ध के पूर्व राक्षसों की केलि का वर्णन (सर्ग १६)।

अभिनन्दकृत रामचरित (नवीं शताब्दी)

२१७. गौडीय पालवंश के युवराज हारवर्ष की प्रेरणा से अभिनन्द ने नवीं शताब्दी ई० पूर्वार्द्ध में **रामचरित** की रचना की थी। इसके ३६ सर्गों में राम-लक्ष्मण के प्रस्रवण पर्वत के वर्षा-निवास (दे० रामायण ४, २७) से कुम्भ-निकुम्भ-वध तक (दे० वही, ६, ७७) की वाल्मीकीय रामकथा का वर्णन मिलता है। भीम नामक कवि ने चार सर्गों का एक परिशिष्ट लिखकर युद्धकाण्ड की कथावस्तु पूरी की है। इस रामचरित में निम्नलिखित विशेषताएँ हैं :

वर्षा ऋतु के पश्चात् सुग्रीव अपने-आप राम के पास आता है और लक्ष्मण को भेज देने की आवश्यकता नहीं होती (सर्ग ५)।

अभिज्ञानस्वरूप राम हनुमान् को अँगूठी के अतिरिक्त एक नूपुर और स्तनोत्तरीय भी देते हैं तथा दिलीप, रघु, अज, दशरथ की वंशावली भी सिखलाते हैं (सर्ग ८)।

हनुमान् आदि के गुफा में प्रवेश करने की वाल्मीकिकृत किष्किन्धाकाण्ड की कथा में (दे० रा० ४, ५०-५२) बहुत कुछ परिवर्तन किया गया है। कन्दरा के प्रवेश-पथ पर सोते हुए दुर्दम नामक राक्षस का अंगद द्वारा वध किया जाता है। भीतर जाकर हनुमान् एक वानर-वरसुन्दरी का प्रेम-प्रस्ताव दो बार अस्वीकार करते हैं। स्वयंप्रभा के गुफा में निवास करने का कारण भी रामायण में दिये हुए वृत्तान्त से कुछ भिन्न है (सर्ग १०-१२)।

रावण के सम्भोग का भी विस्तृत वर्णन किया गया है। (दे० 'दशाननपानकेलिवर्णनम्' नामक १८वाँ सर्ग)।

वाल्मीकि रामायण के गौडीय पाठ के अनुसार रावण का विभीषण पर पादप्रहार करने का तथा विभीषण के राम की शरण लेने के पहले अपने भाई कुबेर के पास जाने का उल्लेख हुआ है (दे० सर्ग २३, ८७ तथा सर्ग २४, १३५)।

रामायणमंजरी तथा दशावतारचरित (११वीं श० ई०)

२१८. काश्मीर-निवासी क्षेमेन्द्र ने १०३७ ई० में वाल्मीकिकृत रामायण के पश्चिमोत्तरीय पाठ का ५३८६ श्लोकों में संक्षेप किया था और अपनी रचना का नाम **रामायणमंजरी** रखा था। इसमें क्षेमेन्द्र ने किसी मौलिकता का प्रदर्शन नहीं किया है, लेकिन **दशावतारचरितम्** नामक अपने एक अन्य ग्रन्थ में, जिसकी रचना १०६६ ई० में हुई थी, उन्होंने २९४ छन्दों के रामावतार-वर्णन में रामकथा का एक नवीन रूप प्रस्तुत किया था।

इसकी विशेषता यह है कि समस्त कथा का वर्णन रावण के दृष्टिकोण से किया गया है। प्रारम्भ में रावण की तपस्या, वरप्राप्ति, अत्याचार आदि का कुछ चित्रण मिलता है (छन्द १-६९)। अनन्तर रावण लक्ष्मी के अवतार पद्मजा सीता को पुत्रीस्वरूप ग्रहण करता है (दे० छन्द ७०-१०४ और आगे अनु० ४१८)।

१०५वें छन्द से रामायण की कथावस्तु का प्रारम्भ होता है। शूर्पणखा रावण के पास आकर अपने विरूपीकरण तथा खरदूषण-वध का वृत्तान्त सुनाती है। इस पर रावण मारीच के यहाँ जाकर उससे जन्म से लेकर वनवास तक की विष्णु-अवतार राम की कथा सुनता है (१०५-१३०)।

अनन्तर रावण मारीच की सहायता से सीता को हर लेता है (१३१-१५१)। इसके बाद सुकेतु नामक गुप्तचर मारीच-वध से लेकर (सुग्रीव-सख्य, वानरों का प्रेषण, हनुमान् का समुद्रलंघन, अशोकवाटिका-भंजन आदि)। लंकादहन तक की कथा रावण को सुनाता है (१५२-१९४)।

सुकेतु तथा विभीषण, दोनों रावण से सीता को लौटा देने का अनुरोध करते हैं। विभीषण रावण की दुर्बुद्धि देखकर राम की शरण लेता है। अनन्तर रावण एक गुप्तचर से विभीषण-अभिषेक, सेतुबन्ध तथा राम के त्रिकूटागमन की कथा (२०७-२१३) तथा प्रतिहारपति से नागपाश द्वारा राम-लक्ष्मण के बन्धन तथा कुम्भकर्ण को जगाने का वृत्तान्त सुनता है (२१४-२२३)। प्रतिहारपति-रावण-संवाद के बाद कवि द्वारा शेष रामचरित का वर्णन किया गया है। कुम्भकर्ण-वध से लेकर राम के स्वर्गारोहण तक की समस्त वाल्मीकीय कथा संक्षेप में दी गयी है।

उदारराघव (१४वीं श० ई०)

२१९. उदारराघव की रचना १४वीं श० ई० के मध्य साकल्यमल्ल नामक कवि द्वारा हुई थी। कवि के अन्य नाम भी प्रचलित हैं—मल्लाचार्य, कविमल्ल और मल्लयाचार्य। इस रचना का विस्तार १८ सर्गों का बताया जाता है लेकिन इसके केवल नौ सर्ग सुरक्षित तथा प्रकाशित हैं, जिनमें शूर्पणखा-विरूपीकरण तक का वर्णन मिलता है। कथानक वाल्मीकि रामायण के अनुसार है।

अवतारवाद के विषय में कुछ परिवर्तन किया गया है। राम विष्णु के पूर्णावतार माने गये हैं तथा लक्ष्मण-भरत-शत्रुघ्न क्रमशः शेष-सुदर्शन-शंख के अंशावतार। सीता वनगमन के

लिए राम से अनुरोध करते हुए कहती हैं कि मैंने बहुत-से रामायण सुने हैं लेकिन उनमें राम कहीं भी सीता के बिना वन नहीं जाते हैं :

> **रामायणानीह पुरातनानि पुरातनेभ्यो बहुशः श्रुतानि।**
> **न क्वापि वैदेहसुतां विहाय रामो वनं यात इति श्रुतं मे॥**
>
> (सर्ग ५, ४८)

सारी रचना की शैली कृत्रिम और अत्यधिक अलंकृत है तथा इसमें वाल्मीकि के काव्य की अपेक्षा शृंगार को अधिक स्थान दिया गया है; उदाहरणार्थ—मिथिला की स्त्रियों का वर्णन (सर्ग ३); वनवास के समय वनविलास का प्रसंग (सर्ग ९, ३३); शूर्पणखा का वृत्तान्त (दे० आगे अनु० ४६३)।

उत्तरकालीन महाकाव्य

२२०. पन्द्रहवीं शताब्दी से लेकर बहुत-सी रचनाओं का उल्लेख मिलता है जो अधिकांश अप्रकाशित ही हैं। किन्तु ऐसा प्रतीत होता है कि उन परवर्ती काव्यों का कथानक की दृष्टि से कोई विशेष महत्त्व नहीं है। वामन भट्टबाण (अभिनव बाणभट्ट) का **रघुनाथचरित** (३० सर्ग) १५वीं शताब्दी का है; रामपाणिवाडकृत **राघवीय** (२० सर्ग) अट्ठारहवीं श० ई० की रचना है और अड्यार लाइब्रेरी द्वारा प्रकाशित है। १८०० ई० के लगभग रघुनाथ उपाध्याय ने **रामविजय महाकाव्य** लिखा, जो १९३२ ई० में वाराणसी में प्रकाशित भी हुआ था। त्रिवेन्द्रम संस्कृत सीरीज में प्रकाशित **रघुवीरचरित** (१७ सर्ग) का रचयिता अज्ञात है।[१] उदाहरणार्थ यहाँ पर चार अर्वाचीन रचनाओं की कथावस्तु का परिचय दिया जाता है।

२२१. चक्रकविकृत **जानकी-परिणय**[२] (१७वीं श० ई०) में वाल्मीकीय बालकाण्ड के अनुसार दशरथ-यज्ञ से लेकर परशुराम-तेजोभंग तक की प्रधान घटनाओं का ८ सर्गों में वर्णन किया गया है। अहल्या के शिला बन जाने के उल्लेख के अतिरिक्त कथानक में कोई भी परिवर्तन नहीं किया गया है। छठे सर्ग में दशरथ की मिथिला-यात्रा के वर्णन में उनकी विलासक्रीड़ाओं का किंचित् विस्तार सहित चित्रण किया गया है। जानकीहरण तथा कम्बकृत तमिल रामायण में भी दशरथ की इस यात्रा का विस्तृत वर्णन मिलता है।

२२२. रामलिंगामृत की रचना बनारस-निवासी अद्वैत नामक कवि द्वारा सन् १६०८ ई० में हुई थी।[३] हिन्दी साहित्य के दृष्टिकोण से इसका महत्त्व यह है कि इसकी रचना उस समय हुई थी जब गोस्वामी तुलसीदास वाराणसी में विद्यमान थे। अतः रामलिंगामृत की कथावस्तु अपेक्षाकृत विस्तार से दी जाती है।

सर्ग १—उपोद्‌घात

मंगलाचरण के पश्चात् गोकुल की दो गोपिकाओं का संवाद उद्धृत है। दोनों में से एक का जन्म रघुकुल में हुआ था, जिससे उसे रामकथा की विशेष जानकारी है। अपनी सखी के

---

१. दे० सुशील कुमार दे (हिस्टरी ऑव संस्कृत लिटरेचर, पृ० ६३०)। डॉ. आप्टे मल्लिनाथ को इसका रचयिता मानते हैं।

२. त्रिवेन्द्रम संस्कृत सीरीज (सन् १९१३) में प्रकाशित।

३. इसकी हस्तलिपि लन्दन में सुरक्षित है। दे० इण्डिया ऑफिस कैटलॉग नं० ३९२०।

अनुरोध से वह रघुवंशीय गोपिका रामचरित का वर्णन करती है (१-२४)। कथानक रावणचरित से प्रारम्भ होता है। जय-विजय भृगु द्वारा दिये हुए शाप के फलस्वरूप राक्षसयोनि प्राप्त कर रावण तथा कुम्भकर्ण बन जाते हैं। प्रह्लाद के विभीषण बन जाने का भी उल्लेख है। अनन्तर रावण तथा कुम्भकर्ण की शिवाराधना और वरप्राप्ति तथा देवताओं द्वारा विष्णु से अवतार लेने की प्रार्थना का वर्णन मिलता है (२५-६४)।

सर्ग २—रामबाललीला (१-७०)

रामादि भाइयों का जन्म, जातकर्म, स्तनपान, राम का अपनी माता को अपना विश्वरूप दिखलाना, बाललीला, वनक्रीड़ा, अध्ययन, यज्ञोपवीत-संस्कार तथा विश्वामित्र के राम और लक्ष्मण को ले जाने का वर्णन।

सर्ग ३—रावणपराभव (१-६४)

दोनों भाइयों का विश्वामित्र के साथ सीता-स्वयंवर में पहुँचना, सीता-सखियों द्वारा राम के सौन्दर्य का वर्णन, राजाओं, देवताओं तथा राक्षसों की उपस्थिति, रावण का धनुष को चढ़ाने का प्रयत्न, राम द्वारा धनुर्भंग।

सर्ग ४—सीता-स्वयंवर (१-१०३)

दशरथ के कौशल्यादि के साथ आने के बाद विवाहोत्सव का वर्णन दिया गया है। राम को देखने की स्त्रियों की उत्सुकता के वर्णन में कालिदास आदि कवियों का अनुकरण किया गया है। उदाहरणार्थ एक शार्दूलविक्रीडित छन्द उद्धृत किया जाता है :

काचिन्मंगलघोषहृष्टहृदया गेहात्सखीसंवृता
व्यग्रा व्यस्तसमस्तभूषणगणान्सीघ्रं[1] दध राघ्वगा
सीतारामवमुखारविंद-ज-रसोन्मत्ता गलन्मालती
केशे कंकतिका चलत्कुचयुगा द्वारोर्ध्वभागे स्थिता ॥ ८६ ॥

इन्द्र आदि देवगण के आगमन तथा इन्द्र की आज्ञा से विश्वकर्मा द्वारा निर्मित एक दिव्य नगर का उल्लेख है, जिनमें लक्ष्मी सीता को रामावतार का रहस्य बताती हैं।

सर्ग ५—रामारण्यगमनं (१-६३)

मिथिला से प्रस्थान तथा मार्ग में परशुराम तेजोभंग के वर्णन के बाद राम की अवस्था १५ वर्ष की तथा जानकी की ६ वर्ष की बतायी जाती है, यद्यपि चौथे अध्याय में सीता की १६ वर्ष की अवस्था का उल्लेख हुआ था। अनन्तर वाल्मीकि के अनुसार राम के निर्वासन का वर्णन किया गया है (२५-६३)।

सर्ग ६—रामारण्यगमनं (१-८१)

इसमें भगवान् माया-मनुष्य हरि (छन्द ४) के पंचवटी में निवास का वर्णन है, जहाँ खग, मृग, व्याघ्र आदि अपने 'स्वभाव वैर' का परित्याग कर रहते थे (छन्द ५)।

१. शीघ्र के स्थान पर 'सीघ्र' ही लिखा है।

शूर्पणखा के विरूपीकरण के उल्लेख के बाद नारद द्वारा रावण के पास जाकर सीता के सौन्दर्य के वर्णन करने की कथा मिलती है, जिसके फलस्वरूप रावण मारीच की सहायता से सीता का हरण करता है। सीता की खोज के वर्णन में शिलामयी अहल्या का उद्धार और केवट के राम-चरण धोने के आग्रह की कथा दी गयी है। कबन्धवध के उल्लेख के बाद सीता को प्राप्त करने के लिए राम की शिव-पूजा का वर्णन किया गया है :

सीतासंगमनार्थाय रामो लिंगस्य पूजनं।
चक्रे तेन महादेवः सीताशुद्धिं चकार ह॥ ७९॥

अन्त में वानरों से राम के सख्य करने का उल्लेख मात्र मिलता है।

सर्ग ७—राम-विभीषणदर्शन (१-६२)

इसमें हनुमान् सीता के पास जाकर उनको एक अँगूठी के अतिरिक्त राम का एक पत्र देते हैं। लंकादहन के उल्लेख के बाद हनुमान् राम को सीता का समाचार देते हैं। अनन्तर अंगद के दूतकार्य का वर्णन किया गया है, जिसमें **महानाटक** के रावण-अंगद-संवाद का अनुकरण स्पष्ट है। अन्त में सेतुबन्ध तथा विभीषणागमन का उल्लेख किया गया है।

सर्ग ८—युद्धकाण्ड (१-६१)

इसमें राक्षसों की केलि के वर्णन के बाद अहि-महिरावण राम-लक्ष्मण को पाताल ले जाते हैं। हनुमान् मकरध्वज की सहायता से दोनों को छुड़ाते हैं।

सर्ग के अन्त में कुम्भकर्ण-वध, लक्ष्मण को शक्ति लगने का तथा लक्ष्मण-इन्द्रजित्-युद्ध का उल्लेख मात्र मिलता है।

सर्ग ९—अहिरावणमहिरावण-वध (१-४५)

इस सर्ग की कथावस्तु शीर्षक के अनुसार नहीं है, इसमें सुलोचना की कथा तथा युद्ध के लिए रावण के प्रस्थान का वर्णन मिलता है।

सर्ग १०—शिवलिंग वर्णन (१-८३)

रणक्षेत्र में राम को देखने पर रावण का एक विस्तृत भाषण दिया गया है (१-३५), जिसमें वह राम को राक्षसवंश का नाश करने के लिए विष्णु का अवतार मानता है, विष्णु द्वारा वध किये जाने के कारण अपने भाग्य की प्रशंसा करता है, राम द्वारा की हुई शिवपूजा को उनकी विजय का कारण मानता है और साथ-साथ रामनाम की सामर्थ्य का वर्णन करता है, जिसके स्मरणमात्र करने से वानर-सेना समुद्र को पार करने में समर्थ हो सकी।

अनन्तर राम रावण को अपना शिव-रूप दिखलाते हैं तथा शिवलिंग का वर्णन करते हैं। रावण के सर्वत्र राम के रूप को देखने का भी उल्लेख हुआ है (६४)।

सर्ग ११—रावण-वध (१-८१)

रावण-वध के बाद सीता की अग्निपरीक्षा का उल्लेख नहीं है, लेकिन रावण-वध सुनकर सीता के आनन्द तथा मन्दोदरी के विलाप का उल्लेख किया गया है; अनन्तर विभीषण के अभिषेक का वर्णन मिलता है।

सर्ग १२—रामराज्याभिषेक (१-७५)

प्रारम्भ में राम आदि की अयोध्या-यात्रा का और अनन्तर राम के आगमन से अयोध्यावासियों के आनन्द का वर्णन किया गया है। कैकेयी राम से मिलकर कहती है कि देवेन्द्र की प्रेरणा से मैंने आपको रावण का वध करने के लिए वन भेजा था। सर्ग के अन्त में राम का अभिषेक वर्णित है।

सर्ग १३—श्री जानकीरामक्रीडाह्निक (१-५२)

राम और सीता के सम्भोग-वर्णन के बाद (१-२०) प्रात: शृंगार, भोजन आदि का उल्लेख किया गया है। सभा में नारद राम की स्तुति करते हैं :

श्रीराम जगदाधार ब्रह्मानन्द सुखप्रद।
त्वन्नामस्मरणेनैव तरिष्ये भवसागरं॥

अन्त में गर्भवती सीता की दोहद का उल्लेख है।

सर्ग १४—

३८ छन्दों के इस सर्ग में (जिसका कोई नाम नहीं रखा गया है) वाल्मीकि आश्रम में कुश-लव के जन्म और शिक्षा का वर्णन है। (सीता-त्याग का उल्लेख नहीं है)। नारद से समाचार पाकर राम सेना-सहित आश्रम जाते हैं तथा युद्ध के बाद सीता और कुश-लव के साथ अयोध्या लौटते हैं। (दे० आगे अनु० ७४६)।

सर्ग १५-कुम्भगर्भवध (१-३४)

इसमें सीता द्वारा कुम्भकर्ण के पुत्र कुम्भगर्भ के वध का वर्णन किया गया है (दे० आगे अनु० ६४१)।

सर्ग १६—श्रीरंगवर्णन (१-१४)

इस सर्ग में श्रीरंग-मूर्ति की कथा के अतिरिक्त राम द्वारा उसके पूजन का वर्णन किया गया है।

सर्ग १७—श्रीरामस्य स्वरूपवर्णन (१-८०)

वसिष्ठ की आज्ञा से राम द्वारा अश्वमेध-यज्ञ, जिसमें देवता आकर राम तथा सीता की स्तुति करते हैं (१-३३)। अनन्तर सरयूतीर्थ माहात्म्यसहित राम-सीता और अयोध्या-समाज का परलोकगमन वर्णित है (३४-५६)। अन्त में अद्वैतमंजरी मिलती है, जिसमें जीव, ब्रह्म, ईश्वर, माया आदि का निरूपण किया गया है (५७-८०)।

सर्ग १८—खिल (१-९०)

इसमें रामकथा नहीं मिलती। रामपूजा-विधि तथा रामकीर्ति के निरूपण के पश्चात् राम-शंकर की तथा राम-कृष्ण की अभिन्नता का प्रतिपादन किया गया है।

अन्त में रचनाकाल (शक १५३०), ग्रन्थकार (अद्वैत) आदि का उल्लेख है।

२२३. राघवोल्लास[1] महाकाव्य की रचना भी एक अद्वैत नामक संन्यासी द्वारा वाराणसी में ही हुई थी; संन्यास लेने के पूर्व कवि का नाम मुरारि था (दे० १२, १००)। सम्भव है यह रामलिंगामृत के रचयिता से अभिन्न हो। इस महाकाव्य की हस्तलिपि लन्दन में सुरक्षित है (दे० इण्डिया ऑफिस कैटलॉग नं० ३९१५)। इसके तीन प्रारम्भिक सर्ग अप्राप्य हैं। शेष नौ सर्गों में लगभग १००० छन्द हैं (प्राय: इन्द्रवज्रा)। लिपिक का नाम है मानसाहि कायस्थ तथा लिपि-काल सन् १६२५ ई०। इस काव्य की विशेषता है कवि की कोमल रामभक्ति जो इसे राम का सौन्दर्य बारम्बार अंकित करने के लिए प्रेरित करती है तथा राम की स्तुति प्राय: सब पात्रों द्वारा करवाती है। रामचरितमानस की भाँति मर्यादित शृंगार इस काव्य की एक अन्य विशेषता है—राम-सीता-पूर्वानुराग का वर्णन करते हुए कहीं भी सीता का नख-शिख वर्णन नहीं दिया गया है। कथानक रामजन्म से प्रारम्भ होकर विवाह के पश्चात् अयोध्या में प्रत्यागमन पर समाप्त हो जाता है।

सर्ग ४— राम का जन्म; राम सौन्दर्य-वर्णन; **चतुर्भुज-दर्शन**। संक्षिप्त बाललीला।

सर्ग ५— विश्वामित्र द्वारा रामावतार की व्याख्या। दशरथ की मूर्च्छा; राम द्वारा शरीर की नश्वरता का उपदेश।

सर्ग ६— ताड़का; सुबाहु; मारीच। विश्वामित्र द्वारा राम-नाम-महिमा का वर्णन। पाषाणभूता अहल्या का उद्धार।

सर्ग ७— अहल्या द्वारा राम की स्तुति। जनकपुर में आगमन।

सर्ग ८— सीता का पूर्वानुराग (दे० आगे अनु० ४०३), धनुर्भंग।

सर्ग ९— दशरथ का स्वागत।

सर्ग १०-११— विवाह।

सर्ग १२— कौतुकलीला (सीता राम के ललाट पर केसर का तिलक लगाती हैं); विदाई; परशुराम का तेजोभंग; अयोध्या में आगमन।

२२४. मोहन स्वामी कृत **रामरहस्य** अथवा **रामचरित** की एक हस्तलिपि लन्दन में सुरक्षित है (लिपिकाल सन् १७५० ई०; दे० इण्डिया ऑफिस कैटलॉग, नं० ३९१७)। इस रचना के तेरह क्रीड़ोपकरणों की अधिकांश सामग्री ज्यों-की-त्यों अध्यात्म रामायण से उद्धृत की गयी है। द्वितीय उपकरण में सुमंत्र द्वारा स्वायम्भू मनु तथा उनकी पत्नी की तपस्या का वर्णन मिलता है, जिसके फलस्वरूप वे तीन जन्मों में विष्णु को पुत्र के रूप में प्राप्त करने का वरदान पाते हैं। दोनों अब दशरथ-कौशल्या हैं और आगे चलकर वसुदेव-देवकी, तथा कलियुग में हरिव्रत-देवप्रभा के रूप में जन्म लेंगे। सूर्यवंश-वर्णन से लेकर रामचन्द्र स्वर्गारोहण तक के इस कथानक में कहीं भी मौलिकता का नाम नहीं है। विशेषता यह है कि विवाह के पश्चात् अयोध्या में पहुँचकर नवदम्पति का सम्भोग-वर्णन के रूप में महानाटक का समस्त द्वितीय अंक उद्धृत किया गया है। अंगद के कार्य-वर्णन में भी महानाटक से एक विस्तृत अंश (अंक ८, ४-२०) ले लिया गया है।

ख—नाटक

२२५. रामकथा को लेकर नाटकों के अभिनय की प्रथा प्राचीनकाल से चली आ रही है। इसका निर्देश नवें अध्याय में उद्धृत किये हुए **हरिवंश** के एक श्लोक में मिलता है (दे० अनु०

१. दे० राघवप्रसाद पाण्डेय, तुलसीदासकालीन राघवोल्लास काव्य, राष्ट्रकवि मैथिलीशरण गुप्त अभिनन्दन ग्रन्थ, पृ० ७०२।

१४५)। इन प्राचीन नाटकों का लोप हुआ है, लेकिन आगे चलकर भी राम-सम्बन्धी नाटकों की रचना होती रही। यह इस परिच्छेद में वर्णित सामग्री से स्पष्ट है।[1] महाकाव्यों की अपेक्षा रामकथा-सम्बन्धी नाटकों में कथानक के दृष्टिकोण से अधिक परिवर्तन किया गया है, तथा अनेक नये पात्रों की सृष्टि भी की गयी है, जिससे रामायण की आधिकारिक कथावस्तु (वनवास, सीताहरण, रावण-वध) को अपेक्षाकृत कम स्थान मिल सका है।[2] दसवीं शताब्दी के पूर्व के नाटकों में से केवल उत्तररामचरित और कुन्दमाला में उत्तरकाण्ड-सम्बन्धी सामग्री का वर्णन किया गया है और दोनों में नाटक को सुखान्त बनाने के लिए सीता के भूमिप्रवेश की कथा बदल दी गयी है। रामकथा का यह महत्त्वपूर्ण परिवर्तन कथासरित्सागर, जैमिनीय अश्वमेध, पद्मपुराण तथा आनन्द रामायण में भी मिलता है। छलितराम और रामानन्द नामक नाटक भी उत्तररामचरित से सम्बन्ध रखते हैं किन्तु दोनों अप्राप्य हैं। प्रतिमानाटक, मैथिलीकल्याण, दूतांगद, उन्मत्तराघव जैसे नाटकों को छोड़कर प्रायः सब अन्य रामकथा-विषयक नाटक रामाभिषेक पर ही समाप्त हो जाते हैं।

प्रत्येक नाटक की विशेषताओं का अलग-अलग विवरण किया जायेगा। यहाँ रामकथा-सम्बन्धी नाटकों की सामान्य विशेषताओं की ओर निर्देश करना है। रामायण की आधिकारिक कथावस्तु को अपेक्षाकृत कम महत्त्व मिलने के अतिरिक्त इन नाटकों में निम्नलिखित विशेषताएँ पायी जाती हैं :

(१) विस्तृत वर्णन और संवाद, जिससे कहीं-कहीं नाटक की गति में रुकावट पड़ी है।

(२) आदर्शवाद का प्रभाव। उदाहरणार्थ : बालिवध का महावीरचरित, अनर्घराघव तथा महानाटक में परिवर्तित रूप; प्रतिमानाटक, महावीरचरित, अनर्घराघव तथा बालरामायण में कैकेयी का दोषनिवारण; छलितराम में सीतात्याग का तथा कृत्या-रावण में सीताहरण का नवीन रूप।

(३) श्रृंगार की व्यापकता। उदाहरणार्थ : बालरामायण में रावण का विरह-वर्णन, मैथिलीकल्याण में राम-सीता के पूर्वानुराग का चित्रण (अंक १-४) तथा महानाटक में राम-सीता का सम्भोग-वर्णन, जो अश्लीलता की सीमा तक पहुँच गया है (अंक २)।

(४) अद्‌भुत-रस का प्रवेश। उदाहरणार्थ : प्रसन्नराघव (अंक ६), आश्चर्यचूड़ामणि, अद्‌भुत दर्पण।

(५) पात्रों का अन्य पात्रों का रूप धारण कर लेना। उदाहरणार्थ : महावीरचरित तथा अनर्घराघव में शूर्पणखा मन्थरा का रूप धारण कर लेती है; उदात्तराघव में सुग्रीव को धोखा देने के उद्‌देश्य से एक राक्षस हनुमान् के रूप में उनके पास आता है तथा अन्तिम अंक में कई छद्‌मवेशी राक्षस भरत और राम से छल-कपट करने का निष्फल प्रयास करते हैं; बालरामायण में मायामय, शूर्पणखा तथा एक परिचारिका क्रमशः दशरथ, कैकेयी तथा मन्थरा का रूप धारण कर लेते

१. रामकथा-सम्बन्धी नाटकों की साहित्यिक समालोचना के लिए दे० एस० लेवी : ल थेआत्र इण्डियन, पृ० २६७ आदि।

२. सम्भवतः इन परिवर्तनों को ध्यान में रखकर आनन्दवर्द्धन अपने ध्वन्यालोक में कहते हैं कि रामायण जैसी सिद्धरस कथाओं में स्वेच्छा से रसविरोधी परिवर्तन नहीं करना चाहिए (दे० ३, ११ की वृत्ति)। इस सन्दर्भ में वह यशोवर्मा कृत रामाभ्युदय का यह उद्धरण देता है—**कथामार्गे न चातिक्रमः**।

हैं; महानाटक में रावण अपने हाथ में अपने दस शीर्ष लिये हुए राम के रूप में सीता के पास जाता है; आश्चर्यचूड़ामणि में रावण और उसका सारथि राम तथा लक्ष्मण का रूप धारण कर सीता का हरण करते हैं और शूर्पणखा सीता के रूप में राम के पास जाती है।

प्रतिमानाटक तथा अभिषेकनाटक

२२६. सम्भव है कि प्रतिमानाटक तथा अभिषेकनाटक भासकृत न होकर किसी दक्षिण भारत-निवासी अन्य कवि द्वारा कालिदास के बहुत कुछ बाद रचित हुए हों।[1]

प्रतिमानाटक में कालिदास के अनुसार राम की वंशावली (दिलीप, रघु, अज, दशरथ) तथा अभिषेकनाटक में सीता के लक्ष्मी के अवतार होने के उल्लेख से भी उपर्युक्त मत की पुष्टि होती है। फिर भी दोनों नाटकों को यहाँ पहला स्थान दिया गया है।

भास के नाम पर सन् १९४१ में प्रकाशित **यज्ञफल**[2] एक अपेक्षाकृत अर्वाचीन रचना है। इसके सात अंकों में राम के बालचरित तथा विवाह का वर्णन किया गया है। दशरथ राम-विवाह के पूर्व ही राम को युवराज बनाने की इच्छा प्रकट करते हैं और इसके लिए उनकी तीनों रानियाँ अपनी सहमति देती हैं (अंक २) । रावण (माया द्वारा अदृश्य रहकर) राम को अयोध्या में देखने आता है (अंक ३) । विश्वामित्र की यज्ञ-रक्षा के पश्चात् मिथिला में राम तथा सीता के पूर्वानुराग का चित्रण किया गया है (अंक ६)। अन्तिम अंक में, जनक के यज्ञ के पश्चात् परशुराम मिथिला पहुँचते हैं किन्तु राम में देवत्व के लक्षण देखकर उन्हें श्रद्धापूर्वक अपना धनुष अर्पित करते हैं।

प्रतिमानाटक के सात अंकों में वाल्मीकीय अयोध्याकाण्ड की कथावस्तु तथा सीताहरण का वर्णन किया गया है। प्रथम अंक में राम को वनवास दिये जाने की कथा मिलती है। इसकी विशेषता यह है कि शत्रुघ्न उस समय अयोध्या में उपस्थित हैं।

द्वितीय अंक में दशरथ के मरण का वर्णन है, इसके अनुसार मृत्यु-शय्या पर पड़े हुए दशरथ को उनके पूर्वजों (दिलीप-रघु-अज) के दर्शन होते हैं, जो उनको परलोक ले जाने आये हैं।

तृतीय अंक में भरत के प्रत्यागमन का वर्णन है। प्रतिमागृह में अयोध्या के मृत राजाओं की मूर्तियों को देखकर भरत जान जाते हैं कि दशरथ की मृत्यु हुई है और वे राज्य-सिंहासन ठुकराकर राम के पास जाने का संकल्प करते हैं। इसमें भरत को लक्ष्मण का अनुज बताया गया है।

चतुर्थ अंक में वाल्मीकि के अनुसार भरत की चित्रकूट-यात्रा का वर्णन मिलता है तथा पंचम अंक में सीताहरण का एक सर्वथा नवीन रूप प्रस्तुत किया गया है (दे० आगे अनु० ४९५)।

छठे अंक के अनुसार भरत सुमंत्र से सीताहरण का समाचार सुनकर कैकेयी को भर्त्सना देते हैं, जिस पर कैकेयी अपने निर्दोष होने का प्रमाण देती है। महर्षिशाप की रक्षा करने के लिए वसिष्ठ वामदेव आदि से परामर्श लेकर कैकेयी ने राम को वनवास दिलाया था (दे० आगे अनु० ४५२)। अनन्तर भरत रावण के विरुद्ध सेना-संचालन की आज्ञा देते हैं।

रावण-वध के बाद जनस्थान के आश्रम में भरत आदि से राम की भेंट का वर्णन अन्तिम अंक में किया गया है। उस वृत्तान्त के अनुसार राम का अभिषेक भी जनस्थान में हुआ था, जिसके बाद सब पुष्पक से अयोध्या लौट गये।

---

१. दे० एस० कुप्पुस्वामी की आश्चर्यचूड़ामणि की भूमिका (कलामनोरमा सीरीज, मद्रास)।

२. दे० ए० डी० पुसलकर : भास, ए स्टडी (दिल्ली, १९६८)।

२२७. अभिषेकनाटक में बालिवध से लेकर रामाभिषेक तक की वाल्मीकीय कथा का अपेक्षाकृत कम परिवर्तन सहित वर्णन किया गया है। सेतुबन्ध के स्थान पर समुद्र विभक्त हो जाता है और सेना समुद्रतल से पार उतरती है (अंक ४)। राम तथा लक्ष्मण दोनों के मायामय शीर्ष सीता को दिखलाये जाते हैं (इस परिवर्तन का महानाटक, जावा के प्राचीन रामायण तथा मलय के सेरीराम में अनुकरण किया गया है)। सीता की अग्निपरीक्षा के समय अग्निदेव प्रकट होकर सीता के लक्ष्मी होने का रहस्योद्घाटन करते हैं :

इमां भगवतीं लक्ष्मीं जानीहि जनकात्म जाम्।
सा भवन्तमनुप्राप्ता मानुषीं तनुमास्थिता॥ २८॥ (अंक ६)

प्रतिमानाटक में राम को मनुष्य के रूप में देखा गया था, इस नाटक में राम के विष्णुत्व का अनेक स्थलों पर उल्लेख है। राम का अभिषेक लंका में आयोजित है (अंक ६)।

भवभूतिकृत महावीरचरित तथा उत्तररामचरित

२२८. कन्नौज के दरबार के वातावरण में रहनेवाले भवभूति ने आठवीं शताब्दी ई० पूर्वार्द्ध में महावीरचरित तथा उत्तररामचरित की रचना की थी।

महावीरचरित के सात अंकों में राम-सीता-विवाह से लेकर रामाभिषेक तक की कथा का वर्णन किया गया है। इसमें निम्नलिखित परिवर्तन मिलते हैं :

विश्वामित्र के आश्रम में राम-लक्ष्मण सीता-उर्मिला से मिलते हैं। आश्रम में रावण के दूत के आ जाने का तथा धनुर्भंग का भी वर्णन किया गया है (अंक १)।

विवाह के पश्चात् परशुराम के मिथिला ही में आने का वर्णन है (अंक २)।

कैकेयी का एक जाली पत्र लेकर शूर्पणखा मन्थरा के रूप में मिथिला पहुँचती है। इस पत्र में कैकेयी वर के बल पर राम का वनवास माँगती है, जिसके फलस्वरूप राम भरत को अपनी पादुकाएँ देकर मिथिला ही से सीता तथा लक्ष्मण के साथ वन के लिए प्रस्थान करते हैं (अंक ४)।

माल्यवान् की प्रेरणा से बालि राम को मार्ग में रोक लेता है और द्वन्द्वयुद्ध में राम द्वारा मारा जाता है।

२२९. उत्तररामचरित के सात अंकों में वाल्मीकीय उत्तरकाण्ड की सामग्री का एक नवीन रूप प्रस्तुत है।

लोकापवाद के कारण सीतात्याग का वर्णन इस प्रकार है। सीता-सहित अपने वनवास के चित्रों का दर्शन करने तथा गर्भवती सीता को गंगातट के आश्रमों को दिखलाने का आश्वासन देने के पश्चात् राम सीता के विषय में लोकापवाद की कथा दुर्मुख से सुनते हैं तथा सीता का त्याग करने का निश्चय करते हैं (अंक १)।

कुश-लव के जन्म की तथा शम्बूक-वध की कथा दोनों वाल्मीकि से कुछ भिन्न हैं (दे० आगे अनु० ७४१ और ६२९)। राम-सेना से कुश-लव के युद्ध करने का भी वर्णन किया गया है (दे० आगे अनु० ७४८)। इस युद्ध के पूर्व वाल्मीकि-आश्रम में जनक तथा कौशल्या की भेंट चतुर्थ अंक में वर्णित है। कथा के दृष्टिकोण से नाटक की सबसे अधिक महत्त्वपूर्ण विशेषता अन्तिम अंक में मिलती है। वाल्मीकि के आश्रम में राम तथा अयोध्या की जनता के सामने सीता-चरित्र-सम्बन्धी (त्याग, कुश-लव-जन्म आदि) एक वाल्मीकिकृत नाटक का अभिनय वर्णित है, जिसके फलस्वरूप समस्त प्रेक्षकगण सीता की निर्दोषिता पर

विश्वास करते हैं और सीता तथा कुश-लव के साथ राम अयोध्या लौटते हैं। रामकथा के इस सुखान्त निर्वहण की उत्पत्ति और विकास का २०वें अध्याय में विश्लेषण किया जायेगा (दे० अनु० ७५४-७५७)।

उदात्तराघव

२३०. उदात्तराघव[१] की रचना सम्भवतः ८वीं शताब्दी ई० में अनंगहर्ष मायुराज (मात्रराज) द्वारा हुई थी। इसके ६ अंकों में राम के निर्वासन से लेकर रावण-वध के बाद उनके अयोध्या में प्रत्यागम तक की कथा प्रस्तुत की गयी है। कथानक की विशेषताओं में से सीताहरण का नवीन रूप प्रमुख है (दे० अनु० ४९२)। इसके अतिरिक्त कई राक्षस और असुर राम के पक्षवाले पात्रों का रूप धारण करते हैं। चतुर्थ अंक में एक राक्षस हनुमान् का रूप धारण कर सुग्रीव को रावण द्वारा सीता-वध का समाचार देता है; इस पर सुग्रीव अंगद को राज्य सौंपकर चिता में प्रवेश करना चाहते हैं किन्तु वास्तविक हनुमान् ठीक समय पर पहुँचकर उनको बचाते हैं। अन्तिम अंक में एक राक्षस वसिष्ठ का शिष्य बनकर भरत को सन्देश देता है कि लक्ष्मण युद्ध में मारे गये हैं। अनन्तर एक असुर नारद के रूप में पहुँचकर कहता है कि राम का भी देहान्त हुआ है और अन्त में एक राक्षसी सीता का रूप धारण कर उन दोनों के कथन का समर्थन करती है। भरत सरयू में डूबकर मरने पर हैं किन्तु हनुमान् शुभ समाचार लेकर आते हैं और उनको रोकते हैं। हनुमान् से पता चलता है कि एक असुर ने सुमंत्र का रूप धारण कर राम को समाचार दिया था कि भरत मरणासन्न हैं। तृतीय अंक में एक तपस्वी राम के पास जटायु का पत्र लेकर आता है; जटायु ने अपनी चोंच की कलम बनाकर इस पत्र को अपने रक्त से एक पत्ती पर लिखकर कहा कि राम को अपना शोक भुलाकर रावण से बदला लेना चाहिए।

कुन्दमाला

२३१. डॉ० कालीकुमार दत्त[२] **कुन्दमाला** के रचयिता तथा रचनाकाल के विषय में समस्त उपलब्ध सामग्री का अध्ययन करने के बाद इन निष्कर्षों पर पहुँचते हैं—

(१) कवि का नाम धीरनाग,वीरनाग, नागय्य अथवा रविनाग न होकर दिङ्नाग ही है;
(२) रचनाकाल पाँचवीं शताब्दी का प्रारम्भ है;
(३) कुन्दमाला उत्तररामचरित से पहले की रचना है।[३]

कुन्दमाला की कथावस्तु उत्तररामचरित से मिलती-जुलती है। वह सीतात्याग से आरम्भ होती है और राम-सीता-मिलन पर समाप्त हो जाती है। तृतीय अंक में राम तथा लक्ष्मण वाल्मीकि आश्रम के पास गौतमी के तट पर एक कुन्दमाला देखते हैं, जिसकी बनावट सीता के कौशल का स्मरण दिलाती है। आगे बढ़कर उन्हें सीता के चरण-चिह्न भी दिखलायी पड़ते हैं।

---

१. प्रस्तुत परिचय डॉ० राघवन के दिये हुए संक्षेप पर निर्भर है। उनको उदात्तराघव की एक हस्तलिपि प्राप्त हुई है।

२. दे० कालीकुमार दत्त : कुन्दमाला (संस्कृत कॉलेज, कलकत्ता १९६४)।

३. एच० डी० संकालिया (कुन्दमाला एण्ड उत्तररामचरित; ज० ऑ० इं०; भाग १५, पृ० ३२२-३३४) भी दिङ्नाग को कालिदास का समकालीन मानते हैं।

चतुर्थ अंक के प्रारम्भ में बताया जाता है कि राजसेना को निकट जानकर वाल्मीकि ने अपने तपोबल द्वारा आश्रम की स्त्रियों को अदृश्य हो जाने का वरदान दिया है। इसी तरह सीता अदृश्य होकर राम से मिलती हैं, राम सीता की छाया को जल में देखकर विरह के कारण मूर्च्छित हो जाते हैं।

अन्तिम अंक में कुश-लव के रामायणगान के पश्चात् सीता सभा में शपथ खाती हैं, जिसके फलस्वरूप पृथ्वी देवी प्रकट होकर सीता की निर्दोषिता का साक्ष्य देती हैं। इस पर राम सीता को स्वीकार करते हैं तथा पृथ्वी देवी अन्तर्धान हो जाती हैं।

मुरारिकृत अनर्घराघव

२३२. अनर्घराघव की रचना ९०० ई० के लगभग मुरारि द्वारा हुई थी। इसकी कथावस्तु विश्वामित्र के आगमन से लेकर अयोध्या में रामाभिषेक तक का वृत्तान्त है। तृतीय अंक में रावणदूत शौष्कल के मिथिला में आकर रावण की ओर से सीता को माँगने का उल्लेख है। महावीरचरित में भी रावण का एक दूत विश्वामित्र के आश्रम में सीता को रावण की ओर से माँगता है। अनर्घराघव में वाल्मीकीय कथा के जो अन्य परिवर्तन मिलते हैं, वे सब महावीरचरित पर निर्भर हैं। उदाहरणार्थ, शूर्पणखा का मन्थरा के वेष में कैकेयी के एक जाली पत्र के बल पर राम का निर्वासन माँगना (अंक ४), परशुराम का मिथिला ही में आगमन (अंक ४) तथा राम-बालि-द्वन्द्वयुद्ध (अंक ५)।

राजशेखरकृत बालरामायण

२३३. रामकथा-सम्बन्धी सबसे विस्तृत नाटक **बालरामायण** की रचना १०वीं शताब्दी में हुई थी। इसके १० अंकों में सीता-स्वयंवर से लेकर रामाभिषेक तक की कथा भवभूति तथा मुरारि के अनुकरण पर वर्णित है। फिर भी कथानक के दृष्टिकोण से राजशेखर ने मौलिकता का भी प्रदर्शन किया है।

रावण स्वयं प्रहस्त के साथ सीता के स्वयंवर में पहुँचकर धनुष-परीक्षा करना अस्वीकार करता है तथा सीता के पति को अपना शत्रु घोषित कर लौटता है (अंक १)। अनन्तर वह परशुराम से सहायता के लिए निष्फल प्रार्थना करता है (अंक २) तथा लंका में पहुँचकर सीता के विरह के कारण अत्यन्त व्याकुल हो जाता है। उसका मन बहलाने के लिए सीता-स्वयंवर में अन्य राजाओं के प्रयत्नों के बाद राम की सफलता का अभिनय किया जाता है (अंक ३)। बाद में सीता और उनकी धात्रेयिका (दूध-बहन) की कठपुतलियाँ बनवाकर तथा उनके मुँह में सारिकाएँ स्थापित करके माल्यवान् द्वारा विरही रावण को सान्त्वना देने का एक और निष्फल प्रयत्न किया जाता है (अंक ५)।

भवभूति तथा मुरारि के अनुसार परशुराम मिथिला में आते हैं; किन्तु लक्ष्मण ही विष्णु के धनुष पर प्रत्यंचा चढ़ाते हैं (अंक ४)। राम के निर्वासन की कथा कुछ भिन्न है। अयोध्या में दशरथ तथा कैकेयी की अनुपस्थिति का अवसर पाकर मायामय, शूर्पणखा तथा एक परिचारिका क्रमशः दशरथ, कैकेयी तथा मन्थरा का रूप धारण कर लेते हैं और राम को निर्वासित करने में सफल होते हैं (अंक ६)।

सेतुबन्ध के अवसर पर सीता के मायामय शीर्ष का प्रसंग और रावणपुत्र सिंहनाद तथा एक प्रभंजनी नामक राक्षसी के वध का वर्णन मिलता है (अनु० ५७९); मछलियों द्वारा सेतु

को नष्ट करने के प्रयत्न का भी उल्लेख होता है (अंक ७)। त्रिजटा सीता के साथ अयोध्या जाती है (अंक १०)।

महानाटक अथवा हनुमन्नाटक

२३४. महानाटक के प्रथम रूप की रचना सम्भवतः दसवीं शताब्दी में हुई है।[१] लेकिन इसमें १४वीं शताब्दी तक प्रक्षेप जोड़े गये हैं, जिसके फलस्वरूप आजकल दो बहुत भिन्न पाठ प्रचलित हैं—दामोदर मिश्र का तथा (बंगाल में) मधुसूदन का। दामोदर मिश्र का पाठ मूल रचना के अधिक निकट और प्राचीन है।[२]

इस नाटक के स्वरूप को लेकर बहुत वाद-विवाद हुआ है। इतना ही निश्चित है कि इसकी रचना रंगमंच पर अभिनय करने के उद्‌देश्य से नहीं हुई थी। अधिक सम्भव है कि इसका पाठ यात्राओं में किया जाया करता था। दामोदर मिश्र के १४ अंकों के अनुसार, इसके कथानक में निम्नलिखित विशेषताएँ हैं :

अंक १. **सीता-स्वयंवर :** सीता-स्वयंवर में रावण का एक दूत उपस्थित है तथा परशुराम मिथिला ही में आकर पराजित होते हैं।

अंक २. **रामजानकीविलास :** इसमें विवाह के अनन्तर राम और सीता का सम्भोग-वर्णन किया गया है, जो अश्लीलता की सीमा तक पहुँच गया है।

अंक ३. **मारीचागमन :** राम के वनगमन के समय भरत के अयोध्या में विद्यमान होने का उल्लेख है (छन्द ५) तथा अहल्योद्धार का वृत्तान्त अगस्त्याश्रम से पंचवटी की ओर जाते समय वर्णित किया गया है (२०)। सीता के रक्षणार्थ भूमि पर धनुष से रेखा खींचकर राम लक्ष्मण को साथ लेकर, मायामृग को मारने जाते हैं (२७)।

अंक ४. **सीताहरण :** राम तथा लक्ष्मण मृग का शिकार करने के लिए साथ-साथ चले जाते हैं।

अंक ५. **बालिवध :** महावीरचरित आदि के अनुसार बालि स्वयं राम को ललकारता है। इसमें हनुमान् को रुद्रावतार माना गया है (३३); अगले अंक में भी इसे 'रुद्रांश' कहा गया है।

अंक ६. **हनुमद्विजय :** इसमें सीता हनुमान् को तीन अभिज्ञान देती हैं—चूड़ामणि, काक की कथा तथा राम द्वारा सीता को तिलक-प्रदान (३९)।

अंक ७. **सेतुबन्ध :** राम के बाण चलाने का उल्लेख नहीं है।

अंक ८. **अंगदाधिक्षेपण :** अपने पिता के वध के कारण राम से वैर रखकर अंगद रावण को युद्ध में प्रवृत्त करने के उद्‌देश्य से रावण का अपमान करता है (छन्द २)।

अंक ९. **मंत्रिवाक्य :** लंका की सभा का वर्णन।

अंक १०. **रावणप्रपंच :** रावण पहले राम तथा लक्ष्मण के मायामय शीर्ष सीता को दिखलाता है (अभिषेक नाटक के अनुसार); अनन्तर रावण राम का रूप धारण कर तथा अपने दस मायामय शीर्ष हाथ में लेकर सीता को ठगने का प्रयत्न करता है।

---

१. दे० एस० के० दे : दि प्राब्लम ऑव दि महानाटक, इं० हि० क्वा०, भाग ७, पृ० ५३७ आदि।

२. ए० एस्टलेर : दि एलटेस्टे वासियोन डस महानाटक, जर्मन ओरियण्टल सोसाइटी, १९३६।

अंक ११. **कुम्भकर्णवध :** इसमें अंगद द्वारा राक्षसी प्रभंजनी के वध का भी उल्लेख है।

अंक १२. **इन्द्रजित्‌वध :**

अंक १३. **लक्ष्मणशक्तिभेद :** इसमें हनुमान् को हटाने के लिए ब्रह्मा द्वारा नारद को भेज देने का उल्लेख है। इस तरह रावण लक्ष्मण को आहत करने का अवसर पाता है और उनकी चिकित्सा के लिए रावण के वैद्य सुषेण को लंका से लाया जाता है। ओषधि-पर्वत के आनयन के वृत्तान्त में भारत हनुमान् को बाण मारकर गिराते हैं (दे० आगे अनु० ५८८)

अंक १४. **श्रीरामविजय :** प्रारम्भ में लोहिताक्ष नामक रावणदूत के राम के पास आने का वर्णन है। रावण राम से सन्धि का प्रस्ताव करता है तथा जामदग्न्य के परशु के लिए सीता को लौटाना चाहता है। राम इस प्रस्ताव को अस्वीकार करते हैं। रावण-वध के बाद अंगद अपने पिता के वध का प्रतिकार लेने के लिए समस्त सेना को ललकारता है, जिस पर एक आकाशवाणी द्वारा कहा जाता है कि कृष्णावतार में बालि व्याध के रूप में राम-कृष्ण का वध करेगा (७५)।

शक्तिभद्रकृत आश्चर्यचूड़ामणि

२३५. दक्षिण भारत का यह नाटक नवीं शताब्दी का माना जाता है, लेकिन इसकी इतनी प्राचीनता बहुत सन्दिग्ध है।[1] इसमें शूर्पणखा के आगमन से लेकर सीता की अग्निपरीक्षा तक की कथा का सात अंकों में वर्णन मिलता है। इसकी विशेषता यह है कि राम तथा सीता के पास मुनियों से प्राप्त एक अँगूठी तथा चूड़ामणि है, जिनके स्पर्शमात्र से छद्‌मवेशी राक्षस अपना वास्तविक रूप धारण कर लेते हैं। इससे नाटक का नाम **आश्चर्यचूड़ामणि** रखा गया है (अंक ३, छन्द ८)।

राम का रूप धारण करनेवाला रावण, लक्ष्मण का रूप धारण करनेवाले अपने सारथि की सहायता से, सीता को हर लेता है। इतने में शूर्पणखा सीता के रूप में राम से बातचीत करती है तथा मारीच राम के रूप में लक्ष्मण से।

राम-सम्बन्धी प्राचीन अप्राप्य नाटक

२३६. काव्यशास्त्र-विषयक ग्रन्थों के उद्धरणों से अनेक प्राचीन रामकथा-सम्बन्धी अप्राप्य नाटकों का पता चलता है। क्षेमेन्द्रकृत **कनकजानकी** के कई उद्धरण **कविकण्ठाभरण** में मिलते हैं। इसकी कथावस्तु सीता त्याग से सम्बन्ध रखती है, ऐसा अनुमान किया जा सकता है। क्षीरस्वामीकृत **अभिनवराघव** (दसवीं श०) का उल्लेख हेमचन्द्र के शिष्यों द्वारा हुआ है। **रामचन्द्र** (हेमचन्द्र के शिष्य) के दो नाटक अप्राप्य हैं, अर्थात् **रघुविलास** तथा **राघवाभ्युदय** (१२वीं श०)।

कुछ अन्य अप्राप्य प्राचीन नाटकों के विषय में डॉ० राघवन ने निम्नलिखित सामग्री एकत्र की है।[2] **रामाभ्युदय** तथा **स्वप्नदशानन** को छोड़कर सबों के रचयिता अज्ञात हैं।

(१) यशोवर्मन की **रामाभ्युदय** (८वीं श० पूर्वार्द्ध)[3] इसका कथानक (६ अंक) वाल्मीकि रामायण के अनुसार है। वह शूर्पणखा-विरूपीकरण से प्रारम्भ होकर राम-अभिषेक पर समाप्त हो जाता है।

---

१. सुशील कुमार दे : हिस्टरी ऑव काव्य लिटरेचर, पृ० ३०२।

२. डॉ० राघवन : **सम ओल्ड लोस्ट राम प्लेज** (अन्नामलाई १९६१ ई०)

३. दे० इं० हि० क्वा०, भाग ३०, पृ० ३७९-८१।

(२) **रामानन्द** की रचना सन् ९०० ई० के पूर्व हुई थी। कथावस्तु उत्तररामचरित से सम्बन्ध रखती है। शारदातनय एक अन्य **रामानन्द** नामक नाटक का उल्लेख करते हैं, जिसमें विभीषण का परिचय सीताहरण के पूर्व ही मिलता है—

प्रागेव सीताहरणाद् यद् विभीषणवर्णनम् (दे० भावप्रकाश ८)

(३) **छलितराम** (नवीं शताब्दी) का कथानक रावण-वध के पश्चात् राम के अयोध्या में आगमन से प्रारम्भ होकर उनके अश्वमेध-यज्ञ पर समाप्त हो जाता है। सीता-त्याग का कारण अयोध्या की जनता का अपवाद नहीं है; लवण दो राक्षसों को राम के पास भेज देता है, जो राम के अन्तरंग सखा बनकर उनको सीता के प्रति उकसाते हैं। लवण के इस छल-कपट से नाटक का नाम छलितराम ही रखा गया है।

लव-कुश-युद्ध का वर्णन भी मौलिक है; लक्ष्मण लव को कैदी बनाकर उनको राम के दरबार में ले जाते हैं। लव अश्वमेध-मण्डप में सुवर्णमयी सीता को देखकर अपनी माता सीता को पहचानता है। इससे राम को पता चलता है कि सीता जीवित हैं।

(४) **कृत्यारावण** की रचना सम्भवत: नवीं शती पूर्वार्द्ध में हुई थी। इसमें सीताहरण से लेकर सीता की अग्नि-परीक्षा तक की कथा सात अंकों में प्रस्तुत की गयी है। शीर्षक रावण की कृत्या (माया) की ओर निर्देश करता है। मायामृग के अतिरिक्त राक्षसी माया का परिचय हमें शूर्पणखा के विभिन्न रूपों से तथा सीता के सामने राम-वध के प्रदर्शन से मिलता है। कथानक का मुख्य परिवर्तन सीताहरण का एक नवीन रूप है, जिसमें सीता लक्ष्मण के प्रति कटु शब्दों का प्रयोग नहीं करतीं; शूर्पणखा ही सीता का रूप धारण कर लक्ष्मण की भर्त्सना करती है (दे० आगे अनु० ४९६)। छठे अंक में दारुणिका राक्षसी को सीता का वध करने का आदेश दिया जाता है। दारुणिका सीता को आत्महत्या के लिए प्रेरित करने के उद्देश्य से उनके सामने एक मायामय राम का वध करवाती है। अपने स्वामी की हत्या देखकर सीता अग्नि में प्रवेश करने का निश्चय करती हैं (इस निश्चय का समाचार राम को दिया जाता है; नाट्यदर्पण में, जो सीता-विपत्ति-श्रवण का उद्धरण मिलता है, वह इस प्रसंग की ओर निर्देश करता है)।

(५) **जानकीराघव** एक श्रृंगार रस प्रधान नाटक है जिसके सात अंकों में सीता-स्वयंवर से लेकर रामाभिषेक तक की समस्त रामकथा को प्रस्तुत किया गया है। रावण को सीता-स्वयंवर में उपस्थित माना गया है।

(६) **राघवाभ्युदय** का कथानक अरण्यकाण्ड की घटनाओं से प्रारम्भ होकर सीता की पुन:प्राप्ति पर समाप्त हो जाता है। युद्ध के प्रारम्भ में **रावण का सन्धिप्रस्ताव** इस नाटक की विशेषता है; रावण के आदेश पर जालिनी नामक राक्षसी सीता का रूप धारण कर लेती है और रावण उसे ही राम को समर्पित करना चाहता है। यह प्रस्ताव सुनकर राम किंकर्तव्यविमूढ़ हो जाते हैं क्योंकि वह विभीषण को लंका का राजा बनाने की प्रतिज्ञा कर चुके हैं। उसी समय इन्द्र के रूप में एक दूसरा राक्षस रावण का प्रस्ताव स्वीकार करने के लिए राम से अनुरोध करता है। अन्त में लक्ष्मण रावण की माया का रहस्योद्घाटन करते हैं।

(७) **मायापुष्पक** के प्रारम्भ में अन्धमुनि का शाप मनुष्य का रूप धारण कर रंगमंच पर आता है। प्राप्त उद्धरणों से पता नहीं चलता कि रावण किस तरह एक मायावी पुष्पक विमान का उपयोग करता है। यह १०वीं शताब्दी से पहले की रचना है।

(८) **स्वप्नदशानन** का रचयिता **भीमट** है। उसके पाँच नाटकों में से स्वप्न दशानन ही श्रेष्ठ कहा जाता है। यह भी १०वीं शताब्दी से पहले की रचना है।

(९) **मारीचवंचित** के पाँच अंकों में रावण-वध तक की रामकथा प्रस्तुत की गई है।

(१०) **रामविक्रम** के द्वितीय अंक में इसका वर्णन किया गया है कि जनक को किस प्रकार राम-सीता के वनवास का समाचार मिला था।

(११) **राघवानन्द**। रचनाकाल १०वीं शताब्दी से पहले । शृंगारप्रकाश में इसके दो उद्धरण हैं।

(१२) **अभिजातजानकी**। इसका तृतीय अंक सेतु निर्माण से सम्बन्ध रखता है।

(१३) उपर्युक्त नाटकों के अतिरिक्त डॉ० राघवन निम्नलिखित अंकों का भी उल्लेख करते हैं :

अयोध्याभरत, कैकेयीभरत, दशरथांक, प्रावृडंक, विभीषणनिर्भत्सनांक, शक्त्यंक, सम्पात्यंक। अब तक इसका पता नहीं चल सका कि ये अंक किन-किन नाटकों के हैं। सम्पात्यंक में मायावती नामक राक्षसी अंगद-हनुमानादि वानरों को धोखे में डालने का प्रयत्न करती है। रामायण ककविन, भट्टिकाव्य तथा तिब्बती रामायण में स्वयंप्रभा वानरों को भुलाने का प्रयत्न करती है (दे० अनु० ५२६); सम्पात्यंक की मायावती सम्भवतः स्वयंप्रभा से अभिन्न है।

जयदेवकृत प्रसन्नराघव

२३७. महादेव के पुत्र जयदेव ने १२वीं अथवा १३वीं शताब्दी में **प्रसन्नराघव** की रचना की थी, जिसमें सीता-स्वयंवर से लेकर राम के रावण-वध के बाद अयोध्या में प्रत्यागमन तक की कथा का सात अंकों में वर्णन किया गया है। इस रचना पर मुरारिकृत अनर्घराघव का स्पष्ट प्रभाव पड़ा है। कथानक के दृष्टिकोण से इसमें निम्नलिखित विशेषताएँ मिलती हैं :

सीता-स्वयंवर में रावण तथा बाणासुर की उपस्थिति और उनके धनुष-सन्धान के निष्फल प्रयत्न। उस अवसर पर रावण का सीताहरण करने का संकल्प प्रकट करना (अंक १)।

धनुर्भंग के पूर्व राम और सीता का मिथिला के चण्डिकायतन में मिलना (अंक २)। मिथिला में पहले परशुराम के दूत और बाद में परशुराम का आगमन (अंक ४)।

विविध नदियों (यमुना, गंगा, सरयू, गोदावरी) का मानवीकरण तथा उनका सागर के तट पर मिलकर अपने भूमिभाग से सम्बन्ध रखनेवाली रामकथा सुनाना (अंक ५)।

विद्याधर रत्नशेखर का विरह-व्याकुल राम को लंका की घटनाएँ इन्द्रजाल द्वारा दिखलाना (अंक ६)।

उल्लाघराघव

२३८. गुजरात के निवासी सोमेश्वर ने **उल्लाघराघव** की रचना १३वीं शती ई० पूर्वार्द्ध में की थी। इसकी अपूर्ण हस्तलिपि भण्डारकर इंस्टिट्यूट (पूना) में सुरक्षित है; कैटलॉग में इसका नाम **रामायणनाटक** रखा गया है। सम्पूर्ण नाटक बड़ौदा के ओरियण्टल सीरीज में प्रकाशित हुआ है (१९६१)। उल्लाघराघव में वाल्मीकीय बालकाण्ड के अन्त से लेकर युद्धकाण्ड के अन्त तक का कथानक आठ अंकों में प्रस्तुत किया गया है। प्रथम अंक में राम-सीता-विवाह के पश्चात् मिथिला से प्रस्थान का वर्णन किया गया है तथा इसके बाद कंचुकी हरिदत्त परशुराम के तेजोभंग की कथा सुनाते हैं। एक अपवाद को छोड़कर वाल्मीकीय कथानक में कहीं भी परिवर्तन नहीं किया गया है। अन्तिम अंक के प्रारम्भ में राम की पुष्पक-यात्रा को

प्रस्तुत किया गया है। अनन्तर लवण का एक गुप्तचर मुनि का रूप धारण कर, अयोध्या में यह समाचार फैलाता है कि रावण राम-लक्ष्मण का वध करने के बाद अयोध्या पर आक्रमण करने आ रहा है। सेना को बुलाया जाता है तथा कौशल्या और सुमित्रा अग्नि में प्रवेश करने की तैयारियाँ कर रही हैं। पुष्पक के पहुँचने पर भरत विभीषण पर बाण चलाना चाहते हैं किन्तु वसिष्ठ उनको रोकते हैं। यह प्रसंग उदात्तराघव के षष्ठ अंक का स्मरण दिलाता है (दे० ऊपर अनु० २३०) किन्तु उल्लाघराघव पर अनर्घराघव का सर्वाधिक प्रभाव पड़ा है।[१]

राम-सम्बन्धी गौण नाटक

हस्तिमल्लकृत मैथिलीकल्याण तथा अंजनापवनंजय

२३९. जैन कवि हस्तिमल्ल ने १२९० ई० के लगभग सीता-विवाह-सम्बन्धी **मैथिलीकल्याण** की रचना की थी।[२] इस शृंगारात्मक नाटक के प्रथम चार अंकों में राम तथा सीता के पूर्वानुराग का वर्णन किया गया है। दोनों स्वयंवर के पूर्व मिथिला के कामदेवमन्दिर में (अंक १) और माधवी वन में (अंक २) मिलते हैं; अनन्तर दोनों के विरह-वर्णन तथा चन्द्रकान्तधर-गृह में अभिसारिका सीता का भी चित्रण किया गया है (अंक ३-४)। अन्तिम अंक का वर्ण्य-विषय धनुर्भंग तथा रामसीता-विवाह (अंक ५) है।

अंजनापवनंजय[३] विमलसूरि की रामकथा पर निर्भर है। इसके सात अंकों में अंजनापवनंजय के चरित्र का इस प्रकार वर्णन किया गया है—

अंक १. अंजना के स्वयंवर की तैयारियाँ।
अंक २. स्वयंवर; पवनंजय-अंजना-विवाह; युद्ध के लिए पवनंजय का प्रस्थान।
अंक ३. पवनंजय का रात्रि के समय अंजना से मिलना तथा प्रातः छिपकर युद्धक्षेत्र में लौट जाना।
अंक ४. गर्भवती अंजना का अपने मायके महेन्द्रपुर भेजा जाना।
अंक ५. वरुण की पराजय के बाद पवनंजय घर के रास्ते में अंजना के विषय में सुनते हैं। वह तुरन्त ही महेन्द्रपुर के लिए प्रस्थान करते हैं। वहाँ पहुँचने के पूर्व पता चलता है कि अंजना ने मायके न जाकर मातंगमालिनी वन में प्रवेश किया है। पवनंजय उसकी खोज करने जाता है।
अंक ६. गन्धर्वराजा मणिचूड़ ने अंजना के प्राण बचाकर उसको अपने राज्य में शरण दी है, जहाँ हनुमान् का जन्म हुआ है। पवनंजय तथा अंजना का मिलन।
अंक ७. पवनंजय का यौवराज्याभिषेक तथा विजयार्ध पर्वत का राज्य उसको सौंपा जाना।

विमलसूरि के पउमचरियं में इस बात को पर्याप्त महत्त्व दिया गया है कि पवनंजय अंजना के साथ विवाह करने के पश्चात् २२ वर्ष तक उसके प्रति उदासीन ही रहा तथा युद्ध-क्षेत्र में अचानक इस प्रकार उसके प्रति आकर्षित हुआ कि रात के समय छिपकर अंजना से मिलने आया था (दे० आगे अनु० ६६९)। हस्तिमल्ल ने इस अस्वाभाविक प्रसंग को छोड़कर तथा अंजना के स्वयंवर का वर्णन करके (जिसका पउमचरियं में उल्लेख नहीं होता) मौलिकता का प्रदर्शन किया।

---

१. माणिकचन्द्र दिगम्बर जैन ग्रन्थमाला, नं० ५।

२. वही,

३. वही,

सुभट्टकृत दूतांगद

२४०. १३वीं शताब्दी की इस रचना में सुभट्ट ने अंगद के दूतत्व का प्रथम दो अंकों में वर्णन किया है। विशेषता यह है कि एक माया-मैथिली आकर अंगद के सामने ही रावण की गोद में बैठ जाती है, जिससे अत्यन्त क्रुद्ध हो जाता है। अन्त में रावण की पराजय के पश्चात् राम के विजयोत्सव का चित्रण किया गया है।

भास्करभट्टकृत उन्मत्तराघव

२४१. भास्करभट्ट (१४वीं शताब्दी) के **उन्मत्तराघव** (निर्णयसागर प्रेस, बम्बई सन् १९२५ ई०) नामक प्रेक्षणक में विक्रमोर्वशीय के चतुर्थ अंक का स्पष्टतया अनुकरण किया गया है।

दुर्वासा के शाप से सीता के मृग रूप में बदल जाने पर राम का सर्वत्र सीता को ढूँढ़ना तथा अगस्त्य की सहायता से उनको पुनः प्राप्त करना इस रचना का वर्ण्य-विषय है।

विरूपाक्षकृत उन्मत्तराघव

२४२. भास्करभट्ट की भाँति विरूपाक्षदेव ने १५वीं शती के प्रारम्भ में एक **उन्मत्तराघव** नामक प्रेक्षणक लिखा है; उसमें भी विप्रलम्भ शृंगार प्रधान रस है (अड्यार सन् १९४६ ई०)। सीताहरण का वर्णन वाल्मीकीय कथा के अनुसार है; किन्तु कनकमृग मारने के बाद सीता को न पाकर राम उन्मत्त हो जाते हैं और लक्ष्मण अकेले ही जाकर वानरों की सहायता से रावण को मार डालते हैं तथा सीता को राम के सामने उपस्थित करते हैं।

व्यासमिश्रदेवकृत रामाभ्युदय

२४३. व्यासमिश्रदेव ने १५वीं शताब्दी पूर्वार्द्ध में **रामाभ्युदय** की रचना की थी, जिसके दो अंकों में लंका का युद्ध, सीता की अग्निपरीक्षा, पुष्पक से अयोध्यागमन तथा राम का अभिषेक वर्णित है।

उत्तरकालीन नाटक

२४४. पन्द्रहवीं शताब्दी के पश्चात्, विशेषकर सत्रहवीं शताब्दी में, विस्तृत रामकथा-सम्बन्धी नाटक-साहित्य की सृष्टि हुई है। अधिकांश सामग्री अब तक अप्रकाशित है (दे० मद्रास तथा तंजूर संस्कृत कैटलॉग)।

ऐसा प्रतीत होता है कि इन नाटकों में अद्भुत रस को उत्तरोत्तर महत्त्व दिया गया है। उदाहरणार्थ यहाँ दो रचनाओं का उल्लेख किया जाता है।

निर्णयसागर से प्रकाशित सत्रहवीं शताब्दी के दक्षिण निवासी महादेवकृत **अद्भुतदर्पण** (दस अंक) में राम को एक ऐन्द्रजालिक द्वारा दर्पण के माध्यम से लंका की घटनाएँ दिखलायी जाती हैं।

उसी काल के **जानकी-परिणय** (जिसकी रचना दक्षिण निवासी रामभद्र दीक्षित द्वारा हुई थी) में इतने पात्र एक-दूसरे का रूप धारण कर लेते हैं कि समस्त नाटक हास्यप्रधान बन गया है। सीता का हरण करने के उद्‌देश्य से विराध राम का रूप धारण कर लेता है तथा शूर्पणखा राम को रोकने के उद्‌देश्य से सीता का रूप धारण करती है। दोनों आश्रम के पास पहुँचकर एक-दूसरे

को नहीं पहचानते हैं और फलस्वरूप विराध शूर्पणखा को ले जाता है। इस प्रकार के और अनेक वृत्तान्त मिलते हैं। अन्त में छद्मवेशी शूर्पणखा राम-वध का झूठा समाचार लेकर हनुमान् के पूर्व ही अयोध्या में पहुँच जाती है तथा भरत और शत्रुघ्न को आत्महत्या के लिए प्रेरित करती है।

ग-स्फुट काव्य

श्लेषकाव्य

२४५. (१) संस्कृत साहित्य का प्रथम विस्तृत श्लेषकाव्य रामकथा से सम्बन्ध रखता है। सन्ध्याकर नन्दि ने १२वीं शताब्दी के प्रारम्भ में **रामचरित** की रचना की थी। इसके २२० आर्याछन्दों में समस्त रामकथा की प्रधान घटनाओं का वर्णन श्लेषात्मक शब्दों में किया गया है, जिसमें साथ-साथ बंगीय राजा रामपाल का चरित्र भी वर्णित है। इसमें वाल्मीकि रामायण के कथानक से कोई भिन्नता नहीं है। इस रचना के अतिरिक्त निम्नलिखित राम-सम्बन्धी श्लेषकाव्यों का उल्लेख मिलता है।

(२) दिगम्बर जैन धनंजयकृत **राघवपाण्डवीय** (१२वीं श० पूर्वार्द्ध), जिसके १८ सर्गों में रामायण तथा महाभारत की कथा का वर्णन किया गया है। पुत्रेष्टि-यज्ञ का अभाव (सर्ग ३), बालिवध के पश्चात् सुग्रीव द्वारा अपनी पुत्री कल्याणी का राम को अर्पित करना (सर्ग ९), लक्ष्मण द्वारा कोटिशिला का ऊपर उठाना (सर्ग १२)—यह सब जैनी रामकथा के अनुसार है (दे० ऊपर अनु० ६०)।

(३) कविराज माधवभट्ट अथवा कविराज पण्डितकृत **राघवपाण्डवीय** (१२वीं शताब्दी उत्तरार्द्ध) जिसके १३ सर्गों में रामायण तथा महाभारत की कथा वर्णित है।

(४) हरदत्त सूरिकृत **राघवनैषधीय**, जिसमें राम तथा नल का चरित्रवर्णन मिलता है।

(५) चिदम्बरकृत **राघवपाण्डवयादवीय** (१६०० ई० के लगभग), जिसमें रामायण, महाभारत तथा भागवतपुराण की कथा का साथ-साथ वर्णन किया गया है।

(६) गंगाधर महाडकरकृत **संकटनाशनस्तोत्र** (१८वीं शती), जो राम तथा कृष्ण से सम्बन्ध रखता है।

नीति-काव्य

२४६. राम कविकृत **सन्नीति रामायण** १५वीं श० का है। प्रत्येक श्लोक का पूर्वार्द्ध नीति-वाक्य है, उत्तरार्द्ध रामकथा-विषयक है। इस प्रकार सात काण्डों में समस्त रामकथा प्रस्तुत की गयी है। (दे० जर्नल त्रावांकुर यूनिवर्सिटी ओरियण्टल मैनुस्क्रिप्ट लाइब्रेरी, भाग ७, अंक १-२)।

एक उदाहरण इस प्रकार है :

धर्मार्थसाधकं कुर्यात् व्यापारं स्वकुलोचितम्।
इक्ष्वाकु वंशजोऽरक्षत् क्षोणीं दशरथोऽखिलाम्॥

विलोम-काव्य

२४७. (१) सूर्यदेवकृत **रामकृष्णविलोम-काव्य** (सन् १५४० के लगभग)। इसके ३६ छन्दों में अक्षरों का स्वाभाविक क्रम राम से सम्बन्ध रखता है तथा विपरीत क्रम (दाहिने से बायें) कृष्ण से।

(२) वेंकटाध्वारिन्-कृत **यादवराघवीय** (१७वीं श० पूर्वार्द्ध)। इसके ३०० छन्दों में अक्षरों के स्वाभाविक क्रम से रामकथा तथा विपरीत क्रम से कृष्णकथा का वर्णन किया गया है (दे० मद्रास कैटलॉग नं० डी ११८९१)।

(३) **राघवयादवीय**। इसका विस्तार ६४ छन्दों का है तथा कथावस्तु उपर्युक्त यादवराघवीय के समान है (दे० मद्रास कैटलॉग नं० डी ७१५८ तथा इण्डिया ऑफिस कैटलॉग नं० ७१३३)।

चित्रकाव्य

२४८. (१) कृष्णमोहनकृत **रामलीलामृत** के १२० छन्दों में विश्वामित्र-आगमन से लेकर रावण-वध तक की रामकथा का वर्णन किया गया है। इस अपेक्षाकृत आधुनिक काव्य में सम्बन्ध, पद्मबन्ध, सोपान, गोमूत्र आदि चित्रालंकारों का व्यापक प्रयोग मिलता है। (दे० हरप्रसाद शास्त्रीकृत संस्कृत कैटलॉग भाग १, नं० ३१७)।

(२) आन्ध्र प्रदेश निवासी वेंकटेशकृत **चित्रबन्धरामायण** का भी उल्लेख मिलता है। ६ सर्गों में विभक्त इसका विस्तार ६२० छन्द है। (दे० तंजूर कैटलॉग नं० ३७७२)।

श्रृंगारिक खण्डकाव्य

२४९. राम-सम्बन्धी श्रृंगारिक खण्डकाव्य की सृष्टि विशेषकर मेघदूत तथा गीतगोविन्द के अनुकरण पर हुई है।

मेघदूत के अनुकरण पर रचित निम्नलिखित ग्रन्थों का उल्लेख मिलता है।

(१) **हंससन्देश अथवा हंसदूत—** इसके रचयिता के कई नाम पाये जाते हैं : वेंकटदेशिक, वेंकटनाथ, वेदान्ताचार्य और श्री वेदान्तातेशिक। उन्होंने १३वीं शती ई० में हंससन्देश को लिखकर राम-काव्य के एक नवीन रूप का प्रवर्तन किया। इसमें यह कल्पना की गयी है कि लंका से हनुमान् के लौटने के बाद विरही राम ने एक राजहंस को अपना दूत बनाया और उसे लंका का मार्ग समझाकर सीता के लिए अपना सन्देश दिया।

(२) **भ्रमरदूत—** (१७वीं श० ई०)। नैयायिक रुद्र वाचस्पति अथवा रुद्रन्यायपंचाननकृत। कथावस्तु हंससन्देश जैसी है, किन्तु हंस के स्थान पर भ्रमर को सम्बोधित किया जाता है।

(३) **कपिदूत—** इसमें हनुमान् को भेजा जाता है (दे० ढाका यूनिवर्सिटी मैनुस्क्रिप्ट, नं० ९७५ बी)।

(४) **कोकिलसन्देश—** वेंकटाचार्यकृत ३०० छन्दों की १७वीं शती की रचना (दे० तंजूर कैटलॉग नं० ३८६२)।

(५) **चन्द्रदूत—** कृष्णचन्द्र तर्कालंकार की रचना (दे० हरप्रसाद शास्त्री, नोटिसेस, भाग २, पृ० १५३)।

(6) **वातदूत—** (१९वीं श० ई०)। न्यायपंचानन कृष्णनाथ भट्टाचार्यकृत। विरहिणी सीता वायु को दूत बनाकर अशोकवन से राम के पास सन्देश भेजती है।

(७) नित्यानन्द शास्त्रीकृत **हनुमद्दूत** इसका प्रमाण है कि बीसवीं श० ई० तक इस प्रकार की रचनाओं का क्रम चलता रहा। इसमें राम द्वारा सीता के पास सन्देश भेजने का वर्णन है। यह मेघदूत के पदों के चतुर्थ चरण की समस्यापूर्तिपरक रचना है।

२५०. **गीतगोविन्द** के अनुकरण पर भी बहुत-से राम-सीता-विषयक काव्यों की रचना हुई है। उदाहरणार्थ—(१) रामगीतगोविन्द (वेंकटेश्वर प्रेस)। यह काव्य भूल से जयदेवकृत माना जाता है। इसमें गीतगोविन्द का स्पष्टतया अनुकरण किया गया :

यदि हरिस्मरणे सरसं मनो यदि विलासकलासु कुतूहलम्।
मधुरकोमलकान्तपदावलीं शृणु तदा जयदेवसरस्वतीम्॥ ३॥

(गीतगोविन्द, सर्ग १)

यदि रामपदाम्बुजे रतिर्यदि वा काव्यकलासु कौतुकम्।
पठनीयमिदं तदौजसा रुचिरं श्रीजयदेवनिर्मितम्॥ ४॥

(रामगीतगोविन्द, सर्ग १)

प्रस्तुत रचना के छह सर्गों (२४ गीत) में विष्णु-अवतार राम के जन्म से लेकर रावण-वध के पश्चात् अयोध्या में राम के अभिषेक तक समस्त रामकथा को संक्षेप में प्रस्तुत किया गया है। गीतगोविन्द का अनुकरण होते हुए भी सीता के सौन्दर्य का वर्णन नहीं हुआ; शृंगारात्मक स्थल अत्यन्त मर्यादित हैं तथा समस्त काव्य शुद्ध रामभक्ति से ओतप्रोत है। कथानक की निम्नलिखित विशेषताएँ उल्लेखनीय हैं :

—जन्म के पश्चात् राम का अपना विष्णु-रूप दिखलाना।

—मिथिला में ही परशुराम का तेजोभंग।

—कैकेयी दशरथ-रथ का भग्न अक्ष सँभालती है।

—कई स्थलों पर रामचरितमानस का सादृश्य।

विवाह में देवता लोग उपस्थित हैं तथा जनक राम के चरण धोते हैं; जयन्त सीता के पैर पर चोंच मारता है :

शक्रसूनुरगमत् खगाकृतिः॥ २॥
विददार पदांगुष्ठम् (सर्ग ४);

पम्पासर के तट पर नारद-राम-संवाद।

(२) **गीतराघव** के नाम से दो रचनाएँ प्रचलित हैं, एक हरिशंकरकृत तथा अन्य प्रभाकरकृत। (दे० हरप्रसाद शास्त्री, नोटिसस, भाग २, पृ० ४३)।

(३) **जानकीगीता**। श्रीहर्याचार्यकृत। हरिनाथकृत एक **राम-विलास** नामक रचना का उल्लेख मिलता है, जो सम्भवतः **जानकीगीता** से अभिन्न हो।[1]

(४) **संगीतरघुनन्दन**। इस १८वीं श० की विश्वनाथ सिंह की रचना में **गीतगोविन्द** के अनुकरण के साथ-साथ सीता-राम की युग्मभक्ति का भी प्रतिपादन किया गया है इसमें रामचन्द्र के गृहरास (सर्ग २), वसन्त रास (सर्ग ३) आदि का भी वर्णन मिलता है (दे० हरप्रसाद शास्त्री, नोटिसस, भाग ३, नं० ३२४)।

(५) **राघवगीतम्** या **रामगीतम्** (१८वीं श० ई०)। इसका रचयिता श्रीकृष्ण भट्ट जयपुर के राजा के आश्रय में रहता था तथा हिन्दी साहित्य के इतिहास में लाल कवि के नाम से प्रसिद्ध है। राघवगीतम् के कारण उसे राजा की ओर से रामरासाचार्य की उपाधि मिली थी इस रचना के १२ सर्गों में प्रमुख रूप से राम, सीता तथा सीता की सखियों (ग्रामवधूटियों) के चित्रकूट-रासलीला का वर्णन है (दे० नागरी प्रचारिणी पत्रिका, वर्ष ७१, अंक ३-४, पृ० २९३-३०६)।

---

१. दे० मोनियर विलियम्स : इण्डियन विजडम, पृ० ३६८।

अन्य स्फुट काव्य

२५१. उपर्युक्त रचनाओं के अतिरिक्त साहित्यदर्पण के रचयिता विश्वनाथकृत **राघवविलास**, मुद्‌गलभट्टकृत **रामार्याशतक**, कृष्णेन्द्रकृत **आर्यारामायण** आदि का उल्लेख भी मिलता है, जिनमें रामकथा के दृष्टिकोण से नयी सामग्री नहीं मिलती, लेकिन जिनसे रामकथा की लोकप्रियता तथा समस्त काव्य में व्यापकता का प्रमाण मिलता है। सोमेश्वरकृत **रामशतक** मानता है कि अहल्या वास्तव में पाषाण बन गयी थी। रचना १३वीं शताब्दी की है तथा बड़ौदा के ओरियण्टल सीरीज में प्रकाशित (१९६५)।

घ—कथा-साहित्य

२५२. दशकुमारचरित, वासवदत्ता, हर्षचरित, कादम्बरी आदि की आख्यायिका-शैली में किसी विस्तृत राम-सम्बन्धी रचना की सृष्टि नहीं हो पायी है। कारण यह होगा कि इस शैली की रचनाओं का कथानक कल्पित माना जाता था। फिर भी कथा-साहित्य की सबसे प्राचीन रचना, गुणाढ्यकृत **बृहत्कथा** में (जिसकी रचना सम्भवत: प्रथम श० ई० पूर्व[1] हुई थी) रामकथा भी वर्णित थी, ऐसा अनुमान किया जा सकता है। इस अनुमान का आधार यह है कि बृहत्कथा के जो दो विस्तृत रूपान्तर मिलते हैं, इनमें रामकथा भी सम्मिलित की गयी है, अर्थात् जैनियों का **वसुदेवहिण्डि** (पाँचवीं श० ई० अथवा इसके पूर्व) तथा सोमदेवकृत **कथासरित्सागर**। गुणाढ्य की रचना का संक्षेप क्षेमेन्द्र तथा बुधस्वामी द्वारा भी किया गया है। बुधस्वामी के **बृहत्कथा-श्लोक संग्रह** (लगभग ८०० ई०) में रामकथा नहीं मिलती, लेकिन क्षेमेन्द्र की **बृहत्कथा-मंजरी** में रामकथा अति संक्षिप्त रूप में वर्णित है।

२५३. वसुदेवहिण्डि (वसुदेव-भ्रमण) अथवा वसुदेवचरियं में संघदास ने जैन महाराष्ट्री गद्य में बृहत्कथा का जैनी रूप प्रस्तुत किया है।[2] इसमें जो संक्षिप्त रामकथा मिलती है, वह जैनी रामकथा से प्रभावित होते हुए भी वास्तव में गौण परिवर्तनों के साथ वाल्मीकीय कथा ही है। रामकथा के विकास की दृष्टि से वसुदेवहिण्डि की रामकथा इसलिए महत्त्वपूर्ण है कि इसमें पहले-पहल सीता का जन्म लंका में माना गया है।

कथानक रावण की अत्यन्त संक्षिप्त कथा से प्रारम्भ होता है—वंशावली (दो कूर्मपुराण से सम्बन्ध रखती है); लंका में प्रवास; मन्दोदरी से विवाह। अनन्तर दशरथ तथा उनकी सन्तति का उल्लेख हुआ—कौशल्या के पुत्र राम, सुमित्रा के पुत्र लक्ष्मण तथा कैकेयी के पुत्र भरत तथा शत्रुघ्न। इसके बाद मन्दोदरी तथा रावण की पुत्री सीता की जन्म-कथा का वर्णन किया गया है, जिसके अनुसार परित्यक्ता बालिका जनक की दत्तक पुत्री बन जाती है (दे० अनु० ४१२)। सीता-स्वयंवर में किसी धनुष की चर्चा नहीं है। सीता बहुत-से राजाओं में से राम को चुनती हैं; अन्य भाइयों के विवाह का भी संकेत मिलता है। राम के १२ वर्ष के निर्वासन के वर्णन में मन्थरा तथा कैकेयी के दो वरों का उल्लेख है (दे० अनु० ४४७)। भरत दशरथमरण के बाद अयोध्या पहुँचकर राम के पास जाते हैं। उसी अवसर पर कैकेयी पश्चात्ताप करते हुए राम से राज्य स्वीकार करने का निवेदन करती है। शूर्पणखा का विरूपीकरण, मारीच का कनकमृग बनना, सीताहरण, जटायु-रावण-युद्ध, सुग्रीव से मैत्री, बालिवध, हनुमान् का सीता

१. दे० एल० ऐल्सदॉर्फ : प्राच्य विद्या का १९वाँ अन्तरराष्ट्रीय अधिवेशन, पृ० ३४६।
२. दे० जैन आत्मानन्द सभा (भावनगर) का संस्करण; भाग २, पृ० २४०-२४६ और वी० एम० कुलकर्णी : दि रामायण वर्सियन ऑव संघदास; ज० ऑ० इं०, भाग २, पृ० १२८-१३८।

का पता लगाना, सेतुबन्ध, विभीषण की शरणागति, रावण-वध के बाद विमानों पर अयोध्या का प्रत्यागमन यह सब वाल्मीकि की कथा के अनुसार ही वर्णित है। जैनी रामकथा का प्रभाव इसमें परिलक्षित है कि लक्ष्मण ही रावण का वध करते हैं तथा उसी अवसर पर देवताओं द्वारा आठवें वासुदेव घोषित किये जाते हैं। इसके अतिरिक्त संघदास विमलसूरि के अनुसार वानरों और राक्षसों को विद्याधर की पदवी देते हैं; भरत तथा शत्रुघ्न को सहोदर भाई मानते हैं तथा कैकेयी के पश्चात्ताप का उल्लेख करते हैं।

सीताजन्म के नवीन रूप के अतिरिक्त दो अन्य स्थलों पर संघदास का वृत्तान्त मौलिक प्रतीत होता है—सुग्रीव का निमंत्रण स्वीकार कर भरत की सेना युद्ध में भाग लेती है (दे० आगे अनु० ५६७); कैकेयी के दो वरों के लिए दो भिन्न अवसरों की कल्पना कर ली गयी है (दे० अनु० ४४७)।

परवर्ती जैन राम-साहित्य पर संघदास का प्रभाव पड़ा है क्योंकि गुणभद्र के उत्तरपुराण में रावण की वंशावली तथा सीता की जन्म-कथा बहुत कुछ वसुदेवहिण्डि की रामकथा के अनुसार है।

२५४. सोमदेव ने ग्यारहवीं शताब्दी में **कथासरित्सागर** की रचना की थी। इसमें दो स्थलों पर रामकथा का वर्णन किया गया है। चौदहवीं लम्बक की तरंग १०७ के अन्तर्गत वनवास से लेकर रावण-वध के बाद राम की अयोध्या-यात्रा तक की अत्यन्त संक्षिप्त कथा मिलती है (१२-२६)। इसमें वाल्मीकीय कथानक से कोई भिन्नता नहीं पायी जाती है, लेकिन कथासरित्सागर की अन्य रामकथा में इसका एक सर्वथा नवीन रूप प्रस्तुत किया गया है। अलंकारवती लम्बक में कांचनप्रभा नामक विद्याधरी विरहव्याकुल नरवाहन को सान्त्वना देने के उद्देश्य से रामकथा का वर्णन करती है (दे० निर्णयसागर प्रेस संस्करण ९, ५१, ५८-११२)।

प्रारम्भ में विष्णु के अंशावतार राम के निर्वासन, सीताहरण तथा रावण-वध का अत्यन्त संक्षिप्त वर्णन है (दे० ५९-६५)। अनन्तर धोबी-वृत्तान्त से मिलती-जुलती सीता-त्याग की कथा दी गयी है (६६-७१), जिसका वर्णन निबन्ध के बीसवें अध्याय में किया जायेगा (दे० अनु० ७१९)।

शेष वृत्तान्त की निम्नलिखित विशेषताएँ हैं :

— वाल्मीकि के आश्रम में सीता की परीक्षा, जिसमें पृथ्वी देवी प्रकट होकर सीता को टिट्टिभसर के उस पार पहुँचाती हैं (दे० आगे अनु० ६०१)।

— लव के जन्म के बाद कुश के अलौकिक जन्म की कथा (दे० आगे अनु० ७४३)।

— लव और कुश का राम-सेना से युद्ध (दे० आगे अनु० ७४७)।

— राम तथा सीता का सम्मिलन, जिसके कारण यह रामकथा सुखान्त है (दे० आगे अनु० ७५६)।

२५५. रामकथा को लेकर पन्द्रहवीं शताब्दी के बाद एक विस्तृत चम्पू-साहित्य की सृष्टि की गयी है, जिसकी अधिकांश सामग्री अप्रकाशित है। सबसे प्राचीन तथा सबसे प्रचलित राम-सम्बन्धी चम्पू की रचना ग्यारहवीं शताब्दी में विदर्भ के राजा भोज द्वारा हुई थी। इस **चम्पूरामायण** में कहीं भी कथानक के दृष्टिकोण से परिवर्तन नहीं किया गया है। इसका आधार वाल्मीकि रामायण का दाक्षिणात्य पाठ है। यह निम्नलिखित वृत्तान्तों से स्पष्ट है—अयोमुखी का विरूपीकरण (पृ० २५०; चौखम्बा विद्या भवन संस्करण, १९५६);

लंकादेवी-हनुमान्-संवाद (पृ० ३२१); विभीषण की पुत्री अनला का उल्लेख (पृ० ३४२); सुग्रीव-रावण-द्वन्द्वयुद्ध (पृ० ५८४)। इसके केवल पाँच काण्ड भोजकृत हैं; लक्ष्मण भट्ट ने युद्धकाण्ड रचकर इस ग्रन्थ को समाप्त किया था। कालिदास के रघुवंश का भी इस रचना पर प्रभाव पड़ा है।

दिवाकरकृत **अमोघरावघ चम्पू** (१३वीं श० ई०) के अतिरिक्त वेंकटाध्वरिन् का **उत्तररामचरितचम्पू** (१६वीं श० ई०) उल्लेखनीय है। इसमें वाल्मीकि के उत्तरकाण्ड के आधार पर रावण तथा हनुमान् के चरित्र का वर्णन है।

२५६. वासुदेव ने सत्रहवीं शताब्दी ई० उत्तरार्द्ध में **रामकथा** को लिखकर वाल्मीकि रामायण के प्रथम ६ काण्डों की कथा संक्षिप्त रूप से गद्य में लिखी थी। इसमें महाभारत के रामोपाख्यान के अनुसार मन्थरा एक दुन्दुभि नामक गन्धर्वी का अवतार है। कथानक वाल्मीकीय कथा से भिन्न नहीं है, लेकिन उसमें अहल्या के वास्तव में पत्थर बन जाने का उल्लेख किया गया है। पिटर्सन की संस्कृत हस्तलिपियों की सूची में एक अन्य रामकथा-सम्बन्धी गद्य रचना का नाम मिलता है अर्थात् अनन्तभट्टकृत **रामकल्पद्रुम**।

अध्याय-१२

आधुनिक भारतीय भाषाओं में रामकथा

क—द्राविड़ भाषाओं के साहित्य में रामकथा

तमिल रामायण

२५७. द्राविड़ भाषाओं का रामकथा-सम्बन्धी सबसे प्राचीन काव्यग्रन्थ कम्बरकृत **रामायण** है,जिसकी रचना बारहवीं शताब्दी ई० में हुई थी।[१] इसमें वाल्मीकिकृत **रामायण** के प्रथम छह काण्डों की समस्त कथावस्तु स्वतंत्र रूप से वर्णित है और अनेक नये वृत्तान्त भी जोड़े गये हैं। ऐसा कहा जाता है कि कम्बर के पूर्व ओट्टक्कूतन ने तमिल भाषा में **रामायण** लिखा था, लेकिन कम्बर की रचना सुनकर वे अपना काव्य नष्ट करने लगे। यह सुनकर कम्बर उनके पास गये लेकिन वे उत्तरकाण्ड ही बचा सके। इस विषय में इतना ही निश्चित है कि **तमिल रामायण** का उत्तरकाण्ड कम्बरकृत नहीं है। इसकी रचना बाद में ओट्टक्कूतन द्वारा हुई थी।[२] तमिल उत्तरकाण्ड में राम धोबी के कथन के कारण सीता का परित्याग करते हैं, शेष कथानक प्रचलित **वाल्मीकि रामायण** के अनुसार है।

कम्बर की रचना के मंगलाचरण आदि से ज्ञात होता है कि वह शैव थे।[३] उन्होंने अपने काव्य के प्रारम्भ में कहा है कि मैं वाल्मीकि तथा दो अन्य कवियों के आधार पर लिख रहा हूँ। इन दोनों में से एक संस्कृत कवि कुमारदास प्रतीत होते हैं, क्योंकि अनेक **वाल्मीकीय रामायण** से भिन्न वृत्तान्त **जानकीहरण** (८वीं शताब्दी ई०) तथा **तमिल रामायण** दोनों में मिलते हैं।

कम्बर वाल्मीकि रामायण के दाक्षिणात्य पाठ से परिचित थे; यह निम्नलिखित प्रसंगों से स्पष्ट है।

समुद्रमन्थन के समय विष्णु का मोहिनी-रूप धारण करना (१,९ और अनु० ३३२); अयोमुखी का वृत्तान्त (३, १० और अनु० ४५६); लक्ष्मण-तारा-संवाद (४, १० और अनु० ५१०); द्रुमकुल्य का विनाश (६, ६ और अनु० ५७४, २); सुग्रीव-रावण का द्वन्द्वयुद्ध (६, ९ और अनु० ५८४); वानरियों की अयोध्या-यात्रा (६, ३७ और अनु० ६०६)। रणभूमि में कुम्भकर्ण-विभीषण-संवाद (६, १५) का प्रसंग सम्भवतः पश्चिमोत्तरीय पाठ के आधार पर लिखा गया है, किन्तु यह प्रसंग अध्यात्म रामायण, रंगनाथ रामायण आदि में भी विद्यमान है अतः कम्बर का आधार निश्चित करना असम्भव है।

---

१. एस० वैयपुरी पिल्ले का कहना है कि सातवीं श० ई० में वाल्मीकि रामायण का तमिल में पद्यात्मक अनुवाद हुआ था। यह अनुवाद अप्राप्य है (दे० हिस्टरी ऑव तमिल लैंग्विज एण्ड लिटरेचर, मद्रास, १९५६, पृ० १०३)।

२. बी० एम० गोपाल कृष्णाचारियर : कम्ब-रामायण बालकाण्ड, पृ० ९।

३. एम० एस० पूर्णलिंग पिल्ले : तमिल लिटरेचर, पृ० २२३।

कथानक के दृष्टिकोण से कम्ब रामायण के निम्नलिखित प्रसंग विशेष रूप से उल्लेखनीय हैं :

(१) राम-लक्ष्मण के विश्वामित्र के साथ मिथिला में प्रवेश का स्वतंत्र वर्णन किया गया है। मिथिला नगर के विस्तृत वर्णन के पश्चात् राम और सीता के एक-दूसरे को देखने का तथा फलस्वरूप रात में दोनों के विरह का भी चित्रण किया गया है (बालकाण्ड, सर्ग १०)। इसके बाद जनक द्वारा राम का स्वागत तथा सीता-स्वयंवर वर्णित है (सर्ग १२)। यह प्रसंग बहुत कुछ जानकीहरण के वृत्तान्त से मिलता-जुलता है (दे० अनु० ४०३)।

(२) कम्ब के बालकाण्ड में दशरथ की मिथिला-यात्रा का पाँच सर्गों में वर्णन किया गया है। दशरथ के साथ सेना, अन्तःपुर की रमणियाँ आदि भी हैं। उनके विलास का विस्तृत चित्रण किया गया है—पुष्पचयन, जलक्रीड़ा, आपानकेलि आदि। जानकीहरण में भी दशरथ का अपनी पत्नियों के साथ विहार विस्तारपूर्वक वर्णित है।

(३) सीताहरण के वृत्तान्त में रावण सीता को स्पर्श करने के भय से पृथ्वी खोदकर भूमिभाग के साथ-साथ उन्हें ले जाता है (अरण्यकाण्ड, सर्ग ८)।

(४) युद्धकाण्ड में नारायणावतार राम से युद्ध न करने का अनुरोध करते हुए विभीषण रावण को नृसिंहावतार की कथा सुनाता है। किसी भी अन्य रामकथा में ऐसा वर्णन नहीं मिलता (सर्ग ३)।

(५) महोदर की आज्ञा से मरुत नामक एक राक्षस जनक का रूप धारण कर लेता है और रावण को पतिस्वरूप स्वीकार करने का सीता से अनुरोध करता है। इस मायाजनक व्यक्ति का अन्यत्र उल्लेख नहीं है (सर्ग १६)।

(६) सेतुबन्ध तथा जानकीहरण के अनुकरण पर युद्ध के पूर्व राक्षस-राक्षसियों का सम्भोग भी वर्णित है (सर्ग २४)।

कम्ब रामायण की कथावस्तु के और बहुत-से स्थलों पर वाल्मीकि रामायण से भिन्नता[१] पायी जाती है। उदाहरणार्थ—इन्द्र का विडाल का रूप धारण करना (अनु० ३४५); इन्द्र तथा अहल्या के प्रति गौतम का शाप (अनु० ३४६); मन्थरा के वैर का कारण (अनु० ४५४); निद्रादेवी का मानवीकरण (अनु० ४६१); शरभंग-मोक्ष की कथा (अनु० ४५९); हनुमान् के आभूषणों का उल्लेख (अनु० ५१२); लक्ष्मण द्वारा दुन्दुभि के अस्थिकंकाल का प्रक्षेपण (अनु० ५१७); राम (अनु० ५२५) तथा सीता (अनु० ५५०) द्वारा प्रदत्त अतिज्ञान; स्वयंप्रभा (अनु० ५२६) तथा सम्पाति (अनु० ५२७) की कथा; विभीषण की पुत्री के रूप में त्रिजटा का उल्लेख (अनु० ५४७); मन्दोदरी का सहगमन (अनु० ५४४); लक्ष्मण मात्र का नागपाश (अनु० ५८६) तथा ब्रह्मास्त्र (अनु० ५८७) द्वारा पराजित होना; मायासीता-वध के पश्चात् विभीषण का मधुमक्खी का रूप धारण कर लंका में प्रवेश करना (दे० अनु० ५९१); कुम्भकर्ण-वध (अनु० ५८९) तथा इन्द्रजित्-वध (अनु० ५९३) के वर्णन में मौलिकता; भरत द्वारा आत्महत्या-विचार (अनु० ६०९)।

---

१. गौण परिवर्तनों के लिए पाठक अनु० ३९५, ४३३, ४३४, ४६४ और ५१५ भी देख लें।

तेलुगु रामायण

(अ) द्विपद रामायण

२५८. तेलुगु साहित्य का सबसे महत्त्वपूर्ण रामकथा-विषयक ग्रन्थ रंगनाथकृत **द्विपद रामायण** है, जिसकी रचना १४वीं शताब्दी में हुई थी। इसके रचयिता के विषय में मतभेद है, क्योंकि रंगनाथ कवि गोनबुद्ध रड्डी के आश्रित थे और उनकी रचना का श्रेय उनके आश्रयदाता गोनबुद्ध राजु को दिया गया है। फिर भी यह रंगनाथ रामायण के नाम से प्रसिद्ध है।

लोकप्रिय द्विपद नामक छन्द तथा सरल भाषा के कारण इस रामायण का तेलुगु जनसाधारण में बहुत प्रचार है, यद्यपि मोल्लकृत रामायण इससे अधिक प्रचलित है। द्विपद रामायण के छह काण्डों में वाल्मीकि रामायण के प्रथम छह काण्डों की कथावस्तु का वर्णन किया गया है। इसका प्रधान आधार वाल्मीकि रामायण का दाक्षिणात्य पाठ है। राम की जन्मतिथि का उल्लेख; बालकाण्ड की पौराणिक कथाएँ; कैकेयी के अपने पति द्वारा अपमानित किये जाने की कथा; अकम्पन, अयोमुखी तथा लंकादेवी के वृत्तान्त; रावण-सुग्रीव-युद्ध; अगस्त्य द्वारा राम को सूर्यस्तव-प्रदान; ये समस्त प्रसंग जो केवल दाक्षिणात्य पाठ में मिलते हैं, रंगनाथ रामायण में विद्यमान हैं (दे० २२५ अनु० २६)। समुद्रलंघन के वृत्तान्त में मैनाक, सुरसा और सिंहिका का क्रम (दे० अनु० ५३१) तथा रावण की द्वितीय सभा का वर्णन (दे० अनु० ५५७) दाक्षिणात्य के अनुसार ही है।

फिर भी वाल्मीकि रामायण के अन्य पाठों की निम्नलिखित सामग्री रंगनाथ रामायण में विद्यमान है।

उदीच्य पाठ—यज्ञदत्त का नाम (दे० अनु० ४३३); दशरथ-सागर की मैत्री का वर्णन, रावण-मन्दोदरी-संवाद, नारद-कुम्भकर्ण-संवाद और कालनेमि-वृत्तान्त (दे० अनु० ५५८)।

पश्चिमोत्तरीय पाठ—कैकेयी के विद्याबल प्राप्त करने की कथा (दे० अनु० ४३०); नारद-वाक्य, कुम्भकर्ण-वाक्य और मन्दोदरी के केश-ग्रहण का वृत्तान्त (दे० अनु० ५६०)।

गौडीय पाठ—भरत-हनुमान्-संवाद (दे० ५५९)।

इसके अतिरिक्त द्विपद रामायण के कुछ प्रसंग वाल्मीकि रामायण के किसी भी पाठ में नहीं मिलते; उदाहरणार्थ :

(१) इन्द्र ने मुर्गे का रूप धारण कर रात्रि में ही बाँग दी और इस प्रकार गौतम को भ्रम में डाला (दे० अनु० ३४५)।

(२) सीता-स्वयंवर के अवसर पर जनक कहते हैं कि यज्ञ के लिए हल चलाते समय मैंने सीता को एक मंजूषा में पाया था।[१]

(३) मन्थरा के वैर के कारण (दे० अनु० ४५४)।

(४) लक्ष्मण के जागरण के वृत्तान्त में निद्रादेवी का मानवीकरण (दे० अनु० ४६१)।

(५) शूर्पणखा के पुत्र जम्बुमालि की कथा (दे० अनु० ६३२)।

(६) राम की सहायता करने जाने के पूर्व लक्ष्मण द्वारा कुटी के चारों ओर सात रेखाएँ खींची जाने का वृत्तान्त (दे० अनु० ४९८)।

(७) हनुमान् के आभूषणों का उल्लेख (दे० अनु० ५१२)।

---

१. दे० बालकाण्ड, अध्याय ३२। प्रस्तुत ग्रन्थ के समस्त सन्दर्भ बिहार राष्ट्रभाषा परिषद् द्वारा प्रकाशित रंगनाथ रामायण के हिन्दी अनुवाद के अनुसार दिये गये हैं।

(८) समुद्र-मंथन के समय बालि-सुग्रीव द्वारा देवताओं की सहायता तथा तारा की उत्पत्ति (दे० अनु० ५१५)।
(९) नल द्वारा वर-प्राप्ति (दे० अनु० ५७५) तथा हनुमान् से उसका संघर्ष (दे० अनु० ५७६)।
(१०) सेतु-निर्माण में गिलहरी की सहायता (दे० अनु० ५७७)।
(११) रावण के छत्र-चामरों पर बाण चलाने का वृत्तान्त (दे० अनु० ५८४)।
(१२) सुलोचना के सहगमन की कथा (दे० अनु० ५९४)।
(१३) रावण की नाभि में अमृत की स्थिति (दे० अनु० ५९८)।
(१४) अयोध्या की वापसी यात्रा में शिवप्रतिष्ठा (दे० अनु० ५८०)।
(१५) सेतु-भंग का वृत्तान्त (दे० अनु० ६०७)।
(१६) हनुमान् का राम के पत्तल में भोजन करना (अनु० ७०७)।

(आ) अन्य रामायण

२५९. तेलुगु राम-साहित्य[1] की सर्वप्रथम रचना तिक्कन्नकृत **निर्वचनोत्तर रामायण** (निर्वचन का अर्थ है गद्यविहीन) है। इसकी कथावस्तु वाल्मीकि के उत्तरकाण्ड के अनुसार है और यह १३वीं श० ई० की मानी जाती है। रंगनाथ रामायण में उत्तरकाण्ड की कथावस्तु का अभाव है। अत: काचविभुदु तथा विट्ठलराजु ने द्विपद छन्द में **उत्तररामायण** की रचना करके प्रचलित रामायण की कथा पूरी की थी। इसके अतिरिक्त ककटि पापराजु (१८वीं श०) ने भी एक **उत्तररामायण** नामक चम्पू की रचना की है।

२६०. चौदहवीं शताब्दी का **भास्कर रामायण** सबसे अधिक कलात्मक तथा साहित्यिक माना जाता है। यह **वाल्मीकि रामायण** का संस्कृत-गर्भित तेलुगु में स्वतंत्र अनुवाद कहा जाता है, किन्तु इसमें रंगनाथ रामायण के कुछ वृत्तान्तों का समावेश किया गया है, उदाहरणार्थ—अहल्या का शिला बन जाना; मन्थरा वैर का कारण, जम्बुकुमार की कथा, भास्कर के अतिरिक्त उनके पुत्र, मित्र, शिष्य आदि अनेक व्यक्तियों ने इस रामायण के कुछ अंश लिखे हैं।

२६१. १६वीं श० ई० की निम्नलिखित रचनाएँ उल्लेखनीय हैं—रामभद्र कृत **रामाभ्युदयम्** (चम्पू), पिंगलि सूरनार्थ कृत **राघवपण्डिवीयं** (श्लेषकाव्य) और कन्दुकूरि रुद्रकृत **सुग्रीव-विजयसु**। तेलुगु जनसाधारण का सबसे लोकप्रिय रामायण **मोल्ल रामायण** है, जिसकी रचना लगभग १६०० ई० में एक मोल्ल नामक कुम्हारिन कुमारी द्वारा हुई थी। यह बहुत संक्षिप्त है और भक्तिभाव से ओत-प्रोत है किन्तु कथानक वाल्मीकि रामायण के अनुसार है।

२६२. १७वीं श० ई० में कट्ट वरदराजु ने एक विस्तृत **द्विपद रामायण** की रचना की है; सम्पादक का कहना है कि कट्ट वरदराजु प्राय: वाल्मीकीय कथा ही प्रस्तुत करते हैं (दे० श्री रामायणमु ऑव कट्ट वरदराजु, मद्रास यूनिवर्सिटी, १९५०, भूमिका)। एक ही परिवर्तन का उदाहरण दिया जाता है—**पाषाणभूता** अहल्या का उद्धार। इस शताब्दी का **रघुनाथ रामायण** पूरा उपलब्ध नहीं है।

२६३. १८वीं शताब्दी की रचनाएँ वाल्मीकि रामायण के आधार पर लिखी गयी हैं—चम्पू शैली में रचित **गोपीनाथ रामायण,** द्विपद छन्द का **एकोजी रामायण** तथा ठेठ तेलुगु का **अच्च तेलुगु रामायण**। अन्तिम रचना का लेखक कूचिमंच तिम्म कवि है।

---

१. दे० डॉ० चावलि सूर्यनारायण मूर्ति : हिन्दी और तेलुगु के मध्यकालीन राम-साहित्यों का तुलनात्मक अध्ययन (१९६६)।

मलयालम रामायण

२६४. यद्यपि मलयालम साहित्य की प्राचीनतम रचना रामचरित से सम्बन्ध रखती है, किन्तु मलयाली कवियों ने रामकथा के वर्णन में किसी मौलिकता का प्रदर्शन नहीं किया है। १७वीं शताब्दी तक निम्नलिखित राम-सम्बन्धी रचनाओं का उल्लेख मिलता है।

रामचरितम् : दक्षिण तिरुवांकुर की एक सुसंस्कृत उपभाषा में लिखनेवाले राम नामक कवि ने चौदहवीं शताब्दी में **रामचरितम्** की रचना की थी, जो मलयालम साहित्य का प्राचीनतम सुरक्षित ग्रन्थ है। इस रचना का वास्तविक नाम है **इरामचरित**। एक दन्तकथा के अनुसार इसके रचयिता तिरुवांकुर के एक राजा थे, लेकिन इसके लिए कोई प्रमाण नहीं मिलता।[1] अपनी रचना के प्रारम्भ में कवि ने वाल्मीकि का उल्लेख किया है और अपने काव्य के बहुत-से स्थलों पर वाल्मीकि का अक्षरशः अनुवाद भी किया है। इसकी कथावस्तु केवल वाल्मीकि के युद्धकाण्ड से सम्बन्ध रखती है। अय्यिपिल्लैआशन का **रामकथाप्पाट्टु** भी उसी समय का माना जाता है और वह इरामचरित की भाँति राम-रावण-युद्ध मात्र प्रस्तुत करता है।

२६५. कण्णश्श रामायण : पन्द्रहवीं शताब्दी उत्तरार्द्ध की यह कण्णश्श पणिक्करकृत रचना वाल्मीकि रामायण का अनुवाद मात्र है; कण्णश्श ने प्रचलित रामायण के अनेक अनावश्यक वृत्तान्त छोड़ दिये हैं।

२६६. लगभग १५०० ई० में पुनम् नंपूतिरि ने **रामायण चम्पू** मणिप्रवालम् शैली में लिखा है। इस शैली में संस्कृत मिश्रित मलयालम का प्रयोग किया जाता है।

२६७. अध्यात्म रामायण : इसकी रचना १५७५ और १६५० के बीच में एषुत्तच्छन द्वारा हुई थी।[2] यह ग्रन्थ मलयालियों में सबसे अधिक लोकप्रिय रामायण है।

२६८. केरल वर्मा रामायण : राजा वीर केरल वर्मा की यह रचना भी वाल्मीकि रामायण का स्वतंत्र अनुवाद है।

कन्नड़ रामायण

२६९. ११वीं शताब्दी से कन्नड़ भाषा में एक विस्तृत जैन रामकथा-साहित्य की सृष्टि होने लगी थी। इसका उल्लेख ऊपर (अनु० ५९ और ६२) हो चुका है। उस जैन राम-साहित्य की अपेक्षा ब्राह्मण कन्नड़ राम साहित्य अर्वाचीन है। १६वीं शताब्दी में तोरवे निवासी नरहरि ने अपना रामायण लिखा था, जो **तोरवे रामायण** के नाम से प्रसिद्ध है।[3] इस रचना के अतिरिक्त नरहरिकृत **मैरावण कालग** (मैरावण का युद्ध) का भी उल्लेख मिलता है, जिसकी चार सन्धियों में हनुमान् द्वारा मैरावण-वध की कथा मिलती है।

---

१. दे० आर० नारायण पणिक्कर : भाषा साहित्य चरित्रम्, भाग १, १७२।

२. दे० सी० ए० मेनोन : उषुतच्छन एण्ड हिज एज। यूनिवर्सिटी ऑव मद्रास, १९४०।

३. आर० नरसिंहाचार्य के अनुसार नरहरि १५०० ई० के लगभग जीवित थे (दे० कर्णाटक कवि चरिते, भाग २, पृ० १४२)। इ० पी० रैस के अनुसार तोरवे रामायण की रचना १५९० के लगभग हुई थी। नरहरि अपने को कुमार वाल्मीकि कहकर पुकारते हैं। एक अन्य मत के अनुसार कवि का वास्तविक नाम अज्ञात है; वे अपने गाँव के देवता नरसिंह के अनन्य भक्त थे, इसी से उनका नाम नरहरि माना गया है।

तोरवे रामायण के बाद कन्नड़ भाषा में रामकथा-विषयक एक अत्यन्त समृद्ध साहित्य की सृष्टि हुई किन्तु इसमें रामकथा के विकास की दृष्टि से कोई महत्त्वपूर्ण सामग्री नहीं मिलती है।[1] सोलहवीं शताब्दी का **जैमिनी भारत** कर्नाटक में अत्यन्त लोकप्रिय है; इसकी रचना संस्कृत जैमिनी भारत के आधार पर लक्ष्मीश नामक कवि द्वारा हुई थी (दे० अनु० १८५)। इसमें सीता वनवास का अत्यन्त करुणापूर्ण चित्र अंकित किया गया है।

तोरवे रामायण के छह काण्डों में बालकाण्ड से लेकर युद्धकाण्ड तक की वाल्मीकीय कथा का वर्णन किया गया है। वाल्मीकि रामायण के तीन पाठों में से यह रचना **दाक्षिणात्य पाठ** से अधिक साम्य रखती है, यह निम्नलिखित प्रसंगों से स्पष्ट है : लक्ष्मण सीता के नूपुर मात्र पहचान लेते हैं (अनु० ४६२); लंकादेवी की पराजय (अनु० ५३५); रावण की दो सभाएँ (५६८, ३); रावण-सुग्रीव-युद्ध (अनु० ५८४)। वाल्मीकि रामायण के अन्य पाठों की भी कुछ सामग्री तोरवे रामायण में मिलती है किन्तु इसका आधार आनन्द रामायण प्रतीत होता है; यह सामग्री इस प्रकार है—कालनेमि का वृत्तान्त (अनु० ५८७); हिमालय-यात्रा के समय हनुमान्-भरत के परस्पर दर्शन (अनु० ५८८); मन्दोदरी-केशग्रहण (अनु० ५९७)। उदीच्य पाठों का एक अन्य प्रसंग अर्थात् शरणागति के पूर्व विभीषण का अपनी माता से भेंट करना आनन्द रामायण में नहीं मिलता किन्तु यह रंगनाथ तथा भावार्थ रामायण में भी विद्यमान है जिससे स्पष्ट है कि यह दक्षिण भारत में पर्याप्त मात्रा से प्रचलित था।

अन्य मध्यकालीन रचनाओं की भाँति समस्त तोरवे रामायण **भक्ति-भाव** से ओत-प्रोत है; उदाहरणार्थ अतिकाय तुलसी-माला आदि पहने वैष्णव-भक्त के रूप में रणक्षेत्र में आ पहुँचते हैं तथा लक्ष्मण द्वारा मारे जाने पर मुक्ति प्राप्त कर लेते हैं (दे० ६, सन्धि ६४)।

तोरवे रामायण के अनेक प्रसंग केवल **आनन्द रामायण**[2] में मिलते हैं; उदाहरणार्थ रावण का शिव-धनुष के नीचे दब जाना (दे० अनु० ३९७); इन्द्र की माला के कारण बालि की अजेयता (अनु० ५२२); लंका-दहन के वर्णन में ब्रह्मा का हनुमान् से अनुरोध करना, हनुमान् का तभी अपनी पूँछ बढ़ाना बन्द करना जब स्त्रियों के कपड़े माँगे जा रहे हैं, रावण की दाढ़ी जल जाना (दे० अनु० ५५२)। इसके अतिरिक्त निम्नलिखित सामग्री आनन्द रामायण तथा तोरवे रामायण दोनों में मिलती है यद्यपि यह अन्यत्र भी पायी जाती है : पाषाणभूता अहल्या तथा सहस्र-भगवान् इन्द्र को दिया हुआ शाप (अनु० ३४६); सीता के स्वयंवर में पराजित राजाओं के साथ राम का युद्ध (अनु० ४०२); चित्रकूट में कैकेयी का पश्चात्ताप (अनु० ४५३); लक्ष्मण का संयम (अनु० ४६१); बालि की मुक्ति-प्राप्ति (अनु० ५२०); सीता-रावण-संवाद के समय मन्दोदरी की उपस्थिति (अनु० ५४३); अंगद का अपनी पूँछ को कुण्डल बनाकर उस पर रावण-सभा में बैठ जाना तथा बाद में रावण पर प्रहार करना (अनु० ५८५); सेतु-भंग का उल्लेख (अनु० ६०७); लक्ष्मण द्वारा शूर्पणखा के पुत्र का वध (अनु० ६३२); हनुमान् का राम का उच्छिष्ट खाना (अनु० ७०७)।

इससे स्पष्ट है कि नरहरि आनन्द रामायण के वृत्तान्त से परिचित थे। फिर भी तोरवे रामायण में बहुत ऐसी सामग्री भी मिलती है जो न तो वाल्मीकि और न आनन्द रामायण में विद्यमान है; उदाहरणार्थ रघुवंश के अनुसार दशरथ की वंशावली (अनु० ३३६); राम-परशुराम के संघर्ष का रूप (अनु० ३५१); जटायु के मर्म-स्थान का वृत्तान्त (अनु० ४७०); मायासीता

१. दे० श्री हिरण्मय : कन्नड़ साहित्य में रामकथा परम्परा, मैथिलीशरण गुप्त अभिनन्दन ग्रन्थ, पृ० ७५१।
२. ये प्रसंग प्राय: आनन्द रामायण पर निर्भर मराठी भावार्थ रामायण में भी पाये जाते हैं; दे० अनु० ३०४।

की कथा (अनु० ५०४); बालि सुग्रीव-अंजना की जन्म-कथा (अनु० ५१४); समुद्रलंघन के पश्चात् तृणविन्दु से हनुमान् की भेंट (अनु० ५३१); सेतु पर मछलियों का आक्रमण (अनु० ५७८); रावण-सभा में पहुँचकर अंगद का रावण को पहचानने में असमर्थ होना (अनु० ५८५); मायासीता-वध की सच्चाई की परीक्षा के लिए हनुमान् का लंका में प्रवेश करना (अनु० ५९१)। यह सामग्री किसी-न-किसी रूप में अन्य रामकथाओं में भी पायी जाती है किन्तु तोरवे रामायण की निम्नलिखित सामग्री अन्यत्र नहीं मिलती है।

अन्धमुनि पुत्र का ताण्डव नाम (अनु० ४३३); अत्रि द्वारा जयंत को शाप (अनु० ४३९); विष्णु-माया के अवतार के रूप में मन्थरा का उल्लेख (अनु० ४५४); जाबालि का वन में राम से मिलने आना (अनु० ४७६); अभिज्ञानस्वरूप चित्रकूट में राम-सीता की जलक्रीड़ा का उल्लेख (अनु० ५२५); हनुमान् का लंका जाकर अंगद को राम के पास ले आना (अनु० ५८५); कुम्भकर्ण के जीवरत्न का उल्लेख (अनु० ५८९, ८); ओषधि पर्वत का अपने आप अन्तर्धान हो जाना (अनु० ५८७); विभीषण के स्पर्शमात्र से मायासीता के शव का ओझल हो जाना (अनु० ५९१)।

आदिवासी कथाएँ

२७०. आदिवासियों का साहित्य सुरक्षित न रह सका, केवल उनकी कुछ दन्तकथाओं का वर्णन मिलता है। उन कथाओं में रामकथा का मूल रूप ढूँढ़ना व्यर्थ है। ऊपर (दे० अनु० ११०) यह दिखलाने का प्रयास किया गया है कि रामायण के वानर, रीछ, राक्षस आदि वास्तव में आदिवासी ही हैं। यहाँ पर उदाहरणार्थ कुछ आदिवासी कथाओं का उल्लेख किया जाता है जिनका विवरण आवश्यकतानुसार चतुर्थ भाग में दिया जायेगा। कई जातियों में शबरी-विषयक दन्तकथाएँ प्रचलित हैं (दे० आगे अनु० ४८०)। बोडो जाति में सीता-त्याग के विषय में धोबी वृत्तान्त का विकृत रूप पाया जाता है (दे० अनु० ७२० पाद-टिप्पणी)। उराँव जाति में लंका-दहन की कथा का एक नवीन रूप प्रचलित है (दे० अनु० ५५२)।

२७१. बिहार और बंगाल की सन्थाल नामक आदिवासी जाति में प्रचलित रामकथा[1] की विशेषताएँ इस प्रकार हैं :

(१) गुरु की आज्ञानुसार आम खाकर दशरथ की पत्नियों का गर्भवती हो जाना (दे० अनु० ३५४)।
(२) कैकेयी के गर्भ से भरत और शत्रुघ्न का जन्म।
(३) रावण-वध के बाद लौटकर राम ने सन्थालों के यहाँ रहकर एक शिव मन्दिर बनाया तथा उसमें वे नित्यप्रति सीता के साथ पूजा करने आते थे।

इसके अतिरिक्त[2] सीता की खोज करते समय राम गिलहरी और बेर को वरदान तथा बगुले को दण्ड देते हैं (दे० अनु० ४७४); लक्ष्मण हनुमान् से भेंट होने पर उनसे द्वन्द्वयुद्ध करते हैं (दे० अनु० ५१२)। हनुमान् राम-बाण के सहारे समुद्र पार करते हैं (दे० अनु० ५३१); तथा लंका-दहन के बाद अपना ही मुँह जलाकर काला कर लेते हैं (दे० अनु० ५५२)।

२७२. शरच्चन्द्र राय कृत 'दि बिर्होर्स' नामक ग्रन्थ में इस जाति में प्रचलित एक रामकथा उद्धृत है (पृ० ४०५-४२७), जिसमें भगवान् के अवतार राम के जन्म से लेकर

---

१. दे० गोपाल लाल वर्मा, सन्थाली लोकगीतों में श्रीराम, सारंग (दिल्ली, ७ फरवरी, १९६०, पृ० ४३-४५)।
२. आदित्य मित्र 'संताली' सीता की खोज (राँची आकाशवाणी द्वारा प्रसारित ५-११-५७)।

रावण तथा कुम्भकर्ण के वध तक का वृत्तान्त संक्षेप में वर्णित है। इसकी निम्नलिखित विशेषताएँ उल्लेखनीय हैं :

(१) दशरथ की सात पत्नियों का उल्लेख।

(२) दशरथ का ब्राह्मण (अर्थात् विश्वामित्र) के साथ पहले भरत-शत्रुघ्न को भेज देना तथा ब्राह्मण को इस धोखे का पता लगना। यह वृत्तान्त कृत्ति वास में भी मिलता है। (दे० आगे अनु० ३८८)।

(३) सीता का आँगन को लीपने के लिए शिव का धनुष उठाना।

(४) लक्ष्मण के १२ वर्ष तक के उपवास का कुछ परिवर्तित रूप। इसके अनुसार लक्ष्मण केवल मिट्टी खाते थे (दे० आगे अनु० ४६१)।

(५) सीताहरण के पहले राम की सहायता करने जाते समय लक्ष्मण का सीता को राई के दाने देना, उनके द्वारा सीता का रावण को भस्मीभूत करना (दे० आगे अनु० ४९८)।

(६) सीता की खोज में राम का बेर वृक्ष तथा गिलहरी को वर प्रदान करना और बगुले को दण्ड देना (दे० आगे अनु० ४७४)।

(७) हनुमान् का शुक के रूप में लंका में प्रवेश करना।

(८) राम-लक्ष्मण का हनुमान् के पुच्छ पर समुद्र पार करना (दे० आगे अनु० ५७३)।

(९) लक्ष्मण द्वारा रावण-वध।

(१०) रावण-वध के पश्चात् लक्ष्मण द्वारा कुम्भकर्ण के वध का उल्लेख।

२७३. मुण्डा जाति में एक दन्तकथा प्रचलित है जिसमें बिर्होर जाति की उपर्युक्त रामकथा के अनुसार सीता की खोज का कुछ वर्णन किया गया है। बगुला राम की सहायता करना अस्वीकार करता है और राम दण्डस्वरूप उसकी गर्दन खींचते हैं। बेर वृक्ष राम को सीता की साड़ी के कुछ टुकड़े देता है और अमरत्व का वरदान प्राप्त करता है। गिलहरी सीता का मार्ग बताती है और राम उसकी पीठ पर तीन रेखाएँ खींचते हैं।[१]

२७४. डॉ० डबल्यू० रूबेन ने छोटा नागपुर की **असुर** नामक जाति में प्रचलित दन्तकथाओं का संकलन किया है।[२] उनकी रचना से पता चलता है कि अन्य आदिवासी जातियों की भाँति असुरों के यहाँ भी सीता की खोज करते समय राम के बगुले को दण्ड देने की कथा प्रचलित है (दे० आगे अनु० ४७४)। इसके अतिरिक्त उनके यहाँ हनुमान् के अपने ही बाण पर समुद्र पार करने की कथा (दे० अनु० ५३१) तथा आदिवासियों के मनोविज्ञान के अनुसार लंकादहन का एक परिवर्तित रूप भी मिलता है (दे० अनु० ५५२, १४)।

२७५. नर्मदा घाटी की **परधान जाति**[३] में एक दन्तकथा प्रचलित है जिसमें सीता लक्ष्मण के संयम की परीक्षा लेती है और लक्ष्मण खरे ही उतरते हैं (दे० अनु० ४६२)।

२७६. मध्य प्रदेश की **बैगा-भूमिया** नामक जाति में प्रचलित एक दन्तकथा में सीता कृषि की अधिष्ठात्री देवी से सम्बन्ध रखती हैं (दे० ऊपर अनु० ११-१९)। इसके अनुसार माता जानकी के हाथ में छह उँगलियाँ भी थीं; उन्होंने छठी उँगली काटकर भूमि में रोप दी थी। कुछ समय के बाद उससे एक बाँस पैदा हुआ जिसके काण्डों की गाँठों के बीच सब

---

१. दे० एम० सी० मित्र : जर्नल ऑव डिपार्टमेण्ट ऑव लेटर्स, कलकत्ता, भाग ४, पृ० ३०३-०४।
२. दे० आइसनश्मीडे एण्ड डेमोनेन इन इण्डियन (लाइदन, १९३९, पृ० ७८)।
३. दे० शामराव हिवाले : दि परधान्स ऑव दि अपर नर्मदा वैली।

प्रकार के बीज छिपे हुए थे। उस जाति के यहाँ हनुमान् की एक जन्म-कथा भी मिलती है जिसमें हनुमान् शिव के वीर्य से उत्पन्न माने जाते हैं (अनु० ६७३)।[1]

२७७. टी० बी० नायक ने आदिवासियों में प्रचलित रामायण-विषयक दन्तकथाओं का सर्वेक्षण किया है।[2] उनके निबन्ध में एक **भिलोदी रामायण** की चर्चा है जिसकी रचना लगभग बीस साल पहले एक समाज-सेवक द्वारा हुई थी। इस रामायण में कथानक की दृष्टि से कोई विशेष परिवर्तन नहीं किया गया है। टी० बी० नायक मध्य प्रदेश की **आगारिया** जाति में प्रचलित सहस्रस्कन्ध-रावण के वध की कथा का भी उल्लेख करते हैं (दे० आगे अनु० ६३९)।

२७८. भारत के उत्तर-पूर्व क्षेत्रों में रामकथा का निम्नलिखित विकृत रूप प्रचलित है : किसी राजा की पुत्री उसके हाथ की सूजन से पैदा हुई थी। एक आठ सिरवाले राक्षस ने उस पुत्री का हरण किया था, जिस पर उस राक्षस को मारकर राजा अपनी पुत्री को घर ले आया। बाद में एक अन्य राक्षस उसे समुद्र पार ले गया। राजा उसकी खोज में निकला और असफल होकर उसने वानरों के राजा की सहायता माँगी। वानर-राजा राजकुमारी का पता लगाने के लिए उस राक्षस के गाँव में जा पहुँचा। राक्षस ने उसे पकड़कर उसकी मूँछ जलाने का प्रयत्न किया। इस पर वानर-राजा ने गाँव में इधर-उधर दौड़कर सब घरों में आग लगा दी और लोगों की घबराहट से लाभ उठाकर वह राजकुमारी के साथ भाग निकला और उसे उसके पिता के घर ले गया। राजा ने वानर-राजा को एक सुनहला महल भेंट में दिया। उस महल में प्रवेश करते ही उस वानर के बाल गिर गये, उसके चमड़े का रंग बदलकर गोरा हो गया तथा वह प्रथम अंग्रेज बन गया।[3]

ख—आर्यभाषाओं के साहित्य में रामकथा

२७९. आधुनिक आर्यभाषाओं के राम-साहित्य की रचना १४-१५वीं शताब्दी से प्रारम्भ होती है लेकिन अधिकांश इसके बाद ही हुई है, जब रामभक्ति के आविर्भाव और प्रचार के साथ-साथ रामकथा का विकास भी अन्तिम परिणति पर पहुँच चुका था। अत: रामकथा के दृष्टिकोण से इस साहित्य का महत्त्व गौण है। फिर भी, भिन्न-भिन्न वृत्तान्तों की व्यापकता दिखलाने के उद्देश्य से इसका किंचित् निरूपण अपेक्षित है। पहले एक सिंहली वृत्तान्त और इसके बाद काश्मीरी रामायण का परिचय दिया जाता है, क्योंकि सम्भव है कि दोनों का आधार सिंहलद्वीप तथा काश्मीर में प्रचलित प्राचीन रामकथा हो। प्राचीनतम असमिया रामायण १४वीं शताब्दी का माना जाता है, अत: पूर्वी राम-साहित्य का उल्लेख हिन्दी-राम-साहित्य के पहले किया जाता है। अन्त में अन्य आर्यभाषाओं के साहित्य का भी महत्त्वानुसार वर्णन किया गया है। मैथिली तथा पंजाबी राम-साहित्य का उल्लेख हिन्दी राम-साहित्य के सिंहावलोकन में किया गया है। सिन्धी में केवल आधुनिक काल में ही रामकथा-विषयक सामग्री मिलती है अत: इसका वर्णन छोड़ दिया गया है। नेपाली राम-साहित्य की सबसे महत्त्वपूर्ण रचना **भानुभट्टकृत रामायण** है; यह अध्यात्म रामायण का पद्यानुवाद है, जो सन् १८५२ ई० में पूरा हुआ था। इसके पूर्व ही रघुनाथ उपाध्याय ने **रामायण सुन्दरकाण्ड** लिखा था। अधिकांश समालोचक केवल **वाल्मीकि**

---

१. दे० एस० फुक्स : दि गोंड एण्ड भूमिया ऑव ईस्टर्न मण्डला, बम्बई (१९६०), पृ० ४२१-२२।

२. दे० बुलेटिन ऑव दि ट्राइबल रिसर्च इंस्टिट्यूट (छिन्दवारा), भाग १, अंक २। रामकथा एमांग दि प्रिमिटिफ ट्राइब्स।

३. दे० वेरियर एलविन, मिथ्स ऑव दि नॉर्थ ईस्टर्न फ्रण्टियर प्राविन्सेज, पृ० १३१-३२।

रामायण तथा अपने प्रान्तीय साहित्य की तुलना करके सर्वत्र मौलिकता देखते हैं। इस तरह श्री दिनेशचन्द्र सेन लक्ष्मण के १४ वर्ष तक के उपवास को एक मौलिक बंगाली वृत्तान्त मानते हैं।[१] वास्तव में वाल्मीकि से भिन्न ये अधिकांश कथाएँ १५वीं शताब्दी से पूर्व बहुत व्यापक रूप से प्रचलित थीं और अनेक प्रान्तों तथा विदेश में भी किंचित् परिवर्तन सहित पायी जाती हैं।

सिंहली रामकथा

२८०. सिंहलद्वीप में एक कोहोम्बा 'यक्कम' नामक धार्मिक विधि है, जिसका सूत्रपात ५वीं शताब्दी ई० पू० का माना जाता है, लेकिन जिसका साहित्य में पहला वर्णन १५वीं शताब्दी ई० का है।[२] इस विधि के समय काव्यात्मक कथाओं का पाठ होता है, जिनमें से सिंहल के प्रथम राजा विजय तथा नाग-राजकुमारी कुवेणी की और सीतात्याग की कथा, ये दो प्रधान हैं।

सिंहली रामकथा में राम अकेले ही वनवास करते हैं; उनकी अनुपस्थिति में सीता का हरण होता है। बालि हनुमान् का स्थान लेता है; वह लंका का दहन करके सीता को राम के पास ले जाता है। रावण-चित्र के कारण सीतात्याग के उल्लेख के बाद (दे० आगे अनु० ७२४) सीता के पुत्र के जन्म का उल्लेख तथा वाल्मीकि द्वारा दो बालकों की सृष्टि का वर्णन किया गया है। अन्त में इन तीनों का राम सेना से युद्ध करने का भी उल्लेख मिलता है (दे० आगे अनु० ७४५ और ७५१)।

काश्मीरी रामायण

२८१. काश्मीरी रामायण अर्थात् **रामावतारचरित** की रचना १८वीं शताब्दी के अन्त में दिवाकर प्रकाश भट्ट द्वारा हुई थी। यद्यपि इसका आधार कई शताब्दियों से चली आयी हुई परम्परा हो सकती है, किन्तु आधुनिक काल में लिपिबद्ध होने के कारण इसमें रामकथा के विकास के अन्तिम सोपान के लक्षण स्पष्ट दिखलायी देते हैं। यह **काश्मीरी रामायण** की निम्नलिखित विशेषताओं से प्रतीत होता है :

(१) समस्त काव्य का शिव-पार्वती-संवाद के रूप में प्रस्तुत किया जाना (दे० नं० २)[३]।

(२) अवतारवाद की व्यापकता : राम पूर्णावतार माने जाते हैं तथा लक्ष्मण, भरत और शत्रुघ्न क्रमशः शेष, शंख और सुदर्शन के अवतार (दे० नं० १३)।

(३) अयोध्याकाण्ड के वृत्तान्त के प्रारम्भ में नारद का राम के पास आकर राम को उनके अवतार होने का स्मरण दिलाना (दे० नं० ८)।

यद्यपि **काश्मीरी रामायण** में दशरथ-यज्ञ से लेकर सीता के भूमि-प्रवेश तथा राम के स्वर्गारोहण तक की समस्त कथा बहुत कुछ **वाल्मीकि रामायण** के अनुसार है, किन्तु इसमें बहुत-से परिवर्तन तथा परिवर्द्धन भी किये गये हैं। कथानक के दृष्टिकोण से इनमें से चार वृत्तान्त अधिक महत्त्वपूर्ण हैं :

(१) मन्दोदरी के गर्भ से सीता का जन्म (नं० २४)।

(२) रावण के चित्र के कारण सीता का त्याग (नं० ६३)।

---

१. दे० दिनेशचन्द्र सेन : वही, पृ० १७६, जहाँ इस उपवास के विषय में लिखा है—ए० प्युर्ली बंगाली टेल।

२. दे० ज० रॉ० ए० सो० (१९४६, पृ० १४-२२; १८५-९१) तथा एलफ़ाबेटिकल गाइड टु सिंगालीज फोक्लॉर (इं० ए० भाग ४५, सप्लीमेण्ट)।

३. दे० दि काश्मीरी रामायण, जी० ए० ग्रियर्सन का संस्करण, कलकत्ता १९३०।

(३) वाल्मीकि द्वारा कुश की सृष्टि (नं० ६९)।

(४) कुश-लव का राम-सेना से युद्ध (नं० ७१)।

ये वृत्तान्त अन्यत्र भी पाये जाते हैं। इनके विकास का विश्लेषण निबन्ध के चतुर्थ भाग में किया जायेगा (दे० आगे १४वाँ और २०वाँ अध्याय)। इनके अतिरिक्त **काश्मीरी रामायण** में कुछ और विशेषताएँ मिलती हैं, जिनका निरूपण महत्त्वानुसार चतुर्थ भाग में किया जायेगा। इनका यहाँ उल्लेख मात्र पर्याप्त है :

(१) राम का दशरथ के लिए पिण्डदान करना (नं० १८)।

(२) वनवास के समय अहल्या से भेंट (नं० १९)।

(३) सीता के कहने पर रावण का जटायु को पत्थर खिलाना (नं० २४)।

(४) नारद का लंका में सीता की खोज करते हुए हनुमान् को रावण-चरित सुनाना (नं० २९)।

(५) नल की कथा जिसमें उसके फेंके हुए पत्थरों के पानी पर तैरने का कारण बताया गया है (नं० ३९)।

(६) युद्ध के समय निराश रावण की कैलास-यात्रा (नं० ४७)।

असमिया साहित्य में रामकथा

२८२. भारत की प्रादेशिक आर्यभाषाओं का प्राचीनतम राम-साहित्य असमिया, बंगाली तथा उड़िया में सुरक्षित है। तीनों भाषाओं में एक-एक रामायण सर्वाधिक लोकप्रियता प्राप्त कर सका; असमिया में माधवकन्दली का, बंगाली में कृत्तिवास का तथा उड़िया में बलरामदास का रामायण। इनमें से १४वीं शताब्दी ई० के अन्त का माधवकन्दलीकृत रामायण सबसे प्राचीन है; अतः यहाँ पर पहले असमिया राम-साहित्य का सिंहावलोकन प्रस्तुत किया गया है।[१]

असमिया, बंगाली तथा उड़िया राम-साहित्य की एक सामान्य विशेषता यह है कि वह प्रायः वाल्मीकि के गौडीय पाठ पर आधारित है; इसके अतिरिक्त इस साहित्य में कुछ ऐसे वृत्तान्त भी विद्यमान हैं जो प्रचलित वाल्मीकि रामायण में नहीं मिलते और अन्यत्र भी दुर्लभ हैं। कुछ ही उदाहरण यहाँ पर्याप्त होंगे। दशरथ के प्रति शनि के वरदान की कथा कृत्तिवास, बलरामदास तथा माधवदेव के बालकाण्ड में समान रूप से मिलती है (दे० अनु० ४७२)। सारलादास का महाभारत, कृत्तिवास रामायण तथा माधवदेव का बालकाण्ड तीनों दशरथ की ७०० से अधिक पत्नियों का उल्लेख करते हैं (दे० अनु० ३४०); सुपार्श्व द्वारा सीता का हरण करते हुए रावण को चुनौती देने का वृत्तान्त माधवकन्दली तथा कृत्तिवास दोनों में पाया जाता है (दे० अनु० ५००); माधवदेव का बालकाण्ड विशेष रूप से कृत्तिवास रामायण से प्रभावित हुआ। सारलादास तथा बलरामदास की रामकथा कृत्तिवास के रामायण से साम्य रखती है (दे० अनु० २९२-२९३)।

२८३. असमिया राम-साहित्य का मुख्य ग्रन्थ प्रचलित **माधवकन्दली-रामायण** है। वस्तुतः वह तीन लब्धप्रतिष्ठ कवियों द्वारा लिखा गया है। पाँच ही काण्ड (अयोध्या से युद्ध

१. ऐस्पेक्ट्स ऑव ओल्ड असामीस लिटरेचर (गोहाटी यूनिवर्सिटी, १९५२): उ० च० लेखारु, असमिया रामायण साहित्य (१९४८)। विष्णुकान्त शास्त्री, असमिया में राम-साहित्य, (मैथिलीशरण गुप्त अभिनन्दन ग्रन्थ, पृ० ८३१-३९)।

तक) माधवकन्दलीकृत माने जाते हैं; शंकरदेव ने इसके उत्तरकाण्ड की रचना की है तथा शंकरदेव के शिष्य माधवदेव ने आदिकाण्ड लिखा है।

माधवकन्दलीकृत पाँच काण्डों में वाल्मीकीय रामायण के गौडीय पाठ को प्रामाणिक माना गया है। यह निम्नलिखित प्रसंगों से स्पष्ट है—राम की कुश-पादुकाओं का उल्लेख (दे० अनु० ४३६); सीता की जन्म-कथा में मेनका का वृत्तान्त (दे० अनु० ४०९); राम के प्रति तारा का शाप (दे० अनु० ७२६); विभीषण पर रावण का पाद-प्रहार (दे० अनु० ५६८); शरणागति के पूर्व विभीषण द्वारा अपनी माता से तथा अपने भाई कुबेर से भेंट (दे० अनु० ५६८); कालनेमि का वृत्तान्त (दे० अनु० ५८७); समुद्रलंघन के वर्णन में सुरसा का प्रथम स्थान में उल्लेख (दे० अनु० ५३१); सम्पाति के पास सुपार्श्व का आगमन (दे० अनु० ५२७)। माधवकन्दली की रचना में वर्णित थोड़े ही वृत्तान्त वाल्मीकि रामायण में नहीं मिलते हैं। जैसे :

(१) सीताहरण के समय सुपार्श्व का रावण को रोकना (दे० अनु० ५००)।

(२) हनुमान् का लंका की वाटिका का विध्वंस करने के पूर्व वृद्ध ब्राह्मण के रूप में रावण से भेंट करना (दे० अनु० ५५२)।

(३) नल को दिये हुए वरदान का यह स्पष्टीकरण कि उसके स्पर्श से पत्थर नहीं डूबेंगे (दे० अनु० ५७५)।

शंकरदेव ने अपने **उत्तरकाण्ड** के सीता-वनवास से लेकर राम के स्वर्गारोहण तक की वाल्मीकीय कथा किसी उल्लेखनीय परिवर्तन के बिना प्रस्तुत की है। सर्ग १४ में अगस्त्य रावण-चरित का किंचित् वर्णन करते हैं किन्तु वाल्मीकीय उत्तरकाण्ड के प्रारम्भ का विस्तृत रावण-चरित छोड़ दिया गया है। शंकरदेव ने इसका स्पष्ट उल्लेख किया है कि भक्ति-मार्ग का प्रचार मेरा उद्देश्य है।

माधवदेवकृत **असमिया बालकाण्ड** की सबसे बड़ी विशेषता यह है कि वह कृत्तिवासीय रामायण पर आधारित है। निम्नलिखित वृत्तान्त कृत्तिवास तथा असमिया बालकाण्ड दोनों में विद्यमान हैं : सूर्यवंश का वर्णन; कैकेयी का स्वयंवर; सुमित्रा का सिंहल के राजा की पुत्री के रूप में उल्लेख; पायस के विभाजन के समय सुमित्रा की प्रतिज्ञा; गुह और बालक राम की मैत्री; सीता के पूर्वानुराग की कथा। रामादि के जन्म के पूर्व रानियों के स्वप्न की कल्पना सम्भवत: कालिदास के रघुवंश पर निर्भर है (दे० अनु० ३७५)। सीताजन्म (दे० अनु० ४१०) तथा अहल्या (अनु० ३४६) के विषय में माधवदेव का असमिया बालकाण्ड मौलिक प्रतीत होता है।

२८४. यद्यपि असमिया साहित्य में राम की अपेक्षा कृष्ण को अधिक महत्त्व दिया गया है, फिर भी आसाम के कवि रामकथा की उपेक्षा नहीं कर सके; यह असमिया राम-साहित्य की निम्नलिखित तालिका से स्पष्ट है :

१४वीं शताब्दी ई०

(१) हरिहर विप्रकृत **लवकुशर युद्ध** (सीता-त्याग से उनके पाताल-प्रवेश तक की कथा)। इस रचना की एक विशेषता यह है कि वास्तविक त्याग के पूर्व ही राम ने स्वप्न देखा था जिसमें उन्होंने लोकापवाद के कारण सीता को वनवास दिया था (दे० आगे अनु० ७१७)

(२) माधवकन्दलीकृत **रामायण**।

१६वीं शताब्दी ई०

(१) दुर्गावरकृत **गीतिरामायण।** इसमें माधवकन्दली के आधार पर रामकथा के चुने हुए प्रसंगों को, विशेषकर अरण्यकाण्ड की घटनाओं को, भावपूर्ण गीतों में प्रस्तुत किया गया है। कथानक की दृष्टि से सीता द्वारा पिण्डदान का प्रसंग (दे० अनु० ४३५) तथा चित्रकूट में एक मायामय अयोध्या की सृष्टि (दे० अनु० ४४०) उल्लेखनीय है।

(२) अनन्तकन्दलीकृत **जीवस्तुति-रामायण, महिरावण-वध, पातालखण्ड रामायण, सीतार पाताल प्रवेश नाटक।** अनन्तकन्दली ने स्वयं लिखा है—"माधवकन्दली ने राम की सामान्य कथा लिखकर रामभक्ति को कम महत्त्व दिया था; मैं इसीलिए रामकथा लिखता हूँ कि पाठक राम को परब्रह्म के रूप में स्वीकार करें।"

(३) शंकरदेवकृत **उत्तरकाण्ड** तथा **रामविजय नाटक।** (अथवा **सीता-स्वयंवर**) रामविजय में विश्वामित्र के आगमन से प्रारम्भ होकर राम-विवाह के बाद अयोध्या में प्रत्यावर्तन तक की कथा वर्णित है। सीता-स्वयंवर के अवसर पर राजाओं का राम पर आक्रमण (अनु० ४०२) तथा अयोध्या के मार्ग में राम-परशुराम का द्वन्द्वयुद्ध परम्परागत कथानक के मुख्य परिवर्तन हैं (अनु० ३५१)।

(४) माधवदेवकृत **बालकाण्ड** तथा **रामभावना** नाटक।

(५) अनन्त ठाकुर आता का **श्रीरामकीर्तन।**

१७वीं तथा १९वीं शताब्दी

(१) धनंजयकृत **गणकचरित** (हनुमान् के लंकाप्रवेश विषयक खण्डकाव्य, दे० अनु० ५४२)।

(२) गंगारामदासकृत **सीतावनवास।**

(३) भवदेव विप्र का **श्रीरामचन्द्र अश्वमेध।**

(४) श्रीचन्द्र भारतीकृत **महिरावण-वध।**

(५) रघुनाथ महन्तकृत **कथारामायण** (कथावाचक की गद्यशैली में) तथा **अद्भुत रामायण** (इसमें हनुमान् के पराक्रम के अतिरिक्त रामकथा के निर्वहण का एक नया रूप प्रस्तुत किया गया है (दे० अनु० ७५७)।

बंगाली साहित्य में रामकथा[1]

(अ) कृत्तिवास रामायण

२८५. कृत्तिवास ओझा ने बंगाली साहित्य के प्रथम एवं सर्वाधिक लोकप्रिय **रामायण** अथवा **श्रीरामपांचाली**[2] की रचना १५वीं श० ई० के अन्त में पयार छन्द में की थी। इसका पाठ अनिश्चित है; इसमें न केवल बहुत-सी प्रक्षिप्त सामग्री मिलती है बल्कि कृत्तिवास की मूल भाषा को भी कथाकार और लिपिकार बदलते रहे हैं। क्षेपकों का पता लगाना दुःसाध्य है

१. दे० सुकुमार सेन, बंगला साहित्येर इतिहास, भाग १ (सन् १९४८); दिनेशचन्द्र सेन, दि बंगाली रामायणस् (१९२०) और हिस्ट्री ऑव बंगाली लैंग्विज एण्ड लिटरेचर (१९२१)।

२. पांचाली का अर्थ यहाँ पर आख्यान-काव्य है।

क्योंकि इस रचना की कोई भी हस्तलिपि २०० वर्ष से अधिक पुरानी नहीं है। राक्षसों की रामभक्ति से सम्बन्ध रखनेवाले अंश सर्वसहमति से प्रक्षिप्त माने जाते हैं। ये अंश सम्भवत: १८वीं श० ई० में कविचन्द्र द्वारा लिखे गये हैं। कृत्तिवास का प्रथम संस्करण श्रीरामपुर मिशन प्रेस द्वारा सन् १८०३ ई० में प्रकाशित किया गया था; इसमें अद्‌भुताचार्य के रामायण के बहुत-से अंश जोड़ दिये गये थे। बाद में बंगीय साहित्य-परिषद् ने अयोध्याकाण्ड (सन् १९०० ई०) तथा उत्तरकाण्ड (सन् १९०३ ई०) का सम्पादन किया था तथा सन् १९३६ ई० में नलिनीकान्त भट्टशाली ने आदिकाण्ड सम्पादित किया था। सम्पूर्ण कृत्तिवास रामायण के प्रामाणिक संस्करण की अपेक्षा है।[१]

प्रचलित कृत्तिवास रामायण के कथानक की मुख्य विषताएँ इस प्रकार हैं :

(१) कृत्तिवास रामायण वाल्मीकीय रामायण के **गौडीय पाठ** पर निर्भर है। निम्नलिखित सामग्री दाक्षिणात्य पाठ में नहीं मिलती किन्तु वह गौडीय पाठ तथा कृत्तिवास रामायण, दोनों में समान रूप से पायी जाती है—दशरथ की पुत्री शान्ता का उल्लेख (दे० आगे अनु० ३४३); सीता की जन्मकथा में एक अप्सरा का उल्लेख (दे० आगे अनु० ४०९); शापमोहिता कैकेयी का दोषनिवारण (दे० अनु० ४५१); राम के प्रति तारा का शाप (दे० अनु० ७२६); केसरी द्वारा धवल-वध तथा सम्पाति के पुत्र सुपार्श्व का प्रस्ताव (दे० अनु० ५१०); सरमा-वाक्य (दे० अनु० ५२९); निकषा-वाक्य (दे० अनु० ५५८); सभा में रावण द्वारा विभीषण पर पाद-प्रहार (दे० अनु० ५६८); कालनेमि का वृत्तान्त (दे० अनु० ५८७); विभीषण की कैलास-यात्रा (दे० अनु० ५६८); भरत-हनुमान्-संवाद (दे० अनु० ५८८); विभीषण-निकषा-संवाद (दे० अनु० ५६८)।

(२) कृत्तिवास का प्रारम्भिक कथानक **पद्मपुराण-पातालखण्ड** के **गौडीय पाठ** से प्रभावित है।[२] कृत्तिवास के बालकाण्ड के पूर्वार्द्ध में रघुवंश के राजाओं का इतिहास प्रस्तुत किया गया है। निम्नलिखित सामग्री बंगीय पातालखण्ड तथा कृत्तिवास दोनों में मिलती है—हरिश्चन्द्र, सौदास, दिलीप, रघु, अज-इन्दुमती की कथा; दशरथ-जटायु की मित्रता (दे० अनु० ४७२); दशरथ द्वारा शनि से वर-प्राप्ति[३] (अनु० ४७२) अन्धमुनि पुत्र का नाम सिन्धु (अनु० ४३३); मन्थरा तथा दुन्दुभि की अभिन्नता (दे० ४५४) अहल्या का शापवश शिला बन जाना (दे० ३४६)।

(३) **रामभक्ति** के प्रभाव के कारण भी परम्परागत कथानक में बहुत कुछ परिवर्तन तथा परिवर्द्धन किया गया है; उदाहरणार्थ—वाल्मीकि के उद्धार की कथा (दे० ऊपर अनु० ३८); वामदेव के प्रति वसिष्ठ का शाप (दे० अनु० ३८४); केवट का वृत्तान्त (दे० आगे अनु० ४३२); हनुमान् के वक्ष:स्थल पर राम-नाम अंकित होने की कथा (दे० अनु० ७०६)। राक्षसों की रामभक्ति का भी अनेक स्थलों पर उल्लेख किया गया है। रावण का पुत्र वीरबाहु रणभूमि में राम को विष्णु-चिन्हों

---

१. इसके अभाव में प्रस्तुत ग्रन्थ के समस्त सन्दर्भ पूर्णचन्द्र दे द्वारा सम्पादित तथा चक्रवर्ती, चटर्जी एण्ड कं० द्वारा प्रकाशित कृत्तिवास रामायण के चतुर्थ संस्करण (कलकत्ता, सन् १९४९) की ओर निर्देश करते हैं। इस संस्करण में प्रत्येक काण्ड अध्यायों में विभाजित है।

२. दे० ऊपर, अनु० १६२, जहाँ इसका उल्लेख हुआ है कि उस गौडीय पाठ तथा कालिदास के रघुवंश का गहरा सम्बन्ध है।

३. यह प्रसंग स्कन्दपुराण के नागर खण्ड में भी वर्णित है (दे० ऊपर अनु० १६१)।

से आभूषित देखकर अपना धनुष फेंक देता है तथा राम की स्तुति करने लगता है (दे० युद्धकाण्ड, अध्याय ५४)। विभीषण का पुत्र तरणीसेन वैष्णव तिलक लगाये रणक्षेत्र में आता है; उसके शरीर, रथ तथा पताका पर राम-नाम अंकित है (दे० ६, ५३)। रावण भी रणक्षेत्र में राम के सामने नतमस्तक होकर उनके अवतारत्व तथा दयालुता में विश्वास प्रकट करता है (दे० ६, १०५)। रामजन्म के वर्णन में शुक-सारण की रामभक्ति का उल्लेख मिलता है (दे० अनु० ३७५)। नागपाश के वृत्तान्त में कृष्णभक्ति की भी झलक मिलती है (दे० अनु० ५८६)।

(४) **कृत्तिवासीय** कथानक पर **शैव** तथा **शाक्त** सम्प्रदायों की भी गहरी छाप है। हनुमान् शिव के अवतार माने जाते हैं (दे० अनु० ६७०) तथा महिरावण की कथा में राम तथा शिव की अभिन्नता का उल्लेख किया गया है (दे० अनु० ३६२)। सेतुबन्ध के वृत्तान्त में राम द्वारा शिवप्रतिष्ठा का उल्लेख है (दे० अनु० ५८०)। लंकावरोध के पश्चात् पार्वती रावण की सहायता करने के लिए शिव से अनुरोध करती हैं (दे० ६, १४)। लंकादेवी का वृत्तान्त बदल दिया गया है—चामुण्डा ही हनुमान् को लंका में प्रवेश करने से रोक देती है (दे० अनु० ५३७)। राम की विजय भी उनकी देवी-पूजा का परिणाम माना गया है (दे० अनु० ७८५)।

(५) कृत्तिवास रामायण के निम्नलिखित प्रसंग वाल्मीकि रामायण में नहीं मिलते हैं किन्तु ये अन्य रामकथाओं में विद्यमान हैं—राम तथा लक्ष्मण के स्थान पर भरत तथा शत्रुघ्न को विश्वामित्र के साथ भेजने का दशरथ का प्रयत्न (दे० अनु० ३८८); सीता का पूर्वानुराग (दे० अनु० ४०३); कैकेयी द्वारा दो भिन्न अवसरों पर वरप्राप्ति (दे० अनु० ४४७); राम के निर्वासन के पूर्व राम-गुहक की मैत्री (दे० अनु० ३८४); सीता द्वारा दशरथ को पिण्डदान (दे० अनु० ४३५); लक्ष्मण का राम की सहायता करने जाने के पूर्व कुटी के चारों ओर रेखाएँ खींचना (दे० अनु० ४९८); तारा का शाप कि बालि भिल्ल के रूप में कृष्णावतार में राम का वध करेंगे (दे० अनु० ५२०); नल की वरप्राप्ति की कथा तथा हनुमान्-नल-कलह (दे० अनु० ५७५ और ५७६); लक्ष्मण का संयम जिसके बल पर वह इन्द्रजित् को हराने में समर्थ हुए (दे० अनु० ४६१); भस्मलोचन (अनु० ६१३) तथा महिरावण की कथा (दे० अनु० ६१४); सेतुभंजन का वृत्तान्त (दे० अनु० ६०७); मन्दोदरी से विभीषण का विवाह (दे० अनु० ५७२); रावण-चित्र के कारण सीता-त्याग (दे० अनु० ७२३); कुश-लव का युद्ध (दे० अनु० ७४९)।

(६) कृत्तिवासीय कथानक के कुछ वृत्तान्त बंगाल में ही पाये जाते हैं—राम-सीता विवाह के अवसर पर चन्द्रमा का नृत्य (अनु० ४००); हनुमान् का लंका से ब्रह्मास्त्र ले आना (अनु० ५९८); राम का मन्दोदरी को आशीर्वाद देना जिसके फलस्वरूप रावण की चिता जलती रहती है (दे० अनु० ५९९); सीता के प्रति मन्दोदरी तथा अन्य राक्षसियों के शाप (दे० अनु० ६०२)।

(आ) सत्रहवीं शताब्दी का बंगाली राम-साहित्य

२८६. बंगाली राम-साहित्य पर कृत्तिवास की श्रीरामपांचाली की सबसे गहरी छाप है। फिर भी परवर्ती राम-साहित्य पर अन्य तत्त्वों का भी प्रभाव पड़ गया। वास्तव में सत्रहवीं

शताब्दी की रामकथा-विषयक-सामग्री तीन वर्गों में विभक्त की जा सकती है : (१) रामलीला पदावलियाँ; (२) अद्‌भुत रामायण के अनुवाद; (३) अध्यात्म रामायण के अनुवाद।

राधाकृष्ण भक्ति के प्रभाव से १६वीं शताब्दी के अन्त में श्रीरामपांचाली का कीर्तन के तौर पर गान हुआ करता था। इसके फलस्वरूप १७वीं शताब्दी में बहुत-से रामलीला-विषयक पदों की रचना होने लगी। इन रामलीला पदावलियों पर राधाकृष्ण पदावलियों का सुस्पष्ट प्रभाव है।

संस्कृत **अद्‌भुत रामायण** (दे० अनु० १७६) में सीता देवी का रूप धारण कर लंकापति के बड़े भाई सहस्रस्कन्ध रावण का वध करते हैं, सम्भवतः इसी कारण बंगाल में अद्‌भुत रामायण इतना लोकप्रिय सिद्ध हुआ था। निम्नलिखित रचनाएँ अद्‌भुत रामायण पर आधारित मानी जाती हैं :

(१) बड़ु नित्यानन्द आचार्य (अद्‌भुताचार्य) का **आश्चर्य रामायण** अथवा **अद्‌भुताश्चर्य रामायण**। यह रचना बहुत समय तक बंगाल में अत्यन्त प्रसिद्ध थी।

(२) रामेश्वर दत्त का **अद्‌भुत रामायण,** जिस पर कृत्तिवास का भी प्रभाव पड़ा है।

(३) वर्दवान में सुरक्षित एक हस्तलिपि जिसका रचयिता भूल से कृत्तिवास ही माना जाता है।

(४) चन्द्रावती की **रामायण गाथा**। इसमें कैकेयी की पुत्री कुकुआ की चर्चा है, जिसके अनुरोध से सीता रावण का चित्र खींचती हैं और इसके परिणामस्वरूप परित्यक्त की जाती हैं (दे० अनु० ७२३)।

सत्रहवीं शताब्दी की दो रचनाएँ अध्यात्म रामायण पर आधारित हैं—द्विज भवानीनाथकृत श्रीरामपांचाली अथवा **अध्यात्म रामायण पांचाली** तथा द्विज श्री लक्ष्मण का **अध्यात्म रामायण** जिसका अब तक केवल आदिकाण्ड मिल सका है।

(इ) अर्वाचीन बंगाली राम-साहित्य

२८७. परवर्ती बंगाली राम-साहित्य में अद्‌भुत रामायण पर आधारित बहुत-सी रचनाओं का उल्लेख मिलता है। अद्‌भत रामायण की भाँति रामानन्दकृत रामलीला के विस्तृत बालकाण्ड में अम्बरीष की पुत्री श्रीमती के स्वयंवर का वर्णन मिलता है। सम्भव है यह रामानन्द वास्तव में रामानन्द घोष हैं जिन्होंने १८वीं शताब्दी में एक रामायण लिखा है। **श्रीरामपांचाली** के रचयिता **रामानन्द यति** सम्भवतः इसी रामानन्द घोष से अभिन्न हैं।

जगतरामराय (१८वीं श०) के **अद्‌भुत रामायण** में युद्धकाण्ड तथा उत्तरकाण्ड (जिसका नाम रामरास उत्तरकाण्ड भी रखा गया है) के बीच में एक पुष्करकाण्ड मिलता है जिसमें सहस्रस्कन्ध रावण का सीता के द्वारा वध वर्णित है। १९वीं शताब्दी का **कमललोचन दत्तकृत रामभक्तिरसामृत** अद्‌भुत रामायण पर आधारित है; इसके अतिरिक्त उस शताब्दी में ही अद्‌भुत रामायण का चार बार बंगाली में अनुवाद हुआ है—पद्य में हरिमोहन गुप्त द्वारकानाथ कुण्डू द्वारा तथा गद्य में कृष्णकान्त न्यायभूषण तथा दुर्गाचरण वंद्योपाध्याय द्वारा।

२८८. अठारहवीं शताब्दी के शंकर चक्रवर्ती (कविचन्द्र) विशेष रूप से उल्लेखनीय हैं। उनकी **अध्यात्म रामायण पांचाली** विष्णुपुरी रामायण के नाम से विख्यात है। इसी रचना के कुछ अंश कृत्तिवास रामायण में स्थान पा चुके हैं, उदाहरणार्थ : **अंगदेर रायबार** (अंगद के दूतकार्य का वर्णन तथा तरणीसेन-वध)।

२८९. अर्वाचीन बंगाली राम-साहित्य की एक अन्य विशेषता रायबार नामक रचनाओं का बाहुल्य है। १८वीं शताब्दी के निम्नलिखित ग्रन्थ उल्लेखनीय हैं :

फकिर रामकविभूषण का अंगद रायबार।

रामचन्द्र का विभीषणेर रायबार।

रामनारायण (द्विज राम) का विभीषणेर खोट्टा रायबार।

काशीराम का कालनेमिर रायबार।

द्विज तुलसी का अंगद रायबार।

हाराधन दास का अंगद रायबार।

२९०. साहित्यिक दृष्टिकोण से कृत्तिवास के पश्चात् रघुनन्दन गोस्वामी का **रामरसायन** (१८३१ ई०) सर्वश्रेष्ठ माना जाता है। इसका प्रधान आधार वाल्मीकि रामायण है; फिर भी इस पर कृष्णलीला का भी स्पष्ट प्रभाव पड़ा है। १९वीं तथा २०वीं शताब्दी में बंगला में वाल्मीकि रामायण का अनुवाद अथवा रामकथा पर आधारित मौलिक ग्रन्थों की रचना होती रही। जगत मोहन राम का रामायण (१८३८ ई०) विशेष रूप से उल्लेखनीय है। २०वीं शताब्दी में राजशेखर बसु ने वाल्मीकि रामायण को गद्य में प्रस्तुत किया है किन्तु इस शताब्दी का सर्वाधिक लब्धप्रतिष्ठ राम-काव्य माइकल मधुसूदनकृत **मेघनादवध** ही है।

उड़िया

२९१. उड़िया साहित्य[१] के प्राचीनतम रामकथाकार १५वीं शताब्दी के सिद्धेश्वर परिडा हैं। उन्होंने अपनी इष्टदेवी सारला चण्डी के कारण अपना नाम **सारलादास** ही रखा था और वे इसी नाम से विख्यात हैं। उनकी रचनाओं में से महाभारत तथा चण्डीपुराण प्रकाशित हैं। उनका रामायण अप्राप्य है; अत: उनके महाभारत ही के आधार पर अगले अनुच्छेद में सारलादास की रामकथा की रूपरेखा प्रस्तुत की जायेगी। **विलंका रामायण** की रचना १७०० ई० के लगभग सिद्धेश्वर दास द्वारा हुई थी। सिद्धेश्वर परिडा (सारलादास) तथा सिद्धेश्वर दास के नाम-सादृश्य के कारण विलंका रामायण को सारलादासकृत माना गया है, जो भ्रामक है। विलंका रामायण का प्रधान वर्ण्य-विषय है सीता द्वारा (पूर्व-खण्ड में) सहस्रस्कन्ध रावण-वध तथा (उत्तरखण्ड में) लक्षस्कन्ध रावण-वध। यह उत्तरखण्ड नितान्त अप्रामाणिक तथा अर्वाचीन है (दे० आगे अनु० ६३९-६४०)।

उड़िया साहित्य के सबसे प्रसिद्ध रामायण की रचना उत्कल-वाल्मीकि बलरामदास द्वारा १६वीं शताब्दी के प्रारम्भ में हुई थी। इस ग्रन्थ के कई नाम प्रचलित हैं : जगमोहन रामायण (रचयिता का दिया हुआ), दाण्डि रामायण (छन्द के नाम पर) और बलरामदास रामायण (लेखक के नाम पर)। यद्यपि वाल्मीकि रामायण इसका प्रधान आधार है, फिर भी इसमें रामकथा के विकास की दृष्टि से बहुत-से परिवर्तन मिलते हैं (दे० नीचे अनु० २९३)।

बलरामदास की रामकथा-विषयक अन्य रचनाएँ निम्नलिखित हैं—

(१) दो सन्देश काव्य। **कान्तकोइलि** (३४ छन्द) में अशोकवन की विरहिणी सीता एक कोयल को सम्बोधित कर अपने हरण के बाद की घटनाओं का वर्णन करती हैं। **काकपोइ** (३४ छन्द) में वह एक काक को सम्बोधित कर अशोकवन में अपने दु:ख का वर्णन करती हैं और राम के पास एक लिखित सन्देश भेजती हैं।

---

१. दे० कृष्णचरण साहु : उड़िया राम लिटरेचर (राँची विश्वविद्यालय, १९६४; अप्रकाशित)।

(२) दो बारहमासे। **सीतांक बारहमासी भावना** में अशोकवन में रहनेवाली सीता राम के साथ अपने अतीत जीवन का स्मरण करती हैं। **बारहमासी** का विषय वही है, किन्तु इसमें वह कान्हु को सम्बोधित करती हैं।

(३) **ब्रह्माण्ड भूगोल** में समस्त रामकथा को शरीर में अवतारित किया गया है (दे० ऊपर अनु० १०८)।

(४) **हनुमन्त चौंतीसा**। ३४ छन्दों में सीता-हनुमान्-संवाद।

(५) **कर्णदान** (२४० छन्द)। इसकी कथावस्तु आगे अनु० ६५८ में देख लें।

नीलाम्बरदासकृत **ठिका रामायण** (१६वीं श० ई०) में समस्त रामकथा का वर्णन है। निम्नलिखित वृत्तान्त बलरामदास रामायण में नहीं मिलते—महिरावण की कथा, रावण के चित्र के कारण सीता त्याग, लव-कुश-युद्ध। अर्जुनदास का **रामविभा** (राम विवाह) सोलहवीं शताब्दी उत्तरार्द्ध की रचना है।

सत्रहवीं शताब्दी की पाँच रामकथा-विषयक रचनाएँ उल्लेखनीय हैं—

(१) धनंजय का सर्गबद्ध **रघुनाथ विलास**।

(२) शंकरदासकृत **बारहमासी कोइलि**। इसमें बारहमासे की शैली में बनवासी राम के प्रति कौशल्या का विरह वर्णन है।

(३) महेश्वरदासकृत **टीका रामायण**। शीर्षक का कारण यह है कि यह रचना एक प्रकार से बलरामदास की टीका है। इसमें राम-सुग्रीव भेंट के विषय में एक कथा है, जो सेरीराम तथा रामकेर्ति के वृत्तान्तों से साम्य रखती है। (दे० आगे अनु० ५१२)।

(४) कान्हुदास का **रामरसामृतसिन्ध**।

(५) हलधरदासकृत **अध्यात्म रामायण** का उड़िया अनुवाद।

अठारहवीं शताब्दी का राम-साहित्य अपेक्षाकृत समृद्ध है। दो रचनाओं का वर्ण्य-विषय है सहस्रस्कन्ध रावण का वध, अर्थात् सिद्धेश्वरदासकृत **विलंका रामायण** और वारानिधिदासकृत **विलंका खण्ड, विचित्र रामायण** नामक दो रचनाएँ मिलती हैं; एक विश्वनाथ खुँटिया की तथा दूसरा भुइंआ माधवदास की) भुइंआ माधवदास सिद्धेश्वरदास को अपना गुरु मानते हैं; उनके कथानक की कई विशेषताएँ हैं—दशरथ की २१ पटरानियों का उल्लेख (दे० अनु० ३४०), शान्ता की जन्मकथा (अनु० ३४३), डाकिनियों से वानर-सेनापतियों का जन्म (अनु० ३५७), लक्ष्मण द्वारा शूर्पणखा के पुत्र जयासुर का वध (अनु० ६३२), रामकथा के निर्वहण का किंचित् परिवर्तित रूप (अनु० ७५३)। उसी शताब्दी में उपेन्द्र भंज ने **रामलीलामृत, होल पोई** (सोलह छन्द) **वैदेहीश विलास** तथा **अवना-रस-तरंग** की रचना की है। **वैदेहीश विलास** वाल्मीकि, अध्यात्म रामायण, भोजकृत चम्पू रामायण, महानाटक आदि पर आधारित एवं पाण्डित्यपूर्ण है। इसके अतिरिक्त निम्नलिखित काव्य ग्रन्थों का उल्लेख मिलता है : रामदास का **रामरसामृत;** गोपीनाथ कविभूषण कृत **रामचन्द्र विहार** (८० सर्ग) : त्रिपुरारिदास का **रामकृष्णकेलिकल्लोल** (श्लेष काव्य); ब्रजबन्धु सामन्तराय का **रामलीलामृत काव्य;** ईश्वरदासकृत **रामलीला;** लक्ष्मीधरदासकृत **अंगदपड़ि** (अंगद के दूत कार्य का वर्णन); मागुणी पट्टनायक का **रामचन्द्र विहार**। गोवर्धनदासकृत **पचीसा पोई** (युद्धकाण्ड विषयक); शिशु ईश्वरदासकृत **नलराम चरित**। उस शताब्दी में तेलेंगा गोपाल, नरहरि कविचन्द्र, सूर्यमणि-च्याउ पट्टनायक तथा सारलादास[1] ने **अध्यात्म रामायण** का अनुवाद किया है और हरिहर

---

१. यह सारलादास महाभारत के रचयिता से भिन्न हैं, इनका काल अनिश्चित है।

कवि के पुत्र वनमालीदास ने भोजकृत चम्पू रामायण अनूदित कर उसका नाम **सुचित्र रामायण** रखा है। १८वीं शताब्दी में नाट्य-साहित्य का प्रवर्तन हुआ था; वैश्य सदाशिव की **रामलीला** तथा रघुनाथदास का **छन्द रामायण** उल्लेखनीय हैं।

१९वीं तथा २०वीं शताब्दी में भी रामकथा-विषयक रचनाओं की सृष्टि होती रही।[१] १९वीं शताब्दी में कृष्णचरण पट्टनायककृत **रामायण**, भुवनेश्वर कविचन्द्र का **सीतेश विलास**, केशव पट्टनायक (केशव हरिचन्दन) का **नृत्यरामायण** (केशव रामायण) तथा केशव त्रिपाठी का **पूर्ण रामायण** उल्लेखनीय हैं। **हलिआ रामायण** हल चलाते समय के गीतों का संकलन है। नाट्य-साहित्य की तीन **रामलीला** नामक रचनाएँ मिलती हैं, जिनके लेखक पीताम्बर राजेन्द्र, अनंग नरेन्द्र तथा विक्रम नरेन्द्र हैं।

२९२. सारलादास ने अपने महाभारत में बहुत-से स्थलों पर रामकथा-विषयक सामग्री का समावेश किया है तथा आदि, वन और उद्योग पर्वों में समस्त रामायण का संक्षिप्त रूप भी प्रस्तुत किया है।[२] वन-पर्व की रामकथा अगस्त्य द्वारा विलंका के राजा को सुनायी जाती है। सारलादास की रामकथा की निम्नलिखित विशेषताएँ उल्लेखनीय हैं :

(१) रामकथा तथा कृष्णकथा के पात्रों की अभिन्नता का प्रतिपादन; उदा० राम = कृष्ण; सीता = द्रौपदी; अंगद = तारा (दे० आगे अनु० ५२१); अंजना = कुन्ती; सुग्रीव = अर्जुन; बालि = कर्ण; लक्ष्मण = बलराम; बालि = भीम; सुग्रीव = दु:शासन; लक्ष्मण तथा भरत भी राम के अन्तरंग सखा होने के नाते अर्जुन से अभिन्न माने गये हैं।

(२) अवतारवाद का एक नया रूप जिसके अनुसार विष्णु राम में, इन्द्र भरत में, ब्रह्मा शत्रुघ्न में तथा ईश्वर (महादेव) लक्ष्मण में अवतरित माने जाते हैं (दे० वन पर्व, पृ० २२८, आदि पर्व, पृ० १९७)।

(३) लक्षशिर, सहस्रशिर, शतशिर, दशशिर रावणों का उल्लेख जो विभिन्न कल्पों में राम द्वारा मारे जाते हैं।

(४) बंगाल में प्रचलित रामकथा का सादृश्य। कृत्तिवास में विद्यमान निम्नलिखित सामग्री सारलादास रामायण में भी है : दशरथ की ७५० पत्नियों का उल्लेख (अनु० ३४०), दशरथ की पुत्री शान्ता का वृत्तान्त (दे० अनु० ३४३); दशरथ का विश्वामित्र के साथ भरत तथा शत्रुघ्न को भेज देने का प्रयास (दे० अनु० ३८८); सीता द्वारा पिण्डदान (दे० अनु० ४३५); नल-हनुमान्-कलह (दे० अनु० ५७६)।

(५) सारलादास के निम्नलिखित वृत्तान्त रामकथा के विकास की दृष्टि से महत्त्व रखते हैं : लक्ष्मण द्वारा शूर्पणखा के पुत्र का वध (दे० अनु० ६३२); बालि तथा सुग्रीव का अहल्या की सन्तान के रूप में उल्लेख (दे० अनु० ५१४); हनुमान् का रुद्रावतार माना जाना (दे० अनु० ६७२); हनुमान् के वज्र-कौपीन का उल्लेख (दे० अनु० ६९७); ब्रह्मा के वीर्य से वाल्मीकि की उत्पत्ति

१. दे० देवीप्रसन्न पट्टनायक, उड़िया में राम-साहित्य, राष्ट्रकवि मैथिलीशरण गुप्त अभिनन्दन ग्रन्थ, पृ० ७७०-७७७।

२. दे० राधारमण पुस्तकालय (कटक १९५२) का संस्करण तथा कृष्णचरण साहु, रामकथा इन सारलादास महाभारत, जर्नल ऑव हिस्टॉरिकल रिसर्च (राँची), भाग १, पृ० ५०-५९।

(दे० अनु० ३९); अर्जुन के गर्व-निवारण की दो कथाएँ (दे० अनु० ६८५); रावण-वध के बाद राम का वानरों के साथ किष्किन्धा होकर पैदल ही अयोध्या वापस जाना (दे० अनु० ६०६)।

२९३. बलरामदास के रामायण की निम्नलिखित विशेषताएँ महत्त्वपूर्ण हैं :

(१) वह मुख्यतया वाल्मीकि रामायण के **गौडीय पाठ** पर निर्भर है। बलरामदास की निम्नलिखित सामग्री इसका प्रमाण है—दशरथ की पुत्री शान्ता का उल्लेख; सीता की जन्म-कथा में मेनका का प्रसंग; शापदोषमोहिता कैकेयी का दोष-निवारण; राम की कुश-पादुकाओं की चर्चा; राम के प्रति तारा का शाप; जटायु गरुड़ का पुत्र है; सम्पाति से वानरों की भेंट के प्रसंग में सुपार्श्व का आगमन; विभीषण पर रावण का पाद-प्रहार; हनुमान् की हिमालय-यात्रा के वर्णन में कालनेमि तथा भरत का उल्लेख।

(२) समस्त ग्रन्थ शिव-पार्वती-संवाद के रूप में प्रस्तुत किया गया है।

(३) बलरामदास का अवतारवाद अनिश्चित है। पुत्रेष्टि-यज्ञ के वर्णन के अनुसार चारों भाई तो विष्णु के अवतार हैं किन्तु अन्यत्र लक्ष्मण को शेष का अवतार माना गया है तथा भरत-शत्रुघ्न को क्रमशः चक्र और शंख का। अरण्यकाण्ड में बलरामदास लक्ष्मण को रुद्र, भरत को सूर्य तथा शत्रुघ्न को चन्द्र मानता है। अनुसूया लक्ष्मण को शूलधारी कहती है। उत्तरकाण्ड में सीता तथा सरस्वती की अभिन्नता का उल्लेख है तथा यह भी कहा जाता है कि स्वर्ग में राम तथा सीता नारायण और लक्ष्मी के रूप में मिलते हैं किन्तु एक अन्य स्थल पर राम, सीता और लक्ष्मण क्रमशः जगन्नाथ, सुभद्रा तथा बलभद्र भी माने गये हैं (दे० अनु० ३६२)।

(४) सारलादास की रामकथा की भाँति बलरामदास रामायण भी बंगाली रामकथा से सादृश्य रखता है। दशरथ के प्रति शनि का वरदान; सीता का पूर्वानुराग; राम-गुह-बन्धुत्व; केवट-प्रसंग; विभीषण-मन्दोदरी-विवाह; यह सब सामग्री कृत्तिवास तथा बलरामदास दोनों में मिलती है (दे० अनु० २८५)।

(५) वाल्मीकि कथानक के निम्नलिखित परिवर्तन रामकथा के विकास की दृष्टि से उल्लेखनीय हैं :

माता-सीता का वृत्तान्त (अनु० ५०५); वेदवती की कथा (अनु० ४१०); नारद-मोह की कथा (अनु० ३७३); रावण का सीता-स्वयंवर देखने आना (अनु० ३९७); सुरभि के अवतार, मन्थरा का वैर (अनु० ४५४); सीता के प्रति लक्ष्मण का शाप (अनु० ४८९); राम का मुनियों को गोपी बन जाने का वरदान देना (दे० अनु० ७८७)।

हिन्दी साहित्य में रामकथा

(अ) गोस्वामी तुलसीदास की रामकथा

२९४. गोस्वामी तुलसीदास की समस्त रचनाएँ उनके इष्टदेव राम से सम्बन्ध रखती हैं, लेकिन इनमें से **रामचरितमानस** सबसे अधिक लोकप्रिय प्रमाणित हुई है। इसी एक रचना के द्वारा हिन्दी प्रदेश में रामभक्ति की धारा फैल गयी और आज तक प्रवाहित होती रही। अतः रामभक्ति के विकास में **रामचरितमानस** का महत्त्व अद्वितीय है।

रामकथा के विकास के दृष्टिकोण में **रामचरितमानस** तथा तुलसीदास की अन्य रचनाओं में कोई महत्त्वपूर्ण परिवर्तन नहीं मिलते। ऐसा प्रतीत होता है कि प्रारम्भ में तुलसीदास **वाल्मीकि रामायण** से अधिक प्रभावित थे और अपनी बाद की रचनाओं में अन्य रामकथा-साहित्य से भी। मिथिला की वाटिका में राम और सीता के परस्पर दर्शन का उल्लेख **रामाज्ञाप्रश्न** तथा **जानकी-मंगल** में नहीं है, लेकिन वह **रामचरितमानस** तथा **गीतावली** में मिलता है। मिथिला में रावणदूत के आगमन का उल्लेख **रामाज्ञाप्रश्न** में नहीं मिलता, लेकिन **रामचरितमानस** तथा **गीतावली** में पाया जाता है। **रामाज्ञाप्रश्न, जानकी-मंगल** तथा **गीतावली** के अनुसार परशुराम तथा राम की भेंट बारात की वापसी में होती है, किन्तु **रामचरितमानस** तथा **कवितावली** में परशुराम के मिथिला में आगमन का वर्णन किया गया है।

चित्रकूट में जनक के आगमन का वर्णन तथा सेतुबन्ध के समय शिवप्रतिष्ठा का उल्लेख केवल **रामचरितमानस** में मिलते हैं, **रामाज्ञाप्रश्न** तथा **गीतावली** में नहीं।

वाल्मीकि रामायण के अनुसार ही सीतात्याग तथा लव-कुश की कथा **रामाज्ञाप्रश्न** तथा **गीतावली** में दी गयी है। **रामचरितमानस** में इन प्रसंगों का उल्लेख नहीं मिलता।

गीतावली की समस्त रचना में कृष्ण-काव्य का प्रभाव अत्यन्त स्पष्ट है। इस कारण उत्तरकाण्ड में राम-सीता के दोलोत्सव, वसन्तविहार आदि का वर्णन भी किया गया है। इस रचना में वाल्मीकि रामायण के गौडीय पाठ के अनुसार राम की शरण लेने के पूर्व विभीषण के अपने भाई कुबेर के पास जाने का वर्णन भी किया गया है।

अत: विषय-निर्वाह मात्र के दृष्टिकोण से इन ग्रन्थों का रचना-क्रम इस प्रकार प्रतीत होता है : **रामाज्ञाप्रश्न, जानकीमंगल, गीतावली**[१]**, रामचरितमानस, कवितावली।**

२९५. हिन्दी राम-साहित्य में **रामचरितमानस** सबसे अधिक महत्त्वपूर्ण है, इसलिए रामकथा के विकास के दृष्टिकोण से इसके कथानक की विशेषताओं का उल्लेख अपेक्षित है। आध्यात्मिक विचारों के दृष्टिकोण से इस पर **अध्यात्म रामायण** का सबसे अधिक प्रभाव पड़ा, लेकिन कथानक में भी अध्यात्म रामायण का प्रभाव स्पष्ट है। अध्यात्म रामायण की भाँति **रामचरितमानस** शिव-पार्वती के संवाद के रूप में प्रस्तुत किया गया है। अध्यात्म रामायण की दार्शनिक व्याख्याएँ तथा भक्ति सम्बन्धी अंश (स्तोत्र आदि) प्राय: सब-के-सब किंचित् परिवर्तन सहित रामचरितमानस में भी मिलते हैं। अन्तर यह है कि रामचरितमानस में शास्त्रीय प्रतिपादन को इतना स्थान नहीं दिया गया है। अत: रामचरितमानस का प्रधान आधार अध्यात्म रामायण सिद्ध होता है।

प्रस्तुत निबन्ध के दृष्टिकोण से **रामचरितमानस** के निम्नलिखित वृत्तान्त उल्लेखनीय हैं :

(१) अवतारहेतु : जय-विजय की कथा; जालंधर की पत्नी वृन्दा का शाप; नारद-मोह; मनु-शतरूपा की तपस्या; प्रतापभानु की कथा। इन कथाओं का तुलनात्मक अध्ययन १४वें अध्याय में किया जायेगा (दे० अनु० ३६६-३७३)।

(२) **अध्यात्म रामायण** के अनुसार राम का अपनी माता को अपना विष्णुरूप दिखलाना तथा उनकी बाललीला का कुछ वर्णन (दे० अध्यात्म रामायण १, ३, ४४-५३)।

---

१. कालक्रम निर्धारित करने के लिए विषय-निर्वाह के अतिरिक्त शैली, बहि:साक्ष्य आदि का भी ध्यान रखना आवश्यक है। इस प्रकार के सर्वतोमुखी अध्ययन के पश्चात् डॉ० माताप्रसाद गुप्त का विचार है कि गीतावली की रचना रामचरितमानस के बहुत बाद हुई थी। दे० तुलसीदास, तृतीय सं०, पृ० २७६।

बाद में **भगवद्गीता** (१०, ७) तथा **भागवतपुराण** (१०, ७, ३५-३७) के अनुकरण पर बालक राम का अपनी माता के सामने अपना विराट् रूप प्रकट करना। राम के जन्मोत्सव के अवसर पर शिव तथा भुशुण्डी का मानव रूप धारण कर अयोध्या का भ्रमण करना।

(३) मिथिला की वाटिका में राम तथा सीता का परस्पर दर्शन, (दे० आगे अनु० ४०३) तथा मिथिला में ही परशुराम का तेजोभंग (दे० आगे अनु० ३५१)।

(४) अयोध्या में तथा पम्पासरोवर के तट पर नारद का आगमन। नारद का स्थान अपेक्षाकृत महत्त्वपूर्ण है (दे० आगे अनु० ४४३ और ४७६)।

(५) राम के निर्वासन के लिए सरस्वती का अयोध्या भेजा जाना (दे० अध्यात्म रामायण २, ३, ४४-४६)।

(६) अयोध्याकाण्ड में केवट का वृत्तान्त : अध्यात्म तथा आनन्द रामायण दोनों में इसका उल्लेख अहल्योद्धार के अनन्तर हुआ है।

(७) चित्रकूट की यात्रा करते हुए राम की एक तापस के द्वारा वन्दना। श्री रामचन्द्र शुक्ल का अनुमान है कि 'इस ढंग से कवि ने अपने को ही तापस रूप में राम के पास पहुँचाया है।"[१]

(८) भरत-राम-मिलाप के समय चित्रकूट में जनक का आगमन।

(९) माया-सीता का वृत्तान्त (दे० अनु० ५०५)।

(१०) सेतुबन्ध के समय शिव-प्रतिष्ठा (दे० अध्यात्म रामायण ६, ४)।

(११) हनुमान् की हिमालय-यात्रा के वर्णन में हनुमान् द्वारा कालनेमि-वध तथा भरत से उनकी भेंट का वृत्तान्त।
(ये दोनों कथाएँ वाल्मीकिकृत **रामायण** के गौडीय पाठ में पायी जाती हैं)।

(१२) रावण-होम की कथा (दे० अध्यात्म रामायण ६, १०)।

(१३) भुशुण्डी-चरित। (दे० आगे अनु० ३८१)।

२९६. रामचरितमानस के बहुत-से संस्करणों में प्रक्षेप मिलते हैं, जिनमें से कथानक के दृष्टिकोण से निम्नलिखित वृत्तान्त उल्लेखनीय हैं—बालक राम और हनुमान् की संगति; सुलोचना की कथा; अहिरावण-वध तथा लव-कुश-काण्ड के अन्तर्गत सीता-त्याग, लवकुश का जन्म तथा राम-सेना से युद्ध।

(आ) अन्य हिन्दी राम-साहित्य

२९७. हिन्दी रामकथा साहित्य में तुलसीदास का एक प्रकार से एकाधिकार हैं—"तुलसी की प्रतिभा और काव्यकला इतनी उत्कृष्ट प्रमाणित हुई कि उनके बाद किसी भी कवि की रामचरित-सम्बन्धी रचना उनके मानस की समानता में प्रसिद्धि प्राप्त न कर सकी... मानस के सामने कोई भी प्रबन्ध-काव्य आदर की दृष्टि से न देखा गया।"[२] अत: यहाँ पर अन्य हिन्दी राम-साहित्य का सिंहावलोकन मात्र प्रस्तुत किया गया है।[३] अन्त में दो

---

१. दे० हिन्दी साहित्य का इतिहास, पृ० १४८। दे० आगे अनु० ४३२।

२. डॉ० रामकुमार वर्मा, हिन्दी साहित्य का आलोचनात्मक इतिहास, पृ० ३४४।

३. द्रष्टव्य 'हिन्दी साहित्य कोश' में 'हिन्दी राम-साहित्य' शीर्षक लेख तथा डॉ० माताप्रसाद गुप्त का 'रामकाव्य' (हिन्दी साहित्य, द्वितीय खण्ड, भारतीय हिन्दी परिषद्, प्रयाग, १९५९; पृ० ३००-३३१)।

अपेक्षाकृत महत्त्वपूर्ण प्रबन्ध काव्यों की कथानक सम्बन्धी विशेषताओं की सूची भी दी गई है (दे० अनु० ३०२-३०३)। प्रारम्भिक हिन्दी साहित्य के विषय में डॉ० अमरपाल सिंह का तुलसीपूर्व राम-साहित्य (रचना प्रकाशन, इलाहाबाद १९६८) और राम की माधुर्य भक्ति के सम्बन्ध में डॉ० भगवतीप्रसाद सिंह का शोध-प्रबन्ध, रामभक्ति में रसिक सम्प्रदाय (बलरामपुर, सं० २०१४) विशेष उपयोगी हैं।

२९८. तुलसीदास के पूर्व का हिन्दी-राम-साहित्य अधिक विस्तृत नहीं है। सर्वप्रथम विष्णुदासकृत '**भाषा वाल्मीकि रामायण**' का उल्लेख होना चाहिए। यह १५वीं शताब्दी के मध्य की रचना है। इसका कथानक वाल्मीकि के अनुसार ही है, किन्तु यह हिन्दी चौपाइयों में वाल्मीकि रामायण का प्राचीनतम अनुवाद है। **रामानन्द** के कुछ भक्तिविषयक पद सुरक्षित हैं तथा सूरदास ने **सूरसागर** में वाल्मीकि रामायण के क्रमानुसार रामकथा के मार्मिक स्थलों पर लगभग १५० पदों की रचना की है।[१] इनमें केवट वृत्तान्त रामचरितमानस की भाँति वनवास की कथा में रखा गया है (अध्यात्म रामायण में यह वृत्तान्त अहल्योद्धार के अनन्तर ही मिलता है) और राम की सहायता करने जाने के पूर्व लक्ष्मण द्वारा कुटी के चारों ओर रेखा खींचने का उल्लेख हुआ है। '**पृथ्वीराजरासो**' के द्वितीय समय में दशावतार कथा के अन्तर्गत रामकथा-विषयक लगभग १०० छन्द मिलते हैं,[२] जिनमें लंका युद्ध के वर्णन को सर्वाधिक महत्त्व दिया गया है। **ईश्वरदास**[३] (१६वीं शताब्दी पूर्वार्द्ध) के **भरत-मिलाप** में अयोध्याकाण्ड की कथावस्तु का दोहा-चौपाइयों में वर्णन किया गया है और इसमें भरत को आदर्श दास्य भक्त के रूप में चित्रित किया गया है। इनके '**रामजन्म**' तथा '**अंगदपैज**' भी सुरक्षित हैं; ये सब एक ही विस्तृत ग्रन्थ के अंश प्रतीत होते हैं, जिसमें रामचरितमानस का पूर्वाभास मिलता है।

२९९. तुलसीदास के समकालीन कवियों में राम-साहित्य की दृष्टि से अग्रदास तथा नाभादास प्रमुख हैं। उनकी रचनाओं से पता चलता है कि तुलसीदास के समय में राम की माधुर्यभक्ति का प्रचलन हुआ था। कई अनुसन्धानकर्ताओं की यह धारणा निराधार है कि प्राचीन संस्कृत राम-साहित्य के श्रृंगारात्मक वर्णनों में राम की मधुरोपासना का सूत्रपात देखा जा सकता है (दे० अनु० १५०)। राम की मधुरोपासना के विषय में कोई प्राचीन रचना उपलब्ध नहीं है; इसके अभाव में यह मानना पड़ेगा कि उपासना की पह पद्धति सम्भवतः १५वीं शताब्दी ई० में कृष्णभक्ति के अनुकरण पर चलायी गयी है। अग्रदास के **अष्टयाम** में राम की रासक्रीड़ा का वर्णन है। इनकी '**पदावली**' तथा '**ध्यानमंजरी**' में मँजी हुई भाषा के भक्तिपूर्ण पद मिलते हैं। अग्रदास के शिष्य नाभादास ने भी राम-सीता-चरित को लेकर '**अष्टयाम**' की रचना की है।

भक्तिकाल की कुछ अन्य रचनाएँ इस प्रकार हैं :

(१) **रामचन्द्रिका** (दे० आगे अनु० ३०२)।

(२) सोढ़ी मेहरबान का '**आदिरामायण**' (हिन्दी मिश्रित पंजाबी)।

---

१. दे० ना०प्र० सभा संस्करण; दूसरा खण्ड, नवम स्कन्ध, पद ४६०-६१३।

२. कुछ संस्करणों में रामावतार-विषयक केवल ३८ छन्द मिलते हैं। दे० विपिनविहारी त्रिवेदी, पृथ्वीराजरासो में रामकथा, मैथिलीशरण गुप्त अभिनन्दन ग्रन्थ, पृ० ६७७।

३. दे० ना० प्र० पत्रिका, वर्ष ६१ (सं० २०१३), अंक १ और हिन्दुस्तानी भाग २४, अंक ३, पृ० ११७।

(३) संस्कृत महानाटक पर आधारित हृदयरामकृत **हनुमन्नाटक** (सन् १६२३ ई०) कवित्त-सवैये में है और १९वीं शताब्दी तक लोकप्रिय रही।

(४) लालदासकृत **अवध विलास।**

(५) राजस्थानी में एक विस्तृत जैनी राम-साहित्य मिलता है। समयसुन्दर की **सीताराम चौपाई**[1] विशेष रूप से उल्लेखनीय है। जैनेतर रचनाओं में **लक्ष्मणायण** १६वीं शताब्दी का है तथा नरहरिदास के **अवतारचरित** का रामावतार विषयक अंश रामचरितमानस और रामचन्द्रिका पर निर्भर है।

३००. रीतिकाल का राम-साहित्य महत्त्वपूर्ण न होते हुए भी भक्तिकाल की अपेक्षा अधिक विस्तृत है। यहाँ पर उन रचनाओं की नामावली देने की अपेक्षा, रीतिकालीन राम-साहित्य की सामान्य विशेषताओं का उल्लेख किया जायेगा[2] :

(१) शृंगार की व्यापकता तथा कृष्ण-काव्य की गहरी छाप उस साहित्य की प्रथम विशेषता है; विशेष रूप से रसिक सम्प्रदाय की रचनाओं में जहाँ राम तथा सीता की शृंगारमय चेष्टाओं का खुलकर वर्णन किया गया है।[3]

(२) रीतिकाल में प्रसिद्ध संस्कृत रामकाव्यों का अनुवाद भी हुआ है, उदाहरणार्थ वाल्मीकि रामायण, जैमिनीपुराण, रामाश्वमेध (पद्मपुराण), अध्यात्म रामायण, योगवासिष्ठ आदि के अनुवाद।

(३) विश्वनाथ सिंह, केशव कवि, भगवन्त राय खीची, मनियार सिंह, गणेश, खुमान आदि कवियों ने हनुमद्भक्तिपरक रचनाओं की सृष्टि की है।

(४) प्रारम्भिक हिन्दी नाट्य साहित्य में कृष्णकथा की अपेक्षा रामकथा को अधिक महत्त्वपूर्ण स्थान मिला है।

(५) खड़ीबोली गद्य की प्राचीनतम प्रौढ़ रचनाओं में से तीन ग्रन्थ राम-साहित्य से सम्बन्ध रखते हैं : रामप्रसाद निरंजनी का भाषा योग-वासिष्ठ (१७४१ ई०); दौलतराम का **पद्मपुराण** (सन् १६६१ ई०; जैनी रामकथा) तथा सदल मिश्र का रामचरित (सन् १८०७ ई०; **अध्यात्म रामायण** का अनुवाद, दे० सदल मिश्र ग्रन्थावली, बिहार-राष्ट्रभाषा-परिषद्)।

३०१. आधुनिक काल में रामकथा-विषयक गद्य तथा नाटक साहित्य उपेक्षणीय नहीं हैं, फिर भी इस काल का राम-काव्य कहीं अधिक महत्त्वपूर्ण होता है। पुरानी धारा के कवियों ने **रामभक्तिपरक मुक्तक काव्य** के अतिरिक्त प्रबन्ध काव्यों की भी रचना की है। उदाहरणार्थ रसिक बिहारी का रामरसायन, रघुनाथदास का **विश्रामसागर** (रामायण खण्ड), रघुराजसिंह का **रामस्वयंवर**, बाघेली कुँवरि का **अवधविलास**, बलदेव प्रसाद मिश्र का **कोशल किशोर**

---

१. रचनाकाल संवत् १६७७ तथा १६८३ के बीच में। इस रचना की सं० १७३८ की एक हस्तलिपि बीकानेर के भारतीय विद्यामन्दिर, शोध प्रतिष्ठान में सुरक्षित है। राजस्थानी में जैनी राम-साहित्य की विस्तृत सूची के लिए दे० श्री अगरचन्द नाहटा, राजस्थानी भाषा में रामकथा-सम्बन्धी ग्रन्थ। मैथिलीशरण गुप्त अभिनन्दन ग्रन्थ, पृ० ८४०-८४३।

२. गोविन्द रामायण के लिए दे० नीचे अनु० ३०३। डॉ० गोपीवल्लभ नेमा ने नागरी प्रचारिणी पत्रिका (वर्ष ६९, अंक ३, पृ० ३९५) में कृपानिवासकृत रामरसामृतसिन्धु नामक विस्तृत प्रबन्ध काव्य का परिचय दिया है।

३. दे० डॉ० लक्ष्मीसागर वार्ष्णेय, ईस्ट इण्डिया कम्पनीकालीन राम-काव्य, राष्ट्रकवि मैथिलीशरण गुप्त अभिनन्दन ग्रन्थ, पृ०८२१-८२६।

तथा मैथिली में चन्दा झा का **रामायण**। सन् १९०० ई० के बाद भी यह धारा प्रवाहित होती रही; उदाहरण : शिवरत्न शुक्ल का **श्रीरामावतार**, वंशीधर शुक्ल का **राम मड़ैया** तथा रामनाथ ज्योतिषी का **श्रीरामचन्द्रोदय**।

खड़ीबोली का रामकाव्य अपेक्षाकृत समृद्ध है। निम्नलिखित महाकाव्य साहित्यिक मूल्य रखते हैं : रामचरित उपाध्याय का **रामचरित चिन्तामणि** (सन् १९२० ई०); मैथिलीशरण गुप्त का **साकेत** (सन् १९२९ ई०), अयोध्यासिंह उपाध्याय का **वैदेही वनवास** (१९३९ ई०), बलदेव प्रसाद मिश्र कृत **साकेत सन्त** (१९४६ ई०), केदारनाथ मिश्र कृत **कैकेयी** (१९५० ई०), बालकृष्ण शर्मा नवीन कृत उर्मिला (१९५७)। इन महाकाव्यों की तीन प्रमुख विशेषताएँ इस प्रकार हैं :

(१) मूलभूत दृष्टिकोण—अवतारवाद को कम महत्त्व दिया गया है अथवा राम को पूर्णतया मानव मात्र के रूप में चित्रित किया गया है।

(२) भक्तिकालीन धार्मिक भावना और रीतिकालीन शृंगारिकता के स्थान पर नवीन सामाजिक तथा राजनीतिक आदर्श।

(३) पूर्ववर्ती रामकाव्य के उपेक्षित अथवा कम विकसित पात्रों को नायक-नायिका बनाने की प्रवृत्ति। उदा०-साकेत (लक्ष्मण-उर्मिला); संकेत-सन्त (भरत-माण्डवी); कैकेयी; उर्मिला।

३०२. गोस्वामी तुलसीदास के समकालीन केशवदास को **रामचन्द्रिका** में कोई प्रबन्धात्मकता नहीं मिलती। कथानक के दृष्टिकोण से इसमें निम्नलिखित विशेषताएँ पायी जाती हैं :

(१) सीता-स्वयंवर में बाणासुर-रावण-संवाद, जो प्रसन्नराघव के आधार पर लिखा गया है।

(२) मिथिला में परशुराम का तेजोभंग।

(३) रावण-वध के पश्चात् अयोध्या में लौटकर राम की विरक्ति तथा वसिष्ठ का समझाना (दे० २५वाँ प्रकाश)। इस वृत्तान्त का आधार योगवासिष्ठ का राम-वैराग्य-वर्णन है।

(४) महानाटक के आधार पर राम से अंगद का बैर (दे० २६वाँ प्रकाश)।

(५) पद्मपुराण तथा जैमिनीय अश्वमेध के अनुसार सीता-त्याग, लव-कुश का जन्म और राम-सेना से युद्ध (दे० आगे अनु० ७४९)।

३०३. सिक्खों के दसवें गुरु गोविन्द सिंह ने सन् १६९८ ई० एक रामकथा-विषयक काव्य की रचना की, जो सन् १९५३ ई० में **गोविन्द रामायण** के नाम से प्रकाशित हुई है। कथानक की दृष्टि से निम्नलिखित विशेषताएँ उल्लेखनीय हैं :

— राम-सीता का पूर्वानुराग (दे० अनु०४०३) तथा अयोध्या में भी परशुराम का तेजोभंग (दे० अनु० ३५१)।

— राम की सहायता करने जाने के पूर्व लक्ष्मण की कुटी के चारों ओर रेखा खींचना (अनु० ४९८)।

— सीता का नागमंत्र पढ़कर राम तथा लक्ष्मण को नागपाश से मुक्त करना (दे० अनु० ५८६)।

— वाल्मीकि द्वारा सीता के एक पुत्र की सृष्टि (दे० अनु० ७४३)।

— लव-कुश-युद्ध के अन्त में सीता का अपने सतीत्व की शपथ खाकर समस्त राम-सेना को जिलाना तथा राम के साथ अयोध्या के लिए प्रस्थान करना (दे० अनु० ७४९)।

— रावण-चित्र के कारण राम का सीता पर सन्देह तथा फलस्वरूप सीता का भूमि-प्रवेश (दे० अनु० ७५३)।

मराठी

३०४. मराठी साहित्य की प्राचीनतम रामकथा एकनाथकृत **भावार्थ रामायण** है, जिसकी रचना १६वीं शताब्दी के अन्त में हुई थी। इसका उत्तरकाण्ड एकनाथ के किसी शिष्य द्वारा लिखा हुआ है। एक दन्तकथा के अनुसार एकनाथ ने युद्धकाण्ड के केवल ४४ अध्याय लिखे थे और गवब ने उसे पूरा किया था किन्तु आधुनिक मराठी समालोचकों का विश्वास है कि एकनाथ ने अहि-महिरावण-वृत्तान्त को छोड़कर समस्त युद्धकाण्ड की रचना की है। अहि-महिरावण की कथा जयरामसुत द्वारा लिखी मानी जाती है।

एकनाथ के तीन मुख्य आधार वाल्मीकि, अध्यात्म तथा आनन्द रामायण हैं। भावार्थ रामायण के कथानक को वाल्मीकि के ढाँचे के अनुसार प्रस्तुत किया गया है; समस्त रचना में जो भक्ति का वातावरण है उसका आधार अध्यात्म रामायण है तथा उसकी वाल्मीकि से भिन्न नवीन सामग्री मुख्यतया आनन्द रामायण पर आधारित है।

एकनाथ वाल्मीकि रामायण के पश्चिमोत्तरीय पाठ से परिचित थे। भावार्थ रामायण के निम्नलिखित प्रसंग दाक्षिणात्य पाठ में नहीं मिलते किन्तु गौडीय तथा पश्चिमोत्तरीय पाठों में विद्यमान हैं : दशरथ की पुत्री शान्ता का उल्लेख (अनु० ३४३); तारा का शाप (अनु० ७२६); निकषा-वाक्य (अनु० ५६८, ३); रावण द्वारा विभीषण पर पाद-प्रहार (अनु० ५६८, ५); नारद-कुम्भकर्ण-संवाद (अनु० ५८९, ५) और कालनेमि का वृत्तान्त (अनु० ५५८, ९)। भावार्थ रामायण के कुछ अन्य प्रसंग केवल पश्चिमोत्तरीय पाठ में पाये जाते हैं; उदाहरणार्थ : विभीषण-निकषा-संवाद, नारद-वाक्य, कुम्भकर्ण-वाक्य और मन्दोदरी-केश-ग्रहण (दे० अनु० ५६०)। भरत-हनुमान्-संवाद केवल गौडीय पाठ में विद्यमान है किन्तु एकनाथ ने सम्भवतः आनन्द रामायण के आधार पर इस प्रसंग का वर्णन किया है (दे० अनु० ५८८)।

वाल्मीकि से भिन्न सामग्री जो समान रूप से भावार्थ रामायण तथा अध्यात्म रामायण में विद्यमान है, वह आनन्द रामायण में भी पायी जाती है; सामग्री इस प्रकार है : नवजात शिशु राम द्वारा विष्णु रूप-प्रदर्शन (अनु० ३७५); लक्ष्मण का संयम (अनु० ४६१); रावण का छत्रभंग (अनु० ५८४); रावण की नाभि में अमृत की स्थिति (अनु० ५९८); रावण की मुक्ति (अनु० ५९९)।

एकनाथ के कथानक पर आनन्द रामायण की गहरी छाप है। निम्नलिखित सामग्री न तो वाल्मीकि रामायण और न अध्यात्म रामायण में मिलती है किन्तु वह समान रूप से आनन्द रामायण तथा भावार्थ रामायण में विद्यमान है—दशरथ-कौशल्या-विवाह की कथा (अनु० ३३७); भरत और शत्रुघ्न सहोदर हैं (अनु० ३४१) पाषाणभूता अहल्या की कथा (अनु० ३४६); बालक राम की तीर्थ-यात्राएँ (अनु० ३८५); परशुराम से शिव-धनुष का सम्बन्ध तथा सीता द्वारा धनुष के उठाये जाने की कथा (अनु० ३९२); सीता-स्वयंवर में रावण की उपस्थिति (अनु० ३९७); अग्निजा सीता की जन्म-कथा (अनु० ४२२); भरत

द्वारा मन्थरा का पीटा जाना (अनु० ४३४); लक्ष्मण का कुटी के चारों ओर रेखा खींचना (अनु० ४९८); पार्वती द्वारा राम की परीक्षा (अनु० ४७५); रावण की बहन क्रौंचा का वध (अनु० ५३१); हनुमान् का विभीषण को रामकीर्तन में संलग्न देखना (अनु० ५३८); लंका में हनुमान् के उत्पात (अनु० ५३९); लंकादहन के वर्णन में साम्य, विशेषकर रावण की दाढ़ी जल जाने की कथा (अनु० ५५२); हनुमान् की वीरता विषयक ब्रह्मा का पत्र (अनु० ५५४); रेती की लंका में विभीषण का अभिषेक (अनु० ५७१); नल (अनु० ५७६) तथा हनुमान् (अनु० ५८०) का गर्व-निवारण; अंगद का अपनी कुण्डलाकार पूँछ पर बैठना तथा मण्डप की छत राम के पास ले आने की कथा (अनु० ५८५); सुलोचना (अनु० ५९४) तथा मन्दोदरी (अनु० ५९९) का सहगमन; अहि-महिरावण की कथा (अनु० ६१४); हनुमान् के पुत्र की उत्पत्ति (अनु० ६१५); लक्ष्मण द्वारा शूर्पणखा के पुत्र का वध (अनु० ६३२); रावण-मन्दोदरी के विवाह की कथा (अनु० ६५०); दशरथ-यज्ञ के पायस से हनुमान् की उत्पत्ति (अनु० ६७७); रामकथा-श्रवण में सर्वत्र उपस्थित रहने की हनुमान् द्वारा वरप्राप्ति (अनु० ७०२)।

एकनाथ के कुछ प्रसंग उपर्युक्त तीन आधार ग्रन्थों (अर्थात् वाल्मीकि, अध्यात्म और आनन्द रामायण) में नहीं मिलते हैं; उदाहरणार्थ : पउमचरियं के अनुसार भरत तथा शत्रुघ्न का कैकेयी की सन्तान के रूप में उल्लेख (अनु० ३४१); योगवासिष्ठ के आधार पर राम के वैराग्य का वर्णन (अनु० ३८६); भरत की चित्रकूट यात्रा के प्रसंग में भरत-लक्ष्मण युद्ध तथा वाल्मीकि द्वारा रामायण का गान (अनु० ४३४); जयन्त के स्थान पर सुदसुव गन्धर्व का उल्लेख (अनु० ४३९); अनावृष्टि के कारण इन्द्र के विरुद्ध युद्ध करते समय दशरथ की सहायता करने से कैकेयी की वर-प्राप्ति (अनु० ४४७); मन्थरा को उभाड़ने के उद्देश्य से ब्रह्मा द्वारा विकल्प का प्रेषण (अनु० ४५४); लक्ष्मण की जितेन्द्रियता की कथा (अनु० ४६२); नृसिंहपुराण की भाँति शूर्पणखा के प्रसंग में राम के पत्र का उल्लेख (अनु० ४६४); माया-सीता की कथा का एक नवीन रूप (अनु० ५०५); राम द्वारा हनुमान् की पराजय (अनु० ५१२); बालि-सुग्रीव की जन्मकथा में पार्वती के शाप का उल्लेख (अनु० ५१३); हेमा की कथा (अनु० ५२६); सीता-मन्दोदरी-संवाद (अनु० ५४४); हनुमान् का रावण-सभा में कुण्डलाकार पूँछ पर बैठना (अनु० ५५२); द्रुमकुल्य के स्थान पर मरुदैत्य का वध (अनु० ५७४, ५); सेतु के पत्थरों को राम के चरणस्पर्श से बचाने की युक्ति (अनु० ५८१); लक्ष्मण का वैराग्य (अनु० ६१०)।

अन्य काण्डों की अपेक्षा भावार्थ रामायण का उत्तरकाण्ड वाल्मीकीय उत्तरकाण्ड से अधिक साम्य रखता है। दाक्षिणात्य पाठ के अनुसार भृगुशाप का उल्लेख किया गया है (दे० अनु० ७२५)। निम्नलिखित प्रसंग आनन्द रामायण पर आधारित प्रतीत होते हैं : स्त्रीराज्य में हनुमान् का प्रेषण (अनु० ६८७); बलि के यहाँ रावण की पराजय (अनु० ६५५); लव-कुश-युद्ध के पश्चात् राम के साथ सीता का अयोध्या लौटना (अनु० ७४७); सीता द्वारा मूलकासुर-वध (अनु० ६४१)। अन्य उल्लेखनीय नवीन सामग्री इस प्रकार है—सीता-वनवास का परोक्ष कारण (अनु० ७२८); कौपीन पहनकर हनुमान् का जन्म (अनु० ६९७); कैकेयी के दोषारोपण के कारण सीता का भूमि-प्रवेश (अनु० ७५३)।

३०५. शेष मराठी राम-साहित्य की एक विशेषता **सीता-स्वयंवर** नामक रचनाओं का बाहुल्य है। १६वीं शताब्दी में जनी जनार्दन और विठा रेणुकानन्दन; १७वीं शताब्दी में

रामदास, वेणाबाई, वामन और जयराम स्वामी वडगाँवकर; १८वीं शताब्दी में आनन्दतनय, गोसावीनन्दन, नागेश और विट्ठल ये सब किसी सीता-स्वयंवर के रचयिता माने जाते हैं।

सत्रहवीं शताब्दी की निम्नलिखित रचनाएँ उल्लेखनीय हैं : कृष्णदास मुग्दल का **युद्धकाण्ड**; मुक्तेश्वर का **संक्षेप रामायण** तथा **अहि-महिरावण-वध**; माधव स्वामी के दो **रामायण**; समर्थ रामदास का **लघु रामायण**, **सुन्दरकाण्ड** तथा **युद्धकाण्ड**; वेणाबाई का **रामायण**।

परवर्ती राम-साहित्य की सबसे लोकप्रिय रचना श्रीधरकृत **रामविजय** (रचनाकाल १७०३ ई०) है। इसके कथानक पर भावार्थ रामायण की गहरी छाप है। भावार्थ रामायण की प्राय: समस्त उपर्युक्त विशेषताएँ रामविजय में भी पायी जाती हैं। अहल्या-गौतम-विवाह की कथा ब्रह्मपुराण के अनुसार दी गयी है। **मोरोपन्त** (मराठी साहित्य के केशवदास) के ७४ रामायण प्रकाशित हैं; कथानक प्राय: वाल्मीकीय रामायण के अनुसार ही है। अमृतराव ओक ने १९वीं शताब्दी में **शतमुख रावण-वध** की रचना की है।

गुजराती

३०६. गुजराती साहित्य में रामकथा की अपेक्षा कृष्णकथा को अधिक महत्त्वपूर्ण स्थान मिला है। "श्रीकृष्ण के चरित्र से सम्बन्धित महाभारत का अंश गुजरात के व्यावहारिक और कौतूहलप्रिय आत्मा को जितना खींच सका उतना रामायण खींच भी नहीं सका।"[१] फिर भी गुजराती साहित्यकारों की सूची से पता चलता है कि सन् १३७० ई० से सन् १८५२ ई० तक ३७२ कवियों में से पचास कवियों ने रामकथा-विषयक साहित्य की सृष्टि की है।

कृष्ण-काव्य में प्रबन्धात्मकता का अभाव है। सम्भवत: इसके प्रभाव के कारण अधिकांश गुजराती रामकथा-सम्बन्धी साहित्य भी पदावली के रूप में अथवा आख्यान शैली में लिखा गया है। उदाहरणार्थ : आशाएत (असाईत) कृत **रामलीला ना पदो** (१४वीं श०); भालणकृत **रामविवाह** और **रामबालचरित** (१५वीं शताब्दी); मंत्री कर्मण कृत **सीताहरण** (१५वीं श०); भीमकृत **रामलीला ना पदो** (१५वीं श०); मांडण बंधाशे का **रामायण** (१५वीं श०); लावण्यसमयकृत **रावण-मन्दोदरी-संवाद** (१६वीं श०); उद्धवकृत **सीता-हनुमान्-संवाद**, नाकर का **लवकुशाख्यान** (१६वीं श०), प्रेमानन्दकृत **रणयज्ञ** (१७वीं श०) तथा हरिदासकृत **सीता विरह** (१७वीं श०) आदि।

भालण के पुत्रों—उद्धव और विष्णुदास—ने १६वीं शताब्दी में समस्त रामायण की रचना की थी लेकिन वह अधिक प्रचलित नहीं हो सकी है। आजकल गुजरात में १९वीं शताब्दी का **गिरधरदासकृत रामायण** सबसे श्रेष्ठ माना जाता है और सबसे लोकप्रिय भी है।

आधुनिक काल में योगवासिष्ठ, अध्यात्म रामायण, रामचरितमानस आदि का गुजराती में अनुवाद किया गया है।

---

१. दे० प्रह्लाद चन्द्रशेखर दीवान जी, गुजरात में रामायण (कल्याण का रामायणांक, पृ० ३९८)। उसी लेखक का गुजराती राम-साहित्य का सिंहावलोकन द्रष्टव्य है—ज० ऑ० इं०, भाग ४ (१९५४), पृ० ४६-५७। इसके अतिरिक्त श्री शान्ति आँकड़ियाकर, मध्यकालीन गुजराती साहित्य का तिथि-क्रम। साहित्य (पटना), वर्ष १०, अंक १, पृ० ५२-५७।

गुजरात प्रान्त में प्रचलित रामकथा का निरूपण नर्मदाकृत **रामायणनोसार** (१९वीं श०) में मिलता है। इस रचना से पता चलता है कि वाल्मीकि रामायण तथा अध्यात्म रामायण के अतिरिक्त अन्य रचनाओं का भी गुजराती राम-साहित्य पर प्रभाव पड़ा, यद्यपि इन दोनों का प्रभाव प्रधान है। रामायणसार में सीता-त्याग के दो कारण बतलाये जाते हैं (धोबी वृत्तान्त तथा रावण-चित्र की कथा) तथा राम-सेना से लव-कुश के युद्ध का भी वर्णन किया गया है।

उर्दू-फ़ारसी रामायण

३०७. रामकथा-विषयक उर्दू साहित्य अधिक महत्त्वपूर्ण नहीं है। उर्दू साहित्य के इतिहासकार इसके सम्बन्ध में प्रायः मौन ही रहते हैं। १९वीं शताब्दी उत्तरार्द्ध के निम्नलिखित चार रामायण उल्लेखनीय हैं :

(१) मुंशी जगन्नाथ खुश्तर का **रामायण खुश्तर।** इस सर्वोत्तम तथा सबसे लोकप्रिय उर्दू रामायण की रचना १८६४ ई० में हुई थी।
(२) मुंशी शंकरदयाल 'फर्हत' का **रामायण मंज़ूम।**
(३) बाँकेबिहारी लाल 'बहार' का **रामायण बहार।**
(४) सूरज नारायण मेह्र का **रामायण मेह्र।**

इनकी रचना के लिए रामचरितमानस, वाल्मीकि रामायण आदि प्रसिद्ध रामायणों का सहारा लिया गया है, फिर भी इन ग्रन्थों को स्वतंत्र-काव्य-ग्रन्थ मानना उचित होगा।

३०८. उर्दू की अपेक्षा फ़ारसी रामकथा-साहित्य अधिक प्राचीन है। अकबर के आदेशानुसार **अल बदायूनी** (अब्दुल कादिर इब-इ-मुलूक शाह) ने सन् १५८४-१५८९ ई० में वाल्मीकि रामायण का पद्यानुवाद किया था।

जहाँगीर के राज्यकाल में तुलसीदास के समकालीन गिरिधरदास[१] ने वाल्मीकि रामायण का संक्षिप्त पद्यानुवाद प्रस्तुत किया था तथा मुल्ला मसीह ने अपने रामायण मसीही (दे० अनु० ३०९) की रचना की थी। शेष उपलब्ध फ़ारसी राम-साहित्य इस प्रकार है : **रामायण फैजी** (शाहजहाँ के समय का गद्यानुवाद); गोविन्द-पुत्र गोपालकृत **तर्जुमा-इ-रामायण** (१७वीं श० ई० उत्तरार्द्ध); चन्द्रभान बेदिल का वाल्मीकि रामायण का संक्षिप्त गद्यानुवाद (१६८५ ई०) तथा पद्यानुवाद (१६९३ ई०); लाला अमरसिंह का गद्यात्मक **रामायण अमर प्रकाश** (रचनाकाल १७०५ ई०) तथा लाला अमानत रायकृत **वाल्मीकि रामायण** का पद्यानुवाद (रचनाकाल सन् १७५४ ई०)।

३०९. रामायण मसीही की रचना जहाँगीर के समय में मुल्ला मसीह द्वारा हुई थी; नवलकिशोर प्रेस (लखनऊ) ने उसे सन् १८९८ ई० में प्रकाशित किया था। मुल्ला मसीह मुजफ्फरनगर (उ० प्र०) के निकट किराना गाँव के निवासी थे। वह सम्भवतः ईसाई थे क्योंकि रामायण मसीही में ईसा, मरियम आदि बाइबिल के पात्रों का उपमान के रूप में बहुधा उल्लेख हुआ है। इस रचना के ५००० छन्दों में दशरथ-यज्ञ से लेकर लव-कुश-युद्ध के बाद सीता

---

१. ई० एस० ए० एच० अबीदी : द स्टोरी ऑफ रामायण इन इण्डोपरसियन लिटरेचर (इण्डो-इरैनिका, कलकत्ता, भाग १७, पृ० १७-२९)। इस लेख में १९वीं श० की भी अनेक फ़ारसी रामायणों का उल्लेख है। देवीदास ने उसी शताब्दी में फ़ारसी गद्य में रामचरितमानस का अनुवाद किया था और राय मुंशी परमेश्वरी सहाय तथा लाला चन्दा मल चन्द ने इसका संक्षिप्त फ़ारसी पद्यानुवाद।

के भूमि-प्रवेश तक की समस्त रामकथा प्रस्तुत की गयी है। कथानक[1] की निम्नलिखित विशेषताएँ उल्लेखनीय हैं :

(१) पाषाणभूता अहल्या के उद्धार की कथा अरण्यकाण्ड के अन्तर्गत रखी गयी है (दे० अनु० ३४८)।

(२) विश्वामित्र सीता की जन्म-कथा सुनाते हैं; इसके अनुसार सीता एक मंजूषा में पायी गयी थीं (दे० अनु० ४१३)।

(३) रावण-वध के पश्चात् मन्दोदरी स्वयं सीता को राम के पास ले आती है (अनु० ६०२)।

(४) राम की बहन सीता को दशमुख रावण का चित्र अंकित करने के लिए प्रेरित करती है और बाद में राम के पास जाकर कहती है कि सीता दिन-रात उसी चित्र की पूजा करती है। (दे० अनु० ७२३)।

(५) वाल्मीकि द्वारा सीता के एक पुत्र की सृष्टि (दे० अनु० ७४३)।

(६) लव-कुश-युद्ध में राम को भी पराजित तथा अचेत किया जाता है किन्तु वाल्मीकि जल छिड़ककर राम को होश में लाते हैं (दे० अनु० ७४९)।

(७) रामकथा का निर्वहण मौलिक प्रतीत होता है (दे० अनु० ७५३)।

---

१. मैं प्रो० हीरालाल चोपड़ा, एम० ए० का आभारी हूँ, जिन्होंने मेरे साथ बैठकर मुझे रामायण मसीही का कथानक समझा दिया है। एशियाटिक सोसाइटी के कैटलॉग में इस रचना का नाम हदीस-इ-राम-उ सीता रखा गया है; लेखक का नाम इस प्रकार है—सादुल्लाह कैरानवी तखल्लुस मसीह।

अध्याय-१३

विदेश में रामकथा

३१०. पिछले तीन अध्यायों से भारतीय संस्कृति में रामकथा की व्यापकता का अनुमान किया जा सकता है। न केवल भारत में बल्कि निकटवर्ती देशों की संस्कृति तथा साहित्य में भी रामकथा एक महत्त्वपूर्ण स्थान प्राप्त कर सकी है, यह प्रस्तुत अध्याय से स्पष्ट होगा। रामकथा की एक धारा उत्तर की ओर फैल गयी, इसका प्रमाण हमें **तिब्बती** तथा **खोतानी रामायणों** में मिलता है। यह सामग्री अपेक्षाकृत प्राचीन है अतः इसका निरूपण प्रथम परिच्छेद में किया गया है। एक दूसरी धारा भारत से हिन्देशिया तक पहुँच गयी थी और वहाँ से हिन्द-चीन और इसके पश्चात् स्याम तक तथा स्याम से बर्मा तक फैल गयी थी। इसका वर्णन द्वितीय तथा तृतीय परिच्छेदों में किया गया है। अन्त में पाश्चात्य वृत्तान्तों का भी किंचित् निरूपण किया जायेगा। प्रस्तुत अध्याय में रामकथा के पात्रों के नाम प्रायः संस्कृत रामायण के अनुसार ही दिये जायेंगे।

क—तिब्बत-खोतान

तिब्बती रामायण

३११. बौद्ध रामकथा के निरूपण में **अनामकं जातकम्** तथा **दशरथ कथानकम्** का उल्लेख हुआ है, जिनका क्रमशः तीसरी और पाँचवीं शताब्दी ई० में चीनी भाषा में अनुवाद हुआ था (दे० ऊपर अनु० ५२-५३), अतः रामकथा प्राचीनकाल से उत्तर की ओर फैलने लगी थी। तिब्बती भाषा में भी अनेक हस्तलिपियाँ प्राप्त हैं जिनमें रावण-चरित से लेकर सीता-त्याग और राम-सीता-सम्मिलन तक की समस्त कथा मिलती है, जो सम्भवतः आठवीं अथवा नवीं शताब्दी की है।[१] प्रारम्भ में रावण-चरित का कुछ वर्णन किया गया है, अनन्तर विष्णु दशरथ के पुत्र के रूप में अवतार लेने की प्रतिज्ञा करते हैं। दशरथ की केवल दो पत्नियाँ हैं; विष्णु कनिष्ठा के गर्भ से जन्म लेते हैं और रामन कहलाते हैं, तीन दिन बाद विष्णु के पुत्र ज्येष्ठा से जन्म लेते हैं और उनका नाम लक्षण रखा जाता है।

गुणभद्र के **उत्तरपुराण** की भाँति इनमें भी सीता रावण की पुत्री मानी जाती है। दशग्रीव की पटरानी के एक कन्या उत्पन्न होती है जिसके जन्मपत्र में लिखा है कि वह अपने पिता का नाश करेगी। फलस्वरूप वह समुद्र में फेंकी जाती है और बचने पर भारत के कृषकों द्वारा पाली जाती है; इसका नाम लीलावती है। (लेकिन अन्य हस्तलिपियों में 'सीता' नाम का भी उल्लेख है)।

दो पुत्रों में से किसे राज्य दिया जाये, अपने पिता की इस प्रकार की किंकर्तव्यविमूढ़ता देखकर रामन स्वेच्छा से किसी आश्रम में तपस्या करने जाते हैं, और लक्षण को राज्य

१. दे० एफ० डब्लू० थॉमस : ए रामायण स्टोरी इन तिब्बतन, इण्डियन स्टडीज, पृ० १९३। एम० लालू : जर्नल एशियाटिक, १९३६, पृ० ५६०।

दिलवाते हैं। कृषकों के अनुरोध से रामन तपस्या छोड़कर लीलावती (सीता) से विवाह करते हैं, और इसके बाद राज्यशासन ग्रहण करते हैं।

गुणभद्र में सीता का हरण राजधानी के पास के अशोकवन से होता है। **तिब्बती रामायण** में भी ऐसा प्रतीत होता है, क्योंकि इसका वर्णन वनवास के बाद मिलता है। इस वर्णन में विशेषता यह है कि रावण सीता का स्पर्श नहीं करता तथा जटायु को रक्त से सने पत्थर खिलाकर मार डालता है (दे० आगे अनु० ५०२ और ४७०)।

अनन्तर सीता की खोज, वानरों से मैत्री, हनुमान् का प्रेषण आदि रावण-वध तक का वर्णन मिलता है। इसमें निम्नलिखित विशेषताएँ पायी जाती हैं : बालि-सुग्रीव द्वन्द्व में माला के स्थान पर सुग्रीव की पुच्छ में दर्पण बाँधा जाता है; हनुमान् आदि एक-दूसरे की पुच्छ पकड़कर स्वयंप्रभा की गुफा में प्रवेश करते हैं; रावण का मर्मस्थान उसका अँगूठा बताया गया है।

उत्तरकाण्ड से सम्बन्ध रखनेवाली सामग्री (धोबी के कारण सीता-त्याग, कुश की वाल्मीकि द्वारा सृष्टि तथा अन्त में राम-सीता सम्मिलन) कथासरित्सागर के अनुसार है, अन्तर यह है कि लव तथा कुश का जन्म सीता-त्याग के पूर्व होता है (दे० अनु० ७२१)।

खोतानी रामायण

३१२. खोतान (पूर्वी तुर्किस्तान) की रामकथा, जो नवीं शताब्दी ई० की मानी जाती है, तिब्बती रामायण से बहुत कुछ मिलती-जुलती है। फिर भी तिब्बती तथा खोतानी रामायण एक दूसरे का एकमात्र आधार नहीं हो सकते हैं, क्योंकि एक ओर तिब्बती रामायण का उत्तररामचरित खोतानी रामायण में नहीं पाया जाता है और दूसरी ओर खोतानी रामायण में अनेक वृत्तान्त मिलते हैं, जिनका **तिब्बती रामायण** में अभाव है।[१]

तिब्बती तथा **खोतानी रामायण** की निम्नलिखित बातों में समानता पायी जाती है—

राम तथा लक्ष्मण, केवल दो भाइयों का उल्लेख।

सीता (दशग्रीव की पुत्री) की जन्म-कथा।

वनवास के समय सीता का विवाह।

रावण जटायु को रक्त से सने पत्थर खिलाता है।

द्वन्द्वयुद्ध के समय विजेता वानर की पुच्छ में दर्पण बाँधे जाने की कथा।

रावण के मर्मस्थान का उल्लेख।

खोतानी रामायण की निम्नलिखित विशेषताएँ तिब्बती रामायण में नहीं मिलतीं :

(१) **बौद्ध प्रभाव :** प्रारम्भ में एक बौद्ध प्रस्तावना दी गयी है, जिसमें शाक्यमुनि द्वारा बौद्धधर्म के प्रचार करने का उल्लेख है। जातकों की शैली के अनुसार महात्मा बुद्ध वक्ता हैं तथा अन्त में रामकथा तथा बौद्ध इतिहास के पात्रों की अभिन्नता प्रकट करते हैं। रामकथा के समय बुद्ध राम थे तथा मैत्रेय लक्ष्मण; अतः खोतानी रामायण में अवतारवाद का उल्लेख नहीं हुआ है। बौद्ध प्रभाव के कारण राम की चिकित्सा के लिए बौद्ध वैद्य जीवक को (जो जातकों में अत्यन्त प्रसिद्ध हैं) बुलाया जाता है, तथा आहत रावण का वध नहीं किया जाता है।

(२) रावणचरित के बाद अर्जुन कार्त्तवीर्य सहस्रबाहु तथा परशुराम की कथा मिलती है, लेकिन इसमें राम दाशरथि तथा परशुराम की कथा का मिश्रण हुआ है। दशरथ का

---

१. दे० बुलेटिन स्कूल ऑव ओरियण्टल स्टडीज, भाग १०, पृ० ५५९।

पुत्र सहस्रबाहु परशुराम के पिता की धेनु चुराता है, जिसके कारण परशुराम सहस्रबाहु को मारते हैं। सहस्रबाहु के दो पुत्र राम और लक्ष्मण होते हैं; उनकी माता दोनों को बारह वर्ष तक पृथ्वी में छिपाती है और इसके बाद राम परशुराम का वध करते हैं।

(३) राम और लक्ष्मण दोनों वन में वास करते हैं (निर्वासन का कारण नहीं दिया गया है) तथा दोनों सीता से विवाह करते हैं। यह उन देशों के बहुपतित्व की प्रथा का प्रभाव है।

(४) सीताहरण के वृत्तान्त में सीता के रक्षणार्थ कुटी के चारों ओर रेखाएँ खींची जाने का उल्लेख है।

(५) सम्पाति-वृत्तान्त का परिवर्तित रूप (दे० आगे अनु० ५२७ टि०)।

(६) सेतुबन्ध के समय **काश्मीरी रामायण** से मिलता-जुलता एक वृत्तान्त मिलता है, जिसमें नल के फेंके हुए पत्थरों के न डूबने का कारण बताया गया है।

(७) आहत रावण कर चुकाने की प्रतिज्ञा करता है और उसको बचाया जाता है। (दे० अनु० ५९५)।

(८) अन्त में सीता के विषय में लोकापवाद तथा सीता के भूमिप्रवेश का निर्देश मिलता है।

इन विशेषताओं के कारण तिब्बती रामायण खोतानी रामायण का आधार नहीं हो सकता है। **महानाटक** की रामकथा में भी सीता के रक्षणार्थ रेखाएँ खींची जाने का तथा रावण के वैद्य सुषेण के बुलाये जाने का उल्लेख हुआ है तथा **काश्मीरी रामायण** में भी नल की कथा मिलती है। अत: **खोतानी रामायण** के अधिकांश वाल्मीकि से भिन्न वृत्तान्त भारत में भी पाये जाते हैं। यह चतुर्थ भाग के विश्लेषण से और स्पष्ट होगा।

ख—हिन्देशिया

३१३. हिन्देशिया में रामकथा प्राचीनकाल से विदित है, इसका प्रमाण नवीं शताब्दी के एक शिव-मन्दिर के शिला-चित्रों से मिलता है। बाद में जावा तथा मलय में एक विस्तृत राम-साहित्य की रचना की गयी है, जिसमें रामकथा के दो भिन्न रूप मिलते हैं : (१) जावा के प्राचीन रामायण का रूप जो वाल्मीकीय कथा के अधिक निकट है तथा (२) अर्वाचीन रामकथा जिसमें वाल्मीकि से बहुत भिन्नता पायी जाती है। इन दोनों रूपों का प्रस्तुत परिच्छेद में अलग वर्णन किया जाता है। इनकी सामान्य विशेषता यह है कि इसमें रामभक्ति का भाव नहीं आया है। जावा के प्राचीनतम **रामायण** के रचयिता शैव थे तथा जिन दो मन्दिरों में रामकथा की विस्तृत शिला-चित्र-माला है, वे भी दोनों शिव-मन्दिर हैं।

३१४. हिन्देशिया की प्राचीनतम राम-सम्बन्धी साहित्यिक रचना **रामायण ककविन** है, जो दसवीं शताब्दी की मानी जाती है। आधुनिकतम खोज[1] से सिद्ध हुआ है कि योगीश्वर इसके रचयिता नहीं हैं। **रामायण ककविन** का लेखक अज्ञात ही है। डच अनुवाद[2] से पता चलता है कि इसका मुख्य आधार **भट्टिकाव्य**[3] है। ग्यारहवें अध्याय में **भट्टिकाव्य** के कथानक की जितनी विशेषताओं का उल्लेख हुआ है वे सब **रामायण ककविन** में भी पायी जाती हैं। प्रारम्भिक बारह सर्गों का विभाजन **भट्टिकाव्य** के अनुसार हुआ है। अन्तर यह है

१. दे० सी० हॉयकास : दि ओल्ड जवनीस रामायण। ऐम्स्टर्डम, १९५८।

२. दे० डच ओरियण्टल जर्नल, भाग ७३-९४।

३. श्री मनमोहन घोष ने इस विशेषता की ओर विद्वानों का ध्यान आकर्षित किया है। दे० जर्नल ऑव ग्रेटर इण्डिया सोसाइटी, भाग ३, पृ० ११३।

कि **भट्टिकाव्य** का नवाँ अध्याय **रामायण** ककविन के नवें तथा दसवें अध्याय में विभक्त किया गया है। युद्ध के वर्णन में **रामायण** ककविन अधिक विस्तार में जाता है, जिससे **भट्टिकाव्य** के २२ सर्गों की सामग्री २६ सर्गों में दी गयी है। दोनों रचनाओं में युद्धकाण्ड की कथा तक का वर्णन किया गया है। फिर भी भट्टिकाव्य इसका एकमात्र आधार नहीं रहा है। **अभिषेक नाटक** तथा **महानाटक** के वृत्तान्त के अनुसार रावण सीता को निरुत्साहित करने के लिए राम तथा लक्ष्मण दोनों का मायामय शीर्ष दिखलाता है। गुणभद्र में एक पत्र का उल्लेख हुआ है जिसे राम हनुमान् द्वारा सीता के पास भेज देते हैं। **रामायण ककविन** में सीता अभिज्ञानस्वरूप चूड़ामणि के अतिरिक्त एक पत्र भी हनुमान् को देती हैं। फिर भी पत्र की कल्पना इतनी स्वाभाविक है कि इसके कारण गुणभद्र का प्रभाव मानना अनावश्यक है। **ककविन** की दो अन्य विशेषताएँ अन्यत्र नहीं मिलतीं। शबरी राम से अपनी कथा सुनाती हुई कहती है कि विष्णु ने वाराहावतार में मेरी माला खायी थी और मर गये थे, तब मैंने उनकी लाश खायी थी और फलस्वरूप मेरा मुख काला बन गया है। अनन्तर वह राम से अनुरोध करती है कि वह उसका मुख पोंछकर उसे शुद्ध करें। इसके अतिरिक्त इन्द्रजित् की सात पत्नियों का उल्लेख है, जो अपने पति की ओर से युद्ध करती हैं और रणभूमि में मारी जाती हैं। रामायण ककविन की एक अन्तिम विशेषता त्रिजटा का अपेक्षाकृत महत्त्वपूर्ण स्थान है (दे० आगे अनु० ५४७)।

३१५. जावा में एक प्राचीन **उत्तरकाण्ड** भी मिलता है, जिसमें वाल्मीकीय उत्तरकाण्ड की कथा का गद्य में वर्णन किया गया है। इसके अतिरिक्त एक **चरित रामायण**[१] (अथवा कवि जानकी) भी पाया जाता है जिसके १०१ श्लोकों में रामायण के प्रथम छह काण्डों की कथा के साथ व्याकरण के उदाहरण भी दिये गये हैं। अतः इस रचना पर भी **भट्टिकाव्य** का प्रभाव स्पष्ट है। हिमांशुभूषण सरकार[२] जावा की प्राचीन भाषा (कवि) की तीन और रचनाओं का उल्लेख करते हैं :

(१) ११वीं शताब्दी का **सुमनसांतक ककविन** जिसका वर्ण्य-विषय है इन्दुमती का जन्म, अज से उसका विवाह तथा दशरथ का जन्म।

(२) प्राचीन उत्तरकाण्ड पर आधारित **हरिश्रय ककविन** जिसमें विष्णु द्वारा माली तथा माल्यवान् का वध वर्णित है (१३वीं श० के बाद)।

(३) **अर्जुनविजय** (१४वीं श०), जिसकी आधिकारिक कथावस्तु अर्जुन सहस्रबाहु द्वारा रावण की पराजय है।

३१६. जावा का आधुनिक **सेरत राम** भी **रामायण ककविन** की भाँति वाल्मीकीय कथा से बहुत कुछ मिलता-जुलता है। प्रारम्भ में रावण-चरित का वर्णन दिया गया है, जो **रामायण** में नहीं पाया जाता है। सेरत राम पद्य में है; कवि का नाम यस दि पुरा है।

३१७. मध्य जावा के परमबनन (परमब्रह्म) नामक स्थान पर नवीं शताब्दी ई० का एक शिव-मन्दिर है। इस मन्दिर के चारों ओर की ऊँची दीवारों पर **रामायण** की समस्त घटनाओं को शिला-चित्रों में अंकित किया गया है। इसमें जिस रामकथा का वर्णन किया गया है वह बहुत कुछ वाल्मीकीय कथा से मिलती-जुलती है। अनेक गौण बातों में अवश्य **रामायण ककविन** से भिन्नता पायी जाती है, लेकिन हिन्देशिया की अर्वाचीन रामकथा की अधिकांश

१. दे० संस्कृत टेक्स्ट्स फ्रॉम बाली, पृ० ८९; गायकवाड़ ओरियण्टल सीरीज़।

२. दे० इण्डियन इन्फ्लुएन्सेस ऑन दि लिटरेचर ऑव जावा एण्ड बाली। कलकत्ता १९३४, पृ० २२४-२३१।

विशेषताओं का इसमें निर्देश नहीं मिलता। **सेरीराम** के अनुसार भरत सीताहरण के बाद ही राम से मिलकर उनकी पादुकाएँ अयोध्या ले जाते हैं किन्तु परमबनन में भरत-मिलाप का स्थान **रामायण ककविन** के अनुसार सीताहरण के पूर्व ही माना गया है। वाल्मीकीय रामायण से जो किंचित् विभिन्नता इसमें है, इसका प्रायः भारत में भी उल्लेख पाया जाता है। उदाहरणार्थ :

जटायु द्वारा राम को सीता की अँगूठी देने का वृत्तान्त **महानाटक** में है।

मछलियों के सेतु नष्ट करने की कथा **सेतुबन्ध** तथा **बालरामायण** में भी पायी जाती है।

दशरथ की पुत्री (शान्ता) का उल्लेख **रामायण** के गौडीय तथा पश्चिमोत्तरीय पाठ, भवभूति के **उत्तररामचरित** आदि में किया गया है।

लक्ष्मण के तरकश में सुग्रीव के आँसुओं का पानी जमा होना तथा इस तरह सुग्रीव का पता लगाया जाना इससे मिलता-जुलता वृत्तान्त महेश्वरदासकृत **टीकारामायण** में मिलता है (दे० अनु० ५१२)।

३१८. पूर्व जावा के पनतरन नामक स्थान के चौदहवीं शताब्दी पूर्वार्द्ध के एक शिव-मन्दिर में भी रामकथा पाषाण चित्रलिपि में अंकित की गयी है। यह कथा प्राचीन **रामायण ककविन** के कथानक से अभिन्न है, जिससे पता चलता है कि यद्यपि बाद में अर्वाचीन रामकथा अधिक लोकप्रिय हुई फिर भी **रामायण ककविन** का भी कुछ महत्त्व बना रहा।

हिन्देशिया की अर्वाचीन रामकथा

सिंहावलोकन

३१९. रामायण ककविन की प्राचीन परम्परा के अतिरिक्त हिन्देशिया में रामकथा का एक अर्वाचीन रूप भी प्रचलित है, जो अधिक लोकप्रिय है और जिसके आधार पर आधुनिक समय तक सुमात्रा और जावा में रामकथा-सम्बन्धी नाटकों का अभिनय होता है। जावा का नाटक-साहित्य प्रायः **सेरतकाण्ड** तथा **राम केलिंग** पर आधारित है। बाली का 'वायांग वोंग' नामक नाटकों का पूरा वर्ग (जिसमें अभिनेता चेहरा नहीं पहनते) केवल रामायण के दृश्य ही प्रस्तुत करता है। रामकथा का यह अर्वाचीन रूप हिन्देशिया से हिन्दचीन, स्याम और ब्रह्मदेश तक फैल गया है।

हिन्देशिया की अर्वाचीन रामकथा[१] के विस्तृत साहित्य की सामग्री का परिचय निम्नलिखित तालिका में दिया गया है :

(अ) मलयन अर्वाचीन रामकथा

हिकायत सेरीराम के तीन साहित्यिक पाठ :

(१) रोरडा वान ऐसिंगा का संस्करण (एमस्टर्डम, १८४३)।

(२) शेलाबेर का संस्करण (ज० रॉ० ए० सो० स्ट्रेट्स ब्रैंच, भाग ७१, दिसम्बर १९१५)। इसका अंग्रेजी संक्षेप भी प्रकाशित है (दे० ज० रॉ० ए० सो०, एस० बी०, भाग ७०, पृ० १८०-२०७)।

---

१. प्रस्तुत परिच्छेद में मुख्यतया दो रचनाओं से सहायता मिली है :

(१) डब्लू० स्टुटरहाइम : राम लेगण्डन एण्ड रामरेलिफ्स इन इण्डोनेशियन।

(२) ए० चीसनिस : डी राम सागे बाई डेन मलाइयन।

(३) राफल्स मलय हस्तलिपि का पाठ। (ज० रॉ० ए० सो० १९४४, पृ० ६६)। इसका कथानक प्रथम दो संस्करणों से अधिक भिन्न नहीं है। प्रारम्भ में रावण का पूर्वचरित्र दिया गया है, जो अन्य पाठों में नहीं मिलता। इस कथा की एक अन्य हस्तलिपि[१] का परिचय सन् १९६३ ई० में मिला। इसमें रावण के पूर्वचरित (अत्याचार, पराभव, तपस्या) के विषय में अतिरिक्त सामग्री है तथा हनुमान् की एक जन्मकथा है जो महाशिवपुराण के वृत्तान्त में साम्य रखता है (दे० आगे अनु० ६७३)। राफल्स के पाठ की एक विशेषता यह है कि राम की आज्ञानुसार लक्ष्मण शूर्पणखा से विवाह करते हैं।

इसके अतिरिक्त सेरीराम पर निर्भर अनेक कथाएँ जनसाधारण में प्रचलित हैं। उदाहरणार्थ :

(४) **हिकायत महाराज रावण** (ज० रॉ० ए० सो०, मलयन ब्रैंच, भाग ११)। इसका कथानक सेरीराम से बहुत मिलता-जुलता है; विशेषता यह है कि इसमें रावण की पुत्री सोती हुई सीता के वक्षःस्थल पर रावण का एक चित्र रख देती है और इसके कारण राम सीता को त्याग देते हैं (दे० आगे अनु० ७२३)।

(५) **श्रीराम**। डब्लू० ई० मैक्सवेल द्वारा सम्पादित (दे० ज० रॉ० ए० सो० स्ट्रेट्स ब्रैंच, भाग १७, १८८६)। अन्त में (पृ० ८५-११५) इस रचना का अंग्रेजी संक्षेप भी दिया गया है। इसमें हनुमान् के जन्म से लेकर लंका में राम की विजय तक की कथा हिकायत सेरीराम के आधार पर दी गयी है।

अन्तरंग प्रमाण के आधार पर यह अधिक-से-अधिक १६वीं श० ई० की रचना हो सकती है।[२]

(६) रामकथा का **पातानी पाठ** (दे० आगे अनु० ३२१)।

(आ) जावा की अर्वाचीन रामकथा

(१) **राम केलिंग**। इस रचना में मलयन सेरीराम से कोई महत्त्वपूर्ण विभिन्नता नहीं मिलती।

(२) **सेरतकाण्ड** (दे० आगे अनु० ३२२)।

इसके अतिरिक्त जावा में और बहुत-सी काण्ड नामक रचनाएँ मिलती हैं लेकिन डॉ० स्टुटरहाइम सेरतकाण्ड को जावा की अर्वाचीन रामकथा का वास्तविक और सर्वाधिक प्रचलित रूप मानते हैं।

इस साहित्य के रचनाकाल का ठीक निर्णय नहीं हुआ है। अधिकांश विशेषज्ञों का मत है कि इसकी रचना पन्द्रहवीं या सोलहवीं शताब्दी में हुई थी।[३] फिर भी सम्भव है इसके पहले **सेरीराम** आदि की कुछ सामग्री प्रचलित हुई हो। **सेरीराम** की प्राचीनतम हस्तलिपि १६३३ की है।

हिन्देशिया के अर्वाचीन रामकथा-साहित्य के इस सिंहावलोकन के पश्चात् मुख्य रचनाओं का परिचय दिया जाता है।

---

१. दे० बुलेटिन ऑव स्कूल ऑव ओरियण्टल स्टडीज, भाग २६, पृ० ५३१।

२. दे० सरावाक म्यूजियम जर्नल, भाग १४, पृ० ४६८-४८५।

३. आर० ओ० विन्स्टेड, दि मलय वर्शन ऑव दि रामायण। वी० सी० लॉ वॉल्यूम, भाग २, पृ० १।

हिकायत सेरीराम

३२०. इस विस्तृत रचना में रावण-चरित से लेकर सीतात्याग के बाद राम-सीता-सम्मिलन तक की कथा वर्णित है। निबन्ध के अन्तिम भाग में वाल्मीकि से भिन्न प्रसंगों का तुलनात्मक अध्ययन किया जायेगा। यहाँ सारी रचना का ढाँचा तथा प्रमुख विशेषताएँ प्रस्तुत करनी हैं। **सेरीराम** का कथानक निम्नलिखित भागों में विभक्त किया जा सकता है :

(१) रावण-चरित। दुराचार के कारण रावण अपने पिता द्वारा निर्वासित किया जाता है।[१] रावण-निर्वासन के इस वर्णन में सिंहलद्वीप के विजय नामक प्रथम राजा की कथा का मिश्रण हुआ है (विजय की कथा **महावंश** के छठे सर्ग में मिलती है)। सिंहलद्वीप में पहुँचकर रावण तपस्या करके (नबी आदम के अनुरोध से) अल्लाह से चार लोकों का राज्याधिकार प्राप्त करता है। प्रत्येक लोक की किसी राजकुमारी से विवाह कर रावण अनेक पुत्रों को उत्पन्न करता है, जो बाद में राजा बन जाते हैं :

इन्द्रजित्—देवलोक का राजा

पाताल महरायन (महिरावण)—पाताल का राजा

गंगा महासूरी—नागलोक का राजा

इसके बाद रावण पृथ्वी पर लौटकर लंकापुरी बसाता है और इसमें अपने भाइयों कुम्भकर्ण, विभीषण तथा शूर्पणखा के पति बर्गासींगा को क्रमशः सेनापति, ज्योतिषी तथा प्रधान गुप्तचर के पद पर नियुक्त करता है।

(२) राम का जन्म। दशरथ के मन्दूदारी तथा बलियादारी के साथ विवाह के वर्णन के बाद उनके पुत्रेष्टि-यज्ञ का उल्लेख है, जिसमें एक काक बलियादारी का पायस चुराकर उसे लंका ले जाता है (दे० अनु० ३५७)। अनन्तर अन्धमुनि-पुत्र-वध और (राम, लक्ष्मण, वर्दन, चित्रदन) चार पुत्रों तथा (कीकवी नामक) एक पुत्री का जन्म वर्णित है।

(३) सीता का जन्म और विवाह। मन्दूदारी के सौन्दर्य का वर्णन सुनकर रावण उसे दशरथ से माँगता है तथा एक माया मन्दूदारी को लंका ले जाता है, जिसके गर्भ से सीता उत्पन्न होती है (दे० आगे अनु० ४२८)। अशुभ जन्मपत्र के कारण सीता समुद्र में फेंकी जाती हैं तथा महारेसि (महर्षि) कली द्वारा पाली जाती हैं। महारेसि कली के यहाँ सीता के स्वयंवर में रावण और अन्य राजाओं के असफल प्रयत्नों के पश्चात् राम परीक्षा में सफल होकर सीता से विवाह करते हैं (दे० आगे अनु० ३९९)। विश्वामित्र-आगमन तथा परशुराम-तेजोभंग के वृत्तान्त भी दिये गये हैं।

(४) राम का वनवास। बलियादारी के अनुरोध से दशरथ उसके पुत्र वर्दन (भरत) को राज्य देने का निश्चय करते हैं। राजा के सोते समय बलियादारी राम को बुलाकर दशरथ के इस निश्चय का समाचार सुनाती है। यह सुनकर राम प्रसन्न होकर ऋषि बनने के लिए सीता और लक्ष्मण के साथ वन को प्रस्थान करते हैं। वन में पहुँचकर और कुटी बनाकर राम कुश-घास से सात लड़कियों तथा पाँच लड़कों की सृष्टि करते हैं। ये नौकर बनकर घर का काम करते हैं, जिससे राम, लक्ष्मण, सीता निश्चिन्त होकर साधना कर सकते हैं।

रावण द्वारा शूर्पणखा के पति बर्गासींगा के वध के बाद उसका पुत्र दर्सासींगा अलौकिक खंग सिद्ध करने के लिए तपस्या करने जाता है। अनन्तर बालि-रावण-युद्ध और अंगद (मन्दोदरी

---

१. रावण का पूर्व इतिहास राफल्स मलय हस्तलिपि में वर्णित है; दे० अनु० ६४६ टि० और ६४८ टि०।

के पुत्र) का जन्म वर्णित है। इसके बाद अंजनी-बालि-सुग्रीव की उत्पत्ति (तीनों गौतम की सन्तान हैं; दे० आगे अनु० ५१४) तथा हनुमान्-जन्म का वर्णन किया गया है। इसके अनुसार हनुमान् राम के वीर्य से उत्पन्न हुए हैं (दे० आगे अनु० ६७५)।

(५) सीता का हरण और खोज। किसी दिन लक्ष्मण तपस्या करते हुए शूर्पणखा के पुत्र दर्सासींगा का संयोग से वध करते हैं (दे० आगे अनु० ६३२)। बाद में शूर्पणखा अपने पुत्र से मिलने आती है और लक्ष्मण द्वारा विरूपित होकर अपने भाई रावण के पास जाती है। शेष कथानक बहुत कुछ वाल्मीकि के क्रम के अनुसार है। बालि के मित्र सम्बूरान की कथा हिन्दचीन तथा स्याम में भी मिलती है (दे० अनु० ५२४)।

(६) युद्ध। युद्धकाण्ड की सामग्री में वाल्मीकि से कोई महत्त्वपूर्ण अन्तर नहीं पाया जाता है। बंगाली रामायण की भस्मलोचन की कथा तथा महिरावण की कथा दोनों यहाँ भी किंचित् परिवर्तन सहित दी गयी हैं। इन्द्रजित् की पत्नी के सती बनने का तथा रावण के मर्मस्थान (दाहिने कान के पीछे उसका एक छोटा ग्यारहवाँ सिर) का भी उल्लेख किया गया है। युद्ध के बाद आहत रावण का शरीर सेरन्दीब पर्वत के तल में पड़ा रहता है और सारी सेना उसको देखने जाती है। विभीषण (जो राम के मंत्री बन जाते हैं) राम की बहन कीकवी देवी से विवाह करते हैं। एक और विशेषता यह है कि कुम्भकर्ण-वध के बाद तथा इन्द्रजित्-वध के बाद भी युद्ध चालीस-चालीस दिन के लिए स्थगित किया जाता है।

(७) सीता-त्याग तथा राम-सीता सम्मिलन। इस अन्तिम भाग में रावण के चित्र के कारण सीता-त्याग का वर्णन मिलता है (दे० आगे अनु० ७२३)। अनन्तर लव के जन्म तथा महर्षि कली द्वारा कुश की सृष्टि की कथा दी गयी है। लक्ष्मण से कुश-लव के युद्ध के बाद राम-सीता-सम्मिलन वर्णित है। अन्त में कुश, लव तथा वानर-सेना के अनेक सेनापति राक्षसियों से विवाह करते हैं।

हिन्देशिया की प्राचीन रामकथा के मुख्य आधार के विषय में सन्देह की गुंजाइश नहीं होती (दे० अनु० ३१४), किन्तु सेरीराम का मूल स्रोत निर्धारित करना असम्भव सा प्रतीत होता है। फिर भी इतना स्पष्ट है कि सेरीराम में, जो वाल्मीकि से भिन्न बहुसंख्यक प्रसंग मिलते हैं, उनका आधार प्राय: भारतीय ही है। **जैनी** (अनु० ४४६, ५८५, ६०५, ६३२, ६५५ और ७२३) तथा **बंगाली** (अनु० ३४३, ३८८, ५५२, ५७६, ५९८,६१३,६१४ और ७२३) रामकथाओं का प्रभाव निर्विवाद है। उड़िया राम-साहित्य, रंगनाथ रामायण तथा कम्ब रामायण अर्थात् भारत के पूर्वी तट की रचनाओं का प्रभाव भी सेरीराम पर पड़ा है (दे० अनु० ४५४, ४७४, ५१२, ५१४, ५१९, ५५२, ५७८, ५८३, ५८५, ५९१ और ६७५)। सेरीराम के अनेक प्रसंग आनन्द रामायण (अनु० ३५०, ४२८, ५१७, ५३९ और ५५२), कथासरित्सागर (अनु० ७४५, ७५६), मैरावणचरित (अनु० ६१४) अथवा तोरवे रामायण (अनु० ५३१) में विद्यमान हैं। सेरीराम पर रामायण ककविन (अनु० ४६६, ५७४ और ५८३) तथा मुसलमानी धर्म (अनु० ३३६ और ६४९) का जो प्रभाव पड़ा है, वह एक प्रकार से अनिवार्य ही था।

पातानी रामकथा

३२१. पातानी रामकथा[१] में सेरीराम के अनेक पात्रों का महासिकु नामक तपस्वी में एकीकरण हुआ है। प्रारम्भ में उनकी पत्नी की चार सन्तानों का वर्णन है : एक पुत्री,

१. रायल बतेवियन सोसाइटी का जयन्ती ग्रन्थ। बतेविया (१९२९), पृ० ४२३।

बालि, सुग्रीव और बिलों। दूसरे भाग में महासिकु की दत्तक पुत्री मन्दुदकी की कथा मिलती है। मन्दुदकी रावण से विवाह करती है और उसके गर्भ से सीता का जन्म होता है। सीता के त्यक्त किये जाने पर महासिकु उसे पुत्री-स्वरूप ग्रहण करते हैं। उनका एक और सेरावी नामक (राम) दत्तक पुत्र है, जिसको महासिकु सीता पर अनुरक्त होने के कारण घर से निकालते हैं।

अनन्तर सीता के स्वयंवर का वर्णन दिया गया है, जिसमें रावण भी आया था। शेष कथानक **सेरीराम** के अनुसार है। लेकिन इसमें केवल रावण-वध तक की कथा मिलती है।

जावा का सेरतकाण्ड

३२२. सेरतकाण्ड की रामकथा **सेरीराम** से बहुत भिन्न नहीं है। इसमें विशेषता यह है कि इसकी विस्तृत भूमिका में नबी आदम की कथा के बाद जावा के प्राचीन राजाओं की वंशावली के वर्णन के अन्तर्गत देवताओं की अनेक पौराणिक कथाएँ मिलती हैं।

अनन्तर रावण-चरित का वर्णन किया गया है, जिसमें वाल्मीकि उत्तरकाण्ड का प्रभाव स्पष्ट है। क्रमानुसार निम्नलिखित विषय पाये जाते हैं : राक्षस-वंशावली के बाद रावण का जन्म, निर्वासन (सेरीराम के अनुसार), तप, वर-प्राप्ति (सेरीराम के अनुसार) तथा वैश्रवण पर विजय। अपने पिता की पराजय के फलस्वरूप विल्मनरंज (विमान), वैश्रवण का पुत्र, रावण का वाहन बन जाता है।

इसके बाद रावण विष्णु पर विजय द्वारा तथा विष्णु के अनेक अवतारों से (परविजय, कार्त्तवीर्य आदि) युद्ध का वर्णन किया गया है। रामावतार का वर्णन इस प्रकार है। विष्णु, वासुकी तथा श्री अवतार लेने के उद्देश्य से पृथ्वी की ओर प्रस्थान करते हैं। मार्ग में रावण उनसे युद्ध करता है। विष्णु तथा वासुकी भागकर दशरथ के पुत्रों के रूप में प्रकट होते हैं। रावण से डरकर श्री अपने को एक अण्डे में बदल देती है। रावण इसे खाता है और फलस्वरूप श्री मन्दोदरी के गर्भ से जन्म लेती है।

शेष कथानक बहुत कुछ **सेरीराम** की कथा से मिलता-जुलता है। सीतात्याग (रावण-चित्र के कारण) के पश्चात् सीता के केवल एक पुत्र बुतलव का उल्लेख है, जो लक्ष्मण आदि से युद्ध करता है। अनन्तर राम-सीता का सम्मिलन होता है। लव को राज्यभार सौंपकर राम (सीता, लक्ष्मण आदि के साथ) तपस्या करने जाते हैं। अन्त में एक अनल नामक वानर अपने को अग्नि में बदल देता है और इसमें प्रवेश कर राम, सीता, लक्ष्मण, विभीषण, सुग्रीव, अंगद आदि सब भस्मीभूत हो जाते हैं। हनुमान् को आहत रावण पर पहरा देने का कार्य दिया गया था। अतः वह दूसरों के साथ अग्नि में प्रवेश नहीं करते।

ग—हिन्दचीन, स्याम, बर्मा

हिन्दचीन

३२३. इतिहासज्ञों का अनुमान है कि पहली शताब्दी ई० से लेकर भारतीय व्यापारी अपने यहाँ की संस्कृति का प्रचार हिन्दचीन में करने लगे थे। फलस्वरूप पूर्व हिन्दचीन चम्पा राज्य की स्थापना हुई थी, जिसके सातवीं शताब्दी के शिलालेखों से पता चलता है कि **वाल्मीकि रामायण** का वहाँ पर्याप्त प्रचार हुआ होगा। राजा प्रकाश धर्म (सातवीं श० ई० उत्तरार्द्ध)

के समय के एक वाल्मीकि-मन्दिर में वाल्मीकि की एक मूर्ति मिली है। इस मन्दिर के एक शिलालेख में श्लोकोत्पत्ति तथा वाल्मीकि के विष्णु-अवतार होने का उल्लेख किया गया है[1] :

यस्य शोकात् समुत्पन्नं श्लोकं ब्रह्माभिपूज (ति)
विष्णोः पुंसः पुराणस्य मानुषस्यात्मरूपिणः॥

उस समय का कोई साहित्य सुरक्षित नहीं है। अनाम में अठारहवीं शताब्दी की एक संक्षिप्त रामकथा का प्रचार था, जिसका कथानक **वाल्मीकि रामायण** से बहुत भिन्न नहीं है। अन्तर यह है कि दशानन का राज्य अनाम के दक्षिण भाग में तथा दशरथ का राज्य अनाम के उत्तरी भाग में माना जाता है और रावण सेना सहित दशरथ के राज्य पर आक्रमण कर सीता को हर लेता है।[2]

प्रथम श० ई० में भारतीयों ने दक्षिण कम्बोडिया में ख्मेर जाति के बीच में फूनान राज्य स्थापित किया था। छठी शताब्दी ई० में एक अधीनस्थ राजा ने फूनान के विरुद्ध विद्रोह कर उत्तर में कम्बुज नामक राज्य स्थापित किया, जो १४वीं श० ई० तक फलता-फूलता रहा।[3] चीनी इतिहास में उस राज्य का नाम चेन-ला रखा गया है। वहाँ सैकड़ों मन्दिरों के खँडहर मिलते हैं, जिनका काल नवीं और तेरहवीं शताब्दी के बीच का माना जाता है। प्राचीन राजधानी अंगकोरवाट के एक विशाल मन्दिर में रामायण, महाभारत तथा हरिवंश की कथाओं को लेकर बहुत-से शिला-चित्र अंकित किये गये हैं, जिन पर जावा की कला का प्रभाव स्पष्ट है। इस मन्दिर का समय ११वीं-१२वीं श० ई० है।

३२४. ख्मेर साहित्य की सबसे कलात्मक रचना **रामकेर्ति**[4] है, जिसका रचयिता तथा रचनाकाल अज्ञात है। प्राचीनतम हस्तलिपियाँ १७वीं शताब्दी की हैं किन्तु वे अपूर्ण हैं। कथानक विश्वामित्र-यज्ञ के वर्णन से प्रारम्भ होकर इन्द्रजित्-वध पर रुक जाता है (सर्ग १-१०)। इसके बाद सीता-त्याग से लेकर लव-कुश-युद्ध तक का वर्णन ६ सर्गों में किया गया है (दे० सर्ग ७५-८०) किन्तु **रामकियेन** (स्याम के रामायण) से तुलना करने पर अनुमान किया जा सकता है कि सर्ग ८० रामकेर्ति का अन्तिम सर्ग नहीं है।

रामकेर्ति के फ्रेंच अनुवाद[5] से इसकी निम्नलिखित विशेषताएँ निर्धारित की जा सकती हैं :

(१) लेखक कोई धार्मिक बौद्ध है, जो राम को नारायण का अवतार मानते हुए भी, उनको बोधिसत्त्व की भी उपाधि देता है तथा कई स्थलों पर बौद्ध शब्दावली का प्रयोग करता है।

(२) यद्यपि **रामकेर्ति** पर **सेरीराम** की गहरी छाप है, फिर भी लेखक ने **वाल्मीकि रामायण** तथा **सेरीराम** की कथाओं का समन्वय करने का प्रयत्न किया है; फलस्वरूप **सेरीराम** की अपेक्षा **रामकेर्ति वाल्मीकीय रामायण** के अधिक निकट है। **सेरीराम** में दशरथ की केवल दो रानियों का उल्लेख है। **रामकेर्ति** में तीनों के

---

१. दे० बुलेटिन एकोल फ्रांसेस एक्सट्रेम ओरियन, भाग २८, पृ० १४७। जर्नल ओरियण्टल रिसर्च, भाग ६, पृ० ११७।
२. वही, भाग ५, पृ० १३८।
३. दे० ए० फुशे : सर आशुतोष मुकर्जी वॉल्यूम, भाग ३, पृ० १ आदि।
४. इसका उच्चारण **रेआमकेर** अथवा **रियामके** होता है।
५. मैं अनुवादक श्री एफ० मारटिनी का आभारी हूँ, जिन्होंने मुझे अपनी अप्रकाशित पाण्डुलिपि निरीक्षणार्थ दी है।

नाम वाल्मीकि के अनुसार ही दिये गये हैं। **रामकेर्ति** में रावण की सीता-स्वयंवर में उपस्थिति की ओर संकेत नहीं मिलता; **सेरीराम** के अनुसार रावण भी इसमें आया था। **सेरीराम** में राम स्वेच्छा से वन के लिए प्रस्थान करते हैं, जबकि **रामकेर्ति** में कैकसी (कैकेयी) के अनुरोध से राम को निर्वासित किया जाता है। **सेरीराम** में लक्ष्मण द्वारा शूर्पणखा के पुत्र के वध का वृत्तान्त मिलता है, जिसका उल्लेख **रामकेर्ति** में नहीं है। **ख्मेर** रचना में सीता जनक की दत्तक पुत्री मानी जाती हैं तथा राम द्वारा परित्यक्त होने पर वाल्मीकि के आश्रम में निवास करती हैं। **सेरीराम** में सीता महारेसि कली की दत्तक पुत्री हैं तथा त्याग के बाद उनके यहाँ रहती हैं। **सेरीराम** में हनुमान् राम के पुत्र माने जाते हैं किन्तु **रामकेर्ति** के अनुसार वह वायु और अंजना की सन्तान हैं।

(३) निम्नलिखित सामग्री का मिलता-जुलता रूप **मलयन सेरीराम** में भी मिलता है, जिससे स्पष्ट है कि **ख्मेर रामायण** तथा **सेरीराम** का गहरा सम्बन्ध है।

— एक असुर, काक का रूप धारण कर विश्वामित्र-यज्ञ भंग करने का प्रयत्न करता है और विश्वामित्र उसे मारने के लिए राम तथा लक्ष्मण को धनुष-बाण देते हैं (दे० अनु० ३८९)।

— जटायु-रावण-युद्ध में सीता की अँगूठी का उल्लेख (दे० अनु० ४७१)।

— लक्ष्मण द्वारा १४ वर्ष तक नींद तथा भोजन का त्याग (दे० अनु० ४६१)।

— लक्ष्मण-हनुमान् का युद्ध (दे० अनु० ५१२)।

— सुग्रीव को अपने सामर्थ्य का विश्वास दिलाने के लिए राम सात तालों का एक ही बाण से भेदन करते हैं। ये सात ताल महाराज नाग की पीठ पर स्थित हैं (दे० अनु० ५१६)।

— सम्बूरानू का वृत्तान्त, जिसे हनुमान् राम के पास ले आते हैं (दे० अनु० ५२४)।

— सेतु बाँधने के समय मछलियों का उत्पात (दे० अनु० ५७८)।

— रावण के चित्र के कारण सीता-त्याग (दे० अनु० ७२४)। वाल्मीकि द्वारा सीता के एक पुत्र की सृष्टि (दे० अनु० ७४४)। राम-सेना से सीता के पुत्रों का युद्ध (अनु० ७५०)।

(४) कथा का निर्वहण मौलिक है (दे० अनु० ७५७)।

स्याम

३२५. स्याम देश में रामकथा **रामकियेन** (अर्थात् रामकीर्ति) के नाम से विख्यात है। अपेक्षाकृत प्राचीनकाल से वहाँ के नाटकों में रामकथा का महत्त्वपूर्ण स्थान रहा है। प्रारम्भिक नाटकों के दो वर्गों (खोन, जिसमें अभिनेता चेहरा लगा लेते हैं और रबम) का एकमात्र विषय रामकथा ही था और एक तीसरा वर्ग (नाग अर्थात् छाया-नाटक) प्रधानतया रामकथा के दृश्य प्रस्तुत करता था।[१] १८वीं शताब्दी में नाटकों के एक नवीन रूप का प्रचलन हुआ (वेयुक रोंग), जिसकी कथावस्तु रामकियेन पर आधारित थी। १८वीं तथा १९वीं शताब्दी के रामकथा-विषयक नाट्य-साहित्य की कुछ सामग्री सुरक्षित है।

---

१. दे० पी० श्वाइसगुट, एटुड सुर ला लिटेराटुर सियामॉइस (पेरिस, १९५१), पृ० ६०-६१।

रामकियेन की प्राचीन हस्तलिपियाँ १७वीं शताब्दी की हैं। इस रामायण के दो भिन्न संस्करण १८वीं शताब्दी उत्तरार्द्ध में निकाले गये हैं तथा इसका एक तीसरा संस्करण नाटक के रूप में १९वीं श० पूर्वार्द्ध में प्रकाशित हुआ था। वांग्कोक के बिड़ला ओरियण्टल सीरीज़ में रामकियेन का अंग्रेजी संक्षेप रामकीर्ति के नाम से प्रकाशित किया गया है। अगले अनुच्छेद में जो रामकियेन के कथानक का विश्लेषण किया गया है, वह उस रामकीर्ति के दूसरे संस्करण (सन् १९४१) पर निर्भर है।

१७वीं शताब्दी की अनेक छोटी रचनाओं का उल्लेख मिलता है, जिनकी कथावस्तु रामायण की किसी घटना से सम्बन्ध रखती है। उदाहरणार्थ : बालि का सुग्रीव को उपदेश देना कि किस प्रकार राम के दरबार में व्यवहार करना चाहिए तथा दशरथ का राम को राजनीति तथा धर्म के विषय में शिक्षा देना।

१८वीं तथा १९वीं शताब्दी में कई कवियों ने रामकियेन नामक महाकाव्यों की रचना की है; उदाहरणार्थ थोनबुरी, फुत्तायोत्फा (इनका रामकियेन सर्वाधिक विस्तृत है) तथा फुत्तालेउत्ला।

३२६. रामकियेन का संक्षिप्त अंग्रेजी रूपान्तर ४५ अध्यायों में विभक्त किया गया है।[१] प्रथम अध्याय में अयोध्या के राजवंश का परिचय मिलता है तथा द्वितीय अध्याय में राम तथा उनके भाइयों के जन्म का वर्णन दिया गया है। अनन्तर लंका का निर्माण, रावण के कृत्य तथा रामकथा के अनेक पात्रों की जन्मकथा मिलती है; अर्थात् बालि, सुग्रीव, हनुमान्, अंगद और सीता (अध्याय ३-११)। इसके बाद विश्वामित्र के यज्ञ से लेकर सीता-त्याग के पश्चात् राम-सीता-सम्मिलन की समस्त कथा प्रस्तुत की गयी है (अध्याय १२-४५)। **रामकियेन** के कथानक की निम्नलिखित विशेषताएँ उल्लेखनीय हैं :

(१) रामकियेन के पात्र सब-के-सब स्याम देश के निवासी हैं तथा रामायण का घटना-स्थल स्याम में ही माना गया है।

(२) इसका मुख्य आधार ख्मेर भाषा का रामकेर्ति है। दोनों में कथा का निर्वहण सदृश है (दे० ७५७)। रामकेर्ति की भाँति रामकियेन भी सेरीराम की अपेक्षा वाल्मीकीय कथा के अधिक निकट है। रामकेर्ति तथा वाल्मीकि रामायण की तुलना करते हुए रामकेर्ति की जितनी विशेषताओं का उल्लेख हुआ है (दे० ऊपर अनु० ३२४), वे प्रायः सब रामकियेन में भी विद्यमान हैं। अन्तर यह है कि रामकियेन में हनुमान् को अंजना तथा शिव का पुत्र माना गया है तथा लक्ष्मण द्वारा शूर्पणखा के पुत्र का वध वर्णित है। रामकियेन का एक अन्य प्रसंग राम-सीता का पूर्वानुराग, न वाल्मीकि रामायण में मिलता है और न रामकेर्ति में। किन्तु कुछ बातों में रामकियेन रामकेर्ति की अपेक्षा वाल्मीकीय कथा के अधिक निकट है—अयोमुखी का वृत्तान्त रामकेर्ति में नहीं है किन्तु वह रामकियेन में विद्यमान है। रामकियेन के अनुसार सीता-स्वयंवर का धनुष ईश्वर (शिव) का है, जबकि रामकेर्ति में जनक स्वयं उसे इन्द्रजाल से बनाते हैं। रामकियेन में वाल्मीकीय कथा के अनुसार अगस्त्य राम को दिव्य अस्त्र प्रदान करते हैं किन्तु इसका उल्लेख रामकेर्ति में नहीं हुआ है। उपर्युक्त विश्लेषण का निष्कर्ष यह है कि रामकेर्ति के अतिरिक्त रामकियेन पर वाल्मीकि रामायण का भी सीधा प्रभाव पड़ा है।

---

१. विस्तृत विवरण के लिए, दे० जर्नल ऑव दि असम रिसर्च सोसाइटी, भाग १५ (१९६३ में प्रकाशित)

(३) रामकेर्ति की भाँति रामकियेन भी बहुत-से अर्वाचीन वृत्तान्तों के लिए मलयन सेरीराम पर निर्भर है। वाल्मीकि से भिन्न, जो सामग्री सामान्य रूप से रामकेर्ति तथा सेरीराम में मिलती है (दे० ऊपर अनु० ३२४, ३), वह प्राय: सब रामकियेन में भी पायी जाती है। अन्तर यह है कि रामकियेन में सुग्रीव से मैत्री करने के पूर्व राम की किसी परीक्षा का उल्लेख नहीं है और लक्ष्मण के संयम का भी निर्देश नहीं मिलता है।

ऐसा प्रतीत होता है कि रामकियेन पर सेरीराम का सीधा प्रभाव भी पड़ा है, क्योंकि निम्नलिखित सामग्री रामकेर्ति में नहीं है किन्तु वह रामकियेन तथा सेरीराम दोनों में विद्यमान है[1] :

— महिरावण का राम को पाताल ले जाना (दे० अनु० ६१४)।
— भस्मलोचन की कथा से मिलता-जुलता वृत्तान्त (दे० अनु० ६१३)।
— बालि-सुग्रीव-अंजना का अहल्या की सन्तान के रूप में उल्लेख (दे० अनु० ५१४)।
— अंगद की जन्मकथा, जिसके अनुसार वह बालि तथा मन्दोदरी का पुत्र है (अनु० ६५५)।
— सीता का लंका में जन्म (अनु० ४१५-४१६)।
— हनुमान् तथा नल का कलह (अनु० ५७६)।

(४) रामकेर्ति, वाल्मीकि रामायण तथा सेरीराम के अतिरिक्त रामकियेन का कोई और आधार ग्रन्थ रहा होगा कि नहीं इस प्रश्न का निश्चयात्मक उत्तर तभी सम्भव होगा, जब रामकेर्ति की कोई पूरी हस्तलिपि मिल जायेगी। रामकियेन में विभीषण-मन्दोदरी के विवाह का उल्लेख मिलता है; यह प्रसंग सेरीराम अथवा रामकेर्ति में नहीं आया है किन्तु वह अनेक भारतीय रामकथाओं में उल्लिखित है। निम्नलिखित सामग्री स्याम देश को छोड़कर अब तक और कहीं नहीं मिली है :

— सेतुबन्ध के पूर्व रावण का तपस्वी के रूप में राम के पास पहुँचना और युद्ध छोड़ देने के लिए उनसे अनुरोध करना (अध्याय २५)।
— रावण के इस निष्फल प्रयत्न के अनन्तर बेंजकाया (विभीषण की पुत्री) का सीता का रूप धारण कर मृतवत् राम के शिविर के पास की नदी के ऊपर बह जाना (अध्याय २५)।
— रावण का ब्रह्मा को बुला भेजना; लंका में ब्रह्मा का आगमन; रावण द्वारा राम पर अभियोग। ब्रह्मा का राम को बुलाना और बाद में सीता को भी। अन्त में ब्रह्मा का सीता को लौटाने की आज्ञा देना तथा रावण के अस्वीकार करने पर ब्रह्मा का रावण को शाप देना (अध्याय ३२)।
— रावण-वध तथा राम के अयोध्या में प्रत्यागमन के बाद रावण के एक पुत्र का विभीषण के विरुद्ध विद्रोह करना। भरत तथा शत्रुघ्न का राम-सेना के साथ लंका की ओर प्रस्थान करना और रावण के पुत्र को पराजित कर विभीषण को पुन: राज्य दिलाना। इस युद्ध का विस्तृत वर्णन प्रथम युद्ध की पुनरावृत्ति मात्र है। यह प्रसंग रामकेर्ति में तो नहीं मिलता किन्तु

---

१. रामकेर्ति की अपूर्ण हस्तलिपियों के कारण इस समस्या का अन्तिम निर्णय नहीं हो पाता है।

सर्ग ७६ में इसकी ओर संकेत किया गया है। इसका आधार भारतीय है (दे० अनु० ६४१)।

— समस्त युद्ध की इस पुनरावृत्ति के अतिरिक्त और बहुत-से वृत्तान्त दुहराये गये हैं। इन्द्रजित् के यज्ञ-भंग के अतिरिक्त रामकियेन में ऐसा वर्णन कुम्भकर्ण (अध्याय २८), रावण (अध्याय ३१) तथा मन्दोदरी (अध्याय ३४) के विषय में भी मिलता है।

(५) रामकियेन की एक अन्तिम विशेषता यह है कि इसमें हनुमान् की बहुत-सी प्रेमलीलाओं का वर्णन किया गया है। स्वयंप्रभा (अध्याय २३), बेंजकाया (अध्याय २५), नागकन्या सुवर्णमच्छा (अध्याय २६), अप्सरा वानरी (अध्याय ३१) के अतिरिक्त वह मन्दोदरी के साथ भी क्रीड़ा करते हैं। मन्दोदरी के संजीवन-यज्ञ को भंग करने के लिए वह दशकण्ठ के रूप में मन्दोदरी के पास पहुँचकर उसका आलिंगन करते हैं (अध्याय ३४)। एक अन्य अवसर पर वह रावण के पास पहुँचकर राम की भर्त्सना करते हैं तथा रावण की ओर से युद्ध करने का प्रस्ताव करते हैं। वास्तव में वह एक दिन तक ऐसा करते हैं और पुरस्कारस्वरूप इन्द्रजित् की समस्त सम्पत्ति के अतिरिक्त मन्दोदरी को भी रावण से प्राप्त कर रात भर उसके साथ क्रीड़ा करते हैं (अध्याय ३५)।

३२७. स्याम के उत्तरपूर्वीय प्रान्तों में लाओ भाषा बोली जाती है। लाओ साहित्य के पंचतंत्र में दशरथ द्वारा अन्धमुनि-पुत्र-वध तथा राम के पास विभीषण की शरणागति का उल्लेख मिलता है।[१] इसके अतिरिक्त सोलहवीं शताब्दी में **राम जातक** की रचना लाओ भाषा में की गयी है।[२] रामकियेन की भाँति इस जातक में समस्त कथा का घटनास्थल स्याम देश में ही माना गया है। पूर्वार्द्ध में रावण तथा राम की जन्मकथा दी गयी है, जिसके अनुसार राम तथा रावण चचेरे भाई हैं। राम के केवल एक ही भाई लक्ष्मण तथा एक बहन शान्ता का उल्लेख है। रावण शान्ता का अपहरण करता है तथा राम-लक्ष्मण द्वारा पराजित किया जाता है (दे० अनु० ३३६)।

उत्तरार्द्ध में वाल्मीकीय रामायण का समस्त कथानक रामकियेन से मिलते-जुलते रूप में प्रस्तुत किया गया है। सीता को इन्द्राणी का अवतार माना गया है (दे० अनु० ३६५) किन्तु इनकी शेष जन्मकथा रामकियेन के वृत्तान्त के सदृश है। रावण सीता-स्वयंवर में उपस्थित है। सीता की खोज के समय के दो वृत्तान्त अपेक्षाकृत विस्तारपूर्वक वर्णित हैं :

(१) राम का वानर रूप धारण कर अंजना से हनुमान् को उत्पन्न करना। यह कथा सेरीराम के वृत्तान्त पर आधारित है (दे० अनु० ६७५)।

(२) राम का बालि की विधवा से विवाह करना तथा अंगद का पिता बनना। यह कथा और कहीं नहीं मिलती।

हनुमान् और अंगद दोनों मिलकर सीता की खोज में लंका जाते हैं और वहाँ उत्पात भी मचाते हैं। विभीषण रावण की विधवा (शान्ता) से विवाह करते हैं (दे० अनु० ५७२)। बेंजकाया के स्थान पर केले का एक वृक्ष सँवारकर और उसे सीता का रूप देकर राम के शिविर के पास की नदी में बहाया जाता है (दे० अनु० ५७९)।

---

१. दे० बुलेटिन एकोल फ्रांसेस एक्सट्रेम ओरियन, भाग १७, पृ० १०१।

२. दे० दि रामजातक : जर्नल स्याम सोसाइटी, भाग ३६, पृ० १।

कथानक की अन्य विशेषताएँ रामकियेन में भी मिलती हैं—नागकन्याओं का सेतु नष्ट करने का प्रयास (दे० अनु० ५७८); महिरावण की कथा(दे० अनु० ६१४); रावण-चित्र के कारण सीता-त्याग (दे० अनु० ७२४); वाल्मीकि द्वारा एक शिशु की सृष्टि, जिसका सीता पुत्रवत् पालन करती हैं (दे० अनु० ७४४); लव-कुश-युद्ध (अनु० ७५०) तथा कथानक का सुखान्त निर्वहण (दे० अनु० ७५६)।

अन्त में जातक शैली के अनुसार राम-बुद्ध, रावण-देवदत्त, दशरथ-शुद्धोदन, लक्ष्मण-आनन्द, सीता-उप्पलवण्णा (भिक्षुणी) आदि रामकथा तथा बौद्ध इतिहास के पात्रों की अभिन्नता का उल्लेख किया गया है।

रामजातक का एक अन्य रूप **पालक-पालाम** के नाम से विख्यात है।[1] रामजातक के कथानक से इतना अन्तर है कि ब्रह्मा को रावण में (दे० अनु० ६४७) तथा बोधिसत्त्व को राम और लक्ष्मण में अवतारित माना गया है (दे० अनु० ३६२)।

३२८. सन् १९५३ ई० के पहले एच० देदिये ने लाओस में तीन और रामकथा-विषयक रचनाओं का पता लगाया था—**तुआलाफी** (दुन्दुभि), **लंकानीय** (इसमें सीता को रावण की पुत्री माना जाता है) तथा **पोम्मचका** (ब्रह्मचक्र)।[2] इनकी अकाल मृत्यु के कारण इन रचनाओं का प्रकाशन नहीं हो पाया है; किन्तु एक अन्य विद्वान् ने **ब्रह्मचक्र** की एक हस्तलिपि प्राप्त की है तथा इसके कथानक का सार सन् १९५७ ई० में प्रकाशित किया है।[3] यह रामकथा जातक के रूप में है, इसमें ब्रह्मचक्र अर्थात् रावण (अनु० ६४७), राम (दे० अनु० ३६२) तथा सीता (दे० अनु० ४२५) की जन्म-कथाओं का वर्णन मिलता है। इसके बाद सीता-स्वयंवर का वृत्तान्त दिया गया है, जिसके अनुसार अन्य राजाओं की उपस्थिति में राम धनुष चढ़ाते हैं। हनुमान् की जन्म-कथा (अनु० ६६८) तथा सीताहरण का वृत्तान्त (दे० अनु० ४९३) दोनों मौलिक हैं। राम का वनवास, बालि-वध, हनुमान् की लंका-यात्रा, लंका-दहन, सेतुबन्ध, विभीषण की शरणागति, अंगद का दूतकार्य, महिरावण की कथा, यह सब सामग्री अन्य रामकथाओं के समान ही है। सीता की अग्नि-परीक्षा (दे० अनु० ६०२) तथा सीता-त्याग (दे० अनु० ७२४) में कुछ नये तत्त्व पाये जाते हैं। लव के जन्म के बाद वाल्मीकि एक दूसरे शिशु कुश की सृष्टि करते हैं; लव और कुश बाद में राम और लक्ष्मण से युद्ध करते हैं। रामकियेन तथा रामजातक की भाँति रामकथा को सुखान्त बना दिया गया है (दे० अनु० ७५६)। अन्त में राम-बुद्ध, दशरथ-शुद्धोदन, लक्ष्मण-आनन्द आदि की अभिन्नता का उल्लेख है।

बर्मा

३२९. बर्मा का रामकथा-साहित्य बहुत अर्वाचीन है।[4] बर्मा के एक राजा ने १७६७ ई० में स्याम की राजधानी अयुतिया को नष्ट कर दिया था। इस विजय के बाद राजा ने बहुत-से

---

१. दे० पी० बी० लाफों, पालक-पालाम, एकोल फ्रांसेस एक्सट्रेम ओरियन (१९५७)। एच० देदिये, दि० रामायण इन लाओस, ज० ऑ० रि०, भाग २२, पृ० ६४-६६ और लेस ऑरिजिन ए लॉ नेसांस द रावण, बी० ई० एफ० ई० ओ०, भाग ४४, १४१ आदि।

२. प्रस्तुत लेखक के नाम २२ जून, १९५३ का पत्र।

३. दे० पी० बी० लाफों, पोम्मचक, ई० एफ० ई० ओ०, १९५७।

४. दे० जी० पी० कानोर : दि रामायण इन बर्मा, जर्नल बर्मा, रिसर्च सोसाइटी, भाग १५, पृ० ८०। के० बी० आयर : याम-प्वे, त्रिवेणी, भाग १४, पृ० २३९ आदि।

बन्दियों को अपने साथ ले लिया था, जो बर्मा में स्याम के राम-नाटक का अभिनय करने लगे। स्याम की रामकथा के आधार पर यू तो ने १८०० ई० के लगभग **राम यागन** की रचना की थी, जो बर्मा का सबसे महत्त्वपूर्ण काव्य माना जाता है। आजकल राम-नाटक, जिसे वहाँ की भाषा में याम-प्वे कहते हैं, बहुत लोकप्रिय है। इसकी एक विशेषता यह है कि अभिनेता बहुमूल्य चेहरे पहनते हैं और अभिनय के दिन इन चेहरों की पूजा भी करते हैं। स्याम के रामकियेन पर निर्भर होते हुए भी कथानक में कहीं-कहीं मौलिकता पायी जाती है। सीताहरण वहाँ के अभिनय का एक बहुत लोकप्रिय विषय है। इसमें शूर्पणखा (जिसका नाम गाम्बी रखा गया है) मृग का रूप धारण कर राम को दूर ले जाती है और राम से आहत किये जाने पर अपने राक्षसी रूप से प्रकट होती है। राम की सहायता करने जाने के पूर्व लक्ष्मण द्वारा कुटी के चारों ओर तीन रेखाएँ खींचने का भी उल्लेख है, जो भारत तथा हिन्देशिया आदि में भी मिलता है।

घ—पाश्चात्य वृत्तान्त

३३०. पन्द्रहवीं शताब्दी से लेकर पाश्चात्य यात्रियों तथा मिशनरियों की भारत-सम्बन्धी रचनाओं में रामकथा के विषय में बहुत कुछ सामग्री मिलती है। अर्वाचीनता तथा लेखकों की अपेक्षाकृत कम जानकारी के कारण यह साहित्य महत्त्वपूर्ण नहीं है, फिर भी उसकी उपेक्षा नहीं की जा सकती है। अत: उसका यहाँ बहुत संक्षेप में किंचित् निरूपण किया जाता है। चतुर्थ भाग में रामकथा के भिन्न-भिन्न प्रसंगों के तुलनात्मक अध्ययन में इन वृत्तान्तों का भी निम्नलिखित संख्याओं के अनुसार उल्लेख किया जायेगा :

(१) जे० फेनिचियो (१६०९ ई०)

एक जेसुइट मिशनरी जे० फेनिचियो ने १६०९ में **लिब्रो डा सैटा** की रचना की थी, जिसमें दशावतार-निरूपण के अन्तर्गत दक्षिण की उस समय की एक रामकथा का विस्तारपूर्वक वर्णन किया गया है।[१] दशरथ के यज्ञ से लेकर सीता की अग्निपरीक्षा के प्रारम्भ तक का वृत्तान्त इसमें मिलता है। इसके बाद हस्तलिपि के कई पन्ने खो जाने के कारण रामकथा का पूरा वर्णन नहीं हो पाया है। अधिकांश कथानक वाल्मीकि के अनुसार है, फिर भी इसमें अनेक स्थलों पर वाल्मीकीय कथा से विभिन्नता पायी जाती है। इसकी एक विशेषता यह है कि रावणचरित का वर्णन अरण्यकाण्ड की कथा के अन्तर्गत किया गया है। अग्निजा सीता और हनुमान् की जन्म-कथाएँ राम के स्वेच्छा से वन के लिए प्रस्थान करने का वृत्तान्त वाल्मीकीय रामायण से सर्वथा भिन्न है।

(२) ए० रोजेरियुस (१७वीं श० ई०)

ए० रोजेरियुस डच ईस्ट कम्पनी के पादरी की हैसियत से पुलिकत में ग्यारह वर्ष तक रहे (१६३१-४१)। उनकी रचना **दि ओपन दोरे** का प्रकाशन १६५१ में हुआ था। अवतारवर्णन के अन्तर्गत रावणचरित से लेकर अयोध्या के प्रत्यागमन तक रामकथा का वर्णन वाल्मीकि के अनुसार किया गया है।

---

१. दे० लिब्रो डा सैटा (उप्साला १९३३), पृ० ६९-१३३।

(३) पी० बलडेयुस (१७वीं श० ई०)

बलडेयुस १६५८ ई० से लेकर छह वर्ष तक सिंहलद्वीप तथा दक्षिण भारत में रहे। उनकी डच भाषा की रचना **आफगोडेरैय डर ओस्ट इण्डिशे हाइडेनन**[1], जो अधिकांश उपर्युक्त वृत्तान्त नं० १ पर निर्भर है, १६७२ में प्रकाशित हुआ था। रावणचरित से लेकर राम के स्वर्गारोहण तक की कथा इसमें पायी जाती है। अग्नि-परीक्षा के अतिरिक्त सीता की और अनेक परीक्षाओं का उल्लेख इस रचना की एक विशेषता है।

(४) ओ० डैप्पर (१७वीं श० ई०)

डॉ० ओ० डैप्पर की **असिया** नामक रचना वृत्तान्त नं० २ और ३ पर निर्भर है। इसका प्रकाशन हॉलैण्ड में १७वीं शताब्दी उत्तरार्द्ध में हुआ था।

(५) डे फ़रिया (१७वीं श० ई०)

डे फ़रिया की स्पैनिश रचना **असिया पोर्तुगेसा** का प्रकाशन १६७४ में हुआ है। इसमें जो रामकथा मिलती है, वह उपर्युक्त वृत्तान्त नं० १ पर निर्भर है।[2] इसमें रावण के चित्र के कारण सीता के परित्यक्त किये जाने का वर्णन किया गया है।

(६) रलासियों डेस एरयर (१६४४ ई०)

फ्रेंच भाषा की यह रचना सम्भवत: डे नोबिलि के नोट्स के आधार पर लिखी गयी है।[3] इसकी रामकथा (पृ० १२-७) बहुत संक्षिप्त है। इसमें धोबी के वृत्तान्त के कारण सीता-त्याग का उल्लेख किया गया है।

(७) ला जानिटिलिटे डु बेंगाल (१६९८ ई०)

फ्रेंच भाषा की इस रचना की रामकथा एक पुर्तगाली वृत्तान्त (दे० नं० ८) से बहुत भिन्न नहीं है। इसका रचयिता अज्ञात है।

(८) पुर्तगाली वृत्तान्त, क. (१६७० ई०)

डॉ० कालेण्ड ने तीन पुर्तगाली रचनाओं का प्रकाशन करके साथ-साथ इनका डच में अनुवाद भी किया है।[4] डॉ० कालेण्ड के अनुसार वृत्तान्त क० सम्भवत: १६७० ई० का है। इसकी रामकथा में (पृ० १०-१६) उत्तरकाण्ड की सामग्री का भी वर्णन किया गया है।

(९) पुर्तगाली वृत्तान्त, ख. (१७७४ ई०)

इस रचना की रामकथा (पृ० ५६-६४) की विशेषता यह है कि सीता अग्नि से उत्पन्न होती हैं। (दे० आगे अनु० ३२४)।

---

१. दे० नया प्रकाशन, (दि हेग, १९१७), अध्याय ४।

२. दे० भाग २, पृ० ६६६ आदि।

३. इसका प्रकाशन वृत्तान्त नं० ७ के साथ-साथ डब्लू० कालेण्ड द्वारा १९२३ में हुआ है।

४. दे० ड्री औडे पार्तगेशे वरहैंडलिंगन, एमस्टर्डम, १९१५।

(१०) पुर्तगाली वृत्तान्त, ग. (१७२३ के पूर्व)

इस रचना की रामकथा फ्रेंच वृत्तान्त नं० ६ पर निर्भर है।

(११) जे० बी० टावर्नियें (१७वीं श० ई०)

जे० बी० टावर्नियें ने अपनी भारत की यात्रा का वर्णन १६७६ ई० में फ्रेंच भाषा में प्रकाशित किया था[1], जिसके अन्तर्गत एक संक्षिप्त रामकथा मिलती है।

(१२) एम० सोनेरा (१८वीं श० ई०)

एम० सोनेरा ने अपनी रचना **वोयाज्र ओस इण्ड ओरियण्टल** १७८२ में पेरिस में प्रकाशित की थी। इसमें एक अत्यन्त संक्षिप्त रामकथा मिलती है (पृ० १६३), जिसकी विशेषता यह है कि राम १५ वर्ष की अवस्था में अयोध्या छोड़कर सीता तथा लक्ष्मण के साथ चित्रकूट में तपस्या करने जाते हैं।

(१३) डे पोलिये (१८वीं श० ई०)

डे पोलिये की रचना **मिथोलोजी डेस इण्डू** १८०९ ई० में पेरिस में प्रकाशित हुई थी। इसमें एक विस्तृत रामचरित (भाग १, पृ० २९०-३९४) मिलता है, जिसे डे पोलिये ने लखनऊ में १८वीं शताब्दी उत्तरार्द्ध में विलियम जोन्स के भूतपूर्व पण्डित से सुना था। इस रामचरित में बहुत-सी कथाएँ पायी जाती हैं, जो वाल्मीकि रामायण से सर्वथा भिन्न हैं; लेकिन जो प्राय: अन्य अर्वाचीन वृत्तान्तों में भी मिलती हैं; उदाहरणार्थ : रक्तजा सीता की जन्म-कथा, महिरावण के राम-लक्ष्मण को पाताल ले जाने की कथा आदि।

(१४) जे० ए० दुब्वा (१९वीं श० ई०)

जे० ए० दुब्वा की प्रसिद्ध रचना **हिन्दू मैनर्स, कस्टम्स एण्ड सेरेमोनिस** में एक संक्षिप्त रामकथा मिलती है (पृ० ६१९-२४, तीसरा संस्करण) जो वाल्मीकीय कथा से अनेक स्थलों पर भिन्न है, उदाहरणार्थ: कैकेयी राम से अनुरोध करती है कि वह अपना राज्याधिकार भरत को प्रदान करें; हनुमान् समुद्र की धारा पर चलकर लंका पहुँचते हैं।

अन्तिम को छोड़कर निम्नलिखित रचनाओं में कोई पूर्ण रामकथा नहीं पायी जाती, लेकिन इनमें रामचरित के किसी-न-किसी तत्त्व की ओर निर्देश किया गया है।

(१५) बोले ले गोज़ (१७वीं श० ई०)

बोले ले गोज़ की रचना में (रैजे एन ऑपटेकनिंग, एमस्टर्डम १६६०) सीताहरण तथा हनुमान् के लंका से सीता को राम के पास ले आने की कथा मिलती है।

(१६) पी० एफ० विनजेनजा मरिया (१७वीं श० ई०)

इनकी रचना **इल वियाजियो अल इण्डिये ओरियण्टालि** रोम में १६७२ ई० में प्रकाशित हुई थी। इसमें सीता का जन्म लंका में माना गया है।

---

१. दे० जी० बी० टावर्नियें : ट्रावल्स इन इण्डिया (लन्दन १८८९), भाग २, पृ० १९१-१९५।

(१७) चीगेनबाल्ग (१८वीं श० पूर्वार्द्ध)

इनकी रचना का अंग्रेजी अनुवाद १८६९ में मद्रास से प्रकाशित किया गया है। मूल जर्मन रचना, जो १८वीं शताब्दी के प्रारम्भ में लिखी गयी थी, १८६७ ई० में ही प्रकाश में आ सकी।

(१८) एन० मानुच्ची

इनकी **स्टोरिया डी मोगोर** (१६५३-१७०८) में धोबी के कारण सीता-त्याग का उल्लेख किया गया है तथा राम परमेश्वरी के पुत्र माने गये हैं।

(१९) लेट्रस एडिफ़िंयण्ट

यह जेसुइट मिशनरियों के पत्रों का संग्रह है, जो पेरिस में प्रकाशित किया गया है। १३वें भाग (१७१८ ई०) में अग्निजा सीता का जन्म-वृत्तान्त (पृ० १४०) तथा शूर्पणखा-पुत्र-वध का एक नया रूप (पृ० १७२) मिलता है।

(२०) दिओगो गोंसाल्वेस (सन् १६१५ ई०)

इन्होंने अपना **हिस्तोरिया दो मालावार** केरल में लगभग सन् १६१५ ई० में लिखा था। इसका सम्पादन तथा प्रकाशन सन् १९५५ ई० में मुंस्टर से हुआ है। द्वितीय भाग के नवें अध्याय में रावण के अत्याचार तथा विष्णु के अवतार होने से प्रारम्भ होकर रावण-वध के बाद रामेश्वर-तीर्थ की स्थापना तक वाल्मीकीय कथानक का संक्षेप प्रस्तुत किया गया है। अन्तर यह है कि राम विष्णु के अवतार तथा लक्ष्मण-भरत-शत्रुघ्न क्रमशः शेष, शंख और चक्र के अवतार माने जाते हैं। लक्ष्मण शूर्पणखा के कान और नाक के अतिरिक्त उसके स्तन भी तलवार से काटते हैं; राम हनुमान् के कानों में कुण्डल देखते हैं, जिससे हनुमान् राम की सेवा स्वीकार करते हैं, क्योंकि उनकी माता ने उनसे कहा था : जब तुम अपना स्वामी देखोगे, तभी तुम्हारे कान में कुण्डल दिखायी देंगे। हनुमान् के कुण्डलों का प्रसंग पाश्चात्य वृत्तान्त नं० १, **सेरीराम**, **रामकेर्ति** तथा **रामकियेन** में भी मिलता है (दे० अनु० ५१२)।

चतुर्थ भाग

रामकथा का विकास

१४—बालकाण्ड, १५—अयोध्याकाण्ड, १६—अरण्यकाण्ड,
१७—किष्किन्धाकाण्ड, १८—सुन्दरकाण्ड,
१९—युद्धकाण्ड, २०—उत्तरकाण्ड, २१—उपसंहार

अध्याय-१४

बालकाण्ड

१—वाल्मीकि रामायण का बालकाण्ड

३३१. क—बालकाण्ड की कथावस्तु

(१) भूमिका (सर्ग १-४)

नारद का वाल्मीकि से अयोध्याकाण्ड से लेकर युद्धकाण्ड तक की रामकथा का कथन (सर्ग १), श्लोकोत्पत्ति; नारद से सुनी हुई रामकथा को श्लोकबद्ध करने की वाल्मीकि को ब्रह्मा की आज्ञा (सर्ग २), अनुक्रमणिका (सर्ग ३), वाल्मीकि का कुश-लव को अपना काव्य सिखाना और उनका राम के सम्मुख उसे सुनाना (सर्ग ४)।

(२) दशरथयज्ञ (सर्ग ५-१७)

अयोध्या का वर्णन; राजा, नागरिक, मंत्री और पुरोहितों का वर्णन (सर्ग ५-७)।

अश्वमेधयज्ञ का संकल्प (सर्ग ८); ऋष्यशृंग की कथा (सर्ग ९-११); ऋष्यशृंग द्वारा अश्वमेध (सर्ग १२-१४)।

ऋष्यशृंग द्वारा **पुत्रेष्टि-यज्ञ**, देवताओं की विष्णु से अवतार लेने की प्रार्थना; पायस प्राप्त कर दशरथ का उसे अपनी पत्नियों में बाँटना (सर्ग १५-१६); देवताओं का अप्सराओं और गन्धर्वियों से वानरों की उत्पत्ति करना (सर्ग १७)।

(३) राम का जन्म तथा प्रारम्भिक कृत्य (सर्ग १८-३१)

राम, भरत, लक्ष्मण और शत्रुघ्न का जन्म। विश्वामित्र का आगमन (सर्ग १८) और अपने यज्ञ की रक्षा के लिए दशरथ से राम-लक्ष्मण को माँगना (सर्ग १९-२१)।

राम-लक्ष्मण का **विश्वामित्र के साथ गमन**; सरयू तट पर विश्वामित्र से बला और अतिबला की प्राप्ति (सर्ग २२); गंगा-सरयू के संगम पर विश्वामित्र द्वारा काम-दहन की कथा (सर्ग २३); मलद और करूष की कथा (सर्ग २४)।

ताड़का की कथा (सर्ग २५); राम द्वारा उसका वध (सर्ग २६); राम को दिये गये आयुधों की सूची (सर्ग २७-२८); सिद्धाश्रम पर वामनावतार की कथा (सर्ग २९); मारीच का समुद्र में निक्षेप और सुबाहु का वध (सर्ग ३०); मिथिला के लिए प्रस्थान (सर्ग ३१)।

(४) पौराणिक कथाएँ (सर्ग ३२-६५)

विश्वामित्र के वंश की कथा (सर्ग ३२-३४); हिमवान् की पुत्रियाँ; गंगा का स्वर्गारोहण; उमा का शिव से विवाह; कार्तिकेय-जन्म (सर्ग ३५-३७)।

सगर-पुत्रों का पाताल में भस्म होना; भगीरथ द्वारा गंगावतरण; जह्नु, द्वारा गंगा का पिया जाना और मुक्त होकर भगीरथ का अनुसरण करते हुए पाताल में सगर-पुत्रों का उद्धार करना (सर्ग ३८-४४)।

समुद्रमंथन की कथा (सर्ग ४५-४७); गौतम द्वारा इन्द्र और अहल्या को दिये गये शापों की कथा; **अहल्योद्धार** (सर्ग ४८-४९); जनक द्वारा विश्वामित्र, राम और लक्ष्मण का स्वागत (सर्ग ५०)।

विश्वामित्र की कथा : शतानन्द द्वारा विश्वामित्र के ब्राह्मण बनने की कथा, राजा विश्वामित्र का वसिष्ठ को परास्त न कर सकने के कारण ब्राह्मण बनने का निश्चय (सर्ग ५१-५६), उनका राजर्षि बनना, त्रिशंकु की कथा (सर्ग ५७-६०)। अम्बरीष के यज्ञ में शुनःशेप का बलिदान; विश्वामित्र का ऋषि बनना, मेनका की सफलता एवं रम्भा की असफलता और अन्त में विश्वामित्र का ब्रह्मर्षि बनना (सर्ग ६१-६५)।

(५) राम-विवाह (सर्ग ६६-७७)

धनुर्भंग : जनक द्वारा धनुष तथा सीता के अलौकिक जन्म की कथा, उनकी सीता-विवाह-विषयक प्रतिज्ञा। राजाओं की असफलता और उनका आक्रमण (सर्ग ६६)। राम द्वारा धनुर्भंग। दशरथ का बुलावा और मिथिला में उनका आगमन (सर्ग ६७-६९)।

विवाह : वसिष्ठ द्वारा दशरथ के वंश का परिचय, जनक का अपना वंश-वर्णन। चारों भाइयों का विवाह (सर्ग ७०-७३)।

परशुराम : उत्तरीय पर्वतों पर विश्वामित्र का गमन। दशरथ के मार्ग में अपशकुन और परशुराम का आगमन। वैष्णव धनुष चढ़ाकर राम द्वारा परशुराम की पराजय (सर्ग ७४-७६); अयोध्यागमन; भरत और शत्रुघ्न का प्रस्थान; राम की लोकप्रियता (सर्ग ७७)।

ख—बालकाण्ड का विश्लेषण

तीनों पाठों में विभिन्नता

३३२. प्रचलित वाल्मीकि रामायण के दाक्षिणात्य पाठ में रामादि की जन्मतिथि (चैत्रे नावमिके तिथौ दे० १८, ८) तथा उसी अवसर पर राशियों के संगम का उल्लेख किया गया है, जो अन्य दोनों पाठों में नहीं मिलता।[१]

इसके अतिरिक्त निम्नलिखित पौराणिक कथाएँ केवल दाक्षिणात्य पाठ में पायी जाती हैं—कश्यप की तपस्या, जिसके फलस्वरूप उन्होंने वामनावतार में हरि को पुत्रस्वरूप प्राप्त किया था (२९, १०-१७); जह्नु का गंगा-पान (४३, ३४-४१); विष्णु का मोहिनी रूप धारण कर अमृत चुराना (४५, ४०-४३); विष्णु का कूर्मावतारवर्णन (४५, २७-३२)।

गौडीय तथा पश्चिमोत्तरीय पाठों में शान्ता को दशरथ की पुत्री माना गया है (दे० आगे अनु० ३४३) तथा उनमें एक तीसरी अनुक्रमणिका पायी जाती है, जिसमें रामायण के सात

१. यह पाँचवीं श० ई० अथवा इसके बाद का प्रक्षेप है। दे० क्वार्टर्ली जर्नल मिथिक सोसाइटी, भाग १२, पृ० ७३।
कथानक के दृष्टिकोण से पाठों की विस्तृत तुलना के लिए, दे० प्रस्तुत लेखक का निबन्ध : दि जेनेज़िस ऑव दि वाल्मीकि रामायण रिशन्शन्स, ज० ऑ० इं० भाग ५, पृ० ६६-९४; वाल्मीकि रामायण के तीन पाठ; नागरी प्रचारिणी पत्रिका; वर्ष ५८; पृ० १-३५।

काण्डों की कथावस्तु की ओर निर्देश किया गया है (गौ० रा० सर्ग ४, प० रा० सर्ग ३)। इसके अतिरिक्त इन दोनों पाठों में दो सर्ग मिलते हैं, जिनमें भरत और शत्रुघ्न की यात्रा तथा राजगृह में निवास का कुछ विस्तार सहित वर्णन किया गया है (दे० गौ० रा० बालकाण्ड सर्ग ७९-८० तथा प० रा० अयोध्याकाण्ड सर्ग १-२)। दाक्षिणात्य पाठ में इसका उल्लेख मात्र मिलता है।

बालकाण्ड की उत्पत्ति

३३३. आठवें अध्याय में समस्त बालकाण्ड के प्रक्षिप्त माने जाने के कारण दिये गये हैं; अत: बहुत सम्भव है कि वाल्मीकिकृत रचना में अयोध्या, दशरथ तथा उनके पुत्रों के परिचय के बाद अयोध्याकाण्ड की कथावस्तु का वर्णन प्रारम्भ हुआ हो (दे० ऊपर अनु० १३६)। **महाभारत** के द्रोणपर्व, **हरिवंश**, **विष्णुपुराण** आदि के प्राचीन वृत्तान्तों में भी वनवास से ही लेकर रावण-वध तक की रामकथा का वर्णन किया गया है।

प्रस्तुत बालकाण्ड के निरीक्षण से उसकी उत्पत्ति और विकास के भिन्न-भिन्न सोपानों का कुछ आभास मिलता है। दो स्थलों को छोड़कर बालकाण्ड में और कहीं भी अवतारवाद की ओर निर्देश नहीं किया गया है। यही नहीं, वरन् उसकी शेष सामग्री से भी स्पष्ट है कि मूल बालकाण्ड के रचनाकाल में राम विष्णु के अवतार नहीं माने जाते थे; इसके प्रमाण आठवें अध्याय में दिये गये हैं। अत: ये दोनों स्थल (अर्थात् दशरथ के पुत्रेष्टि-यज्ञ तथा राम-परशुराम भेंट का वर्णन) बालकाण्ड के अन्तिम विकास के समय जोड़ दिये गये होंगे। पुत्रेष्टि-यज्ञ के प्रक्षिप्त होने के स्पष्ट प्रमाण बालकाण्ड में मिलते हैं। सर्ग ८ में दशरथ सुतार्थ अश्वमेध यज्ञ करवाने का संकल्प करते हैं। सर्ग १३ और १४ में इस अश्वमेध यज्ञ का वर्णन किया गया है। १४वें सर्ग में ब्राह्मणों को दक्षिणा दिये जाने के उल्लेख के बाद ऋष्यशृंग दशरथ को आश्वासन देते हैं कि उनके चार पुत्र उत्पन्न होंगे।

भविष्यंति सुता राजंश्चत्वारस्ते कुलोद्वहा:॥ ५९॥

ऋष्यशृंग के इस आश्वासन के पश्चात् पुत्रेष्टि की कोई आवश्यकता नहीं प्रतीत होती है। फिर भी इसके अनन्तर पुत्रेष्टि-यज्ञ का वर्णन प्रारम्भ होता है (सर्ग १५-१७), जिसमें विष्णु के अवतार लेने का विस्तृत वर्णन किया गया है। यह होते हुए भी १८वें सर्ग के प्रारम्भ में अश्वमेध ही की समाप्ति पर **(विवृत्ते तु क्रतौ तस्मिन्हयमेधे)** देवताओं तथा राजाओं के प्रस्थान का उल्लेख किया गया है; जिससे स्पष्ट है कि पहले १४वें सर्ग के पश्चात् १८वाँ सर्ग ही आता था।

पौराणिक कथाओं का बाहुल्य बालकाण्ड तथा उत्तरकाण्ड की एक विशेषता है। गंगावतरण (सर्ग ३८-४४) एक स्वतंत्र काव्य था, जो बाद में अपने श्रवणफल सहित बालकाण्ड की अन्य पौराणिक कथाओं के साथ रखा गया है। विश्वामित्र की कथा (सर्ग ५१-६५) में अशुद्ध श्लोकों का बाहुल्य उसे एक स्वतंत्र रचना सिद्ध करता है।[१] बालकाण्ड की अन्य पौराणिक कथाएँ भी रामकथा से कोई सम्बन्ध नहीं रखती हैं, अत: बहुत सम्भव है कि वे भी प्रारम्भिक बालकाण्ड में विद्यमान नहीं थीं। ९वें सर्ग से लेकर १२वें तक में ऋष्यशृंग की जो पौराणिक कथा है वह ८वें सर्ग की पुनरावृत्ति मात्र है।

---

१. एच० याकोबी : डस रामायण, पृ० २६।

३३४. उपर्युक्त प्रक्षेपों को हटाकर जो निम्नलिखित सामग्री रह जाती है, इसे हम बालकाण्ड का प्रारम्भिक रूप मान सकते हैं।

सर्ग १-४	भूमिका।
सर्ग ५-७	अयोध्या का वर्णन।
सर्ग ८, १३ और १४	दशरथ के अश्वमेध का वर्णन।
सर्ग १८-३१	राम का जन्म तथा प्रारम्भिक कार्य (ताड़का वध, विश्वामित्र-यज्ञ की रक्षा)।
सर्ग ६६-७३	राम का विवाह।
सर्ग ७७	अयोध्या में प्रत्यागमन।

२—बालकाण्ड का विकास

३३५. अयोध्याकाण्ड से लेकर युद्धकाण्ड तक की रामकथा पर आदिकवि की छाप स्पष्ट दिखलायी पड़ती है। घटनाएँ इस प्रकार सम्बद्ध हैं कि आधिकारिक कथावस्तु की गति अबाध रूप से आगे बढ़ रही है। अतः बाद की रामकथाओं में इन काण्डों के कथानक का अपेक्षाकृत कम विकास हुआ है। बालकाण्ड तथा उत्तरकाण्ड की परिस्थिति दूसरी है। प्रारम्भ ही से इनकी कथावस्तु की कोई विशेष एकता नहीं थी। फलस्वरूप इन दोनों काण्डों में सबसे अधिक परिवर्तन तथा परिवर्द्धन किया गया है।

निम्नलिखित बालकाण्ड-सम्बन्धी विषयों में इतनी विभिन्नता पायी जाती है अथवा इनके विकास का वर्णन इतना विस्तृत है कि तत्सम्बन्धी सामग्री अलग-अलग परिच्छेदों में रखी गयी है : अवतारवाद, राम का बालचरित, राम-सीता-विवाह, सीता की जन्म-कथा। बाद की रामकथाओं में प्रायः बालकाण्ड की पौराणिक कथाओं (दे० सर्ग ३२-६५) का अभाव है, अतः इनका कोई विकास नहीं हो पाया है। यहाँ पर बालकाण्ड की शेष कथावस्तु के विकास पर प्रकाश डालना है।

क। दशरथ की वंशावली

३३६. इक्ष्वाकु-वंशावली के निरूपण में पर्याप्त विभिन्नता पायी जाती है। अधिकांश पुराणों तथा वाल्मीकि रामायण में प्रधान अन्तर यह है कि पौराणिक साहित्य में इक्ष्वाकु से राम तक ६३ राजाओं के नाम दिये जाते हैं किन्तु रामायण में इनकी संख्या केवल ३६ है। इसके अतिरिक्त रामायण के ३६ नामों में से केवल १८ नाम दोनों वंशावलियों में विद्यमान हैं। सम्भव है कि रामायण में केवल उन राजाओं के नाम उल्लिखित हैं, जिनका राज्याभिषेक हुआ था।[1]

राम-साहित्य की दो अत्यन्त महत्त्वपूर्ण प्राचीन रचनाओं में भी वंशावली के विषय में एकरूपता नहीं है। **वाल्मीकि** की सूची के अनुसार २३वाँ नाम दिलीप है; २६वाँ रघु, ३८वाँ अज तथा ३९वाँ दशरथ (दे० बालकाण्ड, सर्ग ७०)। कालिदास के **रघुवंश** तथा हरिवंशपुराण (१, १५, २४-२६) के अनुसार दिलीप, रघु, अज और दशरथ में क्रमशः पिता-पुत्र का सम्बन्ध है। श्री रायकृष्णदास[2] के अनुसार इसका समन्वय यह है कि इस वंश में दिलीप तथा रघु नामक दो-दो राजा रह चुके हैं; द्वितीय दिलीप का नाम खट्वांग तथा द्वितीय रघु का नाम दीर्घबाहु

---

१. दे० पुराणम् (वाराणसी) भाग २, पृ० १३७ और भाग ४, पृ० २३।

२. दे० पुराणम्, भाग २, पृ० १४४-१४७।

था। इस प्रकार रघुवंश का क्रम ठीक सिद्ध हो जाता है। जो कुछ भी हो, बहुत-सी परवर्ती रचनाओं में कालिदास की वंशावली ही प्रामाणिक मानी गयी है; जैसे प्रतिमा-नाटक (अंक २), अग्निपुराण (ककुत्स्थ, रघु, अज, दशरथ; अध्याय ५, ३), लिंगपुराण (१, ६१), ब्रह्मपुराण (८, ८५-८६), पद्मपुराण का गौडीय पातालखण्ड, भविष्यपुराण (प्रतिसर्ग पर्व, प्रथम खण्ड, अध्याय २, ३-६), उदारराघव, कृत्तिवास रामायण (१, ६२) तोरवे रामायण (१, ३) आदि।

पउमचरियं (पर्व २१-२२) में दशरथ की विस्तृत वंशावली इस प्रकार है (वाल्मीकि रामायण में दिये हुए नाम रेखांकित हैं): विजय[१], पुरन्दर, कीर्तिधर, सुकोशल, हिरण्यगर्भ, नघुष, सौदास, सिंहरथ; बद्मरथ, चतुर्मुख, हेमरथ, यशोरथ, पद्मरथ, मृगरथ, शशिरथ, रविरथ, मान्धाता, उदयरथ, प्रतिवचन, कमलबन्धु, रविशत्रु, वसन्ततिलक, कुबेरदत्त, कुंथु, सरथ, विरथ, रथनिर्घोष, मृगारिदम, हिरण्यनाभ, पंजस्थल, **ककुत्स्थ, रघु, अनरण्य, दशरथ**। अनरण्य के दो पुत्र माने जाते हैं—अनन्तरथ तथा दशरथ किन्तु अनन्तरथ अपने पिता अनरण्य के साथ दीक्षा ले लेते हैं, जिससे दशरथ को राज्याधिकार मिलता है।[२]

खोतानी रामायण में सहस्रबाहु दशरथ के पुत्र माने गये हैं तथा राम-लक्ष्मण सहस्रबाहु के ही पुत्र हैं। **सेरीराम** में नामावली इस प्रकार है : नबी आदम, दशरथ रामन, दशरथ चक्रवर्ती तथा दशरथ। स्याम के **रामजातक** में दशरथ को रावण का चाचा माना गया है—ब्रह्मा के पुत्र तप्परमेस के दो पुत्र थे, दशरथ तथा विरुल्होक (विश्रवा)। तप्परमेस यह देखकर कि दशरथ अच्छा योद्धा नहीं है, अपने कनिष्ठ पुत्र को ही अपना उत्तराधिकारी नियुक्त करते हैं, जिससे दशरथ राज्य छोड़कर अन्यत्र अपनी एक नयी राजधानी का निर्माण करते हैं। (इस कथा में वैश्रवण तथा दशरथ का एकीकरण किया गया है)। दशरथ का भतीजा रावण भी एक नयी राजधानी (लंका) का निर्माण करता है तथा दशरथ की पुत्री को हर लेता है। बाद में दशरथ के दो पुत्र राम तथा लक्ष्मण अपनी बहन शान्ता के अपहरण का प्रतीकार करने के लिए रावण को पराजित करते हैं। रावण की राजधानी की यात्रा में तथा वापसी में भी राम और लक्ष्मण दोनों अनेक विवाह करते हैं। उन विवाहों से जो पुत्र उत्पन्न होते हैं, वे दूसरे राम-रावण युद्ध में राम की सहायता करेंगे, ऐसा उल्लेख है। बाद में रावण के साथ सन्धि की जाती है तथा रावण और शान्ता का विवाह सम्पन्न हो जाता है।[३] इस भूमिका के पश्चात् ही रामायण की कथा प्रारम्भ होती है, जिसमें रावण द्वारा सीताहरण के कारण एक नया युद्ध छिड़ जाता है।

परवर्ती रामकथाओं में दशरथ के पूर्व-जन्मों की भी चर्चा होती है। इसके अनुसार दशरथ अपने पूर्व जन्म में कश्यप (अनु० ३६७), स्वायम्भूमनु (३६८), धर्मदत्त (३६९), राजा कुमुद (१९४) अथवा राजा कुन्तल (१९५) थे।

ख। दशरथ के विवाह

३३७. दशरथ के विवाहों के विषय में अनेक कथाएँ मिलती हैं, जिनका यहाँ संक्षेप में वर्णन किया जाता है।

आनन्द रामायण (१, १, ३२-७४) में दशरथ-कौशल्या विवाह का विस्तृत वर्णन किया गया है। ब्रह्मा रावण के पास जाकर कहते हैं कि दशरथ तथा कोशल नरेश की पुत्री कौशल्या

---

१. ये नाम पुराणों में भी मिलते हैं।
२. रविषेणकृत पद्मचरित की वंशावली इससे भिन्न है।
३. पालक पालाम में भी इससे मिलती-जुलती कथा पायी जाती है (दे० अनु० ३२७)।

का विवाह शीघ्र ही होनेवाला है, इन दोनों का पुत्र तुम्हारा वध करेगा। इस पर रावण सरयू में दशरथ की नौका तोड़कर उनको पराजित करता है। दशरथ तथा सुमंत्र एक नौका-खण्ड पर समुद्र की ओर बह जाते हैं। इतने में रावण कौशल्या को हर लेता है और उसे एक पेटिका में रखकर तिमिंगल नामक मत्स्य की रक्षा में छोड़ देता है। तिमिंगल उस पेटिका को एक द्वीप पर रखकर किसी अन्य मत्स्य से युद्ध करता है। दशरथ तथा सुमंत्र उस द्वीप में पहुँचते हैं और पेटिका को देखकर उसे खोल देते हैं। तदुपरान्त दशरथ तथा कौशल्या गान्धर्व विवाह करते हैं और तीनों पेटिका में छिप जाते हैं। अनन्तर रावण ब्रह्मा के सामने डींग मारता है कि उनकी भविष्यवाणी झूठी सिद्ध हुई। ब्रह्मा से यह सुनकर कि उन दोनों का विवाह हो चुका, रावण पेटिका को मँगवाता है और उसे खोलकर कौशल्या, दशरथ तथा सुमंत्र को देखता है। ब्रह्मा रावण को तीनों का वध करने से रोक लेते हैं। अनन्तर पेटिका साकेत भेजी जाती है, जहाँ सुमित्रा, कैकेयी तथा सात सौ अन्य स्त्रियों से भी दशरथ विवाह करते हैं। भावार्थ रामायण (५, ९), पाश्चात्य वृत्तान्त नं० १३, स्वायंभुव रामायण तथा रामचरितमानस के कुछ संस्करणों के एक प्रक्षेप में इस कथा का भी उल्लेख किया गया है।

पउमचरियं (२२, १०६-०७) के अनुसार पद्म (राम) की माता का नाम अपराजिता था और वह अरुहस्थल के राजा सुकोशल तथा अमृत प्रभा की पुत्री थी। गुणभद्र के **उत्तरपुराण** में राम की माता का नाम सुबाला माना गया है। पूर्व जन्म विषयक कथाओं के अनुसार कौशल्या पहले अदिति (दे० अनु० ३६७), शतरूपा (अनु० ३६८), कलहा (३६९), वीरमती (१९४) अथवा सिन्धुमती (१९५) थीं।

३३८. वाल्मीकि रामायण में केकय की पुत्री कैकेयी के स्वयंवर का उल्लेख नहीं मिलता। **पउमचरियं** (पर्व २४) में इस स्वयंवर का पहले-पहल वर्णन हुआ है। इसके अनुसार कौतुकमंगल नगर के राजा शुभमति तथा उसकी पत्नी पृथ्वीश्री की पुत्री कैकेयी के स्वयंवर का आयोजन किया गया था।

उस समय दशरथ तथा जनक रावण के भय से गुप्त वेश में भिन्न-भिन्न देशों का भ्रमण कर रहे थे और संयोग से कैकेयी के स्वयंवर में भी पहुँच गये। कैकेयी ने दशरथ को चुन लिया। इस पर स्वयंवर में आये हुए अन्य राजाओं के साथ दशरथ का युद्ध होने लगा, जिसमें कैकेयी दशरथ का रथ हाँकने लगी।

विवाह सम्पन्न होने के पश्चात् दशरथ और जनक अपनी-अपनी राजधानी लौटे। घर पहुँचकर दशरथ ने कैकेयी से संग्राम में रथ हाँकने के पुरस्कारस्वरूप एक वर माँगने के लिए कहा। कैकेयी ने उत्तर दिया, "इस समय तो कोई वर माँगने की आवश्यकता नहीं है, जब माँगूँगी तभी देना।"

कृत्तिवास रामायण (१, २५) के अनुसार गिरिराज नगर में आयोजित कैकेयी के स्वयंवर में पृथ्वी भर के राजा आमंत्रित हुए थे किन्तु इसमें युद्ध का उल्लेख नहीं है। माधवदेवकृत **असमिया बालकाण्ड** (अध्याय ८-१०) में भी कैकेयी के स्वयंवर का वर्णन मिलता है।

सत्योपाख्यान में कैकेयी तथा दशरथ का विवाह इस प्रकार वर्णित है। किसी दिन नारद दशरथ के पास पहुँचकर केकय की पुत्री के सौन्दर्य की प्रशंसा करते हैं तथा यह भी कहते हैं कि कैकेयी की हस्तरेखा से प्रतीत होता है कि उसे एक महान् पुत्र उत्पन्न होगा। बाद में दशरथ एक देवयोगिनी को कैकेयी के पास भेजते हैं, जो कैकेयी से दशरथ की प्रशंसा करके दशरथ की पत्नी बनने की इच्छा उसके मन में उन्पन्न करती है। कैकेयी विरह के कारण

उदासीन हो जाती है, जिस पर उसकी माता, कारण जानकर, केकय से दशरथ-कैकेयी का विवाह करवाने का अनुरोध करती है। बाद में केकय दशरथ को बुलाकर इस शर्त पर अपनी पुत्री देते हैं कि कैकेयी के पुत्र को राज्य अवश्य दिया जाये (दे० अध्याय ५-७)।

३३९. सुमित्रा के साथ दशरथ के विवाह का वाल्मीकि रामायण दाक्षिणात्य पाठ में न तो कोई वर्णन किया गया है और न सुमित्रा का परिचय मिलता है। उदीच्य पाठ (गौ० रा० १, १९, ९; प० रा० १, १४, 4) में उसे वामदेव की 'करणी सुता' (दत्तक पुत्री) कहा गया है। प्राचीनकाल से वह मगध नरेश की पुत्री मानी गयी है (दे० रघुवंश ९, १७)। **पउमचरियं** (१२, १०७-१०८) के अनुसार वह कमलसंकुलपुर के राजा सुबन्धुतिलक की कैकेयी नामक पुत्री थी; दशरथ ने उसके साथ विवाह किया तथा उसका नाम सुमित्रा रखा। **कृत्तिवास रामायण** (१,२६) में इसके विवाह का वर्णन मौलिक प्रतीत होता है। सिंहल के राजा सुमित्र ने अपनी पुत्री सुमित्रा के विवाह का निमंत्रण दशरथ को भेजा था। कौशल्या तथा कैकेयी से यह कहकर कि मैं मृगया खेलने जाता हूँ, दशरथ ने सुमित्रा का निमंत्रण स्वीकार किया। विवाह की द्वितीय रात को दशरथ ने अपनी नवविवाहिता पत्नी के साथ अयोध्या के लिए प्रस्थान किया। बंगाल में उस रात को अशुभ मानकर उसे काल रात्रि कहते हैं। इस अशुभ रात्रि को दशरथ ने सुमित्रा के साथ बिताया, जिसका परिणाम यह हुआ कि वह बाद में दशरथ द्वारा उपेक्षित हुई। सुमित्रा के अन्तःपुर में प्रवेश करते समय कौशल्या और कैकेयी को आशंका हुई; वे सोचने लगीं—"यह हमसे सुन्दर है, दशरथ हमारी उपेक्षा करेंगे।" अतः दोनों ने पार्वती-शंकर की पूजा करके वर माँगा कि सुमित्रा अभागिनी हो। बाद में सुमित्रा को प्रमाद हुआ, जिससे सब सपत्नियों में सुन्दर होते हुए भी दशरथ उसे उपेक्षा की दृष्टि से देखने लगे तथा कैकेयी को सबसे अधिक चाहने लगे। **असमिया बालकाण्ड** (अध्याय ११) में भी सिंहलद्वीप के राजा सुमित्र की कन्या का दशरथ के साथ विवाह वर्णित है।

३४०. वाल्मीकि रामायण तथा अधिकांश परवर्ती रामकथाओं के अनुसार दशरथ की तीन पटरानियों का उल्लेख है और उनके नाम प्रायः कौशल्या, सुमित्रा तथा कैकेयी ही रखे गये हैं। पउमचरियं के अनुसार राम की माता अपराजिता थी तथा गुणभद्र के अनुसार उसका नाम सुबाला था।

कुछ जैन तथा बौद्ध रामकथाओं में पटरानियों की संख्या चार तक बढ़ा दी गयी है। इसका कारण यह है कि पुत्रों की संख्या चार थी। रविषेण, हेमचन्द्र आदि के अनुसार दशरथ की ये चार रानियाँ थीं—अपराजिता (कौशल्या), सुमित्रा, कैकेयी तथा सुप्रभा (शत्रुघ्न की माता)। पद्मपुराण के पातालखण्ड (अध्याय ११५) में चार पटरानियों के नाम मिलते हैं; भरत की माता का नाम सुरूपा है तथा शत्रुघ्न की माता का नाम है सुवेषा। दशरथ कथानकम् तथा पाश्चात्य वृत्तान्त नं० १४ में भी चार पटरानियों का उल्लेख है; किन्तु इनके नामों का अभाव है।

रामकथाओं का एक अन्य वर्ग मिलता है, जिसमें दशरथ की केवल दो महिषियों की चर्चा है। इसका प्राचीनतम उदाहरण प्रसिद्ध दशरथ जातक है। तिब्बती तथा खोतानी रामायणों के अनुसार भी दशरथ की केवल दो पटरानियाँ थीं। इसी प्रकार हिन्देशिया की रामकथाओं में दशरथ के केवल दो विवाहों का उल्लेख मिलता है। **सेरीराम** तथा **हिकायत महाराज रावण** में दशरथ अपनी नयी राजधानी का निर्माण करते समय बाँसों के समूह में सिंहासन पर बैठी हुई एक सुन्दर स्त्री को देखते हैं, जिसका नाम मन्दूदारी है। दशरथ तथा मन्दूदारी के विवाहोत्सव में बल्यादारी नामक एक उपपत्नी टूटनेवाली पालकी को सँभालती है। इस

पर दशरथ उसे अपनी धर्मपत्नी बनाकर उसके भावी पुत्र को राज्य दिलाने की प्रतिज्ञा करते हैं। जावा के सेरतकाण्ड में दशरथ बाँस के समूह में पहले बलियादारू नामक अप्सरा को देखकर उसके साथ विवाह करते हैं तथा बाद में उसी स्थान पर बांदोदारी को भी प्राप्त करते हैं। बांदोदारी अपना नाम देवोरागो में बदल देती है। रावण द्वारा उसे प्राप्त करने के प्रयत्न का वर्णन सीता की जन्म-कथा के अन्तर्गत किया जायेगा (दे० आगे अनु० ४२८)। पाश्चात्य वृत्तान्त नं० ११ में भी दशरथ की केवल दो पटरानियों का उल्लेख है। भुइंआ माधवदास के उड़िया विचित्र रामायण में २१ पटरानियों की चर्चा है, जिनमें से तीन श्रेष्ठ हैं।

दशरथ की स्त्रियों की संख्या में बहुत मतभेद है। वाल्मीकि रामायण के अनुसार राम ने वनवास के लिए प्रस्थान करते समय अपनी ३५० माताओं से विदा ली थी (२, ३९, ३६)। पउमचरियं (२८, ७१) दशरथ की ५०० उत्तम स्त्रियों का उल्लेख करता है। आनन्द रामायण के अनुसार दशरथ ने तीन महिषियों के अतिरिक्त ७०० और विवाह किये थे (१, १, ७२)। कृत्तिवास रामायण (१, २९) तथा सारलादास के महाभारत में दशरथ की ७५० स्त्रियाँ मानी गयी हैं। **असमिया बालकाण्ड** (अध्याय ११) में इनकी संख्या ७०० है। दशरथ जातक में दशरथ की १६००० स्त्रियों की चर्चा है।

बिर्होर जाति की रामकथा में दशरथ की स्त्रियों की संख्या सात है तथा जावा के सेरतकाण्ड में दो महिषियों के अतिरिक्त छह और पत्नियों का उल्लेख किया गया है।

ग। दशरथ की सन्तति

३४१. वाल्मीकि रामायण में दशरथ के चार पुत्रों का वर्णन किया गया है, जिनमें से लक्ष्मण और शत्रुघ्न यमल माने जाते हैं। इसके अतिरिक्त उदीच्य पाठ में उनकी एक पुत्री शान्ता का भी उल्लेख है; शान्ता विषयक सामग्री का अलग विश्लेषण किया जायेगा (दे० आगे अनु० ३४३)।

विमल सूरि के **पउमचरियं** (दे० २५, १४) में पहले-पहल भरत तथा शत्रुघ्न यमल माने गये हैं; बाद की कुछ रामकथाओं में भी भरत तथा शत्रुघ्न सहोदर भाई कहे गये हैं; उदाहरणार्थ संघदास की वसुदेवहिण्डि, गुणभद्र का उत्तरपुराण, **आनन्द रामायण** (१, २, १०), सन्थाली रामकथा, मराठी भावार्थ रामायण (१, ६)। **रामचरितमानस** के लक्ष्मण-विषयक कथन—'निज माता के एक कुमारा' (६, ६१, १४) से भी यही ध्वनि निकलती है। जावा के सेरतकाण्ड में दशरथ की दो पत्नियों के दो-दो पुत्र उत्पन्न होते हैं, ज्येष्ठा के राम-भरत तथा कनिष्ठा के लक्ष्मण-शत्रुघ्न। हिकायत महाराज रावण में राम-लक्ष्मण कनिष्ठा के पुत्र माने जाते हैं और भरत-शत्रुघ्न ज्येष्ठा के पुत्र। सेरीराम में भी राम और लक्ष्मण मन्दूदारी के पुत्र माने जाते हैं; इस रचना में दशरथ की एक पुत्री की भी चर्चा है, जो भरत-शत्रुघ्न की सहोदरी है और जिसकी माता का नाम बलियादारी है।

सेरीराम के पातानी पाठ के अनुसार लक्ष्मण भाई न होकर राम के सखा मात्र हैं तथा राम स्वयं विष्णु के सेनापति के पुत्र हैं। एक अन्य विकृत वृत्तान्त के अनुसार राम परमेश्वरी के पुत्र माने जाते हैं (दे० पाश्चात्य वृत्तान्त, नं० १८, भाग ३, पृ० ३४३)।

भरत तथा लक्ष्मण में से कौन ज्येष्ठ है, इसके विषय में वाल्मीकि रामायण के पाठों में मतभेद है। दशरथ-जातक की भाँति उदीच्य पाठ में भरत कनिष्ठ माने जाते हैं (दे० गौ० रा० १, १९, १०; प० रा० १, १४, ५)। लेकिन दाक्षिणात्य पाठ में लक्ष्मण तथा शत्रुघ्न

कनिष्ठ हैं (रा० १, १८, १३-१४)। फिर भी दाक्षिणात्य पाठ के एक स्थल से ऐसा प्रतीत होता है कि भरत कनिष्ठ ही थे। युद्ध के बाद राम से मिलने के अनन्तर भरत ही लक्ष्मण का अभिवादन करते हैं :

ततो लक्ष्मणमासाद्य वैदेहीं च परंतपः।
अथाभ्यवादयत्प्रीतो भरतो नाम चाब्रवीत॥ ४१॥ (६, १२७)

पउमचरियं, गुणभद्रकृत, उत्तरपुराण, दशरथ जातक, दशरथ कथानकम्, विष्णुपुराण, पद्मपुराण तथा प्रतिमा नाटक (दे० अंक ३) भरत लक्ष्मण के अनुज माने गये हैं। फिर भी अपेक्षाकृत प्राचीनकाल से अधिकांश रामकथाओं के अनुसार भरत, लक्ष्मण के अग्रज हैं, उदाहरणार्थ अग्निपुराण, कूर्मपुराण, क्षेमेन्द्र की रामायण-मंजरी। रघुवंश में भी ऐसा माना गया है। इसके फलस्वरूप युद्ध के पश्चात् लक्ष्मण ही भरत का अभिवादन करते हैं (दे० १३, ७३)।

भरत तथा लक्ष्मण के विषय में उपर्युक्त विभिन्नता को लेकर **भरतज्यैष्ठ्यनिर्णय** की रचना की गयी है, जिसमें भरत को ज्येष्ठ सिद्ध करने का प्रयत्न किया गया है (दे० मद्रास कैटलॉग नं० आर० ३४९२ सी)।

३४२. बहुत-सी विदेशी रामकथाओं में दशरथ के केवल दो पुत्रों का उल्लेख किया गया है। तिब्बती रामायण में दशरथ की दो पत्नियों के एक-एक पुत्र होता है। खोतानी रामायण में भी राम और लक्ष्मण का उल्लेख किया गया है। किन्तु इस रचना में दोनों सहस्रबाहु के पुत्र तथा दशरथ के पौत्र माने जाते हैं। इसी प्रकार सेरीराम की राफल्स हस्तलिपि में केवल राम-लक्ष्मण की चर्चा है। राम जातक तथा पालक पालाम में भरत-शत्रुघ्न का निर्देश नहीं मिलता, लेकिन इनमें राम-लक्ष्मण के अतिरिक्त शान्ता का भी उल्लेख पाया जाता है।

दशरथ जातक के अनुसार दशरथ की महिषी को तीन सन्तानें थीं—राम, लक्ष्मण तथा सीता। इस महिषी की मृत्यु के पश्चात् ही दशरथ ने एक दूसरी को महिषी के पद पर नियुक्त किया था। उसे एक पुत्र उत्पन्न हुआ। मुनिचन्द्र सूरि (१२वीं श०ई०) के द्वारा हरिभद्रकृत उपदेशपद की टीका में कौशल्या, सुमित्रा तथा कैकेयी के एक-एक पुत्र का उल्लेख मिलता है, अर्थात् राम, लक्ष्मण तथा भरत (दे० गाथा १४)। इसी प्रकार ब्रह्मचक्र में दशरथ की तीन महिषियों के एक-एक पुत्र की चर्चा है। जावा के सेरतकाण्ड में राम-लक्ष्मण-भरत-शत्रुघ्न के अतिरिक्त दशरथ की छह और सन्तानों का उल्लेख किया गया है।

३४३. वाल्मीकीय रामायण के विभिन्न पाठों में शान्ता के विषय में मतैक्य नहीं है।[१] दाक्षिणात्य पाठ में दशरथ तथा रोमपाद की घनिष्ठता की ओर निर्देश किया गया है (**अंगराजेन सख्यं** १, ११, ३; **सख्यं सम्बन्धकं चैव तदा तं प्रत्यपूजयत** १, ११, १८)। साथ-साथ इसका भी स्पष्ट शब्दों में उल्लेख किया गया है कि शान्ता रोमपाद की ही पुत्री थी (दे० १, ९, १३ और १, ११, १९), जिसे रोमपाद ने ऋष्यशृंग को पत्नीस्वरूप प्रदान किया था (दे० १, १०, ३२)। सुमंत्र के परामर्श के अनुसार दशरथ रोमपाद के यहाँ जाकर निवेदन करते हैं कि ऋष्यशृंग अयोध्या में अश्वमेध का अनुष्ठान करें। अतः ऋष्यशृंग सपत्नीक दशरथ के साथ अयोध्या आते हैं; इस अवसर पर कहीं भी संकेत मात्र भी नहीं मिलता कि शान्ता अपने मायके वापस आ गयी है (१, ११, ३०)। इसके अतिरिक्त दशरथ को 'अनपत्य' कहा गया है

१. शशांक चट्टोपाध्याय ने शान्ता-समस्या का विस्तृत विश्लेषण किया है। दे० दि प्रॉब्लम ऑव शान्तास पैरेंट्ज; आवर हेरिटेज (कलकत्ता), भाग २, (१९५४), पृ० ३५३-३७४।

(१, ११, ५)। गौडीय तथा पश्चिमोत्तरीय पाठों में भी शान्ता लोमपाद[1] की पुत्री मानी गयी है—**शान्तां स्वकां दुहितरम्** (दे० गौडीय रामायण १, ८, २६; प० १, ८, २५)।

महाभारत में लोमपाद को 'सखा दशरथस्य' कहा है (३, ११०, १९) तथा इसका कई स्थलों पर स्पष्ट उल्लेख किया गया है कि लोमपाद ने अपनी पुत्री शान्ता को ऋष्यशृंग को प्रदान किया था (दे० ३, ११०,५; १२, २२६, ३५; १३, १३७, २५)।

हरिवंशपुराण (१, ३१, ४६), मत्स्यपुराण (४८, ९५), वायुपुराण (९९, १०३) तथा ब्रह्मपुराण (१३, ४०) इन सब में शान्ता को लोमपाद की ही पुत्री माना गया है। फिर भी यह असम्भव नहीं कहा जा सकता है कि रामायण के दाक्षिणात्य पाठ के कुछ द्वयर्थक स्थलों के कारण ही शान्ता दशरथ की पुत्री मानी जाने लगी। सुमंत्र दशरथ से कहते हैं कि—**ऋष्यशृंगस्तु जामाता पुत्रांस्तव विधास्यति** (दे० १, ९, १९)। यहाँ पर सन्दर्भ के कारण ऋष्यशृंग को रोमपाद का जामाता समझना चाहिए किन्तु व्याकरण की दृष्टि से वह दशरथ के जामाता भी हो सकते हैं। इसी कारण टीकाकार गोविन्दराज लिखते हैं—**"जामाता रोमपादस्य दशरथस्यापि वा। दशरथस्यौरसी शान्ता दत्ता रोमपादस्य।"** इसके अतिरिक्त सर्ग ११ का निम्नलिखित उद्धरण ध्यान देने योग्य है :

इक्ष्वाकूणां कुले जातो भविष्यति सुधार्मिकः।
नाम्ना दशरथो राजा श्रीमान्सत्यप्रतिश्रवः॥ २॥
अंगराजेन सख्यं च तस्यराज्ञो भविष्यति।
कन्या चास्य महाभागा शान्ता नाम भविष्यति॥ ३॥

इसमें 'अस्य' स्पष्ट रूप से अंगराज से सम्बन्ध रखता है किन्तु अमरेश्वर ठाकुर के संस्करण से पता चलता है कि बंगाल तथा अन्यत्र (दे० बड़ौदा संस्करण १, १०, ३ की टिप्पणी) की कुछ हस्तलिपियों में 'अस्य' के स्थान पर 'तस्य' मिलता है, जिसमें शान्ता दशरथ की पुत्री सिद्ध होती है। इसी श्लोक के अनन्तर गौडीय तथा पश्चिमोत्तरीय पाठों में दशरथ द्वारा अपनी पुत्री शान्ता को प्रदान करने का वृत्तान्त दिया गया है :

अंगराजोऽनपत्यस्तु लोमपादो भविष्यति।
स राजानं दशरथं प्रार्थयिष्यति भूमिपः॥ ४॥
अनपत्याय मे कन्यां सखे दातुं त्वमर्हसि।
शान्तां शान्तेन मनसा पुत्रार्थं वर्णिनीं॥ ५॥

(गौ० रा० सर्ग १०; प० रा० सर्ग ९)

उदीच्य पाठों के उसी सर्ग में लोमपाद ऋष्यशृंग के पास जाकर दशरथ के विषय में कहते हैं :

अनेन मेऽनपत्याय दत्तयं वरवर्णिनी।
याचते पुत्रकृत्याय शान्ता प्रियत्मात्मजा॥ २५॥

अत: स्पष्ट ही है कि गौडीय तथा पश्चिमोत्तरीय पाठों के अनुसार शान्ता दशरथ की ही पुत्री थी, जिसे दशरथ ने अपने नि:सन्तान सखा लोमपाद को प्रदान किया था। उदीच्य पाठों की यह धारणा दाक्षिणात्य पाठ की द्वयर्थता से उत्पन्न तो हो सकी है, किन्तु ऐसा प्रतीत होता है कि इसका वास्तविक कारण अन्यत्र ढूँढ़ना चाहिए। हरिवंश, मत्स्य, वायु तथा ब्रह्म नामक पुराणों के अनुसार अंगराज चित्ररथ के पुत्र के दो नाम थे : दशरथ तथा लोमपाद। अत: शान्ता पहले अंगराज दशरथ की पुत्री तो मानी गयी थी, किन्तु अयोध्यानरेश (अज-पुत्र) दशरथ

१. उदीच्य पाठों में रोमपाद के स्थान पर लोमपाद ही रखा गया है।

कहीं अधिक विख्यात थे, अतः शान्ता बाद में उन्हीं दशरथ की पुत्री मानी जाने लगी होंगी। हरिवंश का उद्धरण इस प्रकार है :

अथ चित्ररथस्यापि पुत्रो दशरथोऽभवत्।
लोमपाद इति ख्यातो यस्य शान्ता सुताऽभवत्॥ ४६॥

(पर्व १, अध्याय ३१)

परवर्ती रचनाओं में बहुधा अयोध्यानरेश दशरथ की पुत्री शान्ता का उल्लेख किया गया है; उदाहरणार्थ विष्णुपुराण (४, १८, १८); भगवतपुराण (९, २३, ८); भवभूति का उत्तररामचरित (अंक १ की प्रस्तावना); स्कन्दपुराण (नागर खण्ड, अध्याय ९८); पद्मपुराण के गौडीय पातालखण्ड (अध्याय १२); आनन्द रामायण, (१, १, १६-१७); असमिया बालकाण्ड (अ० १८); मराठी भावार्थ रामायण, सारलादास का उड़िया महाभारत। बलरामदास रामायण में शान्ता कौशल्या की पुत्री है। भावार्थ रामायण में इन्द्र दशरथ को शान्ता तथा ऋष्यशृंग का विवाह सम्पन्न करने का परामर्श देते हैं (१, १)।

ऊपर गोविन्दराज का उद्धरण दिया गया है (१, ९, १९), जिसमें वह शान्ता को दशरथ की औरसी पुत्री मानता है। इसी प्रकार सर्ग ११ में रोमपाद तथा दशरथ के जो 'सम्बन्धकम्' का उल्लेख है, उसे राम वर्मा तथा गोविन्दराज यह अर्थ देते हैं कि शान्ता दशरथ की पुत्री थी, जिसे उन्होंने रोमपाद को प्रदान किया था (दे० १, ११, १८)।

कृत्तिवास (१, २९) के अनुसार दशरथ ने निस्सन्तान लोमपाद को अपनी पहली सन्तान देने की प्रतिज्ञा की थी। अतः जब उनकी पत्नी (भार्गव राजा की पुत्री) एक कन्या को जन्म देती है, दशरथ उसका नाम हेमलता रखकर उसे लोमपाद के यहाँ भेजते हैं। बाद में हेमलता नाम का उल्लेख नहीं मिलता, किन्तु दशरथ द्वारा दी हुई कन्या का नाम शान्ता ही माना जाता है।[१] बंगाल की रामकथाओं में दशरथ की पुत्री का प्रायः उल्लेख मिलता है। अद्भुताचार्य के रामायण में इसका नाम शान्ता ही है, किन्तु चन्द्रावतीकृत रामायण में कुकुआ नामक कैकेयी की एक पुत्री की चर्चा है (दे० दिनेशचन्द्र सेन, पृ० १९७)। कहा जाता है कि सुवर्चस रामायण में शान्ता के प्रति सीता के शाप तथा उसके पक्षि-योनि प्राप्त करने की कथा पायी जाती है (दे० ऊपर अनु० २०६)।

विदेश की कुछ ही रामकथाओं में दशरथ की पुत्री का उल्लेख है। हिन्देशिया के **सेरीराम** में इसका नाम कीकवी है और वह भरत-शत्रुघ्न की सहोदरी मानी जाती है। स्याम के **राम जातक** तथा **पालक पालाम** में दशरथात्मजा शान्ता का विवाह रावण के साथ सम्पन्न हो जाता है (दे० अनु० ३३६)। **दशरथ जातक** में सीता को दशरथ की पुत्री माना गया है (दे० ऊपर अनु० ५१)।

शान्ता की जन्मकथा माधवदासकृत विचित्र रामायण के अनुसार इस प्रकार है। इन्द्र के यहाँ जाते समय दशरथ ने उतावली के कारण गोमाता तथा मुनि ताराक्ष्य की अवज्ञा की थी और मुनि ने उन्हें निस्सन्तान होने का शाप दिया था। लौटते समय दशरथ फिर उस मुनि से मिले। दशरथ की अनुनय-विनय को सुनकर मुनि ने शाप बदलकर कहा—तुम्हारी पहली सन्तान एक लड़की होगी; तुमको उसे ऋष्यशृंग को देना चाहिए। ऋष्यशृंग से यज्ञ करवाकर तुम्हें पुत्र उत्पन्न होंगे। बाद में शान्ता के स्वयंवर के अवसर पर परशुराम आ पहुँचते हैं तथा ऋष्यशृंग के साथ कन्या का विवाह कराने का आदेश देते हैं; इस पर एक वेश्या को भेजा जाता है, जो ऋष्यशृंग को ले आती है और ऋष्यशृंग तथा शान्ता का विवाह सम्पन्न हो जाता है।

---

१. बंगवासी संस्करण (१३२१) के पृ० ४५ की पादटिप्पणी में एक छन्द उद्धृत है, जिसमें इसका नाम 'कान्ता' रखा गया है।

घ। अहल्या का उद्धार

३४४. शतपथ ब्राह्मण से लेकर वैदिक साहित्य के अनेक ग्रन्थों में इन्द्र और अहल्या की कथा का बीज मिलता है, क्योंकि इनमें इन्द्र को अहल्यायार कहकर पुकारा गया है।[1] वैदिक साहित्य के टीकाकारों ने अहल्या की कथा को रूपक मात्र माना है तथा उस रूपक की अनेक प्रकार से व्याख्या की है। अहल्या भूमि (जिसमें हल नहीं चलाया गया है) तथा वर्षा के अधिष्ठाता देवता इन्द्र का सम्बन्ध स्वाभाविक ही प्रतीत होता है। परवर्ती साहित्य में अहल्या की कथा का पर्याप्त विकास हुआ तथा उसके उद्धार का सम्बन्ध राम से जोड़ा गया है।

महाभारत में गौतम को अहल्या का पति माना गया है (दे० आगे अनु० ३४६)। वास्तव में वैदिक साहित्य में लिखा है कि इन्द्र अपने को गौतम कहलवाते थे : **कौशिक ब्राह्मण गौतम ब्रुवाणेति** (शतपथ ब्रा० ३, ३, ४, १८; जैमिनीय ब्रा० २, ७९)। **षड् विंश ब्राह्मण** (१, १, २४) में इसके विषय में निम्नलिखित कथा मिलती है : देवता तथा असुर युद्ध कर रहे थे। गौतम दोनों सेनाओं के बीच तपस्या कर रहे थे। इन्द्र ने उनके पास जाकर निवेदन किया कि वे देवताओं के गुप्तचर बन जायें। गौतम ने अस्वीकार कर दिया, जिस पर इन्द्र ने गौतम का रूप धारण कर गुप्तचर बन जाने का प्रस्ताव रखा, गौतम ने इसे स्वीकार किया। इस कथा के आधार पर तथा इन्द्र के 'अहल्यायार' नाम को दृष्टि में रखकर यह माना जाने लगा होगा कि अहल्या के पति का नाम गौतम ही था।[2]

अहल्या की वंशावली के विषय में **हरिवंशपुराण** (१, ३२, २८-३२) में माना गया है कि मुद्गल, मौद्गल, इन्द्रसेन और बध्यश्व में क्रमशः पिता-पुत्र का सम्बन्ध था। बध्यश्व तथा मेनका की दो सन्तानें थीं—दिवोदास तथा अहल्या। अहल्या ने गौतम की पत्नी बनकर शतानन्द को जन्म दिया। अहल्या के पिता का नाम विष्णुपुराण (४, १९, ६१) में बृहदश्व, मत्स्यपुराण (५०, ६) में विन्ध्याश्व तथा भागवतपुराण (९, २१, ३४) में मुद्गल ही माना गया है।

वाल्मीकीय **उत्तरकाण्ड** में पहले-पहल अहल्या की उत्पत्ति तथा गौतम-अहल्या के विवाह के विषय में निम्नलिखित वृत्तान्त मिलता है। ब्रह्मा ने दूसरे प्राणियों के सर्वश्रेष्ठ अंग लेकर एक ऐसी स्त्री का निर्माण किया, जिसमें 'हल' (कुरूपता) का सर्वथा अभाव था और उसका नाम अहल्या रखा। इन्द्र अहल्या की अभिलाषा करते थे, किन्तु ब्रह्मा ने उसे धरोहर के रूप में गौतम ऋषि के यहाँ रखा। बहुत वर्षों के बाद गौतम ने उसे ब्रह्मा को लौटाया और ब्रह्मा ने तपस्वी गौतम की सिद्धि देखकर उन्हें अहल्या को पत्नीस्वरूप प्रदान किया।[3]

---

१. दे० शतपथ ब्राह्मण (३, ३, ४, १८); मैकडॉनल-कीथ, वैदिक इंडेक्स अहल्या; डॉ० धीरेन्द्र वर्मा, अहल्या-उद्धार की कथा का विकास, विचारधारा, पृ० २९-३४। जैमिनीय ब्राह्मण (२, ७९) तथा षड् विंश ब्राह्मण (१, १, २०) में अहल्या को मैत्रेयी की उपाधि दी गयी है।

२. ऋग्वेद (१, १०, ११) के समय से कौशिक इन्द्र का एक नाम रहा है। अतः षड् विंश ब्राह्मण का वाक्यांश—**कौशिको हि स्मैनां ब्राह्मण उपन्यैति** (१, १, २२) का अर्थ नहीं है कि इन्द्र कौशिक का रूप धारण कर अहल्या से मिलने जाया करते थे। इस अर्थ के आधार पर सायण मानते हैं कि अहल्या के पति का नाम कौशिक ही था।

३. कृत्तिवास रामायण के अनुसार (१, ५९) ब्रह्मा ने पहले १००० सुन्दरियों की सृष्टि की थी और बाद में उनके सौन्दर्य से अहल्या का निर्माण किया। ब्रह्मा द्वारा अहल्या की सृष्टि होने के कारण उसे ब्रह्मा की पुत्री भी कहा जाता है (दे० अध्यात्म रामायण १, ५, ३५)। रामकियेन में गौतम-अहल्या-विवाह का एक अन्य रूप मिलता है (दे० आगे अनु० ५१४)।

ब्रह्मपुराण (अध्याय ८७) में इस वृत्तान्त का विकसित रूप पाया जाता है। इसके अनुसार ब्रह्मा ने गौतम को अहल्या के पालन-पोषण का भार सौंपा था। अहल्या की यौवन-प्राप्ति पर समस्त देवता, मुनि, दानव, यक्ष तथा राक्षस उसे माँगने लगे, किन्तु इन्द्र ने विशेष आग्रह किया। यह देखकर ब्रह्मा ने कहा : जो पृथ्वी की प्रदक्षिणा करके सर्वप्रथम मेरे पास आये, उसी को अहल्या दी जायेगी। इस पर समस्त देवता पृथ्वी की प्रदक्षिणा करने निकले, किन्तु गौतम ने अर्धप्रसूता सुरभि तथा शिवलिंग की प्रदक्षिणा की और अहल्या को प्राप्त किया। आनन्द रामायण में इस कथा की ओर संकेत किया गया है—**ब्रह्मणा निर्मिताऽहल्या द्विमुखी गोःपरिक्रमात् दत्ता पुरा गौतमाय** (१, ३, १८)।

पउमचरियं (पर्व १३) के अनुसार अहल्या ज्वलनसिंह तथा वेगवती की पुत्री है, जिसने अपने स्वयंवर के अवसर पर राजा इन्द्र को ठुकराकर राजा नन्दिमाली (अथवा आनन्दमालिवर) को चुन लिया था। बाद में नन्दिमाली को वैराग्य हुआ और उन्होंने दीक्षा ली थी। किसी दिन इन्द्र ने उस ध्यानस्थ नन्दिमाली को बाँधा था, जिसका परिणाम यह हुआ कि इन्द्र रावण से हार गये। पाश्चात्य वृत्तान्त नं० १ में अहल्या को भूल से विश्वामित्र की पत्नी माना गया है।

गौतम तथा अहल्या की सन्तति के विषय में विभिन्न उल्लेख मिलते हैं। महाभारत में उनके पुत्र चिरकारी (दे० १२, २५८, ४) तथा एक पुत्री की चर्चा है, जिसका विवाह गौतम ने अपने प्रिय शिष्य उत्तंक के साथ कराया था (दे० प्रचलित महाभारत, पर्व १४, अध्याय ५६)। इसके अतिरिक्त गौतम-पुत्र शरद्वान्[१] का भी उल्लेख है, जो सरकण्डों के साथ उत्पन्न हुआ था (दे० आदि पर्व, १२०, २)। वाल्मीकि रामायण (दे० १, ५१, २) तथा महावीरचरित आदि राम-नाटकों में जनक के पुरोहित शतानन्द को गौतम तथा अहल्या का पुत्र माना गया है। रामकथाओं का एक अन्य वर्ग भी मिलता है, जिसके अनुसार अंजना, बालि तथा सुग्रीव, अहल्या की सन्तान हैं (दे० आगे अनु० ३४७)।

३४५. गौतम-पत्नी अहल्या के साथ इन्द्र के दुराचार का वर्णन पहले-पहल महाभारत में मिलता है, जहाँ चिरकारिता की प्रशंसा करते हुए गौतम के पुत्र चिरकारी का उदाहरण प्रस्तुत किया गया है।[२] अपनी स्त्री के व्यभिचार से क्रुद्ध होकर गौतम ने चिरकारी को अहल्या का वध करने का आदेश दिया तथा वन चले गये। अपने स्वभाव के अनुसार चिरकारी ने अपने पिता की इस आज्ञा पर बहुत समय तक विचार किया और वह इस निष्कर्ष पर पहुँच गया कि माता निर्दोष है क्योंकि इन्द्र गौतम के वेश में उसके पास गये थे (३७)। इतने में गौतम वन में सोचने लगे कि मैंने अपनी निर्दोष पत्नी के वध का आदेश देकर अच्छा नहीं किया। इन्द्र ब्राह्मण के वेश में मेरे आश्रम आये; उसने उनका आतिथ्य-सत्कार किया। बाद में जो दुःखद घटना हुई, उसमें मेरी स्त्री का कोई दोष नहीं था—**अत्र चकुशले जाते स्त्रिया नास्ति व्यतिक्रमः** (२५८, ४६)। अतः वह घर लौटे तथा अपनी पत्नी को सकुशल पाकर अपने पुत्र चिरकारिता की प्रशंसा करने लगे। महाभारत के कई स्थलों पर इन्द्र के प्रति गौतम के शाप का उल्लेख है, किन्तु अहल्या को महाभारत में सर्वत्र निर्दोष ही माना गया है। वाल्मीकीय रामायण के उत्तरकाण्ड (सर्ग ३०) के अनुसार भी अहल्या निर्दोष है किन्तु बालकाण्ड (सर्ग ४८) में

१. हरिवंशपुराण (१, ३२, ३२) में अहल्या-पति का नाम शरद्वान् माना गया है। महाभारत में अहल्या-पुत्र शरद्वान् गौतम भी कहलाता है (दे० १, १२०, ५)।

२. दे० शान्तिपर्व, अध्याय २५८। उद्योग पर्व में इन्द्र के दुराचार का उल्लेख मात्र किया गया है; दे० ५, १२, ६।

कहा गया है कि जिज्ञासा से प्रेरित होकर अहल्या ने इन्द्र को गौतम के वेश में पहचानते हुए भी उनका प्रस्ताव स्वीकार किया था :

मुनिवेषं सहस्त्राक्षं विज्ञाय रघुनन्दन।
मतिं चकार दुर्मेधा देवराजकुतूहलात्॥ १९॥

स्कन्दपुराण (माहेश्वरखण्ड, कौमारखण्ड, अध्याय ६, ८०-१६१) में भी चिरकारी की कथा पायी जाती है। इसमें बहुत-से श्लोक महाभारत के ही हैं; फिर भी इस कथा में दो महत्त्वपूर्ण अन्तर हैं। गौतम-पत्नी[1] का अपराध यह है कि वह अपने स्त्री-स्वभाव के अनुसार कौशिकी के तट पर बलि नामक राजा की ओर देखती रही।[2] अपनी पत्नी के वध का आदेश देने के कारण गौतम दुखी थे; इतने में इन्द्र ब्राह्मण के वेश में उनके पास आये और उन्होंने गौतम की स्त्री की स्वाभाविक दुर्बलता के विषय में एक गाथा सुनायी :

अनृता हि स्त्रियः सर्वाः सूत्रकारो यदब्रवीत्॥ ११०॥
अतस्ताभ्यः फलं ग्राह्यं न स्याद्दोषेक्षणः सुधीः।

यह सुनकर गौतम अपने चिरकारी पुत्र के पास गये और अपनी पत्नी को जीवित देखकर अत्यन्त प्रसन्न हुए। वह अपने पुत्र तथा भार्या के साथ चिरकाल तक अपने आश्रम में रहकर अन्त में स्वर्ग सिधारे—ततश्चिरमुपास्याथ दिवं यातश्चिरं मुनिः (१३१)।

परवर्ती कथाओं में इस बात पर प्रायः बल दिया जाता है कि अहल्या ने इन्द्र को नहीं पहचाना था।[3] **ब्रह्मपुराण** (अध्याय ८७) का वृत्तान्त इस प्रकार है। गौतम अपनी पत्नी के साथ ब्रह्मगिरि पर तप करते थे। अहल्या के विवाह के पहले से ही इन्द्र उस पर आसक्त हुए थे; अतः गौतम की अनुपस्थिति में इन्द्र गौतम का रूप धारण कर अहल्या के पास आया करते थे, किन्तु अहल्या उन्हें गौतम समझती थी—**न बुबोधत्वहल्या तं जारं मेने तु गौतमम्** (श्लोक ४४)। किसी दिन संयोगवश आश्रम में दोनों ही गौतम दिखायी पड़े। आश्रमवासी यह आश्चर्य देखकर तथा इसे तप का प्रभाव समझकर गौतम से कहने लगे :

भगवन्किमिदं चित्रं बहिरन्तश्च दृश्यसे।
प्रिययाऽन्तः प्रविष्टोऽसि तथैव च बहिर्भवान्
अहो तपःप्रभावोऽयं नानारूपधरो भवान्॥ ४८॥

यह सुनकर गौतम अपने घर गये तथा इन्द्र ने गौतम के आगमन पर विडाल का रूप धारण कर लिया।[4]

वाल्मीकीय **बालकाण्ड** के अनुसार इन्द्र ने देवताओं के पास जाकर कहा था कि गौतम की तपस्या में विघ्न डालकर तथा उनमें क्रोध उत्पन्न कर मैंने देवताओं का उपकार किया है (दे० १, ४९, २)। परवर्ती रचनाओं में इन्द्र के इस उद्देश्य को अधिक महत्त्व दिया गया

१. चिरकारी की कथा के अन्तर्गत अहल्या का नाम न तो महाभारत में और न स्कन्दपुराण में मिलता है।
२. दे० श्लोक १०८। यह रेणुका के अपराध का स्मरण दिलाता है; पत्नी सहित जलक्रीड़ा करते हुए चित्ररथ को देखकर रेणुका उसकी ओर आकर्षित हुई थी (दे० महाभारत, आरण्यकपर्व ११६, ६-७)।
३. दिनेशचन्द्र सेन द्वारा सम्पादित कृत्तिवास रामायण के अनुसार इन्द्र अपने ही रूप में आकर अहल्या की बुद्धि को भ्रष्ट करने में सफल हैं। कम्ब रामायण (१, ९) रंगनाथ रामायण (१, २९) तथा तेलुगु कवि एरेन्न के महाभारत (अरण्यपर्व) में अहल्या को दोषी माना गया है।
४. विडाल का रूप धारण करने की कथा कथासरित्सागर (दे० आगे अनु० ३४७), पद्मपुराण (सृष्टिखण्ड ५१, ५७), कम्ब रामायण (१,९,७६), बलरामदास रामायण आदि में भी मिलती है। पद्मपुराण के अनुसार गौतम ने ध्यानस्थ होकर इन्द्र का पाप जान लिया था।

है। **असमिया बालकाण्ड** (अध्याय ३८) के अनुसार इन्द्र गौतम की घोर तपस्या देखकर डर गये थे। वह उस तपस्या में विघ्न डालने के विचार से उनके आश्रम में आ गये, किन्तु अहल्या को देखकर आसक्त हो गये। **रंगनाथ रामायण** (१, २९) में भी माना गया है कि गौतम की तपस्या में विघ्न डालने के उद्‌देश्य से इन्द्र ने अहल्या का सतीत्व नष्ट किया था।

ब्रह्मवैवर्त्तपुराण में इन्द्र के दुराचार का दो स्थलों पर वर्णन किया गया है (दे० कृष्ण-जन्म खण्ड, अध्याय ४७ और ६१)। दोनों वृत्तान्त अहल्या को निर्दोष मानते हैं। अध्याय ६१ के अनुसार इन्द्र कामशास्त्र में अपनी पहुँच का उल्लेख करते हुए अहल्या को प्रलोभन देते हैं तथा शची को अहल्या की दासी बनाने की प्रतिज्ञा करते हैं। अहल्या अविचलित रहकर घर जाती है और गौतम को सब कुछ बतलाती है। बाद में इन्द्र गौतम का रूप धारण कर अहल्या के साथ रमण करते हैं, किन्तु सर्वज्ञ मुनि घर लौटकर उनको शाप देते हैं।[1]

कृत्तिवास रामायण (१, ५९) में इन्द्र को गौतम का प्रियतम शिष्य माना गया है; उन्होंने गौतम का वेष धारण कर अहल्या के साथ रमण किया। बाद में गौतम घर पहुँचे और अहल्या के शरीर पर शृंगार के लक्षण देखकर इन्द्र का दुराचार जान गये। इन्द्र आश्रम में ही निवास करते थे तथा बुलाये जाने पर पुस्तकें काँख में दबाये गौतम के पास आये।

रंगनाथ रामायण (१, २९) तथा तत्त्वसंग्रह रामायण (१, २५) के अनुसार इन्द्र ने मुर्गे का रूप धारणकर रात्रि में ही बाँग दी और गौतम को भ्रम में डाला कि पौ फटने पर है।[2]

३४६. अधिकांश रचनाओं के अनुसार गौतम अचानक घर पहुँचकर इन्द्र तथा अहल्या, दोनों को शाप देते हैं; कुछ ही वृत्तान्तों में उनकी पुत्री भी उनका कोपभाजन बन जाती है (दे० आगे अनु० ३४७)। वाल्मीकीय उत्तरकाण्ड के अनुसार गौतम शाप देकर अपने ही आश्रम में निवास करते हैं, किन्तु बालकाण्ड के अनुसार उन्होंने अहल्या को वहाँ छोड़कर हिमालय की ओर प्रस्थान किया।[3]

गौतम के शाप के कई रूप मिलते हैं। **महाभारत** के अनुसार इस शाप के कारण इन्द्र की दाढ़ी पीली पड़ गयी थी—**अहल्याधर्षणनिमित्तं हि गौतमाद् धरिश्मश्रुतामिन्द्रः प्राप्तः।**[4] वाल्मीकीय **उत्तरकाण्ड** में लिखा है कि गौतम ने इन्द्र को पराजित होने का शाप दिया, जिसके फलस्वरूप मेघनाद ने इन्द्र को हरा दिया था। इसके अतिरिक्त गौतम ने कहा कि मनुष्यों के इस प्रकार के पापों का आधा दोष इन्द्र का ही रहेगा और इन्द्र (अथवा किसी भी भावी सुरेन्द्र) का पद कभी स्थिर नहीं हो पायेगा (दे० सर्ग ६०; ३२-३५)। **लिंगपुराण** (अध्याय २९) में किसी शाप का उल्लेख नहीं है, किन्तु यह माना गया है कि गौतम ने इन्द्र का वृषण काटकर भूमि पर फेंक दिया था :

इन्द्रस्यापि च धर्मज्ञ छिन्नं तु वृषणं पुरा।
ऋषिणा गौतमेनोर्व्यां क्रुद्धेन विनिपातितम्॥ २७॥

---

१. बलरामदास रामायण में भी इन्द्र पहले अपने ही रूप में तथा बाद में गौतम के रूप में अहल्या के पास आते हैं।

२. हिन्दी विश्रामसागर में भी इस प्रकार का निर्देश मिलता है—सुनि मुनि गे तमचुर सम बानी (अध्याय ७)।

३. अध्यात्म रामायण में भी गौतम हिमालय जाते हैं (१, ५, ३३)।

४. दे० शान्ति पर्व ३२९, १४ (१)। महाभारत के एक अन्य स्थल पर इसका उल्लेख मात्र किया गया है कि अहल्या के कारण इन्द्र को शाप दिया गया था; दे० १३, १५३, ६ (यह सन्दर्भ गीता प्रेस के संस्करण का है)।

वाल्मीकि के बालकाण्ड के वृत्तान्त में गौतम शाप द्वारा इन्द्र को नपुंसक बना देते हैं।[1] बालकाण्ड के इस शाप का उल्लेख परवर्ती रचनाओं में तो मिलता है,[2] किन्तु गौतम-शाप का सर्वाधिक प्रचलित रूप यह है कि इन्द्र के शरीर में सहस्र भग प्रकट हुए; दे० ब्रह्मपुराण (८७, ५९); स्कन्दपुराण (नागरखण्ड, अ० २०७); कथासरित्सागर (३, १७); पद्मपुराण (५, ५१, २८); अध्यात्म रामायण (१, ५, २६); कम्ब रामायण (१, ९); रंगनाथ रामायण (१, २९); ब्रह्मवैवर्तपुराण (कृष्णजन्म खण्ड, अध्याय ४७ और ६१); आनन्द रामायण (१, ३, १९); बलरामदास रामायण; तत्त्वसंग्रह रामायण (१, २५); तोरवे रामायण (१, १२); कृत्तिवास रामायण (१,५९)। इन सब रचनाओं में प्रायः इसका उल्लेख मिलता है कि इन्द्र बाद में सहस्र भगवान् से सहस्रनयन बन गये। **ब्रह्मपुराण** के अनुसार गौतमी नदी में स्नान करने से इन्द्र में यह परिवर्तन हो सका था किन्तु **ब्रह्मवैवर्तपुराण** में इन्द्र को इसके लिए एक सहस्र वर्ष तक सूर्य की आराधना करनी पड़ी। इस रचना में गौतम के दो अन्य शापों का भी उल्लेख है—'**पूर्णवर्षं च सततं योनिगंधं त्वमाप्नुहि**' और '**भ्रष्टश्री भव**' (दे० अध्याय ४७, ३१-३२)। बलरामदास तथा कम्ब रामायण के अनुसार गौतम ने ब्रह्मा के अनुरोध पर अपना शाप बदलकर इन्द्र को सहस्रनयन बना दिया था।[3] **कृत्तिवास** (दे० १, ६०) के अनुसार इन्द्र के अश्वमेध-यज्ञ करने पर उनमें यह परिवर्तन आ गया है। **पद्मपुराण** (५, ५१, ४८) के अनुसार देवी के वरदान के फलस्वरूप इन्द्र सहस्राक्ष बन गये थे।

माधवदेवकृत असमिया बालकाण्ड (अध्याय ३८) में इस सम्बन्ध में निम्नलिखित कथा मिलती है। इन्द्र भिक्षार्थी ब्राह्मण का रूप धारण कर गौतम के आश्रम से चले गये थे। रास्ते में गौतम से भेंट होने पर इन्द्र काँपने लगे; गौतम को यह देखकर सन्देह हुआ और उन्होंने इन्द्र को पहचानकर उन्हें (नपुंसक तथा सहस्रभगवान् बनने का) दोहरा शाप दिया। इन्द्र अपनी यह लज्जाजनक दशा देखकर एक पद्मकोष में छिप गये। बहुत दिनों के बाद शची ने बृहस्पति से पूछा कि इन्द्र कहाँ हैं। दुर्गा से इन्द्र के छिपने का स्थान जानकर बृहस्पति ने वहाँ जाकर उन्हें दुर्गा की पूजा करने का परामर्श दिया। इन्द्र की पूजा से सन्तुष्ट होकर दुर्गा ने कहा कि में शाप दूर करने में असमर्थ हूँ; किन्तु मैं उसे बदल सकती हूँ; इस पर दुर्गा ने इन्द्र को अज का अण्डकोष लगाया। इसी कारण से अज पवित्र हो गया तथा पितृकार्य में इसका मांस चढ़ाया जाता है।

महाभारत में अहल्या के प्रति किसी शाप का उल्लेख नहीं है। वाल्मीकीय उत्तरकाण्ड के अनुसार गौतम ने अहल्या से कहा कि तुम्हारे सौन्दर्य के कारण यह अनर्थ हुआ है, अतः अब से लेकर तुम अकेली ही सुन्दर नहीं होगी; सभी लोग तुम्हारे सौन्दर्य के भागी बन जायेंगे।

तस्माद्रूपवती लोके न त्वमेका भविष्यसि।
रूपं च ते प्रजाः सर्वा गमिष्यन्ति न संशयः॥ (सर्ग ३०, ३७-३८)

---

१. इस शाप के कारण इन्द्र का वृषण भूमि पर गिर गया (सर्ग ४८)। अगले सर्ग में देवताओं द्वारा इन्द्र को मेष का वृषण दिलाने का वर्णन है। महाभारत के अनुसार विश्वामित्र ने ही इन्द्र को इस प्रकार का शाप दिया था—**कौशिकनिमित्तंचेंद्रो मुष्कवियोगं मेषवृषणत्वं चावाप** (दे० शान्ति पर्व, ३२९, १४ (२))।

२. दे० पद्मपुराण (सृष्टिखण्ड ५१, २९), बलरामदास रामायण, तत्त्व-संग्रह रामायण आदि।

३. वास्तव में सहस्रनयन अथवा सहस्राक्ष उपाधि महाभारत के आदिपर्व से लेकर इन्द्र के लिए प्रयुक्त हुई है (दे० अध्याय २१, १२)। इसकी उत्पत्ति की भी कथा दी गयी है; तिलोत्तमा को देखने की अभिलाषा में इन्द्र स्वतः सहस्राक्ष बन गये थे (दे० आदिपर्व २०३, २६)।

बालकाण्ड (सर्ग ४८) के वृत्तान्त में गौतम अहल्या को आदेश देते हैं कि वह अदृश्य होकर राम के पहुँचने तक तपस्या करे :

इह वर्षसहस्राणि बहूनि निवसिष्यसि॥ २९॥
वातभक्षा निराहारा तप्यन्ती भस्मशायिनी।
अदृश्या सर्वभूतानामाश्रमेऽस्मिन्वसिष्यसि॥ ३०॥

पद्मपुराण (सृष्टिखण्ड ५१, ३३) में अहल्या को मांसहीन, अस्थिचर्मावशिष्ट हो जाने का शाप दिया जाता है—

अस्थिचर्मसमाविष्टा निर्मांसाऽनखवर्जिता।
चिरं स्थास्यसि चैकापि त्वां पश्यन्तु जना: स्त्रिय:॥

वाल्मीकि के बालकाण्ड में गौतम यह भी कहते हैं कि राम का आतिथ्य-सत्कार करने के पश्चात् तुम पूर्ववत् अपना शरीर धारण कर मेरे पास आओगी अर्थात् अपने पूर्वरूप में मेरे साथ रहोगी—**स्वं वपुर्धारयिष्यसि** (४८, ३२)। सम्भवतः इस वाक्यांश के कारण यह धारणा उत्पन्न हुई कि अहल्या शापवश शिला बन गयी थी। शाप का यह परिणाम पहले-पहल **रघुवंश** (११, ३४) में पाया जाता है। आगे चलकर पाषाणभूता अहल्या का बहुत-सी रचनाओं में उल्लेख मिलता है; उदाहरणार्थ : नृसिंहपुराण (अध्याय ४७); स्कन्दपुराण (रेवाखण्ड, अ० १३६, नागरखण्ड, अ० २०८); जानकीहरण (६, १४); कथासरित्सागर (३, १७); महानाटक (३, १७); वह्निपुराण (पृ० १८२); उदारराघव (३, २९); सोमेश्वरकृत रामशतक (१८); कम्ब रामायण (१, ९); रंगनाथ रामायण (१, २९); सारलादासकृत महाभारत (मध्य पर्व, पृ० २०३); कृत्तिवास रामायण (१, ५९); ब्रह्मवैवर्तपुराण (कृष्णजन्म खण्ड, अ० ४७ और ६१); गणेशपुराण[1]; पद्मपुराण (उत्तरखण्ड, अ० २६९ तथा गौडीय पातालखण्ड, अ० १६); आनन्द रामायण (१, ३, १६); राघवोल्लास काव्य (सर्ग ६); तोरवे रामायण (१, १२); रामचरितमानस (१, २१०); गीतावली (१, ५७); असमिया बालकाण्ड; सूरसागर (नवम स्कन्द, पद ४६६); सत्योपाख्यान (२, ५); मराठी भावार्थ रामायण (१, १४); तत्त्वसंग्रह रामायण (१, २५); पाश्चात्य वृत्तान्त नं० १० आदि।

रामकियेन के अनुसार गौतम ने अहल्या को इसी उद्देश्य से पत्थर बनने का शाप दिया था कि नारायण के रामावतार के समय वह सेतु बनाने के काम में आ जाये और इस प्रकार सदा के लिए सागर में दफनायी जाये (अध्याय ६)।

गौतम के शाप का एक अन्य रूप कम प्रचलित है; इसके अनुसार अहल्या नदी बन गयी थी। **ब्रह्मपुराण** (८७, ५९) में शाप इस प्रकार है—**शुष्कनदी भव** तथा **आनन्द रामायण** (१, ३, २३) के अनुसार अहल्या जनस्थान में नदी के रूप में प्रकट हुई।[2] **पद्मपुराण** (सृष्टिखण्ड ५१, ३३) के अनुसार गौतम के शाप के कारण अहल्या का शरीर सूख गया था—**अस्थिचर्मसमाविष्टा निर्मांसा**।

योगवासिष्ठ के रचयिता ने पौराणिक कथा के अनुकरण पर एक अन्य अहल्या तथा इन्द्र को एक दूसरे के अनन्य प्रेमियों के रूप में चित्रित किया है। कथा इस प्रकार है :

इन्द्रद्युम्न नामक राजा की पत्नी अहल्या ने किसी दिन गौतम की पत्नी अहल्या तथा इन्द्र की कथा सुनी, जिससे वह अपने नगर के सुन्दर ब्राह्मण-कुमार इन्द्र पर आसक्त हुई। रानी

---

१. दे० सातवलेकर, श्री रामायण महाकाव्य का बालकाण्ड (१९४३), पृ० ५५६।

२. अपभ्रंश में सिरा (सिला) का अर्थ 'शिला' तथा 'नदी' दोनों हो सकता है; सम्भव है इसी कारण से गौतम के शाप का यह रूप प्रचलित हुआ।

ने ब्राह्मण-कुमार को देखना चाहा। एक सखी इन्द्र को रानी के पास ले आयी, जिससे दोनों में परम अनुराग उत्पन्न हुआ और वे उस समय से बहुधा मिलते थे। राजा ने वृत्तान्त सुनकर दोनों को दण्ड दिया, किन्तु एक दूसरे के प्रेम में मग्न रहने के कारण उनको इस शारीरिक दण्ड का अनुभव ही नहीं हुआ। यहाँ तक कि हाथियों के पैरों के नीचे डाले जाने पर अथवा अग्नि में फेंके जाने पर भी उनको दुःख नहीं हुआ। दोनों का प्रेम नष्ट करने में असफल होकर राजा भरत नामक ऋषि के पास गये और उन्होंने उनसे दोनों को शाप देने की प्रार्थना की। भरत ने ऐसा ही किया और दोनों के शरीर शापवश भूमि पर गिर पड़े। दोनों मृगयोनि में उत्पन्न होकर साथ ही रहते थे। बाद में दोनों पक्षी बने और इसके बाद ब्राह्मण-दम्पति के रूप में प्रकट होकर एक-दूसरे में अनुरक्त रहे। इसके पीछे भी उनके अनेक जन्म हो गये, लेकिन दोनों प्रत्येक जन्म में एक-दूसरे को प्रेम करते रहे (दे० उत्पत्ति प्रकरण, सर्ग ८९)।

३४७. अहल्या की कथा का एक अन्य रूप भी मिलता है, जिसमें अंजनी उसकी पुत्री मानी गयी है। इस कथा का बीज **कथासरित्सागर** में विद्यमान है, जहाँ अंजना का उल्लेख नहीं है। गौतम ऋषि दिव्य ज्ञान द्वारा अपनी पत्नी अहल्या का इन्द्र के साथ व्यभिचार जानकर अकस्मात् घर पहुँचे; इस पर इन्द्र ने मार्जार का रूप धारण कर लिया। गौतम के पूछने पर अहल्या ने प्राकृत में—**एसो ठिओ खुमज्जारो (एष स्थितः खलु मार्जारः)**; इसके दो अर्थ हैं—यह मार्जार है अथवा यह मेरा जार है। उत्तर सुनकर गौतम ने इन्द्र और अहल्या दोनों को शाप दिया; अहल्या को शिला बन जाने का तथा इन्द्र को सहस्रयोनि हो जाने का (दे० ३, १७)। इस वृत्तान्त पर आधारित अंजनी के विषय में निम्नलिखित कथा पंजाब में प्रचलित है—गौतम ने गंगा-स्नान से लौटकर अपनी पुत्री अंजनी से पूछ लिया था कि घर में कौन है। अंजनी ने उत्तर दिया—'**मांजार**' (मार्जार अथवा माँ का जार)। इस द्वयर्थता के कारण गौतम ने अपनी पुत्री को गर्भवती हो जाने का शाप दिया और फलस्वरूप उसने हनुमान् को जन्म दिया (दे० मैकॉजिफ, दि० सिख रेलिजन, भाग ६, पृ०५२ और अनु० ६७२)। इस कथा के विकसित रूप में गौतम की पत्नी अहल्या की तीन सन्तानें हैं—अंजनी (गौतम की पुत्री) और दो पुत्र बालि और सुग्रीव, जिन्हें गौतम तो अपनी सन्तान समझते हैं, किन्तु वास्तव में वे इन्द्र और सूर्य के पुत्र हैं (दे० आगे अनु० ५१४)।

३४८. महाभारत में अहल्या की कथा के प्रसंग में राम का उल्लेख नहीं होता। राम द्वारा अहल्योद्धार का प्राचीनतम रूप वाल्मीकि रामायण में सुरक्षित है। उत्तरकाण्ड के अनुसार गौतम ने अहल्या को आश्वासन दिया कि विष्णु-अवतार राम के दर्शन-मात्र से वह पवित्र हो जायेगी (**तं द्रक्ष्यसि यदा भद्रे ततः पूता भविष्यसि**; सर्ग ३०,४३)। बालकाण्ड के वृत्तान्त (सर्ग ४९) में राम के विष्णुत्व की ओर निर्देश नहीं किया गया है। गौतम ने अहल्या से कहा—'तपस्या करो तथा राम के आने पर उनका आतिथ्य-सत्कार करने के बाद मेरे पास लौटो।' राम के आगमन तक वह शाप के प्रभाव से अदृश्य होकर तपस्या करती है। विश्वामित्र से यह कथा सुनकर राम तथा लक्ष्मण आश्रम में प्रवेश करते हैं। उसी समय शाप की अवधि समाप्त हो जाती है; अतः वे अहल्या को देखने में समर्थ हैं और ऋषि-पत्नी के पैर छूते हैं :

राघवौ तु तदा तस्याः पादौ जगृहतुस्तदा।[1]

---

१. दे० श्लोक १७। दाक्षिणात्य पाठ के अनुसार अहल्या ने भी राम-लक्ष्मण के पैर छुए—'**स्मरन्ती गौतमवचः प्रतिजग्राह सा हि तौ**'। यह अर्द्धश्लोक प्रक्षिप्त है; इसके स्थान पर उदीच्य हस्तलिपियों में प्रायः मिलता है—'**सा च तौ पूजयामास स्मृत्वा गौतमभाषितम्।**'

राम-लक्ष्मण का आतिथ्य-सत्कार करने के पश्चात् **(पाद्य मध्यं तथातिथ्यं चकार सुसमाहिता)** अहल्या अपने पति के पास लौट जाती है (सर्ग ४९)।

अधिकांश परवर्ती रचनाओं के अनुसार अहल्या वास्तव में शिला बन गयी थी और राम उसे अपने चरण के स्पर्श से पुनर्जीवन प्रदान करते हैं; उदाहरणार्थ : महानाटक (३, १७); आनन्द रामायण (१, ३, २०); ब्रह्मवैवर्तपुराण (कृष्णखण्ड, अध्याय ४७ और ६१) आदि। कृत्तिवास के अनुसार राम ने अहल्या के मस्तक पर ही अपना पैर रखकर उसे पाषाण में से प्रकट किया था।

उदारराघव (३, २९-४१) के अनुसार राम के चरण-स्पर्श से पत्थर से स्त्री बनते देखकर विश्वामित्र और दोनों राजकुमार विस्मित हो गये। इस पर अहल्या अपनी कथा सुनाती, राम-सीता-विवाह की भविष्यवाणी करती और विश्वामित्र से अनुरोध करती है कि वह राम-लक्ष्मण को मिथिला ले जायें। गौतम अपनी पत्नी ग्रहण करते हैं और वे दोनों भी विश्वामित्र के साथ जनक की राजधानी जाते हैं।

स्कन्दपुराण की कथा में शैव सम्प्रदाय का प्रभाव स्पष्ट है। इसके अनुसार राम ने हाथ से शिला का स्पर्श करके अहल्या का उद्धार किया और उसे विभिन्न तीर्थों की यात्रा करने का आदेश दिया। अहल्या ने ऐसा किया और अनेक तीर्थों में हरलिंग की स्थापना की (दे० नागरखण्ड, अ० २०८)।

पद्मपुराण के अनुसार गौतम ने अपने शाप के अन्त के विषय में अहल्या को आश्वासन दिया कि राम किसी दिन सीता तथा लक्ष्मण के साथ इस आश्रम में आयेंगे तथा तुमको '**शुष्करूपा प्रतिमा**' के रूप में देखकर वसिष्ठ से पूछ लेंगे कि यह मूर्ति क्या है। वसिष्ठ से पूर्व वृत्तान्त सुनकर राम तुमको निर्दोष घोषित करेंगे; तब तुम दिव्य रूप धारण कर मेरे पास आओगी : **दिव्यरूपं समास्थाय मद्गृहं चागमिष्यसि** (दे० सृष्टिखण्ड, अध्याय ५१)।

नदी-रूपा अहल्या का उद्धार दो प्रकार से वर्णित है। **ब्रह्मपुराण** में राम का उल्लेख नहीं है; गौतमी नदी से मिलने पर अहल्या ने अपना पूर्व रूप धारण किया था—**तया तु संगता देव्या (गौतम्या) अहल्या गौतमप्रिया पुनस्तद्रूपमभवत्** (८७, ६६)। **आनन्द रामायण** के अनुसार राम ने मिथिला जाते समय पाषाणभूता अहल्या का उद्धार किया था, किन्तु उस रचना में कल्पभेद का भी उल्लेख है, जिसके अनुसार राम ने वनवास के समय नदी-रूपा अहल्या का स्पर्श करके उसको शाप मुक्त किया था : **रामेण भ्रमतारण्ये स्वांघ्रिस्पर्शात्समुद्धृता नदी-रूपा अहल्या** (१, ३, २१)।

रामभक्ति से अनुप्राणित रचनाओं में प्रस्तुत वृत्तान्त का वातावरण नितान्त बदल गया है। **अध्यात्म रामायण** का रचयिता पाषाणभूता अहल्या की कथा से अनभिज्ञ नहीं था (दे० केवट वृत्तान्त १, ६, ३) फिर भी उसने माना है कि अहल्या शिला पर खड़ी होकर तपस्या करती रही (**तिष्ठ दुर्वृत्ते शिलायामाश्रमे मम;** १, ५, २७)। राम ने उस आश्रयशिला का अपने चरण से स्पर्श किया और उसको अपना विष्णु-रूप दिखाया। अहल्या ने राम का विधिवत् पूजन किया और अनन्तर एक विस्तृत स्तुति में राम के ब्रह्मस्वरूप का निरूपण किया तथा भक्ति का वरदान माँगा (१, सर्ग ५)। अहल्या की स्तुति को राघवोल्लास काव्य (सर्ग ७) तथा रामचरितमानस में भी एक महत्त्वपूर्ण स्थान मिला है। इस तरह 'अहल्या-उद्धार' की यह प्रसिद्ध पौराणिक कथा ब्राह्मण-ग्रन्थों के अहल्याजार इन्द्र से प्रारम्भ होकर अनेक रूप धारण करने के उपरान्त अहल्या-तारक राम की भक्ति में लय हो जाती है।[1]

---

१. दे० डॉ० धीरेन्द्र वर्मा : विचारधारा, पृ० ३४।

अधिकांश रचनाओं के अनुसार राम ने मिथिला की यात्रा में अहल्या का उद्धार किया था। फिर भी अनेक रामकथाओं में राम के वनवास के समय इस घटना का वर्णन किया गया है। महानाटक में अगस्त्याश्रम से चले जाने के उपरान्त राम अहल्या का उद्धार करते हैं (दे० अंक ३)। रामलिंगामृत में राम सीता की खोज करते हुए शिलामयी अहल्या को शाप से मुक्त कर देते हैं (दे० सर्ग ६)। आनन्द रामायण में भी वनवास के समय इसका वर्णन किया गया है। रामायण मसीही के अरण्यकाण्ड में राम द्वारा पाषाणभूता अहल्या के उद्धार की कथा मिलती है। काश्मीरी रामायण के अरण्यकाण्ड के प्रारम्भ में राम सीता से अहल्या का परिचय कराते हैं।

नाटककारों ने रामकथा को बदलने में कभी संकोच नहीं किया है। जानकी-परिणय में अहल्योद्धार की कथा इस प्रकार है। सीता-स्वयंवर के पूर्व राक्षसों द्वारा निर्मित एक माया-सीता के प्राणों को संकट में देखकर राम आत्महत्या करने के उद्देश्य से एक चट्टान पर से नीचे कूदना चाहते हैं। लेकिन राम के स्पर्श से इस चट्टान से प्रकट होकर अहल्या राम को राक्षसी माया का रहस्य बताती है।[१]

ङ। परशुराम

३४९. वाल्मीकि रामायण में परशुराम के तेजोभंग का प्रसंग बालकाण्ड के विकास के अन्तिम सोपान का है, इसका उल्लेख ऊपर हो चका है (दे० अनु० ३३३)। महाभारत के रामोपाख्यान अथवा विमलसूरि के पउमचरियं में इस घटना की ओर कहीं भी निर्देश नहीं मिलता। महाभारत के अनेक स्थलों पर परशुराम की कथा का वर्णन किया गया है, किन्तु पूना के प्रामाणिक संस्करण में राम द्वारा उनके तेजोभंग का उल्लेख कहीं भी नहीं किया गया है। अत: यह प्रसंग अपेक्षाकृत अर्वाचीन प्रतीत होता है।

रामकथाओं में प्राय: परशुराम के दो कार्यों की ओर निर्देश किया जाता है, एक मातृवध तथा दूसरा क्षत्रियों का विनाश। दोनों का वर्णन पहले-पहल महाभारत में किया गया है। परशुराम जमदग्नि तथा रेणुका के पाँचवें पुत्र थे। किसी दिन उन्होंने जमदग्नि की आज्ञा शिरोधार्य कर अपने परशु[२] से अपनी माता का मस्तक काट डाला और अपने इस आज्ञापालन के फलस्वरूप वर पाकर उसे फिर जिलाया था (दे० ३, अध्याय ११६)। महाभारत के अनुसार परशुराम ने पृथ्वी को इक्कीस बार क्षत्रियविहीन कर दिया : **त्रि:सप्तकृत्व: पृथिवीं कृत्वा नि:क्षत्रियां पुरा** (दे० १, ५८, ४)। कथा इस प्रकार है। कार्त्तवीर्य सहस्रार्जुन ने जमदग्नि की कामधेनु के बछड़े को चुराया था, जिस पर परशुराम ने उनका वध किया था। बाद में सहस्रार्जुन के पुत्रों ने परशुराम की अनुपस्थिति में जमदग्नि को मार डाला। प्रतीकारस्वरूप परशुराम ने पृथ्वी को इक्कीस बार क्षत्रियविहीन करके उसे कश्यप को प्रदान किया और महेन्द्र पर्वत पर निवास करने लगे (दे० वनपर्व, अध्याय ११३-११७; शान्तिपर्व, अध्याय ४९)।

---

१. केवट का वृत्तान्त (दे० आगे अनु० ४३२) पाषाणभूता अहल्या के उद्धार पर आधारित इसी वृत्तान्त के फलस्वरूप कुछ रचनाओं में यह कल्पना कर ली गयी है कि वानर-सेना ने राम को पैरों से सेतु का स्पर्श नहीं करने दिया (दे० आगे अनु० ५८१)।

२. प्रचलित महाभारत के एक श्लोक के अनुसार परशुराम ने गंधमादन पर्वत पर महादेव को सन्तुष्ट कर अत्यन्त तेजस्वी कुठार तथा अनेक प्रकार के शास्त्र प्राप्त किये थे। पूना का प्रामाणिक संस्करण यह श्लोक प्रक्षिप्त मानता है; दे० १२, ४९, २९, पाद-टिप्पणी।

अर्वाचीन रामकथाओं में परशुराम का कई अवसरों पर उल्लेख होता है। वेदान्त रामायण में वाल्मीकि राम को परशुराम की कथा सुनाते हैं (दे० ऊपर अनु० १८३)। शान्ता-स्वयंवर (दे० अनु० ३४३) तथा दशरथयज्ञ (अनु० ३५८) के अवसर पर परशुराम के आगमन का वर्णन किया गया है। कृत्तिवास रामायण के अनुसार परशुराम ने दशरथ को शब्दभेदी बाण चलाना सिखलाया था (दे० १, २३) तथा शिव की आज्ञा से जनक के पास शिव-धनुष ले आये थे (दे० अनु० ३९२)। भावार्थ रामायण के अनुसार उन्होंने सीता-स्वयंवर के अवसर पर जनक को धनुष की परीक्षा लेने का परामर्श दिया था (दे० १, १७)।

३५०. वाल्मीकि रामायण के अनुसार राम-परशुराम के संघर्ष का कारण यह है कि क्षत्रिय-विरोधी परशुराम दाशरथि राम के पराक्रम तथा उनके द्वारा धनुर्भंग के विषय में सुनकर उनके साथ द्वन्द्वयुद्ध करना चाहते हैं। वे विष्णु-चाप लिये आते हैं और राम से निवेदन करते हैं कि इसे चढ़ाकर वे अपने को योग्य प्रतिद्वन्द्वी सिद्ध करें। विष्णु-चाप का इतिहास इस प्रकार है : विश्वकर्मा ने दो धनुषों का निर्माण किया था, एक शिव के लिए और एक विष्णु के लिए। किसी दिन विष्णु तथा शिव में युद्ध होनेवाला था कि विष्णु के हुंकार मात्र से शिव का यह धनुष ढीला पड़ गया और शिव हार गये। बाद में शिव ने अपना धनुष विदेह के राजा देवरात को दे दिया तथा विष्णु ने अपना धनुष भृगुवंशी ऋचीक को (बालकाण्ड, सर्ग ७५)। महाभारत के शान्तिपर्व (अध्याय २७८) में माना गया है कि शिव ने अपने शूल को ही झुकाकर पिनाक में परिणत कर दिया था :

आनतेनाथ शूलेन पाणिनामिततेजसा।
पिनाकमिति चोवाच शूलमुग्रायुध प्रभुः॥ १८॥

अनुशासनपर्व के दाक्षिणात्य पाठ (गीताप्रेस गोरखपुर संस्करण, पृ० ५९१५) के अनुसार ब्रह्मा ने एक ही बाँस से पहले दो धनुष बनाये; एक शिव के लिए और दूसरा विष्णु के लिए। बाद में उन्होंने उसी बाँस के अवशेष से गाण्डीव बनाकर उसे सोम को प्रदान किया। अर्जुनदास ने भी मान लिया है कि ब्रह्मा ने एक ही बाँस से पिनाक, वैष्णव धनुष तथा गाण्डीव तीनों का निर्माण किया था।

वाल्मीकि तथा अधिकांश रामकथाओं के अनुसार राम-परशुराम-संघर्ष का कारण यह है कि परशुराम एक सुयोग्य प्रतिद्वन्द्वी क्षत्रिय से युद्ध करना चाहते हैं। नृसिंहपुराण में पहले-पहल एक अन्य कारण का उल्लेख मिलता है। परशुराम राम को यह चुनौती देते हैं : या तो राम नाम छोड़ दो अथवा मेरे साथ युद्ध करो (**त्यज त्वं रामसंज्ञां तु मया वा समरं कुरु**; अध्याय ४७, १४६)। अध्यात्म रामायण तथा आनन्द रामायण में जो कारण दिया गया है, वह वाल्मीकीय बालकाण्ड तथा नृसिंहपुराण के कारणों का सम्मिलित रूप है; परशुराम कहते हैं :

त्वं राम इति नाम्ना मे चरसि क्षत्रियाधम॥
द्वन्द्वयुद्धं प्रयच्छाशु यदि त्वं क्षत्रियोऽसि वै।

(अध्यात्म १, ७, ११, आनन्द रा० १, ३, ३५०)

हिन्देशिया के सेरीराम तथा कम्बोडिया की रामकेर्ति में राम नाम ही संघर्ष का कारण माना गया है।

राम-नाटकों में इसका एक तीसरा कारण मिलता है। अध्यात्म रामायण में परशुराम शिव के धनुष की अवज्ञा करते हुए कहते हैं कि यह तो पुराना तथा जर्जर है—**पुराणं जर्जरं चापं भंक्त्वा त्वं कत्थसे मुधा** (१, ७, १२); किन्तु राम-नाटकों में परशुराम को शिव का शिष्य माना

गया है और वे अपने गुरु के प्रति किये हुए अनादर का प्रतीकार करने आते हैं। इस कारण का प्रथम उल्लेख महावीरचरित में मिलता है—रावण-मंत्री माल्यवान के उकसाने पर (अंक २, १२) परशुराम हरचापभंजक राम का दमन करने के लिए मिथिला में आ पहुँचते हैं (अंक २, १७)। असमिया बालकाण्ड में भी परशुराम के क्रोध का कारण यह है कि उनके गुरु शिव का धनुष तोड़ा गया है (अध्याय ४४)। परवर्ती रचनाओं में परशुराम को बहुधा शिव के शिष्य अथवा शैव-संन्यासी के रूप में चित्रित किया गया है; उदाहरणार्थ : अनर्घराघव (४, ३२); बाल रामायण (अंक ४); महानाटक (१, १८); प्रसन्नराघव (इसमें धनुर्भंग के पूर्व भी परशुराम का दूत आकर जनक से निवेदन करता है कि शिव-धनुष का अनादर न किया जाये। (दे० अंक ३, ३८); रामगीतगोविन्द (सर्ग २, १२); रामचरितमानस (१, २६८)। कृत्तिवास दो कारणों का उल्लेख करते हैं—परशुराम के गुरु शिव के धनु का अपमान तथा राम का नाम (मम सम करि राखियाछ पुत्र नाम, दे० १, ६३)। रंगनाथ रामायण (१, ३७) में तीनों कारणों की चर्चा है।

३५१. वाल्मीकि रामायण (तथा अधिकांश परवर्ती रामकथाओं) के अनुसार परशुराम विवाह के पश्चात् अयोध्या की यात्रा में राम को चुनौती देने आते हैं। वास्तव में दोनों का युद्ध होता ही नहीं, क्योंकि ज्यों ही राम विष्णु-चाप चढ़ाते हैं, परशुराम निस्तेज होकर राम को विष्णु के रूप में प्रणाम करते हैं। राम चढ़े हुए बाण से परशुराम के तपोबल द्वारा संचित लोक[1] नष्ट करते हैं और परशुराम महेन्द्र पर्वत की ओर प्रस्थान करते हैं (सर्ग ७६)।

अद्‌भुत रामायण (सर्ग ९) तथा महाभारत के एक प्रक्षिप्त[2] अंश में राम ने धनुष चढ़ाकर परशुराम को अपना विराट रूप दिखलाया और अनन्तर बाण छोड़कर उनका तेज ले लिया, जिससे परशुराम ने होश में आकर राम को विष्णु-अवतार मानकर प्रणाम किया तथा उनकी आज्ञा लेकर वे महेन्द्र पर्वत को चले गये। पाश्चात्य वृत्तान्त नं० १३ के अनुसार राम ने क्षत्रिय-विध्वंस के प्रायश्चित्त के लिए तप करने के उद्देश्य से परशुराम को महादेव के पास भेज दिया। रामकेर्ति में रामपरमसू को एक क्रूर यक्ष माना गया है; राम उनसे कहते हैं कि मैं नारायण का अवतार हूँ। इस पर रामपरमसू प्रमाण के रूप में चाहते हैं कि राम उनका चाप उठा लें। राम लीलापूर्वक बायें हाथ से उस धनुष को उठाकर बाण चढ़ाते हैं, जिस पर रामपरमसू घुटने टेककर क्षमा माँगते हैं तथा राम को अपना धनुष तथा अपने ऐन्द्रजालिक बाण भी अर्पित करते हैं।

कृत्तिवास के रामायण में सीता यह देखकर कि परशुराम धनुष लिये आते हैं, इस प्रकार आशंका प्रकट करती हैं—एक धनुष तोड़कर रघुनाथ ने मेरे साथ विवाह किया, अब भृगु मुनि एक और धनुष लाये हैं। न जाने मेरी कितनी सपत्नियाँ होंगी (१,६३)। गोविन्द रामायण में सीता की यह आशंका इस प्रकार व्यक्त की गयी है :

तोर शरासन संकर को जिमि
मोहिं बर्‌यो तिमि और बरैंगे (पृ० ३४)

अध्यात्म रामायण (१, ७), आनन्द रामायण (१, ३, ३७७), राघवोल्लास काव्य (सर्ग १२), रामचरितमानस आदि में प्रस्तुत वृत्तान्त का वातावरण नितान्त बदल दिया गया है। तेजोभंग

---

१. भावार्थ रामायण (१, २६) में इस घटना को एक आध्यात्मिक अर्थ दिया गया है। राम ने परशुराम का अहंकार नष्ट किया था, जिससे परशुराम को अपने तप द्वारा संचित लोक में जाने की इच्छा नहीं रही।
२. दे० प्रचलित महाभारत ३, ९९, ३४ आदि तथा पूना का प्रामाणिक संस्करण, आरण्यक पर्व, परिशिष्ट १, नं० १४।

के पश्चात् परशुराम द्वारा राम की स्तुति को सर्वाधिक महत्त्व दिया जाता है और परशुराम अचल रामभक्ति का वरदान प्राप्त कर चले जाते हैं। राघवोल्लास काव्य में परशुराम राम की प्रभावपूर्ण बातों से ही शान्त हो जाते हैं। राम को उनका धनुष नहीं चढ़ाना पड़ता है। परशुराम अपने सभी अस्त्र-शस्त्रों को वहीं राम के चरणों पर छोड़कर प्रस्थान करते हैं। **कम्ब रामायण** (१, २२) के अनुसार परशुराम-तेजोभंग के पश्चात् देवता लोग आकाश में दिखायी देकर पुष्पवृष्टि करते हैं और राम विष्णु-धनुष वरुण को अर्पित कर देते हैं।

महावीरचरित से लेकर अधिकांश राम-नाटकों में परशुराम के मिथिला में आगमन का वर्णन किया गया है; उदाहरणार्थ: अनर्घराघव, बालरामायण, महानाटक, प्रसन्नराघव और यज्ञफल। इन नाटकों के प्रभाव के कारण रामचरितमानस, रामचन्द्रिका तथा गोविन्द रामायण में तेजोभंग-वर्णन मिथिला में ही रखा गया है।

इन वृत्तान्तों की एक अन्य विशेषता यह है कि इस प्रसंग को अपेक्षाकृत अधिक महत्त्व दिया जाता है तथा राम-परशुराम के वाग्युद्ध का विस्तृत वर्णन मिलता है। परशुराम का क्रोध बहुत उग्र रूप धारण कर लेता है और वह बार-बार राम का वध करने की धमकी देते हैं (दे० महावीरचरित २, ३२; ३, १६ आदि)। प्रस्तुत प्रसंग के प्रारम्भिक वर्णनों के अनुसार लक्ष्मण इसमें कोई भाग नहीं लेते।

राजशेखर के बालरामायण के अनुसार दशरथ तथा इसके अनन्तर परशुराम भी राम-सीता-विवाह के पश्चात् ही मिथिला पहुँचते हैं। विश्वामित्र का आदेश पाकर लक्ष्मण ही नारायणीय धनुष पर प्रत्यंचा चढ़ाते हैं, जिस पर जनक लक्ष्मण और उर्मिला के विवाह का प्रस्ताव करते हैं (अंक ४, ७५)। इसके बाद विश्वामित्र के सुझाव के अनुसार भरत-माण्डवी तथा शत्रुघ्न-श्रुतिकीर्ति के विवाह भी निश्चित हो जाते हैं।

प्रसन्नराघव (तथा उस पर आधारित रामचरितमानस तथा कृत्तिवास रामायण) में लक्ष्मण राम-परशुराम के वाग्युद्ध में भाग लेकर परशुराम का अपमान करते हैं। रामचन्द्रिका में भरत (७, २२) तथा शत्रुघ्न (७, २८) भी परशुराम को सम्बोधित करते हैं तथा अन्त में महादेव स्वयं आकर दोनों रामदेवों को समझाकर शान्त कर देते हैं (७, ४३)।

भारतीय रामकथाओं में प्राय: राम-परशुराम के किसी युद्ध का वर्णन नहीं किया गया है। फिर भी **महावीरचरित** (अंक ३,४८), **अनर्घराघव** (अंक ४, ५६) और **प्रसन्नराघव** (अंक ४, ४२) के अनुसार राम तथा परशुराम युद्ध करने के उद्देश्य से रंगमंच से चले जाते हैं।[१] राम के वैष्णव धनुष चढ़ाने पर परशुराम का तेज नष्ट हो जाता है, जिससे युद्ध की नौबत नहीं आती; परशुराम राम का यथार्थ स्वरूप पहचानकर तपस्या करने जाते हैं। शंकरदेवकृत **रामविजय** में कथा इस प्रकार है : अयोध्या के रास्ते में परशुराम ने राम का वध करने का प्रयत्न किया, क्योंकि राम ने उनके गुरु का धनुष तोड़ डाला था। द्वन्द्वयुद्ध में राम ने परशुराम को पराजित किया तथा उनका स्वर्ग जाने का मार्ग सदा के लिए बन्द कर दिया था। **तोरवे रामायण** (१, १७) के अनुसार राम ने अपने तोमर से परशुराम का परशु आकाश में फेंक दिया तथा बाद में अपने रथ से उतरकर परशुराम के हाथों से वैष्णव धनुष भी छीन लिया।

---

१. अनर्घराघव में लिखा है : **विमर्दक्षमं प्रदेशान्तरमवतराव:**; प्रसन्नराघव में : **समरक्षमां क्षमामवतराम:**। गोविन्द रामायण में दोनों सेनाओं का तुमुल युद्ध वर्णित है, किन्तु राम-परशुराम का कोई द्वन्द्वयुद्ध नहीं होता।

विदेशी रामकथाओं में राम तथा परशुराम का संघर्ष और उग्र रूप धारण कर लेता है। **खोतानी रामायण** के अनुसार राम ने बाण मारकर परशुराम का वध किया। कथा इस प्रकार है : किसी दिन दशरथ ने परशुराम के पिता के आश्रम पर उनकी कामधेनु को देखा था तथा बाद में उनका पुत्र सहस्रबाहु उसे चुराने आया। अपने पिता के प्रति किये हुए अन्याय का प्रतीकार करने के उद्देश्य से परशुराम ने तपस्या की, कुठार प्राप्त किया तथा दशरथ के पुत्र सहस्रबाहु का वध किया। बाद में सहस्रबाहु के पुत्र राम तथा लक्ष्मण परशुराम की खोज में निकले; अन्त में राम ने बाण चलाकर उन्हें मार डाला।

हिन्देशिया के **सेरीराम** के अनुसार पुष्पराम राम को आदेश देते हैं कि वह अपना नाम छोड़ दें। राम के अस्वीकार करने पर दोनों का द्वन्द्वयुद्ध दोपहर से सन्ध्या तक चलकर अनिश्चित रहता है। अगले दिन राम का बाण पुष्पराम का पीछा करता है; स्वर्ग, पाताल तथा महासागर पार कर पुष्पराम राम की शरण लेते हैं और उनको विष्णु का अवतार मानकर क्षमा-याचना करते हैं। **रामकियेन** के अनुसार राम ने द्वन्द्वयुद्ध के अन्त में अपने को नारायण के रूप में प्रकट किया। इस पर रामासुर ने राम को ईश्वर का धनुष प्रदान किया। राम ने उसे ले लिया और आकाश में फेंक दिया, जिससे आवश्यकता पड़ने पर वह धनुष उनके काम आ सके (दे० अध्याय १३)।

३५२. महाभारत में परशुराम की कथा का अनेक स्थलों पर वर्णन किया गया है; किन्तु इनमें कहीं भी उनके विष्णुत्व की ओर संकेत नहीं मिलता। फिर भी नारायणीय उपाख्यान में विष्णु के अवतारों में उनका उल्लेख किया गया है (दे० १२, ३२६, ७७)। परवर्ती रचनाओं में विष्णु के अवतारों की सूची में उनका नाम प्रायः आया है; दे० हरिवंश (१, ४१, ११२-१२०; २, २२; २, ४८); विष्णुपुराण (१, ९, १४३); भागवतपुराण (१, ३, २०; २, ७, २२)।

वाल्मीकि रामायण में परशुराम-तेजोभंग के वर्णन में परशुराम के विष्णुत्व का उल्लेख नहीं मिलता। **नृसिंहपुराण** प्राचीनतम रचना है, जिसमें उनके तेजोभंग के प्रसंग में परशुराम का अवतार होने का संकेत किया गया है। राम के धनुष चढ़ाने पर परशुराम का वैष्णव तेज उनके शरीर से निकलकर राम के मुख में प्रविष्ट हुआ—**परशुरामस्य देहान्निष्क्रम्य वैष्णवं पश्यतां सर्वभूतानां तेजो राममुखेऽविशत्** (दे० अध्याय ४७, १४८-१४९)। अध्यात्म रामायण (१, ७, २४), आनन्द रामायण (१, ३, ३६४-३६६), पद्मपुराण (उत्तरखण्ड, २६९, १६२), रामचन्द्रिका[१] तथा पाश्चात्य वृत्तान्त नं० १३ में भी तेजोभंग के प्रसंग के अन्तर्गत ही परशुराम के अंशावतार होने का उल्लेख किया गया है।

च। नवीन सामग्री

३५३. वाल्मीकि के पश्चात् की रामकथाओं में बालकाण्ड के कथानक के अन्तर्गत प्रचुर मात्रा में सर्वथा नवीन सामग्री रखी गयी है।

(१) भिन्न-भिन्न प्रकार की भूमिकाओं के अतिरिक्त प्रायः अवतार के कारणों का विस्तृत निरूपण किया गया है (दे० आगे अनु० ३६६-३७४)।

उन भूमिकाओं में बहुधा सूर्यवंश अथवा इक्ष्वाकु वंश के राजाओं का इतिहास भी दिया गया है। कालिदासकृत रघुवंश, बंगीय पद्मपुराण का पातालखण्ड, कृत्तिवास रामायण

१. महादेव स्वयं आकर परशुराम को यह कहकर शान्त करते हैं : "एकै तुम दोऊ और न कोऊ एकै नाम कहायै"; दे० रामचन्द्रिका ७,४५।

इसके विशिष्ट उदाहरण हैं। रावण की कथा बहुत-सी रचनाओं में प्रारम्भ में ही वर्णित है (दे० आगे अनु० ६४३)।

(२) दशरथ के विभिन्न विवाहों का तथा अन्धमुनि-पुत्र-वध का भी प्राय: रामकथा के प्रारम्भ में वर्णन किया जाता है (दे० अनु० ३३७-३४० और ४३३)।

(३) कृष्ण बाललीला के अनुकरण पर बहुधा राम की बाललीला का भी किंचित् वर्णन मिलता है (दे० अनु० ३७९-३८०)। इसके अतिरिक्त भुशुण्डी तथा हनुमान् के साथ बालक राम की मित्रता की भी कल्पना कर ली गयी है (दे० ३८१-३८२)।

(४) राम के प्रारम्भिक कृत्यों के वर्णन में अनेक सर्वथा नवीन प्रसंग आ गये हैं; उदाहरणार्थ म्लेच्छों से युद्ध, गुह से मैत्री, तीर्थ-यात्राएँ, वैराग्य, रासलीला (दे० अनु० ३८३-३८७)।

(५) सीता-स्वयंवर (अनु० ३९४-३९८) तथा राम-सीता के पूर्वानुराग (दे० अनु० ४०३) का भी बहुधा वर्णन किया जाता है, जो वाल्मीकि रामायण में नहीं मिलता।

(६) बालकाण्ड की कथावस्तु के अन्तर्गत आगे चलकर शृंगार रस का भी प्रवेश हुआ है। जानकीहरण (सर्ग ८) और महानाटक (अंक २) में विवाह के उपरान्त राम और सीता के सम्भोग का वर्णन किया गया है। जानकीहरण (सर्ग ३), जानकी परिणय (अंक ६) तथा कम्ब रामायण (१, १३-१७) में दशरथ की क्रीड़ा का भी विस्तृत वर्णन मिलता है। सत्योपाख्यान के उत्तरार्द्ध में राम तथा सीता के जल-विहार (सर्ग २० और २९), वन-विहार (सर्ग २१), अशोकवन में सीता की मानलीला (सर्ग २५), होलिकोत्सव (सर्ग २८) आदि का चित्रण किया गया है। **बृहत्कोशखण्ड** (अध्याय १-५) तथा **उड़िया नृसिंह रामायण** (तृतीय रत्नाकर) में विवाह के पूर्व राम की रासलीला का वर्णन किया गया है। **हनुमत्संहिता** का मुख्य विषय है राम की रासलीला तथा जलविहार (दे० ऊपर अनु० १९०)।

३—अवतारवाद

क। दशरथ-यज्ञ

३५४. वाल्मीकि रामायण में दशरथ के पुत्रेष्टि-यज्ञ के वर्णन के अन्तर्गत अवतारवाद का विस्तृत निरूपण किया गया है। प्रस्तुत अध्याय के प्रथम परिच्छेद में (दे० ऊपर अनु० ३३३) उस पुत्रेष्टि-यज्ञ का समस्त प्रसंग प्रक्षिप्त होने के तर्क दिये गये हैं। पुत्रेष्टि-यज्ञ का विकास दिखलाने के पूर्व यहाँ पर पहले उन रचनाओं का उल्लेख करना है, जिनमें दशरथ के यज्ञ का कोई निर्देश नहीं मिलता।

पश्चिमोत्तरीय पाठ के चौदहवें सर्ग का विश्लेषण ऊपर हो चुका है (दे० अनु० १३६)। इसमें चार पुत्रों के जन्म के उल्लेख में किसी यज्ञ की ओर निर्देश नहीं है—**ततोऽस्य जज्ञिरे पुत्राश्चत्वारोऽमितविक्रमा:** (श्लोक ५) । राय कृष्णदास की पाण्डुलिपि में इसका पाठ इस प्रकार है—**राज्ञ: पुत्रा महात्मानश्चत्वारो जज्ञिरे पृथक्**।

महाभारत के रामोपाख्यान में अवतारवाद का उल्लेख तो किया गया है, लेकिन उसमें कहीं दशरथ के किसी भी यज्ञ का संकेत नहीं मिलता (दे० ३, २६०)। प्राचीन महापुराणों में अर्थात् **हरिवंश, विष्णुपुराण, वायुपुराण, गरुड़** तथा **भागवतपुराण** में जो संक्षिप्त रामकथाएँ

मिलती हैं, उनमें कहीं भी दशरथ-यज्ञ की ओर निर्देश नहीं किया गया है। पश्चिमोत्तरीय पाठ के एक प्रक्षिप्त स्थल के अनुसार देवताओं के लिए युद्ध करने के पश्चात् दशरथ ने एक वर प्राप्त किया था। उन्होंने देवताओं से एक पुत्र माँगा और देवताओं ने कहा कि तुम्हारे चार पुत्र होंगे (दे० ५, ९६, ५३-६०)।

बौद्ध तथा जैन रामकथाओं में अवतारवाद का अभाव स्वाभाविक है; फलस्वरूप इन रचनाओं में दशरथ के किसी यज्ञ का निर्देश नहीं मिलता है।

वाल्मीकि रामायण में इसका उल्लेख हुआ है कि पुत्र-प्राप्ति के लिए तपस्या करते हुए भी दशरथ के कोई पुत्र नहीं था :

सुतार्थं तप्यमानस्य नासीद्वंशकरः सुतः ॥ १ ॥

(बालकाण्ड, सर्ग ८)

स्कन्दपुराण के दो स्थलों पर दशरथ की इस तपस्या का वर्णन किया गया है। नागरखण्ड में दशरथ के शनैश्चर से युद्ध करने के बाद इन्द्र उनसे कहते हैं कि **अपुत्रस्य गतिर्नास्ति**। इस पर दशरथ १०० वर्ष तक कार्तिकेयपुर में तप करने जाते हैं। इसके अन्त में जनार्दन प्रकट होते हैं और चार रूप धारण कर दशरथ के पुत्र बनने की प्रतिज्ञा करते हैं **(कृत्वा रूपचतुष्टयम्)**। बाद में दशरथ को चार पुत्र और एक पुत्री के प्राप्त होने का उल्लेख किया गया है (दे० अध्याय ९६-९८)। प्रभासखण्ड में भी पुत्र-प्राप्ति के लिए प्रभास में दशरथ के तप करने तथा शिवलिंग स्थापित करने का निर्देश किया गया है (दे० अध्याय १७१)।

वाराहपुराण (अध्याय ४५) में इसका उल्लेख किया गया है कि दशरथ ने वसिष्ठ के परामर्श के अनुसार रामद्वादशी व्रत का पालन किया था, जिसके फलस्वरूप विष्णु उनकी सन्तान के रूप में प्रकट हुए। सारलादास के उड़िया महाभारत में दशरथ की पुत्र-प्राप्ति की कथा इस प्रकार है : इन्द्र के यहाँ से लौटते समय दशरथ ने कपिला का अपमान किया था तथा कपिला ने उन्हें शाप दिया था। बाद में दशरथ कपिला को बाघ के आक्रमण से बचाते हैं तथा उससे यह वरदान प्राप्त करते हैं कि उनके चार पुत्र उत्पन्न होंगे।[१]

ग्राम-गीतों में भी दशरथ तथा कौशल्या के तपस्या करने तथा किसी योगी के प्रसाद से पुत्र प्राप्त करने का उल्लेख मिलता है (दे० रामनरेश त्रिपाठी द्वारा सम्पादित ग्राम-साहित्य, भाग १, पृ० ९१, कविता-कौमुदी, भाग ५, पृ० १४ और १६)। बिर्होर रामकथा के अनुसार किसी ब्राह्मण को अपने ज्येष्ठ पुत्र देने की प्रतिज्ञा करने के बाद दशरथ उसके जादू द्वारा चार पुत्र प्राप्त करते हैं। सन्थाल जाति में प्रचलित कथा के अनुसार दशरथ ने किसी योगी से चार आम प्राप्त कर उन्हें अपनी पत्नियों को खिलाया और फलस्वरूप तीनों पत्नियाँ गर्भवती हुईं। ब्रज लोकसाहित्य में भी इससे मिलती-जुलती कथा का संकेत पाया जाता है (दे० भारतीय साहित्य, आगरा, वर्ष २, अंक ३, पृ० ६९)।

जावा के सेरतकाण्ड, तिब्बती तथा खोतानी रामायणों में भी दशरथ के किसी यज्ञ का उल्लेख नहीं किया गया है। तिब्बती रामायण के अनुसार दशरथ ने ५०० कैलास-निवासी ऋषियों से पुत्र-प्राप्ति के लिए प्रार्थना की थी। उन्होंने दशरथ को एक फल दिया था जिसे उनकी दो पत्नियों ने खाया था। फलस्वरूप दोनों को गर्भ रह गया। **असमिया बालकाण्ड**

---

१. इस घटना का वर्णन पद्मपुराण (गौडीय पातालखण्ड, अध्याय ५-६; उत्तरखण्ड, अध्याय १९८-१९९) तथा रघुवंश के प्रथम सर्ग में दिलीप के विषय में किया गया है। शान्ता की जन्म-कथा में भी यह प्रसंग आ गया है (दे० अनु० ३४३)।

में अन्धक मुनि का दिया हुआ फल दशरथ की पुत्र-प्राप्ति में सहायक माना गया है (दे० अनु० ४३३)। **सेरीराम** के एक पाठ के अनुसार एक योगी ने दशरथ को सन्तान-प्राप्ति के उद्‌देश्य से चार 'बा-ज़हर' नामक पत्थर प्रदान किये थे; एक अन्य पाठ के अनुसार दशरथ को एक सहस्र हाथियों का वध करने का परामर्श दिया गया था (दे० आगे अनु० ४३३)। ये पत्थर कुछ जानवरों के पक्वाशय में उत्पन्न होते हैं; पहले चिकित्सा में उनका उपयोग होता था।

३५५. वाल्मीकि रामायण में दशरथ के दो यज्ञों का वर्णन किया गया है। सुमंत्र के परामर्श के अनुसार दशरथ अंगराज के यहाँ जाकर ऋष्यशृंग[१] को अयोध्या ले आते हैं और पुत्र प्राप्त करने के उद्‌देश्य से उनके द्वारा अश्वमेध-यज्ञ करवाते हैं (दे० सर्ग ८-१४)। अनन्तर ऋष्यशृंग पुत्रेष्टि-यज्ञ भी करते हैं (सर्ग १५-१६)। उसी अवसर पर देवता, गन्धर्व, सिद्ध, परमर्षि आदि अपना-अपना हविर्भाग ग्रहण करने के उद्‌देश्य से **(भागप्रतिग्रहार्थम्)** एकत्र होकर ब्रह्मा से निवेदन करने लगे कि आपके दिये हुए वर के बल पर रावण हम लोगों को तंग करता है **(सर्वान्नो बाधते)**; आप उसके वध का उपाय निकालिए। ब्रह्मा उत्तर देते हैं कि मनुष्य से उसका वध सम्भव है। उसी समय विष्णु आ पहुँचे तथा उन्होंने देवताओं का यह प्रस्ताव स्वीकार किया कि वह दशरथ की सन्तति बनकर रावण का वध करें। तदनुसार पुत्रेष्टि-यज्ञ की अग्नि से एक विशालकाय 'महद् भूतम्' (१६, ११) प्रकट हुआ जो अपने को 'प्राज्ञापत्य नर' (१६, १६) कहता है और दशरथ को पायस प्रदान करता है। टीकाकार उस 'महद् भूतम्' को 'पुरुषविशेष' मानते हैं जिसे प्रजापति ने भेज दिया और अन्य टीकाकार उसे 'अग्निरेव मूर्तिमान्' समझते हैं। **नृसिंहपुराण** (अ० ४७), **अध्यात्म रामायण** (१, ३, ७), **आनन्द रामायण** (सारकाण्ड सर्ग १, १०२) तथा **रामचरितमानस** (प्रगटे अगिनि चरु कर लीन्हें; १, १८९, ६) में अग्नि का उल्लेख है। दशरथ उस पायस को अपनी तीन पत्नियों में बाँट देते हैं, जिससे तीनों गर्भवती हो जाती हैं (पायस के विभाजन के विषय में दे० अनु० ३५९)। अनन्तर विष्णु-अवतार राम की सहायता करने के लिए देवता ब्रह्मा की आज्ञानुसार अप्सराओं और गन्धर्वियों से वानरों की उत्पत्ति करते हैं (सर्ग १७)।

३५६. वाल्मीकि रामायण में पहले दशरथ के अश्वमेध-यज्ञ ही का वर्णन किया गया था; बाद में पुत्रेष्टि-यज्ञ का वर्णन भी जोड़ दिया गया है (दे० ऊपर अनु० ३३३)। परवर्ती रामकथाओं में प्रायः केवल पुत्रेष्टि-यज्ञ का वर्णन किया गया है; उदाहरणार्थ : रघुवंश, नृसिंहपुराण (अ० ४०), भट्टिकाव्य, रामायण ककविन, जानकीहरण, सेरीराम, रामकियेन, पद्मपुराण (पातालखण्ड, अध्याय ११२ तथा उत्तरखण्ड, अध्याय २६९), अध्यात्म रामायण, रामचरितमानस आदि।

जानकीहरण (४, १-२) में दशरथ के पूर्ववर्ती असफल यज्ञों का भी उल्लेख है।

ब्रह्मपुराण में दशरथ वसिष्ठ से परामर्श करते हैं कि श्रवणकुमार-वध का प्रायश्चित्त किस प्रकार किया जाये। इस पर अश्वमेध-यज्ञ का आयोजन किया जाता है तथा यज्ञ के समय

---

१. महाभारत के वनपर्व में ऋष्यशृंग की उत्पत्ति, तपोभंग, लोमपाद के यहाँ अनावृष्टि-निवारण के लिए यज्ञ तथा शान्ता से उसका विवाह वर्णित है (दे० वनपर्व, अध्याय ११०-११२)। **अलम्बुस जातक** (५२३) में इसिसिंग की उत्पत्ति और तपोभंग की कथा मिलती है; **नलिनिका जातक** (५२६) में यही विषय है, किन्तु इसमें तपोभंग का उद्‌देश्य है अनावृष्टि का निवारण।

एक आकाशवाणी सुनायी पड़ती है कि राजा दशरथ अपने ज्येष्ठ पुत्र के प्रसाद से पापमुक्त हो जायेंगे (दे० अध्याय १२३)। अन्य रामकथाओं[१] में भी दशरथ का यज्ञ, जिसके फलस्वरूप उन्होंने रामादि पुत्रों को प्राप्त किया था, वास्तव में अन्धमुनि-पुत्र-वध के प्रायश्चित्त के लिए आयोजित किया गया था। अन्धमुनि-पुत्र-वध के कई वृत्तान्तों में दशरथ को पुत्र-प्राप्ति के लिए यज्ञ करवाने का परामर्श दिया जाता है (दे० अनु० ४३३)।

३५७. आगे चलकर पुत्रेष्टि-यज्ञ के वर्णन में हनुमान्, विभीषण, सीता और वानर-सेनापतियों के जन्म की ओर भी निर्देश किया गया है। **आनन्द रामायण** के अनुसार एक गीध ने कैकेयी का पायस उसके हाथ से छीन लिया तथा उसे अंजनी पर्वत पर फेंक दिया; इस पर अन्य रानियों ने अपने पायस का कुछ अंश कैकेयी को दे दिया (दे० १, १)। **भावार्थ रामायण** में इससे मिलती-जुलती कथा पायी जाती है (दे० अनु० ६७७)। अन्य रचनाओं में कहा जाता है कि कैकेयी को क्रोध हुआ था, क्योंकि दशरथ ने सर्वप्रथम उसे पायस नहीं दिया था। वह मान कर रही थी कि एक चील ने आकर उसके हाथ से पायस को छीन लिया और उसे अंजनी के मुख में गिरा दिया। फलतः अंजनी को गर्भ हुआ और उसने हनुमान् जी को जन्म दिया।[२]

दक्षिण भारत के एक वृत्तान्त में यज्ञ के पश्चात् ऋषि ने दशरथ से उनकी पत्नियों के नाम पूछे थे। भूल से दशरथ के मुँह से कैकसी (रावण की माता) का नाम निकला। इस पर ऋषि ने पायस के चार भागों के पाँच भाग बना दिये। जब दशरथ अपनी पत्नियों के यहाँ जा रहे थे, तो एक काक ने पायस का एक भाग चुरा लिया और वह उसे कैकसी के पास लाया। उसे खाने के फलस्वरूप कैकसी ने विभीषण को जन्म दिया (दे० पाश्चात्य वृत्तान्त नं० १)।

सेरीराम तथा रामकियेन में सीता के जन्म का सम्बन्ध पुत्रेष्टि-यज्ञ से स्थापित किया गया है। **सेरीराम** में एक काक पायस का षष्ठांश चुराता है। इस पर याजक कहता है कि यह काक दशरथ की पत्नी के पुत्र राम के द्वारा मारा जायेगा तथा जो इस पायस को खायेगा, उसे एक पुत्री उत्पन्न होगी, जिसका विवाह राम के साथ होगा। बाद में रावण उस पायस को खाता है। **रामकियेन** के अनुसार दशरथ-यज्ञ के पायस की सुगन्ध लंका तक पहुँच गयी। मन्दोदरी ने रावण से उसे माँगा। उस पर रावण ने काकना नामक राक्षसी को पायस चुराने का आदेश दिया। राक्षसी ने काक का रूप धारण कर पायस का अष्टमांश चुराया और उसे मन्दोदरी को दे दिया। फलस्वरूप मन्दोदरी ने सीता को जन्म दिया (दे० अध्याय १०)। भुइंआ माधवदासकृत **विचित्र रामायण** के अनुसार डाकिनियाँ आकर पुत्रेष्टि-यज्ञ के धुएँ का पान करती हैं। वे गर्भवती हो जाती हैं और वानर-सेना के २५ सेनापतियों को जन्म देती हैं।

३५८. परवर्ती रचनाओं के दशरथ-यज्ञ-वर्णन में अनेक गौण परिवर्तन किये गये हैं।

भट्टिकाव्य तथा रामायण ककविन में दशरथ-यज्ञ का वर्णन तो किया गया है, लेकिन किसी दिव्य पुरुष द्वारा दिये गये पायस का उल्लेख नहीं मिलता। **भट्टिकाव्य** में रानियाँ यज्ञ के पश्चात् पायस के स्थान पर हुतोच्छिष्ट का कुछ अंश खाती हैं (दे० सर्ग १)। अपेक्षाकृत

---

१. दे० आनन्द रामायण (१, १, ९६); भावार्थ रामायण (१, १); पाश्चात्य-वृत्तान्त नं० १३; ई० मूर, दि हिन्दू पंथेयॉन, पृ० ३१५; पी० थॉमस, लेजेण्ड्स ऑव इण्डिया, पृ० ८०।

२. दे० ई० मूर, वही; पी० थॉमस, वही।

अर्वाचीन रचनाओं में अग्नि के स्थान पर विष्णु स्वयं यज्ञाग्नि में से प्रकट होकर पायस प्रदान करते हैं; उदाहरणार्थ : पद्मपुराण का पातालखण्ड (अध्याय ११२, २३) और उत्तरखण्ड (अध्याय २६९, ४७); कृत्तिवास रामायण (१, ४१); बलरामदास रामायण; रामरहस्य (२, १४२)। तिलक नामक वाल्मीकि रामायण की टीका अपेक्षाकृत अर्वाचीन है; उसमें 'भूतम्' (दे० ऊपर अनु० ३५५) का अर्थ विष्णु ही माना गया है।

बृहद्धर्मपुराण (पूर्व खण्ड, अध्याय १८) के अनुसार जब विष्णु देवताओं को आश्वासन देते हैं कि मैं दशरथ के पुत्र राम के रूप में अवतार लूँगा, उसी अवसर पर शिव हनुमान् के रूप में राम की सहायता करने की प्रतिज्ञा करते हैं। **अध्यात्म रामायण** का वृत्तान्त इस प्रकार है : रावण आदि राक्षसों के भार से व्यथित होकर पृथ्वी गौ का रूप धारण कर देवताओं तथा मुनियों के साथ ब्रह्मा की शरण लेती है।[1] इस पर ब्रह्मा सबको ले जाकर क्षीरसमुद्र के तट पर विष्णु के पास आते हैं, उनकी स्तुति करते हैं तथा उनसे निवेदन करते हैं कि वह मनुष्य का रूप धारण कर देवशत्रु का वध करें। विष्णु कश्यप को प्रदत्त वर का उल्लेख करते हुए लक्ष्मी सहित अवतार लेने की प्रतिज्ञा करते हैं। तब ब्रह्मा **वाल्मीकि रामायण** के अनुसार देवताओं को आदेश देते हैं कि वे अपने-अपने अंश से वानर वंश में पुत्र उत्पन्न करें (बालकाण्ड, अध्याय २)।

पद्मपुराण के **गौडीय पातालखण्ड** में शान्ता अपने पिता दशरथ के पास आकर अपने पति ऋष्यशृंग की शक्ति का वर्णन करती है। यह सुनकर दशरथ ऋष्यशृंग द्वारा पुत्रेष्टि-यज्ञ करवाने का संकल्प करते हैं (दे० अध्याय १४)। पद्मपुराण के एक अन्य स्थल पर नामदेव नामक साधु दशरथ को पुत्रेष्टि-यज्ञ की विधि बतलाते हैं (दे० पातालखण्ड, अध्याय ११२)।

कृत्तिवास रामायण (१, ३५) के अनुसार दशरथ अपने मंत्रियों को बुलाकर कहते हैं—"मेरी अवस्था अब ९००० वर्ष की हो गयी है; अन्धक मुनि ने मुझे वर दिया था कि ऋष्यशृंग द्वारा यज्ञ का आयोजन कर पुत्र प्राप्त करूँगा। यह ऋष्यशृंग कौन है?" इस पर वसिष्ठ ऋष्यशृंग की कथा सुनाते हैं। तब दशरथ लोमपाद के यहाँ जाकर ऋष्यशृंग को अयोध्या ले आते हैं तथा यज्ञ सम्पन्न हो जाता है (अध्याय ३९)। **सारलादास** के उड़िया महाभारत (वन पर्व, पृ० २२८) में ऋष्यशृंग लोमपाद की राजधानी में दशरथ के लिए यज्ञ करते हैं और दशरथ पायस अयोध्या ले जाते हैं। **माधवदास** के विचित्र रामायण के अनुसार परशुराम पुत्रेष्टि-यज्ञ के अवसर पर आ पहुँचते हैं तथा आदेश देते हैं कि जो ज्येष्ठ पुत्र होगा, उसे मेरा ही नाम देना। **काश्मीरी रामायण** में नारायण स्वप्न में दशरथ को दर्शन देकर कहते हैं कि मैं तेरा पुत्र बन जाऊँगा। अनन्तर वसिष्ठ से परामर्श लेकर दशरथ पुत्रेष्टि-यज्ञ का आयोजन करते हैं। पाश्चात्य-वृत्तान्त नं० १ के अनुसार विश्वामित्र ने वन में दशरथ के लिए यज्ञ चढ़ाया था (दे० अध्याय १)।

ख। अवतारवाद का विकास

३५९. अवतारवाद के प्रश्न रूप के अनुसार विष्णु ने चार अंशों में अवतार धारण किया था। पायस के विभाजन में अवश्य पर्याप्त विभिन्नता पायी जाती है; फिर भी चारों भाई विष्णु ही

१. विष्णुपुराण (अंश ५, अध्याय १) के अनुसार पृथ्वी ने दैत्यगण के भार से पीड़ित होकर देवताओं तथा ब्रह्मा के साथ विष्णु की शरण ली थी तथा कृष्णावतार का आश्वासन प्राप्त किया था। भागवतपुराण (स्कन्ध १०, अध्याय १) में इसी अवसर पर पृथ्वी के गौ का रूप धारण करने का उल्लेख है।

के अंशावतार माने गये हैं। दाक्षिणात्य पाठ में कहा गया है कि पायस के विभाजन के समय कौशल्या को आधा भाग मिला था, सुमित्रा को एक चतुर्थांश और एक अष्टमांश तथा कैकेयी को एक अष्टमांश (दे० सर्ग १६, २६),[१] किन्तु आगे चलकर तीनों भाई भरत, लक्ष्मण तथा शत्रुघ्न विष्णु के एक-एक चतुर्थांश से समन्वित माने जाते हैं (दे० सर्ग १८, १३-१४)। ऐसा प्रतीत होता है कि यह अन्तिम रूप सबसे प्राचीन है और चारों भाई ही विष्णु के चतुर्थांश माने जाते थे। हरिवंश, विष्णुपुराण, वायुपुराण आदि में विष्णु के चार रूपों में प्रकट होने का उल्लेख मिलता है :

कृत्वात्मानं महाबाहुश्चतुर्धा प्रभुरीश्वरः।

(हरिवंश १, ४१, १२२)

फिर भी प्रारम्भ ही से राम को सबसे अधिक महत्त्व दिया गया था तथा **महाभारत** में विष्णु के राम-रूप में ही प्रकट होने का उल्लेख किया गया है।

३६०. अंशावतार का एक अन्य रूप भी मिलता है, जिसमें पांचरात्र के एक सिद्धान्त का सहारा लिया गया है। इस सिद्धान्त के अनुसार नारायण चतुर्व्यूह के रूप में आविर्भूत हैं अर्थात् वासुदेव, संकर्षण, प्रद्युम्न तथा अनिरुद्ध। **विष्णुधर्मोत्तरपुराण** (अध्याय २१२) तथा **नारदपुराण** (उत्तरखण्ड, अध्याय ७५) के अनुसार राम, लक्ष्मण, भरत और शत्रुघ्न क्रमशः उपर्युक्त चतुर्व्यूह से अभिन्न हैं।

३६१. बाद की अधिकांश रचनाओं में राम विष्णु के पूर्णावतार माने गये हैं।[२] प्रारम्भ में भरत तथा शत्रुघ्न को छोड़कर केवल लक्ष्मण के अवतारवाद का उल्लेख किया जाता है। **तिब्बती रामायण** में राम तथा लक्ष्मण क्रमशः विष्णु तथा विष्णु के पुत्र के अवतार माने गये हैं। अन्य रचनाओं में केवल राम तथा लक्ष्मण का उल्लेख है, जो विष्णु तथा शेष के अवतार हैं; उदाहरणार्थ **नृसिंहपुराण** (अध्याय ४७), **देवीभागवत** (३, ३०), जावा का **सेरतकाण्ड, रामचरितमानस**, पाश्चात्य वृत्तान्त नं० १३। परवर्ती साहित्य में लक्ष्मण को प्रायः शेष का अवतार माना गया है।

अर्वाचीन रचनाओं में भरत तथा शत्रुघ्न के अवतारत्व के विषय में सर्वाधिक प्रचलित धारणा यह है कि वे क्रमशः पांचजन्य शंख तथा सुदर्शन चक्र के अवतार हैं। अध्यात्म रामायण में लिखा है—**भरतशत्रुघ्नौ शंखचक्रे** (दे० १, ४, १८); **शंखचक्रे द्वे भरतं सानुजं** (दे० ३, २, १६)। आनन्द रामायण में भी इसका स्पष्ट शब्दों में उल्लेख किया गया है :

शंखो बभूव भरतः श्रीविष्णोः सव्यसत्करे।
वामे करे बभूवाथ शत्रुघ्नश्च सुदर्शनम्॥ (९, ६, १६)

निम्नलिखित रचनाओं में इसी प्रकार का निर्देश मिलता है—पद्मपुराण (उत्तरखण्ड, २६९,९३-९५), सत्योपाख्यान (२, ४-५), रामरहस्य (अध्याय ३)।

---

१. उदीच्य पाठ (तथा रामचरितमानस) में पायस का विभाजन इस प्रकार है—कौशल्या को आधा, कैकेयी को एक चतुर्थांश और सुमित्रा को दो अष्टमांश। रघुवंश, रामायण मंजरी, अध्यात्म रामायण तथा कृत्तिवास में भी चारों भाई एक-एक चतुर्थांश से जन्म लेते हैं। अभिनन्दकृत रामचरित (८, ६२) के अनुसार दशरथ ने कौशल्या तथा कैकेयी को पायस का आधा-आधा दे दिया और दोनों ने सुमित्रा को अपने पायस का कुछ अंश दिया।

२. सेरीराम के पाठ में राम को विष्णु से अभिन्न माना गया है, दूसरा पाठ उन्हें विष्णु का वंशज मानता है। प्रथम पाठ में इसका भी उल्लेख किया गया है कि राम क्रुद्ध हो जाने पर सहस्रस्कन्ध विष्णु का रूप धारण कर लेते हैं (१००० सिर, २००० भुजाएँ, २००० पैर)।

अध्यात्म रामायण के एक अन्य स्थल पर भरत को चक्र का तथा शत्रुघ्न को शंख (दर) का अवतार माना गया है—**बभूवतुश्चक्रदरौ च दिव्यौ कैकेयिसूनुर्लवणान्तकश्च** (उत्तरकाण्ड, ९, ५७)। उदारराघव (सर्ग २), तत्त्वसंग्रह रामायण (१, १४), काश्मीरी रामायण (२, १३) तथा बलरामदास के रामायण में भरत-शत्रुघ्न को चक्र-शंख का अवतार माना गया है।

भरत तथा शत्रुघ्न के अवतारत्व के विषय में **लिंगपुराण** (२, ५, १४७-१४८) और **अद्‌भुत रामायण** में लिखा है कि विष्णु की दायीं तथा बायीं बाँह क्रमशः भरत तथा शत्रुघ्न के रूप में प्रकट हुई थीं (दे० सर्ग ४, ६६-६७)। पाश्चात्य वृत्तान्त नं०१ के अनुसार चक्र तो भरत में अवतरित हुआ, किन्तु अनन्त ने लक्ष्मण तथा शत्रुघ्न दोनों में अवतार लिया था (दे० अध्याय १)। स्याम के रामकियेन में भरत को चक्र का तथा शत्रुघ्न को गदा का अवतार माना गया है (दे० अध्याय २)।

सारलादासकृत महाभारत के अनुसार विष्णु राम में अवतरित हुए, ब्रह्मा शत्रुघ्न में, इन्द्र भरत में तथा महादेव लक्ष्मण में (दे० वनपर्व, पृ० २२८)। दीनकृष्णदास कृत—उड़िया **रसविनोद** में लक्ष्मण के अवतार-तत्त्व के विषय में यह कथा मिलती है। शिव गोहत्या के प्रायश्चित्त के लिए तप कर रहे थे और विष्णु ने उन्हें त्रेतायुग में लक्ष्मण के रूप में जन्म लेने का वरदान दिया। वह मेघनाद की शक्ति से आहत होने के कारण गोहत्या-दोष से मुक्त हो जायेंगे।

३६२. रामभक्ति के विकास के साथ अवतारवाद का भी विकास हुआ। रामतापनीय उपनिषद् से लेकर समस्त रामभक्ति-विषयक रचनाओं में राम को विष्णु के अवतार के अतिरिक्त परब्रह्म का भी अवतार माना गया है (दे० अध्यात्म रामायण, बालकाण्ड, अध्याय १)।

बहुत-सी रचनाओं में राम तथा शिव की अभिन्नता पर विशेष रूप से बल दिया गया है। पद्मपुराण के पातालखण्ड (अध्याय ४६) में राम शिव से कहते हैं जो लोग हम दोनों में अन्तर देखते हैं, वे न केवल मूर्ख हैं, किन्तु उनको नरक की यातना भी भोगनी पड़ेगी :

ममास्ति हृदये शर्वो भवतो हृदये त्वहम्।
आवयोरन्तरं नास्ति मूढाः पश्यन्ति दुर्धियः॥ २०॥
ये भेदं विदधत्यद्धा आवयोरेकरूपयोः।
कुम्भीपाकेषु पच्यन्ते नराः कल्पसहस्रकम्॥ २१॥

कृत्तिवास रामायण के महिरावण-वध प्रसंग के अन्तर्गत दुर्गा हनुमान् से कहती हैं कि राम शिव के गुरु हैं तथा दोनों में वस्तुतः अन्तर नहीं है—**शिवरामे अभेद कहेन शूलपाणि** (दे० ६, अध्याय ८४)।

इसी प्रकार **स्कन्दपुराण** (माहेश्वर खण्ड, केदार खण्ड ८, २०), **आनन्द रामायण** (मनोहरकाण्ड सर्ग ७ और १२), **रामलिंगामृत** (सर्ग १९) तथा **धर्मखण्ड** (अध्याय ९८) में राम तथा शिव के अभेद का प्रतिपादन किया गया है।

अध्यात्म रामायण के अयोध्याकाण्ड के प्रथम सर्ग में नारद राम को स्मरण दिलाते हैं कि वह विष्णु, शिव, ब्रह्मा तथा सूर्य से अभिन्न हैं तथा तदनुसार लक्ष्मी, पार्वती, सरस्वती तथा प्रभा सीता में अवतरित हैं :

त्वं विष्णुर्जानकी लक्ष्मीः शिवस्त्वं जानकी शिवा।
ब्रह्मा त्वं जानकी बाणी सूर्यस्त्वं जानकी प्रभा॥ १३॥

आनन्द रामायण के राज्यकाण्ड में राम तथा कृष्ण की अभिन्नता का उल्लेख किया गया है—**राम एवात्र कृष्णश्च कृष्ण एवात्र राघवः॥ उभयोर्नान्तरम्** (सर्ग ३, ११५)।

तत्त्वसंग्रह रामायण के प्रारम्भ में लिखा है कि विभिन्न रचनाओं में राम निम्नलिखित देवताओं के अवतार माने जाते हैं—शिव; ब्रह्मा; हरिहर; त्रिमूर्ति; सच्चिदानन्द परब्रह्म। **बलरामदास** तो विष्णु को रामादि चार भाइयों में अवतरित मानते हैं तथा लक्ष्मी को सीता में, किन्तु अरण्यकाण्ड के मंगलाचरण तथा दण्डकारण्य के वृत्तान्त में उन्होंने उड़ीसा के लोकप्रिय देवताओं से राम, सीता और लक्ष्मण की अभिन्नता का प्रतिपादन किया है। तदनुसार राम, सीता, लक्ष्मण क्रमशः जगन्नाथ, सुभद्रा तथा बलभद्र से अभिन्न हैं।[१] बौद्ध रचनाओं में राम को बोधिसत्त्व माना जाता है तथा बौद्ध इतिहास और रामकथा के अन्य पात्रों की अभिन्नता का उल्लेख होता है।[२] स्याम देश के **पालक पालाम** (दे० अनु० ३२७) के अनुसार दशरथ ने देवताओं से एक ऐसे पुत्र की याचना की थी जो रावण को पराजित करने में समर्थ हो। इस पर इन्द्र ने बोधिसत्त्व को भेज दिया, जो दशरथ के दोनों पुत्रों में प्रकट हुए। **ब्रह्मचक्र** (अनु० ३२८) के अनुसार लंका की जनता को रावण के शासन से पीड़ित देखकर इन्द्र ब्रह्मा के पास गये तथा उन्होंने रावण से युद्ध करने की आज्ञा माँगी। ब्रह्मा ने अनुमति दी तथा कई देवताओं को, जिनमें बुद्ध भी सम्मिलित थे, पृथ्वी पर भेज दिया। ये देवता राम-लक्ष्मण तथा भरत के रूप में जन्म लेते हैं।

३६३. जैन साहित्य में रामकथा के प्रधान पात्रों के पूर्वजन्म की कथाओं को अपेक्षाकृत अधिक महत्त्व दिया गया है। **पउमचरियं** के अनुसार राम के तीन पूर्व जन्मों का उल्लेख है। इसके अनुसार वह क्रमशः एक व्यापारी का पुत्र धनदत्त, विद्याधर राजकुमार नयनानन्द तथा राजकुमार श्रीचन्द्र कुमार थे। लक्ष्मण किसी पूर्व जन्म में धनदत्त (राम) का भाई वसुदत्त था; बाद में वह हरिण के रूप में प्रकट हुआ तथा कई बार जन्म लेने के पश्चात् वह दशरथ के पुत्र में अवतरित हुआ।[३]

गुणभद्र के उत्तरपुराण में जो कथा मिलती है, उसमें राम-लक्ष्मण अपने पूर्व जन्म में भाई न होकर अन्तरंग मित्र माने जाते हैं। लक्ष्मण राजा प्रजापति का पुत्र चन्द्रचूल था तथा राम राजमंत्री का विजय नामक पुत्र। दुराचरण के कारण राजा ने दोनों को प्राणदण्ड की आज्ञा दी थी, किन्तु मंत्री उनको एक महाबल नामक साधु के पास ले गया। साधु ने कहा कि ये तो वासुदेव तथा बलदेव बननेवाले हैं। चन्द्रचूल तथा विजय दीक्षा लेकर तप करने लगे तथा स्वर्ग में क्रमशः मणिचूल तथा सवर्णचूल देवता बन गये; अगले जन्म में वे लक्ष्मण तथा राम के रूप में प्रकट हुए (दे० सन्धि ६७, ९० आदि)।

३६४. सीता का लक्ष्मीत्व राम के विष्णुत्व का एक स्वाभाविक विकास प्रतीत होता है। सीता तथा लक्ष्मी की अभिन्नता का उल्लेख **वाल्मीकि रामायण** के एक अपेक्षाकृत अर्वाचीन सर्ग में पाया जाता है, जिसमें अग्नि-परीक्षा के अवसर पर देवता आकर राम की विष्णु-रूप में स्तुति करते हैं (दे० ६, सर्ग ११७, २७)। इस सर्ग में राम, कृष्ण तथा विष्णु तीनों की अभिन्नता का भी उल्लेख किया गया है। यह **वाल्मीकि रामायण** का एकमात्र स्थल है, जहाँ कृष्ण का नाम आया है। उत्तरकाण्ड में कुशध्वज की पुत्री वेदवती की कथा मिलती है, जिसके अनुसार वेदवती सीता के रूप में प्रकट होती है (दे० सर्ग १७)। इस

१. आनन्द रामायण (९, ५, ४४) में भी लक्ष्मण-बलराम की अभिन्नता का उल्लेख है।

२. दे० दशरथ जातक (अनु० ५१), अनामकं जातकम् (अनु० ५२), दशरथ कथानकम् (अनु० ५३), खोतानी रामायण (अनु० ३१२), रामकेर्ति (अनु० ३२४), रामजातक (३२७)।

३. दे० पर्व १०३। लक्ष्मण तथा रावण का कई जन्मों तक परस्पर विरोध चलता रहा। दे० आगे अनु० ४१०।

कथा की रचना उस समय की गयी होगी, जब सीता तथा लक्ष्मी की अभिन्नता की भावना व्यापक नहीं हो पायी थी।

सीता के लक्ष्मीत्व का उल्लेख दाक्षिणात्य पाठ के उत्तरकाण्ड के ३७वें सर्ग के बाद के प्रक्षिप्त सर्गों में भी मिलता है, लेकिन ये सर्ग अन्य पाठों में नहीं पाये जाते (दे० ७, ३७ प्र० सर्ग ३ और ४)।[1]

वायु, ब्रह्माण्ड और **विष्णु** जैसे प्राचीन महापुराणों में तथा **रघुवंश** में सीता तथा लक्ष्मी की अभिन्नता की ओर निर्देश नहीं किया गया है, यद्यपि इन रचनाओं में राम विष्णु के अवतार माने गये हैं। **हरिवंश** (१, अध्याय ४१), भागवतपुराण (९, अध्याय १०), ब्रह्मपुराण (२१३, १२९), देवीभागवतपुराण (३, २८, १३), अभिषेक नाटक (अनु० २२७), रामकियेन (अध्याय २ और १०), पद्मपुराण (६, २६९, ९९), सेरतकाण्ड (दे० ऊपर अनु० ३२२) तथा अधिकांश अर्वाचीन रचनाओं के अनुसार सीता तथा लक्ष्मी अभिन्न ही हैं।

रामतापनीय उपनिषद् में पहले-पहल सीता तथा प्रकृति की अभिन्नता का उल्लेख किया गया है। बाद के साम्प्रदायिक साहित्य में लक्ष्मी के अतिरिक्त सीता मूलप्रकृति, योगमाया तथा परमशक्ति (दे० अध्यात्म रा० १, ७, २७) भी मानी जाती हैं :

एषा सा जानकी लक्ष्मीर्योगमायेति विश्रुता॥ ११॥

(अध्यात्म रामायण २, ५)

मूलप्रकृतिरित्येके प्राहुर्मायेति केचन॥ २२॥ (वही ३, ३)

३६५. सीता के अवतार-तत्त्व[2] के विषय में अन्य उल्लेख भी मिलते हैं। **सौरपुराण** में कहा गया है कि जनक ने तपस्या द्वारा पार्वती को सन्तोष दिया था और फलस्वरूप पार्वती उनकी पुत्री के रूप में प्रकट हुईं।

पार्वत्यंशसमुद्भवा जनकेन पुरा गौरी तपसा तोषिता यतः।

(अध्याय ३०, ५१)

महाभागवतपुराण के अनुसार सीता और लक्ष्मी अभिन्न तो हैं, लेकिन लक्ष्मी स्वयं देवी के अंश से उत्पन्न मानी जाती हैं (दे० अध्याय ३६)। **स्कन्दपुराण** के माहेश्वर खण्ड के अनुसार ब्रह्म-विद्या सीता के रूप में अवतरित हुई (दे० अध्याय ८, ९५)। इसी पुराण के ब्रह्मखण्ड (सेतुमाहात्म्य के अग्नितीर्थ प्रसंग) में कहा है कि सीता परशुराम-अवतार में धरणी, राम-अवतार में सीता तथा कृष्ण-अवतार में रुक्मिणी हैं। **अध्यात्म रामायण** के अनुसार सीता निम्नलिखित देवियों से अभिन्न हैं : लक्ष्मी, पार्वती, सरस्वती और प्रभा (दे० ऊपर अनु० ३६२)। **आनन्द रामायण** में सीता तथा दुर्गा की अभिन्नता का प्रतिपादन किया गया है (दे० मनोहरखण्ड, अध्याय १२, श्लोक २६ और ३९)।

स्याम के **राम-जातक** में रावण इन्द्र का रूप धारण कर स्वर्ग की रानी को धोखा देते हैं। रावण से प्रतीकार लेने के लिए वह सीता के रूप में प्रकट होती हैं। इसके अनुसार इन्द्राणी सीता में अवतरित हैं (अनु० ४१६)। **पालक पालाम** में भी इस प्रकार की कथा मिलती है। **अद्भुत रामायण** में अम्बरीष की पुत्री श्रीमती सीता के रूप में प्रकट हुई (दे० आगे अनु० ३७३)।

---

१. वेदवती की कथा का जैनी रूप आगे अनु० ४१० में देखें। सीता के पूर्वजन्म की एक अन्य कथा गुणभद्र के उत्तरपुराण में मिलती है (दे० अनु० ४१२)।

२. सीता और सुभद्रा की अभिन्नता का अनु० ३६२ में उल्लेख हो चुका है।

ग। अवतार के कारण

३६६. प्रारम्भ में रावण-वध ही विष्णु के राम के रूप में प्रकट होने का उद्देश्य कहा गया है (दे० वाल्मीकि रामायण १, १६)। बाद में भगवद्गीता के अनुकरण पर रामावतार के विषय में विष्णु अवतारों के सामान्य उद्देश्य का भी उल्लेख होने लगा :

यदा यदा हि धर्मस्य ग्लानिर्भवति भारत।
अभ्युत्थानमधर्मस्य तदात्मानं सृजाम्यहम्॥ ७॥
परित्राणाय साधूनां विनाशाय च दुष्कृताम्।
धर्मसंस्थापनार्थाय सम्भवामि युगे युगे॥ ८॥

(भगवद्गीता, अध्याय ४)

रामभक्ति के पल्लवित होने के पश्चात् इसका भी प्रायः उल्लेख मिलता है कि अपने भक्तों को भवसागर के पार पहुँचाने अथवा उनको अपना सगुण रूप दिखलाने के उद्देश्य से निर्गुण ब्रह्म राम के रूप में प्रकट हो जाते हैं।[1]

रामावतार के इस उद्देश्य के अतिरिक्त विष्णु के अवतार धारण करने के कई कारणों का उल्लेख मिलता है। इसके सम्बन्ध में अनेक वरों अथवा शापों की कथाएँ पायी जाती हैं।

(अ) वर

३६७. कश्यप-अदिति का सम्बन्ध पहले-पहल वामनावतार मात्र के साथ माना जाता था। बाद में कृष्ण और राम की कथाओं के प्रसंग में भी उनका उल्लेख मिलता है। विकास की रूपरेखा इस प्रकार है। वामनावतार की प्राचीनतम कथाओं में (दे० अनु० १४१) कश्यप-अदिति की चर्चा नहीं है किन्तु **महाभारत** के आदि पर्व (१,२७) में कश्यप तथा विनता की तपस्या का वर्णन किया गया है जिसके फलस्वरूप उनको दो पुत्र (अरुण तथा गरुड़) प्राप्त हुए। महाभारत के अन्य स्थलों पर अदिति की आराधना (३, १३५, ३) तथा तपस्या (१३, ८३, २६-२७) का उल्लेख मिलता है, जिसके फलस्वरूप वह विष्णु की माँ बन सकीं।[2] **हरिवंशपुराण** (३, अध्याय ६७-६९) में देवता, कश्यप तथा अदिति सब मिलकर १००० वर्ष तक तपस्या करते हैं और अन्त में विष्णु से यह वरदान प्राप्त करते हैं कि वह वामन के रूप में अदिति के गर्भ से जन्म लेकर बलि को परास्त करेंगे। **वाल्मीकि रामायण** के दाक्षिणात्य पाठ (१, २९, १०-१७) तथा **वामनपुराण** (अध्याय २४-२८) में भी कश्यप तथा अदिति की तपस्या एवं वरप्राप्ति का वर्णन किया गया है।

महाभारत के शान्ति पर्व में विष्णु के विषय में लिखा है—**अदित्याः सप्तरात्रं तु पुराणे गर्भतां गतः** (१२, ४३, ६); बहुत-सी हस्तलिपियों में 'सप्तरात्र' के स्थान पर 'सप्तधा' पाठ

---

१. अर्वाचीन रामकथाओं में प्रायः कहा गया है कि जय-विजय नामक विष्णु के द्वारपाल सनकादि के शाप से वशीभूत होकर रावण-कुम्भकर्ण के रूप में प्रकट हो गये थे। रामचरितमानस में इसका भी उल्लेख मिलता है कि इन दोनों के हित के लिए भगवान् ने राम का अवतार धारण कर लिया।

मुकुत न भए हते भगवाना। तीनि जन्म द्विज बचन प्रवाना।
एक बार तिन्ह के हित लागी। धरेउ शरीर भगत अनुरागी।

(बालकाण्ड, १२३, १-२)

रावण-कुम्भकर्ण के पूर्व जन्म की अन्य कथाओं के लिए दे० आगे अनु० ६४८।

२. मत्स्यपुराण में भी अदिति की यह तपस्या उल्लिखित है (दे० अध्याय २४३, ९)।

मिलता है। सम्भव है इसी कारण से वामनावतार के अतिरिक्त अदिति का सम्बन्ध अन्य अवतारों से भी जोड़ा गया है। **मत्स्यपुराण** (अध्याय ४७, ९), **ब्रह्माण्डपुराण** (२,७१, २०० और २३८), **ब्रह्मवैवर्तपुराण** (कृष्णजन्मखण्ड, अध्याय ७) आदि में कश्यप अदिति को वसुदेव-देवकी से अभिन्न माना गया है।

भागवतपुराण के अनुसार सुतपा तथा वृश्नि ने स्वायम्भू मन्वन्तर में १२००० वर्ष तक तपस्या करके भगवान् से वर प्राप्त किया कि वह तीन बार उनके पुत्र बन जायें। फलस्वरूप भगवान् वृश्निगर्भ (सुतपा-पुत्र), उपेन्द्र अथवा वामन (कश्यप-पुत्र) तथा कृष्ण (वसुदेव पुत्र) के रूप में अवतरित हुए (दे० स्कन्ध १०, अध्याय ३, ३२-४५)।

अपेक्षाकृत अर्वाचीन रचनाओं में कश्यप-अदिति के दशरथ-कौशल्या के रूप में प्रकट होने का उल्लेख मिलता है; उदाहरणार्थ—**अध्यात्म रामायण** का बालकाण्ड (२, २५; ३, ३२; ४, १४-१६), **रामचरितमानस** (१, १८७), **काश्मीरी रामायण** (अयोध्याकाण्ड, नं० १३)। **आदिपुराण** में नन्द के एक स्वप्न का विवरण दिया गया है, जिसके अनुसार वह अपने पूर्वजन्म में दशरथ था (अध्याय १६)। **कृत्तिवास रामायण** में विष्णु कश्यप-अदिति की ओर निर्देश करते हुए देवताओं से कहते हैं कि दशरथ तथा कौशल्या ने मेरी सेवा की और मैं उनको यह वर दे चुका हूँ कि मैं तुम्हारे घर में जन्म लूँगा (दे० बालकाण्ड, अ० ३९)। अच्युतानन्द (१६वीं श० ई०) के उड़िया **हरिवंश** के अनुसार गोमाता ने कश्यप तथा अदिति को विभिन्न युगों में जन्म लेने का शाप दिया था।

३६८. ब्रह्मा के पुत्र स्वायम्भू मनु की तपस्या[1] का प्रथम उल्लेख **शतपथ ब्राह्मण** में मिलता है—प्रजा की कामना से प्रेरित होकर वह आराधना तथा तपस्या में प्रवृत्त हुए (दे० १,८,१, ७)। विष्णुपुराण में स्वायम्भू की सृष्टि, उसकी तपश्चर्या, शतरूपा[2] की प्राप्ति तथा इन दोनों की सन्तति का वर्णन किया गया है (दे० १, अध्याय ७)। **भागवतपुराण** में भी स्वायम्भू के विरक्त हो जाने, राज्य छोड़ देने तथा अपनी पत्नी के साथ वन में तपस्या करने की कथा वर्णित है (दे० स्कन्ध ८, अध्याय १)। **देवीभागवतपुराण** के अनुसार स्वायम्भू मनु ने १०० वर्ष तक तपस्या तथा देवी की आराधना की थी तथा अन्त में उनसे यह वर माँगा—**सर्गकार्ये विघ्ना नश्यन्तु मे** (दे० १०, १, २१)। देवी ने उनको अकंटक राज्य तथा पुत्रों की प्राप्ति का आश्वासन दिया—**राज्यं निष्कंटकं तेऽस्तु पुत्रा वंशकरा अपि** (दे० १०, २, ३)।

उपर्युक्त कथाओं में किसी अवतार का उल्लेख नहीं होता; सम्भवतः वैवस्वत मनु[3] की कथा के प्रभाव के कारण अर्वाचीन रचनाओं में स्वायम्भू मनु की तपस्या तथा अवतारवाद का सम्बन्ध स्थापित किया गया है। **पद्मपुराण** के उत्तरखण्ड के अनुसार स्वायम्भू ने १००० वर्ष तक तपस्या करके विष्णु से यह वर प्राप्त किया था कि विष्णु तीन जन्मों में उनके पुत्र बन जायें। तदनुसार स्वायम्भू-शतरूपा क्रमशः दशरथ-कौशल्या, वसुदेव-देवकी तथा कलियुग

---

१. प्रजा-प्राप्ति के उद्देश्य से तप करने का उल्लेख तैत्तिरीय उपनिषद् में परमात्मा के विषय में (दे० २, ६, १) तथा प्रश्नोपनिषद् में प्रजापति के विषय में हुआ है—**प्रजाकामो वै प्रजापतिः स तपोऽतप्यत** (दे० १, ४)।

२. महाभारत में स्वायम्भू की पत्नी का नाम सरस्वती है (दे० ५, १५, १४) बाद में प्रायः शतरूपा ही का उल्लेख मिलता है। **गरुड़पुराण** (१,९१, १) में भी स्वायम्भू आदि मुनियों की साधना का उल्लेख किया गया है।

३. मनु वैवस्वत की तपस्या तथा फलस्वरूप प्रजापति के मत्स्यावतार की कथा महाभारत (दे० ३, १८५) तथा परवर्ती रचनाओं में विस्तार सहित वर्णित है।

में संभल ग्रामवासी ब्राह्मण हरिगुप्त तथा उनकी पत्नी देवप्रभा के रूप में प्रकट होते हैं (दे० अध्याय २६९)। रामरहस्य (सर्ग १) तथा तत्त्वसंग्रह रामायण (१, १३) में भी इससे मिलती-जुलती कथा पायी जाती है। रामरहस्य में हरिगुप्त के स्थान पर हरिव्रत का उल्लेख है और तत्त्वसंग्रह रामायण में मनु अन्तिम बार विष्णुव्रत के रूप में प्रकट होकर कल्कि के पिता बन जाते हैं।

रामचरितमानस (१, १४१) तथा पाश्चात्य वृत्तान्त नं० १३ में भी मनु-शतरूपा तथा दशरथ-कौशल्या की अभिन्नता का उल्लेख है।

३६९. स्कन्दपुराण के वैष्णवखण्ड (अध्याय २४), पद्मपुराण (उत्तरखण्ड, अध्याय १०९) तथा **आनन्द रामायण** (सारकाण्ड सर्ग ४, ११७-१७० तथा सर्ग, १-२८) में विष्णुभक्त धर्मदत्त तथा कलहा की कथा दी गयी है जिसके अनुसार दोनों क्रमशः दशरथ तथा कैकेयी के रूप में प्रकट हुए हैं। संवृत रामायण में भी इस प्रकार का वृत्तान्त मिलता है (दे० ऊपर अनु० २९३)।

(आ) शाप

३७०. भृगु-शाप की कथा के प्राचीनतम रूप में किसी अवतार विशेष का उल्लेख नहीं किया गया है। **मत्स्यपुराण** के अनुसार भृगु की पत्नी का वध करने के कारण भृगु ने विष्णु को सात बार मनुष्यों में अवतार धारण कर लेने का शाप दिया—**तस्मात्त्वं सप्तकृत्वेह मानुषेषूपपत्स्यसे** (अध्याय ४७, १०६)। लिंगपुराण में भृगु के शाप के फलस्वरूप विष्णु के दस अवतारों का उल्लेख है :

> **भृगोरपि च शापेन विष्णुः परमवीर्यवान्।**
> **प्रादुर्भावान् दश प्राप्तो दुःखितश्च सदा कृतः॥ २६॥** (अध्याय २९)

वायुपुराण (अध्याय ९७), ब्रह्माण्डपुराण (२, अध्याय ७२) और देवीभागवतपुराण (४, अध्याय १२) में भी ऐसी कथा मिलती है। वाल्मीकि रामायण के एक स्थल के अनुसार, जो केवल दाक्षिणात्य पाठ में मिलता है, भृगु ने विष्णु को बहुत वर्षों तक पत्नी-वियोग सहने का शाप दिया था। इस शाप के फलस्वरूप रामावतार में सीता-त्याग की घटना हुई थी (दे० उत्तरकाण्ड, सर्ग ५१)। वह्निपुराण में भृगु-शाप रामावतार का कारण माना गया है (दे० पृ० १७०)। योगवासिष्ठ के अनुसार विष्णु ने भृगु की पत्नी का वध किया था और इस पर भृगु ने शाप दिया कि तुम भी स्त्री के वियोग से व्याकुल हो जाओगे। इस शाप के वशीभूत विष्णु राम के रूप में प्रकट हुए (दे० वैराग्य प्रकरण, सर्ग १, ६१)।

३७१. योगवासिष्ठ में दो अन्य शापों का भी उल्लेख किया गया है, जिनके कारण विष्णु को राम का रूप धारण करना पड़ा। किसी दिन विष्णु ब्रह्मपुरी गये थे, जहाँ सनत्कुमार को छोड़कर सबों ने उनका स्वागत किया था। इस पर विष्णु ने सनत्कुमार को कामातुर बन जाने का शाप दिया तथा प्रत्युत्तर में सनत्कुमार ने विष्णु को 'अज्ञानी' हो जाने का शाप दिया (दे० १, १, ५९-६०)। एक अन्य अवसर पर नृसिंहरूपधारी विष्णु ने देवशर्मा की पत्नी को डराया था, जिससे वह मर गयी थी। इस पर देवशर्मा ने विष्णु को पत्नी-वियोग भोगने का शाप दिया था। (दे० योगवासिष्ठ १, १, ६३-६४)।

३७२. स्कन्दपुराण (वैष्णव खण्ड, कार्तिकमास माहात्म्य, अध्याय २०-२१), शिवमहापुराण (रुद्र संहिता, युद्ध-खण्ड, अध्याय २३), पद्मपुराण (उत्तरखण्ड, अध्याय १६ और १०५), योगवासिष्ठ रामायण (१, १, ६२) आनन्द रामायण (१,४, ८०-११२) तथा लोमश रामायण (दे० अनु० १९४) में वृन्दा-शाप का वर्णन किया गया है। दैत्य जलंधर शिव से युद्ध

करते हुए अपनी पत्नी वृन्दा के सतीत्व के कारण अजेय रहे। इस पर विष्णु ने जय-विजय की सहायता से वृन्दा का सतीत्व नष्ट कर दिया था। वृन्दा ने जय-विजय को, जिन्होंने उसे राक्षस के रूप में डराया था, राक्षस बन जाने का शाप दिया कि तुम मनुष्य बनोगे और ये दोनों तुम्हारी पत्नी का हरण करेंगे। तत्त्वसंग्रह रामायण में राम स्वयं वृन्दा शाप को सीताहरण का कारण मानते हैं (दे० ३, १६)।

स्कन्दपुराण (अध्याय २१) में वृन्दा का शाप इस प्रकार है :

यौ त्वया मायया द्वाःस्थौ स्वकीयौ दर्शितौ मम।
तावेव राक्षसौ भूत्वा भार्यां तव हरिष्यन्तः॥ २८॥

पद्मपुराण के उत्तरखण्ड (अध्याय १६) में यह शाप बदल दिया गया है :

अहं मोहं यथा नीता त्वया मायातपस्विना।
तथा तव वधूं मायातपस्वी कोऽपि नेष्यति॥ ५५॥

रामचरितमानस में विष्णु द्वारा वृन्दा का सतीत्व नष्ट किये जाने का उल्लेख मात्र किया गया है। कथा में इस प्रकार परिवर्तन किया गया है कि जलंधर ही रावण के रूप में प्रकट होकर और राम के हाथ से मरकर परमपद प्राप्त कर लेता है।

छल करि टारेउ तासु ब्रत, प्रभु सुर कारज कीन्ह।
जब तेहिं जानेउ मरम तब, स्राप कोप करि दीन्ह॥ १२३॥
तासु स्राप हरि कीन्ह प्रवाना। कौतुक निधि कृपाल भगवाना॥
तहाँ जलंधर रावन भयऊ। रन हति राम परम पद दयऊ॥

(बालकाण्ड)

३७३. नारद के मोह तथा विष्णु के प्रति उनके शाप की कथा अर्वाचीन है, किन्तु उस कथा के तत्त्व प्राचीन साहित्य में विद्यमान हैं। **महाभारत** में नारद तथा पर्वत का अनेक स्थलों पर साथ-साथ उल्लेख किया गया है। नारद-पर्वत का सम्बन्ध मामा-भानजे का माना जाता है—**मातुलो भागिनेयश्च** (१२, ३०, ५)। दोनों द्रौपदी-स्वयंवर के अवसर पर आकाश में दर्शक बनकर उपस्थित हैं (१, १७८, ७) तथा साथ-साथ इन्द्रलोक की यात्रा करते हैं (३, ५१, १२)। शान्तिपर्व में दोनों सृंजय के यहाँ पहुँचते हैं तथा उनकी पुत्री के कारण एक दूसरे को शाप देते हैं। नारद पर्वत की स्वर्ग-गति रोक लेते हैं तथा पर्वत शाप देते हैं कि नारद सृंजय की पुत्री के साथ विवाह करने के पश्चात् 'वानर-मुख' हो जायेंगे। नारद सृंजय की पुत्री से विवाह कर वास्तव में 'वानर-मुख' बन जाते हैं, किन्तु बाद में नारद-पर्वत मिलकर एक दूसरे को शापमुक्त करते हैं (दे० अध्याय ३०-३१)।[१]

महाभागवतपुराण प्राचीनतम रचना प्रतीत होती है, जिसमें नारद का शाप सूर्यवंश में विष्णु के जन्म तथा सीता-हरण का कारण माना गया है (दे० ११, १०७-११२)। **अद्भुत रामायण** में कथा इस प्रकार है। अम्बरीष की पुत्री श्रीमती को देखकर नारद तथा पर्वत दोनों उसको अम्बरीष से माँगते हैं। अम्बरीष कहते हैं कि कन्या जिसे चुन लेगी वही उसका पति

१. जैन रामकथाओं में नारद-पर्वत के यज्ञ-विषयक विवाद का विस्तृत वर्णन मिलता है। पर्वत हिंसात्मक यज्ञ का पक्ष लेता है तथा नारद इसका विरोध करते हैं (दे० पउमचरियं, पर्व ११; गुणभद्र का उत्तरपुराण सन्धि ६७, २५९ आदि)। पउमचरियं के अनुसार नारद ब्राह्मण ब्रह्मरुचि तथा वरकुर्मी के पुत्र हैं; जृंभक नामक देवता नारद को शास्त्र तथा आकाशगामिनी विद्या सिखलाते हैं और नारद देवर्षि बन जाते हैं। पउमचरियं ने नारद को ब्राह्मण कथाओं के अनुसार संगीतज्ञ, विनोदी तथा कलहप्रिय के रूप में चित्रित किया।

बन जायेगा। इस पर नारद तथा पर्वत दोनों अलग-अलग विष्णु के पास जाकर एक-दूसरे को 'वानरमुख' दिखलाते हैं। विष्णु हँसकर दोनों की प्रार्थना पूरी करते हैं। स्वयंवर के समय श्रीमती नारद तथा पर्वत को न देखकर केवल दो वानरों को तथा दोनों के बीच में सुन्दर युवक के रूप में विष्णु को देखती है। वह विष्णु के गले में माला डाल देती है और विष्णु उसे बैकुण्ठ ले जाते हैं। बाद में नारद तथा पर्वत विष्णु और श्रीमती को राम और सीता के रूप में प्रकट होने का शाप देते हैं।[१] **शिवमहापुराण** में जो कथा मिलती है वह **रामचरितमानस** के वृत्तान्त के अधिक निकट है। श्रीमती को प्राप्त करने के लिए नारद ने विष्णु के पास जाकर हरिरूप माँगा। विष्णु ने उसे हरि अर्थात् वानर का मुख दिया और स्वयं श्रीमती के स्वयंवर में जाकर उसे प्राप्त किया। उस स्वयंवर में दो शिवगणों ने नारद का उपहास किया और नारद के शाप के कारण वे रावण और कुम्भकर्ण बन गये। नारद ने विष्णु को यह शाप दिया—तुम मनुष्य बनकर वानरों के साथ विरह का दुःख भोगो (दे० रुद्रसंहिता, सृष्टिखण्ड, अध्याय ३-४)। **रामचरितमानस** में अम्बरीष की पुत्री श्रीमती के स्थान पर सीलनिधि की पुत्री विश्वमोहिनी का उल्लेख किया गया है (दे० बालकाण्ड १३०,२-४)। बलरामदास के रामायण में अम्बरीष की पुत्री का नाम लीलावती है (दे० किष्किन्धाकाण्ड)।

अद्भुत रामायण के एक अन्य स्थल के अनुसार, लक्ष्मी ने किसी अवसर पर स्वर्ग में नारद का अपमान किया था; इस पर नारद ने उनको राक्षसों के यहाँ जन्म लेने का शाप दिया, जिसके फलस्वरूप लक्ष्मी मन्दोदरी की पुत्री बन गयी (दे० सर्ग ६)। बलरामदास के अनुसार लक्ष्मी ने जय-विजय के साथ अन्याय किया था और इसी कारण उनको सीता के रूप में अवतार लेना पड़ा (दे० अनु० ६४८)।

३७४. प्रामाणिक वाल्मीकीय रामायण में नारद का उल्लेख नहीं था किन्तु प्रचलित रामायण से लेकर परवर्ती रामकथाओं की एक विशेषता यह है कि इनमें नारद का महत्त्व बढ़ता जाता है।

प्रचलित रामायण के सर्वप्रथम सर्ग में नारद वाल्मीकि को रामचरित का सार सुनाते हैं। उत्तरकाण्ड के अनुसार नारद ने किसी दिन रावण को यम पर आक्रमण करने के लिए उकसाया था (दे० सर्ग २०-२१) तथा ब्राह्मण कुमार की अकाल मृत्यु के रहस्य का उद्घाटन किया था (दे० सर्ग ७४)। **पश्चिमोत्तरीय पाठ** मात्र में शर-पाश के प्रसंग में नारद की चर्चा की गयी है—नारद राम को उनके नारायणत्व का स्मरण दिलवाकर गरुड़ को बुलाने का परामर्श देते हैं (दे० प० रा० ६, २७, ७-४१)। **गौडीय** तथा **पश्चिमोत्तरीय पाठों** में कुम्भकर्ण के जगाये जाने के पश्चात् उनका एक अपेक्षाकृत लम्बा भाषण उद्धृत किया गया है, जिसमें वह कहता है कि नारद ने मुझे विष्णु-अवतार द्वारा रावण-वध की योजना से अवगत कराया था (दे० गौ० रा० ६, ४०; प० रा० ६, ४१)। **दाक्षिणात्य पाठ** के एक प्रक्षेप के अनुसार नारद ने रावण को श्वेत द्वीप में भेजा, जहाँ रावण स्त्रियों द्वारा बुरी तरह से हराया जाता है (दे० ७, ३७ प्रक्षिप्त सर्ग ५)।

परवर्ती रामकथाओं में नारद के हस्तक्षेप का बार-बार उल्लेख मिलता है। वह दस्यु वाल्मीकि के हृदय-परिवर्तन का साधन बन जाते हैं (दे० अनु०३८); दशरथ तथा जनक को विभीषण के आक्रमण से बचाते हैं (दे० अनु० ३३८); अनावृष्टि के समय दशरथ को

---

१. दे० सर्ग ३-४। लिंगपुराण (उत्तरार्द्ध, अध्याय ५) में भी विष्णु की माया के कारण श्रीमती नारद-पर्वत को वानर के रूप में देखती है तथा विष्णु को माला प्रदान करती है, किन्तु इस वृत्तान्त में नारद के किसी शाप का उल्लेख नहीं मिलता।

परामर्श देते हैं (दे० कृत्तिवास रामायण १, २७); उनके शाप के कारण राम, सीता, रावण तथा कुम्भकर्ण प्रकट हो जाते हैं (दे० ऊपर अनु० ३७३); उनके परामर्श पर जनक पुत्रेष्टि-यज्ञ करते हैं (अनु० ४०७) तथा मन्दोदरी अपनी पुत्री को स्वर्णपेटिका में बन्द कर किसी दूर देश में गाड़ने का आदेश देती है (अनु० ४१८ और ४१०)।

पउमचरियं, अध्यात्म रामायण, पद्मपुराण (पातालखण्ड) तथा बृहत्कोशल खण्ड में सीता-स्वयंवर के अवसर पर नारद के हस्तक्षेप का उल्लेख किया गया है (दे० अनु० ३९४, ३९५, ४०३)।

नारद राम और रावण के बीच में संघर्ष उत्पन्न करने के उद्देश्य से पृथ्वी पर उतरते हैं (दे० बाल रामायण, अंक २, विष्कंभ); अयोध्या में पहुँचकर राम को अवतार के उद्देश्य स्मरण दिलाकर उनसे अनुरोध करते हैं कि वह राज्याभिषेक अस्वीकार करें (अनु ४४३), जयंत को राम के पास भेज देते हैं (अनु० ४३९)। सीताहरण के लिए रावण को उकसाते हैं (अनु० ४८६), सीता को माया-सीता की सृष्टि करने का परामर्श देते हैं (अनु० ५०५), पम्पा सरोवर के तट पर विरही राम से भेंट करने जाते हैं (अनु० ४७६) और बालि-वध के बाद राम को देवी-पूजा करने का उपदेश देते हैं (अनु० ५२३)। समुद्रलंघन के बाद हनुमान् उनके आश्रम में पहुँचते हैं (अनु० ५३१) और लंका में ही सीता की खोज करते हुए नारद से भेंट करते हैं (अनु० ५३८ और अनु० ६४३)। कुम्भकर्ण-वध के बाद नारद आकर राम की स्तुति करते हैं (अनु० ५८९) तथा रावण-वध के बाद देवताओं के लिए रावण की मुक्ति का रहस्योद्घाटन करते हैं (दे० अनु० ५९९)। पउमचरियं के अनुसार वह लंका में विलम्ब करते हुए राम को उनकी माता का विरह समझाते हैं (अनु० ६०५)। तोरवे रामायण में शम्बूक-वध के एक नवीन रूप में नारद का उल्लेख मिलता है (अनु० ६३२), तथा पउमचरियं के अनुसार नारद ही लव-कुश-युद्ध के लिए उत्तरदायी हैं (दे० अनु० ७४६)। आनन्द रामायण के अनुसार नारद ने शत्रुघ्न के पुत्र यूपकेतु तथा मदनसुन्दरी के विवाह का प्रबन्ध किया था (दे० विवाह काण्ड, सर्ग ८) तथा सीता को तुलसी-पत्र-सन्धि की शिक्षा दी थी (दे० राज्यकाण्ड, सर्ग २२)।

तुलसीदास ने नारद को एक आदर्श रामभक्त के रूप में चित्रित किया है। रामचरितमानस के उत्तरकाण्ड में कहा गया है कि नारद अयोध्या आया करते थे तथा वहाँ नये-नये चरित्र देखकर ब्रह्मलोक में उनका गुणगान करते थे :

बार बार नारद मुनि आवहिं। चरित पुनीत राम के गावहिं॥
नित नव चरित देखि मुनि जाहीं। ब्रह्मलोक सब कथा कहाहीं॥

(दे० ७, ४२, २३)। तुलसी ने एक अन्य स्थल पर नारद की राम-स्तुति उद्धृत की है (दे० ७, ५१)। इसके अतिरिक्त गरुड़-चरित के अन्तर्गत इसका उल्लेख किया गया है कि नारद ने राम को शरपास से मुक्त करने के उद्देश्य से गरुड़ को लंका भेज दिया था तथा बाद में मोहग्रस्त गरुड़ को ब्रह्मा के यहाँ जाने का आदेश दिया (७, ५८-५९)।

इस प्रकार हम देखते हैं कि प्रामाणिक रामायण में भले ही नारद का नाम तक न आया हो, किन्तु परवर्ती रामकथाओं में हमें पग-पग पर नारद के दर्शन मिलते हैं।

४—राम का बालचरित

क। जन्म

३७५. वाल्मीकीय रामायण के दाक्षिणात्य पाठ के एक अपेक्षाकृत अर्वाचीन प्रक्षेप में राम तथा उनके भाइयों की जन्मतिथि चैत्र शुक्ल नवमी बतायी गयी है (दे० ऊपर अनु० ३३२)।

परवर्ती रचनाओं में इस तिथि का प्रायः उल्लेख किया जाता है। उदाहरणार्थ : अध्यात्म रामायण (१, ३); आनन्द रामायण (१, २, ४); पद्मपुराण (उत्तरखण्ड, अध्याय २६९); कृत्तिवासीय रामायण (१, ४२); बलरामदास रामायण; रामचरितमानस (१, १९१); भावार्थ रामायण (१, ६)।

राम-जन्म के अवसर पर अलौकिक घटनाओं का वर्णन प्राचीनकाल से आ रहा है। **पउमचरियं** (पर्व २५) में राम तथा लक्ष्मण के जन्म के पूर्व उनकी माताओं के शुभ स्वप्नों का उल्लेख मिलता है। राम की माता ने स्वप्न में सिंह, सूर्य तथा चन्द्रमा को देखा था; दशरथ ने सुनकर कहा था—हे सुन्दरी, ये स्वप्न उत्तम पुरुष का जन्म सूचित करते हैं **(इमे वरपुरिसं सुन्दरि पुत्तं निवेएन्ति)**। इसी प्रकार सुमित्रा ने हाथ में कमल धारण करती हुई लक्ष्मी को तथा किरणों से प्रज्वलित चन्द्र और सूर्य को स्वप्न में देखा; इसके अतिरिक्त उसने पर्वत के शिखर पर स्थित होकर सागर तक फैली हुई पृथ्वी को देखा। पद्मचरित के अनुसार राम की माता ने 'महापुरुषवेदी' (महापुरुष का जन्म सूचित करनेवाले) स्वप्न देखे थे। प्रथम स्वप्न में उन्होंने सफेद हाथी, दूसरे में सिंह, तीसरे में सूर्य और चौथे में चन्द्रमा देखा था। सुमित्रा ने स्वप्न में देखा कि लक्ष्मी और कीर्ति आदरपूर्वक सिंह का अभिषेक कर रही हैं। फिर देखा कि मैं स्वयं किसी ऊँचे पर्वत पर चढ़कर समुद्र रूपी मेखला से अलंकृत पृथ्वी को देख रही हूँ। इसके बाद उन्होंने देदीप्यमान् किरणों से युक्त, सूर्य के समान सुशोभित, रत्नों से खचित घूमता हुआ सुन्दर चक्र देखा था।[1]

यह असम्भव नहीं कहा जा सकता है कि पंउमचरियं के प्रभाव से कालिदास ने रघुवंश (१०,६०-६४) में लिखा है कि रामादि के जन्म के पूर्व दशरथ की रानियों को यह स्वप्न दिखायी देता था कि कमल, खंग, गदा, धनुष और चक्र लिये कोई बौना-सा पुरुष हमारी रक्षा कर रहा है, गरुड़ हमें आकाश में उड़ाकर ले जा रहे हैं, लक्ष्मी हाथ में कमल का पंखा लेकर हमारी सेवा कर रही हैं, और सप्तर्षि भी वेद-पाठ करते हुए हमारी उपासना कर रहे हैं! अपनी रानियों से स्वप्नों के विषय में सुनकर दशरथ प्रसन्न हुए और समझ गये कि मैं जगद्गुरु का पिता बन रहा हूँ। **असमिया बालकाण्ड** (अध्याय २३) में भी इसका उल्लेख है कि रामादि के जन्म के पूर्व तीनों माताओं ने गरुड़ पर आरूढ़ नारायण को स्वप्न में देखा था।

कालिदास ने राम-जन्म का अत्यन्त काव्यमय वर्णन किया है। "बालक के तेज से सूतिकागृह के दीपकों की ज्योति मन्द पड़ गयी थी" तथा उस समय "संसार के सारे दोष भाग गये और चारों ओर गुण ही गुण फैल गये मानो स्वर्ग भी विष्णु भगवान् का अनुसरण करता हुआ पृथ्वी पर उतर आया हो"—**अन्वागादिव हि स्वर्गो गां गतं पुरुषोत्तमम्** (१०, ७२)। अनन्तर कालिदास लंका में उस समय घटनेवाले अपशकुनों का उल्लेख करते हुए कहते हैं कि रावण के मुकुटों से कुछ मणि पृथिवी पर गिर पड़े मानो राक्षसों की लक्ष्मी अपने दुर्भाग्य पर आँसू बहा रही हो :

दशाननकिरीटेभ्यस्तत्क्षणं रा क्षसश्रियः।
मणिव्याजेन पर्यस्ताः पृथिव्यामश्रुविन्दवः॥ ७५॥

---

१. दे० पर्व २५, १-१८। गुणभद्र के उत्तरपुराण में भी राम की माता के शुभ स्वप्नों का (दे० ६७, १४८) तथा कैकेयी के पाँच महाफल देनेवाले स्वप्नों का (६७, १५१) उल्लेख किया गया है—**सरःसुर्येन्दुकलमक्षेत्रसिंहान् महाफलान् स्वप्नान्।** परवर्ती जैन साहित्य में भी इन स्वप्नों को पर्याप्त महत्त्व दिया गया है।

कृत्तिवास ने इस प्रसंग को आगे बढ़ाकर लिखा है कि उस समय रावण का मुकुट भूमि पर गिर गया तथा अन्य अपशकुनों के अतिरिक्त एक आकाशवाणी भी सुनायी पड़ी कि दशरथ के घर में विष्णु का जन्म हुआ है। इस पर रावण ने विचार किया कि शैशव में ही उन्हें मारने में मेरा कल्याण है और उसने पता लगाने के उद्देश्य से शुक-सारण को अयोध्या भेज दिया। दोनों राक्षस जाकर शिशु को प्रणाम करते हैं, भक्ति का वरदान माँगकर लंका लौटते हैं तथा रावण को आश्वासन देते हैं कि उसकी आशंका निर्मूल ही है (दे० १, ४५)।

अध्यात्म रामायण (१, ३, १३-३५) प्राचीनतम रचना है जिसमें इसका वर्णन किया गया है कि शिशु राम जन्म लेते ही अपनी माता के सामने अपने विष्णु-रूप में प्रकट हुए। कौशल्या "**नीलोत्पलदलस्यामः पीतवासाश्चतुर्भुजः**" बालक को देखकर भगवान् के रूप में उनकी स्तुति करने लगती हैं तथा अन्त में उनसे निवेदन करती हैं कि वह अपना सुकोमल शिशुरूप ग्रहण करें। इस पर राम अपनी माता को उनके पूर्वजन्म की तपस्या तथा वर-प्राप्ति (दे० ऊपर अनु० ३६७) का स्मरण दिलाकर बालक का रूप धारण कर लेते हैं। इस प्रसंग का आधार स्पष्टतया **भागवतपुराण** (१०, ३) है, जिसमें बालक कृष्ण द्वारा वसुदेव-देवकी के सामने विष्णु-रूप प्रदर्शन, वसुदेव-देवकी द्वारा उनकी स्तुति, देवकी द्वारा बालक-रूप ग्रहण करने का निवेदन तथा कृष्ण द्वारा पूर्व-जन्म में वसुदेव-देवकी की तपस्या और वर-प्राप्ति का उल्लेख बहुत कुछ एक ही शब्दावली में वर्णित है। अध्यात्म रामायण के अनुकरण पर परवर्ती रामकथाओं में भी प्रायः कौशल्या के सामने राम के अपने विष्णु-रूप में प्रकट हो जाने की कथा मिलती है; उदाहरणार्थ—पद्मपुराण (उत्तरखण्ड, २६९, ८० आदि); आनन्द रामायण (१, २, ४); रामचरितमानस (१, १९१); रामरहस्य (सर्ग ३); भावार्थ रामायण (१, ६), राघवोल्लास काव्य (सर्ग ४), तत्त्वसंग्रह रामायण (१, १४)।

रघुवंश की भाँति रामलिंगामृत (सर्ग २) तथा कृत्तिवास रामायण (१,४१) के अनुसार राम जन्म के पूर्व ही एक स्वप्न में अपनी माता कौशल्या को विष्णु रूप में दिखायी पड़े।

रामचरितमानस के अनुसार काकभुशुण्डी तथा शिव दोनों मनुष्य का रूप धारण कर रामजन्ममहोत्सव[1] के अवसर पर अयोध्या आये थे (दे० १, १९५, ४)।

३७६. भगवद्गीता (अध्याय ११) के अनुसार कृष्ण ने अर्जुन को अपना विराट् रूप दिखलाया था तथा भागवतपुराण (१०, ७, ३५-३७) के अनुसार यशोदा ने बालक कृष्ण के मुँह में समस्त ब्रह्माण्ड देखा था। कुछ अर्वाचीन रचनाओं में इस प्रकार की कथा राम के विषय में भी मिलती है। रामलिंगामृत (सर्ग २, २४) तथा रामचरितमानस (१, २०१-२०२) में राम के अपनी माता कौशल्या को अपना विराट् रूप दिखलाने का वर्णन किया गया है। पद्मपुराण के उत्तरखण्ड (२६९-८०) के अनुसार राम ने अपना विष्णु-रूप प्रकट करते समय अपने विश्व-रूप का भी उद्घाटन किया था।

अन्य अर्वाचीन रचनाओं में इसका उल्लेख मिलता है कि राम ने रामायण के अनेक अन्य पात्रों को भी अपना दिव्य रूप दिखलाया था; उदाहरणार्थ—परशुराम को (दे० अनु० ३५१); हनुमान् को (दे० अनु० ५१२); भुशुण्डी को (दे० अनु० ३८१); अभिषेक के अवसर पर अपने अतिथियों को (पद्मपुराण, उत्तरखण्ड, अध्याय २७०, ४२)।

---

१. इस जन्मोत्सव का प्राचीनतम उल्लेख वाल्मीकि रामायण में मिलता है :
उत्सवश्च महानासीदयोध्यायां जनाकुलः (दे० १, १८, १८)।

कृष्णकथा का यह प्रभाव बाललीला की अन्य घटनाओं में भी परिलक्षित है; विशेषकर राम की नटखटी के वर्णन में (दे० अनु० ३७९), राक्षसों के आक्रमण के वृत्तान्तों में (दे० अनु० ३८०) तथा वनक्रीड़ा और रासलीला के प्रसंग में (दे० अनु० ३८७)।

३७७. वाल्मीकि रामायण में वसिष्ठ द्वारा नामकरण के अवसर पर राम तथा लक्ष्मण के नामों के विषय में कहा गया है—**रामस्य लोकरामस्य** (१, १८, २९), **लक्ष्मणो लक्ष्मिवर्धनः** (१, १८, २८) तथा **लक्ष्मणो लक्ष्मिसम्पन्नो** (१, १८, ३०)।

अर्वाचीन रचनाओं में चारों नामों का स्पष्टीकरण किया जाता है। अध्यात्म रामायण की धारणा सर्वाधिक प्रचलित है[१]—**रमणाद् राम इत्यपि॥ भरणाद् भरतो नाम लक्ष्मणं लक्षणान्वितं शत्रुघ्नं शत्रुहन्तारमेव गुरुरभाषत** (१, ३, ४०-४१)। पद्मपुराण के पातालखण्ड में ब्रह्मा स्वयं आकर जातकर्म सम्पन्न करते हैं; इस प्रसंग में राम की '**त्रिभुवनाभिरामता**' तथा लक्ष्मण की '**रूपशौर्यादिलक्ष्मीयोग्यता**' का उल्लेख किया गया है। दूसरे भाइयों के विषय में लिखा है—**भवं भारात्तारयतीति भरतः शत्रून्हन्तीति शत्रुघ्नः** (दे० अध्याय ११२, ३३-३४)। पद्मपुराण के उत्तरखण्ड (अध्याय २६९) के अनुसार वसिष्ठ द्वारा जातकर्म सम्पन्न होता है; केवल राम, लक्ष्मण और शत्रुघ्न के नामों का कारण बताया गया है। राम के विषय में लिखा है :

श्रियः कमलवासिन्या रमणोऽयं महाप्रभुः।
तस्माच्छ्रीराम इत्यस्य नाम सिद्धं पुरातनम्॥ ४७॥

इसके बाद लक्ष्मण को '**शुभलक्षण**' तथा शत्रुघ्न को '**देवशत्रुप्रतापन**' कहा गया है। कृत्तिवास ने भरत के सम्बन्ध में लिखा है :

पृथिवीर भार सहिबेन अविरत।
तेइ हेतु ताँर नाम हइल भरत॥ (१, ४७)

ख। बाललीला

३७८. वाल्मीकि रामायण में एक ओर राम-लक्ष्मण और दूसरी ओर भरत-शत्रुघ्न की विशेष आत्मीयता का उल्लेख किया गया है (दे० १, १८, २९-३२)। प्रायः सभी परवर्ती रामकथाओं में भी इसकी चर्चा मिलती है और यह भी बताया जाता है कि पायस का जो अंश कौशल्या ने सुमित्रा को दिया था उससे लक्ष्मण उत्पन्न हुए थे और यही राम-लक्ष्मण की घनिष्ठता का कारण है; यह भरत-शत्रुघ्न पर भी लागू है (दे० अध्यात्म रामायण—**पायसांशानुसारतः** १, ३, ४२)। कृत्तिवास रामायण में इस प्रसंग को और विस्तार दिया गया है। इसके अनुसार दशरथ ने सुमित्रा की उपेक्षा करके केवल कौशल्या तथा कैकेयी को पायस प्रदान किया था।[२] सुमित्रा को उदास देखकर कौशल्या ने यह कहकर उसको अपने पायस का आधा भाग दिया था—अगर तुमको पुत्र हुआ तो वह मेरे पुत्र के साथ रहा करेगा; जिस

---

१. तुलसीदास ने अध्यात्म रामायण के आधार पर लिखा है :

सो सुख धाम राम अस नामा। अखिल लोक दायक बिश्रामा॥
बिश्व भरन पोषन कर जोई। ताकर नाम भरत अस होई॥
जाके सुमिरन तें रिपु नासा। नाम सत्रुहन बेद प्रकासा॥
लच्छन धाम राम प्रिय सकल जगत आधार॥
गुरु वसिष्ठ तेहि राखा लछिमन नाम उदार॥ १९७॥ (बालकाण्ड)

२. सुमित्रा के दुर्भगा होने का कारण ऊपर स्पष्ट किया गया है (दे० अनु० ३३९)।

पर सुमित्रा ने प्रतिज्ञा की थी—मेरा पुत्र तुम्हारे पुत्र का दास होगा। अनन्तर कैकेयी ने भी वही शर्त रखकर सुमित्रा को अपने पायस का आधा भाग प्रदान किया (दे० १, ४१)। असमिया बालकाण्ड (अध्याय २३) में भी सुमित्रा को इसी शर्त पर पायस के दो भाग मिलते हैं।

३७९. वाल्मीकि के बाद की रचनाओं में राम की बाललीला के वर्णन में भागवतपुराण की कृष्ण-बाललीला का अनुकरण किया गया है। अध्यात्म रामायण में राम की नटखटी, मक्खन की चोरी, बरतनों का फोड़ना आदि वर्णित हैं (दे० १,३, ४७-५८), जो स्पष्टतया भागवतपुराण पर निर्भर हैं (दे० दशम स्कन्ध, ८वाँ अध्याय)। यह वर्णन आनन्द रामायण (१, २) और रामरहस्य (सर्ग ३) में भी पाया जाता है। पद्मपुराण (पातालखण्ड, अ० ११२) में लिखा है कि बालक राम ने दशरथ पर अन्न फेंक दिया—**अन्नं वामकरेण गृहीत्वा राजनि विक्षेप।** सत्योपाख्यान (पूर्वार्द्ध, अ० २५) में राम द्वारा जलपात्र में प्रतिबिम्बित चन्द्रमा को पकड़ने की चेष्टा का वर्णन है।

तुलसीदास ने भी अपनी कवितावली (१, १-७) तथा गीतावली (१, ७ आदि) में राम की बाललीला के वर्णन में सूरसागर कृष्ण की बाललीला का अनुकरण किया है।

३८०. कई रचनाओं में बालक राम पर राक्षसों के आक्रमण का भी वर्णन किया गया है। **पद्मपुराण** के पातालखण्ड (अध्याय ११२, ३९-४६) के अनुसार एक ब्रह्मराक्षस वात्या का रूप धारण कर आता है और राम को गिराकर मूर्च्छित कर देता है। वसिष्ठ मंत्र पढ़कर राक्षस को शाप से मुक्त करते हैं। ब्रह्मराक्षस अपना परिचय देकर कहता है कि मैं वेदगर्वित ब्राह्मण था और परधन हथियाने के कारण ब्रह्मराक्षस बन गया था। पद्मपुराण के गौडीय पातालखण्ड (अध्याय १५) में बालक राम एक पुष्पनिर्मित धनु से एक राक्षस को मार डालता है जो मृग के रूप में आया था। **भुशुण्डी रामायण** में भी भागवतपुराण का प्रभाव स्पष्ट है। "रावण द्वारा भेजे गये राक्षस बाल्यावस्था में ही राम को समाप्त करने का प्रयत्न करते हैं, किन्तु वे स्वयं मारे जाते हैं। उनके डर से दशरथ राम किसी गुप्त स्थान पर भेजते हैं। सरयूपार गोप्रदेश में गोपेन्द्र सुखित और उनकी स्त्री मांगल्य राम का पालन-पोषण करते हैं।"[१] कृत्तिवास में ये राक्षस रामभक्त बन जाते हैं (दे० अनु० ३७५)।

३८१. काक भुशुण्डी की कथा का पहले-पहल **योगवासिष्ठ** में वर्णन किया गया है। इसके अनुसार काक भुशुण्डी और उसके भाइयों का पिता चण्ड नामक काक (अलम्बसा देवी का वाहन) है तथा उनकी माताएँ ब्राह्मी भगवती के रथ की हंसियाँ हैं। पिता के कहने से वे सुमेरु पर्वत पर निवास करने गये जहाँ भुशुण्डी के सब भाई मर गये, लेकिन भुशुण्डी निर्विकार और चिरंजीव रहे (दे० निर्वाण-प्रकरण, सर्ग १४-२४)। योगवासिष्ठ के इस भुशुण्डी-उपाख्यान में कहीं भी उसके पूर्वजन्म अथवा उसकी रामभक्ति का उल्लेख नहीं किया गया है। **रामचरितमानस** के उत्तरकाण्ड में उसके पूर्वजन्मों की भी कथा दी गयी है; पूर्व कल्प के एक कलियुग में वह अयोध्यावासी शूद्र था। गुरु का सत्कार न करने के कारण वह शिव-शाप से सर्प हो गया। बाद में वह गुरु तथा शिव की कृपा से सगुणरूप राम का उपासक ब्राह्मण बन गया और अन्त में लोमश-ऋषि के शाप से उसे काक-योनि प्राप्त हुई (दे० दो० ९५-११४)।

---

१. दे० भगवती प्रसाद सिंह, रामभक्ति में रसिक सम्प्रदाय, पृ० ९७। सारलादास कहते हैं कि परशुराम के डर से दशरथ ने अपने पुत्रों को सात वर्ष की उम्र तक छिपाया। खोतानी रामायण के अनुसार रानी ने राम और लक्ष्मण को परशुराम के आक्रमण से बचाने के उद्देश्य से उनको १२ वर्ष तक भूमि के अन्दर छिपा रखा था (दे० अनु० ३५१)।

रामचरितमानस के अनुसार काक भुशुण्डी तथा शिव, दोनों मनुष्य के रूप में राम-जन्म-उत्सव के उपलक्ष्य में अयोध्या गये थे (दे० १, १९५, ४)। **सत्योपाख्यान** में रामभक्त काक भुशुण्डी राम को शष्कुलि (एक प्रकार की पूरी) खाते देखकर उनके नारायणत्व पर सन्देह करता है। परीक्षा करने के उद्देश्य से वह उसे राम के हाथ से छीनकर भाग जाता है। लेकिन राम गरुड़ पर आरूढ़ होकर तीनों लोकों में उसका पीछा करते हैं। अन्त में काक राम की शरण लेता है और निश्चल भक्ति का वरदान पाकर अपने आश्रम लौटता है। अनन्तर शिव तथा भुशुण्डी, दोनों के ब्राह्मण के वेश में राम को देखने के लिए अयोध्या जाने का उल्लेख है (दे० २६वाँ अध्याय)।

रामचरितमानस के उत्तरकाण्ड (दो० ७५) में भुशुण्डी गरुड़ से कहता है कि मेरा इष्टदेव बालक राम है। वह प्रत्येक रामावतार में राम की बाललीला देखने जाता है तथा पाँच वर्ष तक बालक राम की संगति में बिताता है। अनन्तर वह अपने मोह की कथा सुनाता है—किसी दिन राम की बाललीला देखकर **(प्राकृत सिसु इव लीला देखि)** भुशुण्डी के मन में उनके नारायणत्व के विषय में सन्देह उत्पन्न हुआ। इस पर राम भुशुण्डी को पकड़ने आगे बढ़े और भुशुण्डी भाग गया, किन्तु वह आकाश में दूर तक उड़ता हुआ भी राम की भुजा अपने पास ही देखता रहा। अन्त में भयभीत होकर भुशुण्डी ने अपनी आँखें बन्द कर लीं और अपने को अयोध्या में पाया। राम उनके सामने हँसते हुए खड़े थे और भुशुण्डी ने उनके मुख में प्रवेश कर राम के शरीर के अन्दर बहुत-से ब्रह्माण्ड देख लिये। इस प्रकार भुशुण्डी का मोह दूर हुआ (दे० दो० ७७-८३)।

३८२. बालक राम तथा हनुमान् की मित्रता की कथा का कोई प्राचीन आधार नहीं मिलता। रामचरितमानस के अप्रामाणिक संस्करणों के एक क्षेपक तथा विश्रामसागर (बीसवाँ संस्करण, सन् १९५९ ई०, पृ० ४१८) में इसका वर्णन किया गया है।

अर्वाचीन रचनाओं में यह प्रसंग अपेक्षाकृत विस्तार सहित वर्णित है।[१] शंकर मदारी बनकर हनुमान् को अयोध्या ले आते हैं। बालक राम बन्दर को देखकर उस पर मुग्ध हो जाते हैं। मदारी बन्दर को अयोध्या में छोड़कर चला जाता है। हनुमान् राम के साथ रहकर बहुत दिनों तक उनकी सेवा तथा मनोरंजन करते हैं तथा बाद में राम द्वारा किष्किन्धा भेजे जाते हैं।

ग। प्रारम्भिक कृत्य

३८३. वाल्मीकि रामायण (१, १८,३१) में इसका उल्लेख मात्र किया गया है कि जब राम मृगया खेलने जाते हैं, लक्ष्मण धनुष लेकर उनका साथ देते हैं तथा उनकी रक्षा करते हैं। **अध्यात्म रामायण** (१, ३, ६२-६३) के अनुसार राम नित्यप्रति लक्ष्मण के साथ दुष्ट पशुओं को मारने के लिए बन जाते थे। **रामचरितमानस** में उन पशुओं को पवित्र कहा गया है तथा उनके स्वर्ग जाने का भी उल्लेख है—**पावन मृग मारहिं...जे मृग रामबान के मारे, ते तनु तजि सुरलोक सिधारे** (दे० १, २०५, १-२)। **सत्योपाख्यान** में इस आखेट का अपेक्षाकृत विस्तृत वर्णन मिलता है। राम और उनके भाई अनेक पशुओं को मारते हैं जो वध किये जाने पर दिव्य रूप धारण कर अपना परिचय देते हैं। राम का मारा महिष अपने को नारद द्वारा शापित विल्व बताता है (दे० पूर्वार्द्ध, अध्याय ४१); इसी प्रकार भरत का मारा सिंह भरद्वाज

---

१. दे० शान्तनुबिहारी द्विवेदी का 'भक्तराज हनुमान्', पृ० १३; सत्यदेव चतुर्वेदी का 'अमितवेग' पृ० १६ तथा सुदर्शन सिंह का 'श्री हनुमान् चरित्', पृ० २८।

द्वारा शापित कलिंग देश निवासी शंकर नामक ब्राह्मण (दे० अध्याय ४७) तथा शत्रुघ्न का मारा हुआ हाथी ऋषि सुदर्शन द्वारा शापित एक 'मद्यपाननिरत' ब्राह्मण था (दे० अध्याय ४८)।

इन सबों के शापों की अवधि रामावतार के कारण समाप्त हो जाती है। इस प्रकार राम का आखेट भी मुक्तिप्रद माना गया है। सत्योपाख्यान में राम द्वारा एक किरात की मुक्ति का भी वृत्तान्त मिलता है। किसी दिन राम मृगया के समय एक नराकृति वल्मीक देखते हैं, जो उनके स्पर्शमात्र से दिव्य देह-धारण कर अपना परिचय देता है। वह डिंडिर नामक किरात था जो साधुओं के सदुपदेश से तपस्या करने लगा था। वह रामावतार का रहस्य जानता है तथा राम द्वारा रावण-वध की भविष्यवाणी करता है। अन्त में राम उसको वैकुण्ठ-वास का वरदान देते हैं (दे० अध्याय ४२)। किसी दिन चारों भाई आखेट करते हुए ऋष्यशृंग के आश्रम में पहुँचकर अपनी बहन शान्ता से भी मिलते हैं (दे० अध्याय ४९)।

कृत्तिवास रामायण में मृगया के वर्णन में दो नये तत्त्व मिलते हैं। किसी दिन राम मारीच को देख लेते हैं जो अपने को मृग में बदलकर जनक के राज्य में शरण लेने भाग जाता है (दे० १, ४९)। कृत्तिवास के अनुसार ब्रह्मा ने मृगया के कारण राम-लक्ष्मण की थकावट देखकर इन्द्र को भेजा कि वह उस मृणाल में अमृत भर दें जिसे दोनों भाई खानेवाले हैं। इस प्रकार वनवास के समय उनको भूख नहीं लगेगी—**मृणाल भितर तुमि राख गिया सुधा, सुधापाने रामेर ना लागिबेक क्षुधा।** (दे० १, ४९)। यह इन्द्र द्वारा सीता को प्रदत्त हवि का स्मरण दिलाता है (दे०अनु० ५००)।

विश्वामित्र के आगमन के पूर्व ही राम की वीरता के विषय में **बृहत्कोशल खण्ड** तथा **पउमचरियं** में कुछ सामग्री मिलती है। बृहत्कोशल खण्ड के अनुसार दशरथ ने राम को शम्बरासुर का वध करने भेजा था (दे० अध्याय ४) तथा पउमचरियं के अनुसार राम तथा लक्ष्मण ने म्लेच्छों को हरा दिया था, जो जनक के राज्य पर आक्रमण करने की तैयारियाँ कर रहे थे (दे० पर्व २७)।

३८४. वाल्मीकि रामायण के अयोध्याकाण्ड में गुह के विषय में कहा गया है कि वह राम का सखा है—**तत्र राजा गुहो नाम रामस्यात्मसमः सखा** (२,५०, ३३)। **सत्योपाख्यान** में यह माना गया है कि राम ने वनवास के पूर्व ही गुह से मृगया की शिक्षा प्राप्त की थी (दे० पूर्वार्द्ध, अध्याय ४३)। **बलरामदास रामायण** में राम शिकार खेलते समय अपनी सेना से अलग हो जाते हैं तथा गुह से मिलकर उनके साथ सख्य करते हैं। राम-गुह-सख्य का विस्तृत वर्णन **कृत्तिवासीय रामायण** में मिलता है।

किसी दिन दशरथ अपने पुत्रों के साथ गंगा-स्नान करने गये। गुहक चाण्डाल तीन करोड़ चाण्डालों को साथ लेकर दशरथ की सेना को रोक लेता है तथा राम को देखने की इच्छा प्रकट करता है। दशरथ राम को रथ में छिपाकर गुहक से युद्ध करते हैं और गुहक को हराकर तथा उसके हाथ बाँधकर रथ पर रखवाते हैं। इस पर गुहक पैर के अँगूठे से बाण मारता है। राम जिज्ञासा से प्रेरित होकर यह कौतुक देखने आते हैं। तब गुहक राम के दर्शन पाकर उनको अपने पूर्व-जन्म की कथा सुनाता है कि उस जन्म में मैं वसिष्ठ का पुत्र वामदेव था। जिस दिन दशरथ ने अन्ध-मुनि-पुत्र सिन्धु का वध किया था और अपने उस पाप के प्रायश्चित्त का उपाय पूछने के लिए वह वसिष्ठ से मिलने आये थे उस समय मेरे पिता वसिष्ठ घर पर नहीं थे; मैंने ही दशरथ को तीन बार राम-नाम का जप करने का परामर्श दिया। बाद में मैंने अपने पिता को सारा प्रसंग कह सुनाया; इस पर वसिष्ठ ने क्रुद्ध होकर मुझे चाण्डाल बन जाने का शाप दिया—"**एक**

रामनामे कोटि ब्रह्महत्या हरे। तिन बार रामनाम बलालि राजारे॥" अन्त में वसिष्ठ ने मुझसे कहा कि दशरथ के घर में राम का जन्म होगा; उनके चरणस्पर्श से तुम शाप मुक्त होगे। मैं वही वसिष्ठ-पुत्र वामदेव हूँ और पिता के शाप के कारण ही गुहक के रूप में उपस्थित हूँ। गुहक से यह कथा सुनकर राम दशरथ की अनुमति से गुहक के बन्धन अपने हाथ से काटते हैं तथा लक्ष्मण की जलायी हुई अग्नि को साक्षी बनाकर गुहक से मित्रता करते हैं (दे० १, ५३)।

माधवदेवकृत **असमिया बालकाण्ड** (अध्याय २७) में इस वृत्तान्त का एक अन्य रूप मिलता है। दशरथ किसी दिन अपने चार पुत्रों के साथ गंगा की तीर्थ-यात्रा करने गये थे। जहाँ राजकुमार स्नान करते थे वहाँ एक गुह नामक चाण्डाल ने भी स्नान करने का दुस्साहस किया था। राजा के अनुचरों ने उसे पकड़कर राजा के सम्मुख उपस्थित किया। राम भी वहाँ थे और राम को देखकर गुह को अपना पूर्व-जन्म याद आया। उसने कहा—"मैं ब्राह्मण था, किन्तु गंगा की उपेक्षा करने के कारण गंगा ने मुझे यह शाप दिया कि अभी चाण्डाल बन जाओ, किन्तु बाद में राम को देखकर मुक्त हो जाओगे।"

३८५. योगवासिष्ठ रामायण (वैराग्य प्रकरण, सर्ग ३), **आनन्द रामायण** (१, २, २९) तथा **भावार्थ रामायण** (१, ७) में विश्वामित्र के आगमन के पूर्व राम की तीर्थयात्राओं का उल्लेख किया गया है। **सत्योपाख्यान** (पूर्वार्द्ध, अध्याय १८) में इसका वर्णन विवाह के पश्चात् ही रखा गया है; अन्य रचनाओं में रावण-वध के बाद राम की तीर्थयात्राओं का वर्णन मिलता है (दे० अनु० ६३७)। **सेरीराम** के अनुसार राम तथा लक्ष्मण विवाह के पूर्व तीन महीने तक नीलपुर्व नामक मुनि के यहाँ रहकर तपस्या करते हैं तथा उनसे जादू सीख लेते हैं। नीलपुर्व उनको एक धनुष तथा नागस्कन्द पतील देव नामक तपस्वी उनको तीन बाण प्रदान करते हैं।

३८६. योगवासिष्ठ रामायण में राम के १६ वर्ष की अवस्था में विरक्त हो जाने तथा वसिष्ठ के उपदेश के प्रभाव से फिर अपने कर्तव्य-पालन के लिए तत्पर होने का वर्णन किया गया है (दे० वैराग्य प्रकरण, सर्ग ५)। **उदारराघव** (सर्ग २) तथा **भावार्थ रामायण** (१, ८) में भी राम के इस वैराग्य का उल्लेख मिलता है। **रामचन्द्रिका** में रावण-वध के बाद अयोध्या में पहुँचकर राम के विरक्त हो जाने की चर्चा है (दे० प्रकरण २४)।

३८७. रामलिंगामृत के द्वितीय सर्ग में राम की बाललीला के अनन्तर उनकी वन-क्रीड़ा का भी उल्लेख किया गया है। कृष्णकथा का यह अनुकरण उड़िया नृसिंहपुराण (तृतीय रत्नाकर) और बृहत्कोशल खण्ड में और आगे बढ़ा दिया गया है तथा विवाह के पूर्व राम की रासलीला का विस्तृत वर्णन किया गया है (दे० अध्याय १-५)।

३८८. वाल्मीकि रामायण में विश्वामित्र सुबाहु तथा मारीच से अपने यज्ञ की रक्षा के लिए राम की सहायता माँगने आते हैं (दे० १, १९)। **सत्योपाख्यान** के अनुसार विश्वामित्र ने शिव के आदेश के अनुसार ही ऐसा किया था (दे० उत्तरार्द्ध अध्याय ४)। **कृत्तिवास** में विश्वामित्र के आगमन का कारण यह माना गया है कि राक्षसों के उत्पात से मिथिला-प्रदेश को यज्ञ-हीन देखकर जनक ने विश्वामित्र से निवेदन किया कि वह राम को ले आयें (दे०१,५४)। **रामकेर्ति** विश्वामित्र-यज्ञ के प्रसंग से ही प्रारम्भ होता है। एक असुर महाकाय काक का रूप धारण कर विश्वामित्र के यज्ञ में विघ्न करता है। इस 'काकनासुर' का वध कराने के लिए विश्वामित्र अयोध्या जाकर राम तथा लक्ष्मण को अपने यहाँ ले आते हैं। **रामकियेन** (अध्याय ११) में भी राम द्वारा काकनासुर के वध का वर्णन मिलता है, किन्तु इस रचना में स्वाहु (सुबाहु) और मारिश (मारीच) दोनों काकनासुर के पुत्र माने जाते हैं।

ऐसा प्रतीत होता है कि इस अवसर पर दशरथ द्वारा विश्वामित्र को धोखा देने के प्रयत्न की कथा पूर्व भारत में उत्पन्न हुई है तथा वहाँ से हिन्देशिया तक फैल गयी है। यह वृत्तान्त **कृत्तिवास रामायण, सारलादास महाभारत, बिर्होर** नामक आदिवासी जनजातियों की रामकथा तथा **सेरीराम** में मिलता है। कृत्तिवास रामायण (१, ५६) के अनुसार दशरथ ने राम तथा लक्ष्मण के स्थान पर भरत तथा शत्रुघ्न को विश्वामित्र के साथ भेज दिया। सरयूतट पर पहुँचकर विश्वामित्र ने राजकुमारों से कहा—यहाँ से दो पथ हैं; पहले पथ से जाने में हमें तीन दिन लगेंगे; दूसरे पथ से हम तीसरे पहर पहुँच जायेंगे किन्तु इस पथ पर ताड़का राक्षसी का भय रहता है। भरत ने उत्तर दिया—"दूसरे पथ से हमें क्या प्रयोजन है।" यह सुनकर विश्वामित्र समझ लेते हैं कि दशरथ ने उनको धोखा दिया है और वह अयोध्या लौटकर राम को माँग लेते हैं। एक आदिवासी कथा (दे० अनु० २७२) में विश्वामित्र का प्रस्ताव इस प्रकार है—पहला मार्ग सुगम है और सुन्दर नगर की ओर ले जाता है; दूसरा मार्ग भयंकर वन की ओर ले जाता है जहाँ व्याघ्र, रीछ आदि हिंसक पशु रहते हैं।

सेरीराम में महर्षि कली (सीता के पोष्य पिता) स्वयं आकर दशरथ से निवेदन करते हैं कि उनके पुत्र सीता के स्वयंवर में भाग लें। दशरथ भरत तथा शत्रुघ्न को उनके साथ भेज देते हैं। कली उनको चार मार्गों में से चुनने देते हैं, जिनमें क्रमशः १७, २०, २५ और ४० दिन लगेंगे। अन्तिम मार्ग निरापद है; अन्य मार्गों में क्रमशः राक्षसी, गैंडे और नागिन का भय रहता है। भरत और शत्रुघ्न लम्बा मार्ग चुनकर अयोग्य ठहरते हैं; कली लौटकर दूसरी बार राम और लक्ष्मण को साथ ले जाते हैं; राम १७ दिन का मार्ग चुनकर जगीन नामक राक्षसी का वध करते हैं।

३८९. वाल्मीकि रामायण में विश्वामित्र के साथ राम तथा लक्ष्मण के प्रस्थान से लेकर मिथिला में पहुँचने तक का वृत्तान्त ३४ सर्गों से वर्णित है। इसकी अधिकांश सामग्री पौराणिक कथाएँ हैं; जिनका प्रायः उस प्रदेश से कोई सम्बन्ध है जिसे विश्वामित्र पार कर रहे हैं। यात्रा के पूर्वार्द्ध में विश्वामित्र कामदहन (सर्ग २३), ताड़का (सर्ग २४) तथा वामनावतार (सर्ग २९) की कथाएँ और मिथिला के रास्ते में विश्वामित्र-वंश, गंगा का स्वर्गारोहण, शिव-उमा-विवाह, गंगावतरण, समुद्र-मंथन तथा अहल्या की कथा सुनाते हैं (सर्ग ३२-४८)। मिथिला में शतानन्द विश्वामित्र के ब्राह्मण बनने का वृत्तान्त सुनाते हैं (दे० सर्ग ५१-६५)। इन कथाओं में से केवल अहल्या की कथा का रामकथा के साथ सीधा सम्बन्ध है; इसका विकास ऊपर निरूपित किया जा चुका है (दे० अनु० ३४४-३४८)।

वाल्मीकि रामायण के अनुसार वसिष्ठ दशरथ को समझाते हुए कहते हैं कि विश्वामित्र के अस्त्र कृणाश्व तथा प्रजापति दक्ष की जया तथा सुप्रभा नामक कन्याओं के पुत्र हैं (रा० १, २१, १३-१५)। अगले सर्ग में इसका उल्लेख है कि विश्वामित्र ने सरयू तट पर पहुँचकर राम को **बला** तथा **अतिबला** नामक मंत्र प्रदान किये जिन्हें जपकर राम को श्रम, ज्वर, भूख-प्यास का अनुभव नहीं होगा, उनके रूप में विपर्यय नहीं आयेगा और वह ज्ञान प्राप्त करेंगे। इस सर्ग में बला तथा अतिबला पितामह की पुत्रियाँ कही गयी हैं (रा० २२, १३-१४)। बाद में विश्वामित्र द्वारा राम को विभिन्न अस्त्र दिये जाने का वर्णन किया गया है (सर्ग २७-२८)। कुछ परवर्ती रचनाओं में बला-अतिबला के स्थान पर जया-विजया का उल्लेख है (दे० भट्टिकाव्य २, २१ और बलरामदास रामायण)। असमिया बालकाण्ड (अध्याय २७) के अनुसार दशरथ ने किसी अवसर पर अपने चार पुत्रों के साथ भरद्वाज-आश्रम की यात्रा की थी। वही राम ने स्वप्न में

देखा कि इन्द्र मेरा अभिषेक कर मंत्र सिखलाते हैं और धनुष-बाण भी प्रदान करते हैं। जागने पर राम ने अपने हाथों में धनुष देखा और मन में मंत्र का उच्चारण किया।

सिद्धाश्रम पहुँचने के पूर्व विश्वामित्र राम को सुकेतु की पुत्री, सुन्द की पत्नी तथा मारीत की माता ताड़का की कथा सुनाते हैं। अगस्त्य ने सुन्द को मार डाला और मारीच को राक्षस तथा ताड़का को एक विकराल नरभक्षिणी पक्षी बन जाने का शाप दिया। अनन्तर राम द्वारा ताड़का के वध का वर्णन दिया जाता है (सर्ग २५-२६) आश्रम में यज्ञ-रक्षा करते समय वह सुबाहु और अन्य राक्षसों को मार डालते हैं तथा मारीच पर मानवास्त्र चलाकर उसको शतयोजन की दूरी पर समुद्र में फेंकते हैं। परवर्ती रचनाओं में राम के इन प्रारम्भिक कृत्यों में अधिक परिवर्तन नहीं किया गया है। प्रधान विकास यह है कि वाल्मीकि रामायण के अनुसार राम के बाणों से विद्ध ताटका भूमि पर गिरकर मर जाती है किन्तु अध्यात्म रामायण (१, ४), पद्मपुराण (उत्तरखण्ड, अध्याय २६९, १२१), **रामचरितमानस** आदि में ताड़का के दिव्य रूप धारण कर स्वर्गलोक के लिए प्रस्थान करने का वर्णन मिलता है। **कृत्तिवास** के अनुसार राम द्वारा मारे हुए राक्षसों की संख्या तीन करोड़ है। **सेरीराम** में राम द्वारा जगीन (ताड़का) के अतिरिक्त महाकाय गैंडे तथा सूरनागिन का वध करने का वर्णन है। ऊपर इसका उल्लेख हो चुका है कि **रामकेर्ति** में ताड़का, सुबाहु आदि के स्थान पर काकनासुर के वध का वर्णन किया गया है (दे० अनु० ३८८)।

५—राम-सीता-विवाह

क। धनुर्भंग

३९०. प्रचलित **वाल्मीकि रामायण** में राम द्वारा धनुर्भंग के पश्चात् चारों भाइयों के विवाह का वर्णन किया गया है। **महाभारत** के रामोपाख्यान में, जो रामायण के किसी प्राचीन रूप पर निर्भर है, न तो धनुर्भंग और न राम को छोड़कर अन्य भाइयों के विवाह का निर्देश किया गया है (दे० ३, २६१)। अत: ऐसा प्रतीत होता है कि प्रारम्भ में केवल राम-सीता-विवाह का उल्लेख मिलता था। धनुर्भंग तथा अन्य भाइयों का वृत्तान्त बाद में जोड़ दिया गया होगा। इस अनुमान की पुष्टि इस बात से होती है कि **वाल्मीकि रामायण** के अरण्यकाण्ड में लक्ष्मण को स्पष्ट शब्दों में अविवाहित कहा गया है।[1]

वाल्मीकि के कथानक का विकास दिखलाने के पूर्व उन रचनाओं का उल्लेख करना है जिनमें **महाभारत** की भाँति धनुर्भंग का प्रसंग नहीं मिलता। गुणभद्रकृत उत्तरपुराण में विश्वामित्र के स्थान पर जनक ही दशरथ से राम तथा लक्ष्मण को अपने यज्ञ की रक्षा के लिए माँगते हैं तथा राम को पुरस्कारस्वरूप अपनी दत्तक पुत्री सीता प्रदान करते हैं। **तिब्बती रामायण** के अनुसार सीता कृषकों द्वारा पाली जाती हैं, इन्हीं कृषकों के अनुरोध से वनवासी राम अपनी तपस्या छोड़कर सीता के साथ विवाह करते हैं। **खोतानी रामायण** में वनवास के समय सीता से राम तथा लक्ष्मण, दोनों के विवाह का उल्लेख किया गया है। **दशरथ जातक** में राम वनवास

---

१. दे० ३, १८, ३। अयोध्याकाण्ड के एक प्रक्षिप्त अंश में लक्ष्मण-उर्मिला की चर्चा है; दे० आगे अनु० ४३१ (७)। सुन्दरकाण्ड में इसका उल्लेख किया गया है कि राम का साथ देने के लिए लक्ष्मण ने अपूर्व सुख-सम्पदा तथा वारांगनाओं का परित्याग किया था—**प्रिया याश्चवरांगना:** (दे० ५, ३८, ५४)। भरत राम के पूर्व ही विवाह कर चुके थे, इसका निर्देश बालकाण्ड में मिलता है (दे० १, ७३, ४)। अयोध्याकाण्ड में एक स्थल पर भरत के विवाहित होने का उल्लेख किया गया है (दे० २, ५३, ११)।

के पश्चात् अपनी सहोदरी बहन के साथ विवाह करते हैं। दोनों अन्य बौद्धकथाओं में राम के विवाह का उल्लेख नहीं किया गया है (दे० अनामकं जातकम् तथ दशरथ कथानकम्)।

३९१. वाल्मीकि रामायण के अनुसार विश्वामित्र जनक के यज्ञ के अवसर पर राम-लक्ष्मण को मिथिला ले जाते हैं (सर्ग ३१) और वहाँ पहुँचकर जनक से शिव-धनुष दिखलाने की प्रार्थना करते हैं। इस पर जनक कहते हैं कि शिव ने मेरे पूर्वज देवरात को यह धनुष दे दिया था। सीता के भूमि से प्रकट होने के पश्चात् जनक ने प्रण किया था कि जो शिव-धनुष चढ़ा सके, उसी को सीता पत्नीस्वरूप दी जायेंगी। बहुत-से राजाओं ने प्रयत्न किया तथा असफल होने पर उन्होंने मिथिला का अवरोध किया। जनक ने देवताओं की भेजी हुई सेना से उनको पराजित किया (सर्ग ६६)। अनन्तर राम धनुष चढ़ाकर उसे तोड़ते हैं, जिस पर दशरथ को बुलाया जाता है तथा राम के अतिरिक्त लक्ष्मण, भरत तथा शत्रुघ्न भी क्रमशः उर्मिला, माण्डवी तथा श्रुतिकीर्ति से विवाह करते हैं (सर्ग ६७-७३)।

राम-विवाह के इस वृत्तान्त में धनुर्भंग को एक महत्त्वपूर्ण स्थान मिला है। उपर्युक्त रचनाओं को छोड़कर सब रामकथाओं में धनुर्भंग का वर्णन प्रायः वाल्मीकि के अनुसार किया गया है। **महावीरचरित** के अनुसार विश्वामित्र के आश्रम में ही राम-लक्ष्मण सीता-उर्मिला को देखकर उनकी ओर आकर्षित हो जाते हैं। उसी आश्रम में रावण एक दूत द्वारा सीता को माँगता है तथा राम द्वारा धनुर्भंग भी किया जाता है (दे० अंक १)। **अनर्घराघव** में भी रावणदूत शौष्कल मिथिला में आकर रावण की ओर से सीता को माँगता है तथा धनुष-परीक्षा को रावण के अयोग्य बताता है। राम के धनुर्भंग के पश्चात् चारों भाइयों के विवाह का निश्चय हो जाने पर शौष्कल रावण के पास लौटता है (अंक ३)। **सत्योपाख्यान** में वाल्मीकि रामायण के अनुसार सीता-स्वयंवर का वर्णन किया गया है, जिसमें बहुत-से राजा धनुष-परीक्षा में असफल होते हैं। लेकिन इसमें प्रहस्त के आगमन का भी उल्लेख किया गया है, जो कहता है कि शिव के प्रति श्रद्धा रखने के कारण रावण धनुष-परीक्षा में सम्मिलित होना अस्वीकार करता है। उस स्वयंवर के पश्चात् ही वाल्मीकि के अनुसार राम द्वारा धनुर्भंग का वर्णन मिलता है (दे० उत्तरार्द्ध, सर्ग ३)। **देवीभागवतपुराण** में रावण सीता से कहता है कि मैंने तुमको जनक से माँगा तक, किन्तु उन्होंने धनुष-परीक्षा में सफलता ही विवाह की शर्त रखी थी। शिवचाप के भय से मैं तुम्हारे स्वयंवर में सम्मिलित नहीं हुआ (**रुद्रचापभयान्नाहं सम्प्राप्तस्तु स्वयंवरे**; दे० स्कन्ध ३, अध्याय २८)।

उपर्युक्त वृत्तान्तों तथा रघुवंश आदि अधिकांश प्राचीन रामकथाओं में वाल्मीकि के अनुसार धनुर्भंग के अवसर पर अन्य राजाओं की उपस्थिति का उल्लेख नहीं किया गया है तथा प्रायः चारों भाइयों के विवाह का निर्देश मिलता है।

३९२. वाल्मीकि रामायण के बालकाण्ड के अनुसार देवताओं ने देवरात को शिव का धनुष दे दिया था (दे० १, ३१ तथा १, ६६), किन्तु परशुराम के तेजोभंग के प्रसंग में कहा गया है कि शिव ने स्वयं ही देवरात को अपना धनुष दिया था (दे० ऊपर अनु० ३५०)। अयोध्याकाण्ड में सीता अनसूया से कहती है कि देवरात से प्रसन्न होकर वरुण ने उसे एक धनुष प्रदान किया था (दे० २, ११८, ३९)। **भट्टिकाव्य, बाल रामायण** (४,५४), **अध्यात्म रामायण** (१, ६, ७०), **आनन्द रामायण** (१, ३, ५६), **पद्मपुराण** के बंगीय उत्तरखण्ड[1] तथा **रामकियेन** (अध्याय १२) आदि में ऐसा उल्लेख भी मिलता है कि शिव ने उस धनुष से त्रिपुर को नष्ट किया था।

१. ज० ए० सो० बं० १८४२, पृ० ११२१।

सत्योपाख्यान (उत्तरार्द्ध, अध्याय २) तथा **बृहत्कोशलखण्ड** (अध्याय ६) में शिव जनक को स्वप्न में दर्शन देकर कहते हैं कि धनुर्भंग करनेवाला ही सीता के साथ विवाह करे।

अनेक रामकथाओं के अनुसार जनक ने ही उस धनुष को प्राप्त किया था। **पद्मपुराण** के पातालखण्ड के अनुसार जनक को चिन्ता होती है कि राम के साथ सीता का विवाह किस प्रकार निश्चित हो। वह शिव-पार्वती से प्रार्थना करते हैं और शिव उसे अजगव[१] नामक धनुष प्रदान करते हैं, जिसे तोड़ने में राम ही समर्थ होंगे (दे० अध्याय ११२)। **कृत्तिवास** में भी जनक ही यह धनुष शिव से प्राप्त करते हैं। ब्रह्मा ने शिव से निवेदन किया था कि वह ऐसी युक्ति निकाल लें जिससे राम को छोड़कर किसी अन्य वर के साथ सीता का विवाह न हो। इस पर शिव ने परशुराम को अपना धनुष देकर आदेश दिया—मेरा यह धनुष लेकर जनक के घर में रख देना तथा जनक से कहना कि वही सीता के साथ विवाह करे जो इस धनुष को तोड़ सके (दे० १, ५१)। **काश्मीरी रामायण** के अनुसार शिव ने जनक को इस शर्त पर एक धनुष दिया था कि जो उसे चढ़ा सके, वही सीता के साथ विवाह करे (दे० बालकाण्ड नं० ५)। **सेरीराम** के अनुसार देवताओं ने यह धनुष किसी महर्षि की हड्डियों से बनाया था; शिव ने उसे ब्रह्मा को दिया और ब्रह्मा ने उसे सीता के पोष्य पिता को समर्पित किया था। जावा के **सेरतकाण्ड** में भी सीता के पोष्य पिता को आकाश से गिरा हुआ एक धनुष प्राप्त होने का उल्लेख किया गया है। **रामकेर्ति** के अनुसार जनक ने सीता का अपूर्व सौन्दर्य देखकर मंत्रों द्वारा एक दिव्य धनुष की सृष्टि की थी तथा यह प्रण किया था कि जो यह धनुष उठाने में समर्थ हो, उसी को मैं सीता को प्रदान करूँगा (सर्ग १)।

आनन्द रामायण (१, ३, ५७) तथा **भावार्थ रामायण** (१, १७) में कहा गया है कि जो शिव-धनुष जनक के पास है, उससे परशुराम ने क्षत्रियों का २१ बार नाश किया था। जैन **पउमचरियं** के अनुसार विद्याधर चन्द्रगति वज्रावर्त्त नामक धनुष मिथिला पहुँचा देते हैं और इससे राम के बल की परीक्षा होती है (दे० सर्ग २८)। एक अन्य वृत्तान्त के अनुसार सीता धनुष के साथ-साथ यज्ञ की अग्नि से उत्पन्न हुई थी (दे० आगे अनु० ४२४)।

आनन्द रामायण (१, ३, ५८), भावार्थ रामायण (१, १७), बिर्होर रामकथा, पाश्चात्य वृत्तान्त नं० १३ आदि बहुत-सी अर्वाचीन रामकथाओं[२] के अनुसार सीता के शिव-धनुष को उठा लेने के पश्चात् ही जनक ने प्रण किया था कि जो उस धनुष को तोड़ेगा उसी से सीता का विवाह होगा। **आनन्द रामायण** (१, ३, ६०) में कहा गया है कि सीता के उस कार्य से

---

१. शंकरदेव कृत असमिया **रामविजय** के अनुसार एक आकाशवाणी ने यह घोषित किया था कि शिव के अजगव नामक धनुष पर शर-सन्धान करनेवाला ही सीता का पति बन सकता है।

२. दे० रामनरेश त्रिपाठी कविताकौमुदी ५वाँ भाग, पृ० १४९; ग्राम साहित्य, भाग १, पृ० २७६। राम इकबाल सिंह राकेश कृत मैथिली लोकगीत, पृ० १२३। डब्लू० वार्ड, व्यू० ऑव दि हिस्ट्री, लिटरेचर ऑव दि हिन्दूस, भाग ३, पृ० १८०। शिवनन्दन सहायकृत 'श्री गोस्वामी तुलसीदास जी' में सीता के धनुष उठाने की निम्नलिखित प्रचलित कथाओं का उल्लेख किया गया है (पृ० ४०६)—

क. सीता ने सखियों के संग खेलते समय उठा लिया।
ख. खेलते समय उनकी ओढ़नी में लगकर हट गया।
ग. यह समझकर कि धनुष की पूजा के लिए पिताजी को दूर जाते कष्ट होता है सीता जी उसे घर उठा लायीं।
घ. माता के सावकाश नहीं रहने से धनुष के स्थान को पूजा के निमित्त एक दिन लीपने गयीं और उसे हटाकर उन्होंने चौकोर चौका लगा दिया।

जनक ने सीता के लक्ष्मी-अवतार होने का रहस्य जान लिया। **भावार्थ रामायण** (१, १७) के अनुसार परशुराम ने जनक के महल में सीता को धनुष के साथ खेलते हुए देखा तथा जनक को यह सुझाव दिया कि जो यह धनुष भंग करने में समर्थ हो, वही सीता का पति बन जाये।

ख। सीता-स्वयंवर

३९३. वाल्मीकि रामायण में सीता के स्वयंवर का उल्लेख किया गया है; उस अवसर पर बहुत-से राजा शिव-धनुष को चढ़ाने में असमर्थ ही रहे और उन्होंने बाद में मिथिला पर आक्रमण किया। उस घटना के बहुत काल बाद **(सुदीर्घस्य तु कालस्य)** राम ने धनुष तोड़ दिया और सीता से विवाह किया (दे० बालकाण्ड, सर्ग ६६ तथा अयोध्याकाण्ड, सर्ग ११८)।

बाद की रामकथाओं में सीता-स्वयंवर तथा राजाओं के आक्रमण, दोनों घटनाओं का राम से सम्बन्ध स्थापित किया गया है। सीता-स्वयंवर में रावणदूत अथवा रावण ही के आगमन का भी प्रायः उल्लेख मिलता है।

३९४. पउमचरियं प्राचीनतम रचना है, जिसमें राम सीता-स्वयंवर में धनुष चढ़ाते हैं। कथा इस प्रकार है : राम ने म्लेच्छों के विरुद्ध जनक की सहायता की थी और जनक ने उन्हें सीता को देने की प्रतिज्ञा की थी। यह सुनकर कि सीता तथा राम का विवाह निश्चित हुआ है नारद को सीता के दर्शन करने की अभिलाषा हुई। मिथिला जाकर नारद ने सीता के भवन में प्रवेश किया। उन्हें अचानक आते देखकर सीता भयभीत हुईं[1]; वह भागकर छिप गयीं तथा नारद को महल से निकाला गया। प्रतीकार करने के उद्देश्य से नारद ने भामण्डल के उद्यान में सीता का चित्र बना दिया, जिसे देखकर भामण्डल सीता पर आसक्त हुआ। बाद में नारद भामण्डल से मिलकर बताते हैं कि यह चित्र किसका है। भामण्डल की विरहावस्था देखकर उसके पालक पिता चन्द्रगति ने एक विद्याधर को यह आदेश देकर मिथिला भेजा कि जनक को किसी-न-किसी तरह यहाँ ले आओ। वह विद्याधर मायावी घोड़े का रूप धारण कर जनक को ले आया तथा चन्द्रगति ने जनक के सामने भामण्डल तथा सीता के विवाह का प्रस्ताव रख दिया। जनक ने उत्तर दिया कि मैं राम से प्रतिज्ञा कर चुका हूँ। चन्द्रगति के अनुरोध करने पर जनक राम-सीता-विवाह की यह शर्त स्वीकार करते हैं कि राम को पहले वज्रावर्त्त धनुष चढ़ाना होगा। इस पर चन्द्रगति ने जनक तथा धनुष, दोनों को मिथिला पहुँचा दिया। स्वयंवर का आयोजन हुआ तथा सभी राजाओं को बुलाया गया। राम भी लक्ष्मण, भरत तथा शत्रुघ्न के साथ मिथिला आये; और उन्होंने स्वयंवर में धनुष चढ़ा दिया। बाद में लक्ष्मण ने भी ऐसा ही किया[2]; उनका पराक्रम देखकर विद्याधर राजाओं ने लक्ष्मण को १८ कन्याओं को प्रदान किया (दे० पर्व २८)।

३९५. परवर्ती रचनाओं में राम प्रायः अन्य राजाओं की उपस्थिति में अर्थात् सीता-स्वयंवर के अवसर पर धनुष चढ़ाते हैं; उदाहरणार्थ—नृसिंहपुराण (अध्याय ४७); भागवतपुराण (९, १०); अध्यात्म रामायण (१, ६, २४); कम्ब रामायण (१, १२); द्विपद रामायण (१, २८), मैथिली-

१. स्वयंभूदेव के **पउमचरिउ** के अनुसार सीता ने दर्पण में नारद का प्रतिबिम्ब देखा था तथा मूर्च्छित होकर भूमि पर गिर पड़ीं; उनकी सहेलियाँ चिल्लाने लगीं तथा नारद को बाहर निकाल दिया गया (सन्धि २१)।

२. रविषेण के पद्मचरित में दो चापों की चर्चा है; राम वज्रावर्त्त को चढ़ाते हैं तथा लक्ष्मण सागरावर्त्त को (दे० पर्व २८)। रामकियेन में लिखा है कि लक्ष्मण ने सीता के प्रति राम का प्रेम जानकर धनुष चढ़ाना अस्वीकार किया (अध्याय १२)।

कल्याण (अंक ५); सूरसागर (९, ४६७); रामकेर्ति (सर्ग १)। **अध्यात्म रामायण** के अनुसार नारद जनक के पास पहुँचकर राम तथा सीता के अवतार का रहस्य प्रकट करते हैं तथा दोनों के विवाह का आयोजन करने को कहते हैं (दे० १, ६, ६५); इस पर जनक सीता-स्वयंवर की घोषणा करते हैं। पद्मपुराण (पातालखण्ड) में नारद के अनुरोध पर सीता-स्वयंवर का आयोजन किये जाने का वर्णन मिलता है। अपने पुत्रों का विवाह करने के उद्देश्य से दशरथ ने नाना देशों में दूतों को भेज दिया। इनमें से एक शीघ्र लौटकर यह समाचार ले आया कि विदर्भ (!) देश के राजा विदेह की पुत्री वैदेही राम के सर्वथा योग्य है। इस पर वसिष्ठ को भेजा जाता है जो लग्न निश्चित करके अयोध्या लौटते हैं। अनन्तर दशरथ विवाह-मंगल गाती हुई युवतियों आदि के साथ मिथिला के लिए प्रस्थान करते हैं; जनक उनका स्वागत करते हैं तथा उनको विदेह नगर के पश्चिम के एक महल में ठहराते हैं। अब नारद आ पहुँचते हैं और वे अगले दिन होनेवाले विवाह के लिए जनक द्वारा निमंत्रित किये जाते हैं; नारद उत्तर देते हैं कि यह विवाह के लिए उपयुक्त मुहूर्त नहीं है। नारद, गार्ग्य आदि के साथ परामर्श करने के बाद जनक दशरथ की अनुमति से सीता-स्वयंवर के लिए अन्य राजाओं को भी बुला भेजते हैं। उसी रात को जनक शिव से अजगव नामक धनुष प्राप्त कर लेते हैं जिसे राम को छोड़कर कोई भी राजा चढ़ाने में असमर्थ होगा (दे० अध्याय ११२, ४९-९०)।

३९६. ऊपर इसका उल्लेख किया गया है कि महावीरचरित, अनर्घराघव तथा सत्योपाख्यान में एक **रावणदूत** की चर्चा है, जो सीता को माँगने आता है (दे० अनु० ३९१)। निम्नलिखित रचनाओं में सीता-स्वयंवर में ही रावणदूत[१] के आगमन तथा उसी अवसर पर राम द्वारा धनुर्भंग का वर्णन मिलता है—महानाटक (१, २१-२२); देवीभागवतपुराण (३, २८); राम-रहस्य (४, ५८)।

३९७. अधिकांश अर्वाचीन रचनाओं में राम तथा रावण दोनों सीता-स्वयंवर में विद्यमान हैं। प्राचीनतम रचना जिसमें उस अवसर पर रावण की उपस्थिति का उल्लेख है राजशेखरकृत **बालरामायण** है। इस नाटक के अनुसार रावण ने धनुष-परीक्षा को अस्वीकार किया था।

प्रसन्नराघव में रावण तथा बाणासुर दोनों आकर धनुष चढ़ाने का असफल प्रयत्न करते हैं। इस पर रावण सीता का हरण करने का संकल्प प्रकट करके चला जाता है। **पद्मपुराण** का पातालखण्ड (अध्याय ११२), **बलरामदास रामायण**, **रामचरितमानस**, **कवितावली**, **जानकीमंगल**, **रामचन्द्रिका** आदि रचनाएँ भी सीता-स्वयंवर में रावण तथा बाणासुर के आगमन का उल्लेख करती हैं।

निम्नलिखित रामकथाओं में सीता-स्वयंवर के अवसर पर राम तथा रावण की उपस्थिति का निर्देश मिलता है—जानकीराघव (दे० ऊपर अनु० २३६); आनन्द रामायण (१, ३, ३०); भावार्थ रामायण (१, १८); रामलिंगामृत (सर्ग ३); धर्मखण्ड (अध्याय २८); **तोरवे रामायण** (१, १५); गुजराती रणयज्ञ, हिकायत सेरीराम, पातानी रामा-कथा, जावा का सेरतकाण्ड, ब्रह्मचक्र, रामजातक, पाश्चात्य वृत्तान्त नं० ३, ४, ७, ८, १३। **आनन्द रामायण** (१, ३, ७७-८५) के अनुसार रावण ने धनुष उठाने का प्रयत्न किया, किन्तु धनुष उलट गया और रावण उसके नीचे दबकर छटपटाने लगा। जब कोई भी धनुष नहीं उठा सका तब विश्वामित्र ने राम को रावण के प्राण बचाने का आदेश दिया। **तोरवे रामायण** का वृत्तान्त इससे मिलता-जुलता है।

---

१. इसका नाम प्राय: शौष्कल माना जाता है।

बलरामदास रामायण के अनुसार रावण पुष्पक में बैठा हुआ राम द्वारा धनुर्भंग देखकर डरता है और लंका वापस जाता है। बलरामदास तथा कृत्तिवास के अनुसार रावण ने राम के आगमन के पूर्व ही धनुष चढ़ाने का प्रयास किया था (दे० १, ५२)। सेरीराम में इसका उल्लेख मिलता है कि इन्द्रजित् भी विद्यमान है, किन्तु वह इसीलिए धनुष के पास नहीं जाता कि वह 'पुत्री-कोमाल-देवी' नामक अपनी प्राणप्यारी सहधर्मिणी को एक सपत्नी देने के लिए तैयार नहीं है।

३९८. अर्वाचीन रामकथाओं में बहुधा स्वयंवर के वर्णन में देवताओं की उपस्थिति का भी उल्लेख हुआ है। **पद्मपुराण** के पातालखण्ड (अध्याय ११२, ९९-१०३) के अनुसार महेन्द्र, सूर्य और वायु ने धनुष चढ़ाने का निष्फल प्रयास किया था। **बलरामदास रामायण** में इन्द्र मात्र के असफल प्रयास का वर्णन किया गया है। **रामकेर्ति** में भी ब्रह्मा, इन्द्र, शिव, वायु, अग्नि आदि ३३ देवताओं की चर्चा है जो एक-एक करके धनुष-परीक्षा में अनुत्तीर्ण होकर चले जाते हैं।

कुछ रचनाओं में अन्य राजाओं की असफलता के पश्चात् शिव राम को धनुष तोड़ने का आदेश देते हैं—उदाहरणार्थ धर्मखण्ड (अध्याय २८), और तत्त्वसंग्रह रामायण (१, २९)।

कम्ब रामायण (१, २१), रामलिंगामृत (सर्ग ३) और रामगीतगोविन्द में भी स्वयंवर के अवसर पर देवताओं की उपस्थिति का उल्लेख है। **रामचरितमानस** में तुलसीदास देवताओं के मनुष्य का रूप धारण करने की चर्चा करते हैं तथा अन्य देवताओं के आकाश में स्थित स्वयंवर देखने का उल्लेख करते हैं :

देखहिं सुर नभ चढ़े विमाना (१, २४६)
देव दनुज धरि मनुज सरीरा (१, २५१)

३९९. सुग्रीव द्वारा राम की परीक्षा का वृत्तान्त हिन्देशिया की रामकथाओं में सीता-स्वयंवर ही के अवसर पर रखा गया है। **सेरतकाण्ड** के अनुसार सीता के पोष्य पिता रेसिकल ने एक आकाश से गिरा हुआ एक धनुष प्राप्त किया और संकल्प किया कि जो उस धनुष के चलाये हुए बाण से सात ताल वृक्ष विद्ध कर सकता है, उसी को सीता पत्नीस्वरूप दी जायेंगी। रावण केवल छह वृक्षों का छेदन कर सकता है। लक्ष्मण की सहायता से राम सफलता प्राप्त करते हैं; ये सात ताल एक साँप की पीठ पर चक्राकार खड़े हैं और लक्ष्मण ने उस साँप को दबाकर उसे सीधा किया था। पातानी पाठ की कथा इस वृत्तान्त से मिलती-जुलती है।[1]

सेरीराम तथा **हिकायत महाराज रावण** में ७ वृक्षों के स्थान पर चालीस का उल्लेख किया गया है, जिनमें रावण केवल ३८ छेदने में समर्थ है। **सेरीराम** में महर्षि कली राम की एक अन्य परीक्षा भी लेते हैं। सीता को मूर्तिवत् खड़ी रहने का आदेश देकर महर्षि कली उनको एक मन्दिर में छिपाते हैं जहाँ एक सहस्र मूर्तियाँ हैं। राम सीता की खोज करते हुए मन्दिर में पहुँचते हैं और मूर्तियों को गुदगुदाकर सीता का पता लगाते हैं। एक अन्य पाठ के अनुसार राम मूर्तियों की आँखों पर पुष्प मारकर सीता को खोज निकालते हैं। **पाश्चात्य वृत्तान्त** नं० ३ में धनुष चढ़ाने के अतिरिक्त लक्ष्य-भेदन की भी परीक्षा होती है, जिसमें रावण के निष्फल प्रयत्न के बाद राम सफलता प्राप्त कर लेते हैं।

सेरीराम में सीता के पोष्य पिता विवाह के पूर्व राम से काकासुर का वध करने का निवेदन करते हैं। यह काकासुर यज्ञ में प्रयुक्त होनेवाला दूध पीकर यज्ञों में विघ्न डाला करता है। राम का बाण काक का पीछा करता हुआ समुद्र पार कर एक टापू पर पहुँच जाता है;

---

१. इस प्रसंग का मूल स्रोत भारतीय है, दे० आगे अनु० ५१७।

काक भयभीत होकर प्रतिज्ञा करता है कि आगे चलकर वह महर्षि कली को कष्ट नहीं देगा। राम का बाण काक का यह सन्देश लेकर मिथिला वापस आता है। इसके बाद विवाह का आयोजन होता है।

ग। विवाहोत्सव

४००. वाल्मीकीय बालकाण्ड में धनुर्भंग के पश्चात् दशरथ को बुलाया जाता है और वह वसिष्ठ, वामदेव, जाबालि, कश्यप मार्कण्डेय तथा अपनी चतुरंगिणी सेना के साथ मिथिला आते हैं। वहाँ राम-सीता के अतिरिक्त अन्य तीन भाइयों के विवाह भी सम्पन्न किये जाते हैं। लक्ष्मण सीता की बहन उर्मिला से तथा भरत शत्रुघ्न क्रमशः जनक के भाई कुशध्वज की पुत्रियों माण्डवी-श्रुतिकीर्ति से विवाह करते हैं (दे० सर्ग ७३)। प्रायः सभी रामकथाओं में ऐसा ही वर्णन मिलता है, किन्तु इस सामान्य नियम के अपवादों का अभाव नहीं होता। वाल्मीकि रामायण के पश्चिमोत्तरीय पाठ (सर्ग १४) में जनक को राम-भरत का और कुशध्वज को लक्ष्मण-शत्रुघ्न का ससुर कहा गया है—

जनकः श्वसुरो राजा रामस्य भरतस्य च।
कुशध्वजासुताभ्यां च सुमित्रानन्दनौ पती॥ २०॥

गुणभद्र के उत्तरपुराण, तिब्बती रामायण, खोतानी रामायण तथा बौद्ध जातकों का उल्लेख हुआ है जिनमें सीता ही का विवाह वर्णित है (दे० ऊपर अनु० ३९०)। निम्नलिखित रचनाओं में भी केवल राम तथा सीता के परिणय का उल्लेख हुआ है—भट्टिकाव्य (२, ४३); रामायण ककविन; सेरीराम; रामकेर्ति; रामकियेन; रामलिंगा; दामोदर मिश्र द्वारा सम्पादित महानाटक। कुछ अन्य रामकथाओं में राम तथा लक्ष्मण मात्र के विवाह का उल्लेख है—उदाहरणार्थ वह्निपुराण (पृ० १८३); पद्मपुराण का गौडीय उत्तरखण्ड। पउमचरियं में राम के अतिरिक्त भरत के विवाह का वर्णन मिलता है। राम-सीता-विवाह के कारण भरत को उदास देखकर कैकेयी ने भरत-सुभद्रा के विवाह का प्रस्ताव किया; सुभद्रा[1] जनक के भाई कनक की कन्या है। इस पर सुभद्रा के स्वयंवर का आयोजन होता है जिसमें वह भरत को चुन लेती है। अनन्तर राम तथा भरत दोनों का विवाहोत्सव मनाया जाता है (दे० पर्व २८)।

राम के विवाह के वर्णन में कवियों ने प्रायः अपने समाज की तत्कालीन लोकरीतियों का निरूपण किया है। इसका विश्लेषण रामकथा से सीधा सम्बन्ध नहीं रखता।

कम्ब रामायण (१, १३), उदारराघव (३, १०३) और बलरामदास, धनंजय भंज तथा उपेन्द्र भंज की उड़िया रामकथाओं के अनुसार दशरथ अपनी रानियों को भी मिथिला ले जाते हैं।

कुछ अर्वाचीन रचनाओं में विवाहोत्सव में देवताओं के आगमन का उल्लेख मिलता है। तत्त्वसंग्रह रामायण शिव तथा ब्रह्मा की उपस्थिति का उल्लेख करता है (१, ३०)। रामचरितमानस के अनुसार देवता विमान पर चढ़कर राम का विवाह देखने आते हैं (१, ३१४, ३), ब्राह्मण का रूप धारण कर विवाहोत्सव में भाग लेते हैं (१, ३१९, छन्द) तथा होम के समय प्रकट होकर पूजा स्वीकार करते हैं (सुर प्रकटि पूजा लेहिं, दे० १, ३२३, छन्द)। इसके अतिरिक्त उनकी स्त्रियाँ भी छद्मवेश में परछन के अवसर पर राम की आरती उतारती हैं :

सची सारदा रमा भवानी। जे सुरतिय सुचि सहज सयानी॥
कपट नारि बर बेष बनाई। मिलीं सकल रनिवासहिं जाई॥ ३१८॥

१. रविषेण के पद्मचरित के अनुसार उसका नाम लोकसुन्दरी था (दे० २८, २५८)।

कृत्तिवास रामायण में राम-सीता के विवाह के अवसर पर चन्द्रमा के नृत्य का भी वर्णन मिलता है। देवताओं को आशंका थी कि यदि विवाह शुभ मुहूर्त पर सम्पादित हो सका तो राम-सीता का वियोग असम्भव होगा। इसीलिए उन्होंने चन्द्रमा को विवाहोत्सव में भेज दिया। चन्द्रमा ने नर्तकी का रूप धारण कर अपने नृत्य से सबों को मंत्रमुग्ध किया था, जिससे किसी को मुहूर्त का ध्यान नहीं रहा। अत: शुभ मुहूर्त के बीत जाने के बाद ही विवाह सम्पन्न हुआ (दे० १, ६२)।

४०१. विवाह के समय राम तथा सीता की अवस्था का सम्भवत: आदिरामायण में निर्देश नहीं किया गया था। प्रचलित वाल्मीकि बालकाण्ड में दशरथ विश्वामित्र से कहते हैं कि राम की उम्र १६ वर्ष से कम है (**ऊनषोडश वर्ष**; १, २०, २); इसी काण्ड के अन्त में (दे० १, ७७, १४) तथा प्रक्षिप्त सीता-अनसूया-संवाद के अन्तर्गत विवाह के समय सीता की '**पतिसंयोगसुलभ**' अवस्था का उल्लेख किया गया है (दे० २, ११८, ३४)। बालकाण्ड के अन्त में कहा गया है कि विवाह तथा वनवास के बीच में बहुत समय बीत गया (बहूनृतून्; १, ७७, २५)। अरण्यकाण्ड के रावण-सीता-संवाद के एक प्रक्षिप्त अंश के अनुसार सीता विवाह के पश्चात् १२ वर्ष तक अयोध्या में रही थीं (दे० ३, ४७, ४) तथा निर्वासन के समय राम-सीता की अवस्था क्रमश: २५ और १८ की थी (दे० ३, ४७, १०-११)। इसका अर्थ यह है कि विवाह के समय राम और सीता की उम्र क्रमश: तेरह और छह वर्ष थी। अयोध्याकाण्ड के अन्य स्थल के अनुसार राम की अवस्था निर्वासन के समय १७ वर्ष की थी (दे० २, २०, ४५)। सुन्दरकाण्ड में सीता-हनुमान्-संवाद के अन्तर्गत सीता के १२ वर्ष तक अयोध्या में निवास करने का उल्लेख हुआ है (दे० ५, ३३, १७)।

परवर्ती रचनाओं में भी राम-सीता की अवस्था के विषय में मतैक्य का अभाव है। अधिकांश रचनाओं में तथा विशेषकर काल-निर्णय रामायणों (अनु० १७९) में विवाह के समय राम-सीता की अवस्था क्रमश: १५ और ६ वर्ष मानी गयी है; उदाहरणार्थ **स्कन्दपुराण** (ब्राह्मखण्ड धर्मारण्यखण्ड, अध्याय ३०) तथा पद्मपुराण का पातालखण्ड (अध्याय ३३)।

विवाह तथा वनवास के बीच १२ वर्ष बीत गये थे; इसका भी प्राय: उल्लेख किया गया है—दे० कालनिर्णय रामायण (अनु० १७९), अध्यात्म रामायण (१, १, ३७); आनन्द रामायण (१, ५, १३१); पद्मपुराण का उत्तरखण्ड (२६९, १८०)। आनन्द रामायण के अनुसार राम ने छह वर्ष की अवस्था के पूर्व ही विवाह किया था (दे० १, ४, २५)।

४०२. नृसिंहपुराण (अध्याय ४७) से लेकर अनेक रामकथाओं में सीता-स्वयंवर के पश्चात् अन्य राजाओं के आक्रमण का वर्णन किया गया है। अपने भाइयों की सहायता से राम उन राजाओं को पराजित करते हैं। पद्मपुराण के पातालखण्ड (अध्याय ११२), तोरवे रामायण (१, १५), असमिया बालकाण्ड (अध्याय ४१), असमिया रामविजय तथा मलय के सेरीराम में इस युद्ध का उल्लेख किया गया है। आनन्द रामायण (१, ४) में इस युद्ध का वर्णन एक अन्य अवसर पर रखा गया है। जनक ने दशरथ को कुटुम्ब के साथ दीवाली के अवसर पर निमंत्रित किया था। उत्सव के पश्चात् अयोध्या के रास्ते में स्वयंवर में पराजित राजाओं ने आक्रमण किया तथा राम ने अपने भाइयों की सहायता से उनको हरा दिया था।

घ। पूर्वानुराग

४०३. आठवीं शताब्दी ई० से लेकर विवाह के पूर्व राम तथा सीता के पारस्परिक आकर्षण और प्रेम का उल्लेख मिलता है। **महावीरचरित** में विश्वामित्र सीता और उर्मिला

को अपने आश्रम में बुलाते हैं, जहाँ राम और लक्ष्मण उनको देखकर आकर्षित हो जाते हैं (दे० अंक १)। **जानकीहरण** में धनुर्भंग के बाद, किन्तु विवाह के पूर्व, सीता के विरह का वर्णन किया गया है (दे० सर्ग ७)। परवर्ती रचनाओं में इस पूर्वानुराग के वर्णन में उत्तरोत्तर विकास हुआ है। रामकथाओं का एक वर्ग है जिसमें स्वयंवर में ही राम को देखकर सीता के अनुरक्त हो जाने का वर्णन किया गया है। **महानाटक** के प्रथम अंक में कहा गया है कि धनुष की कठोरता तथा राम की कोमलता देखकर सीता ने अपने पिता की प्रतिज्ञा पर खेद प्रकट किया था और इसका भी उल्लेख है कि राम ने धनुर्भंग के पूर्व ही सीता की प्रेममय मुस्कुराहट देखी थी (**स्मरस्मेरं**, छन्द १९)। **कल्किपुराण** (३, ३, २९) के अनुसार राम सीता के कटाक्ष से प्रेरणा लेकर धनुष चढ़ाते हैं **(जनकजेक्षितैरर्च्चितः)**। **आनन्द रामायण** (१, ३, १११-१२०) में कहा गया है कि स्वयंवर के समय राम को सभा के आँगन में देखकर सीता प्रेमविह्वल हो जाती हैं; वह अपनी सखी से कहती हैं कि यदि पिताजी राम को छोड़कर किसी अन्य पुरुष से मेरे विवाह का आयोजन करेंगे तो मैं जीवित नहीं रह सकूँगी। तब वह देवताओं से प्रार्थना करती हैं कि वे राम के लिए धनुष को पुष्पवत् बना दें तथा राम के सफल होने पर चौदह वर्ष तक वनवास करने का व्रत लेती हैं। **कृत्तिवास रामायण** (१, ६०-६१) तथा **बलरामदास रामामण** में भी स्वयंवर के समय राम को देखकर सीता की प्रेमदशा तथा देवताओं से उनकी विनय का वर्णन मिलता है।

रामकथाओं के एक अन्य वर्ग के अनुसार सीता ने राम को मिथिला में प्रवेश करते देख लिया था तथा उसी क्षण उनके हृदय में राम के प्रति प्रेम अंकुरित हुआ था। तमिल **कम्ब रामायण** में इस प्रकार का प्रथम वर्णन मिलता है—राम के मिथिला में प्रवेश करते समय राम और सीता एक-दूसरे को देखते हैं और दोनों में प्रेम उत्पन्न होता है।

"कल्पनातीत सौन्दर्य से युक्त सीता इस प्रकार कन्याभवन पर खड़ी थी कि राम-लक्ष्मण विश्वामित्र मुनि के पीछे-पीछे उसी कन्याभवन के निकट होकर गये। संयोगवश राम की दृष्टि सीता पर पड़ी और इसी समय सीता की दृष्टि भी राम पर पड़ गयी। फिर क्या था? नेत्रों ने नेत्रों को ग्रस लिया। अत्यन्त सुरुचिपूर्ण होने के कारण एक-दूसरे का रसास्वादन करने लगे। इसी के द्वारा दोनों के चित्त भी जुड़कर एक हो गये। तदनन्तर दोनों अपनी सुध-बुध खो, एक-दूसरे के परवश हो, महान् व्यक्ति राम ने भी सीता को निहारा और उसने भी राम को निहारा" (१, १०, ३५)।[1]

कम्बर ने उसी दशवें पटल में सीता तथा राम दोनों के रात्रि में विरह का विस्तृत वर्णन किया है। **गोविन्द रामायण** में भी सीता प्रासाद की छत पर से राम को मिथिला में पहुँचते देखती हैं और राम-सीता में पारस्परिक प्रेम उत्पन्न होता है। असमिया बालकाण्ड (अध्याय ३९) में इसका वर्णन किया गया है कि मिथिला में प्रवेश करते हुए राम को देखकर सीता मुग्ध हो गयी थीं तथा उन्होंने राम के साथ ही विवाह करने का प्रण किया था। **रामकियेन** (अध्याय १२) के अनुसार राम जनक की राजधानी में पहुँचकर सीता को महल के झरोखे में देखते हैं जिसके फलस्वरूप दोनों उसी क्षण एक-दूसरे के प्रति आकर्षित हो जाते हैं। उपेन्द्र भंज के वैदेहीश विलास तथा त्रिपुरारिदासकृत रामकृष्ण केलिकलोल में भी इसका उल्लेख है। रामकियेन में कहा गया है कि सीता के प्रति राम का प्रेम जानकर लक्ष्मण धनुष चढ़ाने में समर्थ होते हुए भी उसे नहीं उठाते हैं।

१. दे० डॉ० सु० शंकर राजू नायडू, कम्बर और तुलसी, (मद्रास १९५६) पृ० ६२।

राम-सीता के पूर्वानुराग के चित्रण में कुछ कवियों ने पुष्पवाटिका में राम और सीता के साक्षात्कार की कल्पना की है। **प्रसन्नराघव** (दे० अनु० २३७) में राम सीता को चण्डिकायतन की ओर जाते हुए देखते हैं तथा छिपकर सीता और उनकी सखियों की बातचीत सुनते हैं। बाद में दोनों के एक-दूसरे को देखकर आकर्षित हो जाने का वर्णन किया गया है। **मैथिलीकल्याण** नाटक (दे० अनु० २३९) में सीता तथा राम के पूर्वानुराग, दोनों के विरह-वर्णन तथा अभिसारिका सीता का भी चित्रण किया गया है। प्रसन्नराघव के आधार पर रामचरितमानस तथा गीतावली में तुलसीदास ने जनकपुर की वाटिका में राम-सीता के पारस्परिक दर्शन का वर्णन किया है। सौपद्य रामायण (दे० अनु० १९७), धनंजय भंज के रघुनाथ विलास तथा मैंद रामायण (दे० अनु० २०३) में भी वाटिका-प्रसंग मिलता है।[१]

साहित्य दर्पण में विप्रलम्भ-पूर्वराग के दो कारण अर्थात् श्रवण तथा दर्शन उल्लिखित हैं। काव्यशास्त्र के ग्रन्थों में कई प्रकार के दर्शन माने जाते हैं—प्रत्यक्षदर्शन, स्वप्नदर्शन तथा चित्रदर्शन। राम-सीता-पूर्वराग के प्रसंग में इन सब कारणों की चर्चा मिल जाती है। प्रत्यक्षदर्शन-विषयक कथाओं का उल्लेख ऊपर हो चुका है। **राघवोल्लास काव्य** के द्वादश सर्ग में स्वप्नदर्शन को सीता के पूर्वराग का कारण माना गया है। "सीता सबेरे रोती-रोती जगकर रात में देखे स्वप्न को अपनी प्रिय सखी को सुनाती हैं—एक सुन्दर पुरुष-रत्न स्वप्न में मुझे मिला था, कोमल स्वच्छ तुलसीदल की माला उसके गले में थी। ...उसी समय जनक-पुत्री ने कोलाहल सुना। पूछा कि यह कैसा कोलाहल हो रहा है। शीघ्र ही पता लगाकर एक मृगनयनी ने कहा—अरी विशाल भालवाली जनकनन्दिनी, घर के भीतर क्या छिपी हो, इधर गवाक्ष पर आकर देखो। एक सुन्दर पुरुष आ रहा है, उसका नाम राम है, अलौकिक सौन्दर्य समन्वित है। सीता सखियों के साथ राम को देखती हैं। राम की रूपमाधुरी पर मुग्ध होकर चेतना-शून्य हो जाती हैं। ...अन्त में किसी प्रकार सीता होश में लायी जाती हैं। राम को देखने के लिए पुनः गवाक्ष पर जाना चाहती हैं, सखियों के मना करने पर उत्तर देती हैं कि राम के दर्शन से तो शायद प्राण निकलें, किन्तु उनके वियोग से तो मरण निश्चित है—**रामेक्षणं प्राणहरं कदाचित् ध्रुवं मृतिं दास्यति तद्वियोगः**।[२]

भुशुण्डी रामायण के अनुसार राम मिथिला में पहुँचकर एक पक्षी द्वारा सीता के पास अपना चित्र भेज देते हैं; चित्र-दर्शन से सीता उन्हें प्राप्त करने के लिए उत्कण्ठित होती हैं।[३] **बृहत्कोशलखण्ड** में गुण-श्रवण पूर्वराग का कारण माना गया है। एक तपस्विनी से राम के कार्यों का गुणगान सुनकर अष्टवर्षीय सीता विरह से व्याकुल होने लगती है; जिस पर महादेव जनक को स्वप्न में दिखायी पड़ते हैं तथा स्वयंवर का आयोजन करने को कहते हैं (दे० अध्याय ६)।

ङ। राम का एकपत्नीव्रत

४०४. वाल्मीकि ने राम को 'सत्यपराक्रम' क्षत्रिय, आज्ञाकारी पुत्र तथा 'स्वदारनिरत' पति के रूप में चित्रित किया है। परवर्ती रामकथाओं में राम को प्रायः 'एकपत्नीव्रत' भी माना गया है। यह वाल्मीकीय आदर्श का स्वाभाविक विकास प्रतीत होता है।

---

१. साकेत (सर्ग १) में पुष्पवाटिका के प्रसंग में लक्ष्मण-उर्मिला के पूर्वानुराग का भी चित्रण है।

२. दे० राघवप्रसाद पाण्डेय, तुलसीदासकालीन राघवोल्लास काव्य, मैथिलीशरण गुप्त अभिनन्दन ग्रन्थ, पृ० ७०४।

३. दे० भगवती प्रसाद सिंह, रामभक्ति में रसिक सम्प्रदाय, पृ० ९८।

प्रस्तुत विषय का विश्लेषण करते समय हमें स्मरण रखना चाहिए कि उच्चाशय मानव का चित्र अंकित करते हुए भी वाल्मीकि का दृष्टिकोण यथार्थवादी ही है; अतः उनकी रचना में यत्र-तत्र ऐसी उक्तियाँ भी मिल जाती हैं जो परवर्ती रामकथाओं के मर्यादावाद को आघात पहुँचा सकती हैं। अयोध्याकाण्ड के एक स्थल पर राम की 'स्त्रियों' की ओर संकेत किया गया है; कैकेयी को उभाड़ती हुई मन्थरा कहती है कि राम के अभिषेक के बाद उनकी स्त्रियाँ फूली नहीं समायेंगी—**हृष्टाः खलु भविष्यन्ति रामस्य परमाः स्त्रियः**।[१] समुद्र के तट पर प्रायोपवेशन के वर्णन में 'अनेकधा परम नारियों की भुजाओं से स्पृष्ट राम की बाँह' का उल्लेख मिलता है—"**भुजैः परमनारीणामभिमृष्टमनेकधा**" (६, २१, ३)। यद्यपि असंख्य स्थलों पर सीता के प्रति राम के प्रेम की चर्चा है फिर भी कैकेयी से भरत के युवराजाभिषेक का समाचार सुनकर राम कहते हैं कि पिता की आज्ञा पर मैं भरत को अपना राज्य, अपनी सम्पत्ति, अपना जीवन तथा सीता को भी सहर्ष अर्पित कर सकता हूँ :

अहं हि सीतां राज्यं च प्राणानिष्ठान्धनानि च।
हृष्टो भ्रात्रे स्वयं दद्यां भरताय प्रचोदितः॥ ७॥

(२, सर्ग १९)

शरपाश में बद्ध लक्ष्मण के लिए विलाप करनेवाले राम की यह उक्ति[२] प्रसिद्ध ही है :

किं नु मे सीतया कार्यं लब्धया जीवितेन वा।
शयानं योऽद्य पश्यामि भ्रातरं युधि निर्जितम्॥ ५॥
शक्या सीतासमा नारी मर्त्यलोके विचिन्वता।
न लक्ष्मणसमो भ्राता सचिवः सांपरायिकः॥ ६॥

(युद्धकाण्ड, सर्ग ४९)

अपनी माता से राम के वनवास का समाचार सुनकर भरत यह आशंका प्रकट करते हैं—**कच्चिन्न परदारान्वा राजपुत्रोऽभिमन्यते** (२, ७२, ४५)।

उपर्युक्त उद्धरणों का उत्तरदायित्व वाल्मीकि का है अथवा रामायण के प्राचीन गायकों का, इसका निर्णय करना असम्भव है। इस समस्या का जो भी समाधान हो किन्तु विवाह-सम्बन्ध के विषय में तथा सीता के प्रति राम के निश्चल प्रेम के विषय में जो सामग्री रामायण में मिलती है; इस पर परवर्ती रचनाओं के 'एकपत्नीव्रत' का आदर्श आधारित है।

---

१. दे० २, ८, १२। उदीच्य पाठ के कुशीलवों ने इस श्लोकार्ध का सीधा अर्थ आपत्तिजनक समझकर इसे इस प्रकार बदल दिया है—**ऋद्धियुक्ता श्रिया जुष्टा रामपत्नी भविष्यति** (गौ० ७, ६; प० रा० १०, ६)। दाक्षिणात्य पाठ के कुछ टीकाकार मानते हैं कि यहाँ आदर के कारण सीता ही के लिए बहुवचन का प्रयोग हुआ है—**सीताबहुत्वमादरार्थम्** (रामायण शिरोमणि)। अन्य टीकाकारों के अनुसार 'स्त्रियः' का अर्थ है सीता की सखियाँ—**बहुवचनेन सीता सख्यः** (तिलक)।

२. अग्नि-परीक्षा के समय सीता के प्रति राम के कठोर शब्द यहाँ अप्रासंगिक हैं, क्योंकि अग्नि-परीक्षा का समस्त वृत्तान्त प्रक्षिप्त है (दे० अनु० ५६५)। युद्धकाण्ड का १०१वाँ सर्ग भी प्रक्षिप्त है (दे० अनु० ५३५); इसमें राम कहते हैं—**देशे देशे कलत्राणि...तं तु देशं पश्यामि यत्र भ्राता सहोदरः** (दे० १०१, १४)। इसी प्रकार जिस सर्ग में सीता राम के चरित्र पर सन्देह प्रकट करती हैं (५, २८, १४), अधिक सम्भव है कि वह भी प्रक्षिप्त है (दे० अनु० ५३०)। इसी सर्ग में सीता अपना एकपत्नीत्व व्यर्थ बताती हैं—एकपत्नीत्वमिदं निरर्थकम् (श्लोक १३)।

आदिकाव्य के एक स्थल पर 'एकपत्नीव्रत' की प्रशंसा की गयी है (दे० २, ६४, ४३)। राम के साथ वन जाने के लिए अनुरोध करते समय सीता यह तर्क देती हैं कि धर्म-विधि के अनुसार विवाह होने पर स्त्री परलोक में भी अपने पति की होकर रहती है[१] :

इहलोके च पितृभिर्या स्त्री यस्य महाबल।
अद्भिर्दत्ता स्वधर्मेण प्रेत्यभावेऽपि तस्य सा॥ १८॥ (२, २९)

वाल्मीकि रामायण में सीता के प्रति राम के प्रेम का बहुत-से स्थलों पर चित्रण किया गया है; सीता से उनका वियोग तथा सीता के लिए उनका विलाप अनेक सर्गों का वर्ण्य-विषय है (दे० ३, ६०-६६; ३, ७५; ४, २७-२८; ४, ३०; ५, ६६; ६, ५)। सीता राम को '**स्वदारनिरत**' (३, ९, ६) तथा अपने प्रति '**स्थिरानुराग**' (२, ११८, ४) मानती हैं तथा यह विश्वास प्रकट करती हैं कि राम का प्रेम कभी नष्ट नहीं हो सकता (५, २६, ३९)। राम को निर्वासन दिलानेवाली कैकेयी भरत की उपर्युक्त आशंका सुनकर उत्तर देती है—**न रामः परदारांश्च चक्षुर्भ्यामपि पश्यति** (२, ७२, ४८)।

आदिकाव्य में राम के इस चरित्र-चित्रण के आधार पर उत्तरकाण्ड के व्यासों ने यह माना है कि सीता-त्याग के बाद राम ने दूसरा विवाह नहीं किया (दे० ७, ९९, ८)। अतः एकाध अपवादों को छोड़कर परवर्ती रामकथाओं की धारणा यह है कि राम एकपत्नीव्रत थे। **भागवतपुराण** में राम के विषय में लिखा है—**एकपत्नीव्रतधरो राजर्षिचरितः शुचिः** (९, १०, ५५)। आनन्द रामायण में राम स्वयं कहते हैं कि सीता को छोड़कर सभी नारियाँ उनके लिए कौशल्या के समान ही हैं :

अन्यत्सीतां विनाऽन्या स्त्री कौशल्या सदृशी मम॥
न क्रियते परा पत्नी मनसाऽपि च चिंतये॥ १३॥

(विलास काण्ड, सर्ग ७)

आनन्द रामायण के उसी सर्ग में यह भी माना गया है कि रामावतार में एकपत्नीव्रत रखने के फलस्वरूप कृष्णावतार में उनको बहुत-सी पत्नियाँ मिलेंगी। रामचरित्र के इस आदर्श को न स्वीकार करनेवाली प्राचीनतम रचनाएँ जैन रामायण हैं। विमलसूरि के पउमचरियं (अनु० ६०) तथा गुणभद्र के उत्तरपुराण (अनु० ६४) और उन पर आधारित जैन रामकथाओं में लक्ष्मण की १६००० तथा राम की ८००० पत्नियों की चर्चा है। रसिक सम्प्रदाय के राम-साहित्य पर कृष्णलीला की गहरी छाप है; अतः उसमें राम को बहुपत्नीक माना गया है। भुशुण्डी रामायण में राम की दो पटरानियों के अतिरिक्त सहस्त्रों पत्नियों का उल्लेख है (दे० अनु० १८०); बृहत्कोशलखण्ड (दे० अनु० १९१) में भी राम के बहुत-से विवाहों का वर्णन किया गया है।[२] विदेश की रचनाओं में राम को प्रायः एकपत्नीव्रत ही माना गया है; रामजातक इसका एकमात्र अपवाद प्रतीत होता है (दे० अनु० ३२७)। एक ही रचना में अर्थात् खोतानी रामायण में सीता राम तथा लक्ष्मण दोनों से विवाह करती हैं, उस देश के बहुपतित्व के आधार पर इस प्रकार की कल्पना उत्पन्न हुई होगी।

---

१. वसिष्ठ की यह उक्ति भी द्रष्टव्य है—**आत्मा हि दाराः सर्वेषां दारसंग्रहवर्तिनाम्** (२, ३७, २४)।

२. डॉ० भगवती प्रसाद सिंह के अनुसार नृत्यराघवमिलन में राम की पटरानियों की संख्या ८ मानी गयी है तथा सिद्धान्त तत्त्वदीपिका में उनकी असंख्य विवाहित स्त्रियों की चर्चा है (दे० रामभक्ति में रसिक सम्प्रदाय, पृ० २६०)।

६—सीता की जन्म-कथा

४०५. प्रारम्भिक रामकथाओं में सीता के कुल-परम्परा सम्बन्धी तथ्यों के अभाव के कारण अनेक प्रकार की एक दूसरी से सर्वथा भिन्न कथाएँ प्रचलित हो गयी हैं। जनक, रावण और दशरथ तीनों सीता के पिता माने गये हैं। अतः रामकथा के विकास में सीता-जन्म के वैभिन्न्य की एक अलग समस्या प्रतीत होती है। इसे सुलझाने के लिए उन भिन्न-भिन्न रूपों की प्राचीनता और सापेक्षिक महत्त्व को ध्यान में न रखने के कारण अनेक विद्वानों ने बहुत चिन्त्य प्रस्ताव किये हैं। उनके अनुसार सीता पहले दशरथ की पुत्री और राम की सहोदरी बहन मानी जाती थीं। इसके बाद वह रावण की पुत्री बनायी गयी हैं और अन्त में अयोनिजा सीता (जनक की दत्तक पुत्री) की कल्पना कर ली गयी है। प्रस्तुत परिच्छेद में इस जन्म-कथा के भिन्न-भिन्न रूपों के संक्षिप्त वर्णन के साथ-साथ इसके विकास की रूप-रेखा खींचने का भी प्रयत्न किया जायेगा। आरम्भ में उन कारणों का स्पष्टीकरण किया जायेगा जो इस विश्वास की पुष्टि करते हैं कि सीता पहले जनक की औरस पुत्री मानी जाती थीं, तदुपरान्त वाल्मीकि के अनुसार भूमिजा सीता के अलौकिक जन्म का वर्णन किया जायेगा। यह आख्यान सर्वाधिक प्रचलित तथा महत्त्वपूर्ण है और सीता की अर्वाचीन जन्म-कथाओं का भी आधार प्रमाणित हुआ है। वाल्मीकि से भिन्न कथाओं में एक बात प्रायः सर्वत्र वर्णित है और वह यह है कि मिथिला में परित्यक्त होने के पूर्व सीता का सम्बन्ध लंका से भी स्थापित किया जाता है। अन्त में **दशरथ जातक** तथा हिन्देशिया की जन्म-कथाओं का वर्णन किया जायेगा जिनमें दशरथ सीता के पिता माने गये हैं। इनके कम महत्त्व का प्रमाण यह है कि शताब्दियों तक अज्ञात होने के कारण इन कथाओं का भारत पर कोई प्रभाव नहीं पड़ सका।

४०६. सीता की जन्म-कथा के भिन्न-भिन्न रूपों का परिचय निम्नलिखित तालिका में दिया जाता है :

क। जनकात्मजा

महाभारत, हरिवंश, कूर्मपुराण, पउमचरियं, आदि वाल्मीकि रामायण।

ख। भूमिजा

(१) प्रचलित **वाल्मीकि रामायण** तथा अधिकांश रामकथाएँ।
(२) दशरथ तथा मेनका की मानसी पुत्री : **वाल्मीकि रामायण** के उदीच्य पाठ।
(३) वेदवती अथवा लक्ष्मी के अवतार।

ग। सीता और लंका

(अ) रावणात्मजा

(१) **वसुदेव-हिण्डि;** गुणभद्रकृत **उत्तरपुराण; महाभागवतपुराण।**
(२) **काश्मीरी रामायण**, पाश्चात्य वृत्तान्त नं० १६।
(३) **तिब्बती** तथा **खोतानी रामायण।**
(४) **सेरतकाण्ड, सेरीराम** का पातानी पाठ।
(५) **रामकियेन**, (रामकेर्ति?)।
(६) **रामजातक, पालक पालाम।**

(आ) पद्‌मजा

(१) **दशावतारचरित** (११वीं श० ई०); तोरवे रामायण।

(२) गोविन्दराज का **वाल्मीकि रामायण** का पाठ।

(इ) रक्तजा

(१) **अद्‌भुत रामायण** (१५वीं श० ई०)।

(२) सिंहलद्वीप की रामकथा, विविध भारतीय वृत्तान्त।

(ई) अग्निजा

(१) **आनन्द रामायण** (१५वीं श० ई०); **भावार्थ रामायण**।

(उ) फल अथवा वृक्ष से उत्पन्न

(१) पाश्चात्य वृत्तान्त नं० १९।

(२) पाश्चात्य वृत्तान्त नं० १।

(३) ब्रह्मचक्र।

घ। दशरथात्मजा

(१) **दशरथ जातक।**

(२) जावा के **राम केलिंग,** मलय के **सेरीराम** तथा **हिकायत महाराज रावण।**

क। जनकात्मजा सीता

४०७. बहुत सम्भव है कि रामकथा-सम्बन्धी प्राचीन गाथाओं में तथा **आदिरामायण** में भी सीता जनक की औरस पुत्री मानी जाती थी। **महाभारत** में चार रामकथाएँ पायी जाती हैं, किन्तु अयोनिजा सीता के अलौकिक जन्म की ओर कहीं भी निर्देश नहीं किया गया है। सर्वत्र वह जनकात्मजा है। रामोपाख्यान के आरम्भ में लिखा है : **विदेहराजो जनकः सीता तस्यात्मजा विभो।** (दे० ३, २५८, ९)

हरिवंश (१, ४१) की रामकथा में भी सीता की अलौकिक उत्पत्ति का तनिक भी उल्लेख नहीं मिलता। **कूर्मपुराण** (पूर्वभाग, अध्याय २१, १८) का यह अर्धश्लोक द्रष्टव्य है—**रामस्य भार्या सुभगा जनकात्मजा शुभा। कथासरित्सागर** (९, १, ६०) में भी सीता को जनक की आत्मजा कहा गया है—**सीता तस्याभवद् भार्या प्राणेशा जनकात्मजा।** प्रचलित **वाल्मीकि रामायण** में भूमिजा सीता के जन्म का प्राचीनतम वर्णन पाया जाता है। प्रामाणिक काण्डों (२-६) में उसका उल्लेख केवल निम्नलिखित तीन स्थलों पर किया गया है—अनसूया-सीता-संवाद, अशोकवन में सीता को देखने पर हनुमान् का विलाप तथा अग्निपरीक्षा अनसूया-सीता-संवाद तथा अग्निपरीक्षा, ये दो वृत्तान्त समुचित कारणों से प्रक्षिप्त माने जाते हैं (दे० आगे अनु० ४३१ और ५६५)। हनुमान् का विलाप सुन्दरकाण्ड के १६वें सर्ग में दिया गया है। इस सर्ग में हनुमान् १५वें सर्ग के विषय को ही दुहराते और विस्तार देते हैं, अतः इस सर्ग को बाद का विकास मानने में कोई विशेष आपत्ति नहीं होनी चाहिए।

उपर्युक्त विश्लेषण के अनुसार बहुत सम्भव है कि **आदिरामायण** में सीता मिथिला की राज-कन्या और जनक की पुत्री के रूप में वर्णित थीं। वास्तव में **रामायण** के अनेकानेक स्थलों पर[1] इसका उल्लेख किया गया है कि सीता जनक के कुल में उत्पन्न हुई थीं। जैन **पउमचरियं** के अनुसार जनक की पत्नी विदेहा से सीता अपने यमल भ्राता भामण्डल के साथ उत्पन्न हुई थीं (पर्व २६)। जन्म होते ही इस भामण्डल को एक देवता ने उठा लिया था और किसी अन्य राजा के यहाँ छोड़ दिया था। **वाल्मीकि रामायण** में जनक के किसी पुत्र का कहीं उल्लेख नहीं है, किन्तु **ब्रह्माण्डपुराण** (३, ६४, १८), **विष्णुपुराण** (४, ५, ३०) तथा **वायुपुराण** (८९, १२) आदि में भानुमान जनक का पुत्र कहा गया है। अतः सम्भव है कि **पउमचरियं** के वृत्तान्त में ऐतिहासिक तत्त्व विद्यमान हो। **कालिका पुराण** (अध्याय ३८) में ऐसा उल्लेख है कि नारद निस्सन्तान जनक को यज्ञ कराने का परामर्श देते हुए कहते हैं कि यज्ञ के प्रभाव से दशरथ को चार पुत्र उत्पन्न हुए हैं। तदनुसार जनक यज्ञ के लिए क्षेत्र तैयार करते समय एक पुत्री के अतिरिक्त दो पुत्रों को भी प्राप्त करते हैं।

ख। भूमिजा सीता

४०८. सीता की अलौकिक उत्पत्ति का वर्णन **वाल्मीकि रामायण** में दो बार कुछ विस्तारपूर्वक किया गया है; कतिपय अन्य स्थलों पर भी इनके संकेत मिलते हैं।[2] एक दिन जब राजा जनक यज्ञ-भूमि तैयार करने के लिए हल चला रहे थे, एक छोटी-सी कन्यका मिट्टी से निकली। उन्होंने उसे पुत्रीस्वरूप ग्रहण किया तथा उसका नाम सीता रखा। सीता-जन्म का यह वृत्तान्त अधिकांश रामकथाओं में मिलता है। **विष्णुपुराण** में यह भी कहा गया है कि जिस यज्ञ के लिए जनक भूमि तैयार कर रहे थे वह 'पुत्रार्थम्' था। जनक की उस पुत्रकामेष्टि का उल्लेख **पद्मपुराण** के उत्तरखण्ड के बंगीय पाठ में भी मिलता है। उस वृत्तान्त के अनुसार भूमि में एक सुवर्ण धनुष मिला था जिसे खोल देने पर जनक ने एक कन्यका को देखा तथा उसे सीता का नाम देकर ग्रहण किया।

सम्भव है कि भूमिजा सीता की अलौकिक जन्म-कथा सीता नामक कृषि की अधिष्ठात्री देवी के प्रभाव से उत्पन्न हुई हो। कृषि की उस देवी से सम्बन्ध रखनेवाली सामग्री का वर्णन प्रस्तुत प्रबन्ध के प्रथम अध्याय में किया गया है। मैं यह नहीं कहता कि यह वैदिक देवी और रामायणीय सीता अभिन्न हैं। वैदिक सीता ऐतिहासिक न होकर सीता अर्थात् लांगलपद्धति के मानवीकरण का परिणाम है। किन्तु यह असम्भव नहीं है कि किसी निश्चित कुलपरम्परा के अभाव में ऐतिहासिक राजकुमारी सीता की जन्म-कथा पर कृषि की अधिष्ठात्री देवी सीता के व्यक्तित्व का प्रभाव पड़ा हो।

साथ ही यह भी सर्वथा सम्भव प्रतीत होता है और ऐसा मानना निश्चय ही अधिक स्वाभाविक भी है कि 'सीता' नाम के कारण ही, जिसका अर्थ ही लांगलपद्धति (हल से

---

१. दे० १, १, २७; ५, १३, १४; २, २८, ३; ३, ४७, ३। लोक-साहित्य में भी सीता को जनक की औरसी पुत्री माना गया है। उदाहरणार्थ ब्रज प्रदेश में एक गीत प्रचलित है जिसके अनुसार सीता भाट की बेटी थीं। शिकार खेलते समय राम उनका परिचय प्राप्त कर लेते हैं तथा बाद में अपने पिता 'जसरथु' से जनक के पास पत्र लिखवाते हैं। उत्तर में जनक कहते हैं—**"हम तौ के भाट-भिखारिया और तुम राजा महाराज, हमें तुमें कैसे होइगी सजनई"** (दे० भारतीय साहित्य, आगरा, वर्ष २, अंक ३, पृ० ७४)।

२. दे० १, ६६ तथा २, ११८ (वर्णन के लिए) और ५, १६; ६, ११६; ७, १७; ७, ९८; ७, ३७ प्र० ३, ५ (उल्लेख के लिए)।

खींची हुई रेखा) है, लोगों ने यह कल्पना की है कि वह लांगलपद्धति से निकली थी। ऐसे अनेक उदाहरण दिये जा सकते हैं कि किसी का नाम उसकी जन्म-कथा का कारण बन गया है (दे० अनु० ७७९)। **तैत्तिरीय ब्राह्मण** की सीता सावित्री की कथा से ज्ञात होता है कि प्राचीन वैदिक काल में ही कन्याओं के नामों में सीता भी एक नाम था (दे० ऊपर अनु० ८)।

४०९. वाल्मीकि रामायण के गौडीय तथा पश्चिमोत्तरीय पाठों में उपर्युक्त भूमिजा सीता की जन्म-कथा का परिवर्द्धन किया गया है। तीनों पाठों में सीता स्वयं अत्रि की पत्नी अनसूया को अपनी जन्म-कथा बताती हैं। गौडीय तथा पश्चिमोत्तरीय पाठों में यह वर्णन अधिक विस्तृत है।[1] कथा इस प्रकार है :

'राजा जनक को कोई सन्तान नहीं थी। एक दिन जब वह यज्ञ की भूमि में हल चला रहे थे उन्होंने आकाश में लावण्यमयी अप्सरा मेनका को देखा और मन में सन्तानार्थ उसके साहचर्य की अभिलाषा की। इस पर एक आकाशवाणी सुनायी दी जिससे उन्हें विश्वास दिलाया गया कि मेनका के द्वारा उन्हें एक पुत्री प्राप्त होगी जो सौन्दर्य में अपनी माता मेनका के समकक्ष होगी। आगे बढ़कर जनक ने भूमि से निकली हुई सीता को देखा। पुनः यह आकाशवाणी सुनायी दी—**मेनकायाः समुत्पन्ना कन्येयं मानसी तव** (मेनका से उत्पन्न यह कन्या तुम्हारी मानस पुत्री है)।'

क्षेमेन्द्रकृत **रामायणमंजरी** (दे० ३४४-३४६) में भी यह कथा पायी जाती है। इस कथा से यह आभास मिलता है कि प्राचीनकाल में सीता की समुत्पत्ति के विषय में कोई एक वृत्तान्त सर्वप्रामाणिक नहीं माना जाता था। ईस्वी की प्रारम्भिक शताब्दियों से लेकर **वाल्मीकि रामायण** की सीता-जन्म-कथा की अपूर्णता का अनुभव होने लगा था। गौडीय तथा पश्चिमोत्तरीय पाठ का उपर्युक्त वृत्तान्त उस कथा को पूर्ण बनाने का प्राचीनतम प्रयत्न प्रतीत होता है।

माधवकन्दली कृत असमिया रामायण (३, १) में सीता की जन्म-कथा वाल्मीकि रामायण के गौडीय पाठ से मिलती-जुलती है, किन्तु **कृत्तिवास** ने प्रस्तुत वृत्तान्त को एक नया रूप दिया है। मेनका के स्थान पर जनक ने उर्वशी को देख लिया था तथा काममोहित हो जाने के कारण उनका तेज भूमि पर गिर गया था, जिससे पृथ्वी गर्भवती हुई। बहुत समय बाद जनक ने हल जोतते समय भूमि में से एक डिम्ब प्राप्त कर लिया था और उसमें से सीता निकली थी।[2] **बलरामदास** (अरण्यकाण्ड) लिखते हैं कि हल जोतते समय जनक ने मेनका को देखकर उसी के समान एक कन्या प्राप्त करने की इच्छा प्रकट की थी। मेनका ने उनकी यह इच्छा जानकर उनको आश्वासन दिया कि मुझसे भी सुन्दर कन्या तुमको प्राप्त होगी।

४१०. वाल्मीकि रामायण के उत्तरकाण्ड (सर्ग १७) में जो वेदवती की कथा मिलती है वह भी उस समय उत्पन्न हुई होगी। इस वृत्तान्त में सीता के पूर्व जन्म का वर्णन किया गया है, अतः उसकी उत्पत्ति के समय सीता के लक्ष्मी के अवतार होने का सिद्धान्त सर्वमान्य नहीं था। कथा इस प्रकार है :

'ऋषि कुशध्वज की पुत्री वेदवती नारायण को पतिरूप में प्राप्त करने के उद्देश्य से हिमालय में तप करती है। उसके पिता की भी ऐसी ही अभिलाषा थी। किसी राजा को अपनी

१. दे० गौ० रा० ३, ४; प० रा० ३, २।

२. दे० १, ४०। यह प्रसंग पूर्णचन्द्र दे, पूर्णचन्द्र शील, ताराचाँद दास, बंगवासी प्रेस, सुबोधचन्द्र मजूमदार आदि के संस्करणों में मिलता है। दिनेशचन्द्र ने उसे छोड़ दिया है किन्तु उनके संस्करण में भी जनक को पृथ्वी में से एक डिम्ब मिल जाने का उल्लेख है।

पुत्री प्रदान करने से इनकार करने पर कुशध्वज का उस राजा द्वारा वध किया गया था। किसी दिन रावण की दृष्टि उस कन्या पर पड़ती है। उसके रूप-लावण्य से विमोहित होकर वह उसे उसके केशों से पकड़ता है। अपना हाथ असि के रूप में बदलकर वेदवती उससे अपने केशों को काटकर अपने को विमुक्त करती है। अनन्तर वह रावण को शाप देकर भविष्यवाणी करती है कि मैं तुम्हारे नाश के लिए अयोनिजा के रूप में पुन: जन्म ग्रहण करूँगी। अन्त में वह अग्नि में प्रवेश करती है और बाद में जनक की यज्ञभूमि में उत्पन्न होती है।'

श्रीमद्देवीभागवतपुराण (९, १६) तथा **ब्रह्मवैवर्तपुराण** (प्रकृति खण्ड, अध्याय १४) में इस कथा में परिमार्जन किया गया है। कुशध्वज और उसकी पत्नी मालवती लक्ष्मी की उपासना करते हैं और उनसे उनको पुत्रीस्वरूप में प्राप्त करने का वर पाते हैं। जन्म ग्रहण करते ही लक्ष्मी वैदिक मंत्रों का गान करती हैं; इस कारण उन्हें वेदवती का नाम दिया जाता है। कुछ समय के उपरान्त वह हरि को पतिरूप में वरण करने के लिए तप करने लगती हैं तथा रावण द्वारा अपमानित हो जाने पर वह उसे शाप देती हैं कि मैं तेरे विनाश का कारण बन जाऊँगी। अनन्तर वह योग के बल पर अपना शरीर त्याग देती हैं और बाद में सीता के रूप में उत्पन्न होती हैं। यह स्पष्ट है कि सीता तथा लक्ष्मी की अभिन्नता के विश्वास की प्रेरणा से वेदवती की कथा को यह नवीन रूप दिया गया है।[१]

कृत्तिवासी रामायण (७, १७) के अनुसार कुशध्वज जिस समय वेदपाठ कर रहे थे उस समय उनके मुँह से एक कन्या का जन्म हुआ जिसका नाम उन्होंने वेदवती ही रखा था। शुम्भ नामक दैत्य ने कुशध्वज को मार डाला और वेदवती तपस्या करने गयीं। रावण से अपमानित हो जाने पर वह अग्नि तैयार कर उसमें प्रवेश कर गयीं तथा सीता के रूप में प्रकट हुईं। **बलरामदास रामायण** के अनुसार वेदवती सागर के तट पर तपस्या करती थीं; रावण के अपमान के पश्चात् वह उसे शाप देती हैं तथा अपने तपोबल द्वारा आग उत्पन्न करके उसमें प्रवेश करती हैं। कुछ दिन बाद रावण वहाँ आकर देख लेता है कि वेदवती का शरीर नहीं जला है, अत: वह उसे पुष्पक पर लादकर लंका ले जाता है। घर पहुँचकर वह मन्दोदरी को आदेश देता है कि उसका मांस भोजन के लिए तैयार किया जाये। नारद के परामर्श से मन्दोदरी दूसरा मांस तैयार करती है तथा वेदवती की लाश समुद्र में बहा देती है। वरुण उसे जम्बूद्वीप में पहुँचाता है, जहाँ जनक उसे सीता के रूप में हल चलाते समय प्राप्त कर लेते हैं। **पउमचरियं** का वेदवती-वृत्तान्त स्पष्टतया वाल्मीकीय कथा का विस्तार मात्र है। सागरदत्त की पुत्री गुणमती की सगाई धनदत्त (भावी राम) के साथ हुई थी। उसकी माता रत्नप्रभा उसे धनी श्रीकान्त (भावी रावण) को देना चाहती थी। फलस्वरूप धनदत्त के भाई वसुदत्त (भावी लक्ष्मण) तथा श्रीकान्त द्वन्द्वयुद्ध में एक-दूसरे का वध करते हैं। दोनों हरिण बन जाते हैं तथा गुणमती भी मरकर एक ही प्रदेश में हरिणी के रूप में प्रकट हो जाती है। उसी के कारण दोनों फिर एक-दूसरे को मार डालते हैं। अनेक जन्मों के बाद गुणमती पुरोहित श्रीभूति की वेदवती नामक कन्या बन जाती है।[२] स्वायम्भू नामक राजकुमार वेदवती को पत्नीस्वरूप चाहता है, किन्तु श्रीभूति उसे अपनी पुत्री को देना अस्वीकार करता है। इस पर स्वायम्भू श्रीभूति की हत्या कर वेदवती के साथ बलात्कार करता है। वेदवती उसे शाप देकर (मैं तेरे नाश का

१. सीता के अवतारत्व के विषय में ऊपर देख लें, अनु० ३६४-६५।
२. किसी दिन वेदवती ने सुदर्शन मुनि की निन्दा की थी; इससे वह अपने अगले जन्म में लोकापवाद का शिकार बनी।

कारण बनूँगी) श्राविका का जीवन अपनाती है; बाद में वेदवती तथा स्वायम्भू क्रमशः सीता तथा दशमुख के रूप में जन्म लेते हैं (पर्व १०३)।

माधवदेवकृत **असमिया बालकाण्ड** में सीता की जन्म-कथा भूमिजा सीता तथा वेदवती की कथाओं का मिश्रित रूप है। कथा इस प्रकार है—भगवान् ने राम के रूप में अवतार लेने की प्रतिज्ञा की थी; इसके बाद लक्ष्मी ने उनसे पूछ लिया था कि मैं क्या करूँ। उन्होंने उत्तर दिया कि तुम जनक के यहाँ जन्म लो (अध्याय २२)। बाद में लक्ष्मी पृथ्वी पर उतरकर एक पर्वत के शिखर पर बैठ गयीं। रावण उन्हें देखकर आसक्त हुआ और नीचे उतरकर उनके पास आ पहुँचा। लक्ष्मी ने रावण को डाँटा—तुमको मारने के लिए भगवान् पृथ्वी पर उत्पन्न हो चुके हैं। यह कहकर वह सागर में कूदकर अन्तर्धान हो गयीं। तब सागर में सौ योजन का द्वीप ऊपर आया और लक्ष्मी उस पर विराजमान थीं। अनन्तर वसुमती ने आकर लक्ष्मी को आदरपूर्वक अपने गर्भ में धारण कर लिया। बाद में लोगों ने यज्ञ के लिए हल जोतते समय पृथ्वी में एक रक्तमय डिम्ब पाया तथा उसे द्वीप के पास के मिथिला नगर में ले गये। राजा जनक ने डिम्ब तोड़कर उसमें से एक कन्या को निकाला (दे० अध्याय २६)।

ग। सीता और लंका

४११. रामायण की अलौकिक सीता-जन्म-कथा में परिवर्द्धन किया जाना अत्यन्त स्वाभाविक है। भूमि में पड़ी हुई कन्यका आखिर आयी कहाँ से? वह रावण के नाश का कारण क्यों सिद्ध हुई? वेदवती की कथा में इन प्रश्नों का उत्तर मिलता है; इस कथा में सीताहरण के पूर्व ही सीता-रावण-सम्बन्ध का प्राचीनतम उल्लेख मिलता है। बाद की बहुत-सी रामकथाओं में यह सम्बन्ध अधिक निकट हो जाता है। जनक द्वारा प्राप्त होने के पूर्व किसी-न-किसी तरह सीता का सम्बन्ध लंका से स्थापित किया गया है। बलरामदास रामायण की कथा के अतिरिक्त (दे० ऊपर अनु० ४१०) यह सम्बन्ध चार सर्वथा भिन्न रूप धारण करता है। साहित्य में उल्लेख के काल-क्रमानुसार इनका यहाँ निरूपण किया जाता है।

(अ) रावणात्मजा

४१२. सीता-जन्म की कथाओं में, जिनका हमें यहाँ पर विश्लेषण करना है, सर्वाधिक प्राचीन तथा प्रचलित कथा वह है जिसमें सीता को रावण की पुत्री माना गया है। भारत, तिब्बत,खोतान (पूर्वी तुर्किस्तान), हिन्देशिया और स्याम में हमें यह कथा मिलती है। भारतवर्ष में इस कथा का प्राचीनतम रूप वसुदेवहिण्डि (दे० ऊपर अनु० २५३) में सुरक्षित है। इसके अनुसार विद्याधर मय ने रावण के पास जाकर उसके साथ अपनी पुत्री मन्दोदरी के विवाह का प्रस्ताव रखा। शरीर के लक्षणों का ज्ञान रखनेवालों ने कहा कि मन्दोदरी की पहली सन्तान अपने कुल के नाश का कारण बननेवाली है (कुल-क्षयहेतु)। रावण मन्दोदरी का सौन्दर्य देखकर मोहित हो चुका था, अतः उसने उसकी पहली सन्तान को त्याग देने का निर्णय कर उसके साथ विवाह किया। बाद में मन्दोदरी ने एक पुत्री को जन्म दिया तथा उसे रत्नों के साथ एक मंजूषा में रखकर मंत्री को आदेश दिया कि उसे कहीं छोड़ दिया जाये। मंत्री ने उसे जनक के खेत में रख दिया। बाद में जनक से कहा गया कि यह बालिका हल की रेखा से उत्पन्न हुई है। जनक ने उसे ग्रहण किया तथा महारानी धारिणी को सौंप दिया। गुणभद्र के **उत्तरपुराण** की निम्नलिखित कथा में वेदवती वृत्तान्त तथा वसुदेवहिण्डि की कथा का समन्वय किया गया

है—"अलकापुरी के राजा अमितवेग की पुत्री राजकुमारी मणिमती विजयार्थ (विन्ध्य) पर्वत पर तप करती थी। रावण ने उसे प्राप्त करने का प्रयास किया। सिद्धि में विघ्न उत्पन्न होने के कारण मणिमती ने क्रुद्ध होकर निदान किया कि मैं रावण की पुत्री बनकर उसके नाश का कारण बन जाऊँगी। उस निदान के फलस्वरूप वह मन्दोदरी के गर्भ से उत्पन्न हुई। उसका जन्म होते ही लंका में भूकम्प आदि अनेक अपशकुन होने लगे। यह देखकर ज्योतिषियों ने कहा कि यह कन्या रावण के नाश का कारण होगी। इस पर रावण ने मारीच को यह आदेश दिया कि वह उसे किसी दूर देश में छोड़ दे। मन्दोदरी ने कन्या को द्रव्य तथा परिचयात्मक पत्र के साथ-साथ एक मंजूषा में रख दिया। मारीच ने उसे मिथिला देश की भूमि में गाड़ दिया जहाँ वह उसी दिन कृषकों द्वारा पायी गयी। कृषक उसे जनक के पास ले गये। मंजूषा को खोलकर जनक ने उसमें से कन्यका को निकाल लिया तथा उसे पुत्रीवत् पालने का आदेश देकर अपनी पत्नी वसुधा को सौंप दिया।"[१]

स्पष्ट है कि यह वृत्तान्त वेदवती की कथा पर आधारित है और सीता की धर्ममाता वसुधा का नाम यह भी सूचित करता है कि रचयिता वाल्मीकि की उस कथा से परिचित था जिसमें सीता को पृथ्वी की पुत्री माना गया है। **महाभागवतपुराण** (अध्याय ४२; गुजराती प्रिंटिंग प्रेस, १९१३) में भी इसका उल्लेख है कि सीता मन्दोदरी से उत्पन्न हुई थी—

सीता मन्दोदरीगर्भे संभूता चारुरूपिणी।
क्षेत्रजा तनयाप्यस्य रावणस्य रघूत्तम॥ ६४॥

तेलुगु **रंगनाथ रामायण** (१, ३२), रामायण मसीही (दे० ऊपर अनु० ३०९) तथा दक्षिण भारत की एक अन्य कथा (दे० पाश्चात्य वृत्तान्त नं० १७) में भी सीता के एक मंजूषा में पाये जाने का उल्लेख किया गया है, यद्यपि उन रचनाओं में रावण का निर्देश नहीं है। स्वायम्भू रामायण में मन्दोदरी के गर्भ से सीता के जन्म का वर्णन किया गया है। (दे० ऊपर अनु० २०४)।

४१३. सीता की जन्म-कथाओं का एक ऐसा वर्ग भी मिलता है जिसके अनुसार रावण की पुत्री जन्म के पश्चात् समुद्र अथवा नदी में फेंकी जाती है। **काश्मीरी रामायण** में कथा इस प्रकार है—'मन्दोदरी रावण की अनुपस्थिति में एक पुत्री को जन्म देती है। जन्मपत्र से पता चलता है कि यह बालिका अपने पिता की मृत्यु का कारण बनेगी और यदि उसका विवाह हुआ तो वह वनवासिनी बनकर लंका का नाश करेगी। यह सुनकर मन्दोदरी उसके गले में एक पत्थर बाँधकर उसे किसी नदी में फेंकवा देती है।' एक अन्य कथा के अनुसार रावण स्वयं उस कन्यका को मंजूषा में बन्द कर समुद्र में फेंकने की आज्ञा देता है और जनक उसे समुद्र-तट पर प्राप्त करते हैं (दे० पाश्चात्य वृत्तान्त नं० १६)। उपर्युक्त कथा का निम्नलिखित रूप भी मिलता है—'एक ब्राह्मण ने किसी बालिका के विषय में रावण से कहा था कि यह तुम्हारे निधन का कारण बनेगी। उस समय से रावण ने उस पर कड़ा पहरा लगा दिया। जब यह कन्यका केवल छह मास की थी, तो किसी दिन इतने जोरों की वर्षा हुई कि उसके पास के समस्त व्यक्ति पानी में डूबकर मर गये किन्तु वह कन्यका

१. दे० पर्व ६८। सोमसेन के रामचरित में पउमचरियं तथा उत्तरपुराण के वृत्तान्तों का समन्वय किया गया है। सीता रावण और मन्दोदरी की पुत्री थी और मिथिला में गाड़ी गयी। जिस दिन जनक की रानी से भामण्डल उत्पन्न हुआ और एक देव द्वारा उठा लिया गया था उसी दिन एक कृषक ने जनक को वह मंजूषा दे दी जिसमें सीता पड़ी थी।

मंजूषा में होने के कारण जल प्रवाह के द्वारा सिंहलद्वीप से दूर किसी नदी के पुलिन पर पहुँच गयी। कहा जाता है कि इस कन्या ने बाद में उस राम से विवाह कर लिया, जिसके द्वारा रावण की हत्या हुई।"[१]

४१४. भारत के निकटवर्ती देशों की रामकथाओं में इससे मिलती-जुलती कथाएँ पायी जाती हैं। **तिब्बती** और **खोतानी रामायणों** में (जो सम्भवत: नवीं शताब्दी के हैं) रावण की पुत्री अपनी जन्मकुण्डली के कारण परित्यक्त की जाती है और उसे एक पेटिका में रखकर जल में फेंक दिया जाता है। किन्तु जनक के स्थान पर तिब्बती ग्रन्थ के अनुसार एक कृषक तथा खोतानी ग्रन्थ के अनुसार एक ऋषि उस कन्या की रक्षा और भरण-पोषण करते हैं।

४१५. जावा के **सेरतकाण्ड** में भी रावण की महिषी एक पुत्री को जन्म देती है जो श्री का अवतार थी। माता को मालूम हुआ था कि यदि उसकी सन्तान पुत्री है तो वह भविष्य में रावण की प्रेमिका बनेगी। इस कारण माता अपनी पुत्री को एक पेटिका में बन्द करके समुद्र में फेंकवाती है। बाद में मंतिलि निवासी कल नामक एक ऋषि उस शिशु को पाते हैं, उसे पालते हैं और उसका नाम सीता रखते हैं। समुद्र में प्रक्षिप्त शिशु की स्थानपूर्ति के लिए चिवीसन (विभीषण) नामक जादूगर बादलों से एक शिशु को खींचता है; इससे उसका नाम मेघनाद रखा जाता है। इस कथा में 'मंतिली' शब्द मिथिला का स्मरण दिलाता है। इस तरह स्पष्ट होता है कि इस वृत्तान्त का सम्बन्ध वाल्मीकीय सीता-जन्म-कथा से है।

सेरीराम के पातानी पाठ के अनुसार रावण की महिषी एक कन्यका को जन्म देती है जिसके मुँह का तालू काला है। इस कारण ज्योतिषी कन्या को अशुभ मानते हैं और वह समुद्र में फेंकी जाती है। एक मकर उसे डूबने से बचाता है और मरुतों से प्रार्थना करता है कि वह उसे उठा ले जायें। इस पर मरुत उसे एक ऋषि की वाटिका में एक पद्म पर रख देते हैं। ऋषि उसे प्राप्त कर उसका पुत्रीवत् पालन करते हैं। इस वृत्तान्त पर पद्मजा सीता की कथा का भी प्रभाव पड़ा है (दे० अनु०४१८)।

४१६. कम्बोडिया के **रामकेर्ति** के अनुसार जनक यमुना के तीर पर यज्ञ के लिए हल चलाते हुए सीता को एक बेड़े पर देखते हैं और उसे प्राप्त करके पुत्री के रूप में स्वीकार करते हैं। इस कथा में इसका निर्देश नहीं किया गया है कि सीता कहाँ से आयीं किन्तु एक तो **रामकेर्ति** की हस्तलिपियाँ अपूर्ण हैं तथा दूसरे **रामकियेन** में, जो **रामकेर्ति** पर निर्भर माना जाता है, लंका का स्पष्ट उल्लेख किया गया है। अत: **रामकेर्ति** की कथा भी सीता-जन्म की कथाओं के प्रस्तुत वर्ग के अन्तर्गत रखी जा सकती है।

स्याम देश के **रामकियेन** में सीता की जन्म-कथा का विस्तार-सहित वर्णन किया गया है। दशरथ-यज्ञ के पायस का अष्टमांश खाकर मन्दोदरी एक कन्यका को जन्म देती है जो वास्तव में लक्ष्मी का अवतार है (दे० ऊपर अनु० ३५७)। विभीषण आदि ज्योतिषियों से यह जानकर कि यह कन्यका मेरे वंश का नाश करेगी रावण उसे विभीषण को देता है। विभीषण उसे एक घड़े में रखकर नदी में फेंकवाता है। नदी में एक कमल उत्पन्न होता है जो घड़े का आधार बन जाता है। लक्ष्मी की दिव्य शक्ति से यह घड़ा जनक के पास पहुँचता है। जनक उस समय वन में नदी के किनारे पर तप करते हैं। घड़ा उठाकर वह उसे वन ले जाते हैं तथा एक पेड़ के नीचे खोदकर यों प्रार्थना करते हैं—'यदि यह कन्या राजा के रूप में नारायणावतार की रानी बननेवाली है तो इस स्थान पर एक कमल उत्पन्न हो जो उस घड़े को ग्रहण कर

१. दे० सी० नीबुहर : वायाज अन अरावी, भाग २, पृ० २२।

सके।' उसी क्षण एक कमल उत्पन्न होता है, जनक उस पर घड़ा रखकर और उसे मिट्टी से ढककर पुनः तपस्या करने जाते हैं। इस तपस्या में सन्तोष न पाकर जनक १६ वर्ष के बाद अपनी राजधानी लौटने का निश्चय करते हैं, किन्तु ढूँढ़ने पर भी वह उस घड़े को कहीं भी नहीं पाते हैं। सेना बुलायी जाती है लेकिन सैनिक भी खोज में असफल हैं। अन्त में जनक हल चलाने जाते हैं और घड़ा अपने आपसे हलपद्धति में प्रकट होता है। इसमें एक अत्यन्त सुन्दर युवती पद्म पर बैठी हुई दिखायी पड़ती है। सीता से उत्पन्न होने के कारण उसका नाम सीता रखा जाता है (दे० अध्याय १०)। इस मिश्रित वृत्तान्त में गुणभद्रकृत उत्तरपुराण तथा हिन्देशिया की सीता-जन्म की कथाओं के समन्वय का प्रयत्न किया गया है तथा साथ-साथ पद्मजा सीता के वृत्तान्त का भी सहारा लिया गया है।

४१७. स्याम के **रामजातक** तथा **पालक पालाम** में सीता को इन्द्राणी का अवतार माना गया है। **रामजातक** के अनुसार रावण ने इन्द्र का रूप धारण कर इन्द्राणी को धोखा दिया। प्रतीकार के उद्देश्य से वह मन्दोदरी के गर्भ से जन्म लेती है। विभीषण के परामर्श के अनुसार शिशु को त्यक्त किया जाता है और एक ऋषि उसे प्राप्त करके उसका पालन-पोषण करते हैं। **पालक पालाम** में रावण इन्द्र के यहाँ इन्द्रजाल की शिक्षा ले रहा था। इन्द्राणी ने सीता के रूप में जन्म लेकर अपने पिता रावण पर छुरी का प्रहार किया; इस पर बालिका को बेड़े पर रखकर समुद्र में बहाया जाता है तथा किसी टापू पर रहनेवाले ऋषि उसको पुत्रीवत् पालते हैं।

(आ) पद्मजा सीता

४१८. क्षेमेन्द्रकृत **दशावतार-चरित** में सीता के जन्म की एक सर्वथा भिन्न कथा वर्णित है। रामायण की भूमिजा सीता की कथा इसमें स्वीकृत है, साथ ही सीता और लक्ष्मी का अभेद भी। लक्ष्मी के अनेक नामों में एक नाम पद्मा है और इस नाम ने सम्भवतः पद्मजा सीता की कथा की आधारभूमि तैयार की हो।

रावण एक विशिष्ट स्थान पर बार-बार जाता है। वह आरम्भ में वहाँ एक पर्वत देखता है, तत्पश्चात् नगर देखता है, फिर जंगल देखता है, उसके बाद एक विस्तृत गड्ढा और अन्त में एक कमलयुक्त सुन्दर सरोवर। वहाँ एक लिंग स्थापित कर रावण सरोवर के कमलों से शिव की उपासना करता है। एक कनकपद्म पर उसे एक कन्यका दृष्टिगत होती है जो लक्ष्मी ही है। वह उसे पुत्री के रूप में ग्रहण कर लंका ले आता है और मन्दोदरी को दे देता है। नारद एक दिन मन्दोदरी के यहाँ पहुँचते हैं और उसकी गोद में उस कन्यका को देखकर कहते हैं कि यह कन्या बाद में रावण की प्रेमपात्री बनेगी **(कन्या भविष्यति अभिलाषभूमि चपलेंद्रस्य)**। यह सुनकर मन्दोदरी उस कन्यका को स्वर्ण पेटिका में बन्द करके किसी दूर देश में गाड़ आने का आदेश देती है। यज्ञ के लिए स्वर्ण हल चलाते हुए जनक उसे प्राप्त करते हैं (दे० ७०-१०४)।

तोरवे रामायण (१,१६) का निम्नलिखित वृत्तान्त सम्भवतः इस कथा से प्रभावित हुआ है। हल जोतते समय जनक ने पृथ्वी के नीचे कमलों का एक सरोवर पाया तथा वहाँ एक सुवर्ण पद्म पर विराजमान एक शिशु को देखा। इस अलौकिक दृश्य से भयभीत होकर जनक लक्ष्मी के इस पवित्र स्थान को छोड़ देने की बात सोच रहे थे कि नारद आ पहुँचे। मुनि ने जनक को यह आदेश दिया—"सीता नाम रखकर इस शिशु का पालन करो; विष्णु भी अवतार

लेनेवाले हैं और सीता को पत्नीस्वरूप ग्रहण करेंगे। समय आने पर तुम इसके स्वयंवर का आयोजन करना तथा शिवधनुष चढ़ानेवाले को इसका पति घोषित करना।"

४१९. सीता की उत्पत्ति की यह कथा बहुत प्रचलित नहीं है। फिर भी **सेरीराम** के पातानी पाठ तथा **रामकियेन** के वृत्तान्तों पर इसका प्रभाव पड़ा है। इसके अतिरिक्त वाल्मीकि रामायण के टीकाकार गोविन्दराज के पाठ में भी यह पायी जाती है। उसके अनुसार वेदवती एक पद्‌म में पुनः उत्पन्न होती है। रावण उसे पद्‌म पर बैठे हुए देखता है और अपने यहाँ ले जाता है। एक लक्षणज्ञ मंत्री उसे चेतावनी देता है कि वह कन्या उसकी मृत्यु का कारण बनेगी। यह सुनकर रावण उसे समुद्र में फेंक देता है। कन्या बच जाती है और जनक द्वारा पायी जाती है।[१]

(इ) रक्तजा सीता

४२०. सीता-जन्म की अनेक अर्वाचीन कथाओं में सीता ऋषियों के रक्त से उत्पन्न मानी जाती है। **अद्‌भुत रामायण** में इस कथा का प्रथम तथा विस्तृत वर्णन मिलता है (दे० सर्ग ८)।

रावण दिग्विजय करते-करते दण्डकारण्यवासी ऋषियों से राजकर लेता है। द्रव्य के अभाव में वे रावण को कुछ रक्त की बूँदें प्रदान करते हैं जो ऋषि गृत्समद के पात्र में एकत्र किया जाता है। उस पात्र में कुश का किंचित् रस था जिसमें गृत्समद के मंत्रों के फलस्वरूप लक्ष्मी विद्यमान थीं। रावण उस पात्र को लंका ले जाता है और मन्दोदरी को उसे यह कहकर दे देता है : 'इसमें तीव्र विष भरा है।' कुछ समय बाद रावण दूसरी विजययात्रा के लिए चला जाता है। यह सुनकर कि रावण परस्त्रियों के साथ रमण करता है मन्दोदरी आत्महत्या के विचार से उस रक्त का पान कर लेती है और गर्भवती हो जाती है। इस पर वह तीर्थयात्रा के लिए निकलती है और गर्भपात करके कुरुक्षेत्र में भ्रूण गाड़ देती है। बाद में जनक के यज्ञ के लिए वहाँ हल जोतते समय एक कन्या भूमि से निकलती है। जनक उसे पुत्रीवत् ग्रहण कर उसका नाम सीता रखते हैं।

४२१. उपर्युक्त कथा का निर्देश सिंहलद्वीप की रामकथा में भी मिलता है।[२] भारत में इसके भिन्न-भिन्न रूप पाये जाते हैं। एक कथा के अनुसार मन्दोदरी केवल जिज्ञासा से प्रेरित होकर कतिपय रक्तबिन्दुओं का पान कर लेती है और फलस्वरूप बाद में एक कन्या को जन्म देती है। रावण के कोप की आशंका से वह उस शिशु को उसी रक्त के पात्र में रखकर समुद्र में छोड़ देती है। जनक के राज्य में पहुँचकर कन्या कृषकों द्वारा जनक के पास ले जायी जाती है।[३]

उत्तर भारत की एक अन्य कथा इस प्रकार है। जनक ने महादेव के धनुष के प्रभाव से रावण को कई बार पराजित किया था। अद्‌भुत रामायण के वृत्तान्त के अनुसार रावण राजस्व के स्थान पर ऋषियों का रक्त लेता है। इस पर ऋषि शाप देते हैं कि इस रक्त से तुम्हारा नाश होगा। रावण उस शाप की अवज्ञा करता है और उस रक्त को एक घड़े में रखकर उसे लंका ले जाता है। उस समय से लंका के राज्य में अनावृष्टि आदि अनिष्ट घटित होते हैं। शास्त्री रावण से कहते हैं कि जब तक यह रक्त लंका में विद्यमान है विपत्तियों का अन्त नहीं होगा। यह सुनकर रावण जनक से प्रतीकार लेने के उद्‌देश्य से उस घड़े को मिथिला में गड़वाता

---

१. दे० रामायणम्। गुजराती प्रिंटिंग प्रेस, उत्तरकाण्ड, सर्ग १७, श्लोक ३३ के बाद का प्रक्षेप।

२. दे० इं० ए० भाग ४५, सप्लेमेण्ट।

३. दे० सेक्रेड बुक्स ऑव दि हिन्दूस, भाग २६, पृ० २३९।

है। अब वहाँ भी वे ही अनिष्ट घटित होने लगते हैं। मंत्री राजा को रानी के साथ जाकर हल जोतने का परामर्श देते हैं। ऐसा करते हुए जनक उस घड़े को प्राप्त करते हैं जिसमें ऋषिरक्त से उत्पन्न सीता दिखलायी पड़ती है। इसके बाद सब अनर्थ शान्त हो जाते हैं (दे० पाश्चात्य वृत्तान्त नं० १३)। अन्यत्र भी इसका उल्लेख किया गया है कि मिथिला में रक्त गाड़ा गया था, कन्या नहीं।[१]

(ई) अग्निजा सीता

४२२. लंका के साथ सीता के सम्बन्ध का अन्तिम रूप **आनन्द रामायण** में उपलब्ध है। सीता-जन्म का यह वृत्तान्त वेदवती की कथा पर आधारित प्रतीत होता है। कठोर तपस्या के उपरान्त राजा पद्माक्ष ने लक्ष्मी को पुत्रीरूप में प्राप्त किया था और उसका नाम पद्मा रखा था। पद्मा के स्वयंवर के अवसर पर युद्ध हुआ और उसका पिता पद्माक्ष मारा गया। यह देखकर पद्मा ने अग्नि में प्रवेश किया। एक दिन वह अग्निकुण्ड से निकलकर रावण द्वारा देखी जाती है, जिस पर वह शीघ्र ही अग्नि में प्रवेश करती है। किन्तु रावण अग्नि को बुझा देता है और उसकी राख में पाँच दिव्य रत्न देखकर उन्हें एक पेटिका में रख देता है और लंका ले जाता है। लंका में कोई भी उस पेटिका को उठा नहीं सकता है। उसे खोला जाता है और उसमें एक कन्यका मिलती है। मन्दोदरी के परामर्श से यह पेटिका मिथिला में गाड़ दी जाती है। बाद में उसे एक शूद्र पाता है जो एक ब्राह्मण के लिए खेती कर रहा था। वह ब्राह्मण जनक को वह पेटिका प्रदान करता है और उसे खोलकर तथा उसमें एक कन्या को देखकर जनक उसे पुत्रीरूप में स्वीकार करते हैं।[२]

(उ) फल अथवा वृक्ष से उत्पन्न

४२३. दक्षिण भारत के एक वृत्तान्त के अनुसार लक्ष्मी एक फल से उत्पन्न होती हैं और वेदमुनि नामक एक ऋषि द्वारा उनका पालन-पोषण होता है। उनका नाम सीता है और बाद में वह समुद्रतट पर तपस्या करने जाती हैं। उनके सौन्दर्य के विषय में सुनकर रावण उनके पास पहुँचता है जिस पर वह अग्नि में प्रवेश कर भस्मीभूत हो जाती हैं। राख को एकत्र कर वेदमुनि उसे एक स्वर्णयष्टि में बन्द कर देता है। बाद में यह यष्टि रावण के पास पहुँच जाती है जो उसे अपने कोषागार में रख देता है। कुछ समय के उपरान्त उस यष्टि से आवाज सुनायी पड़ती है। उसे खोला जाता है और उसमें एक लघु कन्यका के रूप में परिणत सीता दिखायी देती हैं। ज्योतिषी कहते हैं कि यह कन्या सिंहल के नाश का कारण सिद्ध होगी; इस कारण रावण उसे एक स्वर्ण मंजूषा में बन्द करके समुद्र में फेंक देता है। यह मंजूषा लहरों पर तैरती हुई बंगाल की ओर बह जाती है और गंगा में प्रविष्ट होकर एक खेत तक पहुँच जाती है। वहाँ कृषक उसे देखते हैं और अपने राजा को दे देते हैं।[३]

---

१. दे० सेक्रेड बुक्स ऑव दि हिन्दूस, वही, दूसरी कथा। बिर्होर रामकथा में भी उपर्युक्त कथा का निर्देश मिलता है, क्योंकि इसमें कहा गया है कि अनावृष्टि के निवारण के लिए हल जोतते हुए जनक को सीता मिल गयी थीं।

२. दे० अ० रा० १, ३, १८८-२७५। पाश्चात्य वृत्तान्त नं० ९ में भी वही कथा पायी जाती है लेकिन वह अपूर्ण रह गयी। **भावार्थ रामायण** की अग्निजा सीता विषयक कथा आनन्द रामायण पर निर्भर है (दे० १, १५)।

३. दे० पाश्चात्य वृत्तान्त नं० १९, भाग १३, पृ० १३९।

इस कथा में वेदवती के वृत्तान्त का प्रभाव स्पष्ट है। जिस फल से सीता का जन्म माना गया है वह अवश्य सीताफल ही है।

४२४. अच्युतानन्द के **हरिवंश** (पृ० ९९०) तथा दक्षिण भारत के एक वृत्तान्त में द्रौपदी की उत्पत्ति की कथा का अनुकरण किया गया है। **महाभारत** में द्रौपदी वेदी से उत्पन्न मानी गयी है (दे० १, १५५, ४१, **कुमारी चापि पांचाली वेदिमध्यात्समुत्थिता**)। वाल्मीकि रामायण के उदीच्य पाठ की जन्मकथा ऊपर (अनु० ४०९) दी गई है। इसके अतिरिक्त यह अर्धश्लोक भी मिलता है—अयोनिजा समुत्पन्ना वेदीमध्यात् सुमध्यमा (गौ० रा० १, ७३, २१; प० रा० १, ६७, २१)। अच्युतानन्द के अनुसार सीता जनक की पुत्रेष्टि के अग्निकुण्ड से उत्पन्न हुई थी। दक्षिण भारत की कथा इस प्रकार है। योगी का रूप धारण कर ईश्वर लंका में निवास करते हैं और उसमें अनेकानेक उत्पात करते हैं। बाद में वह नगर के एक फाटक पर पहरा देना स्वीकार करते हैं। वहाँ वह बहुत राख एकत्र करते हैं जिसमें से एक बहुत ऊँचा पेड़ उत्पन्न होता है। इसके बाद योगी चले जाते हैं और रावण उस पेड़ को चार टुकड़ों में काटकर समुद्र में बहा देने का आदेश देता है। एक टुकड़ा जनक के राज्य में पहुँचता है। मंत्री उसे यज्ञ की अग्नि में जलाने का परामर्श देते हैं। ऐसा किये जाने पर सीता एक धनुष के साथ-साथ अग्नि से उत्पन्न हो जाती हैं। धनुष में लिखा है—जो धनुष तोड़ेगा उसी के साथ इस कन्या का विवाह होगा (दे० पा० वृ० नं० १)।

४२५. **ब्रह्मचक्र** (दे० अनु० ३२८) की कथा में भी यह माना गया है कि सीता एक वृक्ष से उत्पन्न हुई थीं। रावण की वाटिका में एक वृक्ष से किसी दिन एक कन्यका पैदा हुई। माली उसे रावण के पास ले गया। रावण को देखकर कन्या ने यक्षिणी का रूप धारण कर लिया। इस पर रावण ने उसे घड़े में बन्द कर समुद्र में बहा दिया। वह घड़ा कन्नक नामक नगर के पास समुद्रतट पर जा पहुँचा। वहाँ के राजा को कोई सन्तान नहीं थी; किसी ऋषि ने उस राजा को उस घड़े का रहस्य बता दिया। राजा ने जाकर उसे प्राप्त किया तथा उसमें से कन्या को निकालकर अपनी ही पुत्री की तरह उसका पालन-पोषण किया।

(ऊ) उपसंहार

४२६. सीता जन्म के ये समस्त विभिन्न रूप **वाल्मीकि रामायण** में वर्णित भूमिजा सीता के अलौकिक जन्म की घटना को स्वीकार करते हैं। उन वृत्तान्तों पर वेदवती की कथा की प्राय: गहरी छाप पायी जाती है; जिनमें यह प्रभाव स्पष्ट नहीं है वे सीता तथा लक्ष्मी के अभेद को स्वीकार करते हैं और उनकी उत्पत्ति वाल्मीकि के बहुत बाद ही सम्भव हुई होगी। अत: वाल्मीकि रामायण में वर्णित भूमिजा सीता की जन्मकथा और वेदवती के वृत्तान्त को ही सबसे प्राचीन और अन्य जन्मकथाओं का बीज तथा आधार मानना सर्वथा युक्तिसंगत प्रतीत होता है। वेदवती का वृत्तान्त भूमिजा सीता की जन्मकथा की एक पूर्तिमात्र है। सम्भवत: सीता की कुल-परम्परा-सम्बन्धी तथ्यों के अभाव की पूर्ति करने के उद्देश्य से भूमिजा सीता के वृत्तान्त की सृष्टि की गयी हो। सम्भव है कि सीता कृषि की अधिष्ठात्री देवी के व्यक्तित्व का प्रभाव भूमिजा सीता के वृत्तान्त पर पड़ा है। किन्तु अधिक सम्भव यह है कि सीता के नाम के कारण (उसका अर्थ लांगलपद्धति है) भूमिजा सीता का वृत्तान्त उत्पन्न हुआ है।[1]

---

१. अन्त में सिंहलद्वीप की एक कथा का उल्लेख भी आवश्यक है जिसके अनुसार स्नान करते समय चुरा लिये गये थे; राम ने उसे अन्य वस्त्र देकर उससे विवाह कर लिया। दे० इं० ए० भाग ४५, सप्लेमेण्ट।

घ। दशरथात्मजा

४२७. दशरथ जातक में राम, लक्ष्मण और सीता दशरथ की महिषी की सन्तान हैं। उस महिषी के मरने के पश्चात् ही नवीन पटरानी भरत को जन्म देती है। सर्वप्रथम डॉ० ए० वेबर ने और उनके बाद बहुत-से विद्वानों ने **दशरथ जातक** को रामकथा का प्राचीनतम रूप माना है। इस समस्या का पूरा विश्लेषण निबन्ध के छठे अध्याय में किया गया है। निष्कर्ष यह निकला कि **दशरथ जातक** का कथानक या तो **रामायण** पर ही अथवा **रामायण** से मिलती-जुलती किसी अन्य रामकथा पर निर्भर है। प्रस्तुत विश्लेषण से स्पष्ट है कि सीता-जन्म-सम्बन्धी कथाएँ जो **वाल्मीकि रामायण** से भिन्न हैं और विशेष रूप से वे कथाएँ जिनमें रावण सीता का पिता माना गया है इन सब कथाओं का आधार **वाल्मीकि रामायण** का वेदवती का वृत्तान्त ही है। अतः उन विद्वानों का यह मत जिसके अनुसार सीता प्रथम दशरथ की पुत्री, बाद में रावण की पुत्री और अन्त में अयोनिजा मानी गयी हैं सर्वथा निर्मूल सिद्ध होता है।[१]

४२८. अन्त में सीता जन्म का एक अन्य रूप भी प्रस्तुत करना है जिसमें वह दशरथ की पुत्री मानी गयी हैं। यह रूप हिन्देशिया की निम्नलिखित रामकथाओं में मिलता है : जावा का **राम केलिंग,** मलय का **सेरीराम** तथा **हिकायत महाराज रावण**। इसका अन्यत्र कहीं भी उल्लेख नहीं किया गया है; कथा इस प्रकार है :

दशरथ की पटरानी मन्दोदरी के सौन्दर्य का वर्णन सुनकर रावण दशरथ के पास जाता है और मन्दोदरी की याचना करता है। मन्दोदरी यह देखकर कि उसका पति उसे दे देने को समुद्यत-सा हो रहा है अपने भवन में जाती है और जादू के द्वारा एक दूसरी मन्दोदरी उत्पन्न करती है जिसे रावण ले जाता है। बाद में वास्तविक मन्दोदरी से सच वृत्तान्त सुनकर दशरथ घबड़ाते हैं। यह नयी मन्दोदरी अक्षतयोनि है जिससे रावण को धोखे का पता चलेगा। अनन्तर दशरथ लंका जाते हैं और छिपकर उस नवीन मन्दोदरी से मिलते हैं। बाद में रावण-मन्दोदरी का विवाह मनाया जाता है और मन्दोदरी के एक पुत्री उत्पन्न होती है। उसकी जन्मकुण्डली से पता चलता है कि उसका पति रावणहन्ता सिद्ध होगा, अतः उसे पेटिका में बन्द करके समुद्र में फेंका जाता है। **महर्षि** कली उसे पाते हैं और उसका पालन-पोषण करते हैं।

ये महर्षि कली जावा के **सेरतकाण्ड** के ऋषिकल ही प्रतीत होते हैं, जिसको वहाँ मंतिलि (मिथिला) का निवासी बताया गया है। दशरथ की पत्नी के रूप में मन्दोदरी का उल्लेख अन्यत्र कहीं भी नहीं मिलता। यह असम्भव नहीं है कि ऐसी कल्पना **दशरथ जातक** के कारण उत्पन्न हुई हो जिसमें सीता को दशरथ की पुत्री माना गया है। फिर भी ऐसा प्रतीत होता है कि यह वृत्तान्त रावण द्वारा पार्वती के स्थान पर मन्दोदरी को प्राप्त करने की कथा का विकृत रूप है (दे० आगे अनु० ६५०)।

इस कथा का उत्तरार्द्ध जावा के **सेरतकाण्ड** से और उपर्युक्त अन्य कथाओं से मिलता-जुलता है, जिनमें सीता रावण-मन्दोदरी की पुत्री मानी गयी हैं।

---

१. दे० डब्लू० स्टुटरहाइम : राम-लेगेन्डन उंड राम-रेलिंप्स इन इण्डीनेजियन, पृ० १०५। जे० चिलुस्की, इं० हि० क्वा० भाग १५, पृ० २८९। उड़ीसा में वहाँ के मुख्य इष्टदेवताओं के कारण सीता को सुभद्रा से अभिन्न माना गया है (दे० ऊपर अनु० ३६२)। इसमें दशरथ जातक का प्रभाव देखना अनावश्यक है।

अध्याय-१५

अयोध्याकाण्ड

१—वाल्मीकि रामायण का अयोध्याकाण्ड

४२९. क। अयोध्याकाण्ड की कथावस्तु

(१) राम का निर्वासन (सर्ग १-४४)

पुनरावृत्ति : भरत और शत्रुघ्न का अश्वपति के यहाँ रहना, राम की लोकप्रियता और गुणकथन (सर्ग १, १-३४)।

राम के युवराज्याभिषेक की तैयारी (सर्ग १, ३५ से सर्ग ६ तक)।

मन्थरा-कैकेयी-संवाद—दो वर माँगने के विषय में मन्थरा की सफलता (सर्ग ७-९)।

दशरथ-कैकेयी-संवाद—दशरथ द्वारा दो वरों की स्वीकृति (सर्ग १०-१४)।

दशरथ के पास राम का आगमन—दशरथ के सम्मुख कैकेयी का समाचार-कथन (सर्ग १५-१९)।

राम-कौशल्या-संवाद—लक्ष्मण और कौशल्या द्वारा निर्वासन का विरोध। राम का उनको समझाना। कौशल्या द्वारा विदा और मंगलाकांक्षा (सर्ग २०-२५)।

राम-सीता-संवाद—वन की भयंकरता से राम का सीता को भयभीत करना; अन्त में साथ चलने की स्वीकृति देना (सर्ग २६-३०)। लक्ष्मण का आग्रह और राम द्वारा साथ ले चलने की स्वीकृति (सर्ग ३१)।

प्रस्थान—दान-वितरण, राम का राजा के पास जाना (सर्ग ३२-३४), सुमंत्र के द्वारा कैकेयी की भर्त्सना (सर्ग ३५), दशरथ का राम के साथ सेना भेजने का प्रस्ताव; कैकेयी की आपत्ति (सर्ग ३६)। कैकेयी द्वारा दिये हुए वल्कल का धारण करना (सर्ग ३७)। दशरथ द्वारा कैकेयी की भर्त्सना (सर्ग ३८)। सुमंत्र का रथ लाना, कौशल्या द्वारा सीता को शिक्षा, विदा (सर्ग ३९-४०)। विलाप-कलाप, दशरथ की मूर्च्छा, कौशल्या का विलाप और सुमित्रा का सान्त्वना देना (सर्ग ४१-४४)।

(२) चित्रकूट की यात्रा (सर्ग ४५-५६)

अयोध्यानिवासी—उनका रथ के साथ जाना, तमसा के पास रात्रि-निवास; उनके सोते समय तीनों का सुमंत्र के साथ प्रस्थान (सर्ग ४५-५६)। लोगों का विलाप और अयोध्या लौटना (सर्ग ४७-४८)।

गुह—वेदश्रुति और गोमती के पार गुह का मिलन (सर्ग ४९-५०)। लक्ष्मण और गुह का राम का गुणकथन करते हुए रात्रि व्यतीत करना (सर्ग ५१)। सुमंत्र को विदा करके गुह की नौका पर गंगा पार करना (सर्ग ५२)।

भरद्वाज—राम का विलाप और लक्ष्मण की सान्त्वना; यमुना और गंगा के संगम पर भरद्वाजाश्रम में जाना; भरद्वाज की चित्रकूट-निवास की मंत्रणा (सर्ग ५३-५४)। यमुना को पार करना, चित्रकूट पहुँचना, वाल्मीकि से मिलन, लक्ष्मण द्वारा एक पर्णशाला का निर्माण (सर्ग ५५-५६)।

(३) दशरथ-मरण (सर्ग ५७-५८)

सुमंत्र का लौटना—सुमंत्र से राम का सन्देश सुनकर दशरथ की मूर्च्छा और विलाप। सुमंत्र द्वारा कौशल्या को सान्त्वना (सर्ग ५७-६०)।

दशरथ-मरण—कौशल्या की भर्त्सना से दशरथ का मूर्च्छित होना (सर्ग ६१-६२)। दशरथ द्वारा अन्धमुनि-पुत्र-वध की कथा, दशरथ-मरण, विलाप (सर्ग ६३-६६)।

भरत का राज्य अस्वीकृत करना—भरत का बुलाया जाना और अयोध्या-आगमन; कैकेयी द्वारा राज्य-ग्रहण का अनुरोध। भरत की भर्त्सना और मंत्रियों के सम्मुख राज्य को अस्वीकृत करना तथा उनका कौशल्या को अपने निरपराधी होने का आश्वासन (सर्ग ६७-७५)।

दशरथ की अन्त्येष्टि—भरत द्वारा अन्त्येष्टि-क्रिया और दान-वितरण। भरत और शत्रुघ्न का विलाप, शत्रुघ्न द्वारा मन्थरा की ताड़ना (सर्ग ७६-७८)।

(४) भरत की चित्रकूट-यात्रा (सर्ग ७९-११५)

प्रस्थान—भरत का पुनः राज्य को अस्वीकार करना और यात्रा की आज्ञा देना; सभा में वसिष्ठ का भरत को समझाना परन्तु उनका न मानना, प्रस्थान और शृंगवेरपुर आगमन (सर्ग ७९-८३)।

गुह और भरद्वाज—भरत द्वारा गुह का सन्देह-निवारण, गुह का लक्ष्मण की वार्ता का उल्लेख करना तथा राम का शयन-स्थल दिखलाना (सर्ग ८४-८८); गंगा पार करना। भरद्वाज का तपःशक्ति से आतिथ्य-सत्कार (सर्ग ८९-९२)।

चित्रकूट आगमन—चित्रकूट को देखकर भरत का सेना रोकना (सर्ग ९३)। राम द्वारा चित्रकूट और मन्दाकिनी की शोभा का वर्णन; सेना को निकट आते देख लक्ष्मण का आक्रोश और राम का उनको शान्त करना (सर्ग ९४-९७)। भरत और शत्रुघ्न का राम के निकट जाना; राम का कुशल-प्रश्न (सर्ग ९८-१००)।

राम द्वारा प्रत्यागमन की अस्वीकृति—भरत का दशरथ-मरण का समाचार देना और राम से राज्य-ग्रहण का अनुरोध। राम का अस्वीकार करना (सर्ग १०१-१०२)। राम का विलाप और दशरथ के लिए जल-क्रिया करना (सर्ग १०३)। माताओं का आना (सर्ग १०४)। सभा में भरत का अनुरोध और राम की अस्वीकृति (सर्ग १०५-१०७)। जाबालि-वृत्तान्त (सर्ग १०८-१०९), वसिष्ठ का आग्रह, भरत द्वारा प्रायोपवेशन की धमकी। लौटने पर राज्यग्रहण का राम द्वारा आश्वासन (सर्ग ११०-१११)। ऋषियों की आकाशवाणी सुनकर भरत का पादुकाएँ लेकर वापस जाना (सर्ग ११२)।

भरत का प्रत्यागमन— भरद्वाज से मिलकर भरत का जन-शून्य अयोध्या में लौटना। राज्यसिंहासन पर पादुकाएँ स्थापित कर भरत का नन्दिग्राम में निवास (सर्ग ११३-११५)।

(५) राम का चित्रकूट से प्रस्थान

राक्षसों के उपद्रव से तपस्वियों का चित्रकूट-त्याग और राम से भी आग्रह; राम का अस्वीकार करना (सर्ग ११६)। बाद में चित्रकूट त्यागकर राम का अत्रि के आश्रम में जाना। सीता-अनसूया-संवाद; अनसूया का माला-वस्त्र-आभूषण-अंगराग प्रदान करना; सीता का अपना जीवन-वृत्तान्त कहना (सर्ग ११७-११८)। प्रस्थान (सर्ग ११९)।

ख। अयोध्याकाण्ड का विश्लेषण

तीनों पाठों में विभिन्नता

४३०. कथानक के दृष्टिकोण से अयोध्याकाण्ड के तीन पाठों में कोई महत्त्वपूर्ण अन्तर नहीं पाया जाता है। निम्नलिखित वृत्तान्त केवल दाक्षिणात्य पाठ से मिलते हैं :

(१) कैकेयी की माता के अपने पति द्वारा त्यक्त किये जाने की कथा (सर्ग ३५)।
(२) प्रात: राम को न देखकर अयोध्यावासियों का विलाप (सर्ग ४७)।
(३) वाल्मीकि से राम, सीता तथा लक्ष्मण की भेंट (सर्ग ५६, १६-१७)।

इसके अतिरिक्त दाक्षिणात्य पाठ का ९८वाँ सर्ग गौडीय पाठ में नहीं मिलता तथा १०९वें सर्ग का पश्चिमोत्तरीय पाठ में अभाव है।

गौडीय तथा पश्चिमोत्तरीय पाठों में एक ब्राह्मण द्वारा कैकेयी को शाप दिये जाने का उल्लेख है, जिसके फलस्वरूप **शापदोषमोहिता** कैकेयी ने मन्थरा पर विश्वास किया था (गौ० रा० ८, ३३-३७ तथा प० रा० ११, ३७-४१)।

केवल पश्चिमोत्तरीय पाठ में कैकेयी के विद्याबल प्राप्त करने की कथा मिलती है, जिससे वह दशरथ को बचाने में समर्थ हुई थी (प० रा० ११, ४२ आदि)।

प्रक्षेप

४३१. अयोध्याकाण्ड का कोई भी महत्त्वपूर्ण कथांश प्रक्षिप्त नहीं है। निम्नलिखित प्रक्षेप उल्लेखनीय है :

(१) प्रथम सर्ग के प्रारम्भिक श्लोक (१-३५) बालकाण्ड के अन्तिम श्लोकों की पुनरावृत्ति मात्र होने के कारण प्रक्षिप्त माने जाते हैं।

(२) डॉ० याकोबी का अनुमान है कि आदिरामायण में राम के प्रस्थान के अनन्तर उनकी चित्रकूट तक की यात्रा का वर्णन किया गया था। अत: सम्भव है कि सर्ग ४१-४९ प्रक्षिप्त हो। सर्ग ५० के प्रारम्भ से पता चलता है कि राम उस समय अयोध्या के निकट ही थे।

(३) ऐसा प्रतीत होता है कि अन्धमुनि-पुत्र-वध का प्रसंग आदिरामायण के पूर्व ही प्रचलित था। अत: बहुत सम्भव है कि सर्ग ६३-६४ की अधिकांश सामग्री प्रक्षिप्त हो (दे० आगे अनु० ४३३)।

(४) दशरथ की मृत्यु से लेकर भरत के चित्रकूट में आगमन तक की कथा (सर्ग ६६-९३) अपेक्षाकृत अधिक विस्तारपूर्वक वर्णित है तथा इसमें बहुत पुनरावृत्तियाँ भी

पायी जाती हैं। अत: यह स्पष्ट है कि यह अंश वाल्मीकिकृत रामायण में इतना विस्तृत नहीं था।

(५) १००वाँ सर्ग स्पष्टतया प्रक्षिप्त है। इसमें राम भरत से उनके राज्य के विषय में बहुत-से प्रश्न पूछते हैं मानो भरत दीर्घकाल तक शासन कर चुके हों; अनन्तर १०१वें सर्ग के प्रारम्भिक श्लोक में कहा गया है कि राम प्रश्न पूछने लगे (प्रष्टुं समुपचक्रमे)। वास्तव में १००वें सर्ग की सामग्री महाभारत (दे० सभापर्व, अध्याय ५०) से उद्धृत की गयी है, जहाँ नारद युधिष्ठिर को सम्बोधित करते हैं।

(६) जाबालि का वृत्तान्त भी निश्चित रूप से प्रक्षिप्त है। राम के अयोध्या न लौटने के दृढ़ संकल्प।

प्रवेक्ष्ये दण्डकारण्यमहमप्यविलम्बयन्।
आभ्यां तु सहितो वीर वैदेह्या लक्ष्मणेन च॥ (१०७, १६)

के पश्चात् भरत के प्रत्युपवेशन का प्रसंग आना चाहिए :

एवमुक्तेन रामेण भरतः प्रत्यनन्तरम्।
उवाच विपुलोरस्कः सूतं परमदुर्मनाः॥ १२॥
इह तु स्थण्डिले शीघ्रं कुशानास्तर सारथे।
आर्यं प्रत्युपवेक्ष्यामि यावन्मे सम्प्रसीदति॥ १३॥ (सर्ग १११)

प्रचलित पाठों में राम के संकल्प के पश्चात् जाबालि लोकायत दर्शन का प्रतिपादन करने लगते हैं (सर्ग १०८)। राम जाबालि को प्रत्युत्तर देकर अपना संकल्प पुन: प्रकट करते हैं (सर्ग १०९, १-२९)। इसके अनन्तर राम के प्रत्युत्तर का सारांश उपजाति छन्दों में दोहराया जाता है (सर्ग १०९, ३०-३९); इस अंश में, जो केवल दाक्षिणात्य पाठ में मिलता है, राम बुद्ध को चोर और नास्तिक कहते हैं। यह समस्त १०९वाँ सर्ग पश्चिमोत्तरीय पाठ में नहीं मिलता। इसके अनन्तर वसिष्ठ राम की वंशावली सुनाकर राज्यभार स्वीकार करने के लिए राम से अनुरोध करते हैं (सर्ग ११०)।

(७) डॉ० याकोबी के अनुसार चित्रकूट से प्रस्थान करने के पश्चात् राम आदि के अत्रि के आश्रम में जाने का वृत्तान्त प्रक्षिप्त है (सर्ग ११७, ५ से काण्ड के अन्त तक)। प्रामाणिक रामायण में बालकाण्ड की घटनाओं का निर्देश नहीं मिलता, लेकिन सीता-अनसूया-संवाद के अन्तर्गत लक्ष्मण-उर्मिला के विवाह का उल्लेख किया गया है, यद्यपि अरण्यकाण्ड में लक्ष्मण को अविवाहित कहा गया है। इसके अतिरिक्त इस अंश में अयोनिजा सीता का तथा दक्ष-यज्ञ के अवसर पर वरुण के देवरात को धनुष देने का उल्लेख मिलता है। अन्यत्र देवताओं द्वारा देवरात को धनुष-दान का उल्लेख किया गया है।

(८) उपर्युक्त प्रक्षेपों के अतिरिक्त अन्य स्थलों पर भी परस्पर-विरोधी बातें पायी जाती हैं; जिससे स्पष्ट है कि आदि-कवि की रचना अपने मूल रूप में हमारें सामने नहीं है। उदाहरणार्थ, राम कौशल्या से कहते हैं कि मैं वन में मांस का सेवन नहीं करूँगा :

कन्दमूलफलैर्जीवन्हित्वा मुनिवदामिषम् (सर्ग २०, २९)

लेकिन आगे चलकर राम के मांस खाने का कई स्थलों पर उल्लेख किया गया है (दे० अयोध्याकाण्ड ५२, १०२; ५४, १७; ५५, ३२; ९६, १-६)।

२—अयोध्याकाण्ड का विकास

४३२. अयोध्याकाण्ड के कथानक का अधिक विकास नहीं हुआ है। इसकी प्रधान कथावस्तु राम का निर्वासन है; इससे सम्बन्ध रखनेवाली सामग्री तीसरे परिच्छेद में रखी गयी है। यहाँ पर अयोध्याकाण्ड के कुछ अन्य प्रसंगों पर विकास की दृष्टि से विचार किया जायेगा।

क। राम की चित्रकूट-यात्रा

पउमचरियं को छोड़कर जहाँ वन-भ्रमण का विस्तृत वर्णन किया गया है (पर्व ३३-४२), राम की इस यात्रा के वर्णन में अधिक परिवर्तन नहीं मिलता।

(१) प्रचलित वाल्मीकि रामायण के तीन पाठों के अनुसार दशरथ ने अयोध्या में ही राम को विदा किया था (दे० रा० सर्ग ४२; गौ० रा० सर्ग ४१; प० रा० सर्ग ४५), किन्तु बालकाण्ड के प्रथम सर्ग में दशरथ दूर तक राम के साथ जाते हैं—**पौरैरनुगतो दूरं पित्रा दशरथेन च** (श्लोक २८) यह अधिक मौलिक है क्योंकि अयोध्याकाण्ड में भी इसका अवशेष मिलता है—

इत्येवं विलपन् राजा जनौघेनाभिसंवृतः।
अपस्नात इवारिष्टं प्रतिवेश पुरोत्तमम्॥

(बड़ौदा संस्करण ३७, १९)

यह श्लोक गौण पाठ भेदों सहित तीन पाठों में विद्यमान है (दा० रा० ४२, २२; गौ० रा० ४१, २०; प० रा० ४५, २१)।

(२) जावा के **रामायण ककविन** (३, १५) के अनुसार राम ने सुमंत्र को भी अन्य नागरिकों के साथ छोड़ दिया और वह लक्ष्मण तथा सीता के साथ छिपकर वन की ओर चल दिये। **सेरीराम** में अयोध्या से राम के चले जाने के तुरन्त बाद दशरथ मर जाते हैं किन्तु राम उनकी अन्त्येष्टि के लिए लौटना अस्वीकार करते हैं। रात में राम अपना दिव्य रथ अयोध्या वापस भेजकर सीता और लक्ष्मण के साथ वन की ओर प्रस्थान करते हैं। प्रातःकाल जनता राम को न देखकर रथ के चिह्नों पर चलते हुए अयोध्या में लौटती है।

(३) महाभारत के रामोपाख्यान में गुह का उल्लेख नहीं किया गया है। वाल्मीकि रामायण के अनुसार राम चित्रकूट की यात्रा करते समय अपने सखा गुह (निषादों के राजा) के यहाँ पहुँचकर वहाँ रात बिताते हैं। गुह लक्ष्मण तथा सुमंत्र के साथ रात भर सोते हुए राम और सीता की रक्षा करता है तथा अगले दिन नौका मँगाकर राम-सीता-लक्ष्मण को गंगा के उस पार पहुँचाता है। अनेक परवर्ती रचनाओं में इस स्थान पर केवट का वृत्तान्त रखा गया है और इसी की नौका पर राम गंगा पार करते हैं। **सेरीराम** के अनुसार राम ने बहुत समय तक किकूकन तथा उनकी पत्नी माई रानी सूरी का आतिथ्य-सत्कार ग्रहण किया था। **रामचरितमानस** के अनुसार गुह यमुना तक राम के साथ चला आया था।

राम तथा गुह की मैत्री का वर्णन तथा गुह के पूर्वजन्म की कथा बालकाण्ड के अन्तर्गत रखी गयी है (दे० अनु० ३८४)। **अध्यात्म रामायण** (६, १६, १८) तथा परवर्ती रामकथाओं में राम के अभिषेक के अवसर पर गुह की उपस्थिति का उल्लेख मिलता है।

(४) राम के चरण धोने का अनुरोध करनेवाले केवट का प्राचीनतम उल्लेख महानाटक में मिलता है (दे० ३, २०)। उस नाटक में अहल्योद्धार का वृत्तान्त राम की चित्रकूट-यात्रा के वर्णन में रखा गया है तथा अहल्योद्धार के अनन्तर ही केवट का प्रसंग आ गया है। अधिकांश रचनाओं में अहल्या के उद्धार की कथा बालकाण्ड में मिलती है; अतः केवट का वृत्तान्त भी

बहुधा उसी काण्ड के अन्तर्गत रखा गया है; उदा० अध्यात्म रामायण (१, ६), आनन्द रामायण (१, ३, २४-२८), रामरहस्य (सर्ग ४), कृत्तिवास रामायण (१,६०)। सारलादास महाभारत (सभापर्व, पृ० २१७), बलरामदास रामायण, सूरसागर, रामचरितमानस तथा कवितावली में महानाटक के अनुसार ही केवट की कथा चित्रकूट यात्रा के अन्तर्गत मिलती है। रामलिंगामृत में इसका वर्णन राम और लक्ष्मण द्वारा सीता की खोज के अन्तर्गत रखा गया है (सर्ग ६)। कहा जाता है कि चान्द्र रामायण में केवट के पूर्वजन्म की कथा मिलती है (दे० ऊपर अनु० २०२)।

महानाटक (१४, ५७) में सीता अग्निपरीक्षा के पश्चात् राम का चरणस्पर्श नहीं करतीं, उन्हें आशंका है कि कहीं अहल्या की तरह कंकण की मणियाँ स्त्रियाँ न बन जायें—**अहल्यावच् चरणस्पर्शमात्रेण योषितो मा भवन्**। रामचरितमानस में इस प्रकार की कल्पना स्वयंवर के प्रसंग में आयी है—**गौमत तिय गति सुरति करि नहिं परसति पग पानि** (१, २६५)।

(५) वाल्मीकि से राम के मिलने जाने का वृत्तान्त वाल्मीकीय दाक्षिणात्य पाठ के एक प्रक्षेप में पाया जाता है। अध्यात्म रामायण में वाल्मीकि इस अवसर पर रामनाम का महत्त्व दिखलाने के उद्देश्य से अपनी आत्मकथा सुनाते हैं (दे० २, ६, ४२-८८), रामचरितमानस में भी राम और वाल्मीकि की भेंट का वर्णन किया गया है।

(६) तुलसीदास ने एक **तापस** की वन्दना तथा सीता के साथ **ग्राम-वधूटियों** का संवाद चित्रकूट की यात्रा के वर्णन के अन्तर्गत रखा है। इन दोनों प्रसंगों का उल्लेख अन्य रचनाओं में भी मिलता है। धर्मखण्डे (अध्याय ९८) के अनुसार शिव ब्राह्मण का रूप धारण कर राम से मिलने आते हैं। आनन्दरामायण (१, ६, ७४) में भी इसका उल्लेख है कि इन्द्रादि देवताओं ने मार्ग में राम का सत्कार किया था। महानाटक (३, १५-१६), कृत्तिवास, सूरसागर, उदारराघव (८, २६) तथा बलरामदास रामायण में सीता तथा ग्रामवासियों के संवाद का विवरण दिया गया है।

ख। अन्धमुनि-पुत्र-वध

४३३. बौद्ध **साम-जातक** में बनारस के राजा पिलियक द्वारा अन्धे दुकूलक तथा पारिका के पुत्र साम के वध का वर्णन किया गया है (दे० ऊपर अनु० ८४)। इसमें दशरथ का निर्देश नहीं मिलता, जिससे प्रतीत होता है कि अन्धमुनि-पुत्र-वध का वृत्तान्त रामकथा से स्वतंत्र रूप में प्रचलित था। **वाल्मीकि रामायण** (सर्ग ६३-६४) में दशरथ राम निर्वासन के बाद कौशल्या को अपनी मृत्यु के कारण के विषय में निम्नलिखित कथा सुनाते हैं—"मैं तुमसे विवाह करने के पूर्व किसी समय रात्रि में सरयू के तीर पर मृगया खेलने गया था। उस समय एक तपस्वी अपने अन्धे माता-पिता के लिए घड़े में पानी भरने आया। उसे हाथी समझकर मैंने शब्दवेधी बाण से आहत किया। समीप आने पर उस तपस्वी ने अपना परिचय दिया और मुझे आश्रम का रास्ता बताकर निवेदन किया कि मैं उसके शरीर से बाण निकाल लूँ। मेरे बाण निकालते ही वह मर गया। तब मैं घड़ा लेकर उसके माता-पिता के पास आया और दुर्घटना का समाचार सुनाया। उसके माता-पिता के अनुरोध करने पर मैं उन्हें उनके पुत्र के पास ले गया और उन्होंने पुत्र की उदकक्रिया को सम्पन्न किया। उसके बाद ही वह दिव्य रूप धारण कर एक विमान पर दिखायी पड़ा तथा अपने माता-पिता को शीघ्र ही अपने पास आने का निमंत्रण देकर स्वर्ग चला गया। अनन्तर अन्धमुनि मुझे यह शाप देता हुआ अपनी पत्नी के साथ चिता की अग्नि में प्रवेश कर गया :

पुत्रव्यसनजं दुःखं यदेतन्मम सांप्रतम्।
एवं त्वं पुत्रशोकेन राजन्कालं करिष्यसि॥ ५४॥ (सर्ग ६४)

कृत्तिवास रामायण (२, १६) में **कैकेयी** भरत से इतना डरती हैं कि वह मन्थरा के साथ अयोध्या में ही रह जाती हैं। **रामचरितमानस** में **जनक** के चित्रकूट में आगमन का विस्तृत वर्णन किया गया है। कहा जाता है कि श्रवण रामायण (दे० ऊपर अनु० २०८) के अनुसार भी जनक चित्रकूट गये थे। इस प्रसंग का अन्यत्र उल्लेख नहीं मिलता।

सेरीराम में भरत का आगमन **बालिवध के पश्चात्** वर्णित है। एक पाठ के अनुसार राम-लक्ष्मण की माता सीताहरण का समाचार सुनकर मर जाती है। अन्त्येष्टि के बाद भरत-शत्रुघ्न किष्किन्धा आकर राम से राज्य सँभालने का अनुरोध करते हैं। राम के अस्वीकार करने पर वे उनकी पादुकाएँ माँगकर तथा उनको अपने मुकुट पर धारण कर राजधानी लौटते हैं। दूसरे पाठ के अनुसार दशरथ के देहान्त के पश्चात् भरत-शत्रुघ्न राम को राज्य अर्पित करने के लिए किष्किन्धा आते हैं।

४३५. वाल्मीकि रामायण में कौशल्या दशरथ के लिए राम द्वारा अर्पित इंगुदी की खली का **पिण्डदान** देखकर विलाप करने लगती हैं (दे० २, १०४)। परवर्ती रचनाओं में राम अथवा सीता द्वारा पिण्डदान का विभिन्न अवसरों पर उल्लेख किया गया है।

ब्रह्मपुराण (अध्याय १२३) के अनुसार दशरथ अपने निर्वासित पुत्रों को दर्शन देकर ब्रह्महत्या के कारण अपनी नरक-यातना का वर्णन करते हैं और उनसे गौतमीतट पर पिण्डदान करने का निवेदन करते हैं। अनन्तर राम द्वारा पिण्डदान का उल्लेख है जिसके फलस्वरूप दशरथ नरक से मुक्ति प्राप्त करते हैं। **काश्मीरी रामायण** का वृत्तान्त ब्रह्मपुराण पर निर्भर प्रतीत होता है; दशरथ से उनकी नरक-यातना के विषय में सुनकर राम यमलोक जाते हैं और तक्षक का वध करके दशरथ को पितृलोक में पहुँचाते हैं (अयोध्याकाण्ड, नं० ११५)। **स्कन्दपुराण** के प्रभास-क्षेत्र-माहात्म्य में दशरथ राम को स्वप्न में दिखायी देते हैं और राम ब्राह्मणों से परामर्श कर उनके द्वारा पिण्डदान की धर्मक्रिया करवाते हैं (अध्याय १११)। **पद्मपुराण** के सृष्टिखण्ड (अध्याय २८, ४८-९०) में भी वनवास के समय राम के इसी स्वप्न-दर्शन तथा फलस्वरूप श्राद्ध के आयोजन का वर्णन मिलता है। **गरुड़ पुराण** (दे० अध्याय १४३) के अनुसार राम अयोध्या में लौट आने के पश्चात् पितृ-कर्म के लिए गयाशिर जाते हैं। **प्रतिमानाटक** में दशरथ का श्राद्ध योग्य रीति से सम्पन्न करने की राम की चिन्ता का उल्लेख मिलता है (दे० अनु० ४९५)।

अनेक अपेक्षाकृत अर्वाचीन रामकथाओं में राम के स्थान पर **सीता द्वारा पिण्डदान** होने का वर्णन किया गया है। शिवमहापुराण (ज्ञान संहिता, अध्याय ३०) में राम और लक्ष्मण दशरथ के श्राद्ध की सामग्री ले आने के लिए गाँव जाते हैं। विलम्ब होने पर सीता, श्राद्धकाल की किंचित् अवधि शेष समझकर स्वयं श्राद्ध की क्रिया करती हैं। अनन्तर दशरथ प्रकट होकर कहते हैं—मैं दशरथ हूँ, तुम्हारे सफल श्राद्ध से मैं तृप्त हुआ। बाद में राम के अर्पण करने पर दशरथ उनसे कहते हैं—**किमर्थं हूयते पुत्र ह्यनया तर्पिता वयम्।**

आनन्द रामायण में गरुड़पुराण की तरह राम अपने अभिषेक के बाद सीता के साथ तीर्थयात्रा करते हुए गया पहुँचते हैं। सीता फल्गु में स्नान करने जाती हैं तथा माहेश्वरी की पूजा करने के उद्देश्य से १०८ बालूपिण्ड तैयार करती हैं। इस अवसर पर धरती में से दशरथ का हाथ प्रकट हो जाता है और सीता एक-एक करके १०८ पिण्ड दशरथ के हाथ में रख देती हैं। सीता भयभीत होकर यह वृत्तान्त छिपा रखती हैं। बाद में राम पिण्ड चढ़ाने जाते हैं किन्तु दशरथ का हाथ प्रकट नहीं होता जिससे सबको आश्चर्य होता है। तब सीता अपना रहस्य प्रकट कर कहती

हैं कि दशरथ मुझसे पिण्ड ग्रहण कर चुके हैं। राम साक्षी चाहते हैं; इस पर सीता एक-एक करके आम वृक्ष, फल्गु नदी, ब्राह्मणों, विडाल, गाय तथा अश्वत्थ से अपने पक्ष में साक्ष्य देने का निवेदन करती हैं। सब अस्वीकार करते हैं और सीता से अभिशप्त हो जाते हैं।[१] अन्त में सूर्य सीता का समर्थन करते हैं, जिस पर दशरथ विमान पर आ पहुँचते हैं तथा राम को आश्वासन देते हैं— **प्राहत्वया तारितोऽहं नरकादतिदुस्तरात् मैथिल्याः पिंडदानेन जाता मे तृप्तिरुत्तमा** (यात्रा काण्ड सर्ग ६, १११)।

सारलादास के महाभारत तथा कृत्तिवास के रामायण में जो वृत्तान्त मिलता है, वह आनन्द रामायण की कथा से अधिक भिन्न नहीं है, किन्तु इन दोनों रचनाओं में माना गया है कि यह घटना वनवास के समय की है। **सारलादास** के अनुसार चित्रकूट निवास के समय राम अनेक तीर्थयात्राएँ करते हैं। किसी दिन वह 'रामगया' पहुँचते हैं तथा पितृकर्म के लिए गैंडा आवश्यक समझकर वह लक्ष्मण के साथ उसी की खोज में शिकार खेलने जाते हैं। सीता ब्रह्मा के पुत्र फल्गु नदी के संरक्षण में रामगया में रह गयीं; राम को समय पर न आते देखकर सीता ने राम के पूर्वजों को सात बालू-पिण्ड समर्पित किये। दशरथ का हाथ प्रकट हुआ जिससे सीता को मालूम हुआ कि दशरथ का देहान्त हो चुका है। सीता ने फल्गु से निवेदन किया कि वह इस घटना को राम से छिपा रखें। इस पर फल्गु ने सीता से अनुचित प्रस्ताव किया और ठुकराये जाने पर ब्राह्मणों से कहा कि सीता ने पिण्डदान किया है। ब्राह्मण दक्षिणा के लिए अनुरोध करने लगे तथा राम के प्रत्यागमन तक प्रतीक्षा करना अस्वीकार किया। इस पर सीता ने अपने कपड़े दे दिये तथा पद्मपत्रों से अपना शरीर ढक लिया। वापस आकर सारा वृत्तान्त जान लेने पर राम ने फल्गु तथा गया के ब्राह्मणों को शाप दिया।[२] **कृत्तिवास** (२, २२) के अनुसार दशरथ की मृत्यु के एक वर्ष बाद उनका श्राद्ध उचित रीति से सम्पन्न करने के लिए राम और लक्ष्मण अँगूठी बेचने चले जाते हैं। इतने में सीता फल्गु के किनारे खेलती हैं और दशरथ दर्शन देकर कहते हैं—भूख की पीड़ा असह्य हो उठी है; रेत का पिण्ड देकर मेरी भूख शान्त कर दो। बाद में ब्राह्मण, तुलसी और फल्गु सीता के पक्ष में साक्ष्य देना अस्वीकार करते हैं जिससे सीता उनको शाप देती हैं। वटवृक्ष मात्र सीता का समर्थन करता है और राम तथा सीता दोनों से आशीर्वाद प्राप्त कर लेता है।[३]

दुर्गावरकृत असमिया **गीतिरामायण** में भी इस प्रसंग का वर्णन मिलता है। इसमें सीता चन्द्रमा, सूर्य, वायु, पृथ्वी, फल्गु तथा ब्राह्मणों को शाप देती हैं। **बलरामदास रामायण** का तद्विषयक वृत्तान्त आनन्द रामायण की उपर्युक्त कथा से मिलता-जुलता है किन्तु राम स्वयं फल्गु नदी को 'अन्तःसलिला' बन जाने का शाप देते हैं; फल्गु के अनुनय करने पर सीता उसे यह वरदान देती हैं कि तुम वर्षा ऋतु में अवश्य प्रकट होगी। ब्राह्मणों ने जब दक्षिणा के लिए अनुरोध किया, तब राम ने यह शाप दिया कि जो कोई गया में मर जायेगा वह अगले जन्म में गधा बन जायेगा (अरण्यकाण्ड)।

---

१. उस शाप के फलस्वरूप आम वृक्ष फलहीन, फल्गु अधोमुखी (अन्तःसलिला) विडाल की पूँछ अस्पृश्य, गाय का मुख अपवित्र तथा अश्वत्थ 'अचलदल' बन गया। सीता ने ब्राह्मणों से कहा—युष्माकं नाऽत्र संतृप्तिः कदा द्रव्यैर्भविष्यति॥ १०३॥ द्रव्यार्थं सकलान् देशान् भ्रमध्वं दीनरूपिणः।

२. दे कृष्णचरण साहु, रामकथा इन सारला महाभारत। जर्नल ऑव हिस्टोरिकल रिसर्च, भाग १, अंक २, पृ० ५६।

३. राम कहते हैं—अमर अक्षय हो। सीता कहती हैं—शीतकाल में उष्ण, ग्रीष्मकाल में शीतल तथा सर्वदा पत्रों से विभूषित बने रहो।

४३६. राम की **पादुकाओं** का वृत्तान्त वाल्मीकि रामायण के तीन पाठों में कुछ भिन्न है, जिससे यह आभास मिलता है कि यह प्रसंग सम्भवतः बाद में जोड़ दिया गया हो।

दाक्षिणात्य पाठ में भरत राम की हेमभूषित पादुकाएँ ले जाने की राम से प्रार्थना करते हैं (दे० दा० रा० २, ११२, २१)। गौडीय पाठ में भरत के प्रस्थान के समय शरभंग राम को कुशपादुकाओं का एक जोड़ा भेज देते हैं, और वसिष्ठ के अनुरोध से राम भरत को इन्हें प्रदान करते हैं। माधवकन्दली तथा बलरामदास के रामायणों में भी पादुकाओं की चर्चा है।

पश्चिमोत्तरी पाठ में न तो शरभंग का और न कुशपादुकाओं का उल्लेख हुआ है, लेकिन वसिष्ठ के कहने पर राम भरत को अपनी पादुकाएँ देते हैं।

दशरथ जातक में कहा जाता है कि अमात्य राम की इन पादुकाओं के सामने राजकार्य करते हैं। अन्याय होते ही पादुकाएँ एक-दूसरे पर आघात करती हैं तथा ठीक निर्णय होने पर वे शान्त रहती हैं।

घ। राम का चित्रकूट में निवास

४३७. दाक्षिणात्य पाठ में चित्रकूट की केवल एक पर्णशाला का उल्लेख है (दे० ५६, २०), लेकिन गौडीय (दे० ५६, २०) तथा पश्चिमोत्तरी पाठ (दे० ६०, २०) में लक्ष्मण द्वारा दो **पर्णशालाओं** का निर्माण हुआ था, ऐसा उल्लेख है।

४३८. जावा के **सेरीराम** के अनुसार राम घास से सात लड़कियों तथा पाँच लड़कों की सृष्टि करते हैं, जिससे राम, सीता, लक्ष्मण तीनों निश्चिन्त होकर एकाग्रता से साधना कर सकते हैं।

४३९. सुन्दरकाण्ड में सीता अभिज्ञानस्वरूप हनुमान् को **काक-वृत्तान्त** सुनाती हैं। किसी दिन राम सीता की गोद में सो रहे थे; उस समय एक मांसलोभी काक (इन्द्र का पुत्र सीता के स्तनों पर आघात करने लगा। जागकर राम ने ब्रह्मास्त्र पर दर्भ रखकर उसे काक पर चलाया। कहीं भी शरण न पाकर काक राम के पास[१] लौटा और एक आँख ब्रह्मास्त्र को देकर बच गया (दे० रा० ५, ३८)। हनुमान् राम के पास लौटकर इसी वृत्तान्त को दोहराते हैं (दे० रा० ५, ६७)।

इस वृत्तान्त का आदिरामायण के अयोध्याकाण्ड में उल्लेख नहीं था। दाक्षिणात्य पाठ के संस्करणों में सर्ग ९५ के बाद एक प्रक्षिप्त सर्ग रखा जाता है, जिसमें काक वृत्तान्त का किंचित् भिन्न रूप से वर्णन किया गया है। भोजन के बाद सीता कौवों को खिला रही थीं, कि एक काक उन्हें कष्ट देने लगा। इस पर राम ने ईषीकास्त्र चलाकर काक को भगाया। अन्त में काक ने राम की शरण ली और अस्त्र को एक आँख समर्पित कर बच गया। गौडीय तथा पश्चिमोत्तरीय पाठों में यह सर्ग प्रक्षिप्त नहीं माना गया है, इसकी गणना अन्य सर्गों के साथ-साथ हुई है (दे० गौ० रा० २, १०५, प० रा० २,१०९)। इस सर्ग में राम द्वारा सीता के ललाट पर **तिलक** लगाने तथा बाद में भीमकाय वानर को देखने से भयविह्वला सीता द्वारा इस तिलक के राम के वक्षःस्थल पर अंकित हो जाने का वर्णन भी मिलता है।

वाल्मीकि रामायण में यह सर्ग भरत के चित्रकूट में आगमन के पूर्व रखा गया है; कालिदास ने काक-वृत्तान्त का वर्णन भरत के प्रस्थान के पश्चात् किया है (दे० रघुवंश, सर्ग १२)। फलस्वरूप बहुत-सी रामकथाओं में इस घटना का उल्लेख कालिदास के क्रमानुसार किया जाता है, उदाहरणार्थ नृसिंहपुराण, सन्ध्याकरनन्दिकृत रामचरित, रामायणमंजरी, पद्मपुराण (उत्तरकाण्ड अध्याय २६९), रामचरितमानस, काश्मीरी रामायण।

---

१. रामचरितमानस में नारद जयंत को राम के पास भेज देते हैं (दे० ३, २, ५)।

जयन्त स्थूलसिर के शाप के कारण काक बन गया था, ऐसा कथन पद्मपुराण के उत्तरकाण्ड के गौडीय पाठ में मिलता है।[1] कन्नड़ तोरवे रामायण के अनुसार अत्रि ने जयन्त को काक बन जाने का शाप देते हुए उसे आश्वासन दिया था कि सीता के चरण-स्पर्श से शाप से मुक्ति मिलेगी (दे० अयोध्याकाण्ड, सन्धि ७)। देव-रामायण में जयन्त के काक के रूप में परिवर्तन की कथा का विशेष वर्णन किया गया है (दे० ऊपर अनु० २०७)। भावार्थ रामायण (२, १४) के अनुसार काक एक सुदसुव नामक गन्धर्व है।

अध्यात्म रामायण के अनुसार काक ने सीता के पैर के अँगूठे को फाड़ डाला था (**मत्पादांगुष्ठमारक्तं विददारामिषाशया**, दे० ५, ३, ५४)। आनन्द रामायण (१, ६, ८६), रामगीतगोविन्द (सर्ग ४) तथा रामचरितमानस में भी ऐसा वर्णन है।

हिन्देशिया के सेरीराम तथा सेरतकाण्ड में काक-वृत्तान्त का एक परिवर्तित रूप मिलता है (दे० अनु० ३९९)। रामकेर्ति तथा रामकियेन में विश्वामित्र यज्ञ के प्रसंग में राम द्वारा काकासुर-वध का वर्णन किया गया है (दे० अनु० ३८८)। इसके अतिरिक्त सीताहरण के ठीक पहले राम एक अन्य काकासुर का वध करते हैं (दे० अनु० ४९२)।

४४०. रसिक सम्प्रदाय की रचनाओं में **चित्रकूट** में राम की **रासलीला** का विस्तृत वर्णन किया गया है (दे० ऊपर अनु० १८० और १८१)। दुर्गावर कृत असमिया गीतिरामायण में वनवास के समय चैत्र चतुर्दशी के अवसर पर एक मायामय अयोध्या की सृष्टि का वर्णन किया गया है। राम, सीता और लक्ष्मण, पिचकारी हाथ में लिये अयोध्यावासियों के साथ **मदनोत्सव**[2] मनाते हुए चित्रित किये गये हैं। इस रचना में राम और सीता का चौसर खेलना भी वर्णित है।

४४१. वाल्मीकि रामायण में राम के चित्रकूट से प्रस्थान करने के दो कारण बताये गये हैं :

इह मे भरतो दृष्टो मातरश्च सनागराः।
सा च मे स्मृतिरन्वेती तान्नित्यमनुशोचतः ॥ २॥
स्कंधावारनिवेशेन तेन तस्य महात्मनः।
हयहस्तिकरीषैश्च उपमर्दः कृतो भृशम् ॥ ३॥ (२, ११७)

एक तो चित्रकूट को देखकर भरत आदि का स्मरण आता है और दूसरे, भरत की सेना ने उस स्थान को मैला कर दिया है। महाभारत के रामोपाख्यान में जो कारण दिया गया है, उसका आगे चलकर बहुत उल्लेख है। राम इसलिए चित्रकूट को छोड़ देते हैं कि जनता उनके पास न आ सके (**पुनराशंक्य पौरजानपदागमम्** दे० ३, २६१, ३९)। अध्यात्म रामायण, आनन्द रामायण तथा रामचरितमानस में यही कारण दिया गया है।

३—राम का निर्वासन

४४२. अयोध्याकाण्ड की प्रधान घटना राम का निर्वासन है। केवल दो रामकथाओं में इसका उल्लेख नहीं किया गया है। गुणभद्रकृत जैन उत्तरपुराण में रावण राजधानी के निकट के अशोकवन से सीता को हर लेता है, तथा अनाम की रामकथा में दशानन सेना सहित दशरथ के राज्य पर आक्रमण करके सीता को अपने साथ ले जाता है।

शेष रामकथाओं में वाल्मीकि रामायण के अनुसार राम के निर्वासन का वर्णन किया गया है। फिर भी राम के वनवास के भिन्न-भिन्न कारणों की कल्पना कर ली गयी है। इसके अतिरिक्त

१. दे० जर्नल एसियाटिक सोसाइटी ऑव बंगाल १८४२, पृ० ११२०।
२. डॉ० हजारीप्रसाद द्विवेदी ने अपनी 'प्राचीन भारत के कलात्मक विनोद' नामक पुस्तक (बम्बई १९५२) में इस उत्सव का वर्णन किया है (दे० पृ० १०८-१११)।

कैकेयी की वरप्राप्ति की अनेक कथाएँ प्रचलित हो गयी हैं, तथा कैकेयी के दोष-निवारण के लिए भी अनेक उपायों का सहारा लिया गया है। इन बातों से सम्बन्ध रखनेवाली सामग्री पर अलग विचार किया जायेगा। इसके पहले यहाँ पर गौण परिवर्तनों की ओर निर्देश किया जाता है।

४४३. महानाटक के अनुसार निर्वासन के समय **भरत** अयोध्या में थे (अंक ३, ५), तथा प्रतिमानाटक में भरत **शत्रुघ्न** के बिना अपने ननिहाल गये थे (अंक ३)। अनामकम् जातकम् तथा पाश्चात्य वृत्तान्त नं० ६ और ९ में केवल **राम** और **सीता** के वनवास का उल्लेख है तथा दशरथ कथानकम् में केवल **राम** और **लक्ष्मण** वन के लिए प्रस्थान करते हैं। सिंहली रामकथा तथा तिब्बती रामायण में राम अकेले ही वन जाते हैं। वाल्मीकि रामायण के अनुसार प्रायः सभी रामकथाएँ वनवास की **अवधि** १४ वर्ष की मानती हैं। दशरथ जातक में वनवास का स्थान हिमालय-प्रदेश है तथा इसकी अवधि १२ वर्ष की है। इसी तरह दशरथ कथानकम्, संघदास की वसुदेवहिण्डि, पाश्चात्य वृत्तान्त १, २, ३, ७, १३ आदि वनवास बारह वर्ष का मानते हैं। स्वयंभूदेव के पउमचरिउ (२३, ९) में राम-लक्ष्मण को १६ वर्ष तक वनवास करने का निमंत्रण देते हैं। महाभारत के रामोपाख्यान, पउमचरियं तथा अनामकम् जातकम् में वनवास की किसी निश्चित अवधि का उल्लेख नहीं है।

वाल्मीकि के अनुसार दशरथ ने राम के युवराज्याभिषेक के सम्बन्ध में पहले अपने मंत्रियों के साथ परामर्श किया (रा० २, १, ४२) और अनन्तर राजपरिषद् की अनुमति ली (रा० २, २, १७)। प्रचलित रामायण (२, २, १८) में जनता की स्वीकृति का भी उल्लेख है। किन्तु बड़ौदा के संस्करण में तत्सम्बन्धी श्लोक प्रक्षिप्त माना गया है। यज्ञफल, नाटक में दशरथ राम-विवाह से पहले ही अपनी तीनों पत्नियों से उनके अभिषेक की अनुमति प्राप्त कर लेते हैं।

अध्यात्म रामायण तथा उसके परवर्ती अनेक रामकथाओं में **नारद** के आगमन का उल्लेख किया गया है, जो राज्य अस्वीकृत करने के लिए राम से अनुरोध करते हैं तथा उनको अवतार के उद्‌देश्य का स्मरण दिलाते हैं (दे० २, १ और आनन्द रामायण, १, ६; कश्मीरी रामायण; रामरहस्य, अध्याय ६; तत्त्वसंग्रह रामायण, २, ४; रामचरितमानस के अनेक संस्करणों का क्षेपक)।

वाल्मीकि रामायण के अनुसार राम के साथ वन जाने के लिए अनुरोध करते हुए सीता आत्महत्या की धमकी देती हैं (रा० २, ३०, १९) और यह भी कहती हैं, ब्राह्मणों ने मेरा वनवास अनिवार्य बताया है (**वस्तव्यं किल मे वने** दे० सर्ग २९, ८; और अध्यात्म रा० २, ४, ७६)। आगे चलकर सीता यह भी कहती हैं कि मैंने जितने रामायण सुने हैं, उन सब में सीता राम के साथ वन जाती हैं (अध्यात्म रामायण २, ४; आनन्द रामायण १, ६, उदारराघव सर्ग ५)। इसके अतिरिक्त आनन्द रामायण में सीता एक तीसरा तर्क देकर कहती हैं—मैंने स्वयंवर के समय राम को पतिस्वरूप प्राप्त करने के लिए १४ वर्ष तक वनवास का व्रत किया था। वाल्मीकि रामायण में राम के वनवास के कई अन्य परोक्ष कारणों का उल्लेख किया गया है—दशरथ द्वारा प्राणियों का वध (२, ३९, ४) और अन्धमुनि-पुत्र-वध (दे० २, ६३, ११), पूर्व जन्म में कौशल्या द्वारा गायों के स्तनों का काटना (दे० २,४३, १७) तथा स्त्रियों को पुत्रहीन करना (दे० २, ५३, १९)।

प्रचलित रामायण में एक श्लोक मिलता है, जो बड़ौदा संस्करण में प्रक्षिप्त माना गया है। इसमें दशरथ अपने मंत्रियों से अयोध्या में होनेवाले अपशकुनों का उल्लेख करते हैं और इसलिए अनुरोध करते हैं कि राम को अभिषेक दिया जाये—**दिव्यन्तरिक्षे भूमौ च घोरमुत्पातजं भयम्** (२, १, ४३)। **महानाटक** में भी अपशकुनों की चर्चा है, किन्तु वहाँ सीता पर इनका दोष

लगाया जाता है (दे० आगे अनु० ४४४)। **तोरवे रामायण** में राम अभिषेक के दिन वसिष्ठ से कहते हैं, "मैंने स्वप्न देखा कि मैं सीता के साथ वन में भटक रहा था।"

शेखर के **बाल रामायण** (अंक ६, छन्द २५) में वनवास के प्रसंग में पहले-पहल उर्मिला की ओर संकेत किया गया है। उद्धरण इस प्रकार है—

दयितमनुसरन्तीं मैथिलीम् ईक्षमाणा
गृहिणमनुयियासुर् जानकी सा कनिष्ठा।
गुरुगुरुजनलज्जा-नम्रवस्त्राम्बुजेन
भृकुटिपुटनिबन्धाद् वारिता लक्ष्मणेन॥

क। वनवास के भिन्न-भिन्न कारण

४४४. वाल्मीकि रामायण के अनुसार कैकेयी ने अपने दो वरों के बल पर भरत के लिए राज्य तथा राम के लिए १४ वर्ष का वनवास दशरथ से माँग लिया था। अतः राम के निर्वासन का यह कारण सबसे प्राचीन और बाद में सबसे प्रचलित और प्रामाणिक माना गया है। रामकेर्ति (सर्ग १) में कैकेयी राम और लक्ष्मण दोनों के लिए १४ वर्ष का वनवास माँगती है। यह सुनकर लक्ष्मण कैकेयी का वध करना चाहते हैं, किन्तु राम उनको शान्त करते हैं। वाल्मीकि रामायण (सर्ग २१) के अनुसार भी लक्ष्मण ने दशरथ को मार डालने का प्रस्ताव किया था और कौशल्या ने लक्ष्मण के इस प्रस्ताव का समर्थन किया था। सभी रामकथाओं में राम इस परीक्षण में खरे उतरकर अपने पिता की आज्ञा के पालन में दृढ़ रहते हैं।

उदारराघव में दशरथ स्वयं लक्ष्मण से अनुरोध करते हैं कि वह विद्रोह कर राम को बलपूर्वक राजा बनायें—**वीरोऽसि मौलैः सह लक्ष्मण त्वं रामं प्रतिष्ठापय राज्यपीठे** (४, १०५)।

महानाटक में कैकेयी दशरथ से कहती है कि सीता 'अमंगली वधू' है, क्योंकि "**अस्या आगमनमात्रेण महोत्पाताः सम्भवन्ति**" और इन उत्पातों की शान्ति के लिए राम को सीता के साथ वन भेजना चाहिए (३, ३)। भट्टिकाव्य (३, ९), महावीरचरित (४, ४१) तथा अनर्घराघव (४, ६६) में कैकेयी राम, लक्ष्मण तथा सीता का वनवास माँगती है।

४४५. दशरथ जातक तथा दशरथ-कथानकम् में भरत की माता के केवल एक वर का उल्लेख है, जिसके बल पर वह भरत के लिए राज्य माँग लेती है। बाद में भरत की माता के षड्यंत्रों के भय से दशरथ अपने दो पुत्रों (राम और लक्ष्मण) को वन भेज देते हैं, और बारह वर्ष के पश्चात् लौटने को कहते हैं। अतः इन बौद्धकथाओं के अनुसार **सौतेली माँ के षड्यंत्रों** का भय निर्वासन का कारण माना जाता है।

४४६. रामकथाओं का एक तीसरा वर्ग मिलता है, जिसमें राम **स्वेच्छा से** वन के लिए प्रस्थान करते हैं। इसी प्रकार के प्राचीनतम वृत्तान्त बौद्ध तथा जैन साहित्य में पाये जाते हैं।

अनामकं जातकं में कथा इस प्रकार है। अपने मामा के आक्रमण की तैयारियों के विषय में सुनकर राजा (राम) संघर्ष के निवारण के लिए स्वेच्छा से रानी के साथ पहाड़ी वन में जाकर निवास करने लगे।

पउमचरियं तथा अन्य जैन रामकथाओं के अनुसार दशरथ को वैराग्य हुआ और भरत को राज्य दिया गया। सुनकर राम स्वेच्छा से सीता तथा लक्ष्मण के साथ दक्षिण की ओर प्रस्थान करते हैं।

तिब्बती रामायण के अनुसार दोनों पुत्रों में से किसे राज्य दिया जाये, अपने पिता की इस प्रकार की किंकर्तव्यविमूढ़ता के विषय में सुनकर राम स्वेच्छा से किसी आश्रम में जाकर तपस्या करने लगते हैं।

हिन्देशिया के **सेरीराम** में मन्थरा को पीटने के कारण राम की बदनामी हो चुकी थी। सीता-स्वयंवर के समय भरत को राज्य दिये जाने का समाचार सुनकर राम राजधानी न लौटकर सीता तथा लक्ष्मण के साथ वन के लिए प्रस्थान करते हैं।

सेरीराम के एक अन्य पाठ के अनुसार राम स्वयंवर के पश्चात् घर जाते हैं। बाद में, किसी परिचारिका के अनुरोध से भरत-शत्रुघ्न की माता दशरथ से अपने पुत्रों के लिए राज्य माँग लेती है। दशरथ के सोते समय वह राम को बुलाती है, और उनको राज्य से वंचित होने का समाचार सुनाती है। यह सुनकर राम बहुत प्रसन्न होते हैं और ऋषि बनने के लिए सीता तथा लक्ष्मण के साथ वन में तपस्या करने जाते हैं।

सिंहल रामकथा में शनि की अशुभ दशा के दुष्परिणाम से बचने के उद्देश्य से राम सीता को राजधानी में छोड़कर सात वर्ष तक वन में रहते हैं।

पाश्चात्य वृत्तान्त नं० १ के अनुसार राम ताड़का-वध के प्रायश्चित्त के लिए तपस्या करने जाते हैं। दशरथ उनसे बारह वर्ष के पश्चात् लौटने की प्रार्थना करते हैं। नागरिक राम के पीछे हो लेते हैं, लेकिन राम उनको लौटने का आदेश देकर सीता और लक्ष्मण के साथ ही वन में प्रवेश करते हैं।

पाश्चात्य वृत्तान्त नं० १२ में कहा गया है कि राम १५ वर्ष की अवस्था में सीता तथा लक्ष्मण के साथ तपस्या करने गये थे।

पाश्चात्य वृत्तान्त नं० १४ के अनुसार राम को एक ब्राह्मण ने शाप दिया था। जिसके फलस्वरूप उनका ईश्वरीय ज्ञान लुप्त हो गया था। बाद में कैकेयी की प्रार्थना स्वीकार कर राम स्वेच्छा से वन के लिए प्रस्थान करते हैं। वनवास के परोक्ष कारणों का ऊपर उल्लेख हो चुका है (अनु० ४४३)।

ख। कैकेयी की वरप्राप्ति

४४७. कैकेयी के वरों की संख्या तथा उनको प्राप्त करने के ढंग के विषय में भी पर्याप्त मात्रा में विभिन्नता पायी जाती है।

दो वर। वाल्मीकि रामायण के अनुसार **देवासुर-युद्ध** में दशरथ, इन्द्र के लिए, शम्बासुर के विरुद्ध युद्ध करते हैं तथा आहत होकर कैकेयी द्वारा रणभूमि से हटाये जाते हैं। इसके लिए कैकेयी दशरथ से दो वर प्राप्त करती है और बाद में इन दोनों वरों के बल पर भरत के लिए राज्य तथा राम के लिए वनवास माँग लेती है (दे० रा० २, ९, १५-१७)। उदीच्य पाठों (गौ० रा० २, ८, १५; प० रा० २, ११, १५) के अनुसार कैकेयी ने अपने 'शत्रुपरिक्षत' पति को रणभूमि से हटाकर उसकी चिकित्सा की थी—**व्रणसंरोहणं चास्य तत्र देवि त्वया कृतम्।**

पश्चिमोत्तरीय पाठ में कैकेयी की सामर्थ्य का कारण भी बताया गया है। उसने एक ब्राह्मण को प्रसन्न कर दिया था और पुरस्कारस्वरूप उनसे विद्याबल पाया था, जिसके द्वारा वह अपने पति को बचाने में समर्थ हुई। तेलुगु द्विपद रामायण (२, २) में कहा गया है कि शम्बर ने दशरथ से युद्ध करते हुए माया का सहारा लिया था, लेकिन धवलंग से सीखी हुई माया द्वारा कैकेयी ने शम्बर की माया का प्रभाव नष्ट करके दशरथ को बचाया था।

बहुत-से ऐसे वृत्तान्त भी मिलते हैं, जिनके अनुसार कैकेयी ने देवासुर युद्ध में दशरथ के **रथ का अक्ष** टूटा हुआ देखकर उसमें अपना हाथ रख दिया था (दे० ब्रह्मपुराण, अध्याय १२३; पद्मपुराण[1]; अध्यात्म रामायण २, १, ६६; आनन्द रामायण १, १, ८५; रामकियेन, अध्याय १४)। आनन्द रामायण (१, १, ८३) के अनुसार एक मुनि ने बालिका कैकेयी की सेवा से सन्तुष्ट होकर उसे यह वरदान दिया था कि समय पड़ने पर तुम्हारा हाथ वज्रकठिन बन जायेगा।

भावार्थ रामायण (१, १) के अनुसार अन्धमुनि के शाप के फलस्वरूप दशरथ के राज्य में अनावृष्टि हुई। दशरथ कैकेयी को साथ ले जाकर इन्द्र के विरुद्ध युद्ध करने गये। युद्ध में शुक्र ने अक्ष तोड़ा किन्तु कैकेयी ने अपनी भुजा से रथ सँभाला जिससे इन्द्र की पराजय हुई।

बाद में कैकेयी के दो वरों के लिए दो भिन्न घटनाओं का उल्लेख किया गया है। कृत्तिवास रामायण (१, ३३-३४) तथा असमिया बालकाण्ड (अध्याय १६) में शम्बरयुद्ध के अवसर पर कैकेयी को एक वर मिला था और दूसरा वर उसे **दशरथ के व्रण** की पीब चूसने के लिए मिला था।[2] पाश्चात्य वृत्तान्त नं० १३ के अनुसार कैकेयी ने बिच्छू से डसे हुए दशरथ को स्वस्थ कर अपना दूसरा वर प्राप्त किया था। सेरीराम में भरत और शत्रुघ्न की माता वल्यादारी दशरथ की कमर के फोड़े की पीब चूसकर दशरथ से यह आश्वासन पाती हैं कि उनके पुत्रों को राज्य मिलनेवाला है।[3] प्रथम बार उनको यह आश्वासन दशरथ तथा मन्दूदारी के विवाहोत्सव के अवसर पर मिला था। उस समय उसने उन दोनों की **पालकी** सँभाली थी (दे० अनु० ३४०)।

संघदास की **वसुदेवहिण्डि** में कैकेयी की वरप्राप्ति का वर्णन मौलिक है। प्रथम वर उनको **कामशास्त्र में निपुणता** के कारण दिया जाता है **(राया कैकईए सयणोवयारवियक्खणाए तोसिओ— राजा कैकेय्या शयनोपचारविचक्षणया तोषितः)**। दूसरे वर की कथा इस प्रकार है। किसी दिन एक सीमावर्ती राजा ने दशरथ को युद्ध में कैदी बना लिया था। यह सुनकर कैकेयी ने **सेना का नेतृत्व** लेकर विरोधी राजा को हराया तथा दशरथ को मुक्त किया था।

४४८. एक वर। महाभारत (दे० ३, २६१, २१), रामकियेन तथा पद्मपुराण के उत्तरकाण्ड के गौडीय पाठ में (पृ० ११२२) कैकेयी के केवल एक वर का उल्लेख किया गया है लेकिन इसी एक वर के बल पर वह भरत के लिए राज्य तथा राम के लिए वनवास माँग लेती है।

पउमचरियं के अनुसार कैकेयी ने अपने स्वयंवर के बाद दशरथ का रथ हाँक कर अन्य राजाओं के विरुद्ध दशरथ की सहायता की थी और इस प्रकार एक वर प्राप्त किया था (दे० ऊपर अनु० ३३८)।

दशरथ जातक तथा **दशरथ कथानकम्** दोनों में भरत की माता के केवल एक वर का उल्लेख है, जिसके बल पर वह भरत को राज्य दिलवाती है। दशरथ जातक में कहा गया है कि भरत के जन्म के अवसर पर दशरथ ने इस वर को दिया था।

४४९. तीन वर। ब्रह्मपुराण में देवासुर-युद्ध में कैकेयी ने अपने हाथ से दशरथ के रथ का टूटा हुआ अक्ष सँभाला था। दशरथ केवल वापसी में देखते हैं कि कैकेयी क्या कर रही हैं। इस पर प्रसन्न होकर दशरथ उनको तीन वर प्रदान करते हैं (दे० अध्याय १२३)।

---

१. दे० उत्तरकाण्ड, बंगीय पाठ, जर्नल एसियाटिक सोसाइटी, १८४२, पृ० ११२२।

२. पाश्चात्य वृत्तान्त नं० ३ में भी कैकेयी द्वारा दशरथ के अँगूठे की चिकित्सा करने का उल्लेख है। लोकगीतों में कैकेयी दशरथ के पैर से काँटा निकालकर वर प्राप्त करती हैं। (दे० रामनरेश त्रिपाठी द्वारा सम्पादित ग्राम साहित्य, पहला भाग, पृ० २१७ तथा कविता कौमुदी, ५वाँ भाग, पृ० १०३)।

३. हिकायत महाराज रावण में इससे मिलती-जुलती कथा पायी जाती है।

ग। कैकेयी का दोष-निवारण

४५०. आदिकवि वाल्मीकि ने कैकेयी की **दुष्टता और कुटिलता** का स्पष्ट शब्दों में चित्रण किया है।[१] चित्रकूट की यात्रा करते समय राम आशंका करते हैं कि कैकेयी कहीं भरत को राज्य दिलाने के लिए दशरथ के प्राण न लें तथा कौशल्या-सुमित्रा को विष न खिला दें (सर्ग ५३) :

सा हि देवी महाराजं कैकेयी राज्यकारणात्।
अपि न च्यावयेत्प्राणान्दृष्ट्वा भरतमागतम्॥७॥
परिदद्याद्धि धर्मज्ञ गरं ते मम मातरम्॥१८॥

सीता भी कैकेयी को कलहशीला कहकर उनकी निन्दा करती हैं :

कुलमुत्सादितं सर्व त्वया कलहशीलया (६, ३२, ४)

४५१. वाल्मीकि रामायण ही में कैकेयी के **दोष-निवारण** का प्रयत्न किया गया है। भरद्वाज राम से कहते हैं कि कैकेयी को दोष नहीं देना चाहिए क्योंकि राम का निर्वासन सबों के हित का कारण सिद्ध होगा :

देवानां दानवानां च ऋषीणां भावितात्मनाम्।
हितमेव भविष्यद्धि रामप्रव्राजनादिह॥ ३१॥ (सर्ग ९२)

चित्रकूट में जब भरत कैकेयी की भर्त्सना करते हैं, राम स्वयं कैकेयी का पक्ष लेकर भरत को स्मरण दिलाते हैं कि **दशरथ** ने विवाह के अवसर पर कैकेयी के पुत्र को राज्य देने की **प्रतिज्ञा** की थी :

पुरा भ्रातः पिता नः स मातरं ते समुद् वहन्।
मातामहे समाश्रौषीद्राज्यशुल्कमनुत्तमम्॥ ३॥ (रा० २, १०७)

कैकेयी को निर्दोष ठहराने के लिए दशरथ की प्रतिज्ञा के अतिरिक्त गौडीय तथा पश्चिमोत्तरीय पाठों में ब्राह्मण-शाप का उल्लेख किया गया है (अनु० ४३०)। कैकेयी ने किसी ब्राह्मण की निन्दा की थी और ब्राह्मण ने कैकेयी को शाप दिया था कि तुम्हारी भी निन्दा की जायेगी। इस कारण '**शापदोषमोहिता**' कैकेयी मन्थरा के जाल में फँस गयी थी। इस शाप का उल्लेख रामायणमंजरी और कृत्तिवास तथा बलरामदास की रामायणों में भी मिलता है।

४५२. विमलसूरि के अनुसार कैकेयी ने भरत का वैराग्य दूर करने के उद्‌देश्य से उनके लिए राज्य माँगा था; उन्होंने राम के वनवास के विषय में कुछ नहीं कहा था। सीता और लक्ष्मण के साथ जब राम स्वेच्छा से चले जाते हैं तब कैकेयी अपनी सपत्नियों को शोकातुर देखकर भरत को भेज देती है कि वह राम को वापस ले आयें। भरत के प्रस्थान के बाद वह स्वयं राम के पास जाकर क्षमा माँगती है तथा लौटने के लिए राम से अनुरोध करती है। राम अस्वीकार करते हैं तथा भरत को राज्याभिषेक देकर अयोध्या भेजते हैं (सर्ग ३२)। **वसुदेवहिण्डि** में भी कैकेयी के पश्चात्ताप का वर्णन है। **धर्मखण्ड** (अध्याय ३८) तथा **तत्त्वसंग्रह रामायण** (२, ११) के अनुसार कैकेयी अयोध्यावासियों का दुःख देखकर द्रवित हो जाती हैं। वह राम के पास जाकर उनकी आराधना करती हैं तथा क्षमा माँगती हुई वापस आने के लिए अनुरोध करती हैं। राम उनको यह कहते हुए क्षमा प्रदान करते हैं—**देवकृते कोऽपराधः। त्वं मे मातृसमा देवि त्वयि मे नास्ति दुर्मनः।**

---

१. सुमंत्र द्वारा कैकेयी की निन्दा तथा उनकी माता के त्यक्त किये जाने की कथा केवल दाक्षिणात्य पाठ में मिलती है (दे० अनु० ४३०)।

जानकीहरण (१, ४२) में कैकेयी की प्रशंसा इसीलिए की गयी है कि उनके दोष के कारण राक्षसों का नाश हुआ था—**यस्या दोषोदपि भुवनत्रयस्य रक्षोभयनाशाय हेतुर्बभूव।**

प्रतिमानाटक में कैकेयी के दोष-निवारण के लिए एक अन्य मार्ग अपनाया गया है। ऋषि-शाप के फलस्वरूप पुत्रवियोग के कारण दशरथ का मरण अनिवार्य जानकर कैकेयी ने उस शाप की रक्षा करने के लिए तथा राम को किसी और विकट विपत्ति से बचाने के लिए वसिष्ठ, वामदेव आदि से परामर्श करने के पश्चात् राम को वन भिजवाया था। यह सुनकर भरत उनसे पूछते हैं कि आपने १४ वर्ष का निर्वासन क्यों दिलाया है। इस पर कैकेयी उत्तर देती है कि भूल से '१४ दिन' के स्थान पर '१४ वर्ष' मुँह से निकला था।

भवभूति के **महावीरचरित** तथा मुरारिकृत **अनर्घराघव** में कैकेयी के किसी दोष का प्रश्न नहीं उठता है। स्वयंवर के समय शूर्पणखा मन्थरा के वेष में मिथिला पहुँचकर दशरथ को कैकेयी का एक जाली पत्र देती है जिसमें वर के बल पर राम का निर्वासन माँगा गया था। फलस्वरूप राम, भरत को अपनी पादुकाएँ देकर, मिथिला ही से वन के लिए प्रस्थान करते हैं (दे० अंक ४)।

बालरामायण में महावीरचरित के वृत्तान्त का किंचित् विकसित रूप पाया जाता है। दशरथ कैकेयी के साथ इन्द्र से मिलने गये थे। इन दोनों की अनुपस्थिति का सुअवसर पाकर मायामय, शूर्पणखा तथा एक परिचारिका क्रमानुसार दशरथ, कैकेयी तथा मन्थरा का रूप धारण कर लेते हैं और राम को निर्वासन दिलाने का सफल प्रयत्न करते हैं (दे० अंक ६)।

अध्यात्म रामायण (२, २, ४४-४६) में मन्थरा तथा कैकेयी दोनों को मोहित करने के उद्देश्य से **सरस्वती** को अयोध्या भेजे जाने का उल्लेख किया गया है। आनन्द रामायण (दे० ८, २, ५६), रामचरितमानस आदि में भी कैकेयी का दोष सरस्वती पर लगाया गया है। **बलरामदास रामायण** के अनुसार दुर्बल नामक देवता दशरथ में तथा खल नामक देवता कैकेयी में प्रवेश करते हैं। रामलिंगामृत (सर्ग १२) में कैकेयी राम से कहती है कि **देवेन्द्र** से प्रेरित होकर मैंने रावण का वध करने के लिए आपको वन भेज दिया था।

४५३. वाल्मीकि रामायण के अनुसार चित्रकूट में कैकेयी मौन रहती है। आगे चलकर सम्भवत: **पउमचरियं** के अनुकरण पर अध्यात्म रामायण (२, ९, ५५-६०), आनन्द रामायण (१, ६, ११२), तोरवे रामायण (२, ६) रामलिंगामृत (सर्ग १२) तथा रामचरितमानस में कैकेयी के इस अवसर पर **पश्चात्ताप** प्रकट करने तथा क्षमा माँगने का वर्णन किया गया है। अध्यात्म रामायण के अनुसार उस समय राम ने कैकेयी से कहा था कि (निर्वासन के लिए अनुरोध करनेवाली) वाणी मुझसे प्रेरित होकर आपके मुँह से निकली थी।

मयैव प्रेरिता वाणी तव वक्त्राद्विनिर्गता। (२, ९, ६३)

घ। मन्थरा

४५४. मन्थरा द्वारा कैकेयी के भड़काये जाने का वाल्मीकि रामायण के दाक्षिणात्य पाठ में कोई विशेष कारण नहीं दिया गया है। अन्य वृत्तान्तों में इसके लिए भिन्न-भिन्न कारणों की कल्पना की गयी है।

(१) महाभारत के रामोपाख्यान (दे० ३,२६०, १०) में जब राम की सहायता करने के लिए देवताओं द्वारा रीछों तथा वानरों की स्त्रियों से पुत्र उत्पन्न करने का उल्लेख किया गया है, गन्धर्वी **दुन्दुभि** के मन्थरा के रूप में प्रकट होने की चर्चा मिलती है। पद्मपुराण के पातालखण्ड के गौडीय पाठ (अध्याय १५), आनन्द रामायण (दे० १, २, २), कृत्तिवास रामायण (२, ४), वसुदेवकृत रामकथा आदि में भी

इसका निर्देश किया गया है। तोरवे रामायण में मन्थरा को **विष्णुमाया** का अवतार माना गया है। बलरामदास के अनुसार मन्थरा वास्तव में गोमाता **सुरभि** है जिसे देवताओं ने पृथ्वी पर भेजा था।

(२) बाद के अनेक वृत्तान्तों में मन्थरा को मोहित करने के लिए **सरस्वती** के भेजे जाने का वर्णन मिलता है (दे० अध्यात्म रामायण २, २, ४४; आनन्द रामायण १, ६, ४१, रामचरितमानस, काश्मीरी रामायण)। भावार्थ रामायण के अनुसार ब्रह्मा ने मन्थरा के मन में ईर्ष्या उत्पन्न करने के उद्देश्य से **विकल्प** को भेजा था।

(३) वाल्मीकि रामायण में शत्रुघ्न राम के निर्वासन के कारण मन्थरा को पीटते हैं (दे० २, ७८)। बाद में राम द्वारा मन्थरा का **उत्पीड़न** वनवास का कारण बताया गया है :

पादौ गृहीत्वा रामेण कर्षिता साऽपराधतः।
तेन वैरेण सा रामं वनवासं च कांक्षति॥ ८॥

(अग्निपुराण, अध्याय ५)

(४) वाल्मीकि रामायण के उदीच्य पाठ की कुछ हस्तलिपियों में मन्थरा के पूर्ववैर का उल्लेख इस प्रकार है—

रामे सा निश्चिता पापा पूर्व वैरमनुस्मरन्।
कस्मिंश्चिदपराधे हि क्षिप्ता रामेण सा पुरा।
चरणेण क्षितिं प्राप्ता तस्माद्वैरमनुत्तमम्।

(दे० बड़ौदा संस्करण, अयोध्याकाण्ड, सर्ग ७, ९ की पाद टिप्पणी) रामायणमंजरी में भी राम के प्रति मन्थरा के वैर का कारण उल्लिखित है :

शैशवे किल रामेण पुरा प्रणयकोपतः।
चरणेनाहता तत्र चिरं कोपमुवाह सा॥ (१, ६६७)

बलरामदास के अनुसार मन्थरा ने विवाह के अवसर पर राम का उपहास किया था और राम ने उसे पीटा था। कम्बरामायण (२, २, ४१; ५, ८, ३२) में इसका उल्लेख मिलता है कि लड़कपन में राम ने मिट्टी के ढेलों को अपने धनुष पर चढ़ाकर मन्थरा के कूबड़ पर मारा था।

तेलुगु रंगनाथ रामायण (१, १४; २, २) के अनुसार राम ने बचपन में मन्थरा की एक टाँग को तोड़ दिया था; सेरीराम और रामकियेन (अध्याय १४) के अनुसार राम ने उसके कुब्ज में बाण चलाया था। तेलुगु भास्कर रामायण में माना गया है कि राम ने मन्थरा को लात मारी थी।

(५) सत्योपाख्यान (अध्याय १०-१४) के अनुसार मन्थरा ने पूर्व-जन्म के वैर के कारण राम को वनवास दिलाया था। वह दैत्य विरोचन की पुत्री थी और दैत्य-देवता-युद्ध में उसने पाशों से देवताओं के विमान और वाहन बाँधे थे। इस पर विष्णु की आज्ञा से इन्द्र ने उसे वज्र द्वारा मारा था (दे० अध्याय १०-१४)।

मन्थरा के **अगले जन्म** का भी उल्लेख किया गया है। आनन्द रामायण के अनुसार वह कृष्णावतार के समय पूतना के रूप में प्रकट होगी और कृष्ण द्वारा मार डाली जायेगी (दे० ९, ५, ३५), लेकिन इसी रचना के एक अन्य स्थल पर कहा गया है कि वह कंस के यहाँ कुब्जा के रूप में अवतार लेगी (दे० १, २, ३)।

अध्याय-१६

अरण्यकाण्ड

१—वाल्मीकि रामायण का अरण्यकाण्ड

४५५. क। अरण्यकाण्ड की कथावस्तु

(१) दण्डकारण्य-प्रवेश (सर्ग १-१६)

विराध— दण्डकारण्य-निवासी ऋषियों का स्वागत (सर्ग १); विराध द्वारा सीता-अपहरण तथा राम-लक्ष्मण का उसे परास्त करना (सर्ग २-४)।

शरभंग— राम को देख इन्द्र का आश्रम से प्रस्थान। शरभंग का राम को सुतीक्ष्ण के आश्रम भेजना। राम द्वारा राक्षसों के विरुद्ध सहायता देने की प्रतिज्ञा (सर्ग ५-६)।

सुतीक्ष्ण— सुतीक्ष्ण के आश्रम में रात्रि व्यतीत कर प्रस्थान (सर्ग ७-८)। सीता द्वारा अहिंसा का आग्रह; राम द्वारा राक्षसों के विरुद्ध सहायता करने की प्रतिज्ञा का उल्लेख (सर्ग ९-१०)।

अगस्त्य— पंचाप्सर-तड़ाग पर आगमन। राम का तड़ाग के चारों ओर के आश्रमों में दस वर्ष तक निवास। सुतीक्ष्ण से अगस्त्य-आश्रम का मार्ग पूछना। अगस्त्य द्वारा इल्वल और वातापि के वध की कथा का राम द्वारा उल्लेख। अगस्त्य का स्वागत और विष्णु-धनुष प्रदान, फिर गोदावरी-तट पर स्थित पंचवटी का पथ-प्रदर्शन (सर्ग ११-१३)।

जटायु— दशरथ के मित्र और सम्पाति के भाई का जटायु से मिलना (सर्ग १४)। पंचवटी में लक्ष्मण द्वारा पर्णकुटी-निर्माण। लक्ष्मण का कैकेयी को दोष देना। राम का उन्हें रोककर भरत-गुण-कथन के लिए आग्रह (सर्ग १५-१६)।

(२) शूर्पणखा (सर्ग १७-३४)

शूर्पणखा का विरूपीकरण— राम और लक्ष्मण से प्रवंचित होकर शूर्पणखा का सीता की ओर झपटना। लक्ष्मण का उसके नाक-कान काटना (सर्ग १७-१८)। खर के भेजे हुए १४ राक्षसों का राम द्वारा वध (सर्ग १९-२०)।

खर-वध— खर के १४००० की सेना लेकर पहुँचने पर सीता और लक्ष्मण का गुफा में जाना (सर्ग २१-२४)। राम द्वारा राक्षसों तथा दूषण, त्रिशिर और खर का वध (सर्ग २५-३०)। अकम्पन का रावण को समाचार देना और सीताहरण के लिए प्रोत्साहित करना, मारीच से मंत्रणा (सर्ग ३१)।

शूर्पणखा-रावण-संवाद— शूर्पणखा का लंका जाकर रावण की भर्त्सना करना और सीता के सौन्दर्य का वर्णन करना, रावण का सीताहरण का निश्चय (सर्ग ३२ ३४)।

(३) सीताहरण (सर्ग ३५-५६)

रावण-मारीच-संवाद— रावण का मारीच के सम्मुख सीताहरण का प्रस्ताव रखना। मारीच का समझाना; बाद में चेतावनी देकर स्वीकार करना (सर्ग ३५-४१)।

कनक-मृग— मारीच के कनक-मृग-रूप को देखकर सीता का उसके लिए प्रार्थना करना। सीता को लक्ष्मण की रक्षा में छोड़कर राम का मृग के लिए जाना। दूर जाने पर राम का मारीच को मारना। मरते समय उसका राक्षस रूप में 'सीता-लक्ष्मण' शब्द करना; सीता की लांछना से लक्ष्मण का प्रस्थान (सर्ग ४२-४५)।

सीताहरण— परिव्राजक के रूप में रावण का सीता से जीवन-वृत्तान्त सुनना। प्रकट होकर रावण का बलपूर्वक सीता को अपने रथ पर ले चलना। सीता द्वारा पुकारे जाने पर जटायु का युद्ध करना और आहत होना (४६-५१)। सीता के आभूषणों का गिरना; पाँच बन्दरों की ओर सीता का आभूषण फेंकना; लंका में सीता का अशोकवन में राक्षसियों के नियंत्रण में रहना (सर्ग ५२-५६)। (एक प्रक्षिप्त सर्ग : इन्द्र का सीता के लिए हवि ले आना)।

(४) सीता की खोज (सर्ग ५७-७५)

शून्य पर्णशाला— लौटते समय राम का लक्ष्मण से मिलना और शंकाकुल होकर लक्ष्मण को दोष देना (सर्ग ५७-५९)। शून्य कुटी देखकर राम का विलाप और लक्ष्मण की सान्त्वना। गोदावरी तट पर खोज। पुष्प तथा आभूषणों का मिलना, जटायु-युद्ध के चिह्न दिखायी देना (सर्ग ६०-६४), लक्ष्मण की सान्त्वना (सर्ग ६५-६६)।

जटायु— मरण के पूर्व जटायु का रावण द्वारा सीताहरण तथा दक्षिण की ओर प्रस्थान का उल्लेख (सर्ग ६७-६८)।

कबन्ध— लक्ष्मण का अयोमुखी को विरूप करना। कबन्ध का बाहुविच्छेद; उसके विषय में स्थूलशिर तथा इन्द्र के शाप का उल्लेख, चिता के प्रज्वलित होने पर कबन्ध का दिव्य रूप में सुग्रीव के पास जाने की मंत्रणा देना (सर्ग ६९-७३)।

शबरी— पम्पासर स्थित आश्रम में शबरी का स्वागत और उसका स्वर्गारोहण। पम्पावर्णन और राम का विलाप (सर्ग ७४-७५)।

ख। अरण्यकाण्ड का विश्लेषण

तीनों पाठों में विभिन्नता

४५६. दाक्षिणात्य पाठ के कई पूरे सर्ग अन्य पाठों में नहीं मिलते हैं।

सर्ग ३१. अकम्पन रावण के पास जाकर राम द्वारा खर के वध का समाचार सुनाता है, और सीता के सौन्दर्य की प्रशंसा कर उनको हर लेने का परामर्श देता है। इस पर रावण मारीच के पास जाकर उससे सहायता माँगता है, लेकिन मारीच राम की वीरता का वर्णन कर रावण

को सीताहरण करने से रोकता है। यह सर्ग न तो गौडीय पाठ में मिलता है और न पश्चिमोत्तरीय पाठ में, इन दोनों में शूर्पणखा पहले-पहल रावण को खरवध का समाचार सुनाती है।

सर्ग ६०. सीता की खोज करते हुए राम वृक्षों तथा पशुओं को सम्बोधित करते हैं। यह सर्ग गौडीय पाठ में नहीं मिलता।

सर्ग ६२ और ६३. इन दो सर्गों में राम-विलाप तथा सर्ग ६० की पुनरावृत्ति मात्र मिलती है। दोनों सर्ग केवल दाक्षिणात्य पाठ में पाये जाते हैं।

इसके अतिरिक्त दाक्षिणात्य पाठ में जो लक्ष्मण द्वारा राक्षसी अयोमुखी के वध का जो वृत्तान्त दिया गया है (दे० सर्ग ६९, ११-१८) वह अन्य पाठों में नहीं मिलता है। दाक्षिणात्य पाठ में सर्ग ५६ के पश्चात् एक प्रक्षिप्त सर्ग मिलता है, जिसमें इन्द्र द्वारा सीता के पास पायस के आने का वर्णन किया गया है। यह सर्ग अन्य पाठों में प्रक्षिप्त नहीं माना गया है (दे० आगे अनु० ५००)। तीनों पाठों की शेष विभिन्नताएँ गौण हैं।

प्रक्षेप

४५७. एच० याकोबी का अनुमान है कि आदिरामायण में चित्रकूट से प्रस्थान करने के बाद अरण्यकाण्ड के ग्यारहवें सर्ग का प्रारम्भ (श्लोक १-५) मिलता था :

अग्रतः प्रययौ रामः सीता मध्ये शुशोभना।
पृष्ठतस्तु धनुष्पाणिर्लक्ष्मणोऽनुजगाम ह॥ १ ॥

अनन्तर पंचवटी में आगमन का वर्णन था (सर्ग १५)। इसके अनुसार **विराध-वध, शरभंग-सुतीक्ष्ण-अगस्त्य** के आश्रमों में गमन तथा सीताहरण से पहले **जटायु से भेंट**, ये सब वृत्तान्त वाल्मीकिकृत काव्य में नहीं पाये जाते थे। इसका आधिकारिक कथावस्तु के दृष्टिकोण से कोई महत्त्व भी नहीं है। भरत के प्रस्थान के पश्चात् शूर्पणखा के आगमन तक की १२-१२ वर्ष की अवधि का कुछ वर्णन करने के उद्देश्य से उपर्युक्त वृत्तान्त यहाँ रखे गये होंगे। एच० याकोबी का यह अनुमान न्यायसंगत प्रतीत होता है। वास्तव में अनेक ऐसी रामकथाएँ भी मिलती हैं, जिनमें राम केवल सीताहरण के पश्चात् जटायु से मिलते हैं तथा रामायण से भी ऐसी ही ध्वनि निकलती है (दे० आगे अनु० ४७०)।

इसके अतिरिक्त परस्पर विरोधी बातों से पता चलता है कि अरण्यकाण्ड का मूलरूप हमारे सामने नहीं है। सीता-रावण-संवाद में सीता अपनी कथा सुनाती हुई कहती हैं, कि मैंने १२ वर्ष अयोध्या में बिताये हैं, और राम के निर्वासन के समय मेरी अवस्था १८ वर्ष की थी। इसके अनुसार विवाह के समय सीता की अवस्था ६ वर्ष की थी (सर्ग ४७)। किन्तु रामायण के कई अन्य स्थलों पर विवाह के समय सीता के उस समय पतिसंयोगसुलभं' वयस का उल्लेख किया गया है।

जटायु राम से स्पष्ट शब्दों में कहता है कि रावण ने सीता का अपहरण किया है। (सर्ग ६८), लेकिन आगे चलकर राम सीता के अपहर्ता के नाम से अनभिज्ञ हैं।

अधिक सम्भव है कि अरण्यकाण्ड के दो महत्त्वपूर्ण वृत्तान्त आदिरामायण में विद्यमान नहीं थे, अर्थात् शूर्पणखा का विरूपण (दे० आगे अनु० ४८३) तथा कनकमृग (दे० अनु० ४९०)।

२—अरण्यकाण्ड का विकास

४५८. अरण्यकाण्ड की मुख्य कथावस्तु सीताहरण है; इसके विकास की रूपरेखा अगले परिच्छेद में प्रस्तुत की जायेगी। शेष सामग्री में कोई विशेष परिवर्तन अथवा परिवर्द्धन नहीं किया ग़या है। वाल्मीकि के कथानक के क्रमानुसार कुछ गौण बातों की ओर निर्देश करना है।

क। दण्डकारण्य-प्रवेश (सर्ग १-१६)

पहले परिच्छेद में इसका उल्लेख किया गया है कि इम अंश की अधिकांश सामग्री सम्भवत: वाल्मीकिकृत रचना में नहीं पायी जाती थी।

दाक्षिणात्य पाठ में **विराध** के वध के बाद उसके दिव्य रूप धारण करने का उल्लेख नहीं किया गया है। यह प्रसंग गौडीय और पश्चिमोत्तरीय पाठ (दे० गौ० रा० ३, ८; प० रा० ३, ५) में तथा आगे चलकर भी प्राय: सब रामकथाओं में मिलता है। इसके अतिरिक्त अध्यात्म रामायण में विराध राम से भक्ति की याचना करता है (दे० ३, १, ३९)। वाल्मीकि रामायण (३, ४, १६) में वह एक तुम्बुरु नामक गन्धर्व है जो रम्भा के कारण कुबेर का शापभाजन बन गया था। अध्यात्म रामायण (३, १, ३८) तथा आनन्द रामायण (१, ७, १६) इसको दुर्वासा द्वारा शापित विद्याधर मानते हैं। **रंगनाथ रामायण** (दे० ३, ३) में वह अपना परिचय देते हुए कहता है कि मेरी माता शतह्रद और मेरे पिता जय हैं।

हिन्देशिया के **सेरीराम** में विराध के स्थान पर एक 'पुर्वा ईता' नामक राक्षस की चर्चा है जो रावण का कृपापात्र बनने के उद्देश्य से सीता का हरण करने का निष्फल प्रयत्न करता है। **जैनी रामायणों में विराधित** नामक विद्याधर को पर्याप्त महत्त्व दिया गया है। वह खरदूषण की सेना हराने में लक्ष्मण की सहायता करता है; उसके सेवक सीता की खोज करते हैं तथा लंका के युद्ध में उसकी सेना भी राम का साथ देती है (दे० **पउमचरियं** पर्व ४५ तथा ५४, ३६)। **हेमचन्द्र** (६, ४५) उसे विराध ही कहकर पुकारता है; पउमचरियं (९, २२) के अनुसार वह चन्द्रोदर तथा अनुराधा का पुत्र है।

४५९. राम के भिन्न-भिन्न **आश्रमों** में जाकर तपस्वियों से मिलने के वृत्तान्तों का इतना ही विकास हुआ है कि वाल्मीकि रामायण में राम का सत्कार केवल अतिथि के रूप में किया जाता है, लेकिन अर्वाचीन रचनाओं में विष्णु के रूप में राम की स्तुति की जाती है। इस प्रकार के विकास के दो उदाहरण यहाँ पर्याप्त होंगे। **शरभंग** के आश्रम के निकट पहुँचकर राम, सीता और लक्ष्मण इन्द्र का रथ स्वर्ग की ओर प्रस्थान करते हुए देखते हैं। उस समय इन्द्र शरभंग से यह कहकर चले जा रहे थे कि राम (रावण पर) विजय पाने के बाद ही मुझे देखने के योग्य बनेंगे।[1] अनन्तर रामादि आश्रम में प्रवेश कर शरभंग के पैरों का स्पर्श करते हैं :

तस्य पादौ च संगृह्य रामः सीता च लक्ष्मणः।
निषेदुस्तदनुज्ञाता लब्धवासा निमंत्रिताः॥ २६॥

राम के प्रश्न का उत्तर देते हुए शरभंग कहते हैं कि इन्द्र मुझे ब्रह्मलोक ले जाने के लिए आये थे किन्तु आप जैसे प्रिय अतिथि को देखे बिना ब्रह्मलोक नहीं जाना चाहता था :

अहं ज्ञात्वा नरव्याघ्र वर्तमानमदूरतः।
ब्रह्मलोकं न गच्छामि त्वामदृष्ट्वा प्रियातिथिम्॥ २९॥

कम्ब रामायण (३, २) के अनुसार इन्द्र शरभंग को ब्रह्मलोक ले जाने के लिए उनके आश्रम आये थे किन्तु शरभंग मोक्ष ही चाहते थे और इसीलिए उन्होंने इन्द्र के साथ जाना अस्वीकार किया। राम को आते देखकर इन्द्र ने परब्रह्म तथा विष्णु अवतार के रूप में राम की स्तुति की और अनन्तर वे स्वर्ग सिधारे। राम, लक्ष्मण तथा सीता का स्वागत करने के पश्चात् शरभंग ने चिता जलायी तथा उसमें अपनी स्त्री के साथ प्रवेश कर मोक्ष प्राप्त कर लिया।

---

१. दे०३, ५, २२-२३। रंगनाथ रामायण (३, ४) में इसके विषय में लिखा है—"इन्द्र भी बहुत दुखी होकर, वनवास से खिन्न आपको न देख सकने के कारण यहाँ से चले गये हैं।"

अध्यात्म रामायण में शरभंग राम को देखकर सहसा उठ खड़े हुए (**संभ्रमादुत्थितः** दे० ३, २, २) और आगे बढ़कर उन्होंने उनकी भलीभाँति पूजा की। राम ने शरभंग के पैर छुए, ऐसा कोई उल्लेख अध्यात्म रामायण में नहीं मिलता। चिता पर चढ़कर वह राम से यह प्रार्थना करते हैं—"मेरे हृदय में सर्वदा अयोध्यापति राम विराजमान रहें।"[१]

पद्मपुराण के उत्तरकाण्ड, बलरामदास रामायण तथा अन्य अर्वाचीन रचनाओं के अनुसार राम ने दण्डकारण्यवासी ऋषियों को आश्वासन दिया कि वे कृष्णावतार के समय गोपियाँ बन जायेंगे (दे० आगे अनु० ७८७)

४६०. अगस्त्य के पास पहुँचकर राम ने उनके पैर छुए, इसका उल्लेख वाल्मीकि रामायण में किया गया है :

जग्राहापततस्तस्य पादौ च रघुनन्दनः ॥ २४॥ (सर्ग १२)

अनन्तर अगस्त्य महान् धर्मचारी और प्रभावशाली राजा तथा पूजनीय अतिथि के रूप में राम का स्वागत करते हैं :

राजा सर्वस्य लोकस्य धर्मचारी महारथः।
पूजनीयश्च मान्यश्च भवान्प्राप्तः प्रियातिथिः ॥ ३०॥

अध्यात्म रामायण के अनुसार अगस्त्य[२] राम का आगमन सुनकर शीघ्र ही उठकर राम के पास पहुँचे (**स्वयमुत्थाय मुनिभिः सहितो द्रुतम्** दे० ३,३,११) और उनकी पूजा की (**सम्पूज्य पूजया बहुविस्तरम्** दे० वही, श्लोक १६)। राम की विस्तृत स्तुति करने के उपरान्त अगस्त्य प्रार्थना करते हैं कि मेरे हृदय में आपकी भक्ति सर्वदा बनी रहे और आपके भक्तों का सत्संग मुझे प्राप्त हो :

तस्माद्राघव सद्भक्तिस्त्वयि मे प्रेमलक्षणा॥ ४१॥
सदा भूयाद्धरे संगस्त्वद्भक्तेषु विशेषतः।

वाल्मीकि रामायण के कई स्थलों पर तथा परवर्ती रामकथाओं में भी उन आयुधों की चर्चा है जिन्हें अगस्त्य ने राम को प्रदान किया था। इन्द्र ने उन्हें पूर्वकाल में अगस्त्य को दिया था। वाल्मीकि रामायण के अनुसार उनकी सूची इस प्रकार है—विश्वकर्मा द्वारा निर्मित वैष्णव चाप, ब्रह्मा का दिया हुआ अमोघ शर, अक्षय-बाणों से भरे दो तरकश तथा एक हेमविभूषित खंग (दे० ३, १२, ३२-३४)। **रामकियेन** (अध्याय १६) के अनुसार ईश्वर ने राम के लिए अगस्त्य के यहाँ अपना कवच छोड़ दिया था, जिसे पहनकर उन्होंने त्रिपुर को हराया था।

---

१. दे० अ० रा० ३, २, १०। **वाल्मीकि रामायण** (सर्ग ११) में इसका उल्लेख है कि राम अगस्त्य से मिलने के पूर्व पंचाप्सर-सरोवर के तट पर पहुँचे थे। माण्डकर्णि मुनि ने तपोबल से इसका निर्माण किया था और अपनी तपस्या को छोड़कर उसमें देवताओं द्वारा भेजी हुई पाँच अप्सराओं के साथ निवास करते थे। **आनन्द रामायण** (विवाहकाण्ड, सर्ग ५-७) के अनुसार कथा इस प्रकार है—पाँच गन्धर्वकन्याएँ और सात नागकन्याएँ इस सरोवर में जलक्रीड़ा किया करती थीं। एक तपस्वी ने उनको कई बार मना किया किन्तु तपस्वी की साधना में बाधा उपस्थित करने के विचार से इन्द्र ने उन कन्याओं को वहाँ जाते रहने के लिए उभाड़ा। अन्त में तपस्वी ने जलदेवियों से निवेदन किया कि वे उन कन्याओं को अपने यहाँ कैदी बना लें। तपस्या समाप्त कर ऋषि तो स्वर्ग चले गये किन्तु जलदेवियों ने उन कन्याओं को अपने पास रोक लिया। रावण-वध के बहुत समय बाद राम ने उनको मुक्त किया तथा उनके विवाह का भी प्रबन्ध किया।

२. **कम्ब रामायण** (३,३) में अगस्त्य को मधुर तमिल भाषा का प्रवर्तक माना गया है।

तत्त्वसंग्रह रामायण (३, ६) में पृथ्वी देवी प्रकट होकर सीता को जड़ाऊ पादुकाओं का एक जोड़ा देती हैं, जिसे पहनकर राम पादपीड़ा तथा क्षुधा का अनुभव नहीं करेंगे।

ख। लक्ष्मण का संयम

४६१. अध्यात्म रामायण में सम्भवतः लक्ष्मण के **उपवास तथा जागरण** का प्राचीनतम उल्लेख किया गया है। इन्द्रजित् के विषय में विभीषण राम से कहते हैं कि जिसने बारह वर्ष तक आहार और निद्रा[1] को छोड़ दिया हो उसी के हाथ से ब्रह्मा ने इन्द्रजित् की मृत्यु निश्चित की है :

यस्तु द्वादश वर्षाणि निद्राहारविवर्जितः ॥६४॥
तेनैव मृत्युर्निर्दिष्टो ब्रह्मणास्य दुरात्मनः।

(युद्धकाण्ड, सर्ग ८)

निम्नलिखित रचनाओं में भी लक्ष्मण के इस संयम की चर्चा है :

आनन्द रामायण (१, ११, १७६) कम्ब रामायण, द्विपद रामायण, तोरवे रामायण, भावार्थ रामायण (६, ३६), बिर्होर रामकथा, रामकेर्ति, पाश्चात्य वृत्तान्त नं० १ और ५। कुछ अन्य रचनाओं में अन्न तथा निद्रा के अतिरिक्त स्त्री का त्याग भी उल्लिखित है; उदाहरणार्थ कृत्तिवास रामायण, बलरामदास रामायण, रामचन्द्रिका (**बारह वर्ष छुधा, त्रिया, निद्रा, जीते होइ**; दे० १८, ३१), सेरीराम, पाश्चात्य वृत्तान्त नं० १३। **कृत्तिवास रामायण** के उत्तरकाण्ड में प्रस्तुत प्रसंग का विस्तृत वर्णन किया गया है (दे० ७, २)। अगस्त्य राम से कहते हैं कि इन्द्रजित् के समान त्रिभुवन में कोई भी वीर नहीं था; वही उसका वध करने में समर्थ था, जिसने चौदह वर्ष तक निद्रा और आहार छोड़ दिया हो तथा उस अवधि में स्त्री का मुख भी नहीं देखा हो। यह सुनकर राम को आश्चर्य होता है और वह लक्ष्मण को बुला भेजते हैं। अगस्त्य का कथन सुनकर लक्ष्मण स्वीकार करते हैं कि मुझमें ये शर्तें विद्यमान थीं। श्रीचरणों को छोड़कर मैंने सीता की ओर दृष्टिपात नहीं किया था और इसलिए मैं नूपुरों के अतिरिक्त उनके आभरणों को पहचानने में असमर्थ था (दे० अगला अनु०)। आपकी और माता जानकी की रखवाली करते समय जब निद्रा पहले-पहल मेरी आँखों पर छा जाना चाहती थी तब मैंने क्रोध करके उसे बाण से छेदित किया तथा १४ वर्ष तक मेरे पास न आने का उसे आदेश दिया। फल देते समय आपने खाने की आज्ञा नहीं दी थी, सो मैं अपना अंश झोंपड़ी में रखकर उपवास करता रहा। इस पर हनुमान् को फल ले आने के लिए भेजा जाता है; **वह फलों** से भरा हुआ तरकश देखते तो हैं किन्तु अहंकार हो जाने के कारण वह उसे उठाने में असमर्थ हैं। बाद में लक्ष्मण जाते हैं और बायें हाथ से तरकश धारण कर उसे राम के सामने रख देते हैं। गिनने पर पता चलता है कि सात दिन के फल नहीं हैं किन्तु लक्ष्मण अपनी सफाई देते हुए राम को स्मरण दिलाते हैं कि किस-किस दिन वे फल बटोरने नहीं गये थे। अन्त में लक्ष्मण विश्वामित्र की मंत्रदीक्षा का उल्लेख करते हैं जिसके बल पर वह चौदह वर्ष तक अन्न का त्याग कर सके।[2]

---

१. अध्यात्म रामायण के अरण्यकाण्ड में भी लक्ष्मण के जागरण की ओर संकेत किया गया है; दे० ३, ४, १२-१३।

२. कृत्तिवास ने बालकाण्ड में भी लिखा था कि इस मंत्रदीक्षा के फलस्वरूप लक्ष्मण उपवास कर सकेंगे तथा इन्द्रजित् का वध करेंगे (दे० १, ५७)।

इस वृत्तान्त में लक्ष्मण के उपवास का जो कारण दिया गया है वह गौण परिवर्तनों के साथ अन्यत्र भी मिलता है। बिर्होर रामकथा के अनुसार लक्ष्मण को अन्न देते समय सीता कहती थीं—"लो, यह तुम्हारा हिस्सा है।" वह इसे खाने के लिए नहीं कहतीं; इसीलिए लक्ष्मण केवल मिट्टी खाते रहे। **तोरवे रामायण** (६, ४५) में भी लक्ष्मण के १४ वर्ष के उपवास, ब्रह्मचर्य तथा जागरण का उल्लेख किया गया है।

कम्ब रामायण तथा **द्विपद रामायण** में लक्ष्मण के जागरण की कथा में निद्रादेवी का मानवीकरण किया गया है। कम्ब रामायण (२, ६, ५१) के अनुसार लक्ष्मण शृंगवेरपुर में राम की रक्षा करते हुए रात-भर जागते रहे। निद्रादेवी उनके सामने प्रकट हुईं और लक्ष्मण ने उनसे कहा—जब हम अयोध्या लौटकर आयेंगे, तब तुम मेरे पास आना। उस पर निद्रादेवी लक्ष्मण को प्रणाम करके चली गयीं। द्विपद रामायण के दो स्थलों पर इस प्रसंग का उल्लेख मिलता है। कम्ब रामायण की कथा के अनुसार शृंगवेरपुर में निद्रादेवी लक्ष्मण से मिलने आयी थीं और इसी अवसर पर लक्ष्मण ने उनसे कहा—"तुम दिन-रात उर्मिला को अपनी शरण लो। (१४ वर्ष की) अवधि समाप्त होने पर मैं तुमको फिर ग्रहण करूँगा" (२, १८)। परिणाम यह हुआ कि लक्ष्मण के लौटने तक उर्मिला सोती ही रही। अयोध्या में राम के राजतिलक के पश्चात् राजसभा के वर्णन के अन्तर्गत निद्रादेवी के विषय में निम्नलिखित कथा मिलती है (६, १६८)। उस समय निद्रादेवी लक्ष्मण को अपने वश में कर लेने का उपक्रम करने लगीं। लक्ष्मण यह देखकर अचानक सभा में जोर से हँसने लगे। सभासदों ने लक्ष्मण का व्यवहार अपमानजनक समझा और राम ने लक्ष्मण से हँसी का कारण पूछा। इस पर लक्ष्मण ने कहा—"वन में निद्रा मुझ पर प्रभाव डालने आयी थी। मैंने उनसे कहा कि तुम चौदह वर्ष मुझसे दूर रहो। मेरी बातें सुनकर वह चली गयी। अब वह फिर मेरे पास आयी। यह देखकर मुझे हँसी आयी।" लक्ष्मण का यह स्पष्टीकरण सुनकर सबों की शंका दूर हुई।[१] **रामकेर्ति** में 'निद्रा' नामक लक्ष्मण की एक हितैषिणी की चर्चा है जो उसे नींद देने आया करती थी। गुह के मिलन के बाद वन में प्रवेश करने के पूर्व लक्ष्मण ने उसे बुलाकर कहा—"आज से लेकर १४ वर्ष तक तुम्हें मुझे नींद नहीं दिलानी चाहिए। इस अवधि में मैं भोजन भी नहीं करूँगा अत: तुम क्षुधा को मुझसे दूर हटाकर मुझे स्वस्थ और सबल बनाये रखो।" निद्रा ने ऐसा करने की प्रतिज्ञा की थी (सर्ग १)। उसी रचना में इसका भी वर्णन किया गया है कि सीताहरण के पूर्व लक्ष्मण राम की आज्ञा लेकर अकेले ही तपस्या करने गये थे (सर्ग ३)। **सेरीराम** में लक्ष्मण के संयम की कथा इस प्रकार है। सीताहरण के पश्चात् राम मूर्च्छित होकर सीता के पलंक पर गिर जाते हैं। लक्ष्मण चालीस दिन तक निद्रा, अन्न तथा स्त्री-प्रसंग का त्याग करते हुए राम का सिर गोद में लेकर निश्चल बैठे रहते हैं। एक आकाशवाणी लक्ष्मण के इस संयम की प्रशंसा करती है तथा यह भी प्रकट करती है कि राम-सीता-वियोग १२ वर्ष के बाद समाप्त होगा।

४६२. वाल्मीकि के आदिकाव्य में **सीता-लक्ष्मण** के सम्बन्ध का कोई विशेष ध्यान नहीं रखा गया था। लक्ष्मण राम तथा सीता दोनों की सेवा करते हुए सीता के साथ निस्संकोच बातचीत तथा व्यवहार करते थे। एक स्थल पर इसका उल्लेख किया गया है कि लक्ष्मण ने राम तथा सीता के पैर धोये थे (दे० २, ५०, ४९)। गंगा पार करने के अवसर पर राम लक्ष्मण

---

१. दे० चा० सूर्यनारायण मूर्ति, उर्मिला की नींद। हिन्दी अनुशीलन, वर्ष ११, अंक २, पृ० ३७। उस लेख में एक तेलुगु लोकगीत का विश्लेषण किया गया है। कथावस्तु द्विपद रामायण पर आधारित है।

को आज्ञा देते हैं कि वह सीता को उठाकर नाव पर रख दें—**सीतां चारोपयान्वक्षं परिगृह्य मनस्विनीम्** (दे० २, ५२, ७५); **सीतां चारोपय शनैः परिरभ्य तपस्विनीं** (गौ० रा० २, ५२, ९)। बाद में यह अनुचित जान पड़ा और कई उदीच्य हस्तलिपियों में इसके बदले में यह मिलता है—**अध्यारोहतां तां (नाव) तु सीतया सह राघवौ** (दे० बड़ौदा संस्करण २, ४६, ६४; पादटिप्पणी १०९५)। चित्रकूट (दे० २, ५६, २०) तथा पंचवटी (दे० ३, १५, २१) में पहुँचकर लक्ष्मण के एक ही पर्णशाला बनाने का उल्लेख मिलता हैं, जिसमें तीनों साथ ही निवास करते थे। हरण के ठीक पहले राम की आर्त्तवाणी सुनकर तथा अपने पति की सुरक्षा के विषय में चिन्तित होकर सीता उत्तेजित हो जाती हैं तथा अपने देवर पर यह आरोप लगाती हैं कि वह अपनी भाभी पर अनुरक्त हैं और इसीलिए राम के साथ वन में चले आये—**सुदुष्टस्त्वं वने राममेकोऽनुगच्छसि मम हेतोः** (दे० ३, ४५, २४)। और यह भी कहती हैं कि राम से बिछुड़ने पर मैं अवश्य आत्महत्या कर लूँगी। महाभारत के रामोपाख्यान (३, २६२, २७) में भी सीता की इस धमकी का उल्लेख है। सम्भवतः सीता की इस लांछना के आधार पर **स्कन्दपुराण** के नागर खण्ड (अध्याय २०) में लक्ष्मण के **स्वामिद्रोह** के वृत्तान्त की कल्पना कर ली गयी है। पितृकूपिकातीर्थ में पहुँचकर राम दशरथ के श्राद्ध का आयोजन करते हैं। सीता कहीं छिप जाती हैं और लक्ष्मण को विप्रों की सेवा करनी पड़ती है। श्राद्ध के बाद सीता फिर दिखायी देती हैं, जिससे लक्ष्मण को इतना क्रोध आ जाता है कि वह साँथरी के लिए पत्ते तथा पैर धोने के लिए पानी ले आना अस्वीकार करते हैं। बाद में 'कोपरक्तलोचन' लक्ष्मण दूर से राम को सोते हुए देखते हैं तथा उनके मन में राम का वध करने तथा सीता को अपनी पत्नी बनाने का विचार उठता है :

हत्वैनं राघवं सुप्तं सीतां पत्नीं विधाय च।
किं गच्छामि निजं स्थानं विदेशं वापि दूरतः ॥ ४५ ॥

प्रातः राम तथा सीता दक्षिण के लिए प्रस्थान करते हैं; लक्ष्मण राम-वध का अवसर ढूँढ़ते हुए दिन भर उनका पीछा करते हैं :

लक्ष्मणोऽपि धनुः सज्यं कृत्वा संधाय सायकम्।
अनुव्रजति पृष्ठस्थस्तस्य छिद्रं विलोकयन् ॥ ४९ ॥

शाम को गोकर्ण पहुँचकर लक्ष्मण राम के पास जाकर अपना अपराध स्वीकार करते हैं तथा राम से क्षमा पाते हैं। लक्ष्मण आत्मशुद्धि के उद्देश्य से राम के हाथ से मृत्यु चाहते हैं; नहीं तो वह अग्नि में प्रवेश करने की सोच रहे हैं। मार्कण्डेय उस समय आ पहुँचते हैं तथा स्वामिद्रोह के प्रायश्चित्त के लिए बालमण्डन-तीर्थ में स्नान करने का परामर्श देते हैं। पद्मपुराण के सृष्टि खण्ड (अध्याय २८, १२६-१९०) में भी लक्ष्मण का विद्रोह (**नाहं राम सर्वकालं दासभावं करोमि ते**; श्लोक १२७) तथा बाद में उनका पश्चात्ताप वर्णित है; किन्तु पद्मपुराण में सीता के प्रति आसक्ति का उल्लेख नहीं है।

ऊपर इसका उल्लेख हो चुका है कि **खोतानी रामायण** में, सीता को राम तथा लक्ष्मण, दोनों की पत्नी माना गया है (दे० अनु० ३१२)। इस प्रकार की कल्पना वहाँ की बहुपति-प्रथा के आधार पर ही सम्भव हो सकी। प्राचीनकाल से राम-साहित्य में लक्ष्मण के संयम की प्रशंसा मिलती है तथा सीता-लक्ष्मण सम्बन्ध के चित्रण में मर्यादावाद का ध्यान रखा गया है। प्रचलित वाल्मीकि रामायण के गौडीय (२,५६, २०) तथा पश्चिमोत्तरीय पाठ (२, ६०, २०) में लिखा है कि लक्ष्मण ने चित्रकूट में दो पर्णशालाओं का निर्माण किया था तथा

परवर्ती रामकथाओं में भी प्रायः दो झोंपड़ियों की चर्चा है।[१] दाक्षिणात्य पाठ के एक प्रक्षेप में जो अन्य पाठों में नहीं मिलता, लक्ष्मण कहते हैं कि वह सीता के आभूषणों में केवल नूपुर ही पहचान सकते हैं :

नाहं जानामि केयूरे नाहं जानामि कुण्डले॥ २॥
नूपुरे त्वभिजानामि नित्यं पादभिवन्दनात्॥

(किष्किन्धाकाण्ड, सर्ग ६)

सीतात्याग के समय भी लक्ष्मण सीता से कहते हैं कि मैंने चरणों को छोड़कर, आपकी ओर कभी आँख उठाकर नहीं देखा है—**दृष्टपूर्वं न ते रूपं पादौ दृष्टौ तवानघे** (दे० ७, ४८, २१)। लक्ष्मण की यह उक्ति प्रक्षिप्त है क्योंकि वह अन्य पाठों में नहीं मिलती। फिर भी उपर्युक्त उद्धरणों से तथा परवर्ती रामकथाओं में उनकी व्यापकता से पता चलता है कि जैनी रामायणों को छोड़कर रामकथा-साहित्य में लक्ष्मण को शताब्दियों से संयमी के रूप में देखा गया है। इसके विषय में यहाँ पर दो कथाओं का उल्लेख करना है। **भावार्थ रामायण** के अरण्यकाण्ड (अध्याय ८) के अनुसार राम किसी दिन सीता को लक्ष्मण की रक्षा में छोड़कर बाहर गये थे। सीता को नींद आयी थी और उस नींद में उनके कपड़े अस्त-व्यस्त हो गये थे जिससे उनका शरीर अनावृत हो गया था। लक्ष्मण ने साधना में लीन रहकर उसकी ओर ध्यान ही नहीं दिया। राम ने वापस आकर लक्ष्मण से पूछा कि स्त्री का रूप देखकर किसका मन स्थिर रह सकता है। लक्ष्मण ने उत्तर दिया—राम-भक्त का ही मन इससे प्रभावित नहीं होता। एक आदिवासी कथा (दे० अनु० २७५) के अनुसार लक्ष्मण ने किसी मन्दिर में रहकर १२ वर्ष तक राम तथा सीता को नहीं देखा था। अन्त में वह जैधपुर में दोनों से मिलने जाते हैं। सीता उनसे कहती हैं कि "स्वप्न में मैंने तुमको कलसापुर के राजा के साथ युद्ध करते देखा और उसमें तुम्हारी जीत हुई थी।" लक्ष्मण इस स्वप्न के सत्य की परीक्षा लेने के लिए कलसापुर की ओर प्रस्थान करते हैं। सीता सोचती हैं कि मैंने लक्ष्मण को मृत्यु की जोखिम में डाल दिया है। वह महल छोड़कर लक्ष्मण को रोकने का प्रयत्न करने जाती हैं। वह क्रमशः लोमड़ी, अंजीर का पेड़ तथा जलस्रोत बन जाती हैं और लक्ष्मण का स्पर्श पाकर अपना ही रूप धारण कर लेती हैं तथा लक्ष्मण की परीक्षा लेती हैं। लक्ष्मण उनकी ओर ध्यान न देकर कलसापुर की ओर आगे बढ़ते हैं और सीता निराश होकर घर जाती हैं। बाद में सीता स्वप्न में देखती हैं कि कलसापुर में लक्ष्मण का वध हुआ; सीता से यह जानकर राम वहाँ जाते हैं तथा लक्ष्मण को जिलाते हैं।

ग। शूर्पणखा

४६३. शूर्पणखा के विषय में वाल्मीकीय उत्तरकाण्ड में लिखा है कि रावण ने कालकेन्द्र दानवेन्द्र विद्युज्जिह्व के साथ अपनी बहन शूर्पणखा का विवाह कराया था (दे० ७, १२, २)। बाद में रावण रसातल की दिग्विजय के अवसर पर अश्मनगर में विद्युज्जिह्व[२] की सेना हराकर अपने बहनोई का भी वध करता है (दे० ७, २३, १७-१८)। शूर्पणखा लंका

१. अध्यात्म रामायण (२, ६,९०) के अनुसार वाल्मीकि के शिष्य एक सुविस्तीर्ण शाला बनाते हैं जिसमें दो मन्दिर हैं; तुलसीदास ने माना है कि देवता स्वयं "**मंजु दुइ साला एक ललित लघु एक बिसाला**" बनाने आये थे (दे० २, १३३)।

२. विद्युज्जिह्व नामक राक्षस की चर्चा युद्धकाण्ड में भी मिलती है। दे० अनु० ५८३।

पहुँचकर रावण की भर्त्सना करती है तथा रावण उसको दण्डकारण्य में भेज देता है जहाँ वह खर को १४००० राक्षसों का नायक नियुक्त करता है (दे० ७, सर्ग २४)। इस वृत्तान्त में खर को शूर्पणखा का मौसेरा भाई (मातृष्वसेय, श्लोक ३७) माना गया है तथा दूषण को खर का सेनापति। अयोध्याकाण्ड में खर को रावण का अनुज (**रावणावरजः** २, ११६, ११) कहा गया है तथा अरण्यकाण्ड में भी खर-शूर्पणखा का सम्बन्ध भ्राता-भगिनी का है (दे० १८, २५; १९, १ और २३, २०, २५; २२, ६ और २३)। शूर्पणखा एक अन्य स्थल पर खर और दूषण दोनों को अपना भाई मानती है (**भ्रातरौ खरदूषणौ**; ३, १७, २३)। अन्यत्र दूषण को खर का सेनापति माना है (३, २२, ७)। सारलादास के महाभारत में शूर्पणखा के पति का नाम केशी है।

सेरीराम में विद्युज्जिह्व का नाम बर्गासींगा है। किसी यात्रा से लौटकर रावण लंका को चारों ओर से बर्गासींगा की जीभ[1] से घिरा हुआ पाता है, जिससे वह शहर की रक्षा करता है; अतः रावण अपनी तलवार से उसे काटकर अनजाने अपने बहनोई का वध करता है। उस समय सूरा पन्दाकी (शूर्पणखा) गर्भवती थी; बाद में वह दर्सासींगा को प्रसव करती है जो अपने पिता की हत्या का प्रतीकार लेने की शक्ति प्राप्त करने के लिए तपस्या करने जाता है। शूर्पणखा के इस पुत्र की कथा **पउमचरियं** पर आधारित है। इस रचना के अनुसार खरदूषण एक विद्याधर-वंशी राजकुमार हैं जिसका विवाह चन्द्रनखा (शूर्पणखा) के साथ हुआ है; उनका पुत्र शम्बूक लक्ष्मण द्वारा वध किया जाता है (दे० अनु० ६३१-६३२)।

सेरीराम की राफल्स हस्तलिपि में लक्ष्मण शूर्पणखा के पुत्र का वध करने के बाद उसके साथ विवाह करते हैं (दे० ऊपर अनु० ३१९)। इस कल्पना का आधार भारतीय कथाओं में देखा जा सकता है। **पउमचरियं** के अनुसार लक्ष्मण चन्द्रनखा का रूप देखकर अनुरक्त हुए थे और उन्होंने किसी बहाने से राम को छोड़कर वन में उसकी खोज की थी, किन्तु उसे न पाकर लौटे (दे० ४३, ४८)। **पद्मचरित** में लक्ष्मण के इस विरह तथा खोज का उल्लेख मिलता है—**पुनरालोकनाकांक्षो विरहादाकुलोऽभवत्॥ अटवीं पादपद्माभ्यां बभ्रामान्वेषणातुरः** (दे० ४३, ११४-११५)। **उदारराघव** (९, ९९) में लक्ष्मण शूर्पणखा से कहते हैं कि यदि तुम सचमुच चाहती हो, तो चौदह वर्ष के बाद अयोध्या आओ और मैं स्वजनों की आज्ञा लेकर तुमसे विवाह करूँगा। **आश्चर्यचूड़ामणि** (१, ६) में भी लक्ष्मण शूर्पणखा का सौन्दर्य देखकर विकारग्रस्त हो जाते हैं। **सारलादास** के महाभारत (वनपर्व) में सीता सखी पाने की इच्छा से चाहती हैं कि लक्ष्मण शूर्पणखा से विवाह करें और राम भी इसके लिए अनुरोध करते हैं, किन्तु लक्ष्मण अस्वीकार करते हैं। बाद में वह उसके कान और नाक काट लेते हैं।

४६४. शूर्पणखा के इस **विरूपीकरण** की कथा का अधिक विकास नहीं हुआ है। इसकी प्रामाणिकता के बारे में आगे विचार किया जायेगा (दे० अनु० ४८३) **वाल्मीकि रामायण** के अनुसार शूर्पणखा राम के पास आकर प्रस्ताव करती है कि वह सीता तथा लक्ष्मण का भक्षण करके उनकी पत्नी बन जाये (सर्ग १७)। राम उसको अविवाहित लक्ष्मण के पास भेज देते हैं; किन्तु लक्ष्मण आपत्ति करते हैं कि मैं राम का दास हूँ और उसको राम के

---

१. बहुत सम्भव है कि यह प्रसंग उत्तरकाण्ड के इस अर्धश्लोक पर निर्भर है जिसमें कहा गया है जब रावण ने विद्युज्जिह्व को मारा था, तो उस समय विद्युज्जिह्व एक राक्षस को जीभ से चाट रहा था—जिह्वया संलिहन्तं च राक्षसं समरे तदा (७, २३, २८)।

पास वापस भेज देते हैं। राम की अस्वीकृति सुनकर शूर्पणखा सीता पर आक्रमण करने पर है, किन्तु राम की आज्ञा पाकर लक्ष्मण तलवार से उसके कान और नाक काटते हैं (सर्ग १८)। दाक्षिणात्यपाठ में राम के सौन्दर्य तथा शूर्पणखा की कुरूपता को विशेष महत्त्व दिया गया है; गौडीय पाठ में इसका स्पष्ट शब्दों में उल्लेख मिलता है कि राम के पास जाने के पूर्व शूर्पणखा ने मोहक रूप धारण कर लिया था (दे० ३, २३, १८-२५)। बहुत-सी परवर्ती रचनाओं में भी ऐसा कहा गया है।

निम्नलिखित रचनाओं में राम द्वारा शूर्पणखा के विरूपण का उल्लेख मिलता है— **भागवतपुराण** (९, १०, ९); **गरुड़पुराण** (अध्याय १४३); **पद्मपुराण** (पातालखण्ड, अध्याय ३६; उत्तरखण्ड, अध्याय २६९); **देवीभागवतपुराण** (३, २८)। **नृसिंहपुराण** (अध्याय ४९) में पहले-पहल राम के एक पत्र की चर्चा है। उस रचना में शूर्पणखा राम को प्रलोभन देती हुई कहती है—**अतीव निपुणां चाहं रतिकर्मणि।**[1] राम द्वारा ठुकराये जाने तथा लक्ष्मण के पास भेजे जाने पर वह लक्ष्मण के नाम पत्र माँगती है; राम उस पत्र में उसकी नासिका काटने का आदेश देते हैं। **भावार्थ रामायण** (३, ८), **सेरीराम** तथा **पाश्चात्य वृत्तान्त** नं० ३ (अध्याय ४) में भी राम के पत्र का उल्लेख मिलता है। **सेरीराम** के अनुसार सूरापन्दाकी (शूर्पणखा) अनुमान करती है कि लक्ष्मण ने उसके पुत्र का वध किया था; वह अपने रिश्तेदार राक्षस राजा दरकालहसीन (खरदूषण) के पास जाकर कहती है कि मैंने लक्ष्मण का प्रेम प्रस्ताव अस्वीकार किया था; इसीलिए उसने मेरे पुत्र का वध किया है। मंत्री के परामर्श के अनुसार सूरापन्दाकी सुन्दर रूप धारण कर राम को आकर्षित करने का प्रयत्न करती है; राम उसे साधना में लीन लक्ष्मण के पास भेजते हैं, किन्तु लक्ष्मण उसकी ओर दृष्टिपात भी नहीं करते। राम के पास लौटकर सूरापन्दाकी राम तथा सीता का अपमान करती है। तब राम उसकी पीठ पर पत्र लिखकर उसे लक्ष्मण के पास लौटने को कहते हैं। पत्र में लिखा है कि लक्ष्मण उसकी नाक तथा हाथ काट दें। लक्ष्मण ऐसा ही करना चाहते हैं कि वह अपना राक्षसी रूप धारण कर लक्ष्मण को आकाश में ले जाती है। लक्ष्मण राम की आज्ञा पूरी करके राक्षमी के साथ भूमि पर गिर जाते हैं, किन्तु देवताओं की रक्षा के फलस्वरूप चोट से बच जाते हैं।

शूर्पणखा के विरूपीकरण के विषय में अन्य गौण विभिन्नताएँ भी पायी जाती हैं। भट्टिकाव्य (४, ३१), महानाटक (मधुसूदन के संस्करण ३, ५३), चम्पू रामायण (३, १९), बालरामायण (५, ७८) तथा प्रसन्नराघव (५, ३४) के अनुसार लक्ष्मण उसकी नाक मात्र काटते हैं किन्तु महावीरचरित (५, १२), अनर्घराघव (५, ५) तथा उदारराघव (९, १०६) में लक्ष्मण कान तथा नाक के अतिरिक्त उसके होंठ भी काटते हैं। कई रामकथाओं के अनुसार लक्ष्मण ने शूर्पणखा के स्तन भी काट दिये थे; उदाहरणार्थ **कम्ब रामायण** (३, ५); **आनन्द रामायण** (१, ७, ५५), वासुदेवकृत रामकथा तथा मलयालम, **अध्यात्म रामायण**, **पाश्चात्य वृत्तान्त** १ और २०। **सेरीराम** की भाँति **पाश्चात्य वृत्तान्त** नं० १ में भी शूर्पणखा के लक्ष्मण को ऊपर उठाने का उल्लेख है; उस वृत्तान्त में लक्ष्मण नाक और कान के अतिरिक्त उसके स्तन तथा उसके बाल भी काट लेते हैं तथा यह भी लिखा है कि उसके स्तनों के रक्त से जोंकें उत्पन्न हुई थीं (दे० पृ० ८०)। **रामकियेन** (अध्याय १०) के अनुसार लक्ष्मण ने उसके कान, नाक, हाथ और पैर भी काट दिये थे।

---
१. बलरामदास रामायण में भी शूर्पणखा अपनी इस निपुणता का उल्लेख करती है।

बालरामायण (अंक ५) के अनुसार शूर्पणखा वनवास के पूर्व ही अयोध्या के निकट राम तथा लक्ष्मण द्वारा ठुकरायी तथा विरूपित की गयी थी। वह रावण के पास जाकर कहती है कि मैंने सीता को आपके योग्य समझकर उनका अपहरण करना चाहा जिससे राम-लक्ष्मण ने मेरी यह दुर्गति कर दी है। इस पर रावण उत्तर देता है :

दाशरथिविनाशाय कारणद्वयी सम्पन्ना सीता शूर्पणखा च।

४६५. जैनी रामायणों में लक्ष्मण अथवा राम द्वारा शूर्पणखा के विरूपण की कथा नहीं मिलती; गुणभद्र के **उत्तरपुराण** में इसका नितान्त अभाव है, किन्तु **पउमचरियं** (पर्व ४४) में इस विरूपण की प्रतिध्वनि अवश्य विद्यमान है। चन्द्रनखा अपने पुत्र शम्बूक (दे० अनु० ६३१) के लिए विलाप करती हुई वन में घूमती थी। राम तथा लक्ष्मण को देखकर वह मोहित हुई तथा दोनों द्वारा ठुकराये जाने पर वह अपने महल लौटी। वह अपने नाखूनों से अपना शरीर विक्षत कर, अपने बाल बिखेरकर तथा धूल से धूसरित होकर अपने भवन में विलाप करने लगी। उसके पति खरदूषण के पूछने पर उसने शम्बूक-वध का समाचार सुनाया तथा यह भी कहा कि शम्बूक के हत्यारे ने मेरा आलिंगन किया तथा मुझसे बलात्कार करना चाहा किन्तु मैं किसी-न-किसी तरह से अपने को छुड़ाने में समर्थ हुई।

ब्रह्मचक्र के अनुसार शूर्पणखा अपनी दो पुत्रियों के साथ लंका-किष्किन्धा के सीमान्तों की रखवाली करती थी। किसी दिन वे राम-सीता-लक्ष्मण को देखकर उन पर आक्रमण करती हैं। लक्ष्मण शूर्पणखा की दोनों पुत्रियों को मार डालते हैं तथा राम शूर्पणखा को भाग जाने के लिए बाध्य करते हैं।

४६६. वाल्मीकि रामायण के अनुसार शूर्पणखा विरूपित हो जाने के बाद, जनस्थान में अपने भाई खर के पास पहुँचकर विलाप करती है। खर राम-लक्ष्मण का वध करने के लिए शूर्पणखा के साथ १४ राक्षसों को भेज देता है। राम सबों को मार डालते हैं तथा शूर्पणखा खर के पास लौटती है (दे० सर्ग १९-२१)। खर अब अपने सेनापति दूषण को १४००० राक्षसों को एकत्र करने का आदेश देकर उन सबों के साथ राम के पास जाता है। राक्षसों की सेना आते देखकर राम आदेश देते हैं कि सीता तथा लक्ष्मण पहाड़ की किसी गुफा में छिप जाएँ (सर्ग २२-२४)। अनन्तर राम अकेले ही राक्षसों का सामना करते हैं; दूषण तथा उसकी समस्त सेना को मारकर राम अन्त में त्रिशिरा का तथा इसके बाद खर का वध करते हैं।[१] शूर्पणखा अब रावण के पास जाती है (सर्ग ३२)। राम अकेले ही इतने राक्षसों को हराने में समर्थ हुए, इसका कारण गौडीय पाठ के अनुसार यह है कि गान्धर्वास्त्र के प्रभाव से राक्षस अपने साथियों में राम का रूप देखकर एक-दूसरे को मारते थे (दे० गौ० रा० ३१, ४६-४७)। रघुवंश (१२, ४५) तथा **आनन्द रामायण** (१, ७, ६२) में माना गया है कि खर-सेना में जितने राक्षस थे राम ने उतने रूप धारण कर लिए।

अध्यात्म रामायण तथा अन्य परवर्ती रामकथाओं में केवल एक ही युद्ध का वर्णन है जिसमें १४००० राक्षस मार डाले जाते हैं (दे० ३, ५)। ब्रह्मवैवर्तपुराण (कृष्ण जन्मखण्ड ६२, ४७) में लक्ष्मण द्वारा खर-दूषण के वध का उल्लेख मिलता है। ऐसा प्रतीत होता है कि पउमचरियं में पहले-पहल लक्ष्मण को युद्ध का नायक माना गया है। उस रचना के अनुसार विराधित (दे० अनु० ४५८) की सेना की सहायता से लक्ष्मण खरदूषण को हराने में समर्थ हुए। बाद में राम तथा लक्ष्मण खरदूषण के राजमहल में ठहरते हैं (दे० पर्व ४५)।

---

१. दे० सर्ग० २५-३०। दाक्षिणात्य पाठ में यहाँ पर अकम्पन का वृत्तान्त मिलता है जो रावण को जनस्थान की घटनाओं से अवगत कराता है (दे० ऊपर अनु० ४५६)।

भट्टिकाव्य (४, ४१), **सारलादास महाभारत** (वनपर्व) **रामायण ककविन** (४, ७१) तथा **सेरीराम** के अनुसार **राम तथा लक्ष्मण** दोनों मिलकर राक्षसों का सामना करते हैं। सेरीराम में लक्ष्मण ही राक्षस राजा दरकालहसीन (खरदूषण) का वध करते हैं; युद्ध के बाद राजा का पुत्र[1] रावण के पास जाता है तथा सेमन्दारीसीना नामक मंत्री को राज्याभिषेक दिया जाता है।

४६७. रामनाटकों के अनुसार शूर्पणखा मन्थरा अथवा कैकेयी का रूप धारण कर राम को निर्वासित कराने का सफल प्रयत्न करती है (दे० अनु० ४५२)। कृत्तिवास (दे० अनु० ५००) तथा भावार्थ रामायण (५, १०) के अनुसार शूर्पणखा अशोकवन में सीता से मिलने आयी थी। भावार्थ रामायण में वह सीता से रावण की पत्नी बनने का अनुरोध करती है।

४६८. गुणभद्र के **उत्तरपुराण** में रावण सीताहरण के पूर्व **सीता के सतीत्व की परीक्षा** लेने के लिए शूर्पणखा को वाराणसी भेज देता है (दे० अनु० ६४)। कुछ विदेशी कथाओं में शूर्पणखा स्वयं **कनकमृग** बनकर सीताहरण में अपने भाई रावण की सहायता करती है; जैसे स्याम देश का ब्रह्मचक्र (दे० आगे अनु० ४९३) तथा ब्रह्मदेश के राम-नाटक (दे० अनु० ४९३ टि०) में। अनेक राम-नाटकों में शूर्पणखा छद्मवेश में सीताहरण में सहायक है; आश्चर्यचूड़ामणि में वह सीता बन जाती है (दे० अनु० ४९४) तथा कृत्यारावण में वह पहले गौतमी तथा बाद में सीता का रूप धारण कर लेती है (दे० अनु० ४९६)। जानकी परिणय (दे० ऊपर अनु० २४४) में छद्मवेशी शूर्पणखा रावण-वध के पश्चात् हनुमान् से पहले अयोध्या पहुँचती है और भरत तथा शत्रुघ्न को राम-वध का झूठा समाचार देती है। **ब्रह्मचक्र** में शूर्पणखा सीता को **रावण का चित्र** बनाने के लिए प्रेरित करके सीता-त्याग का कारण बन जाती है (दे० अनु० ७२४)।

४६९. ब्रह्मवैवर्तपुराण (कृष्णजन्म खण्ड, अध्याय ६२) में शूर्पणखा के अगले जन्म का भी उल्लेख किया गया है। राम से ठुकराये जाने पर वह उनको शाप देती है (**मम शापात्तथा रामो हतभार्यो भविष्यति,** श्लोक ४४) तथा विरूपण के पश्चात् वह रावण को उसकी सूचना देकर पुष्कर में तपस्या करने जाती है। इसके फलस्वरूप वह ब्रह्मा से यह वरदान पाती है कि वह अपने अगले जन्म में राम को पतिस्वरूप प्राप्त करेगी, इसके बाद वह अपना शरीर अग्नि में जलाकर कुब्जा के रूप में अवतार लेती है।

नीलगिरि में शूर्पणखा की अब तक पूजा की जाती है[2] तथा मलयाली नत्तु नामक जाति की स्त्रियाँ शूर्पणखा की सन्तान मानी जाती हैं।[3]

घ। जटायु

४७०. प्रचलित रामायण के तीन पाठों में सीताहरण के पूर्व ही **जटायु से भेंट** का तथा सीता की रक्षा करने की उसकी प्रतिज्ञा का उल्लेख मिलता है। सीताहरण के समय जटायु की निष्क्रियता का कारण गौडीय पाठ में यह माना गया है कि कनकमृग के आगमन के पूर्व वह अपने सम्बन्धियों से मिलने की आज्ञा लेकर तथा शीघ्र ही वापस आने की प्रतिज्ञा करके

१. पउमचरियं के अनुसार भी खरदूषण का पुत्र सुन्द खरदूषण-वध के बाद अपनी माता चन्द्रनखा तथा अपनी सेना के साथ लंकापुरी जाता है (दे० पर्व ४५)।

२. दे० ओपर्ट, जर्मन एथनॉलॉजिकल जर्नल, भाग ३७, पृ० ७३४।

३. अनन्त कृष्ण अय्यर, कोचिन ट्राइब्स एण्ड कस्टम्स, भाग १, पृ० २९।

चला गया था (दे० गौ० रा० २३,३-१०)। अन्य पाठों के अनुसार राम सीता को लक्ष्मण तथा जटायु की रक्षा में छोड़कर कनकमृग का वध करने गये थे। दाक्षिणात्य पाठ में ही इसका उल्लेख मिलता है कि हरण के बाद सीता ने सोते हुए जटायु को जगाकर उसको राम तथा लक्ष्मण के लिए एक सन्देश दिया था (दे० ४९, ३६-४०)। वास्तव में आदिरामायण में राम केवल सीताहरण के बाद ही जटायु से मिले थे। उपर्युक्त पाठ-वैभिन्य के अतिरिक्त इसका प्रमाण यह है कि सीता की खोज करते समय राम जटायु को देखकर उसे गृध्र का रूप धारण करनेवाला कोई राक्षस समझते हैं जिसने सीता का भक्षण किया है :

अनेन सीता वैदेही भक्षिता नात्र संशयः।
गृध्ररूपमिदं व्यक्तं रक्षो भ्रमति काननम्॥ ११॥ (सर्ग ६७)

महाभारत (३, २६३), **भट्टिकाव्य** (सर्ग ५), **रामायण ककविन** (सर्ग ५) और **उदारराघव** (सर्ग ८) के अनुसार भी सीताहरण के पश्चात् ही जटायु का उल्लेख किया गया है।

रावण-जटायु-युद्ध के वर्णन में **वाल्मीकि रामायण** के तीन पाठों में कोई उल्लेखनीय अन्तर नहीं मिलता। जटायु रावण को देखकर सीताहरण के कारण उसकी निन्दा करता है तथा युद्ध के लिए चुनौती देता है (सर्ग ५०)। इस युद्ध में जटायु अपने नखों से रावण को आहत करता है तथा उसके दो धनुष छीनकर नष्ट करता है। वह रथ के खरों का वध करके रथ तोड़ देता है, रथ में बैठे हुए राक्षसों को गिरा देता है तथा सारथि को भी मार डालता है जिससे रावण सीता के साथ भूमि पर गिर जाता है :

स भग्नधन्वा विरथो हताश्वो हतसारथिः।
अंकेनादाय वैदेहीं पपात भूवि रावणः॥ १९॥ (सर्ग ५१)

अब रावण के पास केवल उसकी तलवार रह गयी है। वह फिर उठकर आकाश में सीता को ले जाता है। जटायु उसकी बायीं भुजाओं को काट लेता है किन्तु वे फिर उत्पन्न हो जाती हैं। अन्त में रावण सीता को छोड़ देता है तथा जटायु के अंग काटकर भूमि पर गिरा देता है : **पक्षौ पादौ च पाश्वा च खंगमद्धृत्य सोऽच्छिनत्।** (५१, ४२)। सीता जटायु के पास जाकर विलाप करती हैं किन्तु रावण उन्हें केशों से पकड़कर (**केशेषु जग्राह**; सर्ग ५२, ८) आकाश के मार्ग से लंका की ओर प्रस्थान करता है। अर्वाचीन रामकथाओं में इस युद्ध के वर्णन में गौण परिवर्द्धन किये गये हैं।

काश्मीरी रामायण में सीता यह देखकर कि रावण जटायु को खंग से मारनेवाला है, रावण से कहती है—'उसे रक्त से सने पत्थर खिलाइये, वह उन्हें खाकर गिर जायेगा।' रावण ऐसा ही करता है और जटायु पृथ्वी पर गिर पड़ता है। इससे मिलते-जुलते अनेक वृत्तान्त पाये जाते हैं। **खोतानी** तथा **तिब्बती** रामायणों में रावण जटायु को रक्त से सने धातुओं के टुकड़े खिलाकर उसे मार डालता है। दक्षिण भारत की एक राम-कथा में रावण जटायु को अपनी जाँघ के रक्त से सना पत्थर खिलाता है (दे० पाश्चात्य वृत्तान्त नं० ३)।

हिन्देशिया के **सेरीराम** के अनुसार रावण-जटायु-युद्ध का वर्णन इस प्रकार है। सात दिन युद्ध करने के बाद दोनों एक-दूसरे को अपना **मर्मस्थान** बताते हैं। रावण धोखा देकर अपने पैर का अँगूठा बताता है। इतने में सीता पक्षियों की बोली में जटायु से मर्मस्थान न कहने के लिए अनुरोध करती हैं। लेकिन जटायु सीता की बात टालकर उसे (पंख का अग्रभाग) प्रकट करता है और रावण से मारा जाता है। जटायु के गिरने के पहले सीता अपनी **अँगूठी** उसके मुँह में रख देती हैं। रावण और जटायु के मर्मस्थलों का उल्लेख भारतीय कथाओं में भी मिलता

है। **भावार्थ रामायण** (३, १७), **तत्त्वसंग्रह रामायण** (३, १५) तथा **पाश्चात्य वृत्तान्त** नं० १ के अनुसार जटायु रावण के धोखे में आकर अपना मर्मस्थान (पंख का अग्रभाग) प्रकट करता है और हार जाता है। रावण झूठ बोलते हुए कहता है कि मेरा मर्मस्थान पैर का अँगूठा है (तत्त्वसंग्रह रामायण) अथवा दाहिनी पिण्डली (पाश्चात्य वृत्तान्त नं० १) **तोरवे रामायण** (३, १०) में भी इससे मिलती-जुलती कथा पायी जाती है।

रामकेर्ति, रामकियेन और **रामजातक** के अनुसार रावण ने सीता की अँगूठी छीनकर इससे जटायु को मारा था और वह आहत होकर भूमि पर गिर गया था।

४७१. महाभारत के **रामोपाख्यान** के अनुसार राम और लक्ष्मण कनकमृग-वध के बाद वापस आते हुए जटायु से भेंट करते हैं। जो उनसे कहता है कि रावण सीता का अपहरण कर दक्षिण की ओर भाग गया है। **वाल्मीकि रामायण** में दोनों पहले झोंपड़ी को खाली पाते हैं; बाद में सीता को खोजते समय वे रावण-जटायु-युद्ध के चिह्न (टूटा हुआ रथ, मारे हुए खर और सारथि आदि) देखकर राक्षसों द्वारा सीतावध अथवा हरण की आशंका करते हैं (सर्ग ६४)। आगे बढ़कर वे मरणासन्न जटायु से जान लेते हैं कि रावण सीता को लेकर दक्षिण की ओर चला गया है। जटायु राम-लक्ष्मण के सामने ही अपने प्राण छोड़ देता है। राम तथा लक्ष्मण विधिवत् उसकी अन्त्येष्टि तथा उदकक्रिया पूर्ण करते हैं और सीता की खोज में दक्षिण की ओर आगे बढ़ते हैं। **उदात्तराघव** में मरणासन्न जटायु रक्त से सनी हुई चोंच से पत्ते पर पत्र लिखकर रावण को मारने के लिए राम से अनुरोध करता है तथा किसी ऋषि के हाथ से पत्र भेज देता है। **सेरीराम** के अनुसार राम सीता की खोज करते समय किसी नदी का जल पीते हैं तथा उसके स्वाद के बिगड़ने का कारण खोजते हैं। इस तरह जटायु का पता चलता है जो आहत होकर नदी के किनारे पड़ा हुआ है। वह राम-लक्ष्मण को अपने भाई दसमपानी (सम्पाति) का परिचय देकर कहता है कि वह 'गंदारवानम्' नामक पहाड़ पर तपस्या करता है और मैं उसको पन्द्रह-पन्द्रह दिन पर भोजन देने जाता हूँ।

बालरामायण (६, ५६ आदि) के अनुसार मरणासन्न जटायु ने रत्नशिखण्ड द्वारा सीताहरण का समाचार अपने सखा दशरथ के पास भेज दिया, जिसे सुनकर दशरथ ने **आत्महत्या** करने का विचार प्रकट किया।

वाल्मीकि रामायण में राम मृत जटायु के प्रति शुभकामना प्रकट करते हुए कहते हैं—**मया त्वं समनुज्ञातो गच्छ लोकाननुत्तमान्** (६८, ३०)। परवर्ती रचनाओं में जटायु के दिव्य रूप धारण कर राम की स्तुति गाने तथा स्वर्ग लोक के लिए प्रस्थान करने का उल्लेख मिलता है (दे० अध्यात्म रामायण ३, ८)।

पउमचरियं के अनुसार जटायु अपने अपवित्र शरीर का परित्याग करके पुण्योदय के कारण देवता बन गया (**सुरो जाओ**; ४४, ५५)।

४७२. वाल्मीकि रामायण के अनुसार जटायु **दशरथ का सखा** तथा **सम्पाति का भाई** है। विनता-पुत्र अरुण के दो पुत्र थे—गरुड़ तथा अरुण। **दाक्षिणात्य** (१४, ३३) तथा **पश्चिमोत्तरीय** (१९, ५५) पाठों के अनुसार सम्पाति तथा जटायु दोनों अरुण के पुत्र थे; **गौडीय पाठ** (२०, ३४) उनको गरुड़ की सन्तान मानता है। कृत्तिवास तथा बलरामदास के रामायणों में भी सम्पाति तथा जटायु, दोनों गरुड़ के पुत्र हैं। दोनों किसी समय सूर्य के पास पहुँच गये थे; सम्पाति ने अपने अनुज को सूर्य की किरणों से व्याकुल देखकर उसे अपने पंखों से ढक लिया था। इस प्रकार जटायु तो बच गया किन्तु सम्पाति के पंख जल गये और

वह निस्सहाय होकर विन्ध्य पर्वत पर गिर गया था।[1] सीताहरण के समय जटायु की अवस्था ६०००० वर्ष की थी (दे० ३, ५०, २०)।

सेरीराम के अनुसार कीसूब्रीसू नामक तपस्वी ने ३०० वर्ष तक तप करने के बाद विष्णु के तीन वाहनों को पुत्र के रूप में प्राप्त किया था, अर्थात् गरुड़, दसमपानी (सम्पाति) तथा जटायु।

महाभारत के रामोपाख्यान तथा वाल्मीकि रामायण के कई स्थलों पर जटायु को दशरथ का सखा कहा गया है।[2] **पद्मपुराण** के पातालखण्ड के गौडीय पाठ[3], **असमिया बालकाण्ड** (अध्याय १२) और **कृत्तिवास रामायण** में दशरथ-जटायु की इस मित्रता के विषय में निम्नलिखित वृत्तान्त मिलता है। किसी समय अयोध्या में अनावृष्टि हुई थी। नारद से इसका कारण रोहिणी नक्षत्र पर शनि का दृष्टिपात जानकर दशरथ शनि से युद्ध करने गये। शनि की दृष्टि मात्र से दशरथ का रथ टूट गया किन्तु जटायु ने उसे सँभाला, जिससे दशरथ की विजय हुई। इसके फलस्वरूप दोनों ने अग्नि को साक्षी बनाकर मित्रता की थी—'उभये मित्रता करे अग्नि करि साक्षी' (दे० कृत्तिवास १, २७)।

पउमचरियं में **जटायु तथा दण्डक** की अभिन्नता का प्रतिपादन किया गया है। वाल्मीकि रामायण के उत्तरकाण्ड[4] में अगस्त्य दण्डकारण्य के विषय में कहते हैं कि इक्ष्वाकु के १०० पुत्रों में से सबसे छोटा मूर्ख था, और अपने भाइयों का आदर नहीं करता था। उसे दण्डनीय समझकर इक्ष्वाकु ने उसका नाम दण्ड ही रखा तथा उसे विन्ध्य और शैवाल के बीच का देश प्रदान किया था। दण्ड ने किसी दिन अपने गुरु भार्गव (उशना) के आश्रम में पहुँचकर तथा उनकी पुत्री अरजा को अकेली पाकर उसके साथ बलात्कार किया। भार्गव के शाप से इन्द्र ने राज्य के समस्त प्राणियों सहित दण्ड को भस्म कर दिया। इस प्रकार दण्डकारण्य उत्पन्न हुआ।[5] **पउमचरियं** (पर्व ४१) के अनुसार एक गीध ने सुगुप्ति मुनि की शरण ली थी तथा मुनि ने उसके पूर्व-जन्म की यह कथा राम को सुनायी। दण्डक राजा एक श्रमण का धैर्य देखकर अपनी राजधानी में श्रमणों को बुलाकर उनको विशेष आदर देने लगा था। इस पर एक पापी परिव्राजक ने निर्ग्रन्थ मुनि का वेष धारण कर दण्डक के अन्तःपुर[6] में अनधिकार प्रवेश किया

१. दे० ४, ५८, ४-७। इस वृत्तान्त का किंचित् परिवर्तित रूप ४, ६१ में मिलता है।
२. दे० महाभारत ३, २६३, १; रामायण ३, १४, ३-४; ३, ६७, २७; ४, ५६, २३; ४, ५७, ९।
३. दे० अध्याय १२। स्कन्दपुराण (नागर खण्ड, अ० ९६) तथा पद्मपुराण के उत्तरखण्ड (अध्याय ३४) तथा बलरामदास रामायण में भी शनि से दशरथ की वरप्राप्ति का वर्णन किया गया है किन्तु इसमें जटायु का उल्लेख नहीं होता।
४. दे० ७, सर्ग ७९-८१। पश्चिमोत्तरीय पाठ में दण्डकारण्य की कथा अरण्यकाण्ड के अन्तर्गत रखी गयी है। दे० ३, १७।
५. आनन्द रामायण (७, १८, १००) के अनुसार मुनि ने कन्या की प्रार्थना स्वीकार कर शाप का अन्त निर्धारित किया। अगस्त्य के आगमन पर वह देश फिर सजल होगा।
६. पउमचरियं के अनुसार दण्डक की पत्नी साध्वी तथा जैन धर्मावलम्बिनी है (दे० ४१, २०)। पद्मचरित (४१, ६१ और ७२) में वह दुष्टा तथा परिव्राजकों की भक्तिन मानी जाती है। पउमचरिउ (३५, ७-१०) के अनुसार वह अपने पुत्र की सहायता से जैन मुनियों पर राजकीय कोष की चोरी का झूठा आरोप लगाती है; बाद में पउमचरियं के अनुसार जैनी श्रमण का रूप धारण कर दण्डक के अन्तःपुर में किसी के अनधिकार प्रवेश की कथा भी दी गयी है। हेमचन्द्र के जैनपुराण (५, ३३६ आदि) के अनुसार दण्डक कुम्भकारकुट नामक नगर का राजा था। उनका पालक नामक मंत्री स्कन्धक मुनि से द्वेष रखता था, उसने स्कन्धक के निवास स्थान पर अस्त्र छिपाकर उन पर झूठा अभियोग लगाया जिससे राजा ने पालक को स्कन्धक तथा उनके ५०० साथियों को दण्ड देने की आज्ञा दी। पालक ने सबों को यंत्र में पेरने का आदेश दिया। स्कन्धक ने तब वह्निकुमार के रूप में प्रकट होकर सब निवासियों के साथ दण्डक का राज्य भस्मीभूत कर दिया और इस प्रकार दण्डकारण्य उत्पन्न हुआ। इस कथा में दण्डक की रानी जैन मुनियों का पक्ष लेती है।

जिससे राजा ने क्रोध में आकर सब श्रमणों को यंत्रों में पेरने का आदेश दिया। एक भी श्रमण उस समय राजधानी में नहीं थे; लौटकर उन्होंने अपनी क्रोधाग्नि से समस्त शहर को जला दिया और वह स्थान अब दण्डकारण्य[१] के नाम से प्रसिद्ध है। दण्डक चिरकाल तक पृथ्वी पर भटककर मर गया तथा बाद में इस गीध के रूप में प्रकट हुआ। अन्त में मुनि ने गीध को सदुपदेश दिया जिससे वह श्रावक धर्म में सम्मिलित हुआ तथा मुनि ने सीता से निवेदन किया कि वह उसकी रक्षा करें; राम ने उसके सिर की जटाएँ देखकर उसका नाम जटायु ही रखा।

ङ। सीता की खोज

४७३. वाल्मीकि रामायण के अरण्यकाण्ड के अन्तिम १९ सर्गों की कथावस्तु इस प्रकार है। कनकमृग-वध के बाद राम लौटकर अपशकुन देखते हैं तथा आशंका करने लगते हैं। रास्ते में ही लक्ष्मण को पाकर राम सीता को अकेली छोड़ देने के कारण उनकी भर्त्सना करते हैं तथा झोंपड़ी के पास पहुँचकर और कहीं भी सीता को न देखकर वह उन्मत्त होकर वृक्षों तथा पशुओं को सम्बोधित करते हुए सीता का समाचार पूछते हैं।[२] राम द्वारा सम्बोधित हरिण दक्षिण की ओर प्रस्थान करते हैं जिससे राम-लक्ष्मण भी उसी दिशा में खोज करने जाते हैं। इस खोज में वे क्रमशः जटायु, अयोमुखी, कबन्ध तथा शबरी से मिलकर अन्त में पम्पा सरोवर के तट पर पहुँचते हैं। बीच-बीच में राम का विलाप तथा लक्ष्मण की सान्त्वना विस्तार सहित वर्णित है (सर्ग ५७-७५)। **सेरीराम** के अनुसार राम-लक्ष्मण ने सीताहरण के पश्चात् परिचरों को (दे० अनु० ४३८) महर्षि कली के यहाँ भेज दिया, जिन्होंने दशरथ की राजधानी जाकर सीताहरण का समाचार सुनाया था।

जटायु (दे० अनु० ४७०-४७२) तथा **शबरी** (दे० अनु० ४७७-४८१) विषयक सामग्री का अलग विश्लेषण किया गया है। **अयोमुखी** का वृत्तान्त केवल दाक्षिणात्य पाठ में मिलता है; वास्तव में वह शूर्पणखा की कथा की आवृत्ति मात्र प्रतीत होती है। लक्ष्मण उस राक्षसी का प्रेम-प्रस्ताव अस्वीकार करते हुए उसके कान, नाक तथा स्तन अपनी तलवार से काटते हैं और वह भाग जाती है (दे० सर्ग० ६९, ११-१८)।

कबन्ध का प्रसंग वाल्मीकि रामायण में अपेक्षाकृत अधिक विस्तार के साथ वर्णित है (सर्ग ६९-७३)। राम-लक्ष्मण द्वारा भुजाएँ कट जाने के बाद कबन्ध निस्सहाय होकर भूमि पर गिर गया। अनन्तर कबन्ध ने अपने विषय में दो भिन्न शापों का उल्लेख किया। प्रथम शाप की कथा इस प्रकार है।[३] कबन्ध डरावना रूप धारण कर ऋषियों को सताया करता था। इसी रूप में उसने स्थूलशिरा पर आक्रमण किया था, जिससे मुनि ने यह शाप दिया कि तुम यह भयंकर

---

१. इस कथा के बावजूद अगले सर्ग में लिखा है कि दण्डकगिरि के शिखर पर दण्डक नाम का एक महानाग था जिससे यह प्रान्त दण्डकारण्य के नाम से विख्यात है (दे० ४२, १४)।

२. इस प्रसंग पर **उन्मत्तराघव** नामक नाटक (अनु० २४१-२४२) तथा **विक्रमोर्वशीय** का चतुर्थ अंक निर्भर प्रतीत होता है; अगले अनुच्छेद (४७४) को सामग्री भी इसका स्वाभाविक विकास माना जा सकता है। सर्ग ६४ में गोदावरी से निवेदन किया जाता है कि वह सीता का समाचार बता दे किन्तु वह मौन ही रहती है **(भयात्तु नदी न शशंस)**; इसी के आधार पर प्रसन्नराघव में नदियों के मानवीकरण की कल्पना कर ली गयी है (दे० अनु० २३७)।

३. दे० ७१, २-७। यह अंश स्पष्टतया प्रक्षिप्त है; इस कारण से गोरेसियो ने उसे अपने संस्करण में स्थान नहीं दिया।

रूप धारण किये रहो। उसके अनुनय करने पर स्थूलशिरा ने कहा—'जब राम तुम्हारी भुजाएँ काटकर तुम्हारा शरीर जला देंगे तभी तुम अपना शुभ रूप फिर ग्रहण करोगे।' दूसरी कथा के अनुसार वह दनु का सुन्दर[1] पुत्र था, जिसने उग्र तप करके ब्रह्मा से दीर्घायु होने का वर प्राप्त किया था और इस वर के बल पर इन्द्र को चुनौती दी थी। इन्द्र ने उसके हाथ-पैर काट दिये तथा सिर पर वज्र मारा जिससे उसका सिर उदर में धँस गया था। ब्रह्मा के वरदान को सत्य प्रमाणित करने के लिए इन्द्र ने उसे एक योजन की लम्बी भुजाएँ देकर तथा उसके उदर में मुँह बनाकर आश्वासन दिया कि राम-लक्ष्मण द्वारा भुजाएँ कट जाने पर तुम स्वर्ग प्राप्त करोगे। अनन्तर राम-लक्ष्मण ने उसका शरीर जला दिया और चिता में से एक दिव्य पुरुष उत्पन्न हुआ जिसने आकाश में एक विमान पर विराजमान होकर राम को सुग्रीव के पास जाने का परामर्श दिया और पम्पा सरोवर तथा ऋष्यमूक का मार्ग बताकर स्वर्ग की ओर प्रस्थान किया।

महाभारत के **रामोपाख्यान** (३,२६३, २५-४३) के अनुसार भुजाएँ कट जाने पर कबन्ध भूमि पर गिर गया तथा उसके शरीर से तत्काल एक दिव्य पुरुष उत्पन्न हुआ जिसने आकाश में स्थित होकर अपना परिचय इस प्रकार दिया—मैं विश्वावसु नामक गन्धर्व हूँ जो ब्रह्मा अथवा किसी ब्राह्मण के शाप[2] से राक्षस बन गया था। अनन्तर उसने बताया कि रावण ने सीता का हरण किया है तथा राम को सुग्रीव के पास जाने का परामर्श दिया।

अध्यात्म रामायण (३, १) तथा **आनन्द रामायण** (१, ७, १५१-१६१) के अनुसार कबन्ध 'रूपयौवनदर्पित' गन्धर्वराज था, जिसने ब्रह्मा से अवध्यता का वर प्राप्त किया था। बाद में उसने अष्टावक्र[3] नामक मुनि का उपहास किया और उनसे शापित होकर राक्षस बन गया। इस कथा के अनुसार कबन्ध के राक्षस बनने के पश्चात् ही इन्द्र ने उसके सिर पर वज्र मारा था जिससे उसके सिर तथा पैर उदर में घुस गये थे। उसके शरीर के जल जाने के बाद उसमें से एक दिव्य पुरुष प्रकट हुआ, जो राम की स्तुति करने लगा। राम ने उसकी भक्ति से सन्तुष्ट होकर उसे अपने परमधाम को भेज दिया। अन्त में कबन्ध ने राम को शबरी के यहाँ जाने का परामर्श दिया तथा विमान पर चढ़कर विष्णुलोक के लिए प्रस्थान किया (३, १०, १-३)। **कृत्तिवास रामायण** (३, २८) में भी यही कथा है, किन्तु यहाँ वह गन्धर्वराज न होकर कुबेर नामक दैत्य बताया जाता है।

रामचरितमानस (३, ३३) में माना गया है कि दुर्वासा ने कबन्ध को शाप दिया था और राम के चरणों के दर्शन से वह शापमुक्त हो गया। राम ने कबन्ध को ब्राह्मणों की सेवा का

---

१. दे० ७१, ७; बाद में उसका नाम दनु ही माना गया है (दे० ७१, २०); एक पाठान्तर के अनुसार यहाँ पर भी दनु ही होना चाहिए। मूल के '**श्रिया विराजितम्**' का अर्थ '**सौन्दर्ययुक्त**' न मानकर टीकाकार 'श्री नामक दनु का पुत्र' अर्थ भी देते हैं। इसी कारण से भट्टिकाव्य (६, ४८) तथा रामायण ककविन (६, ७५ आदि) में कबन्ध को श्री का पुत्र माना गया है, जो किसी दिन मद्य के प्रभाव से एक मुनि का अनादर करके शाप का शिकार बन गया था। महावीरचरित में कबन्ध राम को अपना परिचय इस प्रकार देता है—

दनुर्नाम श्रियः पुत्रः शापाद्राक्षसतां गतः।
इन्द्रास्त्र-कृत-काबन्ध्यः पूतोऽस्मि भवदाश्रयात्॥ (५, ३४)

२. 'ब्रह्मानुशापेन'; 'ब्राह्मणशापेन' पाठान्तर भी मिलता है।

३. महाभारत (३, १३२) के अनुसार अष्टावक्र कुहोड नामक मुनि का पुत्र था; कुहोड ने उसे गर्भावस्था में ही यह शाप दिया था—वक्रो भवितास्यष्टकृत्वः। समंगा नदी में नहाकर अष्टावक्र के सीधे हो जाने की कथा पूना संस्करण के अनुसार प्रक्षिप्त है (दे० ३, १३४, ३८ टि०)।

महत्त्व समझाकर उसे परमपद प्रदान किया। रामचन्द्रिका (१२, ३३-३७) के अनुसार वह पहले इन्द्र के शाप के कारण गन्धर्व से राक्षस बन गया था तथा बाद में इन्द्र से उसका युद्ध हुआ था। इन्द्र ने उससे कहा था कि राम द्वारा इसका उद्धार हो सकेगा।

सेरीराम में कबन्ध का उल्लेख नहीं मिलता, किन्तु सुग्रीव से मिलने के पूर्व राम-लक्ष्मण एक मत्स्य-भक्षी श्यामवर्ण दाती जंगाल नामक राक्षस से भेंट करते हैं, जिसकी लाल जटाएँ सात धनु लम्बी हैं। वह राम का रंग देखकर उन्हें विष्णु का अवतार मानता है तथा राम-लक्ष्मण को मार्ग बताता है।

४७४. खोतानी रामायण तथा **सेरीराम** में राम और लक्ष्मण सुग्रीव से मिलने के पूर्व १२ वर्ष तक सीता की खोज करते हैं। इस खोज के वर्णन के अन्तर्गत सेरीराम में **दो पक्षियों** की कथा मिलती है, जिनमें से एक राम का उपहास करता है और दूसरा राम का सहायक बन जाता है। प्रथम पक्षी की चार मादाएँ हैं; वह विरही राम को देखकर उनका यह कहकर उपहास करता है कि राम अपनी एक ही पत्नी की भी रक्षा नहीं कर पाये। इस पर राम उसे अन्धा बना देते हैं, जिससे उसकी चारों मादाएँ उसे छोड़कर चली जाती हैं। एक अन्य पक्षी राम को बताता है कि रावण ने सीता का अपहरण किया है। वर पाकर वह एक लम्बी ग्रीव माँग लेता है, जिससे वह सुगमता से अपना भोजन प्राप्त कर सके। बाद में एक लड़का उसे फँसाकर बाजार ले जाता है। राम अपनी अँगूठी देकर उसे खरीद लेते हैं तथा लम्बी ग्रीव के स्थान पर उसे चार मादाओं को प्रदान करते हैं, जो उसके लिए भोजन ले आती रहेंगी।

इस प्रकार की कथाओं का मूल स्रोत भारतीय ही है क्योंकि वे सारलादासकृत महाभारत (गदापर्व) बलरामदास रामायण, दुर्गावर कृत असमिया रामायण तथा आदिवासी वृत्तान्तों में भी पायी जाती हैं। बाण की **कादम्बरी** (कथामुख २०) में पम्पा सरोवर-वर्णन के अन्तर्गत राम द्वारा अभिशप्त चक्रवाक-मिथुनों का उल्लेख मात्र मिलता है।

कृत्तिवास रामायण (३, २५) की तत्सम्बन्धी कथा इस प्रकार है। सीताहरण के बाद आहत जटायु से मिलने के पूर्व ही एक चक्रवाक से राम-लक्ष्मण की भेंट हुई। राम ने चक्रवाक से पूछा कि जनकनन्दिनी को कौन ले गया है किन्तु चक्रवाक ने परिस्थिति समझने के बाद राम का इस प्रकार उपहास किया—"तुम दो मनुष्य होते हुए भी एक स्त्री की रक्षा नहीं कर पाये? मैं अकेला पक्षी हूँ, फिर भी दो मादाओं को रख लेता हूँ। तुम लोगों ने स्त्री को खो दिया और अब इधर-उधर भटककर उसके विषय में पूछते हो; क्षत्रिय समाज तुमको क्या समझेगा!"

राम ने क्रोध में आकर उसको यह शाप दिया कि आज से तुम रति-सुख से वंचित रहोगे; रात में आहार खोजते-खोजते तुमको मादा से अलग रहना पड़ेगा। इस पर चक्रवाक पतित-पावन भक्तवत्सल नारायण के रूप में राम की स्तुति करते हुए अनुनय-विनय करने लगा। अन्त में राम ने तरस खाकर कहा कि द्वापर में व्याध तुम्हें जाल में फँसायेगा; तब तुम मेरे शाप से मुक्त हो जाओगे।

बलरामदास रामायण के अनुसार राम और लक्ष्मण ने पम्पा सरोवर के निकट पहुँचकर चकवा-चकवी के एक जोड़े को क्रीड़ा करते हुए देखा। राम ने पास जाकर उनसे पूछा कि सीता कहाँ हैं। चक्रवाक ने राम की निन्दा करते हुए कहा कि क्या तुम यह भी नहीं जानते कि इस समय बाधा डालना अनुचित है। इस पर राम ने यह अभिशाप दिया कि तुम दोनों का

मिलन फिर कभी नहीं होगा, किन्तु जब वे राम को भगवान् जानकर उनकी आराधना करने लगे तब राम ने अपना शाप बदलकर कहा कि केवल दिन में ही तुम्हारा मिलन हो सकेगा। बाद में किसी व्याध ने दोनों को फँसाकर एक टोकरी में बन्द कर दिया; वे आपस में कहने लगे कि हमारे साथ रहने से राम का कथन असत्य ही सिद्ध होगा किन्तु रात के पूर्व ही टोकरी अपने आप से खुल गयी और दोनों अलग हो गये। उपर्युक्त प्रसंग अरण्यकाण्ड में वर्णित है। इसके अतिरिक्त किष्किन्धाकाण्ड में वक तथा कुक्कुट के विषय में भी निम्नलिखित कथाएँ मिलती हैं। वर्षाऋतु के अन्त में जब लक्ष्मण किष्किन्धा चले गये थे और राम अकेले ही माल्यवन्त पर्वत पर रह गये थे तब एक बगुले ने उनका विरह देखकर कहा—"तुम कैसे महात्मा हो! मूर्ख ही रोते हैं; तुम क्यों रोते हो?" उत्तर में राम ने अपनी हरण की गयी पत्नी का समाचार पूछा। बगुले ने राम को आश्वासन दिया—"लंका का रावण सीता को ले गया है। मैंने उन्हें रोते देखा था। उनका अश्रुजल मुझ पर गिर गया था और मैं सफेद हो गया। दुर्गा तुम पर प्रसन्न होंगी और तुमको सीता फिर मिल जायेंगी।" राम से वर पाकर बगुले ने कहा—"वर्षा में भोजन एकत्र करने में कठिनाई होती है। मुझे यहाँ बैठे हुए आहार मिलना चाहिए।" इस पर राम ने उत्तर दिया—"तुम्हारी मादा तुमको बरसात में खाना ला देगी।" बगुले ने आपत्ति की—"वह मुझसे छोटी है; उसका जूठा खाकर मैं उपहास का पात्र बन जाऊँगा।" राम ने इसका खण्डन करते हुए कहा—"पति-पत्नी एक हैं; कोई बड़ा-छोटा है ही नहीं।" अन्त में राम ने कहा कि कार्तिक शुक्ला दशमी से पूर्णिमा तक कोई भी आमिष का सेवन नहीं करेगा और तुम्हारे आदर में इस व्रत का नाम बकपंचक रखा जायेगा। बाद में एक कुक्कुट ने भी सहानुभूति प्रकट करते हुए राम से कहा कि तुम क्यों रोते हो और यहाँ पर अकेले क्यों रहते हो। राम ने उत्तर में अपना परिचय दिया तथा वनवास, सीताहरण आदि की अपनी सम्पूर्ण कथा सुनायी। तब मुरगे ने कहा कि रावण ने सीता का हरण किया है। राम ने यह कहकर उसे वरदान दिया कि तुम्हारे सिर पर सप्तशाखा लाल मुकुट रहेगा और जो तुमको मारेगा वह मेरा शत्रु होगा।[१]

असमिया **गीतिरामायण** में राम द्वारा बगुले तथा पीपल वृक्ष से सीता का समाचार पूछे जाने का वृत्तान्त पाया जाता है।

सन्ताल (दे० अनु० २७१), बिर्होर (दे० अनु० २७२) तथा मुण्डा (दे० अनु० २७३) नामक जातियों में सीता की खोज के वर्णन में बगुले, गिलहरी तथा बेर वृक्ष की कथा का वर्णन किया गया है। राम ने एक बगुले से सीता का पता पूछा था। बगुले ने उनकी अवज्ञा करके उत्तर दिया—"मुझे सीता से क्या; केवल पेट की चिन्ता है।" इस पर लक्ष्मण ने उसकी ग्रीव को पकड़कर खींच लिया और उस दिन से बगुले की लम्बी ग्रीव होती है।[२] सन्ताली रामकथा के अनुसार राम ने किसी वृक्ष की डालियों पर फूट-फूट कर रोती हुई गिलहरी से सीता का समाचार पूछा था। गिलहरी ने उत्तर दिया—"उन्हीं के लिए तो मैं रो रही हूँ। रावण ने सीता का हरण किया है। वह इसी रास्ते से निकल गया है।" राम ने उसकी पीठ थपथपाकर कहा—"कितनी भी ऊँची जगह से क्यों न गिरो, लेकिन तुम्हें चोट नहीं लगेगी।" मुण्डा तथा

---

१. सम्भवतः इसी कथा के कारण उड़ीसा में कुक्कुट रामपक्षी कहकर पुकारा जाता है।

२. बगुले की कथा असुरों के यहाँ भी मिलती है (दे० अनु० २७४)। सेरीराम की कथा में लम्बी ग्रीव पुरस्कार के रूप में मिलती है; यह पुरस्कार अधिक सार्थक प्रतीत होता है। महाभारत (१२, ११६, ६) में एक ऊँट की कथा है, जिसने भारी तपस्या के बल पर ब्रह्मा से एक 'शतयोजन' लम्बी गरदन प्राप्त की थी।

बिर्होर जातियों की कथाओं में गिलहरी के रोने की चर्चा नहीं है, किन्तु उनमें राम के उसकी पीठ पर तीन रेखाएँ खींचने का उल्लेख किया गया है।[1] सन्ताली रामकथा के अनुसार राम ने बेर वृक्ष में एक चिथड़ा लटका हुआ देखा। बेर ने राम से कहा—"रावण इसी रास्ते से सीता को ले गया है। मैंने सीता को छुड़ाने का प्रयत्न किया था, किन्तु मुझे उनकी साड़ी के इस चिथड़े के अतिरिक्त और कुछ नहीं मिल सका।" राम ने बेर को आशीर्वाद देकर आश्वासन दिया—"तुमको कितना ही क्यों न काटा जाये किन्तु कोई भी तुम्हारा नाश नहीं कर सकेगा।"

मुण्डा तथा बिर्होर जातियों की कथा के अनुसार बेर ने सीता को छुड़ाने का प्रयत्न नहीं किया किन्तु उसने राम को सीता का मार्ग बताया, उनकी साड़ी का चिथड़ा दे दिया तथा अमरत्व का वरदान प्राप्त किया।

४७५. सीता का रूप धारण कर सती द्वारा विरही राम की परीक्षा का प्रथम वृत्तान्त शिवमहापुराण (दे० ऊपर अनु० १६७) में मिलता है। बाद में आनन्द रामायण (१, ७, १४३), भावार्थ रामायण (३, २०) तथा रामचरितमानस की भूमिका में भी इसका वर्णन किया गया है।

४७६. पम्पा-सरोवर के तट पर विरही राम से **नारद** के मिलने और भक्ति का वरदान प्राप्त करने का वृत्तान्त न तो वाल्मीकि रामायण में मिलता है और न अध्यात्म रामायण में। इसका वर्णन **रामगीतगोविन्द** (४, ७) तथा **रामचरितमानस** के अरण्यकाण्ड के अन्त में किया गया है। बालि-वध के बाद भी नारद अथवा अगस्त्य के विरही राम से भेंट करने आने की कथा मिलती है (दे० आगे अनु० ५२३)। तोरवे रामायण (३, २) के अनुसार जाबालि ने राम के वनवास से भरत को दुखी देखकर राम के पास जाने की प्रतिज्ञा की। उधर राम भी अयोध्या से कोई समाचार न पाने के कारण रो रहे थे जब जाबालि उनके पास पहुँचे। जाबालि ने राम को सान्त्वना देते हुए नल और हरिश्चन्द्र की कथाएँ सुनायीं और बाद में अयोध्या लौटे।

च। शबरी

४७७. शबरी-प्रसंग का वाल्मीकीय आधिकारिक कथावस्तु से कोई सीधा सम्बन्ध नहीं ज्ञात होता है। यह प्रसंग महाभारत के रामोपाख्यान में नहीं मिलता और अधिक सम्भव यह प्रतीत होता है कि आदिरामायण में भी शबरी का उल्लेख नहीं था। परवर्ती राम-साहित्य में शबरी की कथा का उत्तरोत्तर विकास हुआ है; अतः इसकी रूपरेखा यहाँ अंकित करना अपेक्षित है।[2]

वाल्मीकि रामायण के तीन पाठों में जो सामग्री समान रूप से मिलती है, उसमें शबरी की कथा इस प्रकार है। कबन्ध राम को मतंगाश्रम का मार्ग बताकर शबरी का भी इस प्रकार परिचय देता है। मतंगाश्रम के ऋषि तो चले गये किन्तु उनकी **'परिचारिणी श्रमणी शबरी'** अब तक वहाँ विद्यमान है और देवोपम राम के दर्शन करने के पश्चात् वह स्वर्गलोक के लिए प्रस्थान करेगी (दे० सर्ग ७३, २६-२७)। राम शबरी के आश्रम पहुँचकर तथा उसका आतिथ्य-सत्कार स्वीकार कर उसकी तपश्चर्या के विषय में प्रश्न करते हैं। इस पर शबरी उत्तर देती है कि जिस समय राम चित्रकूट पहुँचे, यहाँ के ऋषि, जिनकी सेवा मैं करती थी, स्वर्ग

---

१. अन्य रामकथाओं में सेतुबन्ध के समय गिलहरी की कथा मिलती है। दे० अनु० ५७७।

२. आधुनिक काल तक हिन्दी साहित्यकारों ने शबरी को अपनी रचनाओं की नायिका बना दिया है। दे० गोविन्ददास कृत शबरी (दिल्ली १९६०) शम्भुप्रसाद बहुगुना का शबरीमंगल, पृ० ३-४ (मानस संघ, राम वन, १९५०)। तथा आचार्य सीताराम चतुर्वेदीकृत 'शबरी' (दे० २००९) आनन्द रामायण (मनोहर काण्ड, सर्ग १२) में जिस शबरी से राम की भेंट का वर्णन किया गया है, वह दूसरी है।

चले गये। जाते समय ऋषियों ने कहा था कि लक्ष्मण के साथ राम अतिथि के रूप में यहाँ पधारेंगे; उनके दर्शन करने के पश्चात् शबरी भी स्वर्ग जा सकेगी। शबरी राम से यह निवेदन करती है कि मैंने आपके लिए वन के विविध कन्दमूल एकत्र कर रखे हैं—**मया तु संचितं वन्यं विविधं पुरुषर्षभ** (७४, १७)। तब वह अपने गुरुओं का गुणगान करती हुई राम-लक्ष्मण को मतंगवन के दर्शन कराती है। अन्त में वह उन ऋषियों के पास जाने की इच्छा प्रकट करती है तथा राम की आज्ञा लेकर अग्नि में प्रवेश करती है। तदनन्तर वह दिव्य रूप धारण कर उसमें से प्रकट हो जाती है और विद्युत्-सा प्रकाश फैलाती हुई (**विद्युत सौदामिनी यथा;** ७४, ३४) अपने गुरु-महर्षियों के पास पहुँच जाती है। शबरी-कथा के इस प्रथम रूप में गुरुभक्ति तथा तपस्या की महिमा पर विशेष बल दिया गया है। शरभंग (अनु० ४५९) तथा अगस्त्य (अनु० ४६०) के प्रसंगों की भाँति यहाँ पर भी राम को एक महान् अतिथि के रूप में देखा गया है।[१] **भट्टिकाव्य** (सर्ग ६, ५९-७१) में भी शबरी-कथा का यही रूप मिलता है। राम शबरी की साधना के विषय में प्रश्न पूछते हैं तथा शबरी आदरपूर्वक उनका आतिथ्य-सत्कार करके क्षत्रिय[२] के रूप में राम की वन्दना करती है तथा यह आश्वासन देकर अन्तर्धान हो जाती है कि सुग्रीव की सहायता से मैथिली के दर्शन शीघ्र ही प्राप्त होंगे।

महावीरचरित (५, २७) के अनुसार शबरी मतंग-आश्रम में रहनेवाली तपस्विनी है, जो राम के पास आकर उन्हें विभीषण का पत्र देती है। विभीषण ने खरदूषण आदि के वध का समाचार सुनकर अपने भाई को छोड़ दिया और अब वह अपने मित्र सुग्रीव के यहाँ रहता है।

४७८. अध्यात्म रामायण (३, १०, १-४४) में शबरी-प्रसंग इस प्रकार है। कबन्ध शबरी की रामभक्ति का उल्लेख करता है तथा राम को आश्वासन देता है कि शबरी उनको सीता के विषय में सब बातें बता देगी।[३] शबरी भक्तिपूर्वक राम-लक्ष्मण का आतिथ्य-सत्कार करती है तथा उनको अपने इकट्ठे किये हुए दिव्य फल अर्पित करती है। अनन्तर यह बताती है कि इस आश्रम में पहले उसके जो गुरु निवास करते थे, उनके आदेशानुसार वह राम का ध्यान करती हुई उनकी प्रतीक्षा करती रही। अन्त में वह राम से पूछती है कि मैं मूढ़ स्त्री हीन जाति में उत्पन्न होते हुए भी आपके दर्शनों के योग्य क्यों ठहरी। इस पर राम कहते हैं कि पुरुषत्व, स्त्रीत्व, जाति, नाम, आश्रम आदि का कोई महत्त्व नहीं है, भक्ति ही सर्वोपरि है। अनन्तर राम शबरी को नवधा भक्ति की शिक्षा देकर कहते हैं कि उन साधनों द्वारा प्रेमलक्षणा भक्ति का आविर्भाव होता है, जिससे इसी जन्म में मुक्ति मिलती है। अन्त में राम सीता के विषय में पूछते हैं—**"सीता कमललोचना कुत्रास्ते केन वा नीता।"** शबरी राम को उनकी सर्वज्ञता का स्मरण दिलाकर कहती है कि आप लोकाचार का अनुसरण करते हुए सीता का पता पूछते हैं। तब वह प्रकट करती है कि सीता लंका में है और राम को सुग्रीव के पास जाने का परामर्श देती है। अन्त में वह अग्नि में प्रवेश करती है तथा राम के प्रसाद से मोक्ष प्राप्त कर लेती है। इस प्रकार हम देखते हैं कि अध्यात्म रामायण के रचयिता ने शबरी-कथा को

---

१. दाक्षिणात्य पाठ में शबरी राम को 'देववर' की उपाधि देती है (सर्ग ७४, १२) और उनकी कृपादृष्टि के फलस्वरूप अपने को 'पूता' मानती है (७४, १३); राम भी अपने प्रति उसकी भक्ति की प्रशंसा करते हैं (गोविन्द पाठ ७४, ३१)। अन्य पाठों में इस प्रकार के उल्लेख नहीं मिलते।

२. '**सर्वत्राऽऽख्यदनामयम्**' (६, ७०)। मनु के अनुसार—'क्षत्रबन्धुमनामयम्' (२, १२७)।

३. वाल्मीकि रामायण में शबरी की कथा प्रक्षिप्त है। कबन्ध राम को सीता खोज की सहायता के लिए सुग्रीव के पास जाने का परामर्श दे चुका था; अतः शबरी-प्रसंग में सीता का कोई उल्लेख नहीं मिलता।

रामभक्ति के गुणगान में परिणत कर दिया है। शबरी की हीन जाति को अधिक महत्त्व दिया गया है जिससे यह स्पष्ट हो जाये कि रामभक्ति भेदभाव से ऊपर उठकर सबको मुक्ति प्रदान करती है (**भक्तिर्मुक्तिविधायिनी भगवतः श्रीरामचन्द्रस्य;** छन्द ४४)।

परवर्ती रामकथा-साहित्य में शबरी-कथा का रूप प्रायः अध्यात्म रामायण के अनुसार ही है, उदाहरणार्थ—आनन्द रामायण (१, ७, १६०-१६६), पद्मपुराण (६, २६९, २६५-२६८), मंजुल रामायण (दे० अनु० १९६), रामचरितमानस (३, ३४-३६), रामगीतावली (१७, १-८), रामचन्द्रिका (१२, ४३-४६)। **तत्त्वसंग्रह-रामायण** (३, १७) में शबरी की महत्ता के विषय में निम्नलिखित कथा मिलती है। गोदावरी ने राम को उत्तर देना अस्वीकार किया था तथा राम ने उसे शाप दिया था कि जो कोई तुझमें नहा लेगा वह चाण्डाल बन जायेगा। बाद में ब्रह्मादि देवताओं ने राम से निवेदन किया था कि वह गोदावरी को पुनः पवित्रता प्रदान करें। इस पर राम ने अपने चाप से पृथ्वी पर रेखा खींचकर गोदावरी की धारा को उस कूप से मिला दिया जहाँ शबरी नित्यप्रति नहाया करती थी।

सूरदास ने शबरी के फलों के विषय में पहले-पहल लिखा है कि ये जूठे ही थे (दे० सभा संस्करण, ५११)। बलरामदास के वृत्तान्त की विशेषता यह है कि शबरी अपने पति के साथ राम-लक्ष्मण से भेंट करती है तथा इसका भी स्पष्ट उल्लेख किया गया है कि राम वे फल नहीं खाते हैं जिनमें शबरी के दाँतों के निशान नहीं थे। आनन्दतनय कृत मराठी शबर्याख्यान (१८वीं श०) में भी शबरी के जूठे फलों की चर्चा है।

४७९. भक्तमाल की प्रियादासकृत टीका (१८वीं श० ई०) प्राचीनतम रचना है जिसमें शबरी की पवित्रता सिद्ध करनेवाली निम्नलिखित कथा पायी जाती है। शबरी ऋषियों की सेवा करने की उत्कट अभिलाषा से प्रेरित होकर रात के पिछले पहर को उनके आश्रम में प्रवेश किया करती थी; वह ऋषियों के स्नान करने जाने का मार्ग झाड़-बुहारकर साफ करती थी तथा उनके लिए लकड़ियाँ भी लाया करती थी। मतंग के मन में यह जानने की इच्छा हुई कि कौन यह सब करता रहता है; अतः उनके शिष्यों ने रात में जगकर शबरी को मतंग के सामने उपस्थित किया; उन्होंने शबरी को रामभक्ति की दीक्षा देकर उसे आश्रम में रहने की अनुमति दे दी। बाद में परलोक जाने के पूर्व मतंग ने शबरी को आश्वासन दिया कि वह राम के दर्शन करेगी। किसी दिन शबरी ने अनजाने ही किसी ऋषि का स्पर्श किया और ऋषि ने उस पर अपना क्रोध प्रकट किया। फलस्वरूप जब वह ऋषि स्नान करने के लिए सरोवर के पास पहुँचा तो उसने देखा कि वह रक्त तथा कृमियों से भरा हुआ है।

बहुत दिन बीत जाने पर राम वहाँ पहुँचे तथा शबरी के यहाँ जाकर उसका आतिथ्य-सत्कार ग्रहण किया तथा उसके जूठे फल खाये। ऋषि आकर राम से सरोवर को स्वच्छ करने का निवेदन करने लगे। इस पर राम ने सरोवर के अपवित्र हो जाने का रहस्य प्रकट किया और यह भी बताया कि वह शबरी के स्पर्श से फिर स्वच्छ हो जायेगा (पद ९)। रघुराजसिंह की **रामरसिकावली** में वही कथा मिलती है[1] किन्तु सरोवर को स्वच्छ करने की कथा इस प्रकार है कि राम पहले उसका स्पर्श करते हैं जिससे "**भयो दून शोणित सर बारी**"; तब राम प्रकट करते हैं कि शबरी ही उसे पवित्रता प्रदान कर सकती है मुनियों के निवेदन करने पर :

शबरी सकुचि सलिल पग डारी।
तुहिं भो निर्मल सर बारी॥

१. दे० पृ० १२२-२३। बम्बई (सं० २०१३) का संस्करण।

४८०. शबरी की कथा आदिवासियों में अपेक्षाकृत लोकप्रिय है। मध्य भारत के कोल अपने को शबरी के वंशज मानते हैं। उनमें प्रचलित दन्तकथा इस प्रकार है।[१] वनवास के समय किसी दिन शबरी से राम-सीता-लक्ष्मण की भेंट हुई। तीनों भूखे थे और शबरी ने उनको जंगली बेर खिलाकर तृप्त किया। इसके बाद वह प्रतिदिन अपने अतिथियों के लिए बेर बटोरने जाती थी। एक दिन उसने अन्यमनस्क होकर प्रत्येक फल का थोड़ा-सा अंश खाकर अपनी टोकरी में रख लिया। घर पहुँचकर उसे पता चला कि मैंने क्या किया है और वह राम को जूठे बेर देने में हिचकती थी। राम ने अनुरोध किया और वह सीता के साथ वे फल खाने लगे। लक्ष्मण ने एक आदिवासी का जूठा भोजन स्पर्श करना अस्वीकार किया। इस पर एक बाण ने लक्ष्मण को आहत कर दिया; और वह तब तक अस्वस्थ रहे, जब तक उन्होंने अपना मन नहीं बदल दिया। शबरी के घर से प्रस्थान करते समय राम ने उसको वर-स्वरूप राज्य अथवा परिवार चुनने को कहा। शबरी ने परिवार चुन लिया और राम ने उसको आश्वासन दिया कि उसके असंख्य वंशजों को कभी भी भोजन अथवा कपड़े का अभाव नहीं होगा।[२]

४८१. विदेश में शबरी के पूर्वचरित के विषय में दो कथाओं का पता चला है। **रामायण ककविन** के अनुसार उसने विष्णु-अवतार वाराह की लाश खायी थी जिससे उसका मुँह काला बन गया था तथा राम ने उसका मुख पोंछकर शुद्ध कर दिया (दे० ऊपर अनु० ३१४)। **रामकियेन** (अध्याय १६) के अनुसार शबरी वास्तव में एक अप्सरा थी; ईश्वर की सेवा में असावधान हो जाने के कारण उसे शाप दिया गया था कि वह एक जलते हुए जंगल के पास तब तक निवास करे, जब तक राम उसे आकर न बुझा दें। शबरी ने अपने अतिथि राम से निवेदन किया कि वह ऐसा करें और कृपालु राम ने उस आग को बुझा दिया, जिससे शबरी ने फिर अप्सरा के रूप में स्वर्ग के लिए प्रस्थान किया।

रघुराज सिंह की **रामरसिकावली** (पृ० ११८) में शबरी एक मुनि की पत्नी थी, जो अपने पति के साथ वन में निवास करती थी। किसी अवसर पर उसका पति वन में साधना करके घर लौटा और शबरी ने उसके चरण धोये, बाद में मुनि को पता चला कि उसी दिन शबरी को एक पुत्र उत्पन्न हुआ था। इस पर उसने अपनी पत्नी शबरी को वन में भेजते हुए यह शाप दिया—"**अरी अशौच न मोहि बतायो। कस पूजन भोजन करवायो। शबरी होसि महावन जाई।**" पत्नी का विलाप सुनकर मुनि ने उसे सान्त्वना देकर कहा—"**करिहै सन्तन की सेवा, ऐहैं तुव घर रघुकुल देवा।**" एक अन्य दन्तकथा[३] इस प्रकार है—शबरी का जन्म एक उच्च तथा सम्पन्न परिवार में हुआ था, किन्तु परतंत्रता के कारण उसे सत्संग तथा साधना के लिए अवकाश नहीं मिलता था। अत: उसने प्रार्थना की थी कि उसका अगला जन्म किसी नीच जाति में हो जिससे उसकी भक्ति-साधना में बाधा न पड़े। फलस्वरूप वह भीलों के यहाँ उत्पन्न हुई थी। विवाह योग्य हो जाने पर उसने देखा कि घर में सैकड़ों बकरे-भैंसे इकट्ठे किये जा रहे हैं। पूछने पर उसे पता चला कि उसके विवाह के अवसर पर इन सबका बलिदान किया

---

१. डब्ल्यू० जी० ग्रिफित्स : दि कोल ट्राइब ऑफ सेंट्रल इण्डिया (कलकत्ता, १९४६), पृ० २०७।

२. यह कथा शबरी के पति के विषय में मौन है। कोल-जाति में ऋषियों के सरोवर के अशुद्ध हो जाने का वृत्तान्त भी प्रचलित है (दे० ग्रिफित्स, वही, पृ० ९)।

३. दे० भागवत द्विवेदी कृत 'भक्त शबरी' (मानस संघ, रामवन, सं० १९९२) पृ० ४ तथा जी० ग्रियर्सन, ज० रॉ० ए० सो० १९१०, पृ० २७५।

जायेगा। यह सुनकर वह बहुत घबरायी तथा सब जानवरों को मुक्त कर वह जंगल में चली गयी तथा पम्पा सरोवर के निकट झोंपड़ी बनाकर ऋषियों की सेवा करने लगी।

३—सीताहरण

४८२. बौद्ध साहित्य के **दशरथ जातक** और **दशरथ कथानकम्** में सीताहरण का उल्लेख नहीं किया गया है। बोधिसत्त्व राम द्वारा रावण का वध किया जाना बौद्ध आदर्श के प्रतीकूल था; अतः सीताहरण का और फलस्वरूप रावण का अभाव स्वाभाविक प्रतीत होता है। इसके अतिरिक्त **दशरथ जातक** के प्रसंग के अनुसार इसका उल्लेख अनावश्यक भी था (दे० ऊपर अनु० ८१)। **महाभारत** के शान्तिपर्व की रामकथा में भी सीताहरण का वर्णन नहीं किया गया है। इस अत्यन्त संक्षिप्त वृत्तान्त का प्रसंग है कि महान् राजा भी मर जाते हैं। अतः इस रामकथा में राम तथा उनकी महिमा का ही वर्णन किया गया है, फिर भी १४ वर्ष के वनवास का उल्लेख मिलता है जिससे स्पष्ट है कि लेखक पूर्ण रामकथा से परिचित था।

इन तीनों को छोड़कर सीताहरण तथा फलस्वरूप राम-रावण-युद्ध अन्य सभी रामकथाओं की मुख्य आधिकारिक कथावस्तु ही है। इसके वर्णन में पर्याप्त मात्रा में विभिन्नता आ गयी है। प्रस्तुत परिच्छेद में पहले सीताहरण के विभिन्न कारण दिये गये हैं। अनन्तर इस घटना के विभिन्न रूपों का निरूपण किया गया है, और अन्त में माया-सीता के विकास की रूपरेखा अंकित की गयी है।

क। सीताहरण के कारण

४८३. प्रचलित वाल्मीकि रामायण में **शूर्पणखा के विरूपण** को सीताहरण का मूल कारण माना गया है। विरूपित शूर्पणखा खर-सेना की पराजय देखकर लंका के लिए प्रस्थान करती है तथा रावण को जनस्थान के विनाश तथा सेना-सहित खरदूषण के वध का समाचार सुनाती है।[1] अनन्तर वह राम की वीरता तथा सीता के सौन्दर्य का वर्णन करके कहती है कि सीता आपके योग्य हैं; उनको आपके पास ले आने के प्रयत्न में मुझे विरूपित किया गया है **(भार्यार्थे तु तवानेतुमुद्यताहं वराननां विरूपितास्मि;** ३४, २१)। अन्त में वह रावण को सीता का हरण करने का सुझाव देती है (दे० सर्ग ३२-३४)।

अधिक सम्भव यही प्रतीत होता है कि आदिरामायण में शूर्पणखा के विरूपण की कथा विद्यमान नहीं थी। युद्धकाण्ड के दो स्थल इस अनुमान के आधार हैं। रावण की सभा (सर्ग ९) में विभीषण ने सीताहरण के कारण के विषय में केवल खर का ही उल्लेख किया है। विभीषण ने कहा—राम ने रावण का क्या बिगाड़ा था कि उसने उनकी भार्या का अपहरण किया। खर ने अपनी सीमा का उल्लंघन किया था **(अतिवृत्तः)** और इसीलिए वह राम से मारा गया; (यह स्वाभाविक था क्योंकि) हर प्राणी को यथाशक्ति अपने प्राणों की रक्षा अवश्य करनी चाहिए।

किं च राक्षसराजस्य रामेणापकृतं पुरा।
आजहार जनस्थानाद्यस्य भार्यां यशस्विनः॥ १३॥
खरो यद्यतिवृत्तस्तु स रामेण हतो रणे।
अवश्यं प्राणिना प्राणा रक्षितव्या यथाबलम्॥ १४॥

---

१. ऊपर (अनु० ४५६) इसका उल्लेख हो चुका है कि दाक्षिणात्य पाठ का ३१वाँ सर्ग प्रक्षिप्त है। इसके अनुसार अकम्पन ने सबसे पहले रावण को खर-वध का समाचार सुनाया था।

युद्धकाण्ड के अन्त में (सर्ग १२६) हनुमान् द्वारा जो संक्षिप्त रामचरित सुनाया जाता है, उसमें पहले दण्डकारण्य के तपस्वियों की रक्षा के निमित्त राम द्वारा खरदूषण-त्रिशरा आदि **राक्षसों के वध** का वर्णन मिलता है और केवल बाद में शूर्पणखा के विरूपण का उल्लेख होता है। अतः यह सम्भव नहीं कहा जा सकता है कि राक्षसों के वध के कारण ही रावण का विरोध उत्पन्न हुआ था। बाद में **शूर्पणखा के विरूपण** की कथा प्रचलित होने लगी। परवर्ती रामकथाओं में सीताहरण का यह कारण व्यापक रूप से प्रामाणिक माना गया है। फिर भी, अन्य कारणों की कल्पना कर ली गयी है; इनका निरूपण नीचे किया जा रहा है।

४८४. विमलसूरिकृत पउमचरियं में लक्ष्मण द्वारा चन्द्रनखा के पुत्र शम्बूक का वध सीताहरण का कारण माना गया है। यह कथा तेलुगु रंगनाथ रामायण, सारलादास के उड़िया महाभारत, कन्नड़ तोरवे रामायण, हिन्देशिया की अर्वाचीन रामकथा, स्याम के रामकियेन, आनन्द रामायण तथा मराठी भावार्थ रामायण में भी मिलती है (दे० आगे अनु० ६३१-६३२)। स्याम देश की एक रामकथा में शूर्पणखा की दो पुत्रियों का उल्लेख है, जिनका लक्ष्मण ने वध किया था (दे० नीचे अनु० ४९३)।

४८५. महावीरचरित से लेकर अनेक राम-नाटकों तथा अन्य रामकथाओं में रावण **सीता-स्वयंवर** के समय से ही सीता को पत्नीस्वरूप चाहता है। वह दूत को भेजता है, अथवा स्वयं सीता के स्वयंवर में आता है (दे० ऊपर अनु० ३९६)। इन रामकथाओं में प्रायः शूर्पणखा के विरूपण की कथा भी मिलती है, लेकिन ऐसे अनेक वृत्तान्त मिलते हैं जहाँ स्वयंवर का ही उल्लेख किया गया है, उदाहरणार्थ—अनर्घराघव, बालरामायण, महानाटक, पाश्चात्य वृत्तान्त नं ७ और ८। राजशेखर के बालरामायण में रावण का विरह प्रधान वर्ण्य-विषय बन गया है। आनन्द रामायण में उपर्युक्त तीनों कारणों का उल्लेख है।

४८६. गुणभद्रकृत **उत्तरपुराण** की रामकथा में न तो शूर्पणखा के विरूपण का और न सीता-स्वयंवर के अवसर पर रावण का उल्लेख किया गया है। राम-सीता-विवाह के पश्चात् **नारद** रावण के पास जाकर सीता के अद्वितीय सौन्दर्य का वर्णन करते हैं जिससे रावण सीता को हर लाने का संकल्प करता है।

रामलिंगामृत में शूर्पणखा के विरूपण के बाद ही नारद रावण से सीता के सौन्दर्य की प्रशंसा करता है (दे० सर्ग ६)।

४८७. १८वीं शताब्दी के एक वृत्तान्त के अनुसार सीता और लक्ष्मण के साथ चित्रकूट में पहुँचकर राम ने अपने बहुत-से शिष्यों को पुनर्जन्म का सिद्धान्त सिखाया था। उन्होंने **सिंहलद्वीप** में भी अपने **सिद्धान्त का प्रचार** करना चाहा, लेकिन रावण ने इसका विरोध किया और राम को पराजित कर सीता को उनसे छीन लिया। बाद में विभीषण की सहायता से राम ने ब्रह्मा द्वारा भेजी हुई सेना से रावण को जीत लिया (दे० पाश्चात्य वृत्तान्त नं० १२)।

४८८. रामभक्ति के पल्लवित होने के पश्चात् सीताहरण का एक और कारण दिया गया है। दाक्षिणात्य पाठ के उत्तरकाण्ड के ३७वें सर्ग के बाद जो प्रक्षिप्त सर्ग मिलते हैं, उनमें सीताहरण के कारण के विषय में निम्नलिखित कथा दी गयी है। रावण किसी दिन सनत्कुमार से मिलकर उनसे जान लेता है कि जो दैत्य, दानव, राक्षस आदि हरि द्वारा मार डाले जाते हैं वे उनका पद प्राप्त कर लेते हैं, क्योंकि उनका क्रोध भी वरदान का रूप धारण कर लेता है—**क्रोधोऽपि देवस्य वरेण तुल्यः** (सर्ग २,२२)। इस पर रावण विचार करने लगा कि मेरा तथा हरि का संघर्ष किस प्रकार छिड़ सकता है। तब मुनि ने उसको समझाया कि त्रेतायुग में

नारायण राम का रूप धारण कर लेंगे तथा अपने पिता की आज्ञा से वह लक्ष्मी-रूपी सीता के साथ वन में निवास करेंगे। अत: रावण विष्णु के हाथ से मारे जाने की इच्छा से ही सीता का अपहरण करता है। **अपहृता सीता त्वत्तो मरणकांक्षया** (सर्ग ५, ४३)। साथ-साथ यह भी माना गया है कि रावण ने सीता को लंका ले जाकर माता के समान उनकी रक्षा की थी—**लंकामानीय यत्नेन मातेव परिरक्षिता** (सर्ग ५, ५४)। यह सामग्री केवल दाक्षिणात्य पाठ में मिलती है किन्तु अन्य पाठों में रावण-कुम्भकर्ण संवाद के अन्तर्गत (जो दाक्षिणात्य पाठ में विद्यमान नहीं है) रावण कहता है कि मैं विष्णु के हाथ से मरकर मुक्ति प्राप्त करना चाहता हूँ—**निहतो गन्तुमिच्छामि तद्विष्णोः परमं पदम्** (गौ० रा० ६, ४१, २५; प० रा० ६, ४२, २४)।

परवर्ती राम-साहित्य में प्राय: सनत्कुमार-रावण का उपर्युक्त संवाद उद्धृत किया जाता है। अथवा यह माना गया है कि **मोक्षप्राप्ति** के उद्देश्य से रावण ने सीता का अपहरण किया था; उदाहरणार्थ—रामतापनीय उपनिषद् (४, १७), अध्यात्म रामायण (३, ५, ६०; ७, ३, ४०; ७, ४,१०), आनन्द रामायण (१, ११, २४४; १,१३,१२०-१२६), पद्मपुराण (६,२६९,२५५), रामचरितमानस (३,२३,४), भावार्थ रामायण (६, २३), बलरामदास रामायण, प्रेमानन्द कृत रण-यज्ञ। शिवपुराण के अनुसार रावण ने पाताल में विष्णु से प्रार्थना की थी कि तेरे हाथ से मेरी मृत्यु हो—**त्वद्धस्ताद् भगवन् मृत्युर्ममास्तु।**[1]

४८९. सीताहरण के कई **परोक्ष कारणों**[2] का भी उल्लेख मिलता है। रामावतार के कारणों के प्रसंग में **विष्णु** को दिये हुए **भृगु, वृन्दा और नारद के शापों** की चर्चा हो चुकी है; उन शापों के फलस्वरूप विष्णु को मनुष्य बनकर पत्नी-वियोग का दुख उठाना पड़ा, अत: ये शाप सीताहरण के परोक्ष कारण माने जा सकते हैं (दे० ऊपर क्रमश: अनु० ३७०, ३७२, ३७३)। **लक्ष्मी** के प्रति **नारद के शाप** का भी उल्लेख मिलता है (दे० अनु० ३७३)। वह्निपुराण (पृ० १७४) में लक्ष्मी के प्रति पृथ्वी के शाप की कथा इस प्रकार है—किसी दिन ब्रह्मा तथा पृथ्वी विष्णुलोक गये थे। उनके आगमन के समय विष्णु लक्ष्मी के साथ शयन कर रहे थे, जिससे लक्ष्मी ने उनका सत्कार नहीं किया। इस पर पृथ्वी ने लक्ष्मी को यह कहकर शाप दिया कि पति से तुम्हारा वियोग होगा।[3]

इसके अतिरिक्त रामकथा से सीधा सम्बन्ध रखनेवाले तीन अन्य कारणों का भी उल्लेख मिलता है। इनमें से सबसे व्यापक सीता के प्रति **लक्ष्मण का शाप** है। इसका मूल स्रोत **वाल्मीकि रामायण** में सुरक्षित लक्ष्मण की इस उक्ति में देखना चाहिए—आज विनष्ट होनेवाली तुम्हें धिक्कार है, क्योंकि तुम मुझ पर शंका कर रही हो; **धिक्त्वामद्य विनश्यंतीं यन्मामेव विशंकसे** (३, ४५, ३२)। भट्टिकाव्य में शाप का रूप इस प्रकार है—**शत्रुहस्तं त्वं यास्यसि** (दे० सर्ग ५, ६०)। लक्ष्मण के इस शाप का निर्देश रामायण ककविन (सर्ग ५), देवी भागवतपुराण (३, २८, ४६), अध्यात्म रामायण (३, ७, ३६), बलरामदास रामायण आदि में भी मिलता है।

---

१. दे० शिवपुराण, गणपतिकृष्ण जी प्रेस, धर्मसंहिता, अध्याय १३। रावण की मुक्ति-प्राप्ति के विषय में दे० आगे अनु० ५९९।

२. इसी तरह सीतात्याग के विषय में भी विभिन्न परोक्ष कारणों की कल्पना कर ली गयी है। दे० अनु० ७२५-७२९।

३. इसी श्रेणी में देवताओं को प्रदत्त महादेव का यह वरदान रखा जा सकता है—**"उत्पत्स्यति हितार्थं वो नारी रक्षःक्षयावहा"**। राक्षसियों के विलाप के अन्तर्गत इसका उल्लेख किया गया है (दे० रामायण ६, ९४, ३५)।

ब्रह्मवैवर्तपुराण (कृष्णजन्म खण्ड, अध्याय ६२) के अनुसार **शूर्पणखा** ने राम से ठुकराये जाने पर उनको यह शाप दिया कि तुम्हारी पत्नी का हरण होगा।

कृत्तिवास के रामायण में राम-सीता-विवाह के अवसर पर **चन्द्रमा का नृत्य** वर्णित है। इस नृत्य के कारण मुहूर्त का ध्यान नहीं रखा गया था, जिससे बाद में सीताहरण सम्भव हो सका (दे० ऊपर अनु० ४००)।

ख। सीताहरण का मूलरूप

४९०. चिन्तामणि विनायक वैद्य का अनुमान है कि वाल्मीकिकृत आदिरामायण में सीताहरण के वृत्तान्त में **कनकमृग** का कोई उल्लेख नहीं था। यह वृत्तान्त अद्भुत रस की लोकप्रियता के कारण बाद में रामायण में रखा गया है। उनका तर्क यह है कि यदि कनकमृग की घटना का वर्णन सचमुच आदिरामायण में था तो सीता-रावण-संवाद अस्वाभाविक प्रतीत होता है। यदि सीता राम के विषय में इतनी चिन्तित थीं कि उन्होंने लक्ष्मण को अत्यन्त कटु शब्द सुनाकर उन्हें राम की सहायता के लिए भेजा था तो उन्होंने राम के विषय में अपनी आशंका का उल्लेख रावण से क्यों नहीं किया था? यदि उत्तर दिया जाये कि उनको रावण पर विश्वास नहीं था, इसका प्रत्युत्तर यह है कि यदि सीता रावण पर विश्वास नहीं करती थीं, तो उन्होंने अपनी आत्मकथा विस्तारपूर्वक क्यों सुनायी होती।[१] वास्तव में सीता-रावण-संवाद के अन्तर्गत यह स्पष्ट शब्दों में कहा गया है कि सीता राम की प्रतीक्षा कर रही थीं, जो लक्ष्मण के साथ मृगया खेलने गये थे—**ततः सुवेषं मृगयागत पतिं प्रतीक्षमाणा सहलक्ष्मणं तदा** (३, ४६, ३८)। इसके अतिरिक्त सीता रावण से कहती हैं कि मेरे पति मृग, वराह आदि मारकर बहुत मांस लिये लौटनेवाले हैं :

आगमिष्यति मे भर्ता वन्यमादाय पुष्कलम्।
रुरून्गोधान्वराहांश्च हत्वाऽऽदायामिषं बहु ॥ २३ ॥ (सर्ग ४७)

किष्किन्धाकाण्ड में लक्ष्मण हनुमान् से राम की कथा सुनाते हुए सीताहरण के विषय में इतना ही कहते हैं कि एक कामरूपी राक्षस ने आश्रम से राम की भार्या का अपहरण किया—**रक्षसापहृता भार्या रहिते कामरूपिणा** (४, ४, १४)। गौडीय पाठ में इस स्थान पर लिखा है—**राक्षसापहृता भार्या छलेनास्य महाद्युतेः** (४, ४, १३) ।

श्री वैद्य के तर्कों की पुष्टि के लिए इन थोड़ी-सी रामकथाओं का भी सहारा लिया जा सकता है, जिनमें कनकमृग का उल्लेख नहीं किया गया है। **अनामकं जातकम्** (तीसरी श० ई०) में ऐसी कथा मिलती है कि जब राजा फल लेने चले गये थे तब एक दुष्ट नाग ने रानी का अपहरण किया था। **पउमचरियं** (चौथी श० ई०) के अनुसार खरदूषण अपनी पत्नी चन्द्रनखा से अपने पुत्र का वध सुनकर वन में उसे देखने गया तथा घर लौटकर इसका समाचार रावण के पास भेज दिया। रावण के विलम्ब करने पर उसने १४००० योद्धाओं के साथ वन की ओर प्रस्थान किया। यह सेना आते देखकर लक्ष्मण ने राम से कहा—"मेरे रहते आपको लड़ना उचित नहीं है। आप यहाँ सीता की रक्षा करें। जिस समय मैं शत्रुओं से घिरकर सिंहनाद करूँ, उस समय आप अवश्य ही जल्दी आना।" लक्ष्मण राक्षसों की सेना का सामना कर रहे थे कि रावण पुष्पक पर आ पहुँचा तथा सीता को देखकर उन पर आसक्त हुआ।

'अवलोकन' नामक विद्या से उसने तुरन्त सीता, राम और लक्ष्मण को जान लिया तथा सिंहनादवाली बात भी उसने जान ली। अतः रावण ने सिंहनाद किया जिसे सुनकर राम उनकी

१. दे० सी०वी० वैद्य : दि रिडल ऑव दि रामायण, पृ० १४४।

सहायता करने चले गये। रावण ने सीता को पुष्पक पर रख दिया तथा जटायु को भूमि पर गिराकर लंका की ओर प्रस्थान किया। इतने में राम-लक्ष्मण के पास पहुँचते हैं तथा लक्ष्मण द्वारा वापस भेजे जाते हैं। राम लौटकर तथा झोंपड़ी को खाली पाकर मूर्च्छा खाते हैं (दे० पर्व ४४)। **कूर्मपुराण** (नवीं श० ई०) में भी रावण द्वारा अकेली वन में टहलती हुई सीता के अपहरण का उल्लेख मिलता है :

चरंतीं विजने वने...सीतां गृहीत्वा

(उत्तर विभाग, अध्याय ३४)

उपर्युक्त अपेक्षाकृत प्राचीन वृत्तान्तों के अतिरिक्त अनेक विदेशी तथा पाश्चात्य वृत्तान्त मिलते हैं जिनमें कनकमृग का निर्देश नहीं पाया जाता है। **सिंहली** रामकथा के अनुसार राम की अनुपस्थिति में सीता का हरण राजधानी से ही होता है। **अनाम** के रामचरित में दशानन सेना-सहित दशरथ के राज्य पर आक्रमण करता है, और विजयी होकर सीता को अपने साथ ले जाता है।

पाश्चात्य वृत्तान्तों नं० ६, ९, ११ तथा १५ में भी कनकमृग का उल्लेख नहीं मिलता। वृत्तान्त नं० ११ के अनुसार राम एक पक्षी का शिकार करने गये थे और देर होने पर सीता ने लक्ष्मण को उनकी खोज में भेज दिया था। वृत्तान्त नं० १५ में कहा गया है कि जब राम अपने किसी उपद्रवी सामन्त से युद्ध करने गये थे तब भिखारी का रूप धारण कर रावण के नौकर ने सीता को अपने मालिक के लिए हर लिया था। **कथासरित्सागर** (९, १, ६२) में इतना ही लिखा है कि रावण ने माया द्वारा अर्थात् छल से सीता का अपहरण किया था—**अहरत् सीतां मायया: रावण:**।

४९१. महाभारत के रामोपाख्यान में सीताहरण के समय रावण के रथ का निर्देश नहीं मिलता। वाल्मीकिकृत रामायण के एक स्थल से भी यह आभास मिलता है कि सम्भवत: मूल-कथा में रथ का उल्लेख नहीं था। किष्किन्धाकाण्ड में सम्पाति अपने पुत्र सुपार्श्व का वृत्तान्त हनुमान् आदि वानरों को सुनाता है। इसके अनुसार सुपार्श्व महेन्द्र की घाटी को रोकते हुए (**महेन्द्रस्य गिरेर्द्वारमावृत्य** दे० रा० ४, ५९, १२) नीचे के मार्ग पर पहरा दे रहा था। उस समय उसने किसी को देखा जो एक सुन्दर स्त्री को लिये जा रहा था। सुपार्श्व ने उन दोनों को अपने पिता को देने का निश्चय किया लेकिन उस मनुष्य ने विनीत भाव से मार्ग माँगा और सुपार्श्व ने उसे जाने दिया :

तत्र कश्चिन्मया दृष्ट: सूर्योदयसमप्रभाम्।
स्त्रियमादाय गच्छन्वै भिन्नांजनचयोपम: ॥१४॥
सोऽहमभ्यवहारार्थं तौ दृष्ट्वा कृतनिश्चय:।
तेन साम्ना विनीतेन पंथानमनुयाचित: ॥१५॥

ग। कनकमृग

४९२. प्रचलित वाल्मीकि रामायण में कनकमृग का वृत्तान्त इस प्रकार है (दे० सर्ग ३५-४९)। विरूपित शूर्पणखा से खर-वध का समाचार तथा सीता के सौन्दर्य की प्रशंसा सुनकर रावण मारीच[1] के पास जाता है तथा उससे निवेदन करता है कि वह कनकमृग का

---

१. शूर्पणखा के आगमन के पूर्व मारीच से रावण की भेंट का प्रक्षिप्त वर्णन दाक्षिणात्य पाठ मात्र में मिलता है (दे० अनु० ४५६)।

रूप धारण कर सीताहरण में सहायक बने। मारीच इस प्रस्ताव को राम के पराक्रम के कारण ही अस्वीकार करता है। वह इस पराक्रम के विषय में दो आपबीती घटनाओं का वर्णन भी करता है। विश्वामित्र-यज्ञ की रक्षा करते समय राम ने बाण मारकर उसे शतयोजन की दूरी पर समुद्र में फेंक दिया था (दे० अनु० ३८९)। बाद में मारीच ने दो राक्षसों के पास मृग का रूप धारण कर दण्डकारण्य में प्रवेश किया था तथा वहाँ विचरकर तपस्वियों का मांस खा जाता था। राम ने बाण मारकर उसके दो साथियों का वध किया जिससे मारीच भयभीत होकर भाग गया और अब तपस्वी का जीवन बिताता है। मारीच रावण को स्पष्ट शब्दों में चेतावनी देता है कि यदि वह अपने संकल्प में दृढ़ रहा तो लंका का सत्यानाश होगा। रावण उसका सत्परामर्श ठुकराकर मारीच को पुरस्कार स्वरूप अपना आधा राज्य प्रदान करने की प्रतिज्ञा करता है और अन्त में यह भी धमकी देता है—यदि तुम स्वीकार नहीं करते, तो मैं तुम्हारा वध करूँगा। इस पर मारीच यह जानकर कि मैं किसी भी प्रकार नहीं बच सकता, शत्रु के हाथ से वीरोचित मरण चुन लेता है :

अनेन कृतकृत्योऽस्मि म्रिये चाप्यरिणा हतः।[1]

मारीच की स्वीकृति के तुरन्त बाद रावण उसे अपने रथ पर बिठाकर जनस्थान की ओर प्रस्थान करता है। वहाँ पहुँचकर मारीच कनकमृग का रूप धारण कर लेता है तथा सीता का ध्यान अपनी ओर आकृष्ट करता है। राम तथा लक्ष्मण को बुलाकर सीता कनकमृग को दिखाती हैं तथा उसे पाने के लिए अनुरोध करने लगती हैं।[2] इस पर राम सीता को लक्ष्मण की रक्षा में छोड़कर कनकमृग का शिकार करने जाते हैं। मारीच राम को दूर ले जाता है तथा अन्त में राम-बाण से आहत होकर अपना ही रूप धारण कर लेता है तथा पूर्वनिश्चित योजना के अनुसार राम की वाणी का अनुकरण करते हुए चिल्लाता है—**हा सीते लक्ष्मण**। राम मायावी राक्षस को मृत छोड़कर आशंका करते हुए शीघ्रता से लौटते हैं।

उधर सीता मारीच की पुकार सुनकर तथा राम को संकट में समझकर लक्ष्मण से अनुरोध करने लगती हैं कि वह अपने भाई की सहायता करने जायें। लक्ष्मण पहले अस्वीकार करते हैं किन्तु सीता के कटु शब्द (दे० ऊपर अनु० ४६२) तथा आत्महत्या की धमकी सुनकर वह चले जाते हैं।[3] अब रावण परिव्राजक के रूप में सीता के पास पहुँचकर उनसे आतिथ्य-सत्कार ग्रहण करने के पश्चात् अपना परिचय देता है तथा सीता के सामने लंका की महारानी बनने

---

१. दे० रा० ३, ४१, १७। मारीच की मुक्ति-प्राप्ति के विषय में नीचे अनु० ४९९ देखें। गौडीय तथा पश्चिमोत्तरीय पाठों में रावण-मारीच-संवाद सम्बन्धी दो अतिरिक्त सर्ग मिलते हैं किन्तु उनमें नवीन सामग्री नहीं है (दे० गौ० रा०, सर्ग ४६-४७; प० रा०, सर्ग ४५-४६)।

२. दाक्षिणात्य (सर्ग ४३) तथा गौडीय (सर्ग ४९) पाठों के अनुसार लक्ष्मण ने इस अवसर पर यह आशंका प्रकट की थी कि यह मृग मारीच तो नहीं है। पश्चिमोत्तरीय पाठ का समानान्तर सर्ग इसका उल्लेख नहीं करता (सर्ग ४८)। दाक्षिणात्य पाठ मात्र में राम मारीच के मरण पर लक्ष्मण की इस आशंका की ओर निर्देश करते हैं (सर्ग ४४)। मृग की पुकार सुनकर लक्ष्मण सीता को समझाते हुए कहते हैं कि यह मृग कोई राक्षस होगा, दे० दाक्षिणात्य (४५, १७) तथा पश्चिमोत्तरीय पाठ (५०, १५)। यह उल्लेख गौडीय पाठ के समानान्तर सर्ग (५१) में नहीं मिलता। पाठों की यह विभिन्नता इस बात का प्रमाण है कि आदिरामायण लक्ष्मण की इस आशंका के विषय में मौन था। आदिपुराण के अनुसार राम ने इस प्रकार की आशंका प्रकट की थी (दे० ऊपर अनु० १७३)।

३. लक्ष्मण के शाप के विषय में अनु० ४८९ देखें।

का प्रस्ताव रख देता है। सीता का कटु उत्तर सुनकर वह अपने राक्षस-रूप में प्रकट हो जाता है तथा उनको अपने रथ[1] पर रखकर लंका की ओर प्रस्थान करता है।

सीताहरण का यह रूप न केवल भारतीय रामकथा-साहित्य में सबसे अधिक व्यापक है किन्तु विदेशों में भी मिलता है। तिब्बत, खोतान, हिन्देशिया, स्याम और ब्रह्मदेश में कनकमृग की कथा प्रचलित है।

महानाटक (दामोदर, ३, २७) के अनुसार राम तथा लक्ष्मण कनकमृग का शिकार करने के लिए साथ-साथ चले जाते हैं। **उदात्तराघव** में सीताहरण का रूप इस प्रकार है। लक्ष्मण कनकमृग को मारने चले जाते हैं तथा रावण आश्रम के कुलपति का रूप धारण कर राम और सीता के पास पहुँचता तथा राम की निन्दा करता है क्योंकि उन्होंने तरुण लक्ष्मण को भेज दिया है। उसी समय एक अन्य छद्मवेशी राक्षस आकर यह समाचार देता है कि कनकमृग राक्षस में बदलकर लक्ष्मण को ले जा रहा है। इस पर राम सीता को रावण की रक्षा में छोड़कर लक्ष्मण की सहायता करने जाते हैं।

सेरीराम के अनुसार सीताहरण के ठीक पहले राम अलौकिक शक्ति प्राप्त करने के उद्‌देश्य से यज्ञ कर रहे हैं। इस समय गागकनासिर नामक राक्षस काक बनकर राम का यज्ञ भंग करने आता है और राम द्वारा वध किया जाता है। तब रावण गागकनासिर के दो पुत्रों को मृग का रूप धारण करने का आदेश देता है (एक सुवर्ण और एक रजत)।

४९३. ब्रह्मचक्र (दे० अनु० ३२८) में सीताहरण का एक सर्वथा नवीन रूप मिलता है। रावण की बहन शूर्पणखा अपनी दो पुत्रियों के साथ लंका तथा किष्किन्धा की सीमा की रखवाली करती है। किसी दिन वे राम, लक्ष्मण और सीता को देखकर उन पर आक्रमण करती है। लक्ष्मण शूर्पणखा की दोनों पुत्रियों का वध करते हैं तथा राम शूर्पणखा को हटने को विवश करते हैं। शूर्पणखा लंका जाती है तथा स्वयं कनकमृग बनकर[2] सीताहरण में रावण की सहायता करती है। राम कनकमृग का शिकार करने जाते हैं। लक्ष्मण मृग की पुकार सुनकर तथा राम को जोखिम में समझकर सीता को नंगथोरानी (पृथ्वी) को सौंप देते हैं और चले जाते हैं। रावण सीता को ले जाने का प्रयत्न करता है किन्तु पृथ्वी देवी सीता के पैर पकड़कर रोक लेती हैं, जिससे रावण कुछ नहीं कर सकता है। राम लक्ष्मण को देखकर सीता के विषय में चिन्ता प्रकट करते हैं किन्तु लक्ष्मण उनको आश्वासन देते हैं कि मैंने उनको पृथ्वी देवी की रक्षा में

---

१. जैन रामकथाओं में पहले-पहल सीताहरण के समय पुष्पक का उल्लेख है (दे० अनु० ४९०)। भरत के प्रति हनुमान् द्वारा कथित रामचरित में दाक्षिणात्य पाठ के अनुसार पुष्पक की चर्चा है (दे० ६, १२६, २९), किन्तु अन्य पाठों के समानान्तर सर्गों (गौ० रा० सर्ग ११०; प० रा० सर्ग १०७) में ऐसा कोई निर्देश नहीं है। बहुत-सी परवर्ती रामकथाओं में सीताहरण के प्रसंग में पुष्पक का उल्लेख है। उदाहरणार्थ—नृसिंहपुराण (अनु० ४९४)। बलरामदास रामायण में रावण रथ के टूट जाने के बाद पुष्पक का स्मरण करता है। तब वह आता है और रावण उस पर सीता को लंका ले जाता है।

२. बर्मा में गाम्बी (शूर्पणखा) कनकमृग का रूप धारण कर लेती है। सी० कोलमैन (दि मिथॉलॉजी ऑव दि हिन्दूस, पृ० २४) ने एक कथा सुनी थी जिसके अनुसार रावण स्वयं कनकमृग बन गया था। सेरीराम का भी एक ऐसा रूप भी मिलता है जिसके अनुसार रावण स्वयं कनकमृग बन जाता है और राम को उनके राजमहल से दूर ले जाता है और तब सीता के पास लौटकर उनको अपने साथ भाग निकलने के लिए राजी करता है। बाद में उसको पता चलता है कि सीता मेरी पुत्री है वह उनको अपने महल में सुरक्षित रखता है। अन्त में हनुमान् सीता को फिर राम के पास पहुँचाते हैं (दे० ज० रा० ए० सो० स्ट्रेट्स ब्रैंच, भाग ५५, पृ० १-२४)।

छोड़ दिया है। इस पर राम कहते हैं कि मैं पृथ्वी पर विश्वास नहीं करता। राम के इन शब्दों के विषय में जानकर पृथ्वी देवी सीता को छोड़ देती हैं और रावण उनको लंका ले जाता है।

४९४. कनकमृग का एक परिवर्तित रूप इस प्रकार है—राम और लक्ष्मण के चले जाने के बाद रावण आकर सीता को विश्वास दिलाता है कि अब अयोध्या जाना है। इस पर विश्वास करके सीता अपने आप रथ पर चढ़ती हैं। कथा का यह रूप नृसिंहपुराण, बृहद्धर्मपुराण, गुणभद्रकृत उत्तरपुराण, आश्चर्यचूड़ामणि नाटक तथा दक्षिण भारत के एक वृत्तान्त में पाया जाता है।

नृसिंहपुराण के अनुसार रावण संन्यासी के रूप में आकर सीता से कहता है—भरत आ गये हैं और उन्होंने आपको ले जाने के लिए मुझे भेजा है। राम भी मृग को फँसाकर अयोध्या जा रहे हैं। यह सुनकर सीता विमान पर चढ़ती हैं। इस वृत्तान्त में पाठक का ध्यान इस बात की ओर आकृष्ट किया गया है कि रावण ने सीता का स्पर्श नहीं किया (दे० अध्याय ४९)। **बृहद्धर्मपुराण** में रावण भिक्षु के रूप में सीता के पास आकर कहता है कि कौशल्या आपको देखने के लिए उत्सुक हैं (दे० पूर्वखण्ड, अध्याय १९)। दक्षिण भारत के एक वृत्तान्त (१६०९ ई०) में रावण ऋषि के वेष में एक रथ के साथ सीता के पास आता है। इस रथ पर अयोध्या के नागरिकों का रूप धारण करनेवाले राक्षस बैठते हैं। रावण कहता है, हम भरत की ओर से आये हैं। राम का राज्याभिषेक होनेवाला है और राम ने स्वयं अयोध्या के लिए प्रस्थान किया है (दे० पाश्चात्य वृत्तान्त नं० १, पृ० ८५)। **आश्चर्यचूड़ामणि** नाटक में राम और लक्ष्मण के चले जाने के बाद रावण और उसका सारथि क्रमशः राम[१] और लक्ष्मण का रूप धारण कर सीता के पास पहुँचते हैं। रथ को दिखलाकर लक्ष्मण (सारथि) राम (रावण) से कहता है—"भरत का राज्य संकट में है। उनकी सहायता करने के लिए तपस्वियों ने यह रथ भेजा है। अनन्तर तीनों रथ पर चले जाते हैं। उधर शूर्पणखा; सीता के वेष में, राम के साथ बातचीत कर रही है तथा मारीच, राम के वेष में लक्ष्मण के साथ। गुणभद्रकृत जैन **उत्तरपुराण** में वनवास का उल्लेख नहीं मिलता। राम सीता के साथ बनारस में निवास करते हैं। नगर के पास ही चित्रकूट नामक उपवन से सीता का हरण होता है। इस वृत्तान्त की एक और विशेषता यह है कि इसमें लक्ष्मण का उल्लेख नहीं किया गया है। मृग को मारने के लिए राम के चले जाने के बाद रावण राम के रूप में सीता के पास आकर कहता है—'मैंने मृग को फँसाया है और उसे बनारस भेजा है। अब घर जाने का समय आ गया है।' यह सुनकर सीता रावण के पुष्पक पर बैठ जाती हैं (सीता को धोखा देने के लिए पुष्पक ने सीता की पालकी का रूप धारण कर लिया था)।

४९५. भासकृत **प्रतिमानाटक** में एक सर्वया कथानक पाया जाता है। दशरथ के वार्षिक श्राद्ध के एक दिन पूर्व राम और सीता सोच रहे थे कि श्राद्ध कैसे योग्य रीति से मनाया जाये। इस पर रावण परिव्राजक का रूप धारण कर आता है और अपना परिचय देकर भिन्न-भिन्न शास्त्रों का उल्लेख करता है जिनका उसने अध्ययन किया है। इनमें से एक है **प्राचेतसं श्राद्धकल्पम्**। राम श्राद्ध के विषय में जिज्ञासा प्रकट करते हैं। तब रावण कहता है कि हिमालय

---

१. परिव्राजक (भिक्षु, संन्यासी, ऋषि आदि) तथा राम के रूप के अतिरिक्त रावण के और छद्मरूप मिलते हैं। तिब्बती रामायण में रावण पहले हाथी का और इसके बाद घोड़े का रूप धारण कर लेता है। हिन्देशिया के एक वृत्तान्त में रावण पहले एक सुवर्ण अज के रूप में आता है। (दे० ज० रो० ए० सो०, स्ट्रेट्स ब्रैंच १९१०, पृ० १५)।

में रहनेवाले कांचनपार्श्व मृग से पितृ विशेष रूप से प्रसन्न हो जाते हैं। उसी क्षण मारीच इस प्रकार का मृग बनकर दिखायी देता है। लक्ष्मण उस समय आश्रम के कुलपति का स्वागत करने गये थे। अत: सीता को रावण के पास छोड़कर राम मृग के पीछे चले जाते हैं। तब रावण अपना रूप धारण कर सीता को लंका ले जाता है (दे० अंक ५)।

४९६. कृत्यारावण में सीताहरण का जो रूप मिलता है, उसका प्रधान उद्देश्य यही प्रतीत होता है कि लक्ष्मण पर झूठा अभियोग लगाने के दोष से सीता को बचाया जाये। कनकमृग के पीछे राम के चले जाने के बाद शूर्पणखा तपस्विनी गौतमी का रूप धारण कर सीता को कहीं दूर ले जाती है। तब वह सीता के रूप में लक्ष्मण के पास लौटकर उनको अपने कटु शब्दों द्वारा राम की सहायता करने जाने के लिए बाध्य करती है (अंक १)। इतने में रावण सीता के पास आकर उनको यह कहकर पुष्पक पर चढ़ने के लिए विवश कर देता है—यदि तुम स्वेच्छा से पुष्पक पर नहीं चढ़ोगी तो मैं आश्रम के सब तपस्वियों का सिर काट दूँगा (अंक २)।

४९७. दक्षिण भारत के एक वृत्तान्त में सीताहरण का वर्णन इस प्रकार है—रावण स्वयं दो सिर वाले मृग का रूप धारण कर लेता है। सीता उसे देखकर उसके चमड़े के लिए इच्छा प्रकट करती हैं। राम मृग के पीछे दूर तक निकलकर अन्त में उसे मार डालते हैं। उसी क्षण रावण का जीव एक साधु के शरीर में प्रवेश करता है। वह साधु पर्णशाला के पास आकर लक्ष्मण से कहता है 'तुम्हारा भाई वैरियों से घिरा हुआ है, उसकी सहायता करने जाओ।' सीता के अनुरोध करने पर लक्ष्मण जाते हैं और रावण सीता को लेकर लंका की ओर प्रस्थान करता है (दे० पाश्चात्य वृत्तान्त नं० ३ और ४)।

४९८. वाल्मीकि रामायण में सीता को लक्ष्मण तथा जटायु की रक्षा में छोड़कर राम मृग को मारने जाते हैं। ऊपर इसका उल्लेख किया गया है कि आदिरामायण में सीताहरण के पूर्व सम्भवत: जटायु से भेंट नहीं हुई थी। आगे चलकर जटायु के अतिरिक्त सीता की रक्षा के प्रबन्ध के विषय में कुछ नवीन सामग्री रामकथाओं में आ गयी है।

वाल्मीकि रामायण में माना गया है लक्ष्मण सीता के कटु शब्द सुनकर (दे० ऊपर अनु० दे० ४६२) राम की सहायता करने गये । बहुत-सी परवर्ती रचनाओं में लक्ष्मण प्रस्थान करने से पहले सीता की रक्षा के लिए कुटी के चारों ओर धनुष से **रेखा** खींचते हैं, और देवताओं की शपथ खाकर कहते हैं कि जो कोई इसके भीतर घुसेगा उसका सिर फट जायेगा। बाद में छद्मवेशी रावण के अनुरोध करने पर सीता उसे भोजन देने के लिए हाथ रेखा के बाहर बढ़ाती हैं और रावण उनको खींच लेता है। इस प्रकार की कथा खोतानी रामायण, सेरीराम, हिकायत महाराज रावण, स्याम तथा बर्मा की रामकथा (तीन रेखाएँ), मधुसूदन[१] द्वारा सम्पादित महानाटक (अंक ३, ६५), तेलुगु द्विपद रामायण (३, १८; सात रेखाएँ), कृत्तिवास रामायण, आनन्द रामायण (१, ७, ९८), भावार्थ रामायण (३, १५), सूरसागर (नवाँ स्कन्ध, पद ५०३ नागरी प्रचारिणी सभा संस्करण), रामचरितमानस (६, ३६, २), असमिया गीतरामायण, रामचन्द्रिका (१२, १८) तथा पाश्चात्य वृत्तान्तों (नं० ३, ४ और १३) में पायी जाती है। पाश्चात्य वृत्तान्त नं० १३ में कहा गया है कि जब रावण रेखा को पार करना चाहता है, अग्नि की लपटें उठकर उसको भीतर घुसने से रोकती हैं। सारलादास के उड़िया महाभारत के अनुसार ये तीन रेखाएँ ब्रह्मा, विष्णु तथा शिव (के प्रतीक) हैं।

---

१. दामोदर के संस्करण (३, २७) में राम स्वयं यह रेखा खींचते हैं किन्तु एक अन्य स्थल (४,३) पर वह लक्ष्मण द्वारा खींची हुई मानी जाती है।

मधुसूदन के महानाटक (३, ६९-७२) में रावण सीता को तुलसी देना चाहता है किन्तु सीता रेखा का उल्लंघन करना अस्वीकार करती हैं, इस पर रावण रेखा पार कर सीता को ले जाता है। सेरीराम के पातानी पाठ के अनुसार सीता रावण को एक पुष्प अर्पित करने के लिए अपना हाथ रेखा के बाहर बढ़ाती हैं। धर्मखण्ड (अध्याय ८१) तथा तत्त्वसंग्रह रामायण (३, १५) में सीता अपने पति के कुशलक्षेम के विषय में चिन्तित हैं किन्तु रावण उनकी **हस्तरेखा** देखकर ही उनको उत्तर देने की प्रतिज्ञा करता है।

बिर्होर नामक आदिवासी जाति की रामकथा में लक्ष्मण जाने के पहले यह कहकर सीता को अभिमंत्रित **राई के दाने** देते हैं—'यदि कोई आये तो उस पर दाने फेंकना। एक दाना फेंकने से वह एक घण्टा तक मूर्च्छित रहेगा। दो दाने फेंकने से वह दो घण्टे तक मूर्च्छित रहेगा, इत्यादि। रावण के आने पर सीता ने एक दाना फेंक दिया और वह एक घण्टे तक मूर्च्छित रहा। इसके बाद सीता ने पुन: कई बार एक दाना फेंका। अन्त में रावण ने कहा—'इतना कष्ट क्यों करती हो। सब दाने एक साथ फेंक दो जिससे मैं मर जाऊँ।' सीता ने ऐसा ही किया और रावण भस्मीभूत हो गया। लेकिन भस्म से उठकर रावण सीता के बालों को पकड़कर उनको ले गया।

४९९. वाल्मीकि रामायण के अनुसार मारीच मरण के पूर्व अपना राक्षस रूप धारण कर लेता है। रामभक्ति की प्रेरणा से लिखित परवर्ती राम साहित्य में मारीच की **सायुज्य-मुक्ति** की प्राप्ति का प्राय: उल्लेख मिलता है। अध्यात्म रामायण के अनुसार मारीच के शरीर से निकला हुआ तेज सब के देखते-देखते राम ही में समा गया (दे० ३, ७, २०)। श्रीमद्देवीभागवतपुराण में मारीच को वैकुण्ठ के दोनों द्वारपालों का किंकर माना गया है; राम द्वारा वध किये जाने के बाद वह वैकुण्ठ लौटता है (दे० ९, १६, ४०)।

५००. सीता का हरण करने के बाद रावण को जटायु का सामना करना पड़ा।[१] लंका की शेष यात्रा में एक ही घटना उल्लेखनीय है। किसी गिरिशृंग पर (सुग्रीवादि) पाँच वानरों को देखकर सीता ने रावण की आँख बचाकर अपना उत्तरीय तथा अपने आभूषण उनके मध्य फेंक दिये।[२]

लंका पहुँचकर रावण ने सीता को अपने अन्त:पुर में राक्षसियों की रक्षा में छोड़ दिया तथा आठ[३] गुप्तचरों को जनस्थान भेज दिया कि वे राम का पता लगाकर उनकी हत्या करने का प्रयत्न करें (सर्ग ५४)। बाद में रावण ने सीता का मन विचलित करने के उद्देश्य से उनको लंका का वैभव दिखाया। सीता के दृढ़ रहने पर रावण ने उन्हें एक वर्ष का समय दे दिया; यदि वह इस अवधि के अन्त में स्वेच्छा से रावण के पास नहीं आयेंगी तो रावण उनको खा जायेगा। तब उसने भयंकर राक्षसियों को बुलाकर सीता को अशोकवन में ले जाने का आदेश दिया (सर्ग ५५-५६)।

१. दे० ऊपर अनु० ४७०। माधवकन्दली कृत असमिया रामायण (४, २५), असमिया गीति रामायण तथा कृत्तिवास (३, २१) के अनुसार विन्ध्याचल पर रहनेवाले सुपार्श्व ने रावण को रोकना चाहा किन्तु रावण ने निवेदन किया—मुझे जाने दीजिये। आपसे कोई वैर नहीं है। जिसने मेरी बहन का अपमान किया है, उसी की पत्नी को ले जा रहा हूँ (वे० अनु० ४९१)।

२. दे० ३, ५४, १-२। किष्किन्धाकाण्ड (सर्ग ६) में सुग्रीव राम को ये आभूषण दिखाते हैं। तत्त्वसंग्रह रामायण (३, १५) के अनुसार कुछ वानरियाँ सीता की विवशता देखकर उनकी हँसी करती थीं; इस पर सीता ने उनको यह शाप दिया कि उनको छाती सदा अनाच्छादित रहेगी।

३. आनन्द रामायण (१, ७, १३०) में इनकी संख्या १६ है; वे कबन्ध द्वारा खाये जाते हैं।

काश्मीरी रामायण (३, २४) का वृत्तान्त इस प्रकार है। रावण ने सीता को एक वाटिका में रखकर उनकी रक्षा का भार मन्दोदरी को सौंप दिया। मन्दोदरी आकर अपनी पुत्री को पहचानती है जिसे उसने जन्म के बाद ही नदी में फेंकवा दिया था (दे० ऊपर अनु० ४१३)। सीता अपनी माता को अपना जीवनवृत्त सुनाती हैं और दोनों मिलकर विलाप करती हैं।

पउमचरियं के अनुसार रावण ने सीता को पहले देवरमण उद्यान (४६, १५) और बाद में समन्त-कुसुम उद्यान (४६, ६६) में रख दिया था। **गुणभद्र** के अनुसार सीता को नन्दनवन (६८, ३०७) में रखा गया था। पाश्चात्य वृत्तान्त नं० १ में यह माना गया है कि सीता चारों ओर से अग्नि से घिरी हुई थी; इसी कारण से रावण उनको अपने महल में नहीं रख सकता था। कृत्तिवास (३, २२) के अनुसार शूर्पणखा ने अशोकवन में सीता के पास आकर उनको मार डालने की धमकी दी थी किन्तु रावण के डर से वह कुछ कर न सकी।

हरण के पश्चात् सीता के प्रति रावण का व्यवहार समझने के लिए परवर्ती साहित्य में कई मार्ग अपनाये गये हैं। एक के अनुसार रावण को यह शाप दिया गया कि अनासक्त पर-स्त्री के साथ सम्भोग करने से उसका सिर फट जायेगा (दे० अनु० ६५४)। जैनी रामायणों में यह माना गया है कि रावण ने विरक्त पर-नारी के साथ रमण न करने का व्रत[1] लिया था। **पउमचरियं** (पर्व ४६) के अनुसार रावण मन्दोदरी के सामने स्वीकार करता है कि मैंने सीता का हरण किया है तथा यह भी कहता है कि यदि सीता मेरा तिरस्कार करती रहेगी तो मेरे प्राण नहीं बच सकेंगे। मन्दोदरी बल प्रयोग का परामर्श देती है जिस पर रावण उत्तर देता है कि यह मेरे व्रत के कारण असम्भव है। अनन्तर मन्दोदरी स्वयं जाकर रावण की बात मानने के लिए सीता से अनुरोध करती है। बाद में रावण माया की सहायता से सीता को हाथी, सिंह, बाघ, राक्षस, बेताल और सर्पों से डराता है किन्तु यह सब होते हुए भी सीता रावण की शरण नहीं लेती। **गुणभद्र** के उत्तरपुराण के अनुसार रावण ने हरण के समय भी सीता का स्पर्श इसीलिए नहीं किया था कि पतिव्रता स्त्री के स्पर्श से उसकी आकाशगामिनी विद्या शीघ्र नष्ट हो जायेगी (दे० ६८, २१३)। रावण द्वारा सीता का स्पर्श न होने के अन्य कारणों का भी उल्लेख मिलता है (दे० अनु० ५०२)। सेरीराम में माना गया है कि रावण को लंका में सीता से ४० धनु दूर रहना पड़ता था (दे० अनु० ५२४)।

सुन्दरकाण्ड की घटनाओं के पूर्व सीता के लंका-निवास के विषय में वाल्मीकि रामायण के एक प्रक्षिप्त सर्ग में निम्नलिखित कथा मिलती है।[2] सीताहरण के पश्चात् ब्रह्मा ने इन्द्र को बुलाकर उनको आदेश दिया कि सीता के पास अन्न ले जाकर उनके प्राण बचा लें। इस पर इन्द्र और निद्रा लंका चले गये। निद्रा ने राक्षसों को सम्मोहित किया जिससे इन्द्र सीता के पास जा सकें। इन्द्र ने सीता को राम के आगमन का आश्वासन देकर उनको क्षुधा-तृषा मिटानेवाला पायस खिलाया। यह वृत्तान्त गौण परिवर्तनों के साथ बृहद्धर्मपुराण (पूर्व खण्ड,

---

१. पउमचरियं के अनेक स्थलों पर इस व्रत का निर्देश मिलता है; उदाहरणार्थ पर्व १४, १५३; ४४, ४५; ४६, ३३; गुणभद्र के उत्तरपुराण में व्रत इस प्रकार है—**नानिच्छन्तीं प्रतीच्छामि** (६८,४८६)। बाद में रावण ने सीता को विचलित करने की जिन युक्तियों का सहारा लिया है उनका वर्णन आगे किया जायेगा (दे० अनु० ५४२ और ५८३)।

२. यह सर्ग दाक्षिणात्य पाठ में सर्ग ५६ के अनन्तर रखा गया है; अन्य पाठों में इसे प्रक्षिप्त नहीं माना गया है (दे० गौ० रा० तथा प० रा० सर्ग ६३)। दाक्षिणात्य के किष्किन्धाकाण्ड के ६४वें सर्ग में प्रस्तुत कथा का उल्लेख है, किन्तु वह सर्ग भी प्रक्षिप्त है (दे० अनु० ५३०)।

अध्याय १९), श्रीमद्देवीभागवतपुराण (३, ३०), आनन्द रामायण (१, ७), कृत्तिवास रामायण (३, २३), काश्मीरी रामायण (३,२३) आदि में भी मिलता है। श्रीमद्देवीभागवत तथा काश्मीरी रामायण के अनुसार इन्द्र ने सीता को अमृत पिलाया था।

इस कथा की प्रक्षिप्तता असन्दिग्ध है। सुन्दरकाण्ड में सीता को '**उपवासकृशा**' (५, १८) कहा गया है। जैनी रामायणों के अनुसार सीता ने यह प्रण किया था कि जब तक पति की कुशल वार्ता न मिल जाये, मैं भोजन नहीं करूँगी (पउमचरियं ४६, १४; गुणभद्र कृत उत्तरपुराण ६८, २२४)।

घ। माया-सीता

५०१. वाल्मीकि रामायण में सीताहरण का जो चित्र खींचा जाता है वह किंचित् बीभत्स कहा जा सकता है। रावण एक हाथ से सीता के बाल और दूसरे हाथ से उनकी जंघाओं को पकड़कर उनको अपने रथ पर रख देता है :

अभिगम्य सुदुष्टात्मा राक्षसः काममोहितः।
जग्राह रावणः सीतां बुधः खे रोहिणीमिव॥ १६॥
वामेन सीतां पद्माक्षीं मूर्धजेषु करेण सः।
ऊर्वोस्तु दक्षिणेनैव परिजग्राह पाणिना॥ १७॥

(अरण्यकाण्ड, सर्ग ४९)

इस वर्णन की उग्रता का निवारण करने के लिए रामकथा-साहित्य में दो मार्ग अपनाये गये हैं। सीताहरण के वृत्तान्तों का एक ऐसा समूह मिलता है जिसमें रावण सीता का हरण करते हुए भी उनका स्पर्श नहीं करता। दूसरा मार्ग यह है कि रावण वास्तविक सीता का हरण न कर सीता की एक छाया मात्र लंका ले जाता है।

५०२. नृसिंहपुराण तथा गुणभद्र के उत्तरपुराण में सीता के स्पर्श से बचने के लिए रावण ने एक ऐसा उपाय निकाला है, जिससे सीता अपने आप विमान पर चढ़ती हैं (दे० अनु० ४९४)।

कई अन्य वृत्तान्तों में सीता को रावण के स्पर्श से बचाने के लिए अलौकिकता का सहारा लिया गया है। तिब्बती रामायण (नवीं शताब्दी), कम्ब रामायण, अध्यात्म रामायण, तत्त्वसंग्रह रामायण (३, १५) आदि में रावण पृथ्वी को खोदकर सीता को **भूभाग के साथ-साथ** ले जाता है।

तमिल रामायण (३, ८) के अनुसार रावण ने पृथ्वी को एक योजन की गहराई तक खोदकर सीता तथा झोंपड़ी को अपने रथ पर रख दिया। यह इसलिए हुआ कि उसको यों शाप दिया गया था, 'परस्त्री स्पर्श करने से तुम मर जाओगे।'

अध्यात्म रामायण में रावण केवल एक माया-सीता का हरण करता है। फिर भी यह पृथ्वी को नखों से खोद उस सीता का भी स्पर्श नहीं करता :

ततो विदार्य धरणीं नखैरुद् धृत्य बाहुभिः॥५१॥
तोलयित्वा रथे क्षिप्त्वा ययौक्षिप्र विहायसा।

(अरण्यकाण्ड, सर्ग ७)

प्रसन्नराघव (१४वीं श०) में गोदावरी अन्य नदियों तथा सागर को सीताहरण का वृत्तान्त सुनाती है। सागर पूछता है—'**अपि नाम मम वधूटिका स्पृष्टा निशाचरेण।**' इस पर गोदावरी उत्तर देती है—'**न स्पृष्टा**' और कहती है कि जब रावण ने सीता पर हाथ डालना चाहा तब

अनसूया का दिया हुआ अंगराग अग्नि के रूप में सीता का आवरण बन गया था, तब रावण ने वरुणमंत्र द्वारा बादल को बुलाया और उस बादलरूपी आँचल से सीता को ढककर उसे ले गया (अंक ५)।

दक्षिण भारत के एक नृसिंहपुराण से मिलते-जुलते वृत्तान्त में लिखा है कि रावण के रथ में तथा लंका में भी अग्नि सीता की रक्षा करती थी। इस कारण रावण न तो सीता का स्पर्श कर पाता था और न उनको महल के भीतर ले जा सकता था (दे० पाश्चात्य वृत्तान्त नं० १)। इसका उल्लेख सेरीराम के पातानी पाठ में भी हुआ है।

५०३. इस प्रकार हम देखते हैं कि भिन्न-भिन्न युक्तियों से सीता को रावण के स्पर्श से बचाया गया है। फिर भी सीता रावण के वश में हुई हो यह विचार भक्तिभावना के लिए असह्य और असम्भव-सा प्रतीत हुआ। अतः एक मायामयी सीता को वास्तविक सीता का स्थान लेना पड़ा। रामकथा के इस महत्त्वपूर्ण परिवर्तन की उत्पत्ति और विकास पर प्रकाश डालना अपेक्षित है।

उस वृत्तान्त में दो तत्त्व आ जाते हैं। पहले, एक **माया-सीता** का हरण होता है और दूसरे, वास्तविक सीता अग्नि में निवास करने जाती हैं। इन दोनों का सूत्रपात हम **वाल्मीकि रामायण** में देख सकते हैं।

लंकाकाण्ड में सीता को विद्युज्जिह्व द्वारा निर्मित राम का एक मायामय सिर दिखलाया जाता है (सर्ग ३२) और बाद में इन्द्रजित् वानर-सेना के सामने एक मायामयी सीता का सिर काटता है (सर्ग ८१), आगे चलकर रामकथा-साहित्य में इस प्रयोजन का और स्थलों पर भी सहारा लिया जाता है। राजशेखर के **बालरामायण** में सीता और उनकी धात्रेयिका (दूध-बहन) सिन्दूरिका की मूर्तियाँ बनवाकर और उनके मुँह में सारिकाएँ स्थापित करके माल्यवान् विरही रावण का मन बहलाने का प्रयत्न करता है (अंक ५)। इसी नाटक में सेतुबन्ध के समय राम को निरुत्साह करने के लिए सीता का एक मायामय सिर समुद्र के तट पर फेंका जाता है। अतः माया-सीता की कल्पना प्राचीनकाल से चली आ रही है।[1] इसके अतिरिक्त सम्भव है कि **वाल्मीकि रामायण** की निम्नलिखित उपमा भी माया-सीता की कल्पना के लिए सहायक हो सकी हो, 'रावण ने सीता को लंका में रख दिया मानो मय ने अपने महल में आसुरी माया को':

निदधे रावणः सीतां मयो मायामिवासुरीम्। (३, ५४, १४)

टीकाकारों ने इस उपमा में माया-सीता के वृत्तान्त का निर्देश देखा है। **रामायण तिलक** में लिखा है—**मायामिवासुरीमित्यनेन मायारूपैवैषा सीता या लंकामागतेति ध्वनितम्।**

इस माया-सीता के हरण के पहले वास्तविक सीता **अग्नि** में निवास करने जाती हैं। रामकथा के विकास की पृष्ठभूमि पर यह भी अत्यन्त स्वाभाविक प्रतीत होता है। वाल्मीकि रामायण में अग्निपरीक्षा के अवसर पर अग्नि सीता की रक्षा कर और उनके पातिव्रत्य का साक्ष्य देकर अन्य देवताओं से अधिक महत्त्वपूर्ण स्थान लेते हैं। आगे चलकर सीताहरण के प्रसंग में भी अग्नि का उल्लेख होने लगा।

---

१. यह भी असम्भव नहीं है कि महाभागवतपुराण (अध्याय ११, १६) में जो छाया-सती की कथा मिलती है वह छाया-सीता की कल्पना में सहायक हुई हो। अद्भुत रामायण में वास्तविक हरण को अवास्तविक सिद्ध करने का तर्क दिया जाता है। हनुमान् राम को सान्त्वना देते हुए कहते हैं, जिस तरह विश्व आभास है उसी तरह सीताहरण भी आभास मात्र है।

तव भार्या महाभाग रावणेन हृतेति यत्।
विश्वं यथेदमाभाति तथेदं प्रतिभाति मे॥३॥ (सर्ग १६)

श्रीमद्‌देवीभागवतम् में सीता रावण का प्रस्ताव सुनकर गार्हपत्य (अर्थात् झोंपड़ी में स्थापित अग्नि) की ओर शरण के लिए भाग जाती हैं (स्कन्ध ३, अध्याय २९)।

रंगनाथकृत तेलुगु **द्विपद रामायण** (३, १८) में लक्ष्मण अग्निदेव से प्रार्थना कर और सीता को उनकी रक्षा में सौंपकर राम की सहायता करने जाते हैं। दक्षिण भारत के उपर्युक्त वृत्तान्त के अनुसार भी अग्नि सीता की रक्षा करती है और उनको रावण के स्पर्श से बचाती है। इस वृत्तान्त के एक अन्य स्थल पर सीता अग्नि की पुत्री मानी गयी है (दे० पाश्चात्य वृत्तान्त नं० १, पृ० १००)।

५०४. माया-सीता के हरण का वृत्तान्त पहले-पहल **कूर्मपुराण** के पतिव्रतोपाख्यान में मिलता है (७वीं श०)। निर्जन वन में टहलती हुई सीता ने रावण को आते देखकर और उसका अभिप्राय समझकर घर की अग्नि की शरण ली **(जगाम शरणं वह्निमावसथ्यम्)** तथा वह्नयष्टक का जप किया **(वह्नयष्टकं जप्त्वा)।**

इस पर आवसथ्य से प्रकट होकर अग्नि ने एक मायामयी सीता को बनाया और **(सीतामादाय रामेष्टां पावकोऽन्तरधीयत)** वास्तविक सीता को ग्रहण कर उसको छिपा दिया। तब रावण मायामयी सीता को लंका ले गया। रावण-वध के बाद राम ने उस मायासीता पर शंका की। फलस्वरूप वह अग्नि में प्रवेश कर जल गयी। तब अग्नि ने प्रकट होकर वास्तविक सीता को दिखलाया और राम ने नतमस्तक होकर अग्नि को सन्तुष्ट कर दिया। इस पर अग्नि ने मायामयी सीता का रहस्य खोलकर राम से निष्कलंक सीता को ग्रहण करने का अनुरोध किया तथा उनको उनके नारायणत्व का स्मरण दिलाया :

गृहाण चैतां विमलां जानकीं वचनात्मम।
पश्य नारायणं देवं स्वात्मानं प्रभवाव्ययम्॥[१]

इस वृत्तान्त के अनुसार राम केवल अग्निपरीक्षा के समय जान जाते हैं कि वास्तविक सीता का हरण नहीं हुआ था। **ब्रह्मवैवर्तपुराण** के रचयिता ने इसमें किंचित् परिवर्तन किया है। सीताहरण के पूर्व ही अग्निदेव, ब्राह्मण के वेश में, राम के पास आकर कहते हैं—'सीताहरण का समय आ गया। मुझे सीता को देकर उसकी छाया अपने पास रख लो। अग्निपरीक्षा के अवसर पर मैं उसे लौटा दूँगा। देवताओं ने मुझे भेजा है। मैं ब्राह्मण न होकर अग्नि हूँ।' यह सुनकर राम सहमत हो गये और अग्नि ने एक मायामयी सीता बनाकर उसे राम को दे दिया। तब इस रहस्य को किसी से भी न प्रकट करने का आदेश देकर अग्नि वास्तविक सीता के साथ चले गये। अग्निपरीक्षा के समय जब अग्नि ने वास्तविक सीता को लौटा दिया, तब माया-सीता ने पूछा कि मैं अभी क्या करूँ। इस पर अग्नि ने उसको पुष्कर भेज दिया। और बाद में द्रौपदी के रूप में प्रकट हुईं (प्रकृति खण्ड, १४, ४८, ५५) तपस्या करके मायामयी सीता भी लक्ष्मीपद प्राप्त कर सकी। **श्रीमद्‌देवीभागवतपुराण** में भी अग्नि राम के पास जाकर उनको एक छाया-सीता देते हैं और वास्तविक सीता को अग्नि-परीक्षा के समय तक अपने साथ रखते हैं।[२]

अध्यात्म रामायण में हमें मायामयी सीता के वृत्तान्त का विकसित रूप मिलता है। लेखक ने राम की सर्वज्ञता पूर्ण रूप से सुरक्षित रखने का प्रयत्न किया है तथा सारे वृत्तान्त

---

१. दे० कूर्मपुराण, उत्तरविभाग, अध्याय ३४ (कलकत्ता संस्करण, पृ० ६९८ आदि)। नरहरिकृत तोरवे रामायण (१५०० ई०) में लक्ष्मण के चले जाने के बाद अग्नि और अन्य देवता सीता को अग्नि के गढ़ में रखकर उनका एक अंश मात्र पर्णशाला में छोड़ देते हैं (दे० अरण्यकाण्ड, सन्धि ९)।

२. दे० ब्रह्मवैवर्तपुराण, प्रकृति खण्ड, अध्याय १४। श्रीमद्‌देवीभागवत, स्कन्ध ९, अध्याय १६। दोनों रचनाओं में यह भी कहा गया है कि वह माया-सीता आगे चलकर द्रौपदी के रूप में प्रकट हुई।

में अग्निदेव को जो प्रधानता मिली थी उसे राम और सीता को दे दिया है। कथा इस प्रकार है (अरण्यकाण्ड, सर्ग ७) :

रावण और मारीच का षड्यंत्र जानकर राम ने एकान्त में सीता से कहा—'रावण तुम्हारे पास भिक्षु का रूप धारण कर आवेगा, इसलिए तुम अपनी छाया को कुटी में छोड़कर अग्नि में प्रवेश कर जाओ और मेरी आज्ञा से वहाँ अदृश्य रूप से एक वर्ष रहो।' सीता ने वैसा ही किया। मायामयी सीता को छोड़कर वह स्वयं अग्नि में अन्तर्धान हो गयी **(माया सीतां बहिः स्थाप्य स्वयमन्तर्दधेऽनले)**। रावण-वध के पश्चात् मायासीता अग्नि में प्रवेश करती है (युद्धकाण्ड, सर्ग १२) तथा अग्नि राम को वास्तविक सीता प्रदान करते हैं (सर्ग १३)। महाभागवतपुराण में भी सीता अपनी छाया छोड़कर अन्तर्धान हो जाती हैं (अध्याय ११, १०८)।

५०५. अध्यात्म रामायण में जो मायासीता का वृत्तान्त मिलता है, यह हिन्दी राम-साहित्य में प्रामाणिक माना गया है; उदाहरणार्थ रामचरितमानस (३, २४), रामचन्द्रिका (१२, १२)। अर्वाचीन रामकथा साहित्य में भी सीताहरण का यही रूप गौण परिवर्तनों सहित पाया जाता है। उदाहरणार्थ महेश्वरदास का टीका रामायण तथा धनंजय भंजकृत रघुनाथ विलास।

भावार्थ रामायण (३, १६) के अनुसार देवताओं को आशंका थी कि सीता का स्पर्श करते ही रावण भस्मीभूत हो जायेगा; वे चाहते थे कि लंका-युद्ध में सभी राक्षसों का नाश हो। अतः जब रावण ब्राह्मण के रूप में सीता के पास आया और सीता भिक्षा लाने के लिए पर्णकुटी के अन्दर चली गयीं तब देवताओं ने सीता को आदेश दिया कि वह स्वयं रावण को भिक्षा न दें और देवताओं द्वारा निर्मित एक मायामयी सीता को भेज दें। इस पर सीता ने उत्तर दिया कि माया-सीता का निर्माण आप लोगों की शक्ति के बाहर है। मैं स्वयं अपनी छाया भेजकर देवताओं का कार्य सम्पन्न करूँगी।

बलरामदास रामायण (उत्तरकाण्ड) में यह माना गया है कि लक्ष्मण के चले जाने के बाद सीता ने नारद की पूर्व-शिक्षा के अनुसार अपना माया-रूप छोड़कर अग्नि में प्रवेश किया था। अग्निपरीक्षा के समय वास्तविक सीता फिर प्रकट हुई थीं।

धर्मखण्ड (अध्याय १३०) तथा **तत्त्वसंग्रह रामायण** (३, १३) के अनुसार नारद ने वनवास के अन्त में राम को उनके कर्त्तव्य (अर्थात् रावण-वध) का स्मरण दिलाया। राम ने उत्तर दिया कि रावण आ रहा है। तब राम ने लक्ष्मण के अनजान में माया-सीता का निर्माण कर मृत्यु देवी से निवेदन किया कि वह सीता के रूप में लंका में प्रवेश करे। राम ने वास्तविक सीता को अपनी छाती में छिपा लिया। लंकायुद्ध के ठीक पहले राम ने सीता से कहा कि तुम्हारे रहते युद्ध में जाना दुष्कर है। इस पर सीता अपनी माता पृथ्वी की शरण में चली गयीं (तत्त्वसंग्रह रामायण ६, १४) तथा अग्नि-परीक्षा के समय लौटीं (वही ६, ३४-३५)।

काश्मीरी रामायण में अग्निपरीक्षा के समय माया-सीता के प्रवेश करने के बाद अग्नि १४ दिनों तक जलती रहती है, तत्पश्चात् वास्तविक सीता उसमें से निकलती हैं (६, ५४)।

५०६. आनन्द रामायण में माया-सीता के वृत्तान्त का एक परिवर्तित रूप मिलता है। खरादि-वध के पश्चात् राम सीता को तीन रूपों में विभक्त हो जाने का आदेश देते हैं—रजोरूप से वह अग्नि में वास करेंगी, सत्त्वरूप से राम के वामांग में और तमोरूप से वन में :

सोते त्वं त्रिविधा भूत्वा रजोरूपा वसानले॥ ६७॥
वामांगे मे सत्त्वरूपा वस छाया तमोमयी।
पंचवट्यां दशास्यस्य मोहनार्थं वासात्र वै॥ ६८॥ (सारकाण्ड, सर्ग ७)

उपर्युक्त वृत्तान्त आनन्द रामायण को छोड़कर और कहीं नहीं मिलता। जिस तरह अन्य वृत्तान्तों में वास्तविक सीता का हरण नहीं होता उसी तरह इसमें सात्त्विक तथा रजोमयी सीता दोनों की रक्षा होती है और रावण केवल एक तपोमयी छाया हर लेता है।

५०७. रसिक सम्प्रदाय में भी सीताहरण को अवास्तविक माना गया है। "वास्तव में न तो सीता का हरण हुआ और न स्वयं ब्रह्म राम ने एक तुच्छ राक्षस के वध के लिए धनुष-बाण ही धारण किया था।"[१] उस सम्प्रदाय में चित्रकूट का अत्यधिक महत्त्व है; राम "ब्रह्मरूप में अपनी आह्लादिनी शक्ति सीता जी के साथ चित्रकूट में विहार करते रहे।...इस विहारलीला में कैंकर्य और व्यवस्था लक्ष्मण जी करते थे, जो जीव-तत्त्व के प्रतिनिधि थे। चित्रकूट के आगे लक्ष्मी, नारायण और शेष उनके वेष में गये थे और परात्पर ब्रह्म की आज्ञा से उन्होंने ही रावण का वध कर सीतारूप लक्ष्मी का उद्धार किया।"[२] बाद में तीनों चित्रकूट लौटे।

५०८. मायासीता के इन सब वृत्तान्तों का अभिप्राय स्पष्ट है। उपास्य देवी की मर्यादा की रक्षा करने के लिए भक्ति-भावना ने सीता की एक छाया मात्र का हरण स्वीकार किया और साथ-साथ राम की सर्वज्ञता को भी पूर्ण रूप से सुरक्षित रखने का प्रयत्न किया।

अन्त में यूनानी साहित्य के एक समान विकास की ओर निर्देश करना है।[३] होमर के काव्य में हेलेन पतिता बनकर अपने अपहर्ता पेरिस के साथ स्वेच्छा से भाग निकलती है और युद्ध के बाद अपने पति मेनेलोस को पुनः प्राप्त होती है। यूनानी धार्मिक विकास में वही हेलेन बाद में देवी मानी गयी। फलस्वरूप भक्तों ने होमर का वृत्तान्त इष्टदेवी की मर्यादा के प्रतीकूल समझकर उसे इस तरह बदल दिया कि पेरिस हेलेन की एक छाया (ऐडोलोन = मायामयी मूर्ति, छाया) अपने साथ ले जाता है। इसी तरह भक्ति-भावना ने दोनों देशों में एक ही उपाय का सहारा लिया है। फिर भी हेलेन तथा सीता की कथाओं में किंचित् भी पारस्परिक प्रभाव मानने की कोई आवश्यकता नहीं। इस प्रकार इन दोनों कथाओं का स्वतंत्र रूप से समानान्तर विकास हुआ है।

---

१. दे० रामभक्ति में रसिक सम्प्रदाय, पृ० २८२।

२. दे० वही, पृ० २९७।

३. दे० डब्लू० प्रिंट्ज : हेलेन एण्ड सीता (याकोबी मेमोरियल वॉल्यूम; पृ० १०३-११३)।

अध्याय-१७

किष्किन्धाकाण्ड

१—वाल्मीकि रामायण का किष्किन्धाकाण्ड

५०९. क। किष्किन्धाकाण्ड की कथावस्तु

(१) सुग्रीव से मैत्री (सर्ग १-१२)

हनुमान्— पम्पासर देखकर राम की विरह-व्यथा। सुग्रीव का हनुमान् को भेजना। हनुमान् का उनको सुग्रीव के पास ले जाना (सर्ग १-४)।

सुग्रीव— सुग्रीव का स्वागत तथा अपनी कथा बताना। राम द्वारा बालिवध की प्रतिज्ञा। सुग्रीव का राम को सहायता का वचन देना तथा सीता के आभरण दिखलाना (सर्ग ५-६)। सुग्रीव का पुनः सहायता के लिए वचन देना तथा अपनी कथा सुनाना (सर्ग ७-१०)।

राम की परीक्षा— सुग्रीव द्वारा बालि की शक्ति का वर्णन। राम द्वारा दुन्दुभि के अस्थि-कंकाल का फेंका जाना, अनन्तर राम से सात ताड़ तरुओं के एक बाण द्वारा भेदे जाने पर सुग्रीव का विश्वस्त होना। किष्किन्धा जाकर सुग्रीव का बालि से प्रथम द्वन्द्वयुद्ध। राम का सुग्रीव को न पहचानना। ऋष्यमूक में लौटना (सर्ग ११-१२)।

(२) बालिवध (सर्ग १३-२८)

बालि का आहत होना— द्वितीय बार सुग्रीव का बालि को द्वन्द्वयुद्ध के लिए ललकारना (सर्ग १३-१४)। तारा द्वारा रोके जाने पर भी बालि का युद्ध के लिए जाना तथा राम के बाण से आहत होना (सर्ग १५-१६)।

बालि की भर्त्सना— इन्द्र-माला के कारण बालि का जीवित रहना तथा राम को भर्त्सना देना; राम का प्रत्युत्तर (सर्ग १७-१८)।

तारा-विलाप— समाचार पाकर तारा का आना और विलाप करना (सर्ग १९-२०)। हनुमान् का तारा को सान्त्वना देना (सर्ग २१)।

बालि-मरण— बालि का सुग्रीव के हाथ अंगद को सौंपना। सुग्रीव के इन्द्र-माला उतार लेने पर उसका मरण, वानरों और तारा का विलाप (सर्ग २२-२३)। सुग्रीव का पश्चात्ताप और राम का सान्त्वना देना (सर्ग २४-२५)।

वर्षा-ऋतु— राम का प्रस्रवण पर्वत की एक गुफा में वर्षा-निवास। सुग्रीव का अभिषेक तथा अंगद का युवराज होना; राम द्वारा वर्षा-वर्णन तथा उनका विलाप (सर्ग २६-२८)।

(३) वानरों का प्रेषण (सर्ग २९-४४)

शरद्-ऋतु— सुग्रीव का वानर-सेना बुलाना, राम का शरद्-ऋतु वर्णन तथा सुग्रीव की कृतघ्नता का उल्लेख, क्रुद्ध होकर लक्ष्मण का सुग्रीव के पास जाना (सर्ग २९-३२)।

लक्ष्मण-सुग्रीव-भेंट— तारा का लक्ष्मण को शान्त करना। लक्ष्मण का सुग्रीव की भर्त्सना करना। तारा तथा सुग्रीव की क्षमा-प्रार्थना। सुग्रीव की आज्ञा से सेना का आगमन (सर्ग ३३-३७)।

दिग्वर्णन— सुग्रीव का सेना के साथ राम के पास पहुँचना (सर्ग ३८-३९)। दिशाओं का वर्णन करते हुए सुग्रीव का वानर-सेना को चतुर्दिक् भेजना (सर्ग ४०-४३)। विश्वासपात्र हनुमान् का दक्षिण दिशा में भेजा जाना तथा राम का उन्हें अभिज्ञान रूप में अँगूठी देना (सर्ग ४४)।

(४) वानरों की खोज (सर्ग ४५-६७)

असफलता— वानरों का प्रस्थान तथा पूर्व, पश्चिम और उत्तर से वानरों का निराश लौटना (सर्ग ४५-४७)। हनुमान् और उनके साथियों की विन्ध्यपर्वत में व्यर्थ खोज (सर्ग ४८-४९)।

स्वयंप्रभा— उनका कन्दरा में प्रवेश; स्वयंप्रभा द्वारा सत्कार तथा आँखें बन्द करवाकर उनको गुफा के बाहर ले जाना (सर्ग ५०-५२)।

अंगद की निराशा— कन्दरा से निकलकर विन्ध्य-तल के सागर-तट पर उनका पहुँचना। अंगद का प्रायोपवेशन के लिए प्रस्ताव। अंगद का सुग्रीव से भयभीत होना, सभी का दुखी और निराश होना (सर्ग ५३-५५)।

सम्पाति— सम्पाति के सम्मुख अंगद द्वारा जटायु-मृत्यु का उल्लेख। सम्पाति का वृत्तान्त पूछना और लंका की स्थिति बतलाना (सर्ग ५६-५८)। उसका अपने पुत्र सुपार्श्व द्वारा रावण को सीता ले जाते देखने का उल्लेख करना। ऋषि निशाकर के कथनानुसार सम्पाति के पंखों का फिर से उग आना (सर्ग ५९-६३)।

सागर का तट— सागर के तट पर पहुँचकर अंगद की निराशा। जाम्बवान् द्वारा हनुमान् की कथा तथा सामर्थ्य-वर्णन। हनुमान् का महेन्द्र पर्वत पर चढ़कर कूदने के लिए तत्पर होना (सर्ग ६४-६७)।

ख। किष्किन्धाकाण्ड का विश्लेषण

तीनों पाठों में विभिन्नता

५१०. किष्किन्धाकाण्ड की आधिकारिक कथावस्तु, अर्थात् सुग्रीव से मैत्री, बालिवध और वानरों के प्रेषण तथा खोज में कोई विशेष अन्तर नहीं पाया जाता है।

दाक्षिणात्य पाठ की निम्नलिखित सामग्री अन्य दोनों पाठों में नहीं मिलती : सर्ग ३, २८-३८। राम द्वारा हनुमान् की शुद्ध भाषा और व्याकरण के अध्ययन का उल्लेख।

सर्ग २४। बालिवध के पश्चात् सुग्रीव का पश्चात्ताप तथा राम द्वारा तारा को सान्त्वना।

सर्ग २७, ५-३०। प्रस्रवणगिरि का वर्णन।

सर्ग २८, १४-५२। वर्षाऋतु का त्रिष्टुभ में वर्णन।

सर्ग ३०, २८-५७। शरत् का त्रिष्टुभ में वर्णन।

सर्ग ३३, २५-६२। तारा-लक्ष्मण-संवाद। क्रुद्ध लक्ष्मण को आते देखकर सुग्रीव उनको शान्त करने के लिए तारा को भेजते हैं।

इसके अतिरिक्त दाक्षिणात्य २१वाँ सर्ग (हनुमान् द्वारा तारा को सान्त्वना) तथा ३९वाँ सर्ग (वानर-सेना का आगमन) पश्चिमोत्तरीय पाठ में नहीं मिलते, यद्यपि दोनों गौडीय पाठ में विद्यमान हैं (दे० गौ० रा० ४, सर्ग २३ और ३९)।

गौडीय तथा पश्चिमोत्तरीय पाठों में तीन वृत्तान्त मिलते हैं, जिनका दाक्षिणात्य पाठ में अभाव है :

(१) राम के प्रति तारा का शाप। तारा का विलाप उदीच्य पाठों में अपेक्षाकृत विस्तृत है; इसमें तारा राम को शाप देकर कहती है कि सीता थोड़े समय तक तुम्हारे साथ रहकर भूतल में प्रवेश करेंगी (गौ० २०, १५-१६; प० १६, ३९-४०)।

(२) सम्पाति का अपने पुत्र सुपार्श्व को बुलाना जो अंगद को अपनी पीठ पर समुद्र के उस पार ले जाने का प्रस्ताव करता है (गौ० रा० ४, ६२ तथा प० रा० ४, ५५)।

(३) केसरी द्वारा दिग्गज धवल का वध, जिसके लिए उसने वरस्वरूप 'मुरुतविक्रम' पुत्र हनुमान् को प्राप्त किया था (दे० गौ० रा० ५, ३ तथा प० रा० ४, ५८)।

प्रक्षेप

५११. किष्किन्धाकाण्ड की निम्नलिखित सामग्री प्रक्षिप्त है :

(१) राम का दोष निवारण। सर्ग १७-१८। परवर्ती साहित्य में बालिवध के दोष से राम को बचाने के लिए जो मार्ग अपनाया गया है, उसका वर्णन आगे किया जायेगा (दे० अनु० ५२२)। प्राचीनकाल से रामायण के गायकों ने राम के इस कार्य को न्यायसंगत सिद्ध करने का प्रयत्न किया है और महाभारत की रीति के अनुसार उन्होंने अभियोग (सर्ग १७) तथा प्रत्युत्तर (सर्ग १८) को शास्त्रीय ढंग से प्रस्तुत किया है।[१] इस प्रसंग में मनुस्मृति के दो श्लोकों का भी उद्धरण दिया गया है।[२]

वास्तव में वाल्मीकि ने राम को आदर्श क्षत्रिय के रूप में प्रस्तुत किया था और आदिरामायण के अनुसार राम ने बालि को छल से नहीं, बल्कि युद्ध में मारा था। यह प्रचलित रामायण की अन्तरंग परीक्षा से प्रतीत होता है (दे० आगे अनु० ५१८)। इसके अतिरिक्त अधिक सम्भव यह है कि आदिरामायण में राम की बल-परीक्षा की कोई चर्चा नहीं मिलती थी (दे० आगे अनु० ५१७)।

(२) दिग्वर्णन। सर्ग ४० में पूर्व दिशा का वर्णन; सर्ग **४१-४३; ४५-४७**। वानरों के प्रेषण के विषय में ४४वाँ सर्ग सबसे प्राचीन है। इसमें हनुमान् राम की अँगूठी

---

१. दे० डब्ल्यू० हॉप्किन्स; दि ग्रेट एपिक ऑव इण्डिया, पृ० १९। एच० याकोबी, डस रामायण, पृ० १२८।

२. दे० रा० ४, १८, ३१-३२ और मनुस्मृति ८, ३१८, ३१६।

लेकर दक्षिण की ओर प्रस्थान करते हैं। अनन्तर ४८वाँ सर्ग रहा होगा जिसमें हनुमान् और उनके साथियों का विन्ध्य में सीता की असफल खोज करने का वर्णन किया गया है। बाद में वानरों के प्रेषण के पहले भिन्न-भिन्न दिशाओं का जो विस्तृत वर्णन किया गया है, उसका केन्द्र किष्किन्धा में न होकर उत्तर भारत में है।[१] दक्षिण दिशा के वर्णन में (सर्ग ४१) हनुमान् आदि का प्रेषण भी वर्णित है यद्यपि इसका ४४वें सर्ग में पुनः वर्णन मिलता है। इससे स्पष्ट है कि यह दिग्वर्णन प्रक्षिप्त है। महाभारत के रामोपाख्यान में भी इस प्रकार का कोई वर्णन नहीं किया गया है। सर्ग ४५ में सभी दिशाओं में वानरों के प्रस्थान का वर्णन किया गया है; सर्ग ४६ में सर्ग ९-१० की पुनरावृत्ति मात्र है तथा सर्ग ४७ में दक्षिण को छोड़कर अन्य दिशाओं में भेजे हुए वानरों का प्रत्यागमन वर्णित है। यह भी सम्भव है कि मूल रामायण में हनुमान् को अकेले ही सीता का अन्वेषण करने दक्षिण भेजा गया था (दे० आगे अनु० ५२४)।

(३) **सर्ग ३१, ३२, ३५, ३७, ३९।** डॉ० याकोबी ने अरण्यकाण्ड के एक विस्तृत अंश का प्रामाणिक पाठ निर्धारित किया है, अर्थात् ३०, ६१ से लेकर ४४, १५ तक।[२] परिणाम यह हुआ कि ६०० श्लोकों में से लगभग १५० श्लोक मात्र प्रामाणिक सिद्ध हुए। उपर्युक्त दिग्वर्णन के अतिरिक्त सर्ग ३१-३२ (लक्ष्मण के किष्किन्धा-प्रवेश का प्रथम वर्णन), सर्ग ३५ (तारा द्वारा सुग्रीव का दोष-निवारण), सर्ग ३७ (वानर-सेना का किष्किन्धा में आगमन), और सर्ग ३९ (राम के पास वानर-सेना का आगमन)—ये सभी सर्ग डॉ० याकोबी के अनुसार प्रक्षिप्त हैं। ३९वाँ सर्ग पश्चिमोत्तरीय पाठ में नहीं मिलता।

(४) **ऋषि निशाकर और सम्पाति की कथा। सर्ग ६०-६३।** सर्ग ५६-५९ में सम्पाति से वानरों की भेंट का वर्णन हुआ है; सम्पाति ने वानरों को अपनी कथा तथा लंकेश रावण द्वारा सीताहरण का समाचार भी सुनाया। सर्ग ६४ में वानर सागर के तट पर पहुँचकर उसे पार करने के विषय में चिन्ता करने लगते हैं। बीच के सर्गों में सम्पाति पुनः अपनी कथा अनावश्यक विस्तार के साथ दोहराते हैं। सर्ग ६२ में इन्द्र द्वारा सीता के पास पायस के ले आने का उल्लेख है (दे० अनु० ५००), जिससे उस सर्ग की प्रक्षिप्तता की पुष्टि होती है।

(५) **हनुमान् की जन्मकथा। सर्ग ६६।** आदिरामायण हनुमान् की जन्मकथा के विषय में मौन था, इसके प्रमाण बाद में दिये जाएँगे (दे० अनु० ६५९-६६१); अतः सर्ग ६६, जिसका वर्ण्य-विषय हनुमान् की यह जन्मकथा है, निश्चित रूप से वाल्मीकिकृत नहीं है।

(६) किष्किन्धा के अन्य सर्गों में भी **परस्पर विरोधी उल्लेखों** का अभाव नहीं है जिनका उत्तरदायित्व वाल्मीकि जैसे प्रतिभाशाली महाकवि पर नहीं लादा जा सकता है। अनेक स्थलों पर कहा गया है कि राम अथवा वानर सीता के अपहर्ता के नाम से अनभिज्ञ हैं (दे० ४, १४; ७, २; ५९, ३)। यह होते हुए भी रावण का नाम (७, १९; १७, ५०; २६, १७ आदि) तथा उनकी राजधानी लंका (३५, १५) का

१. दे० एच० याकोबी, वही, पृ० ३७।

२. दे० जर्मन ओरियण्टल जर्नल, भाग ५१, पृ० ६०५।

बारम्बार उल्लेख किया गया है। सर्ग ५८ में सम्पाति का कहना है कि मैंने स्त्री का अपहरण करते हुए रावण को आकाश में देखा था (श्लोक १५) किन्तु अगले सर्ग में वही सम्पाति कहता है कि मैंने अपने पुत्र सुपार्श्व से सीता के अपहरण के विषय में सुना था (दे० ५९, ६)। अतः यह स्पष्ट है कि किष्किन्धाकाण्ड में उपर्युक्त प्रक्षिप्त सर्गों के अतिरिक्त और बहुत-से गौण प्रक्षेप भी मिलते हैं।

२—किष्किन्धाकाण्ड का विकास

क। हनुमान्-सुग्रीव से भेंट

५१२. वाल्मीकीय रामायण के अनुसार सुग्रीव राम-लक्ष्मण को देखकर तथा उनको बालि का गुप्तचर समझकर भयभीत हुआ और उसने पता लगाने के लिए हनुमान् को भेजा। हनुमान् भिक्षु का रूप धारण कर राम-लक्ष्मण के पास आया और उसने अपना परिचय देकर कहा कि सुग्रीव आपकी मित्रता चाहता है। राम ने सुग्रीव की सहायता करने की प्रतिज्ञा की। बाद में हनुमान् ने लक्ष्मण से सीताहरण की कथा सुनकर सुग्रीव की सहायता का आश्वासन दिया और अपने वानर रूप में प्रकट होकर[1] तथा राम-लक्ष्मण को अपने कन्धे पर चढ़ाकर दोनों को पर्वत के शिखर पर सुग्रीव के पास पहुँचा दिया। (सर्ग २-४)।

परवर्ती साहित्य में इस वृत्तान्त में युद्ध का भी प्रसंग आ गया है।

बंगाली रामकथाओं में 'शिव-रामेर युद्ध' का वर्णन किया गया है जिसके अनुसार लक्ष्मण शिव की वाटिका में फल तोड़ने जाते हैं और द्वारपाल हनुमान् से युद्ध करते हैं। देर होने पर राम स्वयं आते हैं; इतने में शिव भी पहुँचे और राम से युद्ध करने लगते हैं। युद्ध के अन्त में शिव राम को अपने द्वारपाल हनुमान् को समर्पित करते हैं और उस समय से हनुमान् शिव की सेवा छोड़कर रामभक्त हो गये।[2] उत्तर भारत के एक वृत्तान्त में राम के लिए फल तोड़ते समय लक्ष्मण रुद्रावतार हनुमान् से युद्ध करते हैं। पराजित होकर और यह सुनकर कि लक्ष्मण राम के भाई हैं, हनुमान् राम की शरण लेते हैं और राम-लक्ष्मण को सुग्रीव के पास ले जाते हैं (दे० पाश्चात्य वृत्तान्त नं० १३, पृ० ३३७)।

भावार्थ रामायण (४, १) के अनुसार हनुमान् राम की शक्ति की परीक्षा लेने के उद्देश्य से साल वृक्ष हाथ में लिये राम-लक्ष्मण के पास पहुँचे और उन्होंने धमकी देकर पूछा कि तुम लोग कौन हो। राम ने हनुमान् पर बाण चलाकर उसे परास्त कर दिया। तब हनुमान् ने वायु का सुझाव मानकर राम से क्षमा माँग ली।

सन्ताली रामकथा (दे० अनु० २७१) के अनुसार हनुमान् तरबूजों की रखवाली करता था। लक्ष्मण इनमें से कुछ लेना चाहते थे जिससे लक्ष्मण और हनुमान् में भिड़न्त हुई। अन्त में हनुमान् ने राम तथा लक्ष्मण दोनों को तरबूज खिलाया।

कुछ अन्य रामकथाओं में युद्ध के साथ-साथ **हनुमान् के आभूषणों** का भी उल्लेख होता है। सेरीराम के अनुसार हनुमान् राम का पुत्र है (दे० आगे अनु० ६७५); जन्म से ही उनके कान कुण्डलों से अलंकृत थे; एक आकाशवाणी ने अंजना को आदेश दिया कि बालक का नाम हनुमान् रखा जाये और यह भी कहा कि जो व्यक्ति बालक के कुण्डल देख सकेगा, वही

१. **भिक्षुरूपं परित्यज्य वानरं रूपमास्थितः** (४, ३४); अगले सर्ग में सुग्रीव के पास पहुँचने के बाद इसका पुनः उल्लेख है—**ततो हनुमान्संत्यज्य भिक्षुरूपमरिन्दमः** (५, १३)।

२. दे० दि० चं० सेन : दि बंगाली रामायन्स, पृ० ४७।

उसका पिता है। १२ वर्ष की अवस्था में हनुमान् को यह रहस्य बताया गया; उस समय से वह तपस्वी बनकर अपनी माता की देखरेख करने लगा। बाद में अंजना के पितामह संगपरदान ने हनुमान् को बालि के दरबार में जाने का परामर्श दिया तथा दोहराया कि कुण्डलों को पहचाननेवाला उसका पिता है। बालि के यहाँ जाते समय हनुमान् को भूख लगी और वह किसी पेड़ पर चढ़कर उसके फल खाने लगा। पेड़ के नीचे उसने लक्ष्मण की गोद में सिर डाले राम को सोते हुए देखा। लक्ष्मण का ध्यान आकर्षित करने के लिए हनुमान् उन पर पत्ते और फल फेंकने लगा तथा अन्त में नीचे उतरकर उसने लक्ष्मण को हराकर तथा राम के तीन बाण छीनकर फिर पेड़ के पत्तों में छिप गया। इस पर लक्ष्मण ने राम को जगाया तथा हनुमान् को देखने में अपने को असमर्थ पाकर प्रार्थना द्वारा पेड़ को छोटा बना दिया जिससे हनुमान् दृष्टिगोचर हुआ। राम ने उस सफेद वानर के कुण्डलों को देखकर उसे पुत्र के रूप में स्वीकार किया तथा उसे उसके मामा बालि के पास भेज दिया। सेरीराम के **पातानी पाठ** में हनुमान् राम से युद्ध करता है तथा अन्त में राम को पहचानकर उनका सहायक बन जाता है। **रामकेर्ति** (सर्ग ५) के अनुसार हनुमान् वायु का पुत्र है तथा सुग्रीव द्वारा भेजा जाता है; वह लक्ष्मण को हराता है और राम उसके कुण्डल पहचानते हैं। अंजना ने उससे कहा था—जो तुम्हारे कुण्डल देख सके, वही तुम्हारे स्वामी हैं। इसके बाद हनुमान् सुग्रीव को समाचार देने जाता है। **रामकियेन** का वृत्तान्त रामकेर्ति पर निर्भर होते हुए भी वाल्मीकीय कथा के अधिक निकट है—लक्ष्मण को हराने के पश्चात् हनुमान् अपनी माता के दिये हुए संकेत से राम को नारायण जानकर अपने को राम की सेवा में समर्पित करते हैं और राम-लक्ष्मण को सुग्रीव के पास ले जाते हैं (अध्याय ७ और १९)।

हनुमान् के कुण्डलों का प्रसंग भारतीय कथाओं पर निर्भर है। **रंगनाथ रामायण** (४, ३) के अनुसार हनुमान् ने तपस्या द्वारा ब्रह्मा से वर पाकर पूछा था—इस पृथ्वी पर मेरे मोक्ष तथा इच्छित कार्यों की सिद्धि का आधार तथा मेरा आराध्य कौन होगा। ब्रह्मा ने उत्तर दिया—"जो तुम्हारे शरीर के आभूषणों को देख सकेगा, वही तुम्हारा स्वामी और प्रभु होगा।" **पद्मपुराण** (पातालखण्ड ११२, १३५) में लिखा है कि जब राम लक्ष्मण की गोद में सिर रखकर विश्राम कर रहे थे उन्होंने एक **"मणिकुण्डलं हेमपिंगलं वानरम्"** को देखा था। कम्ब रामायण (४, २, ३५), बलरामदास रामायण तथा पाश्चात्य वृत्तान्तों १ और २० में भी कुण्डलों की चर्चा है। वृत्तान्त २० के अनुसार राम को देखने पर हनुमान् ने अनुभव किया कि मेरे कानों में कुण्डल आ गये हैं तथा वृत्तान्त १ के अनुसार हनुमान् ने देखा कि उसके राम-लक्ष्मण के पास पहुँचने पर दोनों कानों में कुण्डल प्रकट हो रहे हैं। **भावार्थ रामायण** (४, १) के अनुसार अंजना ने हनुमान् से कहा था कि जो तुम्हारी लँगोटी देख सकेगा वही तुम्हारा स्वामी है (इस रामायण में यह माना गया है कि हनुमान् लँगोटी पहनकर उत्पन्न हुआ था)।

बिर्होर-रामकथा (दे० अनु० २७२) के अनुसार सीताहरण के बाद राम-लक्ष्मण वन में खोज कर रहे थे कि हनुमान् अपनी माता के गर्भ में से उनको पहचानकर चिल्ला उठा—दादा रुकिये; मैं आपके साथ जाना चाहता हूँ। इस पर उसने जन्म लिया तथा राम-लक्ष्मण के साथ चला गया।

अध्यात्म रामायण (४, १, १३-१६) के अनुसार हनुमान् ने भेंट के अवसर पर राम की आराधना की थी तथा **अद्भुत रामायण** (सर्ग १०) में उस प्रथम मिलन के अन्त में राम द्वारा हनुमान् को अपना विष्णु रूप दिखलाने का वर्णन किया गया है। **कम्ब रामायण** (४, २,

३४) के अनुसार प्रथम भेंट के अवसर पर हनुमान् ने अपना शरीर बढ़ाकर राम को अपनी शक्ति का प्रमाण दिया था।

गुणभद्र के **उत्तरपुराण** के अनुसार नारद ने हनुमान् और सुग्रीव को राम के पास भेज दिया; दोनों साथ-साथ उनके पास पहुँचे थे (६४, २८६)।

अन्त में कुछ वृत्तान्तों का उल्लेख करना है जिनमें हनुमान् के प्रस्थान करने के बाद सुग्रीव से राम की भेंट का एक सर्वथा नवीन रूप प्रस्तुत किया गया है। **सेरीराम** के एक पाठ के अनुसार लक्ष्मण राम के लिए पानी लाये और राम ने पीकर उसे (सुग्रीव के आँसुओं से) नमकीन पाया। कारण का पता लगाने पर सुग्रीव से भेंट हो जाती है। यही कथा **रामकेर्ति** (सर्ग ५) में भी मिलती है। सेरीराम के शेलाबेर पाठ के अनुसार राम-लक्ष्मण द्वारा लाये हुए पानी को पीने के बाद उसकी गोद में सिर रखकर चार दिन और रात तक एक पेड़ के नीचे सोते रहे। सुग्रीव पेड़ पर से लक्ष्मण का यह भ्रातृ-प्रेम देखकर रोने लगा। सुग्रीव के एक आँसू ने राम की छाती पर गिरकर उन्हें जगाया। राम ने इसे लक्ष्मण का आँसू समझकर उनको घर लौटने का आदेश दिया; इस पर लक्ष्मण की प्रार्थना के फलस्वरूप पेड़ के पत्ते छोटे बन गये और सुग्रीव दिखायी दिया। अनन्तर राम-सुग्रीव की मैत्री का वर्णन किया गया है। **सेरतकाण्ड** तथा **हिकायत महाराज रावण** के अनुसार बालि ने सुग्रीव को दूर वन में फेंक दिया था जिससे वह अधमरा होकर एक वृक्ष की शाखाओं पर गिर गया था। राम ने उसी वृक्ष के नीचे विश्राम किया और सुग्रीव के आँसू राम पर गिर पड़े। इन हिन्देशियाई कथाओं का मूल स्रोत भारतीय है क्योंकि महेश्वरदास के टीका रामायण में भी राम-सुग्रीव-भेंट के प्रसंग में राम की प्यास का उल्लेख है किन्तु सुग्रीव के आँसुओं के स्थान पर उसकी लार की चर्चा है।

ख। बालि-सुग्रीव-चरित

५१३. प्रामाणिक वाल्मीकिकृत आदिरामायण में बालि-सुग्रीव की **जन्मकथा** का कोई उल्लेख नहीं था। प्रचलित वाल्मीकि रामायण के दाक्षिणात्य बालकाण्ड (१७, १०) में बालि तथा सुग्रीव को क्रमशः इन्द्र तथा सूर्य का पुत्र माना गया है। उनकी जन्मकथा दाक्षिणात्य पाठ के एक प्रक्षिप्त सर्ग में मिलती है; जिसके अनुसार अगस्त्य नारद से सुनी हुई कथा राम को सुनाते हैं।[१] अन्य पाठों में यह कथा युद्धकाण्ड (सर्ग ४) में रखी गयी है; शुक उसे रावण को सुनाते हैं।

दाक्षिणात्य पाठ की कथा इस प्रकार है—"मेरु पर्वत के शिखर पर योगाभ्यास करते हुए ब्रह्मा की आँखों से आँसू निकले। ब्रह्मा के हाथ से पोंछे जाने पर ये आँसू भूमि पर गिरे और उनमें से ऋक्षरजा नामक वानर उत्पन्न हुआ जो पर्वत पर रहने लगा और प्रति दिन सन्ध्या समय ब्रह्मा के पास आकर उनको फल-फूल चढ़ाया करता था। किसी दिन ऋक्षरजा ने मेरु पर्वत के सरोवर में से पानी पीना चाहा और उसने झुककर जल में अपना प्रतिबिम्ब देखा। वह उसे अपना शत्रु समझकर सरोवर में कूद पड़ा और एक अत्यन्त लावण्यमय नारी के रूप में उसमें से निकला। इन्द्र तथा सूर्य संयोग से उस समय आ पहुँचे और उसे देखकर दोनों आसक्त हुए। इन्द्र का तेज उसके बालों पर गिरा और उससे बालि उत्पन्न हुआ; सूर्य का तेज उसकी ग्रीवा पर पड़ा और उससे सुग्रीव उत्पन्न हुआ। इन्द्र ने अपने पुत्र को एक

१. दे० उत्तरकाण्ड, सर्ग ३७ के बाद प्रथम प्रक्षिप्त सर्ग। प्रचलित रामायण के कुछ अन्य प्रक्षिप्त स्थलों पर ऋक्षरजा को बालि तथा सुग्रीव का पिता माना गया है। उदाहरणार्थ—३, ७२, २०; ४, ५७, ५; ७, ३६, ३६।

अक्षय सुवर्ण माला दे दी तथा सूर्य ने अपने पुत्र की सेवा में हनुमान् को नियुक्त किया। अगले दिन सूर्योदय होते ही ऋक्षरजा ने पुनः अपना वानर रूप प्राप्त किया और अपने पुत्रों के साथ ब्रह्मा के पास गया। ब्रह्मा ने ऋक्षरजा के साथ एक देवदूत को विश्वकर्मा-निर्मित किष्किन्धा भेज दिया। वहाँ पहुँचकर देवदूत ने ऋक्षरजा को वानर-राजा के पद पर अभिषिक्त किया।"

अन्य पाठों की कथा अस्पष्ट है; उसमें न तो ऋक्षरजा का नाम आया है और न बालि-सुग्रीव के वानर होने का कारण दिया गया है। किसी दिन प्रजापति की बायीं आँख में एक रजकण पड़ गया था। उन्होंने उसे बायें हाथ से दूर फेंक दिया था और उसमें से एक अत्यन्त सुन्दर स्त्री उत्पन्न हुई। बाद में सूर्य ने उसका आलिंगन किया तथा उसे यह कहकर वरदान दिया कि तुम्हें एक वीर पुत्र उत्पन्न होगा। एक अन्य अवसर पर इन्द्र उसे देखकर आकर्षित हुए और अपने हाथ से उसका स्पर्श करके उसे आशीर्वाद दिया कि तुमसे बालि-सुग्रीव नामक दो कामरूपी यमल वानर उत्पन्न होंगे जो किष्किन्धा में राज्य करेंगे और उनमें से एक राम के साथ सख्य करेगा।

अध्यात्म रामायण (७, ३, १-२४) तथा **आनन्द रामायण** (१, १३, १४०-१५२) में वाल्मीकीय दाक्षिणात्य रामायण के अनुसार बालि-सुग्रीव की जन्म-कथा का वर्णन किया गया है। **भावार्थ रामायण** (७, ३७) में ऋक्षरजा के स्त्री-रूप का कारण पार्वती का शाप माना गया है। किसी दिन कैलाश के एक सरोवर में शिव-पार्वती की जलक्रीड़ा के समय वहाँ कुछ मुनि अचानक आ गये थे, जिससे शिव तथा पार्वती को अन्तर्धान हो जाना पड़ा था। पार्वती ने शाप दिया था कि जो कोई इसमें स्नान करेगा वह नारी के रूप में उसमें से निकलेगा। ऋक्षरजा ने उस शाप से अनभिज्ञ होकर उस सरोवर में स्नान किया था।

बलरामदास के वृत्तान्त में कई नये तत्त्व पाये जाते हैं। ऋक्षरजा की उत्पत्ति की कथा इस प्रकार है। इन्द्र मदनिका नामक अप्सरा को अपनी सभा में अचानक हँसने के कारण यह शाप देते हैं कि वह वानरमुखी बनकर मानसरोवर के निकट पृथ्वी पर निवास करे और कश्यप से पुत्र प्रसव करने के बाद ही मुक्ति प्राप्त करे। अतः मदनिका मानसरोवर के निकट निवास करने लगती है। किसी दिन उर्वशी का सौन्दर्य देखने के कारण कश्यप का वीर्यपात हो जाता है और वह अपना तेज जल में फेंक देते हैं। मदनिका उस जल का पान करके गर्भवती हो जाती है और वह यथासमय एक ऐसे पुत्र को जन्म देती है जिसका शरीर मनुष्य का है किन्तु मुख वानर का है। एक शबरी उस शिशु का पालन-पोषण करती है और बाद में ब्रह्मा उसे ऋक्षनृपति का नाम देकर आरण्य के राजा के पद पर अभिषिक्त करते हैं।

ऋक्षरजा के स्त्री बन जाने की कथा भावार्थ रामायण के वृत्तान्त से साम्य रखती है। ब्रह्मा ऋक्षनृपति को पार्वती-वन के पश्चिमी भाग में प्रवेश करने से मना करते हैं किन्तु ऋक्षनृपति उस निषेध की अवज्ञा करके उस वन में प्रवेश करता है और नारी के रूप में बदल जाता है। इसका कारण यह है कि शिव-पार्वती ने किसी दिन उस वन में रमण किया था किन्तु पार्वती को तृप्ति नहीं मिली थी जिससे उन्होंने यह शाप दिया था कि जो कोई पुरुष उस वन में प्रवेश करेगा वह नारी के रूप में बदल जायेगा।

बालि तथा सुग्रीव का जन्म वाल्मीकीय कथा के अनुसार है; अन्तर यह है कि ब्रह्मा यहाँ ऋक्षरजा को परामर्श देते हैं कि वह अपने पुत्रों को दण्डकारण्य में छोड़ दे। बाद में गौतम की पत्नी अहल्या दोनों को गौतमी नदी के तट पर पाती है; गौतम और अहल्या उन दोनों का धर्मपुत्र के रूप में पालन करते हैं (इस प्रसंग में अहल्या-गौतम का उल्लेख अनु० ५१४

की कथा का स्मरण दिलाता है)। जब ये बच्चे तीन वर्ष के हो जाते हैं किष्किन्धा का राजा खडद मृगया के अवसर पर गौतम से मिलता है और ऋषि को बताता है कि अंजना नामक पुत्री को छोड़कर मुझे कोई सन्तान नहीं है। ऋषि बालि तथा सुग्रीव को राजा के हाथों सौंप देते हैं। बाद में खडद बालि को राजा तथा सुग्रीव को युवराज बनाता है।

पाश्चात्य वृत्तान्त नं० १ के अनुसार हनुमान् ने राम को बालि-सुग्रीव की जन्मकथा का निम्नलिखित विकृत रूप सुनाया था—अरुण किसी दिन दो स्त्रियों को सूर्य का रथ हाँकते देखकर हँस पड़ा। इस पर सूर्य ने अरुण से सूर्य-रथ हाँकने का निवेदन किया और अरुण ने इसे स्वीकार किया। अरुण बाद में अप्सराओं का नाच देखने गया और नारी में परिवर्तित हुआ था। इन्द्र ने उससे एक पुत्र उत्पन्न किया और उस पुत्र को प्रतिद्वन्द्वी की आधी शक्ति खींच लेने का वरदान दिया। अरुण पुन: पुरुष बनकर अपने पुत्र के साथ सूर्य के पास लौटा। सारा वृत्तान्त सुनकर सूर्य ने उसका स्त्री-रूप देखने की इच्छा प्रकट की तथा अरुण से एक पुत्र उत्पन्न किया। दोनों बालकों को अगस्त्य के हाथों सौंपा गया। बढ़ने पर उन्होंने तपस्या में संलग्न अगस्त्य पर पानी छिड़क दिया और अगस्त्य ने दोनों को वानर बन जाने का शाप दिया।

जैन रामकथाओं में बालि-सुग्रीव की कोई जन्म-कथा नहीं मिलती। **पउमचरियं** (पर्व ९) के अनुसार आदिरजा तथा इन्द्रमाली की तीन सन्तानें थीं—बालि, सुग्रीव तथा श्रीप्रभा। गुणभद्र के **उत्तरपुराण** के अनुसार बालि तथा सुग्रीव किलकिल नामक नगर के राजा बलीन्द्र तथा उनकी पत्नी प्रियंगुसुन्दरी के दो पुत्र हैं (दे० ६८, २७१)।

५१४. बालि-सुग्रीव की जन्म-कथा का एक अन्य रूप मिलता है, जिसके अनुसार दोनों गौतम की पत्नी **अहल्या की सन्तान** माने जाते हैं। **सारलादास महाभारत** के वनपर्व में अहल्या के साथ इन्द्र के दुर्व्यवहार के विषय में निम्नलिखित कथा दी गयी है। गौतम स्नान के लिए जाते समय अपनी पत्नी अहल्या का जीव अपने साथ ले जाया करते थे। किसी दिन इन्द्र और सूर्य इस निर्जीव शरीर पर आसक्त हुए। इन्द्र ने पहले उस शरीर में प्रवेश किया जिससे सूर्य उसके साथ सम्भोग कर सके; बाद में सूर्य ने अहल्या के शरीर में प्रवेश किया और इन्द्र ने उसके साथ रमण किया। इस प्रकार अहल्या के दो पुत्र (श्यामशील तथा जवशील) उत्पन्न हुए। अंजना ने किसी दिन अपने पिता गौतम से अपने जारज भाइयों का रहस्य खोल दिया। परीक्षा लेने के उद्देश्य से गौतम ने दोनों को जल में फेंक दिया और वे वानर बन गये। गौतम ने दोनों को निस्सन्तान राजा खडगद को प्रदान किया और राजा ने उनका नाम बालि और सुग्रीव रख दिया। अर्जुनदास कृत **रामविभा** में भी माना गया है कि बालि-सुग्रीव अहल्या की जारज सन्तान हैं (दे० सर्ग ४)। **रंगनाथ रामायण** के उत्तरकाण्ड[१] में गौतम-पत्नी अहल्या की चार सन्तानों का उल्लेख है—अंजना गौतम की पुत्री; बालि तथा शतानन्द, इन्द्र के पुत्र और सुग्रीव, सूर्य का पुत्र।

तोरवे रामायण (४, २) के अनुसार 'किष्किन्धा' शब्द कश्यप और कुशस्थली के किष्क नामक पुत्र से सम्बन्ध रखता है। किष्क के वंश में ऋक्षरजा उत्पन्न हुआ; उससे बालि तथा सुग्रीव का जन्म हुआ और बाद में उसने अपनी पत्नी से अंजना को भी पैदा किया था।

सेरीराम की कथा इस प्रकार है। दशरथ के द्वारपाल के पुत्र गौतम अपनी पत्नी देवी इन्द्र के साथ तपश्चर्या करते थे। देवी इन्द्र ने किसी दिन एक देवता के साथ व्यभिचार किया

---

१. यह उत्तरकाण्ड स्वतंत्र रूप से छपता है। रचयिता के विषय में विवाद है, दे० चा० सूर्यनारायण मूर्ति : हिन्दी और तेलुगु के मध्यकालीन राम-साहित्यों का तुलनात्मक अध्ययन, पृ० २१८।

और फलस्वरूप बालि को प्रसव किया। अंजना अपनी माता के पाप के विषय में जानती थी किन्तु एक ऐन्द्रजालिक मणि पाकर चुप रही। बाद में गौतम-पत्नी ने किसी राजकुमार के साथ व्यभिचार कर सुग्रीव को जन्म दिया। गौतम बालि और सुग्रीव दोनों को अपनी सन्तान समझते थे। बालि ने किसी दिन अपनी बहन की मणि हथियाने का प्रयत्न किया, जिससे अंजना ने क्रुद्ध होकर अपनी माता का व्यभिचार प्रकट कर दिया। इस पर गौतम ने अपने पुत्रों की परीक्षा लेने के उद्‌देश्य से उनको यह कहकर सरोवर में फेंक दिया—यदि वे जारज हैं तो वानर बनकर जल से निकलें। बालि तथा सुग्रीव वानर के रूप में सरोवर से निकलकर लगुर नामक स्थान की ओर चले गये; वहाँ बालि राजा तथा सुग्रीव मंत्री बन गया। गौतम अपने घर लौटे और अपनी पत्नी का परित्याग कर तथा अपनी पुत्री को शाप देकर स्वर्ग सिधारे (दे० अनु० ६७५)।

सेरतकाण्ड के अनुसार रेसि गौतम की पत्नी देवी रोंतह के दोनों पुत्र सुबालि तथा सुग्रीव वास्तव में सूर्य की सन्तान हैं। उनकी बहन देवी अंजनी माँ का पाप छिपाने के लिए पुरस्कार के रूप में ऐन्द्रजालिक मणि पाकर स्वर्ण-मुद्राओं की मंजूषा भी चाहती है। इस पर माँ-बेटी का झगड़ा हुआ और गौतम ने यह कहकर मंजूषा को समुद्र में फेंक दिया कि जो मंजूषा निकालने में समर्थ हो, वही मंजूषा का अधिकारी बन जाये। अंजना का प्रतिनिधि सुमन्दा तथा उसके भाई समुद्र में कूदकर मंजूषा तो नहीं ही निकाल पाते प्रत्युत वानरों के रूप में बदल जाते हैं। प्रतीकार के उद्‌देश्य से वे उसी जल से अंजनी का मुख धोते हैं जिससे अंजनी को भी वानर-मुख प्राप्त हुआ। गौतम अपनी पत्नी को शिला बन जाने का शाप देकर तप करने चला गया।[१]

रामकियेन (अध्याय ६) के वृत्तान्त में गौतम को साकेत का राजा माना गया है। निस्सन्तान होने के कारण वह अपना राज्य छोड़कर वन में तपस्या करने लगा। किसी पक्षी से यह जानकर कि निस्सन्तान होना महापाप है उसने यज्ञ का आयोजन किया; यज्ञ की अग्नि से एक सुन्दर कन्या प्रकट हुई जिसे गौतम ने अपनी पत्नी के रूप में स्वीकार किया। कन्या का नाम कल-अचना था; उसने एक पुत्री उत्पन्न की जिसका नाम गौतम ने स्वाहा रखा। बाद में गौतम की पत्नी के काकाशबीरी तथा सुग्रीव नामक दो पुत्र हुए जिनके पिता क्रमशः इन्द्र और सूर्य थे। गौतम उनको अपनी ही सन्तान समझते थे। किसी दिन गौतम काकाश को कन्धे पर रखकर, सुग्रीव को गोद में लिये तथा स्वाहा का हाथ पकड़कर स्नान करने जा रहे थे। स्वाहा को बहुत बुरा लगा और उसने कहा—आप अपनी सन्तान को पैदल चलने देते हैं किन्तु दूसरों की सन्तान सिर पर चढ़ाते हैं। गौतम ने इसका अर्थ पूछा और स्वाहा ने अपनी माता के व्यभिचार का रहस्य प्रकट कर दिया। गौतम को विश्वास नहीं हुआ और उन्होंने तीनों को यह कहकर नदी में फेंक दिया—मेरी सन्तान मेरे पास लौटे; दूसरों की सन्तान वानर बनकर वन में प्रवेश करे। इसका परिणाम यह हुआ कि काकाश तथा सुग्रीव वानर बनकर वन में चले गये। बाद में इन्द्र और सूर्य ने अपनी सन्तान के लिए खिदखिन नगर का निर्माण किया तथा मंत्र द्वारा सब वानरों को बुलाकर काकाश को उनका राजा बना दिया।

रामजातक तथा **पालक पालाम** में वही कथा मिलती है किन्तु स्वाहा का नाम फायेंगसी तथा काकाश का नाम बालि (अथवा फालिकहन) माना गया है।

---

१. दे० हि० भू० सरकार, इण्डियन इंफ्लुएन्सेस, पृ० २०३-०४।

५१५. वाल्मीकि रामायण में **बालि-सुग्रीव की शत्रुता** के कारण के विषय में निम्नलिखित कथा मिलती है। बालि को अपने पिता[१] की मृत्यु के बाद राज्य मिला था और सुग्रीव उसके अधीन रहता था। दुन्दुभि के ज्येष्ठ पुत्र मायावी[२] ने किसी दिन बालि को ललकारा। बालि उसे मारने निकला और सुग्रीव उसके साथ निकल पड़ा। मायावी ने बालि को आते देखकर एक बिल में प्रवेश किया। बालि सुग्रीव को बिल के द्वार पर खड़ा करके अन्दर चला गया। एक वर्ष बीत जाने पर सुग्रीव ने बिल में से फेन के साथ रक्त निकलते देखकर तथा असुरों का गर्जन सुनकर समझ लिया कि बालि मारा गया है। अत: उसने पत्थर से बिल का द्वार बन्द किया और वह अपने भाई की उदक-क्रिया सम्पन्न करके किष्किन्धा लौटा। मंत्रियों ने सुग्रीव को राजा के रूप में अभिषिक्त किया और वह न्यायपूर्वक शासन करने लगा। बालि अपने शत्रु को मार डालने के बाद लौटा; उसने सुग्रीव की अनुनय-विनय का तिरस्कार किया और उसकी पत्नी रूमा को ग्रहण कर सुग्रीव को निर्वासित किया। सुग्रीव सारी पृथ्वी पर भटककर अन्त में बालि के लिए अगम्य ऋष्यमूक पर्वत पर रहने लगा (दे० सर्ग ९-१०)। दिग्वर्णन के बाद सुग्रीव ने राम को पुन: वही कथा सुनायी। इस द्वितीय वृत्तान्त के अनुसार असुर का नाम दुन्दुभि ही था; सुग्रीव के राजा बनने पर तारा तथा रूमा दोनों उसकी पत्नियाँ बन गयी थीं।[३] बालि ने सुग्रीव का सर्वत्र पीछा किया तब हनुमान् ने सुग्रीव को मतंग के शाप का स्मरण दिलाया जिससे सुग्रीव ऋष्यमूक पर रहने लगा (दे० सर्ग ४६)। अध्यात्म रामायण में मायावी को मय दानव का परम दुर्मद पुत्र माना गया है (४, १, ४७) और आनन्द रामायण में मय दानव के पुत्र दुर्मद की चर्चा है (दे० १, ८, १६)। **सेरीराम** के वृत्तान्त के अनुसार युद्ध के पूर्व ही गुफा को रंगभूमि के रूप में निश्चित किया गया था। बालि ने सुग्रीव से कहा—यदि सफेद रक्त गुफा में से निकला तो मुझे मृत समझो, यदि लाल रक्त निकला तो शत्रु का मरण निश्चित है। वास्तव में दोनों[४] निकले और सुग्रीव बालि को मरा समझकर लौटा। किष्किन्धा पहुँचकर सुग्रीव ने बालि की पत्नी के सामने विवाह का प्रस्ताव रखा और उसने सुग्रीव से एक सप्ताह की अवधि माँग ली। इसी अवधि में बालि ने लौटकर सुग्रीव को दूर एक वन में फेंक दिया जहाँ सुग्रीव तपस्वी के रूप में रहने लगा। **पद्मपुराण** (४, ११२, १६३) के अनुसार बालि ने ६०,००० वर्ष पूर्व दशरथ के अभिषेक के दिन ही सुग्रीव को निर्वासित किया था।

गुणभद्र के **उत्तरपुराण** (दे० ६८, २७१-२७५) के अनुसार बालि के पिता ने उसे राजा तथा सुग्रीव को युवराज बनाया था किन्तु बालि ने लोभवश सुग्रीव को निर्वासित किया था। **पउमचरियं** में कथा इस प्रकार है। आदित्यरजा ने अपने पुत्र बालि को राजा तथा सुग्रीव को

---

१. **राज्यं प्रशासतस्तस्य पितृपैतामहं महत्** (९, ३); इस वाक्यांश के रचनाकाल में उत्तरकाण्ड की जन्मकथा प्रचलित नहीं थी।

२. उत्तरकाण्ड (सर्ग १२) में मायावी तथा दुन्दुभि दोनों को मय-हेमा की सन्तान माना गया है।

३. पद्मपुराण (४, ११२, १६१), भावार्थ रामायण (४, अध्याय ४) आदि रचनाओं के अनुसार भी सुग्रीव ने बालि के लौटने के पूर्व तारा को पत्नीस्वरूप अपना लिया था।

४. यह वाल्मीकि रामायण के अनुसार ही है—**सफेनं रुधिरं दृष्ट्वा** (९, १७)। सेरीराम में किसी असुर का उल्लेख नहीं है, बालि का प्रतिद्वन्द्वी वास्तव में महिष ही माना गया है। वह महिष अपने जनक का वध करके झुण्ड का स्वामी बन गया। वह दीमकों की बाँबियाँ नष्ट किया करता था, इसलिए दीमकों ने उसे बालि से युद्ध करने को प्रेरित किया। रामकेर्ति (सर्ग ४) में काले तथा सफेद रक्त का उल्लेख है।

युवराज नियुक्त कर दीक्षा ग्रहण की थी। बाद में राम के आगमन के पूर्व ही बालि को वैराग्य हुआ और उसने अपना राज्य सुग्रीव को सौंपा था (पर्व ९)। सुग्रीव ने तारा के साथ विवाह किया और उससे अंगदभट तथा जयानन्द दो पुत्रों को उत्पन्न किया। साहसगति नामक विद्याधर ने भी तारा से विवाह करना चाहा था किन्तु उसका प्रस्ताव ठुकरा दिया गया था। साहसगति रूपपरिवर्तनकारी विद्या सिद्ध करने के उद्देश्य से हिमाचल पर साधना करने लगा। बाद में साहसगति ने सुग्रीव का रूप धारण कर उसकी पत्नी और उसका राज्य छीन लिया था।

महाभारत के रामोपाख्यान में रूमा का उल्लेख नहीं मिलता। **नृसिंहपुराण** (५०, २१-२७) तथा **महानाटक** (५, ५१) के अनुसार तारा सुग्रीव की ही पत्नी थी जिसे बालि ने सुग्रीव से छीन लिया था। **रंगनाथ रामायण** (४, ४) में तारा के विषय में माना गया है कि समुद्रमंथन के समय बालि और सुग्रीव ने देवताओं की सहायता की थी। लक्ष्मी और चन्द्रमा के पश्चात् देवकामिनियों की उत्पत्ति हुई। देवताओं ने उन सुन्दरियों में से तारा को बालि-सुग्रीव को दिया था और वे अपनी राजधानी लौटकर उसके साथ रहने लगे। इसके कुछ दिनों के बाद सुग्रीव ने सुषेण[१] की पुत्री रूमा के साथ विवाह किया। **रामकियेन** (अध्याय ६) के अनुसार बालि और सुग्रीव ने ईश्वर के लिए सुमेरु पर्वत को पूर्ववत् सीधा कर दिया। पुरस्कारस्वरूप बालि को एक त्रिशूल और सुग्रीव को तारा मिल गयी किन्तु बालि ने तारा को चुराकर उसके साथ विवाह किया।

वाल्मीकीय किष्किन्धाकाण्ड के अनुसार सुग्रीव ने बालि की वीरता का वर्णन करते हुए उसके दो कार्यों का उल्लेख किया (दे० अनु० ५१६)। परवर्ती साहित्य में **रावण की पराजय** बालि का सबसे महान् कार्य माना गया है। विदेशी रामकथाओं में उस पराजय को एक नया रूप दिया गया है जिसके अनुसार अंगद को मन्दोदरी तथा बालि की सन्तान माना गया है तथा उनके एक और पुत्र अनील (अनूल) की भी चर्चा है (दे० अनु० ६५५)। **सिंहली रामकथा** में बालि हनुमान् का स्थान लेकर लंकादहन के पश्चात् सीता को राम के पास ले आता है। इस कथा के अनुसार बालि को विष्णु से तीन वरदान मिले थे—समुद्र पर चलने की शक्ति; अग्नि से सुरक्षा; बाण द्वारा अवध्यता।

पउमचरियं (पर्व १०३, १२५-३४) में बालि के पूर्वजन्मों की कथा भी दी गयी है। इसके अनुसार वह क्रमशः मृग, मघदत्त, राजकुमार सुप्रभ तथा बालि के रूप में प्रकट हुआ था।

ग। राम की बल-परीक्षा

५१६. वाल्मीकि रामायण के अनुसार ऋष्यमूक पर राम-लक्ष्मण के स्वागत के पश्चात् सुग्रीव और राम ने अग्नि की प्रदक्षिणा करके सख्य कर लिया। राम ने बालि के विरुद्ध सुग्रीव की सहायता करने की प्रतिज्ञा की और सुग्रीव ने सीता द्वारा फेंके हुए आभरण दिखलाकर सीता की खोज करवाने का वचन दिया। बाद में सुग्रीव ने विस्तारपूर्वक बालि की शत्रुता की कथा सुनायी और राम ने उसको दण्ड देने की पुनः प्रतिज्ञा की (दे० सर्ग ५-१०)। इस पर सुग्रीव ने राम से कहा कि ध्यानपूर्वक बालि के पराक्रम का वर्णन सुनकर आगे का कार्यक्रम निश्चित कर लीजिये। तब उसने बालि की वीरता के दो उदाहरण प्रस्तुत किये।

---

१. वाल्मीकि रामायण में सुषेण को तारा का पिता माना गया (दे० ४, २२, १३)। सुषेण के विषय में आगे अनु० ५८६ देख लें। कम्ब रामायण (४,३, ३८ और ४, ७, १८) में माना गया है कि बालि ने अकेले ही समुद्र का मंथन किया था।

दुन्दुभि नामक असुर ने किसी समय समुद्र को चुनौती दी थी; समुद्र ने उसे शैलराज हिमवान के पास भेजा और उसने दुन्दुभि को बालि से युद्ध करने का परामर्श दिया। अतः दुन्दुभि ने महिष[1] का रूप धारण कर बालि को युद्ध के लिए ललकारा। बालि ने अपने पिता महेन्द्र द्वारा प्रदत्त कांचनी माला पहनकर दुन्दुभि को द्वन्द्वयुद्ध में मार डाला और उसकी लाश को एक योजन की दूरी पर फेंक दिया। उस समय दुन्दुभि के कुछ रक्तकण मतंग के आश्रम में गिर पड़े, जिससे मतंग ने बालि (और उसके अनुचरों) को यह शाप दिया कि आश्रम के एक योजन के निकट आकर मृत्यु का शिकार बन जाओगे। यही कारण है कि ऋष्यमूक पर्वत बालि के लिए अगम्य है।

तब सुग्रीव ने दुन्दुभि का 'अस्थिनिचय' दिखलाया और उन सात साल वृक्षों की ओर निर्देश किया, जिनको बालि एक ही समय पत्ररहित करने में समर्थ था।[2] अन्त में सुग्रीव ने पूछा—**एतदस्यासमं वीर्यं मया राम प्रकाशितम्। कथं तं बालिनं हन्तुं समरे शक्ष्यसे नृप** (११, ६८)।

इस पर राम ने अपने पादांगुष्ठ से दुन्दुभि के **अस्थि-कंकाल** को दस योजन की दूरी तक फेंक दिया किन्तु सुग्रीव का सन्देह दूर नहीं हुआ (सर्ग ११)। तब राम ने **सात ताल** तरुओं का एक ही बाण से भेदन किया; रामबाण पर्वत तथा सप्तभूमि पारकर अपने आप से उनके तूणीर में आ गया—**भित्वा तालान्गिरिप्रस्थं सप्तभूमिं विवेश ह...पुनस्तूणं तमेव प्रविवेश ह** (१२, ३-४)। यह देखकर सुग्रीव बालि को चुनौती देने को तैयार हुआ।[3]

५१७. सम्भव है कि आदिरामायण में राम की बल-परीक्षा-विषयक सामग्री नहीं मिलती थी। महाभारत के रामोपाख्यान, गुणभद्रकृत उत्तरपुराण और रामकियेन में राम के इन दोनों कृत्यों का कोई उल्लेख नहीं किया गया है। कुछ अन्य रचनाओं में केवल वृक्षों के भेदन का प्रसंग उल्लिखित है; उदाहरणार्थ—नृसिंहपुराण (अध्याय ५०), भट्टिकाव्य (सर्ग ६, ११६), रामायण ककविन (सर्ग ६), तत्त्वसंग्रह रामायण, पाश्चात्य वृत्तान्त नं० १ और १३। शेष रामकथाओं में इन दोनों कृत्यों का प्रायः वर्णन किया गया है।

—**महावीरचरित** (७, १६) **अनर्घराघव** (अंक ५) तथा **कम्ब रामायण** (४, ५) के अनुसार लक्ष्मण ने दुन्दुभि के अस्थिकंकाल को फेंक दिया था। **रंगनाथ रामायण** में लिखा है कि दुन्दुभि-बालि का द्वन्द्वयुद्ध १०० वर्ष तक चलता रहा (४, ४)। **सेरीराम** में महिष के अतिरिक्त राक्षस कतीविहार (कार्त्तवीर्य) की चर्चा है, जिसे बालि ने मार डाला था; राम ने अपने पादांगुष्ठ से उसका अस्थिकंकाल समुद्र में फेंक दिया।

---

१. **सेरीराम** के अनुसार वह महिष ही था; उसने अपने पिता का वध किया था। **रामकियेन** (अ० २०) में माना गया है कि दुन्दुभि का पिता नन्दकाल नामक असुर था, जिसे ईश्वर ने महिष बन जाने का शाप दिया। महिष का नाम दरब था; दरब का पुत्र दरबी (दुन्दुभि) अपने पिता का वध करके स्वयं बालि द्वारा मारा गया।

२. दे० ११, ६८। कुछ पंक्तियों के बाद कहा गया है कि बालि ने उन सात साल वृक्षों का एक ही बाण से भेदन किया था (११, ७०)। एकाध स्थल (१२, ३; १४, १३) को छोड़कर दाक्षिणात्य पाठ में सर्वदा (अनक्रमणिका १, १, ६६ में भी) साल वृक्षों की चर्चा है। गौडीय पाठ तथा पश्चिमोत्तरीय पाठ में **ताल** वृक्षों का ही उल्लेख है। परवर्ती साहित्य (अध्यात्म रामायण, अग्निपुराण, नृसिंहपुराण, महाभागवतपुराण, पद्मपुराण, आनन्द रामायण आदि) में सर्वत्र ताल वृक्षों का ही भेदन वर्णित है। कम्ब रामायण (४, ४) में साल वृक्षों का उल्लेख है।

३. दे० सर्ग १२, १-१३ लंका के युद्ध में सुग्रीव का भाग अनु० ५८४ में वर्णित है। उत्तरकाण्ड (सर्ग १०८) के अनुसार सुग्रीव ने समुद्र को राज्य देकर राम के साथ स्वर्गगमन किया।

—ताल वृक्षों के विषय में एक भविष्यवाणी का प्राचीनकाल से उल्लेख मिलता है। **नृसिंहपुराण** के अनुसार पुराणज्ञों ने कहा था कि जो इन सात ताल वृक्षों का एक साथ भेदन करेगा वह बालि का वध करेगा (५०, २२)। **रंगनाथ रामायण** (४, ४), **आनन्द रामायण** और **पाश्चात्य वृत्तान्त** नं १३ में भी इस भविष्यवाणी की चर्चा है।

रंगनाथ रामायण में इस पर बल दिया गया है कि वे सात ताल टेढ़े-मेढ़े ढंग से खड़े थे। **महानाटक** (५,४४), आनन्द रामायण, उपेन्द्र भंजकृत वैदेहीश विलास, अग्निवेश रामायण (छन्द २९) पाश्चात्य वृत्तान्त नं० १, सेरीराम, रामकेर्ति आदि रचनाओं के अनुसार वे सात ताल एक सर्प की पीठ पर चक्राकार स्थित थे। **आनन्द रामायण** (१, ८, ३५-४६) की तत्सम्बन्धी कथा इस प्रकार है। बालि ने किसी गुफा में ताल वृक्ष के फल रखे थे किन्तु कोई उनमें से सात फल ले गया। बालि ने गुफा में एक सर्प देखा और उसे चोर समझकर शाप दिया कि तेरे शरीर पर सात ताल वृक्ष उगेंगे। सर्प ने यह प्रतिशाप दिया—जो पुरुष उन वृक्षों को काटेगा, वह तुझे मार डालेगा। राम ने सर्प के शरीर पर चक्राकार स्थित उन वृक्षों को देखा; तब उन्होंने शेषांश लक्ष्मण[1] के पाँव को अपने पाँव से दबाकर उस सर्प को सीधा किया और एक बाण से सात वृक्षों को काट डाला। यह देखते हुए भी सुग्रीव का सन्देह दूर नहीं हुआ और उसने राम से बालि की माला की कथा सुनायी। कश्यप ने कठोर तप के बल पर शिव से वह माला प्राप्त की थी और बाद में उसे अपने पुत्र इन्द्र को दिया। इन्द्र ने किसी समय बालि को वह माला प्रदान की थी। इस माला की विशेषता[2] यह है कि उसे देखकर शत्रुगण युद्ध में बलहीन हो जाते हैं। बालि उसे सदा ही पहने रहता है। इस पर राम ने जिस साँप को सात वृक्ष काटकर शापमुक्त किया उसे आदेश दिया कि वह किष्किन्धा जाकर रात्रि में बालि के सोते समय उस माला को ले जाये। साँप ने उसे चुराकर इन्द्र को दे दिया। इसके बाद ही सुग्रीव बालि से द्वन्द्वयुद्ध करने के लिए सहमत हुआ।

तत्त्वसंग्रह रामायण के अनुसार राम ने वृक्ष-भेदन के पश्चात् सुग्रीव को अपना विश्वरूप दिखलाया और उसे ज्ञानमुद्रा तथा रामसहस्रनामस्तोत्र भी सिखलाया (दे० ४, ३-४)।

—**सेरीराम** के अनुसार राम ने सर्वप्रथम एक ही बाण से एक समस्त वन नष्ट किया; उस समय राम-धनुष की टंकार सुनकर सुग्रीव और लक्ष्मण दोनों मूर्च्छित होकर भूमि पर गिर पड़े; बाद में राम ने वृक्ष-भेदन तथा अस्थिकंकाल-निक्षेप द्वारा भी अपनी शक्ति का प्रमाण दिया।[3]

---

१. महानाटक के अनुसार लक्ष्मण ने अपने पैर से सर्प दबाया था। सेरतकाण्ड की कथा अनु० ३९९ में देख लें। अन्य वृत्तान्तों में माना गया है कि राम ने सर्प को दबाकर उसे सीधा होने के लिए बाध्य किया था; दे० पाश्चात्य वृत्तान्त १, सेरीराम, रामकेर्ति।

२. वाल्मीकि रामायण में भी इन्द्र की माला का अनेक स्थलों पर उल्लेख हुआ है किन्तु इसकी इस विशेषता के विषय में कुछ नहीं कहा गया। तारा की एक उक्ति के अनुसार इन्द्र ने युद्ध में बालि से सन्तुष्ट होकर उसे यह माला दी थी—**या दत्ता देवराजेन तव तुष्टेन संयुगे** (४, २३, २८)। उत्तरकाण्ड में माना गया है कि इन्द्र ने उसे बालि को जन्म के बाद ही दिया था (दे० अनु० ५१३)। रंगनाथ रामायण (४, ९) के अनुसार बालि को यह माला मायावी से मिली थी। परवर्ती रामकथाओं में माना गया है कि माला के कारण राम ने बालि को छिपकर मारा था (दे० आगे अनु० ५२२)। **भावार्थ रामायण** (४, ४) के अनुसार कश्यप ने बालि को यह माला प्रदान की थी।

३. हिन्देशिया की कथाओं में विवाह के अवसर पर भी बल-परीक्षा के प्रसंग में वृक्ष-भेदन की कथा मिलती है (दे० ऊपर अनु० ३९९)।

पउमचरियं (पर्व ४८) में सुग्रीव आदि वानर रावण से युद्ध करने से बहुत डरते हैं और लक्ष्मण उनको विश्वास दिलाने के उद्देश्य से कोटिशिला उठाते हैं। इस कोटिशिला के विषय में भी एक भविष्यवाणी प्रसिद्ध थी कि जो उसे उठा सकेगा उससे रावण की मृत्यु होगी।

घ। बालिवध

५१८. यह असम्भव नहीं कहा जा सकता है कि आदिरामायण में राम ने छल से नहीं, बल्कि संग्राम में बालि को मारा था। बड़ौदा के प्रामाणिक संस्करण के कथाबीज में तत्सम्बन्धी कथन इस प्रकार है, "सुग्रीव राम के साथ बालि की गुफा के पास गया, बालि सुग्रीव का गर्जन सुनकर निकला। राम ने संग्राम में बालि को मारा और सुग्रीव को राज्य दिया"—

किष्किन्धां रामसहितो जगाम च गुहां तदा॥ ५३॥
ततोऽगर्जद्धरिवरः सुग्रीवो हेमपिंगलः।
तेन नादेन महता निर्जगाम हरीश्वरः॥ ५४॥
ततः सुग्रीववचनाद्धत्वा बालिनमाहवे।
सुग्रीवमेव तद्राज्ये राघवः प्रत्यपादयत्॥ ५५॥

(बालकाण्ड, सर्ग १)

इस संग्राम के विषय में प्रचलित रामायण में और सामग्री विद्यमान है। बालिवध के बाद तारा वानर-सेना को डाँटती है किन्तु वानर उत्तर में कहते हैं, "आपका पुत्र जीवित है; उसी की रक्षा कीजिये। यमराज ने राम के रूप में आकर बालि का वध किया। उसने बालि द्वारा फेंके हुए वृक्ष और पत्थर विदीर्ण किये और बालि को मारा है। बालि के मरने के बाद समस्त वानर-सेना भाग गयी"—

जीवपुत्रो निवर्तस्व पुत्रं रक्षस्व चांगदम्।
अन्तको रामरूपेण हत्वा नयति बालिनम्॥ ११॥
क्षिप्तान् वृक्षान् समाविध्य विपुलाश्च तथा शिलाः।
बाली वज्रसमैर्बाणैर्वज्रेणेव निपातितः॥ १२॥
अभिभूतमिदं सर्वं विद्रुतं वानरं बलम्।
अस्मिन् प्लवगशार्दूले हते शक्रसमप्रभे॥ १३॥

(दा० पाठ; ४, सर्ग १९)

यह प्रसंग गौडीय (४, १८, १०-१२) तथा पश्चिमोत्तरीय (४, १५, ११-१४) पाठों में भी मिलता है। इसके अतिरिक्त हनुमान् दो अवसरों पर कहता है कि राम ने युद्ध में बालि को मारा था : प्रथम बार सीता से—**ततो निहत्य तरसा रामो बालिनमाहवे** (५, ३५, ५०) और दूसरी बार भरत से—**बालिनं समरे हत्वा महाकायं महाबलम्** (६, १२६, ३८)। महाभारत के रामोपाख्यान में भी राम सुग्रीव से मैत्री करने के पश्चात् प्रतिज्ञा करते हैं कि मैं बालि को समर में मारूँगा—**प्रतिजज्ञे च काकुत्स्थ समरे बालिनो वधम्** (पूना संस्करण, वनपर्व २६४, १४)।

प्रचलित वाल्मीकि रामायण के तीनों पाठों में बालि-सुग्रीव के दो द्वन्द्वयुद्धों का वर्णन किया गया है। प्रथम द्वन्द्वयुद्ध के समय राम दोनों भाइयों को पहचानने में असमर्थ थे, जिससे पराजित सुग्रीव को ऋष्यमूक पर लौटना पड़ा। इसके बाद सुग्रीव को गजपुष्प की माला पहना दी गयी (सर्ग १२, १४-४२)।

द्वितीय द्वन्द्वयुद्ध का अपेक्षाकृत अधिक विस्तार के साथ वर्णन किया गया है। सुग्रीव का आह्वान सुनकर बालि अपनी पत्नी तारा का अनुरोध ठुकराकर पुनः अपने महल से निकला, सुग्रीव से द्वन्द्वयुद्ध करते समय राम-बाण द्वारा छाती में मारा गया और मूर्च्छित होकर भूमि पर गिर पड़ा (सर्ग १३-१६)।

प्रचलित वाल्मीकि रामायण में इसके अनन्तर दो प्रक्षिप्त सर्ग मिलते हैं। प्रथम सर्ग में बालि राम को उनके अक्षत्रिय-व्यवहार के कारण दोष देता है—**अधर्मेण त्वयाऽहं निहतो रणे**; मैंने आपके साथ कोई अन्याय नहीं किया था और आपने अदृश्य रहकर मुझे दूसरे के साथ युद्ध करते समय मारा है। इस पर राम अपनी सफाई में दो तर्क उपस्थित करते हैं—

(१) मैंने राजा भरत का प्रतिनिधि होकर तुमको अनुज की भार्या के अपहरण के कारण समुचित दण्ड दिया है, जैसा कि मैंने सुग्रीव को प्रतिज्ञा दी थी;

(२) धर्मपण्डित राजर्षि तक मृगया खेलते हैं; तुम वानर मात्र हो, अतः किसी भी प्रकार से तुम्हारा वध करने का मुझे अधिकार है।

बालि यह तर्क स्वीकार कर राम से क्षमा माँगता है तथा अंगद, सुग्रीव और तारा की रक्षा करने का राम से निवेदन करता है (सर्ग १७-१८)।

तारा का आगमन, उसका विलाप तथा हनुमान् द्वारा उसको सान्त्वना तीन सर्गों में वर्णित है।[१] इसके अनन्तर बालि सुग्रीव को सम्बोधित कर अपना राज्य सौंप देता है और उससे अंगद को पुत्र के रूप में ग्रहण करने का निवेदन करता है, तारा के परामर्श के अनुसार चलने तथा राम की सेवा करने का उपदेश देता है और अन्त में उसे अपनी माला प्रदान करता है। तब वह अंगद को सुग्रीव का आज्ञापालन करने का आदेश देकर अपने प्राण छोड़ देता है (सर्ग २२)। तारा-विलाप, सुग्रीव-पश्चात्ताप तथा बालि की अन्त्येष्टि के बाद किष्किन्धा में सुग्रीव के राजा तथा अंगद के युवराज बनने का वर्णन किया गया है। राम तथा लक्ष्मण वन में ही रह जाते हैं (दे० सर्ग २३-२६)।

५१९. महाभारत के रामोपाख्यान में बालि की पत्नी 'सर्वभूतरुतज्ञा' (समस्त प्राणियों की बोली समझनेवाली) है और वह बालि को बताती है कि सुग्रीव को राम का सहारा मिला है और उसे बाहर निकलने से रोकना चाहती है। बालि को शंका हो जाती है कि तारा सम्भवतः 'सुग्रीवगतमनसा' है और वह उसकी हित की बातों पर ध्यान न देकर गुफा से निकलता है (पूना संस्करण ३, २६४, १९-२६)। इसमें तथा नृसिंहपुराण की रामकथा में सुग्रीव-बालि के केवल **एक ही द्वन्द्वयुद्ध** का उल्लेख किया गया है।

दक्षिण भारत के एक वृत्तान्त के अनुसार बालि ने प्रथम द्वन्द्वयुद्ध के बाद सुग्रीव की छाती पर एक पर्वत रख दिया था जिसे राम ने उठा लिया (दे० पाश्चात्य वृत्तान्त नं० १)।

तिब्बती और खोतानी रामायणों में द्वितीय द्वन्द्वयुद्ध के लिए सुग्रीव की पूँछ में एक दर्पण बाँधा जाता है। रामकियेन में राम अपने वस्त्र का किनारा सुग्रीव की कमर में लपेटते हैं। सेरीराम के अनुसार सुग्रीव को पहचानने के उद्देश्य से उसकी कमर में एक जड़ लपेटी गयी और उसकी पूँछ के नीचे लाल रंग चढ़ाया गया था।

सेरीराम, रामकेर्ति तथा रामकियेन में यह माना गया है कि बालि ने आहत होने के पूर्व ही **राम-बाण** हाथ से रोक दिया था। सेरीराम के अनुसार बालि ने अपनी निर्दोषिता के प्रमाण

---

१. दे० सर्ग १९-२१। सर्ग २१ की सामग्री का पश्चिमोत्तरीय पाठ में अभाव है। गौडीय तथा पश्चिमोत्तरीय पाठों में तारा के विलाप के अन्तर्गत राम के प्रति उसके शाप का उल्लेख है (दे० अनु० ७२६)।

देने के बाद राम को उनका बाण लौटाना इसलिए अस्वीकार कर दिया कि विष्णु का बाण अमोघ है। तब उसने बाण छोड़ दिया और वह ऊपर उठकर बालि की छाती में घुस गया। आहत बालि ने राम का हाथ पकड़कर उनको अपनी पत्नी तथा अपने दो पुत्रों को सौंप दिया और हनुमान् को राम-सेवा के लिए उपयुक्त बताया। अनन्तर उसने राम का हाथ छोड़ दिया और चल बसा। राम किष्किन्धा जाकर वहाँ राजा के रूप में शासन करने लगे। रामकेर्ति (सर्ग ५) में राम ने आहत बालि को जीवित रखना चाहा किन्तु बालि ने अस्वीकार किया क्योंकि पराजय तथा क्षतचिह्न के कारण अपयश होगा। उसने राम बाण छोड़ दिया और उस बाण से छेदित होकर वह मर गया।

रामकियेन (अध्याय २१) में भी बालि रामबाण हाथ से सँभालकर राम की भर्त्सना करता है जिस पर राम अपना नारायण रूप दिखलाकर बालि को उसके पापों का स्मरण दिलाते हैं। बालि अंगद-सुग्रीव-हनुमान् को राम की रक्षा में छोड़कर मरने के लिए तैयार हो जाता है। इस पर राम बालि का जीवन बचाने के विचार से उससे रक्त का अर्द्धबिन्दुमात्र माँगते हैं और यह आश्वासन देते हैं कि क्षतचिह्न बाल के सप्तमांश से भी कम चौड़ा होगा। बालि इस प्रस्ताव को अपनी मर्यादा के विरुद्ध समझकर राम-बाण अपने हृदय में घुसाकर आत्महत्या कर लेता है।[1] उपर्युक्त कथाओं का आधार भारतीय प्रतीत होता है। **पद्मपुराण** (४, ११२, १६७) में इसका उल्लेख किया गया है कि मरने के पूर्व बालि ने राम को उनका बाण लौटाया था। **कम्ब रामायण** के बालिवधपटल के अनुसार बालि ने आहत होने के बाद राम-बाण को अपने शरीर से बाहर निकलने के पूर्व ही अपने बलिष्ठ हाथ से पकड़ लिया था। बाद में उसके हाथ शिथिल पड़े; राम-बाण बालि का शरीर भेदित कर और समुद्र जल में धुलकर राम के तूणीर में जा पहुँचा।

५२०. अभिषेकनाटक में बालि राम से कहता है कि मैं आपसे दण्डित होकर पापी हो गया हूँ—**भवता दण्डितत्वाद् विगतपापोऽहं ननु** (१, २२) और इसके बाद यमराज द्वारा भेजा हुआ विमान उसे ले जाता है—**एष सहस्त्रहंसप्रयुक्तो वीरवाही विमानः कालेन प्रेषितो मां नेतुमागतः** (१, २७ के बाद)। अधिकांश अर्वाचीन रामकथाओं में बालि की **मुक्ति-प्राप्ति** का वर्णन किया गया है। वह प्रायः नारायण के रूप में राम की स्तुति करने के पश्चात् स्वर्ग की ओर प्रस्थान करता है; दे० अध्यात्म रामायण (४, २); पद्मपुराण (४, ११२, १६६-१६९); आनन्द रामायण (१, ८, ६३); कम्ब रामायण; रंगनाथ रामायण (४, ९); तोरवे रामायण (४, ४), बलरामदास रामायण; रामचरितमानस (४, १०-११); पाश्चात्य वृत्तान्त नं० १ और १३; रामकेर्ति। सेरीराम के अनुसार उसके शरीर से एक ज्योति निकलकर आकाश में विलीन हो गयी थी। रामकियेन (अध्याय ३३) में माना गया है कि बालि देवता बन गया और उसी रूप में उसने रावण का यज्ञ नष्ट किया था। **तिब्बती रामायण** के अनुसार राम ने ऋषियों से यह वर प्राप्त किया था कि उनके हाथ से मारा गया मनुष्य स्वर्ग में देवता बन जायेगा और इसीलिए बालि भी देवता बन गया।

कुछ रामकथाओं में बालि के **अगले जन्म** के विषय में माना गया है कि द्वापर युग के अन्त में बालि **भील** के रूप में प्रकट होकर विष्णु के अन्य अवतार कृष्ण का वध करेगा।

---

१. रामचरितमानस के अनुसार भी राम ने बालि को बचाने का प्रस्ताव किया था किन्तु बालि ने राम के दर्शन पाकर मरना ही श्रेयस्कर समझा। पाश्चात्य वृत्तान्त नं० १३ में भी लिखा है कि राम ने उसी शर्त पर बालि को जीवित रखना चाहा था कि वह सुग्रीव को पत्नी और राज्य लौटा दे। बालि ने विष्णु के हाथ से मरकर स्वर्गप्राप्ति को ही चुन लिया था।

यह कथा महाभारत के वृत्तान्त पर आधारित है। मौसल पर्व (अध्याय ५) में इसका वर्णन मिलता है कि जरा नामक व्याध ने कृष्ण को सुप्त मृग समझकर उन पर बाण चलाया था। **महानाटक** में इस व्याध तथा बालि की अभिन्नता का प्राचीनतम उल्लेख मिलता है (५, ५७; १४, ७५)। **आनन्द रामायण** (१, ८, ६६-६८) के अनुसार राम ने आहत बालि से कहा था कि तुम द्वापर के अन्त में भील होकर पूर्व-वैर के कारण बाण से मेरे पैर को छेदोगे और इसके बाद ही मेरे हाथ से मरने के फलस्वरूप मुक्ति प्राप्त करोगे। उत्तर भारत के एक वृत्तान्त (पाश्चात्य वृ० नं० १३, पृ० ३४२) में भी इसका उल्लेख किया गया है। कृत्तिवास ने इस प्रसंग को एक नया रूप दिया है। बालि के लिए विलाप करते हुए तारा ने राम को शाप दिया था कि "जन्मान्तर में बालि तुमको मारेगा" (४, १३)।

५२१. बालिवध के कारण राम के प्रति **अंगद-वैर** का कई रामकथाओं में वर्णन किया गया है। **वाल्मीकि रामायण** में अंगद बारम्बार सुग्रीव की कठोरता का उल्लेख करता है तथा इस प्रसंग में राम का भी नाम लेता है—**भेतव्यं तस्य सततं रामस्य च महात्मनः** (४, ४९, ९); **इहास्ति नो नैव भयं पुरन्दरान्न राघवाद् वानरराजतोऽपि वा** (४, ५३, २६)। परवर्ती साहित्य में अंगद के राम-वैर को सक्रिय रूप दिया गया है। अंगद ने दूतकार्य के लिए जाते समय राम के प्रति वैर तथा उनका वध करने की अभिलाषा प्रकट की थी, इसका महानाटक में स्पष्ट उल्लेख है (दे० अंक ८, ३); इसके अतिरिक्त युद्ध के पश्चात् अयोध्या में पहुँचकर अंगद ने राम को युद्ध के लिए ललकारा था किन्तु एक आकाशवाणी से यह जानकर वह शान्त हुआ कि बालिवध का प्रतीकार मथुरावतार (अर्थात् कृष्णावतार) के समय बालि-रूपी भील द्वारा ही होनेवाला है (अंक १४, ७२-७६)। **हिकायत महाराज रावण** के अनुसार अंगद ने राम को द्वन्द्वयुद्ध में हरा दिया; तब राम ने विभीषण को बालि की कब्र पर भेज दिया और विभीषण बालि को जिलाकर उसे राम के पास लाया। अपने पिता को देखकर अंगद शान्त हुआ; बालि अंगद को राजा बनाने का आदेश देकर अन्तर्धान हुआ। इस प्रकार अंगद ही वानरों का राजा बन गया।

सारलादास के महाभारत (विराट पर्व, पृ० २३) में यह माना गया है कि अंगद ही ने भील के रूप में अपने पिता बालि के वध का प्रतीकार किया था। **रामचन्द्रिका** (प्रकाश २६ और ३८) में अंगद के वैर तथा उसके गर्व-निवारण का वर्णन किया गया है।[1]

५२२. बालिवध के दोष से राम को मुक्त करने का प्राचीनकाल से प्रयास किया गया है। वाल्मीकि रामायण के तत्सम्बन्धी प्रक्षिप्त सर्गों का सार ऊपर दिया गया है (दे० अनु० ५१८)। **कम्ब रामायण** के अनुसार लक्ष्मण ने बालि को यह तर्क दिया था—"राम ने सुग्रीव को शरणागत के रूप में स्वीकार किया था और वचन भी दिया कि वह तुम्हारा वध करेंगे। यदि वह सामने आते तो तुम भी उनके पाँव पकड़कर शरण की प्रार्थना करते। मेरे भाई का व्रत है कि वह शरणार्थियों को अभयदान दें; अतः सुग्रीव को दिये हुए वचन की रक्षा के लिए वह छिपकर तुम पर तीर चलाने के लिए विवश हुए।" **तत्त्वसंग्रह रामायण** (४, ५) में शिव भी पार्वती के सामने यह तर्क प्रस्तुत करते हैं।

अनन्द रामायण के अनुसार बालि की **माला** को देखकर शत्रु बलहीन बन जाते थे और इसीलिए राम ने सर्प को माला चुराने का आदेश दिया था (दे० अनु० ५१७)। परवर्ती

१. अंगद के विषय में अनु० ५८५ भी देख लें। विदेशी रामकथाओं में अंगद को बालि और मन्दोदरी का पुत्र माना गया है (दे० अनु० ६५५)। रामजातक में अंगद के पिता के रूप में राम का उल्लेख है (दे० अनु० ३२७)।

साहित्य में माना गया है कि राम ने माला के कारण बालि को छिपकर मारा था।[१] वाल्मीकि रामायण के अनुसार आहत बालि नहीं मर सकता था जब तक वह उस माला को पहनता रहा (४, १७, ५); बालि ने उसे सुग्रीव को अर्पित करते हुए कहा था कि इसमें श्री का निवास है। रामायण के टीकाकार **गोविन्दराज** ने लिखा है कि यह माला सामने से युद्ध के लिए आये हुए प्रतिद्वन्द्वी **(यः पुरो युद्धायागच्छति)** का बल खींचकर उसे माला धारण करनेवाले को प्रदान करती है (४, ११, ३९)। **कम्ब रामायण** (४, ७, २०; ४, ३, ४०) के अनुसार बालि को अपने प्रतिद्वन्द्वी के बल का अर्द्धांश मिला करता था। **तत्त्वसंग्रह रामायण** (४, ९) के अनुसार बालि ने समुद्र-मंथन के समय विष्णु से यह वर प्राप्त किया था कि सामने से लड़नेवाले शत्रु की अर्द्ध-शक्ति उसे मिलेगी।

कुछ अन्य रचनाओं में बालिवध के कारण राम के दोष का प्रश्न उठ ही नहीं सकता। **अनामकं जातकम्** में बालि राम का धनुष-सन्धान देखते ही भयभीत होकर भाग जाता है और उसका आगे चलकर कोई उल्लेख नहीं होता। **पउमचरियं** (पर्व ४७) के अनुसार बालि स्वेच्छा से सुग्रीव को राज्य दिलाकर श्रमण बन गया था किन्तु साहसगति नामक विद्याधर ने सुग्रीव का रूप धारण कर उसकी पत्नी तथा राज्य को छीन लिया था। राम सेना को लेकर सुग्रीव के साथ किष्किन्धा के निकट पहुँचे। साहसगति ने अपनी सेना के साथ राम का सामना किया और दोनों सेनाओं में घोर युद्ध हुआ। इस युद्ध में साहसगति ने सुग्रीव को आहत किया। सुग्रीव को शिविर में लाया गया और राम ने उससे कहा कि मैंने तुम दोनों को पहचानने में असमर्थ होने के कारण साहसगति को नहीं मारा है। इसके बाद दोनों सेनाओं में फिर युद्ध हुआ जिसमें राम ने साहसगति का वध किया। गुणभद्रकृत **उत्तरपुराण** (६८, ४४०-४६३) का वृत्तान्त इस प्रकार है। बालि ने राम के पास सन्देश भेजकर कहा कि रावण का सामना करने में सुग्रीव और हनुमान् असमर्थ हैं, मैं ही उसका वध कर सकता हूँ। राम ने इस प्रस्ताव का कटु शब्दों में उत्तर देकर बालि का महामेघ नामक हाथी माँगा था। बालि ने उसे देना अस्वीकार किया जिस पर दोनों सेनाओं में घोर युद्ध हुआ। अन्त में लक्ष्मण ने एक तीक्ष्ण बाण से बालि का सिर काट दिया।

रामकथा-विषयक नाटकों में प्रायः **राम-बालि के द्वन्द्वयुद्ध** का वर्णन किया गया है। **महावीरचरित** (अंक ५) में माल्यवान् के उभाड़ने पर बालि राम-लक्ष्मण का मार्ग रोक लेता है और राम द्वारा द्वन्द्वयुद्ध में मारा जाता है।[२] मायुराजकृत उदात्तराघव में भी इस प्रकार का वर्णन मिलता है। **अनर्घराघव** में लक्ष्मण दुन्दुभि के अस्थिकंकाल को दूर तक फेंक देते हैं (बालि ने उसे एक वृक्ष पर रख दिया था); इस पर बालि आकर युद्ध के लिए ललकारता है और राम द्वन्द्वयुद्ध में उसका वध करते हैं (अंक ५)। महानाटक (अंक ५), **जानकी परिणय** (अंक ६) और पाश्चात्य वृत्तान्त नं० ३ में बालि का वध द्वन्द्वयुद्ध में ही माना गया है।

---

१. दे० भावार्थ रामायण (४, ४)। तोरवे रामायण (४, ४) में भी माना गया है कि इन्द्र द्वारा प्रदत्त माला के कारण शत्रु की आधी शक्ति युद्ध में बालि को मिला करती थी।

२. निर्णयसागर प्रेस द्वारा प्रकाशित महावीरचरित (सन् १९०१ ई०) के अनुसार बालि भयभीत होकर संग्रामभूमि जाते समय अन्तर्धान हो जाता है। इतने में राम धनुष का सन्धान करते हैं और एक मृग को देखकर उसका वध करते हैं। मृग दिव्य पुरुष का रूप धारण कर राम से कहता है कि 'मैं बालि हूँ; मतंग के शाप के कारण मैं मृग बन गया था; अब आपकी कृपा से मुझे शाश्वत पद प्राप्त है' (अंक ६, ५-६)।

ङ। राम की वर्षाकालीन साधना

५२३. वाल्मीकि रामायण के अनुसार राम ने लक्ष्मण के साथ प्रस्रवण गिरि की गुफा में वर्षा ऋतु बितायी थी (दे० सर्ग २७-२८)। **अग्निपुराण** (८, ५) में इसका उल्लेख मात्र किया गया है कि राम ने माल्यवान् पर्वत पर चातुर्मास्य यज्ञ किया था। **देवीभागवत** (३, ३०) के अनुसार नारद ने बालिवध के पश्चात् राम के पास आकर कहा कि रावण पर विजय प्राप्त करने के लिए नवरात्रोपवास करना चाहिए। राम के इस उपवास के अन्त में सिंहारूढ़ा देवी भगवती राम को दर्शन देकर रावण पर विजय का आश्वासन देती हैं। अत: राम विजयापूजा सम्पन्न करने के बाद वानर-सेना के साथ लंका के लिए प्रस्थान करते हैं।

कुछ अन्य रचनाओं में राम की वर्षाकालीन शिवपूजा का वर्णन किया गया है। **शिव महापुराण** (वेंकटेश्वर प्रेस, उमासंहिता, अध्याय ३, ५३-५५) में लिखा है कि राम ने पर्वत पर शिव की आराधना की थी तथा घोर तपस्या करने के पश्चात् शिव से धनुष, बाण तथा ज्ञान प्राप्त किया था जिससे वह रावण पर विजयी हो सकें। नवलकिशोर प्रेस द्वारा प्रकाशित हिन्दी **शिवपुराण** (शतरुद्र संहिता, अध्याय ३४-३९) में राम की इस शिवपूजा का विस्तृत वर्णन किया गया है। अगस्त्य ने राम से कहा था कि रावण को हराने के लिए शिव की शरण लेना तथा घोर तप करना अनिवार्य है। इस पर राम ने गोदावरी के निकट रामगिरि पर शिवलिंग की स्थापना की थी और चार महीने शिवपूजा तथा तप में बिताये। तब शिव अन्य देवताओं के साथ दिखायी दिये और उन्होंने राम को धनुष तथा अस्त्र प्रदान किये। देवताओं ने शिव के आदेश पर राम को अपने-अपने अस्त्र दे दिये तथा वे राम की सहायता करने के लिए वानर और रीछ बन गये। राम ने शिव से निवेदन किया कि वह भी अवतार लेकर उनकी सहायता करें और शिव ने आश्वासन दिया कि मैं हनुमान् के रूप में तुम्हारी सहायता करूँगा। अन्त में शिव राम को अपनी गीता का ज्ञान देकर अन्तर्धान हो गये।

शिवगीता (वेंकटेश्वर प्रेस) का वर्ण्य-विषय उपर्युक्त वृत्तान्त से अधिक भिन्न नहीं है। इसके अनुसार अगस्त्य विरही राम को सान्त्वना और संसार की असारता के विषय में उपदेश देने आये। रावण पर विजय प्राप्त करने का उपाय राम ने उनसे पूछा और अगस्त्य ने उनको पाशुपतव्रत करने का परामर्श दिया। अत: राम शिवलिंग स्थापित कर चार महीने तक नित्य ही उसकी पूजा और ध्यान करते रहे। अन्त में पार्वती तथा देवताओं के साथ शिव प्रादुर्भूत हुए और उन्होंने राम को दिव्य-धनुष के साथ महापाशुपतास्त्र प्रदान किया। तब शिव ने देवताओं को आज्ञा दी कि वे राम को अपने-अपने अस्त्र दे दें और वानरों का रूप धारण कर उनकी सहायता करें। अनन्तर भगवद्गीता के अनुकरण पर इसका वर्णन किया गया है कि शिव ने अपना विश्वरूप दिखाकर राम को ब्रह्मज्ञान के विषय में शिक्षा दी थी।[१] **अब्दरामायण** (दे० अनु० १७९) में भी माल्यवान् पर्वत पर राम द्वारा लिंगार्चन का उल्लेख किया गया है।

---

१. रामकथा पर शैवप्रभाव के विषय में अनु० ७८३-७८४ देख लें। बलरामदास रामायण में भी वर्षाऋतु के अन्त में राम के पास अगस्त्य के आगमन् का वर्णन किया गया है। मार्कण्डेय अगस्त्य के साथ आये थे और राम का विरह देखकर, उसने राम के भगवान् होने पर सन्देह प्रकट किया था। अगस्त्य ने उसका समाधान करते हुए कहा कि विष्णु ने मानव शरीर धारण कर अज्ञानी बनने और रावण को मार डालने की प्रतिज्ञा की थी।

च। वानरों का प्रेषण

५२४. प्रचलित वाल्मीकि रामायण में वानरों के प्रेषण का अपेक्षाकृत अधिक विस्तार से वर्णन किया गया है (सर्ग २९-४७)। इसकी अधिकांश सामग्री प्रक्षिप्त ही है (दे० अनु० ५१०-५११); शेष कथानक संक्षेप में इस प्रकार है। शरत्काल के प्रारम्भ में सुग्रीव ने हनुमान् के अनुरोध पर नील को सेना बुलाने का आदेश दिया (सर्ग २९)। विरही राम ने सुग्रीव की निष्क्रियता की भर्त्सना करके लक्ष्मण को किष्किन्धा भेज दिया (सर्ग ३०)। लक्ष्मण ने किष्किन्धा में प्रवेश कर (सर्ग ३३) अकृतज्ञ सुग्रीव को धमकी दे दी (सर्ग ३४); सुग्रीव ने दीनतापूर्वक क्षमा-याचना की और लक्ष्मण के साथ राम के पास जाना स्वीकार किया (सर्ग ३६)। राम ने सुग्रीव का प्रेमपूर्वक स्वागत किया (सर्ग ३८) और सुग्रीव ने अपने साथ आये हुए वानरों को दिखाकर राम की आज्ञा माँगी (सर्ग ४०)। सुग्रीव से हनुमान् की योग्यता जानकर राम ने उसे अभिज्ञानस्वरूप अपनी अँगूठी सौंप दी और हनुमान् अपने साथियों के साथ सीता की खोज में निकल पड़े (सर्ग ४४)। सम्भव है कि आदिरामायण में हनुमान् को ही दक्षिण की ओर भेजा गया हो। वह सीता से मिलकर कहता है कि मैं सुग्रीव की आज्ञा से अकेला ही यहाँ आया हूँ। मैं कामरूपी हूँ; मैंने आपका पता लगाने की इच्छा से घूम-फिर कर बिना किसी सहायक के (असहायेन) इस दक्षिण दिशा का अनुसन्धान किया है—

अहमेकस्तु सम्प्राप्तः सुग्रीववचनादिह।
मयेयमसहायेन चरता कामरूपिणा॥ ७५॥
दक्षिण दिगनुक्रान्ता त्वन्मार्गविचयैषिणा। (सुन्दरकाण्ड, सर्ग ३५)

वाल्मीकि रामायण में सुग्रीव विलासिता के कारण निष्क्रिय है किन्तु **सेरीराम, रामकेर्ति** (सर्ग ७) तथा **रामकियेन** (अध्याय २२) में इसके लिए एक अन्य कारण दिया गया है। सेरीराम का तत्सम्बन्धी विस्तृत वृत्तान्त इस प्रकार है। सम्बूरान[१] इन्द्र के शाप के कारण वानर बन गया था; वह बालि का परम मित्र था और निकटवर्ती राज्य में वानरों पर शासन करता था। सुग्रीव सम्बूरान के कारण राम की सहायता करने से डरता था। इस पर लक्ष्मण ने एक पत्र लिखकर सम्बूरान को विष्णु-अवतार राम की अधीनता स्वीकार करने का आदेश दिया। सुग्रीव और हनुमान् यह पत्र सम्बूरान के पास ले गये। किन्तु उसने राम के अवतारत्व पर अविश्वास प्रकट किया। रात्रि में सुग्रीव और हनुमान् सम्बूरान का अपहरण करके उसे राम के पास ले गये। राम को देखकर सम्बूरान ने उनको विष्णु के रूप में स्वीकार किया तथा अपनी सेना राम की सहायता में अर्पित की। तब जाम्बवान् को ज्योतिष द्वारा यह ज्ञात हुआ कि सीता ने आत्महत्या का विचार छोड़ दिया है और रावण ४० धनु की दूरी तक सीता के निकट आने में असमर्थ है। इस पर राम ने पूछा कि जाम्बवान् के कथन की सच्चाई की परीक्षा लेने के लिए कौन लंका जाने को तैयार है। सबों की अनिच्छा देखकर राम ने बालि का वचन याद किया (दे० अनु० ५१९) और हनुमान् को बुलाया। हनुमान् इस शर्त पर जाने के लिए तैयार हो गये कि उसे राम के साथ एक ही पत्तल में खाने की अनुमति मिल जाये। राम ने हनुमान् को समुद्र में स्नान करने का आदेश देकर इस शर्त को स्वीकार किया। इस कथा का आधार भारतीय ही है (दे० अनु० ७०७)।

---

१. रामकेर्ति में इसका नाम महाजम्बु तथा रामकियेन में जम्बु है।

गुणभद्र के **उत्तरपुराण** में हनुमान् को तीन बार लंका भेजा जाता है। प्रथम बार वह सीता से ही मिलकर लौटता है (६८, ३७५); द्वितीय बार वह दूत के रूप में रावण के पास भेजा जाता है और लौटने से पूर्व सीता से पुन: मिलता है (६८, ४३५); विभीषण की शरणागति के पश्चात् हनुमान् तृतीय बार समुद्र पार कर रावण की वाटिका नष्ट करता है और बहुत-से योद्धाओं का वध करता है (६८, ५०९)।

५२५. वाल्मीकि रामायण में राम हनुमान् को **अभिज्ञान** के रूप में '**स्वनामांकोपशोभितं अंगुलीयम्**' (४४, १२) सौंप देते हैं। अधिक सम्भव यही प्रतीत होता है कि आदिरामायण में इस अभिज्ञान का उल्लेख नहीं मिलता था; सीता द्वारा दिये हुए अभिज्ञानों के अनुकरण पर (दे० अनु० ५५०) राम द्वारा भी अभिज्ञान दिये जाने की कल्पना अत्यन्त स्वाभाविक है। महाभारत के रामोपाख्यान में राम की अँगूठी की चर्चा नहीं मिलती है।

परवर्ती रचनाओं में अनेक नवीन अभिज्ञानों की कल्पना कर ली गयी है। **आनन्द रामायण** (१, ८, ९३-९७) के अनुसार राम ने हनुमान् को अँगूठी के अतिरिक्त अपना निज मंत्र भी दिया और सीता के भाल पर तिलक लगाने तथा उनके कपोलों पर पत्रावली की रचना करने का वृत्तान्त सुनाया। **बलरामदास रामायण** में काक-वृत्तान्त तथा तिलक-वृत्तान्त दोनों राम द्वारा दिये हुए अभिज्ञान माने गये हैं। **तोरवे रामायण** (५, ९) में अँगूठी तथा काक-वृत्तान्त के अतिरिक्त चित्रकूट में जलविहार की कथा भी राम द्वारा प्रदत्त अभिज्ञान माना गया है।

गुणभद्र के **उत्तरपुराण** तथा **रामलिंगामृत** में अँगूठी के साथ राम सीता के नाम पत्र देते हैं। **तिब्बती रामायण** में भी राम के पत्र का उल्लेख है।

अभिनन्दकृत **रामचरित** (सर्ग ८) में राम अपनी मुद्रिका के अतिरिक्त सीता का नूपुर तथा स्तनोत्तरीय देते हैं, हनुमान् को अपनी वंशावली भी सिखलाते हैं और सीता के रूप तथा उनके गुणों का वर्णन करते हैं। **भावार्थ रामायण** (५, १२) में हनुमान् अभिज्ञान के रूप में सीता से कहते हैं कि जब आप वल्कल पहनने में असमर्थ थीं तब राम ने आपकी सहायता की थी। **रामकियेन** (अध्याय २३) के अनुसार हनुमान् ने राम की मुद्रिका तथा सीता का उत्तरीय पाकर यह आपत्ति की थी कि इनसे सीता की आशंका दूर नहीं होगी क्योंकि शत्रु भी इन्हें प्राप्त कर ले सकता है। इस पर राम ने पूर्वानुराग का रहस्य प्रकट किया—"जब मैं पहले-पहल मिथिला में प्रवेश कर रहा था, सीता ने अपनी खिड़की से मुझे देख लिया था और हम दोनों में प्रेम उत्पन्न हुआ था। **कम्ब रामायण** (४, १२) तथा बलरामदास के अनुसार भी राम ने हनुमान् को पूर्वानुराग का वृत्तान्त सुनाया था; कम्ब रामायण में दो और घटनाओं का वर्णन किया गया था—(१) वन जाने की अनुमति न मिलने पर सीता की मूर्च्छा और क्रोध; (२) नगर निकलने के पूर्व पैदल चलनेवाली सीता का प्रश्न (अरण्य कहाँ है)।

दूसरी ओर सीता को पहचानने में हनुमान् की सुविधा के लिए राम ने **कम्ब रामायण** के अनुसार (४, १२, ३३-३६) सीता का विस्तृत नख-शिख-वर्णन किया था।[1] **भावार्थ रामायण** (४, १३) में राम हनुमान् से कहते हैं कि सीता की हनु पर मेरा चित्र अंकित है।

५२६. हनुमान् तथा उसके साथी विन्ध्य की गुफाओं में सीता की खोज करते हुए एक निर्जल तथा निर्जन वन में पहुँच गये। कण्डु ने अपने द्वादशवर्षीय पुत्र की अकाल मृत्यु से

---

१. इसका आधार सुन्दरकाण्ड (१५, ४१-४३) में हनुमान् का यह कथन है कि जिन आभरणों का वर्णन राम ने किया था वे सीता के शरीर पर विद्यमान हैं।

शोकातुर होकर उस प्रदेश को शाप दिया था। इस स्थल पर अंगद ने एक असुर का वध किया। तब तृषित वानरों ने विन्ध्य की दक्षिण-पश्चिम कोटि पर ऋक्षबिल नामक गुफा से जलपक्षियों को निकलते देखा। अंगद ने द्वार पर पहरा देनेवाले दानव[१] को मार डाला और सब वानर हनुमान् के नेतृत्व में अँधेरी गुफा में प्रवेश कर गये। एक योजन तक आगे बढ़कर उन्होंने एक ज्योतिर्मय सुवर्णनगरी में एक वृद्धा तपस्विनी से भेंट की। उसने अपना परिचय देकर कहा—'मैं मेरुसावर्णी की पुत्री **स्वयंप्रभा** हूँ; मय नामक दानव ने इस नगर का निर्माण किया था किन्तु हेमा नामक अप्सरा पर आसक्त हो जाने के कारण इन्द्र ने मय का वध किया था। बाद में ब्रह्मा ने हेमा को यह वन प्रदान किया और मैं हेमा के लिए इसकी रखवाली करती हूँ।' तब स्वयंप्रभा ने वानरों को भोजन दिया और आँखें बन्द कर लेने का आदेश देकर वह उनको गुफा के बाहर ले गयी। वानरों को विन्ध्य, प्रश्रवण तथा समुद्र दिखलाकर उसने पुन: गुफा में प्रवेश किया (सर्ग ४८-५२)। उत्तरकाण्ड में मय अपनी पुत्री मन्दोदरी के साथ वन में रावण से मिलकर अपने विषय में कहता है कि देवताओं ने मुझे हेमा को प्रदान किया था और हम दोनों ने १००० वर्ष सुख से बिताये। १४ वर्ष पूर्व हेमा 'दैवतकार्येण' मुझे छोड़कर चली गयी। तब मैंने एक सुवर्ण नगर का निर्माण किया और अब मैं हेमा के वियोग के कारण दुखी होकर वहाँ निवास करता हूँ। हेमा से मुझे यह पुत्री मन्दोदरी तथा दो पुत्र दुन्दुभि और मायावी प्राप्त हुए थे (सर्ग १२)।

परवर्ती रामकथाओं में उपर्युक्त वृत्तान्त में गौण परिवर्तन किये गये हैं। स्वयंप्रभा के स्थान पर महाभारत में प्रभावती, नृसिंहपुराण में प्रभा, अग्निपुराण में सुप्रभा, कृत्तिवास में सम्भवा, बलरामदास में गिरिजा, गुजराती रामायणसार में बदरी तथा रामकियेन में पुष्पमाली नाम मिलता है।

रामायण ककविन (सर्ग ७) के अनुसार स्वयंप्रभा वानरों को भुलाने के लिए उनको आँखें बन्द कर लेने के लिए कहती है, क्योंकि वह दानवी है और राक्षसों से मैत्री रखती है। **भट्टिकाव्य** के वृत्तान्त से भी वही ध्वनि निकलती है (७, ७१)। **तिब्बती रामायण** में भी श्री देवी की पुत्री वानरों को मोहित कर देती है जिससे उनको दिशाभ्रम हो जाता है। इस रचना में वानर एक-दूसरे की पूँछ पकड़कर गुफा में प्रवेश करते हैं। **कम्ब रामायण** (४, १३) में भी हनुमान् की पूँछ पकड़कर वानर गुफा में आगे बढ़ते हैं।

अभिनन्दकृत **रामचरित** (सर्ग ११-१२) के अनुसार अंगद ने गुफा के प्रवेश-द्वार पर दुर्दम नामक एक राक्षस का वध किया था तथा हनुमान् ने एक वानर-वार-सुन्दरी का प्रेम-प्रस्ताव अस्वीकार कर दिया; तब सर्वांगसुन्दरी का रूप धारण कर वह हनुमान् को मोहित करने में पुन: असफल हुई और स्वयंप्रभा के आगमन पर चली गयी।[२] स्वयंप्रभा ने गुफा में अपने निवास के कारण के विषय में कहा कि मय और हेमा बहुत समय तक पति-पत्नी के रूप में यहाँ रह चुके थे; हेमा किसी दिन स्वर्ग में अपने पिता से मिलने गयी

---

१. कम्ब रामायण (४, १४) में अंगद द्वारा तुमिर नामक असुर का वध स्वयंप्रभा के वृत्तान्त के बाद रखा गया है। सेरीराम की राफल्स पाण्डुलिपि (पृ० ३६५) में यह राक्षस इन्द्र द्वारा अभिशप्त कोई राजा है।

२. रामकियेन (अध्याय २३) के अनुसार हनुमान् ने गुफा से प्रस्थान करने के पूर्व पुष्पमाली (स्वयंप्रभा) के साथ रमण किया था तथा उसके बाद उसे स्वर्ग भेज दिया। पुष्पमाली एक अप्सरा थी जो रम्भा के हरण में मयन के राजा तवन की सहायता करने के कारण ईश्वर द्वारा अभिशप्त थी। सेरीराम की राफल्स पाण्डुलिपि में हनुमान् स्वयंप्रभा के साथ विवाह करते हैं (पृ० ३७१)।

और इन्द्र ने उसे वहाँ रोक लिया। तब हेमा ने मय को सूचना देने के लिए स्वयंप्रभा को भेज दिया; गुफा में पहुँचकर स्वयंप्रभा ने मय को विरह के कारण मरा हुआ पाया, स्वयंप्रभा को लौटकर हेमा को इसका समाचार देने का साहस नहीं हुआ; कहीं ऐसा न हो कि हेमा भी मर जाये। अत: स्वयंप्रभा ने मरण तक इस गुफा में तपस्या करने का निश्चय किया था। **कम्ब रामायण** (४, १३) में कथा इस प्रकार है। ब्रह्मा ने मय को यह नगर प्रदान किया था तथा स्वयंप्रभा हेमा को मय की पत्नी के रूप में वहाँ ले आयी थी। थोड़े ही दिनों के बाद इन्द्र ने आकर मय का वध करके स्वयंप्रभा को दण्ड दिया कि वह राम के दूतों के आगमन तक वहाँ निवास करे। तब इन्द्र हेमा को स्वर्ग ले गये। यह वृत्तान्त सुनाने के बाद स्वयंप्रभा ने वानरों से निवेदन किया कि वे उसे गुफा से निकलने में सहायता दें। इस पर हनुमान् ने अपना शरीर बढ़ाकर गुफा को खोल दिया और स्वयंप्रभा ने स्वर्ग के लिए प्रस्थान किया। **रंगनाथ रामायण** (४, १७) के अनुसार भी हेमा मय की पत्नी थी; इन्द्र मय का वध करके हेमा को स्वर्ग ले गये थे। स्वयंप्रभा हेमा की सखी है जो हेमा की आज्ञा से गुफा में तप करती है। **भावार्थ रामायण** (४, १४-१५) के अनुसार इन्द्र ने हेमा को भेजकर मय को गुफा के बाहर आने का प्रलोभन दिया था और इस प्रकार वह मय को मारने में समर्थ हुए।

रामभक्ति-भाव से ओतप्रोत **अध्यात्म रामायण** (४, ६, ५१-८४) में प्रस्तुत वृत्तान्त को एक नवीन रूप दिया गया है। विश्वकर्मा की पुत्री हेमा ने अपने नृत्य से शिव को प्रसन्न कर उनसे वह दिव्य नगर प्राप्त किया था। ब्रह्मलोक के लिए प्रस्थान करते समय हेमा ने अपनी सखी स्वयंप्रभा (दिव्य नामक गन्धर्व की पुत्री) को आदेश दिया था—"तुम यहाँ पर तपस्या करती रहो; त्रेतायुग में जब राम के दूत आवेंगे तब उनका आतिथ्य-सत्कार करना।" वानरों को भोजन देने के बाद स्वयंप्रभा उनको गुफा के बाहर ले गयी और राम के पास आ गयी। उसने राम की स्तुति करने के पश्चात् भक्ति का वरदान माँग लिया और राम का आदेश पाकर बदरी-वन चली गयी, जहाँ उसने अपना शरीर छोड़कर परम पद प्राप्त किया। **आनन्द रामायण** (१, ८, १०३-१०९) तथा **रामचरितमानस** (४, २५) में भी यही कथा संक्षिप्त रूप में मिलती है।

५२७. स्वयंप्रभा की गुफा से निकलकर वानर यह जानकर निरुत्साह हो गये कि सुग्रीव की निर्धारित (एक मास की) अवधि समाप्त हुई है। अंगद ने पुन: गुफा में प्रवेश कर वहाँ निवास करने का प्रस्ताव किया किन्तु हनुमान् ने इसका विरोध किया। अन्त में सबों ने प्रायोपवेशन करने का निश्चय किया। **सम्पाति** ने उपवास करनेवाले वानरों को अपने भाई जटायु का उल्लेख करते सुना और पास आकर इसका समाचार पूछा; बाद में उसने अपनी कथा भी सुनायी तथा वानरों से यह प्रकट किया कि सीता का अपहर्ता रावण एक सौ योजन की दूरी पर समुद्र के उस पार निवास करता है; इसके बाद वानरों ने परामर्श किया कि कौन समुद्र पार कर सकेगा; अन्त में जाम्बवान् ने हनुमान् को समुद्रलंघन करने का आदेश दिया और उसकी जन्म-कथा भी सुनायी। किष्किन्धाकाण्ड के अन्तिम सर्ग में हनुमान् अपनी शक्ति का गुणगान करता है; जाम्बवान् उसे आश्वासन देता है कि उसके लौटने तक सब वानर एक पैर पर खड़े होकर तपस्या करेंगे—**स्थास्यामश्चैकपादेन यावदागमनं तव** (६७, ३४)। अन्त में हनुमान् द्वारा महेन्द्र पर्वत का आरोहण वर्णित है (सर्ग ५३-६७)।

वाल्मीकि रामायण के इस अंश में प्रक्षिप्त सामग्री का बाहुल्य है—

(१) हनुमान् की जन्म-कथा (सर्ग ६६); इस पर आगे विचार किया जायेगा (दे० अनु० ६५९);

(२) सर्ग ५८ में सम्पाति कहता है कि मैंने रावण को एक स्त्री का अपहरण करते हुए देखा है, किन्तु अगले सर्ग के अनुसार उसने अपने पुत्र सुपार्श्व से यह वृत्तान्त सुना था; अन्तिम कथन अधिक प्राचीन होगा। इन परस्पर-विरोधी उक्तियों के लिए वाल्मीकि उत्तरदायी हो ही नहीं सकते;

(३) सम्पाति अपनी कथा को दो बार सुनाता है; द्वितीय वृत्तान्त (सर्ग ६०-६३) निश्चित रूप से प्रक्षिप्त है।

विकास की दृष्टि से केवल सम्पाति की कथा का विश्लेषण अपेक्षित है। वाल्मीकि रामायण में सम्पाति की कथा का **प्रथम रूप** इस प्रकार है। सम्पाति और जटायु, दोनों भाई वृत्र के वध के बाद (इन्द्र पर) विजय प्राप्त करने की इच्छा से आकाश के मार्ग से स्वर्ग जा रहे थे। सूर्यमण्डल के समीप पहुँचकर तथा जटायु को सूर्य की प्रचण्ड किरणों से संत्रस्त देखकर सम्पाति ने उसे अपने पंखों से ढक लिया। फलस्वरूप सम्पाति के पंख जल गये और वह विन्ध्य पर्वत पर गिर गया। बाद में सम्पाति को जटायु के विषय में कभी भी कोई समाचार नहीं मिला था (५८, ४-७)। **द्वितीय कथा** कहीं और विस्तृत है। उसके अनुसार सम्पाति अपने भाई जटायु के साथ निशाकर के आश्रम में जाया करते थे; अतः पंख जल जाने के बाद भी सम्पाति निशाकर से भेंट करने गया था। वहाँ पहुँचकर उसने निशाकर से कहा कि हम दोनों भाई किसी समय अपनी शक्ति की परीक्षा लेने के उद्देश्य से आकाश में सूर्य की ओर आगे बढ़ने लगे थे। सूर्य के पास पहुँचकर दोनों भयभीत हुए। जटायु पहले गिर पड़ा; सम्पाति के पंखों से आच्छादित होकर वह जनस्थान में सकुशल पहुँच गया। सम्पाति के पंख जल गये और वह निस्सहाय होकर विन्ध्य पर गिर गया। उसने आत्महत्या करने का विचार किया किन्तु निशाकर ने उसे यह आश्वासन दिया—राम के दूत सीता की खोज में इधर आयेंगे; तुम उनको सीता का समाचार दोगे और तब अपने पंख फिर प्राप्त करोगे। अपनी यह कथा सुनाते समय सम्पाति ने अनुभव किया कि मेरे पंख बढ़ रहे हैं। तब उसने इस चमत्कार का श्रेय निशाकर को दिया और ऊपर उठकर आकाश में विलीन हो गया (सर्ग ६०-६३)। अन्य पाठों में भी सम्पाति अपना स्वास्थ्य-लाभ निशाकर का प्रभाव मानता है किन्तु गौडीय पाठ के एक प्रक्षेप (६३, ३-६) में वानर सम्पाति को अचानक स्वस्थ देखकर इस चमत्कार का श्रेय राम-लक्ष्मण को देते हैं—**ऊवुश्च राममाहात्म्यं महावीर्यं च लक्ष्मणं। ययोः प्रभावात् सम्पातिरपक्षः पक्षवानभूत्**। इस पर एक आकाशवाणी ने वानरों के इस कथन का समर्थन किया।

—गौडीय तथा पश्चिमोत्तरीय पाठों में **सुपार्श्व** के आगमन का भी वर्णन किया गया है (गौ० रा० सर्ग ६२; प० रा० सर्ग ५५)। जाम्बवान् ने समुद्र पार करने की सहायता माँगी और सम्पाति ने अपनी असमर्थता प्रकट कर अपने पुत्र सुपार्श्व को बुलाया। सुपार्श्व ने अंगद को अपनी पीठ पर समुद्र के उस पार ले जाने का प्रस्ताव किया किन्तु अंगद ने अस्वीकार किया। इन दोनों पाठों में सम्पाति अन्त में हिमालय के लिए प्रस्थान करता है। सुपार्श्व के आगमन की कथा माधवकन्दलीकृत असमिया रामायण, कृत्तिवास के बंगला रामायण तथा बलरामदास के उड़िया रामायण में भी मिलती है। माधवकन्दली (४, २५) के अनुसार सुपार्श्व ने अंगद

तथा वानर-सेना को अपनी पीठ पर चढ़ाकर समुद्र पार किया और उनको लंका दिखलायी। धनंजय के रघुनाथ विलास तथा उपेन्द्र भंज के वैदेहीविलास में भी इसका उल्लेख है। सेरीराम की राफल्स पाण्डुलिपि (पृ० ३८४) के अनुसार सम्पाति हनुमान् को अपनी पीठ पर चढ़ाकर समुद्र पार ले गया।

कम्ब रामायण (४, १५) के अनुसार सूर्य ने सबसे पहले सम्पाति को यह आश्वासन दिया था कि जब वानर रामनाम का उच्चारण करेंगे उस समय तुम्हारे पंख फिर निकल आयेंगे। **भावार्थ रामायण** (४, १६) में भी सूर्य के इस आश्वासन का उल्लेख है।

अध्यात्म रामायण (४, ८) की कथा वाल्मीकि रामायण की द्वितीय कथा पर आधारित है। निशाकर के स्थान पर मुनि का नाम चन्द्रमा माना गया है।[१] चन्द्रमा ने आहत सम्पाति को एक विस्तृत उपदेश देकर आत्महत्या करने से रोका था तथा उसको नारायणावतार राम के दूतों की प्रतीक्षा करने का आदेश दिया था। पंखों के बढ़ जाने पर सम्पाति ने वानरों को इस प्रकार आश्वासन दिया—"जिनके नाम के स्मरणमात्र से दुष्टजन भी इस अपार संसार-सागर को पार कर विष्णु के शाश्वत पद को प्राप्त कर लेते हैं उन्हीं भगवान् राम के तुम प्रिय भक्तगण हो। फिर इस समुद्र मात्र के पार करने में तुम क्यों समर्थ न होगे"। इस प्रकार हम देखते हैं कि सम्पाति की कथा धीरे-धीरे अलौकिक घटनाओं के परिवर्तन से विकसित होकर अन्त में भगवान् राम के गुणगान में परिणत हुई।[२]

---

१. **आनन्द रामायण** में मुनि का नाम चन्द्रशर्मा है; कम्ब ने इसका नाम लोकसारंग रखा है। अध्यात्म रामायण पर आधारित आनन्द रामायण की संक्षिप्त कथा (१, ८, १११-१२१) में नया तत्त्व यह है कि सम्पाति ने अपने पुत्र से सीताहरण का समाचार सुनकर उसे सीता को न छुड़ाने के कारण बहुत डाँटा था। इस पर वह क्रुद्ध होकर चला गया और फिर कभी अपने पिता सम्पाति से मिलने नहीं आया।

२. सेरीराम के अनुसार जटायु ने मरने के पहले राम-लक्ष्मण को अपने भाई दसमपानी के पास भेज दिया था। सूर्य ने दसमपानी से कहा था कि विष्णु अवतार राम के पुत्र हनुमान् से भेंट करने पर तुम्हारे पंख फिर बढ़ जायेंगे। महावीरचरित (अंक ५) के अनुसार जटायु ने सम्पाति के पास आकर राम के पंचवटी-निवास, शूर्पणखा-विरूपीकरण और खर-दूषण-वध का समाचार दिया था। सम्पाति ने रावण के प्रतीकार की आशंका प्रकट कर जटायु से अनुरोध किया था कि वह रामादि की रक्षा करे। तिब्बती रामायण के अनुसार वानर पदा नामक गीध से भेंट करते हैं; पदा उनको अपने पिता अगजय (जटायु) की कथा सुनाता है जो सीता को छुड़ाने के प्रयत्न में रावण द्वारा मारा गया है। इस वृत्तान्त में पदा के अनुज सम्पदा के पंख जल जाने की कथा भी मिलती है। **खोतानी रामायण** में प्रस्तुत प्रसंग को एक नया रूप दिया गया है। राजा ने खोज करनेवाले वानरों से कहा था कि यदि तुम लोग सात दिनों के अन्दर सीता का पता नहीं लगा सकोगे तो मैं तुम्हारी आँखें गीधों को खिलाऊँगा। अवधि के अन्त में किसी वानरी ने सुना कि एक गीध अपने बच्चों से कह रहा है—तुमको वानरों की आँखें खाने को मिलेंगी क्योंकि वानर यह भी नहीं जानते कि रावण सीता को लंकापुर ले गया है।

अध्याय-१८

सुन्दरकाण्ड

१—वाल्मीकि रामायण का सुन्दरकाण्ड

५२८. क। सुन्दरकाण्ड की कथावस्तु

(१) लंका में हनुमान् का प्रवेश (सर्ग १-१७)

समुद्रलंघन—लंघन करते हुए हनुमान् से मैनाक का आग्रह; सुरसा से भेंट, सिंहिका-वध (सर्ग १)।

लंका-वर्णन—विडाल जितने आकार में हनुमान् का लंका में प्रवेश; लंका-देवी को परास्त करना; नगर, महल, पुष्पक, शयनागार आदि का वर्णन; सीता का पता न मिलना (सर्ग २-१२)।

अशोकवन—हताश होकर हनुमान् का अशोकवन में प्रवेश और वहाँ राक्षसों से घिरी हुई सीता को देखना (सर्ग १३-१७)।

(२) रावण-सीता-संवाद (सर्ग १८-२८)

रावण की प्रताड़ना—कामातुर रावण का सीता से अनुरोध तथा सीता की अस्वीकृति (सर्ग १८-२१)। रावण का भय दिखलाना और दो महीने की अवधि देना। सीता की भर्त्सना। सीता को समझाने के लिए रावण द्वारा राक्षसियों को नियुक्त किया जाना (सर्ग २२)।

राक्षसियों का प्रयास—राक्षसियों का प्रयास और सीता की अस्वीकृति तथा विलाप (सर्ग २३-२६)।

त्रिजटा का स्वप्न—त्रिजटा का राक्षस-पराजय-सूचक स्वप्न-वर्णन (सर्ग २७)। सीता-विलाप (सर्ग २८)।

(३) हनुमान्-सीता-संवाद (सर्ग २९-४०)

सीता को शकुन होना (सर्ग २९)। हनुमान् का रामकथा-वर्णन (सर्ग ३०-३१)। सीता का भयभीत होना (सर्ग ३२)। हनुमान् का प्रकट होना, सीता का सन्देह; हनुमान् द्वारा राम का वर्णन; सीता का विश्वास करना (सर्ग ३३-३५)। हनुमान् का राम-मुद्रिका देना और शीघ्र छुटकारे का आश्वासन; हनुमान् की पीठ पर जाने की सीता द्वारा अस्वीकृति। अभिज्ञानस्वरूप सीता का काक-वृत्तान्त सुनाना तथा चूड़ामणि देना। विदा (सर्ग ३६-४०)।

(४) लंका-दहन (सर्ग ४१-५५)

अशोकवन-ध्वंस—हनुमान् द्वारा अशोकवन और चैत्य का विध्वंस तथा प्रहस्तपुत्र जंबुमाली और रावण-कुमार अक्ष का वध (सर्ग ४१-४७)।

हनुमान्-बन्धन—ब्रह्मास्त्र से इन्द्रजित् द्वारा बन्धन। राम-दूत के रूप में हनुमान् का रावण से सीता-मुक्ति का आग्रह। विभीषण द्वारा हनुमान् की रक्षा (सर्ग ४८-५२)।

लंका-दहन—दण्ड-रूप हनुमान् की पूँछ जलायी जाने की रावण द्वारा आज्ञा। हनुमान् द्वारा लंकादहन। चारणों की बातचीत से हनुमान् को सीता की रक्षा का आश्वासन (सर्ग ५३-५५)।

(५) हनुमान् का प्रत्यावर्तन (सर्ग ५६-६८)

समुद्र-लंघन—हनुमान् का आकाशमार्ग से अपने साथियों के पास प्रत्यागमन और अपनी सफलता का वर्णन (सर्ग ५६-५९)। अंगद द्वारा सीता-मुक्ति का प्रस्ताव; जाम्बवान् का विरोध (सर्ग ६०)।

मधुवन—मधुवन में पहुँचकर हनुमान् आदि का उत्पात; दधिमुख का सुग्रीव को समाचार देना (सर्ग ६१-६४)।

सुखद समाचार—हनुमान् का राम से सीता के जीवित होने का समाचार कहना और अभिज्ञान देना (सर्ग ६५); राम का विलाप (सर्ग ६६); हनुमान् का काक-वृत्तान्त कहना और सीता-संवाद का उल्लेख करना (सर्ग ६७-६८)।

ख। सुन्दरकाण्ड का विश्लेषण

तीनों पाठों में विभिन्नता

५२९. दाक्षिणात्य पाठ के दो वृत्तान्त अन्य पाठों में नहीं पाये जाते हैं—लंका में प्रवेश करते समय हनुमान् का लंकादेवी से युद्ध (सर्ग ३, २०-५१) तथा हनुमान् द्वारा चैत्यप्रासाद का विध्वंस (सर्ग ४३)।

इसके अतिरिक्त दाक्षिणात्य २३वाँ सर्ग, जिसमें सीता से अनुरोध करनेवाली राक्षसियों की नामावली दी गयी है, पश्चिमोत्तरीय पाठ (सर्ग १८) में तो मिलता है, लेकिन इसका गौडीय पाठ में अभाव है।

दाक्षिणात्य पाठ (सर्ग १३, ५४-६७) तथा पश्चिमोत्तरीय पाठ (सर्ग ८, ६४-७७) के अनुसार, हनुमान् अशोकवन में प्रवेश करने के पहले देवताओं की स्तुति करते हैं। इसका उल्लेख गौडीय पाठ में नहीं किया गया है।

गौडीय (सर्ग ५२) तथा पश्चिमोत्तरीय पाठ (सर्ग ५१) का सरमावाक्यम् नामक सर्ग, जिसमें सरमा सीता से लंका-दहन का वर्णन करती है, दाक्षिणात्य पाठ में नहीं मिलता।

प्रक्षेप

५३०. सुन्दरकाण्ड में बहुत-सी प्रक्षिप्त सामग्री विद्यमान है। **समुद्रलंघन** की प्रामाणिकता अत्यन्त सन्दिग्ध है। इसके अतिरिक्त दाक्षिणात्य पाठ में इसका वर्णन अन्य पाठों की अपेक्षा अधिक विस्तृत है (दे० आगे, अनु० ५३१)। **लंका-वर्णन** (सर्ग २-११) में पुनरावृत्ति के

अतिरिक्त दीर्घ छन्दों के कई अनावश्यक सर्ग मिलते हैं। **पुष्पक** का वर्णन निश्चित रूप से अपेक्षाकृत अर्वाचीन है (सर्ग ७-९)। आगे चलकर भी **अनावश्यक सामग्री** की कमी नहीं है; उदाहरणार्थ—**सर्ग १४** (अशोकवन का प्रथम विध्वंस); **सर्ग २३-२६** (भयंकर राक्षसियों का वर्णन तथा उनकी धमकियाँ); **सर्ग २८-२९** (पूर्वापर सम्बन्ध का अभाव; बहुत-सी हस्तलिपियों में दोनों सर्ग अविद्यमान हैं)। **सीता-हनुमान्-संवाद** की पर्याप्त सामग्री प्रक्षिप्त प्रतीत होती है। सर्ग ३२ का उत्तरार्द्ध (दीर्घ छन्द) अनावश्यक है; सर्ग ३३ में सीता के विश्वस्त हो जाने के पूर्व उनका आत्मपरिचय अस्वाभाविक है; सर्ग ४० में सीता के पुनः अभिज्ञान देने का वर्णन किया गया है (सर्ग ३८ की आवृत्ति)।

आदिरामायण में लंका-दहन (सर्ग ४१-५५) का वर्णन नहीं मिलता था; यह डॉ० याकोबी के निम्नलिखित तीन तर्कों का निष्कर्ष है।[१]

(१) सीता द्वारा हनुमान् की विदा का वर्णन सुन्दरकाण्ड में तीन बार किया गया है—लंकादहन के पूर्व (सर्ग ३९), लंकादहन के पश्चात् (सर्ग ५६ और राम-हनुमान्-संवाद में (सर्ग ६८)। इसका मौलिक स्थान ३९वाँ सर्ग है, क्योंकि इसमें सीता हनुमान् से एक दिन ठहरने के लिए अनुरोध करती हैं, वह लंकादहन के पश्चात् स्वाभाविक नहीं कहा जा सकता है। लंकादहन के पूर्व यह नितान्त स्वाभाविक प्रतीत होता है।

इस वर्णन की पुनरावृत्ति का कारण यह है कि लंकादहन के विस्तृत प्रक्षेप के बाद मौलिक कथावस्तु से सम्बन्ध स्थापित करना था और इसका सरल उपाय विदा का वर्णन दुहराना समझा गया है।[२]

(२) हनुमान् दो बार सीता से भेंट का वर्णन करते हैं (दे० रा० ५, ६५-६८ तथा ६, १२६), लेकिन लंकादहन का कोई उल्लेख नहीं करते। इसके अतिरिक्त लंकाविरोध के समय लंका के सौन्दर्य का वर्णन किया गया है, जिसमें कहीं भी उसके दहन का निर्देश मात्र भी नहीं मिलता (दे० रा० ६, ३८-३९)।

(३) लंकादहन के प्रसंग के अन्तर्गत हनुमान् द्वारा विरूपाक्ष तथा यूपाक्ष के वध का वर्णन किया गया है (सर्ग ४६) किन्तु युद्धकाण्ड में पुनः दोनों का उल्लेख मिलता है (सर्ग ७६ और ९६)।

यह भी ध्यान देने योग्य बात है कि लंका में प्रवेश करते समय हनुमान् स्वयं कहते हैं कि यदि मैं राक्षसों द्वारा देखा गया तो राम के कार्य में बाधा पड़ जायेगी :

मयि दृष्टे तु रक्षोभी रामस्य विदितात्मनः।
भवेद् व्यर्थमिदं कार्यं रावणानर्थमिच्छतः॥ ४०॥ (सर्ग २)

इसके अतिरिक्त भरद्वाज ने रामायण का जो सार सुनाया था (६, १२४), इसमें भी लंकादहन का अभाव है। यद्यपि लंकादहन का वर्णन निश्चित रूप से प्रक्षिप्त है फिर वह विभिन्न पाठों के पृथक् हो जाने के पूर्व प्राचीनकाल से किष्किन्धाकाण्ड का अंग बन चुका था; इसका उल्लेख महाभारत के रामोपाख्यान (३, २६६, ६८) तथा बालकाण्ड की अनुक्रमणिकाओं (१, १, ७७; १, ३, ३३) में भी मिलता है।

---

१. दे० डस रामायण, पृ० ३२-३५।

२. गौडीय पाठ में विदा का पहला वर्णन (लंकादहन के पूर्व) सर्वथा हटाया गया है, जिससे पुनरावृत्ति-दोष का निवारण हुआ है।

लंकादहन के बाद में अनावश्यक पुनरावृत्ति पायी जाती है। **सर्ग ५६** में हनुमान् पुनः सीता से विदा लेते हैं। **सर्ग ५८** में हनुमान् पुनः वानरों के लिए लंका की घटनाओं का वर्णन करते हैं और लंकादहन का भी उल्लेख करते हैं। **सर्ग ५९-६०** अस्त-व्यस्त तथा पुनरावृत्ति से भरपूर हैं। मधुवन में वानरों के उत्पात का वर्णन **(सर्ग ६१-६४)** आधिकारिक कथावस्तु की गति में बाधा उपस्थित करता है। इसमें जो हास्यरस का प्राधान्य पाया जाता है, वह भी मूल रचना के अनुकूल नहीं है।[१] समुद्र-तरण की तैयारी का जो प्रस्ताव सर्ग ६५ के अन्त में रखा गया है **(सागरजले संतारः प्रविधीयताम्),** इससे पता चलता है कि पहले इस सर्ग के बाद सेतुबन्ध का वर्णन आता था (युद्धकाण्ड सर्ग १); वास्तव में बीच के सर्गों (६६-६८) में पुनरुक्ति मात्र मिलती है। सुन्दरकाण्ड की निम्नलिखित शेष सामग्री अपेक्षाकृत प्राचीन है :

समुद्रलंघन—सर्ग १ (अंशतः)
लंका में हनुमान् का प्रवेश—सर्ग २, ३ (अंशतः), ४
लंका में सीता की खोज—सर्ग ६
रावण के अन्तःपुर में हनुमान् का प्रवेश—सर्ग १०-११
हनुमान् का अशोकवन में आगमन—सर्ग १३ (अंशतः) और १५
रावण-सीता-संवाद—सर्ग १८-२२
त्रिजटा का स्वप्न—सर्ग २७
हनुमान्-सीता-संवाद—सर्ग ३०, ३१, ३२ (१-५), ३४-३९
हनुमान् का अपने साथियों के पास लौटना—सर्ग ५७
राम के पास हनुमान् का प्रत्यागमन—सर्ग ६५

२—सुन्दरकाण्ड का विकास

क। लंका में हनुमान् का प्रवेश

५३१. समुद्रलंघन। प्रचलित रामायण के तीनों पाठों में हनुमान् का समुद्रलंघन वर्णित है; अद्‌भुत तथा अतिलौकिक होने के कारण यह प्रसंग परवर्ती राम-साहित्य में लोकप्रिय रहा है। मूल रामायण के अनुसार हनुमान् समुद्र लाँघकर नहीं, बल्कि तैरकर लंका पहुँचा था। कथाबीज में लिखा है—"**शतयोजनविस्तीर्णं पुप्लुवे लवणार्णवम्**" (१, १, ७२), जिसका मुख्य तथा स्वाभाविक अर्थ है कि उसने तैर कर समुद्र को पार किया था।[२]

सुन्दरकाण्ड के दो अन्य स्थलों में इसका संकेत मिलता है कि हनुमान् तैरकर आया था। वह सीता से कहता है—**त्वां तु पुष्ठगतां कृत्वा संतरिष्यामि सागरम्** (३७, २२) और बाद में हनुमान् 'फिर' समुद्र के मध्य में लौटने का निश्चय करता है—**प्रतिगन्तुं मनश्चक्रे पनुर्मध्येन सागरम्** (५६, २५)।

१. दे० एच० याकोबी, वही, पृ० ३७।

२. 'प्लु' धातु का अर्थ लाँघना भी हो सकता है किन्तु मूल रामायण में यह 'तैरने' के अर्थ में प्रयुक्त हुआ है। सीता हनुमान् से कहती हैं कि समुद्र में नौका नष्ट हो जाने पर तैरनेवाले वीर की भाँति राम शोक का समुद्र कैसे पार करेंगे—

शोकस्यास्य कथं पारं राघवोऽधिगमिष्यति।
प्लवमानः परित्कान्तो हेतनौः सागरे यथा॥ (५, ३७, ५)

कालिदास के रघुवंश (**मारुतिः सागरं तीर्णः**; १२, ६०) तथा अग्निपुराण **शतयोजनविस्तीर्णं पुल्पुवेऽब्धिं स मारुतिः**; ९, २) के तत्सम्बन्धी उल्लेखों का भी तैरकर पार करने का अर्थ लगाया जा सकता है। धूर्ताख्यान में सुस्पष्ट शब्दों में लिखा है कि रामायण के अनुसार हनुमान् ने 'भुजाभ्याम्' तैरकर समुद्र पार किया था—

श्रृणु रामायणोदितम्।

हनुमान् राघवोदिष्टो जानकीशुद्धिहेतवे।

तीर्त्वा भुजाभ्यामभ्योधिं क्षणाल्लंकापुरीमागात्॥ (७३)

वाल्मीकि रामायण के दाक्षिणात्य पाठ में हनुमान् के भार से महेन्द्र-पर्वत का दोलायमान हो जाना अपेक्षाकृत अधिक विस्तार से वर्णित है। दाक्षिणात्य तथा पश्चिमोत्तरीय पाठों के अनुसार हनुमान् समुद्रलंघन के समय क्रमशः मैनाक, सुरसा तथा सिंहिका से भेंट करते हैं। गौडीय पाठ, अध्यात्म रामायण, आनन्द रामायण, माधवकन्दलीकृत असमिया रामायण और कृत्तिवास रामायण में क्रम इस प्रकार है—सुरसा, मैनाक, सिंहिका। कम्ब रामायण, रंगनाथ रामायण, बलरामदास उड़िया रामायण, तोरवे रामायण, रामचरितमानस, भावार्थ रामायण आदि में दाक्षिणात्य पाठ का ही क्रम रखा गया है। स्याम के राम जातक में हनुमान् और अंगद दोनों लंका में प्रवेश करते हैं तथा सिंहली रामकथा में हनुमान् के स्थान पर बालि लंका जाता है। शेष रामकथाओं में हनुमान् ही समुद्र पार कर सीता का पता लगाते हैं। पाश्चात्य वृत्तान्त नं० १४ के अनुसार हनुमान् समुद्र पर पैदल चलकर लंका तक पहुँच गये थे।

सेरीराम में हनुमान् कोई दृढ़ आधार न पाकर अन्त में राम की बाहु से ही समुद्र को लाँघते हैं। इस कथा में कहा गया है कि हनुमान् का वीर्य समुद्र में गिर गया तथा मछलियों की रानी ने उसे खाया और गर्भवती हुई। सेरीराम के पातानी पाठ के अनुसार हनुमान् राम के कन्धे से लंका-तट पर कूदते हैं।

बिर्होर तथा सन्थाल नामक आदिवासी जातियों की रामकथा में हनुमान् समुद्र के मध्य में राम द्वारा चलाये हुए बाण पर विश्राम करते हैं। एक अन्य आदिवासी कथा के अनुसार हनुमान् पहले एक बाण चलाते हैं; तब कूदकर उस पर सवार हो जाते हैं और इस प्रकार समुद्र पार करते हैं (दे० अनु० २७४)।

अनेक वृत्तान्तों के अनुसार हनुमान् अपने लक्ष्य को पार करके लंका से बहुत दूर जाकर उतरते हैं। **सेरीराम** में हनुमान् किसी महर्षि के आश्रम पहुँचकर उनका आतिथ्य-सत्कार स्वीकार करते हैं और महर्षि के दिये हुए पथ-प्रदर्शक के साथ लंका में प्रवेश करते हैं। **रामकियेन** (अध्याय २३) में उस अवसर पर हनुमान् के गर्व-निवारण के विषय में निम्नलिखित कथा मिलती है। हनुमान् लंका के उस पार नारद के आश्रम में पहुँचे। उन्होंने नारद से रात भर रहने का स्थान माँगा और नारद हनुमान् को एक कुटीर के पास ले गये। नारद की अलौकिक शक्ति की परीक्षा लेने के उद्‌देश्य से हनुमान् ने अपना आकार बढ़ाया जिस पर नारद ने भी कुटीर बढ़ाया। यह देखकर हनुमान् अपने को और बढ़ाने लगे किन्तु नारद के तपोबल से अत्यन्त ठण्डी वर्षा होने लगी जिससे हनुमान् अपना स्वाभाविक आकार धारण करने के लिए बाध्य हुए। दूसरे दिन प्रातःकाल हनुमान् आश्रम के निकट एक सरोवर में नहाने गये, जहाँ नारद की प्रेरणा से एक जोंक हनुमान् की ठोढ़ी में लग गयी। हनुमान् उसे हटाने में असमर्थ थे; उन्होंने ऋषि के पास जाकर क्षमा माँगी और जोंक तुरन्त ही गिर गयी। इन दोनों विदेशी कथाओं का आधार भारतीय ही है। **तोरवे रामायण** (५, १) के अनुसार हनुमान् ने लंका से

७०० योजन दूर एक टापू पर उतरकर तृणविन्दु मुनि से भेंट की तथा उनको सीताहरण का वृत्तान्त सुनाकर लंका का मार्ग पूछा। मुनि ने उत्तर दिया कि मेरी समझ में नहीं आता कि एक कायर कपि कैसे त्रिलोकविजेता रावण की राजधानी में प्रवेश कर सकेगा। तब मुनि ने हनुमान् की बलपरीक्षा लेने के उद्देश्य से कहा—मुझे पद्मासन से ऊपर उठाओ। हनुमान् पूरी शक्ति लगाकर अन्त में ऐसा करने में समर्थ हुए और मुनि ने उनको बताया कि लंका उत्तर में है जिससे हनुमान् को लौटना पड़ा।

दक्षिण भारत के एक वृत्तान्त के अनुसार हनुमान् मलय तक लाँघकर वहाँ से सिंहलद्वीप पर कूद गये थे (पाश्चात्य वृत्तान्त नं० ८)। **आनन्द रामायण** (१, ९, १७) में इसका उल्लेख मात्र किया गया है कि हनुमान् ने परलंका में पहुँचकर वहाँ रावण की बहन क्रौंचा का वध किया था।[१] **भावार्थ रामायण** (५, १८) में इस प्रसंग का किंचित् विस्तार सहित वर्णन मिलता है। लंका के उपनगर परलंका में रावण की बहन तथा घर्घरासुर की विधवा अपनी १८००० दासियों के साथ निवास करती थी। हनुमान् ने दासियों को समुद्र में फेंक दिया तथा क्रौंचा का वध किया। यह कथा श्रीधरकृत **रामविजय** में दुहरायी गयी है। पाश्चात्य वृत्तान्त नं० १३ (पृ० ३४९) में भी हनुमान् लंका को पार करके लंका द्वीप के दक्षिण तट पर उतरते हैं।

५३२. हनुमान् के छद्मवेश। वाल्मीकि रामायण के अनुसार हनुमान् ने विडाल के आकार के छोटे बन्दर का रूप धारण कर लंका में प्रवेश किया था :

सूर्ये चास्तं गते रात्रौ देहं संक्षिप्य मारुतिः।
वृषदंशकमात्रोऽथ बभूवाद्भुतदर्शनः॥ ४७॥ (सुन्दरकाण्ड सर्ग २)

बाद में इसका स्वाभाविक विकास यह हुआ कि हनुमान् वास्तव में विडाल बनकर लंका में प्रवेश करते हैं। इसका उल्लेख अनेक रामकथाओं में मिलता है, उदाहरणार्थ :

— वृहद्धर्मपुराण (पूर्वखण्ड, अध्याय २० श्लोक २—ओतु भूत्वा)।
— पद्मपुराण, बंगीय पाठ, (जर्नल रो० ए० सो० १८४२, पृ० ११२६)।
— दक्षिण भारत की १७वीं शती की दो रामकथाएँ (पाश्चात्य वृत्तान्त नं. १ और ३)।
— उत्तर भारत की एक रामकथा (पाश्चात्य वृत्तान्त नं० १३)।
— गुजराती नर्मदकृत रामायणसार।

५३३. रामचरितमानस में हनुमान् मशक-सा छोटा रूप धारण कर लंका में प्रवेश करते हैं :

मसक समान रूप कपि धरी।
लंकहि चलेउ सुमिरि नरहरी॥ (५, ३, १)

भिन्न-भिन्न रामकथाओं में हनुमान् भिन्न-भिन्न रूप धारण कर लंका में घुसते हैं। उदाहरणार्थ :

भ्रमर : गुणभद्रकृत उत्तरपुराण (दे० ६८, २९८), पाश्चात्य वृत्तान्त नं. ३ और १३।
मूषिका : वह्निपुराण (पृ० २६६ अ)।
ब्राह्मण : पाश्चात्य वृत्तान्त नं०१, सेरीराम, गणकचरित्र। महानाटक के अनुसार हनुमान् ब्राह्मण के रूप में अशोकवन नष्ट करते हैं।
शुक : बिर्होर आदिवासी कथा।

---

१. इस रचना के अन्य स्थल (१, १३, ६४) पर लिखा है कि रावण ने खड्गजिह्व के साथ अपनी बहन क्रौंची का विवाह कराया था तथा दहेज में परलंका दे दी थी।

काक : पंजाब का एक लोकगीत (दे० इं० ए० भाग ३८, पृ० १५०)।
भैंसा : हिन्देशिया (ज० रो० ऐ० सो० स्ट्रेटस ब्रैंच १९१०, पृ० २०)।
राक्षस : रामकियेन (अध्याय २४)।

बलरामदास रामायण में हनुमान् छोटे वानर के रूप में लंका में प्रवेश करता है और बाद में ये रूप धारण कर लेता है—विडाल, कुत्ता, व्याघ्र, हाथी, सिंह, मनुष्य, गाय, भैंसा, रात्रि-प्रहरी और भ्रमर।

५३४. अध्यात्म रामायण में कहा गया है कि सीता के सामने आते समय हनुमान् ने चटक पक्षी के बराबर आकारवाले छोटे वानर का रूप धारण किया (दे० ५, ३, ३०)। **आनन्द रामायण** की एक कथा के अनुसार हनुमान् छोटे बालक के रूप में सीता के सामने प्रकट हुए (दे० ८, ७, २९) तथा **हिकायत महाराज रावण** के अनुसार एक वृद्धा के रूप में। बलरामदास रामायण के अनुसार हनुमान् ने भ्रमर का रूप धारण कर सीता-रावण-संवाद सुना था। **माधव-कन्दली** के रामायण के अनुसार हनुमान् अशोकवाटिका-विध्वंस के पूर्व एक वृद्ध ब्राह्मण के रूप में रावण से मिलने गये थे (दे० अनु० ५५२)। धनंजयकृत **गणकचरित्र** में हनुमान् क्रमशः ज्योतिषी, भ्रमर, विडाल तथा फिर ज्योतिषी का रूप धारण कर लेते हैं (दे० अनु० ५४२)। युद्ध तथा उत्तरकाण्ड विषयक कथाओं में भी हनुमान् के छद्मवेशों का उल्लेख मिलता है (दे० ५९१, ५९६, ५९८, ६१४ और ७५७)।

५३५. लंकादेवी—वाल्मीकि रामायण के एक प्रक्षेप में, जो केवल दाक्षिणात्य पाठ में मिलता है, लंकादेवी राक्षसी के रूप में हनुमान् को रोक लेती है। हनुमान् से पराजित होकर वह कहती है कि स्वयंभू ने उससे कहा था—तुम्हारी पराजय के बाद राक्षसों का नाश होगा (दे० ३, २०-५१)।

यह वृत्तान्त बाद की अधिकांश रामकथाओं में मिलता है, किन्तु अर्वाचीन रचनाओं में इस वृत्तान्त में रामभक्ति का भी समावेश किया गया है। **अध्यात्म रामायण** (५, १, ५७) में लंकादेवी हनुमान् से कहती है—आज बहुत दिनों के बाद मुझे संसार-बन्धन से मुक्त करनेवाले राघव की स्मृति हुई है और उनके भक्त का अतिदुर्लभ सत्संग हुआ है। मैं धन्य हूँ। मेरे हृदय में विराजमान दशरथनन्दन मुझ पर सदा प्रसन्न रहें। उस रचना में तथा आनन्द रामायण (१, ९, २१) में भी लंकादेवी हनुमान् से सीता के रहने के स्थान का रहस्य प्रकट करती है। **रामचन्द्रिका** (१३, ४४) में लंकादेवी हनुमान् से पराजित हो जाने के बाद सुन्दरी का रूप धारण कर लेती है—**तजि देह भई तब ही बर नारी**। लंकादेवी-वृत्तान्त के दो अन्य रूप भी मिलते हैं।

५३६. पउमचरियं (पर्व ५२) में हनुमान् लंका में प्रवेश करते समय वज्रमुख का वध करते हैं और इसके बाद उसकी पुत्री **लंकासुन्दरी** से युद्ध करते हैं। अन्त में दोनों एक-दूसरे की ओर आकर्षित होकर रात भर प्रेमक्रीड़ा करते हैं।

५३७. रामकथाओं का एक वर्ग पाया जाता है जिसमें लंकादेवी के स्थान पर **चण्डिका** का उल्लेख किया गया है।

बृहद्धर्मपुराण (अध्याय २०) तथा **महाभागवतपुराण** (अध्याय ३९) के अनुसार हनुमान् शिव के अवतार हैं और देवी लंका में निवास करती हैं। लंका में पहुँचकर हनुमान् देवी के मन्दिर में जाकर उनसे लंका को त्याग देने की प्रार्थना करते हैं। सीता के अपमान के कारण रावण से अप्रसन्न होकर देवी लंका छोड़ देती है।

कृत्तिवासीय रामायण में लिखा है कि शंकर ने चामुण्डा को हनुमान् के आगमन तक लंका में निवास करने का शाप दिया था। गुजराती नर्मदकृत **रामायणसार** में भी हनुमान् का उग्रचण्डिका से भेंट करने का उल्लेख किया गया है।

५३८. लंका में सीता की खोज। वाल्मीकि रामायण में इसका वर्णन किया गया है कि हनुमान् ने मुख्य राक्षसों के महलों में (सर्ग ६) तथा रावण के अन्तःपुर में सीता की असफल खोज की थी (सर्ग १०-११)। इस वृत्तान्त के अनुसार हनुमान् किसी से नहीं मिले और छिपकर अशोकवन में चले गये। बहुत-सी परवर्ती रामकथाओं में उस अवसर पर हनुमान्-विभीषण की भेंट का वर्णन किया गया है। विमलसूरिकृत **पउमचरियं** (पर्व ५३) के अनुसार विभीषण ने लंका में हनुमान् का स्वागत किया था, तथा सीता को लौटा देने के लिए रावण से आग्रह करने की प्रतिज्ञा भी की थी। गुणभद्रकृत **उत्तरपुराण** में हनुमान् सीता से ही मिलकर राम के पास लौटते हैं, और राम द्वारा पुनः लंका भेजे जाते हैं जहाँ वह पहले विभीषण से मिलते हैं। विभीषण रावण को समझाने की प्रतिज्ञा करता है और हनुमान् को रावण के पास ले जाता है। रावण सीता को लौटा देने से इनकार करता है और हनुमान् सीता को प्रणाम करने के बाद राम के पास लौटते हैं (पर्व ६८, ३९०-४३५)।

अर्वाचीन रामकथाओं में विभीषण रामभक्त माना जाता है। **आनन्द रामायण** (१, ९, २४) में लिखा है कि रात को सीता की खोज करते हुए हनुमान् ने रामकीर्तन में संलग्न विभीषण को देख लिया। भावार्थ रामायण (५, १), रामचरितमानस, गुजराती रामायणसार तथा उत्तर भारत के एक वृत्तान्त (पाश्चात्य वृत्तान्त नं० १३) में भी इस प्रकार का वर्णन मिलता है। रामचरितमानस के अनुसार विभीषण ने हनुमान् से बताया कि सीता कहाँ हैं। उपर्युक्त पाश्चात्य वृत्तान्त में विभीषण स्वयं हनुमान् को सीता के पास ले जाता है। काश्मीरी रामायण (नं० २९) के अनुसार नारद से हनुमान् की भेंट हुई थी और नारद ने हनुमान् को लंका की उत्पत्ति के विषय में बता दिया था (दे० अनु० ६४४ टि०)।

५३९. अनेक अर्वाचीन रामकथाओं में हनुमान् रात को लंका में सीता की खोज करते हुए अनेक प्रकार के **उत्पात** करते हैं।

आनन्द रामायण के अनुसार हनुमान् ने दीपों को बुझा दिया, बहुत-से राक्षसों तथा राक्षसियों को नग्न किया, घड़ों को फोड़ डाला (१, ९, २५-२७) तथा अन्त में रावण के वस्त्र विभीषण के पलंग पर रख दिये तथा गय नामक राक्षस के वस्त्र रावण के पलंग पर (दे० १, ९, ६२-६३)। **तत्त्वसंग्रह रामायण** (५, ३) के अनुसार हनुमान् रावण तथा उसकी पत्नियों के सब वस्त्र समेटकर ले गये थे। दक्षिण भारत की एक रामकथा में हनुमान् मन्दोदरी के बाल पलंग के खम्भे में बाँधते हैं, उसके आभरण चुराते हैं, रावण की छाती पर बैठ जाते हैं तथा दीपक बुझाकर चले जाते हैं (दे० पाश्चात्य वृत्तान्त नं० १, पृ० ९६)। **रामकेर्ति** (सर्ग ६) और **रामजातक** में हनुमान् रावण तथा मन्दोदरी के बाल साथ-साथ बाँधते हैं और मंत्र पढ़कर लिखते हैं कि जब तक मन्दोदरी रावण के सिर में थप्पड़ न मारे कोई भी गाँठ नहीं खोल सकेगा। इस प्रकार के उत्पातों के उल्लेख **रामकियेन** तथा **सेरीराम** के पातानी पाठ में मिलते हैं, जब हनुमान् युद्ध के समय छिपकर लंका में प्रवेश करते हैं (दे० अनु० ५९६)। पाश्चात्य वृत्तान्त नं० १ के अनुसार हनुमान् ने लंका में सीता की खोज करते समय रावण का चन्द्रहास नामक खंग चुराया था। **भावार्थ रामायण** (५, ३) के अनुसार हनुमान् ने सबके देखते-देखते उत्पात मचाया था तथा रावण की सभा के दीपकों को बुझाया था।

ख। सीता-रावण-संवाद

५४०. वाल्मीकि रामायण के अनुसार हनुमान् ने सीता को लंका में न पाकर अशोकवन में प्रवेश किया था और वहाँ सीता को देखा (सर्ग १३-१७)। उसी रात्रि के अन्त में रावण अपनी पत्नियों के साथ सीता के दर्शन करने आया तथा उसने दीनतापूर्वक सीता से निवेदन किया कि वह उसे पति के रूप में स्वीकार करे। सीता ने इस प्रस्ताव को अस्वीकार[1] करते हुए रावण की निन्दा की और उसे परामर्श दिया कि मुझे राम के पास पहुँचा दो, नहीं तो राम निश्चय ही तुम्हारा वध करेंगे। इस पर रावण ने क्रुद्ध होकर कहा कि निर्धारित अवधि (दे० ऊपर अनु० ५००) के दो मास रह गये; यदि तुम इसके बाद स्वेच्छा से मेरी पत्नी नहीं बनोगी तो रसोइये तुम्हारा शरीर काटकर मेरे प्रात: के भोजन के लिए तैयार करेंगे :

द्वौ मासौ रक्षितव्यौ मे योऽव धिस्तेमया कृतः।
ततः शयनमारोह मम त्वं वरर्णिनि॥ ८॥
द्वाभ्यामूर्ध्वं तु मासाभ्यां भर्तारं मामनिच्छन्तीम्।
मम त्वां प्रातराशार्थे सूदाश्छेत्स्यन्ति खण्डशः॥ ९॥ (सर्ग २२)

यह कहकर रावण ने पहरा देनेवाली राक्षसियों को आदेश दिया कि वे सीता को उनके वश में लाने का प्रयत्न करती रहें। तब धान्यमालिनी नामक राक्षसी ने रावण का आलिंगन किया तथा सीता को त्यागकर अपने साथ रमण करने का निवेदन किया। इसके बाद रावण देव-गन्धर्व-नाग-कन्याओं के साथ अपने महल लौटे (सर्ग १८-२२)।

अभिनन्दकृत **रामचरित** में सीता रावण को शाप देती हैं कि तुम सपरिवार मर जाओगे और लंका जला दिया जायेगा (१९, १९)। **अभिषेक** नाटक में भी सीता के शाप का उल्लेख है (२, १८)।

५४१. वाल्मीकि रामायण में रावण के अशोकवन में आगमन का कारण उसकी कामवासना ही मानी गयी है (दे० १८, ५)। **पउमचरियं** (पर्व ५३) के अनुसार हनुमान् ने सीता की गोद में राम की मुद्रिका फेंक दी थी; उसे देखकर सीता को आनन्द हुआ। सीता के प्रसन्न होने के विषय में सुनकर मन्दोदरी तुरन्त उनके पास आकर अनुरोध करने लगी कि वह रावण को पतिस्वरूप ग्रहण करे।[2] सीता ने अस्वीकार किया जिससे मन्दोदरी क्रुद्ध होकर उन्हें मारने के लिए उद्यत हुई। हनुमान् ने प्रकट होकर मन्दोदरी को रोक दिया और मन्दोदरी ने जाकर रावण को यह समाचार दिया कि हनुमान् आ गये हैं।

अध्यात्म रामायण, आनन्द रामायण (१, ९, ६९) तत्त्वसंग्रह रामायण (५, ४) में रावण के आगमन का एक नया कारण दिया गया है। **अध्यात्म रामायण** (५, २, १५-१९) की तत्सम्बन्धी कथा इस प्रकार है। रावण उत्सुकतापूर्वक राम की प्रतीक्षा करता था क्योंकि उसे विष्णु के हाथ से मरकर मुक्ति की तीव्र अभिलाषा थी। उसी दिन रावण ने स्वप्न में देखा कि राम का सन्देश लेकर कोई कामरूपी वानर वृक्ष की शाखा पर बैठकर सीता को देख रहा

१. दाक्षिणात्य तथा पश्चिमोत्तरीय पाठ के अनुसार सीता ने अपने तथा रावण के बीच में तृण रखा था; "**तृणमन्तरतः कृत्वा**" (५, २१, ३)। पहले-पहल लंका में पहुँचकर सीता ने रावण को उत्तर देने के पूर्व ऐसा ही किया था (दे० ३, ५६, १)। अरण्यकाण्ड का उल्लेख मौलिक है तथा तीनों पाठों में मिलता है; यहाँ पर इसकी आवृत्ति प्रक्षिप्त है क्योंकि गौडीय पाठ के समानान्तर सर्ग में (५, २३) इसका उल्लेख नहीं होता।

२. रविषेण के पद्मचरित में रावण उस अवसर पर मन्दोदरी को सीता के पास भेज देता है।

है। रावण ने सोचा कि यह स्वप्न सम्भवत: सच है। अत: उसने निश्चय किया कि मैं अब अशोकवन जाकर सीता को अपने वाग्बाणों से वेधकर दु:ख पहुँचा दूँ जिससे वानर यह सब देखकर राम को बताये और मुझे शीघ्र ही मुक्ति मिल जाये।

धर्मखण्ड (अध्याय १०५) तथा **तत्त्वसंग्रह रामायण** (५, ४) में हनुमान् सीता-रावण-संवाद के अन्त में रावण को भगा देते हैं। धर्मखण्ड में रावण सीता को चन्द्रहास से मार डालना चाहता है किन्तु मन्दोदरी उसको रोक देती है और हनुमान् प्रकट होकर रावण की छाती पर मुष्टि प्रहार करते हैं जिससे रावण भयभीत होकर भाग जाता है। तत्त्वसंग्रह रामायण के अनुसार भी हनुमान् ने विशालकाय रूप धारण कर रावण की छाती पर प्रहार कर उसे भगा दिया था। **प्रसन्नराघव** (अंक ६, ३४) में यह माना गया है कि जब रावण सीता का वध करने पर उतारू हो गया था तब हनुमान् ने रावण के हाथ में अक्षयकुमार का मस्तक रख दिया था जिसे देखकर रावण मूर्च्छित होकर भूमि पर गिर गया था। बाद में सचेत होकर वह हनुमान् को पकड़ने के लिए सीता को छोड़कर चला गया।

५४२. वाल्मीकि रामायण के अनुसार रावण ने सीता को **प्रलोभन** देने के उद्देश्य से उनको लंका का वैभव दिखाया था (दे० अनु० ५००) तथा बाद में दीनतापूर्वक उनसे निवेदन किया था कि वह उसे पति के रूप में ग्रहण करें (दे० अनु० ५४०)। परवर्ती रचनाओं के अनुसार रावण ने सीता को विचलित करने के लिए अनेक उपायों का सहारा लिया था।[1] गुणभद्र के उत्तरपुराण (६८, ३२१-३२८) में मंजरिका नामक रावण की दूती की चर्चा है, जिसने सीता को विचलित करने का असफल प्रयत्न किया था। असमिया **गणकचरित** में रावण की एक अन्य युक्ति का वर्णन किया गया है; कथावस्तु इस प्रकार है। रावण ने एक मायामय राम और लक्ष्मण की सृष्टि की और उनके साथ अशोकवन में प्रवेश किया। रावण चाहता था कि वे मायामय राम-लक्ष्मण रावण को पतिस्वरूप ग्रहण करने का सीता से अनुरोध करें। इतने में हनुमान् चन्द्रपुर के ज्योतिषी के रूप में लंका में प्रवेश कर गये; बाद में वह भ्रमर बनकर और मालिनी के फूलों पर बैठकर मन्दोदरी के महल में पहुँच गये। मन्दोदरी के यहाँ हनुमान् ने विडाल का रूप धारण कर लिया; मन्दोदरी ने उस विडाल को खिलाया किन्तु वह उसका माणिक्य छीनकर तथा उसके स्तनों पर नखक्षत कर भाग गया। तब हनुमान् ज्योतिषी के रूप में उस समय अशोकवन में जा पहुँचे जब माया-राम रावण से जीवन की भिक्षा माँग रहा था। रावण को ज्योतिषी के गले में मन्दोदरी का कण्ठमाणिक्य देखकर आश्चर्य हुआ। हनुमान् ने उससे कहा—मुझे यह माणिक्य एक गन्धर्व से मिला था जिसने मन्दोदरी के साथ अनुचित सम्बन्ध रखा है तथा उसके स्तनों पर नखक्षत किया है। इस पर रावण ने क्रुद्ध होकर ज्योतिषी को पकड़ लिया तथा उससे कहा—यदि तुम्हारा अभियोग सच निकला तो इनाम मिलेगा; नहीं तो मैं तुम्हारा वध करूँगा। हनुमान् का कथन सच निकला; बाद में वह सीता के पास आये तथा उनका समाचार लेकर राम के पास लौटे। उस वृत्तान्त के अन्त में मन्दोदरी के सतीत्व का प्रभाव वर्णित है। रावण के तिरस्कार के कारण विरक्त होकर वह नारायण की स्तुति किया करती थी। बाद में उसने अपने सतीत्व की शपथ खाकर भूकम्प उत्पन्न किया, सूर्य को रोक लिया तथा इन्द्र द्वारा पुष्प-वृष्टि करायी। यह सब देखते हुए भी रावण का सन्देह दूर नहीं हुआ। मन्दोदरी की अग्नि-परीक्षा के लिए आग जलायी जा चुकी थी कि दुबरी नामक

१. पउमचरियं के अनुसार रावण ने सीता को लंका में पहुँचाकर उनको अपने वश में करने के लिए माया का सहारा लिया था (दे० अनु० ५००); युद्ध के समय की युक्तियों का वर्णन अनु० ५८३ में किया गया है।

स्त्री ने आकर रावण को विश्वास दिलाया कि हनुमान् का अभियोग मिथ्या है। मन्दोदरी ने अन्त में रावण से यह अनुरोध किया—"तुमने सीता का अपहरण किया है, इसीलिए हनुमान् ने मेरा अपमान किया है। सीता को लौटाओ।"

बिर्होर नामक आदिवासियों की रामकथा (दे० अनु० २७२) में यह माना गया है कि सीता ने रावण के बलात्कार से बचने के लिए जादू द्वारा अपने शरीर में भयंकर फोड़े उत्पन्न किये थे। रावण के अपेक्षाकृत अच्छे व्यवहार के कारणों का विश्लेषण ऊपर हो चुका है (दे० अनु० ५००)।

५४३. वाल्मीकि रामायण के सीता-रावण संवाद के अन्तर्गत (सर्ग १८-२२) मन्दोदरी का कहीं भी उल्लेख नहीं किया गया है। सुन्दरकाण्ड के प्रक्षिप्त सर्ग ५८ में हनुमान् वानरों के लिए पुनः लंका की घटनाओं का वर्णन करते हैं। सीता-रावण-संवाद के विषय में यह कहते हैं कि सीता के अपमानजनक शब्द सुनकर रावण उन्हें मारने के लिए उद्यत हुआ किन्तु मन्दोदरी ने उसे रोक लिया तथा अपने साथ क्रीड़ा करने का रावण से अनुरोध किया था। इस वृत्तान्त के आधार पर बहुत-सी परवर्ती रचनाओं में यह माना गया है कि मन्दोदरी सीता-रावण-संवाद के समय अशोकवन में उपस्थित थी; उदा० रंगनाथ रामायण (५,७); धर्मखण्ड (अध्याय १०५); अध्यात्म रामायण (५, २, ३८); आनन्द रामायण (१, ९, ८४); भावार्थ रामायण (५, ८); तोरवे रामायण (५, ३); रामचरितमानस (५, १०); आश्चर्यचूड़ामणि (अंक ५)। इन अधिकांश रचनाओं में मन्दोदरी रावण को सीता-वध करने से रोक लेती है। बलरामदास रामायण के अनुसार त्रिजटा ने उस अवसर पर रावण को रोका था।

काश्मीरी रामायण के अनुसार रावण ने हरण के बाद ही सीता को मन्दोदरी की देखरेख में छोड़ दिया था (दे० अनु० ५००)। गुणभद्र के **उत्तरपुराण** (६८, ३२८-३६४) के अनुसार रावण अपनी दूती मंजरिका के असफल प्रयत्न के पश्चात् स्वयं सीता के पास आकर अनुनय-विनय करने लगा। सीता का तिरस्कारपूर्ण उत्तर सुनकर रावण को क्रोध आया था किन्तु मन्दोदरी ने उसे शान्त कर दिया तथा उसे स्मरण दिलाया कि सती स्त्रियों का अपमान करने से आकाशगामिनी आदि विद्याएँ नष्ट हो जाती हैं। इस पर रावण अपने महल लौटा; मन्दोदरी सीता के पास आयी तथा यह देखकर कि मेरा स्नेह बढ़ रहा है और मेरे स्तनों से दूध झर रहा है, उसने अनुमान किया कि यह मेरी पुत्री है जिसे मैंने जन्म के बाद ही छोड़ दिया था (दे० अनु० ४१२)। मन्दोदरी ने सीता से अनुरोध किया कि चाहे मरना ही क्यों न पड़े किन्तु रावण का मनोरथ पूर्ण मत करना। तब उसने यह कहकर सीता को भोजन के लिए बाध्य किया कि यदि तुम नहीं खाओगी तो मैं भी उपवास करूँगी। मन्दोदरी के चले जाने के बाद हनुमान् ने अपने को सीता के सामने प्रकट किया।

५४४. प्रामाणिक वाल्मीकि रामायण में रावण-वध के पूर्व मन्दोदरी के हस्तक्षेप का कहीं भी उल्लेख नहीं था। सुन्दरकाण्ड के एक प्रक्षेप के अनुसार (जो तीनों पाठों में मिलता है) मन्दोदरी ने सुन्दरकाण्ड की घटनाओं के समय रावण को सीता-वध करने से रोका था (दे० ऊपर अनु० ५४३)। उदीच्य पाठ में इसका वर्णन मिलता है कि मन्दोदरी ने प्रहस्त-वध के बाद रावण से अनुरोध किया कि वह राम से युद्ध न करे क्योंकि राम मनुष्य-मात्र नहीं हैं (दे० अनु० ५५८)। इसके अतिरिक्त पश्चिमोत्तरीय पाठ में रावण के यज्ञध्वंस के प्रसंग में मन्दोदरी के केशग्रहण का वर्णन किया गया है (दे० अनु० ५९७)। उत्तरकाण्ड (सर्ग १२) में रावण के साथ मन्दोदरी के विवाह का भी वर्णन किया गया है (अनु० ६५०)।

परवर्ती राम-साहित्य में मन्दोदरी को कथानक में अधिक स्थान मिला है। सीता की बहुत-सी जन्म-कथाओं में वह सीता की माँ मानी गयी है (दे० अनु० ४१२-४१७; ४२०-४२१); सीताहरण के बाद (दे० अनु० ५००) तथा सीता-रावण-संवाद (दे० अनु० ५४१-५४३) के समय मन्दोदरी-विषयक सामग्री का निरूपण हो चुका है।

युद्धकाण्ड के कथानक में भी मन्दोदरी के हस्तक्षेप का अनेक रचनाओं में वर्णन किया गया है। **पउमचरियं** (७०, ३१) के अनुसार अन्तिम युद्ध के ठीक पहले मन्दोदरी ने रावण के सामने यह प्रस्ताव रखा था कि मैं सीता को लेकर राम के पास जाऊँ। **भावार्थ रामायण** (६, ५५) में इन्द्रजित्-वध के बाद रावण मन्दोदरी को धमकी देकर बाध्य करता है कि अशोकवन में जाकर रावण की इच्छा पूरी करने का सीता से अनुरोध करे। बहुत-सी अर्वाचीन रचनाओं में मन्दोदरी ने उसी समय रावण को सीता का वध करने से रोका था (दे० अनु० ५९३)। **अध्यात्म रामायण** (६, १०, ४४) तथा **आनन्द रामायण** (१, ११, २४१-२४२) में मन्दोदरी रावण के यज्ञ-विध्वंस के बाद फिर अपने पति से सीता को लौटाने का अनुरोध करती है। **रामचरितमानस** में मन्दोदरी को रामभक्तिन के रूप में चित्रित किया गया है। वह अपने पति को तीन विभिन्न अवसरों पर भगवान् की शरण लेने का उपदेश देती है (सुन्दरकाण्ड ३६; युद्धकाण्ड १४-१६ और ३५)। **रामकियेन** में मन्दोदरी के संजीवन-यज्ञ का भी वर्णन किया गया है (दे० अनु० ५९७)।

वाल्मीकीय युद्धकाण्ड (सर्ग १११) में रावण-वध के पश्चात् मन्दोदरी के विलाप का विस्तार के साथ वर्णन किया गया है, किन्तु आदिकाव्य मन्दोदरी के उत्तरचरित के विषय में मौन है। आनन्द रामायण और भावार्थ रामायण (६, ५५) के अनुसार मन्दोदरी रावण के वध के बाद सती बन गयी थी—**तदा मन्दोदरी भर्त्रा सह देहं विसृज्य सा ययौ वैकुण्ठभवनं रावणेन मुदान्विता।**[१] अनेक रामकथाओं में मन्दोदरी और विभीषण के विवाह का उल्लेख मिलता है (दे० अनु० ५७२)।

काश्मीरी रामायण (युद्धकाण्ड, ५४) तथा **मसीही रामायण** (अनु० ३०९) के अनुसार मन्दोदरी रावण-वध के बाद सीता को राम के पास ले गयी थी किन्तु **कृत्तिवास** ने माना है कि जब सीता सुवर्ण पालकी में बैठकर राम से मिलने जा रही थीं उस समय मन्दोदरी ने सीता को यह शाप दिया था—तुम्हारे कारण मैंने अपने पति को खो दिया है। तुम्हारा भी आनन्द अचानक निरानन्द बन जायेगा (६, ११४)।

मन्दोदरी की सृष्टि तथा विवाह-विषयक सामग्री रावण-चरित के अन्तर्गत रखी गयी है (दे० अनु० ६५०)। काश्मीरी रामायण के अनुसार मन्दोदरी वास्तव में एक अप्सरा थी जो रावण के विनाश के लिए पृथ्वी पर आयी थी (दे० युद्धकाण्ड, ५३)।

ग। त्रिजटा-चरित

५४५. वाल्मीकि रामायण के अनुसार त्रिजटा एक बूढ़ी राक्षसी[२] थी जो सीता का चरित्र देखकर उनकी ओर आकर्षित हुई थी और जिसने दो अवसरों पर सीता को सान्त्वना दी थी।

---

१. दे० आनन्द रामायण, सारकाण्ड ११, २५५। **कम्ब रामायण** (६, ८५) के कुछ संस्करणों में भी मन्दोदरी के सती हो जाने की कथा मिलती है।

२. 'राक्षसी त्रिजटा वृद्धा:' (५, २७, ४)। महाभारत (३, २६४, ४) में उसे 'धर्मज्ञा प्रियवादिनी' कहा गया है।

सुन्दरकाण्ड (सर्ग २७) का प्रसंग इस प्रकार है। रावण के चले जाने के बाद राक्षसियाँ सीता को डराने लगी थीं। त्रिजटा उन्हें डाँटकर कहने लगी कि मैंने एक भयानक स्वप्न देखा है जो राक्षसों का नाश तथा राम की विजय सूचित करता है। अनन्तर उसने विस्तारपूर्वक इस स्वप्न[1] का वर्णन किया तथा अन्त में राक्षसियों से अनुरोध किया कि वे सीता से क्षमा माँग लें। सीता ने सबों को अभयदान दिया।

युद्धकाण्ड में जब इन्द्रजित् ने राम तथा लक्ष्मण को नागपाश में बाँधा था (दे० अनु० ५८६) तब रावण ने सीता तथा त्रिजटा को पुष्पक पर बैठाकर रणभूमि में निस्सहाय पड़े हुए राम और लक्ष्मण को दिखलाया। सीता दोनों को मृत समझकर करुण विलाप करने लगी किन्तु त्रिजटा ने सीता को आश्वासन दिया कि राम और लक्ष्मण जीवित ही हैं। उस सर्ग में त्रिजटा ने सीता के प्रति अपने स्नेह का उल्लेख किया—**स्नेहादेतद् ब्रवीमि ते** (४८, २८); **चारित्रसुखशीलत्वात्प्रविष्टासि मनो मम** (४८, २९)। **रामायण ककविन** (सर्ग २१) के अनुसार सीता राम को शरपाश में बँधा हुआ देखने के बाद त्रिजटा से चिता तैयार करने का निवेदन करती हैं किन्तु त्रिजटा अपने पिता विभीषण से मिलने जाती है और राम के कुशल-क्षेम का शुभ समाचार लेकर लौटती है।

५४६. त्रिजटा-चरित का परवर्ती विकास समझने के लिए सीता की अन्य हितैषिणी राक्षसियों से सम्बन्ध रखनेवाली सामग्री का निरूपण आवश्यक है।

वाल्मीकीय सुन्दरकाण्ड में विभीषण की पत्नी तथा पुत्री की चर्चा है। सीता इनके विषय में हनुमान् से कहती हैं कि **कला** नामक विभीषण की ज्येष्ठा पुत्री ने अपनी माता के आदेशानुसार मुझसे कहा है कि विभीषण तथा अविन्ध्य[2] के सत्परामर्शों की अवज्ञा करके रावण ने सीता को लौटाना हठपूर्वक अस्वीकार कर दिया है (५,३७)। विभीषण की इस पुत्री के नाम के विषय में मतैक्य नहीं है। उदीच्य पाठ के अनुसार इसका नाम **नन्दा** था (गौ० रा० ५, ३५, १२, प० रा० ४, ३४, ११) और टीकाकार गोविन्दराज के पाठ में (५, ३७, ११) तथा जानकीपरिणय में कला के स्थान पर **अनला** नाम मिलता है।[3]

सीता की अन्तिम हितैषिणी **सरमा** का उल्लेख वाल्मीकि रामायण के प्रामाणिक सर्गों में नहीं मिलता। युद्धकाण्ड एक प्रक्षेप के अनुसार (दे० अनु० ५८३) रावण ने सीता को विचलित करने के उद्देश्य से सीता को राम का मायाशीर्ष दिखलाया था किन्तु सरमा ने सीता के पास आकर रावण के छल-कपट का रहस्य प्रकट किया। इसके बाद सरमा ने सीता को यह शुभ समाचार दिया कि राम समुद्र पार कर लंका के निकट आ पहुँचे हैं। उसने राम के पास सीता का सन्देश ले जाने का प्रस्ताव किया किन्तु सीता ने यह निवेदन किया—"मेरे विषय में रावण के निर्णय का पता लगाकर आओ।" सरमा ने ऐसा ही किया और वह सीता के पास यह समाचार लेकर आयी कि रावण अपनी माता और सभासदों का अनुरोध ठुकराकर सीता को लौटाना अस्वीकार करता है। सरमा के विषय में लिखा है कि वह सीता की '**प्रणयिनी**'

---

१. परवर्ती साहित्य में त्रिजटा के स्वप्न का कोई विशेष विकास परिलक्षित नहीं होता। स्वयंभूदेवकृत पउमचरिउ (५०, ८) तथा कृत्तिवास के रामायण (५, १५) के अनुसार त्रिजटा ने स्वप्न में हनुमान् का आगमन, लंकादहन आदि देखा था।

२. अविन्ध्य के विषय में अनु० ४९ देख लें। विभीषण-सम्बन्धी सामग्री अनु० ५६८-५७२ में संकलित है।

३. उत्तरकाण्ड में एक अन्य अनला नामक राक्षसी का उल्लेख है जो माल्यवान् की पुत्री, विभीषण की मौसी (७, ५, ३६) तथा कुम्भनसी की माता (७, २५, २४) है।

सखी है जिसके साथ सीता ने मित्रता की थी (**सा हि तत्र कृता मित्रं सीतया**; ६, ३३, ३)। उदीच्य पाठ (गौ० रा० ५, ५२; प० रा० ५, ५१) में सरमावाक्यम् नामक सर्ग पाया जाता है जिसमें सरमा सीता के लिए लंकादहन का वर्णन करती है।[१]

उपर्युक्त दोनों वृत्तान्तों में सरमा तथा विभीषण के किसी सम्बन्ध का संकेत मात्र भी नहीं किया गया है। सुन्दरकाण्ड में सीता-हनुमान्-संवाद के अन्तर्गत सीता-हितकारिणी के रूप में विभीषण की पत्नी का उल्लेख था; बाद में सीता की प्रिय सखी सरमा के उपकारों का वर्णन मिलता था; अत: उत्तरकाण्ड के व्यासों ने सरमा को विभीषण की पत्नी घोषित कर दोनों को अभिन्न माना है। उत्तरकाण्ड के अनुसार '**धर्मज्ञा**' सरमा गन्धर्वराज शैलूष की पुत्री है; इसके नाम की व्युत्पत्ति के विषय में कहा गया है कि उसने मानस नामक सरोवर के तट पर जन्म लिया था। वर्षा के कारण सरोवर की बाढ़ अपने तक आते देखकर शिशु रोने लगा था जिस पर उसकी माँ ने कहा था—'**सरो मा वर्धत**' और इसलिए शिशु का नाम '**सरमा**' ही रखा गया था (७, १२, २४-२७)।

सरमा नाम के विषय में कृत्तिवास ने एक अन्य कल्पना की है। उन्होंने सरमा को लंका में सीता की एकमात्र हितैषिणी मानकर लिखा है—**सीता ओ सरमा जेन दुइटि भगिनी**। हनुमान् के प्रकट होने के पूर्व सरमा सीता से मिलने आयी थी; उस अवसर पर सीता ने सरमा से कहा—मैं रमा हूँ, मेरे ही कारण तुम्हारा नाम सरमा रखा गया है (कृत्तिवास रामायण, ५, १६)।

५४७. (१) रामायण अथवा महाभारत में कहीं भी **विभीषण** और **त्रिजटा** के किसी सम्बन्ध का निर्देश नहीं मिलता। परवर्ती साहित्य में सीता के प्रति कला तथा सरमा के उपकारों का श्रेय त्रिजटा को दिया गया; फलस्वरूप त्रिजटा को विभीपण की पुत्री अथवा उसकी पत्नी माना गया है। बहुत-सी रचनाओं में त्रिजटा का विभीषण की पुत्री के रूप में उल्लेख मिलता है। उदाहरणार्थ—गोविन्दराज की टीका (५, २७, ४); कम्ब रामायण (५, ६); बलरामदास रामायण, रामायण ककविन; सेरीराम। आनन्द रामायण के रचयिता ने त्रिजटा को विभीषण की पत्नी माना है—**त्रिजटा नाम्नी विभीषणप्रियानुगा** (१, ९, १०१)। **वसुदेवहिण्डि** तथा **भावार्थ रामायण** (५, १०) में त्रिजटा का विभीषण की बहन के रूप में उल्लेख हुआ है। **रामकियेन** (अध्याय २५) के अनुसार रावण ने विभीषण को निर्वासित कर उसकी पत्नी त्रिजटा को सीता की सेवा में नियुक्त किया था।

(२) महाभारत के रामोपाख्यान के अनुसार सीता ने हनुमान् से कहा था कि त्रिजटा ने मुझे अविन्ध्य का यह सन्देश दिया—"राम तथा लक्ष्मण सकुशल हैं और वे वानर-सेना लेकर तुम्हें छुड़ाने आ रहे हैं। रावण से मत डरना क्योंकि नलकूबर के शाप के कारण वह तुम्हारा कुछ भी नहीं बिगाड़ सकता है" (दे० ३, २६४, ५८)। वाल्मीकि रामायण के अनुसार सीता ने उस अवसर पर कला नामक विभीषण की पुत्री की चर्चा की है।[२] त्रिजटा के स्वप्न के प्रसंग के अतिरिक्त महाभारत

---

१. कल्किपुराण (३, १७, ४०) में कहा गया है कि सीता ने सरमा के साथ रुक्मिणी व्रत का पालन किया था। महाभारत के रामोपाख्यान अथवा पउमचरियं में कहीं भी सरमा का उल्लेख नहीं है। आनन्द रामायण (१, १२, ४४) के अनुसार सरमा तथा त्रिजटा दोनों ने सीता के साथ पुष्पक पर अयोध्या की यात्रा की थी।

२. कम्ब रामायण (५, ६) में भी सीता हनुमान् से कहती हैं कि विभीषण की पुत्री त्रिजटा ने मुझे रावण को दिये हुए शाप से अवगत किया है। यदि रावण उसके साथ मिलने की इच्छा न रखनेवाली स्त्री का स्पर्श करे तो वह मर जायेगा। बलरामदास के अनुसार सीता ने हनुमान् से कहा था—यदि मैं आज जीवित हूँ तो इसका श्रेय त्रिजटा को है।

के एक अन्य स्थल पर भी त्रिजटा का उल्लेख है; रावण-वध के बाद लंका से चले जाते समय राम ने त्रिजटा को अर्थ और सम्मान प्रदान किया था—**त्रिजटां चार्थमानाम्यां योजयामास राक्षसीम्** (३, २७५, ३९)।

(३) रघुवंश (१२, ७४), सेतुबन्ध (सर्ग ११), बलरामदास रामायण, रामायण ककविन (सर्ग १७), सेरीराम आदि रचनाओं में राम के मायाशीर्ष के प्रसंग में त्रिजटा ही सरमा का स्थान लेती है (दे० अनु० ५८३)। **प्रसन्नराघव** (अंक ६) में त्रिजटा सीता के निवेदन पर आकाश में स्थित होकर **(खेचरी भूत्वा)** मेघनाद द्वारा हनुमान् के बन्धन तथा लंकादहन का वर्णन करती है। उदीच्य पाठ में इस प्रसंग में सरमा की चर्चा है।[१] इस प्रकार हम देखते हैं कि वाल्मीकि रामायण के अनुसार विभिन्न राक्षसियों ने सीता के लिए जो कुछ भी किया था, वह सब बाद में त्रिजटा का ही उपकार माना गया है। रामकथा के कवियों ने इतने ही से सन्तोष न लेकर कथानक में त्रिजटा का स्थान और महत्त्वपूर्ण बना दिया है।

(४) प्रचलित वाल्मीकि रामायण के एक प्रक्षिप्त सर्ग में सीता के **आत्महत्याविचार** का उल्लेख है (५, सर्ग २८)। प्रसन्नराघव तथा रामचरितमानस के अनुसार त्रिजटा ने इस अवसर पर सीता की रक्षा की थी (दे० अनु० ५४८)। परवर्ती साहित्य में राम के मायाशीर्ष तथा नागपाशबन्धन के प्रसंग में भी त्रिजटा द्वारा सीता के आत्महत्या-विचार दूर करने की कथा मिलती है (दे० अनु० ५८३ और ५८६)। बलरामदास रामायण के अनुसार त्रिजटा ने दो अन्य अवसरों पर भी सीता के जीवन की रक्षा की थी (दे० अनु० ५४३ और ५९३)।

(५) वाल्मीकि युद्धकाण्ड के अनुसार सरमा ने सीता का **गुप्तचर** बनकर उन्हें रावण-सभा की बातों का समाचार दिया था। परवर्ती साहित्य के अनुसार त्रिजटा ने न केवल इसी अवसर पर किन्तु युद्ध छिड़ जाने के बाद भी सीता को समय-समय पर घटनाओं से अवगत कराया था। **बालरामायण** (अंक ८) में इसका वर्णन मिलता है कि त्रिजटा ने सुमुख तथा दुर्मुख की सहायता से नरान्तक-वध, कुम्भकर्ण-जागरण तथा इन्द्रजित् के निकुम्भिला-प्रवेश का समाचार सीता को पहुँचा दिया था। **आनन्द रामायण** (१, ११, १९७) के अनुसार इन्द्रजित्-वध के पश्चात् लक्ष्मण का शंखनाद सुनकर सीता ने त्रिजटा को भेज दिया था और उससे युद्ध का समाचार सुनकर प्रसन्न हुई थीं। **रामचरितमानस** में भी इसका वर्णन मिलता है कि त्रिजटा ने मेघनाद-वध के बाद सीता के पास आकर युद्ध का समाचार सुनाया तथा राम की विजय का आश्वासन दिया था (दे० अनु० ५९८)। इसके अतिरिक्त तुलसीदास ने त्रिजटा को रामभक्तिन माना है—**राम चरन रति निपुन बिबेका** (दे० ५, ११, १)। **भावार्थ रामायण** (६, ७१) में भी रामभक्ति के कारण त्रिजटा की प्रशंसा की गयी है।

बालरामायण (अंक १०) तथा आनन्द रामायण (१, १२,४४) के अनुसार त्रिजटा ने सीता के साथ पुष्पक पर चढ़कर अयोध्या की यात्रा की थी। स्वयंभूदेवकृत **पउमचरिउ** (५, ८३, ४) में कुश-लव-युद्ध के बाद अयोध्या

१. इसका उल्लेख कम्ब रामायण (५,६) में भी मिलता है।

में **त्रिजटा** तथा **लंकासुन्दरी** के आगमन का वर्णन किया गया है। दोनों ने सीता के सतीत्व के पक्ष में साक्ष्य देकर अन्त में राम से कहा कि यदि आपको विश्वास न हो तो दिव्य द्वारा सीता की परीक्षा लीजिए। इसके बाद, पउमचरियं के अनुसार ही (दे० अनु० ६०१) पउमचरिउ में भी सीता की अग्निपरीक्षा का वर्णन किया गया है।

(६) **जैनी राम-साहित्य** की प्राचीनतम रचनाओं में अर्थात् पउमचरियं, रविषेणकृत पद्मचरित तथा गुणभद्रकृत उत्तरपुराण में त्रिजटा का उल्लेख नहीं मिलता। स्वयंभूदेवकृत **पउमचरिउ** (४९, १०) में त्रिजटा सीता की हितैषिणी नहीं मानी गयी है। इस रचना के अनुसार सीता हनुमान् द्वारा फेंकी हुई राम-मुद्रिका देखकर जब आनन्दित हो उठती हैं तब त्रिजटा रावण के पास दौड़कर जाती है और यह कहती है, "आज आपका जीवन सफल है; आज आपकी प्रतिज्ञा पूरी होगी; भट्टारिका सीता हँस रही है।" हेमचन्द्र की रचनाओं में भी इस तरह का उल्लेख मिलता है (योगशास्त्र २०३ तथा रामायण ६, ३३३)। इसके अतिरिक्त हेमचन्द्र ने माना है कि सीता को उपवन में रखने के बाद रावण ने सीता को प्रलोभन देने के लिए त्रिजटा को ही नियुक्त किया था (योगशास्त्र ११७)। कृत्तिवास रामायण (५, १४) के अनुसार त्रिजटा ने सीता से अनुरोध किया था कि वह रावण की शरण लेकर लंका की पटरानी बन जाये।

(७) भारत की अपेक्षा हिन्देशिया के राम-साहित्य में त्रिजटा को अधिक महत्त्व दिया गया है। **रामायण ककविन** में त्रिजटा-चरित इस प्रकार है। सीता-रावण-संवाद के बाद ३०० राक्षसियाँ सीता को सताने और धमकी देने लगीं; एक ही त्रिजटा नामक राक्षसी ने सीता का पक्ष लिया। त्रिजटा की सहानुभूति पाकर सीता ने उसे अपने दुर्भाग्य की कथा सुनायी। बाद में दोनों मिलकर मन्दिर में प्रार्थना करने गयीं (सर्ग ८)। राम-लक्ष्मण के मायामय शीर्ष देखकर सीता अग्नि में प्रवेश करने की तैयारियाँ करने लगीं; और त्रिजटा ने उनका साथ देने का निश्चय किया किन्तु वह पहले अपने पिता विभीषण को इसकी सूचना देने चली गयी और सुवेल पर्वत पर अपने पिता से मिलकर यह शुभ समाचार लेकर लौटी कि राम और लक्ष्मण दोनों जीवित हैं। अनन्तर सीता ने राम-विजय के लिए अग्नि से प्रार्थना की; तब वह त्रिजटा और अन्य कुमारियों के साथ खेलने लगीं किन्तु उनका मन राम पर ही लगा रहता था (सर्ग १७)। शरपाश में राम को बँधा हुआ देखकर सीता ने त्रिजटा से चिता तैयार करने का निवेदन किया, किन्तु त्रिजटा ने अपने पिता से मिलकर सीता को आश्वासन दिया है कि राम सकुशल हैं (सर्ग २१)। अग्नि-परीक्षा के समय त्रिजटा ने सीता के सतीत्व का साक्ष्य दिया तथा वह बाद में सीता के साथ अयोध्या चली आयी (सर्ग २४)। सीता द्वारा त्रिजटा की विदाई का वर्णन अन्तिम सर्ग में किया गया है।

सेरीराम में विभीषण की पुत्री त्रिजटा को सीता पर पहरा देनेवाली राक्षसियों की अध्यक्षा माना गया है। राम-लक्ष्मण का मायाशीर्ष देखकर सीता आत्महत्या करना चाहती थीं; उस समय त्रिजटा ने राम के पास जाकर सीता को प्रमाण दिया कि राम जीवित ही हैं (दे० अनु० ५८३)। **सेरतकाण्ड** में त्रिजटा तथा जाम्बवान् के विवाह का भी उल्लेख किया गया है।

घ। सीता-हनुमान्-संवाद

५४८. वाल्मीकि रामायण के एक प्रक्षिप्त अंश के अनुसार (सर्ग २८-२९) हनुमान् के आगमन के ठीक पहले सीता **आत्महत्या** करने का विचार कर रही हैं।[१] विष अथवा किसी तीक्ष्ण शस्त्र के अभाव में वह अपनी वेणी से फाँसी लगाने के विचार से अशोक वृक्ष के पास जाती हैं। इसकी एक शाखा पकड़कर वह राम-लक्ष्मण तथा अपने कुल के विषय में सोचने लगती हैं, उसी समय उनके शरीर में शुभ लक्षण प्रकट होने लगते हैं। **अध्यात्म रामायण** (५, ३, २) और **आनन्द रामायण** (१, ९, १०७) तथा अन्य परवर्ती रचनाओं में भी इस प्रकार का वर्णन मिलता है। अभिनन्दकृत रामचरित (२०, २-३) तथा **रामकियेन** (अध्याय १४) के अनुसार सीता अपने को फाँसी लगा चुकी थीं कि हनुमान् ठीक समय पर पहुँचकर गाँठ खोल देते हैं। **आश्चर्यचूड़ामणि** (अंक ५) में भी सीता के जल में प्रवेश कर आत्महत्या करने के विचार का उल्लेख मिलता है। उत्तर भारत के एक वृत्तान्त के अनुसार सीता ने एक वर्ष के बाद रावण की पत्नी बनने का वचन दिया था और हनुमान् के पहुँचने के समय आत्महत्या का विचार कर रही थीं।[२]

प्रसन्नराघव (६, १४-३५) की तत्सम्बन्धी कथा इस प्रकार है। अशोकवन में रावण के आगमन के पूर्व सीता और त्रिजटा वार्तालाप कर रही थीं, रावण के चले जाने के बाद सीता ने त्रिजटा से कहा कि मैंने अग्नि में प्रवेश करने का निश्चय किया है; मुझे कहीं से आग ला दो—**तदुपनय अंगारखंडकम्**। त्रिजटा ने यह कहकर टाल दिया कि इस स्थान में आग सुलभ नहीं है। **रामचरितमानस** (५, १२) का यह वृत्तान्त प्रसन्नराघव पर ही आधारित है।

५४९. वाल्मीकि रामायण में सीता से हनुमान् के मिलने की कथा इस प्रकार है।[३] सीता को अशोकवन में देखकर हनुमान् सोचने लगते हैं कि मैं अब क्या करूँ और अन्त में यह निश्चित करते हैं कि मैं '**मानुषी संस्कृत**' बोलकर राम का गुणगान करूँगा (सर्ग ३०)। अनन्तर हनुमान् ने सीता के सुनने योग्य स्वर में रामचरित का संक्षिप्त वर्णन किया। सीता को सुनकर विस्मय हुआ और उन्होंने आँखें ऊपर उठाकर शिंशपा वृक्ष पर हनुमान् को देखा (सर्ग ३१) और विलाप करने लगीं (सर्ग ३२, १-५)। हनुमान् ने अपने को रामदूत कहकर राम के कुशलक्षेम का शुभ समाचार सुनाया। सीता को पहले तो हर्ष हुआ किन्तु अनन्तर वह हनुमान् को कामरूपी रावण समझकर सन्देह में पड़ गयीं (सर्ग ३४)। तब हनुमान् ने सीता को राम की मुद्रिका अर्पित की तथा आश्वासन दिया कि राम शीघ्र ही आनेवाले हैं (सर्ग ३६)। सीता अब पूर्ण रूप से विश्वस्त होकर यह सन्देश देने लगीं कि यदि राम मुझे जीवित पाना चाहें तो दो महीने के अन्दर आ जायें। तब हनुमान् ने सीता को अपनी पीठ पर राम के पास ले जाने का प्रस्ताव किया। सीता ने पहले हनुमान् की सामर्थ्य पर अविश्वास किया—**कथं चाल्पशरीरस्त्वं मामितो नेतुमिच्छसि** (३७, ३२)। इस पर हनुमान् ने अपना शरीर बढ़ाकर अपनी शक्ति का प्रमाण दिया। अनन्तर सीता ने हनुमान् के प्रस्ताव के विरोध में पाँच तर्क प्रस्तुत किये—

(१) मुझे गिर जाने का भय है;

(२) तुमको जाते देखकर राक्षस आक्रमण करेंगे, तुम उनके साथ युद्ध करते समय मेरी रक्षा नहीं कर सकोगे;

---

१. सर्ग ३० में हनुमान् आशंका प्रकट करते हैं कि यदि मैं सीता से बातचीत किये बिना चला जाऊँ तो वह अवश्य ही आत्महत्या कर लेगी (श्लोक ९ और १२)।

२. दे० पाश्चात्य वृत्तान्त नं० १३, पृ० ३५८। अन्य अवसरों पर भी सीता के आत्महत्या-विचार का उल्लेख मिलता है; दे० अनु० ५८३, ५८६ और ७४१।

३. प्रस्तुत निरूपण में केवल प्रामाणिक सामग्री का ध्यान रखा गया है (दे० अनु० ५३०)।

(३) यदि तुम ही राक्षसों को मारोगे तो राम का अपयश होगा;
(४) राक्षस सम्भवत: मुझे पकड़कर किसी गुप्त स्थान में रखेंगे;
(५) मैं राम को छोड़कर किसी दूसरे का शरीर नहीं स्पर्श करना चाहती हूँ—**भर्तुर्भक्तिं पुरस्कृत्य रामादन्यस्य वानर, नाहं स्प्रष्टुं स्वतः गात्रमिच्छेयं वानरोत्तम** (३७, ६२)। हनुमान् ने सीता के तर्क मानकर एक अभिज्ञान माँगा।

यदि नोत्सहे यातुं मया सार्धमनिंदिते।
अभिज्ञानं प्रयच्छ त्वं जानीयाद्राघवो हि यत्॥ १०॥ (सर्ग ३८)

सीता ने उनको काक-वृत्तान्त सुनाया, अपना चूड़ामणि दे दिया (सर्ग ३८) तथा हनुमान् को जाने के लिए उद्यत देखकर उनसे निवेदन किया कि वह एक दिन के लिए उनके पास ठहर जायें। हनुमान् राम के शीघ्र आने का आश्वासन देकर चले गये (सर्ग ३९)।

५५०. इस सामग्री में आगे चलकर अपेक्षाकृत कम परिवर्तन अथवा परिवर्द्धन किया गया है।

(१) सीता के सामने प्रकट होते समय हनुमान् के विभिन्न छद्मवेशों का उल्लेख ऊपर हो चुका है (दे० अनु० ५३४)। **सेरीराम** के अनुसार हनुमान् ने ब्राह्मण के रूप में लंका में प्रवेश किया था। वह किसी जलकूप के पास बैठकर विश्राम कर रहे थे कि ४० महिलाएँ स्वर्ण पात्रों में जल भरने आयीं। हनुमान् को पता चला कि ये सीता के स्नान के लिए पानी ले जा रही हैं; अत: उन्होंने राम की मुद्रिका एक पात्र में फेंक दी। बाद में सीता ने मुद्रिका पाकर ब्राह्मण को बुलाया।

(२) वाल्मीकि रामायण के एक प्रक्षिप्त सर्ग के अनुसार सीता के निवेदन पर हनुमान् ने राम के शरीर का **'यथातत्त्व'** वर्णन किया था (सर्ग ३५)। **कम्ब रामायण** (५, ५, ३९-५८) और **रंगनाथ रामायण** (५, १४) में यह वर्णन अपेक्षाकृत अधिक विस्तार के साथ दिया गया। राम द्वारा दिये हुए अभिज्ञानों का किष्किन्धाकाण्ड के प्रसंग में उल्लेख हो चुका है (दे० अनु० ५२५)।

(३) हनुमान् की पीठ पर चढ़ना स्वीकार करते समय सीता के उपर्युक्त तर्कों में से अन्तिम तर्क (कुलवधू-मर्यादा) को ही परवर्ती साहित्य में सर्वाधिक मान्यता दी गयी है। फिर भी वाल्मीकि रामायण के प्रक्षिप्त सर्ग ५८ में सीता के केवल इस क्षत्रियोचित उत्तर का उल्लेख किया गया है : राम ही रावण को परास्त कर मुझे ले जायें—**रावणमुत्पाट्य राघवो मां नयतु** (५८, १०१)। एक अन्य प्रक्षिप्त सर्ग में सीता पुन: इस पर बल देती हैं कि रावण के समान लुक-छिपकर मुझे ले जाना राम को शोभा नहीं देगा, उनकी कीर्ति के लिए आवश्यक है कि रावण पर विजय प्राप्त कर लें :

बलैः समग्रैर्यदि मां हत्वा रावणमाहवे॥
विजयी स्वपुरीं रामो नयेत्तत्स्याद्यशस्करम्॥ १२॥
यथाहं तस्य वीरस्य वनादुपधिना हृता।
रक्षसा तद्भयादेव तथा नार्हति राघवः॥ १३॥ (सर्ग ६८)

काश्मीरी रामायण (५, ३४) में राम की कीर्ति विषयक तर्क के अतिरिक्त सीता कहती हैं—रावण मेरे पिता हैं; मुझे उनकी इच्छा के विरुद्ध कुछ नहीं करना चाहिए।

(४) हनुमान्-सीता-संवाद विषयक प्रामाणिक सर्गों में सीता द्वारा दिये हुए केवल दो **अभिज्ञानों** का वर्णन है—चूड़ामणि तथा काक-वृत्तान्त (दे० अनु० ४३९)। महाभारत के **रामोपाख्यान** (३, २६६, ६६-६७) में केवल इन दोनों का उल्लेख मिलता है। वाल्मीकि रामायण के अनुसार हनुमान् मैनसिल के तिलक का स्मरण दिलाकर राम को एक तीसरा अभिज्ञान देते हैं (दे० ६५, २३)। एक प्रक्षिप्त सर्ग में भी सीता द्वारा इस घटना का वर्णन किया गया है। सीता के तिलक मिट जाने पर राम ने उनकी कनपटी पर मैनसिल का तिलक बनाया था—**मनःशिलायास्तिलको गण्डपार्श्वे निवेशितः** (४०, ५)। अयोध्याकाण्ड के एक प्रक्षिप्त सर्ग में तिलक के मिट जाने का कारण भी दिया गया है (दे० अनु० ४३९)।

परवर्ती साहित्य में इन दो अथवा तीन अभिज्ञानों का प्रायः उल्लेख मिलता है। चूड़ामणि के अतिरिक्त सीता हनुमान् को **रामायण ककविन** में एक पत्र तथा **पउमचरियं** (५३, १२) में अपना उत्तरीय देती हैं। **सेरीराम** के अनुसार सीता ने हनुमान् को राम के लिए इत्र की जड़ाऊ मंजूषा दी थी। **कम्ब रामायण** (५, ५) में काक-वृत्तान्त तथा चूड़ामणि के अतिरिक्त सीता ने अभिज्ञान-स्वरूप हनुमान् से कहा था कि मैंने एक बार राम से पूछा था कि अपनी एक शुकी का क्या नाम रखा जाये और राम ने उत्तर दिया—'मेरी माँ दोषहीन कैकेयी का नाम रखना।' इस रचना में उर्मिला आदि के प्रति यह सन्देश भी मिलता है कि राम के प्रिय वचनों से मैं अपनी वेदनाओं को भूल जाती हूँ तथा सीता के इस अनुरोध का भी उल्लेख है कि उनके पालतू शुक-सारिकाओं की देखरेख का ठीक ढंग उर्मिला को सिखाया जाये।

ङ। लंकादहन

५५१. वाल्मीकि रामायण में अशोकवन-विध्वंस तथा लंकादहन विषयक विस्तृत प्रक्षेप[१] की कथावस्तु इस प्रकार है। राक्षसों की बल-परीक्षा करने तथा रावण का मन जानने के उद्देश्य से हनुमान् ने अशोकवन नष्ट किया (सर्ग ४१)। इसके बाद उन्होंने रावण के भेजे हुए ८०००० योद्धाओं, जम्बुमाली, सात मंत्रि-पुत्रों, पाँच सेनापतियों, तथा रावणपुत्र अक्ष का वध किया।[२] अन्त में इन्द्रजित् हनुमान् को ब्रह्मपाश से बाँधकर रावण के पास ले गया। हनुमान् ने अपने को सुग्रीव द्वारा भेजा हुआ रामदूत कहकर रावण से सीता को लौटाने का अनुरोध किया जिस पर रावण ने क्रुद्ध होकर हनुमान् का वध करना चाहा, किन्तु विभीषण की आपत्ति पर ध्यान देकर उसने दण्डस्वरूप हनुमान् की पूँछ जलाने का आदेश दिया। अतः राक्षस हनुमान् की पूँछ में कपास के पुराने कपड़े लपेटने लगे जिस पर हनुमान् ने अपना आकार बढ़ाया। तब राक्षसों ने तेल डालकर हनुमान् की पूँछ में आग लगा दी और उनको नगर में चारों ओर घुमाया। सीता को हनुमान् की दुर्दशा का समाचार[३] जब मिला उन्होंने अग्नि से प्रार्थना की कि वह हनुमान् के लिए शीतल बन जाये। फलस्वरूप हनुमान् ने अग्नि की शीतलता का अनुभव किया और उन्होंने इस चमत्कार का श्रेय सीता की दयालुता, राम के प्रभाव तथा अग्नि से अपने पिता की मित्रता को दिया। अन्त में हनुमान् ने अपना शरीर पहले अधिक बढ़ाकर और

१. सर्ग (४१-५५)। दे० ऊपर अनु० ५३०। युद्धकाण्ड में रात्रि के समय वानरों द्वारा लंकादहन का पुनः वर्णन मिलता है (सर्ग ७५)।

२. दे० सर्ग ४२ और ४४-४७। सर्ग ४३ (चैत्यविध्वंस) केवल दाक्षिणात्य पाठ में मिलता है।

३. उदीच्य पाठ के अनुसार सरमा ने सीता के लिए लंकादहन का वर्णन किया है (दे० ऊपर अनु० ५२९)।

बाद में घटाकर अपने को बन्धनों से मुक्त किया[1] तथा अपना आकार फिर बढ़ाकर विभीषण के महल को छोड़कर समस्त लंका को भस्म कर डाला और बाद में अपनी जलती हुई पूँछ समुद्र में बुझा ली। तब हनुमान् को सीता के कुशल-क्षेम के विषय में चिन्ता हुई, किन्तु शकुनों तथा चारणों की बातचीत से उन्हें उनके विषय में आश्वासन मिला (सर्ग ४८-५५)।

५५२. अद्‌भुत एवं हास्यरस की सम्भावनाओं के कारण लंकादहन कवियों का प्रिय विषय रहा है; अतः इसके वर्णन में पर्याप्त नयी सामग्री की कल्पना कर ली गयी है। प्रस्तुत अनुच्छेद में वाल्मीकि रामायण के वृत्तान्त के क्रमानुसार इस सामग्री का संक्षिप्त निरूपण किया जा रहा है।

(१) **अध्यात्म रामायण** (५, ३, ६७-७१) के अनुसार हनुमान् को **भूख** लगी थी; उन्होंने सीता की अनुमति लेकर अशोकवन के फल खाये और बाद में प्रणाम करके चले गये। फिर कुछ दूर चलने पर उन्होंने निश्चय किया कि रावण से मिलकर जाना अच्छा है और इसलिए वे अशोकवन उजाड़ने लगे। आनन्द रामायण (१, ९, १२३-१३६) में इस प्रसंग को बढ़ा दिया गया है। जब हनुमान् ने अशोकवन के फल खाने की आज्ञा माँगी सीता ने अपना कंकण उतारकर कहा—"यह लो और लंका की दुकानों से फलों के ढेर खरीदकर खा लो।" हनुमान् ने आपत्ति करते हुए उत्तर दिया—"मैं दूसरे के हाथ के तोड़े फल नहीं खाता; रहने दीजिये मैं ऐसे ही जाता हूँ।" उन्हें चले जाते देखकर सीता ने कहा कि जो फल पृथ्वी पर गिर पड़े हैं, उनको चुपचाप खा लो। इस पर हनुमान् पूँछ से बाँधकर वृक्षों को हिलाने लगे और अशोकवन के सब फल खा गये। अन्त में उन्होंने वन के समस्त वृक्ष गिरा दिये। **भावार्थ रामायण** (५, १३) का वृत्तान्त इससे अधिक भिन्न नहीं है।

माधवकन्दली के असमिया रामायण के अनुसार सीता ने विदा के समय हनुमान् को एक मधुफल दे दिया। हनुमान् को और खाने की इच्छा हुई और उन्होंने सीता से पता लगाया कि यह फल अशोकवन का ही है। तब हनुमान् ने एक वृद्ध ब्राह्मण के वेश में रावण के पास जाकर अपना यह परिचय दिया—"मैं सौराष्ट्र का ब्राह्मण हूँ। कल एकादशी व्रत था; मैंने सोचा कि राजा के सामने वेदपाठ करके चला जाऊँगा।" इसके बाद हनुमान् चले गये और अशोकवन में पहुँचने पर बन्दर बनकर फल खाने तथा उत्पात मचाने लगे।[2]

सेरीराम में तत्सम्बन्धी प्रसंग इस प्रकार है। सीता से दो आम पाकर हनुमान् ने पूछा कि ये कहाँ से आये। सीता ने उन्हें रावण की अमराई का मार्ग बताकर सावधान किया कि १०० राक्षस दिन-रात उसकी रखवाली करते हैं। हनुमान् ने वहाँ जाकर छोटे वानर के रूप में अमराई में पड़ी हुई पत्तियाँ तथा टहनियाँ बटोरकर रक्षकों को प्रसन्न किया। किसी दिन सब-के-सब मद्य पीकर मतवाले बन गये और हनुमान् ने सब फल खाकर वाटिका नष्ट कर डाली। दूसरे दिन रक्षक हनुमान् से पूछने लगे कि यह किसका काम है। हनुमान् के चुप रहने पर रक्षक उन्हें रावण के पास ले गये।

---

१. सर्ग ४८ में इसका स्पष्ट उल्लेख किया गया है कि राक्षसों ने ब्रह्मपाश के अतिरिक्त अन्य बन्धनों को काम में लाकर ब्रह्मपाश का प्रभाव नष्ट कर डाला था।

२. दे० लेखारु—असमिया रामायण साहित्य, पृ० ५८।

गुणभद्र के **उत्तरपुराण** (६८, ५०८-५१५) के अनुसार हनुमान् के नेतृत्व में वानर-सेना ने विभीषण की शरणागति के पश्चात् समुद्र पार कर अशोकवन को नष्ट किया तथा उसके रक्षकों को मार डाला था।

(२) अशोकवन-विध्वंस के अनन्तर हनुमान् के विभिन्न युद्धों का कोई विशेष महत्त्वपूर्ण विकास नहीं हुआ है। आनन्द रामायण (१, ९, १५९), तोरवे रामायण (५, ६) तथा भावार्थ रामायण (५, १७ और ३२) के अनुसार ब्रह्मा ने हनुमान् से निवेदन किया कि तुम मेरे ब्रह्मास्त्र का मान रखो और उसमें बँधकर रावण के पास जाओ। दक्षिण भारत की एक कथा में इससे मिलता-जुलता वर्णन मिलता है (पाश्चात्य वृत्तान्त नं० ३)। एक अन्य कथा के अनुसार हनुमान् ने इन्द्रजित् के साथ युद्ध करते समय आहत होने का अभिनय किया था। वह निश्चेष्ट भूमि पर पड़े रहे जिससे राक्षसों ने आकर उन्हें बाँधा था। बाद में वे हनुमान् को उठाकर ले जाने में असमर्थ रहे; तब हनुमान् ने कहा कि यदि मेरे बन्धन कुछ ढीले किये जायें तो मैं चल सकूँगा। इन्द्रजित् ने राक्षसों को वानर की पूँछ पकड़ने का आदेश दिया, किन्तु हनुमान् सबसे पीछा छुड़ाकर अपने आप रावण से मिलने गये (पाश्चात्य वृत्तान्त नं० १)।

(३) भावार्थ रामायण (५, १७ और ३३), दक्षिण भारत की एक रामकथा (पाश्चात्य वृत्तान्त नं० १) तथा सेरीराम आदि रचनाओं के अनुसार हनुमान् रावण की सभा में अपनी पूँछ का कुण्डल बनाकर रावण से ऊँचे सिंहासन पर विराजमान हुए। ऐसा प्रतीत होता है कि इस प्रकार का वर्णन पहले-पहल अंगद के विषय में किया गया था (दे० अनु० ५८५)।

(४) प्रायः समस्त कथाओं में **विभीषण** के बीच-बचाव का उल्लेख है। सेरीराम के अनुसार विभीषण ने रावण को एक भविष्यवाणी का स्मरण दिलाया जिसके अनुसार एक छोटे वानर की हत्या लंका के लिए अहितकर है।

(५) कुछ रामकथाओं में हनुमान् स्वयं सुझाव देते हैं कि उनकी **पूँछ जलायी जाये**। आनन्द रामायण (१, ९, १७७-१८४) के अनुसार रावण ने हनुमान् की पूँछ काटकर फेंकने का आदेश दिया था किन्तु राक्षस के हथियार (कुल्हाड़ा, आरा आदि) इसमें असमर्थ सिद्ध हुए। तब रावण ने हनुमान् से पूछा कि तुम्हारी पूँछ नष्ट करने का क्या उपाय है और वानर ने उसे जलाने का परामर्श दिया। अनेक पाश्चात्य वृत्तान्त (नं० १, ३, ८ और १३), भावार्थ रामायण (५, १८ और ३३), सेरीराम तथा रामकेर्ति आदि इसी प्रसंग का उल्लेख करते हैं।

(६) हनुमान् की **पूँछ के बढ़ जाने** के विषय में कृत्तिवास (५, २९) लिखते हैं कि वह पचास योजन लम्बी थी, उसे तीन लाख राक्षसों ने पकड़कर दबाया था और उसमें ३० मन कपड़ा लपेट दिया गया था। उराँव नामक आदिवासी अपने को रावण के वंशज समझते हैं। उनमें लंकादहन के विषय में निम्नलिखित कथा प्रचलित है।[१] जब हनुमान् लंका आये थे रावण ने हनुमान् की पूँछ जलाने के लिए अपनी प्रजा के सब कपड़े ले लिये थे और उस समय से रावण की प्रजा तथा उनके वंशजों में अपने शरीर को अच्छी तरह से ढकने के लिए कपड़ों की कमी है।

१. रसेल : ट्राइब्स एण्ड कास्ट्स, भाग ४, पृ० ३२०।

(७) आनन्द रामायण (१, ९, १९२) में सम्भवतः सबसे पहले इसका उल्लेख किया गया है कि हनुमान् ने तभी अपनी पूँछ बढ़ाना बन्द किया था जब उनके सुनने में आया कि राक्षस **सीता के कपड़े** भी लेने जा रहे हैं। **तोरवे रामायण** (५, ८), भावार्थ रामायण (५, ३३); पाश्चात्य वृत्तान्त नं० ८, तथा सेरीराम में भी इससे मिलता-जुलता वर्णन किया गया है।

(८) आनन्द रामायण (१, ९, १९५-१९९), तोरवे रामायण (५, ८), भावार्थ रामायण (५, १८) तथा पाश्चात्य वृत्तान्त नं० १ में **रावण की दाढ़ी** के जल जाने का प्रसंग आया है। आनन्द रामायण की कथा इस प्रकार है। अपनी पूँछ में आग लगाने के व्यर्थ प्रयत्न को देखकर हनुमान् ने कहा यदि रावण स्वयं अपने मुँह से फूँक दे तो अग्नि प्रदीप्त हो सकती है। किन्तु ज्यों ही रावण ने फूँकना आरम्भ किया उसके दस सिरों के बालों तथा दाढ़ी-मूँछ में आग लग गयी। इसे बुझाने के लिए रावण अपने बीस हाथों से अपने मुखों पर थप्पड़ मारने लगा, जिससे सभी राक्षस खिलखिलाकर हँस पड़े।

(९) अर्वाचीन रचनाओं में लंकादहन के समय **राक्षसों की दुर्दशा** का भी वर्णन किया गया है। आनन्द रामायण (१, ९, २०९-२११) में रावण दस करोड़ राक्षसों को लेकर लड़ने निकला किन्तु हनुमान् ने लोहे के खम्भे से सब को मारा और अनन्तर करोड़ों को एक साथ पूँछ में बाँधकर लीलापूर्वक रावण के सिर पर मारा जिससे रावण मूर्च्छित हो गया। उस अवसर पर **देवकन्याओं अथवा देवताओं की मुक्ति** का भी उल्लेख मिलता है; उदा० तत्त्वसंग्रह रामायण (५, ९), विनयपत्रिका (३१, ३), हनुमान् बाहुक (९)। महावीरचरित (अंक ७, ५) के अनुसार विभीषण ने रावण-वध के बाद ही '**सुरलोकबन्दिस्त्रियः**' मुक्त कर दिया था। अभिनन्दनकृत रामचरित (सर्ग १९) में इसका उल्लेख मिलता है कि हनुमान् ने लंका में सीता की खोज करते समय कारावास में स्थित देवांगनाओं का विलाप सुना था।[१]

(१०) वाल्मीकि रामायण तथा परवर्ती कथाओं में भी **विभीषण के महल** सुरक्षित रहने का उल्लेख है; सेरीराम के अनुसार केवल सीता का घर जलने से बच गया था। सीता के विषय में हनुमान् की चिन्ता का प्रसंग भी वाल्मीकि रामायण में मिलता है किन्तु आनन्द रामायण (१, ९, २३१) के अनुसार हनुमान् को एक आकाशवाणी द्वारा सीता के कुशल-क्षेम का आश्वासन मिला था। भावार्थ रामायण (५, २०) में वायु ने अपने पुत्र हनुमान् को सीता के विषय में आश्वस्त किया था।

(११) वाल्मीकि रामायण के अनुसार हनुमान् ने अपनी जलती हुई पूँछ को समुद्र में डुबोकर बुझा लिया था। कृत्तिवास में हनुमान् ने सीता के कहने पर उसे मुँह से बुझाकर अपना मुख जला दिया था। उन्होंने सीता से इसकी शिकायत करके कहा कि सब मेरी हँसी उड़ायेंगे। सीता ने उत्तर दिया—सभी कृष्णमुख बन जायेंगे। सन्ताल आदिवासियों में भी इस प्रकार की कथा मिलती है। सेरीराम के अनुसार

---

१. रंगनाथ रामायण (३, ११ और ३, २२) में भी रावण के कारागार में पड़ी हुई स्त्रियों का उल्लेख किया गया है। वाल्मीकीय उत्तरकाण्ड (सर्ग २४) में रावण द्वारा मानव-देव-दानव-नाग-गन्धर्वादि कन्याओं का हरण वर्णित है।

हनुमान् ने व्याकुल होकर नारद से पूँछ की आग बुझाने का उपाय पूछा। नारद ने उत्तर दिया—क्या तुम अपने छोटे कूप का उपयोग नहीं जानते हो? हनुमान् समझ गये; उन्होंने अपनी पूँछ को मुँह में रख दिया और आग बुझ गयी। पाश्चात्य वृत्तान्त नं० ३ में प्रस्तुत प्रसंग का एक अन्य रूप मिलता है। सीता ने हनुमान् को जाते समय सावधान किया कि समुद्र के उस पार पहुँचने के पूर्व किसी भी तरह से मुड़कर पीछे की ओर नहीं देखना चाहिए। हनुमान् को रास्ते में ऐसा लगा कि प्रज्वलित लंका की आग धीरे-धीरे मेरे पास आ रही है; उन्होंने सिर घुमाकर देखा जिससे उनका मुँह जल गया।

अनेक रचनाओं में हनुमान् के समुद्र में अपनी पूँछ बुझाने के वृत्तान्त में उनके पुत्र की उत्पत्ति का भी उल्लेख किया गया है (दे० अनु० ६१५)।

(१२) सेरीराम के अनुसार रावण ने लंकादहन के पश्चात् स्वर्ग से एक महर्षि बुलाकर उनकी प्रार्थनाओं द्वारा **लंका का जीर्णोद्धार** किया था। बलरामदास रामायण में यह माना गया है कि देवताओं ने विश्वकर्मा को भेज दिया था और उन्होंने एक ही रात में लंका का पुनर्निर्माण किया था।

(१३) पउमचरियं (पर्व ५३) में लंकादहन का उल्लेख नहीं है। इसके अनुसार इन्द्रजित् हनुमान् को बाँधकर लाया था। रावण ने उनको नगर में चारों ओर घुमाकर प्रजा को दिखलाने का आदेश दिया किन्तु हनुमान् अपने बन्धनों को तोड़कर तथा लंका में बहुत-से महल गिराकर राम के पास लौटे।

(१४) **असुर** नामक आदिवासी जाति (दे० अनु० २७४) में लंकादहन विषयक निम्नलिखित कथा प्रचलित है। असुरवीर अपनी पत्नी के साथ लोहा गला रहा था। हनुमान् ने पास आकर तथा लाल लोहा देखकर उसे खाना चाहा। असुर दम्पति ने उसे भगाने की बड़ी कोशिश की, किन्तु हनुमान् धौंकनी पर बैठकर तथा भट्टी में गड़बड़ी करके दोनों को तंग करता रहता था। अन्त में बूढ़े ने छिपकर हनुमान् की पूँछ में कपास बाँध दिया, उसकी पत्नी ने उस पर तेल उड़ेला और आग लगा दी। हनुमान् बहुत परेशान होकर उछल-उछलकर दौड़ने लगा; इस प्रकार लंका पहुँचकर हनुमान् ने उसे भस्म कर डाला, बाद में उसने अपनी पूँछ को किसी पेड़ से रगड़कर बुझा लिया था।

च। हनुमान् का प्रत्यावर्तन

५५३. लंकादहन के वर्णन के बाद सुन्दरकाण्ड के केवल दो ही सर्ग प्रामाणिक हैं। सर्ग ५७ में हनुमान् के अपने साथियों के पास लौटने का वर्णन किया गया है। लंका की घटनाओं के विषय में हनुमान् केवल यही कहते हैं कि मैंने सीता को देखा है :

अशोकवनिकासंस्था दृष्टा सा जनकात्मजा॥ ३८॥
रक्ष्यमाणा सुघोराभी राक्षसीभिरनिन्दिता।
एकवेणीधरा बाला रामदर्शनलालसा॥ ३९॥
उपवासपरिश्रान्ता मलिना जटिला कृशा।

सर्ग ६५ में हनुमान् राम को सीता का चूड़ामणि देकर अपनी लंकायात्रा का इस प्रकार वर्णन करते हैं—समुद्र लाँघकर मैंने सीता को रावण के यहाँ देखा है। वह राक्षसियों से घिरकर

आपको ही सोचा करती हैं। वह आपका समाचार पाकर प्रसन्न हुईं तथा अभिज्ञान-स्वरूप उन्होंने चूड़ामणि के अतिरिक्त काक-वृत्तान्त तथा मैनसिल के तिलक के विषय में आपको स्मरण दिलाने को कहा तथा यह भी निवेदन किया कि मैं अब केवल एक महीने तक जीवित रह सकूँगी। अन्त में हनुमान् ने राम से यह प्रस्ताव किया कि समुद्र पार करने की तैयारियाँ प्रारम्भ हो जायें।

सुन्दरकाण्ड के अन्त की शेष सामग्री में पुनरावृत्ति के अतिरिक्त मधुवन-ध्वंस का वर्णन तथा सीता को ले जाने का प्रस्ताव मिलता है। उस प्रस्ताव के विषय में नीचे विचार किया गया है (दे० अनु० ५५५)। **मधुवन-विध्वंस-वर्णन** (सर्ग ६१-६४) का कोई उल्लेखनीय विकास नहीं हुआ है, अतः तत्सम्बन्धी सामग्री का निरूपण अनावश्यक है।

५५४. परवर्ती रामकथा-साहित्य की एकाध रचनाओं में हनुमान् के प्रत्यावर्तन के विषय में किंचित् परिवर्द्धन किया गया है। आनन्द रामायण के अनुसार ब्रह्मा ने लंका से प्रस्थान करते हुए हनुमान् को एक **पत्र** दिया था जिसमें लंका में हनुमान् के चरित का वर्णन था (१, ९, २८०-२८१) और जिसे हनुमान् ने बाद में राम को अर्पित किया (वही, ३०६)। भावार्थ रामायण में भी इस ब्रह्म-पत्र की चर्चा है; हनुमान् ने उसे जाम्बवान् को पढ़ने के लिए दिया (५, २३) तथा बाद में लक्ष्मण ने राम के आदेशानुसार उसे सबों को सुनाया (अध्याय २६-३४)। मराठी रामविजय में इसी प्रसंग को दुहराया गया है।

सेरीराम के अनुसार राम ने लंकादहन के कारण हनुमान् की भर्त्सना की थी। इसका आधार सम्भवतः आनन्द रामायण में वर्णित **हनुमान् के गर्व-निवारण** की निम्नलिखित कथा है। समुद्र को पुनः पार करने के पश्चात् हनुमान् ने नीचे उतरकर एक मुनि को देखा तथा गर्वान्वित होकर उनसे कहा—मैं राम का कार्य करके आ रहा हूँ; मैं यहाँ पानी पीना चाहता हूँ। मुनि ने संकेत द्वारा जलाशय का मार्ग बतलाया। इस पर हनुमान् राम-मुद्रिका (जिसे सीता ने लौटाया था), सीता-चूड़ामणि तथा ब्रह्मपत्र मुनि के पास रखकर जल पीने चले गये। इतने में एक वानर ने आकर राम की मुद्रिका मुनि के पास रखे हुए कमण्डल में डाल दी। लौटने पर हनुमान् ने पूछा कि मुद्रिका कहाँ है। मुनि ने भौं से कमण्डल की ओर संकेत किया। हनुमान् ने कमण्डल में हजारों मुद्रिकाएँ देखकर कहा—आप मुझे बतायें कि मेरी लायी हुई मुद्रिका कौन है? मुनि ने उत्तर दिया—जब-जब हनुमान् ने लंका जाकर तथा सीता का पता लगाकर राममुद्रिका को मेरे पास छोड़ दिया है तब-तब वानरों ने इसे इस कमण्डल में गिरा दिया है; इनमें से अपनी मुद्रिका खोज निकालो। हनुमान् ने पूछा कि यहाँ कितने राम आये हैं तथा मुनि के कहने पर मुद्रिकाओं को निकालकर गिनना आरम्भ कर दिया किन्तु उनका अन्त नहीं हुआ। तब हनुमान् ने सबको फिर कमण्डल में भर दिया तथा यह सोचकर गर्वरहित हो गये कि मेरे जैसे सैकड़ों हनुमान् सीता का समाचार राम के पास ले जा चुके हैं तो मेरी कौन-सी गिनती है—**का गणनाऽद्य मे** (१, ९, २८३-२९८)। किष्किन्धा में पहुँचकर हनुमान् ने राम को ब्रह्मपत्र तथा सीता-चूड़ामणि अर्पित किया, काक-वृत्तान्त सुनाया तथा बाद में भयभीत होकर मुनि द्वारा अपने गर्व-निवारण तथा मुद्रिका खो बैठने का वृत्तान्त भी कह दिया। उत्तर में राम ने मुस्कराकर कहा कि मैंने मुनि के रूप में यह कौतुक दिखलाया था—**मयैव दर्शितं मार्गे कौतुकं मुनिरूपिणा** (१, ९, ३१३)।

उदात्तराघव (अंक ४) में हनुमान् के प्रत्यावर्तन के विषय में राक्षसी माया का वृत्तान्त भी मिलता है। कथा इस प्रकार है—एक राक्षस हनुमान् का रूप धारण कर सुग्रीव के पास

आया और यह समाचार लाया कि रावण ने सीता का वध किया है। सुग्रीव ने यह सुनकर चिता तैयार करने का आदेश दिया किन्तु वास्तविक हनुमान् ने ठीक समय पर पहुँचकर सुग्रीव को बचा लिया।[१]

५५५. वाल्मीकि रामायण के दो प्रक्षिप्त सर्गों के अनुसार हनुमान् तथा अंगद दोनों ने राक्षसों को हराकर **सीता को राम के पास पहुँचाने** का प्रस्ताव अपने साथियों के सामने रखा था किन्तु जाम्बवान् ने इसे अस्वीकार करते हुए कहा—एक तो हमें सीता का पता लगाने मात्र का कार्य सौंपा गया; दूसरे राम ने हम लोगों के सामने जो यह प्रतिज्ञा की है कि—"मैं सीता का उद्धार करूँगा," उस प्रतिज्ञा को हम मिथ्या नहीं कर सकते।

हनुमान् ने लंका में भी सीता से अपने साथ चलने का प्रस्ताव किया था। इस सामग्री के आधार पर कई रामकथाओं में माना गया है कि हनुमान् युद्ध के पूर्व ही सीता को राम के पास ले गये थे। उदाहरणार्थ उत्तर-पूर्व क्षेत्रों की आदिवासी कथा (अनु० २७८) पाश्चात्य वृत्तान्त नं० ६, १०, और १५ और सेरीराम की एक दन्तकथा (ज० स० ए० सो० स्ट्रेट्स ब्रांच, भाग ५५, पृ० १-२४)। **सिंहली रामकथा** के अनुसार बालि ने हनुमान् का स्थान लेकर सीता को राम के पास पहुँचा दिया था। **रामतापनीय उपनिषद्** (४, २४) में सुग्रीव वानरों को सीता का पता लगाने के लिए भेजते समय सीता को ले आने का भी आदेश देते हैं।

---

१. भरत के विषय में भी इसी तरह के वृत्तान्त मिलते हैं (दे० अनु० ६०९)।

अध्याय-१९

युद्धकाण्ड

१—वाल्मीकि रामायण का युद्धकाण्ड

५५६. क। युद्धकाण्ड की कथावस्तु

(१) लंका का अभियान (सर्ग १-४१)

समुद्र की ओर प्रस्थान— समुद्र की बाधा के विचार से राम की निराशा तथा सुग्रीव द्वारा सेतुबन्ध का प्रस्ताव (सर्ग १-२)। हनुमान् द्वारा लंका का वर्णन (सर्ग ३)। समुद्र तक पहुँचना तथा राम का विरहवर्णन (सर्ग ४-५)।

रावण-सभा— सभासदों द्वारा रावण को विजय का आश्वासन तथा सीता को लौटा देने की विभीषण की मंत्रणा (सर्ग ६-९)। दूसरे दिन विभीषण द्वारा चेतावनी, कुम्भकर्ण का जगकर रावण को दोष देना लेकिन सहायता की प्रतिज्ञा करना (सर्ग १०-१२)। पुंजिकस्थला के कारण पितामह के शाप का रावण द्वारा उल्लेख (सर्ग १३)। इन्द्रजित् तथा रावण द्वारा निन्दित होकर विभीषण का रावण को छोड़कर जाना (सर्ग १४-१६)।

विभीषण की शरणागति— सुग्रीवादि के विरोध करने पर भी हनुमान् के आग्रह के कारण विभीषण को शरण मिलना; राम द्वारा विभीषण का अभिषेक; प्रायोपवेशन द्वारा समुद्र को विवश करने की विभीषण की मंत्रणा (सर्ग १७-१९)। शार्दूल द्वारा रावण को राम-सेना की सूचना मिलना; सुग्रीव को अपनी ओर मिलाने के लिए रावण द्वारा शुक का भेजा जाना; शुक का बन्धन और राम द्वारा मुक्ति (सर्ग २०)।

सेतुबन्ध— तीन दिन के प्रायोपवेशन के बाद राम का समुद्र पर ब्रह्मास्त्र प्रयोग के लिए तत्पर होना। समुद्र की विनय तथा द्रुमकुल्य का ब्रह्मास्त्र द्वारा विध्वंस। सागर के कथन से नल द्वारा सेतुबन्ध और सेना का सन्तरण (सर्ग २१-२२)। लंका में अपशकुन तथा शुक का रावण को समाचार देना (सर्ग २३-२४)।

शुक-सारण-शार्दूल— रावण-गुप्तचर शुक और सारण का विभीषण द्वारा बन्धन और राम द्वारा मुक्ति। उनका रावण को समाचार देना। शार्दूल का रावण द्वारा भेजा जाना, उसका बन्धन, मुक्ति और समाचार देना (सर्ग २५-३०)।

राम का मायामय शीर्ष— विद्युज्जिह्व द्वारा निर्मित राम के मायामय शीर्ष का सीता को दिखलाया जाना। सीता का विलाप तथा सरमा द्वारा रहस्योद्घाटन (सर्ग

३१-३३)। सरमा द्वारा सीता को रावण-सभा का समाचार मिलना (सर्ग ३४)। माल्यवान् का रावण को समझाना, अपशकुन होने पर भी रावण का दृढ़ निश्चय होकर नगर के प्रवेश-द्वारों की रक्षा की आज्ञा देना (सर्ग ३५-३६)।

लंका का अवरोध— सुवेल पर्वत से राम का लंका-दर्शन (सर्ग २७-३९)। सुग्रीव-रावण-द्वन्द्व (सर्ग ४०)। लंकाविरोध तथा अंगद का दूत-कार्य (सर्ग ४१)।

(२) युद्ध-प्रकरण (सर्ग ४२-११२)

शरपाश— रात्रि तक दोनों सेनाओं का युद्ध : अंगद द्वारा इन्द्रजित् की पराजय। अदृश्य इन्द्रजित् द्वारा राम-लक्ष्मण का शरपाश में बन्धन (सर्ग ४२-४५)। रावण का सीता को पुष्पक से भेजकर आहत राम-लक्ष्मण को दिखलाना। सीता-विलाप, त्रिजटा की सान्त्वना (सर्ग ४६-४८)। जगकर राम का लक्ष्मण के लिए विलाप। हनुमान् द्वारा विशल्या ओषधि को लाने के लिए सुषेण का प्रस्ताव। गरुड़ का राम-लक्ष्मण को स्वस्थ करना (सर्ग ४९-५०)।

द्वन्द्वयुद्ध— धूम्राक्ष, वज्रदंष्ट्र, अकम्पन तथा प्रहस्त का वध। रावण-लक्ष्मण द्वन्द्वयुद्ध, लक्ष्मण का आहत होना, मुष्टिप्रहार से हनुमान् का रावण को मूर्च्छित करना। राम-रावण-युद्ध, रावण की पराजय और लज्जित होकर लौटना (सर्ग ५१-५९)।

कुम्भकर्ण-वध— कुम्भकर्ण का जागरण (सर्ग ६०); विभीषण द्वारा राम से कुम्भकर्ण-निद्रा की कथा का उल्लेख (सर्ग ६१)। कुम्भकर्ण द्वारा रावण की भर्त्सना। कुम्भकर्ण-सुग्रीव-द्वन्द्व। राम द्वारा कुम्भकर्ण-वध। रावण-विलाप (सर्ग ६२-६८)।

द्वन्द्वयुद्ध— रावण के चार पुत्रों का (नरान्तक, देवान्तक, त्रिशिर, अतिकाय) तथा दो भाइयों (महोदर और महापार्श्व) का वध। रावण-विलाप; इन्द्रजित् का अदृश्य होकर युद्ध करना तथा राम और लक्ष्मण को व्यथित करना (सर्ग ६९-७३)।

लंकादहन— हनुमान् का ओषधिपर्वत लाकर आहतों तथा राम-लक्ष्मण को स्वस्थ करना (सर्ग ७४)। रात्रि में वानरों द्वारा लंकादहन (सर्ग ७५)। कम्पन, कुम्भ, निकुम्भ तथा मकराक्ष का वध (सर्ग ७६-७९)।

इन्द्रजित्-वध— यज्ञ करके इन्द्रजित् का युद्धारम्भ (सर्ग ८०)। मायामय सीता का वानर-सेना के सम्मुख वध। राम-विलाप तथा लक्ष्मण द्वारा सान्त्वना (सर्ग ८१-८३)। विभीषण द्वारा मायामय सीता का रहस्योद्घाटन तथा निकुम्भिला में इन्द्रजित्-यज्ञ-ध्वंस का परामर्श; सेना सहित लक्ष्मण का यज्ञ-ध्वंस तथा इन्द्रजित्-वध करना (सर्ग ८४-९०)। सुषेण द्वारा लक्ष्मण की चिकित्सा (सर्ग ९१)। रावण-विलाप, सुपार्श्व का रावण को सीता-वध से रोकना (सर्ग ९२)।

विभिन्न युद्ध— विरूपाक्ष, महोदर तथा महापार्श्व का वध (सर्ग ९३-९८); राक्षसियों का विलाप (सर्ग ९४)।

रावण-वध— रावण द्वारा लक्ष्मण को शक्ति लगना तथा हनुमान् द्वारा महोदय पर्वत से ओषधि लाना (सर्ग ९९-१०१)। इन्द्ररथ का मातलि सहित भेजा जाना; राम-रावण-युद्ध का आरम्भ (सर्ग १०२-१०४)। अगस्त्य का राम को

आदित्यहृदय नामक स्तोत्र सिखाना (सर्ग १०५); सात दिन के युद्ध के बाद ब्रह्मास्त्र से रावण-वध (सर्ग १०६-१०८)। विभीषणादि का विलाप; रावण की अन्त्येष्टि (सर्ग १०९-१११)। विभीषण का अभिषेक तथा राम का सीता को बुला भेजना (सर्ग ११२)।

(३) प्रत्यावर्तन (सर्ग ११३-१२८)

अग्निपरीक्षा— राम का सीता को अस्वीकार करना (सर्ग ११३-११५)। लक्ष्मण द्वारा निर्मित चिता में सीता का प्रवेश (सर्ग ११६)। देवताओं द्वारा राम की विष्णुरूप में पूजा (सर्ग ११७)। अग्नि द्वारा राम को सीता का समर्पण (सर्ग ११८)। शिव द्वारा प्रशंसा; दशरथ की शिक्षा। मृत वानरों का इन्द्र द्वारा जीवित किया जाना। विभीषण का यात्रा के लिए पुष्पक प्रस्तुत करना। वानरों को दान दिया जाना (११९-१२२)।

वापसी यात्रा— आकाश मार्ग से राम का विभिन्न स्थानों का वर्णन करना। किष्किन्धा में वानर-पत्नियों को साथ लेना। भरद्वाज से भेंट (सर्ग १२३-१२४)। हनुमान् का गुह और भरत को आगमन का समाचार देना (सर्ग १२५-१२६)।

अयोध्या-प्रवेश— अयोध्यावासियों सहित भरत और शत्रुघ्न का राम से मिलना; नन्दिग्राम में भरत का राम को शासन सौंपना; पुष्पक का कुबेर के पास लौटाया जाना (सर्ग १२७)। रामाभिषेक; राम-राज्य-वर्णन; फलश्रुति (सर्ग १२८)।

ख। युद्धकाण्ड का विश्लेषण

तीनों पाठों में विभिन्नता

५५७. अन्य काण्डों की अपेक्षा युद्धकाण्ड के तीनों पाठों में कहीं अधिक अन्तर पाया जाता है। दाक्षिणात्य पाठ की निम्नलिखित सामग्री का गौडीय में नितान्त अभाव है :

सर्ग १०-१५— रावण की दूसरी सभा की घटनाओं का वर्णन; दे० अनु० ५६८ (३); इसकी कुछ सामग्री (अर्थात् सर्ग १०, १४ और १५) पश्चिमोत्तरीय पाठ में मिलती है (दे० प० रा० ५, सर्ग ७६, ८७ और ८६)।

सर्ग २० और २४— गुप्तचरों शार्दूल तथा शुक का वृत्तान्त जो २५वें सर्ग के वृत्तान्त के अनुकरण पर लिखा गया है। ये सर्ग अन्य पाठों में नहीं मिलते हैं।

सर्ग २२, २५-४०— द्रुमकुल्य का ब्रह्मास्त्र द्वारा विध्वंस। यह वृत्तान्त पश्चिमोत्तरीय पाठ में भी मिलता है (दे० प० रा० ५, ९६)। शेष निम्नलिखित सामग्री गौडीय तथा पश्चिमोत्तरीय दोनों पाठों में नहीं मिलती है।

सर्ग २३— युद्ध के पूर्व लंका में अपशकुन **(निमित्तानि)**।

सर्ग ४० तथा ४१, १-१०— सुग्रीव-रावण-द्वन्द्व।

सर्ग ५३-५४— अंगद-वज्रदंष्ट्र-युद्ध।

सर्ग ६०, ८-१२— रावण के विरुद्ध अनारण्य, वेदवती, उमा, नन्दीश्वर, रम्भा तथा पुंजिकस्थला के शापों का उल्लेख।

सर्ग १०५— अगस्त्य का राम को आदित्यहृदय स्तोत्र सिखाना।

सर्ग १२३, २०— सेतु पर शिवप्रतिष्ठा का निर्देश।

सर्ग १२३, २३-३८—सीता के अनुरोध से किष्किन्धा में वानर-पत्नियों को पुष्पक में साथ लेना।

५५८. उपर्युक्त सामग्री से स्पष्ट है कि उदीच्य पाठ से अलग हो जाने के पश्चात् दाक्षिणात्य पाठ में पर्याप्त मात्रा में प्रक्षेप तोड़ दिये गये हैं। दूसरी ओर अन्य पाठों में बहुत-सी सामग्री मिलती है जिसका उल्लेख दाक्षिणात्य पाठ में नहीं किया गया है। निम्नलिखित वृत्तान्त केवल गौडीय तथा पश्चिमोत्तरीय पाठ में मिलते हैं :

(१) निकषा-वाक्यम्—निकषा अपने पुत्र विभीषण से अनुरोध करती है कि वह रावण को समझावे; दे० अनु० ५६८(४)।

(२) रावण-सभा—केवल एक बार होती है लेकिन इसके वर्णन में गौडीय पाठ में सात नये सर्ग जोड़ दिये गये हैं; दे० अनु० ५६८ (५)।

(३) दशरथ-सागर की मैत्री का वर्णन—(दे० गौ० रा० ५, ९४, २१-२२ तथा प० रा० ५, ९६, ४३-६६)।

(४) बालि-सुग्रीव की जन्मकथा—दाक्षिणात्य पाठ में यह वृत्तान्त उत्तरकाण्ड के ३७वें सर्ग के बाद के प्रथम प्रक्षिप्त सर्ग में मिलता है (दे० गौ० रा० ६, ४, ३०-५० और प० रा० ६, सर्ग ४)।

(५) रावण-मन्दोदरी-संवाद—प्रहस्त-वध के पश्चात् मन्दोदरी रावण से अनुरोध करती है कि वह युद्ध न करे क्योंकि राम मनुष्य नहीं हैं (दे० गौ० रा० ६, ३३ तथा प० रा० ६, ३५)।

(६) नारद-कुम्भकर्ण-संवाद—नारद ने कुम्भकर्ण से विष्णु द्वारा रावण-वध का रहस्य प्रकट किया था। नारद के इस कथन का उल्लेख कर कुम्भकर्ण युद्ध न करने का रावण से अनुरोध करता है। रावण विष्णु द्वारा अपना वध तथा फलस्वरूप परम पद प्राप्त करने की इच्छा प्रकट करता है (दे० गौ० रा० सर्ग ४०-४१ तथा सर्ग प० रा० सर्ग ४१-४२)।

(७) कालनेमि-वृत्तान्त—हिमालय-यात्रा के वर्णन के अन्तर्गत हनुमान् द्वारा कालनेमि-वध, गन्धर्वों से युद्ध तथा रावण के भेजे हुए राक्षसों का वध (दे० गौ० रा० सर्ग ८२, १४२ आदि; सर्ग ८३ और ८४; प० रा० सर्ग ८१)।

५५९. दो वृत्तान्त केवल गौडीय पाठ में ही पाये जाते हैं—

(१) विभीषण की कैलास-यात्रा—दे० अनु० ५६८ (६)।

(२) हनुमान्-भरत-संवाद—दे० अनु० ५८८।

५६०. अन्त में उस सामग्री का उल्लेख करना है जो केवल पश्चिमोत्तरीय पाठ में मिलती है—

(१) विभीषण-निकषा-संवाद—दे० अनु० ५६८ (६)।

(२) समुद्र का राम और लक्ष्मण को एक कवच और अस्त्र प्रदान करना। रावण के मंत्रियों का रावण को विजय का आश्वासन देना (दे० प० रा० ५, सर्ग ९९ और १००)।

(३) नारद-वाक्य—नागपाश के अवसर पर नारद का आना और राम को उनके नारायणत्व का स्मरण दिलाना (दे० प० रा० ६, २७, ७-४१)।

(४) कुम्भकर्ण-वाक्य—रणभूमि में विभीषण से मिलकर कुम्भकर्ण राम की शरण लेने की उसकी दूरदर्शिता की प्रशंसा करता है (दे० प० रा० ६,४६, ८२-९१)।

(५) **केश-ग्रहण**—विभीषण के कहने पर वानर रावण के यज्ञस्थल पर पहुँचकर उसका ध्यान भंग करने में असमर्थ हैं। इस पर अंगद मन्दोदरी के केशों को खींचकर उसे रावण के पास ले आता है, जिससे रावण उत्तेजित हो जाता है और फलस्वरूप उसका यज्ञ समाप्त नहीं हो पाता है (दे० प० रा० ६, ८२ और अनु० ५९७)।

प्रक्षेप

५६१. तीन पाठों की उपर्युक्त विभिन्नता से स्पष्ट है कि गायकों ने युद्धकाण्ड का कलेवर बढ़ाने में संकोच नहीं किया है। प्रारम्भिक सर्गों में से निम्नलिखित सर्ग प्रक्षिप्त प्रतीत होते हैं; सर्ग १-३ (अनु० ५६७); सर्ग ६-८ (अनु० ५६८); सर्ग १०-१५ और २० (दाक्षिणात्य पाठ मात्र में मिलते हैं); सर्ग २१ (अनु० ५७४)। अतः **युद्धकाण्ड के प्रारम्भ** की प्रामाणिक सामग्री इस प्रकार है :

सर्ग ४-५—वानर-सेना का अभियान, राम का विलाप।

सर्ग ९ और १६—विभीषण की चेतावनी; रावण द्वारा उसका अपमान तथा विभीषण का लंका से प्रस्थान।

सर्ग १७-१९—विभीषण की शरणागति और अभिषेक। इसके सम्बन्ध में सन्देह है (दे० अनु० ५३८)।

सर्ग २२ (अंशतः)—सेतुबन्ध। इसकी प्रामाणिकता के सम्बन्ध में आगे (अनु० ५७४) में विचार किया जायेगा।

५६२. आदिरामायण में सेतु-विषयक वृत्तान्त के पश्चात् अंगद के दूतकार्य (सर्ग ४१) का वर्णन आता था, यह डॉ० याकोबी[1] का अनुमान है; इसके अनुसार सर्ग २३-४० प्रक्षिप्त हैं। इस अनुमान का कारण यह है कि सर्ग २३ के कुछ श्लोक (२-१३) सर्ग ४१ में दुहराये गये हैं (दे० ४१, ११-१२); यदि दोनों के बीच की सामग्री हटा दी जाये तो आधिकारिक कथावस्तु के किसी आवश्यक अंश का अभाव नहीं परिलक्षित होगा। इस अंश में बालकाण्ड में वर्णित वानरों की उत्पत्ति का निर्देश मिलता है (२८, ५ और ३०, २७); प्रामाणिक सर्गों में बालकाण्ड की सामग्री का उल्लेख नहीं होता। इस प्रक्षिप्त अंश की मुख्य कथावस्तु इस प्रकार है—गुप्तचरों की कथाएँ (दे० अनु० ५८२); राम के मायाशीर्ष का वृत्तान्त (दे० अनु० ५८३) तथा सुवेल पर्वत के चढ़ाव का प्रसंग अनु० (दे० अनु० ५८४)।

५६३. युद्ध प्रकरण (सर्ग ४२-११२) में इतनी पुनरावृत्ति और नीरसता पायी जाती है कि यह समस्त सामग्री वाल्मीकि जैसे महान् कवि की रचना हो ही नहीं सकती। परस्पर-विरोधी सामग्री के तीन उदाहरण यहाँ पर पर्याप्त होंगे।

सर्ग ५० में गरुड़ के आगमन का वर्णन किया गया है; राम-लक्ष्मण मूर्च्छित होकर पड़े हुए हैं और गरुड़ के आने पर नागपाश से मुक्त हो जाते हैं। किन्तु सर्ग ४९ में शर-पाश-बद्ध राम के जगने का उल्लेख हो चुका था; अतः सर्ग ५० का अनावश्यक वृत्तान्त बाद का प्रक्षेप सिद्ध हो जाता है।

सर्ग ५९ में अकम्पन तथा नरान्तक दोनों को जीवित माना गया है किन्तु उनके वध का उल्लेख क्रमशः सर्ग ५६ तथा सर्ग ५८ में हो चुका है। इसके अतिरिक्त इस सर्ग में राम-रावण-युद्ध का वर्णन है यद्यपि आगे चलकर राम के प्रथम बार रावण से युद्ध करने का स्पष्ट

---

१. दे० वही, पृ० ४३।

उल्लेख किया गया है (सर्ग १००, ४६-५२)। वास्तव में लक्ष्मण के शक्ति से आहत होने का जो वर्णन इस सर्ग में किया गया है, वह सर्ग १०० का अनुकरण मात्र प्रतीत होता है; अतः सर्ग ५९ की प्रक्षिप्तता असन्दिग्ध है।

इसी प्रकार **सर्ग ६९-७०** को भी बाद का प्रक्षेप मानना चाहिए। यत्र-तत्र इन्द्रवज्रा छन्दों के प्रयोग के अतिरिक्त इन सर्गों की कथावस्तु इन्हें प्रक्षिप्त ठहराती है; इनमें दो राक्षसों का वध वर्णित है जो पहले ही मारे जा चुके हैं—त्रिशिरा (३, २७) और नरान्तक (६, ५८, २०) तथा दो अन्य राक्षसों के मरने का उल्लेख है जिनके वध का वर्णन बाद में फिर किया गया है—महोदर (६, ९७) और महापार्श्व (६,९८)।

यह भी ध्यान देने योग्य है कि इन्द्रजित्-वध के बाद इसका स्पष्ट शब्दों में उल्लेख किया गया है कि उस समय तक युद्ध केवल तीन दिन से चल रहा है (दे० ९१, १६)। रावण-वध के लिए एक दिन और रखने पर यह अनुमान किया जा सकता है कि आदिरामायण में समस्त युद्ध का वर्णन इस प्रकार विभक्त किया गया था :

पहला दिन—सामूहिक युद्ध और नागपाश का प्रसंग।

दूसरा दिन—कुम्भकर्ण का वध।

तीसरा दिन—इन्द्रजित् का वध।

चौथा दिन—रावण का वध।

युद्धकाण्ड के समस्त प्रक्षिप्त सर्गों का ठीक-ठीक पता लगाना असम्भव प्रतीत होता है। कथानक के दृष्टिकोण से निम्नलिखित तीन प्रक्षिप्त प्रसंग अपेक्षाकृत अधिक महत्त्व रखते हैं।

५६४. हनुमान् की हिमालय-यात्रा (सर्ग ७४ और सर्ग १०१)। प्रचलित वाल्मीकि रामायण में हनुमान् की इस यात्रा का दो बार वर्णन किया गया है। इस प्रसंग के प्रक्षिप्त होने का सबसे महत्त्वपूर्ण तर्क हनुमान् के समुद्रलंघन का वर्णन है (दे० रा० ५, १)। हिमालय की यात्रा इस लंघन से कहीं अधिक असाधारण है, फिर भी इस कार्य की कठिनाई का कुछ भी वर्णन नहीं किया गया है। यदि समुद्रलंघन तथा हिमालय-यात्रा का वर्णन दोनों एक के ही द्वारा रचित होते तो हिमालय-यात्रा को अधिक महत्त्व दिया जाता। महाभारत के रामोपाख्यान में भी हनुमान् की हिमालय-यात्रा का उल्लेख नहीं है। सर्ग ७४ में त्रिष्टुभ छन्दों का बाहुल्य भी प्रामाणिकता के विषय में सन्देह उत्पन्न करता है। सर्ग १०१ को हटाने से सर्ग १०० सुगमता से सर्ग १०२ से मेल खाता है।[१] इसके अतिरिक्त सर्ग १०० के कुछ श्लोक सर्ग १०२ में दुहराये गये हैं; इसमें भी सर्ग १०० के प्रक्षिप्त होने का निर्देश देखा जा सकता है।

५६५. अग्निपरीक्षा (सर्ग ११४-१२०)। सीता की अग्निपरीक्षा के प्रक्षिप्त होने में बहुत कम सन्देह है।[२] इस प्रसंग में सीता के प्रति राम के प्रेम में जो सहसा परिवर्तन दिखाया गया है वह अप्रत्याशित ही नहीं सर्वथा अस्वाभाविक भी है। सीताहरण के बाद राम के विरह का बहुत-से सर्गों में वर्णन किया गया है; युद्धकाण्ड के प्रारम्भ में राम स्वयं कहते हैं कि मेरा विरह-जनित शोक दिनोंदिन बढ़ता जाता है :

शोकश्च किल कालेन गच्छता ह्यपगच्छति।
मम चापश्यतः कान्तामहन्यहनि वर्धते॥ ४॥ (सर्ग ५)

---

१. १००, ५५ के बाद १०वाँ सर्ग आना चाहिए। दे० एच० याकोबी : वही, पृ० ४५।

२. दे० ए० वेबर, ऑन दि रामायण, पृ० ३५। डब्लू० प्रिंस, याकोबी मेमोरियल वॉल्यूम, पृ० २०८।

लंकावरोध के बाद भी सीता के लिए राम की अभिलाषा का उल्लेख किया गया है : **जगाम मनसा सीता दूयमानेन चेतसा** (४२, ७)। इन्द्रजित् द्वारा मायासीता के वध का समाचार सुनकर राम मूर्च्छित होकर पृथ्वी पर गिर पड़े :

तस्य तद्वचनं श्रुत्वा राघवः शोकमूर्च्छितः।
निपपात तदा भूमौ छिन्नमूल इव द्रुमः॥ १०॥ (सर्ग ८३)

इससे स्पष्ट है कि सीता के प्रति राम का प्रेम अपरिवर्तित बना हुआ था, किन्तु यह सब होते हुए भी रावण-वध के पश्चात् राम सीता को देखकर उनसे कहते हैं कि मैं अपने शत्रु के अपमान का प्रतीकार कर चुका हूँ; मुझे तुम्हारे प्रति कोई आकर्षण नहीं रहा; लक्ष्मण, भरत, शत्रुघ्न, सुग्रीव अथवा विभीषण किसी को भी पति के रूप में चुन सकती हो; मुझे तुम्हारे चरित्र पर सन्देह है। अग्निपरीक्षा के बाद राम अवश्य स्वीकार करते हैं कि मैंने तो तुम पर सन्देह नहीं किया किन्तु जनता की दृष्टि से तुम्हारे इस शुद्धीकरण की आवश्यकता थी। इस प्रकार का दिखावा समस्त मूल वाल्मीकि रामायण की भावधारा के विरुद्ध है और अवतारवाद स्वीकार होने के पश्चात् ही ऐसा सम्भव था; परवर्ती साहित्य में इस पर बारम्बार बल दिया जाता है कि राम को वास्तविक दुःख नहीं है, वह केवल मनुष्य-चरित करते हैं। अतः आश्चर्य नहीं होना चाहिए कि इस प्रसंग में राम तथा सीता दोनों के अवतार होने का उल्लेख है। ब्रह्मा आदि देवता प्रकट होकर राम की विष्णु के रूप में स्तुति करते हैं तथा सीता को लक्ष्मी से अभिन्न मानते हैं (११७, २७)। यह वाल्मीकि रामायण का एकमात्र स्थल है, जहाँ सीता तथा लक्ष्मी की अभिन्नता का प्रतिपादन किया गया है (दे० अनु० ३६४)।

उपर्युक्त तर्क के अतिरिक्त यह भी ध्यान देने योग्य है कि युद्धकाण्ड के अन्त में दो बार समस्त रामकथा का सिंहावलोकन प्रस्तुत किया गया है (सर्ग १२४ और १२६), किन्तु अग्निपरीक्षा का उल्लेख नहीं होता। बालकाण्ड के प्रारम्भ की दोनों अनुक्रमणिकाओं (सर्ग १ और ३) का प्रामाणिक संस्करण अग्निपरीक्षा के विषय में मौन है।[1] यही नहीं, उत्तरकाण्ड भी अग्निपरीक्षा के विषय में कुछ नहीं कहता; दो स्थलों पर राम सीता की निर्दोषता के प्रमाण का उल्लेख करते हैं। प्रथम बार सीता-त्याग के समय वह केवल देवताओं के साक्ष्य की चर्चा करते हैं;[2] दूसरी बार वह वाल्मीकि से कहते हैं कि मैंने लंका-निवास के बाद सीता को तभी ग्रहण किया जब उन्होंने अपने सतीत्व की शपथ खायी थी :

प्रत्ययश्च पुरा वृत्तो वैदेह्याः सुसंनिधौ।
शपथश्च कृतस्तत्र तेन वेश्म प्रवेशिता॥ ३॥ (सर्ग ९७)

यदि उस सर्ग के रचनाकाल में अग्निपरीक्षा का वृत्तान्त प्रचलित होता तो यहाँ पर राम द्वारा अवश्य ही सीता के सतीत्व के सबसे महत्त्वपूर्ण प्रमाण का उल्लेख हुआ होता। अतः यह मानना पड़ेगा कि उत्तरकाण्ड की आधिकारिक कथावस्तु के लिपिबद्ध होने के पश्चात् ही अग्निपरीक्षा विषयक प्रक्षेप युद्धकाण्ड का अंश बन गया है।[3]

महाभारत के रामोपाख्यान से भी हमारे निर्णय की पुष्टि होती है। रामायण के इस प्राचीनतम संक्षेप में कहीं भी अग्निपरीक्षा का निर्देश मात्र भी नहीं मिलता (दे० अनु०

---

१. दे० जी० एच० भट्ट, ज० ऑ० इं०, भाग ५, पृ० २९२।
२. दे० गौ० रा० ७, ४८, ६; प० रा० ७, ४७, ७। दाक्षिणात्य पाठ के समानान्तर स्थल पर अग्निपरीक्षा का उल्लेख है (७, ४५, ७), जो अन्य पाठों में नहीं मिलता।
३. दे० नीलमाधव सेन। ज० ऑ० इं०, भाग १, पृ० २०६।

६०१)। अग्निपरीक्षा के बाद के दो सर्ग (११९-१२०) भी अनावश्यक हैं और प्रायः प्रक्षिप्त माने जाते हैं।[१] इनमें शिव राम की स्तुति करते हैं, दशरथ दिखायी देते हैं तथा इन्द्र राम का निवेदन स्वीकार कर मृत वानर-सैनिकों को जीवित कर देते हैं।

५६६. पुष्पक में अयोध्या की यात्रा (सर्ग १२३)। यदि आदिरामायण के रचनाकाल में यह मानी हुई बात होती है कि रावण के पास पुष्पक है तो सीताहरण के समय अवश्य ही रावण द्वारा इसके उपयोग का वर्णन किया गया होता किन्तु अरण्यकाण्ड में कहीं भी पुष्पक का उल्लेख नहीं मिलता (दे० अनु० ४९२)। सुन्दरकाण्ड के पुष्पक-वर्णन-विषयक सर्ग ७ और ८ भी प्रक्षिप्त हैं (दे० अनु० ५३०)। त्रिजटा-स्वप्न के विवरण (किष्किन्धाकाण्ड, सर्ग २७) में पुष्पक का दो बार उल्लेख है (श्लोक १८ और २०)। इस सर्ग में बहुत से श्लोक बाद में जोड़े गये हैं। बड़ौदा के संस्करण में श्लोक १८ प्रक्षिप्त माना गया है। इसी तरह युद्धकाण्ड के अन्तिम सर्गों की अन्तरंग परीक्षा से प्रतीत होता है कि आदिरामायण में वापसी यात्रा के प्रसंग में पुष्पक का कोई उल्लेख नहीं था। सर्ग १२३ के अन्त में पुष्पक के अयोध्या के पास पहुँचने का उल्लेख किया गया है किन्तु अगले सर्ग १२४ में वनवास की समाप्ति पर राम के भरद्वाज-आश्रम में पहुँचने का वर्णन किया गया है। लंका में राम ने विभीषण से अयोध्या के दुर्गम मार्ग का उल्लेख किया था—**अयोध्यां गच्छतो ह्येष पन्थाः परमदुर्गमः** (१२१, ७); और भरद्वाज-आश्रम में राम ने मुनि से यह वरदान माँग लिया कि अयोध्या के मार्ग में सभी वृक्ष अकाल में ही फलदार हों—**अकालफलिनो वृक्षाः।**[२] इसके अतिरिक्त हनुमान् से समाचार प्राप्त करने के पश्चात् जब अयोध्यावासी राम के आगमन की प्रतीक्षा कर रहे हैं, तब वानर-सेना द्वारा गोमती नदी के पार करने का तथा उनके द्वारा उड़ायी हुई धूल का उल्लेख किया गया है :

मन्ये वानरसेना सा नदीं तरति गोमतीम्।
रजोवर्षं समुद्भूतं पश्य सालवनं प्रति॥२८॥ (सर्ग १२७)

इन उद्धरणों के आधार पर यह अनुमान किया जा सकता है कि आदिरामायण में राम स्थल-मार्ग से ही अयोध्या लौटे थे; अतः युद्धकाण्ड के अन्त में पुष्पक-विषयक सामग्री को, विशेषकर सर्ग १२३ को, प्रक्षिप्त माना जाना चाहिए।[३]

२—युद्धकाण्ड का विकास

५६७. वाल्मीकि रामायण के युद्धकाण्ड से सम्बन्ध रखनेवाली सामग्री में आगे चलकर बहुत कुछ परिवर्द्धन किया गया है तथा सर्वथा नवीन सामग्री भी जोड़ दी गयी है। फिर भी

---

१. दे० महाराष्ट्रीय : श्री रामायण समालोचना, भाग १, पृ० २३९।

२. दे० १२४, १९। सर्ग १२४ और १२५ में प्रत्यावर्तन के वर्णन की प्राचीनतम सामग्री सुरक्षित है। सर्ग १२५ के प्रारम्भ में जो पुष्पक का उल्लेख है वह गौडीय पाठ के समानान्तर सर्ग १०९ में नहीं मिलता।

३. महानाटक तथा कुछ अन्य रचनाओं में राम की पैदल-यात्रा का वर्णन मिलता है (दे० अनु० ६०६)। प्रचलित रामायण के अनुसार राम ने अयोध्या पहुँचकर पुष्पक को वैश्रवण के पास भेज दिया है (दे० ६, १२७)। बाद में पुष्पक राम के पास लौटा किन्तु राम ने उसे यह कहकर फिर कुबेर के पास भेज दिया कि स्मरण किये जाने पर मेरे पास आना (दे० ७,४१)। शम्बूक-वध के अवसर पर राम ने पुष्पक को बुलाया (दे० अनु० ६२८)। रावण ने वैश्रवण को हराकर पुष्पक प्राप्त किया था (दे० अनु० ६५१)। आनन्द रामायण (१, १२, १६१) के अनुसार राम ने पुष्पक को आदेश दिया कि वह सुग्रीव आदि को उनके स्थान पर पहुँचा दे।

आधिकारिक कथावस्तु का कोई विकास नहीं हुआ है। अधिकांश परिवर्द्धन पुनरावृत्ति मात्र ही है और इसमें बहुत उपेक्ष्य सामग्री भी मिलती है। अतः यहाँ पर कुछ अपेक्षाकृत महत्त्वपूर्ण अथवा रोचक वृत्तान्तों का कथानक के क्रमानुसार उल्लेख अथवा निरूपण किया जाता है। अन्त में सर्वथा नवीन सामग्री प्रस्तुत की गयी है (अनु० ६११-६१५)।

क। वानर-सेना का अभियान

युद्धकाण्ड के प्रारम्भ में राम हनुमान् की प्रशंसा करते हुए लंकादहन का उल्लेख करते हैं तथा समुद्र के कारण चिन्तित हो जाते हैं (सर्ग १)। सुग्रीव राम को विजय का आश्वासन देकर सेतु-निर्माण का आयोजन करने का निवेदन प्रस्तुत करता है (सर्ग २)। राम से पूछे जाने पर हनुमान् लंका-दुर्ग तथा राक्षस-सेना की शक्ति का वर्णन करते हुए फिर लंकादहन की ओर संकेत करते हैं (सर्ग ३)। इस सामग्री में लंकादहन तथा सेतु-निर्माण का जो उल्लेख मिलता है, उससे अनुमान किया जा सकता है कि ये तीनों सर्ग बाद के प्रक्षेप हैं। अगले सर्ग से स्पष्ट है कि सेतु-निर्माण का अब तक निश्चय नहीं हुआ था क्योंकि राम ने समुद्र के तट पर पहुँचकर कहा कि अब हमें समुद्र पार करने के उपाय पर परामर्श करना चाहिए—**सम्प्राप्तो मंत्रकालो नः सागरस्येह लंघने** (४, १०१)। इस सर्ग में सेना-अभियान का वर्णन किया गया है—राम तथा लक्ष्मण ने क्रमशः हनुमान् तथा अंगद पर चढ़कर वानर-सेना के मध्य में समुद्र की ओर प्रस्थान किया। तट पर पहुँचकर वानर-सेना ने वृक्षों के नीचे पड़ाव डाला (सर्ग ४)। अनन्तर सीता-विरह से व्याकुल राम के विलाप का वर्णन किया गया है (सर्ग ५)।

परवर्ती साहित्य में वानर-सेना के अभियान के प्रसंग में अन्य सेनाओं का भी उल्लेख किया गया है। वाल्मीकीय उत्तरकाण्ड के अनुसार भरत ने सीताहरण का समाचार सुनकर सब राजाओं को बुलाया था (सर्ग ३८, २४-२५) और वे अपनी सेनाओं के साथ अयोध्या आये भी थे किन्तु युद्ध में भाग न ले सके—**भरतेन वयं पश्चात् समानीता निरर्थकम्** (३९, ४)। गौडीय पाठ के अनुसार हनुमान् ने अपनी हिमालय-यात्रा के समय भरत को युद्ध का समाचार दिया था जिससे भरत काशेय, जनक, कैकय आदि राजाओं को बुलाकर युद्ध की तैयारियाँ करने लगे थे—**समुद्योगं कर्तुमारभत्**।[1] **वसुदेवहिण्डि** (सातवीं श० ई०) में माना गया है कि भरत ने सुग्रीव द्वारा युद्ध का समाचार पाकर एक चतुरंगिनी सेना भेज दी थी जो समय पर वानर-सेना के साथ समुद्रतट पर पहुँची थी। **पउमचरियं** (पर्व ५५) तथा अन्य जैन रामकथाओं में सीता का भाई भामण्डल अपनी सेना के साथ राम की सहायता करने आता है। गुणभद्र के **उत्तरपुराण** में राम अपनी ही सेना तथा वानर-सेना दोनों के साथ लंका पर आक्रमण करते हैं। सम्बूरान की सेना का उल्लेख अनु० ५२४ में हो चुका है।

---

१. दे० गौ० रा० ६, ८२, १३९। **प्रतिमानाटक** में भरत सुमंत्र से सीताहरण का समाचार सुनकर अन्य राजाओं के साथ लंका पर आक्रमण करने का संकल्प करते हैं (दे० ६, १६)। **साकेत** (सर्ग १२) में भरत-हनुमान्-संवाद के पश्चात् भरत के आदेश पर अयोध्यावासियों की रणसज्जा का विशद वर्णन किया गया है। वसिष्ठ ने राम-विजय का आश्वासन देकर उनको जाने से रोक लिया तथा सबों को दूरदृष्टि दिलाकर लंका की घटनाओं का साक्षी बनाया। **आनन्द रामायण** (१, ११, ७२) में इसका उल्लेख मात्र किया गया है कि हनुमान् के चले जाने के बाद भरत ने राजाओं को बुलाकर राम की सहायता करने जाने का निश्चय किया था। बलरामदास के रामायण में बहुत से राजा भरत के निमंत्रण पर राम की सहायता करने के लिए अपनी सेना के साथ अयोध्या में एकत्र हो जाते हैं।

ख। विभीषण-चरित

५६८. वाल्मीकि रामायण के प्रथम सर्ग में सेतु-निर्माण से पहले विभीषण का उल्लेख नहीं है तथा समस्त युद्ध-प्रकरण के विषय में एक ही श्लोक मिलता है :

समुद्रवचनाच्चैव नलं सेतुमकारयत्॥ ६५॥
तेन गत्वा पुरीं लंकां हत्वा रावणमाहवे।
अभ्यषिंचत्स लंकायां राक्षसेन्द्रं विभीषणम्॥ ६६॥

(बड़ौदा संस्करण)

द्वितीय अनुक्रमणिका में विभीषण का उल्लेख सेतु-निर्माण तथा लंकावरोध के अनन्तर रखा गया है :

संगमं च समुद्रस्य नलसेतोश्च बन्धनम्॥ २४॥
प्रतारं च समुद्रस्य रात्रौ लंकावरोधनम्।
विभीषणेन संसर्गं वधोपायनिवेदनम्॥ २५॥

(बालकाण्ड, सर्ग ३। बड़ौदा संस्करण)

अत: यह अनुमान निराधार नहीं है कि विभीषण-चरित सम्बन्धी सामग्री अपेक्षाकृत अर्वाचीन है और सम्भवत: इस कारण तीनों पाठों की तत्सम्बन्धी सामग्री में इतनी विभिन्नता पायी जाती है।

(१) **रावण की सभा** के विषय में दो सर्ग सबसे प्राचीन हैं।[१] सर्ग ९ की मुख्य कथावस्तु है विभीषण द्वारा लंका के विनाश की आशंका तथा सीता को लौटाने का रावण से अनुरोध। सर्ग १६ में रावण सम्बन्धियों की सामान्य निन्दा करते हुए (**घोरा: स्वार्थप्रयुक्तास्तु ज्ञातयो नो भयावहा**; श्लोक ७) विभीषण को राक्षस-कुल का कलंक बताता है (**धिक्कुलपांसन**; श्लोक १३)। इस घोर भर्त्सना से घबराकर विभीषण चार[२] राक्षसों के साथ लंका छोड़ देता है (सर्ग १६)।

(२) **विभीषण की शरणागति** के विषय में वाल्मीकि रामायण का वृत्तान्त इस प्रकार है। विभीषग वानर-सेना के शिविर के पास पहुँचकर अपना परिचय देते हुए कहता है कि मैं रावण का अनुज हूँ; उसने मेरे सत्परामर्श को ठुकराकर मेरा अपमान किया है, अत: मैं अपना परिवार छोड़कर राम की शरण में आ गया हूँ—**त्यक्त्वा पुत्रांश्च दारांश्च राघवं शरणं गत:** (१७, १६)। तब सुग्रीव विभीषण को मार डालने का परामर्श[३] देते हैं किन्तु राम शरणागत को अवध्य बताकर उसे ग्रहण करते हैं :

बद्धांजलिपुटं दीनं याचन्तं शरणागतम्।
न हन्यादानृशंस्यार्थमपि शत्रु परंतप॥ २७॥ (सर्ग १८)

---

१. सर्ग ६ में रावण तीन प्रकार के मंत्रियों के विषय में नीति की शिक्षा देता है; सर्ग ७-८ में विभिन्न राक्षस रावण को विजय का आश्वासन देते हुए उत्तरकाण्ड में वर्णित रावण की विजय-यात्राओं का उल्लेख करते हैं। सर्ग १०-१५ गौडीय पाठ में नहीं मिलते।

२. युद्धकाण्ड, सर्ग ३७, के अनुसार इनके नाम इस प्रकार हैं—अनल, पनस, सम्पाति और प्रमाति। गोविन्दराज के पाठ में पनस के स्थान पर शरभ नाम आया है।

३. दे० सर्ग १७। शरणागति के वर्णन में एक विस्तृत प्रक्षेप मिलता है (१७, ३१-६८ और १८, १-२२); इसमें राम विभीषण के विषय में प्रमख वानरों का विचार पूछते हैं तथा सुग्रीव के तर्कों का उत्तर देते हैं। प्रक्षिप्तता का प्रमाण इसमें है कि सर्ग १७ के चार श्लोक (२७-३०), सर्ग १८ में दोहराये गये हैं (१७-२०)। अधिकांश सामग्री उदीच्य पाठ में नहीं मिलती।

अनन्तर विभीषण रावण तथा उसकी सेना की शक्ति का वर्णन करता है और युद्ध में राम की सहायता करने की प्रतिज्ञा करता है। तब राम विभीषण का राज्याभिषेक करते हैं और इसके बाद विभीषण राम को सागर की शरण लेने का परामर्श देता है। (सर्ग १९)।

(३) प्रचलित वाल्मीकि रामायण के विभिन्न पाठों में रावण-सभा तथा विभीषण की शरणागति के विषय में प्रक्षिप्त सामग्री पर्याप्त मात्रा में विद्यमान है। **दाक्षिणात्य पाठ** के छह सर्ग गौडीय पाठ में नहीं मिलते हैं। इनकी कथावस्तु इस प्रकार है—रावण की सभा के दूसरे दिन विभीषण ने रावण के पास जाकर अपनी चेतावनी दुहरायी (सर्ग १०)। अनन्तर रावण की **द्वितीय सभा**[1] का वर्णन किया गया है। कुम्भकर्ण ने सीताहरण के कारण रावण की भर्त्सना करने के बाद युद्ध में सहायता देने की प्रतिज्ञा की; सीता के साथ बलप्रयोग करने के महापार्श्व के सुझाव का उत्तर देते हुए रावण ने ब्रह्मा के शाप का उल्लेख किया (दे० अनु० ६५४); विभीषण ने फिर लंका के विनाश की आशंका प्रकट की तथा इन्द्रजित् ने उसे कायर कहकर पुकारा (सर्ग ११-१५)।

(४) दाक्षिणात्य पाठ में इसका उल्लेख मात्र किया गया है कि **रावण की माता** ने लंकावरोध के समय सीता को लौटाने का रावण से अनुरोध किया था; उदीच्य पाठों के अनुसार निकषा ने रावण-सभा के पूर्व ही अपने पुत्र विभीषण के पास जाकर उससे निवेदन किया कि वह रावण को समझावे।[2]

(५) उदीच्य पाठों में विभीषण की शरणागति के पूर्व रावण की एक ही सभा वर्णित है किन्तु इस सभा के वर्णन में बहुत प्रक्षिप्त सामग्री है, जिसका दाक्षिणात्य पाठ में नितान्त अभाव है। रावण-विभीषण-संवाद के अतिरिक्त इसमें पहस्त-वाक्यम्, महोदरवाक्यम् तथा विरूपाक्ष-वाक्यम् नामक सर्ग भी मिलते हैं; अन्त में इसका उल्लेख है कि रावण ने राम की शरण लेने का विभीषण का संकल्प सुनकर उस पर **पाद-प्रहार** किया था।[3]

(६) राम की शरण लेने के पूर्व विभीषण पहले अपनी माता से मिलने गया था इसका उल्लेख मात्र गौडीय पाठ में मिलता है किन्तु पश्चिमोत्तरीय पाठ में **विभीषण-निकषा-संवाद** का पूरा वर्णन किया गया है।[4] गौडीय पाठ ही विभीषण की

---

१. विभीषण की शरणागति के बाद सभी पाठों में रावण की सभा के मिलने का दो बार उल्लेख किया गया है—राम के मायाशीर्ष के प्रसंग के ठीक पहले (दे० सर्ग ३१) तथा इसके बाद (दे० सर्ग ३५)। इसके अतिरिक्त पश्चिमोत्तरीय पाठ मात्र में वानर-सेना के समुद्र-तरण के पश्चात् रावण-सभा के मिलने का वर्णन किया गया है (दे० सुन्दरकाण्ड, सर्ग १००)।

२. दे० दा० रा० ६, ३४, २०; गौ० रा० ५, ७६; प० रा० ५, ७५। भावार्थ रामायण (५, ३५) तथा कृत्तिवास रामायण (५, ३७) में भी इसका वर्णन किया गया है। रंगनाथ रामायण (६,३१) में कैकसी का हितोपदेश लंकावरोध के बाद ही रखा गया है।

३. दे० सुन्दरकाण्ड; गौ० रा० ८१-८७; प० रा० सर्ग ८१-९०। रावण के पाद-प्रहार का उल्लेख अभिनन्दन (२३, ८७), माधवकन्दली, कृत्तिवास, बलरामदास, रंगनाथ, एकनाथ तथा तुलसीदास आदि के रामायणों में भी मिलता है।

४. दे० गौ० रा० ५, ८९, ४; प० रा० ५, ९१, ४-६२। माधवकन्दली (५, ४०), कृत्तिवास (५, ३९), रंगनाथ (६, १४), तथा एकनाथ (५, ३७) ने विभीषण और उसकी माता की इस भेंट का वर्णन किया है। इसका उल्लेख तोरवे रामायण में भी मिलता है (६, २)।

कैलास-यात्रा का उल्लेख करता है। इसके अनुसार विभीषण अपनी माता से विदा लेकर अपने भाई वैश्रवण के पास चला गया था। कैलास पर, विभीषण वैश्रवण तथा शिव दोनों से मिला और दोनों ने उसे राम की शरण लेने का परामर्श दिया।[1]

५६९. शरणागति के प्रसंग के बाहर वाल्मीकि रामायण की विभीषण-विषयक सामग्री निम्नलिखित है :

(१) **सुन्दरकाण्ड** के अनुसार विभीषण ने सीता को लौटाने का रावण से अनुरोध किया था (दे० अनु० ५४६) तथा बाद में हनुमान् का वध करने से रावण को रोका था (दे० अनु० ५५१)। इसके अतिरिक्त इसका भी उल्लेख किया गया है कि लंकादहन के समय विभीषण का भवन सुरक्षित रहा (दे० ५, ५४, १६)।

(२) **युद्धकाण्ड** में विभीषण को राम के मुख्य परामर्शदाता के रूप में चित्रित किया गया है। उसके परामर्श के अनुसार राम समुद्र की शरण लेते हैं (सर्ग १९) तथा अंगद को रावण के पास भेज देते हैं (सर्ग ४१)। विभीषण गुप्तचरों शुक-सारण को (सर्ग २५) तथा बाद में शार्दूल को (सर्ग २९) पहचानकर पकड़ाता है, उसके मंत्री लंका जाकर राक्षसों की सेना का समाचार ले आते हैं (सर्ग ३७)। वह राम को कुम्भकर्ण (सर्ग ६१) तथा प्रहस्त (सर्ग ५८) का परिचय देता है। माया-सीता के वध के अवसर पर वह रावण की माया के रहस्य का उद्घाटन करता है तथा इन्द्रजित् के यज्ञ[2] के विध्वंस का परामर्श देता है (सर्ग ८४)।

परवर्ती साहित्य में विभीषण को **ज्योतिषी** तथा **मायावी** माना गया है। इसका आधार युद्धकाण्ड के उस स्थल में विद्यमान है, जहाँ कहा गया है कि विभीषण ही अपनी माया के बल पर इन्द्रजित् को देखने में समर्थ था (दे० सर्ग ४६)। इसका भी उल्लेख मिलता है कि विभीषण ने सुग्रीव की (सर्ग ४६, ९) तथा बाद में राम-लक्ष्मण की (सर्ग ५०) आँखों को जल से धोया था; महाभारत के अनुसार यह जल कुबेर का भेजा हुआ था; इससे आँख धो लेने के बाद अदृश्य प्राणी दृष्टिगोचर हो जाते थे।[3]

युद्ध के वर्णन में विभीषण का तीन बार उल्लेख मिलता है—वह प्रथम सामान्य युद्ध में भाग लेता है (सर्ग ४३), इन्द्रजित् की सेना का सामना करता है (सर्ग ८९-९०) तथा लक्ष्मण के विरुद्ध लड़ते हुए रावण के घोड़े को मार डालता है (सर्ग १००)।

रावण-वध के बाद विभीषण ने पहले अपने भाई की अन्त्येष्टि करना अस्वीकार किया था,[4] किन्तु राम के समझाने पर (**मरणान्तानि वैराणि**, १११, १००) उसने रावण का दाह-संस्कार सम्पन्न किया था। अतः रावण के वध पर विभीषण-विलाप-

---

१. दे० गौ ५, ८९, ५-४२। विभीषण की इस कैलास-यात्रा का वर्णन माधवकन्दली (५, ४०) कृत्तिवास (५, ४०), अभिनन्दन (रामचरित सर्ग २४) तथा तुलसीदास ने (गीतावली ५, २७-२८) भी किया है।

२. पश्चिमोत्तरीय पाठ में रावण के यज्ञ का विध्वंस भी विभीषण के परामर्श से किया जाता है (दे० अनु० ५९७)।

३. '**अन्तर्हितानां भूतानां दर्शनार्थम्**' (दे० ३, २७३, १०)। आनन्द रामायण में भी कुबेर को भेजे हुए जल का उल्लेख है (दे० १, ११, २९)।

४. दे० ६, १११, ९४। वाल्मीकि का यह यथार्थवादी दृष्टिकोण शरणागति के समय विभीषण के इस कथन से भी स्पष्ट है—राक्षसानां वधे साह्यं लंकायाश्च प्रधर्षणे। करिष्यामि यथाप्राणं प्रवेक्ष्यामि च वाहिनीम् (६, १९, २३)।

विषयक सर्ग अस्वाभाविक प्रतीत होता है (दे० दा० रा० सर्ग १०९; गौ० रा० सर्ग ९३); वास्तव में यह सर्ग प्रक्षिप्त है और पश्चिमोत्तरीय पाठ में नहीं मिलता।

युद्धकाण्ड के अन्त में राम विभीषण का अभिषेक करने के लिए लक्ष्मण को लंका भेज देते हैं (सर्ग ११२); बाद में विभीषण दूसरों के साथ अयोध्या जाकर राम के अभिषेक में सम्मिलित होता है (सर्ग १२१ और १२८)।

(३) वाल्मीकीय उत्तरकाण्ड (सर्ग ९) में विभीषण की धार्मिकता पर विशेष बल दिया गया है। उसके जन्म के विषय में यह कथा मिलती है—कैकसी विश्रवा के पास उस समय पहुँची थी जब वह अग्निहोत्र कर रहे थे अत: उन्होंने कैकसी से कहा कि तुम्हारे पुत्र दारुण क्रूरकर्मी राक्षस होंगे। कैकसी के अनुनय करने पर विश्रवा ने कहा था कि तुम्हारा अन्तिम पुत्र मेरे (ब्राह्मण) वंश के अनुरूप धर्मात्मा होगा :

पश्चिमो यस्तव सुतो भविष्यति शुभानने।
मम वंशानुरूपः स धर्मात्मा च न संशयः॥ २७॥

तदनुसार विभीषण बचपन से ही धार्मिक, स्वाध्यायनिरत, नियताहार तथा जितेन्द्रिय था (९, ३९)। घोर तपस्या के द्वारा वर पाकर उसने धर्मबुद्धि को ही चुन लिया था—**परमापद्गतस्यापि धर्मे मम मतिर्भवेत्** (१०, ३०)। इस वर के अतिरिक्त ब्रह्मा ने विभीषण को अमरत्व भी प्रदान किया था (१०, ३५)। सुन्दरकाण्ड में विभीषण की पत्नी तथा उसकी पुत्री का उल्लेख मिलता है (दे० अनु० ५४६); उत्तरकाण्ड में सरमा विभीषण की पत्नी मानी गयी है (सर्ग १२, २५)। एक अन्य स्थल पर इसका उल्लेख किया गया है कि विभीषण ने कन्याओं का हरण करने के कारण रावण की भर्त्सना की थी (दे० सर्ग २५)।

राम के अश्वमेध पर विभीषग उपस्थित था; उस अवसर पर वह ऋषियों की सेवा में लग गया था—**पूजां चक्रेऋषीणाम्** (९१, २९)। अपने स्वर्गारोहण के समय राम ने विभीषण को यह आश्वासन[1] दिया कि लंका में तुम्हारा राज्य चिरस्थायी होगा :

यावत्प्रजा धरिष्यन्ति तावत्त्वं वै विभीषण।
राक्षसेन्द्र महावीर्य लंकास्थः स्वं धरिष्यसि॥ २४॥
यावच्चंद्रश्च सूर्यश्च यावत्तिष्ठति मेदिनी।
यावच्च मत्कथा लोके तावद्राज्यं तवास्त्विह॥ २५॥ (सर्ग १०८)

५७०. वाल्मीकि रामायण तथा परवर्ती रामकथाओं में विभीषण की वंशावली तथा उसकी **जन्म-कथा** सम्बन्धी सामग्री रावण-चरित के अन्तर्गत रखी गयी है (दे० अनु० ६४४-६४७)। तुलसीदास ने विभीषण को प्रतापभानु के मंत्री धर्मरुचि का अवतार माना है (दे० अनु० ६२५); रामलिंगामृत (१,३०) के अनुसार वह प्रह्लाद का अवतार है तथा महाभागवतपुराण की यह धारणा है कि धर्म नामक देवता विभीषण के रूप में प्रकट हुए थे—**धर्मः स्वयं तु संजातो हि विभीषणः** (३७, १४)। दशरथ-यज्ञ का एक ऐसा रूप भी मिलता है जिसके अनुसार विभीषण विष्णु का अंशावतार ठहरता है (दे० अनु० ३५७)। रामकियेन (अध्याय ४) में लिखा है कि रावण के जन्म के बाद ईश्वर ने विस्सुज्ञन नामक देवता को आदेश दिया कि वह रावण के भाई के रूप में नारायणावतार राम की सहायता

१. उसी अवसर पर जगन्नाथ की आराधना करने के परामर्श का वृत्तान्त प्रक्षिप्त है (दे० अनु० ७८०)।

करें। तदनुसार विस्सुज्ञन विभेक (विभीषण) के रूप में प्रकट हुए; उनके पास एक मायावी दर्पण था जिसकी सहायता से वह अज्ञान का अन्धकार दूर करने तथा भविष्य का रहस्य प्रकट करने में समर्थ था। सेरीराम, सेरतकाण्ड (दे० अनु० ४१५) आदि रचनाओं में भी विभीषण को ज्योतिषी तथा गुप्त बातों का ज्ञाता माना गया है। पउमचरियं में विभीषण की मायावी शक्ति का उल्लेख मिलता है।

भारत के परवर्ती राम-साहित्य में विभीषण को मुख्यतया **राम-भक्त** के रूप में चित्रित किया गया है। तुलसीदास के अनुसार विभीषण ने तपस्या द्वारा वर पाकर धर्मवुद्धि ही नहीं अपितु भगवद्भक्ति माँग ली थी—**तेहिं माँगेउ भगवन्त पद कमल अमल अनुरागु** (रामचरितमानस १, १७७)। अत: जब हनुमान् सीता की खोज करते हुए लंका पहुँचे उसने विभीषण को राम की स्तुति में संलग्न देखा (दे० अनु० ५३८)। रावण की सभा में वह भगवान् की शरण लेने का अपने अग्रज से अनुरोध करता है तथा स्वयं शरणागत बनकर भगवान् के रूप में राम की स्तुति करता है।[1] **आनन्द रामायण** (८, ७, १२४) में समस्त रामभक्त विभीषण के अंशावतार **(विभीषणांशभूता:)** माने गये हैं।

सरमा के अतिरिक्त त्रिजटा (दे० अनु० ५४७), पंकजसुन्दरी (दे० पउमचरियं, पर्व ८, ६२) तथा नारायण की पुत्री (सेरीराम) का उसकी **पत्नी** के रूप में उल्लेख मिलता है। त्रिजटा अधिकतर उसकी **पुत्री** मानी गयी है।[2] कृत्तिवास रामायण में विभीषण के **पुत्र** तरणीसेन को रामभक्त के रूप में प्रस्तुत किया गया है (दे० अनु० २८५, ३)।

५७१. विभीषण की **शरणागति** के विषय में बहुत-सी रचनाओं में माना गया है कि रावण ने उसे **निर्वासित** किया था; उदाहरणार्थ—गुणभद्र का उत्तरपुराण (६८, ४९७), रंगनाथ रामायण (७, १३), सेरीराम तथा रामजातक। रंगनाथ रामायण के अनुसार रावण ने खंग उठाकर विभीषण का वध करना चाहा किन्तु प्रहस्त ने उसे रोका था।

शरणागति का **समय** प्राय: वाल्मीकि रामायण के अनुसार है किन्तु पद्मपुराण के पातालखण्ड (११२, २२०) में माना गया है कि विभीषण ने इन्द्रजित्-वध के बाद ही राम की शरण ली थी। सेरीराम में इस घटना को राम के समुद्र-तरण के पश्चात् रखा गया है। महावीरचरित (५, ३०) के अनुसार विभीषण खर-दूषण के वध के बाद लंका छोड़कर अपने मित्र सुग्रीव के यहाँ रहने लगा था तथा उसने राम-सुग्रीव-भेंट के पूर्व ही राम के पास आत्मसमर्पण का पत्र भेजा था।

वाल्मीकि रामायण में विभीषण **चार मंत्रियों** के साथ राम के पास आता है। पउमचरियं (५५, २२) के अनुसार वह ३० अक्षौहिणी सेनाओं के साथ राम की शरण में आया था। रामायण ककविन (सर्ग १५) में भी माना गया है कि विभीषण ने अपनी सेना के साथ राम की शरण ली थी। सेरीराम में वह अपनी पत्नी तथा अपने पुत्रों के साथ राम के पास पहुँचता है। रामजातक के अनुसार रावण के दो भाई (विभीषण और इन्द्रजित्) तथा एक पुत्र (चेतकुमार) अपने-अपने परिवार के साथ राम की शरण में आये थे। सेरीराम के पातानी पाठ के अनुसार रावण के आदेश से विभीषण को बाँधकर समुद्र में फेंक दिया गया था किन्तु एक मकर से बचाया जाकर वह हनुमान् द्वारा राम के पास पहुँचा दिया गया था। दक्षिण भारत की एक

१. कम्ब रामायण के अनुसार विभीषण ने राम को नारायणावतार बताकर, रावण को नृसिंहावतार की कथा सुनायी थी (६, ३)। रामायण ककविन (सर्ग १३) में विभीषण को शिवभक्त माना गया है।
२. दे० अनु० ५४७। विभीषण की पुत्री बेंजकाया की कथा अनु० ५७९ में देखें।

कथा में विभीषण काक का रूप धारण कर राम की शरण में आता है (पाश्चात्य वृत्तान्त नं० १)। एक अन्य कथा के अनुसार विभीषण तथा उसके पाँच मंत्री वानर के वेश में राम की सेना में पहुँचे थे (दे० पाश्चात्य वृत्तान्त नं० ३)।

लंकादहन प्रक्षिप्त होने के कारण वाल्मीकि रामायण में विभीषण की शरणागति के समय **हनुमान्-विभीषण** के पूर्व परिचय का उल्लेख नहीं मिलता। **रंगनाथ रामायण** (६, १६) के अनुसार हनुमान् ने विभीषण के पक्ष में राम से अनुरोध करते हुए कहा था कि उसने मुझे वध किये जाने से बचाया था। **बलरामदास रामायण** में हनुमान् ने उसी अवसर पर राम से कहा था कि उसकी पुत्री त्रिजटा सीता के प्रति सद्भाव रखती है। **भावार्थ रामायण** (५,३८) के अनुसार हनुमान् ने विभीषण की शरणागति के बाद शीघ्र माया द्वारा एक नयी लंका की सृष्टि की थी और उसी में राम द्वारा विभीषण का अभिषेक सम्पन्न हुआ था। यह कथा **आनन्द रामायण** (१, १०, ४१-४५) पर निर्भर है, जिसमें इसका वर्णन मिलता है कि हनुमान् ने समुद्र-तट पर रेती की लंका (सिकतोद्भवा लंका) बनायी थी, जो बाद में हनुमल्लंका के नाम से प्रसिद्ध हुई।

युद्ध के वर्णन में विभीषण-विषयक नयी सामग्री कम मिलती है। सेतुबन्ध के अवसर पर उसने आपस में लड़ते हुए नल और नील को अलग कर दिया था (अनु० ५७६), नागपाश के प्रसंग में राम को गरुड़ को बुलाने का परामर्श दिया (अनु० ५८६), और कुम्भकर्ण (अनु० ५८९) तथा रावण (अनु० ५९८) के वध करने का उपाय प्रकट किया। इसके अतिरिक्त वह लक्ष्मण की चिकित्सा में भी सहायक बने (दे० अनु० ५९६)।

पउमचरियं में विभीषण पहले रावण की सहायता करता है। वह राम तथा सीता के जन्म के पूर्व दशरथ तथा जनक के वध करने का विफल प्रयत्न करता है (पर्व २३) तथा सीताहरण के पश्चात् माया के बल से लंका के चारों ओर एक दुर्गम प्राकार का निर्माण करता है (पर्व ४६)। वह रणभूमि में भी सीता को लौटाने का रावण से अनुरोध करता है (पर्व ६१ और ७३) तथा रावण-वध के पश्चात् आत्महत्या करने का प्रयास करता है, किन्तु राम द्वारा रोका जाता है (पर्व ७४)। अन्त में इसका उल्लेख मिलता है कि विभीषण ने अपने पुत्र सुभूषण को राज्य सौंपकर जैन दीक्षा ली थी (पर्व ११४)।

५७२. विभीषण के **उत्तरचरित** के विषय में मन्दोदरी से उसका विवाह परवर्ती रामकथाओं का सबसे महत्त्वपूर्ण परिवर्तन कहा जा सकता है। साहित्य में इसका प्राचीनतम उल्लेख स्वयंभूदेवकृत पउमचरिउ में मिलता है; श्रेणिक दूसरे सम्प्रदायों में रामकथा-विषयक भ्रामक धारणा के उदाहरण देते हुए गौतम से कहता है कि जिस विभीषण ने परस्त्री में आसक्त रावण का वध कराया वह जननी-तुल्य मन्दोदरी को कैसे ग्रहण कर सकता था (१,१०, ९)। महानाटक के दोनों पाठों में विभीषण-मन्दोदरी विवाह का प्रसंग मिलता है। दामोदर द्वारा सम्पादित महानाटक में मन्दोदरी के प्रश्न **(अतः परं मम का गति)** का उत्तर देते हुए राम उसके सहगमन का विरोध करते हैं तथा विभीषण के साथ राज्य करने का परामर्श देते हैं—**महाभागे न खलु राक्षसीनां सहगमने धर्मः। अतस्त्वया विभीषणालयमास्थाय लंकाचले राज्यं चिराय भुज्यताम्** (१४, ६०)। मधुसूदन के संस्करण में विभीषण पूछते हैं—**किमपरं?** और राम उत्तर देते हैं कि मन्दोदरी तुम्हारी पटरानी बन जाये :

मन्दोदरी तव विभीषण पट्टराज्ञी।
भूयादिमां च परिपालय वीर लंकाम्॥ (९, १०३)

सरस्वतीकण्ठाभरण (५, ३९४) में विभीषण-मन्दोदरी-विवाह का उल्लेख किया गया है :

मयेन निर्मितां लब्ध्वा लंकां मन्दोदरीमपि।
रेमे मूर्तां दशग्रीवलक्ष्मीमिव विभीषणः॥

बहुत-सी मध्यकालीन रचनाओं में माना गया है कि विभीषण ने मन्दोदरी से विवाह किया था; उदाहरणार्थ—कृत्तिवास रामायण (६, ११२.); रामचरितमानस (१, २९, ७); रामचन्द्रिका (३७, १८); बलरामदास रामायण; रामकियेन (अध्याय ३९); पाश्चात्य वृत्तान्त (१, ३ और १३)। बलरामदास के अनुसार राम ने यह सोचकर मन्दोदरी को दूसरे विवाह के लिए बाध्य किया कि मेरी पत्नी का जो अनादर हुआ उसका प्रतीकार होना चाहिए। पाश्चात्य वृत्तान्त नं० १ के अनुसार रावण ने मरण के समय विभीषण के लिए मन्दोदरी को समर्पित किया था। रामजातक के अनुसार रावण ने राम की बहन शान्ता के साथ विवाह किया था; उस जातक का एक रूप पालक पालाम नामक रचना में सुरक्षित है, जिसमें विभीषण तथा शान्ता (रावण की विधवा) के विवाह का उल्लेख मिलता है। सेरीराम के अन्त में विभीषण के साथ राम की बहन कीकवी के विवाह का वर्णन किया गया है।

सेतुभंग करवाने के अतिरिक्त (दे० अनु० ६०७) विभीषण के उत्तरचरित की दो नवीन घटनाओं का उल्लेख मिलता है। राम ने किसी समय दक्षिण की यात्रा की थी तथा उस अवसर पर विभीषण से मिलने गये थे। इस यात्रा का कारण यह भी बताया जाता है कि द्रविड़ों ने विभीषण को कारागार में बन्द किया था और राम ने उसे मुक्त कर दिया था (अनु० ६३५)। अन्य रचनाओं में कुम्भकर्ण के पुत्र या पोता के विद्रोह तथा शतस्कन्ध रावण द्वारा लंका से विभीषण के निर्वासन का भी वर्णन मिलता है (दे० अनु० ६४० और ६४१)।

ग। सेतुबन्ध

५७३. अनेक रामकथाओं में **सेतु-निर्माण का उल्लेख नहीं मिलता**। विमलसूरिकृत **पउमचरियं** में समुद्र नामक राजा नल द्वारा पराजित किया जाता है।[1] हेमचन्द्रकृत जैन रामायण में राम-लक्ष्मण सेना सहित आकाश मार्ग से लंका के पास पहुँचते हैं और नल-नील द्वारा समुद्र तथा सेतु नामक राजाओं को पराजित किया जाता है (सर्ग ७)। गुणभद्रकृत उत्तरपुराण में भी राम और लक्ष्मण विमान से ही जाकर सेना सहित लंका के पास उतरते हैं (सर्ग ६८,५२२)।

अभिषेक नाटक के अनुसार जब राम बाण चलाने के लिए तैयार हैं उस समय वरुण दिखलायी देते हैं और उनकी आज्ञा से समुद्र का जल दो भागों में बँट जाता है जिससे राम की सेना समुद्रतल से ही पार उतरती है।[2] भागवतपुराण (२, ७, २३) में भी लिखा है कि क्रोधाग्नि के कारण राम की आँखें इतनी लाल थीं कि उनकी दृष्टि मात्र से समुद्र के जीव जलने लगे और भय से काँपते समुद्र ने राम को तुरन्त मार्ग दिया—**"यस्मा अदादुदधि...मार्गं सपदि।"**

पद्मपुराण के अनुसार राम ने समुद्र के तट पर शिव से सहायता के लिए प्रार्थना की। प्रसन्न होकर शिव ने अजगव धनुष दे दिया। राम ने उस धनुष को समुद्र में फेंक दिया और उसी पर समस्त सेना ने समुद्र को पार किया (पातालखण्ड, अध्याय ११२)।

---

१. दे० पर्व ५४। मलयन सेरीराम पर जैन रामकथा की गहरी छाप है; अतः सेरीराम में सेतु-निर्माण के अतिरिक्त उस अवसर पर नील और अंगद द्वारा अनेक राजाओं की पराजय का वर्णन किया गया है।

२. दे० अंक ४। जावा के **राम-सिन्ता** नामक आधुनिक नृत्य-प्रधान नाटक में भी सागर विभक्त हो जाता है। दे० हिन्दुस्तान स्टैण्डर्ड, १५ जनवरी, १९६१।

बिर्होर रामकथा में हनुमान् अपनी पूँछ बढ़ाते हैं और राम तथा लक्ष्मण उसी पर समुद्र पार करते हैं। **रामकियेन** के अनुसार सीता की खोज में हनुमान् ने इसी तरह अपने साथियों को एक नदी के उस पार उतारा था (अध्याय २३)। सेतु के स्थान पर हनुमान् की पूँछ का उल्लेख पाश्चात्य वृत्तान्त नं० १ और १३ में भी मिलता है; तथा कम्बोडिया में इसके विषय में एक चित्र भी सुरक्षित है।[१]

५७४. (१) प्रचलित **वाल्मीकि रामायण** की सेतुबन्ध-विषयक अधिकांश सामग्री प्रक्षिप्त प्रतीत होती है। तत्सम्बन्धी वर्णन में अलौकिक तत्त्वों का बाहुल्य तथा तीनों पाठों का वैभिन्न्य इस अनुमान का आधार है। नल के नेतृत्व में वृक्षों तथा पत्थरों से वानरों द्वारा सेतु का निर्माण तथा बाद में वानर-सेना का समुद्र-तरण इस प्रसंग का मूल रूप रहा होगा (दे० सर्ग २२, ४१-७७)। फिर भी अपेक्षाकृत प्राचीनकाल से सेतुबन्ध के वर्णन में अलौकिक तत्त्वों का समावेश किया गया है। तीनों पाठों में राम का तीन दिन तक **प्रायोपवेश** करने तथा क्रुद्ध होकर समुद्र को अपने प्राणों से क्षुब्ध करने का वर्णन किया गया है (दे० सर्ग २१)। सागर का प्रकट होकर विश्वकर्मा के पुत्र नल द्वारा सेतु-निर्माण का सुझाव तीनों पाठों में समान रूप से मिलता है। प्रामाणिक सामग्री में कहीं भी देवताओं से वानरों की उत्पत्ति की ओर निर्देश नहीं किया गया है।

कथाबीज के दाक्षिणात्य पाठ (१, १, ८०) में लिखा है—**समुद्रवचनाच्चैव नलं सेतुमकारयत्**। 'नलं' के स्थान पर अन्य पाठों में 'नल:' ही मिलता है (गौ० रा० १, १, ८३; प० रा० १, १, ८०) तथा कई हस्तलिपियों में—"**समुद्रवचनाच्चैव नलसेतुमकारयत्**" (दे० बड़ौदा संस्करण १, १, ६५ की टिप्पणी)। 'नलसेतु' प्राचीनतम पाठ प्रतीत होता है[२], जो दाक्षिणात्य तथा उदीच्य पाठों में स्वतंत्र रूप से बदल दिया गया है। रामायण की दूसरी अनुक्रमणिका में 'नलसेतु' सभी पाठों में रह गया है—**संगमं च समुद्रस्य नलसेतोश्च बन्धनम्** (रा० १, ३, ३४)। किन्तु यहाँ पर कई हस्तलिपियों में महत्त्वपूर्ण पाठभेद सुरक्षित है—**संगमं च समुद्रस्य नलसेतोश्च दर्शनम्** (दे० बड़ौदा संस्करण १, ३, ३४ तथा प० रा० १, ४, २७ की पादटिप्पणियाँ)। इन सब पाठभेदों के आधार पर यह अनुमान किया जा सकता है कि लंका के पास कोई नलसेतु (डमरूमध्य?) पहले से विद्यमान था, जहाँ वानर-सेना पुल बनाकर लंका पहुँच गई थी। 'नलसेतु' नाम के कारण प्रचलित रामायण की कथाएँ उत्पन्न हो गई होंगी।

(२) **द्रुमकुल्य-विनाश** का वृत्तान्त गौडीय पाठ में नहीं मिलता। अन्य पाठों में कथा इस प्रकार है। राम के ब्रह्मास्त्र का सन्धान करते ही सागर प्रकट हुए। राम ने कहा कि मेरा यह महाबाण अमोध है; इसे कहाँ चलाऊँ। इस पर सागर ने राम

---

१. दे० बुलेटिन एकोल फ्रांसेस एक्सट्रेम ओरियाँ : भाग १२, पृ० ४७।

२. तीनों पाठों में भरद्वाज राम से कहता है—**विदितायां चे वैदेह्यां नलसेतुर्यथा कृत:** (रा० ६, १२४, १३) दाक्षिणात्य पाठ में हनुमान् भरत से कहता है—**तत: समुद्रमासाद्य नलं सेतुमकारयत्** (रा० ६, १२६, ४९); किन्तु दोनों अन्य पाठों में यह रूप मिला है—**तत: समुद्रमासाद्य नलसेतुमकारयत्** (गौ० रा० ६, ११०, ५९; प० रा० ६, १०७, ९९)।

को द्रुमकुल्य नामक देश के विनाश करने का सुझाव दिया क्योंकि वहाँ आभीर आदि बहुत-से दस्यु निवास करते हैं। राम ने ऐसा ही किया और बाद में **द्रुमकुल्य** देश मरुकान्तार नाम से विख्यात हुआ। (दे० २२, २५-४०)।

(३) गौडीय पाठ में **दशरथ-सागर की मैत्री** का उल्लेख मात्र किया गया है (दे० ५, ९४, २१-२२), किन्तु पश्चिमोत्तरीय पाठ (५, ९६, ४३-६६) में सागर राम से कहते हैं कि तेरे पिता दशरथ ने मेरे साथ असुरों को हराया था तथा देवताओं से वर पाकर वह मुझे अयोध्या ले गये थे। महीने भर उनके यहाँ रहकर मैं अन्त में अपने घर चला गया।[१]

(४) केवल पश्चिमोत्तरीय पाठ (सुन्दरकाण्ड, सर्ग ९९) में इसका वर्णन किया गया है कि समुद्र-तरण के पश्चात् **समुद्र** ने फिर प्रकट होकर राम तथा लक्ष्मण को **कवच** तथा **आयुध** प्रदान किये थे।

(५) पद्मपुराण के उत्तरखण्ड (अध्याय २६९) के अनुसार राम ने अपने बाणों से **समुद्र को सोख लिया** तथा सागर के विनय करने पर वारुणास्त्र द्वारा उसमें पुन: जल भर दिया। तत्त्वसंग्रह रामायण (६, ७) में इससे मिलती-जुलती कथा पायी जाती है। दक्षिण भारत के एक वृत्तान्त में भी राम-बाण द्वारा समुद्र के सूख जाने का उल्लेख है (पा० वृ० नं० १)। भट्टिकाव्य तथा रामायण ककविन के अनुसार राम-बाण के कारण करोड़ों मछलियाँ मर जाती हैं तथा समुद्र के विनय करने पर राम उन्हें पुन: जिलाते हैं (दे० सर्ग १५)। भावार्थ रामायण (५, ३९) में द्रुमकुल्य के स्थान पर मरुदैत्य का उल्लेख है। राम के इस प्रश्न पर कि मैं अपना बाण कहाँ चलाऊँ सागर ने उत्तर दिया कि पश्चिम में निवास करनेवाले दैत्य मरु का वध किया जाये क्योंकि मरु सागर का जल अपवित्र किया करता था।

(६) महाभारत के **रामोपाख्यान** में राम समुद्र में बाण नहीं चलाते हैं। सागर राम को स्वप्न में दिखायी देता है तथा नल द्वारा फेंके हुए पदार्थ न डूबने देने की प्रतिज्ञा करता है (दे० ३, २६७, ३२ आदि)। स्कन्दपुराण के सेतु माहात्म्य में भी इस प्रकार का वर्णन मिला है (दे० अध्याय 2)। भागवतपुराण में तीन दिनों तक उपवास करने के बाद राम समुद्र पर कोप प्रकट करते हैं तथा समुद्र राम की क्रोधपूर्ण दृष्टि से भयभीत होकर प्रकट होता है। (दे० ९, १०, १३)। महानाटक में भी राम के बाण चलाने का कोई उल्लेख नहीं है (अंक ७)।

अद्भुत रामायण में लक्ष्मण क्रोध में आकर समुद्र में कूद पड़ते हैं तथा उनके शरीर के ताप से समुद्र सूख जाता है। अनन्तर राम सीता के लिए आँसू बहाकर समुद्र पुन: भर देते हैं (दे० सर्ग १६)।

(७) **अनामकं जातकम्** में इन्द्र ने लघु वानर के रूप में प्रकट होकर सेतु बनाने का परामर्श दिया। पाश्चात्य वृत्तान्त नं० १४ में माना गया है कि हनुमान् ने अकेले ही सेतु का निर्माण किया था। अपने शरीर पर जितने बाल थे उतने ही पत्थर वह प्रत्येक बार ले आते थे। पाश्चात्य वृत्तान्त नं० १ के अनुसार नल ने राम के वरदान द्वारा चार हाथ प्राप्त किये जिससे सेतु-निर्माण का कार्य शीघ्र ही समाप्त हो जाये।

---

१. रंगनाथ रामायण (६, २४) में इस मित्रता का उल्लेख किया गया है।

(८) **तत्त्वसंग्रह रामायण** (६, ६) में इसका वर्णन किया गया है कि सेतुबन्ध के पूर्व सागर की पुत्री कन्याकुमारी ने राम के पास आकर विवाह का प्रस्ताव किया था। राम ने युद्ध का बहाना देकर उसे अस्वीकार कर दिया तथा सागर पर सेतु बनवाने की अनुमति माँगी।[१]

५७५. वाल्मीकि रामायण में समुद्र **नल** द्वारा प्राप्त किये हुए वर का उल्लेख करता है **(पित्रा दत्तवर**:; दे० ६, २२, ४१) और नल स्वयं राम से कहता है कि मुझे अपने पिता विश्वकर्मा का सामर्थ्य प्राप्त है, इसलिए मैं समुद्र में सेतु बाँध सकता हूँ। विश्वकर्मा ने नल की माता को यह कहकर वर दिया है कि तुम्हारा पुत्र मेरे समान ही होगा :

मया तु सदृशः पुत्रस्तव देवि भविष्यति॥ ४७॥ (सर्ग २२)

माधवकन्दली (५,४०) इस वर के विषय में कहते हैं कि नल को यह आश्वासन दिया गया था कि तुम्हारे स्पर्श से पत्थर नहीं डूबेंगे। **रंगनाथ रामायण** (६, २५) में नल की वरप्राप्ति की कथा इस प्रकार है। नल ने किसी दिन पशुकण्व नामक मुनि की सभी पूजा-मूर्तियों को समुद्र में फेंक दिया : मुनि ने बालक को दण्ड नहीं देना चाहा; अतः उन्होंने उसे यह वरदान दिया—यह बालक जो कुछ समुद्र में फेंक देगा, वह जल पर ही तैरता रहेगा। इसके फलस्वरूप मुनि की मूर्तियाँ जल के ऊपर तैरने लगीं। **कृत्तिवास रामायण** (५, ४५) में नल कहता है कि बचपन में मैं जब अपने पिता के यहाँ था, ब्रह्मा मानसरोवर के तट पर सन्ध्या पूजा किया करते थे। मैं उनके जूठे बर्तन (जो केवल एक बार काम में लाये जाते थे) समुद्र में फेंककर उनकी सहायता किया करता था। ब्रह्मा ने प्रसन्न होकर मुझे वरदान दिया कि मेरे स्पर्श से पत्थर भी जल पर तैरते रहेंगे। तुलसीदास ने नल और उसके भाई नील दोनों की वरप्राप्ति का उल्लेख किया है। (रामचरितमानस ५, ५९, १)।

आनन्द रामायण, भावार्थ रामायण (६, ४०) काश्मीरी रामायण, खोतानी रामायण तथा उत्तर भारत के एक वृत्तान्त में वर के स्थान पर शाप का उल्लेख किया गया है। **आनन्द रामायण** के अनुसार नल ने किसी ब्राह्मण का शालिग्राम गंगा में फेंक दिया था; ब्राह्मण ने उसे यह शाप दिया—तेरे स्पर्श से पत्थर आदि पानी पर तैरते रहेंगे—**पाषाणादि तरिष्यति त्वद्धस्तात्** (१,१०,६७)। **काश्मीरी रामायण** के अनुसार बल (नल) नामक वानर ने ऋषियों के कपड़े धोने अथवा पहनने के लिए किसी धोबी से अनुरोध किया था। धोबी के इनकार करने पर बल ने उसका पत्थर पानी में फेंक दिया। इस पर धोबी ऋषि के पास गया और ऋषि ने कहा कि जो कुछ नल पानी में फेंकेगा वह नाव के समान पानी पर तैरता रहेगा। वरुण ने राम को यह कथा सुनाकर अन्त में कहा कि यह वानर आपकी सेवा में है (दे० युद्धकाण्ड, नं० ३९ तथा पाश्चात्य वृत्तान्त नं०३)। उत्तर भारत के एक वृत्तान्त के अनुसार वरुण के एक सामन्त ने प्रकट होकर कहा कि सुग्रीव की सेना में दो सेनापति विद्यमान हैं; वे शापवश समुद्र के तल तक पहुँचने में असमर्थ हैं और उनके द्वारा फेंकी हुई वस्तुएँ नहीं डूब सकती हैं (दे० पाश्चात्य वृत्तान्त नं० १३)।

खोतानी रामायण में नन्द नामक वानर राम से अपनी शाप की कथा सुनाता है। एक ब्राह्मण ने उसे शाप दिया था कि तुम पानी में मर जाओगे। अन्य ब्राह्मणों के अनुरोध करने पर उसने अपना शाप इस प्रकार बदल दिया—जो कुछ तुम पानी में फेंकोगे, वह नहीं डूबेगा और तुम भी नहीं।

---

१. कन्याकुमारी के विषय में अनु० ६१४ देखें।

५७६. अर्वाचीन रामायणों में सेतु निर्माण के अवसर पर बहुधा **हनुमान् तथा नल के कलह** का वर्णन किया गया है। **रंगनाथ रामायण** (६, २७) के अनुसार नल एक हाथ से लाये हुए पर्वतों को ग्रहण करता था तथा दूसरे हाथ से समुद्र में रखता था। उसके घमण्ड को चूर कर देने के उद्देश्य से हनुमान् सारी शक्ति लगाकर एक सात योजन लम्बा पर्वत ले आये और राम ने नल को आदेश दिया कि वह उसे दोनों हाथों से ग्रहण करें। तिब्बती रामायण, सारलादासकृत महाभारत, बलरामदाम रामायण तथा कृत्तिवास रामायण में इस झगड़े का उल्लेख है। **कृत्तिवास** (५, ४३) के अनुसार कलह का कारण यह है कि नल हनुमान् द्वारा लाया हुआ पर्वत बायें हाथ से पकड़ता है। क्रुद्ध होकर हनुमान् एक ही बार में चार पर्वत ले आते हैं और नल उन्हें नहीं पकड़ पाता है; इस पर दोनों एक-दूसरे पर अभियोग लगाने के लिए राम के पास जाते हैं।

सेरीराम में भी नल और नील हनुमान् के लाये हुए पत्थर बायें हाथ से ग्रहण करते थे। हनुमान् को इतना क्रोध हुआ कि उन्होंने अपनी पूँछ में सात पर्वतों को लपेटकर उनको आकाश में फेंक दिया जिससे चारों ओर अन्धकार फैल गया। राम ने बाद में उन गिरते हुए पर्वतों को पकड़कर समुद्र में फेंक दिया तथा नल और नील को शिष्ट व्यवहार के लिए उपदेश दिया। बाद में तीनों एक ही पत्तल में भोजन करते हैं। सेरीराम के पातानी पाठ में कलह का कारण यह है कि पेनिकर (नल) हनुमान् के लाये हुए पर्वत पैर से स्थान पर ढकेलता था; वाद-विवाद होने पर दोनों आपस में लड़ने लगे किन्तु विभीषण ने उन्हें अलग कर दिया। रामकियेन (अध्याय २६) के अनुसार हनुमान् अपने शरीर के प्रत्येक बाल में एक चट्टान बाँधकर आ पहुँचे तथा नीलाबद को ललकारने लगे कि वह शीघ्र ही सबको ग्रहण करे। नीलाबद यह नहीं कर सके जिससे दोनों में लड़ाई हुई। राम ने दोनों को दण्ड दिया; नीलाबद को सुग्रीव के स्थान पर राज्य सँभालने के लिए किष्किन्धा भेजा गया तथा हनुमान् को सात दिनों में सेतु का कार्य समाप्त करने का आदेश मिला।

नल के गर्व-निवारण के विषय में आनन्द रामायण (१, १०; १९६-२००) की कथा इस प्रकार है। राम को नल का गर्व भलीभाँति ज्ञात था। अतः राम के विधान से समुद्र की तरंगें नल द्वारा रखे हुए पत्थरों को छितरा देने लगीं। इस पर नल गर्व त्यागकर अपनी कठिनाई के विषय में राम से निवेदन करने आया और राम ने परामर्श दिया कि पत्थर मेरे नाम के दो अक्षरों से अंकित किये जायें। इस प्रकार पत्थरों का दृढ़ संयोग उत्पन्न हुआ था। भावार्थ रामायण (५, ४०) का वृत्तान्त इससे बहुत भिन्न नहीं है। नल के गर्व के कारण पत्थर डूबने लगे। हनुमान् ने कहा कि इसका कारण नल का गर्व ही है। वह राम के चरणों से पत्थरों का स्पर्श कराना चाहते थे किन्तु डर लगा कि कहीं वे पत्थर अहल्या के समान सुन्दरियाँ न बन जायें। अतः हनुमान् राम के राज्य से पत्थर लाये और वानरों ने अपने नखों से उन पर राम-नाम अंकित कर दिया। राम-नाम के प्रभाव से पत्थर नहीं डूब सके।[१]

५७७. सेतुबन्ध के निर्माण में **गिलहरी** की सहायता का प्राचीनतम उल्लेख आल्वार विप्रनारायण (९ श० ई०) की रचना में मिलता है।[२] रंगनाथ, कृत्तिवास तथा बलरामदास आदि के रामायणों में इसकी चर्चा है। **रंगनाथ रामायण** (६, २८) की तत्सम्बन्धी कथा इस प्रकार

१. ई० मूर की रचना में भी रामनामांकित शिलाओं का उल्लेख है। दे० दि हिन्दू पैंथेयॉन, लन्दन १९१०, पृ० १९३।

२. दे० एस० वैयापुरी पिल्लै, हिस्टरी ऑव तमिल लैंग्वेज एण्ड लिटरेचर (मद्रास १९५६), पृ० १२१।

है। एक गिलहरी समुद्र में गोता लगाकर तट के बालू में लोट गयी; इसके बाद **वह** पुल पर चढ़ी तथा झटका देकर उसने अपने शरीर में लगी रेत गिराती। तब वह फिर समुद्र में गोता लगाकर तथा रेत में लोटकर पुल पर आती थी। राम बड़ी देर तक गिलहरी का यह कार्य देखते रहे; अन्त में सुग्रीव राम के आदेशानुसार गिलहरी को पकड़कर राम के पास ले आये और राम ने अपना सुन्दर दाहिना हाथ उसकी पीठ पर फेरा।[१] **कृत्तिवास** (५, ४७) के अनुसार गिलहरियों का एक दल सहायता करने आया था। वे गिलहरियाँ जल में कूद-कूद कर तथा रेत में लोटकर पुल पर बालू झाड़ती थीं। हनुमान् उनको मारने लगे जिससे वे रोती हुई शरण के लिए राम के पास आयीं। राम ने हनुमान् को समझाया तथा गिलहरियों की पीठ पर हाथ फेर दिया। डब्लू० क्रूक ने पंजाब में भी यह कथा पायी थी; वह लिखते हैं—पंजाब में गिलहरी रामचन्द्र की भक्तिन मानी जाती है। सेतुबन्ध के समय उसने अपनी पूँछ हिलाकर बालू के कुछ कण सेतु पर फेंक दिये और राम ने पुरस्कारस्वरूप उसकी पीठ पर तीन रेखाएँ खींची।[२]

५७८. सेतु-निर्माण की **बाधाओं** का भी वर्णन किया गया है। सेतुबन्ध (७, ८), जानकीहरण (१४, ४६) बालरामायण (८, ५२), रंगनाथ रामायण (६, २५), तोरवे रामायण (६, ५) तथा मराठी रामविजय में सेतु पर **मछलियों** के आक्रमण का उल्लेख किया गया है। गोस्वामी तुलसीदास ने सब जलचरों को रामभक्त बना दिया है। सेतु-निर्माण के बाद जब राम समुद्र पार करने लगे तब :

देखन कहुँ प्रभु करुना कन्दा। प्रकट भए सब जलचर वृन्दा॥
प्रभुहि विलोकहिं टरहिं न टारे। मन हरषित सब भए सुखारे॥

(रामचरितमानस ६, ४)

विदेशी रामकथाओं में मछलियों के आक्रमण का प्रसंग अपेक्षाकृत विस्तार सहित वर्णित है।

सेरीराम में रावण अपने पुत्र गंगा-महासूरा को बुलाता है, जो समुद्र की रानी गंगा महादेवी के गर्भ से उत्पन्न माना जाता है। गंगा-महासूरा मछलियों को सेतु नष्ट करने का आदेश देता है। उनका आक्रमण देखकर हनुमान् समुद्र में अपनी पूँछ हिलाते हैं जिससे जल पंकिल हो जाने पर मछलियाँ ऊपर आ जाती हैं और वानरों द्वारा फँसायी तथा खायी जाती हैं। बाद में एक केकड़ा सेतु पर आक्रमण करता है। हनुमान् अपनी पूँछ पानी में रखते हैं और केकड़ा उसे काटना चाहता है तब हनुमान् केकड़े को स्थल पर पटक देते हैं। वह केकड़ा इतना बड़ा है कि समस्त सेना उसे खाकर तृप्त हो जाती है। इसका उल्लेख हिकायत महाराज रावण में भी मिलता है। सेरीराम के **पातानी पाठ** में सेतु-निर्माण के समय मछलियाँ अपनी रानी की आज्ञा से सेतु को नष्ट करने लगती हैं। हनुमान् रानी के पास जाकर उससे सेतु को पुन: बनवाते हैं तथा उसके पति की अनुपस्थिति में उससे पुत्र भी उत्पन्न करते हैं। **रामकेर्ति** (सर्ग ७) के अनुसार सागर ने नागों तथा मछलियों को सेतु नष्ट करने का आदेश दिया। यह जानकर राम समुद्र में बाण चलाने के लिए उद्यत हो गये, जिस पर सागर ने प्रकट होकर क्षमा माँग ली तथा मछलियों को पत्थर ले आने को कहा। **रामकियेन** (अध्याय २६) में रावण अपनी नागकन्या सुवर्णमच्छा को सेतु नष्ट करने के लिए भेजता

---

१. पाश्चात्य वृत्तान्त नं० १ में भी सेतु-निर्माण के समय गिलहरी की सहायता का उल्लेख है। सीता-खोज के प्रसंग में भी गिलहरी की चर्चा मिलती है (दे० अनु० ४७४)।
२. दे० पॉपुलर रेलिजन एण्ड फोलक्लॉर, भाग २, पृ० २४२।

है। सुवर्णमच्छा अपनी सेना के साथ सेतु नष्ट करने लगती है। बाद में हनुमान् सुवर्णमच्छा के यहाँ जाकर उससे सेतु पुन: बनवाते हैं तथा उससे एक पुत्र मच्छानु को भी उत्पन्न करते हैं। **रामजातक** में नागकन्याएँ सेतु नष्ट करती हैं तथा हनुमान् आदि द्वारा लुभाये जाने पर उनके साथ क्रीड़ा करती हैं।

सेरीराम में एक घटना का वर्णन किया गया है जिसका अन्यत्र कहीं भी उल्लेख नहीं मिलता। सागर का एक स्थल नहीं पाटा जा सकता था। इसलिए क्रुद्ध होकर राम ने समुद्र में बाण चलाना चाहा किन्तु उसी समय एक सुन्दरी ने प्रकट होकर कहा—यह स्थल पातालभूमि जाने का मार्ग है; यहाँ अमृतमय जल है; इसे पीकर आपके सैनिक अजेय बन जायेंगे। यह सुनकर राम ने सब वानरों को उस स्थल के पानी को पीने की आज्ञा दी।

५७९. बालरामायण में रावण सेतु-निर्माण के समय विमान पर चढ़कर राम के शिविर के पास पहुँचता है तथा राम के देखते एक 'यंत्रजानकी' का वध करके तथा उसका **मायाशीर्ष** समुद्र तट पर फेंककर लंका लौट जाता है (अंक ७, ७१-७९)। इसके पश्चात् रावण का पुत्र **सिंहनाद** (जिसके पाँच मुख तथा दस भुजाएँ हैं) आकर राम को ललकारता है तथा राम द्वारा मार डाला जाता है (अंक ७, ८१)। बाद में एक **प्रभंजनी** नामक राक्षसी सोये हुए राम और लक्ष्मण को मार डालने के लिए आती है किन्तु अंगद उसका वध करता है। महानाटक (अंक ११, २-३) में भी अंगद द्वारा **प्रभंजनी-वध** का उल्लेख है।

स्याम के **रामजातक** में एक बनावटी सीता राम-सेना की छावनी के पास की नदी की धारा में बहती हुई दिखलायी पड़ती है। बाद में पता चलता है कि वास्तव में यह एक केला वृक्ष का धड़ है जिसे रावण ने सीता के रूप में बनवाया था।

रामकियेन में इस वृत्तान्त का वर्णन सेतुबन्ध के पूर्व ही किया गया है। रावण की आज्ञा से **बेंजकाया**, विभीषण की पुत्री, सीता के रूप में नदी पर मृतवत् बहती हुई दिखलायी पड़ती है। राम उसे देखकर निराश हो जाते हैं, लेकिन हनुमान् के सन्देह प्रकट करने पर बनावटी सीता प्रज्वलित चिता पर रखी जाती है। बेंजकाया चिल्लाकर अपने रूप में प्रकट हो जाती है। सुग्रीव द्वारा कोड़ों से मारी जाने पर वह अपने को विभीषण की पुत्री कहती है। इस पर राम विभीषण को उचित दण्ड देने का आदेश देते हैं। विभीषण के अपनी पुत्री को प्राणदण्ड की आज्ञा देने पर राम उसकी निष्पक्षता से प्रसन्न होकर बेंजकाया को हनुमान् के साथ लंका भेज देते हैं। लंका पहुँचने के पहले हनुमान् बेंजकाया को लुभाकर उससे एक पुत्र उत्पन्न करते हैं (दे० अध्याय २५)।

५८०. दाक्षिणात्य पाठ के अनुसार राम वापसी यात्रा में सीता को सेतु दिखलाकर कहते हैं कि महादेव ने यहाँ मुझ पर अनुग्रह किया था—**अत्र पूर्वं महादेवः प्रसादमकरोद्विभुः** (दे० रा० ६, १२३, २०)।

शिव-प्रतिष्ठा का यह निर्देश अन्य पाठों में नहीं पाया जाता है। बाद की रामकथाओं में सेतुबन्ध के समय शिव-प्रतिष्ठा का प्राय: उल्लेख किया गया है, लेकिन ऐसा प्रतीत होता है कि पहले राम द्वारा शिव-प्रतिष्ठा युद्ध के पश्चात् ही मानी जाती थी। नारदीय पुराण (उत्तरार्द्ध अ० ७६), नृसिंहपुराण (अध्याय ५२), कूर्मपुराण (अध्याय २१), सौरपुराण (अध्याय ३०), बृहद्धर्मपुराण (पूर्व खण्ड, अध्याय २२) तथा पद्मपुराण (पातालखण्ड ११२, २२२ और सृष्टिखण्ड, अध्याय ४०) में केवल युद्ध के पश्चात् ही राम द्वारा शिवलिंग की स्थापना का उल्लेख किया गया है। **स्कन्दपुराण** (ब्राह्मखण्ड, सेतुमाहात्म्य, अध्याय ७ और अध्याय

४४-४७) तथा **कृत्तिवास रामायण** (५, ४८ और ६, १२२) में सेतुबन्ध के समय तथा युद्ध के बाद दोनों बार इसका वर्णन किया गया है। सेतुमाहात्म्य में द्वितीय शिव-प्रतिष्ठा का वृत्तान्त इस प्रकार है। युद्ध के पश्चात् गन्धमादन पर्वत पर जाकर राम दण्डकारण्य से आये हुए मुनियों से पूछते हैं कि रावण-वध का प्रायश्चित्त किस तरह किया जाये। वे रामेश्वर लिंग की स्थापना का परामर्श देते हैं। इस पर राम हनुमान् को शिवलिंग ले आने के लिए कैलास भेज देते हैं। वहाँ पहुँचकर हनुमान् को उसे प्राप्त करने के लिए तपस्या करनी पड़ती है। मुहूर्त बीत जाने के भय से मुनि सैकत लिंग स्थापित करने का अनुरोध करते हैं। सैकत लिंग की प्रतिष्ठा के पश्चात् पहुँचकर हनुमान् अत्यन्त दुखित हैं। राम हनुमान् को स्थापित सैकत-लिंग उठाने की आज्ञा देते हैं लेकिन हनुमान् इसमें असमर्थ हैं और मूर्च्छित होकर गिर जाते हैं। बाद में हनुमान् अपने लाये हुए लिंग को रामेश्वर लिंग के उत्तर में स्थापित करते हैं।[१] इस प्रकार की कथा आनन्द रामायण में भी मिलती है, लेकिन इसका वर्णन युद्ध के पूर्व ही रखा गया है (दे० आ० रा० १,१०, ६९-१९४)। इस कथा के अनुसार हनुमान् को काशी भेजा गया था तथा शिव ने हनुमान् को दो लिंग प्रदान किये थे तथा बाद में समुद्र तट पर राम को दर्शन देकर बारह ज्योतिर्लिंग की कथा और रामेश्वर लिंग का माहात्म्य कह सुनाया था। **भावार्थ रामायण** (६, ७४-७६) की कथा आनन्द रामायण पर निर्भर है किन्तु एकनाथ ने उस घटना को युद्ध के पश्चात् ही अयोध्या की वापसी-यात्रा के समय रखा है। **रंगनाथ रामायण** (६, १६०-१६१) की तत्सम्बन्धी कथा इस प्रकार है। विमान पर अयोध्या की यात्रा करते समय राम सीता को सेतु दिखला रहे थे कि उन्होंने अचानक अपने सामने रावण की भयंकर मूर्ति देखी। इस पर विभीषण ने राम से कहा—“आपको ब्रह्महत्या का दोष लग गया है; आपको प्रायश्चित्त करना चाहिए। राम ने पुष्पक उतरवाया तथा ब्रह्मा का ध्यान किया। ब्रह्मा ने प्रकट होकर सेतु पर शिव-प्रतिष्ठा करने का परामर्श दिया। अनन्तर हनुमान् का काशी भेजा जाना, मुहूर्त के बीत जाने के डर से राम द्वारा सैकत लिंग की स्थापना, हनुमान् का गर्व-निवारण आदि वर्णित है।

अर्वाचीन रामकथाओं में शिव-प्रतिष्ठा का वर्णन प्राय: सेतु-निर्माण के अवसर पर ही रखा गया है। उदाहरणार्थ अध्यात्म रामायण (६, ४, १), रामचरितमानस (६, २) आदि।

एक सन्थाली रामकथा के अनुसार (दे० अनु० २७१) राम ने रावण-वध के बाद सन्थालों के यहाँ रहकर एक शिवमन्दिर बनवाया था तथा उसमें नित्यप्रति सीता के साथ पूजा करने आते थे।

५८१. पाषाणभूता अहल्या के उद्धार की कथा के आधार पर **भावार्थ रामायण** (५, ४१) में माना गया है कि वानरों ने राम को उठाकर सेतु के उस पार पहुँचाया था कि कहीं राम के चरणस्पर्श से सेतु के पत्थरों से सुन्दरियाँ प्रकट न हो जायें। **सेरीराम** के अनुसार हनुमान् ने उस अवसर पर एक सहस्रस्कन्ध सिंह का रूप धारण किया था और राम ने उस पर चढ़कर सेतु पार किया था। उत्तर भारत में गोवर्द्धन-पर्वत के विषय में एक लोककथा प्रचलित है जिसके अनुसार हनुमान् सेतु के लिए एक पहाड़ लिये जा रहे थे कि उन्हें अचानक ज्ञात हुआ कि सेतु का निर्माण समाप्त हो गया है। अत: हनुमान् उस पहाड़ को वहीं छोड़कर राम की सेवा में उपस्थित हुए। राम ने हनुमान् से कहा कि वह पर्वत मेरा

---

१. स्कन्दपुराण (अवन्ती खण्ड, अवन्ती क्षेत्र माहात्म्य, अ० २१) के अनुसार हनुमान् ने अवन्ती में भी एक लिंग स्थापित किया।

परम प्रेम-पात्र है, मैं उसे अपने कृष्णावतार में सात दिनों तक अपनी उँगली पर रखकर ब्रजवासियों की रक्षा करूँगा।

सेतु-भंग का वर्णन प्राय: युद्ध के बाद ही रखा गया है (दे० आगे अनु० ६०७)। किन्तु केवल **खोतानी रामायण** में सेना के पार होने के बाद ही सेतु को इसलिए नष्ट किया जाता है कि कोई भी युद्ध छोड़कर न भाग सके।

घ। लंका का अवरोध

५८२. रावण के **गुप्तचरों** के विषय में जो सामग्री तीनों पाठों में मिलती है, वह इस प्रकार है।[१] वानर-सेना के समुद्र पार करने के बाद रावण ने शुक तथा सारण को शत्रु-सेना की शक्ति का पता लगाने के लिए भेज दिया। शुक तथा सारण वानर-रूप धारण कर राम की सेना में आ गये; विभीषण ने उनको पहचान लिया और राम के सामने उपस्थित किया किन्तु राम ने उनको रावण के पास लौटने दिया। दोनों ने लंका पहुँचकर सीता को वापस देने का परामर्श दिया (सर्ग २५)। रावण ने इस प्रस्ताव को अस्वीकार किया और सारण तथा शुक के साथ एक ऊँचे भवन पर चढ़कर वानर-सेना का निरीक्षण किया (सर्ग २६-२८)। अन्त में रावण ने शत्रुदल की प्रशंसा करने के कारण दोनों की भर्त्सना की तथा शार्दूल के नेतृत्व में नये गुप्तचरों को भेज दिया। पहले की भाँति विभीषण ने उनको पहचानकर पकड़वाया; वह शार्दूल को राम के पास ले गया और राम ने उनको मुक्त करने का आदेश दिया। शार्दूल ने लौटकर रावण को यह समाचार दिया कि राम की सेना ने सुवेल पर्वत पर पड़ाव डाला है (सर्ग २९-३०)।

राजशेखर ने शुक-सारण को गुप्तचर न मानकर रावणदूतों के रूप में प्रस्तुत किया है। वे रावण द्वारा द्वन्द्वयुद्ध का प्रस्ताव राम के पास ले आते हैं; राम उस द्वन्द्वयुद्ध के लिए अपनी ओर से अंगद को नियुक्त करते हैं; और रावण अपने पुत्र नरान्तक को चुन लेता है, जो अंगद द्वारा मार डाला जाता है (दे० बालरामायण अंक ८, ३-४)।

अध्यात्म रामायण तथा आनन्द रामायण में शुक को रामभक्त के रूप में चित्रित किया गया है, जो अपने पूर्वजन्म में एक धर्मभीरु ब्राह्मण था (दे० आगे अनु० ६२५)। रामचरितमानस में भी इस कथा की ओर निर्देश मिलता है; इसके अतिरिक्त तुलसीदास ने माना है कि शुक ने राम के यहाँ से लौटकर रावण को लक्ष्मण का एक पत्र दिया था जिसमें सीता को लौटाने की चेतावनी थी (दे० ५, ५२)।

रामकियेन (अध्याय २५) के अनुसार शुक्रसार नामक गुप्तचर गीध बनकर रामसेना के पास पहुँचा तथा अनन्तर वानर के रूप में राम के शिविर का निरीक्षण करने लगा। विभीषण के संकेत पर हनुमान् ने उसे पकड़ लिया। शुक्रसार कोड़ों की मार खाकर रावण के पास लौटा। तब रावण संन्यासी का रूप धारण कर राम के पास आया तथा युद्ध न करने का राम से अनुरोध करने लगा किन्तु राम को दृढ़संकल्प पाकर रावण लंका लौट गया।

---

१. गुप्तचरों का वृत्तान्त प्रक्षिप्त है (दे० अनु० ५६२)। दाक्षिणात्य पाठ में शुक को दो बार भेजा जाता है। प्रथम बार रावण उसको सुग्रीव के लिए एक सन्देश देता है, जिसे सुग्रीव ठुकराता है (सर्ग २०)। बाद में शुक रावण को अपनी विफलता का समाचार देता है (सर्ग २४)। शुक के इस प्रथम प्रेषण का वर्णन अन्य पाठों में नहीं मिलता।

पद्मपुराण के अनुसार अतिकाय तथा महाकाय वानरों द्वारा फँसाये गये थे; अतिकाय ने राम को शुक्राचार्य की एक भविष्यवाणी से अवगत किया था। शुक्राचार्य ने कहा था कि लंका के द्वार पर अंकित '**दारुपंचवक्र**'[1] के विच्छिन्न हो जाने पर रावण का वध निश्चित होगा—**एतेन विच्छिन्नेन रावणो हन्यते।** यह सुनकर राम ने उस पंचवक्र को अपने बाण से छिन्न-भिन्न कर दिया (दे० पातालखण्ड ११२, २०८-२१०)।

५८३. राम के **मायाशीर्ष** का वृत्तान्त प्रक्षिप्त है (दे० अनु० ५६२)। महाभारत के रामोपाख्यान अथवा पउमचरियं में इस प्रसंग का वर्णन नहीं मिलता; वास्तव में यह मायासीता-वध का अनुकरण मात्र है (दे० अनु० ५९१)। प्रचलित वाल्मीकि रामायण का तत्सम्बन्धी वृत्तान्त इस प्रकार है। शार्दूल से सारा विवरण सुनने के बाद रावण ने मायावी विद्युज्जिह्व को आदेश दिया कि वह राम का मायाशीर्ष तथा मायाधनुष बनाकर दोनों को अशोकवन में ले जाये। इतने में रावण ने सीता के पास जाकर प्रहस्त द्वारा राम के वध का समाचार सुनाया; तब विद्युज्जिह्व को पास बुलाकर रावण ने सीता को राम का शीर्ष तथा धनुष दिखलाया (सर्ग ३१)। इस पर सीता करुण विलाप करने लगी; उसी समय मंत्रियों ने रावण को बुला भेजा; रावण के चले जाने पर राम का मायावी शीर्ष और धनुष भी अन्तर्धान हुए (सर्ग २)। तब सरमा ने सीता के पास आकर रावण की माया का रहस्य प्रकट किया तथा यह आश्वासन भी दिया कि राम समुद्र पार कर चुके हैं और मैंने उन्हें अपनी आँखों से देखा है (सर्ग ३३)। अनन्तर सरमा ने राम के पास सीता का सन्देश ले जाने का प्रस्ताव रखा किन्तु सीता ने उससे निवेदन किया कि वह रावण-सभा के निर्णयों का पता लगाकर आये। सरमा ने ऐसा ही किया तथा लौटकर कहा कि रावण अपनी माता तथा मंत्रियों का सत्परामर्श ठुकराकर सीता को लौटाना हठपूर्वक अस्वीकार करता है (सर्ग ३४)।

परवर्ती रामकथाओं में इस वृत्तान्त में अनेक गौण परिवर्तन किये गये हैं। रघुवंश, सेतुबन्ध, बलरामदास रामायण, रामायण ककविन तथा सेरीराम में सरमा के स्थान पर त्रिजटा का उल्लेख है।[2] महानाटक (अंक १०) तथा रंगनाथ रामायण (६, ३५) में एक आकाशवाणी सीता को आश्वासन देती है कि यह राम का वास्तविक सिर नहीं है। **आनन्द रामायण** (१, ११, २२१) के अनुसार ब्रह्मा ने पहले ही सीता को बता दिया था कि रावण तुमको राम का कृत्रिम सिर दिखलानेवाला है। इस रचना में राम का शीर्ष मय का बनाया हुआ माना जाता है तथा इस घटना को मेघनाद-वध के पश्चात् रखा गया है। पाश्चात्य वृत्तान्त नं० १ के अनुसार सीता ने सूर्य देवता से प्रार्थना की थी तथा सूर्य ने अपनी एक किरण राम के शीर्ष पर डालकर उसे कृत्रिम सिद्ध किया था। अभिषेक नाटक (अंक ५), महानाटक, बलरामदास रामायण, अग्निवेश रामायण (८२), रामायण ककविन (सर्ग १७), सेरीराम तथा रामरहस्य (क्रीड़ाप्रकरण ११) में सीता को राम-लक्ष्मण दोनों के मायामय शीर्ष दिखलाये जाते हैं। कृत्या-रावण (अंक ६) में प्रस्तुत प्रसंग को एक नवीन रूप दिया गया है। रावण ने दारुणिका नामक राक्षसी को सीता का वध करने का आदेश दिया था। दारुणिका को इसका साहस नहीं हुआ; अतः वह एक ऐसा उपाय काम में लायी जिससे सीता अपने आप आत्महत्या के लिए तैयार हो जायें। दारुणिका ने सीता के सामने एक माया-राम का वध कराया। अपने पति को मृत समझकर सीता ने आग में प्रवेश करने का निश्चय किया।

---

१. दारुपंचवक्त्र का अर्थ है—काठ का बना हुआ कीर्तिमुख, वह रुद्र का प्रतीक माना जाता है। दे० पुराणम् (वाराणसी), भाग २, पृ० ९७-१०६।

२. तोरवे रामायण (६, १२) में सरमा और त्रिजटा दोनों रावण के छल-कपट का रहस्योद्घाटन करती हैं।

हिन्देशिया की रामकथाओं में त्रिजटा को अपेक्षाकृत अधिक महत्त्व दिया गया है। **रामायण ककविन** (सर्ग १७) के अनुसार सीता ने राम-लक्ष्मण के मायामय शीर्ष देखने के पश्चात् मध्यरात्रि में आग जलाकर आत्महत्या करना चाहा। त्रिजटा सीता का साथ देने को तैयार थी किन्तु वह पहले अपने पिता विभीषण को सूचित करने गयी तथा बाद में सीता के पास लौटकर उसने राम-लक्ष्मण के कुशल-क्षेम का समाचार सुनाया। **सेरीराम** का वृत्तान्त इस प्रकार है, रावण के निरन्तर आग्रह करने पर सीता ने किसी दिन उससे कहा—जब तक राम जीवित हैं, मैं कदापि तुम्हारी पत्नी नहीं बन सकती और तुम्हारे हाथ में राम का शीर्ष देखने पर ही अपने पति की मृत्यु पर विश्वास करूँगी। यह सुनकर रावण दो कैदियों का सिर काटकर[१] तथा उन पर मुकुट रखकर दोनों को सीता के पास ले आया। त्रिजटा ने रावण को सीता से भेंट करने नहीं दिया किन्तु दोनों शीर्ष ग्रहण कर उससे कहा कि कल स्नान करने के बाद आ जाना। बाद में सीता ने दोनों सिर देखकर आत्महत्या करना चाहा किन्तु त्रिजटा ने उनको यह कहकर रोक दिया कि मैं पहले सच बात का पता लगाने जाऊँगी। इस पर त्रिजटा राम के पास जाती है तथा सीता द्वारा बुना हुआ राम का कमरबन्द लिये लौटती है। दूसरे दिन त्रिजटा छल-कपट के कारण रावण की निन्दा करती है तब रावण उसे मार डालने पर उतारू हो जाता है, किन्तु त्रिजटा सीता की शरण लेती है। इसके बाद रावण सीता को एक लोहे के किले में बन्द कर देता है तथा अपने किसी मंत्री की अध्यक्षता में एक पूरी सेना को इसके पहरे पर तैनात कर देता है।

महानाटक (अंक १०) में रावण की एक अन्य युक्ति का उल्लेख है। राम का मायामय शीर्ष दिखलाने के बाद रावण राम का रूप धारण कर लेता है तथा रावण के दस मायामय शीर्ष हाथ में लिये सीता के पास आता है किन्तु सरमा सीता को सावधान करती है। **कम्ब रामायण** (६, १६) के अनुसार मायाजनक की भी चर्चा है। रावण के आदेश पर मरुत नामक राक्षस ने जनक के वेष में आकर सीता से अनुरोध किया कि वह रावण को पतिस्वरूप ग्रहण करें।[२]

५८४. वाल्मीकि रामायण के दाक्षिणात्य पाठ मात्र में अंगद-दूतकार्य के वर्णन के पूर्व ही **सुग्रीव-रावण-द्वन्द्वयुद्ध** का वर्णन किया गया है। कथा इस प्रकार है—राम वानर-सेनापतियों के साथ सुवेल पर्वत पर चढ़कर लंका का निरीक्षण कर रहे थे। सुग्रीव सहसा पर्वत पर से लंका के गोपुर तक कूदकर रावण के पास पहुँचा तथा उसका मुकुट छीनकर भूमि पर पटक दिया। अनन्तर सुग्रीव रावण को द्वन्द्वयुद्ध में परास्त कर राम के पास लौटा।[३]

सुवेल पर्वत पर आसीन राम के एक चमत्कार का बहुधा उल्लेख होता है। **अध्यात्म रामायण** (६, ५, ४१-४५) के अनुसार राम ने सुवेल पर्वत पर से लंका के राजभवन पर विराजमान रावण को उसके मंत्रियों के साथ देखा था और उन्होंने एक ही बाण से रावण के हजारों श्वेत छत्र तथा दस मुकुट काट डाले थे। इस पर रावण लज्जित होकर अपने भवन के अन्दर चला गया था। **आनन्द रामायण** (१,१०,२४६), **अग्निवेश रामायण** (६५) **तोरवे**

---

१. बलरामदास के अनुसार भी रावण ने उसके लिए दो राक्षसों का वध किया था।

२. रावण की अन्य युक्तियों पर ऊपर उल्लेख हो चुका है; दे० अनु० ५००, ५४२।

३. दे० सर्ग ४०। कम्ब रामायण (६, ९) रंगनाथ रामायण (६, ३८), आनन्द रामायण (१, १०, २४९), तोरवे रामायण (६, ९) आदि रचनाओं में सुग्रीव-रावण के इस द्वन्द्वयुद्ध का वर्णन किया गया है। वाल्मीकि रामायण के सभी पाठों के अनुसार सुग्रीव ने कुम्भकर्ण का सामना किया (दे० सर्ग ६७), तथा कुम्भ (सर्ग ७६), विरूपाक्ष (सर्ग ९६) और महोदर (सर्ग ९७) का वध किया।

रामायण (६, ९), **भावार्थ रामायण** (६, २), **रंगनाथ रामायण** (६, ४१), **बलरामदास रामायण**, **रामचरितमानस** (६, १८) आदि में भी इस घटना का वर्णन किया गया है। **रंगनाथ रामायण** में माना गया है कि राम का एक ही बाण विभक्त होकर एक ही समय ८०००० छत्र,८०००० पंखे तथा ८०००० चामर काटकर पुनः राम के तूणीर में लौट आया था। **कृत्तिवास** (६, ४) के अनुसार विभीषण ने रावण को पहचानकर राम को सुझाव दिया था कि रावण पर बाण चलाया जाये किन्तु ज्योंही राम ने बाण चढ़ाया रावण भाग गया था। विदेशी रामकथाओं में रावण के छत्र के विषय में निम्नलिखित सामग्री मिलती है। **सेरीराम** के अनुसार जाम्बवान् ने सेतु पार करने के पूर्व ही राम से कहा कि रावण ने एक नवीन भवन का निर्माण किया है और इस पर ब्रह्मा के आदर में १७ छत्र स्थापित किये हैं। जाम्बवान्ने यह भी सुझाव दिया कि राम उनको नष्ट कर दें। राम की इस आपत्ति पर कि ब्रह्मा कहीं क्रुद्ध न हो जायें, जाम्बवान् ने उत्तर दिया कि आप विष्णु के वंशज हैं, जो ब्रह्मा से महान् हैं। **रामकियेन** (अध्याय २६) का वृत्तान्त इस प्रकार है। ब्रह्मा ने रावण को एक चमत्कारी छत्र प्रदान किया था। जब-जब रावण उस छत्र को खोल देता था तब लंका के चारों ओर गहन अन्धकार छा जाता था जिससे वानर-सेना का कोई भी योद्धा लंका देखने में समर्थ नहीं हो सकता था। सुग्रीव ने कूदकर छत्र को छिन्न-भिन्न करके लंका का अन्धकार दूर कर दिया।

कृत्तिवास रामायण (६, १४) में लंकावरोध के पश्चात् **शिव-पार्वती-कलह** का भी उल्लेख मिलता है। प्रसंग इस प्रकार है। सब देवता अन्तरिक्ष में स्थित होकर युद्ध देखने की प्रतीक्षा कर रहे थे। पार्वती ने शंकर से अनुरोध किया कि वह अपने भक्त रावण की रक्षा करें। शंकर ने उत्तर दिया—"तुम जाकर लंका की रक्षा करो। हजारों वर्ष तक तपस्या करने पर भी रावण अमरत्व का वरदान नहीं प्राप्त कर सका। अब विष्णु अवतार लेकर उसका वध करने आये हैं। रावण नहीं बच सकता। तुम व्यर्थ ही मेरी निन्दा करती हो।" बालरामायण (८, २) में माना गया है कि रावण ने शुक-सारण को भेज देने के पश्चात् शंकर की पूजा करते समय पार्वती को स्त्री समझकर उनको प्रणाम नहीं किया था। इसी कारण गिरिजा को क्रोध हुआ और उन्होंने शंकर का (वर देनेवाला) बायाँ हाथ खींच लिया था।

५८५. वाल्मीकि रामायण की प्रामाणिक सामग्री के अनुसार राम ने समुद्र पार कर लंका का अवरोध[1] किया था तथा विभीषण के परामर्श के अनुसार युद्ध के पूर्व **अंगद** द्वारा रावण के पास यह सन्देश भेज दिया कि यदि सीता को नहीं लौटाओगे तो मैं सब राक्षसों का नाश करूँगा। अंगद के मुँह से राम का यह सन्देश सुनकर रावण ने क्रुद्ध होकर उसका वध करने का आदेश दिया। चार राक्षसों ने अंगद को पकड़ना चाहा किन्तु अंगद चारों को उठाकर इतने वेग से एक भवन पर कूद पड़ा कि ये राक्षस निस्सहाय भूमि पर गिर पड़े। तब अंगद उस भवन को ढहाकर राम के पास लौटा।[2]

---

१. राम ने अंगद को दक्षिण द्वार पर, हनुमान् को पश्चिम द्वार पर और नील को पूर्व द्वार पर नियुक्त करके स्वयं उत्तर द्वार पर लक्ष्मण के साथ रावण का सामना करने का निश्चय किया। सुग्रीव एक विशाल सेना के साथ बीच में डट गये। प्रक्षिप्त सर्ग ३७ में भी सेना के इस नियोजन का वर्णन है।

२. युद्ध के वर्णन में अंगद का बारम्बार उल्लेख किया गया है। इन्द्रजित् (सर्ग ४३-४४) तथा कुम्भकर्ण (सर्ग ६६) का सामना करने के अतिरिक्त अंगद ने नरान्तक (सर्ग ६९), कम्पन तथा प्रजंघ (सर्ग ७६) और महापार्श्व (सर्ग ९८) का वध किया था। अंगद द्वारा वज्रदंष्ट्र का वध (सर्ग ५४) केवल दाक्षिणात्य पाठ में उल्लिखित है।

परवर्ती रामकथा-साहित्य में **अंगद के दूतकार्य** को अपेक्षाकृत अधिक महत्त्व दिया गया है। महानाटक (अंक ८) तथा अभिनन्दकृत रामचरित (सर्ग २८) में पहले-पहल **अंगद-रावण-संवाद** का विस्तार के साथ वर्णन किया गया है। महानाटक के अनुसार अंगद अपने पिता के वध के कारण राम से बैर रखता है और इसीलिए रावण को फटकारता है जिससे वह राम से युद्ध करने का निश्चय करे। कृत्तिवास रामायण, रामचरितमानस तथा बलरामदास रामायण की तत्सम्बन्धी सामग्री महानाटक पर आधारित है।

कृत्तिवास रामायण (६, १५) के अनुसार अंगद ने सभा-भवन में पहुँचकर सैकड़ों रावणों को देखा था। **तोरवे रामायण** (६, १०) में भी अंगद राक्षसों की सभा में पहुँचकर रावण को पहचानने में असमर्थ है। पाश्चात्य वृत्तान्त नं० ३ में अंगद के ११ रावणों को देखने की चर्चा है। महानाटक (अंक ८, ३) मात्र में इसका उल्लेख किया गया है कि अंगद ने रावण के सिंहासन के ऊपर चढ़कर रावण का अपमान किया था; अन्य रामकथाओं में बहुधा माना गया है कि अंगद अपनी **पूँछ का कुण्डल** बनाकर एक सिंहासन की भाँति उस पर बैठ गया था; उदाहरणार्थ आनन्द रामायण (१, १०, २२१); तोरवे रामायण (६, १०); भावार्थ रामायण (६, ७); कृत्तिवास रामायण (६, १५); सारलादास महाभारत (द्रोणपर्व); रामकेर्ति (सर्ग ८); रामकियेन (अध्याय २६); कविचन्द्र कृत अंगद रायबार।

अंगद द्वारा **बलप्रदर्शन** तथा राक्षसों की पराजय के विषय में अनेक नयी घटनाओं की कल्पना कर ली गयी है। रामचरितमानस के अनुसार अंगद ने प्रण करके पैर रोपा था जिसे उठाने में कोटि सुभट असमर्थ ही रहे—**सभा माझ पन करि पद रोपा** (६, ३४)। बहुत-सी रचनाओं में अंगद के रावण पर प्रहार करने का उल्लेख है; उदा० नृसिंहपुराण (५२, २०); सारलादास महाभारत (द्रोणपर्व); आनन्द रामायण (१,१०, २३६); तोरवे रामायण (६, १०); भावार्थ रामायण (६, ६); रामकेर्ति (सर्ग ८)। कृत्तिवास ने रावण-अंगद के मल्लयुद्ध का वर्णन किया है तथा यह भी माना है कि अंगद रावण का मुकुट राम के पास ले आया था (६, १७)। भावार्थ रामायण (६, ६), बलरामदास रामायण, रामचन्द्रिका (१३, ३४) आदि रचनाओं में भी इसका उल्लेख मिलता है। रामचरितमानस (६, ३२) के अनुसार अंगद के बल-प्रदर्शन करने पर पृथ्वी हिलने लगी तथा रावण के मुकुट गिर पड़े। कुछ तो रावण ने उठाकर अपने सिर पर रखे, कुछ अंगद ने राम के पास फेंक दिये थे। आनन्द रामायण (१, १०, २३७-२४२) तथा भावार्थ रामायण के अनुसार रावण के सभा-मण्डप की छत अंगद के सिर पर अटक गयी थी; और राम ने अंगद को उसे वापस ले जाने का आदेश दिया था। सारलादास महाभारत के वनपर्व में इस अवसर पर अंगद द्वारा मन्दोदरी का अपमान वर्णित है तथा द्रोणपर्व में माना गया है कि रावण मुकुट के अतिरिक्त अंगद छत को काँख में दबाकर राम के पास ले आया था। **तोरवे रामायण** (६, ३०) के अनुसार रावण की सेना के साथ अंगद का युद्ध हुआ तथा राम का आदेश पाकर हनुमान् ने अंगद को ले आने के लिए लंका में प्रवेश किया था।

अनेक रामकथाओं में अंगद के स्थान पर हनुमान् को रावण के पास भेजा जाता है। गुणभद्र के **उत्तरपुराण** (दे० ऊपर अनु० ५२४) के अतिरिक्त **विलंका रामायण** तथा **सेरीराम** में भी हनुमान् अंगद का स्थान लेते हैं। **बलरामदास रामायण** में माना गया है कि अंगद के प्रत्यागमन के पश्चात् हनुमान् राम का बाण लेकर रावण को धमकी देने गये थे। **सेरीराम** में अंगद के दूत-कार्य का उल्लेख नहीं मिलता किन्तु कुम्भकर्ण के वध के बाद राम हनुमान् द्वारा

रावण के पास एक पत्र भेज देते हैं, जिसमें सीता को लौटाने तथा सन्धि करने का प्रस्ताव है। रावण राम का प्रस्ताव स्वीकार करने के लिए प्रस्तुत है बशर्ते कि उसकी बहन को विरूपित करनेवाले लक्ष्मण को बाँधकर लंका भेज दिया जाये।[१] **रामचन्द्रिका** (३६, ३२) में भी रावण निम्नलिखित शर्तों पर सीता को लौटाने के लिए तैयार है—सुग्रीव को मारकर अंगद को राज्य दिया जाये, विभीषण को बाँधकर लंका भेजा जाये, सेतु नष्ट किया जाये, हनुमान् की पूँछ जला दी जाये तथा राम रुद्र की पूजा करें।

ङ। नागपाश

५८६. लंका को वानर-सेना से अवरुद्ध जानकर रावण ने उसका सामना करने के लिए अपनी सेना को भेज दिया। इस प्रथम तुमुल युद्ध के वर्णन में अनेक द्वन्द्वयुद्धों का भी उल्लेख है किन्तु अंगद द्वारा इन्द्रजित् की पराजय तथा इन्द्रजित् के नागपाश में राम-लक्ष्मण का बँध जाना इसकी सबसे महत्त्वपूर्ण घटना है। ब्रह्मा के वरदान से अदृश्य[२] होकर इन्द्रजित् ने बहुत-से योद्धाओं को तथा अन्त में राम-लक्ष्मण को भी नागमय शरों से आहत किया जिससे राम तथा लक्ष्मण दोनों निश्चेष्ट होकर रणभूमि में पड़े रहे। इन्द्रजित् दोनों को मृत समझकर रावण को इसकी सूचना देने गया (सर्ग ४२-४६)। यह सुनकर रावण ने सीता तथा त्रिजटा को पुष्पक पर बैठाकर रणभूमि में मूर्च्छित पड़े हुए राम-लक्ष्मण को दिखलाया; सीता दोनों को मृत समझकर विलाप करने लगीं किन्तु त्रिजटा[३] ने उनके जीवित होने के निम्नलिखित तर्क प्रस्तुत किये—(१) रक्षा करनेवाले वानर अधिक व्याकुल नहीं प्रतीत होते हैं; (२) पुष्पक विधवाओं का वहन[४] नहीं करता; (३) राम तथा लक्ष्मण के मुख पर मृत्यु का विकार परिलक्षित नहीं हो रहा है (सर्ग ४७-४८)। बाद में राम चेतना प्राप्त कर लक्ष्मण के लिए विलाप करने लगे (सर्ग ४९) और सुषेण ने यह प्रस्ताव रखा कि ओषधि ले आने के लिए हनुमान् को द्रोणाचल भेज दिया जाये। इतने में गरुड़ को आते देखकर नाग भाग गये तथा गरुड के स्पर्श मात्र से राम और लक्ष्मण स्वस्थ हो गये (सर्ग ५०)।

गरुड़ का यह आगमन प्रक्षिप्त है (दे० अनु० ५६३)। पश्चिमोत्तरीय पाठ मात्र में इस प्रसंग में नारद का भी उल्लेख किया गया है—सुषेण के प्रस्ताव के बाद नारद ने राम के पास आकर उनको उनके नारायणत्व का स्मरण दिलाया तथा गरुड़ को बुलाने का परामर्श दिया।[५] सेतुबन्ध (१४, ५५) में विभीषण राम को समझाता है कि पाश के बाण वास्तव में सर्प ही हैं; जिस पर राम गरुड़ को बुलाते हैं।

---

१. शेलाबेर के पाठ तथा बलरामदास रामायण में हनुमान् के अपनी कुण्डलीकृत पूँछ पर बैठ जाने का उल्लेख है। रावण के सन्धि-प्रस्तावों का उल्लेख आगे किया गया है (दे० अनु० ५९७)।

२. विभीषण को छोड़कर कोई भी इन्द्रजित् को नहीं देख सकता था; दे० ऊपर अनु० ५६९।

३. रामायण ककविन के अनुसार वह सीता का आत्महत्या-विचार दूर करती है और अपने पिता विभीषण से मिलकर सीता के पास लौटती है तथा आश्वासन देती है कि राम सकुशल हैं (सर्ग २१)। अन्यत्र भी सीता के आत्महत्या-विचार की चर्चा है; दे० अनु० ४९२, ५२४, ५४८, ५८३, ७४१ और वाल्मीकि रामायण २, ३०, १९। **तोरवे रामायण** (६,१६) में त्रिजटा के स्थान पर इस प्रसंग में सरमा की चर्चा है।

४. इस तर्क का उल्लेख रंगनाथ रामायण (६, ४८), रामकियेन (अध्याय ३०) आदि में भी मिलता है।

५. दे० ६, २६, ७-४१। रंगनाथ रामायण (६, ५०), आनन्द रामायण (१, ११, ८), भावार्थ रामायण (६, ५०) आदि में भी पश्चिमोत्तरीय पाठ के अनुसार नारद की चर्चा है।

महाभारत के **रामोपाख्यान** (३, २७३) में विभीषण स्वयं प्रज्ञास्त्र द्वारा राम और लक्ष्मण को शरपाश से मुक्त कर देता है। **गोविन्द रामायण** (पृ० १३७) के अनुसार सीता ने नाग-मंत्र पढ़कर नागपाश काट दिया था :

पढ़ नाग मंत्र संघरी पाश। पति भ्रात जिवइ चित भा हुलास॥

अनेक रचनाओं में राम नागपाश द्वारा नहीं बँध जाते हैं। **पउमचरियं** (पर्व ६०) के अनुसार भुजंगपाश ने लक्ष्मण की पताका पर विद्यमान गरुड़ को देख लिया तथा हार मानकर भाग गया।[1] **कम्ब रामायण** (६, १८) में लक्ष्मण मात्र नागपाश से बाँधे जाते तथा गरुड़ द्वारा मुक्त किये जाते हैं। **रामकियेन** (अध्याय २९) में बहुत-से वानरों के साथ लक्ष्मण के नागपाश द्वारा बँधे जाने का वर्णन मिलता है। राम आकर विभीषण के परामर्श के अनुसार गरुड़ को बुलाते हैं और गरुड़ के आगमन पर सभी चेतना प्राप्त कर लेते हैं। **अध्यात्म रामायण** में नागपाश का प्रसंग पूर्ण रूप से छोड़ दिया गया है।

सेरीराम में इस प्रसंग को एक नया रूप दिया गया है। इन्द्रजित् को एक विशाल सेना के साथ आकाश-मार्ग से आते देखकर हनुमान् ने राम को परामर्श दिया कि वानर-सेना की रक्षा के लिए गरुड़ महावीरू को बुलाया जाये। गरुड़ महावीरू के आने के बाद इन्द्रजित् पत्थर बरसाने लगा तथा गरुड़ ने राम के आदेशानुसार समस्त वानर-सेना पर अपने पंख फैला दिये। बाद में गरुड़ ने पत्थरों के भार से व्यग्र होकर राम से सहायता माँगी जिस पर राम ने गरुड़ को उठाकर तथा उसका शरीर हिलाकर उसको पत्थरों के भार से मुक्त कर दिया। इन्द्रजित् चालीस दिनों तक पत्थरों की वर्षा करता रहा और राम प्रतिदिन इसी प्रकार से गरुड़ को पत्थरों के भार से मुक्त करते रहे।

कृत्तिवास रामायण (६, २१) में गरुड़ की कृष्णभक्ति तथा हनुमान् की अनन्य रामभक्ति के विषय में निम्नलिखित वृत्तान्त मिलता है। राम ने शरपाश से मुक्त होकर गरुड़ को एक वर दिया था और गरुड़ ने राम का कृष्ण रूप देखने की अभिलाषा प्रकट की। इस पर राम ने आपत्ति प्रकट करते हुए कहा—मुझे उस रूप में देखकर वानर-सेना किंकर्तव्यविमूढ़ हो जायेगी। तब गरुड़ ने अपने पंख पसारकर राम को छिपा लिया और राम ने कृष्ण रूप धारण कर लिया। हनुमान् ने योग के बल पर सारा वृत्तान्त जानकर कृष्णावतार के समय गरुड़ से बदला लेने का निश्चय किया (दे० अनु० ६८६)।

वाल्मीकि रामायण में तारा के पिता वानर-सेनापति सुषेण को वैद्य भी माना गया है। प्रस्तुत प्रसंग में इसकी ओर संकेत मिलता है; इसके अतिरिक्त वह इन्द्रजित्-वध के पश्चात् लक्ष्मण तथा अन्य योद्धाओं की चिकित्सा करता है (दे० सर्ग ९१) तथा हनुमान् द्वारा लायी हुई ओषधियों की सहायता से रावण-शक्ति से आहत लक्ष्मण को स्वास्थ्य-लाभ प्रदान करता है (सर्ग १०१)। अनेक परवर्ती रचनाओं में वह राक्षस-वैद्य माना गया है, जिसे हनुमान् लंका से ले आते हैं; उदाहरणार्थ—महानाटक (अंक १३, १७), रामचरितमानस (६,५५), पाश्चात्य वृत्तान्त नं० १३। खोतानी रामायण में जीवक जातकों के सुप्रसिद्ध वैद्य सुषेण का स्थान लेता है।

च। हनुमान् की हिमालय-यात्राएँ

५८७. हनुमान् की हिमालय-यात्रा-विषयक सामग्री प्रक्षिप्त है (दे० अनु० ५६४); फिर भी परवर्ती रामकथाओं में इस प्रसंग को अपेक्षाकृत अधिक महत्त्व दिया गया

१. इस रचना में इन्द्रजित् राम-लक्ष्मण के स्थान पर सुग्रीव-भामण्डल को भुजंगपाश से बाँध लेता है।

है। प्रचलित वाल्मीकि रामायण में तीन अवसरों पर हनुमान् को हिमालय भेज देने की चर्चा मिलती है।[१]

(१) नागपाश के प्रसंग में इसका प्रस्ताव मात्र किया गया है क्योंकि गरुड़ के आगमन के कारण हनुमान् को इस यात्रा की आवश्यकता नहीं होती (दे० अनु० ५८६)। **आनन्द रामायण** (१, ११, १०-१८) में माना गया है कि उस अवसर पर भी सेना के लिए ओषधि ले आने के उद्‌देश्य से हनुमान् को हिमालय भेजा गया था।

(२) कुम्भकर्ण-वध के पश्चात् इन्द्रजित् के द्वितीय युद्ध का वर्णन मिलता है जिसमें वह अदृश्य होकर ब्रह्मास्त्र से राम-लक्ष्मण को आहत करता है तथा बहुत-से योद्धाओं का वध भी करता है। जाम्बवान् के आदेशानुसार हनुमान् रात को हिमालय जाते हैं तथा चार ओषधियों को न देखकर समस्त ओषधि-पर्वत ले आते हैं तथा बाद में उसे वापस ले जाते हैं। ओषधियों की सुगन्ध मात्र से सभी योद्धाओं को स्वास्थ्य-लाभ हो गया।[२] इस **प्रथम यात्रा** के वर्णन में किसी विशेष घटना का उल्लेख नहीं किया गया है तथा परवर्ती रचनाओं में भी इसका कोई विकास नहीं हुआ। **कम्ब रामायण** (६, २१) तथा **रामकियेन** (अध्याय २९) में माना गया है कि इन्द्रजित् ने लक्ष्मण तथा बहुत-से वानरों को ब्रह्मास्त्र द्वारा आहत किया था। लक्ष्मण को आहत देखकर राम रणभूमि में मूर्च्छित होकर गिर पड़े। उसी अवसर पर रावण ने सीता को पुष्पक पर बिठाकर उनको निस्सहाय पड़े हुए राम और लक्ष्मण को दिखलाया (दे० कम्ब ६, २२ तथा रामकियेन, अध्याय ३०)। **सेरीराम** के अनुसार इन्द्रजित् ने रात्रि के समय एक मायामय बाण द्वारा विभीषण को छोड़कर समस्त वानर-सेना को निद्रा में मग्न कर दिया तथा इन्द्रजित् पास आकर वानरों का वध करने लगा किन्तु विभीषण ने उसे भगा दिया और राम, लक्ष्मण तथा ३३ सेनापतियों को जगाया। तब राम ने मलायकीरी से 'विशल्यावीनि' को ले आने के लिए हनुमान् को भेज दिया। इसी रचना के एक अन्य स्थल पर भी हनुमान् एक पर्वत हिमालय से किष्किन्धा ले आते हैं (दे० अनु० ६५५)।

(३) हनुमान् की **द्वितीय यात्रा** के वर्णन का अपेक्षाकृत अधिक विकास हुआ है। इसके विषय में जो सामग्री वाल्मीकि के तीनों पाठों में मिलती है वह इस प्रकार है। **रावण की शक्ति** से लक्ष्मण को आहत देखकर राम विलाप करने लगे किन्तु सुषेण ने उनको आश्वासन दिया कि लक्ष्मण जीवित हैं। इसके अनन्तर सुषेण के परामर्श के अनुसार विशल्याकरणी ओषधि[३] ले आने के लिए हनुमान् को भेजा गया। हनुमान् पहले की भाँति समस्त ओषधि-पर्वत ले आये और सुषेण ने

---

१. इस महान् कार्य के अतिरिक्त हनुमान् रावण (सर्ग ५९) तथा इन्द्रजित् (सर्ग ८४, ८६, ८९) का सामना करते और निम्नलिखित राक्षस-वीरों का वध भी करते हैं—धूम्राक्ष (सर्ग ५२), अकम्पन (सर्ग ५६), त्रिशिरा (सर्ग ७०), निकुम्भ (सर्ग ७७)।

२. दे० सर्ग ७३-७४। अध्यात्म रामायण (६, सर्ग ५) के अनुसार इन्द्रजित् ने राम तथा लक्ष्मण को छोड़कर अन्य वानर-सैनिकों को ब्रह्मास्त्र द्वारा पराजित किया था और राम ने वानर-सेना को पुनर्जीवित करने के उद्‌देश्य से हनुमान् को ओषधियाँ ले आने के लिए भेजा था। मलयालम अध्यात्म रामायण के अनुसार इसी यात्रा में हनुमान् द्वारा कालनेमि का वध हुआ था।

३. **पउमचरियं** में इस विशल्योषधि का मानवीकरण किया गया है। दे० अनु० ५९६।

ओषधि पीसकर लक्ष्मण को सूँघने को दिया (दे० अनु० ५९६)। प्रस्तुत प्रसंग के वर्णन में उदीच्य पाठों में निम्नलिखित अतिरिक्त सामग्री मिलती है—कालनेमि और ग्राही का वृत्तान्त; हिमालय के गन्धर्वों की चुनौती तथा हनुमान् द्वारा उनका वध; ओषधि-पर्वत को वापस ले जाते समय[१] राक्षसों का आक्रमण तथा पराजय। भरत-हनुमान्-संवाद का प्रसंग गौडीय पाठ मात्र में मिलता है (दे० अनु० ५८८)।

कालनेमि की कथा इस प्रकार है। हनुमान् को जाते देखकर रावण ने उनके मार्ग में विघ्न डालने के लिए कालनेमि को भेज दिया। कालनेमि ने हिमालय जाकर तपस्वी का रूप धारण किया तथा गन्धमादन पर्वत के एक मायाश्रम में हनुमान् का स्वागत किया। तपस्वी ने हनुमान् को एक सरोवर के पास भेजा जिसमें एक ग्राही निवास करती थी। ग्राही ने हनुमान् को निगलना चाहा किन्तु वह स्वयं मार डाली गयी; अनन्तर वह अप्सरा के रूप में प्रकट होकर तथा अपना परिचय इस प्रकार देकर वैश्रवण आलय लौट गयी—"मैं गन्धकाली[२] नामक अप्सरा हूँ, एक मुनि की अवज्ञा करने के कारण मुझे ग्राही बन जाने का शाप दिया गया था।" इसके बाद हनुमान् ने आश्रम लौटकर कालनेमि का वध किया। उदीच्य पाठों की यह कथा बहुत-सी परवर्ती रामकथाओं में पायी जाती है। उदाहरणार्थ—अध्यात्म रामायण (६, ६-७); रंगनाथ रामायण (६, १२४); महानाटक (१३, ३२); आनन्द रामायण (१, ११, ४७); तोरवे रामायण (६, २८); माधवकन्दली रामायण (६, ४५); कृत्तिवास रामायण (६, ७३); बलरामदास रामायण; भावार्थ रामायण (६, ४५); रामचरितमानस; सेरीराम।

अध्यात्म रामायण तथा इस पर आधारित रामचरितमानस आदि रामकथाओं में कालनेमि को रामभक्त के रूप में चित्रित किया गया है। इन रचनाओं में अप्सरा प्रायः कपट-मुनि (कालनेमि) का रहस्य प्रकट करती है। अप्सरा के शाप के विषय में मतभेद है; **वाल्मीकि रामायण** के उदीच्य पाठों के अनुसार उसने एक यात्रा के अवसर पर किसी मुनि को नहीं देखा था और इसी कारण अनजाने ही उसकी अवज्ञा की थी। **आनन्द रामायण** (१, ११, ५६) में माना गया है कि अप्सरा ने मुनि का प्रेम-प्रस्ताव अस्वीकार किया था। **रंगनाथ रामायण** (६, १२६) में अप्सरा के शाप की कथा रावण से भी सम्बन्ध रखती है। धान्यमालिनी शाण्डिल्य नामक मुनि का प्रेम-प्रस्ताव स्वीकार कर उसके यहाँ चली आयी थी। उस दिन रात को रावण उसे पर्वत के शिखर पर देखकर आसक्त हुआ तथा उसके साथ रमण करके अतिकाय (दे० अनु० ६५०) को उत्पन्न किया। धान्यमालिनी उस पुत्र को रावण को सौंपकर मुनि के पास लौटी जिस पर मुनि ने उसे शाप दिया। बलरामदास के अनुसार दक्षकन्या गन्धबालिका ब्रह्मा के शाप से ग्राही बन गयी थी। **महानाटक** में कन्धकाली को 'राजनिचरवरा' की उपाधि दी गयी है (अंक १३, ३२)।

गौडीय (८२, ५८) तथा पश्चिमोत्तरीय (८१, ३९) पाठों में हनुमान् से अनुरोध किया जाता है कि वह सूर्योदय के पूर्व ही लौटें—**यावद्रात्रिर्न हीयते**। सूर्योदय के पूर्व ही हनुमान् के आगमन की आवश्यकता का परवर्ती रामकथाओं में प्रायः उल्लेख किया गया है। कृत्तिवास

---

१. सेरीराम के अनुसार हनुमान् ने समय के अभाव के कारण पर्वत को समुद्र में फेंक दिया था। **तोरवे रामायण** (६, २८) में पर्वत अपने आप अन्तर्धान हो जाता है।

२. अप्सरा के कई नाम मिलते हैं; गन्धकाली—गौडीय पाठ, कृत्तिवास रामायण; कन्धकाली—महानाटक (१३, ३२); गन्धबालिका—बलरामदास; विद्युन्माला—पश्चिमोत्तरीय पाठ (८१, ८३); विद्युन्मालिनी—भावार्थ रामायण; धान्यमाली—अध्यात्म रामायण, आनन्द रामायण; धान्यमालिनी—रंगनाथ रामायण।

रामायण (६,७३) के अनुसार रावण के आदेशानुसार मध्यरात्रि में ही सूर्योदय हुआ था किन्तु हनुमान् ने सूर्य को अपनी काँख में दबा लिया था। **भावार्थ रामायण** (६, ३३) में सूर्य राम से भयभीत होकर हनुमान् के लंका में पहुँचने के पहले उदित होने का साहस नहीं करते हैं। **बलरामदास रामायण** के अनुसार किसी ब्राह्मणी ने अपने पातिव्रत्य के बल पर बहुत देर तक सूर्योदय का समय टाल दिया था।

रामकियेन में कुम्भकर्ण की शक्ति से (अध्याय २८), इन्द्रजित् के ब्रह्मास्त्र से (अध्याय ३०) तथा रावण की शक्ति से (अध्याय ३३) आहत लक्ष्मण की चिकित्सा के लिए हनुमान् के तीन बार ओषधि-पर्वत ले आने का वर्णन किया गया है।

५८८. ओषधि-पर्वत के आनयन के अवसर पर **भरत से हनुमान् की भेंट** का प्राचीनतम वर्णन वाल्मीकि रामायण के गौडीय पाठ में सुरक्षित है (६, ८२, ९०-१३८)। हिमालय की ओर जाते हुए हनुमान् को देखकर भरत को कौतूहल हुआ और उन्होंने बाण मारकर हनुमान् को नीचे गिराना चाहा किन्तु हनुमान् ने अपना परिचय देकर अपनी यात्रा का उद्देश्य प्रकट किया। भरत के प्रश्न के उत्तर में हनुमान् ने वनवास से लेकर लक्ष्मण के आहत होने तक का सारा वृत्तान्त सुनाया तथा भरत को विजयी राम के शीघ्र प्रत्यावर्तन का आश्वासन देकर हिमालय की ओर प्रस्थान किया। महावीरचरित में भरत-हनुमान् की इस भेंट का उल्लेख है (७, ९)।

परवर्ती रचनाओं में प्रस्तुत प्रसंग में बहुधा एक स्वप्न का उल्लेख किया जाता है तथा यह भी प्रायः माना गया है कि हिमालय से लंका जाते समय हनुमान्-भरत की भेंट हुई थी। **महानाटक** (१३, २१-३१) की कथा इस प्रकार है। सुमित्रा ने किसी रात को यह स्वप्न देखा कि एक साँप मेरी बायीं भुजा खा रहा है। उस अपशकुन की शान्ति के निमित्त तुरन्त यज्ञ का आयोजन हुआ। शान्तिमण्डप में उपस्थित होकर भरत ने पर्वत को ले जाते हुए हनुमान् को आकाश में देखकर उन्हें बाण से नीचे गिरा दिया था। 'हा राम-लक्ष्मण' पुकारकर हनुमान् मूर्च्छित हो गये तथा वसिष्ठ उनको पर्वत की ओषधियों द्वारा चेतना में लाये। युद्ध का वृत्तान्त सुनाने के पश्चात् हनुमान् ने भरत की परीक्षा लेने के उद्देश्य से कहा—"मैं थक गया हूँ, आप ही यह पर्वत लंका ले चलें।" यह सुनकर भरत ने पर्वत के साथ हनुमान् को बाण पर बिठाकर धनुष-सन्धान किया। भरत का पराक्रम देखकर हनुमान् को सन्तोष हुआ और बाण से उतरकर उन्होंने भरत के बाहुबल की प्रशंसा की। तत्पश्चात् रुद्रावतार हनुमान् पर्वत को उठाकर चले गये और अर्द्धरात्रि में ही लंका के निकट पहुँच गये। **रंगनाथ रामायण** (६, १२८) के अनुसार भरत ने स्वप्न में देखा कि राम और लक्ष्मण पंक के मध्य में छटपटा रहे हैं (वाल्मीकि रामायण में उनके एक अन्य स्वप्न का उल्लेख है; दे० २, ६९,१)। जागकर घर के बाहर निकलने पर उन्होंने वहाँ भी कई अपशकुन देख लिये तथा ब्राह्मणों को बुलाकर हवन आदि के द्वारा शान्तिकर्म कराया। उसी समय हनुमान् आकाश से भरत को देखकर शंका करने लगे कि यह तो राम नहीं हैं; किन्तु सीता और लक्ष्मण को राम कहाँ छोड़ सकते हैं, ऐसा सोचकर वह लंका की ओर चल पड़े। उधर भरत ने भी हनुमान् को देखकर उन्हें बाण से नीचे गिराने का निश्चय किया, किन्तु आकाशवाणी ने उन्हें ऐसा करने से रोक दिया। **तोरवे रामायण** (६,४७) में कथा इस प्रकार है। भरत ने पिछली रात में लक्ष्मण की मृत्यु सूचित करनेवाला स्वप्न देखा था और वह इस कुस्वप्न की शान्ति के लिए धर्मक्रिया कर ही रहे थे कि उन्होंने आकाश में हनुमान् को लंका की ओर जाते देखा तथा उन्हें अपशकुन समझकर नीचे गिराना चाहा किन्तु आकाशवाणी ने उन्हें ऐसा करने से रोका। रंगनाथ

रामायण की भाँति हनुमान् ने भी भरत-शत्रुघ्न को देख लिया तथा वह शंका करने लगे कि ये तो राम-लक्ष्मण नहीं हैं। **आनन्द रामायण** (१, ११, ६२-७०) में माना गया है कि भरत ने बाण मारकर हनुमान् के हाथ से पर्वत गिरा दिया। हनुमान् ने भरत को देखकर उन्हें राम ही समझ लिया किन्तु जब भरत पुनः बाण मारने के लिए उद्यत हुए तब उनका भ्रम दूर हुआ और उन्होंने भरत को अपने परिचय के साथ-साथ युद्ध का भी हाल कह सुनाया। अन्त में भरत ने बाण मारकर हनुमान् को पर्वत लौटा दिया और हनुमान् उसे लंका ले गये। बाद में पर्वत को पुनः अपने स्थान पर रखकर हनुमान् ने लक्ष्मण के जीवित होने का शुभ समाचार भरत को सुनाया। परवर्ती रामकथाओं में महानाटक के अनुसार प्रायः माना गया है कि भरत ने बाण मारकर हनुमान् को नीचे गिराया था; उदाहरणार्थ—सूरसागर (५९४), बलरामदास रामायण, रामचरितमानस (६,५८), गीतावली (६,१०), काश्मीरी रामायण, साकेत।[१] **भावार्थ रामायण** (६,४६) के अनुसार भरत ने हनुमान् को इन्द्र समझकर उन पर रामनामांकित बाण चलाया था किन्तु वह बाण रामभक्त हनुमान् को आहत नहीं करना चाहता था। अतः वह हनुमान् के पैरों को पकड़कर उन्हें नीचे की ओर खींचने लगा। हनुमान् ने बाण पर राम नाम देखकर समझा कि राम अयोध्या चले आये और वह भरत के पास जाकर भर्त्सना करने लगे कि आपने अपने मित्रों को युद्ध में क्यों छोड़ दिया है। कृत्तिवास रामायण (६,७५) में कथा इस प्रकार है। भरत ने लंका की ओर पर्वत ले जाते हुए हनुमान् पर एक अस्सी लाख मन का लोहे का गेंद फेंक दिया, जिससे हनुमान् आहत होकर भूमि पर गिर पड़े। बाद में वसिष्ठ ने मंत्र पढ़कर हनुमान् की व्यथा दूर कर दी। हनुमान् ने युद्ध का समाचार सुनाया तथा भरत की बल-परीक्षा करने के लिए उनसे कहा कि मैं अब पर्वत ले जाने में असमर्थ हूँ; यदि आप उसे एक योजन तक ऊपर उठा सकें तो काम चलेगा। इस पर भरत ने पर्वत और हनुमान् को अपने बाण पर बिठाकर दोनों को शतयोजन की ऊँचाई तक पहुँचा दिया। **रामचरितमानस** आदि अनेक रचनाओं में भरत बाण पर बिठाकर हनुमान् को लंका तक पहुँचाने का प्रस्ताव करते हैं किन्तु हनुमान् इस प्रस्ताव को अस्वीकार करते हैं। **काश्मीरी रामायण** (नं० ४५) के अनुसार भरत ने वास्तव में ऐसा ही किया था। **बलरामदास रामायण** में लिखा है कि भरत और हनुमान् दोनों को बड़ी लज्जा हुई थी; भरत को इसलिए कि मैंने रामभक्त पर बाण चलाया और हनुमान् को इसलिए कि मैं भरत के बाण से मूर्च्छित होकर भूमि पर गिर गया हूँ। अतः दोनों ने किसी भी मनुष्य से इस घटना का उल्लेख नहीं करने की शपथ खायी थी।

छ। कुम्भकर्ण-वध

५८९. (१) दाक्षिणात्य पाठ मात्र में कुम्भकर्ण युद्धकाण्ड (सर्ग १२) के प्रारम्भ में सीता को लौटाने का रावण से अनुरोध करता है। अन्य पाठों में अथवा महाभारत के रामोपाख्यान में कुम्भकर्ण के इस हस्तक्षेप का उल्लेख नहीं होता। दाक्षिणात्य पाठ की अन्तरंग परीक्षा से भी स्पष्ट है कि यह प्रसंग प्रक्षिप्त है क्योंकि रावण के आदेशानुसार जगाये जाने पर कुम्भकर्ण सीताहरण, लंकावरोध आदि घटनाओं से अनभिज्ञ है (दे० सर्ग ५१)।

---

१. दे० सर्ग ११। साकेत के अनुसार संजीवनी ओषधि पहले ही से अयोध्या में विद्यमान थी। इससे आहत हनुमान् की चिकित्सा हुई और इसी को हनुमान् लंका ले गये थे।

(२) कुम्भकर्ण की दीर्घकालीन नींद के कारण के विषय में वाल्मीकि रामायण के युद्धकाण्ड और उत्तरकाण्ड में मतभेद है (दे० अनु० ६४९)।

(३) कुम्भकर्ण की **पत्नी** का नाम वज्रज्वाला था (दे० रा० ७, १२, २३)। गौडीय पाठ (७, १२, २३) तथा रामायणमंजरी के उत्तरकाण्ड में उसका नाम विद्युज्ज्वाला है। युद्धकाण्ड (७५, ४६) में कुम्भ-निकुम्भ उसके दो पुत्रों का उल्लेख है। निकुम्भ को रावण का मंत्री भी माना गया है।[1] कुम्भकर्ण के दो अन्य पुत्रों का भी उल्लेख मिलता है, अर्थात् मूलकासुर और कुम्भगर्भ (दे० अनु० ६४१)।

(४) दाक्षिणात्य पाठ के अनुसार कुम्भकर्ण के **जगाने** के विभिन्न प्रयत्नों का अतिरंजित वर्णन किया गया है। अन्त में १००० हाथी कुम्भकर्ण का शरीर कुचलकर जगाने में सफलता प्राप्त करते हैं। उदीच्य पाठों के अनुसार हाथी भी असमर्थ ठहरे किन्तु अन्ततोगत्वा नाग-राक्षस-गन्धर्व-कन्याओं के आभूषणों की झनकार, उनके संगीत और स्पर्श से कुम्भकर्ण जाग गया था (गौ० रा० ३७, ५५-६३; प० रा० ३६, ५४-६२)। परवर्ती रचनाओं में कुम्भकर्ण के जागरण के वर्णन में बहुधा अप्सराओं का उल्लेख किया गया है। भावार्थ रामायण (६, २०) में गृताची, रम्भा, मेनका, उर्वशी आदि आठ प्रधान अप्सराओं के बुलाये जाने का वर्णन किया गया है; उर्वशी ने नारायण से प्रार्थना की थी कि वह कुम्भकर्ण से नींद का प्रभाव दूर कर दे। सेरीराम में चार दासियाँ कुम्भकर्ण की नाक में प्रवेश कर बाल उखाड़ना ही चाहती हैं कि वे कुम्भकर्ण की छींक से बाहर फेंक डाली जाती हैं। इस रचना में कुम्भकर्ण पैरों के बाल उखाड़े जाने पर जागता है।

(५) वाल्मीकि रामायण के सभी पाठ इसमें सहमत हैं कि राम ने कुम्भकर्ण का वध किया था। उदीच्य पाठों के अनुसार कुम्भकर्ण ने रावण से कहा था कि **नारद** ने किसी दिन मुझसे विष्णु के अवतार राम का रहस्य प्रकट किया था। इसलिए रावण को राम से सन्धि कर लेनी चाहिए (गौ० रा० ४०, ३०-५३; प० रा० ४१, ३३-५६)। उत्तर में रावण ने कहा कि मैं विष्णु के हाथ से मरकर परमगति प्राप्त करना चाहता हूँ—**निहतो गंतुमिच्छामि तद्विष्णोः परमं पदम्।** यह प्रसंग दाक्षिणात्य पाठ में नहीं मिलता किन्तु वह अध्यात्म (६, ७),आनन्द (१,११,१४२), रंगनाथ (६, ७०), भावार्थ रामायण (६, २२) और रामचरितमानस (६, ६३) आदि रचनाओं में पाया जाता है। इसके अतिरिक्त पश्चिमोत्तरी पाठ (४६, ८२-९१) के अनुसार कुम्भकर्ण ने रणभूमि में विभीषण से मिलकर राम की शरण लेने के कारण उसकी प्रशंसा की थी। वाल्मीकि रामायण के अन्य पाठों में इसका उल्लेख नहीं मिलता है किन्तु यह प्रसंग अध्यात्म (६, ८), आनन्द (१, ११, १५२), कम्ब (६, १५), रंगनाथ (६, ७९), भावार्थ रामायण (६, २५) और रामचरितमानस (६, ६४) में वर्णित है।

(६) **वाल्मीकि रामायण** के अनुसार राम ने पहले कुम्भकर्ण की भुजायें, तब उसके पैर और अन्त में उसका सिर अपने बाणों से काट दिया था। कुम्भकर्ण का सिर सूर्योदयकालीन चन्द्रमा के समान आकाश में दिखायी पड़ा और उसने पृथ्वी पर गिरकर अनेक भवनों को ढहाया था। **महानाटक** (अंक ११) में हनुमान् कुम्भकर्ण

१. दे० रा० ५, ४९, ११ और ६, ८, १९। एक अन्य निकुम्भ का वध युद्धकाण्ड के सर्ग ४३ में वर्णित है।

के सिर पर ऐसा प्रहार करते हैं कि वह हिमालय पर जाकर गिरता है। अनन्तर हनुमान् उसका कबन्ध पूँछ में लपेटकर आकाश में दूर तक फेंक देते हैं। **कम्ब रामायण** (६, १५) के अनुसार राम ने कुम्भकर्ण का सिर काटकर उसे समुद्र में फेंक दिया था। **रंगनाथ रामायण** (६, ८०) में वर्णन इस प्रकार है—"वह सिर नीचे नहीं गिरा; किन्तु वह लंका में बहुत-सी ऊँची अट्टालिकाओं से टकराकर उन्हें चूर-चूर करके अत्यधिक ध्वनि करते हुए आगे निकल गया और समुद्र के विविध प्राणि-समूह को कुचलते हुए समुद्र में गिरकर डूब गया"। **भावार्थ रामायण** (६, २८) के अनुसार कुम्भकर्ण का सिर कट जाने के बाद आगे बढ़ने लगा और राम ने बाण मारकर उसे आकाश में पहुँचा दिया। कुम्भकर्ण को एक वर मिला था कि जब तक शत्रु उसे पीठ न दिखावे उसका शरीर नहीं गिर सकता था। कुम्भकर्ण का कबन्ध लंका की ओर जा रहा था और विभीषण ने राम से निवेदन किया कि वह क्षणमात्र के लिए पीठ दिखावें। राम ने इस सुझाव को अस्वीकार कर दिया जिस पर हनुमान् ने अपनी पूँछ से राम की पीठ का स्पर्श किया। राम ने घूमकर देख लिया कि यह क्या है और उसी क्षण कुम्भकर्ण का कबन्ध गिर गया और बहुत-से राक्षस उसके नीचे दबकर मर गये। **सेरीराम** के अनुसार राम ने कुम्भकर्ण का सिर रावण के शिविर में फेंककर बहुत-से राक्षसों का वध किया था।

(७) वाल्मीकि रामायण के दाक्षिणात्य पाठ मात्र में लक्ष्मण-कुम्भकर्ण युद्ध का वर्णन किया गया है (६७, १००-११५)। सम्भवत: इसके आधार पर अनेक परवर्ती रचनाओं में माना गया है कि **लक्ष्मण** ने कुम्भकर्ण का वध किया है। उदाहरणार्थ—महाभारत का रामोपाख्यान (अध्याय २७१), स्कन्दपुराण का सेतुमाहात्म्य (अध्याय ४४); बिर्होर रामकथा तथा रामकेर्ति (सर्ग ९)। दो विदेशी रामकथाओं में कुम्भकर्ण द्वारा लक्ष्मण के आहत होने का विस्तृत वर्णन किया गया है। रामकेर्ति (सर्ग ९) के अनुसार लक्ष्मण की चिकित्सा के लिए ओषधियों के अतिरिक्त रावण के बेलन की भी जरूरत है। हनुमान् दोनों ले आते हैं। बेलन की खोज करते समय हनुमान् लंका में रावण तथा मन्दोदरी दोनों के बाल एक गाँठ में बाँधकर दीवाल पर लिख देते हैं कि मन्दोदरी जब अपने बायें हाथ से रावण पर थप्पड़ मारेगी तभी गाँठ खुल सकेगी।[1] **रामकियेन** (अध्याय २८) का वृत्तान्त इस प्रकार है—कुम्भकर्ण ने अपनी मोक्खशक्ति नामक भाले से लक्ष्मण को मूर्च्छित कर दिया था। उनकी चिकित्सा के लिए ओषधि तथा पाँच नदियों के जल की आवश्यकता थी, जो भरत के पास है। हनुमान् पहले हिमालय से ओषधि और इसके बाद अयोध्या से वह जल ले आये।

(८) प्रस्तुत वृत्तान्त के वर्णन में अनेक गौण परिवर्तन उल्लेखनीय हैं। पद्मपुराण के पातालखण्ड (अध्याय ११२) तथा बिर्होर रामकथा में रावण-वध के पश्चात् ही कुम्भकर्ण की पराजय का वर्णन किया गया है। अध्यात्म रामायण (६, ८, ३१-५२) तथा इस पर आधारित रामकथाओं में नारद कुम्भकर्ण-वध के बाद आकर राम की

१. अन्य रचनाओं में रावण के द्वारा लक्ष्मण के आहत होने पर हनुमान् के इस उत्पात का वर्णन किया गया है (दे० अनु० ५९६)।

प्रशंसा करते हैं। सेरीराम में कुम्भकर्ण की मृत्यु के पश्चात् युद्ध चालीस दिन तक स्थगित कर दिया जाता है। **तोरवे रामायण** (६, २८) के अनुसार कुम्भकर्ण जीवरत्न पहनकर लड़ता है जिससे वह अजेय बना है। विभीषण के सुझाव पर राम उस जीवरत्न को बाण से काटकर कुम्भकर्ण का वध करते हैं। रामबाण उस जीवरत्न को राम के पास लाया और राम ने उसे विभीषण को प्रदान किया। **पउमचरियं** (पर्व ६१) में कुम्भकर्ण राम द्वारा कैदी बनाया जाता है तथा युद्ध के अन्त में मुक्त कर दिया जाता है।

(९) **रामकियेन** के वृत्तान्त में अनेक नये तत्त्व आ गये हैं। इन्द्रजित् तथा रावण के यज्ञों के अनुकरण पर माना जाता है कि कुम्भकर्ण ने अपनी मोक्खशक्ति नामक भाले की शक्ति जगाने के उद्देश्य से **यज्ञ** का आयोजन किया था; हनुमान् और अंगद ने इस यज्ञ को भंग किया था। लक्ष्मण को आहत करने के अतिरिक्त कुम्भकर्ण ने अपना शरीर बढ़ाकर वानर-सेना की ओर बहती हुई नदी की धारा को रोक दिया था जिससे प्यासे वानरों को बहुत कष्ट हुआ। अन्त में हनुमान् ने कुम्भकर्ण के पास पहुँचकर उस पर पाद-प्रहार किया जिससे कुम्भकर्ण भाग गया। इस रचना में कुम्भकर्ण की मुक्ति-प्राप्ति का भी उल्लेख मिलता है (अध्याय २८)।

ज। इन्द्रजित्-चरित

५९०. वाल्मीकि रामायण में इन्द्रजित् के छह युद्धों का वर्णन मिलता है। **प्रथम** युद्ध में इन्द्रजित् ने राम-लक्ष्मण को नागपाश में बाँधा था (दे० अनु० ५८६)। द्वितीय तथा तृतीय युद्ध उस नागपाश वृत्तान्त का अनुकरण मात्र प्रतीत होता है। **द्वितीय** युद्ध के पूर्व इन्द्रजित् पावक को होम देकर ब्रह्मास्त्र प्राप्त कर लेता है तथा बाद में अदृश्य बनकर वानर-सेनापतियों तथा राम-लक्ष्मण को आहत करता और विजयी के रूप में लंका लौटता है (दे० सर्ग ७३)। **तृतीय** युद्ध का वर्णन इससे अधिक भिन्न नहीं है—पावक को होम देने के पश्चात् इन्द्रजित् अपने रथ पर चढ़ता है तथा अदृश्य बनकर राम-लक्ष्मण को आहत करता है (दे० सर्ग ८०)। इन तीनों युद्धों की सामान्य विशेषता यह है कि इन्द्रजित् अदृश्य रहता है। युद्ध में अदृश्य रहने की इस वरप्राप्ति का उल्लेख वाल्मीकीय उत्तरकाण्ड में मिलता है। इसके अनुसार इन्द्रजित् ने अग्निष्टोम, अश्वमेध आदि सात यज्ञों का फल प्राप्त कर लिया था तथा कामग स्यन्दन, अक्षय तूणीर आदि के अतिरिक्त उसे युद्ध में अदृश्य रहने का वरदान भी मिला था (दे० सर्ग २५)। उत्तरकाण्ड के एक अन्य स्थल पर मेघनाद द्वारा इन्द्र की पराजय का वर्णन किया गया है। मेघनाद ने इन्द्र को पराजित करके उन्हें लंका के कारावास में रख दिया था (सर्ग २९)। बाद में ब्रह्मा के नेतृत्व में सभी देवता इन्द्र को मुक्त कर देने के उद्देश्य से लंका चले आये। उन्होंने मेघनाद को इन्द्रजित् की उपाधि देने के अतिरिक्त एक वर भी प्रदान कर दिया। इन्द्रजित् ने यह वर माँग लिया कि युद्ध के पूर्व पावक को विधिवत् होम देने पर मेरे लिए अग्नि में से एक अश्वयुक्त रथ उत्पन्न हो और जब तक मैं उस पर रहूँ, मैं अमर बना रहूँ (सर्ग ३०)।

इन्द्रजित्-चरित की शेष सामग्री का इस प्रकार विभाजन किया गया है—माया-रूपी सीता का वध और चतुर्थ युद्ध (अनु० ५९१); निकुम्भिला में इन्द्रजित्-यज्ञ का विध्वंस (अनु० ५९२); इन्द्रजित्-वध (अन्तिम दो युद्ध; अनु० ५९३); सुलोचना का वृत्तान्त (अनु० ५९४)। इन्द्रजित् की जन्मकथा-विषयक सामग्री रावणचरित के अतर्गत रखी गयी है (दे० अनु० ६५०)।

५९१. **माया-सीता-वध** का वृत्तान्त सम्भवत: आदिरामायण में नहीं पाया जाता था क्योंकि महाभारत के रामोपाख्यान में इसका अभाव है।[१] गुणभद्रकृत उत्तरपुराण (६८, ६१२) तथा आनन्द रामायण (१, ११, २५०) में रावण स्वयं एक माया-सीता का वध करता है। आनन्द रामायण के अनुसार ब्रह्मा ने आकर माया-सीता का रहस्य प्रकट किया था—**कृत्रिमेयं हता सीता। रामकेर्ति** (सर्ग ८) में रावण सीता को अपने रथ पर बिठाकर रणभूमि में आता है और राम इस डर से ब्रह्मास्त्र का प्रयोग नहीं कर पाते कि कहीं सीता का वध न हो। अन्य रामकथाओं में प्राय: वाल्मीकि रामायण के अनुसार माया-सीता का वध वर्णित है। इन्द्रजित् के इस **चतुर्थ** युद्ध का वृत्तान्त इस प्रकार है। इन्द्रजित् लंका के पश्चिम द्वार से निकलकर हनुमान् तथा अन्य वानरों के सामने अपने रथ पर विद्यमान सीता का सिर काट लेता है। यह देखकर वानर भागने लगते हैं किन्तु हनुमान् का आह्वान सुनकर वे उनके नेतृत्व में इन्द्रजित् का सामना करते हैं। कुछ समय तक युद्ध करने के बाद हनुमान् वानरों को वापस बुलाकर राम को सीता-वध का समाचार सुनाने जाते हैं और इन्द्रजित् निकुम्भिला में प्रवेश कर यज्ञ की तैयारियाँ करने लगता है (सर्ग ८१-८२)। समाचार सुनकर राम विलाप करते हैं किन्तु विभीषण आश्वासन देते हैं कि रावण सीता का वध नहीं करेगा; यह अवश्य कोई माया-सीता हुई होगी :

अभिप्रायं तु जानामि रावणस्य दुरात्मनः।
सीतां प्रति महाबाहो न च घातं करिष्यति॥ १०॥

× × ×

मायामयीं महाबाहो तां विद्धि जनकात्मजाम्॥ १३॥ (सर्ग ८४)

अनेक परवर्ती रामकथाओं में माया-सीता-वध के पश्चात् सच्चाई का पता लगाने के लिए किसी को लंका भेजा जाता है। **कम्ब रामायण** (६, २५) में विभीषण मधुमक्खी का रूप धारण कर अशोकवन में प्रवेश कर जाता है तथा राम के पास सीता के जीवित होने का समाचार ले आता है। **रंगनाथ रामायण** (६, १०३) में इससे मिलता-जुलता वर्णन मिलता है; अन्तर यह है कि विभीषण लंका जाने के लिए सूक्ष्म रूप धारण कर लेता है। **तोरवे रामायण** (६,४१) में विभीषण के परामर्श से हनुमान् को अशोकवन भेजा जाता है। बाद में माया-सीता का शव विभीषण के स्पर्शमात्र से अन्तर्धान हो जाता है। **सेरीराम** की कथा इस प्रकार है। रावण के आदेशानुसार इन्द्रजित् एक माया-सीता की सृष्टि करता है तथा बाद में लंका में ही उसका वध करके इसका समाचार चारों ओर फैलाता है। यह सुनकर राम मूर्च्छित होकर भूमि पर गिर जाते हैं। विभीषण राम को चेतना में लाकर परामर्श देता है कि उस समाचार पर तुरन्त विश्वास न किया जाये। तब हनुमान् पक्षी (एक अन्य पाठ में मधुमक्खी) का रूप धारण कर लंका में प्रवेश करते हैं तथा सीता के जीवित होने का समाचार लेकर लौटते हैं। **रामकियेन** (अध्याय ३०) में प्रस्तुत वृत्तान्त को एक नया रूप दिया गया है। युद्ध से भाग जाने के कारण शुक्रसार नामक राक्षस को प्राणदण्ड की आज्ञा मिली थी। रावण ने उसे सीता का रूप धारण

---

१. यह असम्भव नहीं कहा जा सकता है कि माया-सीता-वध के वृत्तान्त में महाभारत के माया-वसुदेव की कथा का अनुकरण किया गया हो। शाल्व के साथ युद्ध करनेवाले कृष्ण के पास एक छद्मवेशी दूत ने आकर कहा कि द्वारका में आपके पिता का वध हो चुका है; अब आपको द्वारका की रक्षा करनी चाहिए। इसके बाद कृष्ण ने देखा कि शाल्व के विमान से वसुदेव का मृत शरीर नीचे गिर रहा है। शाल्व की इस माया से प्रभावित होकर कृष्ण कुछ समय युद्ध न कर सके (दे० ३, २२)। अगले अध्याय में इन्द्रजित्-युद्ध का एक और सादृश्य पाया जाता है। शाल्व का विमान अदृश्य हो जाता है किन्तु कृष्ण शब्दवेधी बाणों से उसे पराजित करते हैं।

कर इन्द्रजित् के रथ पर चढ़ने का आदेश दिया। रणभूमि में पहुँचकर इन्द्रजित् ने लक्ष्मण का सामना किया, लेकिन सीता को देखकर लक्ष्मण को बाण चलाने का साहस नहीं हुआ। इस पर इन्द्रजित् ने लक्ष्मण से कहा कि युद्ध का मूल कारण, सीता को ले जाओ और लंका को छोड़ दो। सीता को भेज देने के लिए लक्ष्मण के कहने पर इन्द्रजित् ने कहा कि सीता को तुम्हारे पास ले आना मेरे गौरव के विरुद्ध है और उसने हँसकर माया-सीता का सिर काटकर उसे लक्ष्मण की ओर फेंक दिया। बाद में विभीषण ने रहस्य का उद्घाटन किया।

बलरामदास रामायण के अनुसार भी सिंहनाद की बहन सुकान्ति ने सीता का रूप धारण कर लिया और इन्द्रजित् ने उसका वध किया था।

५९२. वाल्मीकि रामायण के अनुसार विभीषण ने राम को सावधान किया था कि **निकुम्भिला** में अपना **यज्ञ** सम्पन्न करने के पश्चात् इन्द्रजित् अजेय बन जायेगा; अतः इस यज्ञ का विध्वंस परमावश्यक है (सर्ग ८४)। विभीषण, हनुमान्, अंगद आदि वानरों को साथ लेकर लक्ष्मण ने इन्द्रजित् की रक्षा करनेवाली सेना पर आक्रमण किया। युद्ध का कोलाहल सुनकर इन्द्रजित् अपना यज्ञ अपूर्ण छोड़कर **(कर्मणि अननुष्ठिते)** युद्ध के लिए उठ खड़ा हुआ (सर्ग ८५-८६)। परवर्ती रामकथाओं में प्रायः इससे मिलता-जुलता वर्णन पाया जाता है। **कम्ब रामायण** (६, २६) के अनुसार विभीषण ने मधुमक्खी के रूप में लंका में प्रवेश कर इन्द्रजित्-यज्ञ का समाचार राम को दिया था। **सेरीराम** में माना गया है कि इन्द्रजित् ने मृत राक्षसों को जिलाने के उद्देश्य से यज्ञ प्रारम्भ किया था। सीता-वध की सच्चाई का पता लगाते समय हनुमान् ने बहुत-से भिक्षुओं तथा महर्षियों को एक मन्दिर की ओर जाते देखा तथा उनकी बातचीत से इस यज्ञ के विषय में जानकारी प्राप्त कर ली थी। इस पर लक्ष्मण तथा हनुमान् के नेतृत्व में वानर-सेना ने जाकर इन्द्रजित् की सेना परास्त की थी तथा मन्दिर में से यज्ञ करनेवाले पुरोहितों को भगाकर यज्ञ का विध्वंस किया था।

५९३. वाल्मीकि रामायण में **इन्द्रजित्-वध** का वृत्तान्त इस प्रकार है। अपना यज्ञ सम्पूर्ण किये बिना इन्द्रजित् युद्ध के लिए उठ खड़ा हुआ और विभीषण को देखकर इन्द्रजित् ने उसकी निन्दा की (सर्ग ८६-सर्ग ८७)। अनन्तर लक्ष्मण और इन्द्रजित् ने देर तक द्वन्द्वयुद्ध कर एक-दूसरे को आहत किया। इन्द्रजित् के इस **पंचम युद्ध** के अन्त में लक्ष्मण ने इसके सारथि को मार डाला और इन्द्रजित् पैदल ही लंका लौटा। इसके बाद इन्द्रजित् एक नये रथ पर चढ़कर **अन्तिम** बार **युद्ध** करने आया; इस युद्ध में लक्ष्मण ने सारथि को और विभीषण ने घोड़ों को मार डाला; अन्त में लक्ष्मण ने ऐन्द्र शस्त्र से इन्द्रजित् का वध किया। बाद में सुषेण ने लक्ष्मण, विभीषण आदि की चिकित्सा की। अपने पुत्र की मृत्यु का समाचार सुनकर रावण ने सीता का वध करना चाहा किन्तु सुपार्श्व[१] ने उसे ऐसा करने से रोका।

परवर्ती रामकथाओं में इन्द्रजित्-वध के वृत्तान्त के निम्नलिखित परिवर्तन उल्लेखनीय हैं। **महानाटक** (१२, १९) के अनुसार लक्ष्मण ने इन्द्रजित् का कटा हुआ सिर रावण के हाथों में फेंक दिया था। **कम्ब रामायण** (६, २७) में माना गया है कि इन्द्रजित् ने लक्ष्मण के साथ युद्ध

१. रावण के इस संकल्प का प्रायः सभी रामकथाओं में उल्लेख है किन्तु रोकनेवाले के विषय में मतैक्य नहीं है; महाभारत (३, २७३) तथा अग्निपुराण (अध्याय १०) में अविन्ध्य की, अभिनन्दकृत रामचरित (३८, ५) तथा कृत्तिवास (६, ६६) में मन्दोदरी को, अभिषेक नाटक (५, १७) में एक राक्षस को, कम्ब रामायण (६, २८) में महोदर को, माधवकन्दलीकृत रामायण (६,३७) में अरविन्द को और बलरामदास रामायण में त्रिजटा को इसका श्रेय दिया गया है।

करते समय समझ लिया था कि लक्ष्मण विष्णु के अंशावतार हैं। अतः उसने युद्ध छोड़कर रावण से अनुरोध किया कि सीता को लौटाया जाये और राम से क्षमा-याचना की जाये। रावण ने नहीं माना और इन्द्रजित् रणभूमि लौटा। युद्ध के अन्त में लक्ष्मण ने पहले इन्द्रजित् का बायाँ हाथ और बाद में उसका सिर काट डाला। अंगद ने इन्द्रजित् का सिर उठाकर उसे राम के चरणों में रख दिया। **आनन्द रामायण** (१, ११, १९०-१९८) के अनुसार लक्ष्मण ने इन्द्रजित् का दाहिना हाथ बाण से काटकर उसी के घर में फेंक दिया और इसी तरह उसका बायाँ हाथ भी काटकर रावण के निकट डाल दिया। अन्त में लक्ष्मण ने उसके सिर को धड़ से अलग कर धरती पर गिरा दिया और हनुमान् ने उस सिर को उठाकर राम को दिखला दिया। **रामचन्द्रिका** (२८, ३४) में महानाटक के अनुकरण पर माना गया है कि लक्ष्मण ने एक तीक्ष्ण बाण से इन्द्रजित् का सिर धड़ से अलग उड़ा दिया और वह सिर सन्ध्या करनेवाले रावण की अंजली में जा गिरा।

सारलादास के महाभारत (द्रोणपर्व) में इन्द्रजित् के **मर्मस्थान** का उल्लेख है; विभीषण के परामर्श से लक्ष्मण ने इन्द्रजित् की नाभि में स्थित अमृतलिंग पर बाण चलाया। बहुत-सी रचनाओं में यह माना गया है कि **१२ वर्ष तक के उपवास** के फलस्वरूप लक्ष्मण इन्द्रजित् का वध करने में समर्थ हुए।[१] **पउमचरियं** के अनुसार इन्द्रजित् को **कैदी** बना लिया गया (पर्व ६१) तथा युद्ध के पश्चात् उसे मुक्त कर दिया गया (पर्व ७५)।

सेरीराम के वृत्तान्त में कई नये तत्त्व पाये जाते हैं। अपनी पत्नी कोमाल देवी से प्रेमपूर्वक[२] विदा लेकर इन्द्रजित् १००० हरे रंग के घोड़ों से युक्त रथ पर चढ़कर युद्ध करने जाता है और लक्ष्मण तथा हनुमान् का सामना करने के पश्चात् अन्त में राम द्वारा मार डाला जाता है।[३] समाचार पाकर रावण रणभूमि में आता है तथा इन्द्रजित् का रुण्ड अपनी गोद में लेकर इतना हृदयविदारक विलाप करता है कि राम तथा वानर-सैनिक भी रोने लगते हैं; (किन्तु इने-गिने वानर रावण को दस मुखों से विलाप करते देखकर अपनी हँसी नहीं रोक पाते हैं)। बाद में रावण स्वयं इन्द्रजित् का मृत शरीर लंका ले जाता है। कोमाल देवी अपने पति की चिता पर चढ़कर सती हो जाती है; इन्द्रजित् और कोमाल देवी का भस्म एक स्वर्ण पात्र में सुरक्षित रखा जाता है। इसके बाद युद्ध चालीस दिन स्थगित रहता है।

५९४. सेरीराम में इन्द्रजित् की पत्नी के सहगमन की कथा का आधार भारतीय है। वाल्मीकि रामायण में इस प्रसंग का निर्देश मात्र भी नहीं मिलता। अपने पुत्र के लिए विलाप करते समय रावण इन्द्रजित् की पत्नियों का उल्लेख मात्र करता है—**मातरं मां च भार्याश्च क्व गतोऽसि विहाय नः** (६, ९२, १३)।

सुलोचना की कथा का प्राचीनतम वर्णन तेलुगु **द्विपद रामायण** (६, १११-११३) में मिलता है। बिहार-राष्ट्रभाषा-परिषद् द्वारा प्रकाशित हिन्दी अनुवाद में कथा इस प्रकार है। इन्द्रजित् के वध का समाचार सुनकर सुलोचना[४] मूर्च्छित होकर गिर पड़ी तथा सखियों की सेवा से

---

१. दे. अनु० ४६१। वाल्मीकि रामायण के अनुसार लक्ष्मण ने इन्द्रजित् के अतिरिक्त अतिकाय (सर्ग ७१) का भी वध किया; वह इन्द्रजित् द्वारा तीन बार (अनु० ५९०) और रावण की शक्ति द्वारा एक बार (अनु० ५९६) आहत किये गये। प्रक्षिप्त सर्ग ५९ में रावण-लक्ष्मण के द्वन्द्व-युद्ध का वर्णन मिलता है। दाक्षिणात्य पाठ मात्र में लक्ष्मण-कुम्भकर्ण-युद्ध का उल्लेख किया गया है (सर्ग ६७)।

२. सीता-स्वयंवर के प्रसंग में भी अपनी पत्नी के प्रति इन्द्रजित् के प्रेम का उल्लेख हुआ है (दे० अनु० ३९७)।

३. शेलाबेर पाठ के अनुसार राम ने इन्द्रजित् के तीनों सिर राक्षसों की सेना के बीच में फेंक दिये।

४. एक प्राचीन हस्तलिपि के अनुसार इन्द्रजित् की बायीं भुजा आकाशमार्ग से सुलोचना के सामने आ गिरी और उसने अपनी तर्जनी से अपनी मृत्यु का समाचार लिख दिया। दे० अनुशीलन, वर्ष १२, पृ० १५।

चेतना पाकर विलाप करने लगी। इस विलाप में वह प्रकट करती है कि मेरे पिता आदिशेष ने मुझे एक मणि सौंपकर आश्वासन दिया था कि तुम युद्ध के लिए जाते समय अपने पति की इस मणि से आरती उतारोगी तो वह अजेय होगा। किन्तु इन्द्रजित् लक्ष्मण से युद्ध करने जाते समय अपनी पत्नी से नहीं मिला था।

सुलोचना रावण की अनुमति लेकर आकाशमार्ग से राम के पास चली आयी तथा उसने शरणागतवत्सल राम की स्तुति करके अपने पति के लिए जीवन-दान माँगा। राम उसकी यह प्रार्थना सुनकर इन्द्रजित् को पुनर्जीवित करने की सोच रहे थे।[१] किन्तु हनुमान् ने ब्रह्मा की मर्यादा की रक्षा करने का अनुरोध किया। इस पर राम ने सुलोचना को आश्वासन दिया कि तुम अगले जन्म में अपने पति के साथ सुखमय जीवन बिताने के पश्चात् वैकुण्ठ प्राप्त करोगी।

तब सुलोचना रणभूमि में अपने मृत पति के पास पहुँची और उसने अपने सतीत्व की शपथ खाकर उसे जिलाया।[२] इन्द्रजित् आँखें खोलकर तथा अपनी पत्नी को सान्त्वना देकर फिर मृत्यु के मौन में विलीन हो गया। सुलोचना उसके शरीर के साथ लंका लौटी तथा पति की चिता पर चढ़कर सती बन गयी।

आनन्द रामायण (१, ११, २०५-२१७) की कथा इस प्रकार है। सुलोचना अपने पति की कटी हुई भुजा देखकर विलाप करने लगी। तब उस भुजा ने बाण लेकर अपने रक्त से लिखा—"शेष के हाथ मरकर मैंने मुक्ति पायी है। तुम राम के पास जाकर मेरा सिर माँग लो और उसके साथ अग्नि में प्रवेश कर मेरे पास आओ।" इसके अनुसार सुलोचना अपने पति का सिर माँगने के लिए राम के पास आयी। राम ने उससे कहा—यदि तुम चाहती हो तो मैं तुम्हारे पति को जिला सकता हूँ। अग्नि में प्रवेश करने का विचार छोड़ दो। सुलोचना ने लक्ष्मण के हाथ से मोक्षप्रद मरण दुर्लभ समझकर इस प्रस्ताव को अस्वीकार किया। सुलोचना ने सिर पाकर तथा लंका से उसकी भुजाएँ लाकर अपने पति का समस्त शरीर मिला दिया और निकुम्भिका में जाकर उसके साथ अग्नि में प्रवेश किया। अनन्तर वह दिव्य देह धारण कर अपने पति के साथ वैकुण्ठ चली गयी।

भावार्थ रामायण (६, ४१) के वृत्तान्त पर शिव-भक्ति का भी प्रभाव पड़ा है। अपने पति की भुजा को देखकर सुलोचना ने शिव की आराधना की थी और शिव ने इन्द्र को भुजा में प्रवेश करने तथा युद्ध का समाचार लिखने का आदेश दिया। शेष कथा आनन्द रामायण से मिलती-जुलती है किन्तु सुलोचना की सखी शान्तिमती उसे सती बन जाने का परामर्श देती है।

सुलोचना के सहगमन की कथा अनेक अर्वाचीन रामकथाओं में विस्तारपूर्वक वर्णित है; उदाहरणार्थ—जगत राम कृत बंगाली रामायण; रामलिंगामृत (सर्ग ९); १९वीं शताब्दी का मागुणीकृत उड़िया रसामृत रामायण; पाश्चात्य वृत्तान्त नं० ८; रसिक बिहारी का रामरसायन (३, १६); विश्रामसागर (अध्याय २७); माइकेल मधुसूदन का मेघनाद-वध (सर्ग ९; इन्द्रजित्

---

१. एक अन्य पाठ के अनुसार शेषावतार लक्ष्मण अपनी पुत्री सुलोचना को विधवा देखकर विलाप करने लगे थे तथा अन्त में उन्होंने उसे वर माँगने को कहा। इस पर हनुमान् ने सरस्वती से प्रार्थना की कि वह सुलोचना की जिह्वा पर बैठकर उसे पति के पुनर्जीवन का वर माँगने से रोकें। सरस्वती की प्रेरणा से सुलोचना ने अपने पति के शरीर के साथ सती हो जाने का वर माँग लिया। दे० श्री बालशौरि रेड्डी, तेलुगु भाषा में राम-साहित्य। मैथिलीशरण गुप्त अभिनन्दन ग्रन्थ, पृ० ८०१।

२. एक अन्य पाठ के अनुसार सुलोचना ने प्रार्थना द्वारा अपने पति के शरीर के सब कटे हुए अंगों को अपने पास बुलाया था। दे० बालशौरि रेड्डी, वही, पृ० ८००।

की पत्नी का नाम प्रमीला है)। जावा के **रामायण ककविन** के अनुसार इन्द्रजित् की सात पत्नियाँ उसके साथ ही युद्ध में चली गयी थीं तथा रणभूमि में ही मारी गयीं (सर्ग २३)।

झ। रावण-वध

५९५. खोतानी रामायण में रावण का वध नहीं होता, राम द्वारा आहत होकर दशग्रीव राज कर देने की प्रतिज्ञा करता है जिससे युद्ध स्थगित किया जाता है। **जैन रामकथाओं, उन्मत्तराघव** (अनु० २४२) और **बिर्होर रामकथा** में लक्ष्मण ही रावण का वध करते हैं। शेष रामकथाओं में राम द्वारा रावण-वध का वर्णन किया गया है। **वाल्मीकि रामायण** का वृत्तान्त इस प्रकार है। महोदर, महापार्श्व और विरूपाक्ष के वध के अनन्तर रावण ने स्वयं रणभूमि में प्रवेश किया।[1] इस युद्ध में उसने लक्ष्मण को अपनी शक्ति से आहत किया किन्तु राम द्वारा पराजित होकर वह भाग गया (दे० सर्ग ९९-१००)। बाद में रावण एक नये रथ पर चढ़कर राम से युद्ध करने आया और इन्द्र ने राम के पास अपना रथ तथा अपने सारथि मातलि को भेज दिया।[2] द्वन्द्वयुद्ध फिर प्रारम्भ हुआ; इसमें अपने स्वामी को मूर्च्छित देखकर रावण का सारथि रथ को रणभूमि से दूर ले चला (सर्ग १०२-१०३)। चेतना प्राप्त कर रावण ने अपने सारथि को युद्ध में लौटने का आदेश दिया और फिर राम का सामना करने आया।[3] राम-रावण के इस अन्तिम युद्ध के वर्णन में इसका उल्लेख मिलता है कि रावण के सिर पुनः-पुनः उत्पन्न होते थे यहाँ तक कि राम ने रावण के एक सौ सिर काट दिये—**एवमेव शतं छिन्नं शिरसां तुल्यवर्चसाम्** (१०७,५७)। अन्त में मातलि के परामर्श के अनुसार राम ने अगस्त्य द्वारा प्रदत्त (दे० अनु० ४६०) ब्रह्मास्त्र से रावण की छाती को विदीर्ण कर दिया जिससे रावण निष्प्राण होकर भूमि पर गिर पड़ा।[4] परवर्ती साहित्य में रावण के इस अन्तिम युद्ध के वर्णन का जो परिवर्तन तथा परिवर्द्धन किया गया है उसका सिंहावलोकन नीचे दिया जा रहा है।

५९६. लक्ष्मण को रावण की **शक्ति** लगने का प्रसंग महाभारत में नहीं मिलता। **वाल्मीकि रामायण** के अनुसार विभीषण ने रावण-रथ के घोड़ों का वध किया था जिस पर रावण ने रथ से उतरकर एक शक्ति नामक बरछी को विभीषण की ओर फेंक दिया किन्तु लक्ष्मण ने उस शक्ति को छिन्न-भिन्न कर दिया। इसके बाद लक्ष्मण ने रावण की एक दूसरी शक्ति से विभीषण को बचाया जिससे रावण ने अन्त में मय द्वारा निर्मित अमोघा शक्ति (दे० ७, १२,

---

१. प्रक्षिप्त सर्ग ५९ (दे० अनु० ५६३) तथा सर्ग ९५ में भी रावण के युद्ध में भाग लेने का उल्लेख किया गया है। कम्ब रामायण में रावण के तीन युद्धों का वर्णन किया गया है। वह लक्ष्मण को दो बार शूल से आहत करता है (पटल ३५)।

२. मातलि का प्रसंग प्रक्षिप्त है क्योंकि रावण के लिए विलाप करते समय उसकी पत्नियाँ कहती हैं, "जिसे देवता भी पराजित नहीं कर पाते हैं वह एक पैदल लड़नेवाले मनुष्य से मारा गया"—**अवध्यो देवतानां यस्तथा दानवरक्षसाम्। हतः सोऽयं रणे शेते मानुषेण पदातिना** (११०, १५)।

३. दाक्षिणात्य पाठ मात्र में यहाँ पर इसका उल्लेख किया गया है कि अगस्त्य ने राम के पास पहुँचकर उनको विजय प्रदान करनेवाले आदित्यहृदय नामक स्तोत्र सुनाया और राम ने इसका पाठ किया था (दे० १०५)।

४. दे० सर्ग १०४-१०८। वाल्मीकि रामायण के अनुसार राम ने रावण के अतिरिक्त कुम्भकर्ण (सर्ग ६७), मकराक्ष (सर्ग ७९) तथा बहुत से अन्य राक्षसों (सर्ग ९३) का भी वध किया। उन्होंने प्रथम तुमुल युद्ध में भाग लिया (सर्ग ४४)तथा वे दो बार इन्द्रजित् द्वारा आहत किये गये थे (सर्ग ४५ और ७३)। सर्ग ५९ (राम द्वारा रावण की पराजय का वर्णन) प्रक्षिप्त है।

२१) से लक्ष्मण की छाती को छेद दिया। राम ने इस शक्ति को निकालकर तोड़ दिया तथा लक्ष्मण को हनुमान् आदि वानरों की रक्षा में छोड़कर रावण को रणभूमि से भागने के लिए बाध्य कर दिया (सर्ग १००)। तब लक्ष्मण के पास लौटकर राम विलाप करने लगे किन्तु सुषेण ने उन्हें लक्ष्मण के जीवित होने का आश्वासन दिया। अनन्तर हनुमान् हिमालय जाकर विशल्याकरणी ओषधि ले आये[1] और सुषेण ने ओषधि को पीसकर लक्ष्मण को सूँघने के लिए दिया जिससे लक्ष्मण स्वस्थ हो गये (दे० सर्ग १०१)।

महानाटक (अंक १३) में हनुमान् पहले रावण की शक्ति रोक लेते हैं किन्तु रावण का अनुरोध मानकर ब्रह्मा नारद को भेज देते हैं कि वह किसी-न-किसी तरह से हनुमान् को रणभूमि से हटा दें। नारद ऐसा ही करते हैं और रावण लक्ष्मण को आहत करने में समर्थ हो जाता है। **रामचन्द्रिका** (१३, ४०), पाश्चात्य-वृत्तान्त नं० १३ आदि में भी हनुमान् द्वारा शक्ति को रोकने की कथा मिलती है।

पउमचरियं (पर्व ६४-६५) में विशल्योषधि का मानवीकरण किया गया है। लक्ष्मण को शक्ति लगने के पश्चात् एक विद्याधर राम से कहता है कि द्रोणमेध की कन्या विशल्या के स्नानजल से ही लक्ष्मण की चिकित्सा हो सकती है। इस पर हनुमान्, भामण्डल तथा अंगद अयोध्या जाकर भरत को सीताहरण तथा युद्ध का समाचार सुनाते हैं तथा विशल्या के साथ लंका लौट आते हैं। विशल्या की चिकित्सा से स्वास्थ्य-लाभ होने पर लक्ष्मण उसके साथ विवाह भी करते हैं।

सेरीराम के अनुसार रावण के रथ में १०० सिंह तथा १००० अश्व जुते हुए थे। लक्ष्मण ने उसका सामना करना चाहा किन्तु रावण ने बाण मारकर लक्ष्मण को आहत कर दिया। लक्ष्मण को रणभूमि से हटाकर राम ने विभीषण के परामर्श[2] से हनुमान् को ओषधि ले आने के लिए भेज दिया और हनुमान् ने अंजानी नामक ओषधि-पर्वत राम के पास पहुँचा दिया। तब विभीषण ने कहा कि ओषधि तैयार करने के लिए रावण के पलंग के नीचे पड़े हुए चौके की जरूरत है। हनुमान् को उसे ले आने के लिए भेजा जाता है। हनुमान् हरा भ्रमर बनकर रावण के महल में प्रवेश कर जाते हैं और रावण तथा मन्दोदरी के बाल एक गाँठ में बाँधकर उस चौके को ले जाते हैं। उसके सहारे विभीषण ओषधि तैयार करता है तथा लक्ष्मण को स्वास्थ्य-लाभ प्रदान करता है। प्रात:काल हनुमान् रावण को सम्बोधित कर कहते हैं कि जब मन्दोदरी तुम्हारे सिर पर प्रहार करेगी तभी तुम दोनों के बालों की गाँठ खुल सकती है और रावण मन्दोदरी को ऐसा करने देता है। एक स्त्री द्वारा मारे जाने के फलस्वरूप रावण अब अजेय नहीं रहा। शेलाबेर पाठ के अनुसार हनुमान् ने चींटी के रूप में रावण के महल में प्रवेश किया तथा रावण के पलंग के चारों ओर फैले हुए साँप की पीठ पर गाँठ खुल जाने का उपाय लिख दिया था। सेरीराम के पातानी पाठ के अनुसार हनुमान् पिस्सू के रूप में एक दासी की साड़ी पर बैठकर रावण के महल के भीतर चले गये।

रामकियेन (अध्याय ३३) में माना गया है कि हनुमान् द्वारा लायी हुई ओषधि तैयार करने के लिए निम्नलिखित वस्तुओं की आवश्यकता है—इन्द्र की धेनु का गोबर, कालनाग का

---

१. दे० अनु० ५८७-५८८। गौडीय पाठ (८२, ४९) में केवल इसी ओषधि का उल्लेख है। अन्य पाठों में विशल्याकरणी के अतिरिक्त सावर्ण्यकरणी, संजीवकरणी तथा सन्धानी की भी चर्चा है; दे० दा० रा० १०१, ३१; प० रा० ८१, ३२।

२. रामचन्द्रिका (१७, ४०) के अनुसार भी विभीषण ने यही परामर्श दिया था।

चौका और रावण का बेलन। हनुमान् तीनों ले आते हैं तथा **सेरीराम** के वृत्तान्त की भाँति रावण का बेलन ले जाते समय रावण-मन्दोदरी के बाल एक गाँठ में बाँध देते हैं। अन्य रचनाओं में हनुमान् सीता की खोज करते समय (अनु० ५३९) कुम्भकर्ण द्वारा आहत लक्ष्मण की चिकित्सा के लिए रावण का बेलन ले जाते समय (अनु० ५८९, ७) इस प्रकार का उत्पात करते हैं।

५९७. वाल्मीकि रामायण के पश्चिमोत्तरीय पाठ में (दे० अनु० ५६०) इन्द्रजित्-वध के पश्चात् रावण **होम** करने जाता है। विभीषण यह जानकर राम को सावधान करता है कि इस यज्ञ को भंग करने की अत्यन्त आवश्यकता है, नहीं तो रावण शिव के प्रसाद से अजेय हो जायेगा।[1] हनुमान् के नेतृत्व में वानर रावण के यज्ञस्थल पर पहुँचते हैं लेकिन वे उसका ध्यान भंग करने में असमर्थ हैं। तब अंगद हनुमान् की आज्ञा से मन्दोदरी के केशों को खींचकर उसे रावण के पास ले आता है जिससे रावण उत्तेजित होकर यज्ञ को अपूर्ण छोड़ देता है और अंगद पर आक्रमण करता है। यह प्रसंग इन्द्रजित्-यज्ञ-विध्वंस (दे० अनु० ५९२) की पुनरावृत्ति मात्र प्रतीत होता है फिर भी यह असम्भव नहीं कहा जा सकता है कि इसका आधार पउमचरियं में वर्णित रावण की विद्या-साधना ही है।

पउमचरियं (पर्व ६६-६८) की कथा इस प्रकार है। रावण बहुरूपिणी विद्या की सिद्धि के लिए शान्तिनाथ के मन्दिर में साधना करने जाता है तथा मन्दोदरी लंका के सभी नागरिकों से आठ दिन तक अहिंसा का पालन करने का निवेदन करती है। विभीषण यह सुझाव देता है कि राम जाकर रावण को मन्दिर में से निकालकर कैदी बना लें किन्तु राम यह प्रस्ताव अस्वीकार करते हैं। तब वानरों का एक दल ध्यानस्थ रावण को क्षुब्ध करने के उद्देश्य से लंका में प्रवेश करता है और शान्तिनाथ के मन्दिर में निवास करनेवाले देवताओं द्वारा नष्ट किया जाता है। इसके बाद अंगद एक दूसरे दल को लेकर मन्दिर में प्रवेश करता है। उसने रावण को बाँधा, उसके अन्त:पुर की स्त्रियों का अपमान किया तथा अन्त में मन्दोदरी को खींचकर रावण के सामने लाया किन्तु रावण विचलित नहीं हुआ और उसने बहुरूपिणी विद्या प्राप्त कर ली। गुणभद्रकृत **उत्तरपुराण** (६८, ५१६-५२९) के अनुसार रावण विद्याएँ सिद्ध करने के लिए आदित्यपाद नामक पर्वत पर साधना करने गया था। विभीषण के परामर्श के अनुसार राम और लक्ष्मण एक विशाल सेना के साथ विमान पर आरूढ़ होकर लंका के निकट पहुँच गये तथा अन्य विद्याधरों को पर्वत पर जाकर उपद्रव करने का आदेश दिया। इसका परिणाम यह हुआ कि रावण अपनी साधना अपूर्ण छोड़कर लंका चला आया।

बहुत-सी परवर्ती रामकथाओं में पश्चिमोत्तरीय पाठ के अनुसार मन्दोदरी के केशग्रहण तथा रावण के यज्ञ-भंग का वर्णन मिलता है। उदाहरणार्थ—कृत्यारावण (अंक ६), खोतानी रामायण, द्विपद रामायण (१६, १३३-१३५), अध्यात्म रामायण (६, १०), आनन्द रामायण (१, ११, २२९), पद्मपुराण (उत्तरखण्ड, अध्याय २६९), रामचरितमानस (६, ८५), तोरवे रामायण; (६, ४८), भावार्थ रामायण (६, ५६-५७), रामचन्द्रिका (प्रकरण १९), विश्वनाथ खूँटियाकृत विचित्र रामायण, तत्त्वसंग्रह रामायण (६, २७), नर्मदकृत रामायण नो सार, काश्मीरी रामायण (नं० ४८), सेरीराम, रामकेर्ति (सर्ग १०), रामकियेन, पाश्चात्य वृत्तान्त नं० ३ आदि। सारलादास के उड़िया महाभारत में उस केशग्रहण को अंगद के दूतकार्य के वर्णन के अन्तर्गत रखा गया है।

---

१. जानकीहरण (१७, २) में रावण की अग्नि-पूजा का उल्लेख मात्र है। अनेक रामकथाओं में युद्ध से पहले राम की देवी-पूजा का वर्णन किया गया है; दे० अनु० ७८५। रावण की देवी-पूजा की कथा का एक आधुनिक रूप आगे (अनु० ७४१)। देख लें।

अनेक रामकथाओं में इसका उल्लेख किया गया है कि रावण ने दैत्यगुरु शुक्राचार्य के परामर्श से अपना यज्ञ आरम्भ किया था, उदाहरणार्थ—रंगनाथ रामायण, अध्यात्म रामायण, आनन्द रामायण, काश्मीरी रामायण, तत्त्वसंग्रह रामायण। रंगनाथ रामायण तथा तत्त्वसंग्रह रामायण में यह माना गया है कि सरमा ने वानरों को रावण के यज्ञस्थल का मार्ग दिखलाया था। **कृत्तिवास** का वृत्तान्त मौलिक प्रतीत होता है (दे० ६, १०३)। रावण ने शान्तिकर्म का आयोजन किया और इसके प्रारम्भ के चण्डीपाठ के लिए बृहस्पति को बुलाया। इस पर देवताओं ने पवन को राम के पास भेजकर चण्डीपाठ अशुद्ध करने का परामर्श दिया। विभीषण के सुझाव के अनुसार हनुमान् को भेजा गया। हनुमान् ने मक्खी का रूप धारण कर चण्डीपाठ के दो अक्षर चाटकर मिटाये लेकिन बृहस्पति ने अभ्यासवश शुद्ध ही पढ़कर सुनाया। तब हनुमान् अपने विक्रम रूप में प्रकट हुए जिससे बृहस्पति डर गये और पाठ भंग हो गया था। अनन्तर हनुमान् ने ग्रन्थ छीनकर प्रथम माहात्म्य के तीन श्लोक मिटाये; चण्डीपाठ इस प्रकार अशुद्ध देखकर माहेश्वरी ने कैलास के लिए प्रस्थान किया। **तोरवे रामायण** के अनुसार रावण ने अपना यज्ञ अपूर्ण छोड़कर अंगद के शरीर के दो टुकड़े कर दिये किन्तु वानर अंगद को ले गये और सुषेण ने उसे जिलाया। विदेशी रामकथाओं में भी रावण के असफल यज्ञ का उल्लेख मिलता है। **सेरीराम** के अनुसार रावण अपने यज्ञ के धूम्र से राम की साँस रोकना चाहता था। **रामकेर्ति** (सर्ग १०) में माना गया है कि रावण के पास विष था; वह विष रावण की प्रार्थना पूर्ण होते ही अजेय बननेवाला था। रावण मन्दोदरी के साथ किसी पर्वत पर चला गया था किन्तु हनुमान् ने मन्दोदरी के वस्त्र छीनकर रावण का ध्यान भंग किया तथा विष का पात्र भी उलट दिया। **रामकियेन** (अध्याय ३१) के अनुसार हनुमान् ने मन्दोदरी को रावण के पास ले जाकर उसका पहला यज्ञ भंग किया था। बाद में रावण ने अपनी कपिलबद नामक भाले की शक्ति जगाने के उद्देश्य से यज्ञ प्रारम्भ कर दिया किन्तु देवताओं ने बालि को उसके पास भेज दिया, जो राम के हाथ से मरकर देवता के रूप में उत्पन्न हुआ था। बालि ने मेरु पर्वत को रावण के अग्निकुण्ड में डालकर रावण को परास्त कर दिया (अध्याय ३३)। रामकियेन में एक तीसरे यज्ञ का वर्णन है। मन्दोदरी ने उमा से संजीव-यज्ञ का रहस्य जान लिया था जिसके द्वारा अमृत प्राप्त होता है। हनुमान् रावण का रूप धारण कर मन्दोदरी के पास गये तथा उसे अपने बाहुपाश में बद्ध करके उसका सतीत्व नष्ट किया जिससे उसका यज्ञ असफल हुआ (दे० अध्याय ३४)। इस रचना के एक अन्य स्थल पर हनुमान् तथा मन्दोदरी के रमण का भी वर्णन किया गया है (दे० अनु० ३२६)।

काश्मीरी रामायण के अनुसार (दे० नं० ४७) इन्द्रजित् तथा कुम्भकर्ण के वध के अनन्तर रावण निराश होकर कैलास पर शिव की सहायता माँगने गया था। शिव ने उसे मकेश्वर लिंग देकर आश्वासन दिया कि इस लिंग के लंका में स्थापित हो जाने पर राम की विजय हो ही नहीं सकती तथा रावण को सावधान किया कि इस लिंग को कहीं भी पृथ्वी पर नहीं रखना चाहिए। मार्ग में रावण को लघुशंका लगी और उसने मकेश्वर लिंग को नारद के हाथ में थमा दिया जो वृद्ध ब्राह्मण के रूप में आ पहुँचे थे। नारद लिंग को भूमि पर रखकर चले गये तथा रावण लौटकर लिंग को उठाने में असमर्थ हुआ।[१]

---

१. कर्मनासा नदी की उत्पत्ति की कथा उस घटना से सम्बन्ध रखती है। दे० डब्ल्यू० क्रूक रेलिजन एण्ड फॉल्कलॉर (१९२६); पृ० ५९। अन्य अवसरों पर भी रावण को इस प्रकार धोखा दिये जाने का वृत्तान्त मिलता है; दे० अनु० ६५०।

अंगद-दूत-कार्य के वर्णन में इसका उल्लेख किया गया है कि सेरीराम तथा रामचन्द्रिका के अनुसार रावण किन शर्तों पर सीता को लौटाने के लिए तैयार था (दे० अनु० ५८५)। अनेक रामकथाओं में रावण के सन्धि-प्रस्तावों की चर्चा है। **पउमचरियं** (पर्व ६५) में लक्ष्मण के शक्ति-भेद के पश्चात् रावण दूत भेजकर राम को अपना आधा राज्य तथा ३००० कन्याओं को प्रदान करने का प्रस्ताव करता है, बशर्ते कि राम भानुकर्ण, इन्द्रजित् आदि कैदियों को लौटायें और सीता को त्याग दें। किन्तु राम इस प्रस्ताव को अस्वीकार करते हैं। **महानाटक** (१४, १-२) के अनुसार रावण ने अपने दूत लोहिताक्ष के द्वारा राम से कहा था कि परशुराम से प्राप्त हरप्रसादपरशु के बदले में मैं सीता को लौटाने के लिए तैयार हूँ।[१] **राघवाभ्युदय** में रावण के एक अन्य सन्धि-प्रस्ताव की चर्चा है (दे० अनु० २३६, ६)।

रामकियेन में युद्ध टालने के लिए रावण के दो अन्य प्रयत्नों का वर्णन किया गया है। सेतु-निर्माण के पूर्व रावण तपस्वी के रूप में राम के पास आ पहुँचता है और युद्ध छोड़ देने के लिए उनसे अनुरोध करता है (दे० अ० २५)। इन्द्रजित्-वध के पश्चात् रावण अपने पितामह ब्रह्मा को बुला भेजता है तथा बाद में सीता को भी। उनकी गवाही सुनकर ब्रह्मा सीता को लौटाने का आदेश देते हैं तथा रावण के अस्वीकार करने पर उसे राम के अस्त्र से मर जाने का शाप देते हैं (अध्याय ३२)।

पउमचरियं (पर्व ६९) तथा इस पर आधारित अन्य जैन रामकथाओं में भी रावण के पश्चात्ताप का वर्णन किया गया है। बहुरूपा विद्या सिद्ध करने के पश्चात् रावण सीता से मिलने आया। सीता ने उसे ठुकराया तथा यह कहकर मूर्च्छित हो गयी थी कि मैं तभी तक जीवित रहूँगी जब तक राम, लक्ष्मण और भामण्डल की मृत्यु का समाचार नहीं पाती। रावण सीता का पातिव्रत्य देखकर दयार्द्र हो गया और सोचने लगा कि मैंने उसका अपहरण करके पाप किया है। फिर यह समझकर कि बिना युद्ध किये सीता को लौटाने में मेरा अपयश होगा रावण ने संकल्प किया कि मैं राम तथा लक्ष्मण को हराकर उन्हें सीता को सौंप दूँगा। रावण के चरित्र के इस उदात्तीकरण का प्रभाव अन्य रामकथाओं पर भी पड़ा। **तोरवे रामायण** के अनुसार रावण युद्ध के लिए प्रस्थान करने के पूर्व अपनी सारी सम्पत्ति दरिद्रों में बाँट देता है, जेल के सभी कैदियों को रिहा करता है तथा यह आदेश निकालता है कि यदि मैं युद्ध में मारा गया तो विश्वासपात्र विभीषण को गद्दी पर बैठाया जाये।[२]

५९८. रावण-वध के परवर्ती वृत्तान्तों में बहुधा रावण के **मर्मस्थान** अथवा रावण की मृत्यु की किसी गुप्त युक्ति का उल्लेख है। **अध्यात्म रामायण** (६, ११, ५३) के अनुसार रावण के नाभि-प्रदेश में अमृत रखा हुआ है; विभीषण से यह जानकर राम ने आग्नेयास्त्र से उस अमृत को सुखाया था। रावण के शरीर में स्थित अमृत का उल्लेख बहुत-सी अन्य रामकथाओं में भी किया गया है; उदाहरणार्थ आनन्द रामायण (१, ११, २७८), रंगनाथ रामायण (६, १४५), धर्म-खण्ड (अध्याय १३०), तत्त्वसंग्रह रामायण (६, २९), रामचरितमानस (६, १०२), भावार्थ रामायण (६, ६३), नर्मदकृत रामायण नो सार, पाश्चात्य वृत्तान्त नं० ६, ८ और १०।

सेरीराम तथा **तत्त्वसंग्रह रामायण** के अनुसार रावण ने जटायु से युद्ध करते समय धोखा देकर कहा था कि मेरा मर्मस्थान पैर का अँगूठा है (दे० अनु० ४७०)। **खोतानी** तथा **तिब्बती** रामायणों में वही रावण का वास्तविक मर्मस्थान माना गया है। दक्षिण

१. इस प्रस्ताव का उल्लेख रामचन्द्रिका (१९, १७) में भी मिलता है।

२. दे० मैथिलीशरण गुप्त अभिनन्दन ग्रन्थ, पृ० ७५५।

भारत के एक वृत्तान्त के अनुसार रावण का हँसनेवाला सिर उसका मर्मस्थान है।[१] **सेरीराम** में सीता हनुमान् को बताती हैं कि रावण के दाहिने कान के नीचे जो छोटा-सा सिर है उसमें रावण का जीव निवास करता है। पंजाब में रावण की गर्दन उसका मर्मस्थान मानी गयी है।[२]

कृत्तिवास रामायण (६,१०४) के अनुसार रावण ने तपस्या करने के पश्चात् ब्रह्मा से अमरत्व का वरदान माँगा था। ब्रह्मा ने उसे आश्वासन दिया कि तुम्हारे सिर और भुजाएँ कट जाने पर फिर उत्पन्न होंगी तथा रावण को **ब्रह्मास्त्र** देकर कहा—इस ब्रह्मास्त्र से तुम्हारा मर्मस्थान छेदित हो जाने पर ही तुम मर सकोगे। रावण ने बाद में यह ब्रह्मास्त्र मन्दोदरी की रक्षा में छोड़ दिया। विभीषण ने इस रहस्य का उद्घाटन किया तथा हनुमान् ने राम की अनुमति से ब्राह्मण वेश में मन्दोदरी के पास पहुँचकर कहा कि जब तक ब्रह्मास्त्र तुम्हारे पास है रावण नहीं मर सकता किन्तु मुझे आशंका है कि विभीषण कहीं यह न जान लें कि तुमने उसे कहाँ छिपा लिया है। मन्दोदरी ने उत्तर दिया कि मैं बहुत ही सावधान हूँ; मैंने उसे इस खम्भे में छिपाकर रखा है। इस पर हनुमान् ने स्फटिक का खम्भा लाठी से तोड़ दिया तथा ब्रह्मास्त्र लेकर राम के पास लौटे। **सेरीराम** का वृत्तान्त कृत्तिवास रामायण की कथा से साम्य रखता है। सीता ने हनुमान् से कहा था कि मन्दोदरी के पास रावण का मायावी खंग है; जिसकी पूजा मन्दोदरी किया करती है। हनुमान् ने सीता के परामर्श के अनुसार मन्दोदरी के पास जाकर रावण की मृत्यु का झूठा समाचार सुनाया; शोकसन्तप्त मन्दोदरी ने अपना सिर झुका लिया और उस क्षण से लाभ उठाकर हनुमान् ने रावण का खंग चुरा लिया जिससे रावण शक्तिहीन हो गया था।

बिर्होर रामकथा के अनुसार रावण का जीव उसके महल के भीतर एक मंजूषा में सुरक्षित था। हनुमान् और लक्ष्मण दोनों ने लंका में प्रवेश कर तथा उस मंजूषा को खोलकर रावण का जीव मुक्त कर दिया था। **रामकियेन** (अध्याय ३५) की कथा इस प्रकार है—रावण का जीव गोपुत्र नामक रावण-गुरु के पास एक मंजूषा में बन्द था और हनुमान् ने अंगद के साथ गोपुत्र के पास जाकर उस मंजूषा को छल से प्राप्त कर लिया। **ब्रह्मचक्र** के अनुसार रावण ने लंकादहन के पश्चात् ही अपना हृदय किसी ऋषि के यहाँ सुरक्षित रखा था; हनुमान् ने रावण का रूप धारण कर उसे प्राप्त किया था तथा राम को दे दिया। सेरीराम के पातानी पाठ की तत्सम्बन्धी कथा इससे मिलती-जुलती है।

पद्मपुराण (पातालखण्ड, अध्याय ११२, २०२-२२५) के अनुसार अतिकाय तथा महाकाय गुप्तचर के रूप में राम की सेवा में प्रवेश कर पकड़े गये थे; उन्होंने शुक्र की इस भविष्यवाणी का उद्घाटन किया कि लंका द्वार पर जो लकड़ी का कीर्तिमुख है **(दारुपंचवक्त्रं),** उसके छिन्न-भिन्न हो जाने से रावण की मृत्यु अवश्यम्भावी है। राम ने बाण मारकर उस कीर्तिमुख को नष्ट कर दिया था।

महानाटक (१४, २६) के अनुसार राम ने विश्व का कल्याण दृष्टि में रखकर रावण के वक्ष:स्थल पर बाण नहीं चलाया; राम जानते थे कि रावण के हृदय में सीता का निवास था, सीता के हृदय में राम तथा राम में समस्त भुवनावली विद्यमान थी। **रामचरितमानस** (६, ९९)

---

१. दे० पाश्चात्य वृत्तान्त नं० १। अन्य रचनाओं में रावण के चित्र मिलते हैं जिनमें दस साधारण सिरों के ऊपर गधे का एक सिर भी चित्रित किया गया है। दे० पा० वृ० ३ और ४।

२. दे० इं० ए० भाग २०, पृ० २८९।

में भी इसकी चर्चा की गयी है; उस रचना में त्रिजटा सीता को आश्वासन देती है कि सिरों के कट जाने पर रावण व्याकुल होकर तुमको भूल जायेगा; तभी राम उसके हृदय में बाण मारकर उसका वध करेंगे।

रावण-वध के वर्णन में अनेक गौण परिवर्तन किये गये हैं जिनका उल्लेख यहाँ आवश्यक है। **महाभारत** (३, २७४, ८) के अनुसार रावण ने अन्तिम युद्ध के समय राम तथा लक्ष्मण का रूप धारण करनेवाले बहुत-से मायामय योद्धाओं को उत्पन्न किया था; रावण की इस माया का उल्लेख कुछ परवर्ती रामकथाओं में भी मिलता है; उदाहरणार्थ रामचरितमानस (६,८९)। **महाभारत** (३, २७४, ३१) में माना गया है कि राम का ब्रह्मास्त्र रावण को इस प्रकार जला देता है कि राख भी शेष नहीं रही। बलरामदास रामायण में राम रावण-वध के समय अपना शरीर बढ़ाकर कृत्तान्तक रूप धारण कर लेते हैं। **तत्त्वसंग्रह रामायण** (६, ३१) के अनुसार राम ने रावण का वध करने के लिए परमेश्वर का रूप धारण कर लिया; **तोरवे रामायण** (६, ५१) में भी माना गया है कि रावण ने अपने वध के पूर्व राम का विश्वरूप देखा था। उस रचना के अनुसार अगस्त्य ने युद्ध के समय ही राम को त्रिमूर्ति नामक बाण दिया और राम ने उसी बाण से रावण को मार डाला था।

५९९. वाल्मीकि रामायण के अनुसार विभीषण ने राम के अनुरोध से अपने भाई रावण का **दाह-संस्कार** विधिवत् सम्पन्न किया था (दे० ऊपर अनु० ५६९, २)। एकाध रामकथाओं में **मन्दोदरी** रावण की चिता पर चढ़कर सती हो गयी थी (दे० अनु० ५४४)। एक अन्य परम्परा के अनुसार रावण की **चिता** जलती रही। **आनन्द रामायण** (राज्यकाण्ड, सर्ग २०) में तत्सम्बन्धी कथा इस प्रकार है। रावण-वध के बहुत काल बाद तक अयोध्या में राम को एक आवाज़ सुनायी दिया करती थी जिसका रहस्य वसिष्ठ ने यह कहकर प्रकट किया कि रावण ने जिस शरीर से बारम्बार ब्रह्महत्या की थी वह शरीर आज भी जल रहा है। हनुमान् प्रतिदिन लकड़ी के सौ भार **(प्रत्यहं काष्ठभारशतम्)** उसकी चिता पर डाला करते हैं। इसका एक अन्य कारण यह है कि रावण ने राम से एक ऐसा वर माँगा था जिससे लोग उसका स्मरण किया करें। राम ने उत्तर में कहा था—तुम्हारा शरीर जलानेवाली आग की आवाज सप्तद्वीप के लोगों को सुनायी देती रहेगी।

कृत्तिवास रामायण (६, १०९) में भी जलती चिता का उल्लेख है। रणभूमि में मन्दोदरी को देखकर तथा उसे सीता समझकर राम ने उसे 'सौभाग्यवती' होने का आशीर्वाद दिया। वास्तविकता ज्ञात होने पर राम ने कहा—"चिता सदैव प्रज्वलित रहेगी, इससे तुम्हारा सौभाग्य चिरस्थायी होगा।"

हिन्देशिया की रामकथाओं में रावण के **जीवित रहने** का उल्लेख है। **सेरीराम** में राम द्वारा पराजित तथा आहत रावण रणभूमि में पड़ा रहता है। सीता की अग्निपरीक्षा के बाद भरत और शत्रुघ्न लंका पहुँचते हैं तथा रावण को देखने की इच्छा प्रकट करते हैं। राम अपने भाइयों के साथ रावण से मिलने आते हैं तथा उसके साथ बातचीत भी करते हैं। यह प्रसंग महाभारत का स्मरण दिलाता है जहाँ पाण्डव मरणासन्न भीष्म के दर्शन करने आते हैं। **हिकायत महाराज रावण** में भी माना गया है कि रावण जीवित है और कल्प के अन्त में पुनः भगवान् के शत्रु के रूप में प्रकट होनेवाला है।

अर्वाचीन रामकथाओं में प्रायः अध्यात्म रामायण के अनुसार रावण की **सायुज्य मुक्ति** का उल्लेख है; उदाहरणार्थ आनन्द (१, ११, २८३) और भावार्थ (६, ६३) रामायण। **अध्यात्म**

रामायण (६, ११, ७८) में रावण का जीव ज्योति का रूप धारण कर राम के शरीर में प्रवेश करता है; देवताओं के आश्चर्य करने पर नारद उनको समझाते हैं कि रावण ने द्वेषभाव से निरन्तर हृदय में राम का स्मरण किया था और इस कारण उसने मुक्ति प्राप्त की है। मुक्ति-प्राप्ति के उद्देश्य से ही रावण ने सीताहरण किया था (दे० अनु० ४८८)।

पाश्चात्य वृत्तान्त नं० १ के अनुसार राम रावण के नौ सिर तथा १८ भुजाएँ काटकर उसे इस शर्त पर जीवित रहने देना चाहते थे कि रावण सीता को लौटाये। इस पर रावण मन्दोदरी के पास गया और मन्दोदरी ने उसे राम के हाथ से मरकर मुक्ति प्राप्त करने का परामर्श दिया। स्कन्दपुराण (माहेश्वर खण्ड, अध्याय ८, १३३) में रावण की शिव-सायुज्य मुक्ति का उल्लेख मिलता है।

ञ। अग्निपरीक्षा

६००. प्रचलित वाल्मीकि रामायण (सर्ग ११२-२१३) में अग्निपरीक्षा की कथा इस प्रकार है। रावण-वध तथा विभीषण के अभिषेक के बाद राम ने हनुमान् द्वारा सीता को अपनी विजय का समाचार भेज दिया; हनुमान् सीता का यह सन्देश लेकर लौटे—**द्रष्टुमिच्छामि भर्तारं भक्तवत्सलम्** (११३, ४७)। अगले सर्ग में राम का रुख अचानक बदलता है; वह विभीषण को आदेश देते हैं कि सीता को मेरे पास ले आओ—**दिव्यांगरागां[1] वैदेहीं दिव्याभरणभूषिताम्। इह सीतां शिरःस्नातामुपस्थापय मा चिरम्॥ ७॥** विभीषण से राम की यह आज्ञा सुनकर सीता कहती हैं—**अस्नात्वा द्रष्टमिच्छामि भर्तारं राक्षसेश्वर** (११); किन्तु विभीषण राम की आज्ञा के पालन के लिए अनुरोध करता है। अतः स्नान के पश्चात् ही सीता मूल्यवान् वस्त्र तथा आभूषण पहने शिविका पर चढ़कर राम से मिलने आती हैं। विभीषण ध्यानस्थ[2] राम के पास पहुँचकर सीता के आगमन का समाचार देता है। तब शिविका को पास लाने के लिए विभीषण के अनुचर वानरों की भीड़ हटाने लगे; इस पर राम क्रुद्ध होकर विभीषण को आदेश देते हैं कि सीता सब वानरों के देखते पैदल ही मेरे पास आवें। राम की यह आज्ञा सुनकर लक्ष्मण, सुग्रीव तथा हनुमान् को बहुत दुःख हुआ **(बभुवुर्व्यथिता भृशम्)।** अनन्तर सीता अत्यन्त लज्जित होकर तथा विभीषण के पीछे-पीछे चलकर अपने पति के पास आयी—**लज्जया त्ववलीयन्ती स्वेषु गात्रेषु मैथिली, विभीषणेनानुगता भर्तारं साम्यवर्तत** (११४, ३३)। सीता को अपने पास खड़ी हुई देखकर राम उनसे कहने लगे—मैंने तो अपने शत्रु के अपमान का प्रतीकार किया है किन्तु मुझे तुम्हारे चरित्र पर सन्देह है। जिस स्त्री ने

---

१. 'दिव्यांगरागां' अनसूया द्वारा सीता को प्रदत्त अंगराग का स्मरण दिलाता है। यह प्रसंग प्रक्षिप्त है (दे० अनु० ४३१) और सम्भवतः सीता सावित्री की कथा पर आधारित है (दे० अनु० ८)। कालिदास ने भी इस अंगराग का उल्लेख किया (दे० रघुवंश १२, २७)। आश्चर्यचूड़ामणि में माना गया है कि अनसूया सीता को यह वरदान देती है कि तुम अपने पति के सामने आते ही अपने आप पूर्णमण्डित हो जाओगी। रावण-वध के बाद जब सीता पालकी पर बैठी पहुँचती हैं, तो राम कहते हैं—**सर्वे पश्यन्तु जानक्या रूपं चारित्रभूषणम्** (७, १४)। किन्तु सीता को पूर्ण रूप से अलंकृत देखकर वह उनके चरित्र पर सन्देह करने लगते हैं और सीता कहती हैं कि अनसूया का वरदान मेरे लिए शाप बन रहा है—**हा धिक् अनसूयाया अनुग्रहोऽपि मे इदानीं शापः संवृतः।**

२. राम का उस समय ध्यानस्थ होना अस्वाभाविक तथा मूल रामायण की भाव-धारा के प्रतिकूल है।

दूसरे के घर में निवास किया है उसे कौन पुरुष ग्रहण कर सकता है। मुझे तुम्हारे प्रति कोई आकर्षण नहीं रहा, तुम जहाँ चाहो चली जाओ :

प्राप्तचारित्रसन्देहा मम प्रतिमुखे स्थिता॥ १७॥
कः पुमांस्तु कुले जातः स्त्रियं परगृहोषिताम्।
तेजस्वी पुनरादद्यात् सुहृल्लोभेन चेतसा॥ १९॥
नास्ति मे त्वय्यभिष्वंगो यथेष्टं गम्यतामिति॥ २१॥
लक्ष्मणे वाथ भरते कुरु बुद्धिं यथासुखम॥ २२॥
शत्रुघ्ने वाथ सुग्रीवे राक्षसे वा विभीषणे।

× × ×

नहि त्वां रावणो दृष्ट्वा दिव्यरूपां मनोरमाम्।
मर्षयत्यचिरं सीते स्वगृहे पर्यवस्थिताम्॥ २४॥ (सर्ग ११५)

राम के ये कठोर शब्द सुनकर सीता ने अपने सतीत्व की शपथ खायी तथा लक्ष्मण द्वारा चिता तैयार कराकर वे उसमें तुरन्त प्रवेश कर गयीं (सर्ग ११६)। अनन्तर देवता प्रकट हुए तथा सीता के पक्ष में साक्ष्य देकर विष्णु के रूप में राम की स्तुति करने लगे (सर्ग ११७)। अन्त में अग्नि देवता ने सीता के साथ आग में से निकलकर तथा उनके सतीत्व का साक्ष्य देकर सीता को ग्रहण करने का राम से अनुरोध किया। उत्तर में राम ने कहा कि मुझे सीता के चरित्र पर सन्देह नहीं था किन्तु एक तो रावण के यहाँ रहने के बाद सीता को इस शुद्धि की आवश्यकता थी; दूसरे, यदि मैं सीता को यों ही ग्रहण करता तो लोग मुझ पर कामात्मा होने का आक्षेप लगाते :

अवश्यं चापि लोकेषु सीता पावनमर्हति।
दीर्घकालोषिता हीयं रावणांतःपुरे शुभा॥ १३॥
बालिशो बत कामात्मा रामो दशरथात्मजः।
इति वक्ष्यति मां लोको जानकीमविशोध्य हि॥ १४॥ (सर्ग ११८)

६०१. सीता की अग्निपरीक्षा का यह वर्णन वाल्मीकि रामायण में प्रक्षिप्त है (दे० अनु० ५६५)। अतः महाभारत में सीता की अग्निपरीक्षा का अभाव स्वाभाविक ही है। **रामोपाख्यान** (अध्याय २७५) में विभीषण तथा अविन्ध्य[१] सीता को राम के पास ले आते हैं, और राम सीता की शपथ तथा वायु, अग्नि, वरुण और ब्रह्मा के साक्ष्य से सन्तुष्ट होकर सीता को ग्रहण करते हैं तथा देवताओं से तीन वर प्राप्त कर लेते हैं—

(१) धर्म में स्थिर बुद्धि;
(२) शत्रुओं से अजेयता;
(३) मृत वानरों का पुनर्जीवन।

महाभारत के अतिरिक्त प्राचीन पुराणों में भी अग्निपरीक्षा का निर्देश नहीं मिलता; उदाहरणार्थ हरिवंश, विष्णुपुराण, वायुपुराण, भागवतपुराण, नृसिंहपुराण। इसी तरह निम्नलिखित रचनाओं में सीता की अग्निपरीक्षा का अभाव है—अनामकं जातकम्, स्याम का रामजातक, खोतानी और तिब्बती रामायण, गुणभद्रकृत उत्तरपुराण।

---

१. सूरसागर में लक्ष्मण सीता को राम के पास ले जाता है। आश्चर्यचूड़ामणि में सीता को ले आने का भार सुग्रीव को सौंपा जाता है।

पउमचरियं (पर्व ७६) में भी राम और सीता के पुनर्मिलन के समय देवताओं की पुष्पवृष्टि तथा सीता की निर्मलता के पक्ष में उनके साक्ष्य के अतिरिक्त किसी भी परीक्षा का उल्लेख नहीं मिलता किन्तु इसका वर्णन एक अन्य अवसर पर रखा गया है। सीता-त्याग तथा सीता के पुत्रों द्वारा राम-सेना से युद्ध के पश्चात् राम उन पुत्रों के साथ अयोध्या लौटे। वहाँ पहुँचकर सुग्रीव, हनुमान् आदि राम से अनुरोध करने लगे कि वह सीता को पुनः ग्रहण कर लें। राम ने उस प्रस्ताव को स्वीकार किया बशर्ते कि सीता लोगों को अपने सतीत्व का प्रमाण दें। तब सुग्रीवादि सीता को अयोध्या ले आये और सीता ने कहा—मैं तुला पर चढ़ सकती हूँ; आग में प्रवेश कर सकती हूँ; लोहे की तपी हुई लम्बी छड़ धारण कर सकती हूँ अथवा मैं उग्र विष भी पी सकती हूँ। राम ने अग्निपरीक्षा को ही उचित समझा और एक तीन सौ हाथ गहरा अग्निकुण्ड खोदने का आदेश दिया। आग प्रज्वलित होने पर सीता ने अपने सतीत्व की शपथ खाकर उसमें प्रवेश किया। सीता के प्रवेश करते ही अग्निकुण्ड स्वच्छ जल से भर गया, जो धीरे-धीरे उमड़कर सर्वत्र फैल गया और बढ़ता गया। यह देखकर जनता सीता से प्रार्थना करने लगी और सीता ने जल छूकर उसे सीमित कर दिया। तब सबों ने बावड़ी के मध्य में सहस्रदल कमल पर विराजमान सीता को देखा। राम ने पास जाकर सीता से क्षमा-याचना की तथा अपने साथ अयोध्या में निवास करने का अनुरोध किया किन्तु सीता उस प्रस्ताव को ठुकराकर जैन दीक्षा लेने के उद्देश्य से चली गयी (दे० पर्व १०१-१०२)। पद्मचरित (१०४, ७४-७६) तथा पउमचरिउ (५, ८३, ९) में भी यह कथा मिलती है।

कथासरित्सागर में राम द्वारा सीता की परीक्षा का तो उल्लेख नहीं किया गया है, लेकिन त्याग के पश्चात् वाल्मीकि के आश्रम में पहुँचकर सीता की परीक्षा का निम्नलिखित वृत्तान्त मिलता है। आश्रम के अन्य ऋषि सीता के सतीत्व पर सन्देह करते हैं और अपने चले जाने का संकल्प वाल्मीकि से प्रकट करते हैं। यह सुनकर सीता स्वयं कोई भी परीक्षा लेने का प्रस्ताव करती हैं। इस पर ऋषि टीटिभा की कथा सुनाते हैं, जिसके सतीत्व को प्रमाणित करने के लिए लोकपालों ने टीटिभ-सरोवर का निर्माण किया था। उस टीटिभ-सरोवर के तट पर जाकर सीता अपने सतीत्व की शपथ खाकर जल में प्रवेश करती है। इस पर पृथ्वी देवी प्रकट होकर सीता को अपनी गोद में ले लेती हैं, और सरोवर के उस पार पहुँचाती हैं (दे० ९, ५१)। यह देखकर ऋषि राम को शाप देना चाहते हैं, लेकिन सीता के अनुरोध पर ऐसा नहीं करते।

६०२. अन्य रचनाओं में प्रायः वाल्मीकि रामायण के अनुसार सीता की अग्निपरीक्षा का वर्णन किया गया है। एक महत्त्वपूर्ण अन्तर यह है कि अधिकांश मध्यकालीन रामायणों में माया-सीता (दे० अनु० ५०४-५०६) आग्नि में प्रवेश करती हैं और वास्तविक सीता उसमें प्रकट हो जाती हैं। **आनन्द रामायण** के अनुसार सीता अपने हरण के पूर्व तीन रूपों में विभक्त हो गयी थीं; वह उस अवसर पर फिर एक हो जाती हैं (१, १२, ११)। **कृत्तिवास रामायण** (६, ११४) में मन्दोदरी का शाप अग्निपरीक्षा का कारण माना गया है। मन्दोदरी ने राम के दर्शनों की आशा से आनन्दमग्न सीता को यह कहकर शाप दिया—तुम्हारा यह आनन्द अकस्मात् निरानन्द हो जायेगा। लंका की स्त्रियों ने भी उस अवसर पर सीता को शाप दिया। इसकी कल्पना वाल्मीकि रामायण के उदीच्य पाठों में उल्लिखित तारा-शाप पर आधारित है (दे० अनु० ७२६)।

रामायण मसीही में मन्दोदरी सीता को राम के पास ले आती है और राम स्वयं सीता को आग में डालते हैं। **सेरीराम** में हनुमान् चिता तैयार करते हैं; चिता की सारी लकड़ी जल

जाने के बाद तक सीता निरापद खड़ी रहती हैं। **ब्रह्मचक्र** के अनुसार सीता ने राम का सन्देह देखकर आग जलाने का आदेश दिया। सीता के अग्नि में प्रवेश करते ही अग्नि बुझ गयी।

६०३. अन्य वृत्तान्तों में सीता की निम्नलिखित परीक्षाओं का उल्लेख मिलता है—विषैले साँपों से भरे हुए घड़े में हाथ डालना; मस्त हाथियों के सामने फेंका जाना; सिंह और व्याघ्र के वन में त्याग किया जाना; अत्यन्त तप्त लोहे पर चलना (दे० पाश्चात्य वृत्तान्त ३ और १३)।

कृष्णदेव उपाध्याय द्वारा सम्पादित भोजपुरी ग्रामगीत (पृ० १३७) में सीता की अन्य परीक्षाओं का भी वर्णन किया गया है। उस संग्रह के एक गीत के अनुसार सीता ने,

(१) अग्नि को हाथ में लिया तब वह बिलकुल ठण्डी हो गयी।
(२) सूर्य को अपने हाथ में उठा लिया और वह हाथ में उठाते ही अस्त हो गया।
(३) सर्प को अपने हाथ में लिया तब वह फन फैलाकर बैठ गया।
(४) गंगा को हाथ में लिया, तब गंगा बिलकुल सूख गयीं।
(५) तुलसी को अपने हाथ में लिया तब तुलसी जी बिलकुल ही सूख गयीं।

ट। वापसी यात्रा

६०४. प्रचलित वाल्मीकीय युद्धकाण्ड के अन्तिम सर्गों की संक्षिप्त कथावस्तु इस प्रकार है। अग्निपरीक्षा के पश्चात् राम विभीषण का आतिथ्य-सत्कार अस्वीकार कर उससे अयोध्या की यात्रा का प्रबन्ध करने का निवेदन करते हैं। विभीषण पुष्पक प्रस्तुत करता है; राम की अनुमति पाकर सुग्रीव अपने वानरों के साथ तथा विभीषण अपने अमात्यों के साथ पुष्पक पर चढ़ते हैं (सर्ग १२१-१२२)। अगले सर्ग में राम सीता को सम्बोधित करके लंका से अयोध्या तक की समस्त यात्रा का वर्णन करते हैं। भरद्वाज-आश्रम में पहुँचकर राम अयोध्या का समाचार प्राप्त कर लेते हैं तथा हनुमान् को गुह और भरत के पास भेज देते हैं (सर्ग १२४-१२५)। हनुमान् से संक्षेप में रामचरित सुनकर भरत राम के आगमन के लिए अयोध्या सजाने का आदेश देते हैं। जनता भरत के साथ नन्दिग्राम में राम का स्वागत करती है। भरत राम को राज्य-भार सौंप देते हैं तथा राम का अभिषेक विधिवत् सम्पन्न किया जाता है (सर्ग १२६-१२८)।

६०५. पउमचरियं (पर्व ७७-७८) के अनुसार राम तथा लक्ष्मण ने रावण-वध के बाद लंका में प्रवेश कर वहाँ के राजमहल में ६ वर्ष बिताये। अन्त में नारद ने राम के पास आकर पुत्र-वियोग के कारण शोकसन्तप्त अपराजिता की दयनीय दशा का वर्णन किया; इसके फलस्वरूप राम-लक्ष्मण ने साकेत की यात्रा करने का निश्चय किया। **सेरीराम** में भी राम बहुत समय तक लंका में निवास करते हैं, जहाँ संसार भर के राजा राम को सम्मान देने आते हैं। भरत, शत्रुघ्न तथा राम की बहन किकवी देवी भी लंका में राम से मिलने आते हैं तथा वहीं विभीषण का किकवी देवी के साथ विवाह सम्पन्न हो जाता है। बाद में महर्षि कली आकर सीता के जन्म का रहस्य प्रकट करते हैं (दे० अनु० ४२८) और मन्दूदाकी अपनी पुत्री सीता को पहचान लेती है। एक वर्ष तक लंका में रहकर राम के सभी भाई विभीषण के साथ अयोध्या लौटते हैं। विभीषण अयोध्या से वापस आते समय एक रम्य पर्वत देखते हैं, और राम के सामने इसका गुणगान करते हैं। फलस्वरूप राम उस पर्वत पर दुर्यापुरी नामक नगर बनवा देते हैं और रावण के मंत्री को लंका में छोड़कर लंका के चुने हुए लोगों के साथ अपनी इस नयी राजधानी को बसा लेते हैं। राम लक्ष्मण को युवराज, हनुमान् को सेनापति तथा विभीषण को वजीर नियुक्त कर तथा संसार भर से धन, कला अथवा विज्ञान से सम्पन्न

लोगों को बुलाकर न्यायपूर्वक राज्य करने लगते हैं। **रामकियेन** (अ० ३८) के अनुसार राम ने प्रस्थान करने के पूर्व आशाकर्ण नामक राक्षस का वध किया तथा सेतु पार करने के पश्चात् हनुमान् ने रावण के पुत्र प्रलयकल्प को मार डाला। वह पातालवासिनी कला-अग्गी का पुत्र था, जो पाताल से निकलकर अपने पिता के वध का प्रतीकार करना चाहता था।

६०६. गुणभद्रकृत **उत्तरपुराण** (६८, ६५९) के अनुसार राम-लक्ष्मण की वापसी यात्रा दिग्विजय का रूप धारण कर लेती है, जिससे वे केवल ४० वर्ष बाद अपनी राजधानी पहुँच पाते हैं। शेष रामकथाओं में प्राय: वाल्मीकि रामायण के अनुसार ही अयोध्या की यात्रा का वर्णन किया गया है। इसके अनुसार सुग्रीव अपने वानरों के साथ तथा विभीषण अपने मंत्रियों के साथ राम-सीता-लक्ष्मण से मिलकर अयोध्या की यात्रा करते हैं। दाक्षिणात्य पाठ मात्र (६, १२३, २३-३८) में सीता के अनुरोध करने पर तारा आदि वानरियाँ भी पुष्पक पर चढ़कर राम की राजधानी जाती हैं। अध्यात्म रामायण (६,१४,८), आनन्द रामायण (१, १२, ५६) आदि रचनाओं में भी वानरियों की इस यात्रा का उल्लेख है। बालरामायण (अंक १०) और रामायण ककविन (सर्ग २४) के अनुसार त्रिजटा ने सीता के साथ अयोध्या की यात्रा की थी। आनन्द रामायण (१, १२, ४४) में कृतज्ञ सीता त्रिजटा और सरमा दोनों को अपने साथ अयोध्या ले जाती हैं।

वाल्मीकि रामायण की अन्तरंग परीक्षा से स्पष्ट है कि आदिरामायण पुष्पक के विषय में मौन था (दे० अनु० ५६६)। निम्नलिखित रचनाओं में रामादि स्थल से ही अयोध्या लौट जाते हैं—महानाटक (१४, ६६), पाश्चात्य वृत्तान्त (नं० २, ३ और ४); रामकियेन (अध्याय ३८), ब्रह्मचक्र, सन्थाली रामकथा (अनु० २७१)। सारलादास के उड़िया महाभारत (सभा पर्व) के अनुसार राम, सीता तथा लक्ष्मण के साथ, गिरि पर्वत के पास किला बनाकर रहने लगे। वहाँ सीता के ऋतुपर्ण नामक पुत्र हुआ और वह उस किले का राजा बना।

६०७. बहुत-सी रामकथाओं में **सेतुभंग** का उल्लेख है। खोतानी रामायण के अनुसार सेतु को पार करने के पश्चात् ही उसे नष्ट किया गया था जिससे राम-सेना का कोई भी योद्धा युद्ध छोड़कर भाग न सके। सेतुभंग प्राय: रावण-वध के बाद अयोध्या की यात्रा के समय वर्णित है; उदाहरणार्थ—स्कन्दपुराण का सेतुमाहात्म्य (अध्याय ३०); रंगनाथ रामायण (६, १६१); आनन्द रामायण (१, १२, ४८); तोरवे रामायण (६, ५४); कृत्तिवास रामायण (६, १२१); तत्त्वसंग्रह रामायण (६, ३५); पाश्चात्य वृत्तान्त नं० २, ३, ४, ९, अलबरूनी का भारत (अंग्रेजी संस्करण १, ३०७)। स्कन्दपुराण के नागर खण्ड (अध्याय १०१) तथा पद्मपुराण के सृष्टि खण्ड (अध्याय ३५, १३५) में रावण-वध के बहुत काल बाद राम की लंका-यात्रा के अवसर पर सेतुभंग का वर्णन किया गया है। इस घटना में कई कारणों का उल्लेख मिलता है। सेतुमाहात्म्य में विभीषण लंका की सुरक्षा को दृष्टि में रखकर राम से निवेदन करता है कि सेतु का भंजन किया जाये। रंगनाथ रामायण तथा तत्त्वसंग्रह रामायण में भी यही कारण दिया गया है। स्कन्दपुराण के नागर खण्ड तथा पद्मपुराण के सृष्टि खण्ड में विभीषण राम से कहते हैं—"जिज्ञासा से प्रेरित होकर मनुष्य लंका आयेंगे और मेरी आज्ञा का तिरस्कार करके राक्षस उन्हें खा जायेंगे।" कृत्तिवास रामायण में सागर स्वयं निवेदन करता है कि मेरा बन्धन अब तोड़ दिया जाये। पाश्चात्य वृत्तान्त नं० २ में राम इसीलिए सेतु नष्ट करते हैं कि कोई भी राक्षस उनका पीछा न कर सके। पाश्चात्य वृत्तान्त नं ४ के अनुसार यह इसलिए हुआ कि कोई भी लंका का सोना न चुरा ले जाये।

६०८. यथार्थवादी वाल्मीकि के अनुसार राम ने भरद्वाज आश्रम में पहुँचकर हनुमान् को इसलिए भरत के पास भेज दिया था कि वह राम के प्रति भरत के भावों की परीक्षा ले सकें,

क्योंकि यह सर्वथा सम्भव था कि राज्य करते-करते भरत का मन बदल गया हो—**कस्य नावर्तयेन्मनः** (१२५, १६)। यदि भरत वास्तव में अपने लिए राज्य चाहते हैं तो राम उनका विरोध नहीं करना चाहेंगे—**प्रशास्तु वसुधां सर्वामखिलाम्** (१२५, १७)। राम की यह आशंका निर्मूल सिद्ध हुई; राम के आगमन का समाचार सुनकर भरत आनन्दित हुए।

बलरामदास के रामायण में इस अवसर पर **हनुमान् के गर्व-निवारण** की कथा मिलती है। राम के साथ भरद्वाज आश्रम में पहुँचकर हनुमान् को यह सोचकर गर्व उत्पन्न हुआ था कि मैं राम के लिए कितने महान् कार्य कर चुका हूँ। राम ने यह जानकर हनुमान् को किसी बहाने आश्रम के पास के वन में भेज दिया। उस वन में अष्टेकि अथवा अष्टक नामक असुर (वैष्णवी माया के अवतार) ने हनुमान् को परास्त कर उन्हें तभी जाने दिया जब हनुमान् नम्रतापूर्वक राम का स्मरण करने लगे।

६०९. राम-नाटकों में पहले-पहल रावण-वध के पश्चात् **राक्षसों के छल-कपट** का वर्णन किया गया है, जिससे भरत आत्महत्या का विचार करने लगे। **उदात्तराघव** (८वीं श०) में तीन छद्मवेशी राक्षसों का अयोध्या में आगमन वर्णित है। पहला राक्षस वसिष्ठ के शिष्य का रूप धारण कर भरत के पास यह कहने आता है कि मैंने सुना है कि लक्ष्मण युद्ध में मारे गये हैं। अनन्तर एक दूसरा राक्षस नारद के रूप में आकर कहता है कि राम का भी देहान्त हुआ है और सीता अकेली ही अयोध्या आ गयी हैं। अन्त में एक राक्षसी सीता का रूप धारण कर भरत को अपने पति तथा देवर की मृत्यु का समाचार सुनाती है। यह सुनकर भरत सरयू में अपना शरीर त्याग देने का संकल्प करते हैं किन्तु हनुमान् ठीक समय पर पहुँचकर उनको ऐसा करने से रोक लेते हैं। हनुमान् राक्षसों की माया का एक और उदाहरण देते हैं—एक राक्षस ने सुमन्त के रूप में राम को भरत के मरणासन्न होने का समाचार दिया था (अंक ६)। **जानकीपरिणय** में छद्मवेशी शूर्पणखा अयोध्या में राम-वध का मिथ्या समाचार फैलाती है (दे० अनु० २४४)। **उल्लाघराघव** में रावण कापरिक नामक गुप्तचर मुनि का रूप धारण कर भरत को यह समाचार देता है कि राम-लक्ष्मण का वध करने के पश्चात् रावण पुष्पक पर चढ़कर अयोध्या पर आक्रमण करनेवाला है। इस पर सेना को बुलाया जाता है तथा कौशल्या और सुमित्रा चिता पर चढ़ने की तैयारियाँ करने लगती हैं। पुष्पक के आने पर भरत विभीषण पर बाण चलाना ही चाहते हैं किन्तु वसिष्ठ सब जानकर उनको रोक लेते हैं (अंक ८)।

अनेक अन्य रामकथाओं के अनुसार भरत चौदह वर्ष की समाप्ति पर राम को न पाकर तथा उनको मृत समझकर **आत्महत्या** की तैयारियाँ करने लगे थे कि हनुमान्, ने आकर उनको रोका था; उदाहरणार्थ आनन्द रामायण (१, १२, ६५); कम्ब रामायण (६, ३७); रंगनाथ रामायण (६, १६३); भावार्थ रामायण (६, ७८)। रंगनाथ रामायण में गुह तथा शत्रुघ्न के आत्महत्या-विचार का भी उल्लेख है। रामकियेन (अ० ३८) के अनुसार भरत और शत्रुघ्न दोनों चिता में प्रवेश करने के लिए तैयार थे।

६१०. युद्धकाण्ड के अन्तिम सर्ग में वाल्मीकि ने संक्षेप में अपने काव्य का निर्वहण प्रस्तुत किया है। भरत ने राम को राज्य लौटाते हुए कहा कि मैं चोरों आदि के कारण दुःसह राज्यभार सँभालने में असमर्थ हूँ :

> **किशोरवद्गुरुं भारं न वोढुमहमुत्सहे॥ ३॥**
> **वारिवेगेन महता भिन्न सेतुरिव क्षरन्।**
> **दुर्बन्धनमिदं मन्ये राज्यच्छिद्रमसंवृत्तम्॥ ४॥**

राम ने समारोह के साथ नगर में प्रवेश किया तथा वसिष्ठ ने अगले दिन राम तथा सीता का राज्याभिषेक सम्पन्न किया। अनन्तर राम पहले ब्राह्मणों को तथा बाद में विभीषण, सुग्रीवादि वानरों को दान देकर निष्कंटक राज्य करने लगे। राम ने लक्ष्मण को युवराज बनाना चाहा किन्तु लक्ष्मण ने उस पद को अस्वीकार किया जिससे भरत युवराज बन गये। राम १०००० वर्ष तक राज्य करते रहे और उन्होंने अन्य यज्ञों के अतिरिक्त अपने पुत्रों के साथ दस बार अश्वमेध यज्ञ सम्पन्न किया था। **रामराज्य** के गुणगान तथा रामायण की फलश्रुति पर वाल्मीकिकृत आदिकाव्य समाप्त हो जाता है। उत्तरकाण्ड (सर्ग ३७-४०) में रामाभिषेक के लिए आमंत्रित राजाओं तथा सुग्रीव, विभीषण, हनुमान् आदि को विदा का पुनः वर्णन किया गया है।

उत्तरकाण्ड के दो अन्य स्थलों पर रामराज्य की सुख-शान्ति का विवरण दिया गया है—सर्ग ४१, १७-२२ और सर्ग ९९, १०-१३ । महाभारत (द्रोणपर्व; दे० ऊपर अनु० ४४; शान्तिपर्व, २९, ४७-५२) तथा रघुवंश (१४, २३-२४) में इसका वर्णन मिलता है। परवर्ती रचनाओं में प्रजा के धर्माचरण पर भी विशेष बल दिया जाता है, दे० भागवतपुराण (९, १०, ५१-५५); पद्मपुराण (पातालखण्ड ४, ४९-५४ और ५, २२-५५); ब्रह्मपुराण (१२३, १४५-१५५)

आनन्द रामायण (१, १२, ८४) के अनुसार राम भरत का आलिंगन करने के पश्चात् बहुत-से रूप धारण कर एक ही समय सबों से मिले थे। प्रायः समस्त रामकथाओं में वाल्मीकि के अनुसार ही **राम का अभिषेक** वर्णित है किन्तु देवताओं की उपस्थिति को अधिक महत्त्व दिया गया है। उदाहरणार्थ अध्यात्म रामायण (६, १५, ५०), आनन्द रामायण (१, १२, ११५)। अभिषेक नाटक (अंक ६, ३२) के अनुसार राम का अभिषेक लंका में अग्निदेव द्वारा सम्पन्न हुआ था तथा प्रतिमा नाटक (अंक ७, ५-८) के अनुसार जनस्थान में, जहाँ भरत तथा शत्रुघ्न माताओं तथा एक विशाल सेना के साथ पहुँचे थे।

अध्यात्म रामायण (६, १६, २६) तथा आनन्द रामायण (१, १२, १६९) के अनुसार राम ने लक्ष्मण को युवराज पद पर अभिषिक्त किया था। पउमचरियं (पर्व ८०-८५), गुणभद्रकृत उत्तरपुराण (६८, ६६३) आदि जैन रामकथाओं में लक्ष्मण तथा राम दोनों का अभिषेक किया जाता है। पउमचरियं के अनुसार इस अभिषेक के पूर्व ही भरत विरक्त होकर जैन दीक्षा लेते हैं। बहुत-सी मध्यकालीन रचनाओं में विदा के अवसर पर हनुमान्[१] की रामभक्ति-विषयक सामग्री मिलती है जिसका निरूपण हनुमच्चरित के अन्तर्गत रखा गया है (दे० ७०६-७०७)। **बलरामदास रामायण** के अनुसार सीता ने रामाभिषेक के भोजन के अवसर पर अनेक रूप धारण कर, सब अतिथियों को परोसा था। रामचन्द्रिका (प्रकाश २५) में अभिषेक के पूर्व वसिष्ठ द्वारा राम के वैराग्य का निवारण वर्णित है। पद्मपुराण (उत्तरखण्ड, २७०, ४२) में राम ने अभिषेक के अवसर पर अतिथियों को अपना दिव्य रूप दिखलाया था।

रामकियेन (अध्यात्म ३८) के अनुसार राम अपने अभिषेक के पश्चात् भरत तथा शत्रुघ्न को युवराज पद पर नियुक्त करते हैं और लक्ष्मण, सुग्रीव, विभीषण, अंगद, जाम्बवान् गुह आदि सहयोगियों में अपना विशाल राज्य बाँटते हैं। वह हनुमान् के लिए एक नयी राजधानी का निर्माण करते हैं। समस्त राजा राम के अधीन रहकर शासन करते हैं और सर्वत्र शान्ति का साम्राज्य है।

---

१. भावार्थ रामायण में हनुमान् को उसी समय स्त्रीराज्य भेजा गया (दे० अनु० ६८७)।

६११. वाल्मीकि रामायण के बाद की रामकथाओं में युद्धकाण्ड के कथानक में सर्वथा नवीन सामग्री भी मिलती है जिसका यहाँ उल्लेख करना उचित होगा। **पउमचरियं** में पहले-पहल युद्ध के पूर्व राक्षस-राक्षसियों तथा रावण-मन्दोदरी की शृंगारपूर्ण चेष्टाओं का वर्णन किया गया है (दे० पर्व ५६, १३-२६ और पर्व ७०, ५१-६१)। सम्भवत: पउमचरियं के अनुकरण पर अनेक अन्य महाकाव्यों में युद्धकाण्ड के कथानक के अन्तर्गत **राक्षस-राक्षसियों का सम्भोग-शृंगार** वर्णित है; उदाहरणार्थ सेतुबन्ध (सर्ग १०); भट्टिकाव्य (सर्ग ११); रामायण ककविन (सर्ग १२); जानकीहरण (सर्ग २६); अभिनन्दकृत रामचरित (सर्ग १८); कम्बरामायण (६, २४); रामलिंगामृत (सर्ग ८)।

६१२. भानुराज की कथा अब तक केवल स्याम के **रामकियेन** (अध्याय २६) में मिली है। समुद्र पार करने के पश्चात् रामसेना ने लंका के निकट पहुँचकर एक मनोहर मायावन देखा था। रामसेना को आकर्षित करने तथा भूमि के नीचे खींच लेने के उद्देश्य से भानुराज ने यह मायावन अपने सिर पर धारण किया था। हनुमान् ने उसकी माया जानकर भूमि में प्रवेश किया तथा उसे मार डाला।

६१३. भस्मलोचन की कथा कई रूपों में प्रचलित है। यह हरिवंश (२, ५७), विष्णुपुराण (५, २३) आदि के मुचुकुन्द-वृत्तान्त से साम्य रखती है। **कृत्तिवास रामायण** (५, ४७) के अनुसार भस्मलोचन नामक राक्षस की दृष्टि जिस पर पड़ती थी, वह उसी क्षण भस्मीभूत हो जाता था। इस कारण भस्मलोचन प्राय: अपनी आँखों को चमड़े के परदे से ढके रखता था। जब राम-सेना समुद्र पार कर लंका की ओर बढ़ रही थी तब रावण ने उसके विरुद्ध भस्मलोचन को भेज दिया। विभीषण के परामर्श से राम ने ब्रह्मास्त्र छोड़कर भस्मलोचन के सामने असंख्य दर्पण रख दिये थे जिन पर दृष्टि डालकर भस्मलोचन जल गया था। **सेरीराम** में बीलावीस को रावण का पुत्र माना गया है। कुम्भकर्ण-वध के बाद रावण ने उसे पाताल से बुलाकर रामसेना को नष्ट करने का आदेश दिया। विभीषण से बीलावीस की विनाशक दृष्टि के विषय में जानकर राम ने लोहे का एक विस्तृत दर्पण बनवाया और हनुमान् ने अपनी पूँछ से इस दर्पण को बीलावीस के सामने रख दिया। उसमें अपना प्रतिबिम्ब देखकर बीलावीस भस्मीभूत हुआ।

रामकियेन (अध्याय ३१) में कई **मायावी योद्धाओं** की चर्चा है। **सहस्सतेज** नामक राक्षस अपनी गदा के अग्रभाग से जिसकी ओर इशारा करता था, वह तत्काल मर जाता था।[१] हनुमान् अपने को बालि का दास कहकर सहस्सतेज का विश्वासपात्र बन जाते हैं; वह उसकी गदा प्राप्त कर लेते हैं तथा सहस्सतेज के सहस्र सिर काटकर राम के पास लौटते हैं। अनन्तर सांग आदित्य राम-सेना का सामना करने आता है। **सांग आदित्य** के पास मायावी दर्पण था; जिस पर उस दर्पण का प्रतिबिम्बित प्रकाश पड़ता था वह तुरन्त मर जाता था। वह दर्पण ब्रह्मा की रक्षा में था। यह जानकर कि रावण ने सांग आदित्य को बुलाया है अंगद ने सांग आदित्य के राज्यपाल का रूप धारण कर लिया तथा ब्रह्मा के पास जाकर उस दर्पण

---

१. यह गदा शिव द्वारा मधु को प्रदत्त शूल का स्मरण दिलाती है, जो मधु के प्रतिद्वन्द्वी को भस्मीभूत कर देता था (दे० वाल्मीकि रामायण ७, ६१,९)। इस कथा का एक अन्य रूप भी रामकियेन में मिलता है (दे० अनु० ६४८, ४)।

को प्राप्त किया। इस प्रकार अपने दर्पण से वंचित होकर सांग आदित्य राम द्वारा मारा गया। रामकियेन के उसी अध्याय में रावण के असफल यज्ञ के पश्चात् हनुमान् दो अन्य मायावी योद्धाओं का वध करते हैं। **सद्धासुर** युद्ध करते समय देवताओं के आयुद्ध अपने पास बुला सकता था। यह जानकर हनुमान् ने वानरों को आदेश दिया कि वे बादलों में छिपकर देवताओं द्वारा सद्धासुर के लिए भेजे हुए आयुध छीन लें। तब हनुमान् ने सद्धासुर को युद्ध के लिए आह्वान किया। सद्धासुर ने देवताओं के आयुध बुलाये किन्तु बादलों में छिपे वानरों ने सबको हथियाया जिससे हनुमान् उसे मार डालने में समर्थ हुए। अनन्तर विरुंचंबंग के युद्ध का वर्णन किया गया है; वह एक अदृश्य घोड़े पर चढ़कर स्वयं अदृश्य बन सकता था। राम ने उसका सामना किया तथा उसका अदृश्य घोड़ा मार डाला किन्तु विरुंचंबंग एक माया-विरुंचंबंग की सृष्टि कर स्वयं आकाश नामक पर्वत की ओर भाग गया। वहाँ पर उसकी भेंट एक वानरी से हुई जिसने उसे समुद्र के फेन में छिप जाने का आदेश दिया। वह वानरी वास्तव में एक शापित अप्सरा थी जो विरुंचंबंग की खोज में हनुमान् की सहायता करने के पश्चात् ही अपने शाप से मुक्ति पा सकती थी। हनुमान् ने उसके साथ रमण किया तथा उसकी सहायता से विरुंचंबंग का पता लगाकर उसका वध किया।

६१४. महिरावण की कथा अपेक्षाकृत अधिक प्रचलित है। जैमिनी भारत के **मैरावणचरित** (दे० अनु० १८६) के अनुसार मैरावण रावण का सखा है। वह रावण को आश्वासन देता है कि मैं राम-लक्ष्मण को पाताल-लंका ले जाकर दुर्गा को बलि के रूप में समर्पित करूँगा। विभीषण यह जानकर वानरों को सावधान करता है जिस पर हनुमान् विशाल रूप धारण कर अपने शरीर से समस्त राम-सेना की रक्षा करते हैं। मैरावण पहले दो गुप्तचरों को भेज देता है तथा बाद में माया-विभीषण के रूप में आकर वानरों को माया-चूर्ण से सुलाता है तथा राम-लक्ष्मण को एक पेटिका में बन्द कर दोनों को पाताल-लंका के भद्रकालीगृह में रख देता है। बाद में हनुमान् सूक्ष्म रूप धारण कर पद्मनाल मार्ग से पाताल में प्रवेश करते हैं। वहाँ वह बहुत देर तक द्वन्द्वयुद्ध करने पर भी द्वारपाल को परास्त करने में असमर्थ हैं; अन्त में पता चलता है कि यह द्वारपाल मत्स्यराज नामक उनका पुत्र है (दे० अनु० ६१५)। तब हनुमान् फिर सूक्ष्म रूप धारण कर मत्स्यराज की सहायता से पाताल-लंका में प्रवेश करते हैं। बाद में हनुमान् मैरावण की बहिन दुर्दण्डी के जलपात्र में छिपकर राजभवन के अन्दर जा पाते हैं। जब हनुमान् मैरावण को चुनौती देकर उसका वध नहीं कर पाते हैं तब दुर्दण्डी हनुमान् के लिए इस रहस्य का उद्घाटन करती है कि मैरावण के प्राण राजधानी से ३० योजन की दूरी पर रहनेवाले सात भृंगों में निवास करते हैं। हनुमान् जाकर उनका वध करते हैं तथा बाद में मैरावण को परास्त कर दुर्दण्डी के पुत्र नील-मेघ को कैद से छुड़ाता है। नील-मेघ मैरावण की पुत्री नीलकेशी से विवाह कर राजा बन जाता है तथा हनुमान् अब तक सोये हुए राम-लक्ष्मण को लंका ले जाते हैं।

आनन्द रामायण के अनुसार अश्विनीकुमार शापवश राक्षस-योनि प्राप्त कर ऐरावण-मैरावण के रूप में प्रकट हुए और दोनों रावण के मित्र बन गये थे (दे० ७, सर्ग १४)। लंका-युद्ध के समय उनके हस्तक्षेप का वृत्तान्त उपर्युक्त मैरावण-चरित से निम्नलिखित बातों में भिन्न है। ऐरावण तथा मैरावण दोनों आकाशमार्ग से हनुमान् की बढ़ाई हुई पूँछ के दुर्गम परिघ को पारकर निद्रामग्न राम तथा लक्ष्मण को ले जाते हैं। हनुमान् अपने पुत्र मकरध्वज से यह जानकर कि राम-लक्ष्मण कामाक्षा-देवी के मन्दिर में हैं सूक्ष्म रूप धारण कर उस

मन्दिर में प्रवेश करते हैं। वह देवी की वाणी का अनुकरण करके आदेश देते हैं कि राम तथा लक्ष्मण को जीवित ही मेरे सामने उपस्थित किया जाये। इस प्रकार मुक्ति पाकर राम-लक्ष्मण ऐरावण-मैरावण को एक सौ बार मार डालते हैं किन्तु दोनों पुनः-पुनः पुनर्जीवित हो जाते हैं। अन्त में ऐरावण को भोगपत्नी हनुमान् को इस शर्त पर दोनों की मृत्यु का उपाय प्रकट करने के लिए तैयार होती है कि राम उसे पत्नीस्वरूप ग्रहण करें। हनुमान् यह प्रस्ताव स्वीकार करते हैं बशर्ते कि उसका पलंग राम के भार से न टूटे। तब वह कहती है कि ऐरावण-मैरावण के शयनागार में जो भ्रमर रहते हैं, वही अमृत लाकर दोनों को पुनर्जीवित करते हैं। हनुमान् एक भ्रमर को छोड़कर सबको मार डालते हैं; वह भ्रमर हनुमान् के आदेश पर ऐरावण की भोगपत्नी के पलंग की लकड़ी को भीतर से खाकर खोखला बना देता है। अन्त में राम ऐरावण-मैरावण दोनों का वध करते हैं तथा ऐरावण की भोगपत्नी को आश्वासन देते हैं कि अगली बार कन्याकुमारी के रूप में प्रकट होकर वह तीसरे जन्म में द्वापर में उनकी पत्नी बन सकेगी।[१] इसके बाद हनुमान् राम को तथा मकरध्वज लक्ष्मण को लंका पहुँचा देते हैं (दे० १, ११, ७३-१३०)।

कृत्तिवास (६, ७९-८८) ने महिरावण की कथा का अपेक्षाकृत अधिक विस्तार से वर्णन किया है। इस वृत्तान्त की विशेषता यह है कि इसमें हनुमान् के पुत्र की चर्चा नहीं होती और महिरावण को रावण का पुत्र माना गया है। महिरावण शक्रधनु नामक गन्धर्व था जो अष्टावक्र के शाप के कारण राक्षस बन गया था। रावण ने उसे निकषा के परामर्श से बुलाया था किन्तु विभीषण ने पक्षी के रूप में दोनों की मंत्रणा सुनकर राम को सावधान किया था जिससे हनुमान् पूँछ बढ़ाकर चारों ओर से लंका की रक्षा करते थे; इसके अतिरिक्त राम ने आकाश में विष्णु-चक्र रख दिया तथा नल ने पाताल में माया का विस्तार किया। महिरावण ने क्रमशः दशरथ, कौशल्या तथा जनक के रूप में आकर हनुमान् को धोखा देने का असफल प्रयत्न किया; अन्त में वह विभीषण के रूप में शिविर में प्रवेश कर तथा मायाचूर्ण से राम-लक्ष्मण को निद्रामग्न करके दोनों को अपने भवन में ले गया। पातालपुरी में पहुँचकर हनुमान् ने किसी बूढ़ी से जान लिया था कि राम-लक्ष्मण कहाँ हैं। अतः उन्होंने मक्खी के रूप में महिरावण के महल में जाकर राम-लक्ष्मण को प्रणाम किया तथा बाद में महामाया मन्दिर में देवी को राम का समाचार सुनाया। देवी ने राम-शिव की अभिन्नता का उल्लेख करके महिरावण के वध की युक्ति बतायी। जब राम तथा लक्ष्मण देवी के सामने उपस्थित किये जायेंगे, उनको महिरावण से कहना चाहिए कि हम साष्टांग प्रणाम करना नहीं जानते हैं, हमें दिखलाइये। महिरावण के प्रणाम करने पर उसे देवी की तलवार से मार डालना चाहिए। देवी के इस निर्देश के अनुसार हनुमान् ने महिरावण का वध किया। इसके बाद महिरावण की पत्नी युद्ध करने आयी; हनुमान् ने उस पर पाद-प्रहार किया जिससे उसके गर्भ से चार सिरवाले अहिरावण का जन्म हुआ जो तुरन्त हनुमान् का सामना करने लगा तथा हनुमान् से मारा गया।

महिरावण का वृत्तान्त निम्नलिखित रचनाओं में भी पाया जाता है—**भावार्थ रामायण** (६,५१-५४), कन्नड़ मैरावण कालग, गुजराती नर्मदकथा कोश (पृ० २२३), विक्रम नरेन्द्रकृत रामलीला, पाश्चात्य वृत्तान्त नं० १३, काशीराम कृत बंगाली दानपर्व। **रामलिंगामृत** (सर्ग

१. आनन्द रामायण के अन्य स्थल (याजाकाण्ड, सर्ग ७) के अनुसार कन्याकुमारी जामवन्ती के रूप में प्रकट होगी। तत्त्वसंग्रह रामायण (६, ६) में भी इसकी ओर निर्देश किया गया है।

८) के अनुसार अहिरावण तथा महिरावण राम-लक्ष्मण को पाताल ले गये थे और हनुमान् ने अपने पुत्र मकरध्वज की सहायता से दोनों का वध किया। **पाश्चात्य वृत्तान्त** नं १ में रावण स्वयं राम-लक्ष्मण का हरण करता है। **बिर्होर रामकथा** के अनुसार कुम्भकर्ण राम-लक्ष्मण को ले जाकर उनको काली को समर्पित करना चाहता था किन्तु लक्ष्मण ने कुम्भकर्ण को मार डाला।

विदेशी वृत्तान्तों में केवल राम को पाताल ले जाने की कथा मिलती है, उदाहरणार्थ सेरीराम, रामकियेन (अध्याय २७), रामजातक, पाश्चात्य वृत्तान्त नं० ७ तथा कम्बोडिया का एक प्राचीन चित्र।[१] **सेरीराम** की कथा इस प्रकार है। रावण का पुत्र पाताल महारायन हनुमान् का रूप धारण कर वानर-सेना में प्रवेश कर जाता है और राम को माया-लेप से निद्रामग्न कर उन्हें अपने भवन ले जाता है। बाद में हनुमान् राम की खोज में पाताल जाकर एक राजकुमारी से भेंट करते हैं जो अपने पुत्र के स्नान के लिए जल ले जानेवाली है। ज्योतिषियों ने बताया था कि वह पुत्र पाताल महारायन का उत्तराधिकारी बनेगा; अतः महारायन ने उसे राम के साथ मार डालने का निश्चय किया है। हनुमान् उसके पुत्र को राजा बनाने की प्रतिज्ञा करते हैं और वह हनुमान् को छिपकली के रूप में अपने जलपात्र में छिपाकर किले के अन्दर ले जाती है। फाटक पर हनुमान् अपने पुत्र तूगंग से द्वन्द्वयुद्ध कर उसकी सहायता अस्वीकार करते हैं तथा पाताल महारायन को हराकर सोये हुए राम को लंका ले जाते हैं। राम तभी जागते हैं जब विभीषण उनके चेहरे पर से माया-लेप धो डालता है। अगले दिन राम रणभूमि में ही पाताल महारायन का वध करते हैं। सेरीराम के शेलाबेर पाठ की कथा कहीं अधिक विस्तृत है। मैरावणचरित के अनुसार पाताल महारायन पहले दो सेनापतियों को भेज देता है। बाद में वह कीट का रूप धारण कर हनुमान् का शरीर पार कर जाता है तथा क्रमशः सुग्रीव, जाम्बवान् तथा विभीषण के वेश में महल में घुसने का असफल प्रयत्न करता है। रात के पिछले पहर वह राम को ले जाकर पद्मनाल के मार्ग से पाताल में प्रवेश करता है। जिस राजकुमारी से हनुमान् की भेंट होती है वह अमीर अरब (अहिरावण?) की बहन है। अमीर अरब रावण का मामा है जिसने अपने भानजे को कैद में रख दिया है। हनुमान् पक्षी का रूप धारण कर राजकुमारी के जलपात्र में छिप जाते हैं तथा बाद में अमीर अरब का वध कर उसके भानजे को राजा बनाते हैं।

रामकियेन में मैयरब को सहमालिवन (माल्यवान्? दे० वा० रा० ७, सर्ग ५) का पोता माना गया है; उसके गुरु सुमेघ ने उसका जीव मक्खी के रूप में चित्रकूट पर्वत पर छिपा दिया था। वह मायाचूर्ण से वानरों को सुलाता है और राम को हनुमान् के मुँह से निकालकर पाताल ले जाता है। हनुमान् वहाँ जाकर पहले अपने पुत्र मच्छानु तथा बाद में बिरक्वन नामक मैयरब की बहन से भेंट करते हैं। बिरक्वन को आदेश मिला कि वह एक हण्डा जल से भर दें; उसमें उसका पुत्र उबाला जानेवाला है। बिरक्वन हनुमान् को पद्मतन्तु के रूप में अपने दुपट्टे में छिपाकर राम के पास पहुँचाता है तथा मैयरब के वध की युक्ति भी बताता है। हनुमान् राम के साथ लंका लौटने के पहले बिरक्वन के पुत्र वैयविक को राजा तथा मच्छानु को युवराज नियुक्त करते हैं।

६१५. हनुमान् के पुत्र की उत्पत्ति के विषय में भिन्न-भिन्न वृत्तान्त मिलते हैं। **जैमिनी भारत**, गुजराती **नर्मदकथाकोश** आदि के अनुसार लंकादहन के पश्चात् जब हनुमान् समुद्र

---

१. बुलेटिन एकोल फ्रांसेस एक्स्ट्रेम ओरियन, भाग १२, पृ०४७।

में नहाने गये थे, तब एक मछली (अथवा मकरी) ने उनका स्वेद पान कर लिया, जिसके कारण वह गर्भवती हो गयी। **आनन्द रामायण** (१, ११, ८८) और **भावार्थ रामायण** (५, २०) के अनुसार उस अवसर पर हनुमान् का श्लेष्मा एक मकरी के द्वारा खाया गया था और फलस्वरूप उसे एक पुत्र मकरध्वज उत्पन्न हुआ। अन्य रामकथाओं के अनुसार लंका की वापसी में हनुमान् ने मकरी के साथ सम्भोग किया था (दे० पाश्चात्य वृत्तान्त नं० ७ और ८)।

सेरीराम में माना गया है कि समुद्र-लंघन के समय हनुमान् का वीर्य गिर गया था और मछलियों की रानी उसे खाकर गर्भवती हो गयी। सेरीराम के **पातानी पाठ** तथा **हिकायत महाराज रावण** में सेतुबन्ध के समय मछलियाँ अपनी रानी की आज्ञानुसार सेतु को नष्ट करने लगती हैं। इस पर हनुमान् उसके पास जाकर और सेतु को पुनः बँधवाकर उससे पुत्र उत्पन्न करते हैं। **रामकियेन** (अध्याय २६) के अनुसार रावण ने अपनी पुत्री नागकन्या सुवर्णमच्छा को सेतु नष्ट करने के लिए भेज दिया और हनुमान् ने उससे मच्छानु नामक पुत्र उत्पन्न किया। इसी रचना (अंक २५) में विभीषण की पुत्री बेंजकाया तथा हनुमान् के असुराफद नामक पुत्र का भी उल्लेख है।

अध्याय-२०

उत्तरकाण्ड

१—वाल्मीकि रामायण का उत्तरकाण्ड

६१६. क। उत्तरकाण्ड की कथावस्तु

(१) रावण-चरित (सर्ग १-३६)

(उत्तरकाण्ड का यह भाग अगस्त्य द्वारा कथित है)।

वैश्रवण—विश्रवा-देववर्णिनी के पुत्र वैश्रवण का चतुर्थ लोकपाल तथा धनेश बनना और पुष्पक प्राप्त कर उनका लंका-निवास (सर्ग १-३)।

राक्षस-वंश—प्रहेति तथा हेति के वंश में उत्पन्न राक्षसों का लंका-निवास तथा विष्णु द्वारा पराजित होने पर उनका पाताल-प्रवेश (सर्ग ४-८)।

रावण का जन्म—विश्रवा-कैकसी से दशग्रीव, कुम्भकर्ण, शूर्पणखा तथा विभीषण का जन्म। वैश्रवण से ईर्ष्या होने के कारण तीनों भाइयों की तपस्या तथा ब्रह्मा से वरप्राप्ति (सर्ग ९-१०)। रावण की आशंका से वैश्रवण का लंका-त्याग तथा कैलास पर निवास; राक्षसों का लंका में प्रवेश। मय-सुता मन्दोदरी से रावण का विवाह (सर्ग ११-१२)।

रावण की प्रथम विजय-यात्रा—वैश्रवण को पराजित कर रावण का पुष्पक को प्राप्त करना (सर्ग १३-१५)। रावण को नन्दि-शाप। रावण का कैलास को उठाना तथा शिव से 'रावण' नाम तथा चन्द्रहास खंग को प्राप्त करना (सर्ग १६)। वेदवती का रावण को शाप देना (सर्ग १७)। रावण द्वारा अनेक राजाओं की पराजय तथा राजा अनरण्य का उसे शाप देना (सर्ग १८-१९)। नारद की प्रेरणा से रावण का यम पर आक्रमण तथा ब्रह्मा द्वारा यम से रावण की रक्षा (सर्ग २०-२२)। शूर्पणखा के पति विद्युज्जिह्व का रावण द्वारा वध और वरुण-पुत्रों की पराजय (सर्ग २३)। (पाँच प्रक्षिप्त सर्ग : बलि से रावण की भेंट, सूर्य तथा चन्द्र-लोक की यात्रा और कपिल से भेंट)।

रावण के अन्य युद्ध—रावण द्वारा अनेक कन्याओं और पत्नियों का हरण और शूर्पणखा को खर तथा दूषण के साथ दण्डकारण्य भेज देना। कुम्भनसी के द्वारा मधु की रक्षा। नलकूबर का शाप (सर्ग २४-२६)। मेघनाद द्वारा इन्द्रबन्धन तथा देवताओं की प्रार्थना से मुक्ति। देवताओं से मेघनाद की वरप्राप्ति—किसी भी युद्ध के पूर्व यज्ञ कर लेने पर वह अजेय होगा (सर्ग २७-३०)। अर्जुन कार्त्तवीर्य तथा बालि द्वारा रावण की पराजय (सर्ग ३१-३४)।

हनुमत्कथा—हनुमान् की जन्म-कथा और चरित (सर्ग ३५-३६)।

(२) सीतात्याग (सर्ग ३७-८२)

अतिथियों का प्रस्थान— अभिषेक के दूसरे दिन राम का ऋषियों, राजाओं, वानरों तथा राक्षसों द्वारा अभिवादन (सर्ग ३७)।

(पाँच प्रक्षिप्त सर्ग : बालि और सुग्रीव की जन्म-कथा, रावण का मुक्ति प्राप्त करने के उद्‌देश्य से सीताहरण का निश्चय, श्वेतद्वीप में स्त्रियों द्वारा रावण की पराजय)।

जनक, युधाजित् तथा प्रतार्दन का प्रस्थान। दो मास पश्चात् सुग्रीव, अंगद, हनुमान्, विभीषण तथा वानरों, राक्षसों और ऋक्षों का प्रस्थान (सर्ग ३८-४०)। पुष्पक का प्रत्यागमन तथा राम द्वारा विदा (सर्ग ४१)।

सीतात्याग— आश्रमों को देखने जाने की सीता की दोहद। लोकापवाद के कारण वाल्मीकि आश्रम में सीता को छोड़ने की राम की आज्ञा (सर्ग ४२-४५)। गंगा के उस पार लक्ष्मण का सीता को त्याग का समाचार देना, सीता का विलाप (सर्ग ४६-४८)। वाल्मीकि का सीता को आश्रय देना (सर्ग ४९)। सुमंत्र का लक्ष्मण को सीतात्याग का कारण बतलाना (सर्ग ५०-५२)।

नृग, निमि और ययाति की कथाएँ— राम द्वारा लक्ष्मण को नृग, निमि तथा ययाति की कथाओं का सुनाया जाना (सर्ग ५३-५९)।

(तीन प्रक्षिप्त सर्ग : राम से न्याय माँगने की श्वान की कथा, गृध्र तथा उलूक की कथा)।

शत्रुघ्न-चरित— भार्गव च्यवन के आग्रह से राम का लवण का वध करने के लिए शत्रुघ्न को भेजना (सर्ग ६०-६४)। शत्रुघ्न का वाल्मीकि-आश्रम में रात्रि व्यतीत करना तथा उसी रात्रि में कुश-लव का जन्म (सर्ग ६५-६६)। शत्रुघ्न द्वारा लवण-वध और मधुपुरी का बसाया जाना। बारह वर्ष बाद राम के पास लौटते समय वाल्मीकि के आश्रम में शत्रुघ्न का रामायण-गान सुनना। राम से मिलकर उनका अपने राज्य में वापस जाना (सर्ग ६७-७२)।

शम्बूक-वध— ब्राह्मण-पुत्र की मृत्यु पर नारद का शूद्र की तपस्या को उसका कारण बताना। राम का दक्षिण जाकर शम्बूक-वध करना; अनन्तर अगस्त्य से दण्डकारण्य की कथा सुनना (सर्ग ७३-८२)।

(३) अश्वमेध (सर्ग ८३-१११)

अश्वमेध-माहात्म्य— राजसूय-यज्ञ का भरत द्वारा विरोध। लक्ष्मण का अश्वमेध का प्रस्ताव तथा उसके माहात्म्य में ब्रह्महत्या से अश्वमेध द्वारा इन्द्र की शुद्धि की कथा सुनाना (सर्ग ८३-८६)। राम द्वारा इला के अश्वमेध से पुरुषत्व प्राप्त करने की कथा (सर्ग ८७-९०)।

अश्वमेध में सीता का पृथ्वी-प्रवेश— नैमिष वन में अश्वमेध के अवसर पर कुश-लव का सभा के सामने रामायण-गान करना (सर्ग ९१-९४)। कुश-लव को सीता-पुत्र जानकर राम का वाल्मीकि के पास सन्देश भेजना और सभा के सम्मुख अपनी शुद्धि का साक्ष्य देने के लिए सीता से अनुरोध करना (सर्ग ९५)। सीता की शपथ; पृथ्वी का सीता को अपने साथ ले जाना; राम द्वारा सीता को लौटा देने का व्यर्थ अनुरोध (९६-९८)। कुश-लव द्वारा उत्तरकाण्ड का गान, सभा-विसर्जन, माताओं की मृत्यु (सर्ग ९९)।

विजय-यात्राएँ— भरत के पुत्रों (तक्ष-पुष्कल) का तक्षशिला तथा पुष्कलवती में राज्य-स्थापन (सर्ग १००-१०१)। लक्ष्मण के पुत्रों (अंगद-चन्द्रकेतु) का अंगदीप और चन्द्रकान्त में राज्य-स्थापन।

लक्ष्मण-मृत्यु— काल का राम को अपना विष्णुरूप प्राप्त करने का स्मरण दिलाना। दुर्वासा के आग्रह से लक्ष्मण का राम तथा काल के पास जाना और इसके कारण लक्ष्मण का सरयू-प्रवेश (१०२-१०६)।

स्वर्गगमन— राम का कुश को कुशावती में और लव को श्रावस्ती में राज्य देना। अपने पुत्रों (सुबाहु और शत्रुघातिन्) को राज्य देकर शत्रुघ्न का अयोध्या आना। सुग्रीव और वानरों का आना। विभीषण और हनुमान् को अमरत्व का वरदान (१०७-१०८)। राम का अपने भाइयों के साथ विष्णुरूप में तथा वानरों का अंशानुसार देवताओं में प्रवेश। नागरिकों की स्वर्गप्राप्ति। फलश्रुति (सर्ग १०९-१११)।

ख। उत्तरकाण्ड का विश्लेषण

तीनों पाठों में विभिन्नता

६१७. उत्तरकाण्ड के तीन पाठों में इतनी ही विभिन्नता पायी जाती है कि दाक्षिणात्य पाठ में भृगु द्वारा विष्णु को शाप सीतात्याग का कारण माना गया है (दे० अनु० ७२५)। इतनी कम विभिन्नता से पता चलता है कि उत्तरकाण्ड की रचना अन्य काण्डों के बाद हुई है। इसका उल्लेख दूसरे अध्याय में हो चुका है (दे० अनु० २२)।

दाक्षिणात्य पाठ के संस्करणों में उत्तरकाण्ड के २३वें सर्ग, ३७वें सर्ग तथा ५९वें सर्ग के पश्चात् क्रमशः पाँच, पाँच तथा तीन प्रक्षिप्त सर्ग उद्धृत किये जाते हैं, जिनकी गणना अन्य सर्गों के साथ-साथ नहीं की गयी है। इनकी अधिकांश सामग्री अन्य पाठों में नहीं मिलती।

उत्तरकाण्ड की उत्पत्ति

६१८. समस्त उत्तरकाण्ड प्रक्षिप्त है। इसके प्रमाण आठवें अध्याय में दिये गये हैं (दे० अनु० ११५)। उत्तरकाण्ड की सामग्री के विश्लेषण से स्पष्ट है कि इसकी रचना भिन्न-भिन्न कवियों द्वारा हुई है। प्रचलित **वाल्मीकि रामायण** में दो ही विस्तृत अंश ऐसे हैं, जिनमें अशुद्ध श्लोकों का बाहुल्य पाया जाता है, अर्थात् विश्वामित्र की कथा (बालकाण्ड, सर्ग ५७-६५) तथा रावणचरित (उत्तरकाण्ड, सर्ग १-३६)। अशुद्धियों का यह बाहुल्य इन दोनों वृत्तान्तों को प्रक्षेप सिद्ध करता है।[१]

रावणचरित के बाद राम के अभिषेक के लिए आये हुए अतिथियों की विदाई का पुनः वर्णन किया गया है (सर्ग ३७-४०); इसका प्रथम वर्णन युद्धकाण्ड के अन्त में हुआ था। रावणचरित जैसे विस्तृत प्रक्षेप जोड़ने के पश्चात् आधिकारिक कथावस्तु से सम्बन्ध स्थापित करने के लिए इसकी यहाँ पुनरावृत्ति की गयी है। अतः उत्तरकाण्ड का मूल-रूप सीतात्याग के वर्णन से प्रारम्भ हुआ होगा (सर्ग ४२-५२)। शेष सामग्री से पौराणिक कथाओं को तथा शम्बूक-वध की कथा[२] को हटाने पर जो वृत्तान्त रह जाता है, वह उत्तरकाण्ड का प्रारम्भिक रूप प्रतीत होता है, अर्थात् शत्रुघ्न-चरित तथा कुश-लव-जन्म, राम का अश्वमेध तथा कुश-लव द्वारा रामायण-गान, सीता का भूमि-प्रवेश, रामादि के पुत्रों की राज्यस्थापना, लक्ष्मण की मृत्यु तथा राम का स्वर्गारोहण।

---

१. दे० एच० याकोबी; डस रामायण, पृ० २६।

२. शम्बूक-वध एक स्वतंत्र कथा प्रतीत होती है, जो बाद में जोड़ दी गयी है।

२—उत्तरकाण्ड का विकास

६१९. उत्तरकाण्ड के प्रथम ३६ सर्गों में रामायण की आधिकारिक कथावस्तु से भिन्न एक स्वतंत्र कथानक का वर्णन किया गया है। तत्सम्बन्धी सामग्री दो अलग परिच्छेदों में रखी गयी है (दे० नीचे ३, रावणचरित और ४, हनुमच्चरित)। सीतात्याग तथा कुश-लव-चरित का विकास अपेक्षाकृत अधिक विस्तृत है। अतः इन दोनों वृत्तान्तों का वर्णन अलग किया गया है (दे० परिच्छेद ५ और ६)। रामकथा की समाप्ति अनेक रूपों में वर्णित है। इस महत्त्वपूर्ण विषय का विश्लेषण 'रामकथा का निर्वहण' नामक अन्तिम परिच्छेद में किया जायेगा। प्रस्तुत परिच्छेद में उत्तरकाण्ड की शेष कथावस्तु से सम्बन्ध रखनेवाली गौण सामग्री का वर्णन करना है। उत्तरकाण्ड की नृग, निमि आदि विषयक पौराणिक कथाओं का रामकथा से कोई सम्बन्ध नहीं है और इनका अर्वाचीन रामकथाओं में प्रायः अभाव है।

क। शत्रुघ्न-चरित

६२०. वाल्मीकि रामायण के प्रामाणिक काण्डों में शत्रुघ्न-विषयक सामग्री नगण्य है। सम्भव है कि इस अभाव की पूर्ति करने के उद्देश्य से उत्तरकाण्ड के रचयिताओं ने शत्रुघ्न द्वारा लवण-वध तथा मधुपुरी की स्थापना का वर्णन किया है (सर्ग ६०-७२)। कथा इस प्रकार है। भार्गव च्यवन के नेतृत्त्व में यमुनातट-निवासी तपस्वी किसी दिन राम के पास पहुँचकर लवण नामक राक्षस से रक्षा माँगने लगे। लवण का पिता मधु धार्मिक था; उसने शिव से एक अजेय शूल प्राप्त कर लिया था और उसे यह वरदान मिला था कि जब तक यह शूल उसके पुत्र के हाथ में रहेगा वह अवध्य होगा—**अवध्यः सर्वभूतानां शूलहस्तो भविष्यति** (६१,२४)। इस शूल के बल पर लवण अब तपस्वियों को सताया करता था। राम ने शत्रुघ्न का अभिषेक कर उनको लवण का वध करने तथा यमुना पर राजधानी बसाने का आदेश दिया। शत्रुघ्न ने एक विशाल सेना को मधुवन की ओर भेज दिया तथा बाद में अकेले ही वाल्मीकि के आश्रम होकर मधुवन की यात्रा की। शत्रुघ्न ने वाल्मीकि के यहाँ एक रात बितायी; वाल्मीकि ने उन्हें सौदास की कथा सुनायी (अनु० ६२१-६२७) तथा उसी रात्रि में कुश-लव का जन्म हुआ (दे० अनु० ७३९)। दूसरे दिन शत्रुघ्न ने पश्चिम के लिए प्रस्थान किया; उन्होंने च्यवन से मिलकर लवण द्वारा मान्धाता-वध की कथा सुन ली तथा लवण का वध करने के पश्चात् वह मधुपुरी में राज्य करने लगे। बारह वर्ष बीत जाने पर शत्रुघ्न ने राम से मिलने जाने का निश्चय किया। अयोध्या की यात्रा करते हुए वह फिर वाल्मीकि के यहाँ ठहरे तथा उन्होंने इस अवसर पर रामचरित का गान सुन लिया।[1] अयोध्या पहुँचकर शत्रुघ्न ने राम के पास रहने की इच्छा प्रकट की किन्तु राम ने क्षत्रिय-धर्म का उल्लेख करके **(प्रजा हि परिपाल्या क्षत्रधर्मेण ७२, १४)** उन्हें केवल सात दिन तक अयोध्या में रहने की अनुमति दी।

उत्तरकाण्ड में दो अन्य अवसरों पर शत्रुघ्न का उल्लेख किया गया है। उन्होंने राम के अश्वमेध में भाग लिया (सर्ग ९१) तथा लक्ष्मण की मृत्यु के पश्चात् उन्होंने अपने पुत्र सुबाहु को मथुरा में तथा शत्रुघाती को वैदिश में राज्यसिंहासन पर बैठाकर (सर्ग १०७-१०८) राम तथा भरत के साथ वैष्णव तेज में प्रवेश किया (सर्ग ११०)।

---

१. वाल्मीकि तथा शत्रुघ्न की इस द्वितीय भेंट के वर्णन में न तो सीता और न उनके पुत्रों का उल्लेख है।

ख। सौदास की कथा

६२१. वाल्मीकि रामायण के उत्तरकाण्ड के अनुसार वाल्मीकि ने शत्रुघ्न को सौदास की कथा सुनायी थी। इस कथा का विकास अत्यन्त रोचक है।[१] ऋग्वेद के अनुसार सौदास नामक राजा के दो पुरोहित थे—विश्वामित्र तथा वसिष्ठ। उन दोनों पुरोहितों में वैर उत्पन्न हुआ; वैदिक साहित्य के कई स्थलों पर (विश्वामित्र की प्रेरणा से) सौदासों द्वारा वसिष्ठ के पुत्र का वध तथा यज्ञ के प्रभाव से सौदासों पर वसिष्ठ की विजय उल्लिखित है; बृहद्देवता (अध्याय ६) में यह माना गया है कि वसिष्ठ ने सुदास को राक्षस बन जाने का शाप दिया था। 'सौदासाः' का मूल अर्थ है सुदास के अनुचर किन्तु बाद में सौदास का अर्थ सुदास का पुत्र माना गया और सुदास के स्थान पर सौदास को शाप दिये जाने की कथा प्रचलित हुई। इस कथा पर बौद्ध संसार में सुप्रसिद्ध सुतसोम नामक जातक का प्रभाव पड़ा, अतः यहाँ पर सर्वप्रथम सुतसोम विषयक सामग्री का सिंहावलोकन किया गया है (दे० अनु० ६२२)। ब्राह्मण धर्म के ग्रन्थों में सौदास की कथा के दो रूप मिलते हैं—एक महाभारत का रूप, जिसमें वसिष्ठ दूसरों द्वारा अभिशप्त सौदास को मुक्त करते हैं (अनु० ६२३); दूसरा, रामायण का रूप, जिसके अनुसार वसिष्ठ ने सौदास को राक्षस बन जाने का शाप दिया था (अनु० ६२४)। दोनों में समान रूप से यह तत्त्व विद्यमान है—नरमांसाहार खिलाने के कारण सौदास को १२ वर्ष तक राक्षस बनना पड़ा। सौदासीय कथा के कई रूपान्तर भी मिलते हैं जिनके द्वारा राम का महत्त्व तथा उनकी दयालुता का प्रतिपादन किया गया है (अनु० ६२५)।

६२२. सुतसोम की कथा समस्त बौद्ध संसार में व्याप्त है। पाली तथा संस्कृत साहित्य के अतिरिक्त इस नाटक के कई रूप चीनी अनुवादों में सुरक्षित हैं। तिब्बत तथा हिन्देशिया में भी सुतसोम की कथा पायी जाती है। यहाँ पर केवल पाली **महासुत सोम जातक** का सारांश दिया जायेगा। सुतसोम इन्द्रप्रस्थ के राजा कोरव्य का राजकुमार था जो तक्षशिला में ब्रह्मदत्त के पुत्र कल्माषपाद का सहपाठी होने के बाद अपने पिता के स्थान पर राजा बन गया। कल्माषपाद भी वाराणसी का राजा बन गया। वह अपने पूर्वजन्म में नरभक्षक यक्ष था; इस कारण वह नित्यप्रति मांसाहार किया करता था। किसी दिन कुत्ते राजा का भोजन ले गये और रसोइये ने हाल में मरे हुए मनुष्य की जाँघ पकाकर परोस दी। राजा ने उस भोजन को पसन्द किया तथा रसोइये ने इसका रहस्य प्रकट किया। इस पर राजा ने प्रतिदिन नरमांस तैयार करने का आदेश दिया। राजा ने पहले सब कैदियों को खाया; इसके बाद रसोइया नागरिकों का वध करने लगा जिससे जनता में खलबली मच गयी। अन्त में रसोइया रँगे हाथों पकड़ा गया और उसने कहा कि राजा को नरमांस की जरूरत है। तब राजा तथा रसोइये दोनों को निर्वासित किया गया। राजा वन में मनुष्यों का वध किया करता था और रसोइया इनका मांस भूनकर परोसता था। किसी दिन राजा अपने रसोइये को भी खा गया। एक बार ऐसा हुआ कि एक ब्राह्मण के अपहरण के कारण लोगों ने राजा का पीछा किया जिससे राजा के पैर में चोट लगी। राजा ने एक वृक्ष-देवता से यह प्रतिज्ञा की—अच्छा होने पर मैं तुझे भारतवर्ष भर के १०१ राजकुमारों को अर्पित करूँगा। सात दिन में उसका घाव भर गया (इसका वास्तविक कारण यह था कि उसने इस अवधि भर में अनशन किया था);

---

१. विस्तृत विश्लेषण के लिए प्रस्तुत लेखक का 'पुरुषाद सौदास' नामक निबन्ध देख लें। भारतीय साहित्य, आगरा, वर्ष ५, अंक २, पृ० ७-२७।

इसे वनदेवी का वरदान समझकर वह अपनी प्रतिज्ञा पूरी करने के लिए तैयार हो गया। अपने पूर्वजन्म के साथी यक्ष से मंत्र पाकर वह शीघ्रगामी बन गया और उसने एक सौ राजाओं को कैद कर लिया। इसके बाद उसने वृक्षदेवता के आदेश से सुतसोम को भी पकड़ लिया। सुतसोम ने उस दिन जाते समय किसी ब्राह्मण को आश्वासन दिया था कि स्नान से लौटकर मैं आपकी बात सुन लूँगा; अत: उसने नरभक्षक से निवेदन किया कि मुझे ब्राह्मण के प्रति अपनी प्रतिज्ञा को पूरा करने का अवसर दिया जाये। नरभक्षक ने उसको ब्राह्मण के पास जाने की अनुमति दी। सुतसोम ब्राह्मण के पास जाकर, उनसे चार गाथाएँ सीखकर और बदले में ब्राह्मण को चार हजार मुद्राएँ देकर, कल्माषपाद के पास लौटा। कल्माषपाद ये चार गाथाएँ सुनकर प्रसन्न हुआ और उसने सुतसोम को चार वर माँगने की अनुमति दी। सुतसोम ने निम्नलिखित चार वर उससे माँगे—(१) मैं आपको एक सौ वर्ष तक जीवित देख सकूँ; (२) आप उन एक सौ राजकुमारों को न खायें; (३) आप उनको उनके राज्य में वापस भेज दें; (४) आप नरमांस-भक्षण त्याग दें। तब दोनों में देर तक वार्तालाप हुआ; इसके फलस्वरूप कल्माषपाद ने अपनी आदत को छोड़ना स्वीकार कर लिया। सुतसोम के अनुरोध पर राजाओं ने कल्माषपाद के विरुद्ध कुछ नहीं करने की प्रतिज्ञा की; अन्त में सुतसोम ने कल्माषपाद को उसका राज्य वापस दिला दिया। जिस स्थान पर नरभक्षक के हृदय का परिवर्तन हुआ, वहाँ कम्मासदम्भ नामक नगर बस गया।

बौद्ध साहित्य की परवर्ती रचनाओं में ब्रह्मदत्त के पुत्र मांसाहारी कल्माषपाद को तथा सुदास के पुत्र सौदास को अभिन्न माना गया है और सौदास के मांसाहारी बनने का कारण यही बताया गया है कि वह सिंहनी की सन्तान है। कथा का यह रूप जातकमाला के सुतसोमजातक, लंकावतारसूत्र, सिंहसौदास-मांसभक्षनिवृत्ति के चीनी अनुवाद, भद्रकल्पावदान आदि में सुरक्षित है। जैनी ग्रन्थों में भी सिंहसौदास की चर्चा है (दे० पउमचरियं २२, ७२-९५)। महाभारत के अश्वमेध पर्व (अध्याय ५६-५८) में सत्यसंघ उत्तंक तथा सौदास के विषय में जो कथा मिलती है उस पर बौद्ध सुतसोम जातक की छाप स्पष्ट है।

६२३. महाभारत के आदिपर्व (अध्याय १६६-१६८) में सौदास की कथा इस प्रकार है। राजा कल्माषपाद किसी दिन मृगया के समय वन में वसिष्ठ के ज्येष्ठ पुत्र शक्ति से भेंट करते हैं। मार्ग देने के प्रश्न पर विवाद छिड़ जाने पर राजा शक्ति पर कोड़े का प्रहार करते हैं, जिस पर शक्ति राजा को पुरुषाद बन जाने का शाप देते हैं। वसिष्ठ के वैरी विश्वामित्र छिपकर दोनों का विवाद सुन लेते हैं तथा वसिष्ठ का अनर्थ चाहकर किंकर नामक राक्षस को आदेश देते हैं कि वह कल्माषपाद के शरीर में प्रवेश करे।

बाद में किसी दिन एक ब्राह्मण ने कल्माषपाद से सामिष भोजन माँगा। अपने रसोइये से यह जानकर कि मांस अप्राप्य है राक्षस-ग्रस्त राजा ने ब्राह्मण को नरमांस खिलाने का आदेश दिया। रसोइये ने ऐसा ही किया, जिससे ब्राह्मण ने शक्ति के शाप का स्मरण दिलाकर राजा को पुरुषाद राक्षस बनने का पुन: शाप दे दिया। राक्षस के ग्रहण तथा उपर्युक्त दो शापों के फलस्वरूप कल्माषपाद वास्तव में नरभक्षक बन गया। उसने सर्वप्रथम शक्ति का भक्षण किया; अनन्तर विश्वामित्र के आदेश से किंकर राक्षस ने राजा को वसिष्ठ के सौ पुत्रों को खाने के लिए प्रेरित किया। अपने समस्त पुत्रों की हत्या का समाचार सुनकर वसिष्ठ ने आत्महत्या का अनेक प्रकार से असफल प्रयत्न किया। बहुत समय बाद वन में कल्माषपाद से वसिष्ठ की भेंट हुई और वसिष्ठ ने अभिमंत्रित जल द्वारा राजा को, जो १२ वर्ष तक राक्षस-ग्रस्त रह

चुका था, मुक्त कर दिया। इस पर कल्माषपाद ने वसिष्ठ से निवेदन किया कि वह उसके लिए सन्तति उत्पन्न करें।[१] वसिष्ठ राजा के साथ अयोध्या आकर तथा रानी का गर्भाधान कराकर अपने आश्रम लौटे। बाद में महिषी ने एक पुत्र प्रसव किया जिसका नाम इसलिए अश्मक रखा गया कि १२ वर्ष तक गर्भ धारण करने के पश्चात् माता ने 'अश्म' से अपना उदर खोल दिया था।

वैदिक साहित्य में वसिष्ठ-विश्वामित्र का पारस्परिक वैर प्रसिद्ध है; महाभारत की उपर्युक्त कथा में भी इस वैर को सौदास की कथा का आधार बना दिया गया है। वैदिक साहित्य तथा महाभारत की कथा का एक महत्त्वपूर्ण अन्तर यह है कि महाभारत के अनुसार वसिष्ठ शाप नहीं देते; उलटे वह कल्माषपाद को शाप से मुक्त करते हैं। अतः कल्माषपाद के राक्षस बन जाने के तीन अन्य कारण दिये जाते हैं—(१) शक्ति का शाप; (२) विश्वामित्र की प्रेरणा से किंकर नामक राक्षस का आवेश; (३) नरमांसाहार के कारण किसी ब्राह्मण का शाप। इस अन्तिम कारण में सुतसोमजातक का प्रभाव देखा जा सकता है; सुतसोमजातक में साधारण मांस के अभाव में राजा को नरमांस परोसा जाता है जैसा कि यहाँ पर अन्य मांस अप्राप्य होने पर ब्राह्मण को नरमांस दिया जाता है।

बृहद्देवता में माना गया है कि वसिष्ठ ने अपने सौ पुत्रों के वध के कारण सुदास को शाप दिया था किन्तु महाभारत में सौदास शापग्रस्त हो जाने के पश्चात् ही वसिष्ठ के पुत्रों का भक्षण करता है जैसा कि सुतसोमजातक में कल्माषपाद, नरभक्षक बनने के बाद ही, १०१ राजाओं का बलिदान तैयार करता है। जातक में बोधिसत्त्व सुतसोम नरभक्षक को उपदेश देकर व्यसन छोड़ देने के लिए प्रेरित करता है, जैसा कि महाभारत की कथा के अनुसार वसिष्ठ ने अभिमंत्रित जल छिड़ककर कल्माषपाद को शाप-मुक्त किया था। इस प्रकार हम देखते हैं कि महाभारत की कथा पर सुतसोमजातक की गहरी छाप है।

कल्माषपाद नाम का वैदिक साहित्य में सर्वथा अभाव है। यह नाम महासुतसोम जातक (गाथा ४७२), महाभारत तथा रामायण के उत्तरकाण्ड तीनों में समान रूप से मिलता है। इन रचनाओं में से महासुतसोमजातक की गाथाएँ सबसे प्राचीन हैं, अतः अधिक सम्भव यही प्रतीत होता है कि कल्माषपाद का नाम बौद्ध साहित्य में पहले-पहल प्रयुक्त हुआ था। महाभारत, रामायण तथा पुराणों में सौदास, मित्रसह तथा कल्माषपाद तीनों नाम दिये गये हैं।[२] सुदास के पुत्र सौदास का निजी नाम मित्रसह था, बाद में बौद्ध साहित्य के प्रभाव से उनको कल्माषपाद का नाम भी मिला होगा। हरिवंशपुराण[३] में इस पर बल दिया गया है कि सौदास दो नामों से विख्यात था :

सुदासस्य सुतस्त्वासीत् सौदासो नाम पार्थिवः।
ख्यातः कल्माषपादो वै नाम्ना मित्रसहस्तथा॥

१. इस निवेदन का कारण अन्यत्र स्पष्ट किया गया है (दे० आदिपर्व, अध्याय १७३)।

२. रामायण के बालकाण्ड (७०,४०) में कल्माषपाद; अयोध्याकाण्ड के एक प्रक्षिप्त स्थल पर (११०, २९) कल्माषपाद तथा सौदास और उत्तरकाण्ड की कथा में तीनों नाम आये हैं। दाक्षिणात्य पाठ में (७, ६५, १० और १७) सौदास के पुत्र को वीर्यसह तथा मित्रसह कहा गया है किन्तु वह लिपिक की भूल होगी क्योंकि रामायण के अन्य पाठों में सौदास ही को मित्रसह का नाम दिया गया है (दे० गौडीय पाठ ७, ७१, ११; पश्चिमोत्तरीय पाठ ७, ६८, १०)।

३. दे० १, १५, २१। यह श्लोक ब्रह्माण्डपुराण (३, ६३, १७६), लिंगपुराण (पूर्वार्द्ध ६६, २७), वायुपुराण (२, २६, १७६) आदि में भी मिलता है।

भागवतपुराण (९, ९, १८) में कहा गया है कि सौदास को कहीं मित्रसह तथा कहीं कल्माषांघ्रि के नाम से पुकारा जाता है :

ततः सुदासस्तत्पुत्रो मदयन्तीपतिर्नृप।
आहुर्मित्रसहं यं वै कल्माषांघ्रिमुत क्वचित्॥

६२४. परवर्ती पुराणों तथा रामकथा-साहित्य में महाभारत की कथा की अपेक्षा **रामायण की सौदासीय कथा** को प्रामाणिक माना गया है। इस कथा की विशेषता यह है कि इसमें विश्वामित्र का उल्लेख तक नहीं होता। सौदास की दुर्गति का कारण यह माना जाता है कि उसने मृगया के समय किसी राक्षस को मार डाला था तथा उस राक्षस के साथी के षड्यंत्र के कारण उसने अनजाने में वसिष्ठ को नरमांस परोसा था और फलस्वरूप वसिष्ठ का कोप-भाजन बन गया। रामायणी कथा की एक अन्य विशेषता यह है कि इसमें सौदास के दूसरे नाम **'कल्माषपाद'** की व्युत्पत्ति के विषय में एक सर्वथा नवीन कथा मिलती है। रामायण का वृत्तान्त इस प्रकार है।

सौदास ने मृगया के समय व्याघ्र का रूप धारण करनेवाले दो राक्षसों को देखकर उनमें से एक का वध किया।[1] प्रतिकार का संकल्प करके दूसरा राक्षस अन्तर्धान हो गया। बाद में सौदास ने वसिष्ठ द्वारा अश्वमेध-यज्ञ का आयोजन किया। यज्ञ के अन्त में उस राक्षस ने वसिष्ठ का रूप धारण कर सामिष भोजन माँगा तथा राजा ने इसे तैयार करने का आदेश दिया। बाद में राक्षस नरमांस का भोजन हाथ में लिये रसोइये के रूप में राजा के सामने उपस्थित हुआ। राजा ने अपनी पत्नी मदयन्ती के साथ वसिष्ठ को यह भोजन परोस दिया। इसे सामिष जानकर वसिष्ठ ने राजा को यह शाप दिया—**भोजनमेतत्ते भविष्यति**। शाप सुनकर निर्दोष सौदास को क्रोध हुआ और वह हाथ में जल लेकर वसिष्ठ को प्रतिशाप देने को उद्यत हो गया किन्तु मदयन्ती ने उसे रोक लिया। इस पर सौदास ने यह **'क्रोधमय, तेजोबलसमन्वित'** जल अपने ही पैरों पर छिड़क लिया। फलस्वरूप उसके पैरों पर धब्बे पड़ गये और उस समय से सौदास कल्माषपाद के नाम से विख्यात हो गया। राक्षस के कपट के विषय में सुनकर वसिष्ठ ने अपने शाप के प्रभाव को १२ वर्ष तक ही सीमित कर दिया। अतः कल्माषपाद ने १२ वर्ष तक शाप का दण्ड भोगने के बाद अन्त में पुनः अपना राज्य प्राप्त कर लिया।

तीन पुराणों में सूर्यवंश के वर्णन के अन्तर्गत सौदासीय कथा रामायण के अनुसार दी गयी है; अर्थात् **विष्णुपुराण** (४,४,३८-५८); **भागवतपुराण** (९,९,२०-२५); **स्कन्दपुराण** (३, ३, २)। भागवत तथा स्कन्दपुराणों में किसी यज्ञ की चर्चा नहीं होती; राक्षस रसोइये के रूप में सौदास के घर में निवास करता है तथा भोजन में निमंत्रित कुलगुरु वसिष्ठ के लिए नरमांस तैयार करता है। स्कन्दपुराण के अनुसार कथा का निर्वहण इस प्रकार है—शाप समाप्त होने पर कल्माषपाद अपनी राजधानी लौटता है तथा वसिष्ठ द्वारा सन्तति प्राप्त कर वह पुनः वन के लिए प्रस्थान करता है, जहाँ मूर्तमती ब्रह्महत्या पिशाची के रूप में उसे सताती रहती है। वर्षों तक विभिन्न तीर्थों का भ्रमण करने पर वह मुक्त नहीं हो पाता। अन्त में गौतम के परामर्श के अनुसार वह गोकर्ण में शिवलिंग-दर्शन के फलस्वरूप ब्रह्महत्या दोष से मुक्त हो जाता है।

मराठी भावार्थ रामायण (७, ५९), कृत्तिवास रामायण (१, १९) आदि परवर्ती रचनाओं में भी वाल्मीकि रामायण के वृत्तान्त को सौदास की कथा का आधार माना गया है।

---

१. 'राक्षसद्वय' (दे० ६५, ११)। भागवतपुराण, स्कन्दपुराण तथा भावार्थ रामायण के अनुसार दोनों में भ्रातृत्व का सम्बन्ध था। कृत्तिवास ने उनको दम्पती माना है।

कृत्तिवास (१, ४३) ने सौदास की शापमुक्ति को नवीन रूप दिया है। इसके अनुसार वसिष्ठ ने कहा था कि ११ वर्ष तक राक्षस होने के बाद सौदास गंगा-दर्शन द्वारा शापमुक्त होगा। इस अवधि के अन्त में एक ब्रह्मदैत्य से सौदास की भेंट हुई; दोनों छह महीने तक द्वन्द्वयुद्ध करने के पश्चात् मित्र बन गये। वह ब्रह्मदैत्य शापवश दैत्य बन गया था और सौदास की भाँति गंगाजल द्वारा ही मुक्ति पानेवाला था। तब ऐसा संयोग हुआ कि किसी दिन भार्गव ऋषि सिर पर गंगाजल का घड़ा लेकर दोनों के सामने से ही जा रहे थे। सौदास के अनुरोध पर ऋषि ने कुश से दोनों अभिशप्तों के शरीर पर गंगाजल छिड़ककर उनको शापमुक्त कर दिया।

६२५. रामकथा-साहित्य में सौदास की कथा के **तीन रूपान्तर** मिलते हैं। इनकी सामान्य विशेषता यह है कि कोई व्यक्ति अनजान में मांसाहार परोसने के कारण ब्राह्मण का शाप-भाजन बन जाता है तथा राम द्वारा मुक्त किया जाता है। अन्तिम दो कथाओं के अनुसार किसी शत्रु के षड्यंत्र के कारण नरमांस परोसा गया था तथा तीसरी कथा में यह माना गया है कि राजा प्रतापभानु ब्राह्मणों का कोपभाजन बनकर रामायण के प्रतिनायक राक्षस-रावण के रूप में प्रकट हुआ था।

वाल्मीकि रामायण के उत्तरकाण्ड में सर्ग ५९ के अनन्तर तीसरे प्रक्षिप्त सर्ग में निम्नलिखित कथा मिलती है। **गौतम** नामक ब्राह्मण ने किसी दिन राजा ब्रह्मदत्त के यहाँ जाकर भोजन माँगा। संयोगवश गौतम के आहार में कुछ मांस पड़ गया जिससे गौतम ने राजा को गीध बन जाने का शाप दिया। राजा के सविनय निवेदन करने पर गौतम ने कहा कि इक्ष्वाकु वंश के यशस्वी राजा राम के स्पर्श से तुम मुक्त हो जाओगे। गौतम के शाप के कारण ब्रह्मदत्त गीध बन गया और राम का स्पर्श पाकर वह दिव्यरूपधारी पुरुष के रूप में परिणत हो गया।[१]

अध्यात्म रामायण (६, ५, ५-२४) तथा **आनन्द रामायण** (१, १०, २१५-२१९) में रावण के गुप्तचर **शुक** के पूर्वजन्म के विषय में निम्नलिखित कथा मिलती है। शुक नामक वनवासी ब्राह्मण देवताओं के हित में लगे रहने के कारण राक्षसों का शत्रु बन गया था। एक दिन अगस्त्य मुनि उसके आश्रम पधारे; इस अवसर से लाभ उठाकर वज्रदंष्ट्र नामक राक्षस ने अगस्त्य का रूप धारण कर लिया और सामिष भोजन के लिए शुक से आग्रह किया। अनन्तर वज्रदंष्ट्र ने शुक की पत्नी को मूर्च्छित कर दिया और स्वयं उसी का रूप धारण कर अगस्त्य को नरमांस परोसा और बाद में अन्तर्धान हो गया। इस पर अगस्त्य ने शुक को यह कहकर शाप दिया—"तुमने मुझे अभक्ष्य नरमांस खाने को दिया, अतः तुम नरभक्षी राक्षस बन जाओ।" शुक द्वारा इस शाप का कारण पूछे जाने पर मुनि ने राक्षस की करतूत को जान लिया। उनका शाप व्यर्थ तो नहीं हो सका, किन्तु अगस्त्य ने शुक को आश्वासन दिया कि तुम राक्षस के रूप में रावण के सहायक बन जाओगे; राम के आगमन पर तुम रावण का दूत होकर राम के दर्शन पाओगे और शापमुक्त हो जाओगे। तब रावण के पास लौटकर तथा उसे तत्त्वज्ञान का उपदेश देकर परमपद प्राप्त करोगे। तदनुसार लंकायुद्ध के समय शुक ने रावण-दूत बनकर राम के दर्शन पाये तथा रावण के पास लौटकर उसको सदुपदेश दिया। इसके अनन्तर वह फिर ब्राह्मण शरीर प्राप्त कर वन चला गया।[२]

---

१. यह कथा किंचित् परिवर्तन सहित पद्मपुराण के सृष्टिखण्ड (अध्याय ३४, ११८-१२६) में मिलती है।
२. रामचरितमानस में इस कथा का निर्देश मात्र किया गया है, दे० ५, ५७।

गोस्वामी तुलसीदास ने **रामचरितमानस** के बालकाण्ड में रामावतार-हेतु के रूप में पाँच कथाओं का वर्णन किया है। अन्तिम कथा इस प्रकार है—

"कैकय देश का राजा सत्यकेतु अपने ज्येष्ठ पुत्र **प्रतापभानु** को राज्य देकर वन चला गया। प्रतापभानु अपने मंत्री धर्मरुचि तथा अपने अनुज अरिमर्दन की सहायता से समस्त राजाओं को हराकर पृथ्वीमण्डल का एकमात्र राजा बन गया। किसी दिन मृगया के समय प्रतापभानु अपने साथियों से अलग होकर एक आश्रम में पहुँचा जहाँ मुनि के छद्मवेश में एक राजा रहता था जिसका देश प्रतापभानु ने छीन लिया था। कपट-मुनि ने राजा का आतिथ्य-सत्कार किया तथा उसे यह परामर्श दिया कि वह वर्ष भर नित्यप्रति एक लाख ब्राह्मणों के लिए भोजन का प्रबन्ध करे। मुनि ने राजा को आश्वासन दिया कि वह स्वयं रसोइया बनकर अपने पुण्य के बल पर ब्राह्मणों को खिलायेगा और तीन दिन के बाद राजपुरोहित का रूप धारण कर राजा की सेवा में उपस्थित होगा। मुनि का आश्वासन पाकर राजा निश्चिन्त होकर सोने लगा। अब कालकेतु नामक राक्षस कपटमुनि के पास आया। (कालकेतु ही शूकर के रूप में राजा को भटकाकर कपटमुनि के पास ले गया था; उसके वैर का कारण यह था कि प्रतापभानु ने कालकेतु के एक सौ पुत्रों तथा दस भाइयों का वध किया था)। मुनि के आदेशानुसार राक्षस ने सोये हुए राजा को घर पहुँचा दिया और राजा के पुरोहित का हरण कर उसे किसी पहाड़ी गुफा में रख दिया। तब वह पुरोहित के रूप में राजधानी में रहने लगा। तीन दिनों के बाद प्रतापभानु ने एक लाख ब्राह्मणों को भोजन का निमंत्रण दिया और राक्षस ने भोजन में ब्राह्मण का मांस मिला दिया। राजा परोसने लगा था कि आकाशवाणी सुनायी पड़ी और उसमें सब ब्राह्मणों को घर जाने का परामर्श दिया गया क्योंकि रसोई 'भूसुर मांसू' की बनी थी। इस आकाशवाणी को सुनकर ब्राह्मणों ने प्रतापभानु को चार दिन में मरकर परिवार सहित राक्षस बन जाने का शाप दे दिया। तदनन्तर पुनः आकाशवाणी हुई कि राजा निर्दोष है। राजा ने रसोईघर में जाकर देखा कि भोजन और रसोइया दोनों वहाँ से गायब हैं। उसने ब्राह्मणों की बहुत अनुनय-विनय की किन्तु उन्होंने कहा कि ब्राह्मणों का शाप नहीं टल सकता।

कालकेतु पुरोहित को फिर राजमहल पहुँचाकर कपटमुनि के पास लौटा। तब मुनि ने प्रतापभानु के समस्त शत्रुओं को बुलाकर उसकी राजधानी पर आक्रमण किया। उस युद्ध में प्रतापभानु अपनी सेना तथा परिवार सहित मारा गया। समय पाकर प्रतापभानु रावण के रूप में प्रकट हुआ, अरिमर्दन कुम्भकर्ण हुआ तथा धर्मरुचि ने विभीषण का रूप धारण किया। राजा का शेष परिवार और परिचर लंका के राक्षस बन गये।[1]

६२६. सौदास तथा सुतसोम की कथाएँ मूलतः दो सर्वथा भिन्न तथा एक-दूसरे से पूर्णरूपेण स्वतंत्र वृत्तान्त हैं। महाभारत की सौदासीय कथा पर सुतसोम जातक के कथानक का प्रभाव सुस्पष्ट है (दे० अनु० ६२३), किन्तु रामायणीय कथा में जो नरमांसाहार-प्रदान वसिष्ठ के शाप का कारण माना गया है यह भी बौद्ध-साहित्य का प्रभाव प्रतीत होता है। महाभारत तथा रामायण की सौदासीय कथा में तथा उस कथा के तीनों रूपान्तरों में भी किसी ब्राह्मण का शाप सौदास की दुर्गति का कारण माना गया है। अतः जहाँ बौद्ध सुतसोम जातक के विभिन्न रूपों का प्रधान उद्देश्य **मांसाहार के कुपरिणाम** का प्रतिपादन है वहाँ सौदासीय

१. दे० बालकाण्ड, दो० १५३-१७६। रामदास गौड़ का कहना है कि अगस्त्य रामायण तथा मंजुल रामायण में भानुप्रताप अरिमर्दन की कथा का वर्णन किया गया है (दे० हिन्दुत्व, पृ० १३७)। दोनों रामायण अप्राप्य हैं।

कथा का लक्ष्य **ब्राह्मण-शाप का महत्त्व** दिखलाना है। सौदासीय कथा के तीन रूपान्तरों के नायक (ब्रह्मदत्त, शुक और रावण) राम के सम्पर्क से शापमुक्त हो जाते हैं। प्रतापभानु की कथा के अनुसार रावण वास्तव में एक धर्मभीरु राजा था जिसने अपने शत्रु के षड्यंत्र से ब्राह्मणों का शापभाजन बनकर अपनी दयनीय दशा द्वारा भगवान् को अवतार लेने के लिए बाध्य किया था। इस प्रकार हम देखते हैं कि एक दीर्घकालीन विकास के अन्त में सौदास की कथा भक्तवत्सल भगवान् राम के गुणगान में परिणत हो गयी है।

६२७. वाल्मीकि रामायण के दो अन्य स्थलों पर **नरमांस-भक्षण** का उल्लेख है। **अरण्यकाण्ड** (११, ५५-५६) में निम्नलिखित कथा मिलती है। इल्वल नामक असुर ब्राह्मण का रूप धारण कर ब्राह्मणों को श्राद्ध के लिए निमंत्रण दिया करता है तथा उनको अपने भाई वातापि का मांस खिलाया करता था। भोजन के अनन्तर वह यह कहकर अपने भाई को बुलाया करता था—**वातापे निष्क्रमस्व**। ये शब्द सुनकर वातापि ब्राह्मणों के शरीर से निकलकर उनका वध किया करता था। इस प्रकार सहस्रों ब्राह्मणों की हत्या हुई, अन्त में अगस्त्य ने दोनों असुरों को मार डाला। **उत्तरकाण्ड** (सर्ग ७७-७८) में श्वेत की कथा इस प्रकार है। विदर्भ के राजा श्वेत ने बिना भिक्षादान दिये तपस्या की थी जिससे ब्रह्मलोक प्राप्त करने के पश्चात् भी उसे पृथ्वी पर लौटकर अपने ही मृत शरीर से अपनी भूख शान्त करने का आदेश मिला। अगस्त्य ने श्वेत से एक आभूषण का दान स्वीकार कर उसे उस घृणित कार्य से मुक्त किया।[१] जावा के **रामायण ककविन** के अनुसार शबरी का मुख मांस-भक्षण के कारण काला पड़ गया तथा राम ने उसे शुद्ध किया था (दे० अनु० ४८१)।

ग। शम्बूक-वध

६२८. शम्बूक-वध के वृत्तान्त के दो सर्वथा भिन्न रूप मिलते हैं। एक वाल्मीकि रामायण के उत्तरकाण्ड पर निर्भर है और दूसरा जैन पउमचरियं के वृत्तान्त पर।

(अ) उत्तरकाण्ड की कथा (सर्ग ७३-८२)

राम नारद से जान लेते हैं कि एक शूद्र की तपस्या ही किसी ब्राह्मण-पुत्र की अकाल मृत्यु का कारण है; अत: वह पुष्पक के सहारे उस शूद्र का पता लगाकर उसका वध करते हैं। उसी क्षण देवता प्रकट होकर राम की प्रशंसा करते हैं और राम को वर प्रदान कर इसका स्पष्ट शब्दों में उल्लेख करते हैं कि राम के कार्य से वह शूद्र स्वर्ग पर अधिकार प्राप्त न कर सका—**स्वर्गभाङ् नहि शूद्रोऽयं त्वत्कृते रघुनन्दन** (७६, ८)। राम मृत ब्राह्मण-पुत्र के पुनर्जीवन का वरदान माँग लेते हैं तथा अगस्त्य से मिलकर अयोध्या लौटते हैं। अगस्त्य उस अवसर पर राम को श्वेत राजा (अनु० ६२७) तथा दण्डकारण्य (अनु० ४७२) की कथा सुनाते हैं।

पद्मपुराण के सृष्टिखण्ड (अध्याय ३२, ८९) तथा उत्तरखण्ड (अध्याय २३०, ४७) में भी देवताओं के वरदान से द्विजपुत्र के पुनर्जीवित हो जाने का उल्लेख है।

'अप्राप्तयौवन' ब्राह्मणपुत्र की अवस्था के विषय में दाक्षिणात्य पाठ में लिखा है कि वह पाँच हजार वर्ष का था (पंचसहस्रक: ७, ७३, ५)। अन्य पाठों में वह पाँच (गौ० रा० ७,

---

१. पद्मपुराण (सृष्टिखण्ड ३३, ६०-१३२) तथा आनन्द रामायण (राज्य काण्ड १७, ५४-८५) में भी श्वेत की कथा मिलती है। अद्भुत रामायण (सर्ग ६) में श्वेत की कथा का परिवर्तित रूप पाया जाता है। भुवनेश नामक राजा उल्लू के रूप में जन्म लेकर अपने शव को खाने के लिए बाध्य किया जाता है।

७९, ५) अथवा पन्द्रह (प० रा० ७, ७६, ५) का माना गया है। आनन्द रामायण (राज्यकाण्ड १०, ५०) तथा पद्मपुराण (सृष्टिखण्ड ३२, ३७ और उत्तरखण्ड २३०, ७) में भी पाँच किन्तु दशावतारचरित (रामावतार छन्द २७८) में आठ लिखा है।

६२९. महाभारत के एक श्लोक में शम्बूक-वध का उल्लेख किया गया है जिसमें ब्राह्मण-पुत्र देवताओं के वरदान से नहीं किन्तु राम के धर्म से पुनर्जीवित माना गया है :

श्रूयते शम्बुके शूद्रे हते ब्राह्मणदारकः।
जीवतो धर्ममासाध्य रामात्सत्यपराक्रमात्॥ ६२॥

(शान्तिपर्व, अध्याय १४९)

कालिदास के **रघुवंश** तथा भवभूति के **उत्तररामचरित** के अनुसार शम्बूक-वध के द्वारा ही ब्राह्मण-पुत्र पुनर्जीवन प्राप्त करता है।

रघुवंश में इसका स्पष्ट उल्लेख किया गया है कि राजा के द्वारा दण्ड दिये जाने के कारण[1] वह शूद्र मुक्ति प्राप्त कर सका है :

कृतदण्डः स्वयं राज्ञा लेभे शूद्रः सतां गतिम्।
तपसा दुश्चरेणापि न स्वमार्गविलंघिना॥ ५३॥ (१५वाँ सर्ग)

उत्तररामचरित के द्वितीय अंक में शम्बूक अपने वध के अनन्तर दिव्य पुरुष के रूप में प्रकट होकर राम से कहता है कि मैं आपके प्रसाद ही से शाश्वत पद प्राप्त करूँगा।

परवर्ती रामकथाओं में भी देवताओं के वरदान का उल्लेख नहीं है। किन्तु राम द्वारा शम्बूक-वध की क्रिया ही ब्राह्मण-पुत्र के पुनर्जीवन तथा शम्बूक की स्वर्ग-प्राप्ति दोनों घटनाओं का कारण मानी गयी है।[2]

६३०. आनन्द रामायण (७, १०, ५०-१२२) में प्रस्तुत कथा का परिवर्द्धित रूप मिलता है। पंचवर्षीय ब्राह्मण बालक के माता-पिता को प्रतिज्ञा दी गयी कि यदि उनका पुत्र पुनर्जीवित नहीं होगा तो बदले में उनको कुश और लव मिल जायेंगे। इस प्रतिज्ञा के बाद राम ने बहुत-से लोगों के साथ पुष्पक पर चढ़कर अपने राज्य में अधर्म का पता लगाना चाहा। इतने में श्रृंगवेरपुर की ओर से एक ब्राह्मण विधवा अपने पति के शव के साथ आ पहुँची। राम ने उसे जिलाने की प्रतिज्ञा की तथा प्रस्थान करने के पूर्व घोषित किया कि जब तक मैं लौट न आऊँ कोई भी शव न जलाया जाये। तपस्या करनेवाले शूद्र के पास पहुँचकर राम ने उसे वरदान दिया; शूद्र ने अपने उद्धार के अतिरिक्त अपनी जाति के लिए सद्गति माँगी। राम ने रामनाम का जप और कीर्तन शूद्रों की सद्गति का उपाय बताया। इस पर शूद्र ने उत्तर दिया कि कलियुग में शूद्र लोग बड़े मूर्ख होंगे; सदा खेतीबारी के कामों में व्यस्त रहकर उनको जप-कीर्तन आदि के लिए समय कहाँ मिलेगा। राम ने उत्तर दिया कि वे लोग एक-दूसरे से मिलकर नमस्कार करते हुए राम-राम कहेंगे और इसी से उनका उद्धार होगा और तुम भी

---

१. रामायण के एक प्रक्षिप्त सर्ग में एक श्लोक पाया जाता है जिसमें राजा द्वारा दण्डितों के स्वर्ग-प्राप्ति का उल्लेख है।

राजभिर्धृतदंडाश्च कृत्वा पापानि मानवाः।
निर्मलाः स्वर्गमायान्ति सन्तः सुकृतिनो यथा॥ ३१॥ (किष्किन्धाकाण्ड, सर्ग १८)

यह श्लोक मनुस्मृति (८,३१८) में भी मिलता है।

२. उदाहरणार्थ अध्यात्म रामायण (७, ४, २३)। तथा आनन्द रामायण (राज्यकाण्ड १०, ११५) दे० डब्लू० प्रिंज, राम एण्ड शम्बूक, जर्मन जर्नल ऑव इण्डोलोजी एण्ड इरानिस्तिक, भाग ५, पृ० २४१।

आज मेरे हाथ से मरकर वैकुण्ठ जाओगे। इतने में अयोध्या में पाँच शव और एकत्र हुए—एक क्षत्रिय, एक वैश्य, एक तेली, एक लोहार की पुत्रवधू तथा एक चमार की लड़की। राम ने शूद्र का वध करके सबों को जिला दिया।

६३० अ. कन्नड़ राष्ट्रकवि कुवेम्पु ने '**शूद्रतपस्वी**' (काव्यालय, मैसूर १९४४) में इस कथानक का एक सर्वथा नवीन रूप प्रस्तुत किया है। कोई वृद्ध ब्राह्मण अपने पुत्र के साथ संयोग से एक शम्बूक नामक तपस्वी के आश्रम पहुँचता है। ब्राह्मण अपने पुत्र को तपस्वी को प्रणाम करने से रोकता है, जिसके फलस्वरूप पुत्र किसी सर्प के दंश से मर जाता है। ब्राह्मण राम को शूद्र के आश्रम ले जाकर अनुरोध करता है कि उसका वध किया जाये। राम उस पर ब्रह्मास्त्र चलाते हैं किन्तु शूद्र को इससे कोई हानि नहीं होती। इस तरह राम को पता चलता है कि ब्राह्मण ही दोषी है। अन्त में ब्राह्मण तपस्वी को प्रणाम करता है और उसी क्षण उसका पुत्र पुनर्जीवित हो जाता है।

(आ) पउमचरियं की कथा

६३१. पउमचरियं (पर्व ४३) के अनुसार खरदूषण, रावण का भाई न होकर, किसी अन्य विद्याधरवंश का राजकुमार है, जिसने रावण की बहन चन्द्रनखा से विवाह किया है। उन दोनों का पुत्र शम्बूक सूर्यहास नामक खंग प्राप्त करने के उद्‌देश्य से साधना करता है। १२ वर्ष की तपस्या के पश्चात् खंग प्रकट होता है। संयोग से लक्ष्मण, जो राम तथा सीता के साथ वन में निवास करते हैं, वहाँ पहुँचते हैं। खंग को देखकर वह उसे उठाते हैं और पास के बाँस को काटकर शम्बूक का सिर भी काट देते हैं। चन्द्रनखा अपने पुत्र से मिलने आया करती है। उसे मरा हुआ देखकर वह विलाप करते-करते वन में भटकती फिरती है और राम तथा लक्ष्मण के पास पहुँचती है। उन दोनों पर आसक्त होकर तथा दोनों से अस्वीकृत होकर वह अपने पति खरदूषण तथा रावण को लक्ष्मण द्वारा शम्बूक-वध की सूचना देती है। इस प्रकार शम्बूक-वध राम-रावण-युद्ध तथा सीताहरण का कारण बन गया है।

६३२. पउमचरियं का यह वृत्तान्त किंचित् परिवर्तन सहित अनेक रामकथाओं में पाया जाता है। तेलुगु **रंगनाथ रामायण** में शूर्पणखा का पति विद्युज्जिह्व रावण के विरुद्ध विद्रोह करने के कारण रावण द्वारा मारा जाता है। बाद में उसका पुत्र जम्बुमाली अथवा जम्बुकुमार अपनी माता शूर्पणखा से समस्त वृत्तान्त सुनकर रावण से प्रतीकार लेने के उद्‌देश्य से एक दिव्य खंग की साधना करने जाता है। खंग प्रकट होने पर लक्ष्मण उसे देखते हैं और बाँस की झाड़ी पर वह यह खंग चलाकर संयोग से तपस्या करते हुए जम्बुकुमार का वध करते हैं (दे० अरण्यकाण्ड, १०)। सारलादासकृत **महाभारत** में लक्ष्मण द्वारा शूर्पणखा के पुत्र जपासुर का वध उल्लिखित है। एक अन्य उड़िया रचना भुइंआ माधवदासकृत **विचित्र रामायण** में इस पुत्र का नाम जपासुर रखा गया है।

आनन्द रामायण में भी शूर्पणखा के पुत्र सांब राक्षस का उल्लेख है, जो ब्रह्मा से एक दिव्य खंग प्राप्त कर उसी खंग से लक्ष्मण द्वारा मारा जाता है (दे० १, ७, ४१-४३)। **भावार्थ रामायण** (३, ८) की कथा आनन्द रामायण पर निर्भर है। कन्नड़ **तोरवे रामायण** में प्रस्तुत वृत्तान्त का परिवर्तित रूप मिलता है। शम्बूक राक्षस इन्द्र पद प्राप्त करने के लिए वन में इतने काल से तपस्या कर रहा था कि एक वल्मीक उसके शरीर के चारों ओर बन गया था। इन्द्र और नारद व्याध के रूप में लक्ष्मण के पास आकर उनको मृगया खेलने का निमंत्रण देते हैं।

लक्ष्मण के चले जाने के बाद इन्द्र एक वराह की सृष्टि करते हैं जो इन्द्र की प्रेरणा से शम्बूक के वल्मीक की ओर जाता है। लक्ष्मण उसे देखकर एक बाण से वराह तथा शम्बूक दोनों का वध करते हैं (दे० अरण्यकाण्ड, सन्धि ३)।

दक्षिण भारत के एक वृत्तान्त के अनुसार शूर्पणखा का पुत्र किसी तपस्वी के आश्रम में जाकर पेड़ों के फल खाने लगा। तपस्वी ने उसे पेड़ बन जाने का शाप दिया। शूर्पणखा के बहुत विनय करने पर तपस्वी ने शाप इस प्रकार बदल दिया कि जब विष्णु राम के रूप में आकर उस वृक्ष की एक शाखा काट लेंगे तब शूर्पणखा का पुत्र मुक्ति प्राप्त करेगा (दे० पाश्चात्य वृत्तान्त नं० १९, भाग १३, पृ० १७२)।

जावा के **सेरतकाण्ड** में एक बाण द्वारा सुरपन्दकी के पुत्र के वध का उल्लेख मिलता है। **सेरीराम** के अनुसार शूर्पणखा का पुत्र दर्सासींगा (दे० अनु० ४६३) अपनी तपस्या द्वारा चन्द्रवाली नामक खंग प्राप्त करता है तथा संयोग से लक्ष्मण द्वारा मारा जाता है।

स्याम के **रामकियेन** (अध्याय १७) में सेरीराम से मिलता-जुलता वृत्तान्त मिलता है। अन्तर यह है कि सदा की भाँति रामकियेन की कथा पर रामायण का प्रभाव अधिक स्पष्ट है। रावण की बहन का नाम सम्मनक्खा है, जिसका पति जिह्व तथा पुत्र कुम्भकश है। कुम्भकश ने गोदावरी के तट पर एक दिव्य खंग की प्राप्ति के लिए साधना की थी जिस पर ब्रह्मा ने प्रसन्न होकर उस खंग को कुम्भकश के सामने गिराया था। ब्रह्मा ने प्रकट होकर कुम्भकश को यह खंग हाथ में नहीं दिया इस कारण कुम्भकश ने उसे नहीं ग्रहण किया। बाद में लक्ष्मण वहाँ आकर उसे उठाते हैं। यह देखकर कुम्भकश लक्ष्मण से युद्ध करने लगता है और मारा जाता है। इस घटना के पश्चात् ही रावण किसी दिन संयोग से जिह्व का वध कर डालता है। जिह्व-वध का वृत्तान्त सेरीराम के अनुसार है (दे० अनु० ४६३)। **ब्रह्मचक्र** में लक्ष्मण द्वारा शूर्पणखा की दो पुत्रियों के वध का वर्णन किया गया है (दे० अनु० ४६५)।

घ। राम का अश्वमेध

६३३. वाल्मीकीय युद्धकाण्ड के अन्तिम सर्ग के अनुसार राम ने दस बार **अश्वमेध यज्ञ** का आयोजन किया था (दे० अनु० ६१०)। उत्तरकाण्ड (सर्ग ८३-९९) में राम के प्रथम अश्वमेध का विस्तृत वर्णन मिलता है। राम ने पहले राजसूय सम्पन्न करना चाहा किन्तु भरत ने इसका विरोध किया। अश्वमेध-यज्ञ के द्वारा इन्द्र के ब्रह्म-हत्यादोष-निवारण तथा इल-इला की वर-प्राप्ति के वर्णन के बाद गोमती के तट पर नैमिष वन में रामाश्वमेध के लिए यज्ञभूमि को तैयार किया गया तथा सुग्रीव, विभीषण, शत्रुघ्न आदि को निमंत्रण दिया गया। इस यज्ञ के अवसर पर कुश और लव ने रामायण का गान किया (दे० अनु० ७३७) तथा सीता ने अपने सतीत्व की शपथ खाकर भूमि में प्रवेश किया (दे० अनु० ३५७)। बाद में राम ने और बहुत-से यज्ञ किये थे जिनके लिए एक कांचनी सीता का निर्माण हुआ, क्योंकि राम ने सीता के भूमि-प्रवेश के पश्चात् अन्य विवाह नहीं किया :

न सीतायाः परां भार्यां वव्रे स रघुनन्दनः।
यज्ञे यज्ञे च पत्न्यर्थं जानकी कांचनीभवत्॥ ७॥ (सर्ग ९९)

रघुवंश (सर्ग १४, ८७) से लेकर परवर्ती रामकथाओं में प्रायः इस स्वर्णमयी सीता का उल्लेख है। **अग्निपुराण** में लिखा है कि राम ने अश्वमेध द्वारा अपनी ही आराधना की—**वासुदेवं स्वमात्मानमश्वमेधैरथायजत्** (१०, ३३)। **आनन्द रामायण** के यागकाण्ड के

अनुसार राम ने सीता के रहते भी अश्वमेध का आयोजन किया था। इस रचना के जन्मकाण्ड (सर्ग ४) में इसका भी उल्लेख मिलता है कि राम ने सीतात्याग के पश्चात् एक सौ अश्वमेध करने का संकल्प किया था। इसके अतिरिक्त **अध्यात्म रामायण** (७,४, २७) तथा **आनन्द रामायण** (१, १३, २००) के अनुसार राम ने कोटि-कोटि शिवलिंग स्थापित किये थे—**कोटिशः स्थापयामास शिवलिंगानि सर्वशः।**

६३४. वाल्मीकि रामायण में कहीं भी राम के **ब्रह्महत्या-दोष** का निर्देश नहीं मिलता, किन्तु पौराणिक साहित्य में इसका उल्लेख किया गया है कि रावण-वध के कारण राम को ब्रह्महत्या का दोष लगा था और उसी दोष के प्रायश्चित्तस्वरूप उन्होंने अश्वमेध किया था।

स्कन्दपुराण में सम्भवतः पहले-पहल राम की ब्रह्महत्या का उल्लेख किया गया हो। सेतुमाहात्म्य के अनुसार ब्रह्महत्या से विमोक्ष प्राप्त करने के लिए कोटितीर्थ में (अध्याय २७) तथा गन्धमादन में (अध्याय ४४) राम ने शिवलिंग की स्थापना की थी। ब्रह्मखण्ड में राम वसिष्ठ से कहते हैं कि मेरे द्वारा बहुत-से ब्रह्मराक्षसों की हत्या हुई है, इस पाप की शुद्धि के लिए कौन तीर्थ श्रेष्ठ माना जाता है :

मया तु सीताहरणे निहता ब्रह्मराक्षसाः।
तत्पापस्य विशुद्ध्यर्थं वद तीर्थोत्तमोत्तमम्॥ २॥

इस पर वसिष्ठ धर्मारण्य का निर्देश करते हैं और राम वहाँ जाकर उस तीर्थ का जीर्णोद्धार करते हैं (दे० धर्मारण्यखण्ड, अध्याय ३१)।

जैमिनीय अश्वमेध (अ० २९) में इसका प्रथम उल्लेख किया गया है कि राम ने ब्रह्महत्या के प्रायश्चित्तस्वरूप अश्वमेध करने का संकल्प किया था।

पद्मपुराण के पातालखण्ड के अनुसार राम ने अपने को ब्रह्महत्या का दोषी मानकर वसिष्ठ से निवेदन किया कि वह उस पाप के प्रायश्चित्त का उपाय बता दें और वसिष्ठ ने अश्वमेध के आयोजन का परामर्श दिया।[१] इस अश्वमेध के विस्तृत वर्णन के अन्तर्गत हनुमान् द्वारा शिव की तथा बाद में इन्द्रादि देवताओं की पराजय का उल्लेख किया गया है। (दे० अध्याय ४४)। **रामचन्द्रिका** (प्रकाश ३५) के अनुसार राम ने सीतात्याग के पाप के प्रायश्चित्त के लिए अश्वमेध किया था।

ङ। नवीन सामग्री

राम की यात्राएँ

६३५. अर्वाचीन रामकथा-साहित्य में राम के अभिषेक के पश्चात् उनकी अनेक यात्राओं का उल्लेख मिलता है। उनमें से **लंका की यात्रा** सबसे अधिक प्रसिद्ध है। **नृसिंहपुराण** (अध्याय २७) के अनुसार राम ने उस अवसर पर लंका में पुण्यारण्य की स्थापना की थी। **स्कन्दपुराण** के नागरखण्ड (अध्याय १०१) में माना गया है कि राम ने लक्ष्मण की मृत्यु के पश्चात् सुग्रीव को साथ लेकर लंका की यात्रा की थी तथा विभीषण को देव-पूजा का उपदेश देकर सेतुप्रान्त में तीन रामेश्वर स्थापित किये तथा विभीषण के अनुरोध पर सेतु नष्ट किया था। **पद्मपुराण** के

---

१. दे० अध्याय ८। शिवप्रतिष्ठा (अनु० ५८०) के प्रसंग में भी राम के ब्रह्महत्या-दोष का उल्लेख है। स्कन्दपुराण (अवन्तीखण्ड, रेवाखण्ड अध्याय ८३) में हनुमान् भी राक्षसों के वध के कारण ब्रह्महत्या-दोषी माने गये हैं। इस दोष के निवारणार्थ उन्होंने नर्मदा तीर्थ पर बहुत वर्षों तक शिव की उपासना की।

सृष्टिखण्ड (अध्याय ३५) में इस यात्रा का विस्तृत वर्णन किया गया है। सीता के भूमि-प्रवेश के बाद राम ने लक्ष्मण को अयोध्या का राज्यभार सौंप दिया और वह भरत के साथ पुष्पक पर चढ़कर पश्चिम में भरत के पुत्रों से तथा अनन्तर पूर्व में लक्ष्मण के पुत्रों से मिले। बाद में दोनों दक्षिण की ओर चले गये तथा सुग्रीव को साथ लेकर लंका में पहुँच गये। विभीषण ने राम को वामन की वैष्णवी मूर्ति प्रदान की तथा सेतुभंग के लिए राम से निवेदन किया। राम ने उस निवेदन को स्वीकार किया तथा शत्रुघ्न से मिलकर कान्यकुब्ज में वामन की स्थापना की।

ऐसे वृत्तान्त भी मिलते हैं जिनमें राम विभीषण को सहायता देने के उद्देश्य से लंका की यात्रा करते हैं। **नारदपुराण** (पूर्वखण्ड ७९, २९) में इसका उल्लेख मात्र किया गया है कि राम ने द्रविड़ देश में विभीषण को मुक्त किया था किन्तु **पद्मपुराण** के पातालखण्ड (अध्याय १००) में तत्सम्बन्धी कथा इस प्रकार है। शंकर किसी दिन शम्भु नामक ब्राह्मण के रूप में अयोध्या आ गये थे कि राम को यह समाचार मिला कि द्रविड़ों ने विभीषण को कैदी बना लिया है। इस पर राम शम्भु के साथ दक्षिण जाकर श्रीरंग के कारावास में विभीषण से मिले। वहाँ पता चला कि विभीषण ने अनजान में एक विप्र को पैरों से कुचलकर मार डाला था; इसके बाद विभीषण एक पग भी आगे नहीं बढ़ सका था किन्तु ब्राह्मणों से मारे जाने पर वह नहीं मर सका था। अब ब्राह्मण लोग राम से निवेदन करने लगे कि वह विभीषण का वध करें। राम ने विभीषण को अपना भक्त कहकर उसे छुड़ाया तथा विभीषण '**अज्ञान ब्रह्महत्या**' का उचित प्रायश्चित्त करके अपनी राजधानी लौटा। **आनन्द रामायण** के अनुसार राम तथा सीता ने शतस्कन्ध रावण तथा मूलकासुर द्वारा पराजित विभीषण की सहायता के लिए लंका की यात्रा की थी।[1]

६३६. वाल्मीकि रामायण में भरत द्वारा गन्धर्वदेश की **विजय-यात्रा** का वर्णन मिलता है (सर्ग १००-१०१)। इसके बाद लक्ष्मण के पुत्रों के लिए कारुपथ तथा मल्ल देश को भी वश में कर लिया गया (सर्ग १०२); इस विजय-यात्रा का उल्लेख मात्र किया गया है। तिलक नामक टीका में माना गया है कि लक्ष्मण ही के द्वारा राम ने उन देशों को अपने अधिकार में किया था। **आनन्द रामायण** में भी इन विजय-यात्राओं का वर्णन है—भरत गन्धर्वों को तथा लक्ष्मण मल्लों को परास्त करते हैं (राज्यकाण्ड, सर्ग ६)। इसके बाद राम स्वयं पृथ्वी के समस्त राजाओं पर विजय प्राप्त करने के उद्देश्य से विमान पर चढ़कर भारत,जम्बूद्वीप, प्लक्षद्वीप आदि सात द्वीपों की विजय-यात्रा करते हैं (दे० राज्यकाण्ड, सर्ग ७-९)।

आनन्द रामायण के 'देहद्वयकरण' नामक सर्ग (राज्यकाण्ड, सर्ग २१) में निम्नलिखित कथा मिलती है। एक बार ऐसा संयोग हुआ कि **वाल्मीकि** और **विश्वामित्र** दोनों ने एक ही समय दूत भेजकर राम को अपने यज्ञ के लिए निमंत्रण दिया। राम ने दोनों का निमंत्रण स्वीकार किया तथा पुरवासियों को विभिन्न सवारियों पर बैठाकर अयोध्या से निकले। जहाँ विश्वामित्र और वाल्मीकि के मार्ग अलग थे, वहाँ से राम ने सबों के दो रूप बनाये और इस प्रकार वह एक ही समय दोनों मुनियों के यज्ञ में उपस्थित हुए।

---

१. दे० अनु० ६४०-६४१। रामकियेन (अध्याय ३९) में भी विभीषण दो बार सहायता माँगता है। प्रथम बार रावणसखा महापाल देवासुर ने लंका का अवरोध किया था और हनुमान् ने राम के आदेशानुसार वहाँ जाकर उसका वध किया। दूसरी बार रावण का पुत्र बैनासूरिवंश विभीषण को कारावास में रखकर स्वयं लंका का राजा बन गया। राम ने भरत तथा शत्रुघ्न के नेतृत्व में अपनी सेना भेज दी; बैनासूरिवंश तथा उसके सहायक मारे गये और विभीषण ने पुनः लंका का राज्य प्राप्त किया।

आनन्द रामायण (राज्यकाण्ड, सर्ग २४) के एक अन्य स्थल पर राम की **यमपुरयात्रा** के विषय में लिखा है कि सुमंत्र अपनी आयु के ९ दिन रहते मर गया था। राम ने यमपुर के लिए प्रस्थान किया; मार्ग में सुमंत्र को ले जानेवाले यमदूतों से भेंट हुई। राम ने उनको परास्त कर दिया तथा सुमंत्र को मुक्त कर अयोध्या लौटे।

आनन्द रामायण के पूर्णकाण्ड (सर्ग १-४) में सोमवंशी राजाओं के आक्रमण का भी वर्णन किया गया है। राम अपनी सेना के साथ उनका सामना करने गये; **हस्तिनापुर** में छह महीनों तक भीषण युद्ध जारी रहा। अन्त में सीता के अनुरोध पर सन्धि कर ली गयी।

६३७. बालकाण्ड तथा अयोध्याकाण्ड के कथानक के अन्तर्गत राम की **तीर्थयात्राओं** का उल्लेख हो चुका है (दे० अनु० ३८५और ४३५)। अभिषेक के पश्चात् भी राम की अनेक तीर्थयात्राओं का वर्णन मिलता है। **स्कन्दपुराण** के ब्राह्मणखण्ड (धर्मारण्य खण्ड, अध्याय ३३) के अनुसार राम ने धर्मारण्य की तीर्थयात्रा के अवसर पर वहाँ के निवासियों की रक्षा के लिए हनुमान् को नियुक्त किया था। **आनन्द रामायण** के यात्राकाण्ड में राम द्वारा गंगा-सरयू-संगम (सर्ग ३-५) के बाद क्रमशः पूर्व, दक्षिण, पश्चिम तथा उत्तर (सर्ग ६-९) के तीर्थों की यात्रा का वर्णन किया गया है। इस रचना के विलासकाण्ड (सर्ग ९) के अनुसार राम ने सूर्यग्रहण के उपलक्ष्य में कुरुक्षेत्र की यात्रा की थी।

राम का विहार

६३८. वाल्मीकि रामायण के उत्तरकाण्ड (सर्ग ४२) में रामाभिषेक के पश्चात् तथा सीतात्याग के पूर्व अयोध्या की अशोकवाटिका में राम और सीता के **विहार** का वर्णन किया गया है। इसमें अप्सराओं के नृत्य के अतिरिक्त मदिरा तथा मांस के सेवन का भी उल्लेख मिलता है :

> **सीतामादाय हस्तेन मधु मैरेयकं शुचि॥१८॥**
> **पाययामास काकुत्स्थः शचीमिव पुरन्दरः।**
> **मांसानि च सुमृष्टानि फलानि विविधानि च॥ १९॥**

बाद में राम-सीता के इस विहार की अवधि १०००० वर्ष तक बढ़ा दी गयी।[१] फिर भी १५वीं शताब्दी तक इस विहार के विषय में नवीन सामग्री का अभाव है।[२] **आनन्द रामायण** के विलासकाण्ड (सर्ग ५) में राम-सीता की जलक्रीड़ा तथा जन्मकाण्ड (सर्ग २) में दोनों के वनविहार का वर्णन मिलता है। इस सामग्री पर कृष्णकथा का प्रभाव अत्यन्त स्पष्ट है; राम बहुत-सी स्त्रियों को आश्वासन देते हैं कि वे कृष्णावतार में उनकी पत्नियाँ बन सकेंगी (दे० अनु० ७८७)।

अन्यत्र भी राम की इन विलास-क्रीड़ाओं का वर्णन किया गया है; उदाहरणार्थ—रामलिंगामृत (सर्ग १३), तुलसीदासकृत गीतावली के उत्तरकाण्ड में राम-हिंडोला, होलिकोत्सव; केशवदास की रामचन्द्रिका में वाटिका-विहार (प्रकाश ३१) तथा जल-विहार (प्रकाश ३२)।

आनन्द रामायण (राज्यकाण्ड सर्ग ११-१२; मनोहरकाण्ड सर्ग १२) में राम की मृगया तथा रामचन्द्रिका (प्रकाश २९) में राम के चौगान का भी उल्लेख मिलता है।

---

१. सभी पाठों में तत्सम्बन्धी अर्द्धश्लोक प्रक्षिप्त माना गया है; दे० ७, ४२, २६।

२. विवाह के पूर्व (अनु० ३८७), विवाह के अनन्तर (अनु० ३५३, ६) तथा चित्रकूट (अनु० ४४० और ५०७) में राम के विहार का उल्लेख हो चुका है।

सीता द्वारा रावण-वध

६३९. बहुत-सी अर्वाचीन रामकथाओं में सीता द्वारा **सहस्रस्कन्ध रावण** के वध का वर्णन मिलता है;[१] **अद्‌भुत रामायण** (दे० सर्ग १७-२७) की तत्सम्बन्धी विस्तृत कथा इस प्रकार है। सहस्रस्कन्ध रावण विश्रवा तथा कैकसी का पुत्र है जो पुष्कर में राज्य करता है। किसी दिन विश्वामित्र आदि मुनि अयोध्या आकर रावण-वध के कारण राम की प्रशंसा करते हैं। इस पर सीता मुस्कराकर सहस्रस्कन्ध रावण की कथा सुनाती हैं, जिसने इन्द्र आदि देवताओं को पुष्कर में कारागार में रख दिया है। यह सुनकर राम-सीता सेना के साथ पुष्कर जाते हैं। रावण वायव्य शर से समस्त सेना अयोध्या तक उड़ाता है तथा द्वन्द्वयुद्ध में राम का वध करता है। तब सीता देवी का महाविकट रूप धारण कर सहस्रस्कन्ध रावण तथा उसके योद्धाओं का भी सिर काटकर नाचने लगती है, जिससे समस्त सृष्टि संकट में पड़ जाती है **(ननर्त जानकी देवी घोरकाली महाबला २३, ६३)**। ब्रह्मा आदि देव आकर नृत्य समाप्त करने का सीता से अनुरोध करते हैं। सीता उनके अनुरोध को अस्वीकार करती है क्योंकि राम मारे गये हैं। इस पर ब्रह्मा राम को पुनर्जीवित करते हैं और राम परमशक्ति के रूप में सीता की स्तुति करके उनसे अनुरोध करते हैं कि वह अपना विकट रूप त्याग दें। तब सीता अपना साधारण रूप धारण कर लेती हैं और राम के साथ पुष्पक पर चढ़कर अयोध्या लौटती हैं।

बंगाली रामकथा साहित्य में सहस्रस्कन्ध रावण के वध का वर्णन अद्‌भुत रामायण पर आधारित है (दे० अनु० २८६-२८७)।

उड़िया राम-साहित्य में प्रस्तुत प्रसंग के दो अन्य रूप मिलते हैं। **विलंका रामायण** के पूर्व-खण्ड के अनुसार विलंका लंका के दक्षिण में एक सौ बीस योजन की दूरी पर स्थित थी। जब वहाँ के राजा सहस्रस्कन्ध रावण ने राम, लक्ष्मण तथा हनुमान् को परास्त किया था, तब सीता ने मंगला देवी से पुष्प-धनुष तथा पाँच शर प्राप्त कर रणभूमि में प्रवेश किया। उन्होंने मनोहर रूप धारण कर पुष्प-धनुष के पाँच शर रावण पर चलाये और राम ने कामातुर रावण के समस्त सिर काट दिये। **विलंका खण्ड** की कथा इस प्रकार है। दशस्कन्ध रावण के वध तथा विभीषण के अभिषेक के बाद, पहले अंगद को तथा बाद में हनुमान् को सहस्रस्कन्ध रावण के पास सन्धि करने के उद्‌देश्य से विलंका भेजा गया। सहस्रस्कन्ध रावण सन्धि का प्रस्ताव ठुकराकर युद्ध करने आया। उसने राम तथा लक्ष्मण को शक्ति-प्रहार द्वारा मूर्च्छित करके सीता का हरण करना चाहा किन्तु सीता के शरीर से एक गन्धर्व-सेना निकली जिसने रावण का वध किया।

आगारिया नामक आदिवासी जाति में (दे० अनु० २७७) सहस्रस्कन्ध रावण के विषय में निम्नलिखित कथा प्रचलित है। रावण-वध के बाद सीता ने राम से कहा कि पाताल में एक सहस्रस्कन्ध रावण निवास करता है। इस पर राम ने बाण मारकर उस रावण को आहत तो किया किन्तु उसने राम बाण को अपने पैर से निकालकर कहा जिसने तुमको भेजा है उसी के पास जाकर उसे मार डालो। बाण के आघात से राम मूर्च्छित होकर गिर पड़े। तब सीता ने राजा लोगुन्दी के पास जाकर उससे कोयले का एक पात्र माँग लिया और यह निवेदन किया कि आज्ञासुर तथा लोहासुर मेरे साथ भेज दिये जायें। राजा की स्वीकृति प्राप्त होने पर सीता

---

१. जैमिनी भारत के आश्रमपर्व में इसके विषय में जो कथा मिलती है, वह सहस्रमुखरावणचरित्र के नाम से प्रचलित है। दे० मद्रास कैटलॉग नं० डी० २०९८।

एक हाथ में कोयले का पात्र तथा दूसरे में तलवार लिये उन दोनों के साथ चल पड़ी। कोयले के धुएँ के कारण सीता का रंग काला पड़ गया। उन्होंने रावण के पास पहुँचकर उसके सिर काट डाले और आज्ञासुर-लोहासुर ने रावण का रक्त पी लिया।[१]

६४०. आनन्द रामायण के राज्यकाण्ड (सर्ग ४, ८०-८५) के अनुसार **शतशीर्ष रावण** श्रोण नदी के तट पर मायापुरी में निवास करता था। कुम्भकर्ण का पोता निकुम्भ-पुत्र पौण्ड्रक उससे सहायता माँगने गया; दोनों ने मिलकर विभीषण को परास्त कर दिया और लंका में राज्य करने लगे। विभीषण सहायता के लिए राम के पास आया। राम सीता तथा विभीषण के साथ लंका चले गये। राम युद्ध में परास्त हुए किन्तु सीता ने शतशीर्ष रावण तथा पौण्ड्रक दोनों का वध किया। अशोकवन में रावण से संवाद करते समय सीता ने इस घटना के विषय में भविष्यवाणी की थी (दे० १, ९, ९३)। **तत्त्वसंग्रह रामायण** (७, १-२) में निम्नलिखित कथा मिलती है। मुनि किसी दिन अयोध्या आकर राम से कहने लगे कि एक शतानन रावण रक्तबिन्दु नामक असुर के साथ सप्त समुद्र के उस पार निवास करता है। सीता ने उस रावण का वध करने की इच्छा प्रकट की; राम ने उस प्रस्ताव को स्वीकार किया और सीता तथा हनुमान् को एक विशाल सेना के साथ पुष्पक पर भेज दिया। सीता ने युद्ध में १८ भुजाओंवाला विकट रूप धारण कर शतानन रावण का वध किया। शतस्कन्ध रावण के वध की कथा अन्यत्र भी पायी जाती है; उदाहरणार्थ—सीताविजय (मद्रास कैटलॉग, नं० आर० १४८ और ९९४); शतमुखरावणचरित (वही नं० आर० ६४७); अमृतराव ओक कृत मराठी शतमुखरावण-वध; राममोहन वन्द्योपाध्याय कृत बंगाली रामायण।

उड़िया **विलंका रामायण** के उत्तरखण्ड का वर्ण्य-विषय है काली का रूप धारण करनेवाली सीता द्वारा लक्षशीर्ष रावण का वध।

६४१. आनन्द रामायण (७, सर्ग ४-६) के अनुसार शतशीर्ष-रावण के वध के कुछ समय बाद विभीषण फिर राम की सहायता माँगने के लिए अयोध्या आया। अबकी बार कुम्भकर्ण के मूलकासुर नामक पुत्र ने पाताल-निवासी राक्षसों की सहायता से छह महीने के घमासान युद्ध के बाद विभीषण को लंका से निकाल दिया था। राम ने अपनी तथा सुग्रीव की सेना के साथ विमान पर चढ़कर लंका के लिए प्रस्थान किया। लंका में सात दिन तक मूलकासुर के साथ युद्ध हुआ जिसमें हनुमान् ने पहले की भाँति द्रोणाचल ले आकर मृत वानरों को जिलाया। इसके बाद ब्रह्मा ने आकर राम से कहा कि एक तो मैंने मूलकासुर को यह वर दिया है कि वह किसी वीर के हाथ से नहीं मरेगा; दूसरे, किसी ऋषि ने उसको सीता के हाथ से मरने का शाप दिया। यह सुनकर राम ने गरुड़ को आदेश दिया कि वह सीता को ले आयें। सीता ने लंका पहुँचकर अपनी तामसी छाया को युद्ध के लिए प्रेरित किया। इतने में वानर मूलकासुर का यज्ञ-विध्वंस करके लौटे। अब सीता की तामसी छाया ने चण्डी का रूप धारण कर लिया तथा सात दिन तक युद्ध करने के पश्चात् मूलकासुर का वध किया। आनन्द रामायण (१, ९, ९४) में सीता-रावण-संवाद के अन्तर्गत भी इस घटना का उल्लेख मिलता है। **भावार्थ रामायण** (७,

---

१. ब्रज लोकसाहित्य में प्रचलित एक कथा के अनुसार सीता ने पलंका-निवासी सहस्रस्कन्ध रावण का वध किया और इसके बाद कलकत्ते में काली माई हो गयीं। दे० भारतीय साहित्य वर्ष २, अंक ३, पृ० १४। मौलाना दाऊद कृत चन्दायन (३५१, ५) में उल्लिखित मुहावरा (लंका छाड़ि पलंका जाऊँ) जायसी की पद्मावत (२०६, ३) में भी मिलता है और आजकल तक बोलियों में प्रचलित है। 'पलंका' पाताल लंका से विकसित हुआ होगा। कुतुबन कृत मिरगावती (१०५, ३) में पलंका का भी उल्लेख है।

अध्याय ७०-७२) के अनुसार कैकेयी ने मूलकासुर की माता को परामर्श दिया कि वह अपने पुत्र को तपस्या तथा प्रतीकार के लिए प्रेरित करे। वर-प्राप्ति के बाद मूलकासुर ने विभीषण को लंका से निकाल दिया तथा सीता ने पुरुष का रूप धारण कर उसको मार डाला। **रामलिंगामृत** (सर्ग १५) में भी सीता द्वारा कुम्भकर्ण के पुत्र **कुम्भगर्भ** के वध का उल्लेख किया गया है।

३—रावण-चरित

६४२. उत्तरकाण्ड के प्रारम्भ में जो विस्तृत रावण-चरित पाया जाता है उसे प्रक्षिप्त उत्तरकाण्ड का एक नया प्रक्षेप मानना चाहिए (दे० अनु० ६१८)। प्रस्तुत निबन्ध के सातवें अध्याय में यह भी दिखलाया गया है कि रामचरित से अलग रावण के विषय में प्राचीन स्वतंत्र काव्य का कहीं भी निर्देश नहीं मिलता (दे० अनु० १०२)। वैदिक साहित्य में रावण, कुबेर, विश्रवा, वैश्रवण आदि का संकेत नहीं किया गया है। पाली जातकट्ठवण्णना में वेस्सवण (यक्खों के राजा) का बहुत-से स्थलों पर उल्लेख किया गया है; रावण का कहीं भी नहीं। महाभारत में रावण का उल्लेख केवल रामकथा के प्रसंग में आया है, किन्तु धनेश, कुबेर, वैश्रवण आदि का उल्लेख स्वतंत्र रूप से असंख्य स्थलों पर किया गया है। इससे यह अनुमान दृढ़ हो जाता है कि वैश्रवण अथवा कुबेर रावण-कथा से पूर्व ही प्रसिद्ध हो चुके थे। बाद में ही रावण के साथ उनका सम्बन्ध स्थापित किया गया है। मूल समायण के अनुसार रावण प्रसिद्ध नहीं था। राम जब जटायु से यह सुनते हैं कि रावण ने सीता का अपहरण किया है, तो पूछते हैं कि उस राक्षस का पराक्रम और कौन-सा है? वह क्या करता है? कहाँ रहता है?—

कथंवीर्यः कथंरूपः किंकर्मा स च राक्षसः।
क्व चास्य भवनं तात ब्रूहि मे परिपृच्छतः॥७॥

(अरण्यकाण्ड, सर्ग ६८)

संस्कृत हस्तलिपियों की सूचियों में रावण के नाम बहुत-सी अर्वाचीन रचनाओं का उल्लेख मिलता है, उदाहरणार्थ—अर्कप्रकाश (वैद्य), कुमारतंत्र (वैद्य), इन्द्रजाल (उड्डीश), प्राकृतकामधेनु, प्राकृतलंकेश्वर, ऋग्वेद भाष्य, रावणभेंट (यजुर्वेद) आदि। बलरामदास रामायण में माना गया है कि रावण ने वैदिक मंत्रों का सम्पादन करके वेदों की एक नयी शाखा चलायी।

६४३. रावणचरित भिन्न-भिन्न रामकथाओं में विभिन्न स्थलों पर रखा गया है। **वाल्मीकि रामायण** के अनुसार राक्षसों के वध के कारण राम की प्रशंसा करने के लिए तपस्वी रामाभिषेक के पश्चात् अयोध्या आये और उसी अवसर पर अगस्त्य ने राक्षस-वंश का इतिहास सुनाया था। तदनुसार बहुत-सी रामकथाओं में रावण की कथा उत्तरकाण्ड के अन्तर्गत मिलती है। **महाभारत** में रावणचरित का संक्षिप्त वर्णन रामोपाख्यान के प्रारम्भ में रखा गया है। **जैन पउमचरियं** राक्षस तथा वानरवंश के इतिहास से प्रारम्भ होता है तथा निम्नलिखित रामकथाओं में भी रावणचरित का कुछ वर्णन भूमिका में ही किया गया है—तिब्बती तथा खोतानी रामायण, हिन्देशिया के सेरीराम तथा सेरतकाण्ड, स्याम के रामकियेन तथा रामजातक।

काश्मीरी रामायण में प्रस्तुत सामग्री सुन्दरकाण्ड के अन्तर्गत रखी गयी है। लंका में सीता की खोज करते हुए हनुमान् नारद से मिलते हैं और नारद हनुमान् को लंका की सृष्टि तथा रावणवंश की कथा सुनाते हैं।

दक्षिण भारत के एक वृत्तान्त के अनुसार अगस्त्य ने सीताहरण के पूर्व वनवासी राम से रावणचरित का वर्णन किया था (दे० पाश्चात्य वृत्तान्त नं० १)।

क। वंशावली

६४४. वाल्मीकि के प्रामाणिक काण्ड राक्षसवंश के इतिहास के विषय में मौन हैं। शूर्पणखा रावण की बहन और कुम्भकर्ण तथा विभीषण उसके दो भाइयों के अतिरिक्त एक तीसरे भाई खर का भी उल्लेख है, जिसका सेनापति दूषण था।[१] दाक्षिणात्य पाठ में रावण की माता का नाम कैकसी है; अन्य पाठों के अनुसार निकषा उसका नाम था (गौ० रा० ५, ७६; प० रा० ५, ७५); भागवतपुराण (७,१,४३) में केशिनी तथा उड़िया राम-साहित्य में नउकेशी का उल्लेख है।

युद्धकाण्ड में रावण को क्षत्रिय की उपाधि दी गयी है (दे० ६, १०९, १९) किन्तु रामकथा के विकास के साथ-साथ रावण का भी महत्त्व बढ़ने लगा था जिससे उत्तरकाण्ड के रचनाकाल के समय तक रावण को **ब्रह्मा का वंशज** माना गया है। उत्तरकाण्ड में राक्षसवंश की उत्पत्ति तथा रावण की वंशावली की कथा इस प्रकार है।

प्रजापति ने जल की सृष्टि करने के पश्चात् कुछ प्राणियों की सृष्टि की (**सत्त्वानसृजत् :** ४, ९) तथा उनको जल की रक्षा करने का आदेश दिया। इनमें से कुछ ने उत्तर दिया—**रक्षामः;** दूसरों ने कहा—**यक्षामः** (४, १२)। अत: ब्रह्मा ने पहले वर्ग को **राक्षस** तथा दूसरे वर्ग को **यक्ष** का नाम दिया। राक्षसों के दो नेता थे—हेति और प्रहेति। हेति के पुत्र विद्युत्केश से सुकेश उत्पन्न हुआ (सर्ग ४)। सुकेश के तीन पुत्र उत्पन्न हुए—माल्यवान्, सुमाली और माली। तीनों ने तपस्या करके ब्रह्मा से अमरत्व का वरदान प्राप्त कर लिया तथा विश्वकर्मा ने उनके लिए त्रिकूट पर लंका का निर्माण किया।[२] तब तीनों भाई देवताओं तथा तपस्वियों को सताने लगे; विष्णु ने माली का वध करके राक्षसों को परास्त कर दिया और वे सुमाली के नेतृत्व में लंका छोड़कर रसातल चले गये (सर्ग ५-८)। कुछ समय बाद सुमाली किसी दिन अपनी पुत्री कैकसी के साथ पृथ्वी पर भ्रमण करने निकला। सुमाली ने विश्रवा के पुत्र वैश्रवण को (दे० अनु० ६४९) पुष्पक पर विराजमान देखकर अपनी पुत्री को विश्रवा[३] के पास भेज देने

१. शूर्पणखा-रावण का खर-दूषण के साथ जो सम्बन्ध था, इस पर ऊपर (अनु० ४६३) विचार हो चुका है।

२. लंका के वर्णन में '**स्वर्णप्राकारसंवीता**' तथा '**हेमतोरणसंवृता**' के विशेषणों का प्रयोग हुआ है (दे० ७, ५, २५)। इसके आधार पर स्वर्णलंका विषयक कथाओं की उत्पत्ति हुई होगी। **आनन्द रामायण** (१, ९, २३३-२७६) की तत्सम्बन्धी कथा इस प्रकार है। विष्णु की कृपा से किसी दिन एक गज और एक ग्राह अपने-अपने शरीर छोड़कर मुक्त हुए; विष्णु ने गरुड़ को उनके शरीर खाने की अनुमति दी। गरुड़ ने एक गृध्र का भी वध किया तथा गज-ग्राह-गृध्र के शव उठाकर क्षीरसागर के एक स्वर्ण वृक्ष की शाखा पर बैठ गया। शाखा टूट गयी और गरुड़ उसे उठाकर लंका ले गया। वहाँ पहुँचकर उसने तीनों का शव खा लिया; गज-ग्राह-गृध्र की हड्डियों से वहाँ तीन शिखर बन गये जिससे त्रिकूट नाम चल पड़ा। गरुड़ उन शिखरों पर स्वर्ण शाखा रखकर चले गये। यह शाखा पाषाण के समान बन गयी; राक्षस उसे न पहचान सके थे किन्तु लंकादहन के समय वह द्रवित होकर गिर गयी और इससे लंका की भूमि स्वर्णमयी बन गयी। वाल्मीकि रामायण (३, ३५, २७-३२), कथासरित्सागर (द्वितीय लम्बक की चतुर्थ तरंग १४१-१४४) कृत्तिवास रामायण (७, ८) तथा काश्मीरी रामायण (सुन्दरकाण्ड नं० २९) के तत्सम्बन्धी वृत्तान्त इससे अधिक भिन्न नहीं हैं। उन कथाओं में गरुड़ प्राय: हाथी और कच्छप का भक्षण करता है। महाभारतीय कथा (आदि पर्व, २५-२६) में लंका की ओर निर्देश नहीं मिलता। **रंगनाथ रामायण** (६, १८) में माना गया है कि वायु ने किसी समय हेमाद्रि के शिखर को उड़ा दिया था और वह समुद्र में गिरकर त्रिकूट के नाम से विख्यात हुआ; सारलादास के महाभारत (वनपर्व) में हेमाद्रि के स्थान पर मेरु का उल्लेख है। **भागवतपुराण** (८,२) में गज-मोक्ष की कथा के अन्तर्गत क्षीरसागर में स्थित त्रिकूट नामक पर्वत का उल्लेख तो किया गया है किन्तु इसमें लंका का निर्देश नहीं मिलता।

३. ब्रह्मा के पुत्र पुलस्त्य ने तृणबिन्दु की पुत्री से विश्रवा को उत्पन्न किया था (दे० सर्ग २)।

का निश्चय किया। अपने पिता के आदेशानुसार कैकसी विश्रवा के यहाँ चली गयी। विश्रवा उस समय अग्निहोत्र कर रहे थे; उन्होंने कैकसी को पत्नी के रूप में स्वीकार करके कहा कि तुम इस दारुण वेला में (**दारुणायां तु वेलायम्** ९, २२) आयी हो, इसलिए तुम्हारे पुत्र क्रूरकर्मा राक्षस होंगे। कैकसी के अनुनय करने पर विश्रवा ने उसे आश्वासन दिया कि उनका अन्तिम पुत्र धर्मात्मा होगा (दे० अनु० ५६९)। अतः कैकसी ने क्रमशः **दसग्रीव, कुम्भकर्ण, शूर्पणखा** तथा **विभीषण** को जन्म दिया। दशग्रीव तथा कुम्भकर्ण शीघ्र ही लोगों को सताने लगे **(लोकोद्वेगकरौ)** किन्तु धर्मात्मा विभीषण वेदों के अध्ययन में अपना समय लगाकर नियताहार तथा जितेन्द्रिय था (सर्ग ९)।

६४५. महाभारत के **रामोपाख्यान** (अध्याय २५९) में पुलस्त्य वैश्रवण के पिता बन जाने के बाद स्वयं विश्रवा का रूप धारण कर लेता है तथा **विभिन्न पत्नियों** से रावणादि को उत्पन्न करता है—पुष्पोत्कटा से रावण तथा कुम्भकर्ण को, मालिनी से विभीषण को तथा राका से खर तथा शूर्पणखा को।[१] **कूर्मपुराण** (पूर्व विभाग, अ० १९) के अनुसार विश्रवा ने देववर्णिनी से वैश्रवण को; कैकसी से रावण, कुम्भकर्ण, शूर्पणखा तथा विभीषण को, पुष्पोत्कटा से महोदर, प्रहस्त, महापार्श्व, खर तथा कुम्भीनसी[२] को; राका से त्रिशिरा, दूषण तथा विद्युज्जिह्व को उत्पन्न किया था। **सौरपुराण** (अ० ३०) की वंशावली कूर्मपुराण के अनुसार है; अन्तर यह है कि इसमें पुष्पोत्कटा के पुत्र खर का उल्लेख नहीं मिलता। क्षेमेन्द्रकृत **दशावतारचरित** में रावणादि को विश्रवा तथा पुष्पोत्कटा की सन्तान माना गया है। **आनन्द रामायण** (१, १३, २४) में विश्रवा तथा कैकसी के तीन पुत्रों और तीन पुत्रियों का उल्लेख है—रावण, कुम्भकर्ण, क्रौंची, शूर्पणखा, कुम्भनसी तथा विभीषण। **काश्मीरी रामायण** (सुन्दरकाण्ड, नं० ३०) में रावण, खर, शूर्पणखा, कुम्भकर्ण, विभीषण तथा वैश्रवण ये सब सहोदर भाई-बहन माने जाते हैं। **अद्‌भुत रामायण** (दे० अनु० ६३९) के अनुसार सहस्रस्कन्ध रावण भी विश्रवा तथा कैकसी का पुत्र था।

इतनी विभिन्नता से स्पष्ट है कि प्राचीनकाल से ही कोई एक प्रामाणिक राक्षस वंशावली प्रचलित नहीं है।

६४६. जैन तथा विदेशी रामकथाओं में रावण की वंशावली और अधिक भिन्न है। **पउमचरियं** के अनुसार सुकेश के तीन पुत्र हैं—माली, सुमाली और माल्यवान्। सुमाली का पुत्र रत्नस्रवा अपनी पत्नी कैकसी से क्रमशः दशमुख, भानुकर्ण, चन्द्रणखा तथा विभीषण को उत्पन्न करता है (पर्व ७)। वैश्रवण को यक्षपुर के राजा विश्वसेन तथा कैकसी की बहन कौशिकी का पुत्र माना जाता है।

---

१. तुलसीदास ने भी विभीषण को रावण की विमाता की सन्तान माना है—भयउ बिमात्र बन्धु लघु तासू। नाम विभीषण (रामचरितमानस १, १७६, ४)।

२. वाल्मीकि रामायण के एक प्रक्षिप्त अंग में (युद्धकाण्ड, सर्ग ६९-७०) महापार्श्व और महोदर दोनों रावण के भाई माने गये हैं। उत्तरकाण्ड (सर्ग ५) के अनुसार महापार्श्व कैकसी का भाई तथा रावण का मामा था; अन्यत्र वह रावण का मंत्री मात्र माना जाता है (सुन्दरकाण्ड सर्ग ४९; युद्धकाण्ड, सर्ग १३ और ९८)। युद्धकाण्ड के अनेक स्थलों पर **महोदर** की चर्चा है किन्तु रावण के साथ किसी रिश्ते का निर्देश नहीं मिलता (दे० सर्ग ६४, ६५ और ९७)। उत्तरकाण्ड में महोदर को पहले सुमाली का सचिव (सर्ग ११) तथा बाद में रावण का सचिव (सर्ग १४ और २३) कहा गया है। वाल्मीकि रामायण में दो कुम्भीनसी नामक राक्षसियों का उल्लेख है। पहली कुम्भीनसी सुमाली केतुमती की पुत्री तथा कैकसी की बहन है (७, ५, ४०); दूसरी माल्यवान् की नतिनी तथा विश्ववसी अनला की पुत्री है (७, २५, २३)। मधु ने अनला की पुत्री कुम्भीनसी का हरण करके उससे लवण को उत्पन्न किया (७, ६१, १७)।

गुणभद्र के **उत्तरपुराण** में रावण के पूर्वजों की नामावली इस प्रकार है—सहस्त्रग्रीव, शतग्रीव, पंचासद्ग्रीव, पुलस्त्य और रावण। संघदास की **वसुदेवहिण्डि** में क्रम इस प्रकार है—बलि, सहस्त्रग्रीव, पंचशतग्रीव, शतग्रीव, पंचासद्ग्रीव, विशतिग्रीव। विंशतिग्रीव की चार पत्नियाँ हैं—देववर्णिनी, वक्रा, कैकेयी तथा पुष्पकूट। कैकेयी (यह कैकसी ही होगी) से रावण, कुम्भकर्ण, विभीषण, त्रिजटा तथा शूर्पणखा जन्म लेते हैं।

सेरीराम के अनुसार ब्रह्मराज नामक इन्द्रपुर का राजा ब्रह्मा का वंशज था, उसके एक पुत्र का नाम चित्रबहा (विश्रवा) था। चित्रबहा ने दतिआ कूअच नामक राक्षस को परास्त कर उसकी पुत्री रक्षपन्दी से विवाह किया; रक्षपन्दी से दशस्कन्ध रावण का जन्म हुआ। रावण दुराचार के कारण निर्वासित होकर लंका पहुँच गया; इसके बाद ही कुम्भकर्ण, बिनुसनम (विभीषण) और सूर पन्दाकि (शूर्पणखा) उत्पन्न हुए।[१] **सेरतकाण्ड** में चित्रबहा एक पत्नी इन्द्रतनी से रावण को उत्पन्न करता है तथा दूसरी पत्नी सुकेशी से अम्बकर्ण (कुम्भकर्ण), सर्पणखा (शूर्पणखा) तथा विभीषण को। इस वृत्तान्त में कुम्भकर्ण तथा शूर्पणखा यमल हैं। स्याम के **रामकियेन** में (अध्याय ३) चतुरवक्त्र के पुत्र लस्तियेन (पुलस्त्य) की पाँच पत्नियों का उल्लेख किया गया है—(१) श्री सुनन्दा, कुबेर की माता; (२) चित्रमाली, देवनासुर की माता; (३) सुवर्णमाला, अंशधाता की माता; (४) वरप्रभा, मारण की माता; (५) रजता जो दशकण्ठ, कुम्भकर्ण, विभेक (विभीषण), दूषण, खर और सम्मक्खा (शूर्पणखा) की माता है।

६४७. रामजातक में दशरथ तथा वैश्रवण का एकीकरण किया गया है तथा रावण को दशरथ का भतीजा माना गया है (दे० अनु० ३३६)। **पालक पालाम** के अनुसार ब्रह्मा ही दशरथ की देवरानी के गर्भ में प्रवेश करते हैं और हाथ में धनुष तथा तलवार लिये जन्म लेकर रावण कहलाते हैं। **ब्रह्मचक्र** में रावण की जन्मकथा इस प्रकार है। लंका के महाराज की पुत्री विवाह करना अस्वीकार करती है और किसी ऋषि के यहाँ वन में साधना करने जाती है। किसी दिन ब्रह्मा उसके पास आकर कहते हैं कि तुम तीन पुत्रों की माँ बननेवाली हो तथा उसकी नाभि तीन बार हाथ से छूकर चले जाते हैं। बाद में वह ब्रह्मचक्र (रावण), कुम्भकर्ण तथा विभीषण को जन्म देती है; तीनों ब्रह्मा की सन्तान माने जाते हैं। बाद में ब्रह्मा से वर पाकर रावण पृथ्वी पर का सबसे बड़ा योद्धा बनना चाहता है, कुम्भकर्ण नींद चुनता है और विभीषण प्रज्ञा तथा धार्मिकता माँग लेता है। ब्रह्मा ने रावण को आश्वासन दिया कि तुम बुद्ध तथा वानरों को छोड़कर सबों पर विजय प्राप्त कर सकोगे।

६४८. वाल्मीकि रामायण अथवा महाभारत में रावण-कुम्भकर्ण के **पूर्वजन्म** अथवा शाप के कारण उनकी राक्षस-योनि-प्राप्ति का कहीं भी उल्लेख नहीं मिलता। अर्वाचीन रामकथाओं में इसके विषय में सबसे व्यापक वृत्तान्त यह है कि विष्णु के द्वारपाल जय-विजय शापवश तीन बार क्रमश: हिरण्यकशिपु-हिरण्याक्ष, रावण-कुम्भकर्ण तथा शिशुपाल-दन्तवक्त्र के रूप में पृथ्वी पर प्रकट हुए। रावण-कुम्भकर्ण के अगले जन्म के विषय में एक अर्वाचीन वृत्तान्त आगे (अनु० ७४१) देख लें।

---

१. राफल्स की हस्तलिपि के अनुसार उनकी जन्मकथा इस प्रकार है। लंका में पहुँचने के बाद रावण ने अपने साथियों के हाथ से अपने माता-पिता के पास तीन कमल भेजकर उनको यह सन्देश दिया कि इन फूलों को खाने से दो पुत्र तथा एक पुत्री उत्पन्न होंगे। जन्म के बाद ही उनको लंका भेजना चाहिए नहीं तो उनके माता-पिता मर जायेंगे। चित्रबहा तथा उसकी पत्नी ने अपनी सन्तान को लंका नहीं पहुँचा दिया जिससे दोनों मर गये।

(१) **हिरण्यकशिपु**-विषयक प्राचीनतम कथाएँ जय-विजय के सम्बन्ध में मौन हैं। **महाभारत** के **आदिपर्व** (६१, ५) में दिति-पुत्र हिरण्यकशिपु का उल्लेख है, जो शिशुपाल के रूप में जन्म लेता है। वह नृसिंह द्वारा नहीं मारा जाता है, इसका पुत्र प्रह्लाद विष्णु-भक्त नहीं होता तथा इसके भाई हिरण्याक्ष का निर्देश मात्र भी नहीं मिलता। **शान्तिपर्व** (३२६, ७३) में नृसिंह द्वारा हिरण्यकशिपु का वध तथा वाराह द्वारा हिरण्याक्ष का वध उल्लिखित है किन्तु दोनों में किसी सम्बन्ध का उल्लेख नहीं है। **हरिवंश** के प्रथम पर्व (अध्याय ४१) में दैत्यराज हिरण्यकशिपु की कथा इस प्रकार है। वह ११५०० वर्ष तक तपस्या करके ब्रह्मा से देव-असुर-गन्धर्वादि द्वारा अवध्यता का वर प्राप्त कर लेने के पश्चात् अत्याचार करने लगा जिससे विष्णु ने नृसिंह का रूप धारण कर उसका वध किया। द्वितीय पर्व के अनेक स्थलों पर (अर्थात् अध्याय २२, ४८ और ७१ में) नृसिंह द्वारा हिरण्यकशिपु के वध तथा वाराह द्वारा हिरण्याक्ष के वध का उल्लेख है। अन्तिम पर्व (अ० ३६, ३२) में हिरण्यकशिपु तथा हिरण्याक्ष दोनों दिति के पुत्र माने गये हैं। हिरण्यकशिपु की वरप्राप्ति तथा अत्याचार की कथा दुहरायी गयी है तथा प्रह्लाद के विषय में कहा गया है कि उसने नृसिंह का दिव्य रूप देखकर अपने पिता को सावधान किया था (अध्याय ४३)। हरिवंश में कहीं भी हिरण्यकशिपु तथा रावण के किसी सम्बन्ध का उल्लेख नहीं होता। **विष्णुपुराण** (१, अध्याय १७-२०) में पहले-पहल हिरण्यकशिपु तथा उसके विष्णुभक्त पुत्र प्रह्लाद के संघर्ष की कथा मिलती है। इसके अतिरिक्त यह भी माना जाता है कि हिरण्यकशिपु ने पहले रावण के रूप में तथा इसके बाद शिशुपाल के रूप में जन्म लिया था।[1]

(२) **भागवतपुराण** प्राचीनतम रचना है जिसमें विष्णु के द्वारपालों तथा हिरण्यकशिपु-हिरण्याक्ष का सम्बन्ध उल्लिखित है। कथा इस प्रकार है (दे० ३, अध्याय १५-१९)। ब्रह्मा के चार पुत्र सनकादि किसी दिन वैकुण्ठ में विष्णु से मिलने आये किन्तु **जय-विजय** द्वारपालों ने उनको प्रवेश करने से रोका। इस पर सनकादि ने जय-विजय को असुर-योनि प्राप्त होने का शाप दिया। विष्णु ने इस शाप को स्वीकार करते हुए जय-विजय से कहा कि एक बार जब मैं योगनिद्रा में मग्न था तुम दोनों ने लक्ष्मी को अन्दर जाने से रोक दिया जिससे उन्होंने तुमको शाप दिया था। अब दैत्य-योनि में जन्म लेकर क्रोध-भाव से मेरा ध्यान करो। इससे तुम विप्र-तिरस्कारजनित पाप से मुक्त होकर फिर मेरे पास लौटोगे। फलस्वरूप जय-विजय दिति के पुत्र हिरण्यकशिपु-हिरण्याक्ष बन गये। भागवतपुराण के एक अन्य स्थल पर (दे० ७, १, ३५-४६) सनकादि के शाप के कारण जय-विजय के तीन बार अर्थात् हिरण्यकशिपु-हिरण्याक्ष, रावण-कुम्भकर्ण तथा शिशुपाल-दन्तवक्त्र के रूप में जन्म लेने का उल्लेख किया गया है। ब्रह्मवैवर्तपुराण (कृष्णजन्मखण्ड ५६, ४६-४९), पद्मपुराण (उत्तरखण्ड २६९, ४), तत्त्वसंग्रह रामायण (१, १०-११) में भी इस कथा का निर्देश मिलता है। सारलादास के उड़िया चण्डीपुराण के अनुसार मनु ने जय-विजय को यह शाप दिया था।

(३) भागवतपुराण के उपर्युक्त वृत्तान्त में **लक्ष्मी** के शाप का उल्लेख है। **बलरामदास** (युद्धकाण्ड) की तत्सम्बन्धी कथा इस प्रकार है। किसी अवसर पर चण्ड और प्रचण्ड नामक नारायण के द्वारपालों ने लक्ष्मी को नारायण की सभा में प्रवेश करने से रोका जिस पर लक्ष्मी ने क्रुद्ध होकर दोनों को राक्षस बन जाने का शाप दिया। नारायण ने उनको सान्त्वना देते हुए

---

१. दे० ४, अध्याय १५। सेरीराम के राफल्स हस्तलिपि के अनुसार रावण अपने पूर्वजन्म में सीरंचक कहलाता था। सीरंचक हिरण्यकशिपु का विकृत रूप है।

कहा कि तुम दोनों राक्षस बनकर पृथ्वी को जीत लोगे जिससे जय-विजय के नाम से तुम प्रसिद्ध हो जाओगे। लक्ष्मी ने शाप देकर तुम्हारे साथ जो अन्याय किया है इसके कारण वह सीता के रूप में जन्म लेंगी।

अनेक रचनाओं के अनुसार **वृन्दा** (दे० अनु० ३७२) ने जय-विजय को राक्षस बन जाने का शाप दिया था। **आनन्द रामायण** (७, १४, १-२७) में यह शाप **अश्विनीकुमारों** द्वारा दिया जाता है। इस रचना के अनुसार विष्णु ने जय-विजय से कहा था कि यदि तुम लोग मेरी भक्ति का विरोध करोगे तो शीघ्र ही तुम्हारी मुक्ति हो पायेगी। यदि भक्ति-भाव अपनाओगे तो सात बार जन्म लेना पड़ेगा। **रामलिंगामृत** (सर्ग १) में जय-विजय के प्रति भृगु के शाप का उल्लेख है जिसके फलस्वरूप वे रावण-कुम्भकर्ण बन गये। **बलरामदास** (युद्धकाण्ड) **दुर्वासा** के शाप की कथा का वर्णन करते हैं। दुर्वासा नारायण से उस समय भेंट करने आये थे जब वह एकान्त में लक्ष्मी के साथ थे। द्वारपालों ने उनको भीतर जाने से रोका तथा अन्त में हठ करनेवाले दुर्वासा को गले से पकड़कर निकाल दिया। दुर्वासा ने उनको १०० बार तक जन्म लेने का शाप दिया; बाद में नारायण ने इस शाप को तीन बार तक सीमित कर दिया।

(४) जय-विजय के अतिरिक्त रावण-कुम्भकर्ण अनेक अन्य प्राणियों के अवतार माने गये हैं। **शिवमहापुराण** के अनुसार **दो शिवगण** नारद के शाप से रावण-कुम्भकर्ण बन गये (दे० अनु० ३७३)। **वह्निपुराण** (पृ० १७१) में यह माना गया है कि **मधु-कैटभ**[१] शापवश पहले हिरण्यकशिपु-हिरण्याक्ष तथा बाद में रावण-कुम्भकर्ण के रूप में प्रकट हुए। रामचरितमानस में रावण के पूर्वजन्म के विषय में दो अन्य वृत्तान्त भी मिलते हैं; एक के अनुसार **जलंधर** ने रावण के रूप में जन्म लिया (दे० अनु० ३७२) तथा दूसरे वृत्तान्त के अनुसार रावण-कुम्भकर्ण-विभीषण क्रमशः **प्रतापभानु-अरिमर्दन-धर्मरुचि** के अवतार हैं (दे० अनु० ६२५)। **रामकियेन** (अध्याय ४) के अनुसार **नन्दक** ने रावण के रूप में जन्म लिया था। नन्दक कैलास-पर्वत-निवासी ईश्वर के गणों में से एक था; उसने ईश्वर से यह वरदान प्राप्त किया था कि जिसकी ओर मैं इशारा करूँ वह मर जाये। इस वर से अनुचित लाभ उठाकर नन्दक ने बहुत-से देवताओं का वध किया। अन्त में नारायण अप्सरा का रूप धारण कर नन्दक को नृत्य सिखलाने लगे, जिसमें नन्दक उँगली से अपने शरीर की ओर इशारा करके मर गया और दशग्रीव के रूप में प्रकट हुआ। **रामजातक** (पृ० ९) की कथा इससे अधिक भिन्न नहीं है।

(५) **पउमचरियं** की वेदवती-विषयक कथा के अनुसार रावण अपने पूर्वजन्म में एक **श्रीकान्त** नामक सेठ था जो अनेक जन्मों में लक्ष्मण द्वारा मारा जाता है (दे० अनु० ४१०)। गुणभद्र के **उत्तरपुराण** (६८,७२८) के अनुसार रावण पूर्वजन्म में सारसमुच्च देश में **नरदेव** नामक राजा था। बौद्ध साहित्य में उसे देवदत्त से अभिन्न माना गया है (दे० अनु० ३२७)।

(६) दीन कृष्णदास के उड़िया **रसविनोद** के अनुसार निराकार ब्रह्म ने सनातन ब्रह्मा को एक लाख बार रावण के रूप में जन्म लेने का अभिशाप दिया था। जावा के सेरतकाण्डों में माना गया है कि रावण वास्तव में **वातुगुनुंग** का अवतार है। दशमुख, कंस आदि के रूप में वातुगुनुंग विष्णु के अवतार का प्रतिद्वन्द्वी बन जाता है। वातुगुनुंग की कथा सम्भवतः हिरण्यकशिपु के वृत्तान्त पर आधारित है क्योंकि हिरण्यकशिपु भी तीन भिन्न जन्मों में विष्णु के अवतार द्वारा मारा जाता है।

---

१. महाभारत (३, १९४, ३०) तथा हरिवंश (१, ४१, २५; ३, १३, २८) में विष्णु द्वारा मधु-कैटभ के वध की कथा मिलती है किन्तु उन रचनाओं में इनका रावण-कुम्भकर्ण के साथ कोई सम्बन्ध निर्दिष्ट नहीं है।

ख। तपश्चर्या और वरप्राप्ति

६४९. वाल्मीकि रामायण के अनुसार विश्रवा ने कैकसी को अपनाने के पूर्व भरद्वाज की पुत्री देववर्णिनी से वैश्रवण को उत्पन्न किया था। वैश्रवण ने तपस्या करके ब्रह्मा से चतुर्थ लोकपाल (धनेश) का पद तथा पुष्पक भी प्राप्त किया था। विश्रवा ने उसे लंका में निवास करने का परामर्श दिया क्योंकि राक्षस विष्णु के डर से लंका छोड़कर रसातल चले गये थे (सर्ग ३)। वैश्रवण किसी दिन पुष्पक पर चढ़कर अपने पिता विश्रवा से मिलने आये; कैकसी ने दशग्रीव का ध्यान उसकी ओर आकर्षित करके कहा कि तुम भी अपने भाई के समान बन जाओ। अतः दशग्रीव अपनी माता की प्रेरणा से अपने भाइयों के साथ गोकर्ण में तपस्या करने लगा (सर्ग ९)। तीनों भाई १०००० वर्ष तक घोर तप करते रहे। दशग्रीव प्रति सहस्र वर्ष के अन्त में अपना एक सिर अग्नि में समर्पित करता था; वह अपना दसवाँ सिर काटनेवाला ही था कि ब्रह्मा सन्तुष्ट होकर वर देने के उद्देश्य से प्रकट हुए। **रावण** ने पहले अपने लिए अमरत्व माँगा किन्तु ब्रह्मा के अस्वीकार करने पर उसने यह वर माँग लिया कि मैं सुपर्ण-नाग-यक्ष-दैत्य-दानव-राक्षस तथा देवताओं द्वारा अवध्य[१] हो जाऊँ। इसके अतिरिक्त ब्रह्मा ने उसके नौ शीर्ष लौटाये तथा उसे कामरूपी होने का वर प्रदान किया। **विभीषण** ने धार्मिकता का वर माँग लिया और ब्रह्मा ने उसे अमरत्व भी दे दिया। **कुम्भकर्ण** ने सरस्वती की प्रेरणा से निद्रा ही माँग ली—**स्वप्तुं वर्षाण्यनेकानि देव देव ममेप्सितम्** (१०, ४५)। वर प्राप्त करने के पश्चात् दशग्रीव ने सुमाली के अनुरोध पर प्रहस्त को वैश्रवण के पास भेजकर राक्षसवंश के लिए लंका की माँग की। अपने पिता का परामर्श स्वीकार कर वैश्रवण कैलास[२] पर निवास करने चले गये और दशग्रीव ने राक्षसों के साथ लंका को अपने अधिकार में ले लिया (सर्ग ११)। इसके बाद कुम्भकर्ण रावण से एक भवन बनवाकर उसमें सहस्रों वर्षों तक बिना जागे सोता रहा—**बहून्यब्दसहस्राणि शयानो न च बुद्ध्यते** (१३, ७)। कुम्भकर्ण की नींद के विषय में वाल्मीकीय युद्धकाण्ड (सर्ग ६१) में माना गया है कि ब्रह्मा ने कुम्भकर्ण के अत्याचार के कारण उसे यह शाप दिया कि वह छह महीनों तक सोकर एक ही दिन जग सकेगा और उस दिन भूखा होकर पृथ्वी पर विचरते हुए बहुत-से लोगों को खा जायेगा। **महाभारत** (३, २५९, २८) के अनुसार कुम्भकर्ण की नींद वरदान का परिणाम तो है किन्तु कुम्भकर्ण ने सरस्वती की प्रेरणा से नहीं वरन् अपनी ही तामसी बुद्धि[३] के कारण ही यह वर माँग लिया—**स वव्रे महतीं निद्रां तमसा ग्रस्तचेतनः। आनन्द रामायण** (१, १३, ५५) में वाल्मीकीय युद्धकाण्ड और उत्तरकाण्ड की कथाओं का समन्वय किया गया है—सरस्वती से मोहित होकर कुम्भकर्ण ने छह महीनों तक सोकर भोजन के लिए एक दिन जागने का वर माँग लिया। **कृत्तिवास रामायण** (७, ११) के अनुसार ब्रह्मा ने रावण से यह कहकर वरदान दिया था कि वानर और नर को छोड़कर कोई भी तुम्हारा वध नहीं कर पायेगा; सिर कट जाने पर भी तुम नहीं मरोगे और तुम्हारे कटे हुए सिर फिर जुड़ जायेंगे। कुम्भकर्ण ने सरस्वती की प्रेरणा से निरन्तर सोते रहने का वर माँग लिया किन्तु रावण ने ब्रह्मा के पास जाकर आपत्ति की थी। तब ब्रह्मा ने कुम्भकर्ण को छह महीनों की निद्रा तथा एक दिन का जागरण प्रदान कर

---

१. युद्धकाण्ड (१९, ९) तथा बालकाण्ड (१५, १३) में भी ब्रह्मा के इस वरदान का उल्लेख है।

२. शिव तथा वैश्रवण के सख्य का वर्णन उत्तरकाण्ड के १३वें सर्ग में मिलता है।

३. सेरीराम में यह माना गया है कि कुम्भकर्ण स्वभाव से ही निद्राव्यसनी और पेटू था।

कहा कि उस दिन कुम्भकर्ण का बल और भक्षण दोनों अद्भुत होंगे किन्तु यदि उसे कच्ची नींद से जगाया जायेगा तो वह निश्चय ही मर जायेगा।

प्राचीनकाल से ही रावण को **शिवभक्त** माना गया है (दे० अनु० ६५३); इस कारण से अनेक रचनाओं में वरप्राप्ति के वृत्तान्त में शिव ही ब्रह्मा का स्थान लेते हैं। **रघुवंश** (सर्ग १०) तथा **दशावतारचरित** के अनुसार रावण ने शिव को अपने नौ सिर समर्पित किये थे किन्तु ब्रह्मा ने वर प्रदान किया था। **स्कन्दपुराण** के माहेश्वरखण्ड (अ०८), **पद्मपुराण** के उत्तरखण्ड (अ० २६९), पाश्चात्य वृत्तान्त नं० ३ आदि में शिव ही रावण और उसके भाइयों को वरदान देते हैं। पद्मपुराण में केवल रावण-कुम्भकर्ण की तपस्या की चर्चा है (दे० उत्तरखण्ड २६९, २०-२४)।

पाश्चात्य वृत्तान्त नं० ४ के अनुसार भी रावण ने महादेव से राज्य वैभव प्राप्त कर लिया था। रावण नित्य प्रति महादेव की पूजा करते हुए उन्हें १०० फूल अर्पित किया करता था। किसी दिन ईश्वर ने एक फूल चुराकर रावण से पूछा—मुझे आज क्यों केवल ९९ फूल मिल रहे हैं। रावण अपनी आँख निकालकर उसे महादेव को अर्पित करने ही वाला था कि महादेव ने रोककर वरदान दिया। इस प्रकार रावण को समस्त पृथ्वी पर अधिकार प्राप्त हुआ। इसके बाद ही रावण लंका में राज्य करने लगा।[१]

पउमचरियं (पर्व ७) के अनुसार रावणादि अपने मौसेरे भाई का विभव देखकर विद्याएँ सिद्ध करने के लिए साधना करने लगे थे। रावण ने पचपन, भानुकर्ण ने पाँच और विभीषण ने चार विद्याओं को सिद्ध कर लिया। तीनों ने आकाशगामिनी विद्या प्राप्त कर ली थी। इस वृत्तान्त में किसी वरदान का उल्लेख नहीं है।

सेरीराम में रावण की ही तपस्या का वर्णन किया गया है। अपने निर्वासन के बाद सिंहलद्वीप में पहुँचकर रावण ने बारह वर्ष तक तपस्या की थी। अन्त में अल्लाह ने नबी आदम का निवेदन स्वीकार कर रावण को चार लोकों में अर्थात् स्वर्ग, पृथ्वी, पाताल तथा महासागर में राज्य स्थापित करने का अधिकार दिया बशर्ते कि रावण निष्पाप होकर न्यायपूर्वक शासन करे। **रामकियेन** (अ० ९) में रावण की अवध्यता की कथा इस प्रकार है। रावण ने अपने गुरु के परामर्श से एक ऐसा यज्ञ सम्पन्न किया था जिसके फलस्वरूप वह जीवित रहते हुए अपना जीव अपने शरीर से अलग करने में समर्थ हुआ। अतः रावण अपना जीव गुरु की रक्षा में छोड़कर अत्याचार करने लगा।

ग। विवाह और सन्तति

६५०. (१) **वाल्मीकि रामायण** के उत्तरकाण्ड (सर्ग १२) में **रावण-मन्दोदरी** के विवाह का वृत्तान्त इस प्रकार है। रावण ने किसी दिन मृगया के समय दिति के पुत्र मय को देखा जो अपनी पुत्री मन्दोदरी के साथ वन में टहल रहा था। रावण द्वारा परिचय पूछे जाने पर मय ने अपनी कथा सुनायी (दे० अनु० ५२६) तथा रावण का परिचय प्राप्त करने के पश्चात् उसके सामने मन्दोदरी के साथ विवाह करने का प्रस्ताव रखा। रावण ने इस प्रस्ताव को स्वीकार किया; मय ने उस अवसर पर रावण को अमोघ शक्ति भी दे दी जिससे वह बाद में लक्ष्मण को आहत करनेवाला था।

---

१. राम की देवी-पूजा के वृत्तान्त में भी आँख समर्पित करने का उल्लेख है (दे० आगे अनु० ७८५)। इस प्रसंग का मूल रूप महिम्नः स्तोत्र (छन्द १९) में सुरक्षित है।

(२) **आनन्द रामायण** (१, ९, ३३-५७) में रावण-मन्दोदरी के विवाह के विषय में एक सर्वथा भिन्न कथा मिलती है। इसके अनुसार रावण ने अपने गायन द्वारा **शिव** को प्रसन्न करके उनसे **दो वर** माँग लिये अर्थात् अपनी माता कैकसी के लिए आत्मलिंग तथा अपने लिए पार्वती को। शिव ने रावण को सावधान किया कि इस लिंग को मार्ग में कहीं भी पृथ्वी पर रख देने से वह वहीं अटल हो जायेगा। इसके बाद रावण लिंग तथा पार्वती को लेकर चला गया। पार्वती ने अपनी विपत्ति में विष्णु का स्मरण किया। विष्णु ने अपने अंग के चन्दन से सुन्दरी मन्दोदरी की सृष्टि करके उसे मय के घर में रख दिया; तब वह ब्राह्मण का रूप धारण कर मार्ग में रावण से मिले तथा उन्होंने रावण से कहा कि शिव ने धोखा देकर वास्तविक पार्वती को पाताल में मय के यहाँ छिपाया है। यह सुनकर रावण ने शिव के पास जाकर वास्तविक पार्वती को लौटाया और पाताल जाने को उद्यत हुआ। रास्ते में लघुशंका करने की इच्छा से उसने आत्मलिंग उस ब्राह्मण (विष्णु) के हाथ में दे दिया। देर हो जाने पर विष्णु आत्मलिंग गोकर्ण में भूमि पर रखकर अन्तर्धान हो गये। रावण आकर आत्मलिंग उठाने में असमर्थ हुआ; तब उसने मय के घर जाकर विष्णु द्वारा निर्मित मन्दोदरी को प्राप्त किया।[१] भावार्थ रामायण (५, ६) का वृत्तान्त उपर्युक्त कथा पर आधारित है। आनन्द रामायण के एक अन्य स्थल (१, १३, २६-४४) के अनुसार रावण ने अपने शरीर से वीणा बनाकर शिव के आदर में गायन किया था। शिव ने आत्मलिंग तथा पार्वती के अतिरिक्त रावण को उस अवसर पर दस सिर भी प्रदान किये थे।

दक्षिण भारत के एक वृत्तान्त में प्रस्तुत कथा का एक अन्य रूप मिलता है। विष्णु के स्थान पर नारद रावण के पास जाकर कहते हैं कि वास्तविक पार्वती एक तालाब में छिपी हुई है। इस पर रावण मन्दोदरी को तालाब से निकालकर उसे लंका ले जाता है। उस वृत्तान्त के अनुसार मन्दोदरी वास्तव में एक मण्डूक है, जिसने नारी का रूप धारण किया था।[२]

रंगनाथ रामायण के उत्तरकाण्ड में मन्दोदरी की उत्पत्ति विषयक निम्नलिखित कथा मिलती है। पार्वती ने किसी दिन स्नान करने के बाद अपने शरीर के चन्दन से एक पुतली बनायी और शिव ने उनकी प्रार्थना स्वीकार कर पुतली में प्राण डाले। वह उसका सौन्दर्य देखकर आसक्त हो गये, किन्तु पार्वती के आग्रह पर उन्होंने उसे मण्डूक में बदल दिया और कहा कि जब मय सन्तति के लिए तपस्या करेगा, तो मैं उसे फिर कन्या का रूप देकर मय को प्रदान करूँगा। बाद में मय ने उसका विवाह रावण के साथ कराया।[३] दीनकृष्णदास (१८वीं श०) के उड़िया **धर्मपुराण** (अध्याय ५) में कथा इस प्रकार है। मन्दर और उदर नामक मुनि ब्रह्मा के पुत्र थे, जो किसी आश्रम में रहते थे। वे अपनी गाय दूहते समय पृथ्वी को कुछ नहीं देते थे। धरणी ने क्रुद्ध होकर अपने पुत्र मणिनाग को भेजा और उसने, जब मुनि स्नान करने

---

१. काश्मीरी रामायण (युद्धकाण्ड, नं० ४७) में भी रावण के शिवलिंग खो बैठने की कथा मिलती है। गोकर्ण के स्थान पर अन्य तीर्थों का भी उल्लेख मिलता है। बिहार में प्रस्तुत कथा का घटनास्थल वैद्यनाथ मन्दिर (देवघर) माना जाता है।

२. दे० पाश्चात्य वृत्तान्त नं० १, अध्याय ४। पार्वती के स्थान पर मन्दोदरी को प्राप्त करने की उपर्युक्त कथा अन्यत्र भी पायी जाती है। दे० पाश्चात्य वृत्तान्त १६, पृ० २९१ तथा पी० थॉमस, एपिक्स एण्ड लेजेण्ड्स ऑव इण्डिया, पृ० ५२।

३. दे० चावलि सूर्यनारायण मूर्ति : हिन्दी और तेलुगु मध्यकालीन राम-साहित्यों का तुलनात्मक अध्ययन, पृ० २१७।

गये, उनके दूध में विष डाला। काठवेंग जाति की एक मण्डूकी उसी आश्रम में रहती थी और वह मुनियों की जान बचाने के लिए दूध में कूदकर मर गयी। मुनियों ने लौटकर तथा दूध में मण्डूकी पड़ी देखकर उसे कन्या बनने का शाप (!) दिया और उसका नाम वेंगवती रखा। बाद में उन्होंने बालि से उसके विवाह का प्रबन्ध किया और बालि ने विवाह से पहले ही मुनियों की अनुपस्थिति में आश्रम में आकर उसके साथ रमण किया जिससे वह गर्भवती हो गयी। रावण ने भी कन्या को माँगा किन्तु मुनियों ने उसे समझाया कि बालि के साथ उसका विवाह निश्चित हो गया है। विवाह के दिन रावण बालि का रूप धारण कर कन्या को ले गया और बालि बाद में पहुँचकर और रावण का छल-कपट सुनकर उसकी खोज में निकला। भेंट होने पर बालि ने कन्या को छीनना चाहा और खींचतान में कन्या दो टुकड़े हो गयी जिससे अंगद (अंगच्छेद से उत्पन्न) का जन्म हुआ। इतने में देवता पहुँचे। यम ने कन्या को फिर एक कर दिया और पवन ने उसमें प्रवेश कर उसे पुनर्जीवित किया। उसका नाम मन्दोदरी (मन्दोदरी अर्थात् बुराई से प्राप्त) रखा गया और वह रावण की पत्नी हो गयी। इन कथाओं से स्पष्ट है कि दक्षिण-पूर्व एशिया में प्रचलित मन्दोदरी की उत्पत्ति विषयक कथाओं का आधार भारतीय ही है।

सेरीराम के **पातानी पाठ** के अनुसार महासिकु की दत्तक पुत्री मन्दुदकी मण्डूक से उत्पन्न हुई थी। श्री अचप अपनी चाची मुतुगिरि पर आसक्त था; महासिकु ने श्री अचप को धोखा देकर मुतुगिरि के स्थान पर मन्दुदकी को दे दिया तथा श्री अचप को सुलतान महाराज वन की उपाधि भी प्रदान की।

रामकियेन (अध्याय ५) में मन्दोदरी की कथा का एक अन्य रूप मिलता है। किसी मण्डूक ने चार ऋषियों का जीवन बचाया था और पुरस्कारस्वरूप ऋषियों ने उसे मण्डो नामक एक अत्यन्त सुन्दर युवती में बदलकर उसे ईश्वर को समर्पित किया। ईश्वर ने उसे उमा को दिया। बाद में ईश्वर के दिये हुए वर के बल पर रावण ने उमा को प्राप्त किया (दे० अनु० ६५३)। तब नारायण ने माली का रूप धारण कर रावण के सामने एक वृक्ष उलटे ढंग से रोपने का प्रयत्न किया। रावण उसकी मूर्खता की टिप्पणी करने लगा, जिस पर नारायण ने कहा कि जिसने मण्डो को छोड़कर उमा को चुन लिया वह मुझसे अधिक मूर्ख है। यह सुनकर रावण ईश्वर के पास गया और उसने उमा को लौटाकर मण्डो को ले लिया।

हिन्देशिया की रामकथाओं में रावण दशरथ के पास जाकर वास्तविक मन्दोदरी के स्थान पर जादू द्वारा निर्मित एक अन्य मन्दोदरी को ले जाता है (दे० ऊपर अनु० ४२८)। यह कथा उपर्युक्त वृत्तान्त का विकृत रूप मात्र प्रतीत होती है।

(३) मन्दोदरी के अतिरिक्त वाल्मीकि-रामायण में रावण की केवल एक और पत्नी अर्थात् **धान्यमालिनी** का नाम दिया गया है। सुन्दरकाण्ड (सर्ग २२) और युद्धकाण्ड (सर्ग ७१) में धान्यमालिनी (अतिकाय की माता) का उल्लेख है। रंगनाथ ने उसका सम्बन्ध कालनेमि वृत्तान्त की ग्राही से स्थापित किया है (दे० अनु० ५८७)। वाल्मीकि रामायण के अनेक स्थलों पर रावण की बहुसंख्यक पत्नियों की चर्चा की गयी है जिनमें देव-गन्धर्व-नागादि कन्याएँ भी सम्मिलित थीं (दे० सुन्दरकाण्ड, सर्ग १०-११, १८ और २२; युद्धकाण्ड, सर्ग ११०; उत्तरकाण्ड, सर्ग २२)। कृत्तिवास (६, ५९) के अनुसार देवकन्याओं की संख्या १४,००० थी।

पउमचरियं (पर्व १०) में बालि-सुग्रीव की बहन **श्रीप्रभा** के साथ रावण के विवाह का वर्णन मिलता है। इस रचना में उसकी ६००० विद्याधरवंशीय पत्नियों का उल्लेख है (पर्व

८)। बलरामदास रावण की साढ़े तीन करोड़ स्त्रियों की चर्चा करते हैं। मन्दोदरी के अतिरिक्त उड़िया साहित्य में शुभ्रकेशी (बलरामदास), इन्दुमती तथा मान्तिमाला (उपेन्द्र भंज) नामक पत्नियों का उल्लेख है। **सेरीराम** के अनुसार रावण ने चार लोकों में राज्य का अधिकार प्राप्त कर स्वर्गलोक में **नील उताम** (तिलोत्तमा) से, पाताल में **परतीवि** (पृथ्वी) देवी से, तथा महासागर में **गंगा महादेवी** से विवाह किया। बाद में उसने लंका का निर्माण किया और दशरथ की पटरानी **मन्दोदरी** को भी प्राप्त किया (दे० अनु० ४२८)। **रामकियेन** (अ० ५) में दशकण्ठ की पाताल-निवासिनी पत्नी का नाम **कला अग्गी** है।

(४) रावण के पुत्रों में से **इन्द्रजित्** सर्वाधिक प्रसिद्ध है। वाल्मीकि रामायण के उत्तरकाण्ड (सर्ग १२) के अनुसार मन्दोदरी के पहलौठे पुत्र ने जन्म लेने के पश्चात् ही मेघगम्भीर नाद किया था जिससे उसके पिता ने उसका नाम मेघनाद ही रखा था। इन्द्र को परास्त करने के कारण ब्रह्मा ने उसे इन्द्रजित् की उपाधि प्रदान की (सर्ग ३०)। **सेरीराम** के अनुसार रावण ने स्वर्गलोक की नील उताम से इन्द्रजित् को उत्पन्न किया था; इस रचना में इन्द्रजित् के तीन शीर्ष होते हैं। जावा के **सेरतकाण्ड** के अनुसार उत्तरकाण्ड विभीषण ने मेघनाद की सृष्टि की थी (दे० अनु० ४१५)। इन्द्रजित्-विषयक शेष सामग्री का विश्लेषण युद्धकाण्ड के अन्तर्गत हो चुका है (दे० अनु० ५९०-५९४)।

(५) वाल्मीकि रामायण में रावण के अन्य पुत्रों का भी उल्लेख मिलता है। **अक्ष** (सुन्दरकाण्ड, सर्ग ४७) तथा **अतिकाय** (युद्धकाण्ड, सर्ग ७१) के अतिरिक्त युद्धकाण्ड के एक प्रक्षिप्त अंश (सर्ग ६९-७०) में रावण के चार पुत्रों अर्थात् **अतिकाय, त्रिशिरा, नरान्तक** तथा **वेदान्तक** के वध का वर्णन किया गया है।[१]

परवर्ती भारतीय साहित्य में रावण की सन्तति के रूप में **सीता** (अनु० ४१२-४१७), **महानाद** और **सिंहनाद** (बालरामायण, अनु० ५७९), **वीरबाहु** (कृत्तिवास रामायण ६, ५४) तथा **महिरावण** (कृत्तिवास ६, ७९) का उल्लेख मिलता है। पउमचरियं (पर्व ६५) में **इन्द्रजित्** तथा **मेघवाहन** नामक रावण के दो पुत्रों की चर्चा है।

सेरीराम में इन्द्रजित् के अतिरिक्त बीलाबीस (दे० अनु० ६१३), **पातालमहारायन** (परतीवि देवी के पुत्र) तथा गंगामहासूरा (गंगा महादेवी के पुत्र) को भी रावण की सन्तान माना गया है। पाताल महानारायण भारतीय साहित्य का महिरावण है (दे० अनु० ६१४); गंगामहासूरा अपने पिता के आदेशानुसार सेतु को नष्ट करने का प्रयत्न करता है (दे० अनु० ५७८)। सेरीराम के शेलाबेर पाठ में तूरीकाय (अतिकाय), तूरीसिरह (त्रिशिरा), नारनन्ताक (नरान्तक) तथा देवानन्ताक (देवान्तक) की भी चर्चा की गयी है। रामकियेन में रावण की पातालवासिनी पत्नी के पुत्र का नाम **प्रलयकल्प** है (दे० अनु० ६०५)। इसके अतिरिक्त मन्दोदरी ने रावण-वध के बाद रावण के एक और पुत्र को जन्म दिया; इसका नाम **बैनासूरिवंश** रखा गया और इसने विभीषण के विरुद्ध विद्रोह किया (दे० अनु० ६३५, पाद-टिप्पणी)।

रामकियेन में रावण की नाग-कन्या **सुवर्णमच्छा** (दे० अनु० ५७८) के अतिरिक्त उसके दो और पुत्रों की कथा मिलती है; इसके अनुसार रावण ने हाथी का रूप धारण कर एक हथिनी से किरिधर तथा किरिवन नामक दो पुत्रों को उत्पन्न किया था, जिनका मुख हाथी के समान था। प्राचीन रामकथाओं में रावण की सन्तति के विषय में किसी निश्चित संख्या की

१. एक त्रिशिरा नामक राक्षस के वध का उल्लेख अरण्यकाण्ड (सर्ग २७) में भी मिलता है। नरान्तक को अन्यत्र (युद्धकाण्ड, सर्ग ५७-५८) प्रहस्त का सचिव माना गया है।

उल्लेख नहीं होता। बलरामदास (युद्धकाण्ड, पृ० ६२) रावण के ७२ पुत्रों तथा १३०० पौत्रों की चर्चा करते हैं; महानाद ही बच गया और उसने अपने पिता की अन्त्येष्टि सम्पन्न की। हिन्दी पाठक इस पंक्ति से परिचित होंगे—एक लख पूत सवा लख नाती, ता रावन घर दिया न बाती।

घ। विवाहोत्तर चरित

६५१. वाल्मीकि रामायण के उत्तरकाण्ड (सर्ग ९) के अनुसार रावण वर-प्राप्ति के पहले से ही लोगों को सताया करता था।[1] बाद में भी उसके **अत्याचार** का बारम्बार उल्लेख किया गया है। लंका पर अधिकार प्राप्त करने के पश्चात् वह देव-ऋषि-यक्ष-गन्धर्वों का वध करके उनके उद्यानों को नष्ट करने लगा। यह सुनकर वैश्रवण ने दूत भेजकर रावण को सदुपदेश दिया तथा उसे सावधान किया कि देवता उसके विरुद्ध समुद्योग कर रहे हैं। रावण ने अपनी तलवार से उस दूत का वध किया तथा वैश्रवण पर आक्रमण करने के उद्देश्य से अपने मंत्रियों के साथ कैलास की यात्रा की। वहाँ पहुँचकर उसने पहले यक्ष-सेना को तितर-बितर कर दिया; बाद में उसने वैश्रवण को द्वन्द्वयुद्ध में परास्त किया तथा उससे पुष्पक प्राप्त कर लंका लौटा।[2]

बाद में रावण ने वेदवती (दे० अनु० ४१०) तथा रम्भा (दे० अनु० ६५४) के साथ भी अत्याचार किया। इसके अतिरिक्त उसने बहुत-सी अविवाहित अथवा विवाहित सुन्दर स्त्रियों का हरण किया जिससे उसके अन्तःपुर में सैकड़ों राज-ऋषि-देव-नाग-दानव-राक्षस-दैत्य-असुर-यक्ष-गन्धर्व कन्याएँ निवास करती थीं (सर्ग २४)।

६५२. रावण की **विजय-यात्राओं** के वर्णन का परवर्ती साहित्य में कोई विशेष विकास नहीं हुआ है। वाल्मीकि रामायण के उत्तरकाण्ड के अनुसार रावण ने अपनी एक **विजय-यात्रा** में (सर्ग १८-२३) निम्नलिखित राजाओं को पराजय स्वीकार करने के लिए बाध्य किया—मरुत, दुष्यन्त, सुरथ, गाधि, पुरूरवा और अनरण्य। इसके बाद रावण ने नारद के परामर्श से **यमलोक** पर आक्रमण किया। अपनी सेना रावण द्वारा पराजित देखकर यम ने रावण का वध करना चाहा किन्तु वह ब्रह्मा का अनुरोध स्वीकार कर अन्तर्धान हो गये और रावण अपने को विजयी मानकर यमलोक से निकल गया। अनन्तर रावण ने **वरुणालय** में नागों के राजा वासुकि को परास्त किया, दैत्यों के साथ सन्धि कर ली, अक्षनगर में अपने बहनोई विद्युज्जिह्व का वध किया तथा वरुण की सेना को हराकर लंका लौटा।

रावण की एक **अन्य विजय-यात्रा** (सर्ग २५-३०) का वर्णन इस प्रकार है। रावण की अनुपस्थिति में मधु ने कुम्भीनसी का अपहरण किया था। यह सुनकर रावण ने एक विशाल सेना के साथ मधुपुर के लिए प्रस्थान किया। कुम्भीनसी ने मधुपुर में रावण का स्वागत करके अपने पति के लिए अभयदान की याचना की। रावण कुम्भीनसी की प्रार्थना अस्वीकार न कर सका, अतः वह मधु के यहाँ एक रात बिताकर अगले दिन **कैलास** की ओर अग्रसर हुआ। वहाँ पहुँचकर वह रम्भा के साथ व्यभिचार करने के कारण नलकूबर का शाप-भाजन बन गया। इसके बाद रावण ने कैलास पार कर **इन्द्रलोक** में प्रवेश किया। वहाँ राक्षसों तथा देवताओं का घोर युद्ध हुआ, जिसमें सुमाली मारा गया। तब मेघनाद ने जयन्त को परास्त कर दिया तथा इन्द्र को कैद कर उन्हें लंका ले आया। अन्त में ब्रह्मा ने मेघनाद को वरदान तथा

---

१. हिन्देशिया की रामकथाओं के अनुसार रावण को अत्याचार के कारण निर्वासित किया गया; दे० अनु० ६४६।

२. दे० सर्ग १३-१५। पुष्पक के विषय में अनु० ६४९ और ५६६ देख लें। सेरतकाण्ड के अनुसार विल्मनरंज नामक वैश्रवण का पुत्र रावण का वाहन बन जाता है (दे० अनु० ३२२)।

इन्द्रजित् की उपाधि देकर इन्द्र को छुड़ाया (दे० अनु० ५९०)। हेमचन्द्र के जैन रामायण (२, ५७८-६९३) में रावण स्वयं इन्द्र को परास्त करता है।

उपर्युक्त सामग्री के अतिरिक्त उत्तरकाण्ड के सर्ग २३ के पश्चात् के प्रक्षिप्त सर्गों में रावण की सूर्यलोक तथा चन्द्रलोक की विजय-यात्रा का भी वर्णन किया गया (सर्ग २-४)। सूर्यलोक की यात्रा का गौडीय तथा पश्चिमोत्तरीय पाठ में उल्लेख नहीं है।

पउमचरियं में भी रावण द्वारा सहस्रकिरण, नलकूबर, इन्द्र, वरुण आदि की पराजय वर्णित है किन्तु इस रचना में यम, इन्द्र, वरुण आदि देवता न होकर साधारण राजा माने गये हैं। इन्द्र की पराजय का वर्णन अहल्या-चरित के अन्तर्गत हो चुका है (दे० अनु० ३४४)।

६५३. अनेक रचनाओं के अनुसार रावण ने ब्रह्मा के स्थान पर शिव से ही वरदान प्राप्त किया था (दे० अनु० ६४९); वाल्मीकि रामायण के उत्तरकाण्ड में **शिव-रावण-सम्बन्ध** के विषय में निम्नलिखित सामग्री पायी जाती है। वैश्रवण को पराजित करने के बाद जब रावण पुष्पक पर चढ़कर कैलास के ऊपर जा रहा था तो पुष्पक अचानक रुक गया। रावण पुष्पक से पृथ्वी पर उतरा तथा नन्दि का उपहास करके उसने कैलास पर्वत को ऊपर उठाया।[1] पर्वत हिलने लगा किन्तु महादेव ने अपने पादांगुष्ठ से पर्वत को दबाया जिससे रावण की भुजाएँ कैलास के नीचे जकड़ गयीं और वह क्रोध तथा पीड़ा से चिल्ला उठा। तब अपने मंत्रियों का परामर्श स्वीकार कर रावण विविध स्तोत्रों द्वारा महादेव का गुणगान करने लगा और एक सहस्र वर्ष तक विलाप करता रहा। अन्त में महादेव प्रसन्न हुए; उन्होंने दशग्रीव की भुजाएँ मुक्त कर उसका नाम रावण ही रखा क्योंकि उसने पर्वत से आक्रान्त होकर भीषण चीत्कार **(रावः सुदारुणः)** किया था।[2] दाक्षिणात्य पाठ मात्र के अनुसार शिव ने उस अवसर पर रावण को चन्द्रहास नामक खंग प्रदान किया था (सर्ग १६)। उत्तरकाण्ड में अन्यत्र रावण द्वारा शिवलिंग की पूजा का वर्णन मिलता है तथा इसका भी उल्लेख मिलता है कि रावण सदा ही एक सुवर्ण लिंग अपने साथ रखा करता था (सर्ग ३१)।

पउमचरियं में जो कथा मिलती है उसमें बालि शिव का स्थान लेता है (अनु० ६५५, २)। चन्द्रहास के विषय में लिखा है कि रावण ने उस खंग से अपनी भुजा काटकर और उसकी शिराओं से वीणा का तार बनाकर जिनकी स्तुति की थी। यह देखकर धरणेन्द्र मुनि ने रावण को अमोघ-विजया शक्ति का वरदान दिया (पर्व ९)। अन्य रचनाओं के अनुसार रावण ने अपने गायन द्वारा शिव को प्रसन्न कर उनसे पार्वती को प्राप्त किया था (दे० अनु० ६५०)। पाश्चात्य वृत्तान्तों नं० ६ और १० के अनुसार शिव ने रावण को अपनी उँगलियों से दबा लिया था; इस पर रावण ने एक सिर तथा एक भुजा को मुक्त कर दिया तथा उस सिर से वीणा बनाकर शिव को अपने गायन से प्रसन्न कर दिया। इस प्रकार रावण को त्रिलोक पर अधिकार मिल गया था। **रामकियेन** के अनुसार एक देवता ने किसी दिन कैलास पर एक छिपकली पर इतना प्रबल प्रहार किया था कि पर्वत एक ओर झुक गया। देवता कैलास को सीधा करने में असमर्थ निकले; तब ईश्वर ने रावण को बुलाया जिसने कैलास उठाकर उसे पूर्ववत् सीधा कर दिया। वर पाकर रावण ने उमा को माँग लिया (दे० अनु० ६५०)।

---

१. ब्रह्मपुराण (अ० १४३) के अनुसार रावण कैलास को लंका ले जाना चाहता था।

२. रामायण में रावण का अर्थ 'रुलानेवाला' है—दे० लोकरावण (३, ३३, १) और शत्रुरावण (३, ५६, २६)। रावण के नामों के विषय में ऊपर देखें—दशमुख (अनु० ६०), दशग्रीव (अनु० ११२), आदिवासी गोत्र रावना (अनु० ११०)।

परवर्ती रचनाओं में रावण की शिव भक्ति-विषयक बहुत ही सामग्री मिलती है। **ब्रह्मपुराण** (अध्याय १४३) के अनुसार ब्रह्मा ने रावण को एक अष्टोत्तरशतशिव नाम मंत्र प्रदान किया था। रावण द्वारा रचित बहुत-से शिव-स्तोत्रों का भी उल्लेख मिलता है।[१] शिव-पार्वती-कलह के प्रसंग में रावण की शिवभक्ति पर विशेष बल दिया गया है (दे० अनु० ५८४)। लंकादेवी की कथा का ऐसा रूप भी मिलता है जिसमें देवी लंकेश्वरी मानी जाती है (दे० अनु० ५३७)।

६५४. वाल्मीकि रामायण के प्रामाणिक सर्गों में कहीं भी रावण के प्रति किसी **शाप** का उल्लेख नहीं होता। युद्धकाण्ड (सर्ग ९४,३५) के अनुसार महादेव ने देवताओं को आश्वासन दिया था कि एक स्त्री के कारण रावण का नाश होगा—**उत्पत्स्यति हितार्थं वो नारी रक्षःक्षयावहा।** परवर्ती साहित्य में रावण को प्रदत्त शापों के विषय में पर्याप्त सामग्री मिलती है।

(१) महाभारत के रामोपाख्यान में दो बार **नलकूबर** के शाप का उल्लेख किया गया है। सुन्दरकाण्ड के कथानक के अन्तर्गत त्रिजटा सीता से कहती है कि रम्भा के कारण अभिशप्त रावण किसी अनिच्छुक नारी का कुछ भी बिगाड़ नहीं सकता (३,२६४,५९)। रावण-वध के बाद जब राम को सीता के विषय में सन्देह हो रहा है और देवता प्रकट हो जाते हैं तब ब्रह्मा कहते हैं कि मैंने नलकूबर के शाप के द्वारा सीता की रक्षा का प्रबन्ध कर लिया था। नलकूबर का शाप यह था कि उसे न चाहनेवाली परायी स्त्री का सेवन करने पर रावण के शरीर[२] के सैकड़ों टुकड़े हो जायेंगे—**यदि ह्यकामामासेवेत् स्त्रियमन्यामपि ध्रुवं शतधास्य फलेद्देहः** (३, २७५, ३३)। वाल्मीकि रामायण के उत्तरकाण्ड (सर्ग २६) में नलकूबर के इस शाप की कथा का विस्तार के साथ वर्णन किया गया है। इन्द्रलोक की यात्रा के समय रावण ने कैलास पर्वत पर रात बितायी। उस रात्रि में वह रम्भा को देखकर उस पर आसक्त हुआ। रम्भा ने अपना परिचय देते हुए कहा कि मैं आपकी पुत्रवधू हूँ। मैं आपके भाई वैश्रवण के पुत्र नलकूबर की पत्नी हूँ। रावण ने उत्तर दिया कि अप्सराओं के कोई पति होता ही नहीं **(पतिरप्सरसां नास्ति)** और उसने रम्भा के साथ बलात्कार किया। बाद में नलकूबर ने अपनी पत्नी के मुँह से सब सुनकर रावण को यह शाप दिया कि न चाहनेवाली स्त्री के साथ रमण करने से उसके मस्तक के सात टुकड़े हो जायेंगे—**यदा ह्यकामां कामार्तो धर्षयिष्यति योषितम्॥ ५५॥ मूर्धा तु सप्तधा तस्य शकलीभविता तदा।**

पउमचरियं (पर्व १२) में प्रस्तुत वृत्तान्त को एक सर्वथा नवीन रूप दिया गया है। इसके अनुसार रावण ने नलकूबर की पत्नी उपरम्भा का प्रेम-प्रस्ताव अस्वीकार कर दिया था और बाद में उसने अनन्तवीर्य का धर्मोपदेश सुनकर विरक्त परनारी के साथ रमण न करने का व्रत लिया था।[३]

(२) वाल्मीकि रामायण के उत्तरकाण्ड (सर्ग १६) में **नन्दिशाप** की कथा इस प्रकार है। पुष्पक के रुक जाने के बाद रावण कैलास-पर्वत के सामने पृथ्वी पर उतरा और नन्दि का वानर-मुख देखकर उसका उपहास करने लगा। तब नन्दि ने उसे यह शाप दिया कि तुम्हारे कुल के नाश के लिए मेरे समान रूप और बल से सम्पन्न वानर उत्पन्न होंगे—**तस्मान्मद्वीर्यसंयुक्ता मद्रूपसमतेजसः। उत्पत्स्यन्ति वधार्थं हि कुलस्य तव वानराः** (१६, १७)। दाक्षिणात्य पाठ के लंकादहन के वर्णन के अन्तर्गत नन्दि-शाप का जो उल्लेख मिलता है वह अन्य पाठों के समानान्तर स्थल पर विद्यमान नहीं है।

---

१. दे० मद्रास कैटलॉग नं० १०९१३, १११४१-१११४४ और ७९१।

२. अनेक हस्तलिपियों में देह के स्थान पर मूर्धा पाठ मिलता है।

३. इसका कारण यह है कि पउमचरियं में रावण को धर्मभीरु जैनी के रूप में चित्रित किया गया है (अनु० ६०)।

सेरीराम में नन्दिशाप का एक परिवर्तित रूप मिलता है। जटायु के पिता, कीसूब्रीसू (कश्यप) नामक मुनि ने किसी अवसर पर रावण का सत्कार नहीं किया था। रावण ने क्रोध में आकर उनसे पूछा कि तुम मनुष्य हो अथवा बन्दर हो। तब मुनि ने उसे यह शाप दिया—तुम मनुष्यों और वानरों द्वारा मार डाले जाओगे।

(३) **वेदवती** के शाप का प्राचीनतम वृत्तान्त वाल्मीकि रामायण के उत्तरकाण्ड में सुरक्षित है (दे० अनु० ४१०)।

(४) वाल्मीकीय उत्तरकाण्ड (सर्ग १९) के अनुसार अयोध्या के राजा **अनरण्य** द्वन्द्वयुद्ध में रावण द्वारा मारा गया था। उसने प्राण छोड़ते समय रावण को यह शाप दिया कि इक्ष्वाकुकुल में उत्पन्न राम द्वारा तुम्हारा वध किया जायेगा—**उत्पत्स्यते कुले ह्यस्मिन्निक्ष्वाकूणां महात्मनाम्। रामोदाशरथिर्नाम यस्ते प्राणान्हरिष्यति** (१९, ३०)।

(५) **पुंजिकस्थला** के कारण रावण के प्रति ब्रह्मा के शाप का उल्लेख वाल्मीकि रामायण के दाक्षिणात्य पाठ मात्र में मिलता है। युद्धकाण्ड के प्रारम्भ में (सर्ग १३) रावण की द्वितीय सभा के अन्तर्गत जब महापार्श्व ने सीता के साथ बल प्रयोग करने का परामर्श दिया तब रावण ने स्वीकार किया कि मैंने बहुत समय पहले पुंजिकस्थला नामक अप्सरा के साथ उसकी इच्छा के विरुद्ध रमण किया था; ब्रह्मा ने पुंजिकस्थला से सारा हाल जानकर मुझे यह शाप दिया कि पुन: किसी नारी के साथ बलात्कार करने पर तुम्हारे मस्तक के सैकड़ों टुकड़े हो जायेंगे—**अद्यप्रभृति यामन्यां बलान्नारीं गमिष्यसि। तदा ते शतधा मूर्धा फलिष्यति न संशयः** (१३, १४)।

(६) इसके अतिरिक्त वाल्मीकि रामायण के दाक्षिणात्य[1] पाठ के एक प्रक्षिप्त स्थल पर (६, ६०, ८-१२) निम्नलिखित लोगों द्वारा रावण को शाप दिये जाने का उल्लेख किया गया है—**अनरण्य, वेदवती, उमा, नन्दीश्वर, रम्भा, वरुणकन्यका** (पुंजिकस्थला)। उमा को छोड़कर सबों का उल्लेख ऊपर हो चुका है। रामायण-तिलक में माना गया है कि जब रावण ने कैलास को ऊपर उठाया **(कैलासशिखरचालनबेलायाम्)** तब उमा ने यह शाप दिया था कि स्त्री के कारण रावण की मृत्यु होगी—**रावणस्य स्त्रीनिमित्तं मरणम्**। उत्तरकाण्ड के वृत्तान्त में शाप का उल्लेख नहीं है; इतना ही कहा गया है कि उस समय उमा ने काँपते हुए महेश्वर का आलिंगन किया था—**चचाल पार्वती चापि तदाश्लिष्टा महेश्वरम्** (७, १६, २६)।

६५५. वाल्मीकीय उत्तरकाण्ड के रावणचरित में उसकी अनेक **पराजयों** का भी वर्णन किया गया है। उनमें से बालि द्वारा रावण की पराजय का अपेक्षाकृत अधिक विकास हुआ है।

(१) **महाभारत** में परशुराम द्वारा कार्त्तवीर्य के वध का उल्लेख है (दे० अनु० ३४९)। **हरिवंशपुराण** (१, अध्याय ३३) में **अर्जुन कार्त्तवीर्य** की कथा इस प्रकार है। उसने तप द्वारा एक सहस्र भुजाएँ तथा अन्य वर पाकर समस्त पृथ्वी को जीत लिया था। नर्मदा तथा समुद्र में उसकी जलक्रीड़ा के वर्णन के बाद ही इसका उल्लेख मिलता है कि कार्त्तवीर्य ने सेनासहित रावण को परास्त कर उसे अपनी राजधानी माहिष्मती में कैद कर लिया था किन्तु पुलस्त्य की प्रार्थना से उसे मुक्त किया था। अन्त में परशुराम द्वारा कार्त्तवीर्य के वध का वर्णन किया गया है।

रामायण के **उत्तरकाण्ड** (सर्ग ३१-३३) में कार्त्तवीर्य द्वारा रावण की पराजय का अपेक्षाकृत अधिक विस्तार के साथ वर्णन किया गया है। रावण किसी दिन माहिष्मती के पास पहुँचकर

१. समानान्तर स्थल पर गौडीय पाठ (६, ३७, ८) नन्दिशाप मात्र का उल्लेख करता है किन्तु पश्चिमोत्तरीय पाठ में किसी शाप का निर्देश नहीं मिलता।

तथा अर्जुन की अनुपस्थिति के विषय में सुनकर विन्ध्य की पर्वतश्रेणी की ओर चल दिया। नर्मदा के पास पुष्पक से उतरकर रावण नदी में स्नान करने के बाद उसके तट पर शिव की पूजा करने लगा। उसी समय अर्जुन कार्त्तवीर्य अपने अन्तःपुर के साथ नर्मदा में जलक्रीड़ा कर रहा था; उसने अपनी सहस्र भुजाओं से नर्मदा की धारा रोक दी जिससे नदी विपरीत दिशा में बहकर रावण द्वारा चढ़ाये हुए फूल ले गयी। कारण का पता लगवाकर रावण अर्जुन से लड़ने आया किन्तु वह द्वन्द्वयुद्ध में पराजित होकर अर्जुन द्वारा माहिष्मती के कारावास में रखा गया। बाद में अर्जुन ने पुलस्त्य के अनुरोध पर रावण को छुड़ाकर उसके साथ '**अहिंसकं सख्यम्**' कर लिया।

विमलसूरि ने नलकूबर-शाप की कथा की भाँति प्रस्तुत वृत्तान्त में भी आमूल परिवर्तन कर दिया है। पउमचरियं (पर्व १०) के अनुसार महेश्वर के राजा सहस्त्रकिरण किसी समय अपनी सहस्र पत्नियों के साथ नदी में जलक्रीड़ा करने गये और इस प्रकार उसने रावण का ध्यान भंग किया था जो स्नान के बाद जिन मूर्तियों की उपासना कर रहा था। रावण द्वारा परास्त किये जाने पर सहस्त्रकिरण ने संन्यास लिया।

(२) **उत्तरकाण्ड** (सर्ग ३४) में **बालि द्वारा** रावण की पराजय का वर्णन इस प्रकार है।[१] कार्त्तवीर्य के कारावास से मुक्त होकर रावण फिर योग्य प्रतिद्वन्द्वियों की खोज में पृथ्वी पर भ्रमण करने लगा। किष्किन्धा पहुँचकर उसने सुन लिया कि बालि दक्षिण समुद्र के तट पर सन्ध्या कर रहा है। इस पर रावण पुष्पक पर चढ़कर बालि के पास आया। बालि रावण को अपनी काँख में दबाकर आकाश-मार्ग से क्रमशः पश्चिम, उत्तर तथा पूर्व सागर गया और इस प्रकार अपनी सन्ध्या समाप्त कर किष्किन्धा लौटा। तभी उसने रावण को मुक्त कर दिया; रावण ने बालि के पराक्रम की प्रशंसा करने के बाद इसके साथ सख्य करने की इच्छा प्रकट की। बालि ने इस प्रस्ताव को स्वीकार कर लिया और रावण महीने भर अपने नये मित्र बालि के यहाँ रहा। परवर्ती रचनाओं में रावण की मानहानि को कहीं और बढ़ा दिया गया है। **आनन्द रामायण** (१, १३, १००) के अनुसार रावण को अंगद के पालने के नीचे बाँधकर रखा गया था जिससे वह 'अंगदमूत्रस्य धाराधौताननः' बन गया। **सेरीराम** में निम्नलिखित कथा मिलती है। रावण पुष्पक पर चढ़कर मन्दूदाकी के साथ स्वर्गलोक-निवासी इन्द्रजित् से मिलने गया। बालि ने पुष्पक अपने राज्य के ऊपर जाते हुए देखकर रावण पर आक्रमण किया तथा मन्दूदाकी को छीनकर रावण को पुष्पक के साथ समुद्र में फेंक दिया। बालि ने अपनी राजधानी में पहुँचकर मन्दूदाकी से विवाह कर लिया। कुछ समय के बाद उसने हनुमान् को आदेश दिया कि वह गर्भवती मन्दूदाकी की सेवा के लिए २४ राजकुमारियों को ले आये। इतने में रावण ने बालि के गुरु (नील चक्रू) के पास जाकर मन्दूदाकी के हरण का समाचार कह सुनाया। गुरु ने रावण को आश्वासन दिया कि उसे मन्दूदाकी वापस मिल जायेगी बशर्ते कि वह तपस्वियों के आश्रम नष्ट न करे। तब बालि के गुरु, रावण के साथ बालि के यहाँ आये। गुरु का निवेदन सुनकर बालि ने आपत्ति की कि मन्दूदारी गर्भवती है। इस पर गुरु ने मन्दूदाकी का गर्भ निकालकर उसे किसी बकरी के शरीर में रख दिया और रावण मन्दूदाकी के साथ अपने भवन चला गया। तब गुरु ने हनुमान् को इन्द्र पवानम नामक पर्वत से फूल ले आने का आदेश दिया। हनुमान् समस्त पर्वत ले आये और उस पर से गुरु के शिष्यों ने आवश्यक फूल चुन लिये। अनन्तर गुरु ने मंत्रों की सहायता से इन फूलों से एक मण्डूक

१. गौडीय पाठ मात्र में इस प्रसंग को किष्किन्धाकाण्ड (सर्ग १०) के अन्तर्गत रखा गया है।

की और इसके बाद मण्डूक से एक सुन्दर स्त्री की सृष्टि की। गुरु ने उसका नाम देवी बरमा कोमाल रख दिया तथा उसे बालि की पत्नी के रूप में प्रदान किया। बकरी से जो पुत्र उत्पन्न हुआ; उसका नाम श्री अंग्गाद रखा गया; बाद में देवी बरमा कोमाल ने अनूल नामक पुत्र को जन्म दिया। अन्त में हनुमान् तथा बालि दोनों वन में अलग-अलग स्थान पर तपस्या करने चले गये।[१] सेरीराम के **पातानी पाठ** के अनुसार मन्दूदाकी के हरण के बाद महाराज वन भी बालि के भवन में कैदी के रूप में रखा जाता है। महासिकुल के अनुरोध पर बालि ने दोनों को मुक्त कर दिया। इस कथा में भी अंग्गाद एक बकरी से जन्म लेता है। **रामकियेन** के अनुसार रावण ने मण्डो को लेकर लंका की ओर प्रस्थान किया था और बालि ने रास्ते में रावण को पराजित करके मण्डो का हरण किया। बाद में बालि ने गुरु का निवेदन स्वीकार कर मण्डो को लौटाया (अध्याय ४)। जब अंगद की अवस्था १० वर्ष की थी, तब रावण ने उसे मार डालने का निश्चय किया क्योंकि अंगद मण्डो के अपमान का स्मरण दिलाता है। रावण छिपकर किष्किन्धा आया किन्तु सैनिकों ने उसे पकड़ लिया। तब बालि ने रावण को द्वन्द्वयुद्ध में परास्त कर दिया; उसने रावण को कैदी के रूप में अपने पास रखा। रावण सात दिन तक किष्किन्धा में अपमान सहकर लंका लौटा (अध्याय ८)। इस रचना में बालि द्वारा रावण की एक अन्य पराजय भी वर्णित है (दे० अनु० ५९७)।

पउमचरियं (पर्व ८) के अनुसार दशमुख ने किसी दिन दूत भेजकर बालि को आदेश दिया कि वह आकर प्रणाम करे। बालि ने उत्तर दिया कि मेरा मस्तक जिनवरेन्द्र को छोड़कर और किसी के सामने नहीं झुकता। इस पर दशानन आक्रमण की तैयारियाँ करने लगा। बालि ने सोचा कि मैं न तो राक्षसराजा के सामने झुक सकता और न जीवों का नाश करनेवाला युद्ध कर सकता हूँ, अत: उसने सुग्रीव को राजा बनाकर दीक्षा ले ली। बाद में दशानन का विमान किसी अवसर पर तपोधन बालि के प्रभाव से अष्टापद पर्वत (कैलास) के ऊपर रुक गया। रावण उतरा तथा पर्वत को उठाकर उसे ले जाने लगा। बालि ने यह देखकर कि जीवों को कष्ट हो रहा है पैर के अँगूठे से शिखर को दबाया जिससे दशानन पर्वत के नीचे कुचलकर चिल्लाने लगा; उस समय से उसका नाम रावण पड़ गया। अन्त में बालि ने अपना अँगूठा खींचकर रावण को छुड़ाया और रावण ने बालि को प्रणाम कर उसकी स्तुति की।

(३) वाल्मीकि रामायण के एक प्रक्षेप (उत्तरकाण्ड के सर्ग २३ के बाद प्रथम प्रक्षिप्त सर्ग) के अनुसार रावण ने यमलोक से निकलने के बाद अश्मनगर पहुँचकर एक भवन में प्रवेश किया जहाँ **बलि** कैदी था। बलि ने रावण को बता दिया कि भवन के द्वार पर जिस श्याम पुरुष से रावण की भेंट हुई, वही विष्णु हैं। यह सुनकर रावण लड़ने के लिए उद्यत हुआ किन्तु ब्रह्मा को प्रसन्न करने के लिए विष्णु अन्तर्धान हो गये। दाक्षिणात्य पाठ मात्र में इस वृत्तान्त के अन्तर्गत रावण की पराजय का वर्णन किया गया है। इसके अनुसार **बलि** ने अपने यहाँ पड़ा हुआ चक्र दिखाकर रावण से कहा कि उसे उठाकर मेरे पास आओ। रावण पहले उसे हिलाने में असमर्थ हुआ; अन्त में उसने सारी शक्ति लगाकर उसे ऊपर उठाया किन्तु वह तुरन्त मूर्च्छा खाकर गिर गया। तब बलि ने प्रकट किया कि वह चक्र वास्तव में मेरे किसी पूर्वज का कुण्डल है। **आनन्द रामायण** (१, १३, १०७-११५) में इस कथा को एक नवीन रूप दिया गया है। इसके अनुसार रावण ने घर में प्रवेश कर बलि को पत्नी के

१. तपस्या का उल्लेख पउमचरियं का प्रभाव माना जा सकता है। इस कथा का आधार भारतीय है। दे० ऊपर (अनु० ६५०) उड़िया धर्मपुराण की कथा।

साथ चौसर खेलता देखा था। बलि के हाथ से एक पांसा गिर गया और बलि ने रावण को उसे उठा लाने को आदेश दिया। रावण अपने बीसों हाथों से प्रयत्न करने पर भी पासा उठाने में असमर्थ रहा। तब एक दासी ने झट पासा उठाकर राजा को दे दिया। रावण के चले जाने पर बलि के परिचरों ने उसे पकड़ लिया और उसे घोड़ों की लीद उठा-उठा कर बाहर फेंकने का काम दिया। कुछ समय बाद रावण ने द्वार पर स्थित विष्णु से नगर से निकलने की प्रार्थना की। विष्णु ने उसे पैर के अँगूठे से आकाश में उछाल दिया और रावण लंका की ओर चल दिया। **भावार्थ रामायण** (७, २७) का वृत्तान्त स्पष्टतया आनन्द रामायण पर आधारित है।

(४) **कपिल** तथा **विष्णु** द्वारा रावण की पराजय की निम्नलिखित कथा का कोई विकास नहीं हुआ है। रावण ने किसी दिन पश्चिम सागर के तट पर भीषणाकार कपिल को देखकर उसके साथ युद्ध करने की इच्छा प्रकट की। कपिल ने रावण पर प्रहार कर उसे भूमि पर गिरा दिया और पाताल में प्रवेश किया। रावण ने उसका पीछा किया किन्तु पाताल में कपिल के समान तीन कोटि पुरुषों को देखकर वह शीघ्रता से उस स्थान से निकल गया। एक अन्य स्थल पर रावण ने शयन करनेवाले विष्णु को तथा उनके पास बैठनेवाली लक्ष्मी को देख लिया। रावण ने लक्ष्मी को पकड़ने के लिए हाथ बढ़ाना चाहा किन्तु विष्णु सब जानकर अचानक जोर से हँसने लगे जिससे रावण भूमि पर गिर पड़ा। तब विष्णु ने रावण को अभयदान दिया तथा परिचय पूछे जाने पर रावण को अपना विराट् रूप दिखलाया (सर्ग २३ के पश्चात् पंचम प्रक्षिप्त सर्ग)।

(५) रावण की एक अन्य पराजय की कथा दाक्षिणात्य पाठ मात्र में मिलती है (दे० उत्तरखण्ड, सर्ग ३७ के बाद ५वाँ प्रक्षिप्त सर्ग)। रावण किसी दिन नारद के परामर्श के अनुसार **श्वेतद्वीप** चला गया। वहाँ की युवतियों ने रावण को लीलापूर्वक एक-दूसरे के पास फेंक दिया—**हस्ताद्धस्तं स च क्षिप्तो भ्राम्यते भ्रमलालसः** (श्लोक ३६)। अन्त में भयातुर रावण सागर के मध्य में गिर गया। **आनन्द रामायण** (१,१३, १३५) के अनुसार श्वेतद्वीप की एक स्त्री ने रावण को परलंका तक फेंक दिया और वह अपनी बहन कौंचा के शौचकूपक में जा गिरा। भविष्यपुराण हनुमान् द्वारा रावण की पराजय का वर्णन किया गया है (दे० अनु० ६६८)।

४—हनुमच्चरित

६५६. उत्तरकाण्ड में रावणचरित के अनन्तर हनुमान् के जन्म तथा बालचरित का दो सर्गों में वर्णन किया गया है, अतः यहाँ पर हनुमच्चरित-विषयक सामग्री का निरूपण तथा आवश्यकतानुसार उसके विकास का दिग्दर्शन करना अपेक्षित है।

हनुमान् की अत्यन्त लोकप्रियता को ध्यान में रखकर अनेक विद्वानों ने यह अनुमान किया है कि हनुमत्कथा रामायण के पूर्व ही प्रचलित थी; इस मत का विश्लेषण तथा खण्डन हो चुका है (अनु० १०१, १०३)। प्रस्तुत हनुमच्चरित के अन्त में इस लोकप्रियता के वास्तविक कारण पर प्रकाश डाला जायेगा (अनु० ७१०)।

वाल्मीकीय रामायण की आधिकारिक कथावस्तु में हनुमान् का स्थान अपेक्षाकृत महत्त्वपूर्ण है। वे राम-लक्ष्मण को सुग्रीव के पास ले जाते हैं, वर्षाऋतु के पश्चात् सुग्रीव को राम के प्रति उसके कर्तव्य का स्मरण दिलाते हैं; राम की अँगूठी लेकर सीता की खोज में अन्ये वानरों के साथ दक्षिण की ओर प्रस्थान करते हैं; समुद्र लाँघकर लंका में सीता का पता लगाते हैं तथा उनका सन्देश लेकर राम के पास लौटते हैं। वास्तव में हनुमान् ही सुन्दरकाण्ड के नायक

हैं। वे युद्ध में भी एक प्रमुख भाग लेते हैं (अनु० ५८७) तथा रावण-वध के पश्चात् वे ही सीता के पास और बाद में भरत के पास राम-विजय का शुभ-सन्देश ले जाते हैं। हनुमान् के दो अन्य कृत्य अत्यधिक प्रसिद्ध हैं, अर्थात् लंकादहन तथा ओषधि-पर्वत का आनयन; दोनों को समीचीन कारणों से बाद के प्रक्षेप मानना चाहिए (दे० ऊपर अनु० ५३० और ५६४)।

प्रचलित वाल्मीकि रामायण के विभिन्न पाठों के प्रक्षेपों में अथवा परवर्ती रामकथाओं में हनुमान् के विषय में जो सामग्री रामायणीय कथावस्तु से सीधा सम्बन्ध रखती है, उसका निरूपण यथास्थान किया गया है।[1]

६५७. वाल्मीकिकृत आदिकाव्य में हनुमान् की जन्मकथा का तो अभाव रहा होगा, किन्तु प्रचलित रामायण इसका साक्ष्य है कि आगे चलकर रामायण के कुशीलवों ने इस अभाव की प्रचुर मात्रा में पूर्ति की है; बाद में भी इस कथा का विकास होता रहा। अत: 'हनुमान् की जन्मकथा तथा बालचरित' नामक प्रथम परिच्छेद में यह दिखलाया जाता है कि किस प्रकार हनुमान् को क्रमश:—(१) वायुपुत्र, (२) आंजनेय, (३) रुद्रावतार, (४) राम का पुत्र तथा (५) विष्णु का अंशावतार माना गया है।

द्वितीय परिच्छेद में हनुमान् के चरित्र-चित्रण का विकास प्रस्तुत करने का प्रयास किया जायेगा। इसमें रामकथा से सीधा सम्बन्ध रखनेवाली सामग्री के अतिरिक्त हनुमद्विषयक सभी अन्य अर्वाचीन कथाओं का भी ध्यान रखा जायेगा। हनुमान् के निम्नलिखित गुणों का क्रमश: अध्ययन होगा—(१) पराक्रम; (२) बुद्धिमत्ता; (३) चिरंजीवत्व; (४) ब्रह्मचर्य; (५) रामभक्ति; (६) देवत्त्व।

इसके पूर्व यहाँ पर जैनी रामकथाओं के हनुमच्चरित की कुछ विशेषताओं का उल्लेख आवश्यक है। **पउमचरियं** के अनुसार हनुमान् को रावण तथा सुग्रीव दोनों का रिश्तेदार माना गया है। रावण ने अपनी बहन चन्द्रनखा की पुत्री अनंगकुसुमा का तथा सुग्रीव ने अपनी पुत्री पद्मरागा का हनुमान् के साथ विवाह सम्पन्न किया था (अनु० ६९९)। युद्ध के बाद राम ने हनुमान् को राजा बनाकर उन्हें श्रीपर्वत के शिखर पर स्थित श्रीपुर प्रदान किया।[2] अन्त में हनुमान् ने दीक्षा लेकर निर्वाण प्राप्त किया।[3] गुणभद्र के **उत्तरपुराण** (६८, ७२०) में भी हनुमान् की इस सिद्धि का उल्लेख है।

क। जन्मकथा तथा बालचरित

६५८. हनुमच्चरित की सबसे बड़ी विशेषता उनकी जन्मकथा के विविध रूपों का बाहुल्य है। रामायणीय कथा जिसके अनुसार हनुमान् अंजनी के पुत्र हैं निर्विवाद रूप से सर्वाधिक

१. निम्नलिखित अनुच्छेद विशेष रूप से द्रष्टव्य हैं—३८२, ५१२, ५२५, ५३१-५३९, ५४१, ५४२, ५४८-५५५, ५७६-५८१, ५८७-५८८, ६०४-६०५, ६०८, ६१४, ६१५, ६३४, ६५५, ७४६, ७५७।

२. दे० पर्व ८५। सेरीराम के अनुसार हनुमान् ने बीरूहशा पुर्वा का राज्य अस्वीकार करते हुए राम के पास रहने का निवेदन किया था। रामकियेन (अ० ३८) में इसका वर्णन मिलता है कि राम ने विश्वकर्मा द्वारा नवपुरी का नगर बनवाकर उसे हनुमान् को प्रदान किया था।

३. दे० पर्व १०८। रामकियेन (अ०३९) में भी हनुमान् के तपस्वी बन जाने का उल्लेख है। अध्यात्म रामायण (७, १६, १५) के अनुसार हनुमान् कल्पान्त में सायुज्य मुक्ति प्राप्त करेंगे। अच्युतानन्दकृत उड़िया हरिवंश के अनुसार हनुमान् ने कृष्णावतार के समय राधा के पति के रूप में जन्म लिया। नीचे ६९१ में श्री हनुमान् के आगामी जन्म की चर्चा है।

प्रचलित है किन्तु इसकी प्रामाणिकता सन्दिग्ध है। अत: प्रस्तुत परिच्छेद में सर्वप्रथम रामायणीय जन्मकथा की प्राचीनता पर विचार किया गया है; अनन्तर हनुमान् की विभिन्न जन्मकथाओं का क्रमिक विकास प्रस्तुत किया जायेगा।

हनुमान् के अवतारत्व के विषय में **अध्यात्म रामायण** (४, ७, १९-२१) में माना गया है कि हनुमान् अंगद आदि पूर्वकाल में तपस्या द्वारा नारायण की आराधना करके उनके पार्षद बन गये थे और अब उनकी मायाशक्ति के प्रभाव से वानर के रूप में उत्पन्न हो गये हैं। दीनकृष्णदासकृत उड़िया **रसविनोद** (रचनाकाल १७०० ई० के लगभग) के अनुसार ब्रह्मा, विष्णु और सदाशिव तीनों ने मिलकर हनुमान् का रूप धारण कर लिया था।

पउमचरियं (पर्व १७) के अनुसार हनुमान् के तीन पूर्वजन्मों का उल्लेख है; उसके अनुसार वह हनुमान् बन जाने के पूर्व क्रमश: दमयन्त, सिंहचन्द्र तथा राजकुमार सिंहवाहन के रूप में प्रकट हुए थे।

(अ) वायुपुत्र

६५९. प्रचलित वाल्मीकि रामायण में हनुमान् की जो जन्मकथा मिलती है, उसकी प्राचीनता तथा प्रामाणिकता के विरुद्ध दो तर्क प्रस्तुत किये जा सकते हैं। एक तो वाल्मीकि रामायण में केसरी अथवा अंजना के उल्लेखों की कमी; दूसरा, हनुमान् की उपाधि 'वायुपुत्र' का निरन्तर प्रयोग।

हनुमान् की जन्मकथा के बाहर प्रचलित वाल्मीकि रामायण में केवल एक ही स्थल है जहाँ तीनों पाठों में **केसरी** का हनुमान् के पिता के रूप में उल्लेख हुआ है;[1] और यह स्थल स्पष्टतया प्रक्षिप्त है। सीता-हनुमान्-संवाद में हनुमान् सीता से कहते हैं—**अहं सुग्रीवसचिवो हनुमान् नाम वानरः** (५, ३४, ३८)। अगले सर्ग में वह पुन: अपना परिचय देते हुए कहते हैं कि मैं केसरी की पत्नी से उत्पन्न हनुमान् हूँ :

माल्यवान्नाम वैदेहि गिरीणामुत्तमो गिरिः॥७९॥
ततो गच्छति गोकर्णं पर्वतं केसरी हरिः।

× × ×

यस्याहं हरिणः क्षेत्रे जातो वातेन मैथिलि।
हनुमानिति विख्यातो लोके स्वेनैव कर्मणा॥८१॥ (सर्ग ३५)

प्रचलित रामायण में केसरी का नाम मात्र भी बहुत कम मिलता है। हनुमान् की जन्मकथा तथा उपर्युक्त प्रक्षिप्त उद्धरण के अतिरिक्त उनका नाम किष्किन्धा अथवा सुन्दरकाण्ड में कहीं भी नहीं आया है। इस प्रभाव की अर्थपूर्णता स्पष्ट है जब इसका ध्यान रखा जाता है कि उन काण्डों में चार बार मुख्य वानरों की लम्बी सूचियाँ दी गयी हैं (दे० किष्किन्धा के सर्ग ४, ५० और ६५ और सुन्दरकाण्ड का सर्ग ३)। प्रामाणिक काण्डों में से युद्धकाण्ड में सबसे अधिक मात्रा में प्रक्षिप्त सामग्री पायी जाती है (दे० ऊपर अनु० ५६१-५६६); उस काण्ड के एक स्थल पर केसरी को वानरमुख्य की उपाधि मिल गयी है—**मुख्यो वानरमुख्यानां केसरी**

---

१. दाक्षिणात्य तथा गौडीय पाठ का एक पूरा सर्ग पश्चिमोत्तरीय पाठ में नहीं मिलता; इसमें वानर-सेना के आगमन का वर्णन किया गया है। दाक्षिणात्य पाठ के उस सर्ग में केसरी का उल्लेख इस प्रकार है—पिता हनुमतः श्रीमान्केसरी (दे० ४, ३९, १८); गौडीय पाठ भिन्न है—पितामहसुतः श्रीमान्केसरी (४, ३९, २६)।

नाम यूथपः (दे० २७, ३८)। फिर भी इस उद्धरण के अतिरिक्त समस्त युद्धकाण्ड में केसरी का नाम केवल तीन बार आया है—दो बार अन्य नामों के साथ उनके नाम का उल्लेख मात्र मिलता है (दे० ४, ३३ और ७३, ५९) और एक अन्य स्थल पर यह कहा गया है कि केसरी तथा सम्पाति ने घोर युद्ध किया था—**युद्धं केसरिणा संख्ये घोरं सम्पातिना कृतम्** (दे० ४९, २६)। यह ध्यान देने योग्य है कि किष्किन्धा तथा सुन्दरकाण्ड की भाँति युद्धकाण्ड में भी मुख्य वानरों की बहुत-सी लम्बी सूचियाँ मिलती हैं, जिनमें केसरी का नाम नहीं है; उदा० सर्ग ३, २६, ३०, ३१, ४२, ४३ और ४७। युद्धकाण्ड के अन्त में भरत द्वारा अयोध्या में वानरों का स्वागत वर्णित है; इस प्रसंग में हनुमान् के अतिरिक्त तेरह वानरों के नाम आये हैं किन्तु केसरी का कहीं भी उल्लेख नहीं हुआ है (दे० १२७, ४२ आदि)। दाक्षिणात्य पाठ के बालकाण्ड में भी वानरों की उत्पत्ति के प्रसंग में बारह नाम उल्लिखित हुए हैं (दे० सर्ग १७); बालि और तारा को छोड़कर सब नाम युद्धकाण्ड के अन्त में भी आये हैं। ये ही प्रमुख माने जा सकते हैं किन्तु केसरी उनमें नहीं है।

उत्तरकाण्ड के निरीक्षण से भी वही निष्कर्ष निकलता है। हनुमान् की जन्मकथा (सर्ग ३५-३६) को छोड़कर उत्तरकाण्ड का केवल एक ही स्थल है जहाँ तीनों पाठ केसरी का नाम लेते हैं; दान-वितरण के प्रसंग में केसरी का अन्य वानरों के साथ उल्लेख हुआ है।[1] स्वर्गारोहण के वर्णन में कहीं भी केसरी का नाम नहीं आया है (दे० सर्ग १०८)। इन सब बातों को ध्यान में रखकर स्पष्ट हो जाता है कि प्रारम्भ में केसरी का मुख्य वानर के रूप में चित्रण नहीं हुआ था; अधिक सम्भव यही प्रतीत होता है कि आदिरामायण में इसका उल्लेख तक नहीं किया गया था। महाभारत के रामोपाख्यान में केसरी का कहीं भी उल्लेख नहीं मिलता; इससे भी हमारे निष्कर्ष की पुष्टि होती है।[2]

अंजना का नाम प्रचलित वाल्मीकि रामायण में हनुमान् की जन्मकथा के बाहर केवल एक ही बार आया है (६, ७४, १८), किन्तु जिस सर्ग में अंजना का यह उल्लेख मिलता है, वह निश्चित रूप से प्रक्षिप्त है (दे० अनु० ५६४)। महाभारत में अंजना का नाम एक बार भी नहीं पाया जाता है।

प्रस्तुत विश्लेषण के आधार पर अनुमान किया जा सकता है कि आदिरामायण में केसरी अथवा अंजना का कहीं भी उल्लेख नहीं हुआ था। हनुमान् की जन्मकथा की प्राचीनता के विरुद्ध जो दूसरा तर्क है वह कहीं और महत्त्वपूर्ण है। यह तर्क प्रचलित रामायण में प्रयुक्त हनुमान् की उपाधियों पर आधारित है।

६६०. वाल्मीकि रामायण में हनुमान् को प्रायः **वायुपुत्र** अथवा इसके पर्यायवाची शब्द की उपाधि दी जाती है। महाभारत में भी हनुमान् को पाँच बार **मारुतात्मज**, तीन बार **पवनात्मज**, दो बार **अनिलात्मज**, एक बार **वायुपुत्र** तथा एक बार वायुतनय कहा गया है। किन्तु केसरीपुत्र अथवा अंजनापुत्र इस प्रकार का विशेषण कहीं मिलता ही नहीं। अतः यह अनुमान सहज ही मन में उत्पन्न होता है कि सम्भवतः हनुमान् पहले वायुपुत्र के नाम से

---

१. दे० ३९, २०। अगले सर्ग में वानरों की विदा का वर्णन किया गया है; इस प्रसंग में गौडीय और पश्चिमोत्तरीय पाठ तथा दक्षिण के संस्करण (दे० गोविन्द पाठ) केसरी का उल्लेख नहीं करते; अतः बम्बई संस्करण में जो उल्लेख मिलता है (दे० ४०, ७) उसे परवर्ती प्रक्षेप मानना चाहिए।

२. महाभारत के एक ही स्थल पर केसरी का नाम मिलता है; हनुमान्-भीम-संवाद के अन्तर्गत हनुमान् को केसरी की पत्नी से उत्पन्न माना जाता है (दे० ३, १४७, २४)।

विख्यात थे, बाद में ही केसरी-अंजना के पुत्र के रूप में। रामायण में हनुमान् के निम्नलिखित नाम सर्वाधिक प्रयुक्त हुए हैं—**मारुतात्मज, मारुति, पवनात्मज, वायुपुत्र, वायुसूनु, वायुसुत** और **अनिलात्मज**। इनके अतिरिक्त **वातात्मज, मारुत, पवनसुत, अनिलसुत**, ये नाम भी कई बार आये हैं॥ कुछ अन्य नाम केवल एक ही बार प्रयुक्त हुए, अर्थात् **वायुनन्दन** (५, ५७, १०), **वायुसम्भव** (५, ३५, ८८), **पवनसम्भव** (५, १५, ५४), **मारुतनन्दन** (५, १८, २०), **वासवदूतसूनु** (६, ७४, ५८), **गन्धवहात्मज** (एक ही सर्ग में दो बार, अर्थात् ६, ७४, ६६ और ७३)।

हनुमान् की उत्पत्ति-विषयक उपाधियों का यह बाहुल्य दृष्टि में रखकर तथा इसमें केसरी अथवा अंजना के उल्लेख का अभाव देखकर उपर्युक्त अनुमान् सुदृढ़ धारणा में परिणत हो जाता है कि वाल्मीकि रामायण के कुशीलव बहुत समय तक हनुमान् को वायुपुत्र ही मानते थे, और उस कथा से अनभिज्ञ थे, जिसके अनुसार हनुमान् केसरी की पत्नी अंजना की सन्तान हैं। दाक्षिणात्य पाठ के बालकाण्ड में जहाँ देवताओं द्वारा अप्सराओं, गन्धर्वियों और वानरियों से वानरों तथा रीछों की उत्पत्ति का वर्णन किया गया है, वहाँ भी मारुत को ही हनुमान् का पिता माना गया है (दे० सर्ग० १७, १६)।

६६१. बाद में **आंजनेय** (दे० महानाटक १४, ९४), **अंजनीसुत** आदि नाम भी प्रचलित होने लगे; उत्तरकाण्ड की जन्मकथा में अंजनीसुत मिलता ही है किन्तु ध्यान देने योग्य है कि यह केवल दाक्षिणात्य पाठ में पाया जाता है; गौडीय तथा पश्चिमोत्तरीय पाठों के समानान्तर स्थलों पर इसका अभाव इस नाम का प्रक्षेप सिद्ध कर देता है।

उद्धरण इस प्रकार है :

तथा केसरिणा त्वेष वायुना सोऽञ्जनीसुतः॥ ३१॥
प्रतिषिद्धोऽपि मर्यादां लंघयत्येव वानरः। (दा० रा०, सर्ग ३६)
यदा केसरिणा ह्येष वायुनाऽञ्जनया तथा।
प्रतिषिद्धोऽपि मर्यादां लंघयत्येष वानरः॥ ३१॥ (प० रा०, सर्ग ३६)
यदा केसरिणा त्वेष वायुना स्वजनैः सह।
प्रतिषिद्धोऽपि मर्यादा लंघ्यत्येष वानरः॥ ७॥ (गौ० रा०, सर्ग ४०)

६६२. '**वायुपुत्र**' नाम की उत्पत्ति के विषय में निम्नलिखित कल्पना निराधार नहीं कही जा सकती है। रामायण की रचना के पहले ही 'वायुपुत्र' शब्द एक निश्चित अर्थ में प्रचलित था। 'सुमग्गा' जातक में एक 'वायुस्स पुत्त' अर्थात् विद्याधर की कथा मिलती है जिसमें न तो हनुमान् का उल्लेख है और न किसी अन्य वानर का। यह विद्याधर ऐन्द्रजालिक है और 'वायुस्स पुत्त' का अर्थ अन्यत्र भी विद्याधर अथवा जादूगर है; महाभारत में भी 'वातिक' (दे० ३, २४३, ३) इससे मिलता-जुलता अर्थ रखता है। रामायण में हनुमान् समुद्र लाँघते हैं, सीता का पता लगाते हैं और अन्य वानरों की अपेक्षा बुद्धिमान तथा कार्यकुशल माने जाते हैं। अद्भुत रस से परिपूर्ण उनके उस चरित्र-चित्रण का ध्यान रखकर उनको 'वायुपुत्र' (अर्थात् विद्याधर, ऐन्द्रजालिक) की उपाधि मिल गयी होगी।[१] बाद में 'वायुपुत्र' नाम के आधार पर प्रचलित जन्मकथा विकसित हुई होगी; इसके अनुसार वायु ने किसी शाप-भ्रष्टा अप्सरा से हनुमान् को उत्पन्न किया है।

१. दे० जर्मन ओरियण्टल जर्नल, भाग ९३, पृ० ८९। विनयपत्रिका में तुलसीदास भी हनुमान् को 'काव्य कौतुक कलाकोटि सिन्धो' कहकर पुकारते हैं (दे० २८,५)।

(आ) आंजनेय

६६३. हनुमान् की जन्मकथा दाक्षिणात्य पाठ में (तथा अन्य पाठों के समानान्तर स्थलों पर) तीन बार मिलती है—प्रथम बार किष्किन्धाकाण्ड में जहाँ जाम्बवान् अन्य कपियों को समुद्र लाँघने में असमर्थ समझकर हनुमान् की कथा तथा उनके सामर्थ्य का वर्णन करता है; दूसरी बार, युद्धकाण्ड के एक प्रक्षेप में, जिसमें गुप्तचरों को दुबारा राम की सेना का निरीक्षण करने भेजा जाता है (दे० अनु० ५६२); तीसरी बार अपेक्षाकृत अर्वाचीन उत्तरकाण्ड में। गौडीय तथा पश्चिमोत्तरीय पाठों में जाम्बवान् के भाषण के बाद हनुमान् स्वयं अपने पिता केसरी के एक वरदान का उल्लेख करते हुए अपनी ही जन्मकथा का पुनः विवरण करते हैं। इन चार जन्मकथाओं का कालक्रम निर्धारित करना असम्भव है; फिर भी किष्किन्धाकाण्ड की कथा सबसे प्राचीन प्रतीत होती है, अतः सर्वप्रथम इसका निरूपण करना उचित होगा।

६६४. प्रचलित रामायण के **किष्किन्धाकाण्ड** (सर्ग ६६) के अनुसार हनुमान् की जन्मकथा इस प्रकार है। पुंजिकस्थला नामक अप्सरा को शापवश[1] वानर-योनि प्राप्त हुई थी। वह कुंजर (पश्चिमोत्तरीय पाठ में विरज) की पुत्री अंजना के रूप में प्रकट होकर केसरी की पत्नी बन गयी। कामरूपिणी होने के कारण उसने किसी दिन रूपयौवनसम्पन्न मानव शरीर धारण कर लिया। मारुत ने उसे इस रूप में देखा तथा उस पर आसक्त होकर उसका आलिंगन किया। अंजना के आपत्ति करने पर मारुत ने उसको एक वीर्यवान् बुद्धिसम्पन्न पुत्र को उत्पन्न करने का वरदान दिया, जिसकी गति वायु के समान होगी :

मनसाऽस्मि गतो यत्त्वां परिष्वज्य यशस्विनि।
वीर्यवान् बुद्धिसम्पन्नस्तव पुत्रो भविष्यति॥१८॥
महासत्त्वो महातेजा महाबलपराक्रमः।
लंघने प्लवने चैव भविष्यति मया समः॥१९॥

इस वरदान के फलस्वरूप अंजना गर्भवती हुई और उसने एक गुफा में हनुमान् को जन्म दिया। उदयमान सूर्य को देखकर तथा उसे फल समझकर शिशु उसे पकड़ने के लिए आकाश में कूद पड़ा। इन्द्र[2] ने उसे वज्र से मारा तथा पर्वत के शिखर पर गिरने के कारण शिशु की बायीं ठोड़ी (हनु) टूट गयी। इससे उसका नाम हनुमान् पड़ा :

तदा शैलाग्रशिखरे वामो हनुरभज्यत।
ततोऽभिनामधेयं ते हनुमानिति कीर्तितम्॥२४॥

अपने पुत्र की यह दशा देखकर वायु ने क्रोध में आकर अपनी गति बन्द कर दी **(न ववौ वै प्रभंजनः)**, जिससे समस्त प्राणी अत्यन्त व्याकुल हुए और देवता आकर वायु को मनाने

---

१. ब्रह्मपुराण में इन्द्र के शाप का उल्लेख है (दे० ८४, १४)। तेलुगु द्विपद रामायण (४, २२) के अनुसार अग्नि ने यह शाप दिया था। कृत्तिवासीय रामायण में विश्वामित्र का शाप उल्लिखित है जिसके फलस्वरूप हनुमान् की नानी वानरी बन गयी थी। एक लोककथा के अनुसार पुंजिकस्थला के बहुत अनुनय-विनय करने पर उसे कामरूपिणी होने का वरदान मिला था। दाक्षिणात्य पाठ के दो स्थलों पर कहा गया है कि रावण को पुंजिकस्थला के कारण शाप दिया गया था (दे० अनु० ६५४)।

२. पश्चिमोत्तरीय पाठ में यहाँ पर राहु का भी उल्लेख है। यह प्रसंग उत्तरकाण्ड से लिया गया है (दे० आगे अनु० ६६६)।

लगे। ब्रह्मा ने हनुमान् को 'अशस्त्र-वध्यता' का तथा इन्द्र ने इच्छानुसार मरण **(स्वच्छन्दतश्च मरणम्)** का वरदान दिया।[१]

अगले सर्ग में भी जाम्बवान् हनुमान् को फिर '**वीरकेसरिणः पुत्र**' कहकर सम्बोधित करता है (दे० ६७, ३१)।

६६५. युद्धकाण्ड की संक्षिप्त हनुमत्कथा एक विस्तृत प्रक्षेप में आयी है। उसमें हनुमान् को केसरी का **ज्येष्ठ पुत्र** बताया गया है। इसके बाद हनुमान् के सूर्य की ओर लपकने की कथा मिलती है और कहा गया है कि वज्र से आहत होकर शिशु '**भास्करोदय**' नामक पर्वत पर गिर गया था (दे० ६, २८, १०-१५)।

६६६. उत्तरकाण्ड (सर्ग ३५-३६) में हनुमान् की जन्मकथा तथा बालचरित का प्रसंग इस प्रकार है। राम ने अगस्त्य से रावणचरित सुनने के पश्चात् पूछा था—"हनुमान् इतने शक्तिशाली होते हुए भी बालि के विरुद्ध सुग्रीव्र की सहायता करने में असमर्थ थे; मेरा तो विचार यह है कि हनुमान् अपना बल जानते ही नहीं थे।" इस पर अगस्त्य ने इसका रहस्य खोलकर उत्तर दिया कि मुनियों के शाप के फलस्वरूप—**"न वेत्ता हि बलं सर्वबली सन्।"** अनन्तर अगस्त्य ने हनुमान् की पूरी कथा सुनायी। यह कथा किष्किन्धाकाण्ड के वृत्तान्त से बहुत कुछ मिलती-जुलती है, किन्तु इसमें इसका उल्लेख नहीं किया गया है कि अंजना वास्तव में एक शापग्रस्ता अप्सरा थी। केसरी सुमेरु पर्वत के राजा हैं; वायु उसकी पत्नी अंजना से हनुमान् को उत्पन्न करते हैं। प्रसव के बाद ही अंजना फल बटोरने के उद्देश्य से वन चली जाती है। माता की अनुपस्थिति में भूख से व्याकुल होकर तथा सूर्य को फल समझकर शिशु बालसूर्य पकड़ने के लिए आकाश में कूद पड़ता है। सूर्य उसे बच्चा समझकर तथा उसका भावी कार्यकलाप जानकर उसको नहीं जलाते हैं। संयोग से राहु उसी दिन सूर्य को ग्रहण करना चाहता था; जब वह सूर्य के पास पहुँचा और हनुमान् ने उसका स्पर्श किया तब राहु भयभीत होकर इन्द्र के यहाँ दौड़ा तथा शिकायत करने लगा—"आपने भूख मिटाने के लिए मुझे चन्द्र और सूर्य को प्रदान किया है; अब आपने किसी दूसरे को सूर्य क्यों दे दिया है। आज मैंने एक अन्य राहु को सूर्य को पकड़ते देखा।" यह सुनकर इन्द्र हाथी पर सवार होकर सूर्य की ओर चल दिये। राहु पहले ही सूर्य के समीप पहुँचा; हनुमान् उसे एक दूसरा फल समझकर उसकी ओर कूद पड़े, जिस पर राहु इन्द्र की दुहाई देने लगा; इन्द्र उसी समय आ पहुँचे कि हनुमान् ऐरावत को एक बड़ा फल समझकर उस पर टूट पड़े और इन्द्र ने हनुमान् को वज्र से मार गिराया। वायु ने अपने आहत पुत्र को उठाकर किसी गुफा में प्रवेश किया तथा वर्षों तक सब प्राणियों को 'निरुच्छ्वास' करते रहे। अन्त में देवता, असुर, मनुष्य, गन्धर्व सब मिलकर ब्रह्मा की शरण में आ पहुँचे; ब्रह्मा उनके उस कष्ट का रहस्य प्रकट कर सबों को साथ लिये वायु के पास गये (सर्ग ३५)।

ब्रह्मा ने सबसे पहले हनुमान् को स्पर्शमात्र द्वारा पुनर्जीवित किया। अनन्तर उन्होंने देवताओं से निवेदन किया कि इस शिशु के भावी महान् कार्यों को ध्यान में रखकर वे उसे विभिन्न वर प्रदान करें। देवताओं ने इन्द्र की प्रार्थना स्वीकार की (दे० आगे अनु० ६९४)।

---

१. पश्चिमोत्तरीय पाठ में इन्द्र के वरदान का उल्लेख नहीं है। गौडीय पाठ में कोई भी वरदान उल्लिखित नहीं होता तथा वायु के न चलने का प्रसंग भी नहीं है।

सब के चले जाने के पश्चात् वायु ने अपने पुत्र को अंजना को सौंप दिया। बढ़ने पर शिशु महर्षियों के आश्रमों में निर्भय होकर विचरने लगा तथा केसरी आदि की मनाही पर ध्यान न देकर अनेक प्रकार से उत्पात मचाने लगा :

स्रुग्भण्डान्यग्निहोत्राणि वल्कलानां च संचयान्।
भग्नविच्छिन्नविध्वस्तान् संशान्तानां करोत्ययम्॥ २९॥

अन्ततोगत्वा महर्षियों ने हनुमान् को शाप दिया कि तुमको दीर्घकाल तक अपने बल का ज्ञान नहीं होगा।[1] हनुमान् बचपन से ही सुग्रीव के अन्तरंग सखा थे किन्तु अपने बल का ज्ञान न रहने के कारण वे बालि के विरुद्ध सुग्रीव की सहायता नहीं कर सके।

कथा के अन्त में दीर्घ छन्दों में इसका वर्णन किया गया है कि हनुमान् ने सूर्य की सहायता से व्याकरण का अध्ययन किया (दे० आगे अनु० ६८९)।

६६७. जाम्बवान् से अपनी जन्मकथा सुन लेने के पश्चात् हनुमान् विशाल रूप धारण कर तथा समुद्रलंघन के लिए उद्यत होकर अपने ही बल का गुणगान करने लगते हैं। यहाँ तक रामायण के तीनों पाठ सहमत हैं; किन्तु पश्चिमोत्तरीय तथा गौडीय पाठों के अनुसार हनुमान् ने उस अवसर पर अपनी जन्मकथा का पुन: विवरण करके अपने पिता केसरी के एक वरदान का भी उल्लेख किया है। पश्चिम समुद्र के तट पर प्रभासतीर्थ में एक महागज[2] ऋषियों को तंग किया करता था। केसरी ने उसका वध किया तथा वरदान प्राप्त कर वायु के समान वीर्यवान्, कामरूपी[3] तथा अव्यय पुत्र माँगा। शेष जन्मकथा जाम्बवान् की कथा के सदृश है, किन्तु इसमें पुंजिकस्थला का उल्लेख नहीं है तथा जिस पर्वत के शिखर पर अंजना मारुत से देखी गयी उसका नाम मलय बताया गया है। इस कथा में हनुमान् के बालचरित का वर्णन नहीं मिलता (दे० गौ० रा० ५, ३, ७-३४; प० रा० ४, सर्ग ५८)।

६६८. हनुमान् की उपर्युक्त जन्मकथा तथा बालचरित प्राय: सभी अर्वाचीन रामकथाओं में न्यूनाधिक परिवर्तन सहित विद्यमान है। वह कथा स्वतंत्र रूप से भी पुराणों में मिलती है; वहाँ इसका उद्देश्य प्राय: किसी तीर्थ अथवा इष्टदेव का गुणगान है।

ब्रह्मपुराण (अध्याय ८४) में हनुमान् की जन्मकथा पैशाचतीर्थ के माहात्म्य-वर्णन में आयी है। कथा इस प्रकार है—अंजनपर्वत के शिखर पर केसरी निवास करता था। उसकी दोनों पत्नियाँ वास्तव में अप्सराएँ थीं, जो इन्द्र के शाप से पृथ्वी पर प्रकट हुईं। एक का नाम था अंजना, और उसका मुख वानरों का सा था; दूसरी का नाम अद्रिका था और उसका मुख मार्जारों जैसा था। किसी दिन केसरी की अनुपस्थिति में दोनों ने अगस्त्य का अच्छा आतिथ्य-सत्कार किया तथा यह वरदान माँग लिया—**"पुत्रौ देहि मुनीश्वर सर्वेभ्यो बलिनौ श्रेष्ठौ सर्वलोकोपकारकौ।"** अगस्त्य के चले जाने के बाद वायु तथा निर्ऋति अंजना तथा अद्रिका को देखकर उन पर आसक्त हो गये तथा उनके साथ रमण किया।[4] फलस्वरूप

---

१. दाक्षिणात्य पाठ (३६, ३४) के अनुसार शाप के अनन्तर मुनियों ने यह और जोड़ दिया—**यदा ते स्मार्यते कीर्त्तिस्तदा ते वर्धते बलम्। रामकियेन** (अ०७) के अनुसार हनुमान् एक दिन उमा के उद्यान में उत्पात मचाने लगा था और उमा ने उसे यह शाप दिया कि तुम्हारा आधा बल लुप्त हो जाये। हनुमान् के विनय करने पर उमा ने कहा कि नारायणावतार राम के स्पर्श से तुम्हारा शरीर अपना पूर्व बल प्राप्त कर सकेगा।

२. बंगीय पाठ में इसका नाम धवल है; पश्चिमोत्तरीय पाठ में शंखशवल।

३. प्रचलित वाल्मीकि रामायण तथा महाभारत में सभी वानर और राक्षस कामरूपी तथा आकाशगामी माने जाते हैं। जैनी रामकथाओं के विद्याधर भी इन गुणों से सम्पन्न हैं।

४. बलरामदास रामायण (उत्तरकाण्ड) में भी पवन तथा अंजना के रमण करने का उल्लेख है।

अंजना-वायु से हनुमान् उत्पन्न हुए और अद्रिका-निर्ऋति से अद्रि पिशाचों का राजा। बाद में अद्रि अंजना को गौतमी नदी के किसी तीर्थस्थान पर ले गया और वहाँ वह स्नान करके शापमुक्त हो गयी; उस तीर्थ का नाम अंजनम् अथवा पैशाचम् रखा गया। हनुमान् अद्रिका को एक दूसरी जगह ले गये जहाँ वह भी शापमुक्त हो गयी; उस तीर्थ का नाम मार्जार, हनुमन्त अथवा वृषाकपि रखा गया। **आनन्द रामायण** (१, १३, १५८-१६१) में भी इस कथा का अत्यन्त संक्षिप्त रूप मिलता है।

स्कन्दपुराण शैवों का ग्रन्थ है; अतः वहाँ शिशु हनुमान् के स्वास्थ्यलाभ का श्रेय शिव को दिया गया है। हनुमत्केश्वर माहात्म्य नामक अध्याय में लिखा है कि पवन ने पहले शिव की आराधना की थी तथा इसके बाद अपने पुत्र को शिवलिंग-स्पर्श द्वारा स्वस्थ बना दिया था। इस कारण से उस लिंग का नाम हनुमत्केश्वर रखा गया। अनन्तर देवताओं के आगमन तथा उनके वरदानों का वर्णन किया गया है (दे० अवन्तीखण्ड, चतुरशीतिलिंग-माहात्म्य, अध्याय ७९)।

भविष्यपुराण (प्रतिसर्गपर्व, चतुर्थ खण्ड, अध्याय १३, ३७, ४५) के अनुसार वज्र से मारे जाने पर भी हनुमान् ने सूर्य को हाथ से नहीं जाने दिया। सूर्य का आर्तवचन सुनकर रावण आ पहुँचा तथा हनुमान् की पूँछ खींचने लगा। इस पर हनुमान् ने सूर्य को छोड़ दिया तथा एक वर्ष तक रावण के साथ मल्लयुद्ध करते रहे। अन्त में रावण की हार हुई और हनुमान् उस पर प्रहार करने लगे। तब विश्रवा ऋषि ने आकर रुद्रावतार हनुमान् को सन्तुष्ट किया और उन्होंने रावण को छोड़ दिया। **आनन्द रामायण** (१, १३, १६४-१६८) तथा **भावार्थ रामायण** (७, ३५) के अनुसार वायु अपने पुत्र को सूर्य की ओर बढ़ते हुए देखकर उसे प्रचण्ड ताप से बचाने के लिए दौड़े। किन्तु वह उसे रोकने में असमर्थ होकर समीर द्वारा उसे ठण्डा करने लगे। सूर्य के पास पहुँचकर तथा राहु को सूर्य निगलते देखकर हनुमान् ने अपनी पूँछ के प्रहार से राहु को अचेत कर दिया। तब केतु राहु की सहायता करने आया; किन्तु हनुमान् ने दोनों को परास्त कर दिया। अन्त में राहु और केतु ने इन्द्र की शरण ली। **माधवकन्दली** के सुन्दरकाण्ड (अध्याय ३) के अनुसार हनुमान् सूर्य के तेज के कारण पर्वतशिखर पर गिर गया, जिससे उसकी हनु टूट गयी।

सेरीराम में तत्सम्बन्धी कथा इस प्रकार है। वन में फल खोजते समय हनुमान् उदीयमान सूर्य को लाल फल समझकर उसकी ओर कूद पड़ा जिससे वह जलकर मरा और उसकी हड्डियाँ समुद्र में गिर गयीं। बाद में मछलियों ने इन हड्डियों को एकत्र कर लिया और सूर्य ने अंजना के पितामह का अनुरोध स्वीकार कर हनुमान् को जिलाया और उनको युद्ध-माया के अनेक मंत्र प्रदान किये। **ब्रह्मचक्र** के अनुसार किसी ऋषि ने तपस्या का जीवन त्यागकर जादू से एक कन्या की सृष्टि की और उससे दो पुत्रियों को उत्पन्न किया था। एक पुत्री वानरी के रूप में प्रकट हुई; उसने पवन नामक वानर राजा के साथ विवाह करके हनुमान् को जन्म दिया।

६६९. जैनी रामायणों की जन्मकथा रामायण पर आधारित होते हुए भी इससे बहुत भिन्न है। **पउमचरियं** (पर्व १५-१८) के अनुसार आदित्यपुर के राजकुमार पवनंजय (अथवा वायुकुमार) ने महेन्द्रपुर की राजकुमारी अंजना कुमारी से विवाह किया था, विवाह के पूर्व ही पवनंजय ने अंजना कुमारी की सखी के मुँह से अपनी निन्दा सुन रखी थी; इसलिए वह २२ वर्ष तक अपनी पत्नी के प्रति उदासीन रहा। तब वह रावण की ओर से वरुण के विरुद्ध

युद्ध करने गया; किसी सन्ध्या को अंजना के प्रति उसका अनुराग जाग्रत हुआ जिससे वह आदित्यपुर लौटा और छिपकर अपनी पत्नी से मिला। उसने उसी रात को पुनः युद्ध के लिए प्रस्थान किया। इस गुप्त मिलन के फलस्वरूप अंजना कुमारी गर्भवती हुई; पति की अनुपस्थिति में गर्भ होने के कारण अंजना कुमारी को अपनी सखी वसन्तमाला के साथ ससुराल तथा मायके दोनों से निकाल दिया गया। इस निष्कासन का परोक्ष कारण यह माना गया है कि पूर्वजन्म में उसने एक सपत्नी की जिन-प्रतिमा उठाकर घर के बाहर रख दी थी। उसने एक गुफा में पुत्र को जन्म दिया। बाद में अंजना का मामा प्रतिसूर्यक उसे पुत्रसहित हनुरुहपुर ले गया। हनुरुहपुर की ओर जाते समय बालक अपनी माता की गोद से उछलकर पर्वत की शिला पर जा गिरा। विमान से उतरकर अंजना ने देखा कि बालक के गिरने से पहाड़ चूर्ण-चूर्ण हो गया है; इससे उसका नाम श्रीशैल रखा गया। युद्ध से लौटकर पवनंजय ने अपनी पत्नी के सतीत्व का साक्ष्य दिया और अंजना कुमारी पुत्रसहित अपनी ससुराल लौटी; हनुरुहपुर में रहने के कारण बालक का हनुमान् नाम प्रचलित होने लगा।[१] गुणभद्र के **उत्तरपुराण** (पर्व ६८,२७५-२८०) के अनुसार विद्युत्कान्त नगर के राजा प्रभंजन ने अपनी पत्नी से अमिततेज नामक पुत्र उत्पन्न किया। अमिततेज ने किसी दिन विजयार्थ पर्वत पर दाहिना पैर रखकर बायें पैर से सूर्य पर प्रहार किया; अनन्तर त्रसरेणु जैसा अपना छोटा-सा शरीर बना लिया जिससे उसका अणुमान नाम चल पड़ा।

(इ) रुद्रावतार

६७०. अनेक शैव पुराणों में तथा बहुत-सी अर्वाचीन रचनाओं में हनुमान् को शिव का अवतार माना गया है। प्रारम्भ में उनके **रुद्रावतार** अथवा रुद्रांश होने का उल्लेख मात्र मिलता है किन्तु परवर्ती रचनाओं में इसके विषय में विभिन्न कथाओं की कल्पना कर ली गयी है। **स्कन्दपुराण** की अधिकांश सामग्री आठवीं शताब्दी के बाद की है; उस पुराण के अवन्तीखण्ड (चतुरशीतिलिंगमाहात्म्य, अ० ७९) तथा रेवाखण्ड (अ० ८४) में हनुमान् को रुद्रांश कहा गया है। **महाभागवतपुराण** (अ० ३७) के अनुसार, जिस समय विष्णु रावण के नाश के लिए अवतार लेने की प्रतिज्ञा करते हैं, उस समय शिव ने विष्णु से कहा था कि मैं वायु का पुत्र बनकर वानर के रूप में तुम्हारी सहायता करूँगा—**अहं वानररूपेणसंभूय पवनात्मजः साहाय्यं ते करिष्यामि। बृहद्धर्म पुराण** (अ० १८) की रामकथा महाभागवतपुराण की रामकथा से बहुत भिन्न नहीं है; इसमें भी शिव की इस प्रतिज्ञा का उल्लेख है। **नारदपुराण** (पूर्वखण्ड, अ० ७९) और **ब्रह्मवैवर्तपुराण** (कृष्णजन्मखण्ड, अध्याय ६२, ६२) में हनुमान् को शिव के अंश से उत्पन्न माना गया है—**रुद्रकलोद्भवः। महानाटक** (६, २७) में रावण यह देखकर कि रुद्रावतार हनुमान् द्वारा लंका जलायी जा रही है, कहता है—"मैंने अपने दस सिर चढ़ाकर दस रुद्रों को प्रसन्न किया था; यह हनुमान् ग्यारहवें रुद्र के अवतार हैं। **कम्ब रामायण** (५, १३) तथा **तत्त्वसंग्रह रामायण** (७, २) में रुद्रावतार के रूप में हनुमान् का उल्लेख किया गया है। **कृत्तिवासीय रामायण** (६, १२९) के अनुसार सीता रामाभिषेक के बाद हनुमान् को अन्न परोसती थीं। हनुमान् को भोजन से तृप्त करने में अपने को असमर्थ पाकर वह आश्चर्यचकित हुईं तथा ध्यान लगाकर समझ गयीं कि हनुमान् शिव के अवतार हैं। शिव की वन्दना करके ही वह हनुमान् को तृप्त करने में समर्थ हुईं। आनन्द रामायण (१,११);

१. हस्तिमल्लकृत अंजनापवनंजय में प्रस्तुत कथा को एक किंचित् भिन्न रूप पाया गया है। (दे० अनु० २३९)।

तुलसीकृत दोहावली (१४२-३); विनयपत्रिका, हनुमान् बाहुक; राममोहन वन्द्योपाध्यायकृत रामायण आदि रचनाओं में भी हनुमान् के रुद्रावतार होने का उल्लेख है।

६७१. भविष्यपुराण (प्रतिसर्ग पर्व, चतुर्थ खण्ड, १३, ३१-३६) में भी हनुमान् की जन्मकथा को एक ऐसा रूप दिया गया है कि केसरी ही हनुमान् के पिता बन जाते हैं किन्तु साथ-साथ रुद्र तथा वायु दोनों भी हनुमान् की उत्पत्ति में सहायक हैं। रावण से त्रस्त होकर देवताओं ने ग्यारह वर्ष तक शिव की पूजा करने के बाद यह वरदान प्राप्त किया था कि शिव रावण का विरोध करने के उद्देश्य से अवतार लेंगे। शिव ने इस प्रकार अवतार लिया। अंजना गौतम की पुत्री थी; शिव ने रौद्र तेज के रूप में उसके पति केसरी के मुख में प्रवेश किया। इसके फलस्वरूप केसरी ने स्मरातुर होकर अपनी पत्नी के साथ सम्भोग किया। इतने में वायु ने भी केसरी के शरीर में प्रविष्ट होकर अंजना के साथ रमण किया। दम्पति के बारह वर्ष तक सम्भोग करने के बाद अंजना गर्भवती हुई तथा उसने एक 'वानरानन' पुत्र को जन्म दिया। अपने पुत्र को कुरूप देखकर अंजना ने उसे पर्वत पर से नीचे फेंक दिया।

नवलकिशोर प्रेस से प्रकाशित **शिवपुराण** (शतरुद्र खण्ड, अध्याय ३९-४२) में जो विस्तृत हनुमच्चरित मिलता है वह भविष्यपुराण का स्मरण दिलाता है। इसके अनुसार प्रभंजन ने केसरी की पत्नी अंजनी से रुद्रांशावतार हनुमान् को उत्पन्न किया था। अंजनी ने अपने पुत्र का वानर-मुख देखकर उसे जन्म के पश्चात् ही पर्वत के शिखर से नीचे गिरा दिया जिससे भूकम्प हुआ।

६७२. भविष्यपुराण की उपर्युक्त कथा में अंजना गौतम की पुत्री मानी जाती है। वास्तव में हनुमान् की बहुत-सी जन्मकथाओं के अनुसार **गौतम-पुत्री अंजना** शिव के वरदान से हनुमान् की माता बन गयी थी। इन जन्मकथाओं के विकास की रूपरेखा इस प्रकार है। **कथासरित्सागर** पर आधारित अनेक कथाओं में गौतम अपनी पुत्री को गर्भवती बन जाने का शाप देते हैं क्योंकि उसने अपनी माता अहल्या का व्यभिचार प्रकट नहीं किया था (दे० अनु० ३४७)। एक **गुजराती दन्तकथा** के अनुसार अंजना अपने पिता का शाप सुनकर शिव से वरदान प्राप्त करने के उद्देश्य से तपस्या करने लगी। शिव की आज्ञा से नारद ने अंजनी के कान में मंत्र कह दिया जिसके प्रभाव से उसने हनुमान् को जन्म दिया। उसका पुत्र इसलिए वानर के रूप में प्रकट हुआ कि अंजनी मंत्र ग्रहण करते समय कैशी नामक वानर की ओर देख रही थी।[१] स्याम के **रामकियेन** में अंजनी का नाम स्वाहा है। वह अपने पिता गौतम से अपनी माता का व्यभिचार प्रकट करती है, जिस पर उसकी माता उसे पुत्र प्रसव करने तक एक पैर पर खड़ा रहने का शाप देती है। शिव स्वाहा की दयनीय दशा पर तरस खाते हैं और अपनी शक्ति तथा अपने अस्त्रों की शक्ति के साथ वायु को स्वाहा के पास भेजकर उन्हें स्वाहा के मुँह में रखने का आदेश देते हैं। फलस्वरूप तीन महीने के बाद हनुमान् स्वाहा के मुँह से वानर के रूप में निकलते हैं। **धर्मखण्ड** (अ० १८) तथा सारलादास के **उड़िया महाभारत** के आदि-पर्व (पृ० ६०) के अनुसार भी हनुमान् शिव के अवतार तथा गौतम की पुत्री अंजनी की सन्तान हैं।

६७३. शिवमहापुराण की शतरुद्रसंहिता (अ० २०) के अनुसार विष्णु को **मोहिनी** के रूप में देखकर शिव का वीर्यपतन हुआ था। सप्तर्षियों ने उस वीर्य को गौतम की पुत्री

१. ई० एण्टहोवेन-फॉक्लोर ऑव गुजरात, इं० ए० भाग ४०, सप्लेमेंट, पृ० ५४।

अंजना के कान में रख दिया था और बाद में अंजना ने हनुमान् को जन्म दिया। इस वृत्तान्त से मिलती-जुलती कथाएँ अन्यत्र भी पायी जाती हैं।[1]

६७४. उड़िया साहित्य में हनुमान् की जन्मकथा में **पार्वती** का भी उल्लेख किया गया है। सारलादात के **महाभारत** (वनपर्व) के अनुसार अहल्या ने अपनी पुत्री को यह शाप दिया था—तुम्हारा लड़का बन्दर ही होगा (दे० अनु० ५१४)। इस कारण से अंजना ने विवाह करना अस्वीकार कर दिया और तपस्या का जीवन अपनाया। उसके शरीर के चारों ओर वल्मीक बन जाने के बाद पवन देवता गौतम के अनुरोध पर सप्ताह में एक बार अंजना को भोजन देने लगे। उधर शिव और पार्वती अपने विवाह के पश्चात् वन में विभिन्न पशुओं का रूप धारण कर क्रीड़ा करते थे; इस प्रकार उन्होंने ब्रह्मा का वाहन तथा जाम्बवान् को उत्पन्न किया। अन्त में वानर-वानरी के रूप में रमण करते समय पार्वती शिव का तेज सहन न कर सकी। तेज पृथ्वी पर गिर गया और उससे विभिन्न धातुएँ उत्पन्न हुईं। शिव ने तेज का थोड़ा-सा अंश पवन को दिया, पवन ने उसे अंजना को प्रदान किया और वह हनुमान् की माता बन गयी। अर्जुनदासकृत **रामविभा** (सर्ग ४) में जो हनुमत्कथा मिलती है वह सारलादास के महाभारत पर आधारित है। अन्तर यह है कि यहाँ अहल्या अंजना को अन्धी बन जाने का भी शाप देती है; अंजना प्रतिदिन पवन का स्मरण करती है और वह उसे भोजन दिया करते हैं। १६वीं शताब्दी के प्रारम्भ में दक्षिण भारत में निम्नलिखित कथा प्रचलित थी—किसी दिन ईश्वर और परमेश्वरी ने अपने नृत्य में देवताओं को निमंत्रित किया था। अतिथि आने लगे थे कि परमेश्वरी ने दो वानरों को क्रीड़ा करते हुए देखा और ईश्वर से वानर-वानरी के रूप में क्रीड़ा करने की प्रार्थना की। ईश्वर ने इसे स्वीकार किया और दोनों वन की ओर सिधारे। देर हो जाने पर देवताओं ने वायु को दोनों की खोज में भेज दिया। इतने में ईश्वर-परमेश्वरी ने फिर अपना प्राकृतिक रूप धारण कर लिया था। क्रीड़ा के फलस्वरूप परमेश्वरी का गर्भाधान हुआ, एक वानर को जन्म देने की आशंका से उन्होंने वायु से निवेदन किया कि वह भ्रूण को निकालकर किसी अन्य स्त्री को प्रदान करें। इस पर वायु ने वह भ्रूण अंजना के गर्भ में पहुँचाया, जिससे उसने बाद में एक वानर को प्रसव किया। (पाश्चात्य वृत्तान्त नं० १, पृ० ४२-४४)। पाश्चात्य वृत्तान्त नं० ३ और ४ में वही कथा मिलती है।

रामब्रह्मानन्दकृत **तत्त्वसंग्रह रामायण** (४, १२) में इस कथा का संक्षिप्त रूप मिलता है, किन्तु उसमें शिव और पार्वती के वानर-वानरी का रूप धारण करने का उल्लेख नहीं है। कालिकापुराण (अध्याय ४८-५२) में इस वृत्तान्त का पूर्व रूप सुरक्षित है। उसके अनुसार पार्वती ने भृंगी तथा महाकाल नामक शिवगणों को वानरमुख मनुष्य के रूप में जन्म लेने का शाप दिया। उन दोनों का अनुरोध स्वीकार कर शिव और पार्वती संसार में उतरकर चन्द्रशेखर तथा तारावती के रूप में जन्म लेते हैं और वेताल तथा भैरव नामक दो वानरमुख पुत्रों को उत्पन्न करते हैं।

---

१. उदाहरणार्थ—एशियाटिक रिसर्चस्, भाग ११, पृ० १४१,; इण्डियन एण्टिक्वरी, भाग ११, पृ० २२९; डब्लू० क्रूक, ट्राइब्स एण्ड कास्ट्स, भाग १, पृ० २६९; एच० ए० रोस, ए ग्लॉसरी ऑव दी ट्राइब्स एण्ड कास्ट्स, भाग २, पृ० ३९१; सेरीराम की राफल्स पाण्डुलिपि (बुलेटिन स्कूल ऑफ ओरियण्टल स्टडीस, भाग २६, पृ० ५३४) बैंगा-भूमिया जाति की एक दन्तकथा के अनुसार भगवान् ने पार्वती का रूप धारण कर महादेव को मोहित कर दिया। इस कथा में सप्तर्षियों के स्थान पर भीमसेन का उल्लेख है जिसने महादेव का तेज करिअन्दनी के कान में रख दिया और उस करिअन्दनी से हनुमान् का जन्म हुआ (दे० अनु० २७६)।

(ई) राम के पुत्र

६७५. हिन्देशिया में जो हनुमान् की जन्मकथा प्रचलित है, वह प्रधानतया दो भारतीय वृत्तान्तों के मिश्रण से उत्पन्न हुई है, अर्थात् गौतम की पुत्री अंजनी की कथा (दे० ऊपर अनु० ६७२) तथा शिव-पार्वती के वानर-वानरी के रूप में हनुमान् को उत्पन्न करने की कथा (दे० अनु० ६७४)। इस अन्तिम वृत्तान्त में शिव-पार्वती के स्थान पर राम-सीता का उल्लेख हुआ है, जिसके फलस्वरूप वहाँ की सभी अर्वाचीन रामकथाओं में हनुमान् को राम का पुत्र माना गया है।

हिकायत **सेरीराम** के अनुसार गौतम ऋषि ने अपनी पुत्री अंजनी को १०० वर्ष तक मुँह बाये एक सूई की नोक पर, समुद्र के बीच खड़ी रहने का शाप दिया (दे० ऊपर अनु० ५१४)। अपने वनवास के समय राम, लक्ष्मण और सीता किसी दिन एक स्थल पर पहुँचे जहाँ दो सरोवर थे। एक ऋषि ने लक्ष्मण से कहा था कि स्वच्छ जलवाले सरोवर में नहानेवाले मनुष्य पशु-रूप धारण कर लेते हैं और पंकिल जल वाले सरोवर में नहाने पर पुनः मनुष्य बन जाते हैं। लक्ष्मण का कहना न मानकर राम और सीता पहले सरोवर में प्रवेश कर उसमें से वानर-वानरी के रूप में निकले और वृक्षों पर क्रीड़ा करने लगे जिसके फलस्वरूप सीता गर्भवती हो गयीं। बड़ी कठिनाई से दोनों को फँसाकर लक्ष्मण ने उन्हें दूसरे सरोवर में डुबा दिया जिससे वे पुनः मनुष्य का रूप प्राप्त कर सके। अनन्तर राम ने सीता का भ्रूण निकाल दिया और वायु ने उसे सूई की नोक पर खड़ी हुई अंजनी के मुँह में रख दिया। बाद में अंजनी ने कुण्डलों से अलंकृत हनुमान् को जन्म दिया (अनु० ५१२)।

इस कथा में राम-सीता दोनों मिलकर हनुमान् को उत्पन्न करते हैं। '**सेरीराम**' के एक दूसरे पाठ के अनुसार सीता हनुमान् की माता नहीं है। तपस्या करती हुई अंजनी को देखकर राम अनुरक्त हो जाते हैं और वीर्य पतन होने पर अपने वीर्य को एक पत्ते में लपेट कर वायु के द्वारा अंजनी के मुँह में रखवाते हैं। श्याम के रामजातक में राम सीता को खोज करते समय एक फल खाते हैं जिससे वह तीन वर्ष तक वानर ही बन जाते हैं। फायेंगसी (अंजनी) ने भी वह फल खाया था। दोनों वानर-वानरी के रूप में हनुमान् को उत्पन्न करते हैं।

(उ) विष्णु के अंशावतार

६७६. अनेक अर्वाचीन रामकथाओं से ऐसी ध्वनि निकलती है कि हनुमान् विष्णु के अंशावतार हैं, यद्यपि इसका कहीं भी सुस्पष्ट उल्लेख नहीं होता।

आनन्द रामायण (१, १, १०४-१०७) में एक **सुवर्चला** नामक अप्सरा की कथा मिलती है। नृत्य-दोष के कारण ब्रह्माने उसे गध्री बन जाने का शाप दिया था तथा उसे यह भी वरदान दिया था कि कैकेयी का पायस अंजनिपर्वत पर फेंकने पर वह फिर अप्सरा बन जायेगी। समय आने पर गध्री ने कैकेयी के हाथ से पायस छीन लिया तथा उसे अंजनी पर्वत पर फेंक कर तथा अपना निज स्वरूप प्राप्त कर फिर स्वर्ग चली गयी।[१] उसी रचना के अन्य स्थल के अनुसार केसरी की पत्नी अंजनी ने गध्री के मुख से गिरा हुआ पायस तो खाया किन्तु बाद में उसने वायु के साथ भी रमण किया था (दे० ऊपर अनु० ६६८)।

---

१. सी० कोलमैन के ग्रन्थ (पृ० ५८) में इस कथा का संकेत मिलता है—दे० दि मिथालॉजी ऑव दि हिन्दूस (लन्दन १८३२)।

६७७. मराठी **भावार्थ रामायण** पर **आनन्द रामायण** की गहरी छाप है। इसमें उपर्युक्त कथा का किंचित् परिवर्तित एवं विकसित रूप मिलता है। सुवर्चसा नामक अप्सरा शापवश गधी बन गयी थी। उसने कैकेयी के हाथ से पायस छीन लिया तथा उसे खाकर वानरी में बदल गयी। वानरी के रूप में वह अंजनी, गौतम की पुत्री तथा केसरी की पत्नी बन गयी। पायस खाने के फलस्वरूप उसने हनुमान् को जन्म दिया (दे० बालकाण्ड, अध्याय २ तथा किष्किन्धाकाण्ड, अध्याय १ और १०)।

६७८. गुजरात की एक दन्तकथा के अनुसार भी गध्री ने पायस को अंजनी के हाथ में गिराया था।[१] एक अन्य कथा में अंजनी नामक ब्राह्मणी शिव से सन्तति का वरदान प्राप्त कर तथा उनके आदेशानुशार चील द्वारा गिराया हुआ पायस खाकर गर्भवती हुई और हनुमान् की माता बन गयी। इस कथा के अनुसार मारुत नामक पवन के एक दूत ने पायस की रक्षा की तथा उसे अंजनी के हाथ पर गिरने में सहायता की थी; इसलिए अंजनी के पुत्र का नाम मारुती रखा गया था।[२]

(ऊ) उपसंहार

६७९. प्रस्तुत परिच्छेद से स्पष्ट है कि शताब्दियों से चली आती हुई हनुमान् की जन्मकथा विभिन्न रूप धारण करती रही। फिर भी इन कथाओं की उत्पत्ति और विकास की रूपरेखा अस्पष्ट नहीं है।

प्रारम्भ में हनुमान् के चरित्र की विशेषताओं को दृष्टि में रखकर उन्हें वायुपुत्र (अर्थात् ऐन्द्रजालिक अथवा विद्याधर) की उपाधि से विभूषित किया गया।

प्रचलित रामायण की कथा 'वायुपुत्र' नाम पर ही आधारित है; इसके अनुसार हनुमान् वास्तव में वायु देवता के पुत्र हैं और केसरी की पत्नी अंजना से जन्म लेते हैं। हनुमान् की यह जन्मकथा सबसे प्राचीन है, सबसे व्यापक है तथा अन्य जन्मकथाओं का मूल स्रोत भी है। जैन रामायणों में जो जन्मकथा विद्यमान है, वह स्पष्टतया रामायणीय कथा पर निर्भर है।

सम्भवत: आठवीं शताब्दी और निश्चित रूप से दसवीं शताब्दी से लेकर हनुमान् शिव के अवतार माने जाने लगे। हनुमान् की जन्मकथा का यह विकास स्वाभाविक प्रतीत होता है। रामायण की आधिकारिक कथावस्तु में शिव के लिए कोई स्थान नहीं था। रामकथा की बढ़ती हुई लोकप्रियता को देखकर शैव इसकी अवहेलना न कर सके, अतः उन्होंने सुन्दरकांण्ड के नायक हनुमान् को रुद्रावतार मान लिया। इस वर्ग की जन्मकथाओं का प्रारम्भिक रूप रामायणीय वृत्तान्त से सीधा सम्बन्ध रखता है, किन्तु आगे चलकर रुद्रावतार हनुमान् की अन्य जन्मकथाओं की कल्पना कर ली गयी है। हनुमान् की जन्मकथाएँ जो दशरथ-यज्ञ के पायस से सम्बन्ध रखती हैं अर्वाचीन हैं और कम प्रचलित हैं। विदेश में ही हनुमान् को राम का पुत्र माना गया है।

इन समस्त कथाओं में हनुमान् की माता अंजना (अंजनी) ही है और एकाध वृत्तान्त को छोड़कर वायु भी उनकी उत्पत्ति में सहायक माने जाते हैं। अत: यह निश्चयपूर्वक कहा जा सकता है कि हनुमान् की कोई ऐसी जन्मकथा नहीं मिलती जो रामायणीय कथा से अलग, स्वतंत्र रूप से उत्पन्न हुई हो।

---

१. दे० आर० ई० एण्टहोवेन, ई० ए०, भाग ४०, सप्लेमेंट, पृ० ५४।

२. दे० ई० मूर, दि हिन्दू पैंथियान, पृ० ३१६। पी० थॉमस की 'लेजेण्ड्स ऑव इण्डिया' (पृ० ८०) में इससे मिलती-जुलती कथा पायी जाती है।

ख। चरित्र-चित्रण का विकास

६८०. हनुमान् की जन्मकथा की तरह उनके चरित्र-चित्रण का विकास भी अत्यन्त रोचक है। वह वानर-गोत्रीय आदिवासी थे (दे० ऊपर अनु० ११०), किन्तु आगे चलकर उन्हें रामकथा के अन्य आदिवासियों के साथ वानर भी माना गया है। प्रचलित रामायण में हनुमान् के वानरत्व-विषयक विशेषणों का बाहुल्य देखकर प्रतीत होता है कि वाल्मीकि के समय के पूर्व ही यह धारणा मान्यता प्राप्त करने लगी थी।

६८१. वाल्मीकि ने आदिरामायण में हनुमान् को सुग्रीव[1] के पराक्रमी तथा बुद्धिमान मंत्री के रूप में प्रस्तुत किया था। फलस्वरूप बाद के राम-साहित्य में भी हनुमान् के पराक्रम तथा बुद्धिमत्ता को सर्वाधिक महत्त्व दिया गया है। **महाभारत** के आरण्यक पर्व में भीम हनुमान् का इस प्रकार परिचय देते हैं :

भ्राता मम गुणश्लाघ्यो बुद्धिसत्त्वबलान्वितः।
रामायणेऽलिविख्यातः शूरो वानरपुंगवः॥ ११॥ (अध्याय १४७)

प्रचलित रामायण में कई स्थलों पर हनुमान् की प्रशंसा की गयी है तथा प्रायः उनकी **वीरता** तथा **प्रज्ञा** पर विशेष बल दिया गया है।[2] प्रस्तुत परिच्छेद में सर्वप्रथम हनुमान् के इन दो गुणों से सम्बन्ध रखनेवाली सामग्री का विश्लेषण किया जायेगा।

परवर्ती साहित्य में हनुमान् के **चिरंजीवत्व, ब्रह्मचर्य** तथा **रामभक्ति** का प्रायः उल्लेख मिलता है। अतः हनुमान् की उन विशेषताओं के क्रमिक विकास का निरूपण अपेक्षित है।

अन्त में हनुमान् के चरित्र-चित्रण के विकास की चरम सीमा, अर्थात् उनके देवत्व पर विचार किया जायेगा।

(अ) पराक्रम

६८२. प्रारम्भ में ही बल तथा पराक्रम हनुमान् की प्रमुख विशेषता मानी जाती थी। इसका प्रमाण हमें प्रचलित रामायण में मिलता है जहाँ उनको प्रायः कोई पराक्रमसूचक विशेषण दिया जाता है; सर्वाधिक प्रयुक्त विशेषण ये हैं—वीर, वीर्यवान्, महाबल, महातेजाः, महाबाहु, महावेग, भीमविक्रम, अरिन्दम। इनके अतिरिक्त हनुमान् के लिए निम्नलिखित विशेषणों का भी प्रयोग हुआ है—बलवान्, बली, अतिबल, अतिमहाबल, बलवीर्यसंवृत; महासत्त्व, सत्त्वसम्पन्न, सत्त्वान्, समर्थ, दुर्धर्ष, गतश्रम, जितश्रम, अपरिश्रान्त, वज्रसंहनन, महाभुज, सुमहाबाहु, महाकाय, भीम, महोत्कट, भीमकर्मा, दुर्निवारण; तेजस्वी, सुमहातेजाः, अमितौजसाः, वेगवान्, अतिवेग, वेगसम्पन्न, मारुततुल्यवेग, तरस्वी, मारुतवेगविक्रम, मनोजव, आशुचर; घनतुल्यनिःस्वन, मेघस्वनमहास्वन, घननादनिःस्वन; महावीर, महावीर्य,

१. उत्तरकाण्ड के अनुसार हनुमान् के गुरु सूर्य ने दक्षिणा के रूप में हनुमान् से निवेदन किया कि वह उनके पुत्र सुग्रीव की सहायता करें (दे० अनु० ६८९)।

२. उदाहरणार्थ बालकाण्ड (सर्ग १७) का यह उद्धरण :

मारुतस्यौरसः श्रीमान्हनुमान्नाम वानरः।
वज्रसंहननोपेतो वैनतेयसमो जवे॥ १६॥
सर्ववानरमुख्येषु बुद्धिमान् बलवानपि।

सुग्रीव (५, ६३), सीता (६, ११३ और १२८) और अगस्त्य (७, ३५) सभी हनुमान् के पराक्रम तथा प्रज्ञा का विशेष रूप से गुणगान करते हैं।

महोत्साह; विक्रान्त, चण्डविक्रम, अतिमविक्रम, उत्तमविक्रम, विक्रम, पितृतुल्यविक्रम, वायुविक्रम, पितृतुल्यपराक्रम, मारुतविक्रम, गरुडानिलविक्रम, धीरपराक्रम, चण्षऽपराक्रम, रणचण्डविक्रम, मनःसन्तापविक्रम; परन्तप, अरिमर्दन, अरिसूदन, शत्रुकर्षण, परवीरघ्न, परवीरहन्ता, शत्रुविनाशन, शत्रुसैन्यानां निहन्ता, शत्रुपराजयोचित।

इस विस्तृत शब्दावली को ध्यान में रखकर हमें आश्चर्य नहीं होगा कि हनुमद्विषयक परवर्ती कथाओं में से अधिकांश कथाएँ उनके पराक्रम से ही सम्बन्ध रखती हैं। **आनन्द रामायण** (८, ७, १२३) में माना गया है कि सभी वीर हनुमान् के अवतार ही हैं—**ये ये वीरास्त्वत्र भूम्यां वायुपुत्रांशरूपिणः।**

६८३. रामायण की आधिकारिक कथावस्तु में हनुमान् के महत्त्वपूर्ण कार्यों का सिंहावलोकन ऊपर हो चुका है (अनु० ६५६)। यहाँ पर इनकी वीरता के वर्णन में बढ़ती हुई अतिशयोक्ति तथा अलौकिकता की ओर पाठक का ध्यान आकर्षित करना उचित होगा। उनके समुद्रलंघन की कथा सम्भवतः किसी आश्चर्यजनक तथा असाधारण लंघन के आधार पर उत्पन्न हुई है (दे० ऊपर अनु० ११२)। लंका-दहन, ओषधि पर्वत का आनयन, जन्म के बाद ही सूर्य तक लाँघना, ये सब वृत्तान्त प्रचलित रामायण में प्रक्षिप्त हैं। परवर्ती रामकथाओं में भी बहुत-से नये वृत्तान्त हनुमान् की वीरता पर बल देते हैं। उनमें जो वृत्तान्त रामकथा से सीधा सम्बन्ध रखते हैं, उनका यथास्थान निरूपण हो चुका है। इनके अतिरिक्त भीम, अर्जुन तथा गरुड़ से हनुमान् की मुठभेड़ के वृत्तान्त विशेष रूप से उल्लेखनीय हैं।

६८४. महाभारत में **हनुमान्-भीम-संवाद** का प्राचीनतम रूप सुरक्षित है। इस प्रसंग में हनुमान् की विद्वत्ता के अतिरिक्त उनके बल का विशेष ध्यान रखा गया है। हिमालय के मार्ग में सोये हुए हनुमान् को जगाकर भीम उनसे हट जाने का निवेदन करते हैं। हनुमान् उत्तर में कहते हैं—कृपया मेरी पूँछ हटाकर निकल जाइये। यह सुनकर भीम अपने बायें हाथ से पूँछ उठाने लगे। किन्तु उसे हिलाने में असमर्थ होकर उन्होंने दोनों हाथ लगाये, फिर भी पूँछ टस से मस नहीं हुई। अन्त में भीम ने अपनी हार मानकर क्षमा माँगी और हनुमान् ने अपना परिचय दिया तथा भीम का अनुरोध स्वीकार कर उनको समुद्रलंघन के समय का अपना रूप भी दिखलाया। इसके बाद उन्होंने भीम को चार युगों तथा चार वर्णों का धर्म सिखलाया तथा महाभारत के भावी युद्ध में सहायता करने का आश्वासन दिया (दे० आरण्यक-पर्व, अध्याय १४७-१५०)।

६८५. हनुमान् द्वारा **अर्जुन** के गर्व-निवारण के विषय में अनेक कथाएँ प्रचलित हैं। **आनन्द रामायण** के मनोहरकाण्ड के 'हनुमता शरसेतुभङ्ग' नामक १८वें अध्याय में निम्नलिखित वृत्तान्त मिलता है। विष्णुदास ने रामदास से पूछ लिया कि अर्जुन का '**कपिध्वज**' नाम क्यों रखा गया। इस पर रामदास उत्तर देते हैं कि द्वापर के अन्त में अर्जुन किसी दिन रामेश्वर के पास धनुष्कोटितीर्थ पर हनुमान् से भेंट होने पर कहने लगे—"सेतु-निर्माण में व्यर्थ परिश्रम हुआ। शरसेतु क्यों नहीं बना था?" हनुमान् ने कहा—"मुझ जैसे कपियों के भार से सेतु समुद्र में डूब जाता।" अर्जुन ने उत्तर दिया—"मैं अभी शरसेतु बना देता हूँ। यदि वह आपके भार से जलमग्न हुआ तो मैं अग्नि में प्रवेश करूँगा।" हनुमान् ने अपनी ओर से यह प्रतिज्ञा की—"यदि मेरे अँगूठे के भार से सेतु नहीं नष्ट हुआ, तो मैं आपकी ध्वजा पर बैठकर आपकी सहायता किया करूँगा।" इस पर अर्जुन ने समुद्र पर 'शतयोजनविस्तीर्ण' शरसेतु बना दिया तथा हनुमान् ने अपने अँगूठे से उसको समुद्र में मग्न कर दिया। यह देखकर अर्जुन चिता तैयार करने लगे कि कृष्ण बटु के रूप में वहाँ पहुँचे। सारा हाल सुनकर बटु ने कहा—"साक्षी के

अभाव में आप दोनों का कार्य व्यर्थ हुआ। मेरे सामने ही अपना सामर्थ्य दिखाइये।" अबकी बार कृष्ण ने सेतु के नीचे अपना चक्र रख दिया जिससे हनुमान् कुछ न कर सके। वे तुरन्त ही समझ गये कि बटु भगवान् ही हैं। इस पर बटु ने कृष्ण का रूप धारण कर हनुमान् का आलिंगन किया। तब भगवान् ने सेतु भी जल में डुबाकर अर्जुन का गर्व दूर किया। उस समय से हनुमान् अर्जुन की ध्वजा पर विराजमान हैं (दे० अनु० ७१३)।

प्रस्तुत कथा का एक दूसरा रूप **तत्त्वसंग्रह रामायण** (७, ४) में मिलता है। इसके अनुसार अर्जुन ने एक बार कृष्ण से कहा—"मैं तो समुद्र पर शरसेतु बना सकता हूँ; राम ने वानरों द्वारा सेतु क्यों बनवाया था?" कृष्ण ने उत्तर दिया कि यह महाकाय वानरों के कारण हुआ, जो उस पुल पर समुद्र पार करनेवाले थे। इस पर अर्जुन ने गर्व में कहा—मेरा शरसेतु कोई भी बोझ सहन कर सकता है। तब कृष्ण ने अर्जुन द्वारा सेतु बनवाकर हनुमान् को बुलाया। यह सेतु हनुमान् के चढ़ते ही टूटने लगा किन्तु भगवान् ने वाराह का रूप धारण कर उसे सँभाला। इसके बाद हनुमान् ने कृष्ण का अनुरोध स्वीकार कर प्रतिज्ञा की कि मैं महाभारत के युद्ध के अवसर पर अर्जुन के झण्डे पर विराजमान रहूँगा। **सारलादास** के महाभारत (मध्य पर्व) में भी उपर्युक्त कथा पायी जाती है; गोस्वामी तुलसीदास ने बाहुक (छन्द ७) में इसकी ओर संकेत किया है। बलरामदासकृत उड़िया '**कर्णदान**' काव्य की कथा 'आनन्द रामायण' के वृत्तान्त से मिलती-जुलती है। पद्मवन में हनुमान् तथा अर्जुन की भेंट हो जाने पर दोनों अपनी-अपनी महिमा का वर्णन करने लगते हैं। हनुमांन् से सेतु का उल्लेख सुनकर अर्जुन ने तीस योजन का शरसेतु बना दिया। सेतु को हनुमान् के विश्वरूप का भार सहन करने में असमर्थ देखकर अर्जुन ने भगवान् का स्मरण किया तथा भगवान् ने रोहू बनकर शरसेतु को नीचे से सँभाल लिया।

महाभारत के युद्ध के अवसर पर अर्जुन के गर्व-निवारण की प्राचीनतम कथा **सारलादासकृत महाभारत** के कर्णपर्व में सुरक्षित है। कर्ण के साथ युद्ध करते समय अर्जुन को गर्व हुआ कि कर्ण के बाण मारने पर मेरा रथ थोड़ा-सा ही हट जाता है किन्तु मेरे बाणों से कर्ण का रथ चौगुनी दूर तक पीछे हट जाता है। किन्तु कृष्ण ने यह कहकर कर्ण की ही प्रशंसा की कि कर्ण का रथ हल्का है; और यह रथ मेरु मन्दर की तरह भारी है, इस पर सभी देवता विद्यमान हैं और हनुमान् झण्डे पर विराजमान हैं, फिर भी कर्ण इसे अपने बाणों से पीछे हटा देता है। परवर्ती कथाओं में हनुमान् कृष्ण का संकेत पाकर रथ से अलग हो गये जिससे कर्ण के बाण मारने पर अर्जुन का रथ दूर तक हट गया था।

६८६. गरुड़ के गर्व-निवारण की कथाएँ अपेक्षाकृत अर्वाचीन प्रतीत होती हैं। फिर भी कृत्तिवास (दे० अनु० ५८६) तथा तुलसीदास ने (दे० विनयपत्रिका २८, ३) इसकी ओर संकेत किया है। गरुड़ के साथ-साथ प्रायः सुदर्शन चक्र तथा सत्यभामा के गर्व-निवारण का भी वर्णन मिलता है। इसके विषय में सबसे प्रचलित कथा इस प्रकार है :

"कृष्णावतार के समय भगवान् ने हनुमान् को बुलाकर उनको द्वारका के पास किसी उपवन में निवास करने का निमंत्रण दिया था। किसी दिन कृष्ण ने सत्यभामा, सुदर्शन तथा गरुड़ तीनों का गर्व दूर करना चाहा। उन्होंने गरुड़ से कहा—अमुक वन में रहनेवाले बन्दर को पकड़ लाओ। गरुड़ हनुमान् के पास पहुँचे और हनुमान् ने उन्हें ६०,००० योजन पर समुद्र में फेंक दिया। बाद में कृष्ण ने गरुड़ को पुनः भेज दिया कि वह हनुमान् को द्वारका के राजभवन में पधारने का निमंत्रण दे दें। इतने में वह स्वयं धनुर्धारी राम बन गये तथा सत्यभामा को सीता का रूप धारण करने को कहा। सुदर्शन से उन्होंने कहा—'सावधान रहो, कोई भी

प्रवेश करने न पावे।' हनुमान् गरुड़ से बहुत पहले द्वारका पहुँच गये तथा उन्होंने सुदर्शन चक्र को मुँह में डालकर राजभवन में प्रवेश किया। उन्होंने रामरूपी कृष्ण के सामने नतमस्तक होकर तुरन्त पहचान लिया कि सत्यभामा सीता नहीं हैं, जिससे सत्यभामा को हार माननी पड़ी। उसी अवसर पर कृष्ण ने हनुमान् को अपना द्वारपाल नियुक्त किया।"

बंगाल में एक अन्य कथा प्रचलित है। दाशरथि राय (१८०६ ई०-१८५७ ई०) की पांचाली के 'सत्यभामा, सुदर्शन चक्र ओ गरुड़ेर दर्पचूर्ण' नामक अध्याय के अनुसार कृष्ण ने किसी अवसर पर गरुड़ को हिमालय से एक नील कमल ले आने का आदेश दिया। गरुड़ हिमालय सिधारे, जहाँ उनका और हनुमान् का युद्ध हुआ। हनुमान् ने गरुड़ को काँख में दबाकर एक नील कमल के साथ द्वारका के लिए प्रस्थान किया। सुदर्शन ने हनुमान् को महल के द्वार पर रोकने का प्रयास किया किन्तु हनुमान् के शरीर का एक बाल भी काटने में असमर्थ होकर अपनी हार स्वीकार कर ली। इतने में कृष्ण ने यह देखकर कि हनुमान् भीतर आ रहे हैं, राम का रूप धारण कर लिया तथा सत्यभामा को सीता का रूप धारण करने को कहा। सत्यभामा सीता का रूप बनाने में असमर्थ हुईं; रुक्मिणी को सीता का भाग लेना पड़ा और सत्यभामा की सखियाँ उसकी हँसी उड़ाने लगीं। हनुमान् ने 'राम' के चरणों पर नील कमल रखकर गरुड़ को अपनी काँख से निकलने दिया। इससे मिलती-जुलती कथाएँ अन्यत्र भी पायी जाती हैं (दे० ई० मूर, वही, पृ० २१८)।

६८७. हनुमान् के पराक्रम के विषय में अन्य सामग्री का अभाव नहीं है। **पउमचरियं** (पर्व १९) के अनुसार हनुमान् ने रावण के साथ वरुण के विरुद्ध युद्ध करते हुए वरुण के सौ पुत्रों को कैद कर लिया। इस रचना के अन्य स्थान पर (पर्व ५०) इसका वर्णन किया गया है कि किस प्रकार हनुमान् ने अपने दादा महेन्द्र को सेना सहित परास्त किया था। **स्कन्दपुराण** (ब्राह्मखण्ड, धर्मारण्य, अध्याय ३६-३८) में हनुमान् के प्रभाव से धर्मारण्य के निवासियों की सुख-शान्ति तथा हनुमान् द्वारा कुम्भीपाल की पराजय से वहाँ के ब्राह्मणों को सुरक्षा का वर्णन किया गया है। **आनन्द रामायण** के राज्यकाण्ड (सर्ग १८) के अनुसार राम ने ब्राह्मणों को रामनाथपुर का राज्य प्रदान किया तथा हनुमान् को उनकी सहायता के लिए नियुक्त किया। बाद में हनुमान् ने देवालय की पाषाण-मूर्ति से प्रकट होकर एक दुष्ट राजा को सूली पर चढ़ाया और इस प्रकार रामनाथपुर की रक्षा की थी। मनोहरकाण्ड (सर्ग १२२) में स्त्रीराज्य की कथा मिलती है। एक रामभक्त ब्राह्मण की सहायता के लिए प्रकट होकर हनुमान् ने अपने गर्जन से सब पुरुषों को मार डाला जिससे उस देश का नाम स्त्रीराज्य रखा गया। **भावार्थ रामायण** (७, १) में भी राम द्वारा हनुमान् को स्त्रीराज्य भेजे जाने का वृत्तान्त मिलता है।

अपेक्षाकृत अर्वाचीन रचनाओं में[१] वीरमाता अंजना के विषय में माना जाता है कि उसने अपने दूध की धारा से एक पर्वत-श्रेणी को बहा दिया था। जनता में प्रचलित दन्तकथा के अनुसार लंका से अयोध्या जाते समय पुष्पक अंजना के यहाँ उतरा था; उस अवसर पर अंजना ने लक्ष्मण का सन्देह दूर करने के लिए इस कार्य के द्वारा हनुमान् के पराक्रम का प्रमाण दिया।

बंगाल में मनसा देवी की कथा अत्यन्त लोकप्रिय है; इसमें भी हनुमान् की वीरता का वर्णन किया गया है। मनसा देवी हनुमान् की सहायता से ही चाँद सौदागर का मधुकर नामक जहाज डुबाने में समर्थ हुई।[२]

---

१. दे० सी० कोलमैन, दि मिथोलॉजी ऑव दि हिन्दूस (लन्दन १८३२) पृ० ५८।

२. दे० डी० सी० सेन, हिस्टरी ऑव दि बंगाली लैंग्वेज एण्ड लिटरेचर (कलकत्ता १९११, पृ० २५२)।

(आ) बुद्धिमत्ता

६८८. आदिकवि वाल्मीकि ने हनुमान् को पराक्रमी योद्धा के अतिरिक्त सुग्रीव के बुद्धिमान् मंत्री के रूप में चित्रित किया था। फिर भी आदिरामायण में संस्कृत तथा प्राकृत की जानकारी के अतिरिक्त हनुमान् के ज्ञान के विषय में कोई विशेष विवरण नहीं किया गया था। बाद में वह बुद्धिमान् मंत्री विद्वान् तथा शास्त्रज्ञ भी माने जाने लगे।

प्रचलित रामायण में हनुमान् के मंत्रित्व विषयक निम्नलिखित विशेषणों का प्रयोग मिलता है—सचिवोत्तम, मंत्रिसत्तम, सुग्रीवसचिव, पिंगाधिपमंत्री, कपिराजहितकर, प्लवंगाधिपमंत्रिसत्तम, पिंगाधिपति का आमात्य।

प्रज्ञासूचक विशेषणों में से **मतिमान्** तथा **महामति** का सर्वाधिक प्रयोग हुआ; इनके अतिरिक्त ये भी आये हैं—प्राज्ञ, महाप्राज्ञ, सुमहाप्राज्ञ, मेधावी, बुद्धिमतां वरिष्ठ, धीमान्, तत्त्ववित्, साधुबुद्धि, अचिन्त्यबुद्धि; वाक्यज्ञ, वाक्यकोविद, वाक्यविशारद, वाक्यविदां श्रेष्ठ, प्रियवादी, कार्यविदां वर। हनुमान् के संस्कृत तथा प्राकृत दोनों भाषाओं पर अधिकार का उल्लेख सुन्दरकाण्ड में किया गया है। अशोकवन में सीता को देखकर वह इसीलिए संस्कृत नहीं बोलने का निर्णय करते हैं कि सीता उनको कहीं रावण न समझें :

वाचं चोदाहरिष्यामि मानुषीमिह संस्कृताम्॥ १७॥
यदि वाचं प्रदास्यामि द्विजातिरिव संस्कृताम्।
रावणं मन्यमाना मां सीता भीता भविष्यति॥ १८॥
अवश्यमेव वक्तव्यं मानुषं वाक्यमर्थवत्।

(सुन्दरकाण्ड, सर्ग ३०)

६८९. संस्कृत तथा प्राकृत की इस जानकारी का निर्देश आदिरामायण में मिलता था अथवा नहीं, इसका निर्णय करना असम्भव है; किन्तु हनुमान् की विभिन्न शास्त्रों में पहुँच का उल्लेख मूल-रामायण में नहीं रहा होगा। हनुमान् की जन्मकथा में उनको '**सर्वशास्त्रविदां वर**' की उपाधि दी गयी है (दे० ४, ६६, २), परन्तु ऊपर के विश्लेषण से यह जन्मकथा बाद का प्रक्षेप सिद्ध हुई है। एक अन्य स्थल पर भी उनको एक बार और '**सर्वशास्त्रविशारद**' (दे० ४, ५४, ५) कहा गया है; इसके अतिरिक्त प्रचलित रामायण के किष्किन्धाकाण्ड में उनके विषय में लिखा है—**निश्चितार्थोऽर्थ तत्त्वज्ञः कालधर्म विशेषवित्** (४, २९, ६) और '**विदिताः सर्वलोकास्ते**' (४, ४४, ४)। अधिक सम्भव है कि ये उद्धरण बाद के प्रक्षेप हों।

उत्तरकाण्ड के रचनाकाल में यह माना जाने लगा था कि हनुमान् ने सूर्य की सहायता से व्याकरण का अध्ययन किया था और सूर्य ने दक्षिणास्वरूप हनुमान् से यह प्रतिज्ञा करायी कि मैं सुग्रीव की सहायता करूँगा। दाक्षिणात्य पाठ मात्र में उनके द्वारा पठित व्याकरण-विषयक ग्रन्थों का उल्लेख है अर्थात् सूत्र (अष्टाध्यायी), वृत्ति (सूत्रवृत्ति), अर्थपद (वार्त्तिक), महार्थ (महाभाष्य)। उसी छन्द में शास्त्र, वैशारद तथा छन्दगति में हनुमान् की अद्वितीय पहुँच का उल्लेख भी केवल दाक्षिणात्य पाठ में मिलता है (दे० ३६, ४५)। गोविन्ददास के पाठ में हनुमान् को नवव्याकरणवेत्ता कहा गया है।

महाभारत का आरण्यक पर्व उत्तरकाण्ड के रचनाकाल में लिखा गया होगा। इसमें भी हनुमान्-भीम-संवाद में हनुमान् को शास्त्रज्ञ के रूप में प्रस्तुत किया गया है; वह भीम को चार युगों (अध्याय १४८) तथा चार वर्णों (अध्याय १४९) का धर्म सिखलाते हैं।

दाक्षिणात्य पाठ मात्र में राम-लक्ष्मण से हनुमान् की प्रथम भेंट के अवसर पर हनुमान् के विषय में तीन वेदों तथा व्याकरण का ज्ञान उल्लिखित है। अन्य पाठों में इस उल्लेख का अभाव सिद्ध करता है कि यह अंश बाद का प्रक्षेप है। उद्धरण निम्नलिखित है :

नानृग्वेदविनीतस्य नायजुर्वेदधारिणः।
नासामवेदविदुषः शक्यमेव विभाषितुम्॥ २८॥
नूनं व्याकरणं कृत्स्नमनेन बहुधा श्रुतम्।
बहुव्याहरताऽनेन न किंचिदपशब्दितम्॥ २९॥

(किष्किन्धाकाण्ड, सर्ग ३)

६९०. इस प्रकार हम देखते हैं कि प्राचीनकाल से ही रामायण के कुशीलव हनुमान् का ज्ञान-भण्डार बढ़ाते रहे हैं। परवर्ती साहित्य में हनुमान् की विद्वत्ता का बहुधा उल्लेख मिलता है। दाक्षिणात्य उत्तरकाण्ड में हनुमान् को छन्द:शास्त्र का विशेषज्ञ कहा गया है। सम्भवत: इसी कारण से उनको महानाटक (हनुमन्नाटक) की रचना का श्रेय दिया गया है। उस नाटक के अन्त में लिखा है कि हनुमान् ने वाल्मीकि के अनुरोध से अपनी रचना को शिला पर लिखकर समुद्र में फेंक दिया था तथा राजा भोज ने उसे निकलवाकर दामोदर मिश्र द्वारा इसका सम्पादन कराया था (दे० महानाटक, अंक १४, ९४-६)। इसके सम्बन्ध में कई कथाएँ प्रचलित हैं। एक वृत्तान्त के अनुसार वाल्मीकि ने राम से कहा—"हनुमान् के नाटक के रहते मेरे रामायण का आदर नहीं होगा। हनुमान् तो प्रत्यक्षदर्शी हैं; मुझे केवल ध्यान में ही आपकी कथा का परिचय मिला। इस पर राम ने हनुमान् से कहकर महानाटक समुद्र में फेंकवा दिया। एक अन्य कथा में वाल्मीकि तथा हनुमान् के वाद-विवाद का वर्णन है। वाल्मीकि ने रामायण में लिखा है कि रावण के बाणों से आहत होकर राम के शरीर पर रक्त के कण दिखायी देने लगे। हनुमान् ने कहा कि मैंने तो यह कभी नहीं देखा था। दोनों राम के पास आये और राम ने वाल्मीकि का कथन ठीक ही माना था। उस पर हनुमान् ने अप्रसन्न होकर अपने नखों से शिला पर लिखी हुई अपनी रचना समुद्र में फेंक दी।

६९१. तुलसी ने **विनयपत्रिका** (२३, ८) में हनुमान् को **'वेदवेदान्तविद्'** की उपाधि दी है। वास्तव में कई रचनाओं में हनुमान् दार्शनिक विषयों[1] की जिज्ञासा प्रकट करते हैं तथा राम से तत्सम्बन्धी शिक्षा ग्रहण करते हैं। **अध्यात्म रामायण** (१, १, ३२-५२) के अनुसार सीता और इसके अनन्तर राम ने भी हनुमान् को रामतत्त्व का रहस्य प्रकट किया था। **मुक्तिकोपनिषद्** तथा **रामगीता** (दे० अनु० १४८) में हनुमान् को दर्शन-विषयक शिक्षा दी जाने की कथा मिलती है। **अद्भुत रामायण** (सर्ग १०-१५) में राम हनुमान् को अपना विष्णु रूप दिखाकर उनको भगवद्गीता के अनुकरण पर सांख्ययोग, भक्तियोग आदि समझाते हैं।

अपेक्षाकृत अर्वाचीन रचनाओं में हनुमान् को रामभक्ति के आचार्य के रूप में प्रस्तुत किया गया है। **रामरहस्योपनिषद्** में वह सनकादि मुनियों को रामोपासना की पद्धति सिखलाते हैं। रसिक सम्प्रदाय में हनुमान् को माधुर्य भक्ति का प्रवर्तक अथवा आचार्य माना गया है; **हनुमत्संहिता** में हनुमान् राम की प्रधान सखी चारुशीला का रूप धारण कर अगस्त्य को भक्ति की शिक्षा देते हैं और **शिवसंहिता** हनुमान्-अगस्त्य-संवाद के रूप में लिखा गया है। हनुमान् को अन्य साम्प्रदायिक रामायणों का भी वक्ता माना गया है (दे० अनु० २०१ और २०२)।

---

१. इसके आधार पर सम्भवत: यह विश्वास उत्पन्न हुआ कि मध्वाचार्य हनुमान् के अवतार हैं।

६९२. श्री दिनेशचन्द्र सेन का कहना है (दे० दि बंगाली रामायण् स, पृ० ५१) कि बंगाल में हनुमान् को **ज्योतिषी** तथा **संगीतज्ञ** भी माना गया है। महाभारत के हनुमान्-भीम-संवाद के अनुसार हनुमान् गन्धर्वों तथा अप्सराओं द्वारा रामायण का गान नित्य ही सुनते हैं। सम्भवतः उस वृत्तान्त के आधार पर संगीत में उनकी निपुणता का विश्वास उत्पन्न हुआ है। तुलसीदास ने भी विनयपत्रिका में हनुमान् को 'गान-गुनगरवगन्धर्वजेता' (दे० २९, ४), 'सामगायक' (२८, ५), 'सामगाताग्रनी' (२७, ३) आदि कहकर पुकारा है।

(इ) चिरंजीवत्व

६९३. अर्वाचीन राम-साहित्य में हनुमान् को बहुत-से वरदान प्राप्त होने का उल्लेख है। उनमें से उनका चिरंजीवत्व सबसे प्राचीन प्रतीत होता है : हनुमान् के इस चिरंजीवत्व की उत्पत्ति सम्भवतः उनकी कीर्ति से सम्बन्ध रखती है। रामायण में उनको महायशा, कीर्तिमान्, यशस्वी आदि कहा गया है तथा भीम भी अपने भाई का परिचय देते हुए कहते हैं कि हनुमान् रामायण में अति विख्यात हैं (दे० महाभारत ३, १४७, ११)। महाभारत का **रामोपाख्यान** रामायण के किसी प्राचीन रूप पर निर्भर है; उसमें राम अथवा देवताओं द्वारा हनुमान् को प्रदत्त किसी भी वरदान का उल्लेख नहीं है। युद्ध के अन्त में सीता हनुमान् से कहती हैं कि राम की कीर्ति के समान तुम भी जीवित रहोगे, अर्थात् तुम्हारी भी कीर्ति अमर होगी—**रामकीर्त्या समं पुत्र जीवितं ते भविष्यति।**[१] बहुत सम्भव है कि इस उक्ति के आधार पर हनुमान् के विषय में यह माना जाने लगा कि वह वास्तव में जीवित रहकर हिमालय पर निवास करते हैं। इस विश्वास का प्राचीनतम उल्लेख हनुमान्-भीम-संवाद में सुरक्षित है। इस संवाद में हनुमान् कहते हैं कि मैंने राम से यह वरदान माँग लिया है कि जब तक रामकथा पृथ्वी पर प्रचलित रहेगी, तब तक मैं जीवित रह सकूँ :

यावद्रामकथा वीर भवेल्लोकेषु शत्रुहन्।
तावज्जीवेयमित्येवं तथास्त्विति च सोऽब्रवीत्॥

(महाभारत ३, १४७, ३७)

तदनन्तर हनुमान् भीम को बताते हैं कि इस स्थान पर गन्धर्व तथा अप्सराएँ रामचरित गाकर मुझे आनन्दित करते हैं।

रामायण के उत्तरकाण्ड में राम द्वारा हनुमान् को वर-प्रदान का दो बार उल्लेख हुआ है। यह ध्यान देने योग्य है कि वहाँ पर भी रामकथा का प्रचलन ही हनुमान् की अमरता का आधार माना गया है। स्वर्गारोहण के पूर्व राम यह कहकर हनुमान् को चिरंजीवत्व प्रदान करते हैं :

मत्कथाः प्रचरिष्यंति यावल्लोके हरीश्वर।
तावद्रामस्व सुप्रीतो मद्वाक्यमनुपालयन्॥ ३४॥ (सर्ग १०८)

प्रस्तुत प्रसंग का सबसे विस्तृत रूप उत्तरकाण्ड के ४०वें सर्ग में मिलता है। महाभारत में हनुमान् ने कहा था कि हिमालय के जिस स्थान पर वह रहते थे, वहाँ गन्धर्वादि रामचरित गाया करते थे; अब रामचरित का यह गान वरदान का रूप धारण कर लेता है। अभिषेक के

१. दे० ३, २७५, ४३। इस सम्बन्ध में नीति का यह वाक्य भी द्रष्टव्य है—स जीवति यशो यस्य कीर्तिर्यस्य स जीवति। अयशो कीर्तिसंयुक्तो जीवन्नपि मृतोपमः॥ रामशेखर बसु के अनुसार हनुमान् ने इसीलिए अमरत्व का वरदान माँगा कि वह चिरकाल तक पितरों के पिण्डोदक का विधान कर सके। दे० परशुराम की चुनी हुई कहानियाँ। साहित्य अकादेमी (१९६०), पृ० ९७१।

बाद अयोध्या से विदा लेते समय हनुमान् ने राम से तीन वर माँगे थे, अर्थात् अनन्य रामभक्ति, चिरंजीवत्व तथा रामकथा-श्रवण :

स्नेहो मे परमो राजंस्त्वयि तिष्ठतु नित्यदा।
भक्तिश्च नियता वीर भावो नान्यत्र गच्छतु॥ १६॥
यावद्रामकथा वीर चरिष्यति महीतले।
तावच्छरीरे वत्स्यन्तु प्राणा मम न संशयः॥ १७॥
यच्चैतच्चरितं दिव्यं कथा ते रघुनन्दन।
तन्मयाप्सरसो राम श्रावयेयुर्नरर्षभ॥ १८॥

६९४. हनुमान् की जन्मकथा में देवताओं द्वारा उनको अनेक वर दिये जाने का वर्णन किया गया है। आदिरामायण में इस जन्मकथा का अभाव था और इसीलिए वाल्मीकि रामायण के प्रामाणिक काण्डों में हनुमान् के इन वरों का उल्लेख नहीं किया गया है, अपवादस्वरूप प्रक्षिप्त लंकादहन (अनु० ५३०) के अन्तर्गत उन वरदानों का संकेत मिलता है (दे० ५, ४८, ४०, ४३; ५, ५०, १६)।

हनुमान् की जन्मकथा का प्राचीनतम रूप सम्भवतः किष्किन्धाकाण्ड में मिलता है। बंगीय पाठ में इस प्रसंग में किसी भी वरदान का उल्लेख नहीं होता; पश्चिमोत्तरीय पाठ में ब्रह्मा हनुमान् की '**अशस्त्रवध्यता**' प्रदान करते हैं तथा दाक्षिणात्य पाठ (४, ६६, २९) में ब्रह्मा के इस वरदान के अतिरिक्त इन्द्र का भी उल्लेख है जो हनुमान् को '**इच्छानुसार मरण**' का वर देते हैं। उत्तरकाण्ड की जन्मकथा में इन्द्र, ब्रह्मा, वरुण, यम, कुबेर, शिव तथा विश्वकर्मा सभी हनुमान् को अपने-अपने अस्त्रों द्वारा अवध्यता प्रदान करते हैं; इसके अतिरिक्त हनुमान् को सूर्य से सूर्यतेज का शतांश तथा शास्त्र के अध्ययन में सहायता, यम से अरोगत्व, कुबेर से अविषाद, विश्वकर्मा से चिरंजीवत्व तथा ब्रह्मा से कामरूपत्व दिया जाता है (दे० ७, ३६, १२-४०)। इस प्रकार हम देखते हैं कि हनुमान् को प्राप्त वरों की संख्या बढ़ती जाती रही। ध्यान देने योग्य है कि ये वरदान प्रायः हनुमान् के चिरंजीवत्व ही से सम्बन्ध रखते हैं। गौडीय तथा पश्चिमोत्तरीय पाठ में जो अतिरिक्त जन्मकथा मिलती है उसमें भी केसरी के कामरूपी तथा अव्यय पुत्र का उल्लेख किया गया है (दे० ऊपर अनु० ६६७)।

६९५. परवर्ती रामकथाओं में हनुमान् के उन वरों के वर्णन में कोई विशेष विकास परिलक्षित नहीं होता किन्तु प्रायः उनकी रामभक्ति पर बल दिया गया है। उदाहरणार्थ भविष्यपुराण तथा आनन्द रामायण में ब्रह्मा ही हनुमान् को रामभक्ति का वरदान देते हैं (दे० आगे अनु० ७०४)। इसके अतिरिक्त भावी हनुमत्पूजा के विषय में भी हनुमान् को प्रदत्त वरों की कथा स्कन्दपुराण तथा आनन्द रामायण में मिलती है (दे० आगे अनु० ७०८)।

ऊपर इसका उल्लेख हुआ है कि हनुमान् का चिरंजीवत्व रामकथा के प्रचलित रहने पर निर्भर है; सम्भवतः इसी कारण से यह विश्वास उत्पन्न हुआ है कि जहाँ कहीं रामकथा का पाठ हो रहा है, वहाँ हनुमान् अदृश्य रूप से विद्यमान हैं। इस विश्वास का प्राचीनतम उल्लेख आनन्द रामायण तथा कृत्तिवासीय रामायण में मिलता है (दे० आगे अनु० ७२३)।

(ई) ब्रह्मचर्य

६९६. महिरावण-वध की कथा में हनुमान् के एक पुत्र का भी प्रायः उल्लेख होता है। लंकादहन के बाद समुद्र में स्नान करते हुए हनुमान् का स्वेद अथवा श्लेष्मा निगलकर एक

मत्स्या गर्भवती हुई और इस प्रकार हनुमान् को एक पुत्र उत्पन्न हुआ था (दे० अनु० ६१५)। **मैरावणचरितम्** (अ० १०) के अनुसार उस पुत्र का नाम मत्स्यराज है; वह हनुमान् को अपना परिचय देते हुए कहता है—**तिमिंगला हि मन्माता पिता च हनुमान्।** इस पर हनुमान् यह कहकर आपत्ति करते हैं—**हनुमान् ब्रह्मचारीति विख्यातं भुवनेष्वपि।**

हनुमान् के इस ब्रह्मचर्य का प्राचीनतम उल्लेख **स्कन्दपुराण** (अवन्ती खण्ड, रेवाखण्ड, अ० ८३) में मिलता है; हनुमंतेश्वरतीर्थमाहात्म्य नामक अध्याय में कहा गया है कि वहाँ का शिवलिंग हनुमान् के ब्रह्मचर्य के प्रभाव से तथा ईश्वर के प्रसाद से कामप्रद है :

आत्मयोगबलेनैव ब्रह्मचर्यप्रभावतः।
ईश्वरस्य प्रसादेन लिंग कामप्रदं हि तत्॥ ३३॥

पद्मपुराण (पातालखण्ड, अ० ४५) के रामाश्वमेध-वृत्तान्त में हनुमान् अपने आजीवन ब्रह्मचर्य के बल पर शत्रुघ्न को पुनर्जीवित करते हैं :

यद्यहं ब्रह्मचर्यं च जन्मपर्यन्तमुद्यतः।
पालयामि तदा वीरः शत्रुघ्नो जीवतु क्षणात्॥ ३१॥

(पातालखण्ड, अध्याय ४५)

६९७. परवर्ती साहित्य में हनुमान् के ब्रह्मचर्य का प्रायः ध्यान रखा जाता है। **लांगूलोपनिषद्** (दे० अप्रकाशिता उपनिषदः, अडयार, पृ० २१३) तथा **आनन्द रामायण** (मनोहरकाण्ड, सर्ग १३) में हनुमान् को कुमार ब्रह्मचारी की उपाधि दी गयी है; **श्री हनुमत्सहस्रनामस्तोत्रम्** में भी ब्रह्मचारी, जितेन्द्रिय आदि नाम आये हैं। तुलसीदास ने हनुमान् को 'मनमथमथन ऊधरिता' कहकर पुकारा है (दे० विनयपत्रिका २९, ३)। इस सम्बन्ध में उनके प्राकृतिक कौपीन का भी उल्लेख मिलता है। सारलादास के **उड़िया महाभारत** के वनपर्व में जो जन्म-कथा मिलती है (दे० अनु० ६७४) उसके अनुसार हनुमान् ने अपनी माता से कहा था कि जब तक मुझे वज्रकौपीन न मिले मैं जन्म नहीं लूँगा। पवन ने इसका समाचार शिव को कह सुनाया और शिव ने अंजना को खिलाने के लिए कपड़े दिये। इसके फलस्वरूप हनुमान् ने कौपीन पहनकर जन्म लिया। अर्जुनदासकृत **रामविभा** में इससे मिलती-जुलती कथा पायी जाती है। **भावार्थ रामायण** (७, ३५ और ४, १०) के अनुसार भी हनुमान् कौपीन पहनकर उत्पन्न हुए थे। अन्य रचनाओं में प्रायः हनुमान् के कौपीन का उल्लेख है। **पद्मपुराण** (पातालखण्ड ११२, १३५) में हनुमान् को '**सुदृढ़बद्धमौंजीकौपीन**' और **श्रीमारुतिस्तवराज** (वेंकटेश्वर प्रेस) में **मलमल्लकी** (कौपीनधारी) की उपाधि दी गयी है। इस कौपीन के विषय में निम्नलिखित दन्तकथा प्रचलित है। हनुमान् ने किसी ऋषि के पास कौपीनमात्र छोड़कर उनका सर्वस्व लूट लिया था। ऋषि ने उनको यह कहकर शाप दिया—तुम्हारे पास भी कौपीन के अतिरिक्त कुछ नहीं रहेगा; तुम कभी भी दूसरे कपड़े नहीं पहन सकोगे।[1]

६९८. हिन्देशिया तथा स्याम की रामकथाओं की एक सामान्य विशेषता यह है कि उनमें हनुमान् की प्रेमलीलाओं का कई अवसरों पर वर्णन किया गया है। सेतुबन्ध के समय मछलियों की रानी, रावण की नागकन्या तथा बेंजकाया के साथ हनुमान् की क्रीड़ा का उल्लेख हो चुका है (दे० अनु० ५७८-५७९)। इसके अतिरिक्त **रामकियेन** में स्वयंप्रभा (अनु० ५२६), एक अप्सरा-वानरी (अनु० ६१३) तथा मन्दोदरी (अनु० ५९७) के साथ हनुमान् के रमण का

---

१. दे० मैकॉलिफ, दि सिख रेलिजन, भाग ६, पृ० ८२ टि०।

वर्णन किया गया है। **सेरीराम** के अनुसार हनुमान् ने लव की द्वितीय पत्नी (विभीषण तथा कीकवी देवी की पुत्री) के साथ भी व्यभिचार किया था।

६९९. इन विदेशी कथाओं का मूल स्रोत भारतीय ही है। **पउमचरियं** (१९, ४२) में हनुमान् की एक सहस्र पत्नियों का उल्लेख किया गया है, जिनमें से वरुण की कन्या सत्यवती, चन्द्रनखा की पुत्री अनंगकुसुमा, नलनन्दिनी, हरिमालिनी तथा सुग्रीव की पुत्री पद्मरागा प्रधान हैं। इस रचना के एक अन्य स्थल पर हनुमान् तथा लंकासुन्दरी की प्रेमक्रीड़ा का वर्णन किया गया है (अनु० ५३६)। स्वयंभूदेव के **पउमचरिउ** (२२, १२, १०) में हनुमान् की पत्नियों की संख्या ८००० तक बढ़ा दी गयी है। पाश्चात्य वृत्तान्त नं० ७ और ८ के अनुसार हनुमान् ने लंकादहन के पश्चात् समुद्र में नहाकर मकरी के साथ सम्भोग किया था (अनु० ६१५)।

वाल्मीकि रामायण (६, १२५, ४४) में भी इसका उल्लेख मिलता है कि हनुमान् ने विजयी राम के प्रत्यागमन का शुभ समाचार सुनकर भरत ने उनको दस हजार गायों तथा एक सौ गाँवों के अतिरिक्त १६ कन्याओं को भी पत्नीस्वरूप प्रदान किया था—**शुभाचारा भार्याः कन्यास्तु षोडश।**

७००. हनुमान् की अन्य विशेषताओं की भाँति उनके ब्रह्मचर्य का मूल स्रोत वाल्मीकि रामायण को माना जा सकता है। रावण के अन्तःपुर में प्रविष्ट होकर तथा वहाँ की सुप्त अर्धनग्न ललनाओं को निहारकर उनके सुव्यवस्थित मन में कोई विकार नहीं उत्पन्न हुआ था; इसका रामायण में स्पष्ट शब्दों में उल्लेख है :

कामं दृष्टा मया सर्वा विश्वस्ता रावणस्त्रियः।
न तु मे मनसा किंचिद्वैकृत्यमुपपद्यते॥ ४१॥
मनो हि...मे सुव्यवस्थितम्॥ ४२॥

(सुन्दरकाण्ड, सर्ग ११)

इसके अतिरिक्त वाल्मीकि रामायण में हनुमान् के संयम तथा धार्मिकता की ओर बहुधा संकेत किया गया है तथा उनको महात्मा, महामनः, संस्कारसम्पन्न, सुवर्त्मना, कृतात्मा आदि विशेषणों से विभूषित किया गया है। रावण के अन्तःपुर में प्रवेश करने पर उनको पापशंका होती है—**जगाम महतीं शंकां धर्मसाध्वसशंकितः** (दे० ५, ११, ३७)। सीता के साथ बातचीत करने के कारण वह भी अपने को दोषी मानते हैं—**एष दोषो महान्हि स्यात्मम सीताभिभाषणे** (दे० ५, ३०, ३६)। अतः बहुत सम्भव है कि वाल्मीकि रामायण में जो पापशंकालु तथा संयमी हनुमान् का चित्र प्रस्तुत किया गया है, उसी के आधार पर उनके ब्रह्मचर्य की कल्पना उत्पन्न हुई।

(उ) रामभक्ति

७०१. रामभक्ति का भाव समस्त मध्यकालीन राम-साहित्य में व्याप्त है। अतः यह स्वाभाविक ही था कि आदिरामायण के उत्साही एवं विश्वस्त राम-सेवक हनुमान् को उस साहित्य में आदर्श रामभक्त के रूप में प्रस्तुत किया जाये। **शिवमहापुराण** की शतरुद्र संहिता (अ० २०) में हनुमान् को भक्तवर के अतिरिक्त रामभक्ति के प्रवर्तक होने का श्रेय दिया गया है :

स्थापयामास भूलोके रामभक्तिं कपीश्वरः।
स्वयं भक्तवरो भूत्वा सीतारामसुखप्रदः॥ ३६॥

बहुत-सी रचनाओं में हनुमान् को रामभक्ति का आचार्य माना गया है; रसिक सम्प्रदाय उनको अपना प्रवर्तक मानता है (अनु० ६९१)।

हनुमान् की रामभक्ति का प्राचीनतम उल्लेख वाल्मीकि रामायण के उत्तरकाण्ड (सर्ग ४०) में मिलता है, जहाँ हनुमान् द्वारा राम से तीन वरदान प्राप्त करने का वर्णन किया गया है; किन्तु राम से वरप्राप्ति की कथा के प्रारम्भिक रूप में रामभक्ति का उल्लेख नहीं है (अनु० ६९३)। इसी तरह देवताओं से हनुमान् की वरप्राप्ति का प्राचीनतम वृत्तान्त रामभक्ति के विषय में मौन है (अनु० ६९४), किन्तु परवर्ती साहित्य में उस अवसर पर प्राय: रामभक्ति की भी चर्चा है (अनु० ७०४)।

७०२. परवर्ती साहित्य में हनुमान् को प्रदत्त वरदानों में से उनकी रामभक्ति को सर्वाधिक महत्त्व दिया गया है, यहाँ तक कि उनके चिरंजीवत्व का प्रयोजन रामभक्ति ही बन जाता है। **तत्त्वसंग्रह रामायण** (७, १५) में स्वर्गारोहण के अवसर पर राम हनुमान् को यह कहकर आशीर्वाद देते हैं—तुम सदा जीते रहो और रामभक्ति बनाये रखो। **अध्यात्म रामायण** के युद्धकाण्ड के अनुसार रामाभिषेक के पश्चात् हनुमान् ने यह वरदान माँग लिया कि मैं राम-नाम का निरन्तर स्मरण करते हुए सशरीर जीवित रह सकूँ; हनुमान् का निवेदन कोमल भक्ति-भाव से ओतप्रोत है :

त्वन्नाम स्मरतो राम न तृप्यति मनो मम॥ १२॥
अंतस्त्वन्नाम सततं स्मरन्स्थास्यामि भूतले।
यावत्स्थास्यति ते नाम लोके तावत्कलेवरम्॥ १३॥
मम तिष्ठतु राजेन्द्र वरोऽयं मेऽभिकांक्षित:। (सर्ग १६)

आनन्द रामायण, भावार्थ रामायण (६, ८१) आदि रचनाओं में हनुमान् के इस निवेदन का भी उल्लेख है कि जहाँ कहीं भी रामचरित का वर्णन हो रहा हो मैं वहाँ उपस्थित रह सकूँ। आनन्द रामायण (१, १२, १४३) का उद्धरण इस प्रकार है :

यत्र तत्र कथा लोके प्रचरिष्यति ते शुभा।
तत्र तत्र गतिर्मेऽस्तु श्रवणार्थं सदैव हि॥ १४३॥

(सारकाण्ड, सर्ग १२)

७०३. तत्त्वसंग्रह रामायण (५, ११) का निम्नलिखित प्रसंग आनन्द रामायण पर आधारित प्रतीत होता है; जब हनुमान् सीता का पता लगाकर राम के पास लौटे तब राम ने उनको हृदय से लगाकर यह आशीर्वाद दिया—जहाँ कहीं मेरे नाम का उच्चारण होगा वहाँ तुम भी उपस्थित रहोगे। अन्ततोगत्वा तुम चतुरानन ब्रह्मा बनकर संसार की सृष्टि करोगे और तदनन्तर मुझमें मिल जाओगे। तुम वास्तव में शिव हो जो काशी में आनेवालों को मेरा मंत्र प्रदान करते हो। कृत्तिवासीय रामायण (६, १२७) में राम के अभिषेक के अवसर पर सीता हनुमान् को चिरंजीवत्व का वरदान देने के पश्चात् उनसे कहती हैं कि जहाँ कहीं राम-नाम का प्रसंग हो तुम वहीं जाकर उपस्थित रहो।

७०४. परवर्ती साहित्य में हनुमान् की जन्मकथा के अन्तर्गत रामभक्ति का प्राय: उल्लेख होता है। **आनन्द रामायण** (१, १३, १७६-१७७) की जन्मकथा के अनुसार ब्रह्मा हनुमान् को यह वरदान देते हैं—तुम अमर और अबाधगति होगे, तुम हरि के भक्त बन जाओगे तथा विष्णु की सहायता करोगे। **भविष्यपुराण** में भी ब्रह्मा के इस वरदान का उल्लेख है। जन्म के बाद माता द्वारा परित्यक्त हनुमान् ने रावण को पराजित किया था (दे० ऊपर अनु० ६६८) और अनन्तर तपस्या करने लगे थे। इस तपस्या से प्रसन्न होकर ब्रह्मा ने उनसे कहा कि त्रेतायुग में राम प्रकट होंगे; तुम उनकी भक्ति प्राप्त कर पूर्णकाम बन जाओगे—**तस्य भक्तिं च सम्प्राप्य कृतकृत्यो भविष्यसि** (दे० प्रतिसर्गपर्व, चतुर्थ खण्ड ४, अध्याय १३, ४६-४७)।

७०५. उपर्युक्त कथाओं के अतिरिक्त हनुमान् की रामभक्ति के विषय में और भी बहुत-सी सामग्री मिलती है। **भागवतपुराण** (५, १९, १-५) में इसका उल्लेख किया गया है कि हनुमान् हिमालय के किंपुरुषवर्ष में अन्य किन्नरों के साथ अविचल भक्ति-भाव से राम की उपासना करते रहते हैं। उनकी रामभक्ति की उत्पत्ति के विषय में बंगाल की रामकथाओं में (दे० अनु० ५१२) निम्नलिखित वृत्तान्त पाया जाता है—लक्ष्मण शिव की वाटिका में फल तोड़ने गये; वहाँ के द्वारपाल हनुमान् थे; लक्ष्मण उनसे युद्ध करने लगे। बाद में शिव और राम भी आ पहुँचे और इन दोनों का भी युद्ध हुआ। अन्त में शिव अपने द्वारपाल हनुमान् को राम के हाथ सौंपते हैं; उस समय से लेकर हनुमान् शिव को छोड़कर राम-भक्त बन गये। पाश्चात्य वृत्तान्त नं० १३ में भी इससे मिलती-जुलती कथा मिलती है। **स्कन्दपुराण** के कई स्थलों पर हनुमान् द्वारा शिवलिंग की स्थापना का उल्लेख मिलता है (दे० अनु० ५८०)। हनुमान् की शिवभक्ति के विषय में पद्मपुराण (पातालखण्ड ११०, १७०-१८१) में एक अन्य घटना का वर्णन किया गया है। इस सम्बन्ध में राम-शिव की अभिन्नता (अनु० ३६२) तथा हनुमान् का रुद्रावतारत्व (अनु० ६७०) भी विचारणीय है।

७०६. वाल्मीकीय रामायण (६, १२८, ७८-७९) के अनुसार रामाभिषेक के अवसर पर सीता ने, राम से जो माला मिली थी, उसे हनुमान् को प्रदान किया। हनुमान् की रामभक्ति सिद्ध करने के उद्देश्य से इस घटना को अर्वाचीन राम-साहित्य में एक नवीन रूप दिया गया है। **कृत्तिवास रामायण** (६, १२८) के अनुसार हनुमान् ने माला हाथ में लेकर उसे ध्यान से देखा और तदनन्तर वह उसकी बहुमूल्य मणियाँ तोड़कर खाने लगे। अपने व्यवहार का कारण पूछे जाने पर उन्होंने कहा कि इस माला में राम-नाम अंकित नहीं है; इसीलिए मेरी दृष्टि में इसका कोई भी मूल्य नहीं है। इस पर लक्ष्मण ने पूछा कि तुम अपना शरीर क्यों नहीं छोड़ देते हो। यह सुनकर हनुमान् ने अपने नखों से छाती फाड़कर दिखलाया कि उनकी हड्डियों पर राम का नाम लिखा है।[1] **भावार्थ रामायण** (६, ८७) में प्रस्तुत कथा का एक अन्य रूप मिलता है। माला ग्रहण करने के बाद हनुमान् ने विचार किया कि इस माला के कारण मेरे हृदय में अहंकार उत्पन्न हो सकता है अतः उन्होंने दाँतों से माला की मणियाँ फोड़कर कहा—हम वानरों को भोजन छोड़कर और कुछ नहीं चाहिए। **सेरीराम** में हनुमान् के घमण्ड के उदाहरण के रूप में प्रस्तुत वृत्तान्त का वर्णन किया गया है। विजय के बाद राम ने हनुमान् को एक बहुमूल्य रत्नों की माला प्रदान की थी किन्तु हनुमान् ने उसे चबाकर नष्ट किया था। लक्ष्मण के आपत्ति करने पर हनुमान् ने कहा कि मैं राम का ईमानदार तथा बुद्धिमान् सेवक उन रत्नों से कहीं अधिक मूल्यवान् हूँ।

७०७. वाल्मीकि रामायण के उत्तरकाण्ड (सर्ग ३९) में इसका उल्लेख किया गया है कि रामाभिषेक के पश्चात् वानर सैनिक एक महीने तक अयोध्या में मधु-मांसादि का सेवन करते रहे; और वह महीना रामभक्ति में लीन रहने के कारण उनको मुहूर्त मात्र प्रतीत हुआ :

ते पिबन्तः सुगंधीनि मधूनि मधुपिंगलाः।
मांसानि च सुमृष्टानि मूलानि च फलानि च॥ २६॥
एवं तेषां निवसतां मासः साग्रो ययौ तदा।
मुहूर्त्तमिव ते सर्वे रामभक्त्या च मेनिरे॥ २७॥

परवर्ती साहित्य में उस प्रसंग के वर्णन में हनुमान् की रामभक्ति का विशेष ध्यान रखा गया है। **आनन्द रामायण** (१, १२, १५२-१५६) के अनुसार हनुमान् ने स्वयं राम का उच्छिष्ट

१. भक्तमाल (२३) रघुराजसिंहकृत रामरसिकावली में भी यही कथा मिलती है। एक अन्य दन्तकथा के अनुसार हनुमान् ने अपना हृदय दिखलाया जहाँ सीता-लक्ष्मणादि सहित भगवान् राम विराजमान थे।

खाया तथा दूसरे वानरों को भी खिलाया। **रंगनाथ रामायण** (६, १६८), **तोरवे रामायण** (६, ५५) तथा **भावार्थ रामायण** (६, ८८) में इससे मिलती-जुलती कथाएँ पायी जाती हैं। **सेरीराम** के अनुसार हनुमान् ने सीता की खोज करने के पूर्व राम के साथ एक ही पत्तल में भोजन किया था (दे० अनु० ५२४)। **कृत्तिवासीय रामायण** में गरुड़ के आगमन की कथा में हनुमान् की अनन्य रामभक्ति का वर्णन किया गया है (अनु० ५८६)।

(ऊ) देवत्व

७०८. अब हनुमान् की अन्तिम विशेषता अर्थात् उनके देवत्व की उत्पत्ति और विकास का निरूपण करना है। सम्भवतः आठवीं शताब्दी से लेकर हनुमान् रुद्र के अवतार माने जाने लगे। इसके फलस्वरूप उनके प्रति भक्तिभाव जाग्रत हुआ और धीरे-धीरे विकसित होने लगा। शैव ग्रन्थों में इस विकास के लक्षणों का प्रथम दर्शन स्वाभाविक है। **स्कन्दपुराण** (अवन्ती खण्ड, रेवा खण्ड) में शिव हनुमान् को आशीर्वाद देकर कहते हैं कि तुम्हारे नाम कल्याणकारी होते हैं—**उपकाराय लोकानां नामानि तव मारुते** (८३, २९)। उस स्थल पर हनुमान् के बारह नाम उद्धृत हैं; उससे पता चलता है कि रेवाखण्ड के रचनाकाल में हनुमान् के नामों का जप प्रचलित होने लगा था।

परवर्ती साहित्य के अनुशीलन से प्रतीत होता है कि १०वीं तथा १५वीं शताब्दी[१] के बीच हनुमद्भक्ति का पूर्ण विकास हुआ है। १५वीं शताब्दी के बाद के साहित्य में उनकी मूर्ति की पूजा का स्पष्ट उल्लेख है तथा उनके कवच, मंत्र, स्तोत्र आदि भी मिलते हैं। **आनन्द रामायण** (१, १२) के अनुसार सीता ने हनुमान् को आशीर्वाद देते हुए कहा था कि गाँव-गाँव में विघ्नशान्ति के उद्देश्य से तुम्हारी मूर्ति की पूजा की जायेगी :

ग्रामारामपत्तनेषु व्रजखेटकसद्मसु।
वनदुर्गपर्वतेषु सर्वदेवालयेषु च॥ १४७॥
नदीषु क्षेत्रतीर्थेषु जलाशयपुरेषु च।
वाटिकोपवनाश्वत्थवटवृन्दावनादिषु॥ १४८॥
त्वन्मूर्तिं पूजयिष्यंति मानवा विघ्नशान्तये।
भूतप्रेतपिशाचाद्या नश्यंति स्मरणात्तव॥ १४९॥

इस उद्धरण में विघ्नशान्ति तथा भूत-प्रेतों का नाश हनुमत्पूजा का उद्देश्य कहा गया है। हनुमत्पूजा-सम्बन्धी साहित्य में इसी उद्देश्य का प्रायः उल्लेख मिलता है। वास्तव में पन्द्रहवीं शताब्दी से लेकर हनुमान् का **संकटमोचन** रूप सबसे लोकप्रिय है। **आनन्द रामायण** के मनोहरकाण्ड (सर्ग १३) में राम द्वारा विभीषण को प्रदत्त एक हनुमत्कवच उद्धृत है जिसमें भूतों तथा ज्वरों की ही चर्चा है। उसी काण्ड के एक अन्य स्थल (सर्ग १६) पर गरुड़ राम को कपिपूजन का विधान समझाते हैं तथा यह भी कहते हैं कि यह पूजा महामारी के अवसर पर करनी चाहिए—**जनमारे समुत्पन्ने ग्रामे**। आनन्द रामायण के राज्यकाण्ड (५, ५) में सीता की हनुमत्पूजा का भी वर्णन किया गया है—**गोमेयांजनेयं सा कुड्यां कृत्वार्च्य जानकी। अकरोत्प्रत्यहं पुच्छवृद्धिं स्वांगुलिमात्रतः।**

---

१. हनुमत्पूजा ठीक किस शताब्दी में प्रारम्भ हुई मैं नहीं कह सकता। १६वीं शताब्दी के पूर्व ही उनकी मूर्तियों तथा मन्दिरों के अस्तित्व के प्रमाण मिलते हैं (दे० तुलसीकृत बाहुक २१, २९, ३४) किन्तु विष्णुधर्मोत्तर पुराण तथा बृहत्संहिता के 'प्रतिमालक्षण' नामक खण्ड में हनुमान् का निर्देश नहीं मिलता।

लांगूलोपनिषद् हनुमान् के मंत्रों का संग्रह है जिसमें एकादशरुद्रावतार, श्रीरामसेवक, कुमारब्रह्मचारी हनुमान् को भूत-प्रेत-पिशाचों का उच्चाटक, समस्त ज्वरों का विनाशक तथा सर्वशूलों का उन्मूलक माना गया है। उन शूलों में से एक बाँझपन है, जिसे दूर करने के लिए हनुमान् की पूजा होती है; अतः **श्रीहनुमत्सहस्त्रनामस्तोत्र** में उनको गर्भदोषघ्न तथा पुत्रपौत्रद का नाम भी दिया गया है। तुलसीदास ने अपनी **विनयपत्रिका** (३०, २) में हनुमान् के संकटमोचन रूप को बहुत महत्त्व दिया है—"**संकटसोचविमोचनी मूरती**"।

७०९. अर्वाचीन साहित्य में हनुमान् की महिमा और बढ़ गयी है और उनको पाप-मोचक, मुक्तिदायक भगवान् की उपाधि मिल गयी है। **श्रीमारुतिस्तव** में हनुमान् को **पापतापसुसमापनतापरः** (दे० ९) कहा गया है तथा **श्रीहनुमत्सहस्त्रनाम स्तोत्र** (वेंकटेश्वर प्रेस) में उनको परम्परागत विशेषणों (अर्थात् १. महावीर, २. सर्वविद्याविशारद, वेदवेदांगपारग, ३. चिरंजीव, ४. जितेन्द्रिय, ब्रह्मचारी, ५. रामसेवक, रामभक्ति-विधायक, ६. रुद्र, महेश्वर) तथा संकटमोचन-सूचक नामों (आरोग्यकर्ता, पिशाचग्रहघातक, अपस्मारहर) के अतिरिक्त ये भी नाम दिये जाते हैं—संसारभयनाशक, शरणागत-वत्सल, भगवान्, जगन्नाथ, जगदीश, अनादि परब्रह्म। फिर भी इस शब्दावली को अधिक महत्त्व नहीं दिया जाना चाहिए; पूजा की दृष्टि से हनुमान् का संकटमोचन रूप प्रधान ही है; भूतों, बीमारियों तथा बाँझपन से छुटकारा पाने के लिए उनकी अधिकतर शरण ली जाती है। इसके अतिरिक्त हनुमान् मन्दिरों के द्वारपाल तथा गाँवों के संरक्षक के रूप में प्रसिद्ध हैं। गुजरात में उनका वृक्षों में निवास माना जाता है।[१]

७१०. अन्त में हनुमत्पूजा के कारणों पर विचार करना है। हनुमान् को रुद्रावतार माने जाने के फलस्वरूप उनके प्रति श्रद्धा का जाग्रत होना स्वाभाविक ही था; किन्तु दसवीं तथा पन्द्रहवीं शताब्दी के बीच में हनुमद्भक्ति का पूर्ण विकास आश्चर्यजनक ही है और उनकी संकटमोचन के रूप में जो आज तक व्यापक रूप से पूजा प्रचलित है इसका मुख्य आधार रामायण में चित्रित (राक्षसों का वध, ओषधि पर्वत का आनयन आदि) उनका चरित्र नहीं हो सकता है। इसका वास्तविक कारण यह है कि हनुमान् का सम्बन्ध यक्षपूजा से स्थापित किया गया है। अत्यन्त प्राचीनकाल से गाँव-गाँव में यक्षों की पूजा चली आ रही है—वे रक्षक देवता (जातक ५४५), द्वारपाल, सन्तान देनेवाले तथा वृक्षों में निवास करनेवाले (जातक ३०७ और ५०९) माने जाते थे।[२] यक्ष तथा वीर पर्यायवाची ही हैं। उधर महावीर हनुमान् की ख्याति रामायण की लोकप्रियता के द्वारा शताब्दियों से चली आ रही थी। अतः अन्य यक्षों अर्थात् वीरों के साथ महावीर हनुमान् की पूजा भी होने लगी।[३] इस अत्यन्त प्राचीन पूजापद्धति से सम्बन्ध हो जाने पर हनुमान् की लोकप्रियता बहुत ही बढ़ गयी और उस समय तक जिस

---

१. दे० एण्टहोवन, इं० ए० भाग ४०, सप्लेमेंट, पृ० ८५। हिन्दी साहित्य की हनुमद्भक्ति विषयक सामग्री पाठक अनु० ३०० में देख लें।

२. दे० आनन्द कुमार स्वामी, यक्षस् (वाशिंगटन १९२८-१९३१)।

३. वीरपूजा के साथ सम्बद्ध हो जाने के पूर्व ही हनुमान् की पूजा होने लगी थी। स्कन्दपुराण में हनुमान् के १२ नामों की सूची इस प्रकार है—हनुमान्, अंजनीसुत, वायुपुत्र, महाबल, रामेष्ट, फाल्गुनगोत्र, पिंगाक्ष, अमितविक्रम, उदधिक्रमणश्रेष्ठ, दशग्रीवस्य दर्पहा, लक्ष्मणप्राणदाता, सीताशोकनिवर्त्तन (दे० अवन्ती खण्ड, रेवाखण्ड अ० ८३)। इनमें से एक भी नाम यक्षपूजा से सम्बन्ध नहीं रखता। ये १२ नाम आनन्द रामायण (मनोहरकाण्ड १३, ८-९) में दुहराये गये हैं। स्कन्दपुराण के एक अन्य स्थल पर (ब्राह्मखण्ड, धर्मारण्य, अध्याय ३७) हनुमान् की स्तुति में १९ विशेषण मिलते हैं; उनमें से एक ही अर्थात् सर्वव्याधिहर हनुमान् के संकट-मोचन रूप से सम्बन्ध रखता है।

उद्देश्य से और जिस रूप में यक्षों की पूजा होती रही अब उसी उद्देश्य और उसी रूप में महावीर हनुमान् की भी पूजा होने लगी। हनुमान् के संकटमोचन तथा द्वारपालवाला रूप वीरपूजा से सम्बन्ध रखता है। प्राचीन वीरपूजा तथा हनुमत्पूजा के उद्देश्यों में जो सादृश्य है वह उपर्युक्त विकास की वास्तविकता को प्रमाणित करता है। डॉक्टर वासुदेवशरण अग्रवाल ने इसका एक और प्रमाण उपस्थित किया है। उन्होंने दिखलाया है कि आजकल हनुमान् की पूजा के दो रूप प्रचलित हैं—एक वीरपूजा जिसमें कोई मूर्ति नहीं होती और जो यक्षपूजा से सम्बन्ध रखती है तथा एक दूसरा रूप जिसमें वानर की मूर्ति है और जो रामकथा पर निर्भर है।[१]

(ऋ) उपसंहार

७११. ऊपर के निरूपण से स्पष्ट है कि किस प्रकार रामकथा की लोकप्रियता के साथ-साथ हनुमान् का भी महत्त्व शताब्दियों तक बढ़ता रहा और फलस्वरूप उनके चरित्र-चित्रण में अतिशयोक्ति तथा अलौकिकता की मात्रा में उत्तरोत्तर वृद्धि होती रही। फिर भी यह विकास अत्यन्त स्वाभाविक और आनुक्रमिक ही प्रतीत होता है।

रामायण में हनुमान् अपने सखाओं की अपेक्षा पराक्रमी तथा बुद्धिमान् अवश्य हैं, किन्तु वह निश्चित रूप से अन्य वानरों में से एक हैं। अत: यह मानना तर्कसंगत है कि हनुमान्[२] रामकथा के अन्य वानरों के समान वानर-गोत्रीय आदिवासी ही थे। आदिवासी गोत्रों के रहस्य के अज्ञान के कारण, नाम के आधार पर ही सबों को वास्तविक वानर समझ लेना अस्वाभाविक नहीं कहा जा सकता है।

हनुमान् के चरित्र की विशेषताओं को ध्यान में रखकर उनको वाल्मीकि के समय के पूर्व ही 'वायुपुत्र' (विद्याधर) की उपाधि मिली होगी (दे० ऊपर अनु० ६६२)। वाल्मीकि के बाद ही अवतारवाद की भावना को रामायण में स्थान मिल सका; उसके फलस्वरूप हनुमान् को अन्य वानरों के साथ देवताओं की सन्तान माना गया है। उनका वायुपुत्र नाम पहले ही से विख्यात था, अत: उनको वास्तव में वायु का आत्मज माना गया है और तत्सम्बन्धी विभिन्न जन्मकथाएँ प्रचलित होने लगीं (दे० ऊपर अनु० ६६३-६६९)।

ऊपर यह दिखलाया गया है कि हनुमान् की वीरता, बुद्धिमत्ता, चिरंजीवत्व, ब्रह्मचर्य तथा रामभक्ति, इन विशेषताओं का सूत्रपात प्रचलित रामायण में विद्यमान तत्त्वों से माना जा सकता है। आठवीं शताब्दी से लेकर वह बहुधा रुद्रावतार माने जाने लगे। उनकी जन्मकथा के इस विकास के कारणों तथा उसकी स्वाभाविकता पर ऊपर विचार हो चुका है (दे० अनु० ६७९)। बाद में महावीर हनुमान् का सम्बन्ध अत्यन्त प्राचीन यक्षपूजा (वीरपूजा) के साथ जोड़ा गया और इस कारण उनकी लोकप्रियता तथा उनकी पूजा की व्यापकता और बढ़ गयी।

---

१. दे० वीर बरह्म, जनपद, खण्ड १, अंक ३, पृ० ६४-३।

२. उनके नाम एक द्राविड़ शब्द 'आण्-मंति' (नर-कपि) का संस्कृत रूपान्तर प्रतीत होता है (दे० अनु० १०३)। उस नाम पर अनेक कथाएँ आधारित हैं। सबसे प्रचलित कथा के अनुसार इन्द्र ने इसीलिए उनका नाम हनुमान् रखा था कि पर्वत के शिखर पर गिरने पर उनकी ठोड़ी (हनु) टूट गयी थी। पउमचरियं के अनुसार अंजना कुमारी ने पुत्रसहित हनुरुहपुर नामक नगर में शरण पायी थी जिससे उनका पुत्र हनुमान् के नाम से विख्यात है (दे० ऊपर अनु० ६६९)। गुणभद्र के उत्तरपुराण के अनुसार प्रभंजन का पुत्र अपना शरीर 'अणु' सा छोटा बना सकता था और इसीलिए उसका नाम 'अणुमान' ही रखा गया था (दे० पर्व ६८,२८०)।

डॉ० याकोबी का कहना है कि हनुमान् की असाधारण लोकप्रियता का आधार रामायण में अंकित उनका चरित्र-चित्रण मात्र नहीं हो सकता है। वास्तव में उनकी यह आश्चर्यजनक लोकप्रियता शताब्दियों तक बढ़ते हुए विकास का परिणाम है। वाल्मीकि रामायण के अनुसार हनुमान् ने प्रथम बार राम-लक्ष्मण से मिलकर दोनों को अपने कन्धे पर चढ़ाकर मलय पर्वत के शिखर पर सुग्रीव के पास पहुँचा दिया था (दे० ४, ४, ३४)। रामकथा-साहित्य का अनुशीलन करने पर डॉ० याकोबी के मत के विपरीत मन में यह विचार अनायास उत्पन्न होता है कि रामकथा ने ही हनुमान्को अमरत्व के शिखर पर पहुँचा दिया है और आजकल राम की अपेक्षा रामसेवक हनुमान् की पूजा कहीं अधिक व्यापक रूप से हो रही है।

७१२. हनुमच्चरित के विकास के अध्ययन से दो निष्कर्ष निकाले जा सकते हैं। हनुमान् के विषय में जो विस्तृत सामग्री परवर्ती रामकथाओं में मिलती है, वह वाल्मीकि रामायण में निहित तत्त्वों का स्वाभाविक विकास प्रतीत होती है। अतः वाल्मीकि के पूर्व रामकथा से स्वतंत्र हनुमद्विषयक गाथाओं की कल्पना (दे० ऊपर अनु० १०३) निराधार ही नहीं अनावश्यक भी है। दूसरे; उस सामग्री के विश्लेषण से स्पष्ट है कि हनुमान् का महत्त्व बढ़ता ही जा रहा था। अतः हनुमान् वास्तव में किसी प्राचीन देवता[१] से अभिन्न हैं, यह कल्पना उपलब्ध सामग्री के प्रतीकूल ही है। हनुमान् के चरित्र-चित्रण में शताब्दियों तक अतिशयोक्ति का प्रयोग होता रहा, किन्तु आठवीं शताब्दी में ही उनको पहले-पहल देवत्व की उपाधि से विभूषित किया गया है।

७१३. अर्जुन के गर्व-निवारण (अनु० ६८५) की कथाओं के निरूपण में इसका उल्लेख हुआ है कि हनुमान् उनकी ध्वजा पर विराजमान हैं। महाभारत से पता चलता है कि प्रायः सब योद्धाओं के झण्डों पर पशुओं के चित्र अंकित थे; उदाहरणार्थ दुर्योधन की ध्वजा पर नाग (६, १७, २५), भीमसेन की ध्वजा पर केसरी (६, ९१, ७०), घटोत्कच के झण्डे पर गृध्र (७, १५०, १५), वृषसेन के झण्डे पर मयूर (७, ८०, १६)। इसी तरह जयद्रथ को वराहध्वज (७, १२१, ११), अश्वत्थामा को सिंहलांगूलकेतन (६, १७, २१), कृष्ण को गरुड़ध्वज (७, ५७, २), प्रद्युम्न को मकरध्वज (७, ८६, २५) या मकरकेतु (३, १९, ११) कहा गया है। डब्लू० हॉप्किन्स[२] की धारणा है कि इन चित्रों का प्रयोजन पूजा न होकर प्रोत्साहन तथा अलंकरण मात्र ही था।

महाभारत के प्रामाणिक संस्करण के अध्ययन से ज्ञात होता है कि यद्यपि अर्जुन की ध्वजा पर अन्य पशु भी अंकित थे (दे० २, २२, २३) किन्तु उनमें से कपि ही प्रमुख था। अतः अर्जुन को प्रायः कपिराजकेतु (दे० ६,५६, २६), वानरध्वज (६, ११२, ११४), वानरप्रवरध्वज (७, १७, २१), कपिप्रवरकेतन (७, २६, १५) कपिकेतन (८, ६३, ७८) आदि कहा गया है। द्रोणपर्व (अध्याय ६४) के अनुसार अर्जुन ने रणभूमि में प्रवेश करते समय शंख बजाया; उसी समय अर्जुन की ध्वजा पर विराजमान भूतगणों के साथ कपि ने मुँह बाकर शत्रुओं को भयभीत करते हुए बड़े जोर से गर्जना की :

ततः कपिर्महानादं सह भूतैर्ध्वजालयैः।
अकरोत् व्यादितास्याश्च भीषयंस्तव सैनिकान्॥ २५॥

---

१. वर्षा के कोई अधिष्ठाता देवता अथवा इन्द्र (दे० अनु० ९५) अथवा एक प्राचीन अनार्य देवता वृषाकपि (दे० अनु० १०३)।

२. दे० एपिक मिथोलॉजी, पृ० ७३।

उद्योग पर्व (अ० ५५) में अर्जुन की ध्वजा के विषय में कहा गया है कि विश्वकर्मा, ब्रह्मा और इन्द्र ने मिलकर इसमें छोटी-बड़ी अनेक प्रकार की बहुमूल्य एवं दिव्य मूर्तियों का निर्माण किया है :

ध्वजे हि तस्मिन्रुपाणि चक्रुस्ते देवमायया।
महाधनानि दिव्यानि महान्ति च लघूनि च॥ ८॥

प्रामाणिक संस्करण में इस स्थल पर हनुमान् का उल्लेख नहीं है, प्रचलित पाठ में यहाँ पर एक प्रक्षिप्त श्लोक मिलता है जिसमें लिखा है कि भीम के अनुरोध पर हनुमान् भी इस ध्वजा पर युद्ध के समय विराजमान होंगे।[१]

हनुमान् की कीर्ति तथा लोकप्रियता के कारण यह अनिवार्य ही था कि अर्जुन की ध्वजा के कपि के साथ उनका सम्बन्ध स्थापित किया जाये। इस अभिन्नता की ओर हनुमान्-भीम-संवाद में प्रथम बार निर्देश किया गया है। यद्यपि जिस श्लोक में यह संकेत मिलता है वह महाभारत की सब हस्तलिपियों में विद्यमान नहीं है (दे० ३, १५०, १५ पादटिप्पणी के पाठान्तर)। परवर्ती साहित्य में यह अभिन्नता सर्वमान्य ही है।

५—सीतात्याग

७१४. प्रस्तुत परिच्छेद में सीतात्याग के विकास की रूपरेखा अंकित करने का प्रयत्न किया जायेगा। प्रथम उन रचनाओं का उल्लेख होगा जिनमें सीतात्याग का अभाव है। तत्पश्चात् साहित्य में उनके आगमन के कालक्रमानुसार सीतात्याग के भिन्न-भिन्न कारणों का निरूपण किया जायेगा। अन्त में इस वृत्तान्त की चरम सीमा का वर्णन होगा, जिसके अनुसार रामचरित्र का आदर्श सुरक्षित रखने के उद्देश्य से सीतात्याग अवास्तविक माना गया है।

निम्नलिखित तालिका से प्रस्तुत वृत्तान्त के विकास के भिन्न-भिन्न सोपान स्पष्ट होंगे :

क—सीतात्याग का अभाव

(१) आदिरामायण; महाभारत; प्राचीन पुराण—हरिवंश, वायुपुराण, विष्णुपुराण और नृसिंहपुराण।
(२) अनामकं जातकम्; गुणभद्रकृत उत्तरपुराण।

ख. सीतात्याग के भिन्न-भिन्न कारण

(अ) लोकापवाद

(१) वाल्मीकि रामायण का उत्तरकाण्ड, रघुवंश, उत्तररामचरित, कुन्दमाला। दशावतारचरित इत्यादि।
(२) पउमचरियं, पद्मचरित।

---

१. दे० पूना संस्करण, पादटिप्पणी। सारलादासकृत उड़िया महाभारत (उद्योगपर्व) के अनुसार कृष्ण ने भीम को हनुमान् के पास भेज दिया था। हनुमान् ने उत्तर दिया कि मैं राम को छोड़कर किसी को नहीं जानता; मेरे कौपीन का तागा कृष्ण के पास ले जाओ। भीम उसे छूकर मूर्च्छित हो गये। बाद में भीम यह तागा कृष्ण के पास ले गये; कृष्ण ने उसे देखकर हनुमान् का ध्यान किया और हनुमान् आकर अर्जुन के रथ पर बैठ गये।

(आ) धोबी की कथा

(१) कथासरित्सागर, भागवतपुराण।
(२) जैमिनीय अश्वमेध, पद्मपुराण आदि।
(३) तिब्बती रामायण।

(इ) रावण का चित्र

(१) उपदेशपद, कहावली, हेमचन्द्रकृत जैन रामायण।
(२) कृत्तिवास और चन्द्रावली के बंगाली रामायण, सेरीराम, काश्मीरी रामायण, लोकगीत, रामायण मसीही, गुजराती रामायणसार, सेरतकाण्ड, हिकायत महाराज रावण, आनन्द रामायण।
(३) सिंहलद्वीप की रामकथा, कम्बोडिया की रामकेर्ति, स्याम का रामकियेन, रामजातक, ब्रह्मचक्र।

(ई) परोक्ष कारण

(१) भृगु का शाप—वाल्मीकि रामायण
(२) तारा का शाप—वाल्मीकि रामायण
(३) शुक्र का शाप—पद्मपुराण
(४) लक्ष्मण का अपमान; लोमश का शाप; सुदर्शन मुनि की निन्दा
(५) वाल्मीकि को प्रदत्त वरदान।

ग. अवास्तविक सीतात्याग

(१) गीतावली, (२) अध्यात्म रामायण, (३) मधुराचार्य, (४) आनन्द रामायण।

(क) सीतात्याग का अभाव

७१५. विशेषज्ञों की सर्वसम्मति के अनुसार प्रचलित वाल्मीकि रामायण का उत्तरकाण्ड प्रक्षिप्त माना जाता है, अत: वाल्मीकिकृत **आदिरामायण** में रामकथा राम के अभिषेक तथा उनके सुखद राज्य के संक्षिप्त वर्णन पर समाप्त होती थी और इसमें सीतात्याग का उल्लेख नहीं था (दे० ऊपर अनु० ११५)। इस निर्णय की पुष्टि **महाभारत** से प्राप्त होती है जिसमें सीतात्याग की ओर कहीं भी निर्देश नहीं किया गया है, विस्तृत रामोपाख्यान में भी नहीं, जो रामायण के किसी प्राचीन रूप पर निर्भर है। प्राचीन पुराणों में जहाँ रामकथा मिलती है, सीतात्याग का संकेत मात्र भी नहीं किया गया है; उदाहरणार्थ—**हरिवंश** (१, अध्याय ४१) **वायुपुराण** (अध्याय ८८), **विष्णुपुराण** (४, ४) तथा **नृसिंहपुराण** (अध्याय ४७-५२)।

७१६. बौद्ध **अनामकं जातकम्** का अनुवाद २५१ ई० में चीनी भाषा में हुआ था। इसमें तो सीतात्याग का वर्णन नहीं किया गया है, फिर भी अयोध्या लौटने के बाद सीता के विषय में लोकापवाद का उल्लेख मिलता है। सम्भव है लोकापवाद के कारण सीतात्याग के वृत्तान्त का पूर्व रूप **अनामकं जातकम्** की निम्नलिखित कथा में सुरक्षित हो।

राजा ने रानी से कहा—'पति से अलग दूसरे के घर में निवास करने के कारण स्त्री के चरित्र पर सन्देह किया जाता है। तुम्हें स्वीकार करने में परम्परा के अनुसार कहाँ तक औचित्य है।'

रानी ने उत्तर दिया—'मैं एक नीच की गुफा में थी, किन्तु फिर भी मैं उसमें पंकज की तरह रही थी। यदि मुझमें सतीत्व हो तो पृथ्वी फट जाये।'

पृथ्वी फट गयी और रानी ने कहा—'मेरा सतीत्व प्रमाणित हुआ। इसके बाद राजा और रानी सुखपूर्वक राज्य करने लगे और सब वर्ण अपने-अपने धर्म का पालन करते रहे।'

गुणभद्रकृत **उत्तरपुराण** में लंका से अयोध्या लौटने के बाद सीता के आठ पुत्र उत्पन्न होते हैं और सीतात्याग की ओर कहीं भी निर्देश नहीं किया गया है।

ख. सीतात्याग के भिन्न-भिन्न कारण

७१७. रामकथा के अधिकांश लेखकों ने प्रचलित **वाल्मीकि रामायण** के उत्तरकाण्ड के अनुकरण पर सीतात्याग का वर्णन किया है। परित्याग के विभिन्न कारणों के अनुसार ये वृत्तान्त तीन वर्गों में विभक्त किये जा सकते हैं।

(अ) लोकापवाद

उत्तरकाण्ड (सर्ग ४२-५२) की कथा इस प्रकार है। गर्भवती सीता[१] किसी दिन राम के सामने तपोवन देखने की इच्छा प्रकट करती हैं। उनको अगले दिन भेज देने की प्रतिज्ञा करके राम अपने मित्रों के साथ बैठकर परिहास की कहानियाँ सुनते हैं—**कथा बहुविधाः परिहाससमन्विताः** (४६, ३)। संयोगवश राम भद्र से पूछते हैं— 'मेरे, सीता तथा भरत आदि के विषय में लोग क्या कहते हैं।' तब भद्र सीता के कारण हो रहे लोकापवाद और जनता के आचरण पर पड़नेवाले उसके कुप्रभाव का उल्लेख करता है। लोग कहते हैं—'हमको भी अपनी स्त्रियों का ऐसा आचरण सहना होगा' :

अस्माकमपि दारेषु सहनीयं भविष्यति।
यथा हि कुरुते राजा प्रजास्तमनुवर्तते॥ १९॥ (सर्ग ४३)

यह सुनकर राम लक्ष्मण को बुलाते हैं और सीता को गंगा के उस पार छोड़ आने का आदेश देते हैं। तपोवन दिखलाने के बहाने लक्ष्मण सीता को रथ पर ले जाते हैं और वाल्मीकि के आश्रम के समीप छोड़ देते हैं। इस आश्रम में सीता की परीक्षा की एक कथा का ऊपर उल्लेख किया गया है (दे० अनु० ६०१)।

वाल्मीकीय कथा कालिदास के **रघुवंश** (सर्ग १४) में भी मिलती है; अन्तर यह है कि इसमें भद्र मित्र न होकर गुप्तचर बताया गया है। **उत्तररामचरित, कुन्दमाला, दशावतारचरित** आदि प्राचीन रचनाओं में इस प्रकार का वर्णन किया गया है। **उत्तररामचरित** (अंक १) में गुप्तचर का नाम दुर्मुख है। **अध्यात्म रामायण** (७, ४, ४७) तथा **आनन्द रामायण** (५, ३, २१) में इसका नाम विजय माना गया है।

छलित राम के अनुसार दो छद्मवेशी राक्षस राम को सीता के विरुद्ध उकसाते हैं (दे० अनु० २३६) तथा असमिया **लवकुशर युद्ध** में राम के एक स्वप्न की चर्चा है (दे० अनु० २८४)।

७१८. विमलसूरिकृत **पउमचरियं** (पर्व ९२-९४) में सीतात्याग का विस्तृत तथा किंचित् परिवर्द्धित वर्णन किया गया है।

---

१. सेरीराम के अनुसार राम के बहुत समय तक कोई सन्तति नहीं थी। अन्त में उन्होंने महर्षि कली के पास दूतों को भेजकर सहायता माँगी; ऋषि ने दो 'बा-ज़हर' नामक पत्थर (दे० अनु० ३५४) भेज दिये—एक राम के लिए और एक सीता के लिए। इसके फलस्वरूप सीता गर्भवती हुईं।

राम स्वयं गर्भवती सीता को वन में विभिन्न चैत्यालय दिखला रहे थे कि राजधानी के नागरिक उनके पास आये और अभयदान पाकर उन्होंने अपने आने का कारण बताया। पहले वे साधारण जनता के दुष्ट स्वभाव का वर्णन करते हैं, जिसके निम्नलिखित अवगुण होते हैं—पावमोहित्यमई (पापमोहितमति), परदोसग्हणरउ (परदोषग्रहणरत), सहाववको (स्वभाव-कुटिल), सठसीलो (शठशील)। और ऐसी जनता में सीता के अपवाद[1] को छोड़कर किसी और बात की चर्चा नहीं होती। नागरिकों का यह भाषण सुनकर राम ने लक्ष्मण के साथ परामर्श किया किन्तु लक्ष्मण ने सीतात्याग का विरोध किया। राम को सीता पर सन्देह हुआ, अतः उन्होंने अपने सेनापति कृतान्तवदन को बुलाकर आदेश दिया कि जिन-मन्दिर दिखलाने के बहाने सीता को गंगा के पार भयानक (निमानुष) वन में छोड़ दो। सेनापति ने ऐसा ही किया। संयोग से पुण्डरीकपुर के राजा वज्रजंघ ने उस वन में सीता का विलाप सुन लिया। वह सीता को अपने भवन ले आया और उसके यहाँ सीता के दो पुत्रों का जन्म हुआ।

रविषेण के **पद्मचरित** (पर्व ९६) में सीता को ग्रहण करने के दुष्परिणाम के वर्णन में परिवर्द्धन किया गया है। समस्त प्रजा मर्यादारहित बतायी जाती है। स्त्रियों का हरण हुआ करता है और बाद में वे पुनः अपने-अपने घर लौटकर स्वीकृत की जाती हैं :

प्रजाधुनाखिला जाता मर्यादारहितात्मिकता॥ ४०॥
स्वभावादेव लोकाऽयं महाकुटिलमानसः।
प्रकटं प्राप्य दृष्टान्त न किंचितस्य दुष्करम्॥ ४२॥

हेमचन्द्रकृत **योगशास्त्र** में सीतात्याग के पश्चात् की एक घटना का वर्णन किया गया है। इसके अनुसार राम अपनी पत्नी की खोज में वन गये थे किन्तु सीता का कहीं भी पता नहीं चल सका। राम ने सोचा कि सीता किसी हिंस्र पशु द्वारा मारी गयी हैं; अतः उन्होंने घर लौटकर सीता के श्राद्ध का आयोजन किया।

(आ) धोबी का वृत्तान्त

७१९. सीतात्याग की कथाओं का एक दूसरा वर्ग मिलता है जिसमें लोकापवाद का एक विशेष उदाहरण प्रस्तुत किया गया है। एक पुरुष (बाद में यह धोबी कहा जाता है) अपनी पत्नी को, जो घर से निकली थी, वापस लेने से इनकार करते हुए कहता है—मैं राम की तरह नहीं हूँ जिन्होंने दीर्घकाल तक दूसरे के घर में रहने के पश्चात् सीता को ग्रहण किया।

इस वृत्तान्त का सर्वप्रथम वर्णन सम्भवतः आजकल अप्राप्य गुणाढ्यकृत **बृहत्कथा** में विद्यमान था और अब सोमदेवकृत **कथासरित्सागर** (९, १, ६६) में सुरक्षित है। कथा इस प्रकार है—'एक दिन अपने नगर में गुप्तवेश में घूमते हुए राजा ने देखा कि एक पुरुष अपनी स्त्री को हाथ से पकड़कर अपने घर से निकाल रहा है और यह दोष दे रहा है कि तू दूसरे के घर गयी थी। इस पर वह स्त्री कहती है—'राम ने सीता को राक्षस के घर रहने पर भी नहीं छोड़ा; यह मेरा पति राम से बढ़कर है, क्योंकि यह मुझे बन्धु के गृह जाने पर ही अपने घर से निकाल रहा है। यह सुनकर राम को बहुत दुःख हुआ और उन्होंने लोकापवाद के भय से गर्भवती सीता को वन में छोड़ दिया।'

भागवतपुराण (९, ११) में जो वृत्तान्त मिलता है वह **कथासरित्सागर** की उपर्युक्त कथा से बहुत कुछ मिलता-जुलता है।

---

१. पउमचरियं (८०, १९) में लंका से लौट आने के समय भी जनता के अपवाद की चर्चा की गयी है।

७२०. जैमिनीय अश्वमेध (अध्याय २६) तथा **पद्मपुराण** (४, ५५) की सीतात्याग विषयक कथाओं का मूल स्रोत एक ही प्रतीत होता है, क्योंकि दोनों में शाब्दिक समानता के अतिरिक्त एक नया तत्त्व मिलता है—जिस पुरुष ने अपनी पत्नी को निकाला वह धोबी[1] कहा जाता है।

आगे चलकर धोबी की यह कथा व्यापक हो गयी है। **तमिल रामायण का उत्तरकाण्ड** (७, ७), **आनन्द रामायण** (५, ३, २८-३०), नर्मदकृत गुजराती **रामायणसार, रामचरितमानस** के प्रक्षिप्त लवकुशकाण्ड आदि से इसका वर्णन किया गया है।[2]

७२१. तिब्बती रामायण का वृत्तान्त कथासरित्सागर तथा भागवतपुराण की कथा से विकसित प्रतीत होता है। उसमें जनश्रुति का प्रभाव भी स्पष्ट दिखायी पड़ता है। राम किसी पुरुष[3] को अपनी व्यभिचारिणी पत्नी से झगड़ा करते सुनते हैं। पति कहता है—'तुम अन्य स्त्रियों की तरह नहीं हो।' इस पर पत्नी उत्तर देती है—'तुम स्त्रियों के विषय में क्या जानते हो। सीता को देख लो; एक लाख वर्ष तक वह दशग्रीव के साथ रही, फिर भी राम ने उसे ग्रहण कर लिया।'

यह सुनकर राम को सीता के विषय में सन्देह उत्पन्न होता है और वह छिपकर उस स्त्री से मिलते हैं। स्त्रियों का स्वभाव समझाते हुए वह राम से यों कहती है—'ज्वर-पीड़ित मनुष्य जिस प्रकार शीतल सरिता का निरन्तर स्मरण करता है, ऐसे ही काम-पीड़िता स्त्री रूपवान् पुरुष का निरन्तर स्मरण करती रहती है। जब तक उसे कोई देखता अथवा सुनता हो वह निन्दनीय आचरण नहीं करती, लेकिन एकान्त में, बन्धन से मुक्त होकर वह परपुरुष के साथ भी अपनी काम-पीड़ा शान्त कर लेती है।'

यह सुनकर राम के मन में शंका सुदृढ़ हो जाती है। वह घर जाकर सीता को कहीं भी चले जाने की आज्ञा देते हैं और सीता अपने दो पुत्रों के साथ किसी आश्रम के लिए प्रस्थान करती हैं।

(इ) रावण का चित्र

७२२. पउमचरियं के अनुसार राम को सीता के चरित्र पर सन्देह हुआ (अनु० ७१८)। परवर्ती साहित्य में राम के इस सन्देह को अधिक युक्तिसंगत बना देने के लिए एक सर्वथा नवीन तत्त्व की कल्पना कर ली गयी है, अर्थात् सीता के पास **रावण का चित्र**। रावण-चित्र की कथा जनसाधारण के मनोविज्ञान के अनुकूल होने के कारण अत्यन्त लोकप्रिय बनी। गुजरात से बंगाल तक, और काश्मीर से सिंहलद्वीप तक समस्त भारतवर्ष में फैलकर वह हिन्देशिया, कम्बोडिया और स्याम में पायी जाती है।

---

१. एक आदिवासी कथा के अनुसार वह कुम्हार था। दे० वी० एलविन, बोण्डो हाइलैण्डर (१९५० ई०), पृ० ६३।

२. पाश्चात्य वृत्तान्त नं० ६, ७, ८ तथा १३ और लोकगीतों में भी धोबी की कथा का निर्देश मिलता है। दे० दुर्गाप्रसाद सिंह द्वारा संगृहीत भोजपुरी लोकगीत, पृ० ११०। पाश्चात्य वृत्तान्त नं० १८ के अनुसार राम धोबी के शब्द सुनने के बाद सीता को महल ही में त्यागकर साधु बन जाते हैं और दुनिया भर घूमते फिरते हैं (भाग ३, पृ० १४)। धोबी के पूर्वजन्म (अनु० ७२७) के अतिरिक्त उसके अगले जन्म का भी ध्यान रखा गया है। आनन्द रामायण (९, ५, ३४) के अनुसार इस धोबी को अन्य अयोध्यावासियों के साथ स्वर्गारोहण करने की अनुमति नहीं मिली। वह पुनः जन्म लेकर कंस का धोबी बन गया तथा कृष्ण के द्वारा मारा गया। पाश्चात्य वृत्तान्त नं० १४ के अनुसार राम-लक्ष्मण को बुलाकर सीता को ले जाने तथा मार डालने का आदेश देते हैं। लक्ष्मण अपने बाण पर किसी वृक्ष का लाल रंग चढ़ाकर राम को विश्वास दिलाते हैं कि सीता का वध हुआ है। इस कथा में सीता वसिष्ठ के यहाँ ठहरती हैं। (दे० पृ० ६१९)।

३. डॉ० एफ० डब्लू० थॉमस का अनुमान है कि यह सम्भवतः एक लिच्छवी रजक है।

रावण-चित्र का प्राचीनतम उल्लेख जैन-साहित्य में मिलता है। हरिभद्रसूरि (८वीं श० ई०) के **उपदेशपद** की एक संग्रह गाथा (नं० १४) में सीता द्वारा रावण के चरणों का चित्र बनाने का संकेत मात्र किया गया है। उपदेशपद के टीकाकार मुनिचन्द्रसूरि (१२वीं श० ई०) लिखते हैं कि सीता ने अपनी ईर्ष्यालु सपत्नी की प्रेरणा से रावण के चरणों का चित्र बना लिया था; सपत्नी ने राम को यह चित्र दिखाया और राम ने सीता को त्याग दिया। भद्रेश्वर की **कहावली**[१] में रावण-चित्र के विषय में निम्नलिखित कथा मिलती है। सीता के गर्भवती बन जाने के पश्चात् उनकी सपत्नियों की ईर्ष्या बहुत ही बढ़ गयी। उनके अनुरोध पर सीता ने रावण के चरणों का चित्र बनाया; इस पर सपत्नियों ने राम के पास जाकर सीता पर यह अभियोग लगाया कि वह रावण का स्मरण किया करती है और उन्होंने प्रमाण के रूप में रावण का वह चित्र दिखाया। राम ने उनके इस अभियोग पर अधिक ध्यान नहीं दिया जिससे सपत्नियों ने रावण-चित्र की कथा दासियों द्वारा जनता में फैला दी। वसन्त के आगमन पर सीता ने देवपूजा करने की दोहद प्रकट की। बाद में राम गुप्त वेश धारण कर नगर के उद्यान में टहलने गये और वहाँ उन्होंने लंका-निवास के पश्चात् सीता को ग्रहण करने के कारण अपनी निन्दा सुन ली। राम किंकर्तव्यविमूढ़ होकर घर लौटे। तब उन्होंने लक्ष्मण, सुग्रीव, विभीषण, हनुमान् आदि को बुलाकर गुप्तचरों को आज्ञा दी कि तुम लोगों ने जो कुछ सुना है उसका निस्संकोच विवरण दो। गुप्तचरों ने लोकापवाद की चर्चा की। यह सुनकर लक्ष्मण को अत्यन्त क्रोध हुआ किन्तु राम ने गुप्तचरों का समर्थन करते हुए अपने अनुभव का भी वर्णन किया। लक्ष्मण ने सीता का पक्ष लिया किन्तु राम ने कृतान्तवदन को आदेश दिया कि वह तीर्थयात्रा के बहाने सीता को ले जाकर वन में छोड़ दे। सीता को छोड़कर कृतान्तवदन के लौटने के बाद राम ने लक्ष्मण और अन्य विद्याधरों के साथ विमान पर चढ़कर वन में सीता की खोज की और उन्हें कहीं न देखकर समझ लिया कि वह किसी हिंस्र पशु की शिकार बन गयी हैं।

हेमचन्द्र के **जैनरामायण** में वही कथा किंचित् परिवर्तित रूप में पायी जाती है—सीता के गर्भवती हो जाने के बाद उनकी तीन सपत्नियाँ उनसे पहले से अधिक ईर्ष्या करने लगीं। इन तीनों के अनुरोध से विवश होकर सीता ने यह कहकर कि मैंने रावण की ओर कभी दृष्टिपात नहीं किया, रावण के चरणों का चित्र बना दिया। तदुपरान्त सपत्नियों ने राम को वह चित्र दिखलाया और उसका समाचार दासियों द्वारा जनता में फैला दिया।[२] इसके थोड़े समय बाद नागरिकों ने राम के पास आकर सीता के विषय में लोकापवाद की चर्चा की। उसी रात को राम गुप्त वेश धारण कर नगर में घूमने गये और उन्होंने सीता के कारण अपनी निन्दा सुन ली। फलस्वरूप उन्होंने अगले दिन सीता को वन में छोड़ देने का आदेश दिया।

७२३. कृत्तिवास रामायण (७, ४४-४५) में सीतात्याग के तीनों कारणों का सम्मिलित वृत्तान्त इस प्रकार है। भद्र से लोकापवाद की चर्चा सुनकर राम सरोवर में नहाने चले गये। रास्ते में उन्होंने किसी धोबी के मुँह से अपनी निन्दा सुन ली तथा घर पहुँचकर सीता द्वारा अंकित रावण का चित्र देख लिया। सीता की सखियों ने जिज्ञासा से प्रेरित होकर सीता से रावण का चित्र खींचने का अनुरोध किया था। सीता ने फर्श पर रावण का चित्र बना दिया था और बाद में थकित होकर वह उस चित्र के पास सो गयी थीं। राम के आगमन पर सखियाँ चली गयीं;

१. दे० ज० ऑ० इं० (बड़ौदा), भाग २, पृ० ३३६।

२. देवविजयगणि (१५९६ ई०) के जैनरामायण में स्त्रियाँ राम से कहती हैं कि सीता रावण के चरणों की पूजा करती हैं—स्वामिन् एषा सीता रावणे मोहिता रावणांह्री भूमौ लिखित्वा पुष्पादिभिः पूजयति।

रावण का चित्र देखकर राम का सन्देह और दृढ़ हो गया और वह सीता को त्याग देने का संकल्प करके चले गये। चन्द्रावलीकृत रामायणगाथा में सीता कैकेयी की पुत्री कुकुआ के बहकावे में आकर रावण का चित्र खींचती हैं। **सेरीराम** के अनुसार **कीकवी** देवी भरत-शत्रुघ्न की सहोदरी है। सीता ने किसी दिन कीकवी देवी का अनुरोध स्वीकार कर एक पंखे पर रावण का चित्र खींच दिया। बाद में कीकवी देवी ने उस चित्र को सोती हुई सीता की छाती पर रख दिया तथा सीता पर यह अभियोग लगाया कि सो जाने के पूर्व उन्होंने उस चित्र का चुम्बन भी कर लिया था। राम ने कीकवी देवी पर विश्वास कर सीता को अपने घर से निकाल दिया और सीता परिचरों के साथ महर्षि कली के यहाँ चली गयीं। प्रस्थान करने के पूर्व सीता ने परमात्मा से प्रार्थना की कि मेरे सतीत्व के प्रमाणस्वरूप कीकवी देवी गूँगी बन जाये तथा सभी पक्षी मौन रहें। परमात्मा ने इस प्रार्थना को सुन लिया जिससे कीकवी देवी १२ वर्ष तक गूँगी ही बनी रही।

काश्मीरी रामायण में राम की एक सहोदरी बहन का उल्लेख किया गया है। लोकगीतों में भी सीता की ननद उनसे रावण का चित्र खिंचवाती है।[१] **रामायण मसीही** के अनुसार राम की बहन ने सीता से दशमुख का चित्र खिंचवाकर राम से कहा था कि सीता रात-दिन इस चित्र की पूजा करती हैं। इस कारण राम को सीता पर सन्देह हुआ और उन्होंने जनता के मत का पता लगाने के लिए लक्ष्मण तथा शत्रुघ्न को भेज दिया। उन्होंने लौटकर राम को धोबी का प्रसंग सुनाया। इस पर राम ने सीता को त्याग दिया। नर्मदकृत गुजराती **रामायणसार** के अनुसार राम सीता को रावण का चित्र खींचते हुए और अपनी दासी से रावण का वर्णन करते हुए सुनते हैं। नीलाम्बरदासकृत ठिका रामायण में भी रावण-चित्र के कारण सीतात्याग का वर्णन मिलता है।

जावा के **सेरतकाण्ड** में कैकेयी स्वयं सीता के पंखे पर रावण का चित्र खींचती है और सोती हुई सीता के पलंग पर रख देती है। **आनन्द रामायण** (जन्मकाण्ड, सर्ग ३) में भी कैकेयी सीता से रावण का चित्र खींचने की प्रार्थना करती है। 'मैंने केवल उसके दाहिने पैर का अँगूठा देखा है' यह कहकर सीता दीवाल पर अँगूठे का ही चित्र अंकित करती है। बाद में कैकेयी उस पर रावण का पूरा चित्र बनाती है और राम को बुलाकर स्त्री-चरित्र की आलोचना करते हुए कहती है :

यत्र यत्र मनोलग्नं स्मर्यते हृदि तत्सदा।
स्त्रियाश्चरित्रं को वेत्ति शिवाद्या मोहिताः स्त्रिया॥ ४६॥

यह सुनकर राम कैकेयी को विश्वास दिलाते हैं कि लक्ष्मण कल सीता को वन में छोड़ देंगे और उसकी दाहिनी बाहु को काटकर अयोध्या ले आयेंगे क्योंकि उसी से सीता ने रावण का चित्र बनाया होगा।

लक्ष्मण ने सीता को वाल्मीकि आश्रम के निकट जंगल में छोड़ दिया तथा उनकी भुजा काटने के विषय में राम के आदेश का उल्लंघन करने के कारण आत्महत्या का विचार किया। इस पर विश्वकर्मा ने प्रकट होकर तथा लक्ष्मण से सारा वृत्तान्त सुनकर सीता का हाथ बनाकर उन्हें दे दिया।

---

२. दे० सत्येन्द्र, ब्रज लोकसाहित्य का अध्ययन (पृ० १३७)। भारतीय साहित्य (आगरा), वर्ष २, अंक ३, पृ० ७९। दुर्गाशंकर प्रसाद सिंह : भोजपुरी लोकगीत, पृ. २७। कृष्णदेव उपाध्याय : भोजपुरी ग्रामगीत, पृ० ५९। रामनरेश त्रिपाठी, लोकगीतों में रामकथा; मैथिलीशरण गुप्त अभिनन्दन ग्रन्थ, पृ० ६६१। रामदास गौड़ कृत हिन्दुत्व (पृ० १४१) में कहा गया है कि सुवर्चस रामायण में रावण के चित्र के कारण शान्ता की चुगली, शान्ता के प्रति सीता का शाप, उसकी पक्षीयोनि की प्राप्ति आदि विषय पाये जाते हैं।

हिन्देशिया के **सेरीराम** तथा **सेरतकाण्ड** का उल्लेख ऊपर हो चुका है। वहाँ के **हिकायत महाराज रावण** में रावण के चित्र के वृत्तान्त का एक किंचित् परिवर्तित रूप मिलता है। रावण-वध के बाद राम को लंका में रहते हुए सात महीने हो गये हैं। रावण की एक पुत्री के पास उसके प्रिय पिता का एक चित्र है जिसे वह सोती हुई सीता की छाती पर रख देती है। सीता नींद में इस चित्र का चुम्बन कर रही हैं : उसी समय राम उनके पास आते हैं और उस दृश्य को देखकर क्रोध से सीता को कोड़ों से मारते हैं, उनके बाल काटते हैं और लक्ष्मण को बुलाकर सीता को मार डालने और प्रमाणस्वरूप उनका हृदय ले आने का आदेश देते हैं। लक्ष्मण सीता के साथ चले जाते हैं। वह सीता को नैहर भेज देते हैं और एक बकरी मारकर राम को विश्वास दिलाते हैं कि सीता को मारा गया है। स्पष्ट है कि प्रस्तुत वृत्तान्त का इतना उग्र रूप केवल वहाँ सम्भव है जहाँ रामचरित का आदर्श क्षीण हो गया है।[१]

७२४. रावण-चित्र सम्बन्धी कथाओं का एक अन्तिम रूप मिलता है, जिसमें अलौकिकता आ गयी है। सिंहलद्वीप की रामकथा में उमा सीता के यहाँ आकर उनसे केले के पत्ते पर रावण का चित्र खिंचवाती हैं। राम के अचानक दोनों के पास आने पर सीता इस चित्र को पलंग के नीचे फेंक देती हैं। राम उस पलंग पर बैठ जाते हैं और पलंग काँपने लगता है। कारण का पता लगाकर राम अत्यन्त क्रुद्ध हो जाते हैं और अपने भाई को सीता की हत्या करने की आज्ञा देते हैं। वन में अपना खंग किसी पशु के रक्त से रँगकर लक्ष्मण वापस आते हैं और राम को विश्वास दिलाते हैं कि सीता मर गयी हैं।

रामकेर्ति (सर्ग ७५) में अतुलय नामक राक्षसी, रावण की कुटुम्बिनी, सीता की एक सखी का रूप धारण कर उनसे रावण का चित्र खिंचवाती है और इस चित्र में प्रवेश कर जाती है; फलस्वरूप सीता प्रयत्न करने पर भी इस चित्र को नहीं मिटा पातीं और निराश होकर इसे पलंग के नीचे छिपा देती हैं। बाद में राम के इस पर लेट जाने पर उनको तीव्र ज्वर उत्पन्न होता है। जब चित्र का पता लगता है, राम लक्ष्मण को आदेश देते हैं कि वह वन में सीता को मार डालें और प्रमाणस्वरूप उसका कलेजा ले आवें। जब लक्ष्मण वन में सीता पर खंग चलाते हैं, तब वह खंग सीता के गले में पुष्पों की माला के रूप में परिणत हो जाता है। सीता लक्ष्मण को वह माला देती हैं और वह फिर खंग बन जाती है। तब इन्द्र मृग का रूप धारण कर लक्ष्मण के सामने मर जाते हैं। लक्ष्मण उसका कलेजा निकालकर राम को लाकर देते हैं। लक्ष्मण के चले जाने के बाद इन्द्र भैंस का रूप धारण कर सीता को वाल्मीकि के आश्रम ले जाते हैं। रामजातक तथा रामकियेन में रामकेर्ति की उपर्युक्त कथा से मिलता-जुलता वृत्तान्त पाया जाता है। **रामकियेन** (अ० ४०) के अनुसार अदुल नामक शूर्पणखा की पुत्री सीता से रावण का चित्र खिंचवाती है और बाद में इसी चित्र में प्रवेश करती है, जिससे सीता उसे मिटा देने में असमर्थ हो जाती हैं। **ब्रह्मचक्र** की कथा में शूर्पणखा स्वयं छद्मवेश में सीता के पास आती है।[२]

---

१. गोविन्द रामायण तथा पाश्चात्य वृत्तान्त नं० १३ में रामकथा के निर्वहण के प्रसंग में रावण के चित्र का उल्लेख किया गया है; दे० अनु० ७५३।

२. पाश्चात्य वृत्तान्त नं० ३ के अनुसार सीता ने एक तख्ते पर रावण की छाया का चित्र खींच लिया था। पा० वृ० नं० ५ में यह भी कहा गया है कि जब राम उस तख्ते पर बैठ गये, वह तख्ता काँपने लगा था। राजस्थान के एक प्रसिद्ध लोकगीत में कौशल्या-सीता (सास-वधू) का झगड़ा वनवास का कारण बताया गया है। दे० मैथिलीशरण गुप्त अभिनन्दन ग्रन्थ, पृ० ८२७।

(ई) परोक्ष कारण

७२५. रामायण के उत्तरकाण्ड (सर्ग ५१) में सीतात्याग का परोक्ष कारण भी उल्लिखित है। सीतात्याग के पश्चात् लक्ष्मण को सान्त्वना देते हुए सुमंत्र दुर्वासा-दशरथ-संवाद उद्धृत करता है। दुर्वासा ने दशरथ से कहा था कि विष्णु ने भृगु-पत्नी की हत्या की थी फलस्वरूप **भृगु** ने विष्णु को **शाप** दिया था कि तुमको भी मनुष्य बनकर पत्नी-वियोग का दुख भोगना पड़ेगा :

तस्मात्त्वं मानुषे लोके जनिष्यसि जनार्दन॥ १४॥
तत्र पत्नीवियोगं त्वं प्राप्स्यसे बहुवार्षिकम्।

सीतात्याग के इस परोक्ष कारण का उल्लेख रामायण के गौडीय तथा पश्चिमोत्तरीय पाठों में नहीं मिलता। भृगुशाप अथवा भृगु-पत्नी-वध का उल्लेख न तो वैदिक साहित्य में पाया जाता है और न महाभारत में। वाल्मीकि रामायण के बालकाण्ड में ताड़कावध के अवसर पर भृगु-पत्नी की ओर निर्देश किया गया है, किन्तु वहाँ किसी शाप का संकेत नहीं है। पौराणिक साहित्य में भृगु-शाप विष्णु के अवतार धारण कर लेने का कारण बताया गया है (दे० ऊपर अनु० ३७०)।

७२६. वाल्मीकि रामायण के उदीच्य पाठों (गौ० रा० ४, २०; प० रा० ४, १६) में तारा का शाप सीता त्याग का परोक्ष कारण माना गया है। बालि-वध के बाद तारा ने राम से कहा था कि मेरे शाप के कारण तुमको सीता की संगति कम समय तक प्राप्त हो सकेगी :

अचिरेण तु कालेन त्वया बाणैरुपार्जिता।
न सीता मम शापेन चिरं त्वयि भविष्यति॥ १५॥
आत्मनः शौचमाधार्य पतिव्रतगुणा सती॥
याच्यमाना त्वया सीता पुनर्यास्यति भूतलम्॥ १६॥ (गौ० रा०)

तारा-शाप का उल्लेख निम्नलिखित रचनाओं में भी मिलता है—रामायण मंजरी (४, १९०), माधवकन्दली कृत असमिया रामायण (४, १६), कृत्तिवास रामायण (४, १३), बलरामदास रामायण, भावार्थ रामायण (४, ७), विलंका रामायण।

७२७. पद्मपुराण (पातालखण्ड, अ० ५७) में सीतात्याग के एक अन्य परोक्ष कारण का वर्णन मिलता है। किसी दिन अविवाहित सीता उद्यान में शुकों के एक जोड़े से रामकथा सुनती हैं। इस कथा को विस्तार से सुनने की इच्छा से प्रेरित होकर वह दोनों पक्षियों को फँसाती हैं। वे दोनों वाल्मीकि आश्रम में रहकर सीखे हुए रामायण का गान करते हैं। कथा समाप्त होने पर सीता अपना परिचय देकर उनसे कहती हैं कि जब तक राम मुझे ले जाने नहीं आते, मैं तुम दोनों को यहाँ बन्द कर रख लूँगी। पक्षी विनयपूर्वक मुक्त होने की प्रार्थना करते हैं, विशेषकर इसलिए कि शुकी गर्भवती है। सीता केवल नरपक्षी को मुक्त कर देती हैं। बाद में शुकी यह शाप देकर पिंजड़े में मर जाती है :

यथा त्वं पतिनां सार्धं वियोजयसि मामितः।
तथा त्वमपि रामेण विमुक्ता भव गर्भिणी॥ ५९॥

अपनी मादा की मृत्यु के विषय में जानकर शुक ने संकल्प किया कि मैं राम के नगर में जन्म लेकर सीता के वियोग का कारण बन जाऊँगा—**मद् वाक्यादियमुद्विग्ना वियोगेन सुदुःखिता।** तब वह गंगा में डूब मरा और रजक के रूप में अयोध्या में प्रकट हुआ और उस रजक की निन्दा के कारण राम ने सीता का त्याग किया।[1]

१. 'हिन्दुत्व' (पृ० १४१) में कहा गया है कि सौर्य रामायण में निम्नलिखित विषयों का वर्णन किया गया है—शुक-चरित, शुक के रजक होने के कारण, उसके द्वारा जानकी निस्सारण।

७२८. पउमचरियं (पर्व १०३) के अनुसार सीता ने अपने पूर्वजन्म में मुनि सुदर्शन की निन्दा की थी और इसके फलस्वरूप वह स्वयं लोकापवाद की शिकार बनी (दे० अनु० ४१०)। **भावार्थ रामायण** (७, ४८) में सीता अपने निर्वासन के विषय में कहती हैं कि मैंने वन में लक्ष्मण पर आक्षेप किया था। बंगाल में निम्नलिखित कथा प्रचलित है—सीता के बचपन के समय लोमश ऋषि जनक के राजभवन में आये थे। ऋषि ने सीता को स्नेह से अपनी गोद में रख लिया किन्तु लोमश के रूखे बालों के कारण सुकुमार सीता की त्वचा से रक्त बहने लगा। ऋषि को बहुत क्रोध हुआ और उन्होंने सीता को वन में कष्ट भोगने का शाप दिया।

७२९. तत्त्वसंग्रह रामायण (७, ६) में सीतात्याग के कारण के विषय में वाल्मीकि को प्रदत्त वरदान की कथा मिलती है। वाल्मीकि किसी समय क्षीरसागर के तट पर तपस्या करने गये थे। क्षीरसागर की लहरों के कारण वाल्मीकि को कष्ट हुआ। उन्होंने कहा—लक्ष्मी के जन्मदाता होने के कारण क्षीरसागर अभिमानी है, मैं भी तपस्या द्वारा लक्ष्मी के पिता बनने का वरदान प्राप्त करूँगा। तब वाल्मीकि गंगा के तीर पर तपश्चर्या करने लगे। लक्ष्मी प्रकट हुईं और वाल्मीकि का निवेदन सुनकर उन्होंने कहा : त्रेतायुग में विष्णु दशरथ के यहाँ जन्म लेंगे; उस समय मैं पृथ्वी से प्रकट होकर जनक की पुत्री बन जाऊँगी। अन्त में लोकापवाद से लाभ उठाकर मैं पुत्री की तरह तुम्हारे आश्रम में शरण लेने आऊँगी।

ग. अवास्तविक सीतात्याग

७३०. रामचरित्र का आदर्श सुरक्षित रखने के उद्देश्य से अनेक अर्वाचीन रामकथाओं में सीतात्याग के वृत्तान्त को एक अन्य रूप देकर उसे अवास्तविक बनाने का प्रयास किया गया है।

तुलसीकृत **गीतावली** में राम की आज्ञानुसार लक्ष्मण सीता को वन में न छोड़कर उनको वाल्मीकि के हाथों में सौंप देते हैं। इस वृत्तान्त में त्याग का कारण इस प्रकार है—दशरथ अपनी आयु के पूर्ण होने के पहले स्वर्गवासी हो गये थे और राम को उनकी शेष आयु मिली थी। परन्तु सीता के साथ पिता की आयु भोगना अनुचित समझकर राम ने अपनी आयु के समाप्त होने पर सीता का निर्वासन किया (दे० ७, २५ आदि)।

७३१. अध्यात्म रामायण (७, २) में भी सीतात्याग वास्तविक नहीं कहा जा सकता है। इसके अनुसार देवताओं ने सीता के पास आकर कहा—"यदि तुम पहले बैकुण्ठ चली जाओ तो श्री रघुनाथ भी वहाँ आकर हमें सनाथ करेंगे।" सीता से देवताओं की प्रार्थना सुनकर राम ने कहा—"मैं यह सब जानता हूँ। मैं लोकापवाद के बहाने तुम्हें त्याग दूँगा। वाल्मीकि के आश्रम में तुम्हारे दो पुत्र होंगे। बाद में तुम मेरे पास आकर लोगों को विश्वास दिलाने के लिए शपथ करोगी और पृथ्वी में प्रवेश करके बैकुण्ठ चलोगी।"

७३२. रसिक सम्प्रदाय के मधुराचार्य ने सीताहरण की भाँति सीतात्याग को भी अवास्तविक माना है (दे० अनु० १५०)।

७३३. आनन्द रामायण (५, सर्ग २-३) के सीतात्याग का वृत्तान्त मिश्रित है। इसमें अन्य पूर्वोक्त तीन प्रसिद्ध कारणों के साथ-साथ एक नवीन कारण का भी उल्लेख हुआ है, अर्थात् गर्भवती सीता के प्रति राम की कामपीड़ा। किन्तु इस वृत्तान्त की सबसे बड़ी विशेषता यह है कि इसमें वास्तविक सीता का त्याग नहीं होता। कथा इस प्रकार है :

"गर्भवती सीता के सीमन्तोन्नयन के लिए जनक और उनकी पत्नी सुमेधा दोनों अयोध्या आकर वहाँ कुछ काल तक रह जाते हैं। किसी दिन दोनों को बुलाकर राम अपनी कामपीड़ा समझाते हुए कहते हैं—सीता को अपने समीप न देखकर मैं विरह के कारण विह्वल हो जाता हूँ और इस समय कामपीड़ित होकर उनके पास रहना अनुचित है :

आत्मानं विह्वलं दृष्ट्वा सीतासान्निध्यमाश्रये॥ ३५॥
अधुना जानकीं दृष्ट्वा कामो मेऽतीव बाधते।
पंचमासोर्ध्वतः संगं गर्हयन्ति मुनीश्वराः॥ ३६॥

यदि मैं सीता को मिथिला भेज दूँ तो मैं भी अवश्य मिथिला आ जाऊँगा। अतः एकमात्र उपाय यह है कि मैं लोकापवाद और धोबी के कथन के कारण सीता को वाल्मीकि के आश्रम में त्याग दूँ। आप भी सीता के साथ वाल्मीकि के यहाँ निवास कीजिये।"

तदनन्तर जनक मिथिला में एक मंत्री को नियुक्त करके अपनी पत्नी और एकाध परिजनों के साथ वाल्मीकि के आश्रम में जाते हैं। बाद में राम परिस्थिति को समझकर सीता से कहते हैं—'तुम पाँच वर्ष तक वाल्मीकि के यहाँ रहोगी, तुम्हारे दो पुत्र उत्पन्न होंगे और अन्त में तुम यहाँ आकर जनता को विश्वास दिलाने के लिए शपथ करोगी और पृथ्वी देवी से सतीत्व का प्रमाण पाओगी। हरण के समय की भाँति तुम सत्त्वगुण से मेरे साथ रहोगी और अन्य दो गुणों से समन्वित होकर चली जाओगी।'

इस पर सीता रजस्तमोमयी स्वकीय छाया बनाकर अपने सत्त्वगुण से अदृश्य रूप से राम के वामांग में निवास करने लगती हैं :

रजस्तमोमयीं स्वीयां छायां निर्माय सादरम्॥ १७॥
श्रीराघवस्य वामांगे सत्त्वरूपा लयं ययौ॥ (सर्ग ३)

तत्पश्चात् राम विजय नामक मित्र से लोकापवाद और धोबी की कथा सुनते हैं। इतने में सीता कैकेयी के अनुरोध से रावण के अँगूठे का चित्र खींच लेती हैं, जैसे ऊपर इसका वर्णन हुआ है। अगले दिन सीता लक्ष्मण के साथ वाल्मीकि आश्रम की ओर प्रस्थान करती हैं।

उपसंहार

७३४. सीतात्याग की उपर्युक्त कथाओं में बहुत अन्तर पाया जाता है। फिर भी इस वृत्तान्त के विकास की रूपरेखा स्पष्ट है। इस त्याग के तीन बहुत व्यापक कारण माने गये हैं और उन तीनों कारणों में क्रमिक विकास देखा जा सकता है। सामान्य लोकापवाद के बाद इसका एक विशेष उदाहरण (धोबी की कथा) प्रस्तुत किया गया है। अनेक रचनाओं में सीता-चरित्र पर राम के सन्देह का उल्लेख है। इस शंका को युक्तिसंगत बना देने के लिए रावण के चित्र की कथा की कल्पना कर ली गयी है। चित्र की कथा का उद्गम तो भारतवर्ष में हुआ, लेकिन इसका उग्र रूप विदेश में मिलता है। कालक्रम के अनुसार भी उपर्युक्त विकास की पुष्टि होती है।

जिस प्रकार अर्वाचीन रामकथा-साहित्य में माना गया है कि सीता की एक छाया मात्र का हरण हुआ था, उसी प्रकार सीतात्याग के विकास की परिणति यह है कि सीता की रजस्तमोमयी छाया मात्र का परित्याग हुआ था।

६—कुश-लव-चरित्र

क। कुश-लव-चरित्र का विकास

७३५. प्राचीनतम रामकथाओं में कुश-लव सम्बन्धी सामग्री का नितान्त अभाव था, वाल्मीकीय युद्धकाण्ड के अन्त में राम के १०,००० वर्ष के राज्यकाल और उनके पुत्रों तथा भाइयों के साथ बहुत-से यज्ञ करने का उल्लेख किया गया है[१] किन्तु कुश-लव का संकेत मात्र भी नहीं पाया जाता है। वाल्मीकि रामायण के प्रामाणिक काण्डों (२-६) में कहीं भी कुश-लव का निर्देश नहीं किया गया है।

महाभारत की चारों रामकथाओं में तथा **हरिवंश, ब्रह्मपुराण** और **नृसिंहपुराण** में भी कुश-लव का उल्लेख नहीं हुआ है; रामोपाख्यान को छोड़कर इन रचनाओं में राम की मृत्यु स्पष्ट शब्दों में उल्लिखित है।

७३६. बालकाण्ड के चौथे सर्ग में **कुशीलवौ भ्रातरौ राजपुत्रौ** की कथा का प्रथम रूप मिलता है। राम के अयोध्या लौटने के पश्चात् वाल्मीकि ने समस्त रामचरित के विषय में काव्यरचना की थी और उसे दो **कुशीलव** राजपुत्रों को सिखाया था। बाद में ये दोनों जाकर सभाओं में रामायण का गान करने लगे **(ऋषीणां च द्विजातीनां साधूनां च समागमे)**। किसी दिन राम ने दोनों को अयोध्या के राजमार्ग में देखा और महल ले जाकर भरत आदि भाइयों के साथ रामायण का गान सुना।

इस सर्ग में कहीं भी कुश तथा लव का अलग उल्लेख नहीं है; केवल दो भाइयों का वर्णन है जो राजपुत्र तथा कुशीलव अर्थात् गायक हैं। रामायण के तीनों पाठों में तो ये दोनों राम के पुत्र माने गये हैं, लेकिन जिस श्लोक में इसका उल्लेख किया गया है, वह तीनों पाठों में भिन्न है। अत: ऐसा प्रतीत होता है कि यह तथ्य बाद में स्वतंत्र रूप से तीनों पाठों में जोड़ दिया गया है। उपर्युक्त वृत्तान्त के उत्तरार्द्ध में, जहाँ राम दोनों का गान सुनते हैं, कहीं भी इसका निर्देश नहीं किया गया है कि ये उनके पुत्र हैं। इससे यह अनुमान दृढ़ हो जाता है कि पहले इन दोनों 'कुशीलवौ' तथा राम के पिता-पुत्र सम्बन्ध का उल्लेख नहीं किया गया था।[२]

७३७. उत्तरकाण्ड में सीता के वाल्मीकि के आश्रम में दो पुत्रों को जन्म देने का वर्णन मिलता है, जिनका नाम वाल्मीकि ने कुश और लव रखा था (दे० सर्ग ६६)। बाद में दोनों वाल्मीकि के शिष्य बन जाते हैं और राम के अश्वमेध के अवसर पर रामायण का गान करते हैं। तत्पश्चात् राम दोनों का परिचय प्राप्त कर सीता को बुला भेजते हैं। सीता के भूमि-प्रवेश के बाद कुश-लव रामायण का उत्तरकाण्ड भी सुनाते हैं (दे० सर्ग ९३-९६)। रामायण के अन्त में ऐसा उल्लेख है कि कुश को कोशल देश तथा राजधानी कुशवती दी जाती है और लव को उत्तर कोशल तथा श्रावस्ती प्राप्त होती है (दे० सर्ग १०७-१०८)।

७३८. रघुवंश (१६, ३८) के अनुसार कुश ने अयोध्या का जीर्णोद्धार किया था यद्यपि रामायण (सर्ग १११) में इसका श्रेय ऋषभ को दिया गया है।

---

१. **ईजे बहुविधैर्यज्ञैः ससुतबान्धवः** (१२८, ९७)। गोविन्दराज के पाठ तथा दक्षिण के संस्करणों में राम के पुत्रों का उल्लेख नहीं मिलता; उद्धरण इस प्रकार है—**सुसुहृज्ज्ञातिबांधवैः।**

२. डॉ० ए० वेबर का मत है कि गायकों ने अपने नाम 'कुशीलव' की व्युत्पत्ति (कु-शील) को छिपाने के उद्देश्य से उपर्युक्त कथा की कल्पना की है। दे० आन दि रामायण, पृ० ९६।

बाद की रामकथाओं में कुश तथा लव के विवाहों का भी वर्णन मिलता है। **रघुवंश** (सर्ग १६) तथा सन्ध्याकरनन्दिकृत **रामचरित** (सर्ग ४) में कुश तथा कुमुद्वती के विवाह का उल्लेख मिलता है। **आनन्द रामायण** के विवाहकाण्ड में दोनों के कई विवाहों का वर्णन किया गया है; इस काण्ड के अन्त में राम के २००० पौत्रों तथा २४ पौत्रियों का उल्लेख है (दे० ९, १८)। **सेरीराम** के अनुसार लव ने इन्द्रजित् की पुत्री तथा इसके बाद विभीषण की पुत्री से विवाह किया; कुश ने रावण के पुत्र गंगा महासुर की पुत्री से विवाह करके लंका का राज्य स्वीकार किया। कुश-लव के विषय में जो नवीन सामग्री व्यापक रूप से प्रचलित है वह उनकी जन्मकथा तथा उनके युद्ध से सम्बन्ध रखती है। इसका निरूपण अगले दो परिच्छेदों में किया जायेगा।

ख। कुश-लव की जन्मकथा

(अ) यमल कुश-लव

७३९. कुश-लव की जन्मकथा का प्राचीनतम रूप वाल्मीकि रामायण के उत्तरकाण्ड में प्रस्तुत है। राम द्वारा परित्यक्त किये जाने के पश्चात् सीता वाल्मीकि के आश्रम में शरण पाकर वहाँ दो यमल पुत्रों को जन्म देती हैं (सर्ग ६६)।

वाल्मीकि ने कुश से अग्रज के निर्मार्जन करने की आज्ञा दी थी तथा अनुज को लव[1] से, जिससे उनका नाम क्रमशः कुश और लव रखा गया था :

यस्तयोः पूर्वजो जातः स कुशैर्मंत्रसत्कृतैः।
निर्मार्जनीयर्स्तुतदा कुश इत्यस्य नाम तत्॥ ७॥
यश्चावरो भवेत्ताभ्यां लवेन सुसमाहितः।
निर्मार्जनीयो वृद्धांभिर्लवेति च स नामतः॥ ८॥

७४०. उत्तरकाण्ड की उपर्युक्त कथा सबसे प्रामाणिक मानी गयी है। इसका वर्णन अधिकांश रामकथाओं में मिलता है। जैन **पउमचरियं** के अनुसार राजा वज्रजंघ परित्यक्त सीता को वन में देखकर उनको अपने महल ले गया, जहाँ सीता ने लवण तथा अंकुश को जन्म दिया। हेमचन्द्र के **जैन रामायण** में दोनों का नाम अनंगलवण तथा मदनांकुश माना गया है।

७४१. भवभूति के उत्तररामचरित में कुश-लव के जन्म का किंचित् परिवर्तित रूप मिलता है। लक्ष्मण के चले जाने के बाद परित्यक्त सीता वन में प्रसवपीड़ा का अनुभव करने लगीं। उस पीड़ा से निराश होकर वह आत्महत्या के विचार से गंगा में कूद पड़ीं। जल ही में उन्होंने दो पुत्रों को जन्म दिया। तदुपरान्त पृथ्वी तथा गंगा देवियाँ सीता को पुत्रों के साथ रसातल ले गयीं। बाद में कुछ बड़े होने पर गंगा ने दोनों पुत्रों को शिक्षा के लिए वाल्मीकि के हाथों सौंप दिया। इस वर्णन के अनुसार कुश तथा लव अपने माता-पिता के विषय में कुछ नहीं

---

१. टीकाकारों के अनुसार काटे हुए कुश का अग्रभाग कुश है तथा उसका अधोभाग लव। रघुवंश (सर्ग १५) में लिखा है :

स तौ कुशलवोन्मृष्टगर्भक्लेदौ तदाख्यया।
कविः कुशलवावेव चकार किल नामतः॥३२॥

रघुवंश के टीकाकारों ने लव का अर्थ गोपुच्छलोम बताया है। बलरामदास ने माना है कि राम ने सीतात्याग के पूर्व ही अपने भावी पुत्र का नाम इसीलिए 'कुश' रखा कि वह कुशलपूर्वक जन्म लेनेवाला था।

जानते हैं। अन्तिम अंक में वाल्मीकि की आज्ञा से सीता प्रकट होकर राम के साथ अयोध्या लौटती हैं। रंगनाथ रामायण के उत्तरकाण्ड के अनुसार सीता ने अगस्त्य द्वारा राम को प्रदत्त दो बाणों का चूर्ण बनाकर खाया और इस प्रकार गर्भवती हो गयीं।[1] कन्नड़ राष्ट्रकवि कुवेम्पु की कल्पना और विचित्र है। रावण ने अपने वध से पहले काली की पूजा की और दो वर प्राप्त किये। एक तो राम पर विजय और दूसरा, सीता का प्रेम। ये वर उसके अगले जन्म में पूरे हो गये, वह कुम्भकर्ण के साथ लव और कुश के रूप में उत्पन्न हुआ। दे० रामायण दर्शनम् (काव्यालय, मैसूर)।

७४२. गुणभद्रकृत **उत्तरपुराण** में सीता के विजयराम आदि आठ पुत्रों का उल्लेख किया गया है, जिनमें से कनिष्ठ अजितंजय युवराज पद पर नियुक्त किया जाता है। इस कथा में सीतात्याग का निर्देश नहीं है।[2] सारलादास के महाभारत में सीता के एक ऋतुपर्ण नामक पुत्र की कथा का उल्लेख ऊपर (अनु० ६०६) हो चुका है।

(आ) वाल्मीकि द्वारा कुश की सृष्टि

७४३. तिब्बती रामायण प्राचीनतम रचना है जिसमें वाल्मीकि द्वारा कुश की सृष्टि का वृत्तान्त सुरक्षित है। **कथासरित्सागर** का तत्सम्बन्धी वृत्तान्त इस प्रकार है। सीता ने वाल्मीकि के आश्रम में एक पुत्र को जन्म दिया था, जिसका नाम वाल्मीकि ने लव रखा। एक दिन सीता लव को लेकर नदी में स्नान करने गयीं। कुछ देर बाद वाल्मीकि कुटी में लौटे। यह जानकर कि सीता स्नान करते समय लव को झोंपड़ी में छोड़ दिया करती हैं, वाल्मीकि को भय हुआ कि कोई हिंस्र पशु बालक को उठा न ले गया हो। इस पर उन्होंने तपोबल द्वारा 'कुश' घास से एक बालक की सृष्टि की। लौटने पर सीता ने उस बालक को पुत्रवत् ग्रहण किया। इस प्रकार सीता के लव तथा कुश दो पुत्र हो गये। (दे० ९, १, ८३-९३)।

कुश के जन्म का यह वृत्तान्त **काश्मीरी रामायण** (नं० ६९), रामायण मसीही, गोविन्द रामायण (पृ० २०६) और पाश्चात्य वृत्तान्तों (नं० ८ और १७) में भी मिलता है। **काश्मीरी रामायण** में लव का जन्म भी अपने ढंग का है। दशरथ राम को स्वप्न में दर्शन देकर सन्तान न होने के कारण उनकी भर्त्सना करते हैं। इस पर राम वसिष्ठ से परामर्श करने के बाद अश्वमेध यज्ञ करते हैं, जिसके अन्त में सीता को प्रसाद दिया जाता है। फलस्वरूप सीता गर्भवती हुईं और बाद में उन्होंने वाल्मीकि के आश्रम में लव को जन्म दिया।

तिब्बती रामायण में लव-कुश के जन्म का वर्णन सीतात्याग के पूर्व किया गया है। राम किसी विद्रोही सामन्त से युद्ध करने गये थे। बहुत समय बीत जाने पर सीता ने उनकी खोज में निकलकर मार्ग में अपने पुत्र लव को ऋषियों की रक्षा में छोड़ दिया किन्तु लव छिपकर अपनी माता के पीछे चला गया। तब ऋषियों ने कुश से एक नये बालक की सृष्टि की; लौटने के बाद सीता ने उसे भी ग्रहण कर लिया।

---

१. दे० चावलि सूर्यनारायण मूर्ति, हिन्दी और तेलुगु के मध्यकालीन राम-साहित्यों का तुलनात्मक अध्ययन, पृ० २२१।

२. जावा के सेरतकाण्ड तथा पाश्चात्य वृत्तान्त नं० १३ में सीता के केवल एक पुत्र का उल्लेख किया गया है। ये वृत्तान्त कुश-लव की जन्मकथा के द्वितीय वर्ग से सम्बन्ध रखते हैं, जिसमें सीता केवल एक पुत्र को जन्म देती हैं।

७४४. उपर्युक्त कथा का एक ऐसा रूप भी मिलता है, जिसमें सीता अपने पुत्र को वाल्मीकि की रक्षा में छोड़कर जाती हैं किन्तु मार्ग में वानरियों का उपदेश सुनकर लौट आती हैं और वाल्मीकि से बिना कुछ कहे अपने पुत्र को अपने साथ ले जाती हैं। **आनन्द रामायण** (५,४, ६२-६८) में सीता ने मार्ग में एक वानरी को पाँच बालक होते हुए देखकर अपने पुत्र का स्मरण किया। इस पर वह लौटीं और वाल्मीकि से कुछ कहे बिना अपने पुत्र को साथ लेकर स्नान करने गयीं। रामकेर्ति (सर्ग ७५) तथा रामकियेन में भी वानरियों से सीता के मिलने का वृत्तान्त दिया गया है। **रामकियेन** (अध्याय ४१) में सीता वानरियों को अपने बच्चों के साथ-साथ एक वृक्ष से दूसरे वृक्ष पर कूदते हुए देखती हैं और बच्चों की समुचित रक्षा न करने के कारण उनकी भर्त्सना करती हैं। इस पर वानरियों ने उत्तर दिया कि तुम अपने पुत्र को ध्यानमग्न ऋषि के पास छोड़कर हमसे कहीं अधिक असावधान हो। यह सुनकर सीता अपने पुत्र को ले आने के लिए लौट पड़ती हैं। एक अन्य वृत्तान्त के अनुसार सुग्रीव की सेना के वानर वन में सीता की सेवा करते थे तथा उनके पुत्र को टहलाने के लिए ले जाया करते थे। किसी दिन सीता अपने पुत्र के साथ नदी तट पर सो गयीं; इतने में एक वानरी उनके पुत्र को टहलाने के लिए ले गयी। बाद में सीता के दु:ख से द्रवित होकर वाल्मीकि ने एक बालक की सृष्टि की (दे० पाश्चात्य वृत्तान्त नं० ७)। इन सब कथाओं में तथा **रामजातक** और **ब्रह्मचक्र** में भी वाल्मीकि एक दूसरे बालक की सृष्टि करते हैं। **रामकेर्ति** (सर्ग ७६) तथा **रामकियेन** (अ० ४१) के अनुसार वाल्मीकि ने सीता के बालक का चित्र बना लिया था तथा उसमें जीवन लाने के लिए धर्मक्रिया कर रहे थे कि सीता अपने बालक के साथ लौटीं। वाल्मीकि धर्मक्रिया को अपूर्ण छोड़ देना चाहते थे किन्तु सीता ने अपने बालक के एक सखा के लिए उनसे अनुरोध किया; तब वाल्मीकि ने सीता के इस निवेदन को पूर्ण कर दिया।

७४५. हिन्देशिया के **सेरीराम** तथा **हिकायत महाराज रावण** में महर्षि कली बालक के साथ नहाने जाते हैं। बालक छिपकर अपनी माता के पास लौट जाता है और महर्षि कली उसे मृत समझकर एक दूसरे बालक की सृष्टि करते हैं। **सिंहली रामकथा** के अनुसार वाल्मीकि ने सीता के पुत्र को न देखकर तालाब के एक कमल से एक दूसरे बालक को बनाया। बाद में सीता को विश्वास नहीं हुआ और उन्होंने वाल्मीकि से एक तीसरे बालक की सृष्टि करने का अनुरोध किया। वाल्मीकि ने पहले इनकार किया। अन्त में सीता ने जब यह प्रतिज्ञा की कि मैं अपनी उँगली से तीसरे बालक को दूध पिलाऊँगी तब वाल्मीकि ने कुश से एक तीसरे बालक की सृष्टि कर दी।

ग। कुश-लव-युद्ध

७४६. वाल्मीकि रामायण में राम के अश्वमेध की यज्ञभूमि में कुश-लव रामायण का गान करते हैं और इस तरह राम अपने पुत्रों का परिचय प्राप्त करते हैं। बहुत सी रामकथाओं में कुश-लव के राम की सेना तथा राम से भी युद्ध करने का वर्णन किया गया है। उस युद्ध के भिन्न-भिन्न कारण बताये जाते हैं, किन्तु सबसे प्रचलित कारण यह है कि कुश-लव ने राम के अश्वमेध के घोड़े को बाँध लिया था।

विमलसूरि का **पउमचरियं** (पर्व ९७-१००) प्राचीनतम सुरक्षित रचना है जिसमें सीता के पुत्रों के युद्ध का वर्णन किया गया है। उसके अनुसार लवण तथा अंकुश अपनी माता

के साथ पुण्डरीकपुर के राजा वज्रजंघ के यहाँ रहते हैं और सिद्धार्थ से शिक्षा पाते हैं। उनके विवाह तथा दिग्विजय के पश्चात् नारद उनके पास आकर उनको उनकी माता के परित्याग की कथा सुनाते हैं। इस पर राम तथा लक्ष्मण से प्रतीकार लेने के उद्देश्य से दोनों सेना लेकर अयोध्या पर आक्रमण करते हैं। लवण राम से युद्ध करते हैं तथा अंकुश लक्ष्मण से। युद्ध के अनिश्चित होने पर सिद्धार्थ और नारद लवण तथा अंकुश के जन्म का रहस्य राम-लक्ष्मण से प्रकट करते हैं। इस पर राम अपने पुत्रों से मिलकर दोनों को अपने पास रखते हैं। बाद में सीता की अग्निपरीक्षा का वर्णन मिलता है (दे० अनु० ६०१)। रविषेणकृत **पद्मचरित** (पर्व १०२) में हनुमान् पुत्रों का पक्ष लेकर राम के विरुद्ध लड़ते हैं।

कुश-लव-युद्ध का यह रूप केवल जैन साहित्य में ही मिलता है। **रामलिंगामृत** (सर्ग १४) में नारद राम के पास जाकर कुश-लव के पराक्रम का वर्णन करते हैं, जिससे राम सेना लेकर दोनों के पास पहुँचते हैं। नारद का उल्लेख पउमचरियं का प्रभाव सूचित करता है।

७४७. कथासरित्सागर (९, १, ९५-११२) में उस युद्ध का वर्णन इस प्रकार है। कुश तथा लव किसी दिन वाल्मीकि द्वारा पूजित शिवलिंग से खेलते हैं। प्रायश्चित्त के लिए वाल्मीकि लव को कुबेर के सरोवर से स्वर्ण कमल तथा उनकी वाटिका से मन्दार फल ले आने और उनसे लिंगपूजा करने की आज्ञा देते हैं। लक्ष्मण उस समय राम के पुरुषमेध के लिए एक शुभलक्षणसम्पन्न पुरुष की खोज कर रहे थे। उन्होंने लव को कुबेर के यहाँ से लौटते देखा और उसे कारागार में बन्द कर दिया। इस पर वाल्मीकि ने कुश को अयोध्या भेज दिया। वाल्मीकि के दिव्य अस्त्रों से कुश ने लक्ष्मण को और इसके बाद राम को भी पराजित किया। इसके बाद राम ने अपने पुत्रों का परिचय प्राप्त कर दोनों को अपने साथ रखा तथा सीता को भी वाल्मीकि के आश्रम से बुला भेजा।

आनन्द रामायण (जन्मकाण्ड, सर्ग ६-८) का वृत्तान्त उपर्युक्त कथा से प्रभावित प्रतीत होता है, यद्यपि इसमें भवभूति के अनुसार रामाश्वमेध के घोड़े का भी उल्लेख किया गया है। वाल्मीकि के आश्रम में अपने पुत्रों के साथ रहनेवाली सीता नौ दिन तक संयोगकरणव्रत करना चाहती हैं। इस व्रत के लिए अयोध्या के सरोवर के स्वर्ण कमलों की आवश्यकता है। पंचवर्षीय लव उन्हें प्रतिदिन छिपकर ले आता है। आठवें दिन वह चौदह पहरेदारों को परास्त करके उनसे कहता है कि मैं वाल्मीकि की आज्ञानुसार ये कमल ले जाता हूँ। नौवें दिन लव १००० रक्षकों को पराजित करता है और सीता अपना व्रत पूरा करने में समर्थ होती हैं। तदुपरान्त राम वाल्मीकि को अपने वीर शिष्य के साथ अश्वमेध के लिए निमंत्रण भेज देते हैं। वाल्मीकि सीता तथा लव-कुश के साथ जाकर यज्ञभूमि से दो कोस की दूरी पर डेरा डालते हैं। इतने में यज्ञाश्व वहाँ पहुँचता है और लव उसे बाँधकर राम की समस्त सेना को हरा देता है। बाद में लक्ष्मण लव को पराजित कर उसे ले जाते हैं। लव को मुक्त करने के लिए कुश जाकर लक्ष्मण को हराता है और देर तक राम से युद्ध करता है; इस युद्ध में किसी की भी जीत नहीं होती। जब राम वाल्मीकि से पूछते हैं कि ये दोनों कौन हैं, तो वाल्मीकि उत्तर देते हैं कि कल यह रहस्य खुलेगा। दूसरे दिन कुश तथा लव आनन्द रामायण का जन्मकाण्ड गाकर अपना परिचय देते हैं। इस पर सीता को भी बुलाया जाता है और सतीत्व का साक्ष्य देने के पश्चात् वह राम तथा कुश-लव के साथ अयोध्या में निवास करने लगती हैं। **भावार्थ रामायण** (७, ६६-६९) का वृत्तान्त आनन्द रामायण पर आधारित है।

७४८. भवभूति का **उत्तररामचरित** प्राचीनतम रचना है जिसमें राम के यज्ञाश्व के कारण सीता के पुत्रों के युद्ध का उल्लेख किया गया है। सम्भव है कि उपर्युक्त कथासरित्सागर की कथा अधिक प्राचीन हो और भवभूति ने उसके तथा उत्तरकाण्ड के वृत्तान्तों का समन्वय करने का प्रयत्न किया हो।

उत्तररामचरित (अंक ५-६) में लव पहले यज्ञाश्व की रक्षा करनेवाली राम-सेना से तथा बाद में लक्ष्मण के पुत्र चन्द्रकेतु से युद्ध करता है। राम पहुँचकर लव, चन्द्रकेतु का युद्ध रोकते हैं और लव तथा कुश से मिलकर उनका परिचय प्राप्त करते हैं। अन्त में वह सीता को पुन: ग्रहण करते हैं।

७४९. परवर्ती रचनाओं में कुश-लव-युद्ध का विस्तृत तथा परिवर्द्धित वर्णन किया गया है। **जैमिनीय अश्वमेध** (अ० २९-३६) में इस प्रकार का प्राचीनतम वृत्तान्त मिलता है। लव राम के यज्ञाश्व को बाँधकर तथा बहुत-से सैनिकों का वध करके शत्रुघ्न द्वारा पराजित किया जाता है। इस पर कुश शत्रुघ्न को पराजित करता है। बाद में कुश-लव लक्ष्मण, हनुमान् तथा भरत पर विजय प्राप्त करते हैं तथा अन्त में राम को भी आहत करते हैं। तदनन्तर वाल्मीकि राम की समस्त सेना को अमृत जल से पुनर्जीवित करते हैं। **पद्मपुराण** (पातालखण्ड अ० ६०-६४) का वृत्तान्त इससे मिलता-जुलता है किन्तु राम-लक्ष्मण-भरत युद्ध के लिए नहीं आते हैं और सीता अपने सतीत्व की शपथ खाकर राम-सेना को पुनर्जीवित करती हैं।

निम्नलिखित रचनाओं में राम के यज्ञाश्व को लेकर कुश-लव-युद्ध का गौण-परिवर्तनों के साथ वर्णन किया गया है—छलित राम (दे० अनु० २३६) कृत्तिवास रामायण (७, ५७, ६५), रामचन्द्रिका (प्रकाश ३५-३९), गोविन्द रामायण, रामायण मसीही, नर्मद कृत गुजराती रामायणसार, काश्मीरी रामायण (७१-७७), पाश्चात्य वृत्तान्त नं० ७, ८ तथा १४।

७५०. रामकेर्ति (सर्ग ७६-७९) तथा **रामकियेन** (अध्याय ४२) में लव-कुश-युद्ध की कथा इस प्रकार है। दस वर्ष की अवस्था में सीता के पुत्रों ने वाल्मीकि से धनुर्विद्या की शिक्षा पायी;[१] किसी दिन उन्होंने अपने बाणों से एक विशाल वृक्ष नष्ट किया जिससे अयोध्या में भूकम्प हुआ। ज्योतिषियों ने कहा कि यह भूकम्प एक महान् राजा की धनुर्विद्या का परिणाम है। उस राजा का पता लगाने के उद्देश्य से एक अश्व छोड़ दिया गया (इसका शरीर श्वेत था, चेहरा काला तथा मुँह लाल) और हनुमान्, भरत तथा शत्रुघ्न ने उसका अनुसरण किया। सीता के पुत्रों ने अश्व को अपने अधिकार में किया तथा हनुमान् को हराकर उसके हाथ बाँध लिये तथा उसके चेहरे पर गोदना गोदकर लिख दिया कि उस वानर का स्वामी ही उसके हाथ खोलने में समर्थ होगा। भरत और शत्रुघ्न ने गाँठ खोलने का असफल प्रयत्न किया जिससे हनुमान् को अयोध्या जाकर राम की शरण लेनी पड़ी। बाद में हनुमान् लौटे और सीता के पुत्र को कैदी बनाकर अयोध्या ले गये किन्तु जपलक्ष्मण अपनी माता से एक मायामय अँगूठी पाकर अपने भाई को छुड़ाने चला गया। अयोध्या में पहुँचकर जपलक्ष्मण ने छद्मवेशी रम्भा की सहायता से उस अँगूठी को राम-लक्ष्मण के पास पहुँचा दिया। अँगूठी के प्रभाव से उसके बन्धन छूट गये। बाद में राम ने वन में उन बालकों का सामना किया किन्तु

---

१. रामकेर्ति में सीता के पुत्र राम-लक्ष्मण और जपलक्ष्मण कहलाते हैं; रामकियेन में मंकुत और लव नाम दिये गये हैं। स्याम के रामजातक तथा ब्रह्मचक्र में भी कुश-लव-युद्ध का वर्णन किया गया है।

युद्ध अनिश्चित रहा। अन्त में राम-लक्ष्मण के बाण ने पुष्पमाला बनकर अपने को राम के प्रति समर्पित किया। तब राम ने यह कहकर ब्रह्मास्त्र चलाया—यदि ये बालक पराये हैं तो ब्रह्मास्त्र उनको नष्ट करें; यदि ये सम्बन्धी हैं तो ब्रह्मास्त्र बालकों के लिए मिष्टान्न में बदल जाये और वह मिष्टान्न बन गया। इस प्रकार उनको अपने सम्बन्धी जानकर तथा लक्ष्मण से सीतात्याग की वास्तविक कथा सुनकर राम सीता के पास चले गये और उन्होंने सीता से क्षमा-याचना की। सीता ने राम की भर्त्सना करते हुए अयोध्या लौटना अस्वीकार किया किन्तु उन्होंने दोनों बालकों को राम के साथ जाने दिया।

७५१. अनेक विदेशी रामकथाओं में कुश-लव-युद्ध के प्रसंग में राम के यज्ञाश्व का उल्लेख नहीं मिलता। एक **पाश्चात्य वृत्तान्त** (नं० ६) के अनुसार राम के पुत्रों ने अपने पिता के विरुद्ध विद्रोह किया किन्तु राम ने दोनों को परास्त कर दिया; एक पुत्र रणभूमि में मर गया तथा दूसरा राम का उत्तराधिकारी बना। **सिंहली रामकथा** के अनुसार राम ने किसी दिन सीता के पुत्रों से भेंट की थी। बालकों ने उनको प्रणाम नहीं किया जिससे राम ने उन पर बाण चलाया। अपना बाण बालकों को आहत करने में असमर्थ पाकर राम को जिज्ञासा हुई और इस प्रकार उनके जन्म का रहस्य प्रकट हुआ। **सेरीराम** की तत्सम्बन्धी कथा इस प्रकार है। सीता के पुत्रों ने किसी दिन मृगया खेलते समय एक हिरण का वध किया जिसे राम ने पहले ही बाण से आहत किया था। लक्ष्मण उस आहत हिरण का पीछा करते हुए बालकों के पास पहुँचे; हिरण को लेकर झगड़ा हुआ और बालक लक्ष्मण को बाँधकर महर्षि कली के यहाँ ले गये। बाद में राम ने लक्ष्मण की खोज में महर्षि कली के पास पहुँचकर अपने पुत्रों का परिचय प्राप्त किया। जावा के **सेरतकाण्ड** के अनुसार सीता के पुत्र बुतलव ने विभीषण की सेवा करनेवाले दो राक्षसों के साथ झगड़ा किया; उन्होंने विभीषण के पास जाकर शिकायत की जिससे युद्ध छिड़ गया और उसमें बुतलव ने विभीषण और लक्ष्मण को कैदी बना लिया।

७—रामकथा का निर्वहण

क। प्राचीन सुखान्त रामकथा

७५२. प्रस्तुत निबन्ध के कई स्थलों पर इसका उल्लेख किया गया है कि वाल्मीकिकृत **आदिरामायण** राम के अभिषेक तथा उनके ऐश्वर्यशाली राज्य के संक्षिप्त वर्णन पर समाप्त होता था। सीतात्याग के विकास के निरूपण में उन प्राचीन रचनाओं की नामावली दी गयी है, जिनमें न तो सीतात्याग और न सीता के भूमिप्रवेश की ओर संकेत किया गया है। अत: राम द्वारा रावण की पराजय तथा सीता की पुन:प्राप्ति उन समस्त रामकथाओं का अन्तिम वर्ण्यविषय है (दे० अनु० ७१५)। अनामकं जातकम् (और सम्भवत: गुणाढ्यकृत बृहत्कथा) में भी रामकथा सुखान्त है।

गुणभद्रकृत **उत्तरपुराण** की रामकथा में भी सीतात्याग का उल्लेख नहीं है, लेकिन कथा का निर्वहण जैन परम्परा के अनुकूल है जिसमें नारायण के मर जाने पर बलदेव जैन दीक्षा लेते हैं। अत: लक्ष्मण की मृत्यु के पश्चात् राम विरक्त होकर दीक्षा लेते हैं तथा मोक्ष प्राप्त करते हैं। सीता भी राम की अन्य पत्नियों के साथ आर्यका बनकर अच्युत स्वर्ग प्राप्त कर लेती हैं।

ख। दुःखान्त रामकथा

७५३. वाल्मीकि रामायण के उत्तरकाण्ड की रामकथा दुःखान्त है। लोकापवाद के कारण अपनी निर्दोष पत्नी को त्याग देने के पश्चात् राम अश्वमेध के अवसर पर अपने पुत्रों को देखकर सीता को भी बुला भेजते हैं। वाल्मीकि सीता के साथ सभा में पहुँचकर सीता के सतीत्व का साक्ष्य देते हैं। तदनन्तर राम जनता को विश्वास दिलाने के उद्देश्य से सीता से अनुरोध करते हैं कि वह अपने सतीत्व का प्रमाण दें। इस पर सीता शपथ खाती हैं :

यथाहं राघवादन्यं मनसापि न चिंतये।
तथा मे माधवी देवी विवरं दातुमर्हति॥ १४॥
मनसा कर्मणा वाचा यथा रामं समर्चये।
तथा मे माधवी देवी विवरं दातुमर्हति॥ १५॥
यथैतत्सत्यमुक्तं मे वेद्मि रामात्परं न च।
तथा मे माधवी देवी विवरं दातुमर्हति॥ १६॥ (सर्ग ९७)

पृथ्वीदेवी एक दिव्य सिंहासन पर बैठी हुई भूमि से प्रकट हो जाती हैं और हैं और सीता को अपनी शरण में लेकर पुनः भूमि में प्रवेश करती हैं। राम विलाप करते हैं तथा पृथ्वीदेवी से सीता को लौटा देने का अनुरोध करते हुए समस्त पृथ्वी को प्लावित करने की भी धमकी देते हैं। अन्त में ब्रह्मा स्वर्ग में पुनर्मिलन का आश्वासन देकर राम को सान्त्वना प्रदान करते हैं।

सीता का **भूमिप्रवेश** उत्तरकाण्ड के निर्वहण का प्रथम सोपान कहा जा सकता है। द्वितीय सोपान राम द्वारा **लक्ष्मण-त्याग** पर समाप्त हो जाता है। सीता के अन्तर्धान हो जाने के बहुत काल बाद क्रमशः कौशल्या, सुमित्रा तथा कैकेयी का देहान्त हुआ (सर्ग ९९)। अनन्तर भरत तथा लक्ष्मण के पुत्रों को राज्य दिलाने के उद्देश्य से अनेक विजय-यात्राओं का उल्लेख मिलता है (सर्ग १००-१०२)। तब लक्ष्मण के त्याग का इस प्रकार वर्णन किया गया है—काल तपस्वी के रूप में राम के पास आकर एकान्त में ही उनके साथ बातचीत करना चाहते हैं और राम से यह प्रतिज्ञा कराते हैं कि जो कोई हम दोनों को देखे अथवा सुने वह राम द्वारा वध किया जाये—**यः श्रृणोति निरीक्षेद्वा स वध्यो भविता तव** (१०३, १२)। राम लक्ष्मण को समझाकर द्वार पर खड़ा रहने का आदेश देते हैं। एकान्त पाकर काल राम को ब्रह्मा का यह सन्देश देते हैं कि रामावतार का समय समाप्त हो रहा है। इतने में दुर्वासा लक्ष्मण के पास आ पहुँचते हैं और राम-लक्ष्मण-भरत-शत्रुघ्न और उनकी सन्तति को शाप देने की धमकी देकर तुरन्त ही राम से मिलने के लिए अनुरोध करते हैं। लक्ष्मण वंश के नाश की अपेक्षा अपना ही मरण श्रेष्ठ समझकर राम के पास अन्दर जाते हैं—**एकस्य मरणंमेऽस्तु मा भूत्सर्वविनाशनम्** (१०५,९)। बाद में राम अपनी प्रतिज्ञा के वशीभूत होकर लक्ष्मण का परित्याग करते हैं :

विसर्जये त्वां सौमित्रे मा भूद् धर्मविपर्ययः।
त्यागो वधो वा विहितः साधूनां ह्युभयं समम्॥ १३॥ (सर्ग १०७)

इस पर लक्ष्मण सरयू के तट पर जाते हैं और कृतांजलि होकर अपना श्वास रोक लेते हैं। इन्द्र लक्ष्मण को सशरीर स्वर्ग ले जाते हैं; देवता विष्णु का चतुर्थांश पाकर प्रसन्न हैं और लक्ष्मण की पूजा करते हैं (सर्ग १०३-१०६)।

निर्वहण का अन्तिम सोपान राम का **स्वर्गारोहण** है। लक्ष्मण के वियोग के कारण दुखी होकर राम ने भरत को राज्य सौंपने और स्वयं वन जाने की इच्छा प्रकट की किन्तु भरत तथा अयोध्या की प्रजा ने राम के साथ जाने की अनुमति माँग ली। तब राम ने अपने पुत्रों को कुशावती तथा श्रावस्ती में राजसिंहासन पर बिठाकर शत्रुघ्न को बुला भेजा। अयोध्या के दूतों से यह जानकर कि राम और भरत प्रजा के साथ स्वर्गगमन की तैयारियाँ कर रहे हैं शत्रुघ्न ने अपने पुत्रों को राज्य सौंपकर अयोध्या के लिए प्रस्थान किया। राम ने शत्रुघ्न को अपने साथ जाने की अनुमति प्रदान की। इतने में सुग्रीव और विभीषण के नेतृत्व में वानर, रीछ और राक्षस भी पहुँचे।

राम ने सबों को अपने साथ जाने को कहा किन्तु विभीषण, हनुमान्, जाम्बवान्, मैंद, द्विविद को कलियुग के अन्त तक जीवित रहने का आदेश दिया। दूसरे दिन प्रातः राम सबों के साथ सरयू के तीर पर पहुँचे; ब्रह्मा ने प्रकट होकर राम से निवेदन किया कि वह अपने भाइयों के साथ अपने विष्णुरूप में प्रवेश करें। राम ने ऐसा ही किया तथा ब्रह्मा ने विष्णु के अनुरोध को स्वीकार कर राम की प्रजा को 'सन्तानक' लोकों में स्थान दिलाया। सबों ने सरयू में अपना शरीर त्यागकर स्वर्गलोक के लिए प्रस्थान किया (सर्ग १०७-११०)।

रामकथा का उपर्युक्त निर्वहण रघुवंश, अध्यात्म रामायण आदि अधिकांश रामकथाओं में पाया जाता है। यहाँ पर केवल उन रचनाओं का उल्लेख होगा जिनमें सीता के भूमि-प्रवेश की कथा में कोई विशेष परिवर्तन किया गया है।

(१) अनेक रचनाओं के अनुसार सीता **वाल्मीकि-आश्रम** के निकट ही भूमि में विलीन हो गयी थीं। **भागवतपुराण** (९, ११, १५-१६) की संक्षिप्त रामकथा में लिखा है कि पति द्वारा निर्वासित सीता ने अपने पुत्रों को वाल्मीकि के हाथों में सौंपकर राम के चरणों का ध्यान करती हुई भूमि में प्रवेश किया; राम यह समाचार सुनकर अत्यन्त दुखी हुए। **रामायण मसीही** के अनुसार वाल्मीकि ने लव-कुश-युद्ध के पश्चात् राम को सचेत कर दिया। इसके बाद राम ने सीता की झोंपड़ी के पास जाकर नम्रतापूर्वक क्षमा-याचना की। वाल्मीकि का अनुरोध स्वीकार कर सीता झोंपड़ी में से निकलीं। किन्तु यह सुनकर कि राम पुनः परीक्षा चाहते हैं, सीता वहीं शपथ खाकर भूमि में विलीन हो गयीं।[1]

(२) अन्य रचनाएँ सीता के भूमि-प्रवेश के प्रसंग में रावण के चित्र का उल्लेख करती हैं। **गोविन्द रामायण** (पृ० २३६) के अनुसार सीता ने किसी दिन स्त्रियों का अनुरोध मानकर एक दीवार पर रावण का चित्र बना दिया। राम को सीता पर सन्देह हुआ जिससे सीता विरक्त हुईं और अपने सतीत्व की शपथ खाकर पृथ्वी में लीन हो गयीं। उत्तर भारत की एक रामकथा (पाश्चात्य वृत्तान्त नं० १३) के अनुसार राम ने सीता को निर्वासित करने के बाद उनको अपने गुणसम्पन्न एकमात्र पुत्र के कारण पुनः ग्रहण किया था। किन्तु सीता ने बाद में महल की स्त्रियों के कहने से

---

१. लोकसाहित्य में भी इस प्रकार का वर्णन मिलता है। दे० रामनरेश त्रिपाठी, लोकगीतों में रामकथा (मैथिलीशरण गुप्त, अभिनन्दन ग्रन्थ, पृ० ६६१); डॉ० सत्येन्द्र, ब्रजलोक साहित्य में रामकथा (भारतीय साहित्य, आगरा, वर्ष २, अंक ३, पृ० ९४)। अन्य लोकगीतों में सीता राम का निवेदन ठुकराकर अयोध्या लौट जाना अस्वीकार करती हैं (दे० इन्दुप्रकाश पाण्डेय, अवधी लोकगीत और परम्परा (इलाहाबाद १९५८) पृ० २२६।

रावण के १० सिरों और २० बाहुओं की चर्चा करते हुए दीवार पर उसका चित्र भी बनाया। राम ने चित्र न देखकर सीता के सतीत्व पर सन्देह किया और क्रुद्ध सीता ने शपथ खाकर भूमि में प्रवेश किया।

(३) **भावार्थ रामायण** (७, ७३) में सीता के भूमि-प्रवेश की कथा इस प्रकार है। कुश-लव-युद्ध के बाद सीता अपने पुत्रों के साथ अयोध्या लौटकर राजमहल में रहने लगी थीं। कैकेयी ने किसी दिन समस्त राजसभा के सामने सीता के सतीत्व पर सन्देह प्रकट किया। इस पर सीता ने पृथ्वीदेवी से प्रार्थना की और वह प्रकट होकर सीता को अपने साथ ले गयीं।

(४) भुइँया माधवदास के **विचित्र रामायण** में प्रस्तुत प्रसंग को एक अन्य रूप दिया गया है। सीता ने कुश और लव को भीख माँगने भेज दिया। रास्ते में झगड़ा हुआ और दोनों अलग हो गये। लव ने अयोध्या जाकर राम के सामने रामायण का गान किया और वह चावल लेकर सीता के पास लौटा। बाद में दोनों ने जाकर राम के सामने सीतात्याग तथा अपने जन्म की कथा सुनायी। इस पर राम ने सीता को बुलाया; सीता तो चली आयीं किन्तु अपने सतीत्व की शपथ खाकर पाताल में प्रवेश कर गयीं।

(५) **पउमचरियं** के निर्वहण में उत्तरकाण्ड के तीन सोपानों को एक नया रूप दिया गया है। सीता ने कुश-लव-युद्ध के पश्चात् अयोध्या लौटकर अग्निपरीक्षा द्वारा अपने सतीत्व का प्रमाण दिया (अनु० ६०१)। तब राम ने अनुरोध किया कि वह उनके साथ अयोध्या में निवास करें किन्तु सीता ने हाथ से अपने सिर के बाल काटकर जैन दीक्षा लेने का संकल्प प्रकट किया। इस पर राम मूर्च्छित होकर भूमि पर गिर पड़े और सीता ने सर्वगुप्त नामक मुनि के पास जाकर दीक्षा ग्रहण कर ली। बाद में राम चेतना पाकर सीता की खोज में निकले किन्तु सकलभूषण मुनि से यह आश्वासन सुनकर कि तुम किसी दिन केवलज्ञान प्राप्त कर लोगे, राम अयोध्या लौटे (पर्व १०२)। लक्ष्मण की मृत्यु की कथा इस प्रकार है—रत्नचूल और मणिचूल नामक देवताओं ने राम-लक्ष्मण के प्रेम की परीक्षा लेने के उद्देश्य से लक्ष्मण को राम की मृत्यु का मिथ्या समाचार सुना दिया जिससे तत्काल लक्ष्मण का देहान्त हुआ। राम के पुत्र लवण और अंकुश लक्ष्मण की मृत्यु के कारण विरक्त होकर तपस्या करने चले गये। लक्ष्मण की अन्त्येष्टि के पश्चात् राम लवण के पुत्र अंगरुह को राज्य सौंपकर तपस्वी के रूप में भ्रमण करने लगे। राम किसी दिन कोटिशिला के स्थान पर पहुँचे। वहाँ उन्होंने सीता द्वारा उत्पन्न प्रलोभनों को ठुकराया जिससे उनको केवलज्ञान उत्पन्न हुआ। उन्होंने १७००० वर्ष तक जीवित रहकर अन्त में निर्वाण प्राप्त किया।[१]

ब्रह्मपुराण (अ० १५४) के अनुसार अंगद और हनुमान् राम के अश्वमेध के अवसर पर अयोध्या पहुँचकर तथा सीतात्याग का वृत्तान्त सुनकर गोदावरी की ओर प्रस्थान

१. दे० पर्व ११०-११८। अन्तिम पर्व में इसका भी उल्लेख हुआ कि सीता आगे चलकर चक्रवर्ती राजा के रूप में उत्पन्न होंगी और अनेक जन्मों के बाद निर्वाण प्राप्त कर सकेंगी। लक्ष्मण तथा रावण भी कई बार जन्म लेकर निर्वाण प्राप्त करेंगे।

करते हैं। इस पर राम भी सीता का स्मरण करते हुए अयोध्यावासियों के साथ गोदावरी के तट पर तपस्या करने जाते हैं। राम की तपस्या का उल्लेख पउमचरियं का प्रभाव प्रतीत होता है।

ग। अर्वाचीन सुखान्त रामकथा

७५४. अधिकांश रामकथाओं में सीतात्याग के साथ सीता के भूमिप्रवेश की कथा का भी वर्णन किया गया है, जिससे रामकथा प्रायः दु:खान्त रह गयी है। फिर भी बहुत-सी रामकथाओं को सीतात्याग के रहते हुए भी सुखान्त बना दिया गया है।

भवभूति ने **उत्तररामचरित** के अन्तिम सम्मेलन नामक अंक में राम-सीता के सम्मिलन का विस्तृत वर्णन किया है। इसके अनुसार वाल्मीकि ने राम तथा अयोध्यावासियों को अपने एक नाटक का अभिनय देखने का निमंत्रण दिया था। उस नाटक का वर्ण्य-विषय त्याग के पश्चात् सीता का चरित तथा उनके दो पुत्रों का जन्म है। उस करुणात्मक कथा का अभिनय देखकर समस्त सभा सीता के सतीत्व पर विश्वास करती है और राम अपने पुत्रों तथा सीता के साथ अयोध्या लौट जाते हैं। क्षेमेन्द्रकृत **बृहत्कथामंजरी** में भी एक अत्यन्त संक्षिप्त रामचरित पाया जाता है जिसका निर्वहण सुखान्त है।

पुत्रौ कुशलवाभिख्यौ उक्तौ वाल्मीकिना स्वयं।
तौ प्राप्य रामो दयितां विशुद्धामानिनाय ताम्॥

७५५. कुन्दमाला के अन्तिम अंक में सीता अपनी निर्दोषिता की शपथ खाकर पृथ्वी से प्रार्थना करती हैं कि वह प्रकट होकर साक्ष्य देने की कृपा करें। इस पर पृथ्वीदेवी प्रकट होती हैं और सीता के सतीत्व का साक्ष्य देकर लुप्त हो जाती हैं। तदुपरान्त राम सीता और पुत्रों के साथ अयोध्या लौटते हैं।

आनन्द रामायण के जन्मकाण्ड (८, ६१-७३) में वाल्मीकीय उत्तरकाण्ड के वृत्तान्त को किंचित् बदलकर उसे सुखान्त बना दिया गया है। जब पृथ्वीदेवी सीता के साथ भूमि में प्रवेश कर रही थीं, राम ने असफल विनय करने के पश्चात् धनुष पर बाण रखकर समस्त सृष्टि का संहार करना प्रारम्भ किया। यह देखकर भयभीत पृथ्वीदेवी ने सीता को लौटा दिया। पूर्णकाण्ड (सर्ग ४-६) में कथा का निर्वहण इस प्रकार है—सोमवंशी राजाओं के आक्रमण तथा उनके साथ सन्धि के वर्णन के पश्चात् ब्रह्मा ने हस्तिनापुर में ही राम के पास आकर वैकुण्ठ पधारने का निवेदन किया और राम ने उत्तर दिया कि मैं कल ही सीता तथा अपने भाइयों के साथ वैकुण्ठ जाऊँगा। राम ने कुश को एक विशाल सेना के साथ राजधानी भेज दिया; मन्थरा और धोबी को स्वर्ग जाने की अनुमति नहीं मिली, अत: इन दोनों को भी कुश के साथ लौट जाना पड़ा।[१] विभीषण, जाम्बवान् तथा हनुमान् को पृथ्वी पर रहने का आदेश मिला। दूसरे दिन राम विष्णु भगवान् के रूप में परिणत हुए, सीता लक्ष्मी में, लक्ष्मण शेष भगवान् में, भरत और शत्रुघ्न शंख और चक्र में। वानर देवताओं के शरीर में प्रविष्ट हुए और अयोध्यावासी अपना शरीर त्यागकर दिव्य देहधारियों के रूप में स्वर्गगामी विमानों पर सुशोभित होने लगे।

---

१. उन दोनों के विषय में इसका भी उल्लेख है कि वे कृष्णावतार के समय कंस के रजक और पूतना के रूप में प्रकट होंगे।

७५६. कथासरित्सागर (९, १, ११२) **जैमिनीय अश्वमेध** (अध्याय ३६), **पद्मपुराण** (पातालखण्ड, अध्याय ६७), **रामचन्द्रिका** (प्रकाश ३९), **रामलिंगामृत** (सर्ग १४), **रामजातक, ब्रह्मचक्र, सिंहली रामकथा** तथा एक पाश्चात्य वृत्तान्त (नं १७) में कुशलव के युद्ध के अवसर पर सीता राम से मिलकर उनके साथ अयोध्या लौट जाती हैं। इन रामकथाओं में सीता के पुनः सतीत्व का प्रमाण देने का प्रायः उल्लेख नहीं किया गया है।

तिब्बती रामायण के अनुसार हनुमान् अन्य वानरों के साथ अयोध्या आने का निमंत्रण पाकर राम से मिलते हैं। सीतात्याग का वृत्तान्त सुनकर वह वर्णन करते हैं कि किस परिस्थिति में उन्होंने सीता को लंका में देखा था। हनुमान् का प्रणाम स्वीकार करके राम सीता को बुला भेजते हैं, जिस पर सीता अपने पुत्रों के साथ लौटती हैं।

सेरीराम में राम-सीता-सम्मिलन का इस प्रकार वर्णन किया गया है। सीता की सत्यक्रिया के फलस्वरूप कीकवी देवी तथा सब जानवरों को बारह वर्ष तक गूँगा देखकर राम को विश्वास हुआ कि सीता निर्दोष हैं (दे० अनु० ७२३)। अतः वह सीता को अयोध्या ले आने के लिए महर्षि कली के यहाँ चले आये। महर्षि कली ने राम का अभिप्राय जानकर राम-सीता के १४ दिवसीय विवाहोत्सव का आयोजन किया जिसके अन्त में सीता अपने पुत्रों के साथ राम की राजधानी लौटीं। वहाँ कीकवी देवी ने क्षमा-याचना की जिससे उसका तथा सब जानवरों का गूँगापन समाप्त हो गया। अपने पुत्रों के विवाह के बाद राम ने किसी तपस्वी के पास 'अयोध्यापूरी नगार' नामक एक छोटी-सी नगरी बनवाकर अपनी राजधानी 'दूर्या पूरी नगार' लव को सौंप दिया और वह लक्ष्मण, सीता तथा हनुमान् के साथ अयोध्या में तपस्वी का जीवन बिताने लगे। वहाँ ४० वर्ष तक तपश्चर्या करने के पश्चात् राम सीता के साथ परलोक सिधारे। **सेरतकाण्ड** में भी सीतात्याग के बाद राम-सीता-सम्मिलन का वर्णन किया गया है। अपने पुत्र बुतलव को उत्तराधिकारी बनाकर राम ने सीता, लक्ष्मण और विभीषण के साथ तपोमय जीवन अपनाया। अन्त में अनल नामक वानर ने अपने को अग्नि में बदल दिया; राम, सीता, लक्ष्मण, विभीषण, सुग्रीव, अंगद आदि उसमें प्रवेश कर जल गये। इस प्रकार राम और सीता पुनः स्वर्गवासी विष्णु और श्री बन गये।

७५७. तीन रामकथाओं में सीता के भूमिप्रवेश के पश्चात् भी सीताचरित का चित्रण किया गया है। रघुनाथ महन्त के **अद्‌भुत रामायण** में तत्सम्बन्धी कथा इस प्रकार है। पाताल-प्रवेश के बाद सीता को अपने पुत्रों को देखने की इच्छा हुई और उन्होंने वासुकि को उन्हें ले आने के लिए भेज दिया। वासुकि ब्राह्मण का वेश धारण कर तथा बालकों को अस्त्र-विद्या सिखलाने का बहाना देकर उनको सीता के पास ले गये। बाद में राम ने उन्हें वापस ले आने के लिए हनुमान् को भेज दिया। हनुमान् ने स्त्री का रूप धारण कर पाताल में प्रवेश किया और अपने को रत्नमंजरिणी नामक सीता की सखी कहकर सीता के पास आने का प्रयास किया। सीता ने नागों को आदेश दिया कि वह उस स्त्री को पकड़कर ले आयें। तब हनुमान् ने वानर का रूप धारण कर नागों को परास्त कर दिया और सीता से मिलकर लव-कुश को राम के पास भेजने का निवेदन किया। सीता सहमत हुईं; वह स्वयं सिंहासन पर विराजमान पृथ्वी में से राम के सामने प्रकट हुईं और उन्होंने राम के हाथों लव-कुश को समर्पित कर दिया। सीता यह प्रतिज्ञा करती हुई अन्तर्धान हो गयीं कि मैं प्रतिदिन नित्यक्रिया के पश्चात् आपकी सेवा में उपस्थित हो जाऊँगी।

रामकेर्ति (सर्ग ७९-८०) तथा **रामकियेन** (अ० ४३-४५) का निर्वहण इस प्रकार है। कुश-लव-युद्ध के बाद सीता ने दोनों को राम के हाथ सौंपकर स्वयं अयोध्या लौटना अस्वीकार कर दिया। बाद में राम ने अपने पुत्रों को सीता के पास भेजकर उनसे लौटने का अनुरोध किया किन्तु सीता ने यह सन्देश भेज दिया कि मैं राम की अन्त्येष्टि के लिए ही अयोध्या जाऊँगी। तब राम ने हनुमान् द्वारा अपनी मृत्यु का मिथ्या समाचार सीता के पास भेज दिया। सीता लौटकर राम के मृत शरीर के पास विलाप करने लगीं। राम एक परदे की ओट से कुछ देर तक उनका विलाप सुनकर सीता के पास आये और उनको सान्त्वना देने लगे। राम को जीवित देखकर सीता को क्रोध हुआ और वह राम की भर्त्सना करने के बाद नागराज विरुण की शरण लेकर पृथ्वी में प्रवेश कर गयीं। बाद में हनुमान् ने पाताल जाकर सीता से लौटने का अनुरोध किया किन्तु सीता ने दृढ़तापूर्वक उनका निवेदन अस्वीकार कर दिया। तब राम विभीषण[१] को बुलाकर उनके परामर्श के अनुसार एक वर्ष तक वन में राक्षसों का वध करने के बाद अयोध्या लौटे। उस समय देवताओं की सभा में इन्द्र ने राम के विरह का वर्णन किया और ईश्वर ने राम तथा सीता दोनों को कैलास आने का निमंत्रण दिया। वहाँ राम ने नम्रतापूर्वक सीता से क्षमा-याचना की तथा ईश्वर ने सीता से राम के पास लौटने का अनुरोध किया। अन्त में सीता ईश्वर का अनुरोध मानकर अपने पति के साथ अयोध्या लौट गयीं।

१. रामकेर्ति की अपूर्ण हस्तलिपियों में राम के विभीषण को बुला भेजने के उल्लेख के बाद और कुछ सामग्री नहीं मिलती।

अध्याय-२१

उपसंहार

७५८. निबन्ध के प्रथम तथा तृतीय भागों में क्रमशः प्राचीन तथा अर्वाचीन रामकथा-साहित्य का निरूपण किया गया है। द्वितीय भाग में रामकथा की उत्पत्ति तथा प्रारम्भिक विकास की रूपरेखा अंकित की गयी है और चतुर्थ भाग में रामकथा के विभिन्न प्रसंगों का क्रमिक विकास दिखलाया गया है। प्रथम और विशेषकर तृतीय भाग की सामग्री में रामकथा की अद्वितीय व्यापकता प्रमाणित होती है। इस व्यापक प्रसार के साथ-साथ कथानक में परिवर्द्धन तथा परिवर्तन भी होते रहे हैं जिसके फलस्वरूप विविध रामकथाओं की उत्पत्ति हुई है जो एक दूसरी से सर्वथा भिन्न प्रतीत होती हैं। किन्तु इन विभिन्न रामकथाओं की मौलिक एकता ही हमारे अध्ययन का सम्भवतः सबसे महत्त्वपूर्ण निष्कर्ष है। अतः प्रस्तुत उपसंहार में पहले रामकथा की व्यापकता और तदनन्तर समस्त रामकथाओं की मौलिक एकता पर विचार किया जायेगा। विभिन्न रामकथाओं में जो मुख्य परिवर्तन तथा परिवर्द्धन किये गये हैं उनकी सामान्य विशेषताओं का तीसरे परिच्छेद में निरूपण किया जायेगा। अवतारवाद तथा रामभक्ति के अतिरिक्त रामकथा के विकास पर कुछ अन्य बहिरंग तत्त्वों का भी प्रभाव पड़ा है, इनका चौथे परिच्छेद में वर्णन किया जायेगा। अन्तिम परिच्छेद में रामकथा के समस्त विकास की रूपरेखा प्रस्तुत करने का प्रयत्न किया जायेगा।

१—रामकथा की व्यापकता

७५९. आदिकवि वाल्मीकि के पूर्व की रामकथा-विषयक गाथाओं तथा आख्यानकाव्य की लोकप्रियता तथा व्यापकता निर्धारित करना असम्भव है। **बौद्ध त्रिपिटक** में जो एकाध रामकथा-सम्बन्धी गाथाएँ मिलती हैं और सम्भवतः **महाभारत** के द्रोण तथा शान्तिपर्व में जो संक्षिप्त रामकथा पायी जाती है, वह उन प्राचीन गाथाओं पर समाश्रित है (दे० अनु० १३०, ४४, ४५)। इस सामग्री की अल्पता का ध्यान रखकर यह अनुमान दृढ़ हो जाता है कि जिस दिन वाल्मीकि ने इस प्राचीन गाथा-साहित्य को एक ही कथासूत्र में ग्रथित कर **आदिरामायण** की सृष्टि की थी उसी दिन से रामकथा की दिग्विजय प्रारम्भ हुई। प्रचलित वाल्मीकि रामायण के बालकाण्ड तथा उत्तरकाण्ड में इसका प्रमाण मिलता है कि काव्योपजीवी कुशीलव समस्त देश में जाकर चारों ओर आदिकाव्य का प्रचार करते थे। वाल्मीकि ने अपने शिष्यों को रामायण सिखलाकर उसे राजाओं, ऋषियों तथा जनसाधारण को सुनाने का आदेश दिया था।

इस प्रकार रामकथा की लोकप्रियता तथा व्यापकता दिनोंदिन बढ़ती जा रही थी। महाभारत के **रामोपाख्यान** में, जो स्पष्टतया आदिरामायण पर निर्भर है, इस व्यापक प्रचार

का निर्देश मिलता है। **हरिवंश** (विष्णुपर्व, अध्याय ९३) से पता चलता है कि रामायण के कथानक को लेकर प्राचीनकाल में नाटकों का अभिनय भी हुआ करता था। ये नाटक अप्राप्य हैं किन्तु हरिवंश के इस उद्धरण से रामकथा की उत्तरोत्तर बढ़ती हुई लोकप्रियता स्पष्ट है। रामावतार की भावना भी धीरे-धीरे दृढ़ होती गयी (दे० अनु० १४३)और बौद्धों तथा जैनियों ने भी रामकथा को अपनाना प्रारम्भ कर दिया। बौद्धों ने ईसवी सन् के कई शताब्दियों पहले राम को बोधिसत्त्व मानकर रामकथा को अपने जातक-साहित्य में स्थान दिया था। आगे चलकर बौद्धों में रामकथा की लोकप्रियता घटने लगी; अर्वाचीन बौद्ध साहित्य में रामकथा का उल्लेख नहीं मिलता (दे० अनु० ५४)।

बौद्धों की अपेक्षा जैनियों ने बाद में रामकथा को अपनाया, लेकिन जैन साहित्य में इसकी लोकप्रियता शताब्दियों तक बनी रही जिसके फलस्वरूप जैन कथा-ग्रन्थों में एक अत्यन्त विस्तृत रामकथा-साहित्य पाया जाता है। इसमें राम, लक्ष्मण तथा रावण केवल जैन-धर्मावलम्बी ही नहीं माने जाते प्रत्युत उन्हें जैनियों के त्रिषष्टि महापुरुषों में भी स्थान दिया गया है (दे० अनु० ५५)। इस प्रकार रामकथा भारतीय संस्कृति में इतने व्यापक रूप से फैल गयी कि राम को उस समय के तीन प्रचलित धर्मों में एक निश्चित स्थान प्राप्त हुआ—ब्राह्मण धर्म में विष्णु के अवतार, बौद्ध धर्म में बोधिसत्त्व तथा जैन धर्म में आठवें बलदेव के रूप में। आगे चलकर संस्कृत धार्मिक साहित्य में, संस्कृत ललित साहित्य की प्रत्येक शाखा में, अन्य भारतीय भाषाओं के साहित्य में और भारत के निकटवर्ती देशों के साहित्य में भी रामकथा एक महत्त्वपूर्ण स्थान प्राप्त कर सकी है। इस अत्यन्त विस्तृत रामकथा-साहित्य से रामकथा की व्यापकता तथा लोकप्रियता का अनुमान किया जा सकता है। वास्तव में उस समय समस्त भारतीय संस्कृत इतनी राममय बन गयी थी कि इन विभिन्न रामकथाओं की वंशावली निर्धारित करना नितान्त असम्भव हो गया है। अत: निबन्ध के तृतीय भाग में रामकथा-विषयक सामग्री का भाषा तथा साहित्य के विविध रूपों के अनुसार वर्गीकरण किया गया है।

७६०. संस्कृत धार्मिक साहित्य में रामकथा का स्थान अपेक्षाकृत कम व्यापक है। कारण यह है कि एक तो वैदिक साहित्य के निर्माणकाल में रामकथा प्रचलित नहीं थी। दूसरे, रामभक्ति की उत्पत्ति के पूर्व जनसाधारण के धार्मिक जीवन में रामकथा के लिए विशेष स्थान नहीं था। वैदिक साहित्य में रामकथा का नितान्त अभाव है (दे० अनु० २०)। हरिवंश तथा प्राचीनतम महापुराणों में विष्णु के अन्य अवतारों के साथ-साथ राम का नाम भी लिया गया है और इसमें जो संक्षिप्त रामकथा मिलती है वह आदिरामायण पर समाश्रित प्रतीत होती है (दे० अनु० १५१-१५६)। बाद के महापुराणों तथा उपपुराणों में रामकथा-विषयक सामग्री बढ़ने लगी, विशेषकर **स्कन्दपुराण, पद्मपुराण** तथा **महाभागवतपुराण** में (दे० अनु० १६१, १६२, १६९)। रामभक्ति के पल्लवित होने के पश्चात् असंख्य साम्प्रदायिक रामायण तथा संहिताएँ प्रचलित होने लगीं जिनमें से **अध्यात्म रामायण, अद्भुत रामायण, आनन्द रामायण, तत्त्वसंग्रह रामायण** और विभिन्न कालनिर्णय रामायण विशेष रूप से उल्लेखनीय हैं (दे० अनु० १७५-१७९)।

७६१. संस्कृत ललित साहित्य के स्वर्ण-काल में प्राय: समस्त कवियों ने रामकथा को लेकर अमर रचनाओं की सृष्टि की है। निम्नलिखित महाकाव्य तथा नाटक उल्लेखनीय हैं—**रघुवंश, रावणवह, भट्टिकाव्य, महावीरचरित, उत्तररामचरित, जानकीहरण, कुन्दमाला, अनघराघव, बालरामायण, महानाटक**। बाद में संस्कृत साहित्य बहुत कुछ निर्जीव कृत्रिमता

की शृंखलाओं में बँध गया; किन्तु रामकथा-विषयक श्लेष-काव्य, विलोमकाव्य, चित्रकाव्य, शृंगारिक खण्डकाव्य आदि इस बात का प्रमाण देते हैं कि रामकथा की लोकप्रियता अक्षुण्ण रही। पन्द्रहवीं शताब्दी के पश्चात् के बहुत-से रामकथा-सम्बन्धी महाकाव्यों तथा नाटकों का उल्लेख मिलता है किन्तु यह सामग्री अधिकांश अप्रकाशित है।

७६२. आधुनिक भारतीय भाषाओं के साहित्य में रामकथा की व्यापकता अद्वितीय है। इन सब भाषाओं का सर्वप्रथम महाकाव्य प्राय: कोई रामायण है तथा बाद की बहुत-सी रचनाओं की कथावस्तु भी रामकथा से सम्बन्ध रखती है। इसके अतिरिक्त इन भाषाओं का सबसे लोकप्रिय काव्य-ग्रन्थ प्राय: कोई रामायण ही है। निबन्ध के बारहवें अध्याय में इस विस्तृत साहित्य का किंचित् निरूपण किया गया है। यहाँ पर केवल मुख्य रचनाओं के नाम दिये जाते हैं—कम्बनकृत **तमिल रामायण** (१२वीं श० ई०), तेलुगु **द्विपद रामायण** (१३वीं श० ई०), मलयालम **रामचरितम्** (१४वीं श०ई०), कन्नड़ **तोरवे रामायण** (१६वीं श० ई०), असमिया **माधवकन्दली रामायण** (१४वीं श० ई०), बंगाली **कृत्तिवास रामायण** (१५वीं श० ई०), हिन्दी **रामचरितमानस** (१६वीं श० ई०), उड़िया **बलरामदास रामायण** (१६वीं श० ई०) और मराठी **भावार्थ रामायण** (१६वीं श० ई०)।

७६३. भारतीय साहित्य में रामकथा की व्यापकता की अपेक्षा विदेश में उसकी लोकप्रियता एक प्रकार से और आश्चर्यजनक है। बौद्धों ने पहले-पहल विदेश में रामकथा का प्रचार किया था। **अनामकं जातकम्** तथा **दशरथ कथानकम्** का क्रमश: तीसरी तथा पाँचवीं श० ई० में चीनी भाषा में अनुवाद हुआ था। इसके बाद रामकथा की एक अन्य धारा उत्तर की ओर फैलने लगी थी। इसका प्रमाण नवीं श० ई. **तिब्बती** तथा **खोतानी रामायणों** में मिलता है जिनकी कथावस्तु ब्राह्मण रामकथा पर आधारित है, यद्यपि **खोतानी रामायण** पर बौद्ध प्रभाव भी स्पष्ट दिखायी पड़ता है। दोनों रचनाएँ एक दूसरे से बहुत कुछ मिलती-जुलती हैं और इनका गुणभद्रकृत **उत्तरपुराण** तथा **काश्मीरी रामायण** से सम्बन्ध असन्दिग्ध है (दे० अनु० ३११-३१२।

हिन्देशिया तथा हिन्दचीन में वाल्मीकि रामायण प्राचीनकाल से ज्ञात है। चम्पा राज्य के सातवीं श० ई० के एक शिलालेख में वाल्मीकि द्वारा श्लोकोत्पत्ति का उल्लेख मिलता है (दे० अनु० ३२३) तथा जावा के नवीं शताब्दी के एक शिव-मन्दिर में रामायण की समस्त घटनाएँ भित्ति-चित्रों में अंकित की गयी हैं। (दे० अनु० ३१७)। उस प्राचीनकाल का कोई साहित्य सुरक्षित न रह सका किन्तु बाद में जावा तथा मलय में एक विस्तृत रामकथा-साहित्य की रचना हुई है। इसमें रामकथा के दो भिन्न रूप मिलते हैं—(१) जावा के १०वीं श० ई० के **रामायण ककविन** का रूप जिसका प्रधान आधार भट्टिकाव्य है (दे० अनु० ३१४); (२) अर्वाचीन **सेरीराम** का रूप जो वाल्मीकीय कथा से बहुत भिन्न है (दे० अनु० ३२०)। फिर भी सेरीराम की आधिकारिक कथावस्तु में कोई महत्त्वपूर्ण परिवर्तन अथवा परिवर्द्धन नहीं मिलता जो भारत की रामकथाओं में न मिलता हो। वासल्मीकि रामायण से भिन्न सामग्री भारत के पूर्व क्षेत्रों के राम-साहित्य में प्राय: विद्यमान है। रामकथा का यह अर्वाचीन रूप हिन्देशिया में अधिक लोकप्रिय है और इसके आधार पर आधुनिकतम समय तक रामकथा-विषयक नाटकों का अभिनय होता रहा। सेरीराम हिन्दचीन, स्याम तथा बर्मा में प्रचलित रामकथाओं का मुख्य आधार है। फिर भी कम्बोडिया की **रामकेर्ति** तथा स्याम के **रामकियेन** की एक विशेषता यह है कि इन दोनों में वाल्मीकि रामायण तथा सेरीराम का अनेक स्थलों पर समन्वय करने का प्रयत्न किया गया है (दे० अनु० ३२४-३२५)। १८वीं शताब्दी

ई० में बर्मा के एक राजा ने स्याम की राजधानी अयुतिया को नष्ट कर बहुत-से कैदियों को अपने साथ ले लिया था जो बर्मा में स्याम के राम-नाटक का अभिनय करने लगे। इस तरह स्याम की रामकथा बर्मा में फैल गयी जिसके फलस्वरूप राम-नाटक वहाँ आज तक बहुत लोकप्रिय हैं (दे० अनु० ३२९)।

७६४. प्रस्तुत सिंहावलोकन की सामग्री से स्पष्ट है कि रामकथा न केवल भारतीय वरन् एशियाई संस्कृति का भी एक महत्त्वपूर्ण तत्त्व बन गयी है। रामकथा की इस व्यापकता तथा लोकप्रियता का श्रेय **वाल्मीकिकृत रामायण** को है। यह अगले परिच्छेद से और स्पष्ट होगा। अत: यह नि:संकोच कहा जा सकता है कि विश्व-साहित्य के इतिहास में शायद ही किसी ऐसे कवि का प्रादुर्भाव हुआ हो जिसने भारत के आदिकवि के समान इतने व्यापक रूप से परवर्ती साहित्य को प्रभावित किया हो।

२—विभिन्न रामकथाओं की मौलिक एकता

७६५. निबन्ध के द्वितीय भाग में रामकथा के मूल स्रोत के विषय में विविध मतों का विश्लेषण किया गया है। रामकथा का मूलरूप बौद्ध **दशरथ-जातक** के गद्य में सुरक्षित है; इस जातक में सीताहरण तथा युद्ध-वर्णन का अभाव है अत: इन दोनों का आधार सम्भवत: होमर के काव्य में ढूँढ़ना चाहिए, यह डॉ० वेबर का विचार है। श्री दिनेशचन्द्र सेन की धारणा है कि वाल्मीकि ने पहले-पहल (दशरथ, रावण तथा हनुमान्-सम्बन्धी) तीन नितान्त स्वतंत्र वृत्तान्त मिलाकर रामकथा की सृष्टि की है। डॉ० याकोबी के अनुसार रामायण की कथावस्तु के स्पष्टतया दो स्वतंत्र भाग हैं—प्रथम भाग अयोध्या से सम्बन्ध रखता है और ऐतिहासिक घटनाओं पर निर्भर है; द्वितीय भाग की आधिकारिक कथावस्तु (सीताहरण तथा रावण-वध) का मूलरूप वैदिक साहित्य में विद्यमान है। सीता, राम तथा रावण का व्यक्तित्व क्रमश: वैदिक सीता (कृषि की अधिष्ठात्री देवी), इन्द्र तथा वृत्रासुर से विकसित हुआ है। सीताहरण का मूल स्रोत प्राणियों द्वारा गायों का अपहरण है तथा रावण-वध वृत्रासुर-वध का विकसित रूप मात्र है।

उपर्युक्त मतों की सामान्य विशेषता यह है कि रामकथा का मूल स्रोत निर्धारित करने के लिए दो अथवा तीन स्वतंत्र वृत्तान्तों की कल्पना की जाती है। दशरथ-जातक के विषय में डॉ० वेबर का मत ही इस प्रवृत्ति का मूल कारण प्रतीत होता है। **दशरथ-जातक** की रामकथा वाल्मीकि के शताब्दियों बाद सिंहलद्वीप में मौखिक परम्परा के आधार पर लिखी गयी है (दे० ऊपर अनु० ६६)। इस बौद्ध वृत्तान्त के विश्लेषण से स्पष्ट है कि यह ब्राह्मण रामकथा का विकृत रूप है (दे० अनु० ८०-८१)। रामकथा के पूर्व रावण अथवा हनुमान् के विषय में स्वतंत्र आख्यान-काव्य प्रचलित था, दिनेशचन्द्र सेन के इस मत के लिये कोई भी आधार नहीं मिलता (दे० अनु० १०२-१०३)। अन्तरंग समीक्षा के आधार पर रामायण के (एक ऐतिहासिक तथा एक अलौकिक) दो स्वतंत्र भाग मानना आवश्यक है क्योंकि दूसरे भाग की घटनाओं का मूलरूप वैदिक साहित्य में सुरक्षित है। इसके लिए कोई प्रमाण नहीं दिया जाता है (दे० अनु० ९६) और इस भाग की प्रधान कथावस्तु (स्त्रीहरण तथा इसके कारण युद्ध) असाधारण तथा अलौकिक नहीं कही जा सकती है (दे० अनु० १०४)। राम के निर्वासन की भाँति सीताहरण तथा रावण-वध अर्थात् रामकथा की समस्त आधिकारिक कथावस्तु का ऐतिहासिक आधार मानना अधिक स्वाभाविक प्रतीत होता है (दे० अनु० १०५)। अत: रामकथा के दो अथवा तीन स्वतंत्र भागों की कल्पना का कहीं भी समीचीन आधार नहीं मिलता। इस तरह रामकथा-विषयक

आख्यान-काव्य का एक ही मूल स्रोत रह जाता है अर्थात् एक ऐतिहासिक घटना। इस प्राचीन आख्यान-काव्य के आधार पर वाल्मीकि ने रामायण की रचना की है (दे० अनु० १३०)।

७६६. बौद्ध त्रिपिटक की एकाध गाथाएँ और सम्भवत: **महाभारत** के द्रोण तथा शान्तिपर्व को अत्यन्त संक्षिप्त रामकथाएँ वाल्मीकि के पूर्व के रामकथा-सम्बन्धी आख्यान-काव्य पर निर्भर हैं। बौद्ध रामकथाओं के केवल पाली अथवा चीनी भाषाओं में सुरक्षित रहने के कारण इनका रामकथा के विकास पर कोई प्रभाव नहीं पड़ सका। इनका मूल स्रोत ब्राह्मण रामकथा ही है; किन्तु एक तो वे अत्यन्त संक्षिप्त हैं, दूसरे ये गद्य में लिखी हैं, इससे इन पर वाल्मीकि रामायण की छाप स्पष्ट नहीं है। इनका आधार प्राचीन आख्यान-काव्य हो सकता है। शेष प्राचीन रामकथा-साहित्य रामायण पर समाश्रित है। महाभारत का रामोपाख्यान वाल्मीकिकृत आदिरामायण पर निर्भर है (दे० अनु० ४८)। जैन रामकथा में न केवल मिथ्या ब्राह्मण रामकथा का उल्लेख है (दे० अनु० ५७) वरन् इनके कथानक के निरीक्षण से स्पष्ट है कि जैन कवि वाल्मीकि रामायण से भलीभाँति परिचित थे तथा उन्होंने इसकी कथावस्तु के कई प्रसंगों को जानबूझकर बदलकर एक नया रूप दिया है। उदाहरणार्थ—वज्रमुख की कन्या लंकादेवी का वृत्तान्त (दे० अनु० ५३६); नल द्वारा समुद्र, सेतु तथा सुवेल नामक राजाओं की पराजय (दे० अनु० ५७३); द्रोणमेघ की कन्या विशल्या द्वारा लक्ष्मण की चिकित्सा करने का प्रसंग (दे० अनु० ५९६)। संस्कृत तथा आधुनिक भारतीय भाषाओं के साहित्य पर वाल्मीकि के प्रभाव के विषय में किसी सन्देह का अवकाश नहीं रह जाता। विदेशी रामकथा-साहित्य का मूल स्रोत भी वाल्मीकीय रामकथा ही है किन्तु इस पर वाल्मीकि के बाद भारत में विकसित रामकथा का सीधा प्रभाव पड़ा है अत: इन विदेशी रामकथाओं में वाल्मीकि से पर्याप्त विभिन्नता पायी जाती है। इन रचनाओं के विश्लेषण से स्पष्ट हो गया है कि उनमें कोई ऐसा महत्त्वपूर्ण परिवर्तन नहीं किया गया है, जिसका सूत्रपात भारतीय साहित्य में विद्यमान न हो।

७६७. अत्यन्त विस्तृत भारतीय तथा विदेशी रामकथा-साहित्य में कहीं-कहीं परस्पर विरोधी बातें मिलती हैं। इस विरोध का साम्प्रदायिक साहित्य में इस प्रकार समन्वय किया गया है कि विभिन्न कल्पों में कोटि-कोटि रामावतार प्रकट हुए हैं और इन असंख्य अवतारों के कारण रामचरित में विभिन्नता आ गयी है :

पुनः पुनः कल्पभेदाज्जाताः श्रीराघवस्य च।
अवताराः कोटिशोऽत्र तेषु भेदः क्वचित्क्वचित्॥ २९॥

(आनन्द रामायण, पूर्णकाण्ड, सर्ग ७)

इसके अतिरिक्त वाल्मीकि को इन विभिन्न रामकथाओं का रचयिता कहा गया है। **मत्स्यपुराण** (५३, १०), **अद्भुत रामायण** (सर्ग १), **आनन्द रामायण** (यात्राकाण्ड, सर्ग २; राज्यकाण्ड, सर्ग १), **पद्मपुराण** (४,१,२४) आदि में एक वाल्मीकिकृत **शतकोटिश्लोक रामायण** का उल्लेख मिलता है, जिसके विभाजन से विभिन्न **रामायणों** की उत्पत्ति मानी गयी है। इस प्रकार साम्प्रदायिक साहित्य में रामकथाओं का मूल स्रोत एक ही शतकोटिश्लोक रामायण माना गया है।[१] किन्तु विभिन्न अवतारों के कारण रामकथाओं में मौलिक भेद स्वीकार किया गया है। कई आधुनिक समालोचकों की भी यह धारणा है कि प्राचीनकाल से अनेक सर्वथा स्वतंत्र रामकथाएँ प्रचलित थीं। किन्तु एक ओर इस प्रकार की रामकथाओं के

१. विष्णुपुराण (३, ४, १) में वैदिक मंत्रों की संख्या 'शतसहस्र' मानी गयी है तथा मत्स्यपुराण (५३, १०) में 'शतकोटिप्रविस्तर' पौराणिक साहित्य की चर्चा है।

अस्तित्व के **बहिरंग** प्रमाण नहीं दिये जा सकते हैं; दूसरी ओर **अन्तरंग** प्रमाण भी नहीं मिलते क्योंकि प्रस्तुत निबन्ध में जो अत्यन्त विस्तृत रामकथा-साहित्य की समस्त विभिन्नताओं का तुलनात्मक अध्ययन किया गया है उससे स्पष्ट है कि वाल्मीकिकृत रामायण के तत्त्वों को लेकर ही इनका धीरे-धीरे क्रमिक विकास हुआ है। अतः **वाल्मीकिकृत रामायण** ही समस्त प्रचलित रामकथा-साहित्य का मूल स्रोत प्रमाणित होता है।

७६८. रामायण के **प्रामाणिक काण्डों** (अर्थात् अयोध्याकाण्ड से लेकर युद्धकाण्ड तक) के कथानक पर आदिकवि की छाप इतनी स्पष्ट है तथा इनमें आधिकारिक कथावस्तु की गति इस प्रकार अबाध रूप से आगे बढ़ रही है कि बाद की रामकथाओं में इन काण्डों के कथानक का अपेक्षाकृत कम विकास हुआ है। अर्वाचीन रामकथा-साहित्य में वास्तविक सीता के स्थान पर एक माया-सीता का हरण वर्णित है; किन्तु इस महत्त्वपूर्ण परिवर्तन का कारण स्पष्टतया आदर्शवाद तथा भक्ति-भावना है। इसके अतिरिक्त माया-सीता के इस वृत्तान्त का क्रमिक विकास देखकर किसी स्वतंत्र रामकथा की कल्पना नितान्त निर्मूल सिद्ध हो जाती है (दे० अनु० ५०१-५०८)।

रामायण के **प्रक्षिप्त काण्डों** (अर्थात् बालकाण्ड तथा उत्तरकाण्ड) की कथावस्तु की अर्वाचीन रामकथाओं में अवश्य बहुत कुछ विभिन्नता पायी जाती है; विशेषकर सीताजन्म, हनुमान् की जन्मकथा, सीतात्याग, कुशलव-चरित तथा रामकथा के निर्वहण में। किन्तु इन प्रसंगों से सम्बन्ध रखनेवाली सामग्री के अध्ययन से यह धारणा दृढ़ हो जाती है कि वाल्मीकीय कथा से ही उनका क्रमिक विकास हुआ है।

७६९. सीताजन्म-विषयक अनेक प्रकार की सर्वथा विभिन्न कथाएँ प्रचलित हो गयी हैं। जनक, रावण और दशरथ, तीनों सीता के पिता माने गये हैं। विभिन्न रामकथाओं की प्राचीनता का ध्यान न रखने के कारण अनेक विद्वानों ने इस समस्या को सुलझाने के लिए बहुत चिन्त्य मत प्रस्तुत किये हैं। इनके अनुसार सीता पहले दशरथ की पुत्री, इसके बाद रावण की पुत्री मानी गयी हैं, और अन्त में अयोनिजा सीता की कल्पना की गयी है।

दशरथ-जातक के अनुसार सीता दशरथ की औरस पुत्री तथा राम-लक्ष्मण की सहोदरी बहन हैं। इस जातक की समस्या का पूरा विश्लेषण प्रस्तुत निबन्ध के छठे अध्याय में किया गया है। इससे स्पष्ट हुआ है कि दशरथ-जातक की रामकथा न केवल ब्राह्मण रामकथा का विकृत रूप है, वरन् उसका रचनाकाल वाल्मीकि के बहुत-सी शताब्दियों बाद माना जाना चाहिए। सीता की जन्मकथाओं का एक अन्य वर्ग मिलता है जिसमें सीता या तो रावणात्मजा मानी गयी है या जनक को प्राप्त होने के पूर्व इनका किसी-न-किसी तरह लंका से सम्बन्ध स्थापित किया गया है। इन जन्मकथाओं पर रामायण के उत्तरकाण्ड में वर्णित वेदवती के वृत्तान्त की गहरी छाप प्रायः स्पष्ट दिखलायी पड़ती है। इसके अतिरिक्त ये सभी जन्मकथाएँ रामायण में वर्णित भूमिजा सीता के अलौकिक जन्म-वृत्तान्त को स्वीकार करती हैं अतः यह सिद्ध होता है कि वाल्मीकि रामायण की सामग्री से ही सीता की विभिन्न जन्मकथाओं का क्रमिक विकास हुआ है (दे० अनु० ४०५-४२८)।

७७०. हनुमान् के जन्म के विषय में भी अनेक कथाएँ प्रचलित हैं जो सर्वथा भिन्न प्रतीत होती हैं, किन्तु इनका क्रमिक विकास अस्पष्ट नहीं है। हनुमान् की जन्मकथा का प्राचीनतम तथा सबसे व्यापक रूप **वाल्मीकि रामायण** में सुरक्षित है; इसके अनुसार वह वायु तथा अंजना के पुत्र हैं। सम्भवतः आठवीं शताब्दी और निश्चित रूप से दसवीं शताब्दी से लेकर

हनुमान् शिव के अवतार माने जाने लगे। इस कथा की उत्पत्ति अत्यन्त स्वाभाविक प्रतीत होती है। रामायण की आधिकारिक कथावस्तु में शिव के लिए कोई स्थान नहीं था। रामकथा की लोकप्रियता को देखकर शैव इसकी अवहेलना न कर सके, अत: उन्होंने हनुमान् को शिव का अवतार मान लिया। हनुमान् की इस जन्मकथा का प्रारम्भिक रूप रामायण के वृत्तान्त से सीधा सम्बन्ध रखता है, लेकिन आगे चलकर शिव से हनुमान् के उत्पन्न होने की अन्य कथाओं की भी कल्पना कर ली गयी है।

इन समस्त जन्मकथाओं में हनुमान् की माता अंजना (अंजनी) हैं और एकाध कथाओं को छोड़कर वायु उनकी उत्पत्ति में सहायक माने जाते हैं (दे० अनु० ६६३-६७९)। अत: हम निश्चयपूर्वक कह सकते हैं कि हनुमान् की कोई ऐसी जन्मकथा नहीं मिलती जो वाल्मीकि रामायण की कथा से अलग, स्वतंत्र रूप से विकसित हुई हो।

७७१. सीतात्याग की कथाओं में पर्याप्त विभिन्नता पायी जाती है, किन्तु इनके विकास की रूपरेखा इतनी स्पष्ट है कि इनके लिए स्वतंत्र रामकथाओं का आश्रय लेना नितान्त अनावश्यक है। इस त्याग के तीन व्यापक कारण माने गये हैं। सामान्य लोकापवाद के बाद इसका एक विशेष उदाहरण (धोबी की कथा) प्रस्तुत किया गया है। बाद की अनेक रामकथाओं में जनसाधारण के मनोविज्ञान के अनुकूल एक नयी कथा की कल्पना कर ली गयी है, अर्थात् सीता के पास रावण का चित्र। सीताहरण के अन्तिम रूप में केवल एक माया-सीता का हरण होता है; इसी तरह सीतात्याग की कथा की परिणति भी यह है कि सात्त्विकी सीता अदृश्य रूप से राम के वामांग में निवास करती हैं और केवल इनकी रजस्तमोमयी छाया का परित्याग होता है (दे० अनु० ७१४-७३४)।

७७२. कुश-लव-चरित तथा रामकथा के निर्वहण में जो विभिन्नता पायी जाती है वह भी स्वाभाविक विकास का परिणाम मानी जा सकती है। 'कुश' शब्द के कारण ही वाल्मीकि द्वारा कुश घास से कुश की सृष्टि की कथा उत्पन्न हुई होगी (दे० अनु० ७४३-७४५)। वाल्मीकि रामायण के उत्तरकाण्ड के अनुसार कुश-लव वाल्मीकि के साथ राम के अश्वमेध की यज्ञभूमि में पहुँचकर रामायण का गान करते हैं। इनके वहाँ पहुँचने का कोई विशेष कारण नहीं बताया जा सकता है। बाद की रामकथाओं में कुश-लव की वीरता दिखलाने के उद्देश्य से रामाश्वमेध के पूर्व राम-सेना से इनके युद्ध का वर्णन किया गया है (दे० अनु० ७४६-७५१)।

वाल्मीकिकृत आदिरामायण राम के अभिषेक तथा उनके ऐश्वर्यशाली राज्य के वर्णन पर समाप्त होता था। इस सुखान्त कथावस्तु में आगे चलकर उत्तरकाण्ड जोड़ दिया गया जिससे प्रचलित वाल्मीकि रामायण दु:खान्त हो गया। इसका स्वाभाविक परिणाम यह हुआ कि बाद की कई रामकथाओं को पुन: सुखान्त बना देने का प्रयत्न किया गया है (दे० अनु० ७५२-७५७)।

अत: अत्यन्त विस्तृत रामकथा-साहित्य में जो वैभिन्य आ गया है वह वाल्मीकिकृत रामायण के विकास तथा उसके कथानक पर विभिन्न प्रभावों का परिणाम माना जा सकता है। वाल्मीकि रामायण से स्वतंत्र, प्राचीनकाल से जनसाधारण में प्रचलित, सर्वथा भिन्न कथाओं का अस्तित्व मानने की कोई आवश्यकता नहीं प्रतीत होती है।

३—प्रक्षिप्त सामग्री की सामान्य विशेषताएँ

७७३. निबन्ध के द्वितीय भाग में प्रचलित वाल्मीकि रामायण के मुख्य प्रक्षेपों का उल्लेख तथा उनकी सामान्य विशेषताओं का वर्गीकरण किया गया है (दे० अनु० १३८)।

निम्नलिखित **प्रक्षेप** विशेष रूप से उल्लेखनीय हैं—समस्त बालकाण्ड और उत्तरकाण्ड; रामावतार-विषयक सामग्री; कनकमृग का वृत्तान्त; वानरों के प्रेषण के पूर्व का दिग्वर्णन; लंका-दहन; हनुमान् की हिमालय-यात्रा; सीता की अग्निपरीक्षा, पुष्पक में अयोध्या की वापसी यात्रा। प्रामाणिक काण्डों के मुख्य प्रक्षेपों का यथास्थान निरूपण किया गया है (अनु० ४३१, ४५७, ५११, ५३० और ५६१-५६६)। प्रत्येक खण्ड के विश्लेषण में वाल्मीकि रामायण के तीन पाठों की विभिन्नता का भी ध्यान रखा गया है क्योंकि इससे भी प्रक्षेपों का पता चलता है (अनु० ३३२, ४३०, ४५६, ५१०, ५२९ और ५५७-५६०)।

७७४. प्रबन्ध के चतुर्थ भाग में रामकथा के विभिन्न प्रसंगों तथा उपकथाओं के विकास का निरूपण किया गया है। प्रचलित वाल्मीकि रामायण के दृष्टिकोण से मुख्य **परिवर्तन** तथा **परिवर्द्धन** निम्नलिखित हैं। **बालकाण्ड** के कथानक में—अहल्या-उद्धार का विकास (अनु० ३४४-३४८); अवतारवाद का विकास (अनु० ३५९-३६५); राम का बालचरित तथा उस पर कृष्ण की बाललीला का प्रभाव (अनु० ३७५-३८९); सीता-स्वयंवर का नवीन रूप जिसके अनुसार राम अन्य राजाओं की और बाद में रावण की उपस्थिति में धनष चढ़ाते हैं (अनु० ३९४-३९९): राम-सीता के पूर्वानुराग का वर्णन (अनु० ४०३); सीता-जन्म-विषयक कथाओं का बाहुल्य (अनु० ४०५-४२८)। **अयोध्याकाण्ड** से **युद्धकाण्ड** तक के कथानक में—माया-सीता का हरण (अनु० ५०१-५०८), बालि-सुग्रीव की जन्मकथा (अनु० ५१३-५१४); महिरावण का वृत्तान्त (अनु० ६१४)। **उत्तरकाण्ड** के कथानक में सौदास की कथा (अनु० ६२१-६२६); शम्बूक-वध (अनु० ६२८-६३२); सीता द्वारा सहस्रस्कन्ध रावण का वध (अनु० ६३९); **रावणचरित** (अनु० ६४२-६५५); हनुमान् की जन्मकथा तथा उनके चरित्र-चित्रण का विकास (अनु० ६५६-७१३); सीतात्याग की कथा का क्रमिक विकास (अनु० ७१४-७३४); कुश-लव-चरित (अनु० ७३५-७५१); रामकथा के निर्वहण के विभिन्न रूप (अनु० ७५२-७५७)।

७७५. प्रचलित **वाल्मीकि रामायण** के प्रामाणिक काण्डों में जो प्रक्षेप किये गये हैं, वे (कनकमृग की कथा, लंकादहन तथा अग्निपरीक्षा को छोड़कर) अधिकांश पुनरुक्ति मात्र हैं। बाद की रामकथाओं में भी माया-सीताहरण को छोड़कर इस सामग्री में कोई महत्त्वपूर्ण परिवर्तन नहीं मिलता। इसका कारण यह है कि प्रामाणिक काण्डों की सुव्यवस्थित कथावस्तु पर वाल्मीकि की प्रतिभा की गहरी छाप थी। **बालकाण्ड** तथा **उत्तरकाण्ड** के कथानक का अत्यधिक विकास हुआ है क्योंकि इन प्रक्षिप्त काण्डों की प्रारम्भ से ही कोई विशेष एकता नहीं थी।

७७६. अतिशयोक्ति का अभाव[१], सन्तुलन तथा स्वाभाविकता वाल्मीकिकृत **आदिरामायण** के विशेष गुण हैं किन्तु नवीन सामग्री में **कृत्रिमता, अद्‌भुत रस** की प्रधानता तथा **अलौकिक घटनाओं** का बाहुल्य पाया जाता है। उदाहरणार्थ—

(१) प्रक्षिप्त **बालकाण्ड** में दशरथ-यज्ञ; पौराणिक कथाएँ; भूमिजा सीता की जन्मकथा तथा परशुराम-तेजोभंग;

---

१. पात्रों की आयु-विषयक अतिशयोक्तियाँ प्राय: बालकाण्ड तथा उत्तरकाण्ड में ही मिलती हैं। अयोध्याकाण्ड के दाक्षिणात्य पाठ में दशरथ को 'अनेक वर्ष-साहस्त्र' (सर्ग २, २१) कहा गया है किन्तु अन्य पाठों के समानान्तर स्थलों पर 'अनेक वर्षशतिक' (गौ० रा० २, १, २५) अथवा 'गतश्च सुमहान् कालो वृद्धश्चासि' (प० रा० २, ३, ४२) पाठ मिलता है।

(२) **प्रामाणिक** काण्डों में ये प्रक्षेप—काक, जयन्त तथा कनकमृग के वृत्तान्त; लंकादेवी से हनुमान् का युद्ध; लंकादहन; हनुमान् की हिमालय-यात्राएँ; राम के माया-शीर्ष का वृत्तान्त; सीता की अग्निपरीक्षा; पुष्पक में अयोध्या की वापसी-यात्रा;

(३) प्रक्षिप्त **उत्तरकाण्ड** में रावण की विजय-यात्राएँ; हनुमान् तथा बालि-सुग्रीव की जन्मकथाएँ; शम्बूक-वध; सीता का भूमि-प्रवेश। यहाँ तक कि उत्तरकाण्ड को अलौकिक कथाओं का संग्रह कहा जा सकता है।

परवर्ती रामकथाओं में भी वही प्रवृत्ति परिलक्षित होती है। उदाहरणार्थ—रामजन्म के अवसर पर अलौकिक घटनाएँ (अनु० ३७५); राम का अपना दिव्य रूप प्रकट करना (अनु० ३७५, ३७६, ६९१, ३५१,५१२, ५९८, ३८१); पद्म, रक्त, अग्नि, फल अथवा वृक्ष से सीता की उत्पत्ति (अनु० ४१८-४२५); बालि-सुग्रीव (अनु० ५१३-५१४) तथा हनुमान् की विविध जन्मकथाएँ (अनु० ६६८, ६७०, ६७४, ६७८); राक्षसों का रामकथा के अन्य पात्रों का रूप धारण करना (४५२, ४९४, ४९६, ६०९); शूर्पणखा (अनु० ४९३) अथवा रावण (अनु० ४९७) का कनकमृग बन जाना; सरस्वती का हस्तक्षेप (अनु० ४५२,४५४, ५९४ टि० ६४९); मायासीता का हरण (अनु० ५०४-५०७) तथा अवास्तविक सीतात्याग (अनु० ७३०-७३३); वाल्मीकि द्वारा कुश की सृष्टि (अनु० ७४३-७४५); सीता द्वारा सहस्रस्कन्ध रावण आदि का वध (अनु० ६३९-६४१); लक्ष्मण का १४ वर्ष तक उपवास और जागरण (अनु० ४६१); भानुराज, भस्मलोचन आदि का युद्ध (अनु० ६१२-६१३); महिरावण का वृत्तान्त (अनु० ६१४); हनुमान् की वीरता-विषयक कथाएँ (अनु० ६८४-६८७); हनुमान् के जन्मजात आभूषणों का वृत्तान्त (अनु० ५१२); जटायु (अनु० ४७०), रावण (अनु० ५९८) और इन्द्रजित् (अनु० ५९३) के मर्मस्थानों की कल्पना।[१]

७७७. अवतारवाद एवं भक्ति के विकास के कारण रामकथाओं में अलौकिकता की मात्रा बहुत ही बढ़ गयी है। राम को मुक्तिदाता के रूप में चित्रित करने के उद्‌देश्य से विभिन्न पात्रों के उद्धार का अथवा उनके शाप की अवधि के अन्त का सम्बन्ध राम से (अथवा राम-दूतों से) स्थापित किया गया है। इस प्रकार निम्नलिखित **पात्रों की मुक्ति** का उल्लेख किया गया है—अहल्या (३४८), ब्रह्मराक्षस वात्या (३८०), मृगया में मारे गये पशु (३८३), गुह (३८४), ताटका (३८९), जटायु (४७१), विराध (४५८), कबन्ध (४७३), मारीच (४९९), शबरी (४७८), बालि (५२०), स्वयंप्रभा (५२६), सम्पाति (५२७), शुक और गौतम (६२५), लंकादेवी (५३५), ग्राही (५८७),कुम्भकर्ण (५८९), इन्द्रजित् और सुलोचना (५९४), रावण (५९९), रावण का पुत्र वीरबाहु तथा विभीषण का पुत्र तरणीसेन (अनु० २८५, ३), हनुमान् (६६६ टि०), शम्बूक (६२९, ६३०)।

७७८. नवीन सामग्री की एक अन्य विशेषता यह है कि इसमें कथावस्तु की मुख्य घटनाओं का **कारण-निर्देश** करने का प्रयत्न किया गया है। रामावतार (अनु० ३६६-३७३), राम-वनवास (अनु० ४३३), सीताहरण (अनु० ४८९), रावण-वध (अनु० ४१०-४२५) और सीतात्याग (अनु० ७२५-७२९) के परोक्ष कारणों के विषय में विभिन्न शापों और वरों की कल्पना कर ली गयी है। प्राय: सभी मुख्य पात्रों को वर अथवा शाप दिये जाने की कथाएँ मिलती ही हैं; उदाहरणार्थ विष्णु (३७०-३७३), राम (४४६, ४६९, ७२६), लक्ष्मी (३७३), सीता (७२७-७२८, ४८९), दशरथ (४३३), कैकेयी (४४७-४४९, ४५१), रावण (६५४), कुम्भकर्ण (६४९), हनुमान्

१. यह सूची सुगमता से बढ़ाई जा सकती है। निम्नलिखित अनुच्छेदों की सामग्री में अलौकिकता अधिक स्पष्ट है—३३७, ३८१, ४४७,४७५,४७९,५००, ५०२, ५७३-५७९, ५९४, ५९९,६५०, ७२४।

(६६६, ६९३-६९५), अहल्या (३४६), नल (५७५), सौदास (६२४)। पात्रों के पूर्वजन्म की कथाएँ भी कारण-निर्देश विषयक सामग्री के अन्तर्गत रखी जा सकती हैं; जैसे निम्नलिखित पात्रों के पूर्वजन्म से सम्बन्ध रखनेवाले वृत्तान्त : राम-लक्ष्मण (अनु० ३६३), सीता (४१०), रावण-कुम्भकर्ण (६४८), दशरश-कौशल्या (३६७-३६९), काक भुशुण्डी (३८१), गुह (३८४), मन्थरा (४५४), शुक (६२५), अन्धमुनि (४३३), जटायु (४७२) तथा शबरी (४८१)।

७७९. विश्व भर के कथा-साहित्य में पात्रों के नामों पर आधारित विविध वृत्तान्त मिलते हैं जिनमें **नाम का कारण-निर्देश** किया जाता है (एटिमोलोजिकल लेजेण्ड्स)। नाम पहले ही प्रसिद्ध हो जाता है, कथा की कल्पना बाद में की जाती है। अत: वास्तव में कथा नाम का कारण नहीं होती, प्रत्युत नाम ही कथा का कारण होता है। सीता की विभिन्न जन्मकथाओं में इस प्रवृत्ति के अनेक उदाहरण मिलते हैं। 'सीता' शब्द का अर्थ है लांगल-पद्धति; भूमिजा सीता के अलौकिक जन्म की कथा इस अर्थ पर आधारित प्रतीत होती है (दे० अनु० ४०८)। 'सीताफल' के आधार पर एक कथा की कल्पना की गयी है जिसके अनुसार सीता एक फल से उत्पन्न हुई थीं (दे० अनु० ४२३)। अवतारवाद के विकास में लक्ष्मी सीता के रूप में अवतरित मानी गयी हैं, अत: पद्मा (लक्ष्मी का एक नाम) के कारण पद्मजा सीता की कथा उत्पन्न हुई है (दे० अनु० ४१९)। जैन साहित्य के अनुसार जनक की पुत्री में गुणरूपी धान्य (गुणसस्य) का बाहुल्य था; अत: भूमि की समानता होने के कारण उसका नाम सीता रखा गया—**भूमिसाम्येन सीता** (पद्म-चरित २६, १६६)। प्रचलित वाल्मीकि रामायण के प्रक्षेपों में निम्नलिखित नामों का कारण-निर्देश मिलता है हनुमान् (अनु० ६६४), रावण (अनु० ६५३), राक्षस और यक्ष (अनु० ६४४), मेघनाद और इन्द्रजित् (अनु० ६५०), कुश-लव (अनु० ७३९), बालि-सुग्रीव (अनु० ५१३), कल्माषपाद (अनु० ६२४), दण्ड (अनु०४७२), सरमा (अनु० ५४६), अहल्या (७, ३०, २२), क्षुप (गोविन्द पाठ ७, ७६, ४२), निमि (७, ५७, १४), मिथि (६, ५७, १९), विश्रवा (७, २, ३१), वेदवती (७, १७, ९), सगर (१, ७०, ३७), सुर और असुर (१, ४५, ३६-३७)।

परवर्ती रामकथा-साहित्य में भी नामों की व्युत्पत्ति पर आधारित अनेक कथाएँ मिलती हैं; उदाहरणार्थ हनुमान् (अनु० ६६९ और ७११), वाल्मीकि (अनु० ३२), वेदवती (अनु० ४१०), कुश (अनु० ७४३) तथा पउमचरियं में रावण (७, ९३), विराधित (९, २२) और भामण्डल (२६, ८७) के नामों का कारण-निर्देश।

७८०. तीर्थों का माहात्म्य दिखलाने के उद्देश्य से उनका सम्बन्ध रामकथा के प्रधान पात्रों के साथ स्थापित किया गया है। राम की तीर्थयात्राओं के अतिरिक्त (अनु० १७८, ३८५, ४३५, ६३७) रामकथा-साहित्य में गोकर्ण, श्रीरंगम् (अनु० ६३५) आदि तीर्थों के विषय में अनेक वृत्तान्त मिलते हैं।

रावण ने अपने भाइयों के साथ **गोकर्ण** में तपस्या की थी (अनु० ६४९) तथा महादेव से आत्मलिंग प्राप्त कर उसे गोकर्ण में पृथ्वी पर रखकर खो दिया था (अनु० ६५०)।

वाल्मीकि रामायण के दाक्षिणात्य पाठ के अनुसार राम ने विभीषण को उपदेश देकर कहा कि इक्ष्वाकुकुल के देवता जगन्नाथ की आराधना करो—**आराधय जगन्नाथमिक्ष्वाकुकुलदैवतम्** (७, १०८, २७)। परवर्ती साहित्य में माना गया है कि राम ने विभीषण को रंगनाथ की मूर्ति प्रदान की थी और विभीषण ने उसे **श्रीरंगम** में छोड़ दिया था।[1]

---

१. दे० पद्मपुराण (६, २७१, ६४), तत्त्वसंग्रह रामायण (७, १४), पाश्चात्य वृत्तान्त नं० २, रामलिंगामृत सर्ग १६।

वाराहपुराण (अनु० १५७) तथा आनन्द रामायण (७, ३, ४२-४५) के अनुसार रावण ने इन्द्र को पराजित कर उनके यहाँ से **वाराहमूर्ति** को ले जाकर उसे लंका में स्थापित किया था। विभीषण ने उसे राम को प्रदान किया तथा राम ने उसे **मथुरा** में स्थापित करने के लिए शत्रुघ्न को दे दिया। ब्रह्मपुराण (अनु० १५९) के अनुसार रावण ने अमरावती से **वासुदेवप्रतिमा** की चोरी की थी; राम ने उसे अयोध्या ले जाकर अपने स्वर्गारोहण के पूर्व समुद्र को अर्पित किया था। कृष्णावतार के समय सागर ने उसे निकालकर पुरुषोत्तमक्षेत्र में स्थापित किया था।

पद्मपुराण में **वामन** की मूर्ति के विषय में लिखा है कि राम ने उसे विभीषण से प्राप्त कर कान्यकुब्ज में स्थापित किया था (अनु० ६३५)।

७८१. आदिरामायण के **वक्ता** वाल्मीकि ही हैं किन्तु प्रचलित बालकाण्ड के प्रथम सर्ग के अनुसार नारद ने वाल्मीकि को रामकथा का संक्षिप्त वर्णन सुनाया था और इसके आधार पर वाल्मीकि ने रामायण की रचना की थी। बाद की रामकथाएँ प्राय: संवाद के रूप में प्रस्तुत की गयी हैं। महात्मा बुद्ध जातकों के वक्ता हैं (अनु० ५१); रामोपाख्यान मार्कण्डेय द्वारा युधिष्ठिर को सुनाया गया था (अनु० ४७) और जैन पउमचरियं भी **सेणिय-गोयम**-संवाद के रूप में दिया गया है (अनु० ६०)। इसी तरह साम्प्रदायिक संस्कृत रामायण तथा अन्य भारतीय भाषाओं के राम-काव्य प्राय: संवाद तथा उपसंवाद के रूप में मिलते हैं। उदाहरणार्थ—योगवासिष्ठ, अध्यात्म रामायण, अद्भुत रामायण, आनन्द रामायण, सत्योपाख्यान, 'हिन्दुत्व' में उल्लिखित रामायण (अनु० १९२-२१०), काश्मीरी रामायण, रामचरितमानस, रंगनाथ रामायण, बलरामदास रामायण।

४—विविध प्रभाव

क। जैनी रामकथाओं का प्रभाव

७८२. जैनी रामकथाओं का आधार स्पष्टतया प्रचलित वाल्मीकि रामायण है किन्तु जैनी कवियों ने ब्राह्मण रामकथा को अपनाकर उसमें बहुत-से परिवर्तन किये हैं। इनमें से कई परिवर्तन आगे चलकर अन्य रामकथाओं में भी आ गये हैं। **पउमचरियं** के निम्नलिखित वृत्तान्त अर्वाचीन रामकथाओं में व्यापक रूप से पाये जाते हैं।

— सीता-स्वयंवर के अवसर पर अन्य राजाओं की उपस्थिति में राम द्वारा धनुर्भंग (अनु० ३९४)।
— कैकेयी का पश्चात्ताप (अनु० ४५२, ४५३।
— लंका में विभीषण से हनुमान् की भेंट (अनु० ५३८)।
— लक्ष्मण द्वारा शूर्पणखा के पुत्र का वध (अनु० ६३१)।
— युद्ध के पूर्व राक्षस-राक्षसियों के सम्भोग-शृंगार का वर्णन (अनु० ६११)।
— राम-सेना से कुश-लव का युद्ध (अनु० ७४६)।

इसके अतिरिक्त **वसुदेवहिण्डि** प्राचीनतम रचना है जिसमें सीता रावण की पुत्री मानी गयी है (अनु० ४१२) और उपदेशपद में पहले-पहल सीतात्याग के वृत्तान्त में रावण के चित्र का उल्लेख किया गया है (अनु० ७२२)।

ख। शैव प्रभाव

७८३. वाल्मीकि रामायण के युद्धकाण्ड में राम द्वारा शिवप्रतिष्ठा का जो निर्देश किया गया है वह केवल दाक्षिणात्य पाठ में मिलता है और इसलिए प्रक्षिप्त माना जाता है। उत्तरकाण्ड

में रावण के शिव-भक्त होने का उल्लेख है (अनु० ६५३) किन्तु वह उल्लेख भी प्रक्षिप्त प्रतीत होता है क्योंकि रावण तथा उसके भाइयों की तपस्या के अन्त में ब्रह्मा उनको वरदान प्रदान करते हैं (अनु० ६४९)। अत: अधिक सम्भव यह है कि रामायण में पहले शिव का कोई उल्लेख नहीं था, उत्तरकाण्ड के अन्तिम रूप से रामकथा के विकास पर शैव प्रभाव पड़ने लगा था। बाद में यह प्रभाव विशेष रूप से निम्नलिखित प्रसंगों में स्पष्ट दिखायी देने लगा—ब्रह्मा के स्थान पर शिव से ही रावण की वर-प्राप्ति (अनु० ६४९); राम द्वारा सेतु पर शिवप्रतिष्ठा (अनु० ५८०); शिव का हनुमान् के रूप में अवतरित होना (अनु० ६७०)।

प्राय: समस्त परवर्ती रामकथाओं में रावण की **शिवभक्ति** का उल्लेख किया गया है (अनु० ६५३ और ५८४)। बहुत-से अन्य पात्रों का शैव होने अथवा शिवलिंग की पूजा करने का भी निर्देश किया गया है; उदाहरणार्थ—अहल्या (अनु० ३४८)। परशुराम (अनु० ३५०); दशरथ (अनु० २१५); विभीषण (रामायण ककविन, सर्ग १२)।

७८४. सेतु पर शिवप्रतिष्ठा के अतिरिक्त राम की **शिवभक्ति** के विषय में पर्याप्त सामग्री मिलती है। **शिवमहापुराण** के अनुसार विष्णु ने शिव की आज्ञा से अवतार लिया था (अनु० १६७)। **पद्मपुराण** (पातालखण्ड, अ० ११३) तथा **सत्योपाख्यान** (उत्तरार्द्ध, अ० १९) में राम शिव से शिवभक्ति का वरदान माँगते हैं। कई रचनाओं में राम की वर्षाकालीन शिवपूजा का वर्णन किया गया है (अनु० ५२३)। **पद्मपुराण** के अनुसार राम ने शिव की सहायता से समुद्र पार किया था (अनु० ५७३)। **रामलिंगामृत** (सर्ग ६ और १०) में रावण का कहना है कि शिव की पूजा करने के फलस्वरूप राम विजय प्राप्त करने में समर्थ हुए। **आनन्द रामायण** तथा अनेक अन्य रामकथाओं में राम तथा शिव की अभिन्नता का भी प्रतिपादन किया गया है (अनु० ३६२)। **रामलिंगामृत** (सर्ग १०) के अनुसार राम ने युद्ध के पूर्व अपना शिवरूप प्रकट किया था तथा **सौरपुराण** (अध्याय ३०) में कहा गया है कि राम ने शंकर के प्रसाद से अपना विष्णुपद पुन: प्राप्त किया था।

ग। शाक्त प्रभाव

७८५. शैव प्रभाव की अपेक्षा रामकथा पर शाक्त प्रभाव कम प्राचीन और कम व्यापक है। इसके विषय में निम्नलिखित प्रसंग उल्लेखनीय हैं—

(१) सीता-पार्वती की अभिन्नता (अनु० ३६५);
(२) लंकादेवी-वृत्तान्त का शाक्त रूप (अनु० ५३७);
(३) सीता द्वारा रावण तथा अन्य राक्षसों का वध (अनु० ६३९-६४१);
(४) राम की विजय के लिए देवी की पूजा।

महाभागवतपुराण (अध्याय ४४, ४६, ४७), **बृहद्धर्मपुराण** (अध्याय २२) तथा **कालिकापुराण** (अध्याय ६२) में राम की विजय के लिये ब्रह्मा द्वारा देवी की पूजा का वर्णन किया गया है। अन्यत्र राम द्वारा देवी-पूजा का उल्लेख मिलता है। **देवीभागवतपुराण** में प्रस्रवण-गिरि पर राम की वर्षाकालीन देवी-पूजा का वर्णन पाया जाता है (अनु० ५२३)। **महाभागवतपुराण** (अध्याय ३९, ४४, ४७ और ४८) में युद्ध के पूर्व राम द्वारा देवी की पूजा का उल्लेख है। **कृत्तिवास रामायण** (६, ९२-१०२) में राम की देवी-पूजा का विस्तृत वर्णन किया गया है। इस पूजा के लिए १०८ नील कमलों की आवश्यकता थी; देवी ने इनमें से एक को चुरा लिया था। इसके स्थान पर राम अपनी आँख समर्पित करने के लिए उद्यत हुए

जिससे देवी ने प्रसन्न होकर राम को विजय का आश्वासन दिया।[१] रसिक सम्प्रदाय (अनु० १५०) के राम-साहित्य पर भी शाक्त प्रभाव पड़ा है।

घ। कृष्णकथा का प्रभाव

७८६. रामकथा के विकास में दो अत्यन्त महत्त्वपूर्ण तत्त्व (अवतारवाद और भक्ति) आ गये जिनके कारण कथा का समस्त वातावरण धीरे-धीरे बदलता गया। कृष्णावतार तथा कृष्णभक्ति के अनुकरण पर ही इन दोनों तत्त्वों का रामकथा में प्रवेश हुआ है।

अवतारवाद का सूत्रपात वैदिक साहित्य में हुआ था, किन्तु उस साहित्य में न तो अवतारवाद में विष्णु का प्राधान्य है और न अवतारों की कोई विशेष पूजा का निर्देश है। कृष्णावतार के कारण अवतारवाद की भावना विष्णु में ही केन्द्रीभूत होने लगी तथा जनता की धार्मिक चेतना में इसका महत्त्व बढ़ने लगा। बाद में राम भी कृष्ण की भाँति विष्णु के अवतार माने जाने लगे (अनु० १४३)। अवतारवाद की तरह भक्तिमार्ग कृष्ण को लेकर विकसित तथा पल्लवित हुआ। बहुत बाद में **रामभक्ति** का आविर्भाव हुआ और जिन रचनाओं में इसका प्रारम्भिक शास्त्रीय प्रतिपादन किया गया वे प्राय: कृष्णभक्ति-विषयक भक्तिशास्त्रों, संहिताओं तथा उपनिषदों के आधार पर लिखी गयी हैं (अनु० १४६-१४८)। कृष्णभक्ति-सम्प्रदायों के अनुकरण पर ही रसिक सम्प्रदाय की उत्पत्ति हुई है (अनु० १५०)।

७८७. कृष्णभक्ति के इस सामान्य प्रभाव के अतिरिक्त रामायण की कथावस्तु पर **कृष्णचरित** का अनेक प्रकार से प्रत्यक्ष प्रभाव भी पड़ा है। राम की **बाललीला** के वर्णन में बहुत-से कवियों ने कृष्ण की बाललीला का सुस्पष्ट अनुकरण किया है (अनु० ३७५, ३७६, ३७९, ३८०)। राम के **विहार** के चित्रण पर भी कृष्णचरित का प्रभाव पड़ा है (अनु० ३५३ और ६३८)। कुछ रचनाओं में कृष्णलीला का अनुकरण और बढ़ा दिया गया है और राम की **रासलीला** तक का वर्णन किया गया है (अनु० १५०, ३८७ और ४४०)। उड़िया नृसिंहपुराण (१८वीं श० ई०) में भी विवाह के पूर्व सरयू-तट पर राम की रासलीला का वर्णन किया गया है (दे० तृतीय रत्नाकर)। राम के मुरलीधर-रूप की कथा (अनु० ५८६) और अयोध्या में आगमन के अवसर पर राम के बहुत-से रूप धारण करने के वृत्तान्त (अनु० ६१०) पर भी कृष्णकथा का प्रभाव माना जा सकता है।

रामकथा के बहुत-से पात्रों का सम्बन्ध **कृष्णचरित के पात्रों** से स्थापित किया गया है। राम तथा कृष्ण की अभिन्नता के अतिरिक्त सीता-सुभद्रा तथा लक्ष्मण-बलभद्र की अभिन्नता का भी प्रतिपादन किया गया है (अनु० ३६२)। सीता के विषय में माना गया है कि वह कृष्णावतार में कृष्ण की पत्नी (रुक्मिणी) बनकर दस पुत्र तथा एक पुत्री उत्पन्न करेंगी (दे० आनन्द रामायण ७, १९, १३८)। इसके अतिरिक्त निम्नलिखित पात्रों की अभिन्नता का उल्लेख मिलता है—मन्थरा और पूतना (अनु० ७५५ टि०), शूर्पणखा और कुब्जा (अनु० ४६९), बालि और भील (अनु० ५२०), अयोध्या का धोबी तथा कंस का धोबी (अनु० ७५५ टि०), जाम्बवान् और जाम्बवती का पिता (तत्त्वसंग्रह रामायण ७, १५ तथा बलरामदास रामायण), वानर और

---

१. दे० निरालाकृत 'राम की शक्तिपूजा'। इस प्रसंग का प्राचीनतम रूप महिम्न:स्तोत्र (छन्द १९) में मिलता है। इसके अनुसार हरि शिव को एक सहस्र कमल अर्पित करता था और एक कम पड़ने पर हरि ने अपना 'नेत्र कमल' निकालकर शिव को चढ़ाया था। रावण को भी इस प्रसंग का नायक बना दिया गया है (अनु० ६४९)। **मेघनादवध** (सर्ग ५) में लक्ष्मण द्वारा देवी-पूजा का वर्णन है।

गोप (आनन्द रामायण ९, ५, ४२)। अनेक रचनाओं में इसका उल्लेख मिलता है कि राम ने दण्डकारण्यवासी कामातुर ऋषियों को आश्वासन दिया था कि वे कृष्णावतार के समय गोपियाँ बनेंगे; उदाहरणार्थ पद्मपुराण का उत्तरखण्ड (२७२, १६६-१६७), बलरामदास रामायण, गर्ग संहिता (गोलोक खण्ड, अध्याय ४ और माधुर्य खण्ड, अध्याय-२), कृष्णोपनिषद् (रामचन्द्रस्य कृष्णावतार प्रतिज्ञा), श्रीहरिभक्तिरसामृतसिन्धु (पूर्व भाग २, ८४)। गर्ग संहिता (गोलोक खण्ड, अध्याय ४ तथा माधुर्य खण्ड, अध्याय ३-७) के अनुसार राम ने मिथिला, कोसल देश तथा अयोध्या की स्त्रियों को गोपियाँ अथवा कृष्ण की पत्नियाँ बन जाने का आश्वासन दिया था। सत्योपाख्यान (पूर्वार्द्ध, अध्याय ३०) में रत्नालका तथा उसके पति को अगले जन्म में यशोदा और नन्द के रूप में जन्म लेने का वरदान मिलता है। उड़ीसा की रामकथाओं में नन्द के विषय में माना जाता है कि वह अपने पूर्वजन्म में दशरथ (सारलादासकृत महाभारत, वनपर्व) अथवा एक गोपाल था जिसने सीता की खोज करनेवाले भूखे राम-लक्ष्मण को दूध देने से यह वरदान प्राप्त किया था कि राम-लक्ष्मण उसके अगले जन्म में उसके पुत्र बन जायेंगे।[१] आनन्द रामायण के अनुसार राम ने नागकन्या, गुणवती विधवा, पिंगला वेश्या तथा सुगुणा दासी को आश्वासन दिया कि वे क्रमशः जाम्बवती (अनु० ६१४), सत्यभामा (४,८,४३), कुब्जा (४,८,५७), तथा राधा (७, २१, ३८) के रूप में प्रकट होंगी। इसके अतिरिक्त राम ने बहुत-सी अन्य स्त्रियों को भी गोपी अथवा कृष्णपत्नी बन जाने का वरदान दिया था; उदाहरणार्थ—देवकन्याएँ (९, ७, ४८), १०० कामपीड़ित स्त्रियाँ (७, ४, ४५-४७), चार ब्राह्मण कन्याएँ (राज्यकाण्ड, सर्ग ११), १६००० क्षत्रिय और वैश्य कन्याएँ (राज्यकाण्ड, सर्ग १२), यमुना (७, १२, ११७)। आनन्द रामायण (४, ७, २१) में यह भी माना गया है कि एकपत्नीव्रत का पालन करने के कारण कृष्णावतार में राम की बहुत-सी पत्नियाँ होंगी तथा इसका भी उल्लेख किया गया है कि ब्राह्मणों को सोलह (४, ७, २६) अथवा एक सौ (५, ४, ५१) सुवर्ण मूर्तियाँ प्रदान करने के पुरस्कारस्वरूप राम को कृष्णावतार में १६००० पत्नियाँ मिलेंगी। **गर्ग संहिता** (माधुर्य खण्ड, अध्याय ८) के अनुसार रामाश्वमेध की स्वर्ण सीताएँ भी गोपियों के रूप में प्रकट हुईं।

५—विकास का सिंहावलोकन

७८८. इक्ष्वाकु-वंश के सूतों द्वारा जिस रामकथा-सम्बन्धी **आख्यान-काव्य** की सृष्टि प्रारम्भ हुई थी, वह चौथी शताब्दी ई०पू० के अन्त तक पर्याप्त मात्रा में प्रचलित हो चुका था (दे० अनु० १३१)। तब वाल्मीकि ने उस स्फुट आख्यान-काव्य के आधार पर रामकथा-विषयक एक विस्तृत प्रबन्ध-काव्य की रचना की। इस वाल्मीकिकृत **आदिरामायण** में अयोध्याकाण्ड से लेकर युद्धकाण्ड तक की कथावस्तु का वर्णन था (दे० अनु० ११५-११६); बौद्ध अभिधर्ममहाविभाषा के अनुसार इसका विस्तार केवल १२००० श्लोक था (दे० अनु० ७९)। आजकल **वाल्मीकि रामायण** के तीन पाठ प्रचलित हैं—दाक्षिणात्य, गौडीय तथा पश्चिमोत्तरीय। यद्यपि इन तीनों पाठों में कथानक के दृष्टिकोण से बहुत अन्तर नहीं है, किन्तु जो श्लोक तीनों पाठों में पाये जाते हैं वे एक-तिहाई से भी कम हैं; इसके अतिरिक्त

१. दे० बलरामदास का अरण्यकाण्ड। सारलादास के महाभारत (सभापर्व और वनपर्व) में इस कथा का पूर्वरूप सुरक्षित है—एक नेत्रहीन गोपाल ने वनवासी राम को दूध पिलाया और पुरस्कारस्वरूप राम ने उसे चंगा कर दिया। सारलादास ने दोनों कथाओं के अन्य पात्रों को भी अभिन्न माना है (दे० अनु० २९२)।

इनका पाठ भी पूर्णतया एक नहीं है (दे० अनु० २२-२६)। इसका कारण यह है कि प्रारम्भ में वाल्मीकिकृत **आदिरामायण** का कोई प्रामाणिक लिखित रूप नहीं मिलता था। वह कई शताब्दियों तक मौखिक रूप से ही प्रचलित था जिससे उसका पाठ स्थिर न रह सका। काव्योपजीवी कुशीलव अपने श्रोताओं की रुचि का ध्यान रखकर लोकप्रिय अंश बढ़ाते रहे। इस प्रकार आदिरामायण का कलेवर बीच के प्रक्षेपों के कारण बढ़ने लगा। इसके अतिरिक्त, राम कौन थे? सीता कौन थीं? इनका जन्म तथा विवाह कब और किस प्रकार हुआ? रावण कौन था? रावण-वध के बाद राम-सीता का जीवन कैसे बीता? उन्हें कितनी सन्तानें उत्पन्न हुईं? आदि, ये अत्यन्त स्वाभाविक प्रश्न थे। **बालकाण्ड** तथा **उत्तरकाण्ड** के प्रारम्भिक रूपों की रचना जनता की उपर्युक्त जिज्ञासा को सन्तुष्ट करने के लिए ही हुई। अतः **विकास का प्रथम सोपान** यह है कि रामकथा की कथावस्तु **रामायण** (राम + अयन अर्थात् राम का पर्यटन) न रहकर पूर्ण रामचरित के रूप में विकसित हुई। उस समय तक रामायण नर-काव्य ही रहा और राम आदर्श क्षत्रिय के रूप में भारतीय जनसाधारण के सामने प्रस्तुत किये गये थे। इसका आभास भगवद्गीता के उस स्थल से मिलता है जहाँ कृष्ण अर्जुन से कहते हैं कि शस्त्र धारण करनेवालों में मैं राम हूँ—**रामः शस्त्रभृतामहम्** (दे० १०, ३१)।

७८९. भागवतों के इष्टदेव वासुदेव कृष्ण सम्भवतः तीसरी शताब्दी ई०पू० से विष्णु के अवतार माने जाने लगे थे, जिससे अवतारवाद की भावना को बहुत प्रोत्साहन मिला था (दे० अनु० १४२)। दूसरी ओर रामायण की लोकप्रियता के साथ-साथ राम का महत्त्व भी बढ़ने लगा था; उनकी वीरता के वर्णन में अलौकिकता भी आ गयी थी। इस प्रवृत्ति की स्वाभाविक परिणति यह हुई कि कृष्ण की भाँति राम भी सम्भवतः पहली शताब्दी ई० पू० से विष्णु के अवतार के रूप में स्वीकृत होने लगे (दे० अनु० १४३)। फलस्वरूप प्रचलित वाल्मीकि रामायण के कई स्थलों पर रामावतार विषयक प्रक्षिप्त सामग्री का समावेश हो गया है। इसके अतिरिक्त बालकाण्ड तथा उत्तरकाण्ड में बहुत-सी पौराणिक कथाएँ भी जोड़ दी गयी हैं जिनमें ब्राह्मणों का प्रभाव स्पष्ट दिखलायी पड़ता है, विशेषकर ऋष्यश्रृंग तथा विश्वामित्र के वृत्तान्तों और शम्बूक-वध, रामाश्वमेध आदि प्रसंगों में (दे० अनु० १३४)। किन्तु उस समय का सबसे महत्त्वपूर्ण परिवर्तन यह हुआ कि राम विष्णु के अवतार माने जाने लगे। अतः रामकथा के **विकास का द्वितीय सोपान** है—रामकथा का आदर्श क्षत्रिय राम का चरित्र मात्र न रहकर विष्णु की अवतार-लीला के रूप में परिणत हो जाना। बौद्ध तथा जैन साहित्य को छोड़कर रामकथा का यह स्वरूप सर्वत्र स्वीकृत हुआ।

फिर भी ध्यान देने योग्य बात यह है कि रामकथा के विकास के इस द्वितीय सोपान में जनसाधारण की धार्मिक चेतना में न तो राम के लिए कोई विशेष स्थान था और न राम के प्रति भक्ति का आविर्भाव हुआ था। राम की भाँति उनके भाई भी विष्णु के अंशावतार माने जाते थे, यद्यपि प्रधान नायक होने के कारण राम को अधिक महत्त्व दिया जाता था। अतः एक ओर उस समय के धार्मिक साहित्य में रामकथा का स्थान अपेक्षाकृत गौण है, दूसरी ओर तत्कालीन ललित साहित्य में इसकी व्यापकता तथा लोकप्रियता अद्वितीय है (दे० अनु० ७६०-७६१)।

अवतारवाद के कारण कथावस्तु में अलौकिकता की मात्रा अवश्य धीरे-धीरे बढ़ने लगी, फिर भी रामकथा का मुख्य दृष्टिकोण धार्मिक न बनकर शताब्दियों तक साहित्यिक ही रहा। यह संस्कृत ललित साहित्य के स्वर्ण-काल के महाकाव्यों तथा नाटकों से स्पष्ट है। रामभक्ति के आविर्भाव के पूर्व रामकथा का यह साहित्यिक रूप विदेश में फैल गया और

उस पर बाद में रामभक्ति का प्रभाव नहीं पड़ा, इसीलिए समस्त विदेशी रामकथा-साहित्य में रामभक्ति का प्राय: अभाव है।

प्रचलित वाल्मीकि रामायण के उत्तरकाण्ड में राम-सीता के विहार का उल्लेख किया गया है। आगे चलकर इस प्रकार के शृंगारिक वर्णनों को अधिक स्थान दिया गया है (दे० अनु० ६३८)। वास्तव में शृंगार-रस की बढ़ती हुई व्यापकता विकास के द्वितीय सोपान के रामकथा-साहित्य की विशेषता है। तत्सम्बन्धी निम्नलिखित प्रसंग अपेक्षाकृत अधिक व्यापक हैं—युद्ध के पूर्व राक्षसों की केलि (अनु० ६११); राम-सीता का पूर्वानुराग (अनु० ४०३) तथा सम्भोगवर्णन (अनु० ३५३)। जानकीहरण, कम्बन-रामायण तथा चक्र कविकृत जानकीपरिणय में दशरथ की क्रीड़ाओं का भी विस्तृत वर्णन किया गया है और बालरामायण की कथावस्तु का मुख्य दृष्टिकोण रावण का विरह है। इसके अतिरिक्त गीतगोविन्द तथा मेघदूत के अनुकरण पर भी रामकथा-विषयक शृंगारिक खण्डकाव्य की रचना की गयी है (दे० अनु० २४९-२५०)।

७९०. भारतीय भक्तिमार्ग का बीजारोपण वैदिक साहित्य में ही हो चुका था किन्तु वह शताब्दियों के पश्चात् ही भागवत धर्म में पल्लवित हो सका। भागवतों के इष्टदेव वासुदेव कृष्ण विष्णु के अवतार माने जाने लगे जिसके फलस्वरूप भक्तिभावना इन्हीं विष्णु-वासुदेव-कृष्ण में केन्द्रीभूत होकर उत्तरोत्तर विकसित होने लगी। बाद में राम भी विष्णु के अवतार माने गये, किन्तु अवतार के रूप में राम के स्वीकृत हो जाने के शताब्दियों बाद **रामभक्ति** का आविर्भाव हुआ। प्रौढ़ रामभक्ति के प्राचीनतम उद्गारों के दर्शन तमिल आल्वारों की रचनाओं में मिलते हैं। इसके बाद १२वीं शताब्दी में रामानुज-सम्प्रदाय के अन्तर्गत रामभक्ति तथा रामोपासना-विषयक संहिताओं तथा उपनिषदों की रचना प्रारम्भ हुई। आगे चलकर रामानन्द तथा रामावत सम्प्रदाय द्वारा रामभक्ति जनसाधारण की धार्मिक चेतना का केन्द्र बन गयी। उस समय बहुत-से साम्प्रदायिक रामायणों की रचना हुई, जिनमें **अध्यात्म रामायण** निर्विवाद रूप से सबसे महत्त्वपूर्ण है (दे० अनु० १४६-१४९)। १४वीं शताब्दी से समस्त भारतीय रामकथा-साहित्य भक्ति-भाव से ओत-प्रोत होता गया और इसका समस्त वातावरण बदल गया। राम विष्णु के अंशावतार न रहकर **परब्रह्म के पूर्णावतार** माने जाने लगे; रामायण की आधिकारिक कथावस्तु अर्थात् सीताहरण तथा रावण-वध को एक नया रूप दिया गया और कथानक के अन्य गौण प्रसंगों का दृष्टिकोण भी बदलने लगा।

वाल्मीकि रामायण, हरिवंश, विष्णुपुराण, वायुपुराण आदि के अनुसार राम, भरत आदि चारों भाई विष्णु के एक-एक चतुर्थांश से समन्वित हैं। भक्ति-भाव के पल्लवित होने के पश्चात् राम परब्रह्म के पूर्णावतार माने जाने लगे और लक्ष्मण, भरत तथा शत्रुघ्न क्रमश: शेष, शंख तथा सुदर्शन के अवतार (दे० अनु० ३६१)। प्राचीन महापुराणों में सीता तथा लक्ष्मी की अभिन्नता का निर्देश नहीं मिलता है। आगे चलकर लक्ष्मी सीता के रूप में अवतरित मानी गयी हैं, किन्तु रामभक्ति के प्रादुर्भाव के पश्चात् सीता परमशक्ति अथवा मूलप्रकृति के रूप में स्वीकृत होने लगीं (अनु० ३६४)।

भक्ति-भाव के कारण रामकथा की आधिकारिक कथावस्तु में भी महत्त्वपूर्ण परिवर्तन होने लगे। सीता राक्षस रावण के वश हुई थीं, यह विचार भक्तों को असह्य और असम्भव-सा प्रतीत होने लगा। अत: उपास्य देवी की मर्यादा की रक्षा के लिए भक्ति-भाव ने सीता की एक छाया मात्र का हरण स्वीकार किया (दे० अनु० ५०४-५०८)। इसी तरह सीतात्याग को भी अवास्तविक बना दिया गया है (दे० अनु० ७३०-७३३)। मूल रामकथा में रावण ने कामवासना

से प्रेरित होकर सीता का हरण किया था और दण्डस्वरूप राम द्वारा पराजित होकर मारा गया था। रामकथा के विकास के द्वितीय सोपान में भी दुष्ट राक्षस रावण का नाश ही रामावतार का मुख्य उद्देश्य है। भक्ति के पल्लवित होने के साथ ऐसी भावना भी उत्पन्न हुई कि कृष्ण अथवा राम का स्मरणमात्र मुक्ति प्रदान करता है चाहे वह वैरभाव से ही क्यों न हो। इसके अतिरिक्त जो कोई कृष्ण अथवा राम द्वारा मारा जाता है वह परम पद प्राप्त कर लेता है। अतः यह माना गया कि रावण ने मोक्ष पाने के उद्देश्य से सीता का अपहरण किया था तथा राम के हाथ से मरकर सायुज्य मुक्ति प्राप्त की थी (दे० अनु० ४८८)। इसी तरह बहुत-से अन्य पात्रों की मुक्ति का उल्लेख किया गया है (दे० अनु० ७७७)।

ऊपर इसका उल्लेख हुआ है कि रामकथा का मुख्य दृष्टिकोण शताब्दियों तक साहित्यिक ही रहा था। प्रस्तुत निरूपण से स्पष्ट है कि १४वीं शताब्दी से इसका समस्त वातावरण धार्मिक हो गया है और रामभक्ति के प्रादुर्भाव के बाद रामकथा की सम्पूर्ण कथावस्तु एक नवीन दृष्टिकोण से प्रस्तुत की गयी है। यह रामकथा के विकास का **तृतीय सोपान** है जहाँ पहुँचकर रामकथा विष्णु की अवतार-लीला मात्र न रहकर भक्तवत्सल भगवान् राम के गुण-कीर्तन में परिणत हो जाती है।

७९१. इस प्रकार रामकथा अनेक रूप धारण करते हुए शनैः-शनैः सम्पूर्ण भारतीय संस्कृति में व्याप्त हो गयी है। उसकी अद्वितीय लोकप्रियता निरन्तर अक्षुण्ण ही नहीं वरन् शताब्दियों तक बढ़ती रही है। कारण स्पष्ट है—मानव हृदय को आकर्षित करने की जो शक्ति रामकथा में विद्यमान है वह अन्यत्र दुर्लभ है। इसके अतिरिक्त वाल्मीकि रामायण में **कला तथा आदर्श** का जो समन्वय मिलता है उससे आदर्शप्रिय भारतीय जनता प्रभावित हुए बिना न रह सकी।

भारतीय साहित्य में रामकथा के इस आदर्शवाद का बहुधा उल्लेख किया गया है। **जैमिनीय अश्वमेध** (३६, ४४) में रामचरित स्वच्छ मनोवृत्ति प्रदान करनेवाला माना गया है—**रामचरितं सन्मनोवृत्तिप्रदम्। बृहद्धर्म-पुराण** (२६, १) में कहा गया है कि रामकथा में वर्णाश्रम के अनुसार सबों के कर्तव्य का स्पष्टीकरण किया जाता है—**सर्वे धर्माः समुद्दिष्टा वर्णाश्रमविभागतः**। मम्मट ने माना है कि कवियों को यह उपदेश देना चाहिए कि राम ही अनुकरणीय हैं, रावण नहीं—**रामादिवद्वर्तितव्यं न रावणादिवत्** (काव्यप्रकाश १,२)। **पद्मपुराण** से पातालखण्ड (अध्याय ६६) के अनुसार रामचरित में पातिव्रत्य, भ्रातृस्नेह, गुरुभक्ति, स्वामिसेवा आदि साक्षात् आदर्श प्रस्तुत हैं :

यस्मिन्धर्मविधिः साक्षात्पातिव्रत्यं तु यत्स्थितम्।
भ्रातृस्नेहो महान्यत्र गुरुभक्तिस्तथैव च॥ १२८॥
स्वामिसेवकयोर्यत्र नीतिर्मूर्तिमती किल।
अधर्मकरशास्तिर्वैयत्र साक्षाद्रघूद्वहात्॥ १२९॥

लोकसंग्रह का भाव एक प्रकार से रामकथा का सर्वस्व है, जिससे समस्त कवि प्रभावित हुए हैं। अत्यन्त विस्तृत रामकथा-साहित्य में कथावस्तु का पर्याप्त मात्रा में परिवर्द्धन तथा परिवर्तन हुआ है, किन्तु सीता का पातिव्रत्य, राम का आज्ञापालन, भरत तथा लक्ष्मण का भ्रातृप्रेम, दशरथ की सत्यसन्धता, कौशल्या का वात्सल्य, आदि ये आदर्श समस्त रामकथाओं में विद्यमान हैं। जनसाधारण पर इन जीते-जागते आदर्शों के कल्याणकारी प्रभाव की जितनी प्रशंसा की जाये थोड़ी है।[1] फलस्वरूप काव्य की कथावस्तु मात्र न रहकर, रामकथा आदर्श

१. दे० रामचरितमानस में अनसूया का यह कहना—"सुनु सीता तव नाम सुमिरि नारि पतिव्रत करहिं" (अरण्यकाण्ड, सो० ५)।

जीवन का दर्पण सिद्ध हुई, जिसे भारतीय प्रतिभा शताब्दियों तक परिष्कृत करती चली आ रही है। रामकथा के विकास पर इस आदर्शवाद की भावना का गहरा प्रभाव पड़ा है। उदाहरणार्थ, वाल्मीकिकृत रामायण में कैकेयी की कुटिलता का स्पष्ट शब्दों में उल्लेख किया गया है। आगे चलकर कैकेयी को निर्दोष ठहराने के लिए अनेक उपायों का सहारा लिया गया है। (दे० अनु० ४५१-५५३)। बालिवध को न्यायसंगत सिद्ध करने का रामायण के दो प्रक्षिप्त सर्गों में प्रयत्न किया गया है। आगे चलकर राम के दोष-निवारण के लिए महावीरचरित, अनर्घराघव आदि नाटकों में बालिवध को एक नया रूप दिया गया है। इसके अनुसार बालि राम को ललकारता है तथा राम से द्वन्द्वयुद्ध में ही मारा जाता है (दे० अनु० ५२२)। रामभक्ति के प्रादुर्भाव के पश्चात् रामकथा का समस्त वातावरण बदल दिया गया तथा विभिन्न पात्रों की उग्रता तथा कुटिलता रामभक्ति में लीन कर दी गयी है। यहाँ तक कि आदिरामायण का दुष्ट राक्षस रावण भी पतितपावन राम के प्रभाव से पवित्र हो जाता है।[१] इस प्रकार भारत की समस्त आदर्श-भावनाएँ रामकथा में, विशेषकर मर्यादापुरुषोत्तम राम तथा पतिव्रता सीता के चरित्र-चित्रण में केन्द्रीभूत हो गयी हैं। फलस्वरूप रामकथा भारतीय संस्कृति के आदर्शवाद का उज्ज्वलतम प्रतीक बन गयी है।

॥ इति ॥

---

१. 'कल्याण' (दे० सितम्बर १९३८, पृ० ९३६) में म० म० गंगानाथ झा ने एक छन्द उद्धृत किया था, जिसमें रावण कुम्भकर्ण से कहता है कि सीता को विचलित करने के उद्देश्य से मैंने तो राम का रूप धारण किया था, किन्तु ऐसा करने पर मन में पापबुद्धि नहीं रह जाती :

अह्नाय प्रतिबुध्यतां किमभवद्रामांगना ह्याहृता।
भुक्ता नैव कुतो यतो न भजते रामात्परं जानकी॥
रामः किल भवान् यतः सुरुचिरं तालीदलश्यामलं।
रामांकं भजतो ममापि कलुषो भावो न संजायते॥

इससे मिलते-जुलते एक अन्य छन्द के लिए, दे० कल्याण, जुलाई १९३८, पृ० १५८३।

परिशिष्ट

क—रामकथा-साहित्य की तालिका
ख—सहायक ग्रन्थ
ग—अनुक्रमणिका (ग्रन्थ, लेखक, विषय)

क—रामकथा-साहित्य की तालिका

(मोटे टाइप में छपी रचनाओं का समस्त कथानक रामकथा से सम्बन्ध रखता है)

काल	१. संस्कृत ललित साहित्य	२. संस्कृत धार्मिक साहित्य	३. आधुनिक भारतीय भाषाएँ	४. बौद्ध और जैन साहित्य	५. विदेशी साहित्य	काल
६०० ई० पू०	रामकथा-विषयक आख्यान-काव्य					६०० ई० पू०
४००-३०० ई० पू०				**दशरथ-जातक की गाथाएँ**		४००-३०० ई० पू०
३०० ई० पू०	**वाल्मीकि रामायण** (२-६)					३०० ई० पू०
१०० ई० पू० १०० ई०	**प्रचलित बालकाण्ड** **रामोपाख्यान**			**अनामकम् जातकम्**		१०० ई० पू० १०० ई०
२००-३०० ई०	**प्रचलित उत्तरकाण्ड**					२००-३०० ई०
३००-४०० ई०	**प्रतिमा नाटक (?)**	विष्णुपुराण		**पउमचरियं**		३००-४०० ई०
३००-४०० ई०	**अभिषेक नाटक (?)**	ब्रह्माण्डपुराण		**दशरथकथानकम्**		३००-४०० ई०
४००-५०० ई०	रघुवंश **कुन्दमाला (?)**	हरिवंशपुराण वायुपुराण नृसिंहपुराण		**दशरथजातक का गद्य** वसुदेवहिण्डि		४००-५०० ई०
५००-७०० ई०	**रावणवह** **भट्टिकाव्य**	मत्स्यपुराण कूर्मपुराण भागवतपुराण विष्णुधर्मोत्तरपुराण		**पद्मचरित** (रविषेण)		५००-७०० ई०
७००-८०० ई०	**महावीरचरित** **उत्तररामचरित** **उदात्तराघव**			**पउमचरिउ** (स्वयंभूदेव)		७००-८०० ई०
८००-९०० ई०	**जानकीहरण** **रामचरित** (अभिनन्द) **कुन्दमाला (?)**	अग्निपुराण स्कन्दपुराण वाराहपुराण		उत्तरपुराण (गुणभद्र) **रामलक्खणचरियं**	**तिब्बती रामायण** **खोतानी रामायण**	८००-९०० ई०

९००-१००० ई०	**अनर्घराघव** **बालरामायण** **आश्चर्यचूड़ामणि (?)**	नारदीयमहापुराण गरुड़पुराण ब्रह्मपुराण लिंगपुराण		महापुराण (पुष्पदन्त) त्रिषष्टिशलाका महापुरुषपुराण (चामुण्डराय)	**रामायण काकविन** (जावा)	९००-१००० ई०
१०००-११०० ई०	**महानाटक** **रामायण मंजरी** दशावतारचरित कथासरित्सागर **चम्पूरामायण**	महाभागवतपुराण देवीभागवतपुराण सौरपुराण कालिकापुराण		**पम्परामायण** (कन्नड़) कहावली (भद्रेश्वर)		१०००-११०० ई०
११००-१२०० ई०	**प्रसन्नराघव** **रामचरित** (सन्ध्याकरनन्दि) **राघव-पाण्डवीय**	पद्मपुराण का पातालखण्ड बृहद्धर्मपुराण जैमिनीय अश्वमेध योगवासिष्ठ रामायण	तमिल **कम्ब रामायण**	**जैन रामायण** (हेमचन्द्र) योगशास्त्र (हेमचन्द्र)		११००-१२०० ई०
१२००-१३०० ई०	**उल्लाघराघव** **मैथिली-कल्याण** **दूतांगद** **हंससन्देश**	**मैरावणचरित** अगस्त्य संहिता रामतापनीय उपनिषद्	तेलुगु **निर्वचनोत्तर** **रामायण** **रंगनाथ रामायण** **उत्तररामायण**	**अंजनापवनांजय** जीवनसम्बोधन (कन्नड़)		१२००-१३०० ई०
१३००-१४०० ई०	**उदारराघव** **उन्मत्तराघव** (भास्कर भट्ट)	**अध्यात्म रामायण** **अद्भुत रामायण** शिवमहापुराण	तेलुगु **भास्कर रामायण** मलयालम	पुण्याश्रवकथाकोष		१३००-१४०० ई०
१३००-१४०० ई०		**सहस्त्रमुखरावणचरित**	**रामचरितम्** **रामकथप्पाट्टु** असमिया	पुण्याश्रवकथासार (कन्नड़)		१३००-१४०० ई०

			माधवकन्दली रामायण लवकुशर युद्ध गुजराती रामलीला ना पदो			
१४००-१५०० ई०	रामाभ्युदय उन्मत्तराघव (विरूपाक्ष) रघुनाथचरित	आनन्द रामायण पद्मपुराण का उत्तरकाण्ड धर्मखण्ड वह्निपुराण	बंगाली कृत्तिवास रामायण उड़िया महाभारत (सारलादास) मलयालम— कण्णश रामायण	रामदेवपुराण	सिंहली रामकथा मलय-सेरीराम	१४००-१५०० ई०
१४००-१५०० ई०			गुजराती— रामविवाह रामबालचरित सीताहरण	बलभद्रपुराण		१४००-१५०० ई०
		ब्रह्मवैवर्तपुराण तत्त्वसंग्रह- रामायण अग्निवेश- रामायण सत्योपाख्यान भुशुण्डी रामायण	तेलुगु-मोल्ल रामायण कन्नड़-तोरवे रामायण मैरावण कालग मलयालम-			१५००-१६०० ई०

१५००-१६०० ई०	**राघव-नैषधीय**	**महारामायण**	**अध्यात्म रामायण** मराठी-**भावार्थ रामायण**	**रामचरित**	जावा—	
१५००-१६०० ई०	**रामकृष्णविलोम काव्य**	**हनुमत्संहिता** **वृहत्कोशलखण्ड**	**सीता-स्वयंवर (२)** असमिया-**गीतिरामायण** **रामविजय नाटक** **श्रीरामकीर्तन उत्तरकाण्ड; बालकाण्ड** उड़िया-**बलरामदास रामायण** **रामविभा** **ठिका रामायण** हिन्दी-सूरसागर **भरत मिलाप** **रामजन्म; अंगद-पैज** **रामचरितमानस** **तुलसीदास की अन्य रचनाएँ**	पद्मदेवविजयगणि **रामचरित** (सोमसेन) पुण्यचन्द्रोदयपुराण **रामविजय चरित**	**रामकेलिंग** **सेरतकाण्ड** कम्बोडिया **रामकेर्ति** स्याम— **रामकियेन**	१५००-१६०० ई०
१५००-१६०० ई०			गुजराती—**रावण मन्दोदरी-संवाद;** **सीता-हनुमान्-संवाद** **लवकुशाख्यान**	**रामायण** (कुमुदेन्दु)	**रामजातक**	१५००-१६०० ई०

१६००-१७०० ई०	**रामलिंगामृत** **राघवोल्लास** **रामरहस्य** **जानकीपरिणय** —चक्रकवि —रामभद्र दीक्षित **अद्भुतदर्पण** **रामकथा** (वासुदेव) **राघवपाण्डवयादवीय**		तेलुगु-**द्विपद** **रामायण** (कट्टवरद) मराठी— **सीता-स्वयंवर (४)** **लघु रामायण** **संक्षेप रामायण** हिन्दी-**रामचन्द्रिका** **अवध विलास** **गोविन्द रामायण**		पाश्चात्य वृत्तान्त	१६००-१७०० ई०
१६००-१७०० ई०	**यादवराघवीय**		असमिया- **गणकचरित** **कथारामायण** बंगाली-**अद्भुताश्चर्य** **रामायण** **रामायणगाथा** **अद्भुत रामायण** **अध्यात्म रामायण** उड़िया-**रघुनाथ** **विलास** **टीकारामायण** **अध्यात्म रामायण** गुजराती-**रणयज्ञ,** **सीता विरह**		फारसी— **रामायण मसीही**	१६००-१७०० ई०

ख—सहायक ग्रन्थ

१. प्राचीन ग्रन्थ

— वेद, ब्राह्मण, आरण्यक, उपनिषदें, कल्पसूत्र, महाभारत, पुराण, उपपुराण।

— वाल्मीकि रामायण। ओरियण्टल इंस्टिट्यूट बड़ौदा (१९६० ...) अपूर्ण।

(१) दाक्षिणात्य पाठ। गुजराती प्रिण्टिंग प्रेस (बम्बई)।

(२) गौडीय पाठ। गोरेसिया (पेरिस) तथा कलकत्ता संस्कृत सीरीज के संस्करण।

(३) पश्चिमोत्तरीय पाठ। दयानन्द महाविद्यालय (लाहौर)।

— रामकथा-विषयक महाकाव्य, नाटक, खण्डकाव्य, विविध रामायण; दे० अनुक्रमणिका।

२. भारतीय भाषाओं के आधुनिक ग्रन्थ और लेख

मै० गु० अ०—राष्ट्रकवि मैथिलीशरण गुप्त अभिनन्दन ग्रन्थ। कलकत्ता, १९५९।

अगरचन्द नाहटा। राजस्थानी भाषा में रामकथा-सम्बधी ग्रन्थ। मै० गु० अ०, पृ० ८४०-८४३।

अमरपाल सिंह। तुलसीपूर्व राम-साहित्य। रचना प्रकाशन। इलाहाबाद, १९६८।

इन्द्रप्रकाश पाण्डेय। अवधी लोकगीत और परम्परा। इलाहाबाद, १९५८।

उदयशंकर शास्त्री। ईश्वरदास या सूरजदास। नागरी प्रचारिणी पत्रिका। वर्ष ६१, अंक १, पृ० ७१-८०।

उपेन्द्रचन्द्र लेखारु। असमिया रामायण साहित्य। गौहाटी (१९४८)।

कामिल बुल्के। पुरुषाद सौदास। भारतीय साहित्य (आगरा)। वर्ष ५, अंक २, पृ० ७-२७।

— वाल्मीकि रामायण के तीन पाठ। नागरी प्रचारिणी पत्रिका, वर्ष ५८, अंक १-२, पृ० १-३५।

कृष्णदेव उपाध्याय। भोजपुरी ग्रामगीत। प्रयाग, सं० २०००।

क्षेमकरणदास द्विवेदी। अथर्ववेद भाष्य। प्रयाग, सं० १९८२।

गोपाल लाल वर्मा। सन्थाली लोकगीतों में श्रीराम। सारंग (दिल्ली), ७ फरवरी, १९६०, पृ० ४३-४५।

चन्द्रभान। वैदिक साहित्य में रामकथा का बीज। नागरी प्रचारिणी पत्रिका। वर्ष ५५, पृ० ३०१-३०५।

चावलि सूर्यनारायण मूर्ति। सती सुलोचना : एक क्षेपक कथा। हिन्दी अनुशीलन। वर्ष १२, पृ० १३-१९।

— उर्मिला की नींद। वही, वर्ष ११, अंक २, पृ० ३७।

— हिन्दी और तेलुगु के मध्यकालीन राम-साहित्यों का तुलनात्मक अध्ययन। हिन्दी साहित्य भण्डार, लखनऊ, १९६६।

जयदेव शर्मा। अथर्ववेदसंहिता। अजमेर, सं० १९८५।

दुर्गाशंकर प्रसाद सिंह। भोजपुरी लोकगीत। प्रयाग, सं० २००१।

देवीप्रसन्न पट्टनायक। उड़िया में राम-साहित्य। मै० गु० अ०, पृ० ७७०-७७७।

धीरेन्द्र वर्मा। अहल्या-उद्धार की कथा। विचारधारा (इलाहाबाद, सं० २००१), पृ० २९-३४।

— हिन्दी साहित्य, द्वितीय खण्ड। भारतीय हिन्दी परिषद्। प्रयाग, १९५९।

नरसिंहाचार्य आर०। कर्णाटक कवि चरिते।

नाथूराम प्रेमी। जैन साहित्य और इतिहास। बम्बई, सन् १९४१।

नायुडू, सु० शंकर राजू। कम्बर और तुलसी। मद्रास, सन् १९५६।
पणिक्कर, आर० एन०। भाषा-साहित्य-चरित्रम्।
प्रहलाद चन्द्रशेखर दीवान जी। गुजरात में रामायण। 'कल्याण' का रामायणांक, पृ० ३९८।
बदरीनारायण श्रीवास्तव। रामानन्द सम्प्रदाय। प्रयाग, सन् १९५७।
बलदेवप्रसाद मिश्र। तुलसीदर्शन। प्रयाग, सन् १९४२।
बालशौरि रेड्डी। तेलुगु भाषा में राम-साहित्य। मै० गु० अ०, पृ० ८०१।
बेनीप्रसाद। हिन्दुस्तान की पुरानी सभ्यता। प्रयाग, सन् १९३१।
भगवती प्रसाद सिंह। रामभक्ति में रसिक सम्प्रदाय। बलरामपुर,सं० २०१४।
भागवत द्विवेदी। भक्त शबरी। रामवन, सं० १९९२।
भास्कर मिश्र। देवगढ़ और इलोरा के रामायण सम्बन्धी दृश्य। मैथिलीशरण गुप्त अभिनन्दन ग्रन्थ। पृ० ८०६।
भुवनेश्वरनाथ मिश्र 'माधव'। रामभक्ति-साहित्य में मधुर उपासना। पटना, सन् १९५७।
मंजुलाल मजूमदार। शामलाजी मन्दिर में रामायण से सम्बन्धित दृश्य। मैथिलीशरण गुप्त अभिनन्दन ग्रन्थ। पृ० ८१४।
मनोहर शर्मा। राजस्थानी लोकगीतों में उत्तररामचरित। मै० गु० अ०, पृ० ८२७।
महाराष्ट्रीय। श्रीरामायण समालोचना। पूना, सन् १९२७।
माताप्रसाद गुप्त। तुलसीदास। प्रयाग, सन् १९४२।
राघवप्रसाद पाण्डेय। तुलसीदासकालीन राघवोल्लास काव्य। मै० गु० अ०, पृ० ७०२-७०८।
राम इकबाल सिंह राकेश। मैथिली लोकगीत। प्रयाग, सं० १९९९।
रामकुमार वर्मा। हिन्दी साहित्य का समालोचनात्मक इतिहास। प्रयाग, सन् १९३८।
रामचन्द्र अग्रवाल। उत्तर भारत की मूर्तिकला में रामकथा। राजस्थान भारती (बीकानेर) भाग ११, अंक १, पृ० ५१।
— राजस्थान के शिलालेखों व मूर्तिकला में रामकथा की अभिव्यक्ति। मैथिलीशरण गुप्त अभिनन्दन ग्रन्थ। पृ० ८५५।
रामगोविन्द द्विवेदी। ऋग्वेद संहिता। सुल्तानगंज, सं० १९९२।
रामचन्द्र शुक्ल। हिन्दी साहित्य का इतिहास। काशी, सं० १९९९।
रामदास गौड़। हिन्दुत्व। काशी, सं०.१९९५।
रामनरेश त्रिपाठी। ग्रामगीत। इलाहाबाद, सं० १९८६।
— लोकगीतों में रामकथा। मै० गु० अ०, पृ० ६६१।
रामसिंह तोमर। प्राकृत और अपभ्रंश साहित्य। हिन्दी परिषद् प्रयाग, १९६४।
रायकृष्ण दास। राम-वनवास का भूगोल। नागरी प्रचारिणी पत्रिका, भाग ५४, अंक १ और ३।
— आर्ष रामायण का आमुख। वही, भाग ६७, अंक ३।
— ऋष्यमूक-किष्किन्धा की भौगोलिक अवस्थिति। वही, भाग ५२, अंक ४।
— वाल्मीकिकृत आदिरामायण। भारती (बनारस), अंक ६, पृ० १०५-१३१।
लक्ष्मीसागर वार्ष्णेय। ईस्ट इण्डिया कम्पनी-कालीन रामकाव्य। मै० गु० अ०, पृ० ८२१-८२६।
वासुदेवशरण अग्रवाल। वीर बरह्म। जनपद (काशी), खण्ड १, अंक ३, पृ० ६४-७३।
विपिनविहारी त्रिवेदी। पृथ्वीराजरासो में रामकथा। मै० गु० अ०, पृ० ६७७।
विष्णुकान्त शास्त्री। असमिया में राम-साहित्य। मै० गु० अ०, पृ० ८३१।
शम्भुप्रसाद बहुगुणा। शबरी-मंगल। रामवन, सन् १९५०।
शान्तनु बिहारी द्विवेदी। भक्तराज हनुमान्। गोरखपुर, सं० १९९५।
शान्ति आंकड़ियाकर। मध्यकालीन गुजराती साहित्य का तिथिक्रम। साहित्य (पटना), अंक १, पृ० ५२-५७।

शिवनन्दन सहाय। श्री गोस्वामी तुलसीदास। पटना, सन् १९११।
सत्यदेव चतुर्वेदी। अमितवेग। जौनपुर, १९५८।
सत्येन्द्र डॉ०। ब्रजलोक-साहित्य में रामकथा। भारतीय साहित्य (आगरा), वर्ष २ (जुलाई १९५७), अंक ३, पृ० ६५-९४।
सातवलेकर। श्रीरामायण महाकाव्य का बालकाण्ड। सन् १९४३।
सुदर्शन सिंह। श्री हनुमान्-चरित। रामवन।
हजारीप्रसाद द्विवेदी। प्राचीन भारत के कलात्मक विनोद। बम्बई, सन् १९५२।
हरदेव बाहरी। लालवेग की उत्पत्ति। जनपद (काशी), भाग १, अंक ३, पृ० १९-२१।
हरिवंश कोछड़। अपभ्रंश साहित्य। दिल्ली, सं० २०१३।
हिरण्मय। कन्नड़ साहित्य में रामकथा-परम्परा। मै० गु० अ०, पृ० ७५१।
हृदयनारायण सिंह। क्या उत्तरकाण्ड वाल्मीकि-रचित है? नागरी प्रचारिणी पत्रिका। भाग १७, पृ० २५९-२८९।

३. विदेशी भाषाओं के ग्रन्थ और लेख

Abbreviations

ABORI	Annals of the Bhandarkar Oriental Research Institute.
BEFEO	Bulletin de l'Ecole Francaise d'Extreme Orient.
BSOS	Bulletin of the School of Oriental Studies.
IA	Indian Antiquary.
IHQ	Indian Historical Quarterly.
JAOS	Journal of the American Oriental Society.
JRAS	Journal of the Royal Asiatic Society.
JOI	Journal of the Oriental Institute (Baroda).
JOR	Journal of Oriental Research (Madras).
ZDMG	Zeitschrift der Deutschen Morgenlaendischen Gesellschaft.

ABIDI A.S. H. The Story of Ramayan in Indo-Persian Literature. Indo Iranica (Calcutta) Vol. XVII (1964), pp. 17-29.
AGRAWAL V. S. The Panchavaktra or Kirtimukha Motif. Purāṇa (Vārānasi). Vol. 2, pp. 97-106.
AIYAR, B.V. KĀMESHVAR. Solar Signs in Indian Literature, Quarterly Journal of the Mythic Society. Vol. 12, p. 73 ff.
ALSDORF, L. Eine neue Version der verlorenen Bṛhatkathā 19th Intern. Congr. of Orientalists, pp. 344-349.
ANANDCOOMAR SWAMI, Yakṣas 2 Vol. Washington 1928-1931.
ATTAGARA OF King KEO
BAILEY, H.W. The Rāmastory in Khotanese. JOAS. Vol. 59, pp. 460-468.
— On Rāmāyaṇa and Rāma in Khotanesc. BSOS Vol. 10, pp. 365 ff, 559 ff.
BALDAEUS, PH. A goderey der Oost-Indische Heydenen. Ed. Dr. A.J. De Jong. The Hague 1917.
BARNETT, L. D. Alphabetical Guide to Sinhalese Folklore from Ballad Sources, IA Suppl. Vol. 44 ff.
BARRETT, E.C.G. Further Light on Sir R. Windstedt's 'undescribed Malay versions of the Ramayan'. BSOS Vol. XXVI, Part 3 (1963), pp. 531-543.
BARTH, A. Bulletin des Religious de l'Inde. Paris 1894.
BARUA, B.K. Assamese Literature. Bombay 1941.
— Śaṅkaradeva: his poetical works. Aspects of Early Assamese Literature. Gauhati University, 1959. pp. 65-125.

BAUMGARTNER, A. Das Rāmāyaṇa and die Rāma Literatur der Inder. Freiburg 1894.
BELVALKAR, S. K. Uttararāmacarita Harvard Oriental Series Vol. 21. Cambridge Mass. 1915.
BHANDARKAR, R. G. Vaiṣṇavism, śaivism and minor religious systems. Strassburg 1913.
BHATT, G.K. The Fire Ordeal of Śita—an interpolation in the Vālmīki Rāmāyaṇa. JOI. Vol. 5, p. 292.
BHATTACHARYA, S.P. The Emergence of an Adhyātma śastra or the Birth of the Yogavāśiṣtha Rāmāyaṇa. IHQ Vol. 24, pp. 201-212.
BHATTACHARYA, H. Nārāyaṇas, Prātinārāyaṇas and Balabhadras.The Jain Antiquary. Vol. 8, p. 8. ff.
BLOOMFIELD, M. The Kaucika Sutra of the Atharva Veda JAOS. Vol. 14 (1890), p. I ff.
BOULAYE LE GOUZ, Fr. de La. Ṛeyze en Opteekeningh. Amsterdam 1660.
BUEHLER, G. Alberuni's India. IA. Vol. 19 (1890), p. 381 ff.
BULCKE, C. The Genesis of the Vālmīki Rāmāyaṇa Recensions. JOI. Vol. 5, pp. 66-94.
— About Vālmīki JOI. Vol. VIII, pp. 121-131.
BURLINGAME, E. W. Buddhist Legends. Harvard Oriental SeriesVol. 28-30. Cambridge Mass. 1921.
CALAND, W. Twee oude Fransche Verhandelingen over het Hindoeisme (Relation des Erreurs : La Gentilité du Bengale). Amsterdam 1923.
— Drie oude Portugeesche Verhandelingen over het Hindoeisme. Amsterdam 1915.
CHAKRAVARTI, A. Buddhistic and Jain versions of the Story or Rāma. The Jaina Gazette. Vol. 22 (1926), p. 117 ff.
CHAKRAVARTI, CHINTAHARAN. Tradition about Vānaras and Rākaṣas. IHQ Vol. I (1925) p. 779 ff.
CHARPENTIER, J. Studien ueber die Indische Erzaehlungs-literatur.
ZDMG. Vol. 62 (1980), p. 725 ff.
— Zur Geschichte des Cariyapitaka. Wiener Zeitschrift fuer die Kunde des Morgenlandes. Vol. 24 (1910), p. 397 ff.
CHATTERJI, S.K. Krishna Dvaipāyana Vyāsa and Krishna Vāsudeva. Journ. As. Soc. Beng. Vol. 16 (1950), pp. 73-87.
CHATTOPADHYAYA, K. C. The Vṛṣākapi hymn. Allahabad University Studies, Vol. I (1925), pp. 97-156.
CHATTOPADHYAYA, S. The Problem of Śantā's Parentage. Our Heritage (Calcutta). Vol. 2 (1954), pp. 353-374.
— Śāntā's Parentage. IHQ. Vol. 33, pp. 146-151.
CHAUDHURY, H. RAY. Early History of the Vaiṣṇava Sect, Calcutta 1920.
CHENCHIAH, A. A History of Telugu Literature. Heritage of India Series. Calcutta s. a.
COEDES, G. Les états Hindouisés d'Indochine et d'Indonesie. Paris 1948.
COLEMAN, C. The Mythology of the Hindus. London 1932.
CONNOR. J. P. The Rāmāyaṇa in Burma. Journ. of Burma Research Society. Vol. 15 (1915), p. 80 ff.
COWELL, E.B. The Buddhacarita of Aśvaghoṣa. Oxford 1893.
— The Jātaka, Vol. I VI.—Cambridge 1895-1907.
COYAJEE, J.C. Cults and Legends of Ancient Iran and China. Bombay 1936.
CROOKE, W. Tribes and Castes of N. W. Provinces and Oudh. Calcutta 1896.
— The Popular Religion and Folklore of Northern India Westminster 1896.
DALTON, E.T. Descriptive Ethnology of Bengal. Calcutta 1872.
DAPPER. O. Asia. Amsterdam 1676.

DARMESTETER, J. Etudes Iraniennes. Paris 1883.

— Le Zend Avesta. Paris 1893.

DAS. A. C. Rigvedic India. Calcutta 1927.

DASGUPTA, S. N. History of Indian Philosophy. Vol. 2, Calcutta 1932.

DATT, K.K. Kundamālā, Sanskrit College Calcutta 1964.

DE, S.K. History of Sanskrit Kāvya Literature. Calcutta 1948.

— On Kundamālā. ABORI, Vol. 16, p. 158.

— The Problem of the Mahānāṭaka. IHQ. Vol. 7, p. 537 ff.

DEHON, L.P. Religion and Customs of the Oraons. Memoirs of the As. Soc. of Bengal. Vol. I, p. 130 ff.

DEUSSEN, P. Sechzig Upaniṣads des Veda. Leipzig 1897.

DEYDIER, H. The Rāmāyaṇa in Laos. JOR. Vol. 22, p. 64 ff.

— Les Origines et la Naissance de Rāvaṇa dans le Rāmāyaṇa Laotien. BEFEO. Vol. 44, p.141 ff.

DHANI, PRINCE. The Rāma Jātaka. A Lao Version of the Story of Rāma. The Journal of the Siam Society, Vol. 36, p. I ff.

DIVANJI, P. C. Influence of the Rāmāyaṇa on the Gujarati literature. JOI. Vol. 4 (1954), pp. 46-57.

DUBOIS, J. A. Hindu Manners. Customs and Ceremonies. Oxford 1906.

DUSSAUD, R. Les decouvertes de Ras Shamra. Paris 1941.

— Les Religions de Babylone et d'Assyrie. Paris 1945.

DUTT, R.C.A. History of Civilisation in Ancient India. Calcutta 1899.

ELWIN, V. The Bondo Highlander. 1950.

— Myths of the N.E. Frontier of India. Shillong 1958.

ENTHOVEN, R.E. Folklore of Gujarāt. IA. Vol. 40 Supple.

ESTELLER, A. Die Aelteste Version des Mahānāṭaka. Leipzig 1936.

FARIA YSOUZA, M. de. Asia Portuguesa. 3 Vol. Lisbon 1666-1675.

FAUSBOLL, V. The Jātaka. I—VII, London 1877-1897.

FÉNICIO, J.S. Livro da Seita. Ed. J. Charpentier Upsala 1933.

FINOT, LOOIS. Recherches sur la literature lastienne. BEFEO Vol. XVIII, Fok 5, pp. 1-128.

FOUCHER, A. The influence of Indian Art on Cambodia and Java. Sir Asutosh Mookerjee Silver Jubilee Vol. III Or. pt. i, p. 1 ff.

FRANCISCO, JOAN R. The Rāma Story in the Post-Muslim Malay literature of South-East Asia. The Sarawah Museum Journal, Vol. X (Nos. 19-20) ff. 468-485.

FUCHS, S. The Gond and Bhumia of Eastern Mandla. Bombay 1960.

FUEHRER-HAIMENDORF, C von. The Reddis of the Bison Hills. London 1945.

GHOSH, MANMOHAN. On the Source of the old Javanese Rāmāyaṇa Kakavin. Journ. of Greater India Society, Vol. 3, p. 113 ff.

GLASENAPP, H. von. Der Jainismus. Berlin 1925.

— Zwei Philosophische Rāmāyaṇas. Wiesbaden 1951.

GODAKUMBURA, C. E. The Rāmāyaṇa. A version of Rāma's story from Ceylon. JRAS 1946, p. 14 ff.

GONCALVES, D. Historia do Malavar. Ed. J. WICKI, S. J. Munster 1955.

GORE, N.A.A. Bibliography of the Rāmāyaṇa Poona 1943.

GRASSMANN, H. Rigveda. Leipzig 1876.

GRIERSON, G.A. The Kāshmīrī Rāmāyaṇa: Bibl. Ind. Calcutta 1930.

— Gleanings from the Bhakta-Māla. JRAS. 1910, pp. 269-306.

— Sīta's Parentage. ib 1921, p. 422 ff.

— The Bengali Rāmāyaṇas (D.C. Sen). A Review. ib. 1922, p. 135 ff.

— Indian Epic Poetry. IA. Vol. 23, p. 52 ff.
— On the Adbhuta Rāmāyaṇa. BSOS. Vol. 4, pp. 11 ff.
— Sītā Forlorn. A specimen of the Kāshmīrī Rāmāyaṇa, ib. Vol. 5, p. 285 ff.
— Bhaktimārga. Encycl, of Religion and Ethics.
GRIFFITHS, W.G. The Kol Tribe of Central India. Calcutta 1946.
GURNER. C.W. Aśvaghoṣa and the Rāmāyaṇa. Journ, and Proceedings of the As. Soc. of Bengal, Vol. 23, pp. 347-867.
HAZRA, R.C. Puranic Records on Hindu Rites and Customs, Dacca 1940.
— Studies in the Upapurāṇas. Vol. I and II. Calcutta 1958 and 1963.
— Some minor Purāṇas. ABORI. Vol. 19, p. 69 ff.
— The Upa-Purāṇas. ib. Vol. 21, p. 38 ff.
— The Varāha-Purāṇa. ib. Vol. 18, pp. 321-337.
— The Apocryphal Brahma Purāṇa. Indian Culture. Vol. 2, p. 237 ff.
— The Bṛhannāradīya and the Nāradiya Purāṇa. ib. Vol. 3, p. 477 ff.
HAZRA, R.C. The Padma Purāṇa. ib. Vol. 4, p. 73 ff.
— Discovery of the genuine Āgneya Purāṇa. JO1. Vol. 5, pp. 411-416.
— The Problem relating to the Sivapurāṇa. Our Heritage (Calcutta). Vol. I, p. 65 ff.
— The Bhāgavata Purāṇa. New Indian Antiquary. Vol. I, p. 522 ff.
— The Saura Purāṇa ib. Vol. 6, p. 103 ff.
— The Smriti Chapters in the Purāṇas. IHQ. Vol. II, p. 120.
— Our present Agni-Purāṇa. ib. Vol. 12, p. 683 ff.
— The Mahābhāgavata Purāṇa, ib. Vol. 28 (1952), pp. 17-28.
— The Bṛhaddharma-Purāṇa. The Journ of the Univ. of Gauhati. Vol. 6, p. 245 ff.
— The Devī-Bhāgavata. JOR. Vol. 21, pp. 49-79.
HERTEL, J. Kleine Mitteilungen. ZDMG, Vol. 60 (1906). p. 399 ff.
HIRALAL, Dr. The Situation of Lānkā. Ganganatha Jha Comm. Volume. pp. 151-163. Poona 1937.
HIVALE, SHAMRAO. The Pardhans of the Upper Narbada Valley, Bombay 1947.
HOFFMANN, J. Encyclopaedia. Mundarica. Vol. VIII. Patna 1933.
HOOYKAAS, C. The Old Javanese Rāmāyaṇa. Amsterdam 1958.
HOPKINS, E. W. The Great Epic of India. New York 1902.
— Epic Mythology. Strassburg 1915.
— The Original Rāmāyaṇa JAOS. Vol. 46 (1926), pp. 202-219.
— Pragathikani, ib. Vol. 17, pp. 23-92.
— Allusions to the Rāmā-s tory in the Mahābhārata. ib. Vol. 50 (1930), pp. 85-103.
HUBER, E. La Legende du Rāmāyaṇa en Annam. BEFEO. Vol. 5, p. 168 ff.
— Etudes de Literature bouddhique. ib. 1904, p. 698 ff.
IBBETSON, D. A Story of Vālmīki. IA. Vol. 24, p. 240.
IYER, K. B. Yama-Pwe or the Rāmāyaṇa Play in Burma. Triveṇi (Bangalore). Vol. 14, pp. 239-245.
IYER, L.K. Ananthakriṣhna. The Cochin Tribes and Castes. 2 Vol. Madras 1909-1912.
JACOBI, H. Das Rāmāyaṇa. Bonn 1893.
— War das Epos and die profane Literatur Indiens urspruenglich in Prākrit abgefasst. ZDMG. Vol. 48 (1894), pp. 407-417.
— Ein Beitrag zur Rāmāyaṇa Kritik. ib. Vol. 51 (1897), p. 605 ff.
— Brahmanism. Encycl. of Religion and Ethics. Vol. II.
— Incarnation. ib. Vol. VII.
JOHNSTON, E.H. Buddhacarita. Calcutta 1935.
JUYNBOLL Dutch translation of Rāmāyaṇa Kakawin, Cantos 7-26. Dutch Oriental Journal Vol. 78-94.

KANE, P.V. History of the Dharmaśāstra. Vol. I-II. Poona 1930-1941.
— The Two Epics. ABORI, Vol. 47, pp. 11-58.
KANGA, E.M.F. The Age of Yasts. A Volume of Eastern and Indian Studies (Bombay 1932), pp. 134-140.
KARPELES, S. The Influence of Indian Civilisation in Further India. Indian Art and Letters. Vol. I, pp. 30-39.
KARPELES, S. Un episode du Rāmāyaṇa Siamois. Etudes Asiatiques.Paris 1925, p. 315 ff.
KATS, J. The Rāmāyaṇa in Indonesia. BSOS Vol. IX (1926-28), pp. 279-285.
KEITH, A.B. The Age of the Rāmāyaṇa. JRAS. 1915, pp. 218-228.
— Indian Epic Poetry, IA. Vol. 23, p. 52 ff.
— Sanskṛit Literature. Oxford 1928.
— Sanskṛit Drama. Oxford 1924.
KERN. H. Manual of Buddhism. Strassburg 1896.
— Dutch Translation of Rāmāyaṇa Kakawin. Cantos I-VI.
— Dutch Oriental Journ. of Vol. 73.
KIBE, M.V. Rāvaṇa's Laṅkā located in Central India. IHQ. Vol. 4 (1928), pp. 693-702.
KINGKEO ATTAGARA. The Rāmāyaṇa Epic in Thailand and S.E. Asia. Journal of the Assam Research Society (Gauhati).Vol. XV (1963), pp. 3-21.
KIRFEL, W. Rāmāyaṇa Bālakāṇḍa and Purāṇa. Die Welt des Orients 1947. pp. 113-128.
KRISHNADAS RAI. Ikṣhvāku Genealogy in the Purāṇas (Vārāṇasi). Vol. 2, pp. 128-150.
KULKARNI, V.M. The Rāmāyaṇa version of Saṅghadāsa as found in the Vasudevahiṇdi. JOI. Vol. 2, pp. 128-138.
— The Rāmāyaṇa of Bhadreśvara as found in his Kahāvalī. ib. pp. 332-338.
LAFONT, P.B. P'a Lak P'a Lam, Ecole France, d'Extreme Orient. 1957.
— P'ommachak. Ecole France d'Extr. Orient. 1957.
LALOU, M.L. Historie de Rāma en Tibetain. Journ. Asiatique. 1936, p. 560 ff.
LASSEN C. Indische Altherthumskunde. 2nd Ed. Vol. II. Leipzig 1874.
— On Weber's Dissertation on the Rāmāyaṇa, IA. Vol. 3, pp. 102-103.
LEKHARU, U.C. Assamese Versions of the Rāmāyaṇa Aspects of Early Assamese Literature. Gauhati University 1959, pp. 219-229.
LESNY, V. Ueber das Purāṇa-artige Gepraege des Bālakāṇḍa. ZDMG. Vol. 67, pp 497-500.
LETTERS EDIFIANTES Vol. 13, Paris 1718.
LEVI, S. Le Theatre Indien. Paris 1890.
— Sanskṛit Texts from Bāli Baroda 1933.
— Pour l'histoire du Rāmāyaṇa Journ. Asiatique. 1918, pp. 1-160.
— La legende de Rāma dans un avadan chinois. Album Kern, p. 279 ff.
LUDWIG, A. Der Rigveda I-VI, Prag 1876-1888.
— Ueber das Rāmāyaṇa Prag 1894.
LUEDERS, H. Die Jātakas and die Epik. ZDMG. Vol. 58 (1904), p. 687 ff.
— Die Vidhyādharas in der Buddhistischen Literatur and Kunst. ib. Vol. 93 (1939), p. 89 ff.
— Die Sage von Rṣyaśṛṅga Nachrichten v.d. koenigl, Gesellschaft der Wissensch. zu Goettingen. Phil, Hist. Klasse. 1897, pp. 87-135.
MACAULIFFE, M.A. The Sikh Religion. Oxford 1909.
MACDONELL A.A. Sanskṛit Literature. London 1928.
MACDONELL-KEITH. Vedic Index. London 1912.

MAHALINGAM, T.V. A Rāmāyaṇa Panel at Conjeevaram. JOR. Vol. 28, pp. 68 ff.
MAJUMDAR, R.C. The Classical Age. Bombay 1954.
MANUCCI, N. Storia do Mogor. Engl. Transl. London 1907-1908.
MAXWELL, W.E. Sri Rāma. JRAS. Straits Branch. Vol. 17, 1886, p. 85 ff, and Vol. 55, pp. 1-24.
MENON, C.A. Ezuttacchan and his age. University of Madras 1940.
MITRA, S.C. The Munda Legend about Sitā and Sitali. Journ. of the Department of Letters. Calcutta. Vol. 4, pp. 303-304.
MOJUMDAR, A.K. The Rāmāyaṇa. A Criticism. IA. Vol. 31, pp. 351-353.
MONIER-WILLIAMS, M. Indian Epic Poetry. London 1863.
— Indian Wisdom. London 1893.
— Brahmanism and Hinduism. London 1891.
MOOR, E. The Hindu Pantheon. London 1910.
MORET, A. Histoire de l'Orient. Paris 1936.
MUIR, J. Original Sanskṛit Texts. Vol. 4 (2nd Ed.) London 1873.
MURTHY, T.S. KRISHNA. A Detailed Study of the Uṭṭarakānda of the Rāmāyaṇa of Vālmīke. Thesis, University of Mysore 1966. Unpublished.
NAIK, T.B. Rāmkathā among the Primitive Tribes of India. Bulletin of the Tribal Research Institute. Chhindwara (Madhya Pradesh). Vol. I, Nos. 2 and 3.
NARASIMHACAR, D. L. The Jaina Rāmāyaṇas. IHQ. Vol. 15 (1939), pp. 574-594.
NEGELEIN, J. Von. Eine epische Idee im Veda. Wiener Zeitschrift fuer die Kunde des Morgenlandes. Vol. 16, p. 226 ff.
NEOG, M. Assamese Literature before Śaṅkaradeva. Aspects of Early Assamese Literature (Gauhati 1959), pp. 17-64.
NIEBUHR, C. Voyage en Arabie et en d'autres pays circonvoisins. 2 Vol. Amsterdam 1776-1780.
NORMAN, H. C. Commentary on Dhammapada. 5 Vol. Pali Text Society. London 1906-1915.
OLDENBERG, H. Die Religion des Veda. Berlin 1894.
— Jātakastudien. Nachrichten v.d. Koenigl. Geseāllschaft der Wissensch. zu Goettingen. Phil.-Hist. Klasse. 1918, p. 456 ff.
— Das Mahābhārata. Goettingen 1922.
OVERBECK, H. Hikāyat Mahārāja Rāvaṇa. JRAS, Malayan Branch. Vol. II (1933), part two. pp. 111-132.
PARGIETER, F.E. Vṛṣakapi and Hanumant. JRAS. 1911, p. 803 ff., 1913, p. 397 ff.
PICKFORD, J. Mahāvīra Carita. London 1871.
PILLAI, M.S. Purnalingam. Tamil Literature. Tinnevelly 1929.
PILLAI, S. VAIYAPURI. His tory of Tamil Language and Literature. Madras 1956.
POLIER, M.E. de. Mythologie des Hindous. 2 Vol. Paris 1809.
PRINTZ, W. Rāma and Śambūka. Zeitschrift fuer Indologie and Iranistik. Vol. 5, p. 241 ff.
— Helen and Sita. Beitrage zur Literaturwissenschaft and Geistesgeschichte Indiens. Festgabe Jacobi. Born 1926, pp. 103-123.
PRZYLUSKI, J. Epic Studies. IHQ. Vol. 15, pp. 289-299.
PURI, SWAMI SATYANANDA. Rāma-Kirti (Rāmakien). Birla Oriental Series. Bangkok 1940.
PUSALKER, A. D. Twenty-five years of Epic and Purāṇic Studies. Progress of Indic Studies (Poona 1942), pp. 101-151.
— Geneology of the Solar Dynasty in the Purāṇas and the Rāmāyaṇa. Purāṇa (Vārāṇasi), Vol. IV, No. 1, pp. 24-33.
— Bhāsa. A Study. Delhi 1968.

RAGHAVAN, V. The Tattvasaṅgraharāmāyaṇa of Rāmabrahmānanda. Annals of Oriental Research (Madras). 1953, pp. 1-55.
— Some old lost Rāma Plays. Annamalai 1961.
— Date of Yogavāsiṣṭha. JOR. Vol. 13, pp. 100-128.
— Music in the Adbhuta Rāmāyaṇa. Journ. Music Academy Vol. 16, p. 66 ff.
RAGHUVIR, Dr. The Rāmāyaṇa in China. Lahore 1938.
RAMADAS. G. Aboriginal Names in the Rāmāyaṇa. Journ. of the Bihar and Orissa Research Institute. Vol. II (1925). pp. 41-53.
— The Aboriginal Tribes in the Rāmāyaṇa. Man in India (Ranchi) Vol. 5, pp. 28-55.
RAMASWAMI SASTRI, K.S. Studies in Rāmāyaṇa. Baroda 1944.
RAO, N. VENKATA. Sri Ramayanamu by Kattavaradaraju. Critically edited with Introduction and Notes. Madras 1950.
RAO, T.A. GOPINATH. History of the Sri Vaiṣhṇavas. Madras 1914.
RAVENSHAW, E.C. The Avatārs of Vishnoo. An abstract translation from the Padma Pooran. Journ. of the As. Soc. of Bengal. 1842, pp. 1112-1130.
REAMKER. Text and French Summary. Introduction by S. Karpeles. Fasc. 1-10 and 75-80. Phnom-penh 1937.
RHYS DAVIDS, W. Buddhist India. London 1903.
RICE, E. P. Kanarese Literature. Calcutta 1921.
ROGERIUS, A. De open Deure tot het verborgen Heydendom. Ed. W. Caland. The Hague 1915.
ROORDA VAN EYSINGA, P.P. Geschiedenis van Sri Rāma. Amsterdam 1843.
ROSE, H. A. A Glossary of the Tribes and Castes of the Punjab and the North-West Frontier Province. 3 Vol. Lahore 1919.
ROY, S. C. The Birhors. Ranchi 1925.
— The Oraons of Chotanagpur. Ranchi 1925.
ROY, SUNIL CHANDRA. The Author of the Rāmābhudaya. IHQ. Vol. 30, pp. 379-381.
RUBEN, W. Studien zur Text-Geschichte des Rāmāyaṇa. Stuttgart 1936.
— Eisenschmiede and Daemonen in Indien. Leiden 1939.
— Ueber die Religion der vorarische staemme Indiens. Berlin 1952.
RUSSELL, R.V. The Tribes and Castes of the Central Provinces of India. London 1916.
SAHOO, K.C. Rāmkathā in Sārladās Mahābhārata. Journ. of Historical Research (Ranchi) Vol. I, No. 2, p. 56 ff.
— Oriya Rāma-Literature (1450-1800). Thesis, Ranchi University 1965 (unpublished).
— Literature and social life in Mediaeval Orissa. Pustak Sadan, Ranchi 1971.
SANDESARA, B. J. The Ullāgharāghava. Proceedings All India Oriental Conference. 16th Session, Lucknow 1955. Vol. 2, pp. 105-112.
SANKALIYA, H.D. Kundanmālā and uttrararāmacarita. JOI (Baroda) Vol. 15, pp. 322-334.
SARKAR, H. B. Indian Influences on the Literature of Java and Bali. Calcutta 1934.
SASTRI, K.A. NĪLAKĀNTHA, The Rāmāyaṇa in Greater India. JOR. Vol. 6 (1932), p. 117 ff.
SASTRI, K.S. RAMASWAMI. Studies in Rāmāyaṇa. Baroda 1944.
SASTRI, T. R. VENKATARĀMA. The Rāmāyaṇa. JOR. Vol. 18, pp. 157-169.
SCHLEGEL, W. Date of the Rāmāyaṇa. ZDMG. Vol. 3, p. 379.
SCHRADER, F.O. Introduction to the Pancarātra and the Ahirbudhnya Samhitā. Madras 1916.
SCHWEISGUTH, P. Etude sur la Litterature Siamoise. Paris 1951.
SEN, D. C. The Bengali Rāmāyaṇas. Calcutta 1920.
— History of Bengali Language and Literature. Calcutta 1921.

SEN, NILMADHAV. The Fire Ordeal of Sītā—a later interpolation in the Rāmāyaṇa. JOI, Vol. 8, pp. 201-206.
SHAH, U.P. Vṛṣakapi in Rigveda. JOI. Vol. 8, pp. 41-70.
SHARMA, RAM. A little known Persian version of the Rāmāyaṇa. Islamic Culture, Vol. 8. pp. 673-678.
SHASTRI, M. Narayana. On the Indian Epics. IA. Vol. 29, pp. 8-27.
SHASTRI, Raghuvar Mitthulal. The authorship of the Adhyātma Rāmāyaṇa. Journ. G.N. Jha Research Institute. Vol. I, pp. 215-39.
SHELLABEAR. Hikāyat Sri Rāma. JRAS. Straits Branch. Nos. 70 and 71.
SMITH, H. Sutta-Nipāta Commentary. Pali Text Society. London 1916.
SONNERAT, M. Voyage aux Indes Orientales et a la Chine. I-II. Paris 1872.
SORENSEN, S. Indes to the names of the Mahābhārata. London 1904.
SRIKANTHIA, B.M. Tragic Rāvaṇa. Mysore University Magazine. Vol. VII.
STUTTERHEIM, W. Rāma-Legenden and Rāma-Reliefs in Indonesian. Muenchen 1924.
SUKTHANKAR, B.M. The Rāma-Episode (Rāmopākhyāna) and the Rāmāyaṇa. Kane Comm. Volume. Poona 1941, pp. 422-88.
— The Nala-Episode and the Rāmāyaṇa. A Volume of Eastern and Indian Studies. Bombay 1939, pp. 294-303.
— The Bhṛgus and the Mahābhārata. ABORI. Vol. 18, pp. 1-76.
SUZUKI, D.T. Studies in the Laṅkāvatāra Sūtra. London 1930.
TAVARNIER, J. B. Travels in India. Oxford Un. Press 1925.
TELANG, K. T. Was Rāmāyaṇa copied from Homer. Bombay 1873.
TEMPLE, R.C. A Popular Legend about Vālmīki. IA. Vol. 27, p. 112.
— A Punjab Legend. IA. Vol. II, pp. 281-91.
— The Legends of the Punjab. Bombay 1884.
THOMAS, F. W. A Rāmāyaṇa Story in Tibetan from Chinese Turkestan. Indian Studies (Lanman Comm. Vol.) 1929. pp. 193-212.
THOMAS, P. Epics, Myths and Legends of India. Bombay s.a.
UNGNAD, A. A Babylonian-Assyrian Dictionary.
UTGIKAR, N. B. The Story of the Daśaratha Jātaka and of the Rāmāyaṇa. JRAS. Cent. Suppl. 1914, pp. 203-221.
VAIDYA C. V. The Riddle of the Rāmāyaṇa. Bombay 1906.
VANDIER, J. La Religion egyptienne. Paris 1944.
VARADĀCĀRI, K. C. Sri Kulaśekhara's Philosophy of Devotion. Journ. Sri Venkateśvara Oriental Institute. Vol. 3, pp. 1-22.
VENKATARATNAM, M. Rāma, the greatest Pharaoh of Egypt.Rajamahendri 1934.
VENKATARĀMA SĀSTRI, T. R. The Rāmāyaṇa. JOR. Vol. 18, pp. 157-169.
VIGNĀNĀNANDA. The Śrimaddevi Bhāgavatam. Sacred Books of the Hindus. Vol. 26.
VIGOUROUX, F. Dictionaire de la Bible. Paris 1895.
VINCENZO MARIA DI CATERINA DA SIENA, P.F. Viaggio all Indie Orientali, Roma 1672.
VYAS, S.N. The Civilisation of the Rākṣasas in the Rāmāyaṇa JOI. Vol. 4, p. 1 ff.
WARD, W. A View of the History, Literature and Religion of the Hindoos. 3 Vol. London 1877.
WATANABE, K. The oldest Record of the Rāmāyaṇa in a Chinese Buddhist Writing. JRAS. 1907, pp. 99 ff.
WEBER, A. Ueber das Rāmāyaṇa. Abhandlungen der koenigl. Akademie der Wissensch. zu Berlin. 1870, pp. 1-80.
English Transl. by D. C. Boyd. Bombay 1873.

— Zwei Vedische Texte ueber Omina and Portenta. ib. 1858, p. 368 ff.
— Die Rāma-Tāpanīya Upaniṣad. ib. 1864, p. 279 ff.
— History of Indian Literature. London 1890.
— Episches in Vedischen Ritual. Sitzungsberichte der Berliner Akademie 1861.
— Rāmāyaṇa and Vedica. ib. 1891, p. 818 ff.
— Die Pali-Legende von der Entstehung des Sakya and Koliya-geschlechtes. Indische Studien. Vol. 5 (Berlin 1862), p. 412 ff.
WHEELER, J.T. History of India. Vol. II. London 1869.
WHITNEY, W.D. Atharvaveda Samhitā. Harvard Oriental Series Vol. 7-8. Cambridge Mass. 1905.
WILSON, H.H. Rigveda Samhitā. London 1854.
WINSTEDT, R.O. A Patani Version of the Rāmāyaṇa. Royal Batavian Society Feestbundel. Batavia 1929.
— An undescribed Malay Version of the Rāmāyaṇa. JRAS. 1944, pp. 62-73.
— The Malay Version of the Rāmāyaṇa. B.C. Law Vol. Pt. II, p. I ff.
WINTERNITZ, M. A History of Indian Literature. 2 vol. Calcutta 1927.
— Jātaka Gāthās and Jātaka Commentary. IHQ. Vol. 4, p. I ff.
WOOLNER, A.C. Introduction to Prākṛit. 1939.
— The Date of the Kundamālā. ABORI. Vol. 15, p. 236 ff.
ZIEGENBALG, B. Genealogy of South-Indian Gods. English Transl. Madras 1869.
ZIESENISS, A. Die Rāma-Sage bei den Malaien. Hamburg 1928.

ग—अनुक्रमणिका

(ग्रन्थ, लेखक, विषय)

सूचना (१) अंक अनुच्छेदों के द्योतक हैं।

(२) रचनाओं के नाम **मोटे टाइप** में छपे हैं।

(३) वाल्मीकि, वाल्मीकिकृत रामायण तथा पाश्चात्य भाषाओं के ग्रन्थों को छोड़कर अन्य **लेखकों** तथा **रचनाओं** के सभी उल्लेख निर्दिष्ट हैं किन्तु अनुक्रमणिका में उल्लिखित अनुच्छेदों में यदि किसी रचना के परिचय के अन्तर्गत अन्य अनुच्छेदों का निर्देश किया गया है तो उन्हें अनुक्रमणिका में नहीं दुहराया गया है।

(४) नितान्त गौण पात्रों को छोड़कर अन्य **पात्रों** से सम्बन्ध रखनेवाली सामग्री उनके नामों के साथ निर्दिष्ट है। कथावस्तु के कुछ **प्रसंगों** का अलग उल्लेख किया गया है, अर्थात् अन्धमुनिपुत्रवध, काकवृत्तान्त, कनकमृग, दिक् वर्णन, अभियान, लंकादहन, मधुवन-ध्वंस, वानर-सेना का अभियान, सेतुनिर्माण, गिलहरी, सेतुभंग, शिवप्रतिष्ठा, गुप्तचर, मायाशीर्ष, सु वेल, नागपाश, सन्धि-प्रस्ताव, अग्निपरीक्षा।

(५) अन्य द्रष्टव्य विषय—रामकथा, रामायण, आख्यान-काव्य, लोकगीत, अवतारवाद, भक्ति; दोषनिवारण, कामरूपत्व, कामगामिता, मायावी पात्र, पूर्व जन्म, आगामी जन्म, वरप्राप्ति, शापभाजन, स्वप्न, आकाशवाणी, सत्यक्रिया, भविष्यद्वाणी, यज्ञ, तपस्या, वैराग्य, आत्महत्याविचार, ब्रह्महत्यादोष, गर्व-निवारण; अप्सराएँ, वानर, राक्षस, यक्ष; अंगराग, धनुष, पुष्पक, मर्मस्थान, समुद्रमन्थन, नरमांसभक्षण; लंका, दण्डकारण्य, द्रुमकुल्य, पंचाप्सर-सरोवर, कर्मनासा, तीर्थ।

(६) संकेत-चिह्न : रा० = रामायण; पा० वृ० = पाश्चात्य वृत्तान्त; उप०-उपनिषद्।

अंगकोरवाट ३२३

अंगद २४०, ५१८, ५१९, ५२१, ५२४-५२७, ५७३ टि०, ५७९, ५८२, ५८५; ५९२, ५९७, ६३९, ६५५ (२), ६५८, ७५३

अंगदपड़ि २९१

अंगदपैज २९८

अंगदरायबार २८८, २८९, ५८५

अंगराग ८-१०, ५०२, ६०० टि०

अंजना ६६४, ६६६-६६९, ६७१-६७९; २३९, २९२, ३४७, ३५७, ५१२ ५१४, ६५८-६६०, ६८७

अंजनापवनंजय २३९; ५८, ६६९ टि०

अन्धमुनिपुत्र-वध ८४, ३२७, ३५६, ४३१, ४३३, ४३५, २३६ (७)

अकंपन ४५६, ५६३, ५८७ टि०

अकबर ३०८

अक्ष ५५१, ६५० (५)

अगरचन्द नाहटा २९९ टि०

अगस्त्य ४६०,५२३, ५९५, ५९८, ६२७, ६४३; १ टि०, ३९, १७४, १९०, १९५, २४१, २९२, ४५७, ४६१, ५१३, ६२५, ६२८, ६६६, ६६८

अगस्त्य-रा० १९५, ६२५ टि०

अगस्त्य-संहिता १४८

अगारिया रामकथा २७७, ६३९

अग्नि ११, १७, ३५५, ५०२-५०४, ६००, ६१०, ६६४ टि०

अग्नि परीक्षा ५६५, ६००-६०३

अग्निपुराण १५७; १४७, ३३६, ३४१, ४३३, ४५४, ५१६ टि०, ५२३, ५२६, ५३१, ५९३ टि, ६३३

अग्निवेश रा० १७९; ५१७, ५८३, ५८४
अग्रदास २९९
अच्च तेलुगु रामायण २६३
अच्युतानन्द ३६७, ४२४, ६५७ टि०
अजातशत्रु ६
अतिकाय २६९, ५८२, ५८७ (३), ५९३ टि०, ५९८, ६५० (५)
अत्रि १९७, ४३१, ४३९
अथर्ववेद २, १३, १११, ११२, १२९; टि० में—४, ७, १७, १८
अथर्ववेद-भाष्यम् १३ टि०
अदिति ३६७
अद्भुतदर्पण २२५, २४४
अद्भुत ब्राह्मण १८
अद्भुत रा० (संस्कृत) १७६; १४९, १८७, २८६, २८७, ३५१, ३६१, ३६५, ४०६, ४२०, ४२१, ५०३ टि०, ५१२, ५७४, ६२७, टि०, ६४४, ६९१, ७६०, ७६७, ७८१
—(असमिया) २८४
—(बंगाली) १५०, २८६, २८७
अद्भुताचार्य २८५, २८६, ३४३
अद्भुताश्चर्य रा० २८६
अद्रि-अद्रिका ६६८
अद्वैत (कवि) २२२, २२३
अध्यात्म रा० (संस्कृत) १७५; ९, ३१, ३५, १४८-१५०, १७७, १८८, २२४, २५७, २७९, २८६, २९१, २९५, २९८, ३००, ३०४, ३०६, ३४६, ३४८, ३५०-३५२, ३५५, ३५६, ३५८, ३६१, ३६२, ३६४, ३६५, ३६७, ३७४, ३७५, ३७७-३७९, ३८३, ३८९, ३९२, ३९५, ४०१, ४३२, ४३३, ४३९, ४४१, ४४३, ४४७, ४५२-४५४, ४५८-४६१, ४६६, ४७१, ४७३, ४७६, ४७८, ४८८, ४८९, ४९९, ५०२, ५०४, ५०५, ५१२, ५१३, ५१५, ५२०, ५२६, ५२७, ५३१, ५३४, ५३५, ५३८, ५४१, ५४३, ५४४, ५४८, ५५२, ५८०, ५८२, ५८४, ५८६, ५८७, ५८९, ५९७-५९९, ६०६, ६१०, ६२५, ६३०, ६३३, ६५८, ६९१, ७०२, ७१४, ७१७, ७३१, ७५३, ७६०, ७८१, ७९०; टि० में—३४४, ३५९, ४६२, ५१६, ६२९
—(उड़िया) २९१
—(गुजराती) ३०६
—(बंगाली) २८६, २८८
—(मलयालम) २६७, ४६४, ५८७ टि०
—(हिन्दी) ३००
अध्यात्म रा० पांचाली २८६, २८८
अनंगनरेन्द्र २९१
अनंगहर्ष मायुराज २३०
अनन्तकन्दली २८४
अनन्तकृष्ण अय्यर ४६९ टि०
अनन्तभट्ट २५६
अनर्घराघव २३२; ११५, २२५, २३७, २३८, ३५०, ३५१, ३९१, ४४४, ४५२, ४६४, ४८५, ५१७, ५२२, ७६१
अनला ५४६, ६४५ टि०
अनसूया ९, ४०९, ४३१, ५०२, ६०० टि०
अनाम (हिन्दचीन) ३२३, ४४२, ४९०
अनामकं जातकम् ५२;७७, ७८ टि०, ३११, ३६२ टि०, ३९०,४४३, ४४६, ४९०, ५२२, ६०१, ७१४, ७१६, ७५२, ७६३
अनारण्य ६५२, ६५४ (४)
अनुराधपुर ६६
अप्सराएँ ३९, ९८, १९१, ३४४, ३४६ टि०, ३५५, ४०९, ४५८, ४५६, टि०, ४८१, ५१३, ५१५, ५२६, ५४४, ५५२ (९), ५८७ (३), ५८९ (४), ६१३, ६३८, ६५० (३), ६५१, ६५२, ६५४, (१ और ४), ६६४, ६६८, ६७६, ६७७
अनोदी ३०८ टि०
अब्द रा० १७९, ५२३
अब्दुल कादिर ३०८
अभिजातजानकी २३६
अभिज्ञान ५२५, ५५०
अभिधर्ममहाविभाषा १९,७७, ७९, १३३, ७८८
अभिनन्द २१७ दे० रामचरित
अभिनवराघव २३६
अभिषेक नाटक २२७; ११५, २२६, ३१४, ३६४, ५२०, ५४०, ५७३, ५८३,५९३ टि०, ६१०
अमरदास ५९
अमरपाल सिंह २९७
अमरावती ८४, १५९, ७८०
अमरेश्वर ठाकुर ३४३
अमितगति ५९
अमितवेग ३८२ टि०
अमृतराव ओक ३०५, ६४०
अमोघराघव चम्पू २५५

अयुतिया (स्याम) ३२९, ७६३
अयोध्यासिंह उपाध्याय ३०१
अयोमुखी ४५६, ४७३
अय्यि पिल्लै २६४
अरिमर्दन १९५, १९६, ६२५
अर्कप्रकाश ६४२
अर्जुन २९२, ३७६, ६८५, ७१३
अर्जुन कार्त्तवीर्य ३४९, ३५१, ५१७, ६५५
अर्जुनदास २९१, ३५०, ६७४, ६९७
अर्जुनविजय ३१५
अर्थशास्त्र ४० टि०
अलम्बुस जातक ३५५ टि०
अल बदायूनी ३०८
अलबरूनी ६०७
अवन्ती ५८०
अवतारवाद (१) उत्पत्ति और विकास १४०-१४४, ७८९; (२) कृष्णावतार १४२, १४४, १४६-१४८, ७८६; (३) रामावतार ४६, ११५ (४), ११७-१२८, १३९, १४३, १४४, १४७, १४८, ३२२, ३३३, ३५४-३७६,७८९
अवतारचरित २९९
अवदान-शतक ५४
अवध विलास (लालदास) २९९
—(बाघेली कुँवरि) ३०१
अवना-रस-तरंग २९१
अविन्ध्य ४९, ५४६, ५९३ टि०, ६०१
अश्वघोष ३२, ७७, ७८
अश्वपति ५, २०
अश्विनीकुमार ३४६, ६१४, ६४८
अष्टयाम २९९
असमिया रामकथा २८२-२८४
असाइत ३०६
असुर जाति की रामकथा २७४
अहल्या ३४४-३४८, ५१३, ५१४, ६७४, ७९३
अहि-महिरावण-वध ३०५
अहिरावण २९६, ३०४, ६१४
आण्डाल १४७ टि०
आकाशवाणी ३६, ३५६, ३७५, ३९२ टि०, ४०९, ४३४, ५१२, ५२१, ५२७, ५५२ (१०), ५८३, ५८८, ६२५
आख्यान-काव्य (रामकथा विषयक) २१, ६७-७२, ८२, ९१, १२९-१३२, १४५, ७५९, ७६५, ७६६, ७८८
आगामी जन्म : कौशल्या २२४; दशरथ २२४, ७८७; मन्थरा ४५४, ७५५ टि०; राम ५१-५३; रावण ६४८, ६०, ७४१; लक्ष्मण ६०; वालि ५२०, ५२१; विभीषण; ५७१; शूर्पणखा ४६९; सीता ७५३ टि०, ७८७; सुलोचना ५९४; हनुमान् ६५७ टि०; अन्य १८८, ६१४, ७२० टि०, ७२७, ७५५ टि०, ७८७
आगारिया जाति की रामकथा २७७
आग्निवेश्य गृह्यसूत्र १६
आत्मबोध १०८
—(जगतराम राय) १५०
आत्महत्या-विचार : अर्जुन ६८५; कौशल्या सुमित्रा ६०९; गुह ६०९; दशरथ ४७१; भरत २४४, ६०९; राम ३४८; लक्ष्मण ४६२, ७२३; वसिष्ठ ६२३; विभीषण ५७१; वालि ५१९; शत्रुघ्न २४४, ६०९; सीता ५४८, ५८६ टि०; सुग्रीव ५५४; सम्पाति ५२७; दे० प्रायोपवेशन
आदम ३२२, ३३६, ६४९
आदिच्चुपट्ठान जातक ८८
आदित्य मित्र २७१ टि०
आदिपुराण १७३; ३६७, ४९२ टि०
—(जैन) ५५, ६२
आदि रा० १८०
—(पंजाबी) २९९
आदिवासी ११०, १३३, ६८०
आदिवासी रामकथाएँ २७०-२७८, ३५४, ४८०
आनन्दकुमार स्वामी ७१० टि०
आनन्दतनय ३०५, ४७८
आनन्द रा० १७७; ३१, ३७, १०८, १४९, १५०, १७५, १८०, २२५, २६९, २९५, ३०४, ३२०, ३३७, ३४०, ३४१, ३४३, ३४४, ३४६, ३४८, ३५०-३५२, ३५५, ३५७, ३६१, ३६२, ३६५, ३६९, ३७२, ३७४, ३७५, ३७९, ३८५, ३९२, ३९७, ४०१-४०४, ४०६, ४२२, ४३२-४३५, ४३९, ४४१, ४४३, ४४७, ४५२-४५४, ४५८, ४६१, ४६४, ४६६, ४७३, ४७५, ४७८, ४८४, ४८५, ४८८, ४९८, ५००, ५०६, ५१३, ५१५, ५१७, ५२०, ५२२, ५२५, ५२६, ५३१, ५३४, ५३५, ५३८, ५३९, ५४१, ५४३, ५४४, ५४७, ५४८, ५५२, ५५४, ५६९, ५७०, ५७१, ५७५, ५७६, ५८०, ५८२-५८५, ५८७-५८९, ५९१, ५९३, ५९४, ५९७-५९९, ६०२, ६०६, ६०७, ६०९, ६१०, ६१४, ६१५, ६२५, ६२८, ६३०,

६३२, ६३३, ६३५-६३८, ६४०, ६४१, ६४५, ६४८-६५०, ६५५, ६६८, ६७०, ६७६, ६८२, ६८५, ६८७, ६९५, ६९७, ७०२-७०४, ७०७, ७०८, ७१४, ७१७, ७२०, ७३८, ७४४, ७४७, ७५५, ७६०, ७६७, ७८०, ७८१, ७८४, ७८७; टि० में—३५६, ४५९, ४७२, ४७७, ५१६, ५२७, ५४६, ५६६, ५६७, ५८६, ६२७, ६२९, ६४४, ७१०
आनन्दवर्द्धन २२५ टि०
आप्टे डॉ० २२० टि०
आयर, के० वी० ३२९ टि०
आर्यशूर ५४
आर्या रा० २५१
आल्वार १४७,७९०
आशाएत ३०६
आशाधर ६३ टि०
आश्चर्यचूड़ामणि २३५; २२५, २२६, ४६३,टि० में—४६८, ४९४, ५४३, ५४८, ६००, ६०१
आचार्य रा० २८६
आश्वलायन गृह्यसूत्र १७ टि०
इन्दुप्रकाश पाण्डेय ७५३ (१) टि०
इन्द्र ५२, ९४, ९६, ९७, १२८, ३४३-३४८, ३६१, ३६२, ४५९, ४६०, ४७३, ५००, ५१३, ५१४, ५१७, ६५२, ६६४, ६६६, ७९३; ११-१३, १७, ३६, ८५, ८६, १४० टि०, २०७, २०८, ४४७, ५२६, ५९०, ६३२, ६३९, ६६८, ६९४, ७५३, ७५७, ७९३
इन्द्रजाल (उड्डीश) ६४२
इन्द्रजित् ५९०-५९४; ३१४, ३९७, ५५१, ५८६, ५८७, ६५०, (४); ६५२
इन्द्राणी ४१७
इक्ष्वाकु २, २०, ४७२
इरामचरित २६४
इल्वन ६२७
ईश्वरदास (उड़िया) २९१
—(हिन्दी) २९८
उंगनद ए० १०० टि०
उड़िया रामकथा २९१-२९३, ७९६
उत्गिकर एन० वी० ६७ टि०
उत्तंक ६२२
उत्तरकाण्ड (असमिया) २८३, २८४
—(जावा) ३१५
उत्तरकाण्ड चम्पू २५५
उत्तरपुराण ६४; ५५, ६२, ६३, २५३, ३१४, ३३७, ३४१, ३६३, ३७३ टि०, ३७५ टि०, ३९०, ४००, ४०४, ४०६, ४१२, ४१६, ४४२, ४६५, ४६८, ४८६, ४९४, ५००, ५०२, ५१२, ५१३, ५१५, ५१७, ५२२, ५२४, ५२५, ५३३, ५३८, ५४२, ५४३, ५४७, ५५२, ५६७, ५७१, ५७३, ५८५, ५९१, ५९७, ६०१, ६०६, ६१०, ६४६, ६४८, ६५७, ६६९, ७११ टि०, ७१४, ७१६, ७४२,७५२; ७६३
उत्तररामचरित २२९; १०, १०६, १५०, २२५, २२८, २३१, ३१७, ३४३, ७१४, ७१७, ७६१
उत्तररामचरित चम्पू २५५
उत्तर रा० २५९
उदात्तराघव २३०; २२५, २३८, ४७१, ५२२, ५५४, ६०९
उदारराघव २१९; ३३६, ३४६, ३४८, ३६१, ३८६, ४००, ४३२, ४३३, ४४३, ४४४,४६३, ४६४,४७०
उद्धव (कवि) ३०६
उन्मत्तराघव (भास्कर भट्ट) २४१; २२५, ४७३ टि०
—(विरूपाक्ष) २४२; ४७३ टि०, ५९५
उपदेशपद ६१, ३४२, ७१४, ७२२
उपेन्द्र भंज २९१; ४००, ४०३, ५२७, ६५० (३)
उमा; दे० पार्वती
उराँव रामकथा ५५२ (६)
उल्लाघराघव २३८, ६०९
ऊर्मिला १०६, ११६, २२८, ३०१, ३९० टि०, ३९१, ४००, ४०३, ४३१, ४४३
ऊर्मिला ३०१
ऋक्षरजा ५१३
ऋग्वेद १ टि०, २-४, ७, ८, ११, १२, १७ टि०, १९, २०, ३२, १११, १२९, १४१, १८२, ३४४ टि० ६२१
संहिता
ऋग्वेद भाष्य ६४२
ऋष्यशृंग ३४३, ३५५, ३५८, ३८३
एंटहोवन; टि० में—६७२, ६७८, ७०९
एकनाथ १७५, १७७, ३०४; दे० भावार्थ रा०
एकोजी रामायण २६३
एरेन्न ३४५
एल्विन वी; टि० में—२७८,७२०
एल्सदार्फ २५२ टि०
एषुतच्छन २६७

एस्टलेर ए० २३४ टि०
ऐतरेय ब्राह्मण ४, १४१
ऐरावण : दे० अहिरावण
ओट्टक्कूतन २५७
ओपर्ट ४६९ टि०
ओल्डनबर्ग; टि० में ४८, ८४, ९६
कंकंटि पापराजु २५९
कण्डुकूरि रुद्र २६१
कम्ब रा० २५; ११५, २१४, २२१, ३२०, ३५१, ३५३, ३९५, ३९८, ४००, ४०३, ४३४, ४६४, ५०२, ५१२, ५१५, ५१९, ५२०, ५२२, ५३१, ५८३, ५९२, ५९५, ६११, ६७०, ७२०, ७६२, ७८९; टि० में—४३३, ४६०, ५१६, ५२५, ५७०
कम्बोडिया ३२३
कंस ६४८ (६)
ककविन दे० रामायण ककविन
कट्ट वरदराजु २६२
कण्णश्श रा० २६५
कतक ३१
कथाकोश ५९
कथा रा० २८४
कथासरित्सागर २५४; ५६, १३५, २२५, २५२, ३२०, ३४५ टि०, ३४६, ३४७, ४०७, ४९०, ६४४ टि०, ६७२, ७१४, ७२१, ७४७, ७४८
कनकजानकी २३६
कनकमृग ४९०, ४९२-४९९
कन्नड़ रा० २६९
कन्याकुमारी ५७४ (८), ६१४, ७८०
कपिदूत २४९
कपिष्ठल संहिता ७ टि०, १४ टि०
कबन्ध ४७३, ४७७, ४७८ टि०, ५०० टि०
कर्ण २९२, ६८५
कर्णदान २९१, ६८५
कर्णाटक कवि चरिते २६९ टि०
कर्मनासा ५९७ टि०
कलिराघव संहिता १४८
कलिसन्तरण उप० १४८
कल्कि १४४
कल्किपुराण १७३, ४०३, ५४६ टि०
कल्पद्रुम अवदान ५४
कल्पनामण्डितिका ७९
कल्माषपाद ६२३, ६२४; दे० सौदास
कविकण्ठाभरण २३६
कविचन्द्र २८५, २८८, ५८५
कवि जानकी ३१५
कविताकौमुदी ३५४, ३९२ टि०, ४४७ टि०
कवितावली २९४, ३७९, ३९७, ४३२
कविमल्ल २१९
कश्यप ३६७, ५१७, ६५४ (२)
कहावली ५९, ६१, ७१४, ७२२
कांग-सेंग-हुई ५२
कांगा ई० एम० एफ० ९९ टि०
कान्तकोइलि २९१
काकपोइ २९१
काक-वृत्तान्त ४३९, ५५०
काचविभुदु २५९
काठक गृह्य सूत्र १३, १६, १७
काठक संहिता ८, १२९, १४०; टि० में—४, ७, १४
काणे पी वी०; टि० में—४१, १४०, १४४
कात्यायन श्रौतसूत्र १४ टि०
कादम्बरी २५२, ४७४
कॉनेर जी० पी० ३२९ टि०
कान्हुदास २९१
कामगामिता ५६, ६४९
कामरूपत्व ५६, ६४९, ६६४, ६६७
कार्त्तवीर्य ३४९, ३५१, ५१७, ६५५
कालनिर्णय रा० १७९, ४०१, ७६०
कालनेमि २३, ५५८, ५८७
कालनेमिर रायबार २८९
कालिका पुराण १७२; ४०७, ६७४, ७८५
कालिदास २७, १३२, २१३, २२६; दे० रघुवंश
कालीकुमार दत्त २३१
कालेण्ड ३३०
कावेल ३२ टि०, ७८ टि०
काशीराम २८९, ६१४
काव्य प्रकाश
काश्मीरी रा० २८१; २७९, ३१२, ३४८, ३५८, ३६१, ३६७, ३९२, ४०६, ४१३, ४३३, ४३५, ४३९, ४४३, ४५४, ४७०, ५००, ५०५, ५३८, ५४३, ५४४, ५५०, ५७५, ५८८, ५९७, ६४३, ६४४ टि०, ६४५, ६५०, ७१४, ७२३, ७४३, ७४९, ७६३, ७८१
किर्फल २७ टि०
कीकवीदेवी ३४३, ५७२, ६०५, ६९८, ७२३
कीथ ए० वी २७; टि० में—१७, ५८, ७८, ७९, ९२, १०६, १३५, २११, ३४४

कीवे एम० वी० ११३ टि०
कुन्ती २९२
कुन्दमाला २३१; २२५, ७१४, ७१७, ७५५, ७६१
कुम्भकर्ण ५८९, ६४४-६४९
कुम्भीनसी ६४५, ६५२
कुकुआ दे० शान्ता
कुणाल जातक ७४, ८१
कुप्पुस्वामी शास्त्री २२६ टि०
कुबेर ४५८, ६४२, ६९४; दे० वैश्रवण
कुब्जा ४५४, ४६९, ७८७
कुमार तंत्र ६४२
कुमारदास २१६; दे० जानकीहरण
कुमारलाल ७९
कुमारसम्भव ३२ टि०
कुमुदेन्दु ५९
कुरुक्षेत्र ६३७
कुलकर्णी वी० एम० २५३ टि०
कुलशेखर १४७
कुवेम्पु ६३०अ, ७४१
कुश ७३५-७५१, ७७२
कुशध्वज ६, ४००, ४१०
कुशीलव ४०, १३७, ७३६, ७५९, ७८८
कूचिभट्टारक ६२
कूर्मपुराण १५६; १४०, १५२, ३४१, ४०६, ४०७, ४९०, ५०४, ५८०, ६४५
कूर्मावतार १४०
कृत्तिवास रा० २८५; ३२, २८२, २८३, २८८, २९२, २९३, ३३६, ३३८-३४०, ३४५, ३४८-३५१, ३५३, ३५८, ३६७, ३७७, ३७८, ३८३, ३८९, ३९२, ४१०, ४३२, ४३४, ४६७, ४७२-४७४, ४८९, ५००, ५२६, ५२७, ५३१, ५४४, ५४६, ५४७, ५५२, ५७०, ५७७, ५८४, ५८५, ५९७, ६१३, ६२४, ६४९, ६५०, ६८६, ६९५, ७०३, ७१४, ७२३, टि० में—३४४, ३५९, ५४५, ५९३, ६४४, ६६४
कृत्यारावण २३६; २२५, ४६८, ५८३, ५९७
कृपानिवास १५०, ३०० टि०
कृष्ण २४५, २४७, ३६४, ३७६, ६८५, ६८६; दे० अवतारवाद, भक्ति
कृष्णकथा ७८६, ७८७; ४०४, ५९१ टि०
कृष्णकान्त न्यायभूषण २८७
कृष्णचन्द्र तालंकार २४९
कृष्णचरण पट्टनायक २९१
कृष्णचरण साहु; टि० में—२९१, २९२, ४३५
कृष्णदास कवि ६३
कृष्णदास मुद्गल ३०५
कृष्णदेव उपाध्याय ६०३, ७२३ टि०
कृष्णनाथ भट्टाचार्य २४९
कृष्णमोहन २४८
कृष्णेन्द्र २५१
कृष्णोप० १४८, ७८७
केदारनाथ मिश्र ३०१
केरल वर्मा रा० २६८
केर्न एच० १९ टि०, ७९ टि०
केवट २०२, २२२, २९५, २९८, ४३२
केशव कवि ३००
केशव त्रिपाठी २९१
केशवदास ३०२, दे० रामचन्द्रिका
केशव पट्टनायक (हरिचन्दन) २९१
केशव रा० २९१
केसरी २३, ५१०, ६५९, ६६०, ६६४-६६८, ६७१, ७७८
कैकसी ५६९ (३), ६३९, ६४४-६४६, ६४९, ६५० (२), ३५७ दे० निकषा
कैकेयी ३३८, ४४७-४५४, ७५३; २७, ३०१, ३७५ टि०, ३७८, ४००, ४०४, ४३०, ४३४, ६४१, ७२३
कैकेयी (काव्य) ३०१
कोकिलसन्देश २४९
कोयाजी, जे० सी० १४० टि०
कोलमैन; टि० में.—४९३, ६७६, ६८७
कोशल किशोर ३०१
कौशल्या ३३७, ६०९, ७५३; २७, ५१, २२९, ३७५, ३७८
कौशिक सूत्र ४ टि०, १७, १८
कौषीतकी उप० ६
कौषीतकी गृह्यसूत्र १७ टि०
क्रूक डब्लू० ३८, ५७७, ५९७, टि०, ६७३ टि०
क्रौंचा ६४५, ६५५ (५)
क्षीरस्वामी २३६
क्षेत्रेश चट्टोपाध्याय १०३ टि०
क्षेमकरणदास द्विवेदी १३ टि०
क्षेमेन्द्र २१८, २३६, २५२; दे० दशावतारचरित, बृहत्कथामंजरी
खदिर गृह्यसूत्र १६ टि०
खर ४६३, ४६६, ६४४, ६४५

खरदूषण ६०, ४६५, ४९०, ६३१
खुद्दक निकाय ६६
खुमान ३००
खोतानी रा० ३१२; ५४, ३१०, ३३६, ३४०, ३४२, ३५१, ३५४, ३६२ टि०, ३८० टि०, ३९०, ,४००, ४०४, ४०६, ४१४, ४६२, ४७०, ४७४, ४९८, ५१९, ५७५, ५८१, ५८६, ५९७, ५९८, ६०१, ६०७, ६४३, ७६३
ख्मेर रा० दे० रामकेर्ति
गंगाधर महाड़कर २४५
गंगानाथ झा ७९१ टि०
गंगारामदास २८४
गणकचरित २८४, ५३३, ५३४
गणेश (कवि) ३००
गणेश पुराण ३४६
गया १७८, ४३५
गरुड़ १९८, ५६३, ५८६, ६४१, ६४४ टि०, ६८६
गरुड़ पुराण १६०, ३५४, ३६८ टि०, ४३५, ४६४
गर्ग संहिता ७८७
गर्गर ७८ टि०
गर्व निवारण; अंगद ५२१; अर्जुन ६८५; गरुड़ (सत्यभामा, सुदर्शन) ६८६; नल ५७६; परशुराम ३५१ टि०; हनुमान् ४६१, ५३१, ५५४, ५८०, ६०८
गवब ३०४
गायत्री रा० १८२
गिरधरदास (गुजराती) ३०६
गिरिधरदास ३०८
गिलहरी २७२, २७३, ४७४, ५७७
गीतगोविन्द २५०, ७८९
गीतराघव २५०
गीतावली २९४, ३४६, ३७९, ४०३, ५६८ टि०, ५८८, ६३८, ७१४, ७३०
गीति रा० २८४; १५०, ४७४, ४९८, ५०० टि०
गुजराती रामकथा ३०६
गुणभद्र ५७, ६२; दे० उत्तरपुराण
गुणभद्र (अनुवादक) १०२
गुणाढ्य २५२, ७१९
गुप्तचर ५६२, ५८२
गुह ३८४, ४३२, ६०९
गोंसाल्वेस ३३०; दे० पा० वृ० नं० २०
गोकर्ण ६२४, ६४९, ६५०, ७८०
गोदा-गीतावली १४७ टि०
गोनबुद्ध रेड्डी २५८
गोपाल ३०८
गोपाल कृष्णाचारियर २५७ टि०
गोपाल लाल वर्मा २७१ टि०
गोपालोत्तरतापनीय उप० १६८
गोपियाँ ७८७
गोपीनाथ कविभूषण २९१
गोपीनाथ रा० २६३
गोपीनाथ राव १४७ टि०
गोपीवल्लभ नेमा ३००
गोभिल गृह्यसूत्र १७ टि०
गोरेसिया २२, २७
गोवर्द्धन ५८१
गोवर्द्धनदास २९१
गोविन्ददास ४७७ टि०
गोविन्दराज ३१, १८२, ३४३, ४०६, ४१९, ५२२, ७३५ टि०
गोविन्द रा० ३०३, ५४७, ७२३ टि०
गोविन्द सिंह ३०३
गोसावीनन्दन ३०५
गौतम ३४४-३४८, ५१३, ५१४, ६२४, ६२५, ६७२, ६७४, ६७५, ७९३
ग्रासगीत
ग्रासमैन १२ टि०
ग्रिफित्स ४८० टि०
ग्रियर्सन; टि० में—६५, १७६, २८१, ४८१
घट रा० १०८
चण्डी पुराण (उड़िया) २९१, ६४८
चन्दा झा ३०१
चन्दायन ६३९ टि०
चन्द्रकीर्ति ५९
चन्द्रदूत २४९
चन्द्रभान ९३ टि०
चन्द्रभान बेदिल ३०८
चन्द्रमा ४००, ४८९
चन्द्रसागर वर्णी ५९
चन्द्रावती २८६; दे० रा० गाथा
चम्पा राज्य ३२३, ७६३
चम्पू रा० २५५, २९१, ४६४
चउपन्नमहापुरिसचरियं ५९
चक्र कवि २२१
चक्रवर्ती ए० ५६ टि०
चक्रवर्ती सी० २१२ टि०

चक्रवाक ४७४, ७९५
चरित रा० ३१५
चरियपिटक ८४, ८५ टि०
चान्द्र रा० २०२, ४३२
चामुण्ड राय ६२, ६३
चावलि सूर्यनारायण मूर्ति टि० में २५९, ४६१, ५१४, ६५०, ७४१
चिन्तामणि विनायक वैध २७, ११०, ११२, ४९०; टि० में—६५, ८०, १४२
चिन्ताहरण चक्रवर्ती ११२ टि०
चित्रकूट माहात्म्य १८०
चित्रबन्ध रा० २४८
चिदम्बर २४५
चिरकारी ३४५
चिलुस्की ६५ टि०, ४२७ टि०
चीगनबाल्ग ३३०; दे० पा० वृ० नं० १७
चीसनिस ३१९ टि०
चेंचिया २५९
च्यवन ३२, ३८, १३२, ६२०
छलितराम २२५, २३६, ७१७, ७४९
छान्द रामायण २९१
छान्दोग्य उप० ५, १२९
जगतराम राय १५०, २८७, ५९४
जगत मोहन राम २९०
जगन्नाथ खुश्तर ३०७
जगमोहन रा०; दे० बलरामदास रा०
जटायु ४७०-४७३; ५२७
जनक ६, ८९ टि०, ४०७-४०९, ४३४, ७३३; २०, १०६, २०८, २०९, २२९, ३३८, ७९२
जनी जनार्दन ३०५
जयन्त २०७, ४३९, ६५२
जय-विजय ३६६ टि०, ३७२, ६४८
जयदेव (गीतगोविन्द) २५०
—(प्रसन्नराघव) २३७
—जी० शर्मा १३ टि०
जयद्दिशजातक ८३
जयरामसुत ३०४
जयराम स्वामी वडगाँवकर ३०५
जलन्धर ३७२, ६४८ (४)
जलक्रिया ६८, ८९; दे० पिण्डदान
जहाँगीर ३०८, ३०९
जाम्बवती ६१४ (टि०), ७८७
जाम्बवान् ५२४, ५२७, ५४७ (७), ५५५, ५८४, ५८७ (२), ६६३, ६६४, ६७४, ७५५, ७८७
जान्स्टन ३२ टि०, ७८ टि०
जातक-साहित्य ५०-५३
जातकट्ठ-कथा ६६ टि०
जातकट्ठवण्णना ५१, ६५, ६६, ६८, ७३, ७५ टि०, ७७, ८१, ८३, ८४, ८५ टि०, ६४२
जातकमाला ५४, ६२२
जानकी गीता २५०
जानकी परिणय (चक्रकवि) २२१, ३४८, ७८९
—(रामभद्र दीक्षित) २४४, ३५३, ४६८, ५२२, ६०९
जानकीमंगल २९४, ३९७
जानकीराघव २३६, ३९७
जानकीहरण २१६; ११५, १५०, २१२, २१४, २२१, २५७, ३४६, ३५३, ३५६, ४०३, ४५२, ५७८, ५९७ टि०, ६११, ७६१, ७८९
जाबालि ९०, ४३१, ४७६
जायसी ६३९ टि०
जावा ३१३-३२२
जिनदास ५९
जिनरामायण ५९
जिनसेन ५५, ६२, ६३ टि०
जीवक ३१२, ५८६
जीवस्तुति रा० २८४
जेंद अवेस्ता ९९, १४० टि०
जैन रामकथा ५५-६४; ३५४, ४४६, ४९२ टि०, ५७३ टि०, ५९५, ६५२, ७५९, ७६६, ७८२
जैन रा० (हेमचन्द्र) ५९, ६१, ४७२ टि०, ५७३, ७१४, ७२२, ७४०
जैन साहित्य और इतिहास ५८, ६२ टि०
जैमिनी गृह्यसूत्र १६ टि०
जैमिनी पुराण ३००
जैमिनी ब्राह्मण ६, ३४४
जैमिनी भारत १८५-१८७; २६९, ६१५, ६३९ टि०
—(कन्नड़) २६९
जैमिनी रा० ३५ टि०
जैमिनी अश्वमेध १८५; २२५, ३०२, ६३४, ७१४, ७२०, ७४९, ७५६, ७९१
जैमिनीय उप० ब्राह्मण ४
जोन्स ३३०
टावर्निये ३३०; दे० पा० वृ० नं० ११
टीका रा० २९१, ३१७, ५०५, ५१२
टेम्पल आर० सी० ३९ टि०

टोटम ११०
ठिका रामायण २९१, ७२३
डारमेस्टटेर ९९ टि०
डॉल्टन ११० टि०
डुब्बा जे० ए० ३३०; दे० पा० वृ० नं० १४
डुसो आर० १०० टि०
डे नोबिले ३३०
डे पोलिये ३३०; दे० पा० वृ० नं० १३
डे फारिया ३३०; दे० पा० वृ० नं० ५
डेहों पी० ११० टि०
डैप्पर ओ० ३३०; दे० पा० वृ० नं० ४
तंत्र वार्तिक ५१४ टि०
तत्त्वसंग्रह रा० १७८; ३६, १८२, १८९, ३४५, ३४६, ३६१; ३६२, ३६८, ३७२, ३७५, ३९८, ४००, ४४३, ४५२, ४६०, ४७०, ४७८, ४९८, ५०० टि०, ५०२, ५०५, ५११, ५२२, ५३९, ५४१, ५५२, ५७४, ५९७, ५९८, ६०७, ६१४ टि०, ६४०, ६४८, ६७०, ६७४, ६८५, ७०२, ७०३, ७२९, ७६०, ७८० टि०, ७८७
तत्त्वसारायण १४८
तपस्या; अंजना ६७२, ६७४; अहल्या ३४६, ३४८; गौतम ३४५, ५१४; जनक ३६५; दशरथ ३५४; परशुराम ३५१; राम ३८५, ४३८, ४४६, ५२३, ७५३ (५), ७५६; रावणादि ६४९; लक्ष्मण ३८५, ४६१; वानर ५२७; वालि ६५५, वाल्मीकि ३४-३८; वेदवती ४१०, ४२३; वैश्रवण ६४९; शम्बूक ६२८-६३२; शूर्पणखा ४६९; सीता ७५३ (५), ७५६; हनुमान् ५१२, ५८०, ६५५ (२), ६५७, ७०४, ७५३; अन्य ५६, ३६७, ३६८, ४२२, ४७२, ६२७, ६४१, ६४४, ६४८
तमिल रामकथा २५७; दे० कम्ब रा०
तरणीसेन २८५, २८८
तर्जुमा-इ-रा० ३०८
ताड़का ३८९
तारसार उप० १४८
तारा २०६, ५१५, ५१७ टि०, ५१८, ५२०, ६०६, ७२६
ताराचाँद दास ४०९ टि०
तेक्कन्न २५९
त्रिपिटक ६६, ६९, ८२-८९, ९०, १०३, १३०, १३१, ७५९, ७६६
तिब्बती रा० ३११; २३६, ३१०, ३१२, ३४०, ३४२, ३५४, ३६१, ३९०, ४००, ४०६, ४१४, ४४३, ४४५, ४९४ टि०, ५१९, ५२०, ५२५, ५२६, ५२७ टि०, ५७६, ५९८, ६०१, ६४३, ७१४, ७४३, ७५६, ७६३
तिलक ३५८, ४०४ टि०
तिलोयपण्णति ५५
तीर्थ १७८, ६३७, ७८०; दे० अमरावती, अवन्ती, कुरुक्षेत्र, गया, गोकर्ण, गोवर्द्धन, देवघर, धर्मारण्य, पुष्कर, मथुरा, रामगिरि, श्रीरंगम्
तुम्बुरु ४५८
तुआलाफी ३२८
तुर्किस्तान ३१२
तुलसीदर्शन १४६ टि०
तुलसीदास (माताप्रसाद) २९५ टि०
तुलसीदास २९४; २२२, २९७-२९९, ३०२, ३०८; दे० रामचरितमानस, गीतावली, कवितावली, विनयपत्रिका, हनुमानबाहुक
तुलसी साहब १०८
तेलांग के० टी० ९२ टि०
तेलुगु रामकथा २५८-२६३
तेलेंगा गोपाल २९१
तैत्तिरीय आरण्यक ४, १५, १६, १४०, १४१, १४२ टि०
— उप० ३६८ टि०
— प्रतिशाख्य २९
— ब्राह्मण ४ टि०, ६-१०, २० टि०, १४०, १४१, ४०८
— संहिता ४ टि०, ७ टि०, ८, १४ टि०, १४०, १४१
तोरवे रा० २६९; ३८, ३२०, ३७४, ४०६, ४१८, ४३९, ४४३, ४८४, ५७८, ५९८, ६३२, टि० में—५०४, ५८३,५८४, ५८६
त्रिजटा ५४५-५४७, ३१४, ६५४ (१)
त्रिपादविभूत महानारायण उ० १४८
त्रिपुरारिदास २९१, ४०३
त्रिषष्टिलक्षण महापुराण ५५, ६२
— शलाका पुरुषचरित ५९
— शलाका पुरुषपुराण ६३
— स्मृतिशास्त्र ६३ टि०
त्रिशिरा ४६६, ५६३, ५८७ टि०, ६४५, ६५० (५)
त्सा-पौ-त्सग-किंग ५३
थोनबुरी ३२५
थॉमस, एफ० डब्लू० ३११ टि०, ७२१ टि०
थॉमस, पी०; टि० में—३५६, ३५७, ६५०, ६७८
दण्डकारण्य ४७२, ६१०

दशकुमारचरित २५२
दशरथ ३३३, ३३६-३४३, ३५४-३५८, ४४५-४४९; ३, २०, ५१, २२१, ३२७, ३२८, ३५३, ३५४, ४३३, ४३५, ४७१, ४७२, ५७४ (३), ७४३, ७७६ टि०, ७८३, ७८७
दशरथ-कथानम् ५३; ७७, ३११, ३४०, ३४१, ३६२ टि०, ३९०, ४४३, ४४५, ४४८, ४८२, ७६३।
दशरथ-जातक ५१, ६५-८१; ५०, ८२, ८३, ९०, ९२, १०१, १०४, १३०, ३४०-३४३, ३६२ टि०, ३९०, ४०५, ४०६, ४२७, ४२८, ४३६, ४४३, ४४५, ४४८, ४८२, ७६५, ७६९
दशावतारचरित २१८; ४०६, ६२८, ६४५, ६४९, ७१४, ७१७
दाण्डि रा०; दे० बलरामदास रा०
दानपर्व ६१४
दामोदर मिश्र २३४
दाशरथि राम ६८६
दास ए० सी० २९
दासगुप्त, एस० एन० १७४
दिङ्नाग २३१
दिग्वर्णन ५११
दिनेशचन्द्र सेन ६५, ७६, ७७, ८९, ९०, १०१-१०३, १०८, २७९, ६९२, ७६५; टि० में—३, ८४, २८५, ३४५, ४०९, ५१२, ६८७
दिलीप ३३६, ३५४ टि०
दिवाकर २५५
दिवाकर प्रकाश भट्ट २८१
दिव्यावदान ५४
दीनकृष्णदास ३६१, ६४८ (६), ६५० (२), ६५८
दीपवंश १०२, ११३
दुन्दुभि ५१५-५१७, ५२६
दुन्दुभी ४५४
दुरन्त रा० २०९
दुर्गाचरण वन्द्योपाध्याय २८७
दुर्गावर २८४
दुर्गाशंकर प्रसाद सिंह ७२० टि०, ७२३ टि०
दुर्वासा २४१, ४५८, ४७३, ६४८, ७५३
दूतांगद २४०, २२५
दूषण ४६३, ४६६, ६४४, ६४५ दे, एस० के०, २९
देदिये एच० ३२८, ३२७ टि०
देवकी २२४, ३६८, ३७५
देवघर ६५० टि०
देवचन्द्र ५९
देवधम्म जातक ७३ टि०
देवपाल १७ टि०
देवप्प ५९
देव रा० २०७,४३९
देववर्णिनी ६४५, ६४९
देवविजयगणि ५९, ६१, ७२२ टि०,
देवी (चण्डिका) ७८५, ५३७, ३४६, ५२३, ५९७; दे० पार्वती
देवीदास ३०८ टि०
देवीपाद भट्टाचार्य १५० टि०
देवीप्रसन्न पट्टनायक २९१ टि०
देवीपूजा ७८५
देवीभागवतपुराण १६८; ३२, १६३, ३६१, ३६४, ३६८, ३७०, ३९१, ४१०, ४४४, ४८९, ४९९, ५००, ५०३, ५०४, ५२३, ७८५
दोषनिवारण : कैकेयी ४५०-४५३; मन्थरा ४५४; राम ५११, ५१८, ५२२, ७३०-७३४; रावण ४८८, ५४१; सीता ४९६
दोहावली ६७०
दौलतराम ५८, ३००
द्रुमकुल्य ५७४ (२)
द्रौपदी २९२, ४२४, ५०४ टि०
द्वारकानाथ कुंडू २८७
द्वाविंशति अवदान ५४
द्विज तुलसी २८९
—भवानीदास २८६
—राम २८९
—श्री लक्ष्मण २८६
द्विपद रा०; दे० रंगनाथ रा०
—(कट्ट वरदराजु) २६२
धनंजय (राघवपाण्डवीय) २१२, २४५
—(गणकचरित) २८४, ५३४
—भंज २९१; ४००, ४०३, ५२७
धनराज शास्त्री १८४
धनुष (१) शिव—३५०, ३९१, ३९२, ५२३, ५७३; (२) विष्णु—३५०, ४६०
धम्मपद ७३, ७५
धर्मकीर्ति ५९, १०१
धर्मखण्ड १८९; ३६२, ३९७, ३९८, ४३२, ४५२, ४९८, ५०५, ५४१, ५४३, ५९८, ६७२
धर्मपरीक्षा ५९
धर्मपुराण (उड़िया) ६५० (२), ६५५ टि०
धर्मारण्य ६३४, ६३७

धान्यमालिनी ५४०, ५८७, ६५०
धीरनाग २३१
धीरेन्द्र वर्मा ३४४ टि०, ३४८ टि०
धूर्ताख्यानम् ५९, ५३१
धोबी ७१९-७२१, ७२३, ७२७, ७५५
ध्यानमंजरी २९९
ध्वन्यालोक २२५ टि०
नन्दक १८८, ३६७, ७८७
नन्दिग्राम (शाप) ६५३, ६५४ (२)
नन्दिमुनीश्वर ६२
नरमांसभक्षण ६२१-६२७
नरसिंहाचार डी० ए० ६५ टि०
नरसिंहाचार्य आर० २६९
नरहरि २६९
नरहरिकविचन्द्र २९१
नरहरिदास २९९
नरान्तक ५६३, ५८२, ५८५ टि०, ६५० (५)
नर्मद कथाकोष ६१४, ६१५
नर्मद ३०६ दे० सार
नल ५७३-५७६, ६१४
नलकूबर ६५२, ६५४
नल रामचरित (उड़िया) २९१
नलिनिका जातक ३५५ टि०
नलिनीकान्त भट्टशाली २८५
नलोपाख्यान ४१, ४२, २४५
नाकर ३०६
नागचन्द्र ५९
नागपाश ५८६
नागराज ६३
नागेश ३०५
नाथूराम प्रेमी ५८, ६२
नानक ३८
नाभादास २९९
नाम पर आधारित कथाएँ ७७९
नायक टी० बी० २७७
नायुडू सु० शंकर राज ४०३ टि०
नारद ३७४; ४४, १९३, २०४, २१०, ३७३, ३८३, ४३१, ६४३, ६७२
नारदीय पुराण १५८, ३६०, ५८०, ६३५, ६७०
— भक्तिशास्त्र १४६
नारायणावतार
नारायण शास्त्री १०५ टि०
नार्मन, एच० सी० ७३ टि०
नालायिर प्रबन्ध १४७
निम्बार्क १४६
निकषा ५५८, ५६०, ५६८, (४ और ६) ६४४; दे० कैकसी
नित्यानन्द २४९
निद्रादेवी ४६१, ५००
निमि जातक ८९ टि०
निराला ७८५ टि०
निर्वचनोत्तर रा० २५९
निशाकर ५११ (४), ५२७
नीबुहर सी० ४१३ टि०
नील ५७३, ५७५, ५८५ टि०
नीलकण्ठ १८२
नीलमाधव सेन ५६५ टि०
नीलाम्बरदास २९१, ७२३
नृत्यराघवमिलन ४०४ टि०
नृत्यरा० २९१
नृसिंह पुराण १६५; १७०, ३४६, ३५०, ३५२, ३५५, ३५६, ३६१, ३९५, ४०२, ४३९, ४६४, ४९२ टि०, ४९४, ५०२, ५१५, ५१६ टि०, ५१७, ५१९, ५२६, ५८०, ५८५, ६०१, ६३५, ७१४,७१५, ७३५
—(उड़िया) ३५३, ३८७, ७८७
नृसिंहावतार १४१, १४४, २५७, ५७० टि०, ६४८
पंचतंत्र (लाओ) ३२७, ४३३
पंचाप्सर-सरोवर ४५९ टि०
पम्परा० ५९
पउमचरिउ ५९, ३९४ टि०, ४४३, ४७२, टि०, ५४५ टि०, ५४७, ५७२, ६०१, ६९९
पउमचरियं ६०, ५५, ५६, ५८, ५९, २१४, २३९, ३०४, ३३६-३४१, ३४४, ३४९, ३६३, ३७३ टि०, ३७४, ३७५, ३८३, ३९२, ३९४, ४००, ४०४, ४०६, ४०७, ४१०, ४१२ टि०, ४३२, ४४३, ४४६, ४४८, ४५२, ४५३, ४५८, ४६३, ४६५, ४६६, ४७१, ४८४, ४९०, ५००, ५१३, ५१५, ५१७, ५२२, ५३६, ५३८, ५४१, ५४४, ५४६ टि०, ५४७, ५५०, ५५२ (१३), ५६७, ५७०, ५७१, ५७३, ५८३, ५८६, ५८७ टि०, ५८९ (८), ५९३, ५९६, ५९७, ६१०, ६११, ६२२, ६२८, ६३१, ६३२, ६४३, ६४६, ६४८-६५०, ६५२-६५८, ६८७, ७११ टि०, ७१४, ७२२, ७२८, ७४०, ७८१, ७८२

पचीसा पोइ २९१
पणिक्कर आर० एन० २६४ टि०
पतंजलि ८८, १३२
पद्मावत ६३९ टि०
पदावली २९९
पद्मचरित ५८, ५९, ३३६ टि०, ३९४ टि०, ४०० टि०, ४६३, ४७२, ५४१ टि०, ५४७, ६०१, ७१४, ७१८,७४६
पद्मदेवविजयगणि ५९, ७२२ टि०
पद्मनाभ ५९
पद्मपुराण (जैन) ५९
—(रइधू) ५९
—(हिन्दी) ३००
—(संस्कृत) १६२; ६, १०, ३२, १७९, १८५, २२५, २८५, ३०२, ३३६, ३४०, ३४१, ३४३, ३४६, ३४८, ३५२-३५४, ३५६, ३५८, ३६१, ३६२, ३६४, ३६८, ३६९, ३७२, ३७४-३७७, ३७९, ३८०, ३८९, ३९२, ३९५, ३९७, ३९८, ४००-४०२, ४०८, ४३३, ४३५, ४३९, ४४७, ४४८, ४५४; ४५९, ४६२, ४६४, ४७२, ४७८, ४८८, ५१२, ५१५, ५१९, ५२०, ५३२, ५७१, ५७३, ५७४, ५८०, ५८२, ५८९, ५९७, ५९८,६०७, ६१०, ६२८, ६३४, ६३५, ६४८, ६४९, ६५९, ६९७, ७०५, ७१४, ७२०, ७२७, ७४९, ७५६, ७६०, ७८०, ७८४, ७८७, ७९१; टि० में—१९, ११४, ३४५, ५१६, ६२५, ६२७
परधान रामकथा २७५
परमत्थजोतिका ७३ टि०
परमेश्वर कवि ६२
परशुराम ३४९-३५२, ४, १०, ११८, १४१, १४४
पवनंजय ६६९; दे० हनुमान्
पाँचजन्य ३६१
पाँचरात्र १४६, १४७, १५८, ३६०
पाणिनि २७, ४१
पातानी रामकथा ३२१; ३१९, ३४१, ३९७, ३९९, ४०६, ४१५, ४१९, ४९८, ५०२, ५१२, ५३१, ५३९, ५७१, ५७६, ५७८, ५९६, ५९८, ६१५, ६५०, ६५५
पातालखण्ड रा० २८४
पायस ३५९, ३७८, ६७६, ६७७, ६७८
पारस्कर गृह्यसूत्र १७
पार्गीटर १०३ टि०
पार्वती १९१, ३६५, ४७५, ५०३ टि०, ५८४, ५९७, ६५०, ६५३, ६५४ (६), ६६६ टि०, ६७३ टि०, ६७४; दे० देवी
पालक पालाम ३२७, ३३६ टि०, ३४२, ३४३, ३६५, ४०६, ४१७, ५१४, ५७२
पाश्चात्य वृत्तान्त ३३०
(१) **लिब्रो डा सैटा** ३४४, ३५७, ३५८, ३६१, ४०६, ४२४, ४४३, ४४६, ४६१, ४६४, ४७०, ४९४, ५००, ५०२, ५०३, ५१२, ५१३, ५१७, ५१९, ५२०, ५३२, ५३३, ५३९, ५५२, ५७१-५७४, ५७७ टि०, ५८३, ५९८ टि०, ५९९, ६१४, ६४३, ६५०, ६७४
(२) **दि ओपन दोरे** ४४३, ६०६, ६०७, ७८० टि०
(३) **आफगोदरैय** ३९७, ३९९, ४४३, ४४७ टि०, ४६४, ४७०, ४९७, ४९८, ५२२, ५३२, ५३३, ५५२ (११), ५७१, ५७२, ५७५, ५८५, ५९७, ५९८, ६०३, ६०६, ६०७, ६४९, ६७४,७२४ टि०
(४) **असिया** ३९७, ४९७, ४९८, ५९८, ६०६, ६०७, ६४९, ६७४
(५) **असिया पोर्तुगेसा** ४६१, ७२४ टि०
(६) **रलासियों** ४४३, ४९०, ५५५, ५९८, ६५३, ७२० टि०, ७५१
(७) **ला जानिटिलिटे** ३९७, ४४३, ४८५, ६१४, ६१५, ६९९, ७२० टि०, ७४४, ७४९
(८) **पुर्तुगाली वृ०** (क) ३९७, ४८५, ५३१, ५५२, ५९४, ५९८, ६१५, ७२० टि०, ७४३, ७४९
(९) **पुर्तुगाली वृ०** (ख) ४२२ टि०, ४४३ ४९० ६०७
(१०) **पुर्तुगाली वृ०** (ग) ३४६, ५५५, ५९८, ६५३
(११) **ट्रावल्स** ३४०, ४९०
(१२) **बोयाज** ४४६, ४८७
(१३) **मिथोलॉजी** ३८, ३३७, ३५१, ३५२, ३६१, ३६८, ३९२, ३९७, ४२१, ४४३, ४४७, ४६१, ४९८, ५१२, ५१७, ५२०, ५३१-५३३, ५३८, ५५२, ५७२, ५७३, ५७५, ५८६, ५९६, ६०३, ६१४, ७०५, ७५३; टि० में.—३५६, ५१९, ५४८, ७२०, ७२३, ७४२
(१४) **हिन्दू मैनर्स** ३४०, ४४६, ५३१, ५७४,७२० टि०, ७४९
(१५) **राइजे** ४९०, ५५५
(१६) **इल वियाजियो** ४०६, ४१३, ६५० टि०
(१७) **जेनेआलोजी** ४१२, ७४३, ७५६
(१८) **स्टोरिया** ३४१, ७२० टि०

(१९) लेट्स ४०६, ४२३ टि०, ६३२
(२०) हिस्तोरिया ४६४, ५१२
पिंगलि सूरनार्य २६१
पिण्डदान ४३५ दे० जलक्रिया
पिक्फर्ड १०६ टि०
पिटर्सन २५६
पिल्लै २५७ टि०
पीताम्बर राजेन्द्र २९१
पुंजिकस्थला ६५४ (५), ६६४
पुण्यचन्द्रोदयपुराण ६३
पुण्याश्रव कथाकोष ५९
पुण्याश्रवकथासार ६३
पुनम् नंपूतिरि २६६
पुलस्त्य ६४५, ६४६, ६५५
पुष्कर ६३९
पुष्पक ५६६; ५३०, ५८६, ६४९, ७९२
पुष्पदन्त ६३
पुष्पोत्कटा ६४५
पुसलकेर २२६ टि०
पूतना ४५४
पूर्णचन्द्र दे २८५ टि०, ४०९ टि०
पूर्णचन्द्र शील ४०९ टि०
पूर्ण रा० २९१
पूर्णलिंग पिल्लै २५७ टि०
पूर्वजन्म; अंगद ६५८; अंजना ६६९; अन्धमुनि ४३३; कल्माषपाद ६२२; काक भुशुण्डी ३८१, केवट २०२; कैकेयी ३६९; कौशल्या ३३७; गुह ३८४; जटायु ४७२; दशरथ ३३६; धोबी ७२७; नन्द १८८, ३६७, ७८७, मन्थरा १८८, ४५४; राम ३६३; रावण-कुम्भकरण-विभीषण ६४८; लक्ष्मण ३६३; वालि ५१५; वाल्मीकि ३७; शबरी ४८१; शुक ६२५; श्रवण ४३३; सीता ३७३, ४१०, ४१२; हनुमान् ६५८
पृथ्वी देवी ३५८, ४८९, ५०५, ६०१, ६५० (३),७४१,७५३, ७५५
पृथ्वीराजरासो २९८
पोम्मचका ३२८ दे० ब्रह्मचक्र
पौराणिक साहित्य १५१-१७३
प्रकाशधर्म ३२३
प्रजापति १४०, ६४४
प्रतापभानु ६२५, ६४८
प्रतिमानाटक २२६, २२५, २२७, ३३६, ३४१, ४३५, ४४३, ५६७ टि०, ६१०
प्रभंजनी २३३, २३४, ५७९
प्रभाकर २५०
प्रभावती (महारानी) १४७
प्रवरसेन २१४
प्रश्नोपनिषद् ३६८ टि०
प्रसन्नराघव २३७; २११, २२५, ३०२, ३५०, ३५१, ३९७, ४०३, ४६४, ४७३ टि०, ५०२, ५४१, ५४७ (३), ५४८
प्रहस्त ५६८ (५), ५७१, ६४५, ६४९, ६५० (५) टि०
प्रहेति ६४४
प्रह्लाद ६४८
प्राकृत और अपभ्रंश साहित्य
प्रह्लादशेखर दीवानजी ३०६ टि०
प्राकृत कामधेनु ६४२
प्राकृतलंकेश्वर ६४२
प्रायोपवेशन; भरत ४३४; राम ५७४; वानर ५२७,
प्रिण्ट्ज डब्लू; टि० में—५०८, ५६५, ६३०
प्रियादास ४७९
प्रेमानन्द ३०६,४८८
फकिर राम २८९
फॉसबाल ५१ टि०, ६७ टि०
फुक्स २७६ टि०
फुत्तायोत्फा ३२५
फुत्तालेउत्ला ३२५
फुशे ३२३ टि०
फेनिचियो ३३०; दे० पा वृ० नं० १
बंगाली रामकथा २८५-२९०, ५१२, ७२३
बन्धवर्मा ६३
बडुनित्यानन्द २८६
बदरीनारायण श्रीवास्तव १५० टि०
—बर्मा ३२९, ४६८, ४९८
बर्लिनगेम ७३ टि०
बलडेयुस ३३०; दे० पा० वृ० नं० ३
बलदेव ५५, १४५
बलदेवप्रसाद मिश्र १४६ टि०, ३०१
बलभद्र २९३, ३६२
बलभद्र पुराण ५९
बलराम ४, १०, ९४, १०६, १०७
बलरामदास २९१; १०८,४००, ६८५
बलरामदास रा० २९३; ३८, २८२, २९१, ३४३, ३४६, ३५८, ३६१, ३७५, ३८४, ३८९, ३९८,४०३, ४०९-४११, ४३२ (३), ४३५, ४३६, ४५२, ४५९, ४६१, ४७२, ४७४,

४७८, ४८८, ५१२, ५१३, ५२०, ५२४-५२७, ५३१, ५३३, ५३४, ५४३, ५४७, ५५२ (१२), ५७१, ५७२, ५७६, ५७७, ५८३-५८५, ५८७, ५८८, ५९१, ५९८, ६०८, ६१०, ६४२, ६४८, ६५०, ७२६, ७६२, ७८१, ७८७, ७९६; टि० में—३४५, ४६४, ४७२, ४९२, ५६७, ५६८, ५९३, ६६८, ७३९
बलि ६५५
बहराम यश्त १४० टि०
बाँकेबिहारी लाल ३०७
बाघेली कुँवरि ३०१
बाण ४७४
बाणासुर ३९७
बारमासी कोइलि २९१
बार्थ ए० १३५ टि०
बालकाण्ड (असमिया) २८३; २८४, ३३८-३४०, ३४३, ३४५, ३५०, ३५४, ३७८, ३८४, ३८९, ४०२, ४०३, ४३३, ४४७, ४७२
बालकृष्ण शर्मा ३०१
बालरामायण २३३; ११५, २२५, ३१७, ३५०, ३५१, ३७४, ३९२, ३९७, ४४३, ४५२, ४६४, ४७१, ४८५, ५०३, ५४७, ५७८, ५७९, ५८२, ५८४, ६०६, ७६१, ७८९
बालशौरि रेड्डी ५९४ टि०
बिर्होर रामकथा २७२, ३४०, ३५४, ३९२, ४२१ टि०, ४६१, ४७४, ५१२, ५३१, ५३३, ५४२, ५८९ (७), ५९५, ५९८, ६१४
बुद्ध ४३१; ५०, ५१, ५४, ५५, ७४, ७८, ८१, ९०, १०१, १०२, १४४, ३१२, ३२७, ६४७, ७८१
बुद्धघोष ७३, ७५ टि०, ९२
बुद्धचरित ७८, ३२, १३२
बुधस्वामी २५२
बुल्के सी २२ टि०, ६२१ टि०
बृहत्कथा २५२; ५६, २५३, २५६, ७१९, ७५२
—मंजरी २५२, ७५४
—स्लोकसंग्रह २५२
बृहत्कोशलखण्ड १९१; १५०, ३५३, ३७४, ३८३, ३८७, ३९२, ४०३, ४०४
बृहत्संहिता ११३, १४७, ७०८ टि०
बृहदारण्यक उप० ६
बृहद्देवता ६२१, ६२३
बृहद्धर्मपुराण १७०; ३९, २११, ३५८, ४९४, ५००, ५३२, ५३७, ५८०, ६७०, ७८५, ७९१
बृहद्राघवसंहिता १४८
बेनीप्रसाद ११ टि०
बेल्वलकर ९३ टि०, १०५ टि०, १०६
बैगा रामकथा २७६ टि०
बोंडो रामकथा ७२० टि०
बोधायन गृह्यसूत्र १६
बोले ले गोज़ ३३०; दे० पा० वृ० नं० १५
बौद्ध त्रिपिटक (रामकथा) ५०-५४, ६५-९०; ३५४, ७६६
ब्रजबन्धु सामन्त राय २९१
ब्रह्मचक्र ३२८; ५४, ३४२,३६२, ३९७, ४०६, ४२५, ४६५, ४६८, ४९३, ५९८, ६०२, ६०६, ६३२, ६४७, ६६६, ७१४,७२४, ७४४, ७५६
ब्रह्मदत्त ७३ टि०, ६२२, ६२५
ब्रह्मनेमिदत्त ५९
ब्रह्मपुराण १५९; १०३ टि०, ३३६, ३४३-३४६, ३४८, ३५६, ३६४, ४३३, ४३५, ४४७, ४४९, ६१०, ६५३ (५), ६६४ टि०, ६६८, ७३५, ७५३, ७८०
ब्रह्मरा० १८०, १९१
ब्रह्मवैवर्तपुराण १६३; ३४५, ३४६, ३४८, ३६७, ४१०, ४६६, ४६९, ४८९, ५०४, ६४८, ६७०
ब्रह्महत्यादोष; इन्द्र ६३३; राम ५८०, ६३४; रावण ५९९; विभीषण ६३५; सौदास ६२४; हनुमान् ६३४ टि०
ब्रह्माण्डपुराण १५२; ६, १४३, ३६४, ३६७, ३७०, ४०७, ६२३ टि०
ब्रह्माण्ड भूगोल १०८, २९१
ब्रह्मा ३८, ३९, ३३७, ३४४, ३५५, ३५८, ४५४, ५००, ५५४, ५८०, ५८३, ५९१, ५९६, ५९७, ६३९, ६४७, ६५४, ६६६, ७५३, ७५५, ७८५; वरदाता—१७२, ५१२, ५२६, ५५२ (२), ५७५, ५८४, ५९०, ५९८,६३२,६४१,६४४, ६४८, ६४९, ६५२, ६६४, ६९४, ७०४; गौण उल्लेख—२०४, ३६१, ३६२, ४००, ४६५, ६०१, ६४८, ६५८,७१३,७९४
ब्लूमफील्ड १८ टि०
भण्डारकर ५९, १४७
भक्तमाल ३९, १४९, ४७९,७०६ टि०
भक्तराज हनुमान् ३८२ टि०
भक्तशवरी ४८१ टि०
भक्ति : कृष्ण—१४६, १५०, २८५, १७८; ७८६; राम—१४६-१५०, ७०१-७०७, ७९०, शिव—

७८३, ७८४; देवी—७८५; हनुमद् ७०८ ७१०; द्वेष—४८८
भक्तिसूत्र १४६
भगवन्त राय खीची ३००
भगवती प्रसाद सिंह १५०, १८०, २९७, टि० में—३८०, ४०३, ४०४
भगवद्गीता ७०, १४८, २९५, ३६६, ७८८
भट्ट जी० के० ५६५ टि०
भट्टिकाव्य २१५; ११५, २१२, २१४, २३६, ३१४, ३१५, ३५६, ३५८, ३८९, ३९२, ४००, ४४४, ४६४, ४६६, ४७०, ४७३ टि०, ४७७, ४८९, ५१७, ५२६, ५७४ (५), ६११, ७६१, ७६३
भद्र ७१७, ७२३
भद्रकल्पावदान ६२२
भद्रेश्वर ५९; दे० कहावली
भरत ३५९-३६१, ३९०-३९१, ४००, ४३४-४३६, ४५२, ५६७, ५८८, ६०४, ६०५, ६०९, ६१०, ६३५, ६३६, ७५३; ५१, १६४, २०९, २९२, ३०१, ३४१, ३४२, ३५१, ३७७, ३८८, ४०४, ४४६, ६९९
भरतज्यैष्ठ्यनिर्णय ३४१
भरतमिलाप २९८
भरद्वाज १ टि०, ३८३, ४५१, ५६६, ६०४, ६०८
भवदेव विप्र २८४
भवभूति ११३, २२८, २२९, २३३; दे० उत्तररामचरित, महावीरचरित
भविष्यद्वाणी ३३, ३९, ३३७, ३५७, ४१३, ४१८, ५१७, ५३५, ५५२ (४), ५६९ (३), ५८२, ५९८, ६१४, ६२५, ६४०, ६४१, ६४४, ६९३
भविष्यपुराण १५७; ३३६, ६५५ (५), ६६८, ६७१, ६९५, ७०४
भस्मलोचन ६१३
भागवत द्विवेदी ४८१ टि०
भागवत धर्म १४२, १४६
भागवतपुराण १५५; ३२, १५२, १८५, २४५, २९५, ३४३, ३४४, ३५२, ३५४, ३५८ टि०, ३६४, ३६७, ३६८, ३७५, ३७६, ३७९, ३९५, ४०४, ४६४, ५७३, ५७४, ६०१, ६१०, ६२३, ६२४, ६४४, ६४८, ७०५,७१४,७१९, ७२१,७५३
भानुप्रताप १९५, १९६, ६२५, ६४८ (४)
भानुभट्ट २७९
भामण्डल ६०, ३९४, ४०७, ४१२ टि०, ५६७,५९६
भारद्वाज गृह्यसूत्र १६ टि०
भालण ३०६
भावार्थ रा० ३०४; १७५, २६९, ३०५, ३४९, ३५७, ४०६, ४३३, ४६७, ४७०, ४८४, ४८८, ५१२, ५४३, ५४७, ५७५, ५८७, ५८९, ५९४, ५९७, ६०९, ६२४, ६५५, ६६८, ७०६, ७०७, ७६२; टि० में—३५१, ३५६, ५१५, ५१७, ५२२, ५६८, ५८६
भावी रा० ३८
भाषा योगवासिष्ठ ३००
भाषा वाल्मीकि रामायण २९८
भाषासाहित्यचरित्रम् २६४ टि०
भास २२६; दे० अभिषेक नाटक, प्रतिमा नाटक
भास्करभट्ट २४१
भास्करनाथ मिश्र १४७ टि०
भास्कर रा० २६०, ४५४
भिलोदी रा० २७७
भीम कवि २१७
भीम (गुजराती) ३०६
भीमट २३६
भीमसेन ६८१, ६८४, ६८९, ६९३, ७१३
भुइंआ माधवदास २९१; दे० विचित्र रा०
भुवनतुंग सूरि ५९
भुवनेश्वर कविचन्द्र २९१
भुशुण्डी ३८१, १८०, १९८, ३७५, ३७६
भुशुण्डी रा० १८०; १५०, १८१, ३८०, ४०३, ४०४
भृगु ३७०, ४८९, ६१७, ६४८ ७२५
भोज (देव) २३१, २५५, २९१
भ्रमरदूत २४९
मंजुल रा० १९६, ४७८, ६२५ टि०
मंजुलाल र० मजूमदार १४७ टि०
मंत्र रा० १८२
मंत्रीकर्मण ३०६
मन्थरा ४५४, २०८, ४३४, ४४६, ७५५
मन्दाकिनी ४३४
मन्दोदरी ५४१-५४४, ५९६, ६०२, ६५०, ६५५
मकरध्वज
मखादेव जातक ८९ टि०
मतंग ४७९, ५१६, ५२२ टि०
मत्स्य पुराण ३२, १४०, १४३, १५२, ३४३, ३४४, ३६८, ३७०, ७६७
मत्स्यावतार १४०
मथुरा ६२०, ७८०
मधु ६१३ टि०, ६२०, ६४५ टि०, ६४८, ६५२

मधुराचार्य १५०
मधुवन (१) ५३०, ५५३; (२) ६२०
मधुसूदन दत्त २३४
मध्वाचार्य १४६, ६९१ टि०
मनमोहन घोष ३१४ टि०
मनसा देवी ६८७
मनियार सिंह ३००
मनु ३६८
मनुस्मृति ८७, ४७७ टि०, ५११, ६२९ टि०
मम्मट ७९१
मय ४१२, ५२६, ५८३, ५९६, ६५०
मराठी रामकथा ३०४-३०५
मर्मस्थान; इन्द्रजित् ५९३; जटायु ४७०; रावण ४७०, ५९८
मलय की रामकथा ३१३-३२०
मलयालम रामकथा २६४-२६८
मल्लयाचार्य (मल्लाचार्य) २१९
मल्लिनाथ २२० टि०
मल्लिषेण ६३ टि०
महाकाय ५८२, ५९८
महाकुणाल जातक ७४
महाजनक जातक ८९ टि०
महादेव (कवि) २४४
महानाटक (हनुमन्नाटक) २३४; १५०, २२२, २२४, २२५, २२७, ३०२, ३१२, ३१४, ३१७, ३४६, ३४८, ३५०, ३५१, ३५३, ३९६, ४००, ४०३, ४३२, ४४३, ४४४, ४८५, ४९२, ४९८, ५१५, ५१७, ५२०, ५२२, ५३३, ५६६ टि०, ५७२, ५७४ (६), ५७९, ५८३, ५८५-५८९, ५९३, ५९६-५२८, ६०६, ६७०, ६९०, ७६१
महापार्श्व ६४५; ५६३, ५६८ (३), ५८५ टि०, ५९५, ६५४ (५)
महापुराण (पुष्पदन्त) ६३
महापुराण (मल्लिषेण) ६३ टि०
महाभागवत पुराण १६९; १७०, ३६५, ३७३, ४०६, ४१२, ५०३ टि०, ५०४, ५१६ नि०, ५३७, ५७०, ६७०, ७६०, ७८५
महाभारत ४१-४२, ४, ६, १०, १९, २१, २७, २९, ३२, ३३, ४०, ५६, १३१, १४०, १४१, १४३-१४५, १४७, १६०, १७०, २४५, ३०६, ३२३, ३३३, ३४३-३४६, ३४८, ३४९, ३५०, ३५१, ३५२, ३५५, टि०, ३५९, ३६७, ३६८ टि०, ३७३, ४०६, ४०७. ४२४, ४८२, ५११, ५२०, ५४७, ५९६, ६१०, ६२१-६२३, ३२६, ६२९, ६४२, ६४८, ६५५, ६५९, ६६०, ६६२, ६८१, ६८४, ६८५, ६८९, ६९२, ६९३, ७१३-७१५, ७२५, ७३५, ७५९, ७६६; दे० रामोपाख्यान
— (उड़िया) २९२, ३९, २९१, २९३, ३४०, ३५४, ३५८, ३६१, ४३२, ४३५, ४६३, ४६६, ४७४, ४८४, ४९८, ५८५, ५९३, ५९७, ६०६, ६३२, ६४४, ६७४, ७१३ टि०, ७८७ टि०
महाभाष्य ८८, १३२
महारा० १८१; १५०, १९२
महाराष्ट्रीय; टि० में—११७, १६२, १७७, ५६५
महारासोत्सव १९०
महावंश ९२, १०२, ३२०
महावस्तु ८४
महावीरचरित २२८; १०, २२५, २३२, २३४, ३४४, ३५०, ३५१, ३९१, ४०३, ४३४, ४४४, ४५२, ४६४, ४७३ टि०, ४७७, ४८५, ५१७, ५२२, ५२७ टि०, ५५२, ५७१, ५८८, ७६१, ७९१
महासुतसोम जातक ८७, ८९, ६२१, ६२३, ६२६
महिम्नः स्तोत्र ६४९ टि०, ७८५ टि०
महिरावण ६१४, ६५०
महिरावण-वध २८४
महेश्वरदास २९१, ३१७
महोदर ५६३, ५६८ (५), ५८४ टि०, ५९५, ६४५
मांडण बंधाशे ३०६
माण्डवी ३०१, ३९१, ४००
माइकल मधुसूदन २९०, ५९४
मागुणी ५९४
मागुणी पट्टनायक २९१
मातलि ५९५
माताप्रसाद गुप्त २९५ टि०, २९७ टि०
माधवकन्दली रा० २८३; २८२, २८४, ४३४, ५९३ टि०, ६६८, ७६२
माधवदेव २८३, २८४; दे० बालकाण्ड (असमिया)
माधव भट्ट २४५
माधव स्वामी ३०५
मानव गृह्यसूत्र १७
मानसाहि कायस्थ २२३
मानुच्ची एन० ३३०; दे० पा० वृ० नं० १८
मायापुष्पक २३६
मायावी (असुर) ५१५, ५२६

मायावी पात्र
— मायाजनित; मन्दोदरी ४२८; राम ५४२, ५८३, ५९८; रावण ५८५; लक्ष्मण ५४२, ५९८; सीता ५०१-५०८, ५७९, ५९१, ६०२, ७३३, ७६८
— अन्य पात्रों के वेश में; रावण (राम के वेश में) ४९४, ५८३; शूर्पणखा (सीता) २४४, ४९४, ४९६; सती (सीता) ४७५; रावण (इन्द्र) ४१७; रावण (वालि) ६५० (२); इन्द्र (गौतम) ३४५; जालिनी (सीता) ७९२; सुकान्ति (सीता) ५९१, हनुमान् (रावण) ५९९; सीता (राम) १९१; साहसगति (सुग्रीव) ५१५; राक्षस (रामपक्ष) २४४, ४५२, ४९४, ४९६, ५५४, ५७९, ५८३, ५९१, ६०९, ६१४, ७१७, ७२४, ७९२; नारायण-लक्ष्मी-शेष (राम-सीता-लक्ष्मण) १५०, अंगद ६१३
— **छद्मवेश** में; राम ५५४, ७१९, ७२२; रावण ४९२, ५८२, ५९७; हनुमान् ४३२-५३४, ५१२; विभीषण ५७१, ५९१, ५९२, ६१४; शूर्पणखा ७२४; कालनेमि ५८७ (३); राक्षस ६०९, ६२४, ६२५; गुप्तचर ५८२; इन्द्र ८५, ५७४ (७), ६३२, ७२४, ७९३; नारद ५९७, ६३२; कृष्ण ६८५; शिव ६३५; रम्भा ७५०
मायाशीर्ष ५६२, ५८३
मायुराज २३०
मारटिनी एफ० ३२४ टि०
मारीच ३८३, ३८८, ३८९, ४१२, ४९२, ४९४, ४९५, ४९९
मारीचवंचित २३६
मारुत; दे० वायु
मार्कण्डेय ४१, ४७, १८८, ७८१
मार्कण्डेय पुराण १५२
माली ६४४, ६४६
माल्यवान् ६१४, ६४४, ६४५ टि०, ६४६
मितन्नि ३
मित्र एस० सी० २७३ टि०
मिरगावती ६३९ टि०
मिलिन्द पान्ह ८५ टि०
मिश्र १०९
मुंडा रामकथा २७३, ४७४
मुक्तिकोप० १४८, ६९१
मुक्तेश्वर ३०५
मुचुकुन्द ६१३
मुद्गल भट्ट २५१
मुनिचन्द्र सूरि ३४२, ७२२
मुरारि ११३, २३२, २३३, दे० अनर्घ—राघव
मुरारि (अद्वैत) २२३
मुल्ला मसीह ३०८, ३०९
मूर, ई० १०८, ६८६; टि० में—३५६, ३५७, ५७६, ६७८
मूलकासुर ५८९ (३), ६४१
मूल रामायण १८०
मेक्सिकी ११२
मेघदूत २४९, ७८९
मेघनाद; दे० इन्द्रजित्
मेघनादवध २९०, ५९४, ७८५ टि०
मेघविजयगणि ५९
मेनका ३४४, ४०९, ५८९ (४)
मैंद रा० २०३, ४०३
मैकडॉनल ए० ए० २७; टि० में ९२, १०७, ३४४; पृ० ८१९
मैकॉजिफ एम० ए० ३४७, ६९७ टि०
मैकेंजी १८०
मैक्सवेल ३१९
मैत्रायणि संहिता ७ टि०, ८, १४ टि०
मैथिलीकल्याण २३९; ५८, २२५, ३९५, ४०३
मैथिली लोकगीत ३९२ टि०
मैथिलीशरण गुप्त ३०१; दे० साकेत
मैरावण; दे० महीरावण
मैरावण कालग २६९, ६१४
मैरावणचरित १८६, ३२०, ६१४, ६९६
मोनिये विलियन्स २७; टि में—१०, ६५, ९२, १०५, १४०, १४२, २५०
मोरे, ए० १०९ टि०
मोरोपन्त ३०५
मोल्ल रा० २६१, २५८
मोहनस्वामी २२४
म्यूर, जे० ११७ टि०
यक्ष ६४४, ७१०
यजुर्वेद १३, १४
यज्ञ; राम ४९२, ५२३, ६१०, ६३३, ७४६, ७४८, ७४९, ७५३; दशरथ ३३३, ३५४-३५८; जनक ३९१, ४०८-४०९, ४१६, ४२१ टि०, ४२४; विश्वामित्र ३८८; भरत ५८८; विश्रवा ६४४; रावण ५९७, ६४९; कुम्भकर्ण ५८९ (९); मन्दोदरी ५९७; इन्द्रजित् ५९०, ५९२; गौतम ५१४; सौदास ६२४

यज्ञफल २२६, ३५१, ४४१
यम ६५२, ६९४
यशोदा १८८, ३७६
यशोवर्मा २३६, २२५ टि०
यस दि पुरा ३१५
याकोबी, एच० ९३-९७;.२७, २९, ४८, ५८, ६५, ७१,९९, १०१, १०५, ११६, १२३, १३५, १३६, ४३१, ४५७, ५११, ५३०, ५६२, ७६५; टि० में—१०, २२, ५६, ७०, ८०, ९०, ९२, १०७, ११३, ११५, ११७, १३७, १४०, ३३३, ५६४, ६१८
याज्ञवल्क्य ६
यादवराघवीय २४७
यामप्वे ३२९
यास्क १२, १३ टि०
युद्धकाण्ड (मराठी) ३०५
युधिष्ठिर ४४, ४५, १८५, ७८१
यू तो (कवि) ३२९
येदातोरे सुब्ब राव १०८
योगवासिष्ठ १७४; ३००, ३०२, ३०४, ३०६, ३४६, ३७०-३७२, ३८१, ३८५, ३८६
योगशास्त्र ५९, ५४७, ७१८
योगीश्वर ३१४
रंगनाथ रा० २५८; ११५, २५७, २५९, २६०, २६९, ३२०, ३४५, ३४६, ३५०, ३९५, ४१२, ४३३, ४४७, ४५८, ४८४, ५०३, ५१४, ५१७, ५२६, ५४३, ५५०, ५७१, ५७८, ५८३, ५८६-५८९, ५९१, ५९७, ६०१, ६५० (२), ७४१, ७६२, टि० में—४५९, ५५२, ५६८, ५७४, ६४४, ६६४
रम्भा ४५८, ५८९ (४), ६५२, ६५४
रइधू ५९
रघुनन्दन गोस्वामी २९०
रघुनाथ उपाध्याय २२०, २७९
रघुनाथचरित २२०
रघुनाथदास (उड़िया) २९१
रघुनाथदास (हिन्दी) ३०१
रघुनाथ महन्त २८४, ७५७
रघुनाथ रामायण २६२
रघुनाथ विलास २९१, ४०३, ५०५, ५२७
रघुराजसिंह ३९, ३०१, ४७९, ४८१, ७०६ टि०
रघुवंश २१३; ८४, १६२, २५५, २६९, २८३, ३३६, ३४१, ३४६, ३५३, ३५६, ३६४, ३७५, ३९१, ४३३, ४३९, ४६६, ५३१, ५४७, ५८३, ६२९, ६३३, ६४९, ७१४, ७१७, ७३८, ७५३, ७६१; टि०. में—२८५, ३५४, ३५९, ६००, ७३९
रघुवंश, डॉ० २१४ टि०
रघुविलास २३६
रघुवीरचरित २२०
रणयज्ञ ३०६, ३९७, ४८८
रत्नाकर (वाल्मीकि) ३८
रत्नचन्द्र अग्रवाल १४७ टि०
रत्नावदान माला ५४
रमेशचन्द्र दत्त ९३ टि०, १०६ टि०
रम्मन रम्मानु १००
रविषेण ५८, ५९, ३४०; दे० पद्मचरित
रसविनोद ३६१, ६४८ (६) ६५८
रसामृत रामायण (उड़िया) ५९४
रसिक बिहारी ३०१, ५९४
रसिक सम्प्रदाय १५०, ४०४, ५०७, ७३२
रसेल ११०, ५५२ टि०
राक्षस ५६, ११०, १११, ६११, ६४४
राघवगीतम २५०
राघवन वी० १७४, १७६ टि०, १७८, २३० टि०, २३६
राघव नैषधीय २४५
राघवपाण्डवयादवीय २४५
राघवपाण्डवीय २१२, २४५
राघवपाण्डवीय (तेलुगु) २६१
राघवप्रसाद पाण्डेय २२३ टि०, ४०३ टि०
राघवयादवीय २४७
राघवविलास २५१
राघवानन्द (आचार्य) १४९
राघवानन्द (नाटक) २३६
राघवाभ्युदय (रामचन्द्र) २३६
राघवाभ्युदय २३६, ५९७
राघवीय २२०
राघवीय संहिता १४८
राघवोल्लास २२३; ३४६, ३४८, ३५१, ३७५, ४०३
राजशेखर ११३, २३३; दे० बाल रामायण
राजशेखर वसु २९०, ६९३ टि०
राजेन्द्रलाल मिश्र ५९, १४८, १७९, १९०, १९१
राजेन्द्र हाजरा १५२, १५७, १६९, १७२; टि० में—१४४, १५१, १५८-१६७, १७०, १७१, १७३
राधा १४७, १५०, ७८७
राफल्स ३१९, ३२० टि०, ३४२, ५२६ टि०, ५२७, ६४६ टि०, ६४८ टि०, ६७३ टि०

राम (दाशरथि)
(१) अन्य पात्र से अभिन्नता? इन्द्र ९४, ९६, ९७, ९९; सोम १०; पृथु ९८; बलदेव ५५, १४५; बलराम १०६, १०७; बुद्ध ५१-५२, १४५, ३२८, ३६२, रैमसेस १०९; शिव १८९, ३६२, ७८४
(२) अवतारण ४३, ११५, ११७-१२८, १३९, १४३, १४४, १४७, १४८, १७८, ३२२, ३३३, ३५४-३७६, ७८९! मुक्तिदाता ७७७, ३८३ दिव्यरूप—प्रदर्शन : कौशल्या ३७५, ३७६; परशुराम ३५१; भुशुण्डी ३८१; हनुमान् ५१२; सुग्रीव ५१७; वालि ५१९; रावण ५९८; अतिथि ६१०। रामभक्ति १४३-१५०, १७८, २८५, ७०१, ७०७, ७९०,
(३) चरित : वंशावली ३३६; बालचरित ३७५-३८९, विवाह ३९१-४०२; अवस्था ४०१; निर्वासन ४३२, ४४२-४५४; चित्रकूट ४३७-४४१; दण्डकारण्य, ४५८-४६०; खरदूषण-वध ४६६; मारीच-वध ४९२, सीता की खोज ४७१-४८०; सुग्रीव से भेंट ५१२; बलपरीक्षा ५१६-५१७; वालि-वध ५१८-५२२; वर्षाकालीन साधना ५२३; लंका युद्ध ५८४-५८६; कुम्भकर्ण-वध ५८९; शक्ति-पूजा ७८५; रावण-वध ५९५; वापसी यात्रा ६०४-६०९; अभिषेक ६१०; रामराज्य ६१०; ७१; सीता त्याग, ७१४-७३४; अश्वमेध ६३३-६३४; ७४६-७५०; सन्तति ७३७-७४२, ६७५; पुत्रों से युद्ध ७४६; विजय-यात्राएँ ६३५-६३६; पराजय ६३९-६४०; तीर्थ-यात्राएँ १७८, ३८५, ६३७; स्वर्गारोहण ७५३; निर्वाण ७५२, ७५३ (५)
(४) चरित्र-चित्रण : पूर्वानुराग ४०३, एकपत्नीव्रत ४०४; विरह ५६५, ५६७; विलाप ५६७, ५८६, ५९१, ५९६; आत्म—हत्या—विचार ३४८; विहार ३५३ (६), ६३८, २१९, ३००, ३८७, ४४०, ५०७; रासलीला १५०, ७८७, २९९, ३८७, ४४०; वैराग्य और तपस्या ३८५, ३८६, ४३८, ४४६, ५२३, ६१०, ७५२, ७५३ (३), ७५६; शिवभक्ति ५८०, ७८३, ७८४, ६३३, ६३४, १७१,
(५) गौण सामग्री : नाम १०, ३७७; पूर्वजन्म ३६३; आयुध ३८९, ४६०; ब्रह्महत्यादोष ५८०, ६३४; हनुमत्पिता ६७५; अंगद—पिता ३२७; शिव से युद्ध ७०५; शापभाजन ४४६, ४६९, ५२०, ७२६

राम (ऋग्वेदीय राजा) ४, १०
राम (कोलिय राजा) ७४
राम (कवि) २४६
राम (मलयालम कवि) २६४
राम इकबाल सिंह राकेश ३९२ टि०
राम औपतस्विनी ४, २०
राम क्रातुजातेय ४, २०
राम मार्गवय ४, २०
राम हुवास्त्र ९९
राम की शक्तिपूजा ७८५ टि०
रामकथप्पाट्टु २६४
रामकथा
(१) मूल स्रोत ९१-१०४; २१, ६५-८१, १३०, १३१, ७६५-७६७
(२) मौलिक एकता ७६८-७७२
(३) ऐतिहासिकता १०५-१०९; भूगोल ११३
(४) आदर्शवाद ७९१, १४३, २२५, ४०४, ४६१; दे० दोष निवारण
(५) विकास १२९-१३१; ७८८-७९०, ७५१, ७७३-७८०
(६) निर्वहण ७५२-७५७, ७७२
(७) व्यापकता १४५,७५९, ७६४
(८) वक्ता ७८१
(९) विविध प्रभाव : जैन ७८२; शैव ७८३-७८४, ५९४, ५९७, ५९९, ६६८; शाक्त ७८५, ५९७, ६१४; बौद्ध ३१२, ९०; कृष्णकथा ७८६-७८७, ४०४, ५९१ टि०; रामभक्ति ७९०, १५०, २६९, २८५ (३), ५२७, ५३५, ५३८, ५४१, ५४७ (५), ५७०, ५७६, ५७८, ५८७ (३), ५८८, ६२५, ६२६, ७६८, ७०१-७०७
(१०) वेदमूलत्व १८२
रामकथा (वासुदेव) २५६, ४५४, ४६४
रामकथावतार ५९
रामकल्पद्रुम २५६
रामकियेन ३२५-३२६; ३२४, ३२७-३२९, ३३० (२०), ३४६, ३५१, ३५६, ३५७, ३६१, ३६४, ३८८, ३९२, ४००, ४०३, ४०६, ४१६, ४१९, ४३९, ४४७, ४४८, ४५४, ४६०, ४६४, ४७०, ४८१, ४८४, ५१२, ५१४, ५१५, ५१७, ५१९, ५२०, ५२४-५२६, ५३१, ५३३, ५३९, ५४४, ५४७ (१), ५४८, ५७०, ५७२, ५७३, ५७६, ५७८, ५७९, ५८२, ५८४-५८७, ५८९, ५९१, ५९६-५९८, ६०५, ६०६, ६०९, ६१५,

६३२, ६४३, ६४६, ६४८-६५०, ६५३, ६५५, ६७२, ६९८, ७१४, ७२४, ७४४, ७५०, ७५७, ७६३; टि० में—३४४, ३९४, ५१६, ६३५, ६५७, ६६६
रामकीर्ति; दे० रामकेर्ति, रामकियेन
रामकुमार वर्मा २९७ टि०
रामकृष्ण केलिकल्लोल २९१, ४०३
रामकृष्ण विलोम काव्य २४७
रामकेर्ति ३२४; ३२६, ३३० (२०), ३५०, ३५१, ३६२ टि०, ३८८, ३८९, ३९२, ३९५, ३८९, ४००, ४०६, ४१६, ४३९, ४४४, ४६१, ४७०, ५१२, ५१५, ५१९, ५२०, ५२४, ५३९, ५५२ (५), ५७८, ५८५, ५८९, ५९१, ५९७, ७१४, ७२४, ७४४, ७५०, ७५७, ७६३
रामकेलिंग ३१९, ४०६, ४२८
रामगिरि ६०, १४७, ७८०
रामगीतगोविन्द २५०; ३५०, ३९८, ४३९, ४७६
रामगीतम् २५०
रामगीता १४८, ६९१
रामगीतावली ४७८
रामगोपाल भण्डारकर ५९, १४७
रामगोविन्द द्विवेदी १२ टि०
रामचन्द्र (कवि) २३६
रामचन्द्र (बंगाली) २८९
रामचन्द्रचरितपुराण ५९
रामचन्द्र मुमुक्षु ५९
रामचन्द्रविहार २९१
रामचन्द्र शुक्ल २५९
रामचन्द्रिका ३०२; २९९, ३५१, ३५२, ३८६, ३९७, ४३४, ४६१, ४७३, ४७८, ४९८, ५०५, ५२१, ५३५, ५७२, ५८५, ५९३, ५९६, ५९७, ६१०, ६३४, ६३८,७५६
रामचरित (अभिनन्द) २१७; ११५, २१४, ३५१ टि०, ५२५, ५२६, ५४०, ५४८, ५६८, टि०, ५९३ 'टि०, ६११
—(पद्मदेवविजयगणि) ५९, ६१, ७२२ टि०
—(मोहनस्वामी) २२४
—(सन्ध्याकरनन्दि) २४५, ४३९, ७३८
—(सदलमिश्र) ३००
—(सोमसेन) ५९, ४१२ टि०
—(मलयालम) २६४, ७६२
रामचरित उपाध्याय ३०१
रामचरितचिन्तामणि ३०१
रामचरितमानस ९, ३१, ३५, १४९, १७५, २४८, २५०, २९४, २९५, २९६, ३०६, ३०७, ३३७, ३४१, ३४६, ३५०, ३५१, ३५५, ३५६, ३६१, ३६७, ३७४-३७६, ३८२, ३८९, ३९७, ३९८, ४००-४३२, ४३४, ४३९, ४४१, ४५२-४५४, ४७३, ४७५, ४७८, ४८८, ४९८, ५२०, ५२६, ५३१, ५३३, ५३८, ५४३, ५४४, ५४७, ५४८, ५७०, ५७२, ५७५, ५७८, ५८०, ५८२, ५८४-५८९, ५९७, ५९८, ६२५, ६४८, ७२०, ७६२, ७८१; टि० में—११४, ३५९, ३७७, ४६२, ५१९, ५६८, ६४५, ७९१; फारसी अनुवाद ३०८ टि०
रामचरित्र ५९
रामजन्म २९८
रामजातक ३२७; ५४, ३२८, ३३६, ३४२, ३४३, ३६५, ३९७, ४०४, ४०६, ४१७, ४७०, ५१४, ५३१, ५३९, ५७१, ५७२, ५७८, ५७९, ६०१, ६१४, ६४३, ६४७, ६४८, ६७५, ७१४, ७२४, ७४४, ७५६; टि० में—३६२, ५२१, ७५०
रामजातकम् १७९
रामतापनीय उप० १४८, ३६२, ३६४, ४८८, ५५५
रामदास (उड़िया) २९१
रामदास (मराठी) ३०५
रामदास गौड़ १८४, ७२३ टि०
रामदास जी० ११० टि०
रामदेव पुराण ५९
रामनरेश त्रिपाठी ३५४; टि० में—३९२, ४४७, ७२३, ७५३
रामनाथ ज्योतिषी ३०१
रामनारायण २८९
रामपाणिवाड २२०
रामपाल (राजा) २४५
रामपूजापद्धति १४८
रामपूर्वतापनीय उप० १४८
रामप्रसाद निरंजनी ३००
रामबालचरित ३०६
रामब्रह्मानन्द १७८, दे० तत्त्वसंग्रह रा०
रामभक्ति; दे० भक्ति
रामभक्तिरसामृत २८७
रामभद्र दीक्षित २४४
रामभद्र (तेलुगु) २६१
राममड़ैया ३०१
रामभावना (असमिया) २८४

राममोहन वन्द्योपाध्याय ६४०, ६७०
रामयागन ३२९
रामरसामृत २९१
रामरसामृतसिन्धु (उड़िया) २९१
रामरसामृतसिन्धु (हिन्दी) ३०० टि०
रामरसायन (रघुनन्दन) २९०
रामरसायन (रसिक बिहारी) ३०१, ५९४
रामरसिकावली ३९, ४७९, ४८१, ७०६
रामरहस्य २२४, ३५८, ३६१, ३६८, ३७५, ३७९, ३९६, ४३२, ४४३, ५८३
रामरहस्योपनिषद् १४८, ६९१
रामराज्य ६१०
रामलक्खणचरियम् ५९ (१)
रामलिंगामृत २२२, २२३, ३४८, ३६२, ३७५, ३७६, ३८७, ३९७, ३९८, ४००, ४३२, ४५२, ४५३, ४८६, ५२५, ५७०, ५९४, ६११, ६१४, ६३८, ६४१, ६४८ (३), ७४६, ७५६, ७८० टि०, ७८४
रामलीला (उड़िया) २९१, ६१४
रामलीला (बंगाली) २८७
रामलीला नो पदो ३०६
रामलीलामृत (कृष्णमोहन) २४८
रामलीलामृत (उपेन्द्र भंज) २९१
रामलीलामृत काव्य (ब्रजवन्ध सामन्तराव) २९१
रामवल्लभाशरण १९१
रामविक्रम २३६
रामविजय (असमिया) २८४, ३५१, ३९२ टि०
रामविजय (मराठी) ३०५, ५३१, ५५४, ५७८
रामविजयचरित ५९
रामविजयमहाकाव्य २२०
रामविभा २९१, ५१४, ६७४, ६९७
रामविलास २५०
रामविवाह ३०६
रामविहारकाव्यम् २१२
रामशतक २५१, ३४६
रामशेखर वसु ६९३ टि०
रामसिन्ता ५७३ टि०
रामसिंह तोमर ५९
रामस्वयंवर ३०१
रामस्वामी शास्त्री १८२ टि०
रामहृदय १७९
रामाज्ञाप्रश्न २९४
रामानन्द (आचार्य) १४९, १७५, २९८, ७९०
रामानन्द (घोष, यति) २८७
रामानन्द (नाटक) २२५, २३६
रामानुज १४६, १४८, १४९, १७५, ७९०
रामाभ्युदय (यशोवर्मा) २३६, २२५ टि०
रामाभ्युदय (व्यास मिश्र) २४३
रामाभ्युदयम् २६१
रामायण (वाल्मीकि)
(१) रचनाकाल २७
(२) उत्पत्ति ३०, १३२-१३६, १७०, १७७, २११
(३) विकास १३७-१३९, ३३३, ६१८
(४) विस्तार ७९, ११५ टि०, १३३
(५) कथावस्तु ३३१, ४२९, ४५५, ५०९, ५२८, ५५६, ६१६
(६) तीन पाठ २२-२६, ३३२, ४३०, ४५६, ५१०, ५२९, ५५७-५६०, ६१७, ७७३
(७) प्रक्षेप ११४-१२८, १३३, १३४, १३७-१३९, ३३३, ४३१, ४५७, ५११, ५३०, ५६१-५६६, ६१८, ७७३,७७५, ७७६
(८) अवतारवाद ११७-१२८, १३९, ३३३, ३५४, ३५५, ३५९, ३६६, ७८९
(९) अनुक्रमणिकाएँ २३, ११५, ११६, ३३२
(१०) पौराणिक कथाएँ २६, ११५, ११६, १३९, ३३२-३३३, ३८९, ६१८, ६१९, ७७६, ७८९
(११) निर्वहण ६१०, ७५२-७५७
(१२) फलश्रुति ११५, १२३ (७), १३७
(१३) भाषा १३५
(१४) प्रभाव : ब्राह्मण १३४, १३९; बौद्ध ९०
(१५) प्रतीकात्मकता ९०, १०६-१०८; वेदमूलत्व १८२; गायत्रीस्वरूप १७८, १८२; काव्यस्रोत २११; आदर्शवाद : दे० रामकथा
रा० अमर प्रकाश ३०८
रा० ककविन ३१४; ११५, २१४, २२७, २३६, ३१६-३२०, ३५६, ३५८, ४००, ४३२, ४६६, ४७०, ४७३ टि०, ४८१, ४८९, ५१७, ५२६, ५४५, ५५०, ५७०, ५७१, ५७४, ५८३, ५८६ टि०, ५९४, ६०६, ६११, ६२७,७६३
रामायणकथानकम् ५९
रा० खुश्तर ३०७
रा० गाथा २८६, ३४३, ७२३
रा० चम्पू (संस्कृत) २१०
—(मलयालम) २६६
रा० तत्त्व दर्पण १७८

रा० तात्पर्यदीपिका १७९
रामायण दर्शनम् ७४०
रा० नाटक २३८
रामायण नो सार ३०६; १७९, ५२६, ५३२, ५३७, ५३८, ५९७, ५९८, ७१४, ७२०, ७२३, ७४९
रा० पुराण ५९
रा० फैजी ३०८
रा० बहार ३०७
रा० मंजरी २१८, ३५९ टि०, ३४१, ४०९, ४३३, ४३९, ४५४, ५८९ (३), ७२६
रा० मंजूम ३०७
रा० मणिरत्न २००
रा० मसीही ३०९; ३०८, ४१२, ५४४, ७१४
रा० महामाला १९८
रा० मेह ३०७
रा० रहस्य (अग्निवेश) १७९
—(विद्यारण्य) १८२
रा० संग्रह १७९
रा० सार १७९
रा० सुन्दरकाण्ड २७९
रामार्चनपद्धति १४८
रामार्चनसोपान १४८
रामार्याशतक २५१
रामावत सम्प्रदाय १४९, १७५, ७९०
रामावतारकालनिर्णयसूचिका १७९
रामावतारचरित २८१
रामाश्वमेध ३००
रामेश्वर दत्त २८६
रामोत्तरतापनीय उप० १४८
रामोपाख्यान ४७-४९; ४१-४३, ४६, ११५, २५६, ३४९, ३५४, ३९०, ४०७, ४३२, ४४१, ४४३, ४४८, ४५४, ४६२, ४७०-४७३, ४७७, ४९१, ५११, ५१५, ५१७-५१९, ५२५, ५२६, ५३०, ५४६ टि०, ५४७, ५५०, ५६४, ५६५, ५६९ (२), ५७४ (६), ५८३, ५८६, ५८९, ५९१, ५९३ टि०, ५९८, ६०१, ६४३, ६४५, ६४९, ६५४, ६५९, ६९३, ७१५, ७३५, ७५९, ७६६, ७८१; दे० महाभारत।
राय कृष्णदास ११३ टि०, १३३, १३६, ३३६, ३५४
राय मुंशी परमेश्वरी सहाय ३०८ टि०
रावण
(१) कौन? आदिवासी ११०; क्षत्रिय ६४४; ब्राह्मण ६४४; प्रतिवासुदेव ५५; ब्रह्मावतार ६४७; प्रतापभानु ६२५; जलन्धर ३७२; शिवगण ३७३; हिरण्यकशिपु, जय, मधु, नन्दक, नरदेव, श्रीकान्त, वानुगुनुंग ६४८; वृत्र ९४, ९६; देवदत्त ३२७
(२) चरित; वंश और जन्म ६४४-६४७; तपस्या ६४९; अत्याचार ३३७, ४२०, ६५१, शाप ६५४; विवाह और सन्तति ६५०; विजय-यात्राएँ ६५१, ६५२; पराजय ६५५, ६६८; सीतास्वयंवर २३६ (५), ३९७, ३९९; सीताहरण ४९०-५००; जटायु ४७०; सीता-रावण-संवाद ५४०-५४३; सभा ५५८, ५६८ (१, ३); युद्ध ५८४, ५९५-५९६, होम, सन्धिप्रस्ताव ५९७; वध ५९८; मुक्ति ५९९
(३) चरित्र-चित्रण : दोषनिवारण ४८८, ५४१, ६२६; विद्वान् ६४२; शिवभक्त ६४९, ६५०, ६५३, ७८३; उदारता, पश्चात्ताप ५९७; विलाप ५९३; व्रत ५००; धर्मभीरु जैन ६०
(४) गौण सामग्री : नाम ६०, ११०, ११२, ६५३; आख्यान-काव्य १०१, १०२, १०४, १३३; रावण-चरित ६४२, ६४३, ६१६; मर्मस्थान ४७०, ५९८; दाढ़ी: ५५२ (८); छद्मवेश ४९२, ४९४, ५८२, ५८३, ५९७; हनुमान-रावण द्वंद्व ६६८; सहस्र-स्कन्ध ६३९, ६४०, ६४५, ६४६, २९२; पूर्वजन्म ६४८ (५), आगामी जन्म ६०, ६४८, ७४१; शापभाजन ६५५, ५९७
रावणभेंट ६४२
रावण-मन्दोदरी संवाद ३०६
रावणवध दे० भट्टिकाव्य
रावणवह (सेतुबन्ध) २१४; ११५, २१२, २१६, २५७, ३१७, ५४७, ५७८, ५८३, ५८६, ६११, ७६१
राहु ६६६, ६६८
रिस डेविज़ ६६ टि०
रुक्मिणी ६८६
रुद्र—दे० शिव
रुद्र वाचस्पति २४९
रुमा ५१५
रूबेन डब्लू० ११० टि०, १३४, २७४
रैमसेस १०९
रैस ई० पी० २६९ टि०
रोजेरियुस ३३०; दे० पा० वृ० नं० २
रोमपाद ३४३
रोरडा वान ऐसिंगा ३१९
रोस एच० ए० ६७३ टि०

लंका ११३, ६४४, ६४९; परलंका ५३१, ६५५ (५); पलंका ६३९ टि०; पाताललंका ६१४; विलंका ६३९; हनुमल्लंका ५७१
लंकादहन १३८, ५३०, ५५१-५५२
लंकादहन १३८, ५३०, ५५१-५५२
लंकादेवी ५३५-५३७, ५२९
लकानीय ३२८
लंकावतारसूत्र ५४, १०१, १०२, १०४, ६२२
लक्ष्मण
(१) अवतारत्व ३५९-३६२; अन्य पात्रों से अभिन्नता; मित्र ९५, अर्जुन २९२; शिव २९२; बलभद्र २९३; वासुदेव ५५; आनन्द ३२७, ३२८; पूर्वजन्म ३६३; नाम ३७७
(२) चरित : जन्म ३७५, ३४१-३४२, बाललीला ३८३, ३७८; विवाह ११६, ३९०, ३९१, ४००, ४०३, ४३१; शम्बूक-वध ६३१, शूर्पणखाविरूपण ४६४; युद्ध ५९३, ५९६, ५८६, ५८९ (७), ५९१, ५९२, ५९५; अभिषेक ६१०; विजययात्रा ६०६, ६३६; मृत्यु ७५३; नरकवास आगामी जन्म, निर्वाण ६०, ६४, अन्य उल्लेख ४३२, ४३४, ४६६, ४८९, ४९३, ४९८, ५१२, ५७४ (४ और ६), ७०६, ७१७-७१८, ७२२-७२४, ७४६, ७४७, ७४९, ७५१
(३) चरित्र-चित्रण : संयम ४६१-४६२, ४०३; बहुपत्नीक ६०, ६४; आशंका ४९२ टि०, काव्यनायक ३०१, आत्महत्या विचार ४६२, ७२३, तपस्या ४३८, ४४६, ४६१
लक्ष्मणभट्ट २५५
लक्ष्मणाध्वरि २१२
लक्ष्मणायण २९९
लक्ष्मी १२३, १२४, १४९, १९१, ३२२, ३६४, ३६५, ३७३, ६४८, ६५५ (४),७२९,
लक्ष्मीधरदास २९१
लक्ष्मीश २६९
लक्ष्मीसागर वार्ष्णेय ३००
लघु रामायण ३०५
लघुत्रिषष्टिशलाकापुरुषचरित ५९
लव ७३५, ७५१, ७७२
लवकुशर युद्ध २८४, ७१७
लवकुशाख्यान ३०६
लवण ६२०
लांगूलोप० ६९७, ७०८
लाओ रामकथा ३२७, ३२८
लाफो पी० वी० ३२७ टि०, ३२८ टि०
लालदास २९९
लाला अमरसिंह ३०८
लाला अमानत राय ३०८
लाला चन्दा मेलचन्द ३०८ टि०
लालू एम० ३११ टि०
लिंगपुराण १५७, ३३६, ३४६, ३६१, ३७०, ३७३ टि०, ६२३ टि०
तियेऊ तू-त्सी किंग ५२
लुडर्स रा०; टि० में—५६, ६७, ७०,७१
लुड्विग, ए० ४ टि०, १२ टि, ४८
लेवि, एस० २३; टि० में—५३, ७९, २२५
लेस्नी, वी० ११६ टि०
लैस्सन सी० ६५ टि०, ११३ टि०
लोकगीत ३५४, ६०३; टि० में—२७१, ३९२, ४४७, ७२३, ७२४
लोमश १७९, १९४, ३८१, ७२८
लोमश रा० १९४, ३७२
लोमश संहिता १९४
वंशीधर शुक्ल ३०१
वनमालीदास २९१
वरप्राप्ति : राम ५२३, ५६६, ६०१, ६२८, ३८४ रावण-कुम्भकर्ण-विभीषण ६४९, ६४७; रावण ५९९, ६५०-६५३; अंजना ६६८, ६७२, ६७८; इन्द्रजित ५९०, ६५२; कश्यप-अदिति ३६७; केसरी ६६७; कैकेयी ५१, ५३, ४४७-४४९; कौशल्या-कैकेयी ३३९; दशरथ ३५४, ५७४ (३); नल ५७४ (७), ५७५; परशुराम ३४९; मनु-शतरूपा ३६८; वालि ५१५; वाल्मीकि ३४, ७२९; वैश्रवण ६४९; शम्बूक ६३०-६३२; शूर्पणखा ४६९; सुलोचना ५९४; हनुमान् ५१२, ६६६, ६९३-६९५, ७०४; हिरण्यकशिपु ६४८; अन्य ७३, ७४, ३६७, ३६९, ४७२, ६३०, ६३३, ६४१, ६४४, ६६८, ६७६
वराहमिहिर ११३, १४७
वरुण ३९२, ४१०, ६५२, ६८७, ६९४
वल्लभाचार्य १४६
वसिष्ठ १ टि०, ३९, १७४, २००, २०९, ३८४, ६१०, ६२१, ६२३, ६२४, ६३४, ७२० टि०
वसुदेव २२४, ३६८, ३७५
वसुदेवहिण्डि ५८, ६२, २५२, २५३, ३४१, ४०६, ४४३, ४५२, ५४७, ६४६, ७८२
वसुबन्धु ७९

वह्निपुराण १६६, ३४६, ३७०-४००, ४८९, ५३३, ६४८
वाण्डिये जे० १०९ टि०
वाजसनेयि संहिता १४
वातदूत २४९
वातानबे के० ७९ टि०
वातापि ६२७
वातुगुनुंग ६४८
वान ग्लासनैप ५५ टि०
वान नेगेलैन ९६ टि०, ९८
वान फूरर हाइमेनडार्फ ११० टि०
वानर ५६, ११०, ६८०, ७८७
वानर-सेना का अभियान ५६७
वामदेव ३८४
वामन (कवि) ३०५
वामन पुराण १५७, ३६७
वामन भट्ट बाण २२०
वामनावतार १४१, १४४, ३६७
वायु ६४४ टि०, ६६४, ६६६, ६६८, ६७१, ६७२, ६७४, ६७५, ६७८, ६७९
वायुपुत्र १०३, ६५९-६६२
वायुपुराण १५४; ६, १४३, १५२, ३४३, ३५४, ३५९, ३६४, ३७०, ४०७, ६०१, ६२३ टि०, ७१४, ७१५, ७९०
वारानिधिदास २९१
वाराहगृह्यसूत्र १६ टि०
वाराहपुराण १५७; ४०, १३९, ३५४, ७८०
वाराहावतार १४०, १४४, ६४८ (१), ६८५
वार्ड डब्लू० ३९२ टि०
वालि ५१३-५२२, ६५५ (२); २९२, ३२१, ३२७, ५५५, ५९७, ६५०, (२), ६५३, ६५५ (२), ७७९
वाल्मीकि २८-४०; १३२, ३२३, ४३२, ४३४, ६०१, ६३६, ६९०, ७२९, ७३७, ७३९, ७४३-७४५, ७४७, ७५३, ७५४, ७६४
वासवदत्ता २५२
वासिष्ठोत्तर रा० १८७
वासुकी ३२२, ६५२, ७५७
वासुदेव २५६
वासुदेवशरण अग्रवाल ११२ टि०, ७१०
विजेनजो मरिया ३३०; दे० पा० वृ० नं० १६
विंटरनित्स, एम० २७, ५९, ७०, १७४; टि० में—४१, ४८, ५५, ६५, ६६, ७८,७९, ८४, ८५, ८९, ९०, ९४, ९८, १०२, १२९, १८५, २९१
विन्स्टेड ३१९ टि०
विक्रम नरेन्द्र २९१, ६१४
विक्रमोर्वशीय २४१, ४७३ टि०
विगुरु एफ० १०० टि०
विचित्र रा० (माधवदास) २९१, ३५७, ३५८
—(खूँटिया) २९१, ५९७
विजय (विष्णु के द्वारपाल) ३६६ टि०, ३७२, ६४८
—(राजा) २८०, ३२०
—(गुप्तचर) ७१७, ७३३
विट्ठल ३०५
विट्ठलराजु २५९
विठा रेणुकानन्दन ३०५
विद्याधर ५६, ६६२
विद्यारण्य १८२
विद्युज्जिह्व ५८३, ६३२, ६४५, ६५२, ४६२ टि०
विनयपत्रिका ३९, ५५२ (९), ६६२ टि०, ६७०, ६८६, ६९१, ६९२, ६९७, ७०८
विनयपिटक ६६
विप्रनारायण ५७७
विभीषण ५६८-५७२, ४८३, ४८७, ६००, ६०५, ६३५, ७५५, ७५७
विभीषणेर रायबार २८९
विमलसूरि ५७, ५८, ६०, ६२, २३९; दे० पउमचरियं
विराध ४५७, ४५८, ४६६
विरूपाक्ष ५६८ (५), ५९५, ५८४ टि०
विरूपाक्षदेव २४२
विलंका खण्ड २९१, ६३९
विलंका रा० २९१, ६३९, ७२६
विलसन, एच० एच० १२ टि०
विशल्या ५९६
विश्रवा ६४४-६४६, ६४९, ६६८
विश्रामसागर ३०१, ३४५ टि०, ३८२, ५९४
विश्वकर्मा १९१, २२२, ५२६, ५५२ (१२), ५७४, ५७५, ६४४, ६९४, ७१३, ७२३, ७९४
विश्वनाथ (साहित्यदर्पण) २५१
विश्वनाथ खूँटिया २९१, ५९७
विश्वनाथ सिंह (संगीतरघुनन्दन) २५०
विश्वनाथ सिंह (हिन्दी) ३००
विश्वामित्र १ टि०, ३४६ टि०, ३५८, ३८८, ३८९, ३९१, ४०३, ६१८, ६२१, ६२३, ६३६, ६३९, ६६४ टि०
विष्णु १२६, १४०-१४४, १४६, ३२२, ३५०, ३५५, ३५८, ३७०-३७३, ६४४, ६४८, ६५०, ६५५, ६५८, ६७३, ६७६

विष्णुदास ३०६
विष्णुदास (हिन्दी) २९८
विष्णुधर्मोत्तर पुराण १६४; ३९, १४७, ३६०, ७०८ टि०
विष्णुपुराण १५३; ६, ३२, १४०, १४१, १४३, १४४, १५२, १५३, ३३३, ३४१, ३४३, ३४४, ३५२, ३५४, ३५८ टि०, ३५९, ३६४, ३६८, ४०७, ४०८, ६०१, ६१३, ६२४, ६४८, ७१४, ७१५, ७६७ टि०, ७९०
विष्णुपुरी रा० २८८
वीरकेरल वर्मा २६८
वीरनाग २३१
वीरबाहु २८५, ६५० (५)
वूलनर ए० सी० ५८ टि०
वृन्दा ३७२, ४८९, ६४८
वृषाकपि १०३
वृहत् दे० बृहत्
वृहस्पति ३६, ५९७
वेंकटदेशिक (वेंकटनाथ, वेंकटाचार्य) २४९
वेंकटाध्वारिन् २४७, २५५
वेंकटरनम्, एम० १०९
वेंकटेश २४८
वेणाबाई ३०५
वेदवती ४१०, ११५, १५७, ७६९, ७७९
वेदान्त रा० १८३, ३४९
वेदान्ताचार्य २४९
वेबर, ए० ४, १०, २७, २९, ४८, ६५, ७३, ७५, ७७, ९०, ९२, ९३, १०१, १०४, १०६, १०७, १४८, ४२७, ७६५, टि० में—१३, १८, १४८, ५६५, ७३६
वेस्सन्तर जातक ८३, ८५, ८९
वैखानस गृह्यसूत्र १६ टि०
वैतान सूत्र १४ टि
वैदेही वनवास ३०१
वैदेहीशविलास २९१, ४०३, ५१७, ५२७
वैद्य, दे० चिन्तामणि विनायक
वैसापुरी पिल्लै २५७ टि०
वैराग्य: राम ३८६, ७५२, ७५३ (५); सीता ६०१, ७५२, ७५३ (५); भरत ६०, ४५२, ६१०, दशरथ ६०, वालि ६५५ (२); विभीषण ५७१, हनुमान् ६५७; वाल्मीकि ३४-३८ सहस्रकिरण ६५५ (१); स्वायम्भू ३६८
वैश्य सदाशिव २९१
वैश्रवण ५६८ (६), ६४२, ६४४-६४७, ६४९, ६५१
वैष्णव उप० १४८ टि०
वैष्णवमताब्जभास्कर १४९
व्यास ४४, १७९
व्यास, एस० एन० ११२ टि०
व्यासमिश्रदेव २४३
शंकर (आचार्य) १०८
शंकर चक्रवर्ती २८८
शंकरदयाल फर्हत ३०७
शंकरदास २९१
शंकरदेव २८३, २८४, ३५१, ३९२ टि०
शम्बुक ६१८, ६२८-६३२
शम्भुप्रसाद बहुगुना ४७७ टि०
शक्तिभद्र २३५
शठकोप १४७ टि०
शतकोटिश्लोक रा० १७७, ७६७
शतपथ ब्राह्मण ४, ५, ६, १४, १४०, १४१, ३४४, ३६८; टि० में—७, १५, ३२, १२९
शतमुख रावणचरित १८७, ६४०
शतमुख रावणवध ३०५, ६४०
शतरूपा ३६८
शतानन्द ३४४, ३८९
शत्रुंजयमाहात्म्य ५९
शत्रुघ्न ६२०; २९२, ३४१, ३५१, ३५९ ३६१, ३७७, ३९१, ४००, ४३४, ४४३, ६०५, ६०९, ७५३
शबरी ४७७-४८१
शबरी (गोविन्ददास) ४७७ टि०
शबरीमंगल ४७७ टि०
शबर्याख्यान ४७८
शरच्चन्द्र राय ११० टि०, २७२
शरभंग १२८, १९९, ४३६, ४५७, ४५९
शशांक चट्टोपाध्याय ३४३ टि०
शांख्यायन आरण्यक ६
— गृह्यसूत्र टि० में—१७, ४१, १२९
शाण्डिल्य भक्तिसूत्र १४६
शान्तनुबिहारी द्विवेदी ३८२ टि०
शान्ता ३४३; ३१७, ३५८, ३८३, ५७२, ६०५, ७२३; दे० कीकवी
शान्ति आँकड़ियाकर ३०६ टि०
शान्तिसूरि ५९
शाम्बव्य १७ टि०
शापभाजन : ७७८, राम ४४६, ४६९, ५२०, ७२६; सीता २४१, ४८९, ५४४, ६०२, ७२६-७२८;

रावण ६५४, ५९७; विष्णु ३७०-३७३, ७२५; लक्ष्मी ३७३, ४८९, ६४८ (३); अंजना ३४७,६७२, ६७४, ६७५; अप्सराएँ. ५८७ (३), ६१३, ६६४, ६६८, ६७६, ६७७; अहल्या-इन्द्र ३४६-३४७; कबन्ध ४७३; कुम्भकर्ण ६४९; कैकेयी ५१४; चक्रवाक ४७४; जय-विजय ३७२, ६४८; दशरथ ३४३, ३५४, ४३३; नल ५७५; नारद ३७३; वामदेव (गुह) ४३२; वालि-सुग्रीव ५१३; वालि ५१६, ५१७, ५२२ टि०; शम्बुक ६३२; शान्ता २०६, ७२३ टि०; शिवगण ३७३, शुक ६२५; शबरी ४८१; स्वयंप्रभा ५२६ टि०; हनुमान् ६६६, ६९७; अन्य ३७३, ३८१, ३८३, ४३५, ४५८, ४७२, ५१६ टि०, ५१७, ५३७, ६१४, ६२१, ६२३-६२५, ६४१, ६४८ (४)
शामराव हिवाले २७५ टि०
शारदातनय २३६
शार्दूल ५८२, ५८३
शार्पेटिये जे० ६६ टि०, ८४ टि० शाल्व ५९१ टि०
शाहजहाँ ३०८
शिव ७८३-७८४, ६७०-६७४; १८९, ३५०, ३७५, ३८२, ३९२, ४३२ (५), ५६८ (६), ५९७, ६३५, ६५० (२), ६६८, ७०५; ३८, २९२, ३८१, ३८८, ३९८, ४००, ४८९ टि०, ५२६, ५९४, ५९९, ६२०, ६३३, ६३४, ६५४, ६५८, ६७८, ६९४, ७९४
शिवगण ६४८ (४), ३७३
शिवनन्दन सहाय ११० टि०, ३९२ टि०
शिवगीता ५२३
शिवपुराण १६७,४८८, ५२३, ६७१
शिवप्रतिष्ठा ५८०
शिवप्रसाद भट्टाचार्य १७४ टि०
शिवमहापुराण १६७, ३१९, ३७२, ३७३, ४३५, ४७५, ५२३, ६४८ (४), ६७३, ७०१, ७८४
शिवरत्न शुक्ल ३०१
शिवसंहिता ६९१
शिशु ईश्वरदास २९१
शिशुपाल ६४८ (२)
शीलाचार्य ५९
शुक (राक्षस) ३७५, ५८२, ६२५
शुक (पक्षी) २०१, ७२७
शुक्राचार्य ५८२, ५९७, ५९८
शूद्रतपस्वी ६३० अ
शूर्पणखा ४६३-४६९, ४८३-४८६, ४८९; २७, ६०९, ६४४, ६४६
शृंगारप्रकाश २३१
शेलाबेर ३१९
शेष ३६१, ५९४
शौनक १२
श्यामक जातक ८४
श्रवण ४३३, ३५६
श्रवण रा० २०८, ४३३, ४३४
श्राडर १४७, १४८ टि०
श्रीकृष्ण भट्ट २५०
श्रीचन्द्र ५९
श्रीचन्द्र भारती २८४
श्रीधर ३०५
श्रीनिवास राघव १७९
श्रीभाष्य १४८
श्रीमती (अम्बरीष-पुत्री) २८७, ३७३
श्रीमद्देवीभागवत; दे० देवीभागवत
श्रीमारुतिस्तवराज ६९७,७०९
श्रीरंगम् १७८, ६३५; ७८०
श्रीराम ३१९
श्रीरामकीर्तन २८४
श्रीरामगीता १४८
श्रीरामचन्द्र अश्वमेध २८४
श्रीरामचन्द्रोदय ३०१
श्रीरामपांचाली २८५, दे० कृत्तिवास
—(द्विज भवानीदास) २८६
—(रामानन्द) २८७
श्रीरामविलास २९१
श्रीरामार्चनपद्धति १४९
श्रीरामवतार ३०१
श्रीवेदान्तदेशिक २४९
श्रीहनुमत्सहस्त्रनामस्तोत्र ६९७, ७०८, ७०९
श्रीहनुमान् चरित ३८२ टि०
श्रीहरिभक्तिरसामृतसिन्धु ७८७
श्रीहर्याचार्य २५०
श्रुतकीर्ति ३९१, ४००
श्लेगेल २७
श्वाइसगुट, पी० ३२५ टि०
श्वेत (राजा) ६२७
श्वेतद्वीप ६५५ (५)
षड्विंश ब्राह्मण ३४४
षोल पोइ २९१

संकल्पसूर्योदय १०८
संकष्टनाशनस्तोत्र २४५
संकालिया, एच० डी० २३१ टि०
संक्षेप रा० ३०५
संगीत रघुनन्दन १५०, २५०
संघदास ५८, ६२, २५३; दे० वसुदेवहिण्डि
सन्ताली रामकथा २७१, ३४१, ५८०, ६०६
सन्धिप्रस्ताव ५८५, ५९७
सन्ध्याकरनन्दि २४५, ४३९, ७३८
सम्पाति (वानर) ६५९
—(गीध) ४७२, ४९१, ५१०, ५११, ५२७
सम्बुला जातक ८६, ८९
सम्बूरान ५२४
संवृत रा० १९३, ३६९
सती; दे० पार्वती
सत्यक्रिया; सीता ६००, ६०१, ७१६, ७२३, ७४९, ७५३, ७५५, ७५६, मन्दोदरी ५४२; सुलोचना ५९४; हनुमान् ६९६; अन्य ८४, ८६
सत्यदेव चतुर्वेदी ३८२ टि०
सत्यभामा ६८६, ७८७
सत्येन्द्र ७२३ टि०, ७५३ टि०
सत्योपाख्यान १८८; १५०, १९४ टि०, ३३८, ३४६, ३५३, ३६१, ३७९, ३८१, ३८६-३८५ ३८८, ३९१, ३९२, ४५४, ७८१, ७८४,७८७
सदल मिश्र ३००
सद्धर्मलंकावतारसूत्र १०२
सद्धर्मस्मृत्युपाख्यान ७९
सनकादि ६४८ (२)
सनत्कुमार १७४, ३७१
सन्नीति रा० २४६
समयनिरूपण रा० १७९
समयसुन्दर २९९
समयादर्श रा० १७९
समर्थ रामदास ३०५
समुद्रमन्थन १४०,३८९, ५१५, ५२२
सरमा ५४६, ५६९, ५८३, ५९७, ७७९
सरस्वती १९१, २११, २९५, ४५२, ४५४, ५९४ टि०, ६४९
सरस्वतीकण्ठाभरण ५७२
सर्वसिद्धान्त १४८
सहस्त्रगीति १४७ टि०
सहस्त्रमुखरावणचरित्रम् १८७, ६३९ टि०
साँची ८४
साकल्यमल्ल २१९
साकेत ३०१, ४०३ टि०, ५६७ टि०, ५८८
साकेत संत ३०१
सागर ५७४, ५७८
सातवलेकर ३४६ टि०
सात्वत संहिता १०८
सादुल्लाह कैरानवी तखल्लुस मसीह ३०९ टि०
साम जातक ८४, ८९, ४३३
सामवेद १६ टि०, १७ टि०
सायण ८, १२, १४, ३४४ टि०
सारण ३७५, ५८२
सारलादास ३९, २९१, २९२, ३८० टि० दे० महाभारत (उड़िया)
साहसगति ५१५, ५२२
सिंहनाद ५७९, ५९१
सिंहलद्वीप ९०, १०२, ११३, १३३
सिंहली रामकथा २८०; २७९, ४०६, ४२१, ४२६ टि०, ४४३, ४४६, ४९०, ५१५, ५३१, ५५५, ७१४, ७२४, ७५६
सिंहसौदासमांसभक्षणनिवृत्ति ६२२
सिद्धान्त तत्त्वदीपिका ४०४ टि०
सिद्धेश्वर दास २९१
सिद्धेश्वर परिडा २९१
सीतांक बारमासी भावना २९१
सीता (कृषि की अधिष्ठात्री) ७, १०-२०, ९३, ९७, १०६, २७६, ४०८, ४२६
सीता सावित्री ७-११, ४०८
सीता (वैदेही)
(१) अन्य पात्रों से अभिन्नता? अप्सरा ९८; द्रौपदी २९२; सुभद्रा २९३, ३६२; यशोधरा ५१; उप्पलवण्णा ३२७; कृषि की अधिष्ठात्री ९३, ९७; रुक्मिणी ७८७; वेदवती ४१०; श्रीमती ३७३
(२) अवतारत्व १४८, १५५, ३६२, ३६४, ३६५, ४१७
(३) चरित : जन्मकथा ४०५-४२८, ७६९; स्वयंवर २९३-५०२; अवस्था ४०१; वनवास ४४३, ४३२; पिण्डदान ४३५; हरण ४८२-५०८; रावण से संवाद ५४०-५४४; हनुमान् से संवाद ५४९-५५०; अग्निपरीक्षा ६००-६०३; ५६५; त्याग ७१४-७३४, ७७१; सन्तति ७३९-७४५; भूमिप्रवेश ७५३
(४) चरित्र-चित्रण, : पातिव्रत्य ४४३, ५००, ५४२, ५८३; पूर्वानुराग ४०३; आत्महत्याविचार

५८६ टि०, ५४८, ७४१, ४९२, ५२४, ४४३, ४६२; वैराग्य और तपस्या ४३८, ४४६, ६०१, ७५२, ७५३ (५), ७५६; शक्तिरूपा ६३९-६४१
(५) माया—सीता ५०१-५०८, ५७९, ५९१, ६०२, ७३३, ७३४, ४७५, २४४, ४९४, ४९६, २३६ (६), १५०, २४०; स्वर्णमयी २३६ (३), ६३३
(६) गौण सामग्री : नाम ७७९, ३११; पूर्वजन्म ३७३, ४१०, ४१२; आगामी जन्म ७५३ टि०, ७८७; हनुमान् की माता ६७५; शापभाजन २४१, ४८९, ५४४, ६०२, ७२७, ७२८
सीताकथानकम् ५९
सीताचरित्र ५९
सीतार पतालप्रवेश नाटक २८४
सीताराम चतुर्वेदी ४७७ टि०
सीतारामचौपाई २९९
सीतारामविहार काव्य २१२
सीतारावणकथानकम् ५९, ६१
सीतावनवास २८४
सीताविजय १८७, ६४०
सीताविरह ३०६
सीतास्वयंवर ३०५
सीता-हनुमान-संवाद ३०६
सीताहरण ३०६
सीतेशविलास २९१
सीतोपनिषद् १४८
सीयाचरियं ५९
सीरध्वज ६
सुन्दरकाण्ड (मराठी) ३०५
सुकठंणकर, वी० एस० ४१ टि०
सुकुमार सेन २८५ टि०
सुकेश ६४४, ६४६
सुग्रीव ५१२-५१९, ५८४; २०६, २९२, '३२१, ५२४, ५५४, ५८५ टि०, ७७९
सुग्रीव विजयक २६१
सुचित्र रा० २९१
सुजुकि डी० टी० १०२
सुतसोम जातक ८७, ८९, ६२१-६२३, ६२६
सुतीक्ष्ण १७४, १९६, ४५७
सुत्तनिपात-टीका ७३, ७५
सुत्तपिटक ६६
सुदर्शन (चक्र) ६८६, ३६१; (मुनि) ७२८
सुदर्शन सिंह ३८२, टि०
सुनीतिकुमार चाटुर्ज्या १०५
सुपार्श्व ४९१, ५०० टि०, ५१०, ५२७, ५९३
सुबाहु ३८८, ३८९
सुबोधचन्द्र मजूमदार ४०९ टि०
सुब्रह्मरामायण २०५
सुभट्ट २४०
सुभद्रा २९३, ३६२
सुमन्त्र ३३७, ३४३, ३५५, ४३२, ६३६, ७२५
सुमग्ग जातक १०३, ६६२
सुमनसान्तक ककविन ३१५
सुमाली ६४४, ६४५ टि०, ६४६, ६४९, ६५२
सुमित्रा ३३९, ३५९, ३७५, ३७८, ६०९, ७५३
सुलोचना ५९४; २०६, ३९७, ५९३
सुवण्णसामचरियम ८४
सुवर्चस रा० २०६, ३४३, ७२३ टि०
सुवेल पर्वत ५८४, ५६२
सुशील कुमार दे २१४; टि० में—२११, २२०, २३४, २३५
सुषेण ३१२, ५१५, ५८६, ५८७ (३), ५९३, ५९६, ५९७
सुरजनारायण ३०७
सूरदास २९८
सूरसागर २९८, ३४६, ३७९, ३९५, ४३२, ४७८, ४९८, ५८८, ६०१ टि०
सूर्य २०१, ३६२, ५१३, ५१४, ५२७ टि०, ५८३, ६६६, ६८९, ६९४
सूर्यदिव (कवि) २४७
सूर्यमणि च्याउ पट्टनायक २९१
सेतु-निर्माण ५७३-५८१
सेतुबन्ध दे० रावणवह
सेतुभंग; ५८१, ६०७, ६३५
सेरत काण्ड ३२२; ३१९, ३४०-३४२, ३५४, ३६१, ३६४, ३९२, ३९७, ३९९, ४०६, ४१५, ४२८, ४३९, ५१२, ५१४, ५१७ टि०, ५४७, ५७०, ६३२, ६४३, ६४६, ६५० (४), ६५१ टि०, ७१४, ७२३, ७४२ टि०, ७५१, ७५६
सेरत राम ३१६
सेरीराम ३२०; २२७, ३१७, ३१९, ३२१, ३२२, ३२४, ३२६, ३२७, ३३० (२०), ३३६, ३४०-३४३, ३५०, ३५१, ३५४, ३५६, ३५७, ३८५, ३८८, ३८९, ३९२, ३९७, ३९९, ४००, ४०२, ४०६, ४२८, ४३२-४३४, ४३८, ४३९, ४४६, ४४७, ४५४, ४५८, ४६१ ४६३,

४६४, ४६६, ४७०-४७४, ४९२, ४९८, ५००, ५१२, ५१४, ५१५, ५१७, ५१९, ५२०, ५२४, ५२७, ५३१, ५३३, ५४७, ५५०, ५५२, ५५४, ५५५, ५७०-५७२, ५७६, ५७८, ५८१, ५८३-५८७, ५८९, ५९१-५९३, ५९६-५९९, ६०२, ६०५, ६१३-६१५, ६३२, ६४३, ६४६, ६४९, ६५०, ६५४, ६५५, ६६८, ६७५, ६९८, ७०६, ७०७, ७१४, ७२३, ७३८, ७४५, ७५१, ७५६, ७६३, टि० में—३६१, ४९३, ५१६, ५२६, ५२७, ५७३, ६४८, ६५७, ७६३, ७१७
सोढ़ी मेहरबान २९९
सोनेरा ३३०; दे० पा० वृ० नं० १२
सोमदेव २५४; दे० कथासरित्सागर
सोमप्रभ ५९
सोमसेन ५९, ४१२ टि०
सोमेश्वर २३८, २५१
सौदरनन्द ७८
सौदास ६२१-६२६
सौपाद्य रा० १९७, ४०३
सौरपुराण १७१, ३६५, ५८०, ६४५, ७८४
सौर्य रा० २०१, ७२७ टि०
सौहार्द रा० १९९
स्कन्दपुराण १६१; ३२-३४, १४८, १६७, १७९, १८९, २८५ टि०, ३४३, ३४६, ३४८, ३५४, ३६२, ३६५, ३६९, ३७२, ४०१, ४३५, ४६२, ४७२ टि०, ५७४ (६), ५८०, ५८९ (७), ५९९, ६०७, ६२४, ६३४, ६३५, ६३७, ६४९, ६६८, ६७०, ६८७, ६९५, ६९६, ७०५, ७०८, ७१० टि०, ७६०
स्टुटरहाइम टि० में—६५, ३१९, ४२७
स्मिथ एच० ७३ टि०
स्याम ३२५-३२८, ४९८
स्वप्न : राम ३८९, ४३५, ५७४ (६), ७१७, ७४३; सीता ४०३; जनक ३९२; कौशल्यादि ३७५; त्रिजटा ५४५; रावण ५४१; भरत-सुमित्र ५८८; नन्द १७३; दशरथ ६४
स्वप्नदशानन २३६
स्वयंभूदेव ५९, ६९९
स्वयंप्रभा ५२६; २३६
स्वायंभू मनु ३६८
स्वायम्भू रा० २०४, ३३७, ४१२
हंसदूत, हंससन्देश २४९
हजारीप्रसाद द्विवेदी ४४० टि०
हदीस-इ-राम-उ-सीता ३०९ टि०
हनुमन्त चउतीसा २९१
हनुमत्संहिता १५०, १९०, ३५३, ६९१
हनुमद्दूत २४९
हनुमद्विजय १८५
हनुमन्नाटक; दे० महानाटक
हनुमन्नाटक (हिन्दी) २९९
हनुमान्
(१) कौन? आदिवासी ११०, ६८०, ७११; वैदिक देवता ९५, ९६, ७१२; वृषाकपि १०३; वायुपुत्र ६५९-६६२; रुद्रावतार ६७०-६७४, ६७९, रामपुत्र ६७५; विष्णु-अवतार ६७६-६७८; नारायण-पार्षद ६५८; त्रिमूर्ति के अवतार ६५८
(२) चरित : सिंहावलोकन ६५६-६५७; जन्मकथा और बालचरित ६५८-६७९; बालक राम से मैत्री ३८२; लक्ष्मण से युद्ध ५१२; सीता की खोज ५२४-५२७; समुद्रलंघन ५३१, ११२; लंका में ५३२-५३९, ५८९ (७), ५९६; सीता-रावण-संवाद में हस्तक्षेप ५४१-५४२; सीता से संवाद ५४९-५५०; लंकादहन ५३०, ५५१, ५५२; नल से संघर्ष ५७६; पर्वत-आनयन ५८७, ५८८, ६४१, ५८१, ६५५ (२); पाताल—प्रवेश ६१४, ७५७; राज्याभिषेक और निर्वाण ६५७; सायुज्य मुक्ति ७०३, गौण हस्तक्षेप ४९३ टि०, ५०३ टि०, ५७३, ५७४ (७), ५७८, ५८०, ५८५, ५९१, ५९२, ५९४ टि०, ५९६, ५९७, ६००, ६१२, ६१३, ६३५ टि०, ७४६, ७५०
(३) चरित्र-चित्रण ६८०-७१३; वैराग्य और तपस्या ५१२, ६५५ (२), ६५७, ७०४, ७५३; गर्वनिवारण ४६१, ५३१, ५५४, ५८०, ६०८
(४) गौण सामग्री : नाम १०३, ६६०, ६६१, ६६४, ६६९, ६७८, ७११; पूर्वजन्म ६५८; आगामी जन्म ६५७ टि०; सन्तति ६१५, ६९६; ब्रह्महत्यादोष ६३४ टि०; आभूषण ५१२; छद्मवेश ५१२, ५३२-५३४; शापभाजन ६६६, ६९७; रावण से सम्बन्ध ६५७, ६६९; अर्जुन की ध्वजा पर ६८५, ७१३; आख्यान काव्य १०१, १०३, १०४, १३३, ७०२
हनुमान् बाहुक ५५२ (९), ६७०, ६८५, ७०८ टि०
हरदत्तसूरि २४५
हरदेव बाहरी ३९

हरप्रसाद शास्त्री २४८-२५०
हरिदत्त २३८
हरिदास ३०६
हरिनाथ २५०
हरिभद्र सूरि ५९, ६१, ३४२, ७२२
हरिमोहन गुप्त २८७
हरिवंश १५१; १९, ४१, ७१, १३०, १४०, १४१, १४३-१४५, १४७, १५३, १६०, २२५, ३२३, ३३३, ३३६, ३४३, ३४४, ३५२, ३५४, ३५९, ३६४, ३६७, ४०६, ४०७, ६०१, ६१३, ६२३, ६४८ (१), ६५५ (१), ७१४, ७१५, ७३५, ७५९,७६०,७९०
हरिवंश (उड़िया), ३६७, ४२४, ६५७ टि०
हरिवंश कोछड़ ५९
हरिशंकर २५०
हरिश्चन्द्र की कथा २८५ (२), ४७६
हरिश्रय ककविन ३१५
हरिषेण ५९
हरिसत्य भट्टाचार्य ५५ टि०
हरिवर (हरिहर) विप्र २८४, २८२
हर्षचरित २५२
हलिआ रा० २९१
हस्तिमल्ल ५८, २३०
हाजरा दे० राजेन्द्र
हाप्किंस ई० डब्लू० ४८, ९७, ७१३; टि० में—४१, ४२, १०७, ११७, ५११
हॉयकास ३१४ टि०
हाराधन दास २८९
हिन्दचीन की रामकथा ३२३-३२४
हिन्दी रामकथा २९४-३०३
हिन्दुत्व
हिन्देशिया की रामकथा ३१३-३२२; ५४७ (७), ६७५
हिकायत सेरीराम दे० सेरीराम
हिकायत महाराज रावण ३१९; ३४०, ३४१, ३९९, ४०६, ४२८, ४४८ टि०, ४९८, ५१२, ५२१, ५३४, ५७८, ५९९, ६१५, ७१४, ७२३, ७४५
हिटैट १०९
हिमांशुभूषण सरकार ३१५, ५१४ टि०
हिरण्यकशिपु ६४८
हिरण्यकेशिन् गृह्यसूत्र १६ टि०
हिरण्याक्ष ६४८
हीरालाल ११३ टि०
हीरालाल चोपड़ा ३०९ टि०
हृदय नारायण सिंह ११५ टि०
हृदयराम २९९
हेति ६४४
हेमचन्द्र ५९,१०१, २३६, ३४०, ४५८, ५४७,७१८; दे० जैन रामायण
हेमचन्द्र राय चौधुरी १४० टि०, १४२
हेमा ५२६
हेर्टेल, जे० ६६ टि०
होमर ७५, ९२, ५०८, ७६५
ह्विटनी, डब्लू० १३ टि०
ह्वीलर, जे० टी० २७, ९०, १०८